U0606227

现代化起源
用复杂性科学解密西方世界的兴起

上　卷

毕道村◎著

THE ORIGIN OF
MODERNIZATION

人民出版社

责任编辑：杨晨明

图书在版编目（CIP）数据

现代化起源:用复杂性科学解密西方世界的兴起/毕道村 著. —北京：
　人民出版社,2020.12
ISBN 978－7－01－019630－5

Ⅰ.①现…　Ⅱ.①毕…　Ⅲ.①现代化研究-西方国家　Ⅳ.①D521

中国版本图书馆 CIP 数据核字（2018）第 174476 号

现代化起源

XIANDAIHUA QIYUAN

——用复杂性科学解密西方世界的兴起

毕道村　著

人民出版社 出版发行

（100706　北京市东城区隆福寺街 99 号）

环球东方(北京)印务有限公司印刷　新华书店经销

2020 年 12 月第 1 版　2020 年 12 月北京第 1 次印刷
开木:710 毫米×1000 毫米 1/16　印张:71.5

字数:1200 千字

ISBN 978－7－01－019630－5　定价:365.00 元(全三卷)

邮购地址 100706　北京市东城区隆福寺街 99 号

人民东方图书销售中心　电话（010)65250042　65289539

版权所有·侵权必究

凡购买本社图书,如有印制质量问题,我社负责调换。

服务电话:（010)65250042

目　　录

上　卷

第一编　思维方式的更新和理论体系的整合

中　卷

第二编　西欧社会结构的变迁

下　卷

第三编　英国何以成了现代社会的滥觞之地

第四编　西方世界的兴起

序言　历史研究需要更新思维方式

　　《现代化本质——对中世纪以来人类社会变化的新认识》一书问世十年后，历史学家毕道村又写出百万言的巨著《现代化起源——用复杂性科学解密西方世界的兴起》（以下简称《起源》），再次要我作序。现代化是人类演化史上极为重要的阶段，系统演化是系统论的主题之一，而我是搞系统论的。复杂性科学及其在人文社会科学中的应用，是我近 20 年来最关注的研究领域。这两方面都涉及科学系统的转型演化和人类思维方式的变革，也是我非常感兴趣的问题。基于这三点，毕氏《起源》一书引起我的兴趣。在初步了解它的主体思想、体系结构和基本观点后，我感到自己同作者有许多相同或相近的认识，又从他的论述中受到诸多启示，对于人文社会科学的思维方式变革有些新思考。同道相互支持，交流新想法，推动复杂性科学发展，这些愿望催生了这个序。

　　本书谈的是西欧，特别是英国现代化的历史，西方的有关著作汗牛充栋，今天的中国人还能有所创新吗？回答是肯定的。现代化是一个随着世界历史延伸而不断改变内涵的概念，有量变也有质变，今日的现代化非昔日的现代化。早期的现代化本质上等同于工业化，只有小小的西方世界实现了这种现代化，致使他们独享工业文明数百年。但文明演化是一种辩证运动，攀上巅峰的工业—机械文明历史地造就出它的替代物——信息—生态文明，赋予现代化新的质性。今日的西方已开始从工业—机械文明向信息—生态文明转变，东方世界则至多达到半工业化，必须同时进行工业化、信息化和生态化，毕三化之功于一役。东西方两大历史趋势合流，将在世界范围内创造出三化并茂的新文明，为世界大同准备条件。站在新时代的高度，以人类整体发展为目标，按照新型现代化重新审视西方当年的现代化，必定能够引出新认识。

在这一点上，中外学界已站在同一起跑线上，中国学人还有后发优势，有独特的民族文化视角。问题是必须消除科学文化中的殖民地心态，树立中国文化的自信心，改变思维方式。本书作者为此提供了榜样，他努力把复杂性科学的概念、原理、方法引入历史研究，更新思维方式，给那段历史以新的诠释，同时用历史事实验证复杂性科学的普适性，得出一系列新认识。历史学由此而收获了新成果，复杂性科学的发展也可从中获益。

从科学史看，复杂性研究的源头是马克思主义的社会历史理论。在马克思的时代，科学领域是还原论一统天下（还原论，详见"导言"第3页注②）；而社会历史是钱学森所说的特殊复杂巨系统，还原论无济于事。但马克思、恩格斯超越这种历史局限，把复杂性当作复杂性，按照资本主义社会的本来面目去研究它，建立起还原论科学无法解释的社会历史理论。以此为基础，他们又从哲学上概括出复杂性研究所必需的思维方式——辩证思维。马克思主义事实上为复杂性研究开拓出一条科学的路径，只不过当时尚不自觉而已。此乃科学系统自组织运动的一种表现。

科学发展、文明演化都是非线性动力学过程，充满曲折。19世纪的还原论科学尚未攀登上它的顶峰，形而上学思维还颇有用场，辩证思维不可能从当时的科学中获得必要的支持。不用说人文社会科学，即使自然科学也如此。所以，恩格斯在19世纪70年代无奈地指出："正当自然过程的辩证性质以不可抗拒的力量迫使人们承认它，因而只有辩证法能够帮助自然科学战胜理论困难的时候，人们却把辩证法同黑格尔派一起抛到大海，因而又无可奈何地陷入旧的形而上学。"（《马克思恩格斯选集》第3卷，第875页）这一趋势的影响巨大，它使马克思开辟的复杂性研究路径在西方学界事实上中断了，机械唯物论的分析思维大行其道。西方人文社会科学深受其影响，即使今天的历史学，如毕教授所说，仍然充满了还原论。

但人类历史是一种不可逆过程，科学系统的转型演化不可阻挡，因为人类文明的转型演化不可阻挡。在其后的一百年中，还原论科学获得巨大发展，于20世纪上半叶攀上其顶峰，也就历史地产生了将要取而代之的科学新形态，这就是在 70 年代初露峥嵘的复杂性科学。它首先在西方学界问世，一系列新颖别致的新学科涌现出来。复杂性研究带来科学世界图景、思维方式和方法论的深刻变革，为辩证思维提供了强有力的科学支持，也就为学界开辟了应用辩证思维研究复杂性的新路径。而在 20 世纪 80 年代的中国，以钱学森主导掀起的"三论热"为契机，复杂性科学及其新的思维方式不仅被全面介绍到中国，而且同中国文化相融合，形成颇具中国特色的复杂性研究，理论旗帜就是钱学森倡导的开放复杂巨系统理论。新兴的复杂性科学几乎同时在发达国家和发展中国家走红，同还原论科学几百年来为西方独有的局面形成鲜明对比，从一个侧面表明人类历史将要翻开全新的一页。这一趋势必将在学术上得到反映。

现有的复杂性科学主要是在自然科学基础上产生的，其思维方式和方法论之新颖独特令人神往，它的创建者们也具有向人文社会科学扩展的自觉意识。在信息化、生态化的时代大背景下，它必然强烈诱惑着人文社会科学领域那些思想敏锐、勇于创新的学人，试图将复杂性科学引入自己的研究领域。但复杂性科学的基本概念和方法大多是用艰深的现代科学语言（包括数学语言）表述的，人文社会科学家要吃透它有诸多困难，不少人望而却步。

一种新事物一旦具有了历史的必要性，不论多么困难，时代的呼唤总会造就出一些敢于首吃螃蟹者，毕君道村就是其中之一。几十年来，他认真钻研了几乎所有的复杂性研究新学科，即所谓老三论、新三论、新新三论[①]等，并努力应用于历史研究中，颇有斩获。为此种学术精神点赞，是我写这个序的动机之一。

复杂性科学诞生至今不过半个世纪，欲走向基本成熟，我估计至少要到本世纪末。一切理论认识都来自实践，复杂性科学发展的实践基础，既包括建设新文明的现场实践，也包括把复杂性研究成果应用于实际的科研实践。从学术角度看，后一种实践更直接。我完全赞同《起源》作者的观点：复杂性科学发展的途径，除了复杂科学本身的进步之外，另一个重要途径就是

[①]　老三论指系统科学领域中的"一般系统论""控制论"和"信息论"，又称"Sci"论。它们先后兴起于 20 世纪 40 年代并取得迅速发展。新三论指 20 世纪 70 年代起相继兴起的"耗散结构论""协同学"和"混沌理论"；新新三论指继新三论后兴起的"超循环论""突变论""分形理论"等。

将其应用于具体事物的研究中，在经受人文社会科学广泛验证的同时，取得新的经验材料，努力给出新的理论概括。事实上，本书通过运用复杂性思维研究现代化的历史，"概括出了自组织产生和进化的一般规律所包含的十四个条件、规则和程序"，就颇有独到见解，对复杂性科学有理论启发。当然，无论复杂性科学的理论探讨，或者像《起源》这样的应用研究，还都是一种试探，尚需通过不断地争鸣、商榷而提高。我们期待人文社会科学领域涌现出更多类似《起源》的应用研究。路漫漫其修远兮，吾将上下而求索。复杂性科学将在这种求索中走向成熟。有道是：

　　　　毕生渡学海，君子乐悠悠。
　　　　道通天地外，村心孜孜求。

孤微子苗东升
2016 年 8 月 25 日序于泊静斋

导　言

　　1492 年 4 月，当哥伦布与西班牙的两位国王费迪南德和伊莎贝拉签下远航的协定时，他们绝没想到，一场人类文明史上从未有过的社会大变革就此拉开了序幕。在不到五百年的时间内，恢宏壮丽的现代文明以排山倒海之势席卷了这个蓝色星球的各个角落，世界格局由此翻盘，以文明古老辉煌而自诩的东方社会呻吟于西方殖民者的铁蹄之下。面对亘古未有的巨变，人们惊呼：现代化为什么起源于西方，而不是东方？工业革命为何首起于英国，而不是西欧大陆？马克斯·韦伯将这称为"世界文化史的中心问题"①。它一直横亘在世人面前，困扰了世界学术界二百年之久，至今仍是众说纷纭。

　　马克斯·韦伯的《宗教社会学论集》常被视为探讨这一问题的开端。它的问世在学术界掀起了一股探讨西方世界兴起的奥秘、反思东西方文化差

---

　　① 　［德］韦伯：《文明的历史脚步——韦伯文集》，黄宪起、张晓琳译，上海三联书店 1988 年版，第 11 页；很多享誉世界的学者均持同样观点。如：沃勒斯坦说，"当代世界的形成""居于当代社会科学理论研究的核心地位"（［美］伊曼纽尔·沃勒斯坦：《现代世界体系》，尤来寅等译，高等教育出版社 1998 年版，第 1 卷，导言第 1 页）。美国当代著名的社会学家里亚·格林菲尔德说："现代经济因何产生代表着经济史和经济学的中心问题。"（［美］里亚·格林菲尔德：《资本主义精神——民族主义与经济增长》，张京生、刘新义译，上海人民出版社 2004 年版，第 8 页）。布罗代尔说，解释东西方自 19 世纪以来的"这个逐渐加大的差距，就要涉及近代世界史的基本问题"（［法］费尔南·布罗代尔：《15 至 18 世纪的物质文明、经济和资本主义》第 2 卷，顾良译，生活·读书·新知三联书店 1993 年版，第 124 页。另见［美］罗伯特·B. 马克斯：《现代世界的起源——全球的、生态的述说》，夏继果译，商务印书馆 2006 年版，第 169 页）。彭慕兰说，"世界史的大多数重要课题都是研究'西方的崛起'和'其余地区'所谓停滞之间的差异，大多数早期的宏观历史著作都至少隐含有阐明这一分流前因的目的"（［美］彭慕兰：《大分流——欧洲、中国及现代世界经济的发展》，史建云译，江苏人民出版社 2003 年版，"中文版序言"第 7 页）。

距的思潮。实际上，韦伯绝非是这个课题的"开创者"。在这之前，即使不提英国哲学家约翰·洛克的古典市民社会理论①，亚当·斯密在他的代表作《国富论》中就已谈到东西方社会发展的差距。他在书中提出的劳动分工和市场的相互促进，被后来的经济学家认为是促进社会经济成长的"斯密动力"，被一些学者用来解释现代化为何首起于西方。二战后，大批获得独立的殖民地、半殖民地面临着发展问题，需要理论去指导寻找目标、手段；而已步入金色岁月的发达国家为了与苏联争夺发展中国家这个广阔的中间地带，也迫切地希望寻找理论来指引这些国家的经济和社会发展，致使西方掀起了现代化研究的热潮，继之席卷整个世界。许多学科的专家参与其中，产生了不少流派的现代化起源理论，一些学者因此获得了诺贝尔经济学奖，产生了许多享誉世界的名家。

然而，尽管他们的研究成果中不乏真知灼见，成绩骄人，可即使是马克斯·韦伯和道格拉斯·C.诺斯的见解也是只见树木不见森林，揭示出了现代化起源的部分奥秘，却未能揭开其深层次根源。对此，人们颇有微词，认为学者们囿于门户之见，热衷于"拆零研究"；"而对于如何从整体上去把握现代化概念的实质，去理解它作为一个特定的历史范畴的时代意义，却几乎没有做什么工作"②。

这些批评固然有理，但不要忘记，人们认识具体事物的完整过程是从具体到抽象，又从抽象到具体。人们总是从研究各个具体事物出发，通过归纳它们共有的特征，形成抽象，即一般规律；然后，又由抽象上升到思维的具体，即用抽象出来的一般规律来指导对具体事物的研究，以便在思维层面上将具体事物及其发展过程再现出来，唯有如此，我们才算真正地认识了具体事物和它的发展过程。虽然，从具体到抽象这一过程不能将具体在思维上再现出来，不能真正完成人们对具体事物的认识，但却能为思维中把握具体提供必要的准备③，

---

　　① 日本学者富永健一说："若把现代化的主要指标归结为工业化和民主化，那么，与第一阶段的现代化相适应的现代化理论就应从洛克的古典市民理论开始。"请参见［美］塞缪尔·亨廷顿等：《现代化理论与历史经验的再探讨》，罗荣渠等编译，上海译文出版社1993年版，第108、109页。

　　② 罗荣渠：《现代化新论》，北京大学出版社1993年版，第94页。

　　③ 马克思：《政治经济学批判》，徐坚译，人民出版社1955年版，第162、163页。

因此，人们对现代化进行拆零研究①，是人类认识现代化本质和现代化起源所必经的过程。

真正的障碍是，在复杂性科学产生之前，人类还不具备将现代化本质和现代化起源的全过程在精神上再现出来的思维方法和理论体系。因为近代自然科学及以"还原论"②为纲领的传统思维方法，无法为认识现代化的本质和起源提供科学的理论体系和思维中介。近代自然科学是人们研究自然界中的简单系统的成果的概括与总结，故被人们称为简单性科学；但人类社会同生物世界一样都是复杂性巨系统③，且是其要素的活动具有目的性、主动性、能动性、学习性、创造性和适应性的复杂适应性④巨系统，现代社会则更是这类系统中最复杂的系统，哈耶克甚至将其称为"宇宙中最复杂的结构"⑤，它的产生，如同生命的产生一样，"一切都是自发进行的，宛如天造地设一般"⑥，是自组织，不是他组织，不是伟人们设计的产物。而牛顿、爱因斯坦虽然洞察天体运行，却不知道一棵小草和一条毛虫是怎样产生的。在对生命的生成和进化的奥秘十分茫然、对自组织产生和进化的一般规律一无所知的情况下，学者们却一直用从牛顿的科学成果和黑格尔的思辨哲学中总结出来的动力学规律和思维方式来观察和探讨这个最复杂的自组织的本质、生成

---

① 阿尔文·托夫勒说："当代西方文明中最高发展的技巧之一就是拆零，即把问题分解成尽可能小的一些部分"，并"常常用一些有用的技法把这些细部的每一个从其周围环境中孤立出来"。阿尔文·托夫勒：《科学和变化》，载［比］伊·普里戈金、［法］伊·斯唐热编：《从混沌到有序——人与自然的新对话》，曾庆宏、沈小峰译，上海译文出版社1987年版，前言，第5页。

② 即认为世界是简单的，再复杂的事物也可还原为再简单不过的要素的思维方式。

③ 系统是"相互作用着的若干要素的复合体"；错综复杂难于理解的大系统，或"不能用还原论方法处理的需要用新的科学方法研究的"大系统为复杂性巨系统。请参见［奥］L.贝塔兰菲：《一般系统论》，秋同、袁嘉新译，社会科学文献出版社1987年版，第51页；［法］埃德加·莫兰：《复杂思想：自觉的科学》，陈一壮译，北京大学出版社2001年版，第138—139页；黄欣荣：《复杂性科学的方法论研究》，重庆大学出版社2006年版，第13、14页。

④ 适应性是指系统要素能够根据自己行为的效果来修改自己的行为规则，以便更好地在环境中生存。请参见［美］霍兰：《隐秩序——适应性造就复杂性》，周晓牧译，上海科技教育出版社2000年版，第2页。

⑤ ［英］F. A.哈耶克：《致命的自负——社会主义的谬误》，冯克利等译，中国社会科学出版社2000年版，第146页；笔者认为，此说法有点绝对，在对宇宙的了解还很有限的今天，只能说现代社会是宇宙中最复杂的结构之一。

⑥ ［美］W. W.罗斯托：《这一切是怎样开始的——现代经济的起源》，黄其祥译，商务印书馆1997年版，第16页。

和演进，这无异于用管窥天，以蠡测海，背离了人类认识具体事物的基本规律。

以量子力学、分子生物学、宇宙大爆炸理论、系统科学、自组织理论等为代表的当代自然科学的一系列伟大成果的问世标志着与先前的简单性科学不同的复杂性科学的产生。它被霍金等众多的著名科学家称为"二十一世纪的科学""最前沿的科学"①。它彻底颠覆了人们心目中的世界图景，揭示了自组织生成与进化的一般规律，指出了以还原论为纲领的传统思维方式的局限性，导致了人类思维方式的大变革。② 世界从此告别了"人类精神的史前期"，离开了"观念的野蛮纪元"，开始了"我们的认识文明化"进程③，从而为人类在思维上再现现代化的本质和现代化起源的全过程，揭开现代化的奥秘，提供了科学的指导理论和思维中介。运用它们，人们就能解密西方世界的兴起，揭露出东方文明迟滞不前的根源。

对于救亡图存、为民族复兴而努力去实现现代化的发展中国家来讲，不了解西方是怎样富强起来的，我们又怎能找到复兴国家的道路？从魏源、龚自珍开始，历代的志士仁人在寻求民族复兴之路时，又有谁不是以他对西方世界率先兴起的原因的认知为依据的？魏源、龚自珍的"师夷长技以制夷"，李鸿章、张之洞等人的"洋务运动"，康有为、梁启超的戊戌变法，乃至孙中山的国民革命，都无不如此。十月革命一声炮响，使中国人在西方之外看到另外一条发展之路，于是有了二十多年的制度之争和三十年的计划经济实践。事实上，这条发展之路也是基于俄国人对西方现代社会本质和规律认识的总结。战后，世界经济空前繁荣，而苏联却崩溃了，国人的眼光又

---

① A. K. Stuart, *The Origins of Order: Self-Organization and Selection in Evolution*, Oxford University, 1993, p. 173；［美］米歇尔·沃尔德罗普：《复杂——诞生于秩序与混沌边缘的科学》，陈玲译，生活·读书·新知三联书店1997年版，概述，第2页；许国志主编：《系统科学与工程研究》，上海科技教育出版社2000年版，第5页。

② 参见［比］伊·普里戈金、［法］伊·斯唐热：《从混沌到有序——人与自然的新对话》，第2—3、25、26页；［奥］L.贝塔兰菲：《一般系统论》，第2页；［比］G.尼科里斯、I.普里高津：《探索复杂性》，罗久里、陈奎宁译，四川教育出版社1986年版，第26页；［美］米歇尔·沃尔德罗普：《复杂——诞生于秩序与混沌边缘的科学》，第2页；钱学森等：《论系统工程》，湖南科学技术出版社1982年版，第245页。

③ 参见［法］埃德加·莫兰：《复杂性思想导论》，陈一壮译，华东师范大学出版社2008年版，第9页。

因此转向了西方世界。经过"文革"浩劫后的中国人同鸦片战争后的先人一样，为国门外的巨变所震惊：为何西方能锦上添花，而我们却一误再误？国人痛定思痛，反思历史，检讨现实，终于有了共识：西方的富强，根在市场经济。于是，厉行了三十年的计划经济逐渐让位于市场经济，这才有了经济的高速发展。有人就此认为，只要搞了对外开放和市场经济，就找到了实现现代化的秘诀，就能赶上西方。殊不知，在一个人口众多、文化悠久、传统深厚的国家里，实现现代化的难度远大于欧美，市场经济并非是万应灵丹。很少有人意识到，欧美的现代化，犹如人脑的生成，是一个自组织过程①，他们先天就具备了实现现代化的主要条件；而我们的现代化则是一个类似于制作电脑的他组织过程，它决定了我们不仅要如电脑的发明者那样，对人脑的本质属性、构造与思维规律有一个深入的了解，不仅应掌握现代社会的本质属性及其来龙去脉，还需要懂得把一些不能自动变成人脑的材料制成具有人脑功能的电脑的艰巨性，懂得要将一个天生的缺乏实现现代化主要条件的国家变成现代社会是一个极其复杂、需要高度智慧以实现合目的性控制的系统工程，因而绝不是借助于从未实施过此类工程的西方人的思想理论就能完成的。

所谓合目的性控制，是讲在认识系统演化的一般规律的基础上，对人类活动领域中的实体实施有效控制，以使系统朝着符合人类愿望的方向发展。② 哈肯说："经济学这样的动态系统通常也用控制论来处理"。比如，"有两个态，一个是事先给定的态，另一个是实际的态，控制论的任务就是将实际的态变到指定的态。"③ 而我们今天所面临的任务就是要将今日中国的实际态变到现代社会这个指定的态，以赶超发达国家。而要做到这一点，弄清楚指定的态，即现代社会的本质、发生的条件、规律和环境无疑是实现

---

① ［德］H.哈肯说："组织力或组织指令来于外部的称'组织'或'他组织'，来于内部的即为'自组织'。""例如一个工人集体，如果每个工人按照经理发出的外部指令而以一定的方式活动时，它就是一个组织过程；如果不存在给出的外部指令，而工人按照互相默契的某种原则，各尽其责地协调工作时，它就是一个自组织过程。"［德］H.哈肯：《信息与自组织——复杂系统的宏观方法》，郭治安等译，四川教育出版社1988年版，第10、29页；［德］H.哈肯：《协同学引论　物理学、化学和生物学中的非平衡相变》，徐锡申等译，原子能出版社1984年版，第240—241页。

② 参见张彦：《论系统发展的一般条件》，《南京大学学报（哲学社会科学版）》1992年第3期。

③ ［德］H.哈肯：《协同学讲座》，宁存政等译，陕西科学技术出版社1987年版，第135页；另参见庞元正、李建华编：《系统论、控制论、信息论经典文献选编》，求实出版社1989年版，第230页。

合目的性控制的首要前提；只有具备了这一前提，我们的现代化才会有希望。而我们目前对指定的态，除了市场经济、对外开放、民主政治之外又了解了多少？事实上，西方世界是如何兴起的，这是一个连精于理论思维的西方人自己都搞不清楚的问题。连"指定的态"都不清楚，我们又有什么根据和把握进行合目的性控制，实现现代化？不要忘记，我们的现代化发展模式的"变换之频繁，在近世世界史上是少见的"①。而哪一次的转换不都是我们在选择这个模式时，理论准备严重不足！固然，摸着石头可以过河，但那须以河水不深为前提，可现代化之河，暗礁无数，深不可测，波谲云诡，混沌无比；经历过多少危机与战乱，西方世界才有了今天，而今天的欧美仍然是如履薄冰，如临深渊。其间缘由，还不是因为他们并不明白其繁华世界是因何而来，自然也就担忧它将走向何方。更何况，现代化与反现代化的斗争远未终结。反现代化势力前仆后继，一个比一个难缠，两者之间，谁战胜谁的问题远未解决。所以，揭开西方世界兴起的奥秘，既是为发展中国家寻求强国之道，也是为发达国家探明其来龙去脉，为人类寻找未来。因为现代化是自有文字以来，人类史上的一场最伟大的变革，不清楚这场变革的千年伏脉，我们对历史规律的任何认知，不是皮毛之见，就是有待历史验证的假说，更不用说对人类的使命和未来这些重大问题做出科学论断了。

君不见，自现代社会问世以来，虽然罕有人对这场大变革的本质、来龙去脉和发生的根源有一个基于经过实践和历史反复检验的科学原理之上的系统认识，而对现代社会的批判、对其未来的诅咒却不绝于耳、代代相传。毋庸讳言，现代社会是伴随着"羊吃人"、黑奴买卖、殖民统治、世界大战等人间灾难来到世界上的。问世后，它又步履蹒跚，危机不断，似乎是未老先衰；但是，它却又病而不死，病后多福，创新辈出，牛气十足，生产力如火箭般地上升，将人类带进了一个又一个前所未有的时代。不仅常人过上了连昔日帝王也无法享受的生活，连"嫦娥登月"也成为事实。继哥伦布率先冲破海洋对人类的封锁，赢得了人类从未有过的大发展以来，人类又有望冲破浩瀚的宇宙套在身上的枷锁，造起"通天塔"。这不仅使人类能逃脱曾经

---

① 罗荣渠：《现代化新论》，第338页。

毁灭过恐龙那样的天灾地变，找到更好、更多的生存环境，获得更大的活动空间，还能使"自然在人的身上得到"完整的"自我意识"这个人类的最终使命①不再是梦想。因为在漫长的人类历史上，唯有现代社会才导致了科学技术的突飞猛进和生产力的蒸蒸日上，从而改变了人类与动物并无大异的生存方式，为人类实现其最终使命提供了现实的手段。所以，当我们摒弃人们之间的一切纷争，站在宇宙之巅，心系人类，来评价现代化给人类带来的变化时，你怎么也否认不了这一事实：除了现代化，人类再也没有其他的出路。② 所以，揭开西方世界兴起的千年之谜不仅能为发展中国家提供适用于他组织类型现代化的科学理论和知识体系，也可为人类提供一个能如实地解释其过去，科学地预示其未来的科学历史观；因此，它有益于民族的复兴，也有助于人类去开创一个新的文明时代。

　　四十年多前，因有感于当时中国的现实，我开始探索中国封建社会长期延续的原因，进而研究西方的现代化起源。在总结前人研究成果的基础上，我认清了现代化源头在哪里；1981 年，我把在狱中写成的文字整理成书稿《中国封建社会商品经济研究》，阐明中国之所以落后，主要是没有像西欧那样建立起基于私有权和个人自由之上的商品经济。而在当时的条件下，这本书稿的命运自然是折戟沉沙。而我也就此转入对起源过程中各个具体问题的研究，发表了数十篇相关的学术论文，并对其进行了系统综述，以成一家之言。③ 但是，能够自圆其说的理论又何止百家？如果其结论得不到实践的验证，谁又能确保它们是真理而不是戏说？然而，人类历史的一次性和不可重复性又决定了它无法为其研究结论提供验证的机会，以致从事社会历史研究的人为了证明其结论的客观性和真实性，不得不从其他学科那里寻找验证

---

　　① 恩格斯认为人类的产生使自然界在人的身上得到了自我意识（《自然辩证法》，中共中央马克思恩格斯列宁斯大林著作编译局译，人民出版社 1971 年版，第 18 页），但这意识很模糊，有很多错误和扭曲，故直到今天，人类还不能完全掌握和利用地球上所拥有的能量，人类还位于物理学家们所说的文明等级的最底层——0 级；唯有现代社会所带来的社会持续发展和科学技术的不断进步才有可能使人类穷尽宇宙的奥秘，以充分地利用全部星系的能量，上升到第三级人类文明，至此，才能真正地说自然界在人身上实现了它的自我意识。参见［美］加来道雄：《超越时空——通过平行宇宙、时间卷曲和第十维度的科学之旅》，刘尔玺、曹志良译，上海科技教育出版社 2009 年版，第 317—321 页。

　　② 参见金耀基：《中国现代化的文明秩序的建构——论中国的"现代化"与"现代性"》，载刘军宁等编：《经济民主与经济自由》，生活·读书·新知三联书店 1997 年版，第 47 页。

　　③ 参见毕道村：《西欧生产奴隶的消亡》，《史学理论研究》2007 年第 3 期。

其结论的依据。先是求助于神学，把自己的研究结论说成是神旨；后又求助于自然科学所找到的一般规律，通过逻辑演绎来阐明其研究对象也受这个一般规律的支配，以证实其结论的客观性和科学性。但是，自然科学也是在不断发展中，若不加区别，将科学家探究简单系统的成果用于生命进化的研究，那就枘凿不入了。所以，我始终关注自然科学的发展，以更新思维方式，解决用传统思维无法解决的难题，以便将研究基于先进的自然科学原理之上。初识"老三论"①后，我就认定当代自然科学的发展必将为人类锻造出前所未有的思想武器提供原料，所以，三十多年来，我不赶潮，不随流，对复杂性科学及其思维方式的发展穷追不舍。自组织理论的问世和复杂性思维方式的发展，使我过去百思不得其解的难题都迎刃而解，于是，我决心用复杂性科学来解密现代化的本质和西方世界的兴起，遂有《现代化本质》②和本书。

《现代化本质》用复杂性科学剖析和比较了人类史上发生的几次社会形态的变迁，第一次指出现代化绝非是人类历史上曾经发生过的两次社会转型的重演，而是人类史上唯一的一次宏观尺度上的自组织过程。前两次社会转型只是转换了生产方式和社会形态，却没有变动社会结构。现代化不仅是生产方式和社会形态的转换，还实现了社会结构的根本性的提升，即从一个社会要素种类单一、要素角色统一化，类似于一袋土豆那样的守恒结构③转换成社会要素种类繁多、角色专门化、特殊化，社会结构犹如人体那样高度有序的耗散结构。社会发展动力因此从"合力动力"转换成"协同动力"。系统结构决定系统功能，是社会结构的质变及其所导致的社会发展动力的转换才导致了生产力的飞跃、社会创新的层出不穷和经济社会的持续发展，从而使人类社会进入了一个前所未有的新时代。

本书旨在用复杂性科学的成果，将现代化起源的全过程在精神上再现出来，以揭示西方兴起的奥秘和东方落伍的根源。为此，本书首先进行思维方法的更新，用复杂性思维方法统率全局；用揭示了自组织生成和进化的一般

①　最先问世的三种系统理论：系统论、控制论和信息论。
②　毕道村：《现代化本质——对中世纪以来人类社会变化的新认识》，人民出版社2005年版。
③　守恒结构即谓超稳定结构，没有外力的介入，很难变化。耗散结构即是只有不断地与环境进行物能信息的交换、不断地消费和耗散物质和能量才能生存的系统，如人体。

规律的自组织理论（耗散结构论、协同学、超循环论和 CAS 理论）作为指导现代化起源研究的思维框架；再用这一理论和复杂性思维方法对二百多年来世界思想界的现代化起源理论进行审视、对照。审视是指用复杂性思维原则对这些理论进行分析，区分其精华和糟粕；对照是指以其精华来验证自组织理论所揭示的自组织生成和进化的一般规律，以证实其普适性。同时，将它们融入这个思维框架，整合成一个既阐释了自组织生成的一般规律，又阐明了这个规律在现代化过程中的具体形式的理论体系。继之以这个理论体系为指导，以复杂性思维方法为思维中介，遵循从抽象到具体、历史从哪里开始思想就从哪里开始的逻辑法则，对西罗马帝国灭亡以来的西欧社会的历史进行系统地剖析，以阐明这一时期西欧社会结构变迁的轨迹及其原因，揭示这些演变为何能为英国社会的发展和工业革命的爆发提供合适的环境，却又不能让西欧大陆各国的市场经济分娩成长，以致被锁定在现代社会门前而不能入内的根源。接着，对英国市场经济能率先分娩，由弱到强的前因后果进行缕析，探讨英国用何利器敲开了他国的大门，吸入大量的负熵流①，以致极大地加速了英国社会结构的分化与整合，使英国成了现代社会的滥觞之地；继之，通过分析西欧大陆和东方各国面临被英国率先现代化所改变的生存环境时所做出的不同反应和所引出的不同结果，揭开西方兴起的奥秘和东方文明古国迟滞不前及其现代化屡遭坎坷的原因，在世界范围内对本书的一系列结论进行广泛验证。

　　要真正地揭开西方世界兴起的奥秘，仅能自圆其说是绝对不够的。虽然自圆其说者也能举出自己的理论根据，但要么是自撰的，如布罗代尔的三时段论，要么与现代化的一般规律没有属种关系，如牛顿的动力学规律，唯有将研究基于自组织理论之上才能达到预期目的。因为自组织生成和进化的一般规律同现代社会生成的一般规律有属种关系，唯有如此，我们才能遵从一般到具体的逻辑路径，将现代化的全过程在精神上再现出来，并使结论基于自然科学原理之上而具有可验证性。在此基础上，进行严密的逻辑论证以达到数学公理化的程度才会有真正的意义。而要至此，仅有逻辑自洽是不够的，因为思维方式的大变革也极大地丰富了逻辑思维，我们开篇就对思维方

———————————

　　① 熵谓无秩序的量度；负熵流是指能增加系统的有序度的物质、能量和信息。

法进行更新，引进复杂性思维方法，目的不仅是为了找到能看清现代化奥秘的高倍显微镜，也是为了发现一个能如实地展现其发展脉络的方法论程序。我们坚持从抽象到具体、历史从哪里开始思想也从哪里开始的逻辑原则，不仅是为了找到一个能指导我们的研究沿着正确的逻辑路径发展，以达到预期目的的灯塔，也是为了设置一个能预防研究偏离这个轨道的防火墙。本书集二百年来世界现代化起源研究成果之大成，将其充实进自组织理论，除了能借此验证该理论的普适性外，还因为这样能形成证据链条。如同法官借助证据链条能确保案件判决的正确一样，它也能确保我们的研究结论的准确无误；而对东西方和西欧各国历史进行广泛的比较研究，也能使结论得到反复验证，获得多重证实。故此，本书着力于理论体系的构建、研究方法的整合、方法论程序和逻辑路径的规范。这是确保论证过程和结论的科学可信所必须的；也是现代化起源的复杂性所致，非此不足以揭其奥秘。同时，也是为了减少纷争，解除纠结，因为现代化起源的过程是唯一的，基本史实也都是清楚的，纷争和纠结就主要源于思维方法的滞后、理论的僵化和逻辑的混乱。① 然而，要真正地领会本书的核心，即现代化同人类的产生一样，都受制于自组织产生和进化的一般规律，则非易事。不先更新思维方式，就无法领悟这些原理及其背后的复杂机制，不具备多学科的知识就无法领会其中的精髓，为了使关心西方世界为何率先兴起的普通读者能尽快读懂本书，特撰写"全书概要"。

为节省篇幅，本书引证资料第一次出现时注明出版信息，以后出版不再重复。如有遗漏，请查参考书目。

---

① 贝塔兰菲等人说："历史学理论家之间的不一致，以及同官方历史的不一致，并不是资料问题而是解释的问题，即使用什么模型的问题。"［奥］L. 贝塔兰菲：《一般系统论》，第169页。贝塔兰菲，有时也译作贝塔朗菲。

全 书 概 要

本书所论，大众也很关心。但它涉及了社会科学的大多数学科，还以当今自然科学的一些理论和复杂性哲学为基石，所用的思维方式和哲学理论与人们熟习的思维方式和理论有明显不同，为了让读者尽快明白书中的内容，特写此概要。

一、现代化起源问题为何久拖未决，
今天凭什么能解决

开卷之前，也许有人会问，二百多年了，世界上那么多名人大家都没有能探讨清楚的问题，这次能讲清楚吗？答案是：并非他们无能，而是受当时科学发展水平的限制。

大家知道，二战以前，最著名的科学家是牛顿、爱因斯坦。但是，他们都是因研究重力、天体、空间、时间等无生命的东西而出名的，至于生命是怎样产生的，他们却没有答案；更不用说回答生命为何能不断地进化，产生出无数的物种乃至人类。[①] 以至人们说，牛顿能够解释天体运行，却搞不清楚一棵小草和一条毛虫是怎样来的。

自然科学如此状态，严重地制约着社会科学的发展。因为实验和实践是

[①] 或许有人说，达尔文的进化论不是提出人是由古猿进化而来的吗？实际上，进化论只是以有机体对环境变化的适应来解释生命的后天特点的进化，根本没涉及生命是如何从无机世界中自发地产生，并从中发展出上千万个动植物品种的难题。

寻找和验证规律的主要手段，人类历史因其一次性而无法用此手段，故社会科学常从自然科学那里借鉴成果，移植规律，以证实其结论的真理性。不仅大家熟知的哲学理论和社会发展规律很多都要溯源到牛顿的力学①，连思维方法也都来于自然科学。世界是简单的；再复杂的东西也可还原为简单的要素，这个被命名为"还原论"的简单性思维方法一直统治着哲学和社会科学界。人们用它和当时的科学成果去寻找人类社会发展的一般规律，进而用这个规律去指导现代化研究，探讨现代社会的本质及其生成和发展的规律。因为根据认识规律，要了解一个具体事物，就必须预先掌握支配这个事物存在和发展的一般规律。医生要了解病人的心脏有无问题，你就得掌握人体构造的一般规律，就要知道心脏长在胸部的左边，而不是右边；由心房、心室构成；等等。

由于以牛顿和爱因斯坦为代表的自然科学研究的主要对象是人类所知的无生命的无机世界，而不是有生命的生物体，揭示出的是一部分无机世界内的各种系统及其之间相互转型（如冰化成水，水变成汽）的一般规律，而不是生命的产生及其进化的一般规律，因此，他们不了解小草和小毛虫是很自然的。然而，人们却拿悉知的部分无机世界的一般规律及其所形成的简单性思维方式去研究生物世界，并且研究的是比小草和毛虫不知复杂多少的人所组成的社会，且是这个社会中的最复杂的阶段——现代社会——的生成规律，那怎么可能得到令人信服的答案！

不要说生物体（如人体）的组分的种类之众、层次之多、结构之复杂与无机物（如矿石）有霄壤之别；其本质及生成途径与无机物也截然不同。无机物与宇宙同生，无处不在；没有外力的作用，其结构和性质亘古不变；若有变化，一定是外力作用的结果，故被称为他组织。而生命则非无处不在，它只能在适宜的环境中生存，迄今为止，太阳系中只有地球才有生命就是明证。而一切生命，都具有主动性、学习性和适应性；能自我生长、自我修复，拥有生命力，故一切生命都是自组织。自组织的顶端是人类，人类是从低级生命进化而来的；在生物的进化过程中，有99%的物种，包括很多

---

① 哲学需要科学供给它原料，故传统哲学的系列范畴都离不开当时的自然科学。如其所讲的社会发展规律具有自然法则一样的必然性，即来自牛顿的动力学规律；所讲的历史发展的动力是合力动力也来源于力学；连上层建筑、生产力等名词也是从力学中借来的。详情请参见本书第二章。

人种都消失了①，这说明，生物进化的条件相当苛刻。随人类产生而来的最初的人类社会组织，同其他动物的社会，如猿猴的社会并无大异，都是基于血缘关系之上，而能从传统社会自发地进化到现代社会的仅有英国。这说明，同低级生命进化成人类一样，从传统社会进化成现代社会，所需要的条件也十分苛刻。原始生命是如何进化成人类的，它需要哪些条件，拥有什么规律？这是牛顿、爱因斯坦时代的科学家们完全弄不明白的事情，而人们却用他们研究他组织的科学成果去研究自组织的产生和进化，那岂不是张冠李戴，完全弄错了对象吗?! 了解到这些，我相信大家都会明白，二百多年来的名人大家为何找不到现代化起源的真正原因。

二战后的自然科学，尤其是分子生物学和自组织理论，揭示出了无机物中是怎样产生出了原始生命、原始生命如何发展出几百万个物种进而产生出人类的奥秘；概括出了自组织——生命——生成和进化的一般规律。同时，二战后的自然科学，如量子力学等，也都以其成果证实了世界是复杂的，而不是像以前的科学所认识的那样，世界是简单的，由此导致了人类思维方式的大变革，产生了复杂性思维方法和复杂性哲学。

只有掌握了自组织——生命——产生和进化的一般规律，又了解将这个一般规律引入研究特殊的自组织——现代化——所必须遵守的思维模式（复杂性哲学），人们才能揭示西方世界兴起的奥秘。

二、现代社会是什么，现代化究竟为何物

要洞晓现代社会兴起的奥秘，就先要了解现代社会的本质，它到底是什么，它与传统社会有哪些不同。唯有如此，才能知道现代化，即现代社会的产生同它先前发生的两次社会转型，即原始社会向奴隶社会的转型、奴隶社会向封建社会的转型有何本质上的差异②，从而知道现代化究竟为何物。

概括起来，现代社会有不同于传统社会的五大特征：

---

① 参见 [意] 欧文·拉兹洛：《进化——广义综合理论》，闵家胤译，社会科学文献出版社 1988 年版，第 86、87 页；[法] 埃德加·莫兰：《复杂性思想导论》，第 61 页。

② 关于现代化之前的社会转型学术界有多种说法。如西方学者认为只发生过采集—狩猎社会向农业—游牧社会的转型，这里采用的是马克思主义史学的说法。

一是生产力加速度地向前发展，致使现代社会从自然界攫取物质、能量和信息的能力与传统社会有霄壤之别。《共产党宣言》中讲："资产阶级在它的不到一百年的阶级统治中所创造的生产力，比过去一切世代创造的全部生产力还要多，还要大。"[1] 据统计，世界工业品的年平均增长率，1705—1785年为1.5%；工业革命后上升到2.5%；第二次世界大战后的1948—1977年上升到5.6%，"1953—1973年世界工业总产量相当于1800年以来一个半世纪的工业总产量之和"[2]。可见，工业革命以来，生产力的发展是加速度的，翻番的时间越来越短。

二是实现了经济社会的持续发展。享誉世界的法国历史学家布罗代尔说，现代社会"经济增长持续不断，这是奇迹中的奇迹。甚至在危机时间，高潮也从不完全停止"[3]；而传统社会却从没有迈过马尔萨斯陷阱。[4] 其"增长时断时续，在长达几个世纪的时间内，表现为一系列的飞跃和卡壳，甚至倒退。这里区分几个很长的阶段：1100—1350年；1350—1450年；1450—1520年；1520—1720年；1720—1817年。这些阶段互相矛盾：人口在第一阶段有所上升，在第二阶段改为下降，到第三阶段再次上升，在第四阶段处于停滞状态，到最后一个阶段又飞跃上升。每次人口上升，生产和国民收入均有所增长，似乎适于证实以下的古谚：'人丁旺，百业兴。'但与此同时，人均收入则相应衰退，甚至直线下降；只有当人口增长处于停滞状态时，人均收入才有所改善。布朗和霍普金斯对工业革命前七百年西欧的经济数据所做的统计也充分地证明了这一点。"[5] 古代东方社会并不好于西欧，以致人们称印度社会为活化石；说中国封建社会"两千年皆秦制"，为"兴亡周期律"所统治。

三是科学技术突飞猛进，制度创新层出不穷。据统计，二战后的科学技

[1]　《马克思恩格斯选集》第1卷，人民出版社1995年版，第277页。

[2]　W. W. Rostow, *Rich Countries and Poor Countries: Reflections on the Past, Lessons for the Future*, New York, 1987, p. 87.

[3]　[法]费尔南·布罗代尔：《15至18世纪的物质文明、经济和资本主义》第三卷，第685页。

[4]　英国人马尔萨斯在其著作《人口原理》中提出的学说，他认为，生活资料以算术级数增长，人口以几何级数增长，当粮食无法满足人口增长的需要的时候，就会用饥荒、战争等方式来消灭过多的人口，以恢复两者的平衡，开始新的循环。这是传统社会通行的规律。工业革命后，人均收入增长超过人口增长已成为现代社会的普遍特征。

[5]　[法]费尔南·布罗代尔：《15至18世纪的物质文明、经济和资本主义》第三卷，第685页。

术成果占整个人类历史发明总量的90%。①

四是政权更迭有序，社会长治久安，历史兴亡周期律寿终正寝。如英国自1688年的光荣革命后，三百多年了，没有出现大的社会动乱。而传统社会却从来没有摆脱历史兴亡周期律。

五是具有自我修复、自我增长的能力。自现代社会问世之日起，经济危机就屡见不鲜。危机使经济发展失衡，但也给制度创新、技术创新提供了刺激和机遇，这不仅使经济得到了恢复，还会有更快的发展，促使社会由机械时代进步到电气时代，又从电气时代发展到信息时代。

现代社会的这五大特征，已是共识。美国著名的政治理论家亨廷顿说："在大部分现代化理论家们看来，现代社会与传统社会的根本区别在于现代社会能在更大程度上控制其自然和社会环境"②。丹克瓦特·A.拉斯托说，现代化的含义就是"通过人们之间更密切的合作急剧扩大了对自然的控制"③。罗斯托认为，现代社会"是具备有经济上自我持续增长能力的社会"④。布罗代尔也认定"现代的增长也就是持续的增长"⑤。

是什么原因使现代社会具有这样的能力和特征？是不是像通常所说的那样，也是生产力发展的结果？因为生产力是社会发展的基本动力，是第一推动力，是"不受动的始动者"；而生产关系、上层建筑的变化，社会形态的更替等，都是它发展的结果，因此，现代社会的产生也是生产力发展的产物。

那么，何谓生产力？按《经济学辞典》的解释，生产力是"生产过程中人与自然的关系，它表明某一社会的人们控制与征服自然的能力"。当我们将人类社会和自然界都分别视为一个整体时，它们之间的相互作用就是人类社会中的各种相互作用的基础了。从这点上讲，生产力是社会生存和发展的基础是正确的，因为人类只有从自然界获得食物、衣物、燃料等，使自己

① 参见［意］欧文·拉兹洛：《进化——广义综合理论》，第180页。
② 参见亨廷顿：《关于现代化的几个基本理论问题》；谢立中、孙立平主编：《二十世纪西方现代化理论文选》，上海三联书店2002年版，第202页。
③ 拉斯托：《国家的边界》，转引自《二十世纪西方现代化理论文选》，第202页。
④ ［美］西里尔·E.布莱克编：《比较现代化》，杨豫、陈祖洲译，上海译文出版社1996年版，"译者前言"第9页。
⑤ 转引自［法］费尔南·布罗代尔：《15至18世纪的物质文明、经济和资本主义》第三卷，第684页。

能够存活下来，才能从事其他活动。然而，如果因此就认为，生产力越发达，人类社会从自然界攫取的物质能量就越多，传统社会就能升级换代为现代社会，那就大错特错了。这就好比任何生物，离开了空气、水、阳光等来自自然界的物质能量，就无法生存，更不用说发展了；但若因此而认为，生物的进化，从植物进化为动物，从软体动物进化到脊椎动物，都是生物从自然界攫取能量和物质的能力不断提升的结果，那就有悖于常识了。

常识告诉我们，软体动物吃再多的东西，也不会升格为脊椎动物；猿猴吃再多的食物，也不会升级为人。道理很简单，外因要通过内因才起作用。一个社会要上升为现代社会，仅有生产力的增强，即仅靠它增加从自然界获得的物质、能量和信息是远远不够的，它自身还必须具备相应的结构。不具备一定的结构，猿猴就不能演化成人，传统社会就不能转型为现代社会。猿猴就不可能拥有人那样的本领，传统社会从自然界攫取物质能量和信息的能力就要远逊于现代社会。因为任何本领、功能都不是实体，而是实体所具有的属性，即所具有的能力。功能只是"毛"，而不是"皮"，"皮之不存，毛将焉附"？要有功能，得先有系统结构；有了人体，才有了人体的功能。功能可以改变结构，但改变的幅度有限，因为它是反作用，会受到既有结构的限制。一只猴子，多吃点、吃好点，它就会强壮一些，力气就会大一些，从自然界获得的东西就会多一些，但它永远不可能像人那样创造财富。因此，一个动物、一个人具有什么样的功能，有多大本事，首先取决于他的身体结构。一个瘫子不可能下地犁田，一个痴呆儿不可能布下陷阱以猎取野兽，原因就在于他们的身体结构有异于常人。复杂性哲学因而概括出一个普适性的科学原理：虽然系统功能会对系统结构起反作用，但归根到底是系统结构决定系统功能。炭和金刚石都由碳元素构成，但它们的性质和功能却大相悬殊，其原因就在于它们的结构不同。人体适应、支配和改造自然界的能力之所以远胜于各种动物，也是因为人的身体结构，尤其是大脑，远比后者复杂。因此，有什么样的社会结构就有什么样的生产力。是社会结构决定社会功能，决定社会控制与征服自然界，以从中获取物质、能量和信息的能力；而不是相反。马克思其实也是这个观点，本书第二章第六节中有这方面的大量论述。

懂得了系统结构决定系统功能的道理，我们也就明白了现代社会之所以具有传统社会所没有的上述五大功能，并非是生产力发展所致，而是因为它的社会结构截然不同于传统社会。这也就说明，传统社会之所以不具备这些功能，主要是它虽然历经了两次社会形态的转换，但只改变了社会的生产组织，即从农村公社转为奴隶制庄园；从奴隶制庄园转为封建地主制经济，从而转换了生产方式和社会形态，但它并没有改变社会的宏观结构。① 社会要素的种类仍然是单一的，要素间相互联系的距离仍然很短；政教合一，政法合一，文化一元，整个社会结构的性质没有大的变化。仍然是要素种类单一、独立性强、角色同一，类似于一袋土豆那样的守恒结构。

所谓守恒结构，即结构简单（构成要素种类和层次单一或不多）而又不变的系统结构。如铁器、石头、泥土、水等。没有外力的介入，这种系统的结构是很难改变的。因此，通俗地讲，这是一个没有生命力，即缺乏自组织、自生长能力的系统。除无机系统外，凡系统结构稳定难变的系统均属守恒结构。中国封建社会长期延续，故人们说它是个超稳定结构②，所谓超稳定，也就是说恒久不变，故也属守恒系统。

同其他守恒系统一样，传统社会结构简单，要素种类单一，绝大多数要素是小农经济。它们种类相同，独立性强，互补性就差，故少有物质能量信息的相互交流，如长途贩运那样的物质能量信息的宏观流动与转换是微不足道的。它军政合一、政法合一、政教合一、思想一元，社会各层次的结构都很简单。同无机系统对外封闭一样，和周边环境进行物质、能量和信息的交换并不是其存在的前提。

由于系统要素种类单一，故守恒系统要素间的相互作用是线性的。即1+1只能等于2，不能等于3或更多。这也就是说，只能产生量变，不会涌现出新的东西，缺乏自我生存和自我生长的能力。小农独立性强，一户小农就是个生产单位，男耕女织，除了自己的家人和亲戚、邻居外，他得不到社会的任

① 通俗讲，宏观结构是指系统在大尺度、大范围内建立联系的情况。如一块冰，在小尺度、小范围内，呈六角形，这是水分子相互建立了联系的产物；在大范围内，却到处是这种六角形，各处并无不同，故彼此间没有什么联系。反之，如人体，不仅其微观结构是由很多要素相互联系而成的，在大范围内，各处分布的要素、器官都不相同，且彼此之间都有广泛的联系。

② 金观涛认为，中国封建社会之所以长期延续，关键就是因为它拥有一个由儒家学说和儒生做黏合剂的，因而超常稳定的社会结构。参见金观涛、刘青峰：《兴盛与危机——论中国封建社会的超稳定结构》，湖南人民出版社1984年版。

何帮助，彼此联系微弱且距离短，孤立无援，不仅使劳动生产率很低，且不可避免地因天灾人祸而衰败。这正如马克思说的小农，"只要死一头母牛，他就不能按原有的规模来重新开始他的再生产"①，一次歉收就会饿殍遍野。

那么，传统社会内部为何又会出现生产力的进步及生产方式和社会形态的转换？

这主要是社会的要素——人，不同于无机系统中的要素。他有智慧、情感、意志，其行动拥有主动性、能动性、学习性等许多特点。这决定了人能够在与他人、与自然环境的交往过程中，不断地学习，积累经验，并根据经验来调整或改进包括生产关系、生产方式、生产组织、国家制度在内的社会制度，以适应变化了的生产力和社会环境。于是，也就有了现代社会之前的社会形态的两次更替，从而为一些人把系统功能对系统结构的反作用误认为生产力是社会发展的根本动力提供了事实依据和经验支撑，并致使他们用这一思想去推断现代社会的生成和未来。

但是，在复杂性科学尚未问世、生命的起源和自组织生成的奥秘尚未被揭开的传统社会里，由人的主动性、学习性、创造性等特性所导致的社会制度的改进和调整不仅要受到不同利益的各阶级的左右，还要受制于科学的发展水平及由此而决定的简单性的思维方式的不利影响，它所得出来的简单性结论则如埃德加·莫兰所说，常常会使人类"付出了残酷的代价"，"导致了无穷的悲剧"②。所以，人们对社会的改进和调整对社会发展的影响既会顺向，也会逆向，故此，恩格斯说历史发展的动力是各种相互冲突的力的平行四边形所形成的合力。由于合力只有正、负的变化而难有新质力量的产生，故传统社会可以有生产方式和社会形态的变迁，但其社会的宏观结构却不会变更，要素性质可变但种类单一却变不了，故它同铁器、泥土等无机系统的系统结构一样，是守恒的、超稳定的。

同传统社会一样，现代社会的一系列制度：市场经济、宪政法治、市民

---

① 《马克思恩格斯全集》第 25 卷，人民出版社 1974 年版，第 678 页。

② ［法］埃德加·莫兰：《复杂性思想导论》，第 7 页。据美国历史学家鲁道夫·J. 鲁梅尔于 1994 年估算，20 世纪，不包括因政治迫害和战争而死的人，单是种族杀戮的死难者就达 1.7 亿人；若再加上类似于波尔布特所进行的社会革命试验所死亡的人数，死难者数量就更大了。参见［英］卡尔·波普尔：《开放社会及其敌人》第 1 卷，陆衡等译，中国社会科学出版社 1999 年版，第 1 页。

社会、新教文化、思想自由等也都是西欧人尤其是英国人，为了追求眼前的利益、适应生产力的进退和环境的变化，不断地对制度进行调整所形成的。但是，他们这次却是调整出了一个前所未有的结果：将社会系统从守恒结构转换成了能够自我生长、自我修复，具有旺盛的生命力的生物体结构。这就是说，现代化不仅用资本主义生产组织取代了传统的生产组织，以致转换了社会的生产方式和社会形态，而且还从根本上改变了社会的宏观结构，使其从要素种类单一、独立性强、角色同一，类似于一袋土豆那样的没有生命力的守恒结构，转换成了要素种类繁多、相互依存性极强、系统结构犹如人体一样高度有序、生命力极为旺盛的生物体结构。同样是调整，他们这次调整却是产生出了以往调整从未出现过的结果，这就是现代化研究所要解答的问题。

系统结构决定系统功能，正是社会结构的这一转换，才使现代社会拥有传统社会所没有的上述五大特征，具有后者所没有的旺盛的生命力。其间奥秘，只要比较一下没有生命力的一袋土豆的结构和人体的结构就清楚了。前者要素单一，要素间不像人体脏器那样，通过血液循环和神经系统建立起相互作用的密集的网络，而是彼此间很少联系，无需同外界交往就能生存，因此，其所具有的功能，如它给外界的压力——重量，只能是各个土豆的重量的相加，因而是线性的：$1+1=2$。人体就不同了，其要素、器官种类繁多，它们独立性差，只有相互交往，并与外界进行物质和能量的交换才能生存和发展，从而在人体内外形成了巨大的物质、能量和信息的宏观流动和转换。卷入其中的要素和器官量多种杂，其相互作用的性质因而不再是线性而是非线性。即$1+1$不再是等于2，而是等于3、4，甚至更多，产生了整体大于部分之和的结果。且系统越复杂，系统的非线性就越强，涌现出的新东西就越多，系统功能就越强大，人所具有的功能之所以远胜于其他动物，根源就在于他的身体结构，尤其是指挥全身的大脑的结构最复杂、有序程度最高。

懂得了这一点，也就不难理解现代社会为何制度创新、技术创新层出不穷，生产力能加速度地发展。如美国的农民，是全社会来帮他种田。一个家庭农场的耕地、播种、施肥、除草、打药都雇用专业公司的人来完成；还有专业公司为其研究和试验良种，商业公司为其安排运输和市场；有保险公司、银行等机构为他保驾护航，使他不至于因某个天灾人祸而破产；还有一个庞大的社会网络将世界各地发生的创新迅速地传递到他那里，使其农场的设备、设施、技术和市场等得到及时的提升和发展，在一个农家的背后竟有一个如此庞大的社会网络在支撑着它，这就难怪今日一个美国农民创造的劳动生产率是今天仍然坚守着传统小农生产方式的中国农民的劳动生产率的230倍以上。可见，现代社会的个人劳动生产率之所以远高于传统社会，关键是其背后有一个由众多不同行业、地域甚至不同国家的人们相互支持、相互合作所产生的协同力。他们联合起来，甚至调动国际资源和技术从自然界获取财富，所产生的协同效应之大和非线性效果之强，所释放出来的生产力之强大，是传统社会望尘莫及的。现代社会的社会发展动力因而也不再是传统社会的合力动力，而是要素间相互合作居统治地位的协同动力；这是社会要素高度分化所导致的长程关联、密切合作的必然产物。因此，现代化绝不同于它之前发生的人类社会转型，它不仅是人类史上唯一的一次宏观尺度上的自组织过程，即一个没有自组织能力（生命力）的社会转换为一个有自组织能力的社会，还升级为生命力最为旺盛的社会。其实质就如同不仅将无生命的东西转换成生命，还转换成了最高端的生命——人。

同一切生命体一样，这个社会也是自发产生的。没有任何史实表明有人事先对这些制度进行过设计，更不用说由这些制度相互嵌套而形成的现代社会结构了；尽管斯密、孟德斯鸠等人对现代社会的经济制度和政治制度有一套理论，但也都是对现代社会既成事实的总结，而不是预先的设计，以至连今天的欧美之人，也无不感叹地说："我们生活在资本主义世界，却并不了解它。"可见，英国社会转型为高度有序的自组织，既不是外界强加的，也不是按人们的设计图建成的，而是一个地地道道的自组织过程。这就意味着，在环境适宜的前提下，它能成为自组织，成长为什么样的自组织，主要是其内部的组织指令，因此，我们只有掌握了自组织产生和进化的一般规律，才能在其指导下揭示现代社会生成的奥秘。

三、生命奥秘的揭示使人们掌握了
自组织产生和进化的一般规律

生命系统是最典型的自组织和"系统的自组织行为"。分子生物学和自组织理论揭示了生命起源及衍变出几百万个物种的奥秘，人们因此掌握了自组织产生和进化的一般规律①，依据这一规律，任何自组织只能产生于一个特定的适宜环境中。人类之所以产生于地球而不是太阳系的其他行星，就是因为唯有地球才能满足人体进行新陈代谢所需要的空气、适宜的温度、多样的物种构成的生态圈等诸多条件。同时，环境本身，也要受自组织的影响。如地球虽然为原始生命的产生提供了磁场屏障、适宜温度等条件，但原始生命产生后使还原性大气转变成了氧化性大气，这才有了地球上的鸟语花香，动植物品种的大爆炸，形成了一串串的食物链条，一个适于人类产生和发展的生态环境才得以成形。因此，我们首先要搞清楚，从地球的原始环境中是怎样产生了原始生命和各类生物；继之要明白的是：原始生命和各类生物又是怎样改变了地球的生态环境。

现代宇宙学和分子生物学的研究表明，生命的建材是氨基酸、核苷酸等多种有机小分子物质。它们或来于彗星等天体，或产生于地球，聚集于原始的海洋中。经过长期积累、相互作用，形成了原始蛋白质分子和核酸分子。这两种分子结合为一体后，就形成了一种能相互复制、互为因果，因而具有自生长、自组织功能的分子体系。其中，蛋白质能形成各种具有某一功能的空间结构，但它本身的复制和合成却必须借助核酸所携带的信息来编码；而核酸的复制和翻译又是由蛋白质来催化和表达的，于是，两者就形成了一个首尾相连的催化循环圈。②

催化循环圈的问世完满地解答了"是鸡生蛋，还是蛋生鸡"这个古老的问题。因为当鸡生蛋、蛋也生鸡时，两者就形成了一个相互作用的封闭圈。此时，不仅谁生谁的问题不复存在，且能在无需外力的催化下，这个圈就能自行地增长。不仅圈内的双方能相互复制、相互催化，各个循环圈之间也能彼此交叉、相互嵌套在一起，从而使各圈内的各方在相互作用、相互复制、相互催化时，各圈之间又会交叉复制、交叉催化，形成了功能组织更为强大的所谓"超循环"。依此途径，超循环升级为功能组织更上层楼的"复

---

① 事实上，复杂性科学研究过的自组织现象绝非仅有生命的产生，还研究过激光、化学钟、凝聚态等自组织现象，因此，自组织生成的一般规律并非仅是从生命产生中抽象出来的，而是研究过无数个自组织现象后的概括。

② 一般来讲，任何化学反应均由底物、催化剂和生成物构成。在催化剂的帮助下，底物发生化学反应，产生生成物，即谓"反应循环"。其中，催化剂是外来的。如果反应能将催化剂再生产出来，那么接下来的化学反应不需要另外提供催化剂就能继续下去，这即谓"催化循环"。

杂超循环"。"复杂超循环"又从"基本的复杂超循环"（或曰二元复合超循环）升级为"多元复合超循环"。随着循环圈的不断升级，循环圈的功能组织及其产物也不断地发展和增长，且增长得越来越快，与外界环境进行的原始交换活动的规模越来越大，从而形成了具有新陈代谢功能和能够进行繁殖的大分子体系。它们会聚在一起，产生了原始生命。最初的原始生命是没有细胞膜和染色体的原核细胞，它们聚在一起后，就产生了真核细胞。真核细胞有细胞膜、核心；核心中有含有 DNA 的片段，名为"基因"的、带有遗传信息的"碱基对"。真核细胞是通过细胞分裂来繁殖的，以它为基础，又开始了新一轮的超循环。通过组织上的相互嵌套、功能上的相互耦合，依次产生了组织、器官（心脏、血管等）、系统（血液系统等）和生物体，进而衍生出各种各样的生物。而所有这些，都要溯源到由核酸和蛋白质相互结合而成的催化循环圈。这也就是说，这个循环圈是地球上一切生命的起点。故此，科学家们将核酸和蛋白质的结合体称为生命的"密码载体"（以下简称"密码载体"）。"密码载体"是生命的起源和基点，也是多元复合超循环体的基石。由无数个源于"密码载体"的超循环圈的相互嵌套、相互耦合而成的多元复合超循环体是一切生物的载体和各类器官。只有具有这样的载体和各类器官，维持生命和生命体功能的血气流才能在其内畅通无阻，生物体才能因此而具有特定的功能，"密码载体"及基于其上的细胞才会因有源源不断的物能流的供应而能持续分裂和繁殖，生物体才得以拥有自我修复、自我生长的生命力；否则，血气流就会因体内缺乏某些器官，或器官之间没有相互嵌套、相互耦合而被阻梗以致中断。如是，不要说发挥其机体的功能，连维持细胞的新陈代谢所需要的物能流都会中断，细胞的繁殖和"密码载体"就会停止，生命也就会因此而终结。

初生的原始生命是非常脆弱的，它们只能在较窄范围的温度和溶液的范围内保持其生物活性，且这种活性还容易遭到紫外辐射的破坏，因此，它们只能在特殊的环境中生存。在这种环境的保护和所提供的物质、能量的支持下，才逐渐地成长和扩展起来。而它们的成长和扩展则又会反作用于这个特殊的环境，使它与生命的成长和扩展同步。这主要是空气中的二氧化碳会被不断繁衍的原始生命转换成氧气。大气中的氧气日益增多，从而为生物的进化和多样化创造了条件；生物的进化和多样化则又形成了新的生态循环圈，为生物的进一步进化，乃至为新生物的产生创造了条件。例如，低等生物的产生为高等生物的问世创造了条件，以至逐渐产生了各种食物链条。可见，正是由于生命与保护、支持生命成长的特殊环境之间也形成了一个相互复制、相互催生的催化循环圈，才为生物的进化提供了适宜的环境，使其进化犹如一棵不断分杈的树木，产生出了数百万种生理机制、生态习性和结构有序度大不相同，但却共有一个统一的"密码载体"的生物大千世界。这就表明，生物的进化，或曰"密码载体"从催化循环圈成长为维数不等的多元复杂超循环体，还必须有能推进这个成长过程的"催化剂"，并且需要这些"催化剂"同这个成长过程中的各个循环体也能相互作用、相互复制、相互促进，融合成催化循环圈，乃至多元复杂超循环体。唯此，环境才能为后者的生存和成长提供越来越多的物质、能量和信息，后者才能进行新陈代谢、生存下来并成长为维数不等的多元复合超循环体，即生命进化过程中的各种等级、各种类型的生物，直到人体。

生态环境为生物的生存和进化创造了必要条件，但生物之所以能进化，则主要是其"密码载体"DNA及其所产生的生命力。DNA中的核酸由4种核苷酸组成，组成蛋白质的则有20种氨基酸。每种核苷酸上都含有不同的碱基。碱基按互补配对的原则将两条多核苷酸链联结在一起，就形成了著名的双螺旋体，即DNA分子链（见示意图），由于不同种类、不同排列的碱基对所携带的遗传信息不一样，故DNA分子链各个片段所携带的遗传信息不同。当DNA上的两个分子链被拆开后，与其中一个分子链相结合的氨基酸分子就会按照DNA上的碱基对的排列形成特定的结构，它们相互联结就成了具有特定功能的组织。由于一个DNA分子链上面有上万个碱基对，同氨基酸结合成为染色体的DNA只是其片段，余下80%—95%的DNA分子则成为游离于细胞质中的所谓"沉默基因"。虽然染色体通过配对参与物种的遗传，但决定动物性状的还是染色体内的DNA。由其中的碱基对，即通常所说的基因来指导蛋白质的复制，其所携带的不同信息使形成的蛋白质有着不同的系统结构，从而衍生出不同的物种。前面讲过，自组织不同于他组织的根本之处，就是演变成什么性状的自组织全取决于系统内部的组织指令，而基因就是系统内发出这种指令的司令部。

因此，生物的进化，除细胞会聚外，就主要源于基因的嬗变，而促使嬗

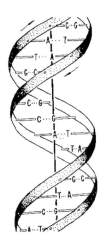

DNA 双螺旋示意图

说明：两个链条中间各个阶梯上的双股线即为碱基对。

变的发生，一是基因复制错误。这是难免的，故有"一娘生九子，九子各不同"之说。其中错误较大而又能保留下来的，就能产生性状不同甚至全新的物种。二是基因交换，产生了不同禀性的后代。如两性交配能使来自父母的两个染色体通过交换重组而形成新的染色体，从而产生出有别于父母的后代。差别的大小与父母染色体中的基因之间的差别往往是成正比的，差别越大，所取得的杂交优势就越大。三是生命都拥有主动性、学习性和适应性等特性。这些特性赋予了生物从环境的互动中去学习，以适应环境、求得生存的能力。主动性和学习性使它能将环境及与环境互动的信息留存下来，积累成信息库；当再次遇到环境的变化时，生物就会将其同信息库中的信息进行对照比较，因而能够预知将要发生什么样的结果，转而从"沉默 DNA"①中去选择那些产生的功能组织更能适应环境的片段，以替代染色体中相应的DNA 片段。由于 DNA 的各个片段上所拥有的基因不一样，基因替代就会带来生物体性能的变化，甚至产生一个形体和性质全然不同的新物种。由于环境中也包括许多其他的生物主体，故任何生物在适应环境上所做的努力也包

---

① 沉默基因又称调节基因，指未组合进染色体，留在细胞质中的 DNA。一般占到全部基因的80%，在复杂动物中，甚至高达 95%。

括去适应别的生物，故信息库也是决定同其他生物建立何种关系，并据此来改变 DNA 的"司令部"。人类的社会组织之所以能进化到动物组织远所不及的程度，其信息库拥有后者所缺乏的理性和语言是关键。①

生物独有的学习性等特性造就了系统的信息库，而自组织之别于他组织，就在于它的生成和进化要听命于系统内部的组织指令；生物之间的进化水平之所以高低悬殊，也源于信息库的差异。故信息库居于自组织的最高层次，能决定 DNA 的更换，对生物的进化起决定性作用。其地位和作用如同"大脑"，故"大脑"最发达的人必然居生物体的顶端。

但是，尽管生物体能够通过改变基因去主动地适应不同的环境和环境的变迁，可成功率并不高。考古学资料证明，在生物的进化过程中，有 99% 的品种消失了。留下来的物种，其学习性、适应性自然是较强的，而其性状和有序度也因此而呈现出极大的差异。差异促成了生物间的相互利用，形成了食物链，一个适于人类产生和繁衍的生态环境在各类生物和自然环境的相互作用下逐渐形成。当大量古猿被迫走出森林时，人类祖先就从他们之中脱颖而出，发展成现代人。② 其原因，就在于人类祖先拥有不同于其他古猿的基因、学习能力及其所造就的信息库。③ 由此所发出的组织指令，使他们能直立行走，通过劳动制造工具，产生语言，增进思维，使大脑结构越来越复杂，最终完成了由古猿到现代人的进化。

如本书第三章第四节中所述，世界两百多年来的现代化起源的研究成果，虽然都是些"树木之见"，但综而视之，就会惊奇地发现，它们所揭示出的现代社会生成的条件和轨迹，则和上述生物产生和进化的规律是一致

① 如马克思援引斯密的话说，人类之所以不同于动物，能相互补益，关键就是人会运用理性和语言。参见《马克思恩格斯全集》第 42 卷，人民出版社 1979 年版，第 147 页。

② 按达尔文的进化论，人类是从古猿进化而成的，但是，从古猿到类人猿之间有 40 万年的空白期没有化石可供资证。故此，人们认为进化论尚是假说，并因此而另外提出多种人类起源说，其中影响最大的是人是从海豚等水中动物进化而成的；人是外星人来到地球后和古猿交配而成的；等等。然而，不论人们对人类起源做何种解释，都不影响人是从其他生命体进化而成的事实，即使人是上帝造的，那上帝又是从何而来的？那造上帝的上帝如果不是一种生命，他又怎么可能造出上帝？所以，人类到底从何而来并不影响人类从生命中脱颖而出的结论，因为外星人、上帝也都是一种生命。

③ 如头骨和大脑皮层面积比其他古猿大得多；与感觉、运动的综合以及语言、记忆相联系的额叶、顶叶和颞叶的区域也比其他古猿大；前肢较短，脊柱呈 S 形弯曲，从而便于人类直立行走；食物范围也比其他古猿广得多；等等。

的。从历史实际中总结出来的这些成果竟和上述科学成果殊途同归，这绝非巧合，而只能证实后者的普适性，证明了现代社会的生成也是严格地遵循着自组织产生和进化的一般规律而无任何例外。以其为指导，遵循从抽象到具体、历史从哪里开始思想也从哪里开始的逻辑原则①，就能将第一个现代社会产生的全过程在精神上再现出来。

四、西欧大陆为何能为英国现代社会的生成提供适宜的环境

如同人类的产生需要一个适宜的生态环境，只能产生于地球，而不能产生于月球上一样，同为自组织的第一个现代社会，其产生也需要有一个适宜的社会环境。为什么英国能成为工业革命的发源地，而同样为岛国的日本却不能成为第一个现代国家？原因就在于英国位于西欧。西欧为英国现代社会的生成提供了源源不断的市场、技术、资本、制度和思想等，而东亚却做不到这一点。没有西欧提供的这些资源，那英国就会像一个缺乏食物的人那样，不仅会因营养不良而长不大，还有可能夭折，就更不用说实现现代化了。

西欧为何能为英国成为现代社会提供适宜的环境？这主要是它于11世纪后半期兴起的商品经济不同于古代东方的商品经济。古代东方的工商业以官工官商为主。如中国，官工官商历史悠久，汉武帝时更是厉行盐铁官营，均输平准，国家全面垄断了工商业。其所用劳动力，不是奴隶，就是服徭役或服兵役的工匠，即使是民间工商业，所用劳动力也有很大部分是奴隶和农奴，②因此，其商品经济没有自己的"核酸"和"蛋白质"，没有生命力；而西欧的商品经济拥有自己的"核酸"——私有财产权和"蛋白质"——人身自由，因而拥有生命的"密码载体"和促使这个载体增长的"催化

---

① 科学的认识论认为，人们认识具体事物的完整过程是从具体到抽象，又从抽象到具体。从具体到抽象是认识的第一阶段。它是从具体事物入手，通过归纳、比较，找出这类事物的一般规律，从而为人们真正完成对具体事物的认识提供必要的准备。从抽象到具体是认识的第二阶段。所谓抽象，即是已知的一般规律；所谓具体，即是将要认识的事物。从抽象到具体，即是用已知的一般规律为指导，去研究具体事物，以便将具体事物的具体发展过程及其内在机制完整地揭示出来。

② 详见本书第六章第三节。

剂",拥有生命力。它使财产私有权和人身自由能够通过相互复制、相互催生而增长,进而令市场和分工相互促进,拥有促使经济发展的所谓"斯密动力"①,故它有别于古代东方的商品经济,被称为市场经济。市场经济所带来的分工的发展使越来越多的人脱离农业而从事其他行业,从而在农牧产品之外,生产出越来越多的商品,发展出各种各样的技术,创造出各种各样的市场。

为何说私有财产权和个人自由之间的关系犹如核酸和蛋白质之间的关系?

这是因为私有财产权使自由劳动者的劳动成果为他自己所有,从而极大地增进了自由劳动者创造财富的积极性、主动性、能动性、学习性、创造性和劳动能力。② 更重要的是,它为自由劳动的功能发挥和放大提供了高效的机制和强大的动力,因为它是交换和市场的基础。没有交换就没有市场,没有市场就没有市场经济;而交换是以分工为前提的,分工,则如马克思所说,"可以无限地提高劳动的生产能力",但却"只有自由放任的私有财产才能创造出最有利的和无所不包的分工"③。故此,他和恩格斯一再强调:分工和私有制"讲的是同一件事情"④。而分工,则如前述,只有在与市场的互动过程中才能形成推进生产力发展的所谓的"斯密动力"。

财产私有制本身的发展,则如核酸的复制和增殖要依赖于蛋白质一样,要借助于自由劳动的复制和增殖财富的功能。只有随着自由劳动创造的物质财富的不断增加,财产私有制度才能不断地扩展;同时,它在生产中的地位才会越来越重要。因为使用任何自由劳动都必须支付报酬,因而必须讲究成本和经济效益,而不像使用奴隶和服劳役的农奴那样是无偿的,可以从事自给性的生产。因此,自由劳动必然会促进理性生产组织的产生,在这种组织中,私有产权制度会随着这一组织的发展而越来越重要。

---

① 古典经济学创始人亚当·斯密在其代表作《国富论》中提出分工和市场会相互促进,共同成长,后人将其总结为能促进任何经济成长的"斯密动力"。

② 英国学者道金斯认为,基因的本质是自私的,因为生物的机体都是基因为了其生存、遗传和进化而衍生出来的,其活动和行为都为其所控制,故私有财产权能最大地激发其所有者的劳动积极性是生命的基本规律。请参见〔英〕理查德·道金斯:《自私的基因》,卢允中、张岱云译,吉林人民出版社2010年版。

③ 马克思:《1844年经济学—哲学手稿》,刘丕坤译,人民出版社1979年版,第100页。

④ 《马克思恩格斯全集》第3卷,人民出版社1960年版,第37页。

　　藉此，两者就可互为动力，相互复制、相互促进、相形益彰，使基于其上的市场经济具有了自我复制、自行增长、自我修复的生命力。马克思早就看到了这一点，他说：小生产是"社会生产的技艺培养所"和"培养劳动者的手艺、发明技巧和自由个性的学校"。但是，"只有在劳动者是自己使用的劳动条件的自由所有者"的地方，"它才得到充分的发展，才显示出它的全部力量，才获得完整的形式"①。因此，仅有货币财富的发展，"还绝对不够使这种转变为资本的事情发生"，否则，古代罗马、拜占廷等就会以自由劳动和资本来结束自己的历史了；"只有在劳动者不再是生产条件的一部分（奴隶制、农奴制）"，"商品生产才必然会导致资本主义"。②

　　那么，又是什么原因使西欧的商品经济能以私有财产权和个人自由为基础，从而使西欧能够走上孕育市场经济的道路？

　　这主要归功于生产奴隶③、蓄奴习俗、蓄奴文化和蓄奴法律于 11 世纪左右在西欧中心地区消失。④ 它使西欧和东方的社会发展分道扬镳。因为近代之前的整个东方社会都存在着大量的生产奴隶和类似于奴隶的贱民，且蓄奴法律和蓄奴思想和文化是根深蒂固的。

　　生产奴隶的消亡表明西欧所有的劳动者都已对其劳动力享有全部使用权（自由农）或部分使用权（农奴），致使封建领主直接经营的一切产业，除了可以忽略不计的少量雇工外，能够利用的只有农奴的劳役。农奴为封建领主服劳役时是被逼无奈的强制劳动，余下的时间则耕种自己的份地，是为自己谋利的自由劳动。他经常在性质截然相反的这样两种劳动环境和产权环境中转换，其劳动态度当然是完全不同的。因为人都要谋求自身利益的最大化。在不同的产权制度下，人们实现自身利益最大化的途径是不同的。农奴为自家劳动时，这个途径只能是积极劳动，厉行节约；服劳役时，损主利己则是他的必然选择。故史家们说，"劳役制度培养了说谎和欺骗行为"，形

---

① 《马克思恩格斯全集》第 49 卷，人民出版社 1982 年版，第 244 页。
② 《马克思恩格斯全集》第 46 卷上册，人民出版社 1972 年版，第 509 页；马克思：《资本主义生产以前各形态》，日知译，人民出版社 1956 年版，第 55 页；《马克思恩格斯全集》第 49 卷，第 6 页；另参见马克思：《资本论》第一卷，郭大力、王亚南译，人民出版社 1963 年版，第 160 页。
③ 根据其工作性质的不同，奴隶可分为生产奴隶和家务奴隶。家务奴隶主要为奴隶主从事家务劳动，由于不介入生产过程，故在考察一个社会的生产关系及其变化时，将他们排除在外。
④ 详见本书第六章第二节。

成了好吃懒做、欺诈、偷摸等"不良"品质。"农奴中间有许多极妙的理由来欺骗农奴主"。他们"是特别懒惰和最爱小偷小摸的人",尤其是工匠。致使两种劳动力产权制度下的生产成本、经济效率、技术含量和产品质量出现巨大的反差。劳役制度的效率低、成本高、浪费大,致使自由劳动成了它的否定因素,这对于手工业劳役尤为如此。因为提高产品质量、降低生产成本需要工匠们发挥其主动性、创造性,用打骂等方式强迫他们提高生产效率起不了作用。两种产权环境下的生产成本和经济效益所出现的背离和反差,比仅需要劳动者发挥体力,因而能用打骂劳动者的方式来提高生产效率的农业和采矿业更为突出,封建领主的手工业因而处于极不稳定的状态。当西欧人口开始增长,商业开始复兴,市场上出现了远道而来的奢侈品,而要买到这些奢侈品就需要货币时,封建领主为了得到这些奢侈品就不得不去想法增加现金收入,而当时庄园中能够满足他们这一要求的只能是手工工匠。因为他们生产的手工产品物轻价重,不同于笨重的粮食牲畜,可以远销他乡,故可以用来换取货币或奢侈品。但是,要想工匠们多交货币不是没有条件的。于是,封建领主和农奴工匠们相互讨价还价,最后结果则都是农奴工匠用缴纳货币来代替劳役租和实物租(简称为劳役折算);于是,封建领主和农民的关系由人身隶属关系转换成了契约关系。这是个双赢结局:封建领主们获得了他们渴望的货币;农奴工匠则赢得了人身自由,他随之能够外迁以寻找货币。于是,他所用的工具和产品理所当然地属于他,西欧也就拥有了市场经济的核酸和蛋白质:财产私有权和人身自由。

工商行业有了自己的"核酸"和"蛋白质",对社会发展的意义就远过于农业盛行财产私有制和自由劳动。这不仅是因为工商业是商品经济的主要载体,也因为农业内部分工的发展空间有限,它的主要生产资料是土地,面积有限且不能再生;其生产又受制于季节的变化,而且一个人可以承担不同的劳动,再加上所用的生产资料的种类远没有手工业多,致使其分工的发展空间和前景远不如工商业,故"斯密动力"不能首产于农业,而只能产生于生产资料种类繁多且可再生、行业分工和部门内分工有着无限发展空间的工商业。[①] 古代中国早就确立了土地私有,大部分农民也是自由

———————
① 详见本书第212页第三章第四节中的第8点关于"经济发展的两部门模型"的评述。

的，官营手工业中也有分工，但其社会分工程度和市场规模微不足道。

获得了人身自由的工匠自然会离开庄园去寻找他的商机。他们汇聚在一起，就形成了城市，于是，从 11 世纪后半期，西欧就开始了城市复兴。随着他们的离开，封建领主的劳役制手工作坊也因无劳动力可用而于 12 世纪左右消失。在这种境况下，封建领主要经营工商业，就只有雇工。于是，他们就同商人和工匠师傅一样，成了雇主，致使他们与后者有着同样的经济利益，变成了新贵族。而那些不愿意雇工的封建领主却再也不能经营工商业了。因为在工商业领域，既无奴隶，又无农奴，雇工又不愿意用，唯一的出路就是他亲自去经营小商小贩，而这又有损其封建领主的身份和地位，他也不会去干的。于是，封建领主阶级就丢掉了工商业所有权，使它被市民阶级和新贵族所垄断。尽管其后西欧乡村还有大量的工匠，但却同后来出现的手工工场一样，其产权不属于封建贵族，土地权和货币权因而被分离开来，从而掀开了西欧的"资本不依赖地产而存在和发展"的历史。其中意义，犹如为结合在一起的蛋白质和核酸提供了保护的特殊环境那样，市场经济的"密码载体"也有了它的"催化剂"。因为封建领主们没有自己的工商业，而工商业产品又事关其享受、地位和脸面，致使"获得货币"也就成了其"生活中压力最大的问题"。他们因此不得不利用手中的权力来帮助工商业者发展自己的独立经济，以从中获得货币。于是，从工匠、商人的聚集到建立世界市场体系，王侯贵族们都大力相助。他们用免除赋税等优惠条件吸引工商业者来其领地定居以形成城市，并主动地赋予城市自治权，80%以上的西欧城市就是这样建立和获得自治权的。

自治城市的兴起，不仅巩固了市民的人身自由和财产私有权，既使工匠和商人能用集体的力量发展其经济，也使市民成了立法的主体，能按自己的经济需要来制定法律，改造文化，从而使市场经济得以拥有使"密码载体"孕育成形的"子宫"。以至到"十三世纪时，西欧已经形成了市场经济的雏形"；到 16、17 世纪时，市场网络已被西欧人推至新大陆甚至东方。"到1500 年时，欧洲人已有了世界上最精良的军事装备"，"已建立起足够征服全球的军火库"。与之相应，西欧的各个领域在这短短的几百年时间里也发生了翻天覆地的变化。货币地租替代了劳役地租，农奴制度消亡；雇佣劳动兴起，土地买卖盛行；世界体系渐次成形；资本主义手工工场兴起；继市民文化之后，文艺复兴和宗教改革相继发生；封臣制衰微，王权崛起，民族国家成形。这一切，都要归功于市场经济。它对西欧传统社会结构的各个层次都进行了不同程度的分化整合①，使其与东方原本无异的社会结构，即90%以上的人口都是农民的局面一去不复返了。人们从事的职业种类越来越多、越来越复杂，各个职业的非独立性越来越强，故各个职业之间的联系越来越多、联系的距离越来越长、联系的频率越来越高，使各种职业之间、部门之间、地区之间、国家之间的非线性的相互作用越来越大，创新的成果也就越来越多，使各地、各国之间能彼此提供越来越多的市场、技术、资金、商品、思想、制度和文化。

在这之中，封建领主们功不可没。他们不仅因无自己的工商业而不得不将他们的巨大需求所形成的奢侈品市场和军需品市场提供给市民，还开办市场和国际性市集、保护外商、引进外资和技术、支持对外贸易、修桥铺路、开挖运河、剿伐盗匪、保护运输安全等，甚至进行军事殖民、远洋探险、海外开发，从而为市场经济的孕育提供了"资本原始积累的主要要素"，在"货币财富转化为资本的历史过程中起了主要的作用"。而他们自身，也"离不开城市"，故也被市场经济所左右，货币地租兴起使封土封臣制衰亡，封建贵族没落，王权因此而兴起，故君主制国家也是"资产阶级的一个产物"。但是，西欧大陆各国的市场经济并没有因此而继续发展，意、德、西等国反而衰退了，甚至出现了农奴制度的复辟，到工业革命前夕，整个西欧大陆被锁定在前工业社会而不得动弹。究其原因，主要是两点。

一是没有形成完整意义上的民族国家。前面讲过，细胞膜的形成是原核细胞进化为真核细胞的关键。民族国家就是这样的关键的"细胞膜"。因为它是民族市场形成的前提，国际竞争的后台，重商主义的推行者，制度变迁的主体；同时，没有民族国家，市场、制度、要素、资源等就会因为没有边境线的约束而无限制地传播、扩展而被稀释；各国就不仅因此无法形成自己的特色产业、特色制度等，也无法实现市场、资源的集中；市场经济即使分娩了，也会因此而动力不足以致无法成长。

---

① 分化是指将系统原有的要素一分为二，整合是指将分化后的要素分别整合成新的要素。例如，小农经济就是传统社会中的基本要素，分化就是指剥夺小农家庭的土地，让他破产；整合就是将破产后的小农家庭中的妻子变成纺织工或家佣，将丈夫变成小贩或雇工。

　　二是没有实现"王在法下"。如前所述，生命"密码载体"的成长，不仅需要"催化剂"，还需要"催化剂"从外面提供转化成能由相互作用过程而自行产生。换言之，"密码载体"同催化剂之间的相互作用要从反应循环升级为催化循环。"王在法下"则就意味着王侯贵族们同市场经济和第三等级间的关系已从利害关系转为共生关系，致使两者间相互作用的形式已从催化剂需要外来提供的反应循环升级为催化剂能内生的催化循环。唯有如此，国家权力才能为了自己的利益去推进市场经济的发展。市场经济的发展会使更多的社会阶层从中受益，与市场经济共命运，因而成为市场经济的"催化剂"。众多的"催化剂"与市场经济相互作用形成众多的催化循环的同时，又会彼此间相互作用形成很多催化循环，众多催化循环之间相互嵌套、相互耦合、相互作用、相互推进，就使催化循环升级为超循环、直到多元复合超循环体。如此，才能使市场经济得到越来越多的社会阶层的支持和帮助而获得发展的强大动力；市场经济的发展就会加速它对传统社会的要素和子系统的分化整合，将传统社会原本不多的几个社会阶层和职业，分化整合成许多社会阶层和职业，如将小农分化整合成雇工、农场主、小贩、屠夫、牧人、船夫、银行家、航海员等。这些职业的独立性比小农差得多，为了生存，他们之间不得不相互交往、相互依赖，使社会结构日益复杂。正如将一个结构简单的大脑转换为一个结构复杂的大脑会使智力倍增一样，社会结构的功能也会随其复杂程度的递进而提升。

　　如果相反，法在王下，王权就会从市场经济的"催化剂"转为市场经济发展的障碍。为了谋得自己的私利，他会开办官工官商，建立"专卖""垄断"等许多不利于市场经济发展的制度。市场经济发展不起来，从市场经济中受益的社会阶层就有限，就无法形成从市场经济出发的多元复合超循环体。如是，不仅市场经济的发展动力疲乏无力，而且社会要素、子系统也因为没有被市场经济分化整合而保留了原有的种类和太多的独立性，致使它们之间无法实现相互耦合、相互作用、相互促进。结果，整个社会就会像低等生物一样，因结构简单而功能低下。

　　在这两点上，西欧大陆各国则因其各自的内因未能实现国家统一和"王在法下"。德、意是前者；西班牙和法国则是"王在法上"；荷兰是统而不一，商人独大，未能建立真正的民族国家。于是，由于缺乏强大的"催化剂"，西欧大陆各国的市场经济不是未能分娩，就是生而不长，因而都被锁定在前工业社会而不得动弹。至于各国为什么没有形成民族国家和王在法下，无法将社会结构改造成多元复合超循环体，那就要归咎于它们各自的国情，这些国情使它们无法发出实现这两点的组织指令。限于篇幅，这里就无法讲了，有兴趣者可看第十六章各节。

五、英国为何成了第一个现代社会

此时，唯有英国的市场经济高歌猛进。这是因为它在英法百年战争之后实现了完整的边境闭合，形成了完整意义上的民族国家和统一的民族市场，还实现了"王在法下"。

1707年后，英国全境已无国内关税，英国因此而"成为了欧洲最大的统一市场"。国境线制约了资源的自由进出，英国经济因此具有许多民族特色：盛产优质羊毛、毛纺工业表达、殖民地产品转口贸易兴隆等，从而将欧洲市场乃至世界市场对这些产品的需求都集中到英国，使英国成了世界贸易中心。

通过用钱换权等途径，被工商业者、乡绅所把持的下院在伊丽莎白一世时就已成了主要的立法者；资产阶级用法律制约王权，强迫他按照资产阶级的要求来解构和建构社会制度，使市场经济获得了越来越好的条件而迅速地发展，致使传统社会结构被市场经济逐渐地分化整合，演变成一个像人体那样的，由无数个复杂超循环圈耦合成的，覆盖社会各个地域、各个层次的，以市场经济为基石的，以其民族信息库为"大脑"的多元复合超循环体。

如同生物的成长少不了从环境中取得越来越多的食物、水等资源一样，这一切能发生，也与西欧能为其提供市场、技术、资金等资源是分不开的；同时，也是与英国不断地开拓海外市场，将其从西欧伸展到中东欧、新大陆乃至整个世界密不可分。这就是说，在将自身的社会结构改造成多元复合超循环体时，英国也一直在同环境进行相互作用、相互促进，也把环境编织进了它的多元复合超循环网络，从而将环境改造得越来越有利于它的发展。

包括环境在内的网络里的各方相互作用、相互依赖、相互复制、相互促进、共同发展。如宪政法治保证了政权的相互制衡、共同控制，从而使其更迭有序、社会长治久安、政治环境和法律秩序良好，为市场经济提供了强有力的制度保障、低廉的交往成本、可靠的预期、强大的后盾；也为信仰自由和市民社会提供了安全保障、规则制度，促进了文化更新，使人们摆脱了一切政治束缚，全心全意去追求私人利益。新教文化、信仰自由和市民社会则为市场经济提供了最有活力、创造力、学习力和适应力的社会要素，使英国人成了当时世界上"最具有创造力的人民"，英国成了"最具发明力的国家"，以至于出了"在其他任何地方都没有发现过的这样多的发明创造成果"；同时，也为宪政法治的实施提供了先验模式和思想指导，降低了成本，提供了社会支持、舆论阵地和制约机制等；市场经济则为宪政法治、文化更新、市民社会和思想自由提供了经济基础、力量源泉。环境为英国市场经济的发展和社会各方面的进步提供了必不可少的市场、资金、技术、信息、新思想、新文化等各种资源，而英国的市场经济和各个社会阶层则不断地去开拓海外的市场和资源，以满足其经济发展和社会进步对市场和资源的不断增长的需要。

网络内外各方组织上的相互嵌套、功能上的相互耦合，就能使网络内外的物质、能量和信息的流动和变换畅通无阻，而这正是一切生命存在和发挥其功能的命脉所在。一个食物不继的动物或体内血气不通的人，其生命也就危矣，更不用说运动了。因为无论是其体内的"密码载体"的复制，还是其细胞的新陈代谢和繁殖，都要依赖于物质、能量和信息的输入和排出，而这又少不了体内各器官的相互协同。因此，生物体内的各种组织、器官间的嵌套和耦合是生命存在和发挥功能的前提，这就是说，多元复杂超循环体是生物的生命力得以延续的保障和生命得以进化的基础。同时，一个生物体到底能发挥出多大的功能，也要取决于其结构的有序程度，或曰复杂程度。越复杂，就意味着循环体内的组织、器官的种类越多，卷入相互作用的要素量多种杂，致使其相互作用的非线性突出。这不仅使其所具有的功能远超结构比其简单的生物，也能促使它更快地进化。人之所以拥有独特的功能，就在于其身体结构，尤其是大脑结构的复杂程度远甚于其他动物。

同样由于将其社会结构改造成了当时世界上最复杂的多元复杂超循环体，英国不仅拥有了无与伦比的国力，还获得了源源不断的新信息、新思想和新文化，英国的信息库不断地被更新，越来越丰富多彩，成了当时世界上最发达的"大脑",从而为"英国人殖民、航海、工业建设和一切大规模实践活动",乃至宪政法治和信仰自由提供了智慧的源泉,致使其多元复合超循环体不断地发展,非线性动力不断地增强。正因如此,英国才能将涌现出的发明成果,通过相互依赖又高度协同的要素间的长程关联,一次又一次将它们从很小的涟漪迅速地放大为席卷整个社会的滔天大浪,最终使工业革命一泻千里而"无一处咬刹",使现代社会的问世"宛如天造地设一般"。工业革命不仅使机器大工业替代了工场手工业,也把人类经济从有机物能源的束缚中解脱出来,进入了一个发展前景极其广阔的矿物能源时代①,使人类对自然界的控制力和利用力成双曲线增长,致使英国成为第一个实现了持续发展的现代社会。

那英国为何能形成民族国家,并实现王在法下?又是什么原因使它能够充分地利用西欧市场经济孕育所创造出来的市场、技术、新思想等各种资源?答案是,它拥有能够产生这三种情况的组织指令的国情:它是个面积比荷兰大、比法国小的不大不小的岛国,四面临海,内部又江河纵横,河海相连;早在七国时代,英国已趋统一,自诺曼征服后,王权就保持着对王国的有效控制。从亨利二世时代起,就开始了法制建设,形成了全国有效的普通法,因此,它率先建立民族国家绝非偶然。

王权之所以被置于法下,离不开英国的历史传统。1215 年的大宪章,其后召开的议会,王在法下的历史传统和地方自治习惯,普通法的制约,没有常备军,远甚于西欧大陆的贵族分化和新贵族的兴起,贵族迫于封土分散各地而不得不相互结盟以对抗王权等,都对王权进行了有效的制约,使国王不得不在法律允许的范围内实行统治。但是,这些历史传统对王权制约是强化而不是衰退,则离不开现实的原因,离不开王权在经济上对第三等级和新贵族的依赖。而这又得益于西欧所创造出的适宜环境,没有它所提供的市场、资源、技术、思想和文化,上述英国的那些国情也并非一定导致王在法下。

但是,处于同一环境下的西欧有那么多的国家,为何只有英国能充分利

---

① 任何一种经济都只能在既有的能源框架中运行。工业革命前,人类只能通过动植物获得太阳能源,而它们及水流都离不开土地,而土地是有限的,故能利用的太阳能源极其有限。而工业革命发明了大规模开发和应用矿物能源的途径,而矿物几乎是无穷尽的。

用这个环境？这又得归因于英国的国情：其自然条件和地理环境特别适宜牧羊，所产羊毛质量优良，以至它利用西欧大陆的羊毛市场和毛呢市场的能力远过西欧各国。13 世纪时起，英国就一直是西欧最大的优质羊毛生产国和供应地。之后，通过输入大陆的技术、资本和人才，禁止羊毛出口，鼓励毛呢出口，又使毛呢的输出成了国家的主要财源。1610—1640 年英国的对外贸易额增长 10 倍；其中，出口的羊毛和羊毛制品占全部出口贸易的 3/4，有时超过了 9/10，以至出口贸易和羊毛成了同义语。13 世纪时，羊毛出口关税就已成了英国王室的主要收入来源，王室同市场经济不再只是利害关系，而是共生关系，因此，王在法下是势所必然。

13 世纪末，英国年均出口羊毛 3 万—4.5 万袋。其中 1/3 来自大领主。其余来自其他社会阶层，连无地或份地很小的茅屋农也都能利用公地饲养几头羊，通过出售羊毛，以弥补生计。毛纺工业兴起后，"几乎每个农户家中都可以听到纺车和织梭的声音"。因此，几乎所有的社会阶层都从对外贸易和市场经济中受益，以致被其分化整合。如小农被分化整合成织工、商人、雇工、约曼等。同时，从市场和外贸中获利的贵族阶级的分化也被加剧，从市场经济和对外贸易中获利的新贵族越来越多，以致和对外贸易、市场经济共命运，成为它们的"催化剂"；同时，他们彼此之间也因其非独立性加强而相互作用、相互复制、相互促进，从而使整个社会结构逐渐演变成一个多元复杂超循环体，以致马克思说，这是一场"比任何其他一种革命都更广泛，更有深远影响"的"真正的革命"——"社会革命"。

综上所述，英国之所以能从西欧脱颖而出，成为现代社会的滥觞之地，就在于它同人类的祖先指导其身体生长的指令不同于其他古猿一样，它指导其社会结构变迁的组织指令不同于西欧大陆各国。而指令不同，则源于英国有一组与西欧大陆各国不同的地理环境、自然条件和历史过程。这就是说，英国成为第一个现代社会，不是一个原因决定的，也不是毫无关联的几个原因导致的；而是几个原因通过相互作用，形成了具有能推进市场经济，并使市场经济将社会结构分化整合成一个类似于人体那样的多元复合超循环体的特殊结构。其中道理，则如哈肯所说：一个为了知道玩具汽车如何会跑的小孩，会将汽车拆开，其结果，却"往往看到他坐在一堆部件面前哭鼻子"。因为他"没法将这些零件重新拼成一个有点意义的整体。因此，他小小的年纪就体会到一个箴言的含义：整体大于部分之和"。"这意味着：即使发现了结构怎样组成，还要明白组件如何协作"，以形成一种具有特定功能的整体。

六、西欧大陆各国和日本为何也能成为现代社会

英国成为第一个现代社会，彻底改变了西欧大陆各国的社会环境。英国先进的思想、文化、技术、设备、制度传入各国和日本，在使其面临的竞争更加凶险的同时，也使各国控制和利用自然界的能力得到空前的提高。这不仅使各国产生了新的社会势力，也使其信息库遭受到巨大的冲击、丰富和更新，致使它们用新的方式来适应这个被改变了的环境，直接或间接地以英国为模板来规范自己的市场经济，建立起以市场经济为基础的多元复合超循环体。它们为实现这一目标所付出的代价和时间，则和其民族信息库和社会结构各层次同工业革命前夕英国之间的差距成正比。比利时和新教诸小国实现现代化耗时不多，较为顺利；而法国，尤其是德、意、日本和西班牙的现代化道路血腥而又漫长，其原因全在于此。尽管如此，它们毕竟都自觉地，或在欧美势力的强制下实现了现代化。这当然要归功于 11 世纪后期开始的西欧市场经济的孕育，其社会结构被市场经济进行了数百年的分化整合，从而为接受工业革命的各种成果，完成向现代社会的转型奠定了基础；而日本则得力于其社会结构酷似中世纪西欧，及吸收外来文化早就成其传统而成了东方的德国。[①] 若想了解这些国家实现现代化的详细情况，则请阅读本书第四篇。

七、西欧兴起的奥秘

综上言之，西方世界之所以能率先兴起，根源就是生产奴隶、蓄奴习俗

---

① 古代日本虽然号称为中国的学生，但后来却演变成了东方的西方，其社会结构同西欧大同小异。经济上也实行庄园制，政治上的幕藩体制亦如西欧的土地分封制，也有类似于西欧贵族文化的武士道，后又输入蛮学、兰学、洋学，形成了多元文化。故日本在东方率先实现现代化绝非偶然，同西欧大陆各国一样，它早已形成了接受英国工业革命成果的社会基础。

和法律于 11 世纪左右在西欧中心地区的消失，使西欧拥有了市场经济的"核酸"和"蛋白质"，即财产私有权和人身自由，并拥有了市场经济的催化剂，从而开始了市场经济的孕育，致使社会具有了自我修复、自我发展的生命力。这不仅为英国成为现代社会滥觞之地提供了适宜的环境，也为西欧大陆各国后来跟进英国的现代化奠定了基础；此外，与西欧拥有英国这样一个能令其社会结构进化成"人体"的组织指令的"类人猿"是分不开的。由于拥有这样一组有利于发展对外贸易、形成民族国家和"王在法下"的组织指令，英国才得以利用西欧大陆提供的市场、资本、技术和文化等而率先实现了现代化，从而改变了西欧大陆各国的生存环境，为其推进现代化提供了技术、资本、制度、设备、思想和文化等。否则，整个西欧就会重复一次罗马帝国的兴衰史。可见，生产奴隶的消亡是西方现代化的源头，东西方分道扬镳的起点。而生产奴隶的消亡，与天主教文化也是分不开的。因此，西方世界的率先兴起，又是以其天主教文化为背景的。

西欧外的古代各国，尽管国情不同，文化不一，但没有实现权力主体的普及化则是普遍的。这或是导致缺乏"密码载体"而无法开始市场经济的孕育；或是使"密码载体"的生存环境过于恶劣而致其市场经济成为"宫外孕"，社会因此没有生命力，故只能是兴衰更替，迟滞不前。究其根源，有制度上的原因，也有其文化根源。具体到各国，则各有特殊情况。

如同各个人体因先天的遗传等因素和后天的经历而有不同的体质一样，各个现代社会也会因这类原因而有很大的个体性差异。同时，由于不了解其现代社会由何而来，一些发达国家也因举措失当导致其社会基因变异，"细胞"丧失了活力，"器官"处于病态，体内"血气"不再畅通，这些说明，作为人类唯一出路的现代化，完全受制于自组织生成和进化的自然法则。任何违背这一自然法则的行为，无论是实现现代化，还是守成现代化，都会受到自组织生成和进化的自然法则的无情惩罚。

第 一 编

思维方式的更新和
理论体系的整合

第 一 章

缘 由

　　将思维方式的更新置首位，是由思维方式在人类认识过程中的地位和时代的特点决定的。

　　通常所讲的思维方式，主要是指认识主体认识事物、把握认识对象本质的方式，是认识主体接受、储存、处理和加工信息、形成知识体系和理论体系的一种机制。一定的思维方式赋予人以一定的观察能力、理解能力和解决问题的能力，因为它为人们接收和加工新的信息提供了内在的操作工具、参照系统和处理范本，对完成新的认识活动起着准则、规范和指导的作用。换言之，人们都是以其既有的思维方式为指导来筛选、储存、加工和处理外来的信息、完成新的认识的。因此，思维方式决定着活动主体在何种程度上接受、同化、储存、加工外来的信息，以何种方式对其赋值、做出理论判断；又以何种方式对其进行归类和联结，使信息有序化、编码化；又是如何对由此而形成的整体进行定性和定量的分析，以确定其性质、特点和发展程度，用它们来策划认识事物的方向、办法和解决问题的方法和实施步骤。因此，它也是认识主体的一种能力结构。① 由此决定了思维方式不同的人，对同一个问题、同一个事物的认识就会不同，结论和处理方法就会不一样，甚至迥异。可见，思维方式就是人们思想中的"基因"，人类很多器官的疾病并非

------

① 参见夏甄陶：《论认识系统》，《中国社会科学》1987 年第 2 期。

根源于器官而在"基因"中，人们认识上出现的偏差几乎都可在思维方式中找到根源。

一般认为，认识主体所具备的思维方法、理论体系和知识结构构成了思维方式的主要内容。

思维方法是思维主体为了实现对客体的观念或理论的把握，把客体转变为主体意识的内容，致使其成为主体的思想和观念，在思维活动过程中用来把握思维对象的思维工具。其内涵主要是一些概念性的东西，如概念、范畴、判断、必然性、偶然性、原因、结果、规律、概率、动力、要素、结构，等等，以及这些概念、范畴和判断之间的联系和规律。这些，都不是杜撰的，而是移入人们头脑中的事物的客观存在和客观规律，经过主体的构建后，内化成主体思维活动的规则、程序、手段和工具。对客体的认识和把握，即是运用这些概念性的工具对客体的信息进行选择、弃取、归类、编码和组合，形成客体在意识中的存在方式——知识。由此产生出来的知识是否把握了客体的本质，就要取决于主体所掌握的思维工具的科学水平。过于陈旧的思维工具，由于缺乏相应的概念和范畴，难以选择和处理客体的新信息，因而也就无法形成新的知识以把握客体。[①]

要在观念和理论上如实地把握客体，不仅要有先进的思维工具，还取决于是否依照正确的方法和程序来操作这些工具。这些方法和程序就是人们思维活动时需要遵守的逻辑模式。同概念一样，逻辑规则也是内化于主体中的客体的结构和建构的逻辑，它们通过无数次重复的实践而内化于人的思维之中，产生了形式逻辑、辩证逻辑、数理逻辑等学问。如众所知，不熟悉形式逻辑规则，我们连日常事物变化的因果关系都无法厘清，连运用属加种差的定义法给一个普通事物下个定义都不可能，更毋谈其他。逻辑规则对把握客体的重要性，可见一斑。虽然，所有的逻辑学都是从已知进到未知的方法，但是，同概念、范畴等思维工具有层次之分、陈旧和先进之分一样，逻辑也有高低之分。在认识客体间较为简单的关系时，形式逻辑还是够用的；若要揭示客体间更深层次的、变化中的关系时，它就无能为力了；这时，只有辩

---

① 参见张维真：《现代思维方法的理论和实践》，天津人民出版社 2002 年版，第 2 页；夏甄陶：《关于认识的思维中介》，《哲学研究》1993 年第 5 期。

证逻辑才能胜任。[①]

　　出于上述原因，在思维方式的三大内容中，思维方法位居其首，是其核心内容，其地位犹如人们科研所用的仪器，如人们是通过显微镜来观察细菌的。思维主体认识思维客体时，所凭借的中介则是思维方法。不同的是，科学仪器是物质中介，思维方法是精神中介。若前者是决定人类认识水平的硬件，那后者就是其中的软件。没有软件，计算机就无法运行；没有思维方法，思维主体就不能形成思维方式的运行机制，不能形成思维力。思维方式的其他内容：理论体系和知识结构等，也都需要凭借思维方法才能发挥作用。科研时，仪器的先进程度决定了认识主体在何种程度上认识、掌握客体的性质和规律；思维过程中，思维方法的发展水准也起着同样的作用。若是思维方法滞后或错误，不论你所掌握的史料多么丰富，用于指导的理论如何先进，你都不可能真正地认识客体。在这一点上，它不会因认识主体的信仰和世界观的不同而有丝毫的改变。因此，正确的思维方法"堪称近现代科技工作者的灵魂，犹如科学宏观研究的望远镜和微观研究的显微镜一样重要"[②]。人们之所以推崇与时俱进，不断地更新思维方法，其根源全在于此。

　　但是，有了正确的思维方法还不足以真正地认识具体事物，因为思维方法仅是认识主体认识和把握认识对象的思维工具，仅为认识主体提供了用来把握思维对象的概念、范畴和进行判断时所应遵循的原则、方法和程序。这些原则、方法和程序具有普遍性，无论认识什么客体，都要用到它，因而并不特指某个具体的事物和它的发展过程。所以，思维方法并没有为认识主体提供为加工、编码某个具体事物的信息所需要的参照系统或处理范本；或者说，没有为认识主体提供认识特定具体事物的兴起、存在、发展和衰亡所必然要遵循的一般规律，因而也就使认识主体无法策划认识具体事物的方向、办法和实施步骤。论述这些问题的是各个学科的各种理论。换言之，认识具体事物是一个从抽象到具体的过程，思维方法仅提供了一个思维主体在认识和把握思维客体的过程中所必要的思维工具，及运用这个工具时所应遵循的一般方法、规则和程序，并未解决它将要介绍给思维主体，以使它能将认识

---

　　① 参见张巨青等编著：《辩证逻辑》，吉林人民出版社1981年版，第19、20页；夏甄陶：《关于认识的思维中介》，《哲学研究》1993年第5期。

　　② 卢嘉锡等主编：《院士思维》卷1，安徽教育出版社1998年版，"序言"第3页。

对象转化为思维的具体的抽象到底是什么，而负责解决这个问题则是思维方式中的理论体系。

理论体系由已移入、内化于人们头脑中的自然和社会的各个具体领域的一般规律构成。它之所以位列从抽象到具体的逻辑过程之首，关键是人们在认识任何具体事物之前，都需要掌握这个事物所隶属的"属"事物的一般性质和一般规律。只有尽可能多地掌握这种"属"的性质和规律，才有可能将这个尚不认识的具体事物在思维中再现出来，真正地认识它。例如，我们若要了解一个尚不知晓的某个动物的身体结构，我们就必须先具备一定的动物学知识，了解所有动物都具有的器官和行为，如都有头、口，都要进食、排泄，进行新陈代谢等；如果连这些一般性的东西都没有掌握，那要真正认识一个尚不认识的动物的身体结构就完全不可能。可见，一旦理论缺位或错误，对具体事物的认识就会失去理论的导向或以错误理论为指导、为范本，这不仅无法真正地认识事物，还会得出错误的结论。

不仅从抽象上升到具体的认识过程少不了理论的指导，就是从具体到抽象的认识过程也同样不能没有理论。虽然这一认识过程的目的仅是对诸多同类的具体事物进行观察、实验、研究，以求从中归纳、概括出此类事物的抽象规定，认识其特征，以便为抽象上升到具体的认识过程提供理论、创造条件。但无论是观察、实验，还是归纳、概括，这之中的任何一个环节都不能没有理论的指导。波普说"理论先于观察，先于实验"，"观察与实验只有与理论问题相联系时才有意义"。[①] 进行归纳、概括也不能不用比较、抽象等方法，而运用这些方法也不能没有理论的指导。如比较史学、比较经济学、比较制度学等既能帮助人们寻找事物的抽象规定，也能指导人们去认识具体事物。

从本质上讲，思维方法、理论体系所包含的思维工具、信息及其载体如语言、文字，以及构成逻辑思维基础的概念、构成形象思维基础的形象等，均为知识，它们同被研究的具体事物的知识一起形成知识结构。而论述思维方式时之所以将其单列一类，主要是因为思维就是借助人们已有的知识去加

---

① 参见［英］卡尔·波普：《历史决定论的贫困》，杜汝楫、邱仁宗译，华夏出版社1987年版，第77、98—102、116页。

工、处理外部信息，以获得新知识的过程。这即是说，不论是选择思维方法、组建理论体系，还是完成从具体到抽象，从抽象到具体的认识过程，研究者都要面临大量的来自各个学科、各个方面的信息、材料和成果。而人们都是以其既有的知识和知识结构来筛选、处理和加工这些信息、材料和成果，对其进行解码、赋值，做出理论判断，并对其进行鉴别和筛选的，因此，思想的进步是以知识的积累为前提的。没有广博深厚新颖的知识结构，就不能对新生的信息、材料进行有效的解码和接收，不能同化和加工，更不能对其进行正确的赋值、判断和筛选、归类和联结，使其有序化、编码化，筛选出正确的思维方法、科学的理论和真实的史料。所以，知识结构不仅是思维方式中不可或缺的重要构成，而且是整个思维方式的基础。因此，人类思维方式是随着知识的获取和积累的程度而变的。由于自然科学知识是经过实验和实践反复验证过的，故人类思维方式的更替往往是在自然科学知识获得突破性进展以后才发生。[①]

总之，理论体系是由抽象到具体，完成认识过程的前提；思维方法则是由抽象到具体的中介；知识结构则是全部思维方式的基石。一个完整的思维方式就必然包含着这三大构成。三者密切相联，相互耦合，从不同角度，在不同程度上决定了思维方式是决定一切认识成败的关键，从而也就说明了思维方式是我们"善其事"的"器"。我们要想找到现代化起源的根源，在精神上再现出现代化起源的全过程，就必须先造好这一个"器"。

要造好这个"器"就必须对外开放并与时俱进。因为思维方式是文化的结晶体、历史的沉淀物，每个民族、每个时代的人都有其特定的思维方式，思维方式因而具有定型化、模式化的特征。或许之故，它又往往被人称为思维定式。而这又意味着思维方式的僵化，一旦形成，就难以改变。但是，社会是发展的，客观世界在不断地变化，不时涌现出很多新现象，提出很多新问题，需要我们对它们进行认识；再说，人类的认识是没有止境的。从具体到抽象，从抽象到具体不是一次性的过程，而是一个互相联结的螺旋式的无限发展系列。无论是对新事物的认识，还是深化已有的认识，都会不

---

① 参见［比］伊·普里戈金、［法］伊·斯唐热：《从混沌到有序》，第81页；张维真：《现代思维方法的理论和实践》，第319页。

断地丰富我们对事物本质的认识，促进思维方式的进步。如果我们的思维方式缺乏开放性，不与时俱进，就会用旧尺度去丈量新事物，导出种种错误。只有不断地更新我们的思维方式，才不致食古不化，成为古人的奴隶。

当今世界，这点显得尤为迫切。一方面，人类已用线性思维穷尽了一切能用这种思维解决的主要问题，余下的问题，不论是自然科学的，还是社会领域的，都是线性思维所无法胜任的；尤其是社会领域所面临的挑战，特别是现代化问题，只能用复杂性思维才能解决；另一方面，传统思维方式功名显赫，影响巨大，深入人心，要人们放弃它，转而接受复杂性思维方式，困难重重。

首先，以还原论为核心的传统思维方式，以其取得的惊人成就、庞大的理论体系和其巨大的历史惯性，牢牢地控制着人们的思想，使他们的思维固化，致使改变这一局面的难度不亚于"上青天"。被誉为世界复杂性研究中枢的美国圣塔菲研究所（SFI）的创建历史证明，"即使是（或特别是）在举世瞩目的科学家里面"，要想找到"思想开通，易于接受新思想的人"也是"令人沮丧的"。在他们当中，"这样的人也十分稀少"[①]。就是研究所的创建者，包括三位诺贝尔科学奖得主，在很长时间也难以摆脱牛顿的影响。他们在经过十年的探索并发表了一系列的乐观宣言之后，又发出了"从复杂性到困惑"的感叹。其中原因就在于 SFI 的代表人物都经历过简单性科学的还原论训练，故他们在进行复杂性研究时仍忘不了定量化、数学化和精确化。[②] 他们都这样，那普通人信奉"任何一门科学，只有在成功地运用了数学之后，才算达到完善的地步"也就不足为奇了。这说明，仅要人们相信数学只是还原论追求精确性的产物，而事物中的模糊性、非精确性才"更基本、更普遍"的道理就不是一件容易的事情[③]；要他们放弃其熟悉的传统思维中的其他范式就更难了。

其次，人们清算传统思维方式造成的错误所产生的副作用也阻碍着人们思维方式的更新。

---

① ［美］米歇尔·沃尔德罗普：《复杂——诞生于秩序与混沌边缘的科学》，第 43 页。
② 参见苗东升：《系统科学的难题和突破点》，《科技导报》2007 年第 7 期。
③ 参见苗东升：《复杂性科学研究》，中国书籍出版社 2014 年版，第 170、171 页；［比］伊·普里戈金、［法］伊·斯唐热：《从混沌到有序》，第 93、94 页。

　　在自然领域，传统思维方式可谓是战功赫赫，其产生的错误主要是发生在社会历史领域，而这又是人类认识自身时所难以避免的。由于人类活动的一次性和不可重复性，也由于人类社会规模的宏大和人类历史的漫长，从人类社会抽象出规律，尤其是验证这些规律甚至验证一些研究结论都是做不到的[①]；故此，历史学和其他社会科学从其问世之日起，就求助于其他学科。在求助于神学，将自己的研究结论说成是神旨的做法破产后，又从自然科学那里借鉴理论、成果、思维方式、研究方法甚至概念；以致社会科学和哲学无不立足于以牛顿力学为基础的自然科学原理之上，导致以还原论为核心的思维方式和动力学规律在社会科学中大行其道。甚至很多概念，如生产力、上层建筑、合力动力、世界统一于物质等都来自物理学。然而，无机界毕竟远不同于人类社会，用研究它的成果及从中总结出来的思维方法去研究有机世界中最复杂的系统——人类社会——的发展规律，不仅必然失败，还势必如莫兰所说，其简单性的结论使人类"付出了残酷的代价"，"导致了无穷的悲剧"，以致许多学者据此而反对将自然科学的成果应用于社会历史研究，尤其是波普的"证伪法"及"历史决定论的贫困"问世后，"历史只有趋势而无规律的观点"更是甚嚣尘上：历史规律都"是决定论的和机械论的"，"是牛顿物理学的规律"；"只有屈指可数的历史学家认识到进化的规律不是机械论的和决定论的"[②]。反对宏大叙事，沉溺于历史的碎片化又成了史学界的时尚。

　　虽然人们反对将动力学规律应用于社会历史研究不是没有事实根据的，但客观上却设置了一个阻碍人们转换思维方式、接受复杂性思维的重大障碍。然而，历史的诡异就在于，反对滥用牛顿的科学成果的人，其思维方式也仍然滞留在牛顿时代，以致把简单性科学等同于全部自然科学，对当代复杂性科学及其引发的思维方式的大变革是充耳不闻，不知它们为何物。于是，他们也就和波普等人一样，把婴儿和洗澡水一起泼掉了。他们也无法理

　　[①]　面对漫长的人类历史，任何人生都只是其中一刹那；在茫茫人海面前，不论何人都只是沧海一粟，借助史料，窥见的也只能是历史的"残垣断壁"和"只帆片影"，由此而抽象出来的社会演变规律的真假就只能待实践的验证。而这样的验证又要让一个民族蹉跎多少岁月，付出多大的代价！较之人类历史，很多自然现象规模较小，时间较短，可以在实验室里对自然规律进行反复验证，如冰怎样变成水、自然光怎样变成激光，这对于科学家来讲是轻而易举的事情。

　　[②]　［意］欧文·拉兹洛：《进化——广义综合理论》，第90页。

解传统自然科学的那种简单性思维方式的缺陷正是复杂性科学所要更正和限制的。而要人们懂得这些，就必须向他们介绍当前自然科学的发展及其引起的思维方式的大变革，还要如拉兹洛所说，拿进化的一般规律"去同历史事实和经验观察作对照比较"①，用比较的结果去证明进化有其一般规律，但这个规律却不是决定论的。

其三，复杂性科学的跨学科性质及其概念的难以理解，使各科的专家们都感到棘手，思维方式的转变因而极其艰难。

在向自然科学借用思维方式、研究方法，甚至概念的同时，社会科学也从自然科学那里搬来了学科分科的方法。如历史学分为国别史、朝代史、人物史、思想史，甚至研究一个事件、一个人、一本书也成了一些学者的终身职业。这使"术业有专攻"成了不言自明的真理，由此导致的思维方式的凝固和知识面的狭窄，则很容易使一些专家成为井底之蛙，将自己不熟悉的知识、理论斥为异端邪说。而复杂性科学及其思维方式，其跨学科之多，知识面覆盖之广却是空前的。拉兹洛说，就研究范围来讲，任何一个复杂性研究"都是多学科的"；更令专家们措手不及的是，构成复杂性思维方法的"那些观念很少是易于领悟的。因为它们无一例外地都是在直观和常识水平之上的更高级的抽象"②，把握它们，必要的自然科学知识是不可缺少的。这就使专攻一术，且很早就有文理分科经历的学者们很难进入到复杂性科学的宝藏中去，思维方式的更新因此也就显得更为艰巨。

思维方式更新在文化悠久、食古不化、逻辑思维缺失、惯于思想统一，又一向自诩为世界中心而十分自信的民族里就更为艰难。晚清的知识界疯狂地反对电报、铁路，仇视同文馆，打压郭嵩焘等太多的蠢行，致使当时的美国人叹道："我们从清国人那麻木、呆板的面孔上看不到任何的想象力。他们的面容从未闪现出丝毫幻想的灵光。他们并非弱智，也不乏理性，但就是没有创造性。在人类智力发展的过程中，他们是世界上最教条、最刻板的人。个人如此，整个民族更是如此：冷漠、很难脱出既有的条条框框、缺乏进取心、厌恶一切创新和改革，汉民族的这种特性好像就是与生俱来的、深

---

① ［意］欧文·拉兹洛：《进化——广义综合理论》，第90页。
② ［意］欧文·拉兹洛：《进化——广义综合理论》，第111、114页。

入骨髓的。实在不应该是这样呵！"① 对于清末的绝大多数中国人来讲，此言绝不为过；对于 20 世纪 70 年代末的许多中国人来讲，也差不多，不然，也就不会有真理标准的大讨论。今天，仍有一些学者，要么对当今自然科学的突飞猛进及其引起的思维大变革视而不见；要么认为那不过是 20 世纪 80 年代在中国时髦过一阵的系统论而已。

　　殊不知，那时流行的"老三论"是针对简单系统建立起来的经典系统论，它落后于现代系统论②，更不要说代表自组织理论和复杂性科学了。发展到今天，复杂性科学可谓是突飞猛进，由此而导致的思想革命也是风起云涌。霍金等一些驰名世界的科学家说："对复杂性系统运作机制的了解，这是今后五十年到一百年科学研究的主要任务。"因为复杂性科学是"二十一世纪的科学""最前沿的科学"，从这个科学中产生出来的复杂性思维方式和复杂性理论则是"科学的下一个主要推动力"，21 世纪因而成了"复杂性的世纪"。③ 而复杂性科学在人类思想史上的划时代的意义更是一些人始料未及的：它开创了人类社会的第二次文艺复兴运动，启动了人类认识文明化的进程。这也就是说，在这之前的人类社会，如埃德加·莫兰和米歇尔·沃尔德罗普所说，还处于"人类精神的史前期"，人类"观念的野蛮纪元"。这个纪元有两个阶段，即"思想的古代病理学表现为给予神话和思想所创造的神祇以独立的生命。思想的现代病理学存在于使人对现实的复杂性盲然不见的超级简单化中"。不要小看这个简单化所造成的后果，正是它使人类"付出了残酷的代价：肢解割裂肌体，引流鲜血，散布痛苦"，"导致了无穷的悲剧和把我们引向极端的悲剧"④。不谈其他，仅一个达尔文的"物竞天择"就极大地加剧了人们之间的相互争夺和屠杀。

　　一方面，不转变思维方式，不用复杂性方式就无法解密西方世界的兴起，弄清楚现代化的来龙去脉；另一方面，许多学者被传统思维方式所束缚

---

　　① 郑曦原编：《帝国的回忆：〈纽约时报〉晚清观察记》，生活·读书·新知三联书店 2001 年版，第 120 页。

　　② 参见常绍舜：《从经典系统论到现代系统论》，《系统科学学报》2011 年第 3 期。

　　③ A. K. Stuart, *The Origins of Order: Self-Organization and Selection in Evolution*, p. 173；［美］米歇尔·沃尔德罗普：《复杂——诞生于秩序与混沌边缘的科学》，"概述"，第 2、34、175 页；许国志主编：《系统科学与工程研究》，上海科技教育出版社 2000 年版，第 5 页。

　　④ ［法］埃德加·莫兰：《复杂性思想导论》，第 7、9 页。

而难以自拔，致使转变思维方式困难重重。这些都决定了我们必须首先阐明更新思维方式的必要性和艰巨性，以便使读者认识到思维方式的转换的重要性和所面临的困难，从而认真地去了解传统思维方式的不足，掌握复杂性思维方式的特点及其与传统思维方式的不同之处。如此，才能够理解本书的思想脉络，了解前人在现代化起源研究上的成败得失，懂得笔者为何要在阐明复杂性思维方式对传统思维方式的发展和用复杂性思维方式对前人的现代化研究成果进行鉴别、筛选的基础上，组建起一个能够胜任指导现代化起源研究的理论体系。

第　二　章

思维方法的更新

　　将思维方法的更新置于更新思维方式之首是其在后者中的地位决定的，它包含对整个思维方式起指导作用的思维纲领。只有更新了思维纲领，在甄别、筛选各种理论，以重构我们的理论体系时才会有新的眼光、科学的标准；而更新我们的知识结构也同样离不开思维方法的指引，一个科学的思维方法能够使我们对各种知识进行正确的解码、赋值，做出科学的判断和筛选，故此，先要进行思维方法的更新。

　　之所以要以新换旧，并非说旧的无用，主要是它无法胜任本书所要完成的任务。这包括其中最先进的部分，即基于牛顿、爱因斯坦的科学成果和基于黑格尔的思辨哲学之上的思维方式。我们要更新的，主要是这部分。

一、思维纲领的更新

　　二战以前，尤其是 20 世纪以前的自然科学统属于"简单性科学"。之所以如此称谓，一是世界在其眼里本来就是简单的，再复杂的事物也都是由再简单不过的要素构成的。牛顿就宣称"自然界是最简单的"①。二是由此而形成的思维方法认为一切貌似复杂的事物和现象都可以复原为简单的要素

---

　　① 牛顿：《自然哲学的数学原理》，第 693 页，转引自［美］H. S. 塞耶编：《牛顿自然哲学著作选》，王福山等译，上海译文出版社 2001 年版，第 3、4 页。

和过程。"科学所研究的最简单现象就能被解释成理解整个自然的关键"，故其崇尚的思维纲领和认识法则都可简称为"还原论"①。

从自然科学诞生以来，还原论就一直是它的主要理论分析工具。它由伽利略首创，由笛卡尔完善并最终告成。此论认为，世界上的万事万物尽管千变万化，但均由简单要素构成。世间的一切，哪怕最复杂的东西，都能够用适于解释简单事物的概念来加以解释。因为复杂性不过是披在简单性之上的面纱，故多元能简化为一元，非线性能简化为线性②，高层次能归结为低层次，部分特征相加便是整体的属性。如此一来，科学探索的本质也是简单的：欲知事物的整体性质，将其"拆零"研究就可以了。"化繁为简，化多为一，就是化腐朽为神奇。"还原成了认识事物的关键。笛卡尔说："应该把复杂的命题归结为简单的命题，直到最简单的命题为止。据此，可以从简单命题中重构知识。"③ 爱因斯坦一再强调："不能在逻辑上进一步简化的基本概念和基本假设组成了理论的基本部分；一切理论的最高目标，就在于使这些不能简化的元素尽可能简单并且在数目上尽可能少。"他把这一方法贯彻到底，其后半生则竭尽全力想把万有引力、电磁力和强、弱两种相互作用力统一起来，形成一个"统一场论"，企图以此来证明纷繁复杂、千差万别的自然界现象的背后有着内在的统一性。④

在这些科学大师的推动下，还原论成了一种基本的科学信念和指导性原则，成了经典科学的思维方法。它包含着三种意义的还原：一是组成的还原，即高层次的事物由低层次的事物组成；⑤ 二是解释的还原，即较晚出现

---

① 参见［比］伊·普里戈金、［法］伊·斯唐热：《从混沌到有序》，第81页；颜泽贤：《耗散结构与系统演化》，福建人民出版社1987年版，第219—222页。

② 线性和非线性的概念来于数学。方程的次数不等于一次方的即为非线性，方程的次数越高，轨迹形态越复杂，所描述的对象也越复杂；复杂性科学用这两个概念来描述事物间两种不同的关系。变化过程中，因变量和自变量之间的比值不变，即为线性关系；反之，即为非线性关系。请参见［美］欧阳莹之：《复杂系统理论基础》，田宝国、周亚、樊英译，上海科技教育出版社2002年版，第185、241页；［比］G.尼科里斯、I.普里高津：《探索复杂性》，第61页；颜泽贤：《耗散结构与系统演化》，第208、209页。

③ ［美］加勒特·汤姆森：《笛卡尔》，王军译，中华书局2002年版，第32页。

④ 参见许良英、范岱年编译：《爱因斯坦文集》，商务印书馆1983年版。第243、347—349、380页；［美］M.盖尔曼：《夸克与美洲豹——简单性和复杂性的奇遇》，杨建邺等译，湖南科学技术出版社1998年版，第126、127页。

⑤ 参见［比］伊·普里戈金、［法］伊·斯唐热：《从混沌到有序》，第45页。

的高层次的事物的性质可以根据较早出现的事物和过程来解释和预言；三是理论的还原，不同学科描述实在的不同水平，最终都可以建立在关于实在的最基本水平的科学——物理科学之上。[①] 在这一纲领的指引下，先分析、后综合的研究方法风行整个科学界；"把我正在考虑的难题分成尽可能多和必要的部分，以便把它最好地加以解决"[②] 不仅成了科学界的圣经，还成了普照的光，辐射到人类文化的所有领域。人文社会科学最初就是按照简单性原则建立和分为各个学科、各种专业的。维科、圣西门提出了人文学科的实证化的任务，要求把经典物理学的方法用于人文社会科学的各个学科。孔德创立了实证哲学和社会学，形成了人文社会科学研究中的实证主义思潮。直到今天，简单性、一体化、定量化、数学化和实证性的科学观仍然是很多人衡量人文社会学科是否属于科学的标准。各个学科都按照简单性原则把复杂的客观世界还原为直观明了的公理、规律和法则。如爱因斯坦的逻辑简单性、康德的人为自然界立法等；其中，最为"牛顿化"的是经济学，它产生了自己的牛顿——瓦尔拉。[③]

为经典自然科学推崇的这一思维纲领的产生当然不是偶然的，它是经典科学的实践总结。近代自然科学运用这一思维方法把宏观物体还原到分子、原子、夸克，把生命体还原到细胞、基因，极大地深化了人们对客观世界的认识，进而开发出原子能利用、纳米技术、基因技术等，取得了一系列的重大科研成果。"通往诺贝尔奖的辉煌殿堂通常是由还原论的思维取得的"[④]，这足见其成绩之显赫。自然科学能发展到今天这么高的水平，对经济的发展起到如此巨大的推动作用，还原论功不可没。因此，当代复杂性自然科学并不否定还原论，认为它在处理要素间联系不甚密切的简单的线性系统和事物的线性关系时还是有效的。但是，在现代科学的发展进程中，人们发现了与简单性不相容的组织性、主观性、偶然性、突变性、不平衡性、不可量化

① 参见［英］P.切克兰德：《系统论的思想与实践》，左晓斯等译，华夏出版社 1990 年版，第58、64 页；［奥］L.贝塔兰菲：《一般系统论》，第 40、72 页；［美］欧阳莹之：《复杂系统理论基础》，第 56 页；P. Oppenheim, and H. Putnam, "Unity of science as a working hypothesis", in *Minnesota Studies in the Philosophy of Science*, Jan 1, 1958, V. 2, p. 3.

② 参见［英］P.切克兰德：《系统论的思想与实践》，第 58 页。

③ 参见欧阳康：《复杂性与人文社会科学创新》，《哲学研究》2003 年第 7 期。

④ ［美］米歇尔·沃尔德罗普：《复杂——诞生于秩序与混沌边缘的科学》，第 29 页。

性、不可逆性、非线性、混沌性、模糊性等密切相关的现象数不胜数，而它们在事物的存在和世界的发展中起着极为重要的作用。[①]　无论是宇宙的起源与演化、生命的产生与律动，还是神经信息的产生、保存、传输等都无法用还原论解释清楚。故此，尽管还原论已使经典科学深入到了轻子和夸克层次，却解释不了轻子与夸克是如何组成了能飞会跳的母鸡、会发明创造的人类；尽管生物学家绘完了动物基因图，但却回答不了生命到底是什么。[②]　这正如康德说的，牛顿能够解释天体运行，却不能解释一棵野草或一条幼虫。[③]　这表明，面对复杂性系统，还原论除望洋兴叹外，只能是束手无策。所以，复杂性科学并不承认"世界本质是简单"的判断，而是相反，简单性是表面的，"它本身隐藏着极其复杂的机制"[④]。复杂性、多元性、非线性、随机性、偶然性等才是世界本质的真实的一面。世界的本质是复杂的。世界存在的多元性、变化的多元性、结果的多元性，任何事物都是多元的有机的结合体，而社会又是一个比自然系统更为复杂的结合体，是一个具有适应性的复杂巨系统。因为它的要素具有自然系统要素所没有的目的性、主动性、能动性、适应性[⑤]、情感性和学习能力。而世界的发展、事物的变化也不是从一到多，由多归一，而是从一种多样性的统一到另一种多样性的统一。因此，现代复杂性自然科学的思维方式反对用还原论来统治一切，主张以系统论作为其思维纲领。[⑥]

---

①　参见［比］伊·普里戈金、［法］伊·斯唐热：《从混沌到有序——人与自然的新对话》，第8、9页；许良英、范岱年编译：《爱因斯坦文集》第1卷，第15、214页；颜泽贤：《耗散结构与系统演化》，第220—221页。

②　参见［美］马克·戴维森：《隐匿中的奇才——路德维希·冯·贝塔朗菲传》，陈蓉霞译，东方出版中心1999年版，第56页；沈小峰、胡岗、姜璐编著：《耗散结构论》，上海人民出版社1987年版，第118页。

③　参见［德］康德：《宇宙发展史概论》，全增嘏译，上海人民出版社1972年版，第17页。

④　参见［法］昂利·彭加勒；《科学的价值》，李醒民译，光明日报出版社1988年版，第119、131页。

⑤　"适应性是指系统运用各种信息来应付外界环境的不确定性"，或指系统要素在与环境的互动中，不断地积累经验，并据此来改变自身的结构和行为方式，以适应环境。请参见J.G.米勒：《生命系统理论及其应用》，载姜璐等编著：《系统科学新论》，华夏出版社1990年版，第32页；许国志主编：《系统科学》，上海科技教育出版社2000年版，第252页。

⑥　J. C. Schank, "Beyond reductionism: refocusing on the individual with Individual-baseline", in *Complexity*, 2001, V. 6, No. 4, pp. 33-40；颜泽贤：《耗散结构与系统演化》，第219—227页。

不同于还原论认为世界是简单的，复杂性思维认为世界有简单性的一面，也有复杂性的一面，复杂性是更基本、更普遍的现实存在，是现实世界的固有属性。因此，复杂性思维反对还原论把复杂性简化为简单性处理，即反对将模糊性简化为精确性，把非线性简化为线性，把混沌简化为非混沌，把分形简化为整形来处理；而是主张依照事物的本来面目，把复杂性当作复杂性来处理，抓住复杂性的本质特征，抓住被还原论简略掉了的那些产生复杂性的因素。① 因此，复杂性思维有着同还原论不同的研究方法。还原论认为世界上万事万物都是部分的集合，事物的本质不在其整体，而是由其部分决定的；事物间的联系只有线性的，而没有非线性的，因此，可以割断联系来研究部分。部分弄清楚后，整体也就可知了。复杂性思维认为这种分析—综合的方法是无法真正地认识整体的。因为整体只存在于各个部分的相互作用中，将整体分割开后再将对各个部分的认识相加以认识整体，那整体各个部分的这种相互作用所产生的结果和效应也就没有了，整体也就丧失了其特性而不成其为整体了。离开了人体的各个器官的相互联系和相互作用，人还成其为人吗？同时，任何一个部分只有在与整体的其他部分，与整体的相互联系和相互作用中才具有其作为这个部分所特有的性质和功能；离开了这种联系和作用，它也就不成为这个部分了。手离开了与人体其他部分之间的相互联系和相互作用，不仅不具有手的性质和功能，连其存在都成了问题。所以，复杂性思维不赞成还原论的这种分析—综合的研究方法，而着手于在不割断事物固有的联系的前提下去认识事物，因而将系统作为其根本范畴，并将整体和整体性置于这个范畴之首，作为复杂性思维方式的核心，强调从整体上认识事物、认识问题是它的首要原则。②

但是，将整体和整体性置于复杂性思维的核心，也并不意味复杂性思维拒绝对部分进行分析，拒绝分析思维；而是要求以整体为出发点和归宿为前提来对部分进行分析。主张"整体—分析—整体"的研究方法，以整体为出发点，从整体出发去认识局部的特性和作用，再回归到整体。整体既是认识的出发点，又是认识的归宿。在认识中，要尽量地不去割断事物内部各个

---

① 参见孙小礼主编：《自然辩证法通论》，高等教育出版社 1993 年版，第 110 页。
② 参见［美］欧阳莹之：《复杂系统理论基础》，第 6 页；颜泽贤：《耗散结构与系统演化》，第 222—227 页。

要素、各个层次之间的联系，而要将事物的联系作为最高抽象，将一切认识对象都视为一个有其构成要素、层次和联系的系统；探讨系统的要素、部分，各个层次，但自始至终都不脱离整体。因而是从系统整体出发，把综合渗透于分析过程的始终，始终在综合的指导和控制下进行的分析。这与还原论将部分与整体割裂开后，再去考察部分的分析—综合的研究方法有天壤之别。它不像还原论那样立足于分析，而是立足于综合；不是像还原论那样进行单向性的思维，将分析与综合分为截然不同的两个阶段，而是将分析始终置于综合的指导之下，并将两者结合起来，形成一种相互耦合的双向性思维。既要如还原论那样，注意要素对整体的约束和影响，探索上向的因果关系；但却又不同于还原论那样认定这种关系是可加的，而要分析这种关系的不对等性；更重要的是，还要注意整体对部分、要素的约束和影响，探索下向的因果关系；并要关注层次之间存在的多种多向的通信、约束。在认识任何一个层次时，在了解本层次的特点外，也要分析来自上下层次的约束和控制，了解它们之间的"基本差别"，形成一种多维度、多向的扩展式思维，以"提供不同层次间的关系之说明和对所观察到的等级体如何形成的说明"①。可见，复杂性思维方法并不排斥分析方法，而是分析方法与综合方法的辩证统一，实现了还原论、整体论的兼营和超越。这正如彼得·圣吉所说，"系统思维是'看见整体'的一项修炼"，又是"一项看清复杂状况背后的结构，以及分辨高杠杆与低杠杆差异所在的一种修炼"②。这说明复杂性思维的分析有别于还原论的分析方法，比后者要全面得多。它强调对系统要素进行全面的、独立的分析；分析的重点不是实体，而是要素间的关系、层次间的关系；同时，还特别关注系统和环境的关系。因为任何系统都是处于一定环境中的系统，因而也是其所在环境中的组成要素，系统在环境中存在和演化，环境是系统存在、演化、发展和衰亡的背景条件。系统与环境相互影响，系统以其功能影响环境、改造环境；环境则以其资源、条件规定塑造系统，影响和制约着系统的演化，甚至规定着系统演化的方向，因此，系统与环境是共塑共生的。但这种共塑互生无论是对环境还是对系统来讲都不

---

① 参见［英］P. 切克兰德：《系统论的思想与实践》，第102页。
② ［美］彼得·圣吉：《第五项修炼》，张成林译，上海三联书店1999年版，第75页。

是均匀等价的。系统的各个部分、各个组分之间所受到的环境的影响有明显的差异；反之，环境各个部分所接受的系统的作用也不会完全相同，不分析就不会了解这些不同。可见，复杂性思维在对系统进行要素分析、结构分析、层次分析之外，对系统的环境进行分析也是必不可少的。[①]

系统不仅有其空间结构，也有其时间结构。任何系统都是在一定的空间中作为过程展开的，现实世界是由各种各样的过程组成的。每个过程都有其发展序列，以及种种同时发生的其他过程。它们相互交织、缠绕，形成相互关联的网络；因此，在系统发展过程中，"时间参数起着关键作用"。系统分析就是要从这种网络中将一个系统所展开的过程划分出来，既要弄清楚不同子过程互相关联的机制、动因，也要阐明整个过程的等级层次的划分，及每个等级层次上不同子过程之间相互衔接关联的方式与路径，弄清楚各个时间参数在其中所起的作用，进而揭示出整个过程发生演变直至终结的全过程及其内在机制和原因，因此，我们必须研究系统的时间演化，对系统进行过程分析。[②]

无论是要素分析、结构分析、层次分析、环境分析，还是过程分析，都是为了实现复杂性思维方法所追求的核心目标，揭示出系统涌现性[③]的奥秘，搞清楚轻子、夸克是如何组成了能飞会跳的母鸡，从而解决还原论所无法解答的这些复杂性问题。而要解决这些问题，上述分析都必不可少，若有一种分析不能到位，全部过程的分析就没有走完，系统的整体涌现性的奥秘就揭示不出来。其中原因就在于整体不等于部分之和不只是系统在空间维上的特点，也是系统在时间维上的产物，系统的整体涌现性只有在整体不残缺的情况下才产生。这正如只有在发动机的最后一个零部件按要求装上之后，发动机才能运转起来。所以，对系统演化的全过程进行全方位的分析，全面

---

① 参见［德］H. 哈肯：《协同学引论　物理学、化学和生物学中的非平衡相变和自组织》，徐锡申等译，原子能出版社 1984 年版，第 153、154 页；沈小峰、胡岗、姜璐编著：《耗散结构论》，第 11—14、16 页。

② 参见［德］H. 哈肯：《高等协同学》，郭治安译，科学出版社 1989 年版，第 21、333 页；吴彤、曾国屏：《自组织思想：观念演变，方法和科学》，载许国志主编：《系统科学与工程研究》，第 95、96 页；邹珊刚等编著：《系统科学》，第 102 页。

③ 涌现性（emergent property）是客观世界普遍存在的现象，即部分一旦按某种方式形成系统，就会产生出系统整体具有而各部分所不具有的属性、特征、行为、功能等。请参见［美］欧阳莹之：《复杂系统理论基础》，第 181、182、353 页。

地把握系统整体是复杂性思维的核心原则。[①]

　　同其他思维方式一样，复杂性思维也有其特有的概念框架和话语体系。在这个框架中，系统是它的根本概念，整体和部分是它的分概念，同时用这三个概念来识物想事是它的独有特征。它不仅依据当代复杂性科学所提供的一系列理论，也借助这套概念框架和话语体系将认识客体当作系统、当作整体来把握；借助这些理论以及这套概念框架和话语体系来整理我们的认识成果，并将其系统化；而要做到这些，又离不开将大脑的思维活动和思维过程当作系统来规范和运作。既强调认识对象的整体把握，又强调思维成果的系统化、整体化和大脑思维过程的系统运作，这都是还原论和朴素整体论所没有的。[②]

　　上述表明，在思维的主要原则上，系统论与还原论的确是一对矛盾，但系统论并不排斥还原论，而是经过它又超越它；也不排斥朴素整体论，因为它包含整体思维但又不限于整体思维，它不仅不像整体思维那样排除对部分和要素的分析，而且力主在综合的指引下用先进的思维方法和科学手段去剖析部分和要素；因此，它是后者基于现代科学技术的升华，是整体思维与分析思维的辩证统一。而导致这三种思维方式的上述差异的根本原因是系统论与朴素整体论、还原论的科学背景是截然的不同。朴素整体论的科学背景是古代朴素的科学观，其感知世界主要是依靠人类自身的感官，所用的方法主要是深悟的思辨和跳跃的类比。它把整体视为一种直接的现实，强调从整体到整体地直接把握认识对象，拒绝分析思维，也不追求思维的可操作性，因而在没有搞清楚整体各部分、各个细节的基础上，凭借想象、思辨、推理去对整体作模糊的、混沌的描述，致使其认识成果只能是直观的、笼统的、猜测性的，缺乏科学性，属于思辨式的、经验式的思维方法。[③]

　　还原论的科学基础是近代简单性自然科学，故也只能解开客观世界中简

　　① 参见［美］欧阳莹之：《复杂系统理论基础》，第182、183、353页；邹珊刚等编著：《系统科学》，第93—98页。
　　② 参见邹珊刚等编著：《系统科学》，第33、34页；苗东升：《论系统思维（三）：整体思维与分析思维相结合》，《系统辩证学报》第13卷第1期（2005）；王贵友：《探索复杂性和科学语言框架的转换》，《自然辩证法研究》1997年第11期。
　　③ 参见魏宏森、宋永华等编著：《开创复杂性研究的新学科——系统科学纵览》，四川教育出版社1991年版，第83页。

单性的谜团，而无法把握事物的复杂性。复杂性思维是当代复杂性自然科学的产物，是根基于量子力学、分子生物学、一般系统理论、自组织理论等现代学科之上的。这就必然使复杂性思维成为一种超越于整体论和还原论之上，实现了整体思维与分析思维的统一，又以整体论为主导的新的科学思维纲领，用哈肯的话说，它在这两种思维之间"架起一座桥梁"[①]。

二、关注点的转移

思维纲领上的差别决定了这三种思维方式的关注点是不一样的，并由此导致了它们在认识原则和认识方法上的诸多不同。朴素整体论和还原论的关注点是实体；前者的关注点是实体整体，后者则全力探索构成实体整体的最小的构成单位，试图找出各类实体共同的基础，如原子、夸克等，因此，实体个体的研究和个体的构成要素的研究是它们的关注点。[②] 复杂性思维虽然也要研究实体个体，但却认为任何实体都不是浑然一体的个体，而是由关系构成特定结构的系统。因此，复杂性思维将其研究的关注点"从实体转移到关系、转移到信息"。如探讨各类建筑物时，还原论会将其还原为建筑物的最小构成单位：砖头、水泥、钢筋等原材料，而很少考虑这些原材料之间的连接方式；而复杂性思维则认定，恰恰是砖、瓦、水泥、钢筋之间的不同类型的连接方式才构成了形式各异、用途不同的各类建筑物：楼房、桥梁、运动场等。[③] 可见，复杂性思维研究的关注点不同于还原论，它看重关系、着重于关系所构成的系统。认为同样的要素、同样的成分，可以具有不同的联系、不同的相互作用，相应地也就具有不同的性质、结构与功能，构成不同的系统。但这并不意味着将关系和实体割裂开来，忽略了实体，而是从考察实体构成要素之间的关系、部分和整体之间、系统与环境之间的相互作

---

① ［德］H. 哈肯：《协同学——大自然构成的奥秘》，凌复华译，上海译文出版社 2001 年版，中文版序，第 221—222 页；另参见邹珊刚等编著：《系统科学》，第 32 页。

② 参见［比］伊·普里戈金、［法］伊·斯唐热：《从混沌到有序——人与自然的新对话》，第 10 页；赵凯荣：《复杂性哲学》，中国社会科学出版社 2001 年版，第 181 页。

③ 参见［比］伊·普里戈金、［法］伊·斯唐热：《从混沌到有序——人与自然的新对话》，第 10、41 页；沈小峰、胡岗、姜璐编著：《耗散结构论》，第 119 页；颜泽贤：《耗散结构与系统演化》，第 226—227 页。

用、相互联系中去把握实体的性质、结构、功能，及其发展变化；认定要素间的相互作用使整体具有其构成要素的性质、功能的简单相加后所没有的新性质、新功能；要素间的关系变了，实物的性质、结构和功能也就会随之发生变迁。事物的性质是由关系决定的，要探明事物的性质及其变化，就必须研究关系、研究由关系所构成的系统。①

关注实体而不重视关系的研究，还原论也就必然依其还原的研究法则，将大量的非线性关系当作线性关系来处理。因为在还原论看来，线性和简单性是一对孪生兄弟，非线性关系的"复杂性仅仅是表面的，其多种多样性在伽利略那里可以用数学的运动定律中体现出的普适真理来解释"②。它之所以认为部分特征相加便是整体的属性、之所以主张先分析后综合的研究方法，前提就是认定事物要素之间的相互作用是线性的。各种作用要素相互独立、相互作用的效应是均匀的、等价的；不具有时空特征，因果对称；作用力与反作用力大小相等，其相互作用的总和正好等于每一个部分相加的代数和。③ 线性和线性系统具有普遍的规律性；而非线性则是例外，是非本质的、次要的，由此而为人们勾画出的客观世界是一种以简单的线性关系为基本特征的对象集合。它没有间断和突变；没有演化和发展，过去、现在和将来总是一样的、对称的和完全决定论的。据此，"世界被看作是均匀的，而且局部的试验可以揭露出全局的真理"④。这就决定了还原论视野中的关系十分贫乏，肯定与否定两个方面的对立统一既是事物的主要关系，也是事物进化的内部根据，矛盾论也就成了它用来解释世界及其变化的万应灵丹。⑤

与之相反，复杂性思维揭示出来的事物关系十分丰富：线性关系、非线

① 参见［意］拉兹洛：《系统哲学引论》，钱兆华、熊继宁、金纬译，商务印书馆1998年版，序言；彼得·圣吉：《第五项修炼》，第74、152页，中文版序；［奥］L.贝塔朗菲：《普通系统论的历史和现状》，见中国社会科学院情报研究所编：《科学学译文集》，科学出版社1980年版；苗东升：《论系统思维（四）：深入内部精细地考察系统》，《系统辩证学报》第13卷第2期（2005）。
② ［比］伊·普里戈金、［法］伊·斯唐热：《从混沌到有序》，第81页。
③ 参见［美］欧阳莹之：《复杂系统理论基础》，第241、320页；颜泽贤：《耗散结构与系统演化》，第208—209页。
④ 参见［比］伊·普里戈金、［法］伊·斯唐热：《从混沌到有序》，第81页。
⑤ 参见曾国屏：《自组织理论与辩证法基本规律》，《晋阳学刊》1996年第1期；沈晓珊：《在反思中发展系统思维科学的理论》，《系统辩证学报》2004年第2期。

性关系，短程关系、长程关系，正反馈关系、负反馈关系，竞争关系、协同关系、单向关系、网络关系、系统内部的关系、系统与环境的关系、功能上的角色关系，等等。这不仅为研究开辟出了一个又一个的新领域，更重要的是导致它对世界的本质、事物演化的动力机制、演化的多样性及其实现机制等诸多问题的认识要全面得多、客观得多、深刻得多。

复杂性思维认为，线性描述对于简单的系统、静态的系统或许还能成立，对于复杂的系统、动态的系统则完全行不通。在这些系统中存在着十分发达的各种非线性的相互作用。而"除了非常简单的物理系统外，世界上几乎所有的事情、所有的人都被裹罩在一张充满刺激、限制和相互关系的巨大的非线性大网之中"，因此，"世界在本质上是非线性的"①，线性关系只是非线性关系的特例或简化的结果。故对非线性关系进行深入的研究是了解复杂系统，解开"涌现"发生的奥秘，揭示世界本质的关键。

世界的本质不是线性的，而是非线性的，线性关系仅是非线性关系的特例或人们对其进行简化后的结果，因此，非线性关系和非线性系统是当今自然科学和人文社会科学前进道路上不可回避的对象。为此，就必须慎用还原论，因为由非线性关系所衍生出来的世界图景与还原论所勾画出来的世界是截然不同的。从物质和宇宙的演进，到生命的进化、社会的发展和文化的进步，无一不呈现出如树木生长时连续地分叉、不断地分化、不断发展的极其丰富而又变幻莫测的图景。其中，充满了突变、随机和偶然的因素，而导致这一切的就是非线性。非线性相互作用不仅是事物的复杂性、整体性的根源、系统演进的主要动力和终极原因，也是事物在质上不断丰富和多样化，以及其实现机制的基础。② 这是因为非线性相互作用具有线性相互作用所没有的三大特征：非独立的相干性、时空中的非均匀性和多体间的非对称性。③

关注实体而不重视关系的研究，还原论还必然视"规律是事物自身固

———————————

　　① ［美］米歇尔·沃尔德罗普：《复杂——诞生于秩序与混沌边缘的科学》，第32页；另参见谷超豪：《非线性现象的个性与共性》，《科学》44卷1992年第3期。
　　② 参见姜璐、谷可：《从复杂性研究看非线性科学和系统科学》；苗东升：《系统科学是关于整体涌现性的科学》；许国志主编：《系统科学与工程研究》，第133、173页。
　　③ 参见颜泽贤：《耗散结构与系统演化》，第209、210页。

有的，外界的环境只决定规律的出现或不出现，不能决定规律的有或无，也不能改变规律本身"①。由此也就决定了系统与环境的关系得不到它的重视。而复杂性思维却从这一关系中看到了不同性质的系统：孤立系统、开放系统、封闭系统、有机系统、无机系统、黑色系统、白色系统、灰色系统，等等；并从这些不同系统的规定性的形成和系统演化的不同结局中揭示了系统与环境之间关系的复杂性和多样性。②

复杂性思维认为，认识系统就是认识系统的规定性，而系统本身的构造只是系统的内在规定性，即所谓的自然质；而其所在的环境则给予它外在的规定性，即所谓的系统质。内、外两种规定性一起才构成了系统的规定性的全部。还原论认为，自然质是事物的特殊性、特殊规律，是事物固有的，不会为环境所左右，环境既不能改变它，更不能决定其有无。可是，还原论者却不能无视这一事实：二氧化碳和水能通过反应生成葡萄糖和氧气，只是因为它们被置身于绿色植物体内这一特定的环境下，没有这个特定的环境，就没有了光合作用和叶绿素，这一化学反应也就失去了根据；人依赖于新陈代谢这一规律而存在，但若没有地球这一特定环境，这一规律还能存在吗？答案无疑是否定的。可见，只有将系统质与自然质加在一起，才能构成系统的规定性的全部，系统的一些自然质的形成与存在还须以系统质为前提。换言之，环境不仅影响系统，还在很大程度上塑造了系统。而环境对系统的这种塑造有正反两方面的作用，即它可向系统输入资源等负熵流，促进系统的演进；也可向系统提供正熵流，危及系统的生存甚至促使系统瓦解。这就演绎出一个认识法则：欲了解一个系统的行为和特性，仅知道它的组分和结构是不够的，还必须考察它的环境；甚至连要真正地认识它的组分和结构也离不开对环境的了解。③ 再说，任何系统都会与其所在的环境构成一个更大的系统，后者必有其一般规律。所谓一般规律，即它是这个系统中的所有子系统和组分都会遵循的规律。例如，无论是人还是其他动物，都不能逃脱生物界的一般规律的支配。一般规律概括出了特殊规律中最普遍、最抽象的关系，

---

① 王志康：《复杂性科学理论对辩证唯物主义十个方面的丰富与发展》，《河北学刊》2004 年第6 期。

② 参见邹珊刚等编著：《系统科学》，第 65—72 页。

③ 参见邹珊刚等编著：《系统科学》，第 50 页；赵凯荣：《复杂性哲学》，第 62 页。

特殊规律因而不可能脱离一般规律而例外。这个道理其实是传统哲学中固有的内容。传统思维之所以对它视而不见，原因固然很多，但忽视关系的研究无疑是原因之一。[1]

还原论忽视系统与环境的关系，必然会轻视外因在事物进化中的作用。它认定内因在发展过程中居于支配地位，代表着一定要贯彻下去的趋势，决定着事物发展的前途和方向，具有必然性；外因在发展中一般只居于从属地位，只能影响进化的速度和进化结果的细节，属于偶然性。[2] 与之相反，复杂性思维十分重视系统与环境的关系在系统演进中的作用，因而十分关注系统与环境的关系的研究。发现任何系统不论其初始状态是如何地有序，但只要对外封闭，它都会从有序转为无序。只有在系统对外开放，与其所在的环境发生物质、能量和信息的交往，系统从其所在的环境中吸收负熵，才能打破系统的平衡态，提升其有序度，产生新质。因此，系统的发展是由它所具有的开放性引起的。只有开放，才能进步，才能发展。无机系统之所以停滞不前，甚至倒退，原因就在于它的存在并不以其对外开放为前提；有机系统、生物世界之所以能不断地发展演进，关键就在于它对外开放。但对外开放仅是系统发展的必要条件，而非充分条件。只有对外开放能吸入负熵，且吸入的负熵流大于系统自身的增熵量，达到一定阈值，并能平权化的时候，系统才能进化。可见，一个能为其提供负熵的特定的环境是事物进化的不可缺少的前提。正因如此，复杂性科学将外因称为"控制参量"。这直接表明是外因控制着系统的状态，决定着系统是否能演变。从这点上讲，外因在事物发展过程中就绝不只是处于从属地位，它能起决定性的作用；但是，当系统状态达到接近演变的"临界点"时，系统到底朝哪个方向演变则不完全取决于外因，而要由内因，即由系统内的序参量决定。[3] 序参量起于"涨落"。涨落如水波中的涟漪，是偏离系统平均值的变量。涨落回复到平均值

---

① 参见苗东升：《论系统思维（五）：跳出系统看系统》，《系统辩证学报》第 13 卷第 3 期（2005）。

② 参见李秀林等主编：《辩证唯物主义和历史唯物主义》，中国人民大学出版社 1982 年版，第 172 页。

③ 能够指示新结构的形成，并能反映新结构有序程度的"涨落"即为序参量。请参见［德］H. 哈肯：《协同学引论　物理学、化学和生物学中的非平衡相变和自组织》，第 246 页；吴彤：《自组织方法论研究》，清华大学出版社 2001 年版，第 49、50 页。

的时间有长有短，长者为慢弛豫变量，短者为快弛豫变量。[①] 通过竞争，一些慢弛豫变量支配或役使了另一些快弛豫变量，形成了主宰着系统整体的演化过程的序参量。序参量拥有系统演变的未来结构的宏观模式，将这个模式放大到整个系统，就会导致系统结构的质变。但是，序参量能否放大成巨涨落而导致整个系统质变，朝什么方向质变，则要取决于哪个序参量被放大。因为序参量各自代表着系统的一个演变方向，故系统面临着多种选择，何去何从，则要视哪个序参量被系统内外的哪个"涨落"放大而定。如这个"涨落"来自环境，那外因就对系统的演变起了决定性的作用。所有这些，都说明系统进化的方向并非仅取决于内因，而是由内因和外因共同决定的。[②]

还原论与复杂性思维的关注点的上述不同不仅导致了两者在研究领域、研究方法上的背离，还促使了研究的其他许多方面的转向。即由确定性的研究转为随机性的研究，由以平衡态为主的研究转向以非平衡态为主的研究，由连续渐变的研究转为非连续突变的研究，由静止、时间可逆的研究转向发展、时间不可逆的研究，由单维、单层次的研究转向多维、非整数维和多层次的研究，由稳定的、周期性的研究转向对不稳定的、非周期性的研究，由单一轨道的研究转向以多对轨道集合、可能性集合为主的研究。[③] 因为这些对研究的前一项都是事物的简单性的具体形式，而后一项则都是事物的复杂性的具体形式。还原论是简单性科学的思维纲领，以追求事物的简单性为其最高原则，因此，它以各对研究中的前一项研究为其侧重点是其应有之义；反之，认定世界的本质是复杂的复杂性思维将各对研究的后一项作为其侧重点也就不言自明了。

---

① 偏离系统平均值的变量即为涨落。请参见：［比］G. 尼科里斯、I. 普里高津：《探索复杂性》，第 162 页；颜泽贤：《耗散结构与系统演化》，第 77 页。

② 参见［德］H. 哈肯：《协同学引论　物理学、化学和生物学中的非平衡相变和自组织》，第 249—250、253 页，图 7.1；吴彤：《自组织方法论研究》，第 48—50、149—152 页；魏宏森、宋永华等编著：《开创复杂性研究的新学科——系统科学纵览》，第 339、340 页；颜泽贤：《复杂系统演化论》，人民出版社 1993 年版，第 177 页。

③ 参见庞元正：《决定论的历史命运——现代科学与辩证决定论的建构》，中共中央党校出版社 1996 年版，第 119 页。

三、必然性和偶然性关系的刷新

必然性和偶然性是一对哲学名词，在科学领域中与之相对应的是确定性和随机性。必然性是形容词必然的名词化。它首先与偶然性相对立，是事物发展中常有的、确定的、不可避免的、一定如此的、唯一可能的、势所必然的、非有不可的事理。它根植于现象的本质之中，"所表现的是存在于自然界和社会的各种现象之间和各个过程之间的内在的深刻的联系"，因而是自然界和社会的规律性的表现。①

其次与自由相对立，意指人的行为由有关规律完全规定了，不是随心所欲的。②

传统思维认为，若不具备上述必然性两个构件中的任何一个，便为偶然性。偶然性是指事物发展变化中可能出现也可能不出现，可以这样发生也可以那样发生的情况。因而是泛指事物的不可预测性、发生的形式、时间和空间的不定性、结果对原因或初始条件的不确定性，与随机性的无规则性、多可能性，与一因多果同义。③ 它是事物的各种联系的非本质的、次要的、暂时的、表面的和可有可无性质的反映，因此，偶然的事件"不是由于内在的原因和情况所引起的"，而是"由于外在的、非本质的原因而产生的"④。如黑格尔即认为偶然性是"指一个事物存在的根据不在自身而在他物而言"⑤，故偶然性"在某种程度上是事物普通进程中的一种偏差，它们的出现是对自然界诸过程之普通的、宛如正常的进程之某一方面的破坏"⑥。

---

① 参见［法］雅克·莫诺：《偶然性与必然性（略论现代生物学的自然哲学）》，上海外国自然科学哲学著作编译组译，上海人民出版社1977年版，第16—18、24、30页；［古希腊］亚里士多德：《形而上学》，吴寿彭译，商务印书馆1959年版，第224页。

② 参见［美］欧阳莹之：《复杂系统理论基础》，第271、273页。

③ 参见［美］欧阳莹之：《复杂系统理论基础》，第319、320页；［德］黑格尔：《小逻辑》，贺麟译，商务印书馆1980年版，第301页；［法］雅克·莫诺：《偶然性与必然性（略论现代生物学的自然哲学）》，第24页。

④ 艾思奇主编：《辩证唯物主义与历史唯物主义》，人民出版社1978年版，第143页；［法］雅克·莫诺：《偶然性与必然性（略论现代生物学的自然哲学）》，第25、27、28、30页。

⑤ ［德］黑格尔：《小逻辑》，第301页。

⑥ ［法］雅克·莫诺：《偶然性与必然性（略论现代生物学的自然哲学）》，第28页。

　　必然性和偶然性是对立的，但也是统一的，两者之间有着密切的联系。一方面，必然性是通过偶然性表现出来的，并通过偶然性来为自己开辟道路；而偶然性则是必然性的补充和表现形式。① 另一方面，在发展过程中，两者"可以彼此转化"，即"偶然性转化为必然性，而必然性则转化为偶然性"，两者之间"并没有不可逾越的界限"。因此，"偶然性和必然性是带有相对性的。不可以不顾一定的条件来谈必然性或偶然性"。但是，两者的转化只限于不同的条件之下，即"在一些条件下是必然的东西，在其他的时间中和在其他的条件下就可能成为偶然的东西。反之，本来是偶然的东西，在新的条件下就可能成为必然的东西"。"在一定的条件下，在一定的时间中"，就不能如此视之。那时，"某种东西是必然的，那就不能把它看作是偶然的；反之，如果某种东西是偶然的，那就不能认为它是必然的"②。

　　两者在事物发展过程中的不同地位决定了它们对事物发展的作用有主次之分；必然性是变化的根据，偶然性是变化的条件；或说，决定事物的发展趋势和方向的是必然性，偶然性只在其中起加速、延续或补充的从属作用；③ 因此，"它服从于必然性，并且必须在必然性的基础上才能得到理解"。因为它"始终是受内部隐蔽着的规律支配的"。所以，科学"不能仅仅满足于各种偶然的发现"，而应该撇开这些偶然性的作用去发现其所隐藏的必然性和规律性，以便使"偶然性的作用减少到最低限度"，摆脱其"自发势力的支配，并从而支配它们"④。

　　由于一直认为牛顿的理论和黑格尔的辩证法都具有普适性，故人们也误以为他们关于必然性和偶然性的上述论述也拥有一般性。实际上，这些论述只是单个宏观粒子及其彼此间关系的抽象，故仅适用于处于平衡态和近平衡态的系统。但即使在这样的系统中，由于"以非常敏感的方式依赖于初始条件"，即使按因果律，也不能对系统的发展做出绝对准确的

　　① 参见《马克思恩格斯选集》第 4 卷，人民出版社 1995 年版，第 175、733 页。
　　② 参见［法］雅克·莫诺：《偶然性与必然性（略论现代生物学的自然哲学)》，第 32、36、38、42—44 页；李秀林等主编：《辩证唯物主义和历史唯物主义》，第 173、174 页。
　　③ 参见［法］雅克·莫诺：《偶然性与必然性（略论现代生物学的自然哲学)》，第 45 页。
　　④ 参见李秀林等主编：《辩证唯物主义和历史唯物主义》，第 199—201 页；［法］雅克·莫诺：《偶然性与必然性（略论现代生物学的自然哲学)》，第 46、50—53、56、65、66 页。

预测，故在认识论上，必然性也都只具有相对的意义。[①] 但更关键的是，"世界统一于物质"，当科学探视的目光深入到物质的量子领域后，面对的是物质运动状态的量子化及随之的量子跃迁特征[②]，具有这些特征的量子同观测仪器之间的相互作用会使微观对象产生不可忽略的扰动，产生所谓测不准的结果。于是，人们无论是对大量粒子运动，还是对单个粒子运动的态的描述都不可能是确定性的而只能是几率，即只能指出微粒在某点出现的几率，或其动量为某值的几率，对其未来行为的预测都只能是概率性的。[③] 而这样的随机性描述是自然界以其自身的本质给我们的观测所加的限制，而不是人们的无知，故偶然性是根源于事物的本质之中而并非如传统思维所说的源于事物的外部。由于量子是一切物质的基础，故人们认定偶然性是绝对的、必然性是相对的，是对自然界的最基本最终的描述，那"塑造着自然之形的基本过程本来是不可逆的和随机的"[④]。

随机性的这种作用也见证于非线性系统及自组织过程。在这种系统和过程中，随时可见的涨落是大小不定、形态无常、随机生灭，这看来是纯粹的偶然性的背后却有其必然性，因为虽然个别涨落是偶然事件，但没有哪个系统中不存在偏离常态的涨落，故系统中存在这种涨落又是一种必然现象。每个涨落都有其特定的内部结构，它是某种宏观结构的萌芽。而模式的形成及其之间的竞争以及竞争所导致的淘汰和选择所需要的必要条件的产生都带有偶然性，它们在何时何地以何种形式出现是无法预料的。竞争导致淘汰和选择，形成序参量则又是必然的。但在系统分岔点上，哪个序参量被放大形成未来系统的骨架则又是偶然的，它取决于当时系统的内外条件，因为"非

---

① 参见［德］H. 哈肯：《信息与自组织——复杂系统的宏观方法》，郭治安等译，四川教育出版社1988年版，第19页；［比］伊·普里戈金：《从存在到演化——自然科学中的时间及复杂性》，曾庆宏、沈小峰译，上海科学技术出版社1986年版；彭新武：《复杂性思维与社会发展》，中国人民大学出版社2003年版，第243页。

② 跃迁是指"一个原子被激发时，电子从一个轨道跃进到另一轨道"。请参见［比］伊·普里戈金、［法］伊·斯唐热：《从混沌到有序——人与自然的新对话》，第220页。

③ 参见［比］伊·普里戈金、［法］伊·斯唐热：《从混沌到有序——人与自然的新对话》，第178、179、224、225页。

④ 参见［比］G.尼科里斯、I.普里高津：《探索复杂性》，序第 v 页。

平衡态不仅对它们的内部活动所产生的涨落敏感，而且对从它们的环境中来的涨落敏感"[①]。这些条件的产生不仅有偶然性，系统内的哪个序参量同环境中的哪个涨落相结合也是偶然的。因此，是偶然性选定哪个序参量被放大，当它一经选定而被放大成为巨涨落，整个系统结构的演变就将被其所引导，形成新的系统结构又成为一个必然的过程。但是，这种必然性的存在又依赖于随其实现而产生的相对确定性系统。这样的系统，一旦超过其存在的某种临界状态，又会出现混沌，即从必然性中又产生出大量的偶然性。这正如普利高津所说："分叉的连续构成一个不可逆的演化过程，在那里，特征频率的决定论产生出一个由这些频率的多重性所导致的不断增加着的随机状态"[②]。

偶然性能转为必然性，必然性能产生偶然性，两者都根源于系统的内部条件与外部环境，共同地决定着系统的发展方向和速度。[③] 因此，是"必然的因果联系和机遇偶然性这两个范畴代表着一切过程的两个侧面"[④]，是它们的"混合体"构成了"世界的历史"[⑤]。这就说明，传统思维将必然性和偶然性产生的根源、在事物发展中的作用进行区分是错误的；它所讲的两者之间的相互转化和统一是外在的，而不是内在的，因而也背离了实际。

偶然性在非线性系统中的地位和作用截然不同于它在线性系统中的表现，这表明非线性关系的增强是其中的关键；故"系统越复杂，威胁系统稳定性的涨落的类型就越多"。这从根本上决定了事物中的偶然性是依其有

---

① 参见［比］伊·普里戈金、［法］伊·斯唐热：《从混沌到有序——人与自然的新对话》，第165—166、211 页。

② 参见［比］伊·普里戈金、［法］伊·斯唐热：《从混沌到有序——人与自然的新对话》，第175—188 页；［比］G. 尼科里斯、I. 普里高津：《探索复杂性》，第77 页；［比］I. 普里高津：《时间、不可逆性和结构》；湛垦华：《普里高津与耗散结构理论》，陕西科学技术出版社 1982 年版，第97 页；［德］H. 哈肯：《协同学引论　物理学、化学和生物学中的非平衡相变和自组织》，第420 页。

③ 参见［德］H. 哈肯：《协同学引论　物理学、化学和生物学中的非平衡相变和自组织》，第20 页。

④ ［比］伊·普里戈金、［法］伊·斯唐热：《从混沌到有序——人与自然的新对话》，第48、215—216、255—256 页。

⑤ 参见［美］布里格斯、F. D. 皮特：《湍鉴》，刘华杰、潘涛译，商务印书馆 1998 年版，第266 页；［比］伊·普里戈金、［法］伊·斯唐热：《从混沌到有序——人与自然的新对话》，第178、179 页；［美］埃里克·詹奇：《自组织的宇宙观》，曾国屏等译，中国社会科学出版社 1992 年版，第12、53 页。

序度的增加而递增的。①故从无机物到低等生物到高等生物再到人，偶然性是依次增强。① 这表明，偶然性来自非线性、复杂性。② 因此，复杂性科学对偶然性的定义也有别于传统思维。美国数学家查伊称偶然性为"算法上的不可压缩性"，即它从任何一种算法、一个数列或一串事件出发不能化归或不可推举的事理；托姆则把偶然性看成不能用任何机制来模拟，也不能用任何形式或规则来推导的东西；欧阳莹之则谓偶然性是科学理论保持沉默的地方，是现有理论或预期理论的空白部分，是不可预测的事件。③ 不可预测即意味着新奇，因此，偶然性"对生物进化和新质的创造的作用要远远超过必然性"④。

世界的本质是复杂的，偶然性是复杂性的体现之一。它在非线性系统中是绝对的，并在一切物质的基础量子领域中居绝对统治地位。在世界中占据统治地位是随机性而不是确定性⑤，这表明，无论是在本体论上，还是在认识论上，必然性都具有相对的意义，偶然性都要比必然性更为根本，更为绝对，更为普遍。但是，它与必然性的对立也不是绝对的，因为两者产生的根据是统一的，两者之间相互作用，能相互转化，可以互补。因此，两者之间的关系既是相对与绝对这一始终不变的共时性统一，也是支配地位与从属地位相互转化的可以变动的历时性统一。两者既不互相取代，也不互相排斥。它表明，偶然性虽然是绝对的，但并非始终处于支配地位；必然性是相对的，但也并非始终处于从属地位。因此，偶然性与必然性之间虽然在一定阶段上从属与支配的地位可以互换，但并不会改变它们之间始终作为绝对与相对的统一。⑥

---

① 参见［奥］L.贝塔兰菲：《一般系统论》，第64页；［比］伊·普里戈金、［法］伊·斯唐热：《从混沌到有序——人与自然的新对话》，第188页；颜泽贤：《复杂系统演化论》，第100、173、174、200、312、313页。

② 参见［比］G.尼科里斯、I.普里高津：《探索复杂性》，第63页。

③ 参见［美］欧阳莹之：《复杂系统理论基础》，第319、320页；段鸣玉：《复杂性思维方式的本体论基础和思维原则》，《科技进步与对策》2003年第2期。

④ 赵凯荣：《复杂性哲学》，第201页。

⑤ 参见［比］伊·普里戈金、［法］伊·斯唐热：《从混沌到有序——人与自然的新对话》，第9页。

⑥ 参见［比］伊·普里戈金、［法］伊·斯唐热：《从混沌到有序——人与自然的新对话》，第16页；［美］埃里克·詹奇：《自组织的宇宙观》，第12、53页；颜泽贤：《复杂系统演化论》，第312、313、316、317页。

四、因果观的进步

因果观古已有之，但近代科学凭借还原论追踪运动的原因和规律，建立起了一个完整的因果体系，奠定了其分析方法的坚实基础，因此，因果论和还原论实为一对孪生兄弟。故此，单值、实体、线性、单向和非目的性就成了传统因果观的五个主要特征。单值因果是说前因和后果之间具有严格的确定性，原因作用所得到的结果总是唯一的，给定一个原因或一组原因就会得到某一结果。实体因果观是说因和果都是实体，是具体的事件，是被研究者省略掉了各种联系之后的质点间的相互关联，故因果相当。也就是说，因果之间的关系是线性的："整体的原因是由各部分的原因相加而成，各部分的原因累加起来后就能说明结果。"① 单向的是指用部分说明整体，用低层次的性质、定律来解释高层次，而无视整体对要素、部分的约束。非目的性因果是指原因作用于结果不具有目的性，在时间上是可逆的；即使有目的性因素，其来源也在物质世界之外，"是神秘的，超自然的或拟人的媒介的活动场所"②。

在解答线性系统和日常现象时，传统因果观还是有效的。问题是不能将它绝对化，断言它可以涵盖所有的领域。在非线性领域，它与实际是枘凿不入的。而"线性系统只是非线性系统的一种近似和理想的状态"③，非线性才是世界的基本图景。因此，传统的因果观无法揭示出世界基本图景的真相。④

在非线性系统中，给定一个或一组原因，所得出来的结果不是唯一的，而是一种结果的集合，其中任何一种结果的出现都不是确定无疑的、必然的，都具有一定的概率，因此，原因和结果不是单值的，没有对偶关系；给定了一个或一组原因，也只能以某种概率产生某一结果，换言之，原因引起

---

① 参见［比］伊·普里戈金、［法］伊·斯唐热：《从混沌到有序》，第41、44—45页；庞元正：《决定论的历史命运——现代科学与辩证决定论的建构》，第145页。
② ［奥］L.贝塔兰菲：《一般系统论》，第37、13页。
③ 庞元正：《决定论的历史命运——现代科学与辩证决定论的建构》，第145页。
④ 参见姜璐、谷可：《从复杂性研究看非线性科学和系统科学》；许国志主编：《系统科学与工程研究》，第133页。

结果是或然的，结果只是以一定的概率与原因相联，它不是唯一的、确定的，不具有必然性；而是存在着一个结果的可能域。黑格尔说如同作为原因的"雨"和作为结果的"湿"一样，因果具有同一的内容，两者"只是设定与被设定的区别"，故"因果关系无疑地是属于必然性的"①；而统计因果却将偶然性带了进来，这说明，它是本质上有别于单值因果的一种新的因果类型。②

　　统计因果的揭示是因果观上的一个重大革命，因为它彻底地抛弃了传统观将因果关系全部视为必然的，而将偶然性全部排除在客观世界之外的做法，从而把或然性、偶然性引进历史分析中。这既动摇了以动力学规律为基础的传统规律观，也证伪了否认规律的客观性和普遍性的非决定论。

　　在非线性系统中，因果不一一对应，也不相当，将所有的原因累加起来并不能说明作为整体的结果；因果失衡，整体不等于部分之和，作为自变量的原因和作为因变量的结果的变化并不成比例。③ 何以如此？黑格尔虽然正确地指出了相互作用是事物发展的终极原因，但他却无意也无法解释这一现象，因为他一再强调："既然承认原因和结果的关系，那么结果就不可能大于原因"；它"一点也不包含……原因中没有包含的东西"，如果认为小的原因可以产生大的结果那将是"让大花朵长在纤细的茎上，虽然显得巧妙，然而是非常肤浅的处理办法"④。但复杂性科学则用大量事实揭开了因果不相当的根源不只是要素间的相互作用，而是这种作用的非线性。其根源则是前述的非线性系统要素具有线性系统要素所没有的三大特征：非独立、不等价、不对称。致使它们之间的相互作用在时空上不对称，在作用上不均匀，彼此之间存在着支配与从属、催化与被催化等关系；各方之间因而是对称破缺，不能倒易，相互激烈竞争，使系统在临界处于极度敏感的状态，以致"一个微小的因素能导致用它的幅值无法衡量的戏剧性效果"。于是，不仅

　　①　［德］黑格尔：《小逻辑》，第317、318页。

　　②　参见［美］欧阳莹之：《复杂系统理论基础》，第315—317页；沈小峰、胡岗、姜璐编著：《耗散结构论》，第125、126页。

　　③　参见［比］伊·普里戈金、［法］伊·斯唐热：《从混沌到有序》，第371、372页。

　　④　列宁：《哲学笔记》，中共中央党校出版社1990年版，第176页。

原因和结果之间不具有一一对应的明确关系，两者之间在质上和量上也是不对称的，因果失衡，"小的原因可能产生大的结果"①，整体不等于部分之和，产生了与线性因果关系完全不同的结果。因此，复杂性思维的另一贡献是发现了非线性因果观。

在非线性因果关系中，结果对原因的依赖只见于原因的组成要素的相互作用所形成的集合，即形成的网络中、结构中；而结果同这集合之中的单个质点之间，却并不具有一一对应的明确的相互联系、相互作用的关系，人们很难弄清楚系统的变化与哪些要素、哪些微观变量之间有因果关系。例如，人体的面部表情到底是由人体的哪些细胞引起的？这是无法判断的。② 因此，实体因果观在这里失效了；而系统结构决定系统功能的这个系统科学的基本原理却得到了确证，从而为人们寻求事物的因果联系指明了新的方向：不能再局限于从实体中、事件中和单个质点中去寻找原因，而应从事物相互作用所形成的关系和结构中去挖掘结果赖以产生的根源。

非线性相互作用能使小的原因产生大的结果，由此也就揭示出了一个普遍存在而人们又知之甚少的现象：涌现。按亚里士多德的说法，涌现就是"整体大于部分之和"③；但实际上，最有意义的还不是"多来于少"，而是"复杂来自简单"④。这也就是说，涌现是指非线性相互作用所生出的"结果"（产物）具有了"原因"，即进行相互作用的各要素所没有的特性和功能，所没有的宏观状态变量。这些变量展现了非线性相互作用所形成的系统结构所具有的新性质和新功能⑤，于是，前所未有的新事物问世了。这些新事物之间也会相互作用，又会产生出更新的事物，导致了系统的不断进化，复杂巨系统、复杂适应性巨系统，乃至生命、思维。"生命不是直接整合基本粒子的结果，而是以核苷酸、碳链分子为构材，按照特定方式整合组织而

---

① 参见［比］G. 尼科里斯、I. 普里高津：《探索复杂性》，第61、256页。

② 参见［美］欧阳莹之：《复杂系统理论基础》，第69、70页；苗东升：《系统科学是关于整体涌现性的科学》；许国志主编：《系统科学与工程研究》，第133页。

③ L. V. Bertalanffy, *General System Theory*: *Foundations*, *Development*, *Applications*, New York, 1973, pp. 54-55.

④ J. H. Holland., *Emergence*: *from Chaos to Order*, Addison-Wesley publishing Company, 1988, pp. 1, 115-123.

⑤ 参见［美］欧阳莹之：《复杂系统理论基础》，第181、182、353页。

产生的细胞的这种系统的整体涌现性"①；在此基础上，又进化出人类社会、现代社会等。可见，非线性因果观的发现使人们开拓出了一条寻找事物持续进化的机制和动力的有效途径。较之人们早已熟知的"量变引起质变"，它无疑要深刻得多。正是在它的引导下，人们清醒地认识到揭示涌现产生的原因和途径是社会进步道路上不能回避的问题。因为人类社会认识环境、适应环境、利用环境、改造环境的能力的提高就主要依赖于物质系统和社会系统的功能的提升。而"功能是系统最重要的整体涌现性"②，涌现因而是人们揭示事物进化的规律，提升社会系统功能所不可逾越的阶梯。涌现因此成了科学关注的中心、研究的主题，直接导致了耗散结构、协同学、超循环、突变论、混沌学等自组织理论的问世，从而揭开了系统进化和生命起源的奥秘；极大地深化了人们对相互作用的形式的认识，揭示了相互作用的形式从反应循环到复杂超循环的诸多等级，逐渐地明白了涌现产生的具体途径和动力机制。③ 这些论述足以说明，只有通过非线性因果关系，才能更好地揭示事物由量变到质变的规律，才能使纷繁复杂、变化万千的世界得到更为深刻和全面的阐述。

同还原论一样，复杂性思维认为整体的结构和性质在一定程度上受制于要素的性质和规律，要素及其相互作用对整体有上向的因果作用，因此，在认识论上，适当的理论还原还是需要的。但是，复杂性思维还十分重视"系统整体会以其结构和特性对子系统和要素施加约束、选择、调节和控制"所产生的下向因果作用。④ 强调这种作用会使"低层次的所有过程都受到高层次规律的约束，并遵照这些规律行事"⑤。因此，复杂性思维的因果观不像还原论那样是单向的，而是双向的。这是复杂性思维的思维原则所决

---

① C. C. Lagnton, ed., *Artificial life（I）*, Addison-Wesley Publishing Company, 1988, p. 41；苗东升：《论系统思维（六）：重在把握系统的整体涌现性》，《系统科学学报》2006 年第 1 期。

② 苗东升：《论系统思维（六）：重在把握系统的整体涌现性》，《系统科学学报》2006 年第 1 期。

③ 参见［美］M. 艾根、P. 舒斯特尔：《超循环论》，曾国屏、沈小峰译，上海译文出版社 1990 年版，"译者的话"，第 6、7、70—72 页。

④ 参见 C. Robert Bishop, "Downward Causation in fluid Convection", *Synthese*, 2008, V.160（2）pp. 229-248；范东萍、颜泽贤：《复杂系统的下行因果关系》，《哲学研究》2011 年第 11 期。

⑤ F. J. Ayala, and T. Dobzhansky, eds., *Studies in the Philosophy of Biology: Reduction and Related Problem*, University of California Press, 1974, p. 176.

定的，也是因为"复杂性的结构乃是一个分等级的组织体"，并"以在各层次间起作用的控制过程为特征"的。这就决定了复杂性思想在研究复杂系统中的任何一个层次时，"都必须联系相邻层次来考虑"，从而形成一种多维度、多向的扩展式思维。①

与线性系统的时间可逆、无方向性，因而无进步可言不同，非线性系统具有明显的目的性、方向性。例如，无论气温怎样升降，人的体温总保持在36—37度，这表明非线性系统存在着适应环境的目的性。再如，杜里舒的海胆实验，无论是切成两半的卵，还是一个完整的卵，最终都会发展出一个完整的海胆；栽种树木，无论是播种树种，还是插埋树枝，最终都会长出一株枝叶茂盛的树，这说明它们具有多因一果的目的性，即贝塔兰菲所说的终极性。又如，同一药物、同一食物在进入人体之后，会产生不同的结果，在体质不同的人中，在有糖尿病和健康的人中产生的效果是不同的，甚至是截然相反。这即是中医所讲的个体差异。不同的有机系统会引导同样的输入走向不同的结果，这种一因多果的现象也表现出有机系统具有明显的目的性联系。② 而非线性系统普遍具有的自我组织、自我运动，系统结构向着更大差异和更加复杂化的、更高的组织程度，系统功能向着不断增强的方向运动的特征则进一步说明了这类系统的运动普遍有着一个未来的定态，即达到目标而运动的显著特征。③ 系统的变化为将来所要达到的状态所引导，这即是学者们所说的目的性、终极性、预决性；耗散结构理论将其称之为"吸引子"，协同学称为"极限环"。哈肯说，系统要被其拖到点或环上才肯罢休。④ 系统的运动和变化不是完全由现在的状态决定而要依赖于将来才形成的终态，这种在现实中尚不存在的目标就已开始对系统的现在起着实实在在的引导作用，作为吸引子吸引着系统朝它那里发展。⑤

复杂性科学将非线性系统所具有的这一特征称之为目的性联系，它与因

---

① ［英］P.切克兰德：《系统论的思想与实践》，第99、102、103页。
② 参见［奥］L.贝塔兰菲：《一般系统论》，第33、35页；［比］伊·普里戈金、［法］伊·斯唐热：《从混沌到有序》，第170页。
③ 参见［比］伊·普里戈金、［法］伊·斯唐热：《从混沌到有序》，第170、171页。
④ 参见［比］伊·普里戈金、［法］伊·斯唐热：《从混沌到有序》，第126页；钱学森：《论系统工程》，第245页。
⑤ 参见庞元正：《决定论的历史命运——现代科学与辩证决定论的建构》第150、151页。

果联系显然不同。因果联系是前因后果，过去决定现在；而目的性联系却是未来引导着现在，此其一。其二，因果联系是因决定果；而目的性联系是果决定因。之所以如此，主要是后者所在的系统是非线性的，且对外开放。换言之，只有开放的非线性系统中才有目的性联系①，因为只有这类系统的反馈机制才能通过"反作用"使系统"'主动地'趋向高度有组织的状态"②。反馈是指结果对原因的反作用。这是一种"通过一定的通路互相影响并且处于相互联系之中"的机制。如果这种反作用加剧了原因，即为正反馈；如果抑制了或减弱了原因，则为负反馈。原因和结果的这类相互作用就在系统内形成了一种因果双向作用的机制。据此可知，一旦系统具有了负反馈机制，系统就会具有自动地趋向并保持在某一稳态上的目的性，因为原因虽然促使系统偏离原来的状态，但负反馈机制却促使原因所产生的这一结果反过来抑制了原因，以反抗系统偏离原来的状态，并力图使其恢复到原来的状态；③ 从而有效地阻止了系统行为方向偏离系统原来的状态和预定的目标，成为系统的"有序之本"。正反馈机制的作用与负反馈机制的作用恰恰相反，结果强化原因，原因又促使结果进一步地扩大。若是结果促使系统偏离原来的状态的话，那么正反馈机制就会通过不断地强化原因而使系统偏离原来的状态越来越远，"最后使系统从原来的状态自发地发展到某种新的、和原来不同的状态"④。

但是，这个与原来不同的状态是一个更有序的状态，还是一个混沌状态则不完全取决于正反馈机制。一是反馈机制不仅有正负之分，还有线性和非线性之分。科学实践证明，只有非线性反馈才是有序之本和系统演进的终极动力和根源。这也就是说，只有非线性反馈机制才能将系统推进到一个新的更为有序的状态中去。二是反馈作用是系统的功能，反馈机制是系统结构的机理，非线性反馈机制因而并非孤立于系统结构之外，而是非线性系统所具

① 参见［奥］L.贝塔朗菲：《关于一般系统论》，《自然科学哲学问题丛刊》，1984（4）。
② ［奥］L.贝塔兰菲：《一般系统论》，第126页。
③ 参见［奥］L.贝塔兰菲：《一般系统论》，第36页；［英］自然辩证法研究通讯编辑部编译：《控制论哲学问题译文集》，商务印书馆1965年版，第76、77、87页；颜泽贤：《耗散结构与系统演化》，第202页。
④ 参见［美］埃里克·詹奇：《自组织的宇宙观》，第37、51页；颜泽贤：《耗散结构与系统演化》，第205、206页。

有的机制，因此，正反馈促使系统偏离原来的状态进入到一个什么样的状态则要取决于非线性系统结构及其是否对外开放及开放的程度。前面讲过，在非线性系统中，要素间的相互作用是不等价、非对称、非独立的，具有相干性；要素间的竞争存在着支配与从属、役使与被役使、催化与被催化的关系。结果，慢弛豫变量支配着快弛豫变量①，产生了协同，形成了序参量。每个序参量的结构代表着系统一个未来状态的胚芽，因此，序参量就是导致系统演进到一个更有序的状态中去的吸引子，引导系统演变的"目的性之妖"。非线性正反馈机制之所以能将系统演进到一个更有序的状态中去，离不开序参量。但是，一个系统中往往有多个序参量，它们之中谁来引导系统的变迁，则要取决于它们中谁是竞争的胜出者；取决于系统处于临界点时的系统内外的偶然因素；但一旦某个序参量被系统内外的某个涨落所放大，那整个系统的演变为它所引导则是必然的。于是同样的输入，即同样的原因引出不同的结果，或不同的原因引出同样的结果就是很自然的事情。②

　　除以上原因外，复杂适应性巨系统之一的人类社会具有目的性，也与其要素——人的有意识的活动有一定的关联。人类的意识、理智和学识使其对自己的活动及其后果有预见性，借此来权衡利弊，确定自己所要达到的目标。

　　上述表明，非线性系统之所以具有目的性联系，首先当然要归功于要素间的非线性相互作用，这种作用孕育和成长了序参量。但也离不开系统所拥有的正负反馈机制，离不开系统所在的环境。因此，无论是组分间的相互作用，还是系统与环境之间的关系都是以系统整体、系统结构为中介的，因而是系统整体统率下的相互作用。由系统整体对环境的输入和输出，对系统内部的涨落进行的制约和调整；同时，整体的稳定和变化又是以要素间的非线性相互作用为中介的。经过这一中介，达到功能的发挥、状态的稳定和结构的进化。因此，目的性联系是整体与部分互为中介的作用形式，而不仅是质点间的相互作用。其中所讲的目的，一是指在非线性相互作用的基础上形成的系统的稳定结构，即所谓的内稳态；二是指含有未来系统宏观状态的信息的序参量，它是决定系统演进方向的主导因素。由此也就得知，系统的有序

---

① 返回到系统平均值所花费的时间较长的涨落称为慢弛豫变量，反之，则称之为快弛豫变量。

② 参见［德］H.哈肯：《信息与自组织——复杂系统的宏观方法》，第32、41、83—89、133页；苗东升编著：《系统科学原理》，中国人民大学出版社1990年版，第471、538—540页。

性越高，组分之间的非线性作用就越大，相互依赖的关系就越密切，系统的目的性联系就越突出，系统向前演进的趋势就越明确，其中，以有机系统的目的性联系最为突出、最为典型。[①]

复杂性思维方法在因果联系之外，又在自组织系统中发现了目的性联系，意义重大。首先，将目的论从神学唯心论的俘虏中解放出来，将其变成了科学的成果；其次，找出了线性系统和非线性系统、无机系统和有机系统的重大区别，一个无目的性联系、一个有目的性联系；其三，丰富了人们对偶然性、或然性在事物发展过程中的关键作用的认识；其四，极大地推进了人们对复杂性系统的内部结构和发展动力的认识；此外，它还为辩证逻辑的认识具体事物的逻辑路径提供了现代科学基础。依据"从逻辑起点出发，经过逻辑中介，最后达到逻辑终点"的路径，我们就能够揭示出事物从其孕育、萌发到成熟的全过程；但是，这个过程是花费了时间的，故还需要"历史从哪里开始，思想也应从哪里开始"，如此，才能够真正地把事物发生和发展的全过程在精神上再现出来。从思维角度讲，这显然是一个"溯源的方法"，即从已经高度成熟的事物着手，找出其隐藏的基因，再以这个基因为研究的起点，沿着它孕育、萌生和成长的轨迹，直达逻辑终点，即高度成熟的事物。显然，这个逻辑方法的提出是以事物的发生发展过程中存在着目的性联系为前提的。如马克思撰写《资本论》时，就是认为资本主义社会系统中存在着目的性联系。他说，在资本主义经济关系中，早期的各种经济关系"常常是以十分萎缩的形式或者完全歪曲的形式出现"的，而资本作为"最后的形式总是把过去的形式看成是向自己发展的各个阶段"，它"使社会的一切要素从属于自己，或者把自己缺乏的器官从社会中制造出来"[②]。然而，在复杂性科学未将非线性系统中的目的性联系揭示出来以前，这个逻辑路径是缺乏科学依据的。目的性联系的揭示，改变了这一状况，为认识具体事物这一逻辑方法提供了坚实的科学基础，而这对于探索发展中国家的现代化是十分必要的。其原因在"导言"已述，发展中国家的现代化是一个极其复杂、需要高度智慧以实现合目的性控制的系统工程。这决定了

---

① 参见赵玲：《论自然观变革中的因果性和目的性》，《自然辩证法研究》2001 年第 7 期。

② 《马克思恩格斯全集》第 46 卷上册，第 43、236 页。

发展中国家要想成为现代社会，就存在着一个合目的性控制的问题。而要完满地解决这一问题，首要的问题就是要弄清楚预定的目的，即现代社会的本质到底是什么。这不仅关系到能否找到现代化起源研究的逻辑起点，从而决定整个现代化起源研究的成败；也决定我们能否正确地找出我们社会所应达到的"指定的态"；而这决定了我们的现代化努力是否有正确的方向，是否会南辕北辙。

五、规律观的嬗变

从本体论上讲，规律是事物发展过程中固有的、内在的、本质的联系，是其中最具一般性的东西，它具有必然性，故本质、规律、必然性是同等意义上的范畴。[①] 在认识论上，说这种客观规律为科学规律，即意味着人们一旦掌握了这种规律就可以进行科学的预测。

传统思维所说的规律仅限于近代自然科学所阐述的动力学规律。其典型的表达方式即是牛顿力学的运动定律。它认定自变量与因变量之间有严格的、单值的制约关系，事物的变化因而有严格的确定性和单一的可能性。它的基本特征是知道了系统的初始状态，就能够准确地预测出系统在其后任一时刻的状态。拉普拉斯说，"只要给出充分的事实，我们不仅能够预言未来，甚至可以追溯过去"。因此，凡是规律就是必然的，是绝对排除了偶然性的必然性。同时，它又是等价的、直接的，即无论何时何地，只要具备了相同的条件，规律就会重复，事物就会变化到同一状态，且每一次重复在质上和量上都是等价的，故动力学规律与因果必然性同义，是因果关系中的一种，即之中稳定的、可重复的部分。[②]

对于热力学中用统计方法得出来几率性概率，即统计规律，他们认为那仅是认识上的权宜之计。因为粒子数目太多，而单个粒子还是遵循动力学规

---

① 参见《辞海》，上海辞书出版社 1980 年版，第 1440 页；［比］伊·普里戈金、［法］伊·斯唐热：《从混沌到有序——人与自然的新对话》，第 170 页；颜泽贤：《复杂系统演化论》，第 245、246 页。

② 参见［比］伊·普里戈金、［法］伊·斯唐热：《从混沌到有序——人与自然的新对话》，第 7、8、78、112 页；柳延延：《概率与决定论》，上海社会科学院出版社 1996 年版，第 40 页；颜泽贤：《复杂系统演化论》，第 172 页；赵凯荣：《复杂性哲学》，第 200 页。

律的，一旦给每一个粒子采取了详尽无遗的动力学描述，这种统计性就会消失，故量子力学发现的几率性规律也是立足于某种尚待发现的类似的动力学理论之上的。所以，这种几率性并非是事物本质所引起的，而是"人类的认知缺陷造成的"。它的存在，只是对初始条件或边界条件的信息不足等缺陷的弥补。① 虽然它把偶然性带入了科学规律之中，但只处于附属地位，居统治地位的仍然是动力学规律。

动力学规律在力学等学科中本来是适用的，对研究线性系统也是科学的指南；问题是它被拉普拉斯等人视为规律的唯一形式。用它来解释所有的自然现象，用来反驳历史受绝对理念或上帝支配的唯心主义解释；还坚持人的行为、社会生活的一切现象，乃至社会的演化都像行星的运动一样，没有任何的随意性。如是，人们不仅用动力学规律来阐述人类的过去，还用它来预测人类的未来。达尔文的进化论本是对传统思维的可逆性的一个反动，但却也使进化概念"成了叫开一切关闭着的大门的符咒，为把一切归结为物质提供了一个颇受欢迎的机会"，致使动力学规律进一步地深入到人文领域。② 一些人据此宣称其预测是历史的必然，是不可避免的历史必由之路和不容置疑的真理。

复杂性科学的问世中止了对动力学规律的这种意淫。如前所述，无论是观察大量粒子的运动，还是对单个粒子运动状态的测量，量子力学得出来的结论不可能是确定性的而只能是几率，故对其未来行为的预测都只能是概率性的。物理学家力图推翻这一结论，但他们从理论上和实验上把这种概率论还原为确定论，从力学推到统计学的尝试却始终未能成功；而量子力学则证明了，无论是通过实验技术或基本概念的改进，还是通过寻找所谓的隐变量，都无法把这个概率统计规律归结为动力学规律；同时，也证明了科学愈是深入到物质运动的高级和复杂的形态，就愈益离不开概率论描述。概率统计规律对动力学规律的这种不可归结性充分地证实了概率统计规律有其独立的本质和根本性的基础地位，在动力学规律的框架内根本得不到合乎逻辑的解释，因此，概率统计规律绝非如传统思维所说，是"人类缺陷"或人类

---

① 参见［德］W.海森伯：《物理学和哲学》，范岱年译，商务印书馆1984年版，第81页；柳延延：《概率与决定论》，第64、65、88页。

② 参见柳延延：《概率与决定论》，第69、71、72页。

"知识的不完备"的产物，而是自然界的本质，是本质上不同于动力学规律的另一种规律。①

除科学实践的结果外，非线性系统要素间的相互作用所具有的非线性性质也是认定概率统计规律是自然界的本质的理论依据。如前所述，这种相互作用具有非独立的相干性、时空中的非均匀性和多体间的非对称性等特性。这些特性使诸要素在相互作用的过程中都丧失了自身运动的独立性，形成某种整体的作用与效应，形成了各种涨落，或曰序参量。每个涨落或序参量都代表着系统未来状态的一个胚芽，一个演化分支，系统在数学上存在多重解。而多个演化分支的总和又构成了系统未来演化的一个可能域。但是，系统最终朝哪个方向演化，在系统因多种演化分支之间的激烈竞争而具有一种线性系统所没有的异乎寻常的灵敏度，以致不可捉摸的外部的涨落往往会在系统处于临界状态时对系统的演化方向起决定性的作用，它会保证多种演化分支的某一个被放大为巨涨落，导致系统演化的完成。于是，传统思维所主张的因果相当的决定论轨道在非线性系统中失效了；多因一果和一果多因的情况在这里成了常规；同时，非决定论也因此在这里完全破产，因为系统的演进无论如何也不可能超出系统的多种分支集合所形成的可能域。②

可能域也称概率，即是数学家所讲的"比例或相对量值"，哲学家所讲的或然性。它指的是"系统演化趋势的必然性总是有条件的即相对的，其偶然性则总是无条件的即绝对的"，系统演化的趋势是相对的必然性和绝对的偶然性的统一；它表示了"随机事件实现的可能性的程度"，指出"即使在某些相对确定的条件下，系统演化也总是作为偶然性事件出现的"。所产生的结果，都不过是多种可能性中随机实现的一种，而各种可能性出现的可能性程度是不同的，其中存在着相对确定的统计概率或最可能状态。据此，我们要想对系统演化将出现何种结果做出准确的预言，是完全不可能的；但

---

　　① 参见［比］伊·普里戈金、［法］伊·斯唐热：《从混沌到有序——人与自然的新对话》，第126页；［比］伊·普里戈金：《从存在到演化——自然科学中的时间及复杂性》，第117页；柳延延：《概率与决定论》，第217—225、235、268、270页。

　　② 参见［比］伊·普里戈金、［法］伊·斯唐热：《从混沌到有序——人与自然的新对话》，第10、11、216、265、371、372页。

是，若对系统演化结果的范围以及不同结果出现的几率大小做出预测，又是完全可行的。①

因此，概率统计规律不是单一事件、单一客体之间的必然联系，而是复杂系统、大数目现象在整体上表现出来的必然的、本质的联系。在这样的系统中，系统中单个要素的运动并不遵循动力学规律，而是具有极大的随机性和偶然性，其运动是没有规则的。而概率统计规律即是对系统中单个要素运动状态总和的平均，它表现出来的是该系统以偶然方式和一定的概率实现的运动变化的方向和形式在一定范围内实现的可能性。换言之，它是系统变化的一种总体趋势，一种由多种可能组合成的可能域。系统变化的结果不可能超出这个可能域，这就是其必然性的体现，就是规律。这是它不同于非决定论之处；但这个可能域中的每一种可能的实现却都只具有一定的概率，这就是它不同于机械决定论的地方。它说明偶然性的作用不容忽视，是偶然性决定了系统的变化在不同可能性之中的选择，决定了某种可能性实现的几率，从而使系统的变化不具备严格的单一的必然性。也正如此，统计学规律不可能像动力学规律那样在每一次重复中都能实现质上和量上的等价，而只能是系统变化的总体趋势上的重复，和实现某种可能性的概率的重复。故此，它只是统计现象中的本质的、必然性联系的重复，而这种重复恰是规律成立的必要条件；同时也是概率统计规律成为一种预见的工具的依据。把握了这一点，我们不仅能对事物的发展区间作出切合实际的预见；所拥有的科学预见手段也被大大加强，因为几率计算的适用范围比确定性方法的范围要宽泛得多。② 因此，在更大的范围内，规律仅仅表现为一种趋势、一种可能域，较之动力学规律，概率统计规律更具有普适性。

人类社会不仅是非线性系统，且是这类系统中最复杂的复杂适应性系统，因此，在这系统中居主导地位的是概率统计规律，而不是动力学规律。③ 然而，在很长的时间内，人们却将用动力学规律来剖析人类历史的

---

① 参见［美］欧阳莹之：《复杂系统理论基础》，第 30 页；颜泽贤：《复杂系统演化论》，第 310、311 页。

② 参见［美］欧阳莹之：《复杂系统理论基础》，第 320 页；柳延延：《概率与决定论》，第 270 页。

③ 参见［奥］L. 贝塔兰菲：《一般系统论》，第 95、96 页；邹珊刚等编著：《系统科学》，第 4、5 页；颜泽贤：《复杂系统演化论》，第 153 页。

理论称为科学，认定人类历史也有独一无二的不可更改的发展规律，这当然经不起历史验证，故遭到波普尔等人的否决，"历史只有趋势而无规律""历史学只能出知识而不能揭规律"因此流行起来。复杂性科学的问世，既终结了动力学规律在社会领域横行的时代，也否决了人类社会无规律可循的观点，科学地指出人类社会的存在和发展为概率统计规律所支配。

概率统计规律表达的只是历史发展的总体趋势。它既不是一条单行道，也不是无限制的可能性，而是一个数量有限的可能性的集合。至于决定历史最终走上哪条轨道，则是社会系统内外的各种因素相互作用的结果决定的，因此，复杂性思维主张的是系统决定论。

六、动力观的提升

事物变化的内在动力和终极原因是什么？传统思维各派回答不一。有的认为是竞争，有的将其归因于绝对理念，有的认为是挑战与应战，而辩证法则将其归因为事物内部的对立统一的两个方面之间的矛盾运动。但无论答案如何，它们都是还原论的产物。其他的毋庸置疑，这里仅拿传统思维中最具现代色彩的辩证法说事。

此法集大成者为黑格尔。他认为，事物的运动起源于差异，差异必然导致对立，对立必将导致矛盾，矛盾必将推动事物运动。矛盾因而是这一规律的出发点和核心，世界上的一切事物、现象和过程都是一个矛盾统一体，矛盾双方既对立又统一，共存于一个共同体中。它们之间有主要矛盾和次要矛盾之分，且对立统一的双方在矛盾中的地位是不等的，有矛盾的主要方面和矛盾的次要方面。事物的性质是由主要矛盾的主要方面所决定的。因此，它是对立统一关系的肯定方面，而矛盾的次要方面则是事物的否定方面。故分析问题和解决问题都要一分为二，应抓主要矛盾，抓主要矛盾的主要方面。因为事物发展的动力就是事物内部对立统一双方所形成的矛盾运动。当主要矛盾中处于被支配地位的次要方面，即否定方面经过量变的逐渐积累而发生飞跃转为居支配地位时，事物的性质也就发生了变化，事物也就有所发展。因此，事物的发展是一个由事物的内部矛盾性而引起的自己运动的过程，事物的内部矛盾即内因是事物发展变化的动力和第一位的原因。[①]

将动力观应用于社会历史领域，就产生了生产力决定生产关系，经济基础决定上层建筑的理论模式。这一模式认为由生产力和生产关系所构成的矛盾运动是社会发展的内在动力和根本原因。其中居主导地位的生产力是最活跃的因素，是推动人类历史发展的根本动力，是"不受动的始动者"。资本主义社会之所以产生，就是因为与封建生产关系形成对立统一关系的生产力得到了发展，使前者不能与其相适应，以致被新的生产力所突破，产生了新的资本主义生产关系。随着以生产关系为核心的经济基础的改变，庞大的上层建筑或迟或早地也要发生变化而与新的经济基础相适应。

与其他传统思维方法相比，这种一分为二的思维方式似乎更接近实际一些。因为它强调事物发展的动力来于内因而不再将其归之于外界的推动，归因于上帝。但是，它的还原论的本质没有变化。一是把整体还原成部分或要素，通过把握部分、要素来把握整体，以求得明晰的因果解释[②]；二是视整体为部分变化的结果，"部分决定整体"，"部分优，则整体亦优，否则，则相反"[③]。

同还原论适用于线性系统一样，辩证法的这种动力观在分析某些线性系统时还有一定的价值，它对事物一分为二是线性系统的组成要素种类单一的自然表现。但是，同还原论在其他范畴的遭遇一样，用还原论来回答非线性系统的问题时，就必然要碰壁；因为非线性系统的要素之间的关系不同于线性系统的要素之间的关系。在线性系统中，要素种类单一，要素的独立性强，致使它们之间对立性多于互补性，从而形成了对立统一的矛盾体；矛盾意味着矛盾双方的性质、作用和倾向的对立和反向，表现为系统中的"极性"。但是，并非所有的事物之间的差异都具有这种极性，只要它们之间没有共维，即双方具有某种本质上共同的东西，就构不成矛盾。[④] 可见，对立统一的矛盾体主要存在于线性系统中。因为只有它的要素因具有独立性、等价性和对称性而具有本质上共同的东西。在非线性系统中。由于其要素种类和性质的千差万别，非独立性、非等价性和非对称性成了它不同于线性系统要素的主要

---

① 参见赵凯荣：《复杂性哲学》，第 97、98 页。

② 参见赵凯荣：《复杂性哲学》，第 179、180、184、185 页。

③ 乌杰：《系统辩证论》，北京大学出版社 1993 年版，第 118 页。

④ 参见张华夏：《系统哲学与矛盾哲学关于对立统一规律的对话》，《系统辩证学报》1993 年第 3 期。

特征；故其要素之间的这种差异、差别并不构成双方的对立，构成矛盾。因此，世界上的许多事物，并非都是对立统一的矛盾体。而不构成矛盾的事物间的差别、差异并不见得就不能成为事物发展动力的源泉。相反，要素间相互作用的非独立的相干性、时空中的非均匀性和多体间的非对称性就是建立在事物间、要素间的非独立性、非等价性和非对称性，即要素间的差别和差异之上的。正是事物、要素间的这种差别和差异才使事物、要素间的相互联系、相互依赖成为必要，形成快慢不一的各种涨落，即序参量。它们都"描述发展着的时空结构的'胚胎'状态"[1]。当存在的序参量不是一个而是两个或几个的时候，它们之间就会进行激烈的竞争，使一方被另一方所役使，致使它们各方存在着支配与从属、策动与响应、控制与反馈、催化与被催化的关系，使一方面的属性同化了另一方面的属性，从而使它们之间的相互作用具有协同效应。即两者协同一致的运动，致使它们之间的关系由机械的、外在的关系变成了内在的有机的联系，使越来越多的子系统被同化到某个序参量中；导致其呈几何级数增长，不断地将系统推向临界点，致使系统具有了前所未有的灵敏度。[2] 此时，外部条件一个偶然发生的涨落就会使序参量从"微涨落"转化为"巨涨落"，导致"所有子系统都获得了'序参量'的运动模式的信息并按该运动模式协同动作"，致使序参量包含的宏观状态的萌芽状态被放大；于是，"一个微小的因素能导致用它的幅值无法衡量的戏剧性的效果"[3]，出现了所谓的整体涌现性，产生了各个组分所没有的性质、结构和功能。如是，系统才能从无序变为有序，从低度有序变为高度有序，因此，协同是系统演化的关键。[4]

如果要素间不是相互协同而是相互摩擦，不是相互合作而是相互对抗，系统整体就会杂乱无章，根本不会实现进化。然而，要实现协同，就须将要素之间的短程通信"变成能在整体范围内传递，形成所有子系统之间的长

---

① ［德］H. 哈肯：《协同学引论　物理学、化学和生物学中的非平衡相变和自组织》，第260页。

② 参见［德］H. 哈肯：《协同学引论　物理学、化学和生物学中的非平衡相变和自组织》，第249—250页、图7.1、第253、294页。

③ ［比］G. 尼科里斯、I. 普里高津：《探索复杂性》，第61、77页。

④ 参见［美］欧阳莹之：《复杂系统理论基础》，第185、241页；［比］I. 普里高津：《时间、结构和涨落》，湛垦华：《普里高津与耗散结构理论》，第117；郭治安、沈小峰：《协同论》，山西经济出版社1985年版，第93页。

程通信。否则，任一涨落所包含的子系统的相互关联的尺度都不可能由局部范围扩展到整体范围，从而使所有子系统都按某一确定的运动模式协同动作，在宏观上形成有序组织"。而要将子系统间的短程通信变为长程通信，系统必须由平衡态、近平衡态推进到远离平衡态。这也就是说，系统要素的种类和性质要变得千差万别，各个要素因此而丧失了独立性、等价性和对称性，以致必须相互依赖、相互联系而将彼此间的关联由短程转为长程，在此基础上，系统才能"从外部获得信息，变外部信息为系统演化的动力"①，序参量才能得到放大。因此，事物变化的内在动力和终极原因并不是事物内部的对立统一的两个方面之间的矛盾运动，而是事物间的非线性相互作用。同时，也只有"在系统内部与外部的非线性相互作用中，才能供给"系统的负熵流，才能使系统推进到远离平衡态，才能变外部信息为系统演化的动力，因此，是非线性，而不是线性"创造了世界的多元化多样性"②。

事物发展的内在动力和终极原因是非线性相互作用，而非线性相互作用又是以相互作用的要素的非独立性、非等价性和非对称性为前提的，矛盾统一体中处于对立统一关系中的各个要素则显然不具有这些特性，而具有更多的独立性，因此，它们之间的相互作用是线性的，而不是非线性的。众所周知，线性相互作用不可能产生整体大于部分之和的结果，而只能是整体等于部分之和，而这个整体有可能是正的，也可能是负的，也可能是零。若是正的，事物则会发展；若是负的，事物不但不会发展，反而会倒退。其原因，就在于其要素的独立性。独立性排斥了要素间的合作，导致了要素间的竞争。竞争双方都以追求最大优势为目的，其行为只能是一往直前的"线性的或准线性的选择"以"追求某个最优点"，其结果要么是一个物种获胜，但它所携带的信息量是有限的；要么是整个"系统最终只可能是走向瓦解崩溃"。艾根将这一情况"比作跳高比赛，随着比赛的进行，横竿越升越高，每升高一次，都有一些跳高运动员被淘汰出局，直至最后剩下一位优胜

---

①　参见颜泽贤：《复杂系统演化论》，第 143、177、301 页；吴彤：《自组织方法论研究》，第149—152 页。

②　参见赵凯荣：《复杂性哲学》，第 43 页。

者。当然，这位优胜者最终也会在某个新高度前以失败而告终"①。可见，对立统一、"一分为二的思维模式并不利于人们对世界的普遍联系和整体优化的把握"，"辩证思维方法并没有揭示出从知性思维到理性思维的内在规律"②。

要素间的相互作用是否具有非线性而导致了不同结果的上述事实说明，虽然我们可以说"相互作用是事物发展的终极原因"，但是，由此就认定"我们不能追溯到这个相互作用更远的地方"，认为"它背后没有什么要认识的"则是值得商榷的。③因为要素间的相互作用有线性的，也有非线性的，只有非线性相互作用才是事物发展的内在动力和终极原因。面对这一事实，我们又怎么能说相互作用背后没有什么要认识的？事实上，我们不仅要分析相互作用背后的线性和非线性，还需要深入研究非线性相互作用的各种机制和类型。因为相互作用是线性还是非线性主要决定于相互作用的双方是否具有非独立性、非等价性和非对称性，而没有涉及参与相互作用的要素的多少及要素之间相互作用、相互关联的距离的长短，以及各个相互作用循环圈之间的关系。这也就是说，同样是非线性相互作用，但因参与相互作用的要素的数量的不同、关联的距离不一，相互作用循环圈之间的关系的不同，所引出的结果则大不相同。中国的俚语说"三个臭皮匠抵个诸葛亮"，就是说，要产生"涌现"，参与相互作用的要素需要达到一定的数量；而要素间关联的距离越长，卷入相互作用的要素就会越多，实现远缘杂交的机会也就越多，出现新奇、产生涌现的可能性就越大。因此，非线性相互作用的种类是很多的，它有很多个等级，艾根的超循环论揭示了其中的奥妙。他指出，循环是事物间相互作用的形式，相互作用则是循环的内容，而循环是分等级的，有不同层次上的循环，从最简单的反应循环，到催化循环，再到超循环；而超循环中又可从基本的超循环发展出复杂的超循环，从基本的复杂循环到多元的复杂超循环。而循环之间的关系也随之从自复制发展到交叉催化、交叉复制、耦合循环、循环套循环，这不仅形成了极其复杂的网络，使

---

①　参见沈小峰、吴彤、曾国屏：《自组织的哲学——一种新的自然观和科学观》，中共中央党校出版社 1993 年版，第 103、107、108 页；赵凯荣：《复杂性哲学》，第 43 页。

②　沈晓珊：《在反思中发展系统思维科学的理论》，《系统辩证学报》2004 年第 2 期。

③　《马克思恩格斯全集》第 20 卷，人民出版社 1973 年版，第 574 页。

因果之间的关系得到了空前的发展，也使各个环节、各个子系统的协同程度随着循环层次的递增而不断地增强，更关键的是它本身就是循环的"会聚"，导致了事物的复杂化和新事物的生成；同时，它也使信息汇合、累积、协同力提升，使相互作用的各方相互进化，优化生长，使事物进一步地多样性和复杂化，甚至产生"涌现"，出现新奇。①

将复杂性思维方法的动力观用于社会历史领域，社会发展的内在动力和终极原因就是社会结构中的非线性相互作用，而不是人们通常所讲的生产力。如"全书概要"中所讲，生产力是社会生存和发展的基础只是就最终意义而言的。如若因此而将生产力视为"不受动的始动者"，是第一推动力，从而将生产关系等一切社会关系的变化都说成是它发展的结果，则是违背常识的。常识是：本领、功能都是实体所具有的属性，故要有功能，得先有结构；有了人体，才有了人体的功能。系统功能固然会对系统结构起反作用，但归根到底是系统结构决定系统功能。因此，有什么样的社会结构就有什么样的生产力。是社会结构决定社会功能，决定社会所拥有的控制与征服自然界，以便从中获取物质和能量的能力。当我们知道要素间的相互作用是事物发展的终极原因，而发展的动力同相互作用中的非线性正相关时，我们也就不仅懂得结构决定功能，也应该懂得结构为何会决定功能，即知其然也知其所以然。

但是，当我们探讨系统发展演进的原因时，虽然系统结构决定系统功能的规律不会变化，但要考虑系统功能对系统结构的反作用所导致的系统结构的改变。而这要视系统的性质的不同而定。对于自然系统来讲，由于受熵增规律的支配②，系统功能对系统结构的反作用只能使后者磨损或损坏，而不能使其发展演进；它要发展演进，得完全依靠外力，依靠从外面输入物能信息流。水要变成汽，就得对其加温；要变成冰，就得对其冷却；机床要改进，就得有人介入，而不是依靠它自己。因此，它"仅能提供一幅单调刻板的世界图景"，不能促使系统自行演进，是他组织，而不是自组织。传统社会组成要素单一，绝大多数是农民，或牧民，从这点上讲，社会结构处于

---

① 参见［美］M. 艾根、P. 舒斯特尔：《超循环论》，第6、139页；［美］欧阳莹之：《复杂系统理论基础》，第185—187、191页；颜泽贤：《复杂系统演化论》，第68—70页。

② ［美］欧阳莹之：《复杂系统理论基础》，第85、320、329页。

近乎衡态，因而也和自然系统一样，都是线性系统。但是，它的要素——人，却都是有情感、有意志的，具有其他线性系统要素所没有的主动性、能动性、学习性和适应性等诸多特点。这些特点决定了人能够在与他人及与环境的相互作用过程中，不断地学习并积累经验，并根据这些经验来改变自身结构和行为方式，以适应相互作用的对方与环境的变化，从而促使了系统结构的复杂化和系统的演变。这就是所谓学习性产生适应性，适应性促进系统结构的复杂性。可见，社会系统要素不像自然系统要素那样千篇一律，也不像后者那样千年不变，致使社会系统的结构不像后者那样稳定，它往往因其要素的行为而改变。这就是说，由于社会系统的要素人的活动具有其他线性系统要素所没有的目的性、主动性、能动性等才会导致人们对包括生产关系在内的社会结构做出调整与改进，从而促进了生产力的进步。同时，生产力的进步也会因下述情况导致社会结构的变迁而实现：和平取代战乱，政权更迭，政治制度环境的改善，人口的增减，人地比例趋于合理，生产工具的改进，自然条件的变化，等等。当然，生产力也会因这些情况向相反方向变化而下降。尽管生产力的这种进步绝大部分是由于人的主动性、学习性而导致对系统结构的调整而引起的，但它都会增强社会从自然界中攫取的物能信息流，加大了生产力对社会结构的反作用力，从而为社会结构的演进提供了动力。采集—狩猎社会转为农业—游牧社会，奴隶社会转为封建社会，即是由此而引起的。应该说，这就为唯物史观提供了事实依据和经验支撑，使它们认为生产力是社会发展的根本动力。但是，要记住，人的理性是有限的，在复杂性科学问世之前，在现代化起源的奥秘尚未被揭开的时代，人们绝不可能想到生产力的革命性变革只能通过社会结构的分化与整合，将其推进到远离平衡态的情况下才能实现；更不可能找到一个有效的途径来付诸实现。因此，在绝大部分人仍然从事同一种职业，要素之间仍然是短程关联，社会结构因而仍然没有远离平衡态情况下，由人的活动的主动性、能动性等特性所导致的这种社会结构的调整是十分有限的。由此而导致的生产力的进步十分缓慢而且起伏不定，故其对社会结构的反作用不仅极其有限，还会反复倒退。传统社会结构几千年没有根本的变化，传统社会发展十分缓慢就是明证。

因此，要想社会的生产力取得工业革命以来的这种突飞猛进，仅靠生产力的这种反作用来改进社会结构是绝对不可能的。但是，除了这个渠道外，社会是否有其他途径攫取物能信息流？答案是肯定的。那就是向其他国家、其他社会开放，由此而得到的物能信息流的数量、种类甚至会比从其本国国土上获得的物能信息流还要多。如本国没有的物资、知识、思想、技术、市场，等等，还能收到本国生产力所起不到的效果，如输出正熵流：多余的人口、物资等。但是这并不一定能促进社会结构的分化与整合，导致生产力的提高。近代早期西班牙、葡萄牙从境外获得的物能信息流居欧洲各国之首，可结果众所周知，不但未能使它们富强起来，西班牙的生产力和国力还一落千丈。这就无可置辩地说明，仅有物能信息流的输入的增加，并不能使他组织变自组织，使社会结构有序度大幅度提高。从境外输入的物能信息流是如此，从国土上攫取的物能信息流对社会结构的反作用又岂能两样？这就提醒人们，在传统社会里，仅靠生产力的发展给社会结构所带来的反作用而使社会结构提升到英国工业革命前夕所具有的那种高度有序是绝对不可能的。一个侏儒，吃得再多，他也不可能长高，一个濒危的老人，输入再多的药品也无济于事。要实现上述目的，不仅需要对外开放，输入负熵流，还需要社会结构本身具有一组相互配套的内因，使输入的负熵流能升到一定的阈值，并能实现平权化，以促使社会结构从平衡态、近平衡态推至远离平衡态，使要素的种类增加，要素间的关联从短程变为长程。同时，还需要产生相应的慢弛豫变量，并使其通过竞争协同发展成含有现代社会结构的宏观模式的胚芽状态的序参量。而这一切的产生，又缺少不了这种序参量得以问世的自催化机制的形成，少不了要素间相互作用的超循环过程及由此而产生的强大的非线性机制，以从外部获得信息并将其变为演化的动力，将序参量放大到整个系统，使现代社会结构得以产生。[①]　显然，促使这一切得以发生的诸多社会机制的形成绝非仅靠生产力的反作用就能实现。早在战国时代，中国的农业生产就已是"一人耕之，十人食之"，手工作坊就能生产出欧洲直到近代早期才能生产出的高中低碳钢，浇铸出灰口铸铁和白口铸铁。[②]　可这之后的两千多年，中国社会结构却基本不动。反之，中世纪的西欧却在其生产力水平

---

① 参见吴彤：《自组织方法论研究》，第149—152页。

② 参见河南省博物馆：《河南汉代冶铁技术初探》，《考古学报》1978年第1期；杨根等：《战国西汉铁器的金相学考察初步报告》，《考古学报》1960年第1期。

与同期东方不相上下的前提下实现了社会结构演进的启动并成功地实现了现代化，其间奥秘显然就在于其社会结构原来就不同于东方各国，它具有孕育自组织的条件，能在外来控制变量不变或变化不大的情况下，其自身的系统结构会发生在他组织身上根本不可能发生的一系列演进，形成了促其自我成长的自催化机制，从而促使社会结构远离平衡态，产生出强大的非线性动力。

据此可知，传统社会的生产力之所以低下且不时地滞迟倒退，全在于其社会结构处于平衡态或近平衡态，它提供给生产力的只能是线性动力；这种动力产生不了整体大于部分之和的效果，更不可能将发生在局部的创新传递放大到全社会。相反，由于部分之和可能是正数，也可能是零甚至负数，以致社会不仅是"两千年皆秦制"，还陷入兴亡周期律而不能自拔。恩格斯说："历史是这样创造的：最终的结果总是从许多单个的意志的相互冲突中产生出来的，而其中每一个意志，又是由于许多特殊的生活条件，才成为它所成为的那样。这样就有无数互相交错的力量，有无数个力的平行四边形，由此就产生出一个合力，即历史结果，而这个结果又可以看作一个作为整体的、不自觉地和不自主地起着作用的力量的产物。因为任何一个人的愿望都会受到任何另一个人的妨碍，而最后出现的结果就是谁都没有希望过的事物。所以到目前为止的历史总是像一种自然过程一样地进行，而且实质上也是服从于同一运动规律的。但是，各个人的意志……虽然都达不到自己的愿望，而是融合为一个总的平均数，一个总的合力，然而从这一事实中决不应作出结论说，这些意志等于零。相反地，每个意志都对合力有所贡献，因而是包括在这个合力里面的"[①]。这即是常被人引用的著名的合力动力说。实际上，这是用牛顿的动力学规律解答社会发展的典型例证。因为牛顿力学的基本方程是 $F=ma$，即质量的加速度和所受到的力成正比。它证明了力遵循着平行四边形法则。两种力同时发生作用的结果和它们前后相继发生作用的结果相等，并且不同原因是各自独立的，它表明，这个动力学方程是线性的，"结果与我们日常对因果关系的理解是一致的：有一个原因必然产生一

_____

① 《马克思恩格斯选集》第 4 卷，人民出版社 1995 年版，第 697 页。本书引用的《马克思恩格斯选集》均为 1995 年版本。

个对应的结果。某一结果，可能是许多原因引起的，它是这些原因的线性叠加的结果"①。可见，合力动力说实际上仅适用于传统社会，它阐明了传统社会的变化和发展的内在动力和终极原因是线性动力。它是由许多相互冲突的力量融合后而形成的一个平均数，即整体等于部分之和，因而避免不了零和负数，不仅发展缓慢，且逃避不了马尔萨斯陷阱和兴亡周期律。其原因就因为其社会结构不是处于平衡态就是近平衡态，要素独立性强，彼此联系微弱且程短。

　　如"全书概要"中所述，中国传统社会的小农经济之所以生产率低下且易破产，还不到今日美国农民的 1/230，其主要原因就是小农经济的生产不但得不到社会的任何帮助，还会因朝代政权的兴亡更替等天灾人祸而破产。而现代美国农民的个人劳动生产率之所以如此之高，不仅因为他用不着担忧政权的更迭等天灾人祸给他带来灾难，还因为他的生产能得到各行业乃至全社会的协同。这表明，现代社会的劳动生产率之所以远高于传统社会，关键是其背后有一个由众多不同行业、不同地域甚至不同国家的人们相互支持、相互合作所产生的协同力。因此，现代社会不仅社会结构截然不同于传统社会，其社会发展动力也不再是传统社会的各种力量相互冲突后所形成的合力动力，而是要素之间相互合作居统治地位的协同动力。这就是说，现代社会同传统社会最大的不同点就是从后者以人们间的相互独立、相互冲突为主转为以人们间的相互依存、相互合作为主。而导致这些的根本原因就是其要素具有线性系统要素所没有的三大特征：非独立、不等价、不对称。因此，复杂性思维认为，同一切自组织系统一样，社会系统演化的内在动力和终极原因是社会结构中的非线性相互作用，而不是生产力。如果说，考虑到传统社会的系列形态因具有其他线性系统所没有的一个特点，即构成要素具有主动性等特点，生产力决定生产关系是社会发展的最终动力还有些事实依据的话，那么，对传统社会向现代社会的转型来讲，这一论断是绝对成立不了的。因此，一切试图用这一原理来诠译传统社会向现代社会转型的做法都是将线性系统的规律用来解剖非线性系统，用无机系统的相变规律来解释耗

---

　　① ［比］伊·普里戈金、［法］伊·斯唐热：《从混沌到有序》，第 63 页；柳延延：《概率与决定论》，第 36、155、156 页。

散结构的形成与演进，其实质是犹如把牛顿力学用来解释毛毛虫从何而来、解释社会及社会的变化。

两种不同系统的发展动力的这些差异是客观存在的，它不能不被唯物史观的创始人所察觉并反映到其著作中。马克思虽然在其早期著作《德意志意识形态》中，明确地提出过生产力在历史发展中起决定性的作用[①]；上层建筑的许多因素等虽然也对物质生存方式起反作用，但毕竟是第二位的作用。[②] 但是，在《资本论》等一系列后期著作中，马克思却把生产力一分为二，区分为社会生产力和自然生产力，并认为社会生产力决定自然生产力。

在《资本论》中，马克思用专章论述了协作的功能。他说，多数人的共同劳动所形成的协作，能产生一个劳动者单独劳动时所没有的质的"社会力能"。这不仅会提高个人生产力，还能"创造一种生产力"；它是"一种集体力"，一种"新的提升了的力量"。这一力量和"劳动者一个一个发挥的机械力总和"，即劳动者的全部个别的力量有着"本质上的不同"。这是一种"特别的生产力"，"劳动的社会生产力或社会劳动的生产力"。它"会生产较大的使用价值，将会减少一定量效果生产上必要的劳动时间"。在随之论述分工和手工制造业时，马克思又写道："与总和同样大但是一个个单干的劳动日相比，结合的劳动日将会生产较大量的使用价值，将会减少一定量效果生产上必要的劳动时间。"不论它出于什么原因，"结合劳动日的特别生产力，总是劳动的社会生产力或社会劳动的生产力"，"它总是由于协作自身，劳动者现在是按计划和别人一起进行工作，因此，就把他的个人的限制突破了，把他的共同力量展开了"。"手工制造业上的分工，通过手工业活动的分解，劳动工具的专业化，局部工人的形成，以及局部工人在总机构中的分组和结合，为社会的生产过程制造了一种性质上的等级安排和数量上的比例均衡，因而创立了一个确定的社会劳动组织，由此还同时发展了劳动的新的社会生产力。"[③] 在论述李嘉图学派的解体时，马克思说："在资本主义生产存在的地方，资本主义生产在土地最肥沃的地方生产率最高。

---

① 《马克思恩格斯选集》第 1 卷，人民出版社 1995 年版，第 78、79 页。
② 参见《马克思恩格斯选集》第 4 卷，人民出版社 1995 年版，第 691、732 页。
③ 马克思：《资本论》第 1 卷，人民出版社 1963 年版，第 344、348、388、389 页。

劳动的自然生产力，即劳动在无机界发现的生产力，和劳动的社会生产力一样，表现为资本的生产力。"① 在论述费用价格理论时，马克思论及分工：它"使劳动的社会生产力，或者说，社会劳动的生产力获得发展，但这是靠牺牲工人的一般生产能力来实现的。所以，社会生产力的提高不是作为工人的劳动的生产力的提高，而是作为支配工人的权力即资本的生产力的提高而同工人相对立。如果说，城市工人比农村工人发展，这只是由于他的劳动方式使他生活在社会之中，而土地耕种者的劳动方式则使他直接和自然打交道"②。在谈及资本的生产性时，马克思说："因为活劳动被并入资本，从劳动过程一开始就作为属于资本的活动出现，所以社会劳动的一切生产力都表现为资本的生产力，这和劳动的一般社会形式在货币上表现为一种物的属性情况完全一样。"因此，它和一切"社会发展了的劳动的形式——协作、工场手工业、工厂——都表现为资本的发展形式，因此，从这些社会劳动形式发展起来的劳动生产力，从而还有科学和自然力，也表现为资本的生产力"。"而事实上，以社会劳动为基础的所有这些对科学、自然力和大量劳动产品的应用本身，只表现为剥削劳动的手段，表现为占有剩余劳动的手段，因而，表现为资本同劳动对立的力量。"③ 在《1844年经济学—哲学手稿》中，马克思说"分工可以无限地提高劳动的生产能力"，因而是"财富生产的主要动力之一"，而分工则"根源于人所特有的物物交换和互通有无"，凭此，人们就能"把自己类的力量全部发挥出来"。尽管"属于同一个种的不同动物品种的特性，其天生的差别比人的禀赋和活动的差别更为显著"，但是，它们"不能把自己的种的不同特性汇集起来"，因为它们不能"运用理性和语言"。凭借动物所没有的这两个工具，人们就能"从事物物交换和互通有无"，从而彼此之间"互相补益"。这不仅使人本身的发展和征服控制自然的能力远远超过动物，同时也决定了人不能离群索居："一个人的发展取决于和他直接或间接地进行

---

① 《马克思恩格斯全集》第26卷第3册，人民出版社1974年版，第122页。
② 《马克思恩格斯全集》第26卷第2册，人民出版社1973年版，第260页。
③ 《马克思恩格斯全集》第26卷第1册，人民出版社1972年版，第420、421页。

交往的其他一切人的发展"①，因此，"生产力的这种发展，结局总是要追源到生活的劳动的社会性质，追源到社会内部的分工，追源到智力劳动，特别是自然科学的发展"②。"一个民族的生产力发展的水平，最明显地表现于该民族分工的发展程度。"③

以上论述，清楚地表达了马克思的几重思想：（一）有两种生产力，一种是自然生产力，它与个人生产力、劳动自然生产率是同语反复。一种是社会生产力，或说社会劳动生产力，它不同于前者，而是人们以协作、分工等相互交往的方式联合而形成的生产力。（二）社会生产力与自然生产力有着本质上的不同。它能在减少产品价值的同时创造出较大的使用价值。（三）社会生产力也表现为资本生产力，即表现为占有剩余劳动的手段。（四）这两种生产力，自然生产力和社会生产力相互依存、相互制约，后者通过前者发生作用，后者又是前者的基础，对生产力的意义更为重大。④

前述的合力动力说虽然认为在相互作用"背后没有什么要认识的了"，但是，却明确地指出了相互作用是事物变化和发展的真正终极原因，因而和还原论进行了一定的切割，而不再像后者那样把这个原因归之于某个或几个实体或质点，也没有颠倒事物及其属性的主次地位，这实质上也就否认了"生产力是不受动的始动者"。

随着复杂性思维方法被越来越多的经济学家所接受，当今的经济学界有越来越多的人认识到生产力构成不是人们通常所说的二要素、三要素，而是一个包括自然、社会和思想等诸多因素组成的复杂系统，系统生产力论为越来越多的人所接受。⑤ 尽管人们对系统构成要素的种类数量看法不一，但都

---

① 《马克思恩格斯全集》第 3 卷，人民出版社 1960 年版，第 515 页；马克思：《1844 年经济学—哲学手稿》，第 100、101、116 页。

② 马克思：《资本论》第 3 卷，第 71 页。

③ 《马克思恩格斯选集》第 1 卷，第 68 页。

④ 参见王树林：《劳动的社会生产率与劳动的自然生产率》，《经济研究》1982 年第 3 期；薛永应：《生产力系统论》，《经济研究》1981 年第 9 期；唐明曦：《非实体生产力的本质及系统》，《经济研究》1985 年第 8 期。

⑤ 参见薛永应：《生产力系统论》，《经济研究》1981 年第 9 期；张良弼、王慎之：《宏观生产力系统论》，载中国生产力经济学研究会编：《生产力规律研究》，经济科学出版社 1985 年版，第 99、100 页；张英杰：《现代生产力新论》，中共中央党校出版社 2003 年版，第 40—42 页。

无不认为系统的各个要素之间的相互作用决定系统与环境之间的相互作用。因此，历史的真相是系统结构决定系统控制和改造自然界的能力，而不是相反；社会发展的终极动力是社会系统的非线性相互作用，而不是生产力。社会学界著名的结构—功能说的代表人物迪尔凯姆到斯密尔瑟都是持这样的看法；马克斯·韦伯也不例外，他反复强调现代化就是理性化，不单是思想观念的理性化，也不单是社会各个领域、各个方面的理性化；而是用理性方式将这些领域、这些方面联结起来以构成理性的社会结构才能构成现代化的整体过程。①

可见，唯物史观的创始人和部分学者在社会发展动力的问题上是与时俱进的。但也有一些人死抱着"归根到底"的还原论心态，牢记着"人们为了能够'创造历史'，必须能够生活，但是为了生活，首先就需要吃喝住穿以及其他一些东西"②的至理名言，而始终不懂得自组织的形成和演变虽然也是在有一定的控制参量存在的前提下才有可能发生，但它却改变不了系统发展的内在动力和终极原因是非线性相互作用而不是控制参量的复杂性科学原理，也始终不懂得人类之所以在征服和控制自然界方面取得一切动物远所不及的成就，并不在于人和动物的生存和所从事的一切活动都是建立在首先要吃、住这个"一切历史的基本条件"之上，而是因为人能进行"人所特有的物物交换和互通有无"，比动物更能"把自己的种种不同特性汇集起来"，更有"理性和语言"可以利用而把人类凝结成程度不同的、范围不等的协同体，形成大小不等的集体力、协同力来与自然界打交道，从而比动物更能将"自己的类力量全部发挥出来"。

以上所述，不仅说明复杂性思维和传统思维在社会发展动力观上的看法是相左的，也证明了后者的观点仅适用于传统社会，只能解释传统社会里诸社会形态的演进，却解释不了现代社会的发展。唯有复杂性科学所揭示的非线性相互作用才是传统社会向现代社会转型及现代社会发展演进的内在动力和终极原因。

---

① 参见［德］马克斯·韦伯：《新教伦理与资本主义精神》，于晓、陈维纲等译，生活·读书·新知三联书店1987年版，第11—16页。
② 《马克思恩格斯选集》第1卷，第79页。

七、复杂性思维方法和唯物辩证法的分工与协同

上述表明，复杂性思维和以还原论为纲领的传统思维在思维纲领、关注点、因果观、规律观、必然性和偶然性、动力观等哲学范畴上有重大分歧或层次不一的看法。复杂性思维在这些问题上的科学基础更为先进、扎实，对事物存在、演变规律的揭示更符合人类社会发展实际。因此，用复杂性思维作现代化起源研究的指导思想，其结论是可靠的。

在思维方法的这两个不同的营垒中，唯物辩证法属于哪个营垒？复杂性思维与它之间又是一种什么关系？目前流行的答案有三种：一是发展论或曰基础论，即复杂性思维方法是以唯物辩证法为基础、为指导发展起来的；二是包蕴论，认为复杂性思维方法是唯物辩证法已有的内容；三是取代论，主张以复杂性思维方法取代唯物辩证法。① 客观论之，这三种说法都不能如实地表达这两种思维方法之间的复杂关系。

复杂性思维方法是以唯物辩证法为基础、为指导发展起来的。其理由是，辩证法的创始人也有系统思想。他们认为一切事物、过程、社会，乃至整个世界、宇宙都是相互联系与依赖、相互作用与制约的不断发展的系统整体；也使用过"系统""整体""过程的集合体"等概念；曾把社会发展视为"自然历史过程"；也产生了"运用系统科学方法论的杰出典范和光辉结晶"的《资本论》；其量变到质变等三大规律为自组织理论的发展奠定了基础。②

检诸史籍，拥有系统思想，使用过系统概念，认为社会是一个自然历史过程的，绝非仅有辩证法的创始人，而是大有人在。希腊时代的哲人，赫拉克里特、柏拉图等都有自己的系统思想，亚里士多德就提出了今日名声大噪的"整体大于部分之和"的复杂性原理；德谟克里特还著有《世界大系统》

① 孙笑天：《现代系统科学与唯物辩证法探析》，《马克思主义研究》2007年第4期；白晓东、郭广：《论系统科学与唯物辩证法》，《齐齐哈尔大学学报（哲学社会科学版）》2007年第6期。
② 曾国屏：《自组织理论与辩证法基本规律》，《晋阳学刊》1996年第1期；王志康：《复杂性科学理论与辩证唯物主义的丰富和发展》，《辽东学院学报（社会科学版）》2008年第3期；沈骊天、陈红：《马克思主义哲学的系统科学解读》，《系统科学学报》2006年第4期。

一书，首次提出了系统概念。古代中国亦如是。最早的典籍《易经》《洪范》《黄帝内经》，春秋战国时代的《老子》《荀子》《孙子兵法》等书及"阴阳五行说""宋明理学"中都有丰富的系统思想。之后，无论中西，系统思想都有很大的发展，出现了很多系统思想大家。如德国的斯宾诺莎、康德、莱布尼兹等，尤其是莱布尼兹，他的"单子论"就是原始的系统论。所谓单子，实是元素的别名词。它具有整体性、不可分性、独立性和相互联系性。它们之间的普遍联系构成了千差万别的事物，形成了向前发展的整体世界。连认定唯物辩证法是系统哲学的基础的乌杰也认为单子理论"具有比较完整的系统思想"，其中的许多"论述已经接近现代系统论"，其"科学方法论也近乎系统方法论"；贝塔兰菲也赞赏道："莱布尼茨的单子等级看来与现代系统等级很相似"。① 康德也呼吁人们"要重视复杂性"②，故也得到了贝塔兰菲同样的评价③。总之，如贝塔兰菲所述，"与其他学科中的每一种新思想一样，系统概念也有很长的历史"，如"尼古拉（Nicholas of Cusa）和他的对立物的统一；帕拉塞尔苏斯（Paracelsus）的神药；维科（Vico）与伊本-哈尔顿（iba-khaldun）的历史是文化实体或'系统'的一个序列；柯勒（Köhler）的'物理格式塔'，洛特卡（Lotka）的一般系统概念及其把社会设想为系统的思想，等等"。④ 如果说，曾经有过系统思想的理论就是复杂性思维的基础和指导，那能排得上位的就绝不止唯物辩证法了。如此，我们又有何理由将其归功于其中的一家，而且并非是其中最突出的一家？当然，复杂性思维绝非无源之水，但实事求是地讲，它是承袭了包括古代中国的整体思维在内的全人类已有的系统思想成果，而并非仅是其中的某一家。

那么，是什么原因使辩证唯物论只能是系统论的源泉之一，而不能成为复杂性思维方法的基础和指导理论？

根本原因还是历史条件的限制，因为"每个人都是他那时代的产儿，

---

① 乌杰：《系统辩证论》，第16页；魏宏森、宋永华等编著：《开创复杂性研究的新学科——系统科学纵览》，第1—9页；魏宏森，曾国屏：《系统论——系统科学哲学》，清华大学出版社1995年版，第5—51页。

② 乌杰：《系统辩证论》，第17页；另参见康德：《宇宙发展史概论》，第17页。

③ 乌杰：《系统辩证论》，第16页。

④ ［奥］L. 贝塔兰菲：《一般系统论》，引言，第8、9页。

哲学也是这样"①，哲学需要科学为它提供养料。辩证唯物论分娩的 19 世纪后期，虽然已有能量守恒、细胞学说和进化论等三大科学发现，但仍是机械唯物论如日中天的时代。其代表人牛顿把天上的力学和地球上的力学统一了起来。其代表作《自然哲学的数理原理》"是人类掌握的第一个完整的科学宇宙论和科学理论体系"。其中，不仅有理论体系结构、研究方法和研究态度，还有哲学观和思维方法，其影响因而遍及经典科学的所有领域，物理学从此成了自然科学的带头学科。② 然而，这个带头学科掌握的知识是有限的，因为牛顿生前看到的只是半个太阳系，更不用说银河系和河外星系了，他去世时，人们还没有发现天王星，还认为土星就是太阳系的边境。③

到 19 世纪末，观测手段没有大的进步，仍然依赖光学望远镜和反射望远镜，只能观测到天体所发出的部分可见光，而可见光仅是天体发出的电磁波中的极小部分。④ 要接收到可见光之外的电磁波，不仅要等待射电望远镜的问世，还需要火箭和卫星的升空。因为尘埃、大气湍流和地球磁场阻碍了人们对电磁波的观察，并吸收了绝大部分宇宙射线，⑤ 因此，那时的人们连把银河系从众多的星云中区别开来都做不到，⑥ 更勿谈其他。恩格斯说："这些星云大多数甚至在最高倍的天文望远镜中也只是刚刚能看到"，"这证明我们的观察的先决条件是多么不完备"。⑦ 致使人类那时对太阳和太阳系的了解也大都是凭借猜测。牛顿之后很长一段时间，人们认为太阳上可以住人；后来知道上面很热，却又任意解释太阳热量的来源和寿命；还一直认为

① ［德］黑格尔：《法哲学原理》，张企泰译，商务印书馆 1961 年版，第 25 页。

② ［英］伊萨克·牛顿：《自然哲学的数学原理》，王克迪译，陕西人民出版社、武汉出版社 2001 年版，丛书总序，第 1、7 页，译者序言，第 3 页。

③ 钮卫星：《天文学史：一部人类认识宇宙和自身的历史》，上海交通大学出版社 2011 年版，第 211 页。

④ 宣焕灿、刘金沂：《揭开星光的奥秘——天文学探测方法》，科学普及出版社 1985 年版，第 110 页。

⑤ 宣焕灿、刘金沂：《揭开星光的奥秘——天文学探测方法》，第 144—146 页。

⑥ 钮卫星：《天文学史：一部人类认识宇宙和自身的历史》，第 243 页。

⑦ 直到 1918 年，哈勃才用胡克望远镜发现仙女座大星云，发现一些恒星的距离远超银河系范围；到 20 世纪三四十年代，天文学家皮斯才利用胡克望远镜发现了河外星系，至此，人们才知道银河系仅是无数个星系中的一员。参见：胡企千：《望远镜技术与天文测天》，东南大学出版社 2014 年版，第 26、27 页。

太阳居于银河系的中心。①

带头学科如此，其他学科也就可想而知了。加来道雄说，二战以后的半个世纪内"积累的知识要比我们这个行星上 200 万年以来的演化过程中所积累的知识还要多"②。19 世纪末人们看到的恒星总共不过 32.4 万颗③；二战后，升空的哈勃望远镜就将 138 亿光年内的天体一览无余，仅在银河系就找到了 3000 亿颗恒星和其他天体。④ 两相比较，足见 19 世纪末时，整个自然科学还处于婴儿时期。当时享誉世界的自然科学的三大发现要么是个极其初始的成果，要不就是个假设。所谓的细胞学说尚处于初始阶段，虽发现了植物组织的蜂窝状态并将其名为细胞，"但是，细胞的意义在当时以及在后来很长一段时间内，一直没有得到阐明"，远未涉及原子领域。⑤ 能量守恒也只是现象观察，还没有发现能量的载体形式。而进化论还只是用归纳法概括生物界生命近亲现象的一种假说，不仅有待考古成果的证明，还根本没涉及如何能随机地、自发地产生生命，并从中发展出上千万个动植物品种的难题。这就是说，那时的自然科学发展水平与牛顿时代相比，进展不大。以经典力学为中心，包括在其指导下建立起来的经典电动力学和经典热力学的经典科学仍然是自然科学的中心。⑥ 其研究对象因而仍然是物质的位置移动，而这是自然科学各科研究对象中最简单的一种。恩格斯说："研究运动的性质，当然应当从运动的最低级、最简单的形式开始；应当先了解这种形式，然后才能说明运动的更高级、更复杂的形式"，⑦ 人们最先研究力学是必然的。19 世纪 20 世纪之交，经典物理学仍在巅峰，整个自然科学还滞留在揭示世界的简单性的历史阶段，故呈现在当时人们眼帘的仍然是这个世界的简单性的一面，而不是复杂性的一面。这就令其间人们获得的一系列天文发

---

① 钮卫星：《天文学史：一部人类认识宇宙和自身的历史》，第 243、246、249 页；王玉民：《大众天文学史》，山东科学技术出版社 2015 年版，第 107、108 页。

② ［美］加来道雄：《超越时空——通过平行宇宙、时间卷曲和第十维度的科学之旅》，第 139 页。

③ 王玉民：《大众天文学史》，第 128 页。

④ 苏宜编著：《宇宙掠影：天文学概要》，河南人民出版社 2006 年版，第 133 页。

⑤ ［苏］敦尼克、约夫楚克、凯务洛夫、米丁、特拉赫坦贝尔主编：《哲学史·欧洲哲学史部分》，上册，生活·读书·新知三联书店 1972 年版，第 187 页。

⑥ 潘必才编著：《量子力学导论》，中国科学技术大学出版社 1995 年版，第 1 页；王发伯编：《量子力学浅说》，湖南科学技术出版社 1979 年版，第 9 页。

⑦ 恩格斯：《自然辩证法》，人民出版社 1955 年版，第 46 页。

现，特别是哈雷彗星按预测的日期 1759 年春天的回归，在根据牛顿的理论算出的轨道和位置中找到以往未知的海王星等，都证实了牛顿理论的科学性，[①] 将其威望推向巅峰，被当时的人们称之为"最终理论"。人们普遍认为物理现象的基本规律已完全被揭露，"物理学现在已经没有什么新的东西有待发现了"，剩下的工作只是把这些基本规律应用到各种具体问题上，只是提高计算的精确度而已。[②] 而事实也似乎如此，在人类感知领域的线性系统内，牛顿所揭示的规律是正确的。[③]

在牛顿学说如日中天的时代，黑格尔的学说却"系统地吸收了牛顿科学所否认的一切"，"拒绝认为自然基本上是均匀和简单的那种思想"，提出了相互作用是事物发展的终极原因等许多与牛顿学说相悖的观点。[④] 其影响之大，以至人们说"黑格尔的哲学具有宇宙的尺度"。唯物辩证法则更是惊世骇俗，马克思的社会生产力与自然生产力之说，就表明他已经意识到是系统结构决定系统功能。恩格斯认为"机构论的世界观已经死亡"[⑤]，这在当时都是石破天惊的见解。尤其是，马克思主张逻辑与历史相统一，历史从哪里开始，思想也应从哪里开始的原则，说明他已经知道事物之间除了有因果联系外，还存在目的性联系；已经意识到社会的发展中存在着路径依赖现象。而他提出的人们认识具体事物的完整过程是"从具体到抽象，又从抽象到具体"的法则，更是使人类在认识论上达到前所未有的高度，直到今天，复杂性思维还无成果可以取而代之。而类似这样的成果还有不少。这表明，在还原论如日中天的时代，唯物辩证法确实是独特的、

① 钮卫星：《天文学史：一部人类认识宇宙和自身的历史》，第 191 页；[美] 西蒙·钮康：《通俗天文学》，金克木译，当代世界出版社 2006 年版，第 150、151 页；胡中为编著：《普通天文学》，南京大学出版社 2003 年版，第 5 页。

② 周世勋：《量子力学教程》，高等教育出版社 2008 年版，第 1 页；[美] 布鲁斯·罗森布鲁姆、弗雷德·库特纳：《量子之谜——物理学遇到意识》，向真译，湖南科学技术出版社 2013 年版，第 44、65 页。

③ 在人类感知领域的非线性系统内，他揭示的规律就无效了，如热力系统。参见 [德] 弗里奇：《改变世界的方程：牛顿、爱因斯坦和相对论》，上海科技教育出版社 2011 年版，第 6 页；[美] 布鲁斯·罗森布鲁姆、弗雷德·库特纳：《量子之谜——物理学遇到意识》，第 66、209 页；刘永振、陈悦：《科学思想史引论》，大连海事大学出版社 2003 年版，第 30 页。

④ [比] 伊·普里戈金、[法] 伊·斯唐热：《从混沌到有序》，第 130、131 页。

⑤ [比] 伊·普里戈金、[法] 伊·斯唐热：《从混沌到有序》，第 305 页。

超前的。

但是，反而论之，他们的成果仅是修改和发展了牛顿学说中的两个内容，即用事物间相互联系、相互作用的发展的思想修正了牛顿的孤立的、静止的、片面的，绝对的、没有联系的、没有发展变化的机械宇宙观；用对立统一、量变到质变的思想，修正了牛顿学说的外力是物质由静止到运动以及运动发生变化的根本原因的外因论。但并没有否定牛顿学说的主要理论：世界统一于物质的世界观；整个宇宙都遵循机械运动的因果公式；根据物体的初始条件，就可以准确地确定物体以往和未来的运动状态的规律观。而当代物理学理论划分经典科学和复杂性科学的分类准则就是看它们的规律观是否是决定论。因为动力决定论本来就是人类感知领域内的线性系统里的客观规律；而概率性规律则只存在于人类感知领域的非线性系统和亚原子领域，这说明，辩证唯物论对牛顿学说的修正并未脱离世界的简单性范畴，是对简单性范畴内的规律的认识的修正和深化，而不是对这个范畴的突破。前面讲过，处于对立统一中的要素间的关系是线性的，而不是非线性的。量变到质变所讲的也是冰变成水、变成气之类的平衡相变，而不是既需要内在动力又需要外在条件的非平衡相变，而平衡相变是线性系统中的规律。虽然承认了偶然性，但却强调决定事物的发展趋势和方向的是必然性，偶然性只在其中起加速、延续或补充的从属作用。[①] 因此，规律观还是决定论而不是概率论。其否定之否定规律，实际上是决定论的另类表述，因为它与复杂性思维的规律观是相矛盾的。这一规律表明系统从混沌到有序，从有序进化到非平衡态混沌需要诸多条件，具有极大的偶然性；相反，自然界的自发过程总是因熵增而从有序倒退回无序，[②] 而不是否定之否定规律所讲的螺旋式地上升。这些，都表明唯物辩证法的哲学观和其抽象规定还是世界的简单性一面的内容。因此，不仅其规律观同机械唯物论无本质上的差别，其思维方式也还是传统的，思维纲领还是还原论。一切貌似复杂的事物和现象都可以还原为简单的要素和过程，因为他们也都和旧唯物论者一样，主张世界统一于物

---

① 参见［法］雅克·莫诺：《偶然性与必然性（略论现代生物学的自然哲学）》，第45页；《马克思恩格斯选集》第4卷，第733页。

② 刘永振、陈悦：《科学思想史引论》，第31页。

质，而不是系统；先分析，后综合仍然被奉为圭臬。① 明乎此，我们也就不难理解他们为何对当时已在机械决定论上打开了缺口、显露出了复杂性行踪的概率论、热力学第二定律、统计力学的统计规律和熵的概念毫无表示。② 也会明白为何马克思反复强调是社会生产力决定自然生产力，可却没有因此得出系统结构决定系统功能的结论，以致后人一直认定生产力是社会发展的基本动力；知道他在《资本论》中引述一个 10 人的制针工厂的劳动生产率比 10 个分散的制针工匠高 240 倍的事例③，但却没有沿亚里士多德的"整体大于部分之和"的思路去解答剩余价值产生的原因。

为什么他们都坚守世界是简单的这个信念？

道理其实很简单，当时的自然科学还没有真正揭示出世界的复杂性一面，他们又怎么可能总结和概括出他们从来没有见过的东西。所以，他们即使遇到了一些复杂性现象，也会用其习惯思维来解释它。这在当时是普遍现象，绝非只有黑格尔、马克思和恩格斯。拉普拉斯本来发明了概率论，但他却和最初研究热力学的科学家一样，坚持机械决定论甚至将其推向了顶峰。④ 甚至一些为量子力学奠基的人也不愿承认经典科学的局限性，"总是千方百计地企图把新发现的现象以及为说明这些现象而提出的新思想、新理论纳入经典物理理论框架之内"。⑤ 爱因斯坦发表相对论，推翻了牛顿的绝对时空观，在牛顿学说中打开了一个不亚于黑格尔曾打开过的大缺口，但却声称他不相信上帝会投骰子；因发明了薛定谔方程式获得了诺贝尔奖的薛定谔也曾表示过"真后悔自己和量子论有关系"；被称为"量子之父"的普朗克，则一直致力于将新物理学融入传统物理学。⑥

他们已走到世界复杂性的大门前，却为何临门而退？

----

① 列宁一再声明："如果不把不间断的东西割断，不使活生生的东西简单化、粗糙化，不加以割碎，不使之僵化，那么我们就不能想象、表达、测量、描述运动。"参见《列宁全集》第 38 卷，人民出版社 1975 年版，第 285 页。

② 刘永振、陈悦：《科学思想史引论》，第 30、31、36 页。

③ 参见毕道村：《现代化本质——对中世纪以来人类社会变化的新认识》，第七章。

④ 沈小峰、王德胜：《自然辩证法范畴论》，北京师范大学出版社 1990 年版，第 285 页。

⑤ 周世勋：《量子力学教程》，第 2 页；王发伯编：《量子力学浅说》，第 9 页。

⑥ ［日］佐藤胜彦：《相对论与量子论》，孙羽译，人民邮电出版社 2016 年版，第 162、190、208 页；［美］肯尼斯·W. 福特：《量子世界——写给所有人的量子物理》，王菲译，外语教学与研究出版社 2008 年版，第 119 页。

一是所有的科学概念和规律的问世都是从具体到抽象的过程，人们总是从研究各个具体事物出发，通过归纳它们共有的特征，才能形成概念、形成抽象。① 所以，只有研究过大量的复杂现象，才能从中获得某些复杂性概念，认识某些复杂性规律；而不是仅在看到一两种复杂现象后就能推翻原有的概念产生新的哲学观。

二是对经典科学产生致命冲击的是量子力学，而不是一般系统论。因为量子力学是复杂性科学的起点，② 是每一门现代"自然科学——从化学到宇宙学——的基础"，以致今日全球经济的 1/3 都是基于量子力学基础之上的。量子力学能够完美地处理传统物理学无法看到的"细节"，③ 而进入了"细节"，即进入了亚原子世界，量子力学就发现这里通行的规律截然不同于经典科学研究的领域，从而改变了整个物理世界的基本思想，由此在自然观上给人类带来的冲击和震动是前所未有的。④ 然而，19 世纪末时，人类连原子是否存在都还不清楚，⑤ 更不用说量子力学了。

三是进入世界的"细节"，离不开大量的科学试验，离不开试验所需要的科学仪器和技术。没有电子显微镜，小于百万分之一米（一个微米）的原子的细节就不可能用可见光分辨了；没有原子对撞机和粒子加速器，人们就无法从原子中发现几百种奇异的亚原子粒子并测试出它们的各种性能；⑥ 没有扫描隧道望远镜，人们就不能拿起和放下单个原子；⑦ 没有"地下望远镜"⑧

---

① 马克思：《政治经济学批判》，徐坚译，人民出版社 1955 年版，第 162、163 页。

② ［日］汤川秀树：《量子力学》，科学出版社 1991 年版，第 1 页。

③ ［美］布鲁斯·罗森布鲁姆、弗雷德·库特纳：《量子之谜——物理学遇到意识》，第 2、4、6、22、62、137、138、140—146、169 页。

④ ［日］佐藤胜彦：《相对论与量子论》，第 188、189 页；［美］布鲁斯·罗森布鲁姆、弗雷德·库特纳：《量子之谜——物理学遇到意识》，第 163、241、315 页。

⑤ ［美］布鲁斯·罗森布鲁姆、弗雷德·库特纳：《量子之谜——物理学遇到意识》，第 66 页。

⑥ ［英］安东尼·黑、帕特里克·沃尔斯特：《新量子世界》，雷亦安译，湖南科学技术出版社 2005 年版，第 37—39 页；［美］肯尼斯·W. 福特：《量子世界——写给所有人的量子物理》，第 194、195 页。

⑦ ［美］布鲁斯·罗森布鲁姆、弗雷德·库特纳：《量子之谜——物理学遇到意识》，第 110、163 页。

⑧ 中微子能轻易穿透地球，为抓住中微子，美国科学家戴维斯将一个装有四氧化二碳溶液的罐子放在地下 2 公里深的矿井中，用特殊装置抓住与溶液中氯所抓住的中微子，此装置即为地下望远镜。参见宣焕灿、刘金沂：《揭开星光的奥秘——天文学探测方法》，第 177—179 页；［美］肯尼斯·W. 福特：《量子世界——写给所有人的量子物理》，第 56、57 页。

和"宇宙线望远镜"①，人们就抓不住穿透力极强的各种中微子和各种宇宙线粒子。② 19 世纪末时，最好的显微镜也只能放大 5000 倍，③ 用它无法进入微观粒子内部，又怎么可能总结出其中的复杂性！

四是哲学观及其思维方法都是一些相互关联、相互支持的概念、原理和一般规律组成的复杂系统，因此，它们的转换不是仅有一两个新学科的问世就能实现的，它需要一批新学科的崛起和发展。故复杂性哲学及复杂性思维方法的兴起是以量子力学为起点的一群新兴学科，即控制论、信息论、耗散结构论、协同学、分子生物学、量子宇宙学、超循环论、混沌论、突变论等兴起的产物。一般系统论仅是其一，且是在上述诸多复杂性科学已有了大发展的 1955 年才以贝塔朗菲的《一般系统论》的出版为标志而问世的。因此，此论本身就是从哲学角度对复杂性科学各学科哲学思想和方法论的总结和概括，而不是反过来说是这些学科的基础和指导理论；换言之，作为哲学之一，它本身就是以复杂性科学为养料而成长起来的，而不是相反。

从思想源头和理论基础上讲，复杂性思维方法与唯物辩证法也无共通之处。后者的主要思想源头是黑格尔的思辨哲学，科学基础是 19 世纪后期的自然科学的三大成果；而前者的思想渊源是包括柏拉图的"整体大于部分之和"、整体论、单子论在内的先前人类文明所拥有的系统思想，其科学基础则是当代的一个新兴的学科群。更何况，量子力学是由"最年轻的人通过一个又一个的科学试验'创立'或'完成'的"，没有任何历史资料表明他们做试验时用黑格尔辩证法为指导的；相反，却有大量资料证明"学会用辩证法去思维的自然科学家还是屈指可数的"。④

复杂性科学以唯物辩证法为基础、为指导的说法无法成立，包蕴论就更难服众。因为复杂性哲学中的绝大多数内容都是唯物辩证法中没有的，甚至

---

① 实为"复合计数器"，由几个计数器组成，当宇宙射线穿过其中一个计数器时就会被记录下来。参见宣焕灿、刘金沂：《揭开星光的奥秘——天文学探测方法》，第 180—182 页。

② 这些粒子所携带的天体信息是解开天体和宇宙的谜团所必不可少的。参见［日］佐藤胜彦：《相对论与量子论》，第 8、220、222 页。

③ 沱江：《窥视宇宙万物的奥秘》，吉林科学技术出版社 2012 年版，第 116 页。

④ 恩格斯：《反杜林论》，吴黎平译，人民出版社 1976 年版，第 21 页。另参见《马克思恩格斯选集》第 4 卷第 326 页；［英］W. C. 丹皮尔：《科学史及其与哲学和宗教的关系》下册，李珩译，商务印书馆 1989 年版，第 59、60 页。

是对立的，唯物辩证法又怎么包蕴得下它？不谈别的，由于过多地依赖推测和思辨,[①] 而不是观测和试验，辩证思维就缺乏一套适合于描述、表达复杂系统的构成、性质、功能及其发展变化的内在机制的科学概念和话语体系；而复杂性哲学则拥有这样一套在唯物辩证法那里闻所未闻的"科学词汇"和话语体系,[②] 这显然是认识复杂性所必不可少的条件和前提。更何况，两者研究的资料，总结的范畴是截然不同的。一个是主要研究线性简单系统的简单性科学提供的科学资料，一个是研究复杂系统的复杂性科学提供的资料；一个总结的是线性简单系统的存在和发展的规律，一个研究的是复杂系统的形成和发展的规律，我们又有何根据认定线性系统的规律能包蕴非线性系统的全部规律？答案无疑是否定的。

如此评价唯物辩证法与复杂性哲学及其思维方法之间的关系是符合实际的，我们不能因为某种需要、某种原因而无限地拔高唯物辩证法的历史地位。它的创始人决不能超越历史条件的限制。恩格斯说："我们只能在我们时代的条件下去认识，而且这些条件达到什么程度，我们才能认识到什么程度。"[③] 他们对当时自然科学三大发明的那种满意程度，即如实地反映出了时代对其认识的限制。他们说："有了这三大发现，自然界的主要过程就得到了说明。"连"生命是怎样从无机界中发生的"也"接近于完成"，因为已经弄清楚了蛋白质是"生命的唯一的独立的承担者"；而达尔文的进化论，不管"在细节上还有什么变化，但是，总的来说，它现在已经把问题解答得再令人满意没有了。机体从少数简单形态到今天我们所看到的日益多样化和复杂化的形态一直到人类为止的发展系列，基本上是确定了"。[④] 假若他们知道量子塌缩、量子纠缠等许多连当今的自然科学都无法解释的科学发现时，他们也就不会有这些想法了，他们也就会和今人一样地认为：这个自然界太奇妙了，人类对其秘密的了解可能还不到它的1%。因此，如果认为，一个生活在简单性科学还如日中天的时代的学者，就有了一个复杂性科学时代才能产生的哲学观和思维方法，那就是对前人的苛求了。

---

① ［比］伊·普里戈金、［法］伊·斯唐热：《从混沌到有序》，第92页。

② ［比］G. 尼科里斯、I. 普里高津：《探索复杂性》，"序"，第Ⅶ页。

③ 《马克思恩格斯全集》第4卷，人民出版社1958年版，第337、338页。

④ 参见恩格斯：《自然辩证法》，第176—178页。

　　复杂性科学和复杂性思维方法是不以唯物辩证法为基础、为指导诞生的，后者更无法包蕴前者，那是否就意味着唯物辩证法可以被复杂性思维所取代？答案无疑是否定的。其道理就如同经典物理学同复杂性科学，还原论同复杂性思维各有其适用范围而无法取代对方。[①] 在世界的简单性范畴内，唯物辩证法是无可替代的，它修正了机械唯物论的错误，揭示了要素、系统间线性关系的辩证性质，代表了那个时代人类理性的最高水平。所揭示的一些原理，如逻辑与历史相统一，历史从哪里开始，思想也应从哪里开始的原则；"从具体到抽象，又从抽象到具体"的思维法则等，使人类在认识论上达到了前所未有的高度，直到今天，复杂性思维还无成果可以取而代之。而类似这样的成果，还有不少。因此，仅用复杂性思维方法指导现代化起源的研究是绝对达不到预期目的的；只有在复杂性思维方法的统率下，与唯物辩证法分工协同，我们才能解开现代化起源的千年之谜。

---

① ［美］欧阳莹之：《复杂系统理论基础》，第4页。

第 三 章

理论体系的整合

更新了思维方法，也就确定了从抽象到具体的中介，继之筛选理论，选择、组建能够正确地指导现代化起源研究、将现代化起源的全过程在思维中再现出来的理论体系，即抽象到具体中的前项——抽象。

一、现代化起源研究指导理论的选择

"导言"中讲过，要想使我们的研究不再停滞在从具体到抽象的阶段，就必须有一个揭示出系统转型的一般规律来指导现代化起源的探讨。这个一般规律与传统社会向现代社会的转型的规律有属种关系。值此之故，现代化不论是何种类型的系统转型，具有何种特殊性，都必然要受制于这类系统转型的一般规律的制约而不可能例外。这就如同无论何种动物，都得服从于动物界的一般规律而不可能例外那样。显然，我们以这样的系统转型理论为指导就能达到将现代化起源的全过程在精神上再现出来的预期目的；并也因此拥有了鉴别一切现代化起源理论的正确与否的判据与准绳。而自然科学目前已有的系统转型的理论只有两个，一个是相变理论，一个是自组织理论。它们所揭示出来的系统转型，到底谁和现代化有属种关系？

为此，就先要了解这两种理论。

首先是相变理论，此论揭示了无机世界内的一种物理—化学系统转换成具有不同性质和宏观模式的另一种物理—化学系统的规律，即相变的特征。

相是指系统中具有相同的特定系统性质的稳定结构。例如，一杯水，其物理性质和化学组成是统一的、稳定的，故是一相。相变则是指物质系统各相间的相互转变。相变的现象和原因多种多样，但各种系统在相变过程中的行为表现出深刻的一致性。因此，科学家建立了有普遍意义的相变分类，即一级相变和二级相变。典型的一级相变是物体的固、液、气三态的相互转变；典型的二级相变是铁磁体和顺磁体的转变。[①] 虽然这二种相变各有其特点，但也有其共同的特征[②]：

一、须在系统与环境交换能量的情况下进行，相变完成后，就不需要这种交换，可以与环境分离开来，甚至只有在系统完全封闭的条件下才有利于系统结构的长期维持。

二、在平衡条件下发生，相变后的系统结构仍处于平衡状态。这就是说，相变所导致的系统结构的变动只限于系统的微观层次，并未影响到系统的宏观结构。如物体从没有一定形状、各向同性的液态到具有一定形状、分子按规则方式排列的固态，就是系统从无序进入相对有序的一种相变。但是，这种有序是微观层次的有序，而不是宏观层次的有序。在宏观层次上，系统仍然是匀质的、无序的；元素间的关联仍然是短程的，内部没有物质和能量的宏观流动与变换。因此，相变虽然导致了系统性质和宏观模式的变化，但却无法改变系统的平衡结构。

三、控制参量，即物质能量的输出和输入对平衡相变能否发生起决定性的作用。物质能量的输出和输入若没有达到临界值，系统就根本没有发生相变的可能性。系统内虽然也会出现涨落，但是，在平衡态和近平衡态下，涨落不可能使系统从一个定态跳到另一个定态，它只能是系统的一种干扰因素，不可能形成新的有序结构。可见，平衡相变只是一种为外界环境所左右

---

① 参见［德］H. 哈肯《协同学引论 物理学、化学和生物学中的非平衡相变和自组织》，第2、3页；［比］伊·普里戈金：《从存在到演化——自然科学中的时间及复杂性》，第75、76页；邹珊刚等编著：《系统科学》，第174、177—179页；郭治安、沈小峰：《协同论》，第20—31页。

② 参见［比］伊·普里戈金、［法］伊·斯唐热：《从混沌到有序——人与自然的新对话》第141、128、187页；湛垦华：《普里高津与耗散结构理论》，第22页；［德］H. 哈肯：《协同学——大自然构成的奥秘》，第27页；［比］G. 尼科里斯、I. 普里高津：《探索复杂性》，第39、40页；郭治安、沈小峰：《协同论》，第20—31、92、94、129页；苗东升著：《系统科学原理》，第429页；邹珊刚等编著：《系统科学》，第174页；颜泽贤：《耗散结构与系统演化》，第197、198页。

而不是为自身动力所驱使的系统性质和系统宏观模式的转换，是他组织过程；它无法改变系统的宏观结构，更不可能使这一改变成为一个持续发生的自组织过程，使系统的演变轨迹形同一株树木。

相变并不包括物理—化学世界的所有系统性质和系统宏观模式的变化，在外来控制参量的约束下，系统会偏离平衡态进入非平衡态的线性区，成为所谓的近平衡态。例如，将一个金属棒的左端置于一个温度不变的热源之下，经过一段时间金属棒内就会形成左高右低的不均匀温度分布，各点温度不再随时间变化，即达到了定态。但是，这种定态不是平衡态，而是近平衡态，即"线性非平衡态"，或说处于非平衡态的线性区。[①] 线性非平衡态热力学研究了物质的这一形态，揭示了它的特征[②]：

一、需要外界条件，即力（如温度差、电位差、浓度差等）来强行维持；系统被迫开放，因而有能量和物质不断地从系统中出入。

二、系统内有宏观物理量的流动；但是，当外部约束消失后，系统仍会自发地回归到平衡态。因此，"近平衡态也不是有序之源"，它不可能形成新的有序结构。

相变理论虽然完满地解答了无机世界内的一种系统转换，但无法解释自然光变成激光之类的另一种系统转型，即令系统的宏观结构也发生转变、致使系统自发地组织成某种生命秩序的非平衡相变；更无法解释一个死气沉沉的无机世界怎么会产生出活鲜鲜的生命，原始生命中又怎样产生出人类。以致克劳修斯与达尔文之间的矛盾，一直困扰着科学界。[③] 直到自组织理论问世之后，这个世纪性的难题才得以破解。以普里高津的耗散结构论、艾根的超循环理论和哈肯的协同学为代表的自组织理论，不仅揭示了物理世界内的

①　参见［比］I.普里高津、P.阿林、R.赫尔曼：《复杂性的进化和自然界的定律》，湛垦华：《普里高津与耗散结构理论》，第156页。

②　参见［比］伊·普里戈金：《从存在到演化——自然科学中的时间及复杂性》，第84页；［比］伊·普里戈金、［法］伊·斯唐热：《从混沌到有序——人与自然的新对话》，第139、140页；苗东升：《系统科学原理》，第442—444页；沈小峰、胡岗、姜璐编著：《耗散结构论》，第45、93—95页；［奥］L.贝塔兰菲：《一般系统论》，第104、105、118页。

③　克劳修斯根据热力学第二定律认定宇宙在不断地衰退，即一直在走向"热寂"态；而达尔文的进化论却揭示出了一个像树木般不断向上发展的生物界；那么，这个不断衰退的宇宙为何会产生一个不断向上成长的生物界？这即为克劳修斯和达尔文之间的矛盾。参见颜泽贤：《耗散结构与系统演化》，第169—171页。

非平衡相变的规律和特征，还揭示了无机系统转型为有机系统，及有机系统发展成长为高度有序的自组织的一般规律。

生物系统显然不同于无机系统①，它具有无机系统所没有的结构，拥有无机系统所没有的自我增长、自我修复的能力，即生命力。正是因为有了生命力，生物系统才能如树木般地繁衍发展，从原始生命中产生出人类。因此，任何相变，都不可能产生出拥有如此旺盛生命力的系统，唯有自组织理论所揭示出的非平衡相变才拥有这样的能力。

与平衡相变相比，非平衡相变只能在系统结构远离平衡态的条件下发生；虽然系统转型时和系统转型完成后，系统都离不开从环境输入的负熵流，但系统转型为何种结构的组织指令则来自系统内部，故人们将这种非平衡相变称之为自组织过程，将其产物称之为自组织，将揭示了它生成和发展一般规律的理论称之为自组织理论。

掌握了平衡相变的特征，又明确了非平衡相变的主要特点，我们也就知道了系统转型的所有类型的主要特征。继之要明确的是，现代化具有这两类系统转型中的哪一类转型的特征，据此，我们才能对现代化起源的指导理论做出正确的选择。

这就需要了解现代社会和传统社会之间的最根本的区别是什么。学者们为此列举了它们的种种不同，总结出了各种各样的现代性、传统性。所言虽然大都不虚，但却没有概括出现代社会不同于各种传统社会的根本性区别，即"全书概要"中描述的现代社会的五大特征：生产力加速度地发展，经济社会的持续进步，技术创新和制度创新的层出不穷，社会的长治久安和拥有自我修复、自我增长的能力。根据系统科学归根到底是系统结构决定系统功能的基本原理，现代社会之所以具有这五大特征，致使其利用和改造自然界的能力远过于传统社会，全在于现代社会的社会结构截然不同于传统社会，从而决定了现代化绝不同于在它之前发生的两次社会转型。后者只是更换了社会系统的微观结构，即生产组织、生产方式和上层建筑的性质；却并没有改变社会系统的宏观结构，转换后的社会仍然是宏观无序或低度有序的

---

① 单个的蛋白质、核酸等都属于有机物，但它们只有结合起来才能发展成生物，故有机物并非都是生物，但生物系统必为有机系统。

组织结构。没有出现大规模的职业分化和功能分化；生产仍孤立地进行；虽有商品经济，但直到传统社会后期都未能在社会中居统治地位，自给自足仍是常态；文化上仍然是一元的，"罢黜百家，独尊儒术"，根本谈不上不同文化之间的交流与协同；政治上仍是专制独裁或神权统治。社会内部的物质能量信息的宏观流动与变换十分微弱，整个社会结构在宏观上仍然是无序的，仍处于近平衡态。因此，现代化之前的社会转型同冰化成水，水变成汽一样，都属于未能改变系统宏观结构的平衡相变，都受相变规律的支配。

现代化则不同。它不仅改变了系统的微观结构（经济组织）和宏观模式（生产方式和社会形态），还改换了系统的宏观结构。使社会的要素、职业、组织高度分化以至相互依赖，从而使社会的宏观结构从无序或低度有序变成高度有序；不仅使系统须臾不能离开对外开放，变成像生命体那样，依赖物能流、信息流才能维持的系统结构[1]；还使其具有自我修复能力和协同动力，因而能够持续增长的自组织。

因此，现代化不像前两次社会转型那样只转化了社会形态，它还是社会结构的转型。[2] 显然，能够带来这种结果的不可能是不能带来系统结构转型的平衡相变，而只能是非平衡相变。因此，现代化和非平衡相变为同一类型的系统转型，故必受非平衡相变的一般规律的支配和制约。

非平衡相变的发生虽然缺少不了由环境提供的控制参量，但它朝什么方向演变，演变成什么，则都要受制于系统内部的组织指令，这即如辩证法所述，"外因是变化的条件，内因是变化的根据，外因通过内因起作用"，故非平衡相变又被称为自组织过程。而这是它不同于平衡相变的第二大特征。因为在平衡相变中，外来的控制参量对平衡相变能否发生起决定性的作用。

第一个现代社会的兴起，如"全书概要"中所述，构成其现代社会结构的一系列制度都是英国人为了适应生产力的进退和环境的变化，不断地试错、修正所形成的。没有任何史实表明有人事前对这些制度进行过设计，尽管斯密、孟德斯鸠等人对现代社会的经济制度和政治制度有一套理论，但也都是对现代社会既成事实的总结。所以，它转型为现代社会，既不是外界强

---

① 参见［德］H.哈肯：《协同学引论　物理学、化学和生物学中的非平衡相变和自组织》，第5页。

② 参见毕道村：《现代化本质——对中世纪以来人类社会变化的新认识》，第335、336页。

加的，也不是按人们的设计图建成的；而是像生命体那样，是在环境提供充足负熵流的前提下，依赖系统内部组织指令而产生的自组织。如马克思和哈耶克所说，是个自然历史过程、一个自发—扩展秩序。这就再次说明，同一切非平衡相变一样，现代化必受自组织生成和进化的一般规律的支配。

但是，从孔德、迪尔凯姆开始，学者们就一直认为，不论是传统社会还是现代社会，其社会系统从一开始就是一个有机体，差别只是有机程度不同而已。低级社会是低级有机体，高级社会，如现代社会就是一个高级有机体。其理由是任何人类社会只有从其所在的自然环境中攫取物质和能量，才能生存下去。这似乎有理，故被广泛引述。但事实上，处于平衡态的开放系统也"可以与环境交换物质和能量，但其状态却是无组织的。这就是说熵增过程并非一定要在孤立系统的条件下进行"①。因此，对外开放并不是系统成为耗散结构的充分条件，故开放系统并非就是耗散结构，就是有机系统。迪尔凯姆仅凭人类社会对自然界开放就是有机体，就是耗散结构的结论于事实不符，于科学相悖，是不能成立的。再说，这一说法是以一种特定类型的系统划分方法为前提的。即以人类社会为系统，以自然环境为这个系统的环境，为简便起见，可将其称之为"人类社会/自然环境"划分法。此划分法显然只有生物学的意义，即只能证明人类社会是个耗散结构；却无社会学上的意义，与解决本书的问题无关。因为无论是人类社会还是自然环境，都是高度抽象的名词，用它们无法区分具体的民族、具体的国家，也分不清地理区位和不同的自然条件。由于现代化起源的探讨不可能脱离具体的地区、国家、民族和特定的地理空间，故在研究具体历史时，在探讨现代化起源时，这种划分法没有实际意义。而根据"系统边界的闭合是系统创生的标志"的科学原理，我们完全有理由认定一个社会、一个国家及其所在国土上的自然环境为一个系统，而将其外的社会和国家及其所在的国土的自然环境视为这个系统的环境。为简便起见，我们可将其称为"系统（国家/地理环境）/环境（外国/地理环境）"划分法。与前一种系统的划分方法相比较，这种系统划分方法就克服了前者所有的缺陷。它不仅能用来区分不同的

---

① ［比］I. 普里高津、P. 阿林、R. 赫尔曼：《复杂性的进化和自然界的定律》，湛垦华：《普里高津与耗散结构理论》，第 156 页；另参见颜泽贤：《复杂系统演化论》，第 159 页。

民族和国家，还能圈定、区别这些民族和国家赖以存在的地理空间。布罗代尔说："一个文明最根本的实在性，就是强使这种文明像植物那样生长、强给它限制的地理空间"。因此，"各种文明就是一些地理空间、一些地带"。这"是一种迫使人并且无止境的受人影响的地理空间"①。显然，人们通常所说的一个国家的闭关锁国或对外开放都是以这个系统的划分方法为前提的；而不是以孔德、迪尔凯姆所用的那个系统划分方法为前提的。按他们的那个系统划分方法去划分系统，就无所谓国家的闭关锁国和对外开放的区分了，而统统都是开放系统，都是耗散结构。而按照我们主张的划分方法，就不能以一个国家从其国土上的自然环境中攫取物质、能量和信息为依据就将其社会系统的性质定为耗散结构。因为该社会与其所在国土的自然环境所发生的物质、能量、信息的交流是系统内部的运动②，而不是系统与其环境之间的交流，因而不能据此就认为这个系统是开放系统，更不可能以此为依据定其性质为耗散结构。它是不是耗散结构，是否同其境外的国家、社会和自然环境进行不间断的物质、能量和信息的交流是不可或缺的一个条件。因此，孔德、迪尔凯姆认定所有的国家都是有机体无疑与事实是不符的。这也就表明，从守恒结构转为耗散结构，即非平衡相变是现代化中的必有之义。孔德等人认定所有的社会都是有机体的说法是用生物学上的证据来解答社会问题，有悖于事实，是错误的，因而推翻不了现代化为自组织生成和进化的一般规律所支配的结论。

事实上，大量史实也充分表明，传统社会即使是对周围国家开放，其构成要素和社会组织却仍然是单一的，要素、组织之间的关联还是短程的，系统结构不是处于平衡态，就是近平衡态；尽管其要素人也具有能动性、适应性等而使其社会也是个适应性系统，但却是个宏观有序程度极低的适应性系统；由于"二千年皆秦制"，社会的宏观结构一直不变或变化甚微，故也同一切无机系统一样，其社会结构也是守恒的，是个守恒系统，或曰超稳定系统。由于自身一直无法改变自己的宏观结构，没有像有机系统那样经历过自

① 〔法〕费尔南·布罗代尔：《腓力普二世时代的地中海和地中海世界》第2卷，唐家龙、曾增耿等译，商务印书馆1996年版，第189页。
② "与其所在国土的自然环境所发生的物质、能量、信息的交流"即是这个社会结构所具有的功能。

组织过程，故这种社会也不是自组织。

再者，如同细菌是个耗散结构，人体绝不仅是个耗散结构，耗散结构也绝不是现代社会的唯一特征一样，传统社会转型为现代社会，不仅要受自组织生成的一般规律的支配，还要受自组织进化的一般规律的支配。能够用来指导现代化起源研究的指导理论因而只能是包含有非平衡相变的一般规律的自组织理论，而不是相变理论。

所谓自组织理论，即是研究自组织产生和进化的一般规律的科学理论。它不仅揭示了无机物（守恒结构）转换为生物（耗散结构）的规律，即非平衡相变的规律，或曰自组织生成的规律；还揭示了生物体发展，直至产生出人类的规律，即自组织进化的规律。这是一个继一般系统理论之后兴起的理论群体，主要有耗散结构理论（Dissipative Structure Theory）、超循环论（Hypercycle Theory）、协同学理论（Synergetics）、突变论（Morphogensis）、混沌理论（Chaotic Theory）、分形理论（Fractal Theory），以及复杂适应性巨系统理论（CAS 理论）等。那么，我们是把所有的自组织理论用来指导现代化起源研究，还是选择其中几种作为指导现代化起源理论体系中的思维框架？这要视这些理论的成熟程度及其与现代化起源的相关程度而定。根据这两个标准，突变论、混沌理论和分形理论暂时没有考虑。

1977 年诺贝尔化学奖得主普里高津（Prigogine）及其领导的布鲁塞尔学派首创的耗散结构论是自组织理论的开山之作。在一般系统理论的基础上，该论把非平衡态热力学和非平衡统计物理学应用于贝纳德（Benard）花纹、B-Z 反应等化学钟（振荡）之类的自组织现象的研究，提出了耗散结构的概念，揭示了开放系统在远离平衡态时演变成耗散结构的一般规律。[①]

它指出，一个对外开放的系统，当从环境输入的控制参量达到一定的阈值时，通过涨落[②]，系统的宏观结构会由原来的无序状态转为一种有序的状态；并通过不断地与外界交换物质、能量而使这种状态稳定下来，不会因系

[①]　平衡态为系统最无序、熵最高的状态；反之，各个部分之间的差异越大，系统就离平衡态越远。只有不断地同外界进行物质能量的交换才能维持其有序状态的结构即为耗散结构。请参见［德］H. 哈肯：《协同学引论　物理学、化学和生物学中的非平衡相变和自组织》，第 2 页；吴彤：《自组织方法论研究》，第 38、39 页；颜泽贤：《耗散结构与系统演化》，第 80 页。

[②]　偏离系统平均值的变量即为涨落。请参见［比］G. 尼科里斯、I. 普里高津：《探索复杂性》，第 162 页。

统内外的微小扰乱而消失，成了像生物体那样的耗散结构，即消耗和散发物质能量才能存在的结构。由此，它揭示出了一个开放系统成为自组织所必需的环境、条件和动力；提出了非平衡是有序之源，涨落诱导演化，非线性是演变的动力来源等科学原理；首创了非平衡相变、分叉选择等重要概念，揭示了非平衡相变的基本规律。

虽然，它举出的例证还限于物理化学领域，尚未深入到无机物到生物的转化；更没有揭示出生物进化的一般规律；但它毕竟阐述了自组织形成的条件、动力等，奠定了自组织理论的基本框架，为最终解决克劳修斯和达尔文之间的矛盾开辟了道路①，因而是"当今科学的历史性转折的一个标志，一个任何有识之士都不能忽略的标志"②。由于初创，其理论体系也不够严谨完整。例如，它用熵来表示系统的进化过于粗糙，"难以有效地提示一般系统结构的演化"③；认为系统的有序化是通过环境的无序化而实现的，没有彻底解决"热寂论"问题；虽然讲过涨落要通过成核机制而"在一个有限的区域内把自己建立起来"，然后再通过放大"侵入整个空间"，但并没有真正地揭示出系统从平衡态、近平衡态进至远离平衡态的内部机制。④ 虽然讲了非线性动力机制是系统演变的内在动力和终极原因，却没有描述这个内在动力的形式及其机理，因而也就无法揭示出耗散结构进化的一般规律。艾根的超循环理论和哈肯的协同学则充实了这方面的内容。

诺贝尔化学奖得主德国生物化学家艾根（Enger）以分子生物学和分子生物物理学的成就为基础，从系统论、信息论、控制论的基本原理出发，结合达尔文学说，研究了前生物的化学进化阶段（即从无机分子进化为有机分子）和生物进化阶段（即从原生细胞中进化出各种生物品种）之间的生物大分子的自组织阶段，描述了生物大分子的自我选择、自我复制、自我催化及其自我选择的过程，不仅揭示了从无机界的化学进化到有机界的生物进化之间的分子自组织过程的内在机理，还阐明了生物体不断进化的机制，创

---

① 克氏的热寂论认为宇宙处于退化之中，这与达尔文的进化论是矛盾的。

② ［比］伊·普里戈金、［法］伊·斯唐热：《从混浊到有序——人与自然的新对话》，第 7 页。

③ 颜泽贤：《复杂系统演化论》，第 15 页；另参见普里高津：《生命的热力学》，《外国自然科学哲学摘译》1994 年第 1 期。

④ 参见［比］伊·普里戈金、［法］伊·斯唐热：《从混浊到有序——人与自然的新对话》，第 187 页；颜泽贤：《耗散结构与系统演化》，第 172 页。

立了超循环论。①

该论指出，由核酸和蛋白质间相互作用所形成的封闭的循环圈是形成生物大分子及其进化为原生细胞的基础。因为组成这个循环圈的核酸和蛋白质能够相互复制、相互催生，致使两者的相互作用形成了能够自产催化剂的催化循环，从而使其具有了不能够自产催化剂的反应循环所不拥有的自我增长、自我修复的能力，即生命力；通过循环圈之间的相互嵌套和功能耦合，催化循环就能进化成超循环，进而通过同样的路径，从二元耦合的基本超循环（P＝2）发展到多个超循环耦合的复杂超循环（P＝n）。这促成了生物大分子到原生细胞的进化，即完成了从原始有机物到生物的进化；继之，通过原生细胞的会聚，成为真核细胞；进而在新的层次上开始了会聚和超循环，产生了各类器官②，致使有机系统如树木般不断地进化，从而揭示了生命产生、繁衍和进化的具体途径和机制。③ 因此，它不仅解决了无机物向有机物的转化问题，还揭示了自组织发展进化的一般规律。对普里高津的理论做了极大的补充和发展，使非平衡相变理论发展成为自组织理论。

超循环理论"是直接建立在生命系统演化行为基础上的自组织理论"④，故之问世，必然要克服一直困扰着生命起源中的"真正的谜"，即生物物种的极其复杂性和生物体的遗传结构的一致性之间的矛盾。⑤ 达尔文的"生存竞争""优胜劣汰"和现代遗传学家的复制和突变，都无法解释这个矛盾。超循环则依赖其"一旦建立便永存"的选择机制⑥，就能产生唯一的一种运用普适密码的细胞机构；而超循环中强烈的非线性耦合禁止了独立竞争者的集结⑦，保持了密码的始终不变，这些，就导致了翻译机构的高度统一性，从而揭开了生命起源的统一性之谜。同时，超循环的圈内各方相互作用、相

---

① 参见［美］M.艾根、P.舒斯特尔：《超循环论》，"译者的话"，第6、7页。
② 参见［比］G.尼科里斯、I.普里高津：《探索复杂性》，第29—30页。
③ 参见［美］M.艾根、P.舒斯特尔：《超循环论》，第6、16、99、141—143、209、210、320、321、371、411页。
④ ［美］M.艾根、P.舒斯特尔：《超循环论》，作者为中文译本写的序，第2页。
⑤ 参见［美］埃里克·詹奇：《自组织的宇宙观》，第118页。
⑥ 参见［美］M.艾根、P.舒斯特尔：《超循环论》，第11页。
⑦ 参见［美］M.艾根、P.舒斯特尔：《超循环论》，第324、331页。

互复制、相互催化的机制克服了"优胜劣汰"所带来的"信息危机"[①]；而各圈之间的交叉耦合所导致的交叉复制和催化，使协同与互补相结合，这使"容纳的信息量要比其他形式上的信息量大得多"，"使得能量信息会聚起来，被体系多次利用、充分利用"。这既能提高复制精确度，又可提高进化水平。协同与互补的结合还导致了非线性选择行为，这些，使圈中所有成员相互进化，也能优化成长，使超循环具有"自适应和自进化的功能"；致使生物的进化随着超循环层次的不断递进而呈现出极其丰富的多样性和复杂性[②]，解开了生物的进化之谜。

超循环理论阐明生命的产生和进化的本质就是要素间相互作用形式的质变和递进，从而把生命的产生和进化同相互作用形式的递进和质变联系起来，故它也极大地拓展了相互作用是事物发展的终极原因的内涵。它指出，基于反应循环之上的催化循环由于能够自产催化剂从而具备了生命的两大特征：新陈代谢和自维生、自复制；催化循环圈之间的相互配套，就成了超循环，通过"循环套循环再套循环"，超循环就能不断地递进，从超循环进化到复杂超循环，从基本复杂超循环递进到多元复杂超循环。而每一次递进就能带来结构更为复杂、功能更为强大、具有新特性的组织。[③]可见，是相互作用形式的质变和递进才带来了生命的第三大特征：进化。这就说明，生命产生和进化的本质就是要素间相互作用形式的质变和递进。

相互作用形式的递进和质变意味着系统越来越复杂，系统越来越远离平衡态，致使系统的非线性特征越来越强，使系统动力从合力动力，经非线性动力发展到其典型形式协同动力[④]；致使其产物在合力动力下的增长缓慢，

---

① 达尔文所强调的"生存竞争，优胜劣汰"，使生命的发展类似于跳高比赛，随着横竿的不断升高，最后只会剩下一个竞争者，这使系统的信息量无法增长，生命起源因此面临一个重大障碍："信息危机"，无法实现从非生命向有生命的转化。

② 参见［美］M. 艾根、P. 舒斯特尔：《超循环论》，"译者的话"，第6页；第11—20、99—105、140、141页；苗东升编著：《系统科学原理》，第636—639页。

③ 参见［德］H. 哈肯：《协同学——大自然构成的奥秘》，第211页；［德］H. 哈肯：《高等协同学》，第68页。

④ 参见［美］M. 艾根、P. 舒斯特尔：《超循环论》，第11、16、59、72—75、130、136、139—141、209页；苗东升编著：《系统科学原理》，第636—638页；吴彤：《自组织方法论研究》，第88、89页。

甚至倒退，发展到按指数增长，进而以双曲线增长。① 这不仅揭开了系统动力发生的内在机制和底蕴，也极大地深化了黑格尔关于相互作用是事物发展的终极原因的论述。

著名的德国物理学家哈肯探明了普通光过渡到激光的内在机理，进而将其同超导相变、流体模式、化学反应、生物种群和经济过程等完全不同性质的各种系统演化行为进行了类比，发现全然不同的系统的演化行为之间存在着惊人的相似性。他将这些相似性概括出来，提出了协同、慢变量、快变量②等概念，创立了不稳定性原理、序参量原理和役服原理，建立了一个物理学的背景更加淡化、概念和方法更加普适的系统演化行为和动力机制的科学理论：协同学理论。③

该论用序参量代替耗散结构论中的"熵""涨落"和"成核机制"，以表示系统的有序化程度和系统演变的内在目的性。序参量是系统的涨落中的慢弛豫变量，通过竞争达到相互协同后的集体运动的产物；它支配或役使着其他要素和子系统，因而是子系统合作效应的表征和度量，又是系统组织化、有序化程度的宏观状态参量④。它包含着系统演变的未来结构的宏观模式的萌芽，是自组织演变的模板，决定着系统整体演化过程和方向。自组织的演变、自组织从低度有序走向高度有序，就是在系统内外涨落的刺激下，通过放大序参量的结构到整个系统才得以实现的。⑤

而序参量之所以有如此大的功能，关键在于它是基于非线性关系之上的要素间的协同的产物：虽然非线性关系中不乏竞争，但系统向更高复杂性的进化的主要动力不是竞争，而是协同⑥，从而揭示了协同在事物发展的终极原因的内在机制中的关键地位。

---

① 指数翻番的时间保持稳定，双曲线翻番的时间越来越短。请参见［美］埃里克·詹奇：《自组织的宇宙观》，第117—118页。

② 快变量又称快弛豫变量，指寿命短的涨落；慢变量又称慢弛豫变量，指寿命长的涨落。参见吴彤：《自组织方法论研究》，第60页。

③ 参见颜泽贤：《复杂系统演化论》，第15—17页；曾国屏：《自组织的自然观》，第136—138页。

④ 参见［德］H.哈肯：《信息与自组织——复杂系统的宏观方法》，第32、56页；［德］H.哈肯：《协同学及其最新应用领域》，《自然杂志》第6卷第6期。

⑤ 参见［德］H.哈肯：《高等协同学》，第20、21页。

⑥ 参见［美］埃里克·詹奇：《自组织的宇宙观》，第120页。

　　上述三论虽然起源各异，各有专攻，但殊途同归，结论一致且互证互补；同时，它们都基于一般系统理论和复杂性思维方式之上，并得到其他复杂性科学的支持、补充和佐证，自组织产生和进化的一般规律也就因此而被完整地揭示出来。

　　超循环理论认为，蛋白质高度有序的功能由核酸中的信息进行编码，而核酸的复制和翻译则依赖蛋白质的催化和表达，这揭示了生命的起源，也完满地解答了"是鸡生蛋，还是蛋生鸡"的古老问题。[①] 协同论对这个问题做了同样的结论。它所讲的序参量是系统内部大量子系统相互竞争和协同的产物；一旦产生，又反过来支配和役服其他子系统，鸡和蛋谁在先的问题因此也得到解决。[②]

　　序参量源于涨落中的慢弛豫变量，其涨落延续的时间比快弛豫变量要长，故能存续下来，至于它涨落延续的时间为什么比快弛豫变量长，协同学则未深究。超循环理论则指出，生命之所以能产生，全在于核酸和蛋白质的结合，由此而成的密码载体是超循环的基础，超循环才因此而具有了自我增长的能力。由此可知，序参量之所以能从众多的涨落中脱颖而出，必然是因为它拥有其他涨落所没有的组分。它们犹如构成细胞的核酸和蛋白质，相互复制，以至形成了一种互为因果的循环圈，从而赋予了序参量以自我增长的能力。舍此，序参量是不可能获得这一能力的。因此，序参量的内部结构必为超循环。但是，超循环并非就是序参量，因为序参量是未来系统结构的样板，它包含系统未来结构的全部萌芽；而超循环源于要素间的相互作用，通过相互嵌套、功能耦合，才由要素扩展成子系统，到达多元复合超循环时才有可能成为各种子系统，因此，序参量是由慢弛豫变量会聚、发展，通过超循环的相互嵌套、耦合而产生的；故超循环并不等于序参量，但是序参量是由超循环发展而来的，其要素间相互作用的形式也为超循环。另一方面，超循环论指出生命在于要素间的相互作用、相互复制；而序参量则认定，竞争导致协同，而协同则如一只无形的手操纵着其他子系统共同地发展，因此，在"超循环向更高复杂性的进化"中，不是相互作用中的竞争，而是相互

① 参见［美］M.艾根、P.舒斯特尔：《超循环论》，译者的话，第6页。
② 参见［德］H.哈肯：《协同学——大自然构成的奥秘》，第8页。

作用中的协同才是自组织产生和发展的内在动力机制。① 可见，超循环论和协同论之间也是相互补充、相互发展的。

耗散结构理论被称为"发生自组织的条件方法论"，故其所列举的条件也是序参量或超循环所不可缺少的。如新陈代谢贯穿超循环的全过程。哈肯的研究表明，激光的产生，不仅是由于光的"协同工作"，还是光的功能连续循环和超循环作用的产物。普里高津说非线性相互作用是事物发展的终极原因，艾根则阐明了超循环圈内"所有成员相干地生长"，协同共进，致使其动力学特性不仅是非线性的，且是一个协同作用越来越突出的非线性。它促使其产物按双曲线增长，推使整个体系越来越远离平衡态，体系的非线性特征因此越来越强大，系统的非线性动力也就因此而与日俱增。②

它们不仅互补互证，致其理论浑然一体；同时，还都基于复杂性思维方式和一般系统理论之上，从它们那里得到理论支持，亦为它们提供经验支撑；一般系统理论的基本原理、系统结构决定系统功能等；控制论信息论的基本原理、反馈理论等，都成了自组织理论中不可缺少的部分；此外，也从其他复杂性科学那里得到佐证、补充和支持。如混沌理论中的吸引子理论、分子生物学中的基因理论等，都是自组织理论的构成要素。

但是，所有这些理论都没有研究和阐述包括细菌在内的所有生物体都具有的主动性、学习性、适应性等特性的特点及其对生物生存和进化的影响。美国圣塔菲研究所的霍兰教授的复杂适应性系统（CAS）理论填补了这一空白。该理论创立了适应性导致复杂性的科学原理，指出，正是这些生物的特性使系统主动地去调整自己的行为以适应其他主体和环境，引起彼此间的相互作用。这导致系统为适应环境和环境的变化，使系统分化越来越厉害，系统结构越来越复杂；而这也会改变环境，实现双方的协同进化。在此过程中，这些特性使 CAS 系统展现出了四大特性：聚集性、非线性、流和多样性，及三大机制：标识、内部模型及积木；据此，霍兰创立了探索自组织进

① 参见［美］埃里克·詹奇：《自组织的宇宙观》，第120页。
② 参见［美］M.艾根、P.舒斯特尔：《超循环论》，第11、16、59、72—75、130、136、139—141页；苗东升编著：《系统科学原理》，第636—638页；吴彤：《自组织方法论研究》，第88、89页。

化机制的遗传算法，极大地深化了人们对自组织进化规律的认识。①

自组织生成和进化的一般规律也就在它们彼此之间、它们同一般系统理论、复杂性思维方式及其他复杂性科学的相辅相成中被完整地揭示出来。而现代化是一个典型的自组织现象，因此，我们选择自组织理论作为现代化起源研究的指导理论是理所当然的事情。

二、回应用自组织理论指导现代化起源研究的质疑

对用自组织理论指导现代化起源研究的质疑有两种，已有的和潜在的。已有的质疑来自两个方面：一是认为自然科学和社会科学研究的对象有天壤之别，故研究方法、思维方式大不相同，自然科学总结出来的规律自然不宜用于社会系统。二是认为人具有主动性、能动性，能改造环境，所以，是人决定环境，而不是环境决定人。因此，属于自然科学的自组织理论总结出的自然规律对社会发展起不了决定性的作用，故自组织理论对现代化起源研究不具有指导作用。

首先分析第一个质疑。

这个质疑可以说是由来已久。自孔德创立实证哲学和社会物理学，把实证原则和实证方法引入人文社会现象的研究后，基于简单性原则之上的实证主义思潮就渐渐地泛滥于人文社会科学的各个领域；由此而来的非议、批评可谓是与其共生。而现代世界所发生的一系列历史事变对之前一些学者依据自然规律对社会的发展所做出的预测的证伪，也证实了这一批评确有其道理。但是，人们清算用牛顿的动力学规律和还原论去研究人类历史所产生的错误也为人们反对用自组织理论指导现代化起源研究提供了事实依据。然而，如第一章中所述，这些人与波普一样，把婴儿和洗澡水一起泼掉了。他们把复杂性科学和简单性科学等同起来，因而不理解简单性自然科学成果及其思维方式在社会历史研究中应用的失败并不等于复杂性科学成果及其思维方式应用于社会历史研究也会无果而终。

这个质疑反对将自然科学成果及其理论用于人类社会研究的主要理由

---

① ［美］霍兰：《隐秩序——适应性造就复杂性》，第 38 页。

是：其一，人类社会要比自然现象复杂得多，因为人具有主动性、能动性、学习性、适应性等，致使社会现象、社会过程中的偶然性、不确定性、模糊性太多，导致主体与客体之间的关系比自然关系复杂得多。① 其二，历史是不可逆的，故历史事实不能重复，无法得到验证；而自然界具有经常性和一致性，没有任何事件是新的，故自然科学的研究成果的科学性可以通过实验验证。② 其三，人们认识问题、研究问题的立场、方法等主观因素不同，以致史料和理论中充满了自然科学中所没有的偏见。③ 这些，就决定了进行社会研究，其结果难以认定，无规律可循。④

这些理由确有道理，正是因为忽视了社会界和自然界的这些差异，才有了用动力学规律去套解社会的过去、现在和未来的错误。但是，不要忘记，复杂性科学曾反复强调过："世界有简单性的一面，也有复杂性的一面"，且复杂性是现实世界的"更基本、更普遍的""固有属性"，也就是说，更具本质性的东西。因此，一切据此而提出的质疑都是站不住脚的。

其一，上述人们强调的人类社会的复杂性，自然界不仅广泛存在，其复杂程度甚至有过之无不及。连细菌这样的微生物，也"是以随机过程寻求目标的真正的能手"，也都具有主动性、适应性等特性⑤；否则，就没有生物的进化，就不会有今天世界上成千上万的生物品种。偶然性在自然界中不仅常见，还能转化为必然性，对自然的变化起决定性的作用，涨落因而成了复杂性科学研究的重要内容。不确定性、模糊性也不例外，"波粒二象性""波函数""波函数坍缩"不都是量子世界中的客观存在。而不可逆也不是社会独有，如热力学所证明，自然界同样是不可逆的。著名的"测不准原理"则表明在自然科学研究中，研究者的主观态度同样会影响到研究的结果；而自然现象也并非只有一致性而无多样性。如莱布尼兹与欧根亲王所

---

① 参见何兆武、陈启能主编：《当代西方史学理论》，上海社会科学院出版社 2003 年版，第 10、229 页。

② 参见［英］卡尔·波普：《历史决定论的贫困》，第 85、86 页；何兆武、陈启能主编：《当代西方史学理论》，第 39、232、235、238、242、244 页。

③ 参见［英］卡尔·波普：《历史决定论的贫困》，第 124 页；何兆武、陈启能主编：《当代西方史学理论》，第 261、262 页。

④ 参见［英］卡尔·波普：《历史决定论的贫困》，第 85、86 页；何兆武、陈启能主编：《当代西方史学理论》，第 39、232、235、238、242、244 页。

⑤ ［美］埃里克·詹奇：《自组织的宇宙观》，第 123、124 页。

说，天地间没有二个彼此完全相同的东西，连树叶都如此。至于"量子纠缠""量子跃进"等，社会中还找不到如此复杂的同类情况，众所周知，正是探索自然界的这些属性及其作用，才产生了量子力学、宇宙大爆炸理论、分子生物学、耗散结构论、协同学、超循环论、突变论、CAS 理论等复杂性科学，才分娩出复杂性哲学。

正因如此，复杂性科学及其思维方式才不同于简单性科学及还原论，它极其关注自然和社会中的复杂性，将其置于研究的中心，并把社会当作适应性复杂巨系统来进行认识和探讨。而以往的社会研究，要么未能认识到社会的这一本质，用还原法来认识社会，用动力学规律来套解人类历史；要么知道社会的复杂性，却不明白用何种方法和理论才能认识这些复杂性及其作用，以致认为历史无规律可循。① 这说明，要想真正地认识社会，揭示现代化起源的奥秘，从自然科学那里借用复杂性科学及其思维方式是唯一的途径。

其二，自然科学和社会科学的研究对象的区别，决定了社会研究唯有从自然科学中那里借用思维方式和指导理论才能克服自身太多的主观要素所导致的个人偏见和个人利益对研究带来的伤害；才能反复地检验其研究结论，使它更符合实际。

两种科学研究对象的区别主要表现在规模上和时程上的太过悬殊，及由此带来的认识主体的地位的差别。在自然科学领域，"创世是唯一一个不能被重复的实验"②，其他研究成果的验证都可以在实验室和粒子对撞机上完成，并可通过反复的试验去检验其科研成果的客观性、可靠性。在此过程中，研究者全都置身于其外，研究者的主观态度虽有不同，但这对研究成果的影响则能被人清除，因为其成果必须通过别人的验证才会被世人认可。

研究社会就不一样了。研究者是人，而任何人都置身于社会之中，因而只是其研究对象社会中的一个要素。从空间上讲，他犹如一个细菌面对一个人体；从时间上讲，他就犹如蝼蚁面对神龟，他们一生最长也不过百年，而很多社会现象历时很长，尤其是社会转型，往往是历时几百年甚至上千年。

---

① 参见［英］卡尔·波普：《历史决定论的贫困》，第85、86页；何兆武、陈启能主编：《当代西方史学理论》，第39、232、235、238、242、244页。

② ［美］加来道雄：《超越时空——通过平行宇宙、时间卷曲和第十维度的科学之旅》，第208页。

时空上的这种双重限制，致使他们从其研究对象中所能了解的东西只能是瞬间和片段；再加上社会研究中充满了自然科学中少有的社会偏见和个人利益，故其抽象出来的规律可信度很低。更关键的是，这种双重限制，使其研究成果无法像自然科学研究那样，在实验室里得到自己和他人的反复检验，以致其错误无法找出，偏见难以剔除。如众所知，可检验性是判断一个规律是否真实、一个理论是否是科学的关键，是实证科学在认识论和方法论的其他基本特征的基础，是其具体性的体现、经验性的基础和精确性的保证。①通过实践虽然也可以检验社会研究得出来的结论和规律，但那机会有限且代价太大，付出了代价后也难以确保规律有普适性。故此，社会研究从自然科学那里借用规律的做法不仅有其道理，且还是必不可少的，特别是探讨社会转型这类宏观的历史过程。

解答了第一个质疑，再来回复第二个质疑。

此质疑认为，人是智慧生物，有思想，其主动性、能动性和创造性等是自然界中那些拥有这些特性的事物远所不及的，故有人说，归根到底是"人决定环境"，而不是"环境决定人"。因为"生产力是不受动的始动者"，而劳动者是生产力"赖以形成的基本单元或细胞"②。追根溯源，这是还原论思维的一个典型产物。前面讲过，还原论只重视要素对整体的规定和制约，强调上向的因果关系；而忽视了整体对部分、要素的约束和影响，忽视了对下向的因果关系的探索，而这一探索更为重要。因为生活在任何一个时代的人都不可避免地要面临一个在其来世之前就已存在的自然环境和社会系统。他本来就是这个环境和系统的产物，因此，他在尚无能力改造这个自然环境和社会系统之前，就要受这个自然环境和社会系统的规定和制约。他成长为一个什么样的人，有什么样的世界观和人生观，有多大能力都会被这个自然环境和社会系统所规定。因此，他成人之后对自然环境和社会系统能施加什么样的影响则事先就已被这个自然环境和社会系统所规定。这即前述的：低层次的所有过程都受到高层次规律的约束，并遵照这些规律行事。所以，他有多大能力改造自然和社会，朝什么方向改造自然和社会早就为社会

---

① 参见刘大椿：《科学哲学》，第16、17页。

② 这个观点的代表人物是庞卓恒、侯建新等人，请参见其论著《现代化第一基石——农民个人力量与中世纪晚期社会变迁》，天津社会科学出版社1991年版。

所规定。

在这点上，唯物辩证法同复杂性思维是异曲同工。首先，在讨论到底是人决定环境还是环境决定人的问题时，马克思也得出了这样的结论：人决定环境，环境也决定人；但是，人决定环境是以环境决定人为前提的。马克思说："人的物质，一方面是天然机体的产物，另一方面是人的一生特别是他的发展时期的周围的环境的产物"；"在其现实上，它是一切社会关系的总和"，一个人是奴隶还是公民，"这是社会的规定"①。因此，什么样的环境造就什么样的人。尽管人也"改变自然界，为自己创造新的生活条件"②，但是，"人创造环境，同样，环境也创造人。"人首先被环境所生产。③

其次，环境规定和制约了人的自主活动的精神方面和物质方面，从根本上规定了人的自主活动的方向、方式及其对环境的改造的成效。

它首先以其现状、规律、历史规定和制约了人们的思维活动的动机、方式和结果，为人们的实践活动规划了基本蓝图。这是因为满足自身的某种需求是思维活动的出发点和首要环节，但不同环境中的人们的需求及满足需求的手段和方式是不一样的。它要取决于需求者的社会地位，受制于社会发展水平、所在的地理环境和自然条件，还要受传统文化的影响，"千百万人的习惯势力是最可怕的势力"（列宁语），"一切已死的先辈们的传统，像梦魇一样纠缠着活人的头脑"④。可见，不是人们的意识决定人们的社会存在，而是人们的社会存在决定人们的意识，"观念的东西不外是移入人的头脑并在人的头脑中改造过的物质的东西而已"⑤。所以，人们"始终只提出自己能够解决的任务"，而"任务本身，只有在解决它的物质条件已经存在或者至少是在形成过程中的时候，才会产生"⑥。

继之，环境以其规律、现状和历史规定和制约了人们的实践活动的各个

① 马克思、恩格斯：《费尔巴哈和德国古典哲学的终结》，人民出版社1988年版，第39页；《马克思恩格斯全集》第4卷，人民出版社1958年版，第24页；《马克思恩格斯全集》第47卷，人民出版社1958年版，第172页。
② 恩格斯：《自然辩证法》，人民出版社1971年版，第209页。
③ 《马克思恩格斯选集》第1卷，第92页；《马克思恩格斯全集》第42卷，人民出版社1979年版，第121页。
④ 《马克思恩格斯选集》第1卷，第585页。
⑤ 《马克思恩格斯选集》第2卷，第112页。
⑥ 《马克思恩格斯选集》第2卷，第33页。

环节，从根本上决定了实践活动的方向、性质及其对环境改造的成效。马克思说，"自由不在于幻想中摆脱自然规律而独立，而在于认识这些规律，从而能够有计划地使自然规律为一定的目的服务"①。这说明，人们必须依照事物内在的固有的规律去规划和实践自己的活动。其成效之大小，一要视这种活动与客观规律是否一致及其程度而定；二要受制于人们所掌握的物质手段。马克思说："只有在现实的世界中并使用现实的手段才能实现真正的解放。没有蒸汽机和珍妮走梭精纺机就不能消灭奴隶制；没有改良的农业就不能消灭农奴制；当人们还不能使自己的吃喝住穿在质和量上得到充分保障的时候，人们就根本不能获得解放。解放是一种历史活动，而不是思想活动。解放是由历史的关系，是由工业状况、商业状况、农业状况、交往关系的状况促成的。"② 三要取决于社会结构的有序程度。因为在生产实践中，人们"人们在生产中不仅仅影响自然界，而且也互相影响。他们只有以一定的方式共同活动和相互交换其活动，才能进行生产。为了进行生产，人们相互之间便发生一定的联系和关系。只有在这些社会联系和社会关系的范围内，才会有他们对自然界的影响，才会有生产。"③ 因此，"一个人的发展取决于和他直接或间接进行交往的其他一切人的发展"④，是社会生产力决定自然生产力，是系统结构决定系统功能，而作为系统的要素的人对系统功能的影响不仅有限，还需要以社会结构为中介。

综上所述，在任何一个具体历史阶段中，都不是人决定环境，而是环境决定人。任何人及其活动都要受其所在的系统及系统所在环境的一般规律的支配和制约。其活动的成效因而被限定在一个有限的范围内，由此而形成的社会规律并非是动力学规律所讲的一条唯一可供通行的狭窄巷道，而是概率统计规律所讲的一个客观的可能性空间、"一个幅度"。在这个幅度内，"事物实现过程的具体形式是不确定的，可以随机选择的"。⑤ 从而为人的自主活动提供了游刃的余地，他们的主动性、能动性的发挥就有了一个坚实的基

① 《马克思恩格斯选集》第 3 卷，第 455 页。
② 《马克思恩格斯全集》第 42 卷，第 368 页。
③ 《马克思恩格斯选集》第 1 卷，第 344 页；马克思：《政治经济学批判》，第 148 页。
④ 《马克思恩格斯全集》第 3 卷，第 315 页。
⑤ 参见柯中华：《历史规律辩析》，《哲学研究》1991 年第 12 期；刘福森：《规律、必然性和人的活动》，《哲学研究》1992 年第 4 期。

础和范围，在这个范围内，就是人决定环境。因此，唯物辩证法的实践观强调历史是人创造的，但也强调人是"在一定的物质的、不受他们任意支配的界限、前提和条件下活动着的"①。

人的本事再大，也逃不过环境的"手掌心"，这在还原论看来不可思议的事，在复杂性思维那里，却是情理之中。因为要素必因不同的相互联系而形成不同的系统，系统又会以不同的方式同环境结合成不同的更大的系统。系统结构不一样，系统功能就不同，是系统结构决定系统功能，作为系统要素的人，尽管有生物远所不及的思想、主动性、能动性和创造性，却无法改变这一点，故其活动及其对环境的改造仍然无法摆脱环境及其规律对其活动的制约。因此，复杂性科学及其思维方式所揭示出来的那些系统的存在和发展的一般规律仍然像制约着生物的生成和进化那样制约着人类社会的存在和发展。所以，正如著名的系统哲学家拉兹洛所说，"系统概念"是一切科学的"核心"，社会科学不可能不例外，故系统"仍然是社会系统的科学"。不仅历史学"必然要把系统作为最好的研究单位"，连教育学、心理学、政治学等也都不能没有系统科学。②

社会历史的研究离不开系统科学，研究社会系统的转型自然也就不能置自组织理论于不顾。因为从抽象到具体是认识任何事物及其发展过程的必由之路，自组织理论不仅揭示了自组织生成和进化的一般规律，还"以严格的方式来研究变化和种种变革的不可逆过程"，用"事实证明"了进化虽然发生在"截然不同的领域内"，还"显得多么杂乱无章"，但均展现出相似的动态型式和相似的构型效果"，都"服从在物理系统、生物系统、生态系统和社会系统中都同样有效的一些普遍规律"。从而证明了这是"一种重复出现的秩序"，"自然内部固有的秩序，它是以几乎无限种方式出现的所有现象的秩序的基础"，因而是"诸秩序的秩序"。它首先在物质世界，继而在生物世界展开。而从这些"较低层次秩序中实现出来的秩序"也"是人类世界、思想、感情和评价的秩序，是社会、文化以及在它们形成结构的关系中的秩序"。它的产生，表明"一种既起源于科学又有哲学深度和广度的

---

① 《马克思恩格斯选集》第 1 卷，第 71—72 页。
② 参见 ［奥］ L. 贝塔兰菲：《一般系统论》，第 156、157、163、165、166、175、176 页。

新体系正在兴起。它超越仅限于一定研究领域的那些理论造成的狭隘片面的认识，囊括的物质宇宙、生物世界和人类历史"，从而成为一种存在于"物质世界、生物世界和人类世界的复杂性进化过程中的"关于"进化的一股规律"。因此，自组织理论的问世，不仅为认识社会系统的转型提供了理论指导，也为实现 L. 冯·贝塔朗菲创立一股系统论时"提出的主要目的：成为自然科学和社会科学的各个学科的中心，在非物理学的科学领域成为建立精密理论的重要手段"，从而在寻求"各科学的世界的统一原理"的道路上走出了关键性的一步。① 这些，无可置辩地说明，尽管人是智慧生物，其主动性、能动性、学习性和创造性远过于其他生物，但仍然改变不了唯有用自组织理论作指导，才能揭示现代化起源奥秘的结论。

或许有人说，我们不否认现代化起源研究离不开复杂性科学，但自组织理论是"针对比较简单的、容易讨论的自然界现象建立起来的"②，且探讨过的"还只有热力学、激光等少数几个简单的例证，而且基本立足于随机性和统计规律的解释"③，所找到的规律性还是比较简单的、初级的，故只能描述比较简单的巨系统的演化问题，对于解决社会系统的变迁可能有点勉为其难。

社会系统的复杂性确实超过了一些自然系统。它组分种类复杂、系统层次很多；"是既存最复杂的结构。其稳定的平衡态最短，它们要考虑的外变量最多，它们是最难研究的结构"④。而现代社会的复杂程度更为其他社会远所不及，哈耶克说它"是宇宙中最复杂的系统"。面对这样的复杂性巨系统，我们用从热力学系统、极光等几个例子抽象出来的系统转型的一般规律组成的自组织理论来指导研究就未免力不从心了。

这一说法之所以错误首先就在于它失实。耗散结构论并非只是研究热力学系统的产物，协同学也不是只研究过激光。普里高津及其所领导的布鲁塞

---

① ［奥］L. 贝塔兰菲：《一般系统论》，第 31 页。

② 参见姜璐、张方风：《要加强对适应性系统的研究——对自组织理论的反思》，《系统科学学报》2008 年第 1 期。

③ 参见王中阳、张怡：《复杂适应系统（CAS）理论的科学与哲学意义》，《东华大学学报（社会科学版）》，2007 年第 3 期。

④ I. M. Wallerstein., *The End of the World as We Know it*：*Social Science for the twenty-first Century*，London：University of Minnesota Press，1999，p. 214.

尔学派从一开始就很注重其理论的普适性。他们经十多年的努力建立了一个具有普遍意义的数学模型，即著名的"布鲁塞尔器"（Brusselator），并用这一模型有效地模拟了工程技术、生物学系统、人口系统、城市系统、经济系统、教育系统的自组织过程。[①]故普里高津宣称"功能⟷结构⟷涨落之间的相互作用，是理解社会结构及其进化的关键"[②]。

协同学虽然起源于激光研究，但哈肯也考察了贝纳德花纹、化学振荡中的扎布金斯基反应、生物界中因野兔和山猫间的竞争所引起的"时间振荡"、社会舆论的形成机制，及舆论对政府决策和个人判断的"役使"、引发社会革命的过程，等等，他发现不同学科中所出现的这些千差万别的结构都"遵从类似于激光、流体动力学和其他系统的无序有序转变所遵从的原理"[③]。于是，他感言道："过去十年所获得的丰富资料表明"，"从生物学的生态形成和脑功能作用到飞机机翼的颤动；从分子物理到恒星的巨变；从电子装置到社会舆论的形成；以及从肌肉的收缩到固体结构的褶折"，这些由"完全不同的成分组成"的系统的演变"都受相同原理支配"[④]。于是，生态学、经济学和社会学也被他列为主要研究对象。[⑤]

超循环论"是直接建立在生命系统演化行为基础上的自组织理论"，而生命系统是自组织中的典范，是最典型的"非平衡现象"和"系统的自组织行为"[⑥]。而生命现象之复杂程度，绝不亚于社会，而是远过于社会，如"基因所控制的程序"、意识等，至今仍是待解之谜。[⑦]故自组织理论所揭示的生命的生成和进化的规律在社会组织中广泛存在。比如，超循环组织，在"神经网络和社会系统中也发挥着作用"。所以，艾根认定，他的超循环理

①　参见 W. C. Schieve, and P. M. Allen, ed., *Self-Organization and Dissipative Structures*: *Applications in the Physical and Social Seiences*, Austin: University of Texas Press, 1982。

②　颜泽贤：《耗散结构与系统演化》，第 198、199 页。

③　参见［德］H. 哈肯：《协同学——大自然构成的奥秘》，第 136—155、214、221—225、228—233 页。

④　［德］H. 哈肯：《高等协同学》，"中文版序言，前言"，第 18—21 页。

⑤　参见［德］H. 哈肯：《协同学——大自然构成的奥秘》，第 9、116—119、122—124、132 页；［德］H. 哈肯：《协同学讲座》，陕西科学技术出版社 1987 年版，第 134—136 页。

⑥　［美］M. 艾根、P. 舒斯特尔：《超循环论》，"作者为中文译本写的序"，第 2 页。

⑦　参见［美］约翰·霍兰：《涌现——从混沌到有序》，陈禹等译，上海科学技术出版社 2006 年版，第 252—254 页。

论是"一个自然的自组织原理"，"不但可以有效地解释生命巨系统的复杂行为，也能用来研究复杂社会巨系统的演化"。"不仅具有自然科学意义，而且具有社会科学意义。"①

可见，认定自组织理论仅探讨过热力学、激光等少数几个简单的例证是严重失实，自组织理论不仅"一开始就是以生命、自然生态和社会现象为其研究对象而建立的"，且深入研究过比社会更为复杂的生命、意识等问题；同时，它们"既有比较严密的数学、物理学理论基础，又有一定的实验依据，并在自然科学领域和社会经济文化生活中得到广泛应用的"，"因而完全适用于社会系统的研究"②。

假若上述理由还不足以让一些人信服的话，那他们也绝不可能否认哲学是自然知识和科学知识的概括和总结，所概括出来的一般规律具有普遍性，对自然和社会的研究具有指导作用。然而，哲学离不开科学为它提供的养料，恩格斯说，"随着自然科学领域的每一个划时代的发现，唯物主义也必然要改变自己的形式。"③ 从文艺复兴以来的五百年历史已充分地证实了这一点。④ 同样，复杂性科学的兴起也深刻地影响了哲学及思维方式，导致了复杂性哲学和复杂性思维方法的问世。它对当今科学研究，尤其是对复杂性现象的研究具有根本性的指导意义是不容置疑的。然而，离开了自组织理论等一系列的复杂性科学的成果，复杂性哲学的问世是不可想象的。可见，只要你愿意与时俱进，你的研究就离不开自组织理论的影响和指导。

当然，不论列举多少理由，证实真理的最有力的证据是实践。这正如拉兹洛所说，"进化的概念和规律能不能应用于人类社会发展过程，我们不应当预先就下结论"，而必须拿进化的一般规律"去同历史事实和经验观察作对照比较"，看它与历史实际是否相符。⑤

---

① ［美］M. 艾根、P. 舒斯特尔：《超循环论》，"作者为中文译本写的序"，第 2、140 页；沈小峰、吴彤、曾国屏：《自组织的哲学——一种新的自然观和哲学观》，第 96、107 页；苗东升：《系统科学原理》，第 638—655 页；吴彤：《生长的旋律——自组织演化的科学》，山东教育出版社 1996 年版，第 403 页。

② ［美］M. 艾根、P. 舒斯特尔：《超循环论》，"译者的话"，第 2、140 页；苗东升：《系统科学原理》，第 654—655 页；吴彤：《生长的旋律——自组织演化的科学》，第 403 页。

③ 《马克思恩格斯选集》第 4 卷，第 228 页。

④ 王小燕编著：《哲学与科学概论》，华南理工大学 2007 年版，第 77—78 页。

⑤ ［意］欧文·拉兹洛：《进化——广义综合理论》，第 54、90、106 页。

但是，历史是不可重复的，我们又怎样拿史实去验证进化的一般规律？这似乎无解，但钱学森提出的"定性定量综合集成方法"却不失为一个答案。他说："人体、地理环境、社会经济等系统，无论多么巨大、复杂，终归是人们实践的对象，实践着人们，特别是各行各业的专家，从不同的局部和侧面去变革这些复杂巨系统，获得大量的经验知识，形成种种判断和猜想，以及那些无法用语言表达的直觉和领悟。这些知识对处理复杂巨系统很重要。看不到这种重要性，把这类经验认识、直视、领悟等排除于系统研究之外，是现有系统科学方法的通病"。要克服这一通病，就必须在处理复杂巨系统问题时，"把这类知识充分利用起来，并与定量分析、计算机模拟和仿真相结合，使专家群体、数据和各种信息、计算机技术三者合为系统，最大限度地发挥这个系统的整体优势和综合优势，去解决问题"①。同样地，在现代化起源问题上，学者们已进行过长达两百余年的研究，搜集、鉴别了大量史料，总结出了很多史实，积累了无数的"经验认识、直视、领悟"，形成了"种种判断和猜想"。虽然，这些成果只是"树木"，但它们都是各学科专家研究现代化起源各个具体历史过程中所获得的"经验知识"，其中不乏公认的史实和规律，因此，将其同自组织生成和进化的一般规律进行比较对照，就无异于让自组织理论回到人类社会实践的历史长河中去，以检验其真伪，测量其适用的边界。如果这些"经验知识"与自组织理论是一致的，那也就验证了自组织理论的客观性、科学性和普适性，完全适用于指导现代化起源研究。② 同时，也能使人悉知自组织生成和进化的一般规律在现代化起源中的具体形式及现代社会生成的特殊规律，能极大地充实自组织理论。因为此理论虽然揭示了自组织生成和进化的一般条件、规律和动力，但普里高津、哈肯、艾根等人不是社会科学家，他们对人类社会及其历史的研究有限，更没有研究过现代化起源，他们所揭示出来的这一规律较为抽象而欠具体，还存在着一些逻辑缺环。如对系统是通过什么途径而致平衡态于近平衡态、于远离平衡态语焉不详就是一例。现代化起源理论虽然是只见树木，不见森林，但也因此而使它们对"树木"的了解，即对社会和社会转

---

①　苗东升：《开放复杂巨系统研究的方法论》，《中国软科学》1995 年第 4 期。

②　参见毛泽东：《实践论》，人民出版社 1976 年版，第 9、14—17、21 页。

型的某一个层次、某一个方面的了解，所揭示出来的这个层次、这个方面的演进和转型的规律却是自组织理论的空白。将其充实进自组织理论，不仅能填补自组织生成和进化的一般规律中的缺环，充实其中的薄弱部分，还能让人们了解和掌握传统社会向现代社会转型的许多层次、许多方面的特殊性和特殊规律。因此，将经过鉴别、筛选过的现代化起源理论充实进自组织理论，我们用来指导现代化起源研究的理论就不再是一个仅有思想核心的理论框架，而是一个既有理论框架，又有丰富内涵的理论体系。只有这样，我们才能在精神中将现代化起源的全过程再现出来。

将自组织理论、现代化起源理论综合集成为一个用于指导现代化起源研究的理论体系，这一做法类同于上述钱学森等人所倡议的"综合集成方法"。但是，我们虽然在数据齐全的情况下不排斥对某些问题进行定量分析，可并不刻意去追求定量研究，更不将其作为研究的主要目标。这样一来，与一些人坚持的做不做定量分析是衡量一个理论是不是科学的原则相悖，有悖于一些人的建立数学模型是将系统科学和自组织理论成功地用于人文社会现象研究的标志的主张。

复杂性思维为什么不去刻意追求定量分析？主要是不可计量性是复杂适应性巨系统的主要特征之一。因为对其要素为智能载体，具有情感、意志、价值取向等特征的人类社会，"我们根本无法了解全部的微观相互作用，更无法建立描述微观行为的方程组"。因此，在探索自组织的生成和进化时，如仍然一味地追求数量化、定量化、精确化就会面临许多无法克服的困难。[①] 如前所述，包括三位诺贝尔科学奖得主在内的，曾经对生命、经济、组织管理、全球危机处理、军备竞赛开展空前规模的跨学科研究，立誓要建立关于复杂性系统的一元化理论，被誉为世界复杂性研究中枢并被评为美国最优秀的五个研究所之一的美国圣塔菲研究所（SFI），在经过十年的探索并发表了一系列的乐观宣言之后，又发出了"从复杂性到困惑"的感叹。为何会这样？其中原因就在于 SFI 学派的代表人物都是由还原论科学训练出来的，他们在进行复杂性研究时仍忘不了定量化、数学化、精确化。[②] 可

---

① 参见苗东升：《开放复杂巨系统理论：科学性、研究现状和存在问题》，《河北师范大学学报》2005 年第 2 期。

② 参见苗东升：《系统科学的难题和突破点》，《科技导报》2007 年第 7 期。

见，那些至今仍旧认定"你若无法将系统状态写成函数形式，你也就不能用自组织理论来分析系统的演化情况"的观点和做法是不足取的。其思维本质仍在还原论的窠臼中，定量化、数学化、精确化这些来于简单系统研究的经验和做法仍然被其视为判断理论和学科是否属于科学的主要尺度。当然，这样讲，并不排除将来的某一天，复杂性研究的成果也能通过数学公式表达出来，但是，目前的数学却还做不到这一点。

指导现代化起源研究的理论体系不以定量化、数学化为其圭臬，那又如何才能正确地运用自组织理论来解答现代化起源过程中的重重谜团，将其真相和全过程在思维中再现出来？又怎样使我们的结论达到数学公理化的程度而成为自然科学原理那样能经得起实践反复验证的真理？一些学者对这些也做过认真的思考。吴彤在指出社会文化领域难以应用数学分析方法之后，强调应该把握自组织理论的本质所在，按照各个自组织理论的基本思想建立自组织方法论程序。这一程序包括自组织生成和进化的一系列条件，及如何满足这些条件的判据。如系统对外开放，吸入负熵流、负熵流达到一定的阈值并实现平权化，系统远离平衡态、非线性体系，涨落，等等。按照这个程序，若缺少其中一个条件，或不符合其中一个判据，自组织就会难产。[①]

有了这个程序，我们就能揭示出传统社会向现代社会转化的主要条件、主要动力和基本轨迹；再将现代化起源理论中的科学研究方法和研究成果加进自组织方法论程序中去，我们就能组建起一个方法科学、逻辑严密、表达清晰的"综合的自组织方法论程序"。

三、自组织生成和进化的一般规律

以前面阐明的复杂性思维方法的各个哲学范畴的思想为指导，依据自组织理论所揭示的自组织生成和进化的一般规律，将一般系统理论及其他相关理论的内容充实进这个规律的相应部位，以"全书概要"中讲的最典型的"系统的自组织行为"生命的产生和进化的过程为参照，我们概括出了自组织生成和进化的一般规律（下面简称"一般规律"）所包含的 14 个条件、

---

① 参见吴彤：《自组织方法论研究》，第 12—27 页。

规则和程序。

第一，适宜的环境。

自组织不是在任何环境中都可问世，只能在适宜的环境下产生。适宜之说，主要是指环境能够为它的生成和进化提供充足的负熵流：物质、能量和信息。[①] 没有这样的环境，系统就无法吸入负熵流；或吸收的负熵流的量达不到它所需要的阈值。如是，系统不仅不会远离平衡态，成为自组织，还会因系统内部的增熵超过负熵而走向无序。[②] 而自组织"要达到更高的复杂性"，"就会使自己沉浸在更密的能量流通量当中"，对环境的要求就更高、更严格。[③] 系统与环境是互塑共生的[④]，自组织的要素还具有主动性、能动性、学习性和适应性，故环境也会因自组织要素的活动而改变，或恶化，变得不利于自组织的生存；或变得更适于自组织的生存和进化[⑤]，而自组织改变环境的能力则是其有序度的函数。[⑥]

第二，环境处于原始混沌态。[⑦]

一切自组织的孕育和形成都是按照其组织内部的指令推进的，而不是按照系统外的某个功能组织的旨意或某个权威下达的指令建立的，故它只能产生于一个"不存在任何功能组织"的原始混沌状态中；而不可能见之于被某一个功能组织所控制的状态里。[⑧] 这一状态若被改变，自组织过程就有可

---

① 参见［美］M.艾根、P.舒斯特尔：《超循环论》，第72、224页；吴彤：《自组织方法论研究》，第38页。

② 参见［美］M.艾根、P.舒斯特尔：《超循环论》，第72、224页；［德］H.哈肯：《协同学引论 物理学、化学和生物学中的非平衡相变和自组织》，第403页；［美］埃里克·詹奇：《自组织的宇宙观》，第120页；吴彤：《自组织方法论研究》，第38页。

③ 参见［意］欧文·拉兹洛：《进化——广义综合理论》，第106、54、85、86页。

④ 参见［德］H.哈肯：《协同学引论 物理学、化学和生物学中的非平衡相变和自组织》，第153、154页；沈小峰、胡岗、姜璐编著：《耗散结构论》，第11—14、16页。

⑤ 参见［美］M.艾根、P.舒斯特尔：《超循环论》，第210页；埃里克·詹奇：《自组织的宇宙观》，第124—129页。

⑥ 因为归根究底，是系统结构决定系统功能。请参见：邹珊刚等编著：《系统科学》，第78、79、113—119页；［美］M.艾根、P.舒斯特尔：《超循环论》，第210页。

⑦ 原始混沌又称热平衡混沌，指混乱、无秩序的状态。请参见：吴彤：《自组织方法论研究》，第125页。

⑧ 参见［美］M.艾根、P.舒斯特尔：《超循环论》，第212页；［德］H.哈肯：《信息与自组织——复杂系统的宏观方法》，第29页。

能转为他组织过程，其自我进化或许中断。[1]

第三，自我复制功能的密码载体（下面简称"密码载体"）的产生是自组织生成和进化的基础。

自组织"必定始于随机事件"，但这也并不意味着"任何有机体，哪怕是最原始的有机体，能够以随机的方式拼凑起来"；只有能相互复制的核酸和蛋白质的结合才能导致生命的产生。故一切自组织"都必须从某种自我复制的密码分子水平出发"，都必须有自己的"核酸"和"蛋白质"。唯此，才能获得自我修复、自己增长的能力，即生命力。[2] 只有获得这种能力，才能谈得上自组织的进化。因此，"密码载体"应该被称为生命"密码载体"。

第四，正反馈机制（催化剂）的形成。

同原始生命只有在非常特殊的环境的保护和帮助下才能生存并逐渐地成长起来一样，"密码载体"问世后要想其产物聚集成核，核要想发展成超循环组织乃至序参量；环境要想因超循环组织和序参量的反作用而得到更有利于自组织生成的改造，都离不开正反馈机制（催化剂）的保护和帮助。艾根说："自组织过程包括了许多没有指令功能意义的随机事件，问题在于，某些此类随机结果如何能够对其起源产生反馈，从而使它们自身成为某种放大作用的原因。在一定外部条件下，通过这种因果多重相互作用，可以建立起宏观功能组织，其中包括自我复制、选择并且向高级水平进化，系统因而可以摆脱其起源时的必要条件，使环境变得有利于它自己"[3]。因此，"密码载体"的正反馈机制的形成也是自组织生成和进化的不可缺少的条件。[4]

第五，涨落聚集成核。

"密码载体"从两个能相互复制的要素的结合到其产物发展成序参量要具备多个条件，遵循多道规则，经历多道程序。它们结合后，由于能相互复制，一时难以消除而成了慢弛豫变量。这些变量聚集在一起，通过相互耦合

---

① 参见［意］欧文·拉兹洛：《进化——广义综合理论》，第47、120页。

② 参见［美］M.艾根、P.舒斯特尔：《超循环论》，第212、230页；［意］欧文·拉兹洛：《进化——广义综合理论》，第40、45页。

③ ［美］M.艾根、P.舒斯特尔：《超循环论》，第210页。

④ 参见［美］M.艾根、P.舒斯特尔：《超循环论》，第210、234页；［比］伊·普里戈金、［法］伊·斯唐热：《从混沌到有序——人与自然的新对话》，第153页；颜泽贤：《耗散结构与系统演化》，第201—206页。

就出现了耗散结构论所说的成核机制，即"在一个有限的区域内把自己建立起来"的集体模①，开始了序参量的孕育。因为"相同的组分放在一起"，必然"会在宏观层次上出现全新的"特性②，"涌现出复杂的大尺度行为。蚁巢就是一个熟悉的例子。单个蚂蚁的行为很墨守成规，环境一变它就只有死路一条。但是，蚂蚁的聚集——蚁巢——的适应性就极强，可以在各种恶劣的环境下生存很长一段时间"。这说明聚集能产生整体大于部分之和的效果。聚集起来之后，还可进行再聚集，产生更大的效果，形成了"介主体"；"这些介主体能够进行再聚集，产生介介主体。这个过程重复几次后，就得到了 CAS 非常典型的层次组织"。而超循环和序参量也就是涨落聚集而形成的"核"，即慢弛豫变量在聚集、再聚集的过程中产生的，它们是"核"壮大成长的内在机制和成长方式。③

第六，完成边界闭合，形成大小适宜的系统。

在原核细胞向真核细胞的进化过程中，"细胞膜的形成具有决定性的意义"。因为它使边界闭合，而闭合了边界就能使系统内外有别，使系统"能保持开放性和有选择的可交换性"，使系统与环境的交换"可以有选择地进行，使系统的稳定性和自主性得以更大的保障"，以形成区别于环境和其他系统的"自己独特的属性、功能、价值和形态"；④"一个对环境有相对独立性的系统"才会产生。⑤ 有了系统，才会有系统结构的转型。同时，边界所具有的阻隔和过滤功能能将负熵流留在系统之内，致使系统吸入的负熵流达到一定的阈值而不至于散发到环境中，从而"集中了催化剂的浓度"，加速了系统结构的对称破缺。而对称破缺是系统与环境、系统内的子系统和要素的"本质差别的表现"，因而是系统走向远离平衡态和系统进化的

---

① 参见［比］伊·普里戈金、［法］伊·斯唐热：《从混沌到有序——人与自然的新对话》，第187 页；［德］H. 哈肯：《信息与自组织——复杂系统的宏观方法》，第 32 页。
② ［德］H. 哈肯：《高等协同学》，第 21 页。
③ 参见［美］霍兰：《隐秩序——适应性造就复杂性》，第 11—13 页；［德］H. 哈肯：《高等协同学》，第 68 页。
④ 参见［美］埃里克·詹奇：《自组织的宇宙观》，第 113、114、121 页；颜泽贤等：《复杂系统演化论》，第 221、224 页；苗东升：《系统科学精要》，第 39 页。
⑤ 颜泽贤等：《复杂系统演化论》，第 221 页。

先决条件。① 反之，边界没有闭合，系统同环境的交往就没有阻隔和选择，两者就无区别或区别不大，系统就无自主性或缺乏自主性，既难以稳定，也无法形成自己的特色；所吸入的负熵流也会因无法留在其内而难以阻止系统的熵增，以致自组织的生成和进化都无从谈起。因此，"所有的边界归根结蒂都是动力学边界"②，边界闭合是"生命体系发展的一个里程碑式的环节"③。

但是，被边界所圈定的系统有大有小。那么，是不是所有大小不等的系统都能持续地进化？答案是，太小太大都不行，只有大小适宜的系统才有可能持续地进化。

系统太小了，"那么它将总是受到边界效应的支配"④，系统就不能建立起要素间的长程关系，无法"提供充分大的信息容量"⑤，以形成对系统全局起决定性作用的"长程有序性"，从而无法"使系统作为一个整体起作用"以实现系统结构的转型。⑥ 同时，导致系统转型的涨落，也"唯一地决定于系统内在的动力学"，"只有在空间中充分延展（超过某个'临界尺寸'）的涨落才能驱使系统进入不稳定，进入一种新的有序"⑦。所以，"耗散结构的发生通常要求系统的大小超过某个临界点"⑧。"只有超过一定的临界尺度才能使非线性有机会显露特征，并且才能选择新结构，使之成为相对于其环境有一定自立性的系统"⑨。自然界中之所以存在着许多一直没有再进化的低级的自组织，其系统太小也是原因之一。

系统太大了也不行，因为任何环境所能提供的负熵量都是有限的。太大

———————————

① 参见［比］G.尼科里斯、I.普里高津：《探索复杂性》，第 29、30、79 页；［美］埃里克·詹奇：《自组织的宇宙观》，第 113、114、121、146 页；沈小峰、吴彤、曾国屏：《自组织的哲学——一种新的自然观和科学观》，第 32、33、200 页；颜泽贤等：《复杂系统演化论》，第 221、224 页。

② ［奥］L.贝塔兰菲：《一般系统论》，第 206—207 页。

③ 沈小峰、吴彤、曾国屏：《自组织的哲学——一种新的自然观和科学观》，第 200 页。

④ ［美］埃里克·詹奇：《自组织的宇宙观》，第 47 页。

⑤ ［美］M.艾根、P.舒斯特尔：《超循环论》，第 332 页；另参见［比］伊·普里戈金：《从存在到演化——自然科学中的时间及复杂性》，曾庆宏、沈小峰译，上海科学技术出版社 1986 年版；第 96 页。

⑥ ［比］伊·普里戈金：《从存在到演化——自然科学中的时间及复杂性》，第 95—96 页。

⑦ ［美］埃里克·詹奇：《自组织的宇宙观》，第 54 页。

⑧ ［比］伊·普里戈金：《从存在到演化——自然科学中的时间及复杂性》，第 95—96 页；另参见［美］埃里克·詹奇：《自组织的宇宙观》，第 44—47、54 页。

⑨ ［美］埃里克·詹奇：《自组织的宇宙观》，第 47 页。

了，不仅环境难以满足它对负熵流的需要，吸入的负熵流还会被系统的巨大空间所稀释，以致其对系统结构的分化整合乏力，系统结构也就无法远离平衡态而实现其升级换代。①

第七，系统对外开放。

这是因为自组织的"有序和特有功能"都"是靠通过系统的能量流和物质流来维持"的；否则，系统就会因熵增走向无序，生命就会终结。同时，只有通过"物质成分的输入和输出"才能促进系统组分的破裂和重组，使组分种类和性质由少到多，由独立变为非独立；使被破裂重组后的组分之间建立起能量和物质的长程关联，从而使系统结构由从平衡态、近平衡态走向远离平衡态。② 因此，对外开放是系统结构从平衡态走向远离平衡态，是自组织生成和进化的首要条件。但系统是否对外开放，开放到何种程度，则要取决于系统的性质及其组织指令。③

第八，吸入足量的负熵流。

这是系统避免熵增以维持系统的有序所必需的，也是系统有足够的负熵流来分化、整合系统结构以实现系统进化所不可缺少的。④ 能否做到，一要取决于环境提供负熵流的能力；二要看系统吸入负熵流的能力及决定这一能力的内在机制⑤，而这要听命于系统的组织指令。而指令除了要受制于系统结构的特殊性外，还同系统"复制或再生产自身结构的能力"相关。但这一能力又只有在充分地吸入负熵流的情况下才能得以实现。这种能力越强，对负熵流的需求就越大，吸入负熵流的能力也就越强⑥；环境所受到反作用就越大，就会产生出更多的物质、能量和信息以供系统吸收；这又会反过来

① 参见［美］M.艾根、P.舒斯特尔：《超循环论》，第72页。
② 参见［美］M.艾根、P.舒斯特尔：《超循环论》，第224、233页。
③ 参见［德］H.哈肯：《协同学引论　物理学、化学和生物学中的非平衡相变和自组织》，第5页；［美］M.艾根、P.舒斯特尔：《超循环论》，第224、225、233、234页；［意］欧文·拉兹洛：《进化——广义综合理论》，第36—42页；沈小峰、吴彤、曾国屏：《自组织的哲学——一种新的自然观和科学观》，第32、33页。
④ 参见［比］伊·普里戈金、［法］伊·斯唐热：《从混沌到有序——人与自然的新对话》，第142、143页；吴彤：《自组织方法论研究》，第38页；［德］H.哈肯：《协同学——大自然构成的奥秘》，第220页；沈小峰、吴彤、曾国屏：《自组织的哲学——一种新的自然观和科学观》，第32、33页。
⑤ 参见［美］M.艾根、P.舒斯特尔：《超循环论》，第224、225、233、234页；［德］H.哈肯：《协同学——大自然成功的奥秘》，第220、221页；［意］欧文·拉兹洛：《进化——广义综合理论》，第36—42页。
⑥ 参见［意］欧文·拉兹洛：《进化——广义综合理论》，第36、37、45、46页。

促使系统去改造环境，或开拓新的环境来满足它对负熵流的越来越大的需求。所以，系统能否吸入足量的负熵流，除了先存的环境之外，也取决于它本身吸取负熵流的能力及增进这种能力的内部条件。[①]

第九，负熵流实现平权化。

吸入的负熵流不仅要使系统内部的增熵达到一定的阈值，还必须实现负熵流的平权化。即能将负熵流分流到系统的各个部分，而不能仅影响部分系统。唯此，系统的全部结构才会在负熵流的作用下被分化、整合；而不是仅是部分受益，其他部分仍原封未动。但是，平权化不等于平均化，平均化只能使负熵流被稀释，使其对系统结构的分化整合乏力。故平权化意味着负熵流被分流至整个系统，但系统各个部分获得的流量悬殊，以致被其分化整合的方式和途径大不相同，由此而产生的"优势突变体打破了先前的稳定分布"，进而形成彼此能够互补和协同的不同的要素或子系统，使系统整体结构复杂化。而要实现负熵流的平权化，系统结构本身又须以其具有能够发出使负熵流平权化的组织指令的机制。[②]

第十，正反馈机制内置（催化剂由外生变量转为内生变量）和循环圈的升级换代。

初生的密码载体只有在其正反馈机制（催化剂）的帮助下才能生存，其进一步地发展，则其同正反馈机制的相互关系就必须不断地升级。这其中关键的一步，是从反应循环升级为催化循环，使其正反馈机制由外在转为内置，或者说，使它的催化剂由外生变量转为内生变量。这一步迈不开，反馈机制就有可能质变，从正反馈转为负反馈。如是，密码载体的复制功能就会被损伤、减弱，甚至可能异变或解体，自组织的孕育也就会因此而终结。因为在反应循环中，正反馈机制虽然与反应有利害关系，但它毕竟不是反应的产物，"其生长性质与群体的大小无关"，故当"有某种选择优势"出现时，它就会变异，甚至变成了负反馈机制。[③]

---

① 参见［美］M.艾根、P.舒斯特尔：《超循环论》，第234页。

② 参见［美］M.艾根、P.舒斯特尔：《超循环论》，第74、202—204、411页；吴彤：《自组织方法论研究》，第38页；赵凯荣：《复杂性哲学》，第162、163页。

③ 参见［美］M.艾根、P.舒斯特尔：《超循环论》，第140页；［美］埃里克·詹奇：《自组织的宇宙观》，第208—210页。

　　若将正反馈机制由外在转为内置，将催化剂由外生变量转为内生变量，成为反应的产物，反应循环就会升级为催化循环。由于催化循环圈首尾相连，环中所有成员，包括正反馈机制都会得到"耦合带来的全部好处"，结成了命运共同体；而循环圈整体也"具有全新的性质"①，使催化循环圈之间的相互嵌套和耦合成为必然，从而为循环圈的升级换代，从催化循环升级为超循环，直到多元复杂超循环打开了通道。

　　循环组织的这种升级换代对序参量的孕育和成长、系统结构走向远离平衡态，及非线性动力发展为协同动力都是必不可少的。在这三者中，序参量是通过役使和支配其他要素和子系统而不断壮大的，而其役使和支配的力量和效率就要取决于它本身组分间相互作用形式等级的高低，即前述艾根所讲的催化循环到多元复合超循环。循环的等级越高，参与相互作用的要素就越多，要素间的非独立、非对称和非等价性就越强，产生的非线性动力就越大，序参量役使和支配其他要素的子系统的力量也越大；同时，系统结构离开平衡态也会因此越远、越快，因为系统要素的非线性是系统结构距离平衡态的函数，而系统离开平衡态的速度又取决于非线性动力的大小，故又与超循环圈的等级和序参量的发展程度成正比。它们三者同进同退，故循环圈能否升级换代就成了序参量和非线性动力发展和系统结构能否远离平衡态的关键。其之如此，主要是超循环具有"独特的、其他类型耦合不具备的性质"和功能。藉其"内连接和协同性"，超循环的"每一步反应都需要所有的成员协同动作"，"要求所有的伙伴对每一组分的生成速率有所贡献"，致使物理、能量、信息在其体内畅通无阻，无一处咬刹；因而能够最大限度地保留和增加系统的总信息量，取得最大数量、最高密度的自由能，从而使其能够发挥出它的最大的功能，此其一。其二，它不容许其闭环之外的寄生分枝的存在，能动员自身的一切力量来铲除它，致使它们完全没有机会成长起来，因而"不容易被任何新来者所取代"；也不允许其成员有不利于本循环的异化倾向，否则，它就会像对待"寄生耦合"在其圈上的单元那样，与其"展开竞争"而将其除掉，以避免"功能上相联的自复制单元的系综"由于

———————————
① 参见［美］M.艾根、P.舒斯特尔：《超循环论》，第97、106、140、321、324页；［美］埃里克·詹奇：《自组织的宇宙观》，第208、209页。

"选择竞争"或误差的积累而导致的信息的丧失；此外，它还能"通过所有群体成员的相互控制"、相互依赖取得高度的认同感和极强的相互制衡力，因而具有"一旦建立便永存"的特性。其三，超循环能够通过复制以保持信息量不流失而能积累起来，从而为系统的进化提供充分的信息量。同时，它所特有"的内连接和协同性质能够向优化功能进化"，尤其"能够利用非常小的选择优势"，"通过趋异突变基因的稳定化"，使"那些对突变体直接有利的变异立刻"稳定下来，"进化到更复杂化的程度"，以实现"非常迅速的进化"，故超循环是保证系统连续进化的"最起码的要求"。其四，超循环能够通过嵌套、耦合、伺服等方式将从原来只是其正反馈机制的组分、子系统卷进其编织的网络中，使它们成为超循环（序参量）中的一员，使越来越多的要素和子系统成为"密码载体"及其产物的催化剂，致使超循环的正反馈机制的非线性越来越强，使系统的非线性动力越来越大，进而升格为协同动力，从而使系统从先前的线性增长转为指数增长，进而升级为双曲线增长。①

总之，序参量、系统结构远离平衡态和非线性动力发展成协同动力，都是自组织产生和发展的必不可少的条件；而循环圈的升级换代则是这三个条件得以具备的关键，它在这里所起的作用是"任何其它种类组织"都做不到的。② 可见，循环圈的升级换代是自组织产生和发展到高度有序水平的又一硬件，而正反馈机制由外在转为内置则又是具备这一硬件的前提。

第十一，系统结构远离平衡态。

这是对自组织的进化"起着决定性的作用"的非线性机制得到充分解放的基础。③ 因为非线性意味着系统要素的非独立、非等价、不对称。要素

---

① 参见［美］M.艾根、P.舒斯特尔：《超循环论》，第3—6、11—16、58、59、61、69、70、97、105、106、139—141、307、308、320—325、332、422、423页；［比］伊·普里戈金、［法］伊·斯唐热：《从混沌到有序——人与自然的新对话》，第141、143、145页；［美］埃里克·詹奇：《自组织的宇宙观》，第113—118、207—209页；颜泽贤：《耗散结构与系统演化》，第112、240页。

② 参见［美］M.艾根、P.舒斯特尔：《超循环论》，第5—6、15、16、69、75、106、139、140、141、321、324、325、422—423页；［美］埃里克·詹奇：《自组织的宇宙观》，第113页。

③ 参见［比］伊·普里戈金：《从存在到演化——自然科学中的时间及复杂性》，第94—96页；［德］H.哈肯：《协同学讲座》，第77页；吴彤：《自组织方法论研究》，第38—39页；［比］伊·普里戈金、［法］伊·斯唐热：《从混沌到有序——人与自然的新对话》，第145、189、191页；［美］M.艾根、P.舒斯特尔：《超循环论》，第321页。

的这些性质越强，要素间建立起来的关联就越长、越强，频率就越高，系统结构就越复杂，系统结构的有序度就越高，系统改造环境的功能也就越强大；系统发展动力的非线性、协同性就越强，系统就进化得越快。① 而要素的非线性则同系统结构离开平衡态的距离正相关，因此，系统结构远离平衡态的程度决定了系统结构的有序程度、系统动力的强弱、系统功能的大小，乃至系统的进化速度。而其本身，既是系统的超循环组织发展程度的函数，也要取决于系统输入负熵流的能力、环境提供负熵流的能力、系统规模的大小、负熵流能否实现平权化等许多因素。② 而决定这些因素的既有环境，也有系统内部的组织指令，而这个指令则又源于信息库及受其影响的密码载体。信息库则又是系统在学习、适应环境过程中形成的。故系统结构远离平衡态的距离，是系统进化程度的函数，也是系统继续进化的基石。

第十二，"微涨落"放大为"巨涨落"是自组织生成和进化的必由之路。

因为唯有它才能将发生在局部的新的有序态放大到全系统，从而使整个系统的结构有序度实现升级换代。因此，无论是自组织的生成还是进化，都离不开微涨落的生成及其放大。而"微涨落"的产生和放大，都与系统结构离开平稳态的距离正相关。一方面，系统结构越是远离平衡态，系统要素间的"相互作用愈激烈、愈频繁、耦合愈密切，耗散与涨落也就愈大"、愈多。③ 另一方面，系统结构越是远离平衡态，系统结构的非稳定性就越强，系统对环境的变化就越敏感，而这对于"从外部获得信息，变外部信息为系统演化的动力"十分必要④；此外，系统结构越是远离平衡态，系统的非

---

① 参见［德］H. 哈肯：《高等协同学》，第 21 页；［美］埃里克·詹奇：《自组织的宇宙观》，第 69、70、116 页；［意］欧文·拉兹洛：《进化——广义综合理论》，第 106 页；［比］伊·普里戈金、［法］伊·斯唐热：《从混沌到有序——人与自然的新对话》，第 145、189、191 页。

② 参见［美］埃里克·詹奇：《自组织的宇宙观》，第 53、116、117、122—124 页。

③ 参见［德］H. 哈肯：《协同学引论　物理学、化学和生物学中的非平衡相变和自组织》，第 252、253 页；［比］伊·普里戈金、［法］伊·斯唐热：《从混沌到有序——人与自然的新对话》，第 15、163—169、177—181、188—189 页；［德］H. 哈肯：《高等协同学》，第 54 页；王贵友：《从混沌到有序——协同学简介》，第 63—66、65 页。

④ 参见［比］伊·普里戈金、［法］伊·斯唐热：《从混沌到有序——人与自然的新对话》，第 11、12、46、47、208—211 页。

线性动力就越强大，而涨落就是凭借这些动力促使系统跃过"势垒"进入到一个新的"势谷"的。[①] 可见，涨落是自组织形成和进化的触发器。而自组织无论是生成还是进化，都必然会经历无数次涨落；即使自组织已进至顶端，涨落还会发生，有序度还会进一步地提升。[②] 当然，各个涨落令系统结构变迁的程度是不一样的。而判断涨落对系统结构影响大小的主要判据是系统结构功能提升的幅度。那些令系统功能发生根本性改观的涨落则一定使系统结构实现了全面地升级换代。至于每次涨落所导致的系统结构的有序度升级到何种程度，则要取决于被放大的是何种涨落。当包含着未来系统结构萌芽的序参量被放大到全系统时，系统也就实现了转型和升级。[③] 但是，当系统中存在着几个序参量时，放大哪个序参量则具有极大的偶然性，因为是"随机力和决定性力（偶然性和必然性）之间的相互作用把系统从它们的旧状态驱动到新组态，并且确定应实现哪个新组态"[④]。

第十三，物质、能量和信息在多元复合超循环网络中的畅通无阻是自组织生存、进化和发挥其功能的基石。[⑤]

这个道理是不争的。包括人在内的一切生物体的有序和特有功能不是靠其他途径获得的，"而是靠通过系统的能量流和物质流来维持"的。[⑥] 一个

---

　　① 势谷即为系统的某一定态，两个定态之间有个山头，这个山头即为势垒，涨落若要从这一定态到另一定态，就需要在随机力的推动下翻过势垒的顶部到达另一个定态，即发生相变。若涨落的随机力不够强，涨落就会从势坡上回落到原来的势谷，即恢复到原来的定态。请参见［德］H.哈肯：《协同学引论　物理学、化学和生物学中的非平衡相变》，第252—253页；［美］埃里克·詹奇：《自组织的宇宙观》，第67、68页；［德］H.哈肯：《信息与自组织——复杂系统的宏观方法》，第39、47—48页；苗东升编著：《系统科学原理》，第470页。
　　② 参见［美］埃里克·詹奇：《自组织的宇宙观》，第82、85页。
　　③ 参见［德］H.哈肯：《高等协同学》，第21、54页；［比］伊·普里戈金、［法］伊·斯唐热：《从混沌到有序——人与自然的新对话》，第164、169页；［比］伊·普里高津：《从存在到演化——自然科学中的时间及复杂性》，第97页；［比］I.普里高津、P.阿林、R.赫尔曼：《复杂性的进化和自然界的定律》，载《普里高津和耗散结构理论》，第174、175页；吴彤：《自组织方法论研究》，第40页；颜泽贤：《耗散结构与系统演化》，第197—201页；吴彤：《自组织方法论研究》，第39、40页。
　　④ 参见［德］H.哈肯：《协同学引论　物理学、化学和生物学中的非平衡相变和自组织》，第420页。
　　⑤ 参见［德］H.哈肯：《协同学引论　物理学、化学和生物学中的非平衡相变和自组织》，第5页；［比］G.尼科里斯、I.普里高津：《探索复杂性》，第29、30页。
　　⑥ 参见［德］H.哈肯：《协同学引论　物理学、化学和生物学中的非平衡相变和自组织》，第5页。

人血气不通，不是瘫倒在床就是病亡。故系统结构的有序度越高，系统功能越强大，系统所需要的物能信息流也就越大。① 而物质、能量和信息对自组织贡献的大小不仅要取决于它们的数量，还要取决于它们在系统内运动所形成的"流"的长度和顺畅度。因为这些"流"不仅使系统能保存资源，还具有乘数效应和再循环效应，使"最终量"能以"惊人的"加速度方式增加。② 而决定"流"的顺畅度的因素除了系统结构的宏观有序度外，还需要各子系统内部及子系统之间实现组织上的嵌套、功能上的耦合，形成多元复合超循环体。只要还有某个子系统未能耦合进超循环体，或超循环体中某个单元异化，"流"就会遭遇瓶颈堵塞，或流动成本过高，自组织不仅会因此无法施展其功能，难以进化；还会因这个子系统的阻梗而导致整个循环体的破坏。③ 而能导致这一结果的，除了各个超循环在嵌套、耦合上的原因外，最大的危害则来自"密码载体"的异变，因为它不仅是超循环的基础，也是自组织的生存之本。

　　第十四，"密码载体"的衍变、交换和异化。

　　"密码载体"的衍变、交换和异化是自组织指令的主要来源，但不同数量和不同情况下的细胞的会聚也会产生不同的物种。除会聚外，通过基因复制，生物能繁殖后代。但复制错误难免，只要错误不超过一定的阈值，由复制错误产生的衍变就会稳定下来，产生性状不同甚至全新的物种。通过基因交换繁殖后代，则能取得杂交优势，产生性状优于父辈的后代。④ 其次源于自组织要素的主动性、学习性等。这些特性为了使系统适应环境的变迁而修改或更换"密码载体"⑤。特性产生了三大机制，即标识、内部模型和积木。标识像"召集士兵的旗帜"，"使聚集者得以互相识别而聚集在一起"；积木则是主体（要素）通过学习积累"经验"形成的⑥；如同乐曲都是由音符构

---

　　① 参见［意］欧文·拉兹洛：《进化——广义综合理论》，第54、76、77、106页。

　　② 参见［美］霍兰：《隐秩序——适应性造就复杂性》，第24—27、29—31页。

　　③ 参见［意］欧文·拉兹洛：《进化——广义综合理论》，第77页；［美］M.艾根、P.舒斯特尔：《超循环论》，第423页。

　　④ 参见［美］M.艾根、P.舒斯特尔：《超循环论》，第234页；［美］埃里克·詹奇：《自组织的宇宙观》，第116、122、123页；［美］霍兰：《隐秩序——适应性造就复杂性》，第120、121、134页；［比］伊·普里戈金、［法］伊·斯唐热：《从混沌到有序——人与自然的新对话》，第190页。

　　⑤ 参见［意］欧文·拉兹洛：《进化——广义综合理论》，第83页。

　　⑥ 参见［美］霍兰：《隐秩序——适应性造就复杂性》，第6—10页。

成的一样，相关积木的组合即是内部模型；而标识之所以能使聚集者相互识别，也是因为它已作为积木的组合成了系统要素的内部模式，故也是学习和累积经验的结果。它们三者结合在一起，就成了主体"认识复杂世界规律的工具"。当系统主体（要素）从环境和其他主体那里再次遇到该模式时，主体就能够预知将发生什么结果，从而选择那些对环境适应度高的模式去适应环境，以致对"密码载体"进行修改甚至置换。① 如生物体的主体遇到环境的变化时，就常从"沉默 DNA"中去选择相应片段以替代染色体中的 DNA 片段（密码载体）的一部或全部以适应环境的变化。由于 DNA 的各个片段上所拥有的基因不一样，基因替代就会带来生物体性能的变化，甚至产生一个形体和性质全然不同的新物种。② 同时，"任何特定的适应性主体所处环境的主要部分，都由其他适应性主体组成，所以，任何主体在适应上所做的努力就是要去适应别的适应性主体"③。故信息库也是决定同其他主体建立何种关系，并据此来改变"密码载体"的司令部，社会组织之所以能进化到动物的组织远所不及的程度，其信息库拥有后者所缺乏的理性和语言是关键。④

　　要素的学习性、主动性、适应性等特性造就了系统的信息库，而自组织之别于他组织，就在于它的生成和进化听命于系统内部的组织指令；自组织间的进化水平之所以高低悬殊，也源于信息库的差异。故信息库居于自组织的最高层次，能决定"密码载体"的更换，乃至对整个自组织的性状和环境都产生重大影响，对自组织的进化起决定性作用。其地位和作用如同"大脑"，故"大脑"最发达的多元复合超循环体必然居自组织顶端。⑤ 但

---

① 参见 ［美］霍兰：《隐秩序——适应性造就复杂性》，第 13—15、31—38、40—59、133、134 页；［意］欧文·拉兹洛：《进化——广义综合理论》，第 82 页。

② 沉默基因又称调节基因，指未组合进染色体，留在细胞质中的 DNA。一般占到全部基因的 80%，在复杂动物中，甚至高达 95%。请参见 ［美］埃里克·詹奇：《自组织宇宙观》，第 147 页；［意］欧文·拉兹洛：《进化——广义综合理论》，第 83 页；杨建雄主编：《分子生物学》，化学工业出版社 2009 年版，第 7、51 页。

③ ［美］霍兰：《隐秩序——适应性造就复杂性》，第 9—10 页。

④ 如马克思说，人类之所以不同于动物，能相互补益，关键就是人会运用理性和语言。请参见《马克思恩格斯全集》第 3 卷，第 515 页。

⑤ 参见 ［意］欧文·拉兹洛：《进化——广义综合理论》，第 58、106、107 页；［美］霍兰：《隐秩序——适应性造就复杂性》，第 133、134 页。

是，由于 CAS 系统的信息库是在系统适应环境的特性和变迁中形成的，故自组织的演变和进化都离不开其所在环境的特殊性及其演变。环境决定了系统要素信息库中的信息的种类、质量、数量，从而决定了系统主体适应环境时的选择范围。它的某些特点也能为系统的某部分组织及其功能提供生长上的优势，使它们比同侪更为发达，甚至产生新的系统。此外，系统的信息库同系统的超循环组织的等级有关。等级越高，积累信息的能力越强，积累的信息也就越多，利用信息以适应环境变化的能力也就越强，自组织能够进化到的等级也就越高。故系统的生存能力、自我修复能力、进化能力与系统的超循环组织的等级是成正比的。[①]

上述系统转型为耗散结构，进化至自组织顶端的"一般规律"的十四个条件、规则和程序是任何类型的自组织产生和进化所无法超越而必然为其所制约、所规定的铁律。它说明，自组织的产生尤其是进化，所需要的条件相当多且相当严格。获得这些条件，往往取决于多方面情况，具有极大的偶然性。或因如此，在生物的进化过程中，有 99% 的物种，包括很多人种都消失了。[②] 因此，就自组织整体而言，进化具有必然性；就自组织个体而言，进化是个概率性极低的事情。同为自组织的现代化，不可能不受这个一般规律的支配而例外。工业革命前，西欧大陆各国之所以滞留在现代社会门前而不得入内，必然是未能满足上述十四个条件、规则和程序中的一个或几个。于是，西欧在 16 世纪到 20 世纪中期之间的大陆各国，如同许多已经停止进化的生物物种一样，出现了各色各样的所谓"棱镜型社会""二元结构社会"，它们分处于从传统社会过渡到现代社会过程中的不同阶段。

探讨现代化起源必须以自组织产生和发展这个一般规律的十四条内容作为主要的指南。但这并不意味再无内容增添其中。因为现代社会发生和起源过程中的许多奥秘不可能为起源于生物系统、物化系统的自组织现象探讨的自组织理论所发现，这就决定了自组织理论只能成为指导现代化起源研究的

---

① 参见［美］M. 艾根、P. 舒斯特尔:《超循环论》，第 69、422 页；［美］霍兰:《隐秩序——适应性造就复杂性》，第 3、9、27、124 页；［美］埃里克·詹奇:《自组织的宇宙观》，第 116 页。

② 参见［意］欧文·拉兹洛:《进化——广义综合理论》，第 86、87 页；［法］埃德加·莫兰:《复杂性思想导论》，第 61 页。

理论体系中的思维框架，它的丰满和成熟则还有待于学者们的现代化理论和现代化起源理论对它的充实。

四、用自组织理论检讨 13 种现代化起源理论

经过二百多年的累积，世界学术界关于现代化的理论可谓是汗牛充栋，它们分别来自经济、社会、文化和政治等各个学科。依据其分析对象的不同，可以将这些理论分为两大种类。一种是分析当代发展中国家如何实现现代化的，或说现代化的全球扩展问题的。以巴兰、弗兰克、拉明为代表的依附学派即是此类理论的代表。这类理论被称为现代化理论，或全球化理论。另一种即是探讨最初的现代化社会是如何兴起的，或说研究西方世界的率先崛起的，这类理论即谓现代化起源理论。我们的目的是要揭示西方世界兴起的奥秘，故需要我们检讨的主要是这类理论，而不是现代化理论。

现代化起源理论虽然来源众多，但依其内容可将其分为下述十三大种类。缕析这些理论，你会惊奇地发现，这些理论的创建人都不约而同地从不同的角度证明了现代化同样受自组织生成和进化的一般规律的支配，从而证实了自组织的普适性；由于这些理论分别来自对人类社会不同领域的探索，故所揭示的史实、概括出来的规律不仅验证了"一般规律"，也揭示了这一规律在现代社会生成过程中的特殊形式。将它们充实进自组织理论，就能弥补后者在这方面的空白，组建起一个指导现代化起源研究的思维框架。但是，要做到这一点，就必须用复杂性思维对它们进行过滤，以去粗取精、去伪存真。

1. 马克思恩格斯的资本主义起源理论

严格来讲，马克思恩格斯没有进行过以现代化起源为课题的研究，或因此故，他们对资本主义起源的研究一直没有引起现代化研究者的重视。但是，资本主义社会和现代社会、资本主义兴起和现代化之间有着不可分割的联系。虽然，资本主义社会不等于现代社会，但是，却完全可以说，没有资本主义就没有现代社会，没有前者所取得的一系列成果，现代社会的产生是不可想象的。但现代社会不是任何资产阶级都能创造出来的。14 世纪时的

佛罗伦萨、17 世纪时的荷兰以及瑞士都可谓是资本主义社会①，可它们并不
是现代社会。可见，现代社会虽源于资本主义社会，但高于资本主义社会。
两者有着共同的血脉、内涵和起源，现代化与资本主义密不可分。以至在
《共产党宣言》等著作中，马克思、恩格斯先是历数了资本主义所带来的诸
多变化："资产阶级在它的不到一百年的阶级统治中所创造的生产力，比过
去一切世代创造的全部生产力还要多，还要大"；随着它的兴起，"科学也
迅速振兴了"；它开拓了世界市场，"使一切国家的生产和消费都成为世界
性的了"；它"使农村屈服于城市的统治"；等等，接着，他们就频繁地引
用"现代社会""现代文明""现代国家"等词汇来说明资本主义化的过
程。② 这表明，现代化是如何起源的在他们心目中有一个清楚的脉络。因
此，总结他们对资本主义兴起的分析也就是总结他们的现代化起源理论。从
中可以发现，他们的论述遍及了"一般规律"的十四项内容中的十三个，
不仅同后者不约而同，对很多问题的阐述要比自组织理论具体、深入得多；
由于他们的资本主义起源理论问世较早，故其中很多观点实为之后的很多现
代化起源理论的思想源头。

其一，是他们最先指出资本主义的产生是"一个自然史的过程"③；还
反复强调一个传统封建农业社会能否崩溃瓦解并不取决于商业资本，而是决
定于这个社会的生产方式的内部性质。马克思说，"十六、十七世纪的商业
上的大革命在封建生产方式到资本主义生产方式的过渡中，曾经是一个主要
的起推动作用的因素。"但他马上提醒人们，"正是这个事实使人们引出了
完全错误的见解"，即把封建生产方式的衰落和资本主义生产方式的兴起完
全归功于商业。事实上，商业革命所起的这个推动作用，"终究是在已经形
成的资本主义生产方式的基础上进行"的。资本主义"终究不过在近代生
产方式的各种条件已经在中世纪形成的时期才发展起来"。因此，虽然"商
业对各种已有的，在它们的不同形式上主要面向使用价值的生产组织，都或
多或少地发生着解体的作用，但它对旧生产方式究竟会在多大程度上发生解
体的作用，首先要取决于这些生产方式的坚固性质和内部结构"。这点，

---

① 参见《马克思恩格斯全集》第 21 卷，人民出版社 1965 年版，第 456 页。
② 参见《马克思恩格斯选集》第 1 卷，第 275—278、296、297、300 页；第 3 卷，第 706 页。
③ 马克思：《资本论》第 1 卷，"初版的序"第Ⅶ页。

"人们尽可以在英国对印度和中国的通商上，得到一个适切的例证。在印度和中国，生产方式的广阔基础是由小农业和家庭工业的统一形成"①。这也就是说，印度和中国之所以不能像西欧那样使其旧生产方式过渡到近代生产方式，关键是其旧生产方式太过坚固。这些论述，清楚地说明，早在哈耶克之前，马克思恩格斯就认定了现代化是个自组织过程，现代社会是个自组织；因此，它的产生，要取决于系统的内部组织指令，而这个指令则取决于"这个生产方式的坚固性质和内部结构"。故此，人们认定马克思是制度经济学派的开山鼻祖。熊彼特说："马克思之所以有别于同时代或前代的经济学家，正是因为他认为经济发展的特定过程是经济制度本身所产生的这一看法。……正是因为这一点，一代又一代的经济学家才又都回到他这里来。"②

自组织不是在任何情况下都能产生和进化的，它需要适宜的环境。已经认定现代化是个自组织过程的马克思自然也看到这一点，因此，在其代表作《资本论》中用大量的篇幅论述资本主义既不能产生于热带，也不能产生于寒带，而只能产生于温带的理由。③ 还明确指出，作为"社会历史的决定性基础的经济关系"中，也包括"这些关系赖以发展的地理基础"，及"围绕着这一社会形式的外部环境"④。同时，又反复强调亚细亚社会之所以停滞不前，皆因其有将"许许多多的权力都集中于一个人身上"的功能组织。⑤ 显然，他们对现代社会产生的这些必要条件的论述，也就是对"一般规律"第一、二条的肯定和充实。

其二，同后述诸家一样，他们也认定资本主义社会是市场经济的产物。而市场经济则是以"私有权"和"个人自由"为基石的。⑥ 这既是它不同于小商品经济之本质所在，也是市场经济具有生命力之根源。因为"统治和隶属关系构成所有原始财产关系和生产关系发展和灭亡的必要酵母"⑦，生

① 马克思：《资本论》第 3 卷，人民出版社 1966 年版，第 372—374 页。

② ［美］熊彼特：《从马克思到凯恩斯十大经济学家》，宁嘉风译，商务印书馆 1965 年版，第 2 页。

③ 参见马克思：《资本论》第 1 卷，第 554—556 页。

④ 《马克思恩格斯选集》第 4 卷，第 731 页。

⑤ 参见《马克思恩格斯选集》第 1 卷，第 762—766 页；马克思：《资本论》第 3 卷，第 373—374 页；［意］翁贝托·梅洛蒂：《马克思与第三世界》，高铦译，商务印书馆 1981 年版，第 81、82 页。

⑥ 参见马克思：《资本论》第 3 卷，第 699 页；《马克思恩格斯选集》第 1 卷，第 57 页。

⑦ 《马克思恩格斯全集》第 46 卷上册，第 503 页。

产关系"是决定其余一切关系的基本的原始的关系"①，因此，一种经济模式具不具有生命力就取决于它。在资本主义社会，其社会细胞是商品，但商品不是物，而是物的外壳掩盖下的人与人之间的一种特定关系。这种特定关系要变为社会普遍的、最常见的关系，就需要生产者不仅能"把他们的私人劳动，当作等一的人类劳动来相互发生关系"②，而且能将其劳动力也当作商品进行交换。而要实现这一点，最首要的前提就是摆脱一切人的依附关系，实现人身的自由和人与人之间的平等。这也就是说，劳动者对自己的劳动力拥有所有权，能将其当作商品出售是传统社会进化到资本主义社会所不可或缺的；而劳动者要能如此，他就必须享有人身自由。因此，私有权和人身自由是商品经济具有生命力从而演变成市场经济的基石。因为只有这两者结合在一起，市场经济才会有生命"密码载体"。马克思说，作为"社会生产的技艺培养所"和"培养劳动者的手艺、发明技巧和自由个性的学校"的小生产，"只有在劳动者是自己使用的劳动条件的自由所有者"的地方，"它才得到充分的发展，才显示出它的全部力量，才获得完整的形式"③。换言之，私有权和个人自由具有相互复制的功能，只有将它们结合起来，市场经济才拥有自我修复、增长的生命力。故此，马克思不厌其烦地、反复地强调："仅仅一种货币财富的存在以及甚至在一定程度上它所达到的统治，还绝对不够使这种转变为资本的事情发生，否则，古代罗马、拜占廷等就会以自由劳动和资本来结束自己的历史了，或者确切些说，就会从此开始新的历史了。在那里，旧的所有制关系的解体，也是与货币财富——商业等的发展相联系的。但是，这种解体事实上不是导致工业的发展，而是导致乡村对城市的统治"。而资本的原始形成，"只不过是由于这样一个情形而发生，即存在于货币财富形成中的价值，由于以前生产方式解体历史过程的推动，一方面得到购买劳动的客观条件的能力，另一方面得到了用货币来交换那变成自由的劳动者的劳动本身的能力"。故此，"只有当货币促进那被剥夺的丧失了生存客观条件的自由劳动者形成的时候，财产的集中才称得上原始积累"。"只有在劳动者不再是生产条件的一部分（奴隶制、农奴制），或者说

---

① 《列宁全集》第 1 卷，人民出版社 1972 年版，第 6 页。

② 马克思：《资本论》第 1 卷，第 55 页。

③ 《马克思恩格斯全集》第 49 卷，第 244 页，另参见马克思：《资本论》第 1 卷，第 840 页。

原始公社（印度）不再是基础的时候，商品生产才必然会导致资本主义"。①
当西欧庄园的手工业者摆脱劳役，获得人身自由，离开庄园后，他"随身
带着的几乎全是最必需的手工劳动工具构成的那一点点资本之外，就只有他
的特殊的劳动"，他生产出来的"劳动产品应该属于谁的问题根本不可能发
生"，"它自然是属于他的"。② 有了人身自由，又有了私有财产权，两者结
合在一起，西欧的商品经济才拥有东方小商品经济所没有的生命力，才产生
了能够推动社会进入资本主义社会的市场经济。可见，在马克思、恩格斯的
眼中，作为自组织的现代社会同一切自组织一样，不能没有自己的生命
"密码载体"，"一般规律"第三条的普适性在这里得到了有力的证实。

其三，他们说王侯们把工商业看作"使自己显赫的必要条件"③，因而
极力地帮助城市和工商业的发展。尤其是新兴民族国家，大肆推行重商主
义，垄断政策，进行商业战争，争夺殖民地，实行保护制度、重税、发行国
债、限制工资的最高额度和工作时间，将劳动者赶往劳动场地的血腥立法，
动用国库发放各种奖励对外贸易的奖金以及各种工业的补贴金等，都是资本
原始积累的主要要素。它们全部都"利用国家的强力，利用社会积聚的有
组织的暴力，温室般地助长从封建主义生产方式到资本主义生产方式的转化
过程，缩短它的过渡期"。因此，"封建农业社会到工业社会的转型"，"不
是循由所谓自然的道路前进，而是靠强制的手段完成的"，制定血腥立法将
流浪者赶往劳动场地的亨利第七、亨利第八等政府，是在解体的历史过程中
以帮凶的角色出场的。因此，"国家的强力"在"货币财富转化为资本的历
史过程中起了主要的作用"。有无这一作用，对向"工业社会的转型"，"会
引起一个巨大的差别"。④ 这表明，"一般规律"第四条所讲的正反馈机制和
第6条所讲的完成边界闭合都是市场经济孕育、分娩和成长过程中所不可缺
少的关键要素。

---

① 《马克思恩格斯全集》第46卷上册，第509、510页；第49卷，第6页；马克思：《资本主义生
产以前各形态》，第55页；《资本论》第1卷，第160页。

② 《马克思恩格斯选集》第3卷，第620、742、743页；第1卷，第105页。

③ 《马克思恩格斯全集》第4卷，人民出版社1958年版，第341、342页。

④ 马克思：《资本论》第1卷，第791—800、826—835页；马克思：《资本论》第3卷，第917
页；马克思：《资本主义生产以前各形态》，第50页。

其四，极其重视由工商业者汇聚而成的自治城市。赞誉它是"中世纪的光辉顶点""资本主义的预备学校"，断言它"有足够的力量来推翻封建社会"[①]。他们说，"从中世纪的农奴中产生了初期城市的城关市民，从这个市民等级中发展出最初的资产阶级分子"[②]。他们垄断了主要的工商业，促进了手工业内部的技术交流，推进了工具的改进和技术的进步，因而对手工制造业时期物质存在条件的创造做出了巨大的贡献。[③] 同时，城市还通过它的垄断价格、课税制度、行会制度，它的直接的商业骗术和高利贷，来剥削农村，"而中世纪城市资本的积累，就主要来源于商人和城市手工业者对农村的剥削"[④]。城市的发展，还促"使商业不断发生革命"[⑤]。使工商业不断地向农村渗透，正是"在工商业的反作用下"，农业才"得到改造"[⑥]。而城市创造的市民文化、法制、理性及其私人利益体系不仅为近代市民社会奠定了基石，还酝酿出了文艺复兴、宗教改革和启蒙运动，使西欧的文化发生了翻天覆地的变化。故此，他们断言，"一切发展的并且以商品交换作为媒介的分工的基础，都是城市和农村的分裂。我们可以说，社会的全部经济史，都是总结在这个对立的运动中"[⑦]。

如此评价城市和工商业在现代化起源中的积极作用，这不仅充分地证实了"一般规律"第五条，还为它提供了充足的理论根据和历史支撑。他们断言：由于生产的主要目的是使用价值的生产，其生产过程中又"存在着劳动中断现象"，因此，农业"决不可能是资本的最初驻所"；故"资本主义生产方式开始于手工业，只是到后来才使农业从属于自己"[⑧]。只有在工

---

① 马克思：《资本论》第 1 卷，第 790 页；《马克思恩格斯全集》第 26 卷第 3 分册，第 479 页；《马克思恩格斯全集》第 21 卷，人民出版社 1965 年版，第 449 页。

② 《马克思恩格斯选集》第 1 卷，第 273 页。

③ 参见马克思：《资本论》第 1 卷，第 382 页。

④ 《马克思恩格斯全集》第 26 卷第 2 分册，第 257—258 页。

⑤ 马克思：《资本论》第 3 卷，第 373 页。

⑥ 参见《马克思恩格斯全集》第 26 卷第 3 分册，第 104 页；第 46 卷上册，第 512 页；下册，人民出版社 1980 年版，第 180、181 页。

⑦ 马克思：《资本论》第 1 卷，第 375 页。

⑧ 参见《马克思恩格斯全集》第 26 卷第 3 册，第 443 页；第 46 卷上册，第 290 页；下册，第 180、181 页。

商业的反作用下，农业才能得到改造。① 这些独到的见解显然是发展经济学的两部门模型的先导，它也为后者提供了理论支持和事实依据，极大地帮助了两部门模型对自组织理论的深化和发展，因而也就同两部门模型一样，丰富了"一般规律"第三、四、十条和第十一条的内容。

其五，他们反复强调，在向资本主义生产方式的过渡中，对外贸易不仅是前提，也是一个"主要的起推动作用的要素"②。

马克思说：地理上的发现、殖民制度、世界市场的突然扩大，及其引发的商业革命，流通商品种类的增多，货币经营业、兑换业及一套信用制度的建立和发展等，"都对旧生产方式的衰落和资本主义生产方式的勃兴，有过非常重大的影响"③。一方面，从殖民地"输入的新产品，特别是进入流通的大量金银完全改变了阶级之间的相互关系，并且沉重地打击了封建土地所有制和劳动者"④，因而"对封建生产关系束缚的破坏，起过巨大的作用"⑤。"货币价值降低了，租地农场主名义上而不是实际上继续向土地所有者支付原来的租金；而工业家却不仅按照提高了的货币价值，而且甚至高于商品的价值，把商品售卖给这些土地所有者。"⑥ 总之，"这些牧歌式的过程，也就是原始积累的主要因素"，它们"标志着资本主义生产时代的曙光"，而它们"都是对外贸易和航海业高度发展的结果"⑦。另一方面，它们"促进了崩溃着的封建社会内部所产生的革命因素的迅速发展"，"给予了商业、航海业和工业空前未有的刺激"⑧，"促进了工场手工业的发展"⑨。而"迅速繁荣起来的工场手工业"，渐渐地吸收了农村的流动人口。同时，对外贸易和殖民制度在为"新兴的资产阶级开辟了新的活动场所"的同时，还促使西欧各国通过"战争、保护关税和各种禁令"来展开竞争。竞争促

① 参见《马克思恩格斯全集》第46卷上册，第116、290、512页；下册，第180、181页。

② 马克思：《资本论》第3卷，第372页；《马克思恩格斯选集》第1卷，第108、113页；第2卷，第265、266页。

③ 马克思：《资本论》第3卷，第373页。

④ 《马克思恩格斯选集》第1卷，第110页。

⑤ 马克思：《资本论》第3卷，第373页。

⑥ 《马克思恩格斯全集》第26卷第1分册，第286页。

⑦ 马克思：《资本论》第1卷，第828页。

⑧ 《马克思恩格斯全集》第4卷，第467页。

⑨ 《马克思恩格斯选集》第1卷，第164页。

使"商业和工场手工业不可阻挡地集中于一个国家——英国。这种集中逐渐地给这个国家创造了相对的世界市场，因而也造成了对它的工场手工业产品的需求，这种需求是旧的工业生产力所不能满足的"。于是，它"才创立和发展了大工业"，爆发了工业革命。① 事实上，不仅大工业，连手工工场的兴衰存亡也都"完全依赖于贸易的扩展或收缩"，"只要其他国家发生任何最微小的变动都足以使它失去市场而遭到破产"②。

这些，都证实了马克思和恩格斯不仅把系统的对外开放视为自组织生成和进化的必要条件，且认为由此而导致的世界市场的集中才使英国成为第一个工业国家。这表明，早在沃勒斯坦的现代世界体系理论问世之前，马克思和恩格斯不仅已经认同"一般规律"第七、八条，阐明了对外开放是现代化必不可少的前提和动力，还认识到世界市场向英国的集中也是其工业革命爆发的不可或缺的原因，而市场的集中当然离不开边境的闭合、民族国家的产生。这表明，他们亦认可"一般规律"第六条也是现代社会生成的前提。

其六，他们提出的"征收高额累进税""废除继承权"等一系列的均贫富的社会主义举措显然是对"一般规律"第九条的科学阐述。③ 这一条对于资本主义社会进化到现代社会至为关键。近代的荷兰商人独大、西班牙也盛产羊毛但利益却为麦利塔集团独享，今日陷入中等收入陷阱的拉美诸国之所以不能实现经济社会的持续发展而滞留在现代社会门前，财富的平权化缺位无疑是原因之一。④

其七，他们说，城市产生后，随着工商业的发展，"贵族的需求增加和改变如此之大，以致他们自己也离不开城市。他们唯一的生产工具（铠甲和武器）还是从城市得到的。本国制造的家具和装饰品，意大利的丝织品，布拉维特的花边，北方的毛皮，阿拉伯的香水，列万特的水果，印度的香料，——所有这一切，除了肥皂之外，贵族们都是从市民那里买到的"⑤。

① 《马克思恩格斯全集》第 3 卷，第 67 页；第 4 卷，第 169、467 页。

② 《马克思恩格斯选集》第 1 卷，第 112 页。

③ 参见《马克思恩格斯选集》第 1 卷，第 293 页。

④ 参见［法］费尔南·布罗代尔：《15 至 18 世纪的物质文明、经济和资本主义》第 3 卷，第 215 页；［英］O. R. 波特编：《新编剑桥世界近代史》第 1 卷，中国社会科学院世界历史研究所组译，中国社会科学出版社 1988 年版，第 450 页；邹东涛、贾根良：《拉丁美洲市场经济体制》，兰州大学出版社 1994 年版，第 55、62 页。

⑤ 《马克思恩格斯全集》第 21 卷，第 448—449 页。

以致"骑士的城堡在被新式的大炮轰开以前很久，就已经被货币破坏了。实际上，火药品只不过像是为货币服务的法警而已。货币是市民阶级的巨大的政治平衡器。凡是在货币关系排挤了人身关系和货币贡赋的地方，封建关系让位于资产阶级关系"①，部分贵族因此而被"资产阶级化"。而君主制国家也是"资产阶级发展的一个产物"②，它是"依靠市民打败了封建贵族的权力"才建立起来的。③ 恩格斯说，"火器的引用，不但革命地影响了作战本身，而且还影响了统治和压迫的政治关系。为要获得火药和火器，就要有工业和金钱，但是这两者都为城市市民所占有，所以一开始火器就是城市的武器以及在反对封建贵族的斗争中依靠于城市的，那种上升的君主政治的武器。以前一直攻不破的贵族城堡的石墙，现在抵不住市民的大炮了，市民的枪的子弹打破了武士的盔甲，贵族的统治与穿着护身甲的贵族骑士队一起同归于尽了"④。

总之，他们认为贵族们之所以要帮助城市及其工商业的发展，关键是这些人也离不开城市；国王们之所以积极地推进重商主义政策，关键是因为君主制国家也是"资产阶级的一个产物"。其所表达的，同"一般规律"第十条是一致的。

其八，他们认为，只有对社会结构各个层次进行全面的分化整合，彻底地同传统结构决裂，才能够完成传统社会向现代社会的转型。而英国之所以能走在西欧各国之前，就是因为西欧各国中，唯有英国发生了社会革命。恩格斯说："英国自上一世纪中叶以来经历了一次比其他任何国家经历的变革意义更重大的变革；这种变革越是不声不响地进行，它的影响也就越大；因此，这种变革很可能会比法国的政治革命或德国的哲学革命在实践上更快地达到目的。英国的革命是社会革命，因此比任何其他一种革命都更广泛，更有深远影响。人类知识和人类生活关系中的任何领域，哪怕是最生僻的领域，无不对社会革命发生作用，同时也无不在这一革命的影响下发生某些变

① 《马克思恩格斯全集》第21卷，第450页。
② 《马克思恩格斯全集》第6卷，人民出版社1961年版，第121页；马克思：《资本论》第1卷，第792页；马克思：《资本论》第3卷，第917页；马克思：《资本主义生产以前各形态》，第50页；
③ 参见《马克思恩格斯选集》第4卷，第261页；《马克思恩格斯全集》第21卷，第449页。
④ 恩格斯：《反杜林论》，吴黎平译，人民出版社1956年版，第172页。

化。社会革命才是真正的革命。"①

最生僻的领域也发生了变化，那就表明社会各个领域、各个层次都无一幸免，作为"封建生产的基础"的"农业和手工制造业"也不例外。它们"是靠原始的家庭纽带联结的"，而"这个纽带的裂断，是通过资本主义生产方式完成的"。日益发达的商品经济促使了地租形态的更替，而一旦地租取得了货币性质，"整个生产方式的性质就或多或少地起变化"②。首先，货币地租取代了劳役后，农奴"变成享有人身自由的劳动者阶级"③。继之，是"对农村人民土地的剥夺"；从而裂断了"封建生产的基础"的耕织结合的"纽带联结"，为资本主义的产生释放出了要素。从16世纪时起，英国有大量的人突然被强制地同自己的生存资料分离，被当作不受法律保护的无产者抛向劳动市场；而资本主义社会的兴起也因此就具备了"全部过程的基础"。但是，"这种剥夺的历史，在不同的国度，曾经历过不同的色彩，并按不同的顺序、在不同的历史时期通过了它不同的各个阶段。在英国，它方才有典型的形式"④。在系统变革相关律的作用下，政治结构、社会领域和思想文化结构的转型也随之发生。这正如《共产党宣言》中所言："资产阶级的这种发展的每一个阶段，都伴随着相应的政治上的进展。……在工场手工业时期，它是等级君主国或专制君主国中同贵族抗衡的势力，而且是大君主国的主要基础；最后，从大工业和世界市场建立的时候起，它在现代的代议制国家里夺得了独占的政治统治"。而在18世纪时，真正实现了现代化的代议制国家仅有英国一家。⑤ 随着宪政法治的确立，摆脱了一切政治束缚，能够全心全意去追求私人利益体系的市民社会也在英国告成；而在这之前的"16世纪和17世纪"时，英国就"消灭了中世纪制度，树立了社会的、政治的、宗教上的抗议派思想"⑥。"一切固定的僵化的关系以及与之相适应的素被尊崇的观念和见解都被消除了"⑦，英国因此成了"世界上最虔

---

① 《马克思恩格斯选集》第 1 卷，第 17 页。
② 马克思：《资本论》第 1 卷，第 544 页；第 3 卷，第 932 页。
③ 《马克思恩格斯全集》第 1 卷，第 662 页。
④ 马克思：《资本论》第 1 卷，第 790、791 页。
⑤ 参见《马克思恩格斯选集》第 1 卷，第 274 页。
⑥ 《马克思恩格斯全集》第 1 卷，人民出版社 1956 年版，第 664 页。
⑦ 《马克思恩格斯选集》第 1 卷，第 275 页。

信宗教的民族，同时又是最不信宗教的民族"，以致"他们比任何其他民族都更关心彼岸世界，可是从他们的生活看来，好像在他们的心目中除去人间的存在以外什么也没有；他们对天国的向往丝毫不妨碍他们对这个'无钱可赚的地狱'的坚定信心。因此，英国人总是怀着一种内心的不安——感觉到无法解决矛盾，这种感觉本身就驱使他们行动起来。对矛盾的感觉是那种只集中于外部世界的动力的泉源，这种感觉曾经是英国人殖民、航海、工业建设和一切大规模实践活动的原动力"①。

可见，在马克思和恩格斯看来，英国之所以能率先实现现代化，绝非仅是其经济实现了增长，而是它的社会结构实现了全面转型。正是因为有了这样的转型，英国人才能从过去的普遍的自给自足转换成"每一个人的需要的满足都依赖于整个世界"，以致不得不"从事物物交换和互通有无"，从而彼此之间"互相补益"，把人类的"类"的力量充分发挥出来，致使人本身的发展和征服、控制自然界的能力远远地超过动物。而动物，尽管"属于同一个种的不同动物品种的特性，其天生的差别比人的禀赋和活动的差别更为显著"，但由于不能"运用理性和语言"而进行相互合作，以致"不能把自己的种的不同特性汇集起来"，从而使其自身的发展和征服、控制自然界的能力远远地落后于人类。② 这表明，他们实际上已经悟出了协同动力是人类社会发展的最强大的推力；而要形成这样的动力，社会结构各层次的高度有序是前提。同时，也只有这样的高度有序，社会各个层次、各个要素之间才能相互配套、相互支撑，整个社会结构才能浑然一体，物能信息流才能在其内畅通无阻。"一般规律"的第十一、十三条在现代化过程中的关键作用因此得到了清楚的阐述和强有力的历史依据。

其九，他们说，人们能够通过"互相补益"，把人类的"类"的力量充分发挥出来。这是不能"运用理性和语言"而进行相互合作，以致"不能

---

① 《马克思恩格斯全集》第 1 卷，第 659 页。
② 参见《马克思恩格斯全集》第 3 卷，第 515 页；第 42 卷，145、147 页；第 46 卷上册，第 509 页；第 49 卷，第 6 页；马克思：《资本主义生产以前各形态》，第 55 页；马克思：《1844 年经济学—哲学手稿》，第 100、101、116、128 页。

把自己的种的不同特性汇集起来"的动物所做不到的。① 从而阐明了协同在超循环和非线性动力的发展过程中的关键地位，充实了第十、十一、十三条和第十四条中的相关内容。

其十，他们说，"推动人去从事活动的一切，都要通过人的头脑。"而先辈们的传统"则像梦魇一样纠缠着活人的头脑"②，文化对社会发展的影响在他们心目中占有举足轻重的地位。如上所述，英国工业革命之成功，新教功不可没，因此而产生的"矛盾的感觉曾经是英国人殖民、航海、工业建设和一切大规模实践活动的原动力"③。显然，这表明他们对"一般规律"第 14 条也是赞同的。

以上表明，除第十二条外，马克思恩格斯对资本主义孕育和兴起所必须具备的条件、遵循的规则和经历的程序的论述，同"一般规律"的其他 13 个条件、规则和程序完全吻合。从现代化发生史中得出的结论竟然同自组织理论完全吻合，"一般规律"是现代社会生成的必由之路也就是不言自明的了。而在这之前，尚无人对现代化起源做如此全面和深入的研究，故他们的很多研究成果成为后人研究现代化的思想源头。然而，由于他们生活的时代，自然科学还没有解决克劳修斯和达尔文之间的矛盾，更不用说生物是如何从无机世界中产生出来并进化为人类；再加上那时真正成为现代社会的仅有英国一家，故他们也无法将现代化的全过程在精神上再现出来。这是时代的限制，但分析他们的现代化理论，确实在很多地方是超时代的。

2. 自发扩展秩序理论

继马克思之后，哈耶克第一个明确地阐明和论证了现代社会是个自组织，现代化是个自组织过程，多方面地佐证和充实了自组织理论。

在《致命的自负——社会主义的谬误》中，哈耶克将现代社会的制度称为自发—扩展秩序。这一提法突出了他对现代化起源的两个看法：一、现

---

① 参见《马克思恩格斯全集》第 3 卷，第 515 页；第 46 卷上册，第 509 页；第 49 卷，第 6 页；马克思：《资本主义生产以前各形态》，第 55 页；马克思：《1844 年经济学—哲学手稿》，第 100、101、116、128 页。
② 《马克思恩格斯选集》第 1 卷，第 585 页；第 4 卷，第 232 页。
③ 《马克思恩格斯全集》第 1 卷，第 659 页。

代社会制度绝不是人类理性设计的产物，不是某个伟大的头脑"特意安排的秩序"①。而一些人之所以认为现代社会是这样的秩序，是因为他们过于迷信人类的理性。他说，人类在自然科学和技术的运用上所取得的伟大成就给人类文明带来了巨大的潜在的危险，对"人类的自由不断形成一种威胁"，因为"它加强了人类在判断自己的理性的控制能力上的一种幻觉"，以致认为人类对社会制度也可以按照自己的意愿进行设计，现代社会制度的产生因此而被人归功于人类的理性。早在希腊时代，亚里士多德就曾断言"一切人类活动的秩序都是某个秩序井然的头脑对个人行为专门加以组织指导的结果"；连爱因斯坦也都认为人类理性能够发现一种"有效的生产方式"。但是，哈耶克认为，这些都是不可能的。因为现代社会是"宇宙间最复杂的结构"，是一个"包含着无限多的要素，相互作用关系极为复杂的有机体"；而人类的理论与知识有其不可克服的障碍，它在现代秩序模式的形成机制上所能达到的认知水平是十分有限的，充其量也只是掌握了"一些有关它的一般结构的抽象知识"。因此，现代社会制度是"处在我们的知识和理解的范围之外的，它不可能是某个伟大头脑的作品"。二、现代社会制度"完全是自然的产物"，"就像类似的生物现象一样，它是在自然选择过程中，通过自然进化而形成自身的"。而推动这个过程的并不是人们所推崇的理性，也不是本能，而是处于这两者之间"适应或采纳一种模式的能力"。这种能力使人"通过学习和模仿，通过不断地试错，不断地试验"，以"养成某些得到共同遵守的行为模式"，"这种模式又给一个群体带来范围不断扩大的有益影响"，"它使素不相识的人为了各自的目标而形成相互合作"。由此而形成的社会秩序就在这种能力和进化选择过程的相互作用的过程中不断地扩展，演变成现代社会制度。为了强调现代社会制度形成的这种自发的性质，哈耶克将其称为自发—扩展秩序。②

　　哈耶克对现代社会形成的性质的判断同自组织理论对自组织的性质的认定是一致的。这说明无论是西欧社会结构的变迁，还是现代社会首现于英国，都属于自组织理论所探讨的自组织现象。哈耶克在这个问题上的贡献不

---

① ［英］F.A.哈耶克：《致命的自负——社会主义的谬误》，第47页。
② 参见［英］F.A.哈耶克：《致命的自负——社会主义的谬误》，"译者"，第4—6页、第5、6、11、17、18、36、65页。

仅是他在没有自组织理论为依据的情况下，对现代化起源的性质做了正确的判断，还对这一结论做了深入的论证。这除了他用人类理性和现代社会结构的复杂性之间的矛盾证明了现代社会不可能是他组织外，还反复强调现代社会制度及其核心市场经济制度的两大基石私有权和个人自由只有在自组织状态下产生。他说"这种助长私人目标多样化的秩序，只有在我愿意称为分立的基础上才能够完成"。"因此，现代文明的独特基础是在地中海周围地区的古代形成的。在这个地区，那些允许个人自由利用自由知识的社会"，"是最早承认个人有权支配得到认可的私人领域的地方"。在这个地方，私有权与个人自由并存，它表明古希腊人已认识到私有权"同个人自由密不可分"。而私有权和个人自由之所以能在这个地方并存，原因就在于当时的希腊社会并不受制于某个权威，它以"商业为主，而当时对那些商人的活动，很难进行集中管理"①。

正是在私有权和个人自由的基础上产生了现代社会制度的核心——市场经济制度，才产生了这个制度赖以产生的一系列前提，如密集的商业关系网络。这个网络之所以首现于古代地中海地区，就是因为这一地区最早承认个人私有权，保护个人自由。而现代社会的经济组织，如"自愿团体""公司""社团"也只能以私有权和个人自由为基石，并且只有在"一个更为广泛的自发秩序中找到立足之地"②。

哈耶克如此突出私有权和个人自由在现代社会制度及其各项前提条件的形成中的作用，就清楚地表明他已意识到现代社会有其成长的"密码载体"，并已阐明这个载体的内涵，即私有权和个人自由。他认为整个现代社会就是从这个"密码载体"上成长起来的，尤其是现代社会制度的核心——市场经济制度的形成及其功能的发挥都离不开私有权和个人自由；哈耶克也就用这些论述阐明了自组织理论所揭示的自组织得以源起的"密码载体"在现代化起源过程中的具体表现形式。

哈耶克认为市场经济制度的奇妙独特之处就在于它使素不相识的人为了各自的目标而相互合作。而要合作，就要建立合作的秩序，而"秩序的重

① ［英］F. A. 哈耶克：《致命的自负——社会主义的谬误》，第28、29页。
② ［英］F. A. 哈耶克：《致命的自负——社会主义的谬误》，第37、38页。

要性和价值会随着构成因素多样性的发展而增加，而更大的秩序又会提高多样性的价值，由此而使人类合作秩序的扩展变得无限广阔"。而正是这种相互合作，才使人的群体力量得到壮大，远远地超过了个人力量的总和，才使现代社会具有以往社会所没有的生产力和创新能力。[①] 这表明，哈耶克不仅认识到是"系统结构决定系统功能"，还提到推动社会发展的根本途径是人们的合作协同，这对人们理解现代化进程中的社会发展动力必须有所变更有启发性的作用。

哈耶克说人们之所以能相互合作，关键是社会成员在天赋、技能和趣味上存在着差异。因为"个人对别人的价值，大多是由于他和别人有所不同"。假如千人一面，谁都和别人没有不同，劳动分工就变得没有意义。因此，"个人能参加复杂的合作结构之前，必须变得与众不同"。而个人要变得与众不同，又须以个人自由为前提，因为只有在人们享有个人自由的情况下，"不同的个人和小团体"才能"根据他们各不相同的知识和技能追求各自目标的自由"，如此，才能导致人们在各个方面的差异的产生和扩大；而人类文明无非"就是人类最为丰富的多样性的发展"[②]。这实际上就是说："系统组分的分化与整合是系统结构由简单转为复杂的必由之路。"

综上所述，哈耶克的"自发—扩展秩序"理论对自组织理论的贡献是多方面的。他关于现代化是个自发的过程，现代社会是个自发—扩展秩序的论述充实了"一般规律"的第1、2条，证实了西欧社会结构的变迁和英国现代社会的兴起都是个自组织过程，因而需要用自组织理论指导现代化起源研究的决定是正确的，从而启迪我们应该将西欧何时进入原始混沌状态作为现代化起源研究的起点。他认为私有权和个人自由是现代社会及其核心市场经济的基石的论述丰富了"一般规律"的第3条；其私有权和个人自由是人类差异产生的前提，而差异是人们进行合作的前提，是合作才使现代社会拥有创新力的思想则极大地充实了"一般规律"的第10条和第11条。

但是，哈耶克虽然明确讲过"资本主义——和欧洲文明——扩张和起

---

① 参见 ［英］F. A. 哈耶克：《致命的自负——社会主义的谬误》，第7、29、90页。

② ［英］F. A. 哈耶克：《致命的自负——社会主义的谬误》，第7、29、90页。

源是得益于政治上无政府状态"，也认为罗马帝国从共和走向帝制所导致的中央集权的强化"日益取消了创业的自由之后"，发生于地中海地区的"扩展秩序才开始衰落并最终崩溃"①，但西欧社会到底在何时为现代文明的发生提供了它所需要的无政府状态，哈耶克并没有明言，更没有详述。这是他相关论述的第一大不足。第二大不足是无政府状态仅是为现代社会的起源提供了一个必要条件，而不是充分条件。换言之，处于原始混沌状态下的社会并不一定向现代文明的方向发展，它可能长期处于无政府状态，即民族分裂、国家分裂的状态下，如古代印度；也可能恢复到无政府状态出现之前的状况。如处于朝代更替时期的中国，经过一段时间的战乱后又恢复了大一统的局面。即所谓的"分久必合，合久必分"；也有可能朝中央集权的方向发展，但社会却仍然是传统的，如近代早期的比利牛斯半岛。这些事实说明，现代文明始于无政府状态，但仅处于这一状态是不够的，还需要其他条件。这是些什么条件？哈耶克并未提及，也不可能提及。原因就在于他的这些理论和其他现代化起源理论一样都不是立足于自组织理论上的结晶，而皆是论者基于自身对历史的观察和理解而对历史的一种概括，这种研究同其他现代化起源研究一样都处于具体至抽象的思维阶段，而不是抽象到具体的阶段。缘此，哈耶克不了解任何一个自组织过程的启动，要有一个前提，即要先形成一个能够自我复制的"密码载体"。一切自组织系统都是在这种"密码载体"的基础上成长和发展起来的。没有这种"密码载体"的形成及其演化，系统的自组织过程就会丧失必要的前提和基础，也缺乏一个演化过程的模板。② 因此，哈耶克虽然阐明了西欧现代文明的形成是个自组织，得益于无政府状态，但未能揭示出现代文明源头及源头形成的条件和原因；虽然他也讲过私有权和个人自由是现代社会制度的核心市场经济制度的基石，但并未明言它们就是处于原始混沌下的西欧能够走上现代化的源头；他虽然也讲过私有权和个人自由产生于无政府状态下，却没有去阐明正是这两者才使处于无政府状态时的西欧能够走上处于这同一状态下的其他地区未能走上的现代化之路。同时，他也没有解答世界历史上无政府状态屡屡出现，为何唯独在

① ［英］F. A. 哈耶克：《致命的自负——社会主义的谬误》，第32、33页。
② 参见颜泽贤：《耗散结构与系统演化》，第240页。

西欧产生了私有权和个人自由，因而也就无法回答人们认为无政府状态并不足以产生私有权和个人自由的疑难。一些学者说得好，如果像哈耶克那样仅仅以自愿自发的交换行为来解释扩展秩序的形成，则中国这种早期便已形成的巨型文明会成为难以理解的现象。① 再说，我们讲私有权和个人自由是现代文明的基石，那这个私有权和个人自由到底归哪个社会阶层享有之后，才为现代文明的孕育提供了基石？是贵族阶级、地主阶级，还是商人阶级、农民阶级、手工业阶层？哈耶克都没有讲。所以，哈耶克虽然不无正确地指出了私有权和个人自由是市场经济的基石，但因为没有阐明上述一系列的问题，也就没有理由说他已经意识到系统的自组织过程须以"密码载体"的出现为前提，更没有理由认为他已经对"密码载体"的组织形式、发生途径和产生原因做了深入的论述。

哈耶克不是孤立的，与哈耶克持相同观点或相类似观点的人不少。《大国兴衰》的作者肯尼迪认为西欧地理环境的多样性造成了政治上的分散性，而欧洲的近代市场秩序的兴起就是得益于"政治和军事上的多元化"和"经济上的自由放任"；而"东方帝国尽管显得不可一世，组织得法，却深受中央集权制度之害"②。《现代世界体系》的作者，美国历史学家沃勒斯坦提出："中世纪罗马教廷和神圣罗马帝国的争斗使资产阶级市镇获得渔翁之利，他们抓住这个机会，资本主义便产生了。"③ 著名的依附论代表人物阿明说西欧实行的是不同于东方的封建制，它的软弱性和外围性使商业的发展享有自由，"从而导致了资本主义的兴起"④。而马克思则从东西方比较的角度得出了同样的结论。他说："把经济的和政法的、宗教的和道德的、民政的和军事的这许许多多的权力都集中于一个人身上，是以亚细亚生产方式为基础的社会的一种最明确无误的特点。" 亚细亚社会之所以停滞不前，不能

---

① 参见［英］F. A.哈耶克：《致命的自负——社会主义的谬误》，"译者的话"。

② ［美］保罗·肯尼迪：《大国的兴衰——1500—2000 年的经济变迁与军事冲突》，王保存等译，求实出版社 1988 年版，第 3、28 页。

③ 转引自卜正民、布鲁主编：《中国与历史资本主义：汉学知识的系谱学》，新星出版社 2005 年版，第 50—51 页。

④ ［埃］阿明：《不平等的发展：论外围资本主义的社会形态》，高铦译，商务印书馆 1990 年版，第 41—42 页。

不与这个特点有关。① 布罗代尔似乎也同意这一说法，他说：国家的强大会主宰经济生活，堵塞了资本主义得以形成的空间，因此，"凡是国家势力太强的地方"，比如中国，"资本主义就不能得到充分地发展"②。

强调东西方的这一差别，认定东西方现代化的命运大相径庭就是起因于这一差别的中国学者也是不计其数。罗荣渠说，西欧王权一直弱小，直到中世纪后期，才联合市民阶级强大起来。王权支持贸易航海，从而削弱了封建贵族，产生了资本主义。这种多元型的社会经济结构，"具有较大的适应变迁的弹性、社会流动性、开放性、适应性与内在的活力，为内在的新兴经济力量突破封建制的外壳提供了较为有利的条件"。反之，"在东方，特别是在东亚，社会发展有较多的统一性、长期延续性、渐进性"③。

沈汉、王建娥认为欧洲封建社会在经济、政治等各个领域都是多元结构的构成，正是这种异质的结构为欧洲向资本主义过渡提供了比东方专制国家更为有利的条件。④

此外，还有不少学者认为，正是中世纪西欧的政治上的分散性为自治城市的兴起和市民阶级的壮大提供了大好的机遇。⑤

诸如此类的观点数不胜数，尽管他们的出发点不一，视角不同；对中世纪西欧的政治状况的描述不一，说互相争斗、谓软弱性、多元性等，但对其实质的看法却是惊人的一致：一个权力高度分散的无政府状态，使西欧社会处于一个没有外来干预或很少有外来干预、或曰原始混沌状态中，从而使有利于现代社会孕育和兴起的诸多因素，能乘虚而入，成长起来。可见，这些学者尽管同哈耶克一样不了解自组织理论，不懂得自组织只能萌生于原始混沌中而不可能产生于有强大功能组织存在的时代，但却得出了与自组织理论相同的结论；尽管他们也不知道哈耶克的自发—扩展秩序理论，但其观点与

---

① ［意］翁贝托·梅洛蒂：《马克思与第三世界》，第 81 页。

② ［法］费尔南·布罗代尔：《资本主义论丛》，顾良、张惠君译，中央编译出版社 1997 年版，第 54、55、98 页。

③ 罗荣渠：《15 世纪中西航海发展取向的对比与探索》，《历史研究》1992 年第 1 期；《现代化新论》，第 129、130 页。

④ 参见沈汉、王建娥：《欧洲从封建社会向资本主义社会过渡研究——形态学的考察》，南京大学出版社 1993 年版。

⑤ 参见马克垚：《西欧封建经济形态研究》，人民出版社 1985 年版，第 298 页。

哈耶克这一理论并无本质上的不同。这些，除了证实现代化起源只能是发生在原始混沌状态下的自组织过程，只能是诱致型的制度变迁，而绝不可能是遵从统治者或伟人们安排的他组织过程、不会是强制性的制度变迁之外，不可能有其他的结论。

3. 结构—功能论

非线性是有序之本，但系统只有在远离平衡态时，非线性机制才能被充分释放出来，而系统又是通过什么途径从平衡态推进到远离平衡态的？自组织理论除谈过负熵流会对系统组分进行破裂和重组外，并没有深入分析系统结构从平衡态、近平衡态到远离平衡态的途径、机制和过程。西方古典社会学创始人孔德、西方社会学家斯宾塞、迪尔凯姆等人创立的"社会有机体说"，到以当今著名的美国社会学家 T. 帕森斯（Talcott Parsons）为代表的"结构—功能论"（又称之为"结构功能主义"）极大地充实了自组织理论在这个问题上的论述。

孔德首先察觉到生物学对社会学研究的重大意义，他说："在生物学中，我们可以把整体结构解剖为元素、组织和器官；在社会机体中，也有同样情形"①，社会也是结构与功能、静态与动态的统一体，故可将其定义为各个组分与整体相互联系构成的有机整体，据此，他创立了"社会静力学"和"社会动力学"。前者主要研究社会内部结构之间的功能关系，后者注重不同社会类型之间的变迁，以寻求社会演进的规律。

赫伯特·斯宾塞继承了孔德的社会有机体说，发展了孔德的社会动力学和实证主义，认为社会同生物都是有机体，并且提出低级社会像没有血液只有些液体的低等有机体，高级社会则像流淌着血液的高级有机体。随着低级社会向高级社会的进化，社会结构也就由简单转为复杂；随着社会结构的分化，社会功能也随之被分化。②

迪尔凯姆发展了孔德和斯宾塞的社会有机体说，经常把不同文明程度的

① ［英］艾伦·斯温杰伍德：《社会学思想简史》，陈玮译，社会科学文献出版社 1988 年版，第41页。
② 参见 D. Mitchell, "Herbert Spencer on Social Evolution", in J. D. Y. Peel, ed., *The British Journal of Sociology*, 1 September, 1973, V. 24（3）, p. 385。

社会比为不同等级的有机体，并用机械团结和有机团结的概念来区分低级社会和高级文明社会；但他最重要的贡献是提出了有助于阐明系统结构从平衡态到远离平衡态的途径和机制的思想，即分工、分化和整合。这对后来的结构功能论产生了重大影响。他认为，低级社会就像割掉其中一个部分但仍旧能生存下来的环节动物一样，整个社会被分割成无数的、相互之间联系十分脆弱、松散，而彼此间同质或相似的小社会。小社会内部有分工，能够"闭门而为生之具已足"，不依赖其他小社会就能生存延续下去；但整个社会却没有分工，颇像一个各个部分被机械地粘在一起的社会，故可谓之为机械团结的社会。高级社会则是一个有机团结的社会，因为其下的各个群体、地区、部分就像有机体的各个器官一样，分担着不同的功能，如果去掉其中一个，整个有机体就会陷入混乱状态而丧失其功能。

低级社会是如何进化到高级社会的？迪尔凯姆认为有机体中的细胞不断被分化而增殖，进而构成各类特殊器官以承担特殊功能的过程同样发生在社会的进化过程中。生产领域发生的分工和社会其他部门发生的分化，一方面使人们专司一职，以致相互依赖；另一方面又导致了各种社会组织分别履行经济的、政治的、宗教的、文化的、教育的等各方面的社会需求；与此相应，各种契约关系、法律法规和规章制度应运而生，将分工、分化后形成的各司其职的个人、部门联系成一个有机的整体，这即为整合。通过这种分化又整合的过程，昔日那种联系十分松散、脆弱的机械团结社会被转换成相互高度依赖、相互联系十分紧密，以至牵一发而动全身的高级社会。

在现代，继承和发展了社会有机体理论的是以美国著名的社会学家帕森斯为代表的"结构—功能论"。其代表人物除帕森斯外，主要有社会学家尼尔·斯密尔瑟（Nerl J. Smelser）、A. 博斯科夫（A. Boskoff），政治学家 M. 列维（Marion J. Levy）、G. 阿尔蒙德（Gabriel Almond）、戴维·伊斯顿（David Easton）、大卫·阿普特（David Apter）等人。

"结构—功能论"继承了孔德、斯宾塞、迪尔凯姆等人开创的社会有机体说，并赋予了它以新的内涵和意义。这主要是他们不再借喻生物体，而是第一次将结构和功能这两个概念放在一般系统理论和现代化研究之下。在"系统—结构—功能"的系统范畴中对其地位、意义进行了重新审视和阐述，使其在社会转型中的地位和意义更为明晰。

在 1937 年出版的《社会行动的结构》和 1951 年出版的《社会分工系统》《关于行为的一般理论》和 1953 年出版的《行为理论中的雇佣证书》等著作中，帕森斯将系统作为对社会现实的抽象，创立了"系统—结构—功能论"（简称为"结构—功能论"）。此论认为任何社会现象都可被视为一个包含着各个层次或子系统的系统，而任何系统都具有结构、功能、价值、目标等内涵。其中，结构是指系统各组分之间相互联系和作用的方式或顺序，它是指系统的行为模式和规范标准等动态关系而非表象；功能是指结构内部的各种成分与外部情景相互作用所表现出来的特性和能力。结构决定功能，系统的结构不一样，系统功能也就不会相同。现代社会之所以具有传统社会所没有的"结构弹性"，拥有"持续变迁的能力"，经济上能持续发展，具有无穷的创新能力，关键就是现代社会的社会结构不同于传统社会的社会结构。据此，他们认为现代化就是社会结构不断分化与整合而形成更加复杂的社会即现代社会的过程。因此，分化与整合是传统社会转型为现代社会的主要机制和唯一的途径。而所谓的分化是指"一个社会中原有的位置相对确定的一个单元和子系统""分离成诸个单元或系统，它们相对更大的母体系统而言，在结构和功能上都彼此不同"①，因此，分化不同于那种复制了同一事物而没有产生新事物的分裂（Segmentation）。整合就是"把分化的结构在新的基地上合为一体"，以产生出结构更加分化、功能也更加分化的新组分。② 例如，将男耕女织、自给自足的小农家庭破产，分别将其家庭成员转为农业雇工、小贩和手工业工人就是社会结构的一次分化与整合的过程，前者为分化，后者为整合。

认定现代社会之所以具有传统社会所没有的种种功能是因为其社会结构比传统社会复杂，又视分化与整合是社会结构由简单到复杂的主要机制和唯一的途径，据此，"结构—功能论"断言，是否顺利实现社会结构的分化与整合是一个国家现代化成败的关键。不分化、分化的不规则，或分化后整合

---

① 尹保云：《什么是现代化——概念与范式的探讨》，人民出版社 2001 年版，第 98、97、103 页注①。

② 参见［美］尼尔·斯密尔瑟：《经济社会学》，方明、折晓明译，华夏出版社 1989 年版，第 169—176 页。

不及时，轻则，使现代化停滞不前；重则，令现代化进程中断甚至倒退。在苏联尚未崩溃之前，帕森斯和斯密尔瑟就据此而预言：将国民经济置于国家控制之下的苏联，阻止了他们的经济结构和政治结构的分化，势必会抑制其经济的增长。[①]

出于同一理由，"结构—功能论"也将分化与整合作为一个国家甚至一个单位、一个企业的现代化程度的标准与尺度。帕森斯说，社会系统越是复杂的社会，就越具有现代性。[②] 反之，分化整合不彻底，不是导致政经不分、政法不分，就是政教不分，即使经济有所发展，最终也难以避免走上拉美那样的道路。

上述为"社会有机体论"所开启，被结构功能论所发展的"分化"与"整合"的理论极大地充实了"一般规律"第 11、13 条。它们深刻地指出，社会系统的演进同生物的进化一样，都是通过将系统中原有的组分一分为二、为三；然后，再将被分化的不同部分整合成一个功能更为专一的新组分。经过如此一次又一次的分化与整合的过程，就能把系统的组分种类由单一变成多元，性质由独立、等价和对称变为非独立、非等价和非对称，要素间的关联由短程变为长程，系统结构也就经此由平衡态转为近平衡态直到远离平衡态，从而完满地解答了系统结构由何途径从平衡态转到近平衡态，再到达远离平衡态的问题。

结构功能论强调结构决定功能，而不是功能决定结构；认为结构越复杂，社会功能越强的一系列论述，不仅给复杂性思维的因果观提供了强有力的佐证，也有力地驳斥了传统思维的线性单值因果观和实体因果观。

结构—功能论虽然获得了上述成就，帕森斯也拟出了社会结构的一般图形，勾画出了社会结构的层次构成及其之间的关系，并以此为据推导出了社会变迁的一般模式和现代化发生的轨迹和规律，但却都不是结构—功能论者自觉地运用复杂性思维的产物，而是他们对欧美国家现代化历史的抽象与总结。由于思维方式并未得到更新，在解答分化与整合的动力等问题上，就未免出错。他们不是将这个动力归之于人口数量的增长和人口密度的提高，

---

① 参见［美］塔尔科特·帕森斯、尼尔·斯梅尔塞：《经济与社会》上卷，刘进等译，商务印书馆 1977 年版，第 73、74 页。

② 参见 T. Parsons, *The System of Modern Societies*, London, 1977, p. 11。

就是强调经济增长的作用；要么就是从传统社会的基因上去寻找，将其归因于各个国家传统社会积累的分化状态的不同。他们说，中国传统社会各个方面的分化状态始终处于"萌芽阶段"，这不仅不能促进社会结构的进步，反而构成了社会分化与整合的障碍；与中国相反，基督教世界的传统社会原有的分化程度较高，因而提供了比其他文化更为优势的现代化初始条件。[①]

无须赘述，人口的增长，人口密度的增加能推动分工的进步和经济的发展已是一个常识，但这个常识却无法解释为什么中古西欧在其人口密度远低于古代中国，而生产力发展水平，无论是手工业还是农业，都远不如中国的情况下，其社会分工和部门内分工的发展却超过了古代中国的事实；也解释不了为何位于西欧边缘、长期被西欧大陆各国视为蛮荒之地的英国，到16、17世纪时，其社会分工和部门内分工的发展却远超西欧大陆各国。更何况，人口的增加对社会的发展并不都是积极的。它会激化人地矛盾，使有限的土地无法满足人口增长的需要。对农业仍占统治地位的传统社会来讲，马尔萨斯理论不能不说没有道理。不谈中国封建社会屡屡发生的农民大起义及随之而来的社会财富的大破坏，仅谈始于14世纪早期，在黑死病时期爆发的、遍及全西欧的经济大危机，不就是人口增加所导致的人地矛盾引起的吗？所以，人口增加和人口密度的加大无法解释中古西欧社会结构分化整合的推进及英国和欧陆在这方面的差异。

至于用原有的社会分工程度不等、传统社会积累的分化状态的不同来解释这个问题也是讲不通的。基督教社会原有的分化程度确实比东方社会要高，如它实现了政教分离。但是，这无法诠释英国的社会结构的分化与整合为何后来能走到西欧大陆各国之前。因为它们有同样的文化，社会结构的分化程度原来也是相同的。可见，原有的分化程度较高只能说明西欧社会结构的分化与整合有一个较好的起点，并不等于就有了一个能推动西欧社会结构不断分化整合的持久动力。如果没有一个分化与整合的正反馈机制，这个较好的起点又怎么能成长起来？对此，结构—功能论者是难以回答的。

---

① 参见 T. Parsons, *The System of Modern Societies*, p. 29。

　　用经济的发展来解释分化整合的推进无疑是上述三种解释中最具说服力的一种。因为所谓社会结构的分化与整合，在经济领域必然表现为社会分工和部门内分工的发展，而分工的进步必然带来经济的发展，这自然又会使人想到著名的"斯密动力"。斯密认为，分工与市场的相互促进，会推动社会结构的分化与整合。但是，历史表明，并非任何市场的扩展都能带来分工的扩展，也并非任何分工的发展都能带来市场的扩大。西汉初期，中国空前统一，"海内为一，货殖无所不通"，但此时中国国内市场的这一空前扩大并没带来社会分工和部门内分工的大发展。汉武帝实行盐铁官营后，官办手工业不仅规模空前，其内部分工之发达也是前所未有的。然而，官办手工业的这一发展不仅没有带来市场的发展，反而压缩了民间贸易的范围和种类。类似这种市场与分工之间并不相互促进反而相互压缩的情况在东方社会是屡见不鲜。这就提醒我们，不能认为斯密动力放之四海而皆准。分工与市场的相互促进在近代之前只发生在西欧范围内。它表明，市场与分工的相互促进并非在任何经济体制下都会发生，而只能发生在市场经济制度下，而不可能见之于指令性经济体制与习俗经济体制之中。因此，经济发展确实是推动中古西欧社会结构分化与整合的动力，但是，这是以中古西欧已具有市场经济制度的框架为前提的。如果我们不能够解释中古西欧为何能形成这种框架，就无法解释清楚经济的发展为何会促进西欧社会结构的分化与整合。如此一来，用经济发展来解释西欧社会结构的分化与整合就成了套话。

　　为什么他们的这些解释经受不了事实的检验和逻辑的验证？答案就在于结构—功能论没有掌握复杂性思维方法，对"一般规律"也一无所知，以致像传统思维那样，在传统因果观中徘徊而找不到出路。

4. 两分法

　　此法是指研究者将传统社会和现代社会视为性质截然相反的对立的两极，形成鲜明的对照，以阐明现代社会不同于传统社会的本质特征。

　　最早作这种划分的是德国社会学家菲迪南·滕尼斯（Ferdinand Tonnies）。他在其1887年出版的《共同体和社会》中将传统社会视为依次以血缘、地缘和精神为基础，实行财产共有的共同体；而将现代社会称之为社会，它是以契约和法律为联系纽带的个人的集合体；因此，"社会"与

"共同体"是对立的。迪尔凯姆在其出版的《社会分工论》中也用机械团结和有机团结来区分低级社会和高级文明社会，两者也分别是以集体主义和个人主义为基础。

尽管迪尔凯姆在其两分法中没有明言机械团结社会和有机团结社会就是传统社会和现代社会，但他着重分析了机械团结社会向有机团结社会的过渡，明确指出是劳动分工才促进了前者向后者的转化，并分析了分工后面的动因：人口数量的增加所导致的人们对有限资源的争夺。同时，还指出仅有分工是不够的，还需要整合才能造就系统的新组分，使系统形成新的功能。如果分化后的各方不能"预先确立相互协作的方式"，它们就不能实现整合而会导致使社会产生紊乱的失范。因此，迪尔凯姆不仅几乎与滕尼斯同时提出两分法，还第一次分析并阐明了分化与整合是社会演进，即社会结构从平衡态推进至远离平衡态的主要途径。其意义不仅在于他们首先提供了打开社会演进途径之谜的钥匙，更关键的是他促使了现代化研究视角的转移，从对技术进步、产业的转移、生产方式变迁的关注到对社会结构变迁的重视。这对后起的现代化理论，尤其是对结构—功能论产生了重大影响。

继这两人之后，马克斯·韦伯提出的现代化即理性化的理论也采用了两分法。他提出在传统社会里，价值理性和实质理性占主导地位；而在现代社会里，则是工具理性和形式理性占统治地位。[①]

以帕森斯为代表的结构功能论可谓将两分法推进到了一个新阶段。这集中体现在帕森斯在《关于行为的一般理论》等著作里提出的"五对变项"的理论中。所谓五对变项是指传统社会和现代社会的行动者在选择取向、价值标准、角色关系、行为动机、角色评价这五个方面是截然的不同。

在选择取向上，前者奉行的是集体利益至上，强调的是无私奉献，而不是个人利益，是团体取向；而后者的取向则是个人利益，干任何行动首先考虑的是为个人谋取私利。在价值标准上，前者办事是看人打发，因人而异，依其亲疏来决定如何对待对方；后者则对所有的人采取同一个标准，不会因与其关系的亲疏不一而区别对待。在角色关系上，前者是一身多任，往往履行着多种职业，盛行"企业办社会"；而后者是专任一职，是工人的就不会

___

① 参见［德］马克斯·韦伯：《经济与社会》上卷，第106、107页。

又去种田。在行为动机上，前者通常会感情用事，其职业行为中充满了个人感情和儿女私情，使传统社会成为人情社会；后者在其职业行为中不徇私情，一切依规章制度进行处理，使人感觉到这个社会缺乏人情味，是个"感情无涉性"的世界。在角色评价上，前者是先赋取向，即根据一个人的出身、血统、地位、职业来评估人而不论他的成就如何；后者则以成就为取向，即主要根据一个人所取得的成就来评价他，而不管他的出身、血统、职业和地位。

这五对变项虽然描述的是传统社会和现代社会中的行动者所具有的截然对立的价值取向，但是却反映了他们所在的社会结构的截然不同。一个是社会结构仍处于平衡态和近平衡态，因而尚未分化或分化程度很低的传统社会，一个是社会结构远离平衡态，因而已高度分化的现代社会。其中道理已被18世纪启蒙学者所揭示："人的性质，一方面是天然机体的产物，另一方面是人的一生特别是他的发展时期的周围的环境的产物。"[①] 传统社会和现代社会的行动者之所以在上述五个方面有着不同的价值取向，完全是因为这两个社会的社会结构截然相反。例如，传统社会的行动者之所以强调集体利益至上，无非是因为他们还生活在一个以血缘或以地缘、精神为基础的公社、村社、家族、行会、教派等共同体的社会中；反之，现代社会的行动者之所以尊奉个人主义，无非是因为他已生活在一个因社会结构高度分化、个人已获得高度独立的社会中。同理，两种社会行动者在其他方面的不同，也无不缘于他们生活在截然不同的社会当中。

帕森斯是从社会行为的主观取向的角度得出了这一结论的，而马克斯·韦伯正是从这一角度来划分社会类型，进而依据主导性社会行为揭示西欧从传统社会向现代社会转化的旅程。帕森斯继承了马克斯·韦伯的这一思想，但他不是像韦伯那样强调对社会行为的主观取向的"解释性理解"，而是注重社会行为的主观取向的两项构成因素：动机的取向和价值的取向。前者是指行为者所预期的最大收益和最小损失；后者是指行为者在决定行为目标和行为手段时所遵循的规范性标准，这即是前述的五对变项。帕森斯认为，在现实生活中，价值取向反映出来的是"内化于"社会成员人格中的各种行

---

① 恩格斯：《反杜林论》，第 273 页。

为规范。对其分类度量和综合分析，便可揭示行为主体所在社会的社会结构的特征。① 这表明他赞同启蒙学者的看法：人是环境的产物，也说明了文化是人们同环境互动的历史沉淀。

总之，不同的社会环境造就了具有不同价值取向的社会行为主体；故帕森斯的五对变项讲的虽然是传统社会和现代社会的行为主体的不同的价值取向，但所反映的是这两种社会结构的截然不同。更何况，帕森斯在其理论框架中所讲的社会行为主体不仅是指单元性的行为个人，同时也指集体性的组织，如公司、法院、政府等，可见，他所讲的社会行为主体是一个能兼容不同层次的社会主体的一个整体。这就再度证明他们提出社会类型的两分法的目的是强调两个对立类型社会的主要差别是社会结构的不同，并指出了正是这种不同才导致了这两种社会在利用、控制和改造自然界的能力上的天悬地隔。因此，是系统结构决定系统功能，而不是系统功能决定系统结构。帕森斯等人从研究欧美国家的现代化进程中得出的这一结论同马克思的传统社会就像一袋马铃薯的著名论述有异曲同工之妙，与拙著《现代化本质》所述也是不谋而合，都认为现代化的根本特征是社会结构的根本性变化。即从一个封闭的、平衡态或近平衡态，微观有序但宏观无序或低度有序，因而发展动力为线性的合力动力的守恒的社会结构，转换成一个开放的、远离平衡态的，社会宏观结构高度有序，社会结构复杂犹如人体的，因而内部具有强大的协同动力机制的社会结构。②

这个观点极大地充实了"一般规律"第十一、十三和十四条，是对现代化本质传统看法的一个反动。因为同结构功能论及其先驱社会有机体说一样，它是从社会结构的差异中去区分传统社会和现代社会的，并用社会结构的变迁去解释社会文化形态的差异和社会功能上的悬殊。因为传统社会中的行动者在"五对变项"上与现代社会的行动者的截然相反，必然要使传统社会中的物能信息流行之不远、流之不畅，处处受阻，使其社会功能低下。其见解之深刻，实为罕见。

然而，很少有人看到这些，而对两分法的批判远多于对它的肯定。

---

① 参见叶克林：《现代结构功能主义：从帕森斯到博斯科夫和利维——初论美国发展社会学的主要理论流派》，《学海》1996 年第 6 期。

② 参见毕道村：《现代化本质——对中世纪以来人类社会结构的新变化》，第 184 页。

其中，最大的罪恶是宣扬西方中心论。因为它把以美国为首的西方社会的制度、体制和价值体系视为典型的现代性，从而把现代化解释为西化或美国化。迪思·C.蒂普斯说："它首先从西方社会的一般形象中获得现代性的属性，然后又把对属性的获得设想为现代化的标准"[1]。如果说，抛弃感情和意识形态上的一切考虑，从科学的角度观之，这一指责是缺乏理由的。因为西欧社会是现代化的发源地，美国是当今世界上最发达的现代社会，我们要总结、概括出现代化和现代社会的本质特征，不从它们那里去寻找，就只能是缘木求鱼，其间的道理就犹如我们要寻找人的本质特征，只能从人那里去进行抽象，而不会去把类人猿当成主要的研究目标。此其一。

其二，自欧美各国于近代相继现代化之后，被其不断创新出来的技术、制度、文化泛滥于全球，各国不是仿其制度、学其文化，就是对其技术发明和商品趋之若鹜，无不把实现经济的现代化，即像欧美那样实现人均GDP的持续增长视为现代化的坐标和国家努力的目标。这正如《共产党宣言》中所说的，落后国家"如是不想灭亡的话"，就必须学习西方国家的"资产阶级的生产方式"。在《资本论》第一版的序言中，恩格斯写道："工业较发达的国家向工业不发达国家所显示的，只是后者未来的景象。"可见，欧美是现代社会的典范、全球的吸引子已是不争的事实。如果说，这就是西欧中心论的话，那此论的创始人就是马克思、恩格斯及马克斯·韦伯。他们无不认为西欧是当代文明的最高形态，是全球的吸引子。

既然现代化已发展成全球化，而现代化的先行者又是欧美国家，欧美已因其是现代化程度最高的国家成了全球的吸引子已成为不可否认的事实，那么，那些斥责认定欧美社会是现代社会的典范的观点就是宣扬西方中心论的观点就难以立足。

或许有不少人的回答说，我们心目中的坐标是像欧美那样实现社会的长期稳定、人均GDP的持续增长、科学技术的突飞猛进和社会创新的层出不穷，而不是其制度和文化；越过这个卡夫丁峡谷是我们的理想。

对现代化的这种理解绝非少数人一时的臆想，而是近代以来在东方延续了数代人的思维。从中国人的中体西用和日本人的和魂洋才，再到苏联，几

① ［美］西里尔·E.布莱克编：《比较现代化》，第103—104页。

乎都力求在不模仿欧美的社会制度的前提下，实现富国强兵。于是，不是拒绝了市场经济，搞了计划经济，就是闭关锁国。结果如何？都是此路不通。因为他们都颠倒了因果。都不明白，无论是欧美社会经济的持续增长、科学技术的突飞猛进，还是社会创新的层出不穷，都是作为高度有序的自组织的现代社会结构的属性和功能的产物，是自组织功能之果，而不是自组织的成因。它表明，发展中国家要想使自己也具有这样的功能，就必须使自己现代化。怎样才能至此？依据传统思维方式，唯一的办法就是发展生产力。只有生产力发展了，先进的生产关系与落后的生产力之间的矛盾才会得到解决；只有随着经济基础的改变，社会庞大的上层建筑的改革才会应运而生。如前所述，这是颠倒了因果，是主张先有了人体的功能，才有了人体；是人体的功能决定了人体的结构。因此，两分法的功劳之一就是把这个被传统思维颠倒了的因果关系重新颠倒了过来，用经验证实了系统结构决定系统功能的原理的普遍性。因而向世人展现了一个十分浅显的道理：你既然造出了汽车，那你用它日行千里也就是必然之事；反之，你若把人均 GDP 的持续增长、科学技术的突飞猛进和社会创新的层出不穷视为现代化的本质和现代化的坐标，那你就大错特错了。因为你没有造出汽车或其他类似的交通工具，你又怎么能日行千里？"皮之不存，毛将焉附？"没有人体，哪里还有人体的功能？道理如此浅显，它足以证明以 GDP 的增长等为现代化的本质和坐标是倒果为因。

　　显然，这种错误只有在清楚了现代社会和传统社会的本质差别之后才能纠正。为了找到这个本质差别，将两种社会中的典型进行比较，以突显出它们之间这一差别则是科学研究中最常用且最有效的办法。找出这两个社会的本质差别，也就找到了一个验证真假现代化的试金石，而不至于把 GDP 增长之类的非本质的东西当作现代化的本质所在。看准了现代化本质，也就能科学地确定现代化起源研究的逻辑终点和他组织类型现代化的终极目标。前者能使人们端正现代化研究的方向，后者则能为发展中国家的现代化努力树立正确的坐标，而不至于让它南辕北辙，井底捞月。而两分法就能起到突显两个社会本质差别的作用。君不见，许多现代化研究之所以徒劳无功，关键就在于不理解这个两分法，因而不知道现代化到底是什么。同样地，许多民族的现代化努力之所以事倍功半甚至失败，就在于他们搞错了努力的方向。兰德斯说："人们必须分清目标和过程。十九世纪竭力要把自己的国家推向工业化的各国政治家们，都把英国的原型摆在面前"①。那些以英国为其榜样的国家，如比利时和新教各小国都顺利地实现了现代化；反之，那些大谈西方没落的国家，如德国，其现代化道路则往往血腥坎坷。这些，都充分地说明科学地确定现代化努力目标的必要性和重要性，从而证明了两分法的巨大的科学价值。

　　肯定两分法，绝不等于否认传统社会和现代社会之间存在着无数的连续体。因为没有人会否认最低级的生物细菌和最高级的生物人之间存在着无数个等级生物品种，因此，绝不会有人认为承认这些生物品种的存在就必然要否认生物拥有两大对立的典型：细菌和人。可见，认为人类社会形态有两大对立的典型就是否认两者之间存在着无数的连续体是悖理的。科学的态度，不仅会正视这些连续体存在，还必然要去研究它们为何掉入了中等收入陷阱而无法自拔的原因。同时，也提醒我们，不能把资本主义社会等同于现代社会，那些陷入中等收入陷阱的国家，如拉丁美洲各国，若认其是传统社会，它们却又不像后者那样实行习俗性经济或指令性经济，也不是这两种经济的混合体；而是市场经济，且财产私有制占主导地位，是典型的资本主义社会；但是，它们却又不具备前述现代社会所拥有的五大特征，不具有社会持久发展的能力，因而也就不能划归现代社会，只能位于传统社会和现代社会之间，应划归为否定两分法的人们所说的传统社会和现代社会中间的连续体。所以，目前学术界广泛流行的社会形态的划分法，无论是原始社会、奴隶社会、封建社会、资本主义社会和社会主义社会的五形态划分法，还是传统社会和现代社会的二形态划分法，与实际都不相符。

　　赞同两分法，肯定它帮助我们找到了现代化研究的逻辑终点和现代化努力的目标，绝不等于说实现这个目标的道路只有一条。开篇我们就讲过，我们的现代化是绝不同于欧美现代化道路的他组织过程。因此，若是邯郸学步，跟在欧美后面亦步亦趋，那只会碰得头破血流。但是，强调我们现代化类型的特殊性，亦不等于否定我们必须找对坐标。如前所述，他组织类型的现代化是个合目的性控制工程，能否正确地确定目的，事关整个控制工程的

----

　　① ［美］戴维·S.兰德斯：《国富国穷》，门洪华、安增才等译，新华出版社 2001 年版，第330 页。

成败。为此，在确定目的时，就必须以自然法则为唯一准则，一切感情色彩和意识形态情绪都会有碍于目的的选择。

5. 市场经济理论

何谓市场经济，它与通常所讲的商品经济有何区别，其基础和结构有何特殊之处？它的产生需要什么条件和前提？人们对此议论纷纷，但对这些问题进行过系统的、完整的论述的专著并不多见，且歧见不少。其之如此，主要是因为人们对何谓市场经济有不同的理解；而市场经济又随时代而变，且每个国家的市场经济也都有其特点，而学者们关注的是其所在时代、所在国家的市场经济；而我们所要探究的那个时代的市场经济尚处在孕育分娩中，它和实行了凯恩斯经济学说后的所谓社会市场经济有很大的不同。但是，尽管如此，综合各家之说，还是能清晰地看到人们在市场经济的诸多基本问题上的看法是大同小异，将其条理化、系统化，就能将市场经济与其他经济体制区别开来，明白其功能、基础、结构，形成的前提和条件，

追溯历史，最早使用市场经济这个概念并将其同计划经济对立起来的是列宁[①]，而不是欧美经济学家。直到 1969 年，希克斯在其出版的《经济史理论》中，才正式提出"市场经济"概念，并认为迄今为止的人类社会的经济制度只有三种：习俗经济、命令经济（指令性经济）和市场经济。而世界经济发展的趋势是由习俗经济和命令经济向市场经济的转换。市场经济产生之前的欧洲中世纪是习俗经济和命令经济的混合物。转换是由"专业商人"主导的。但转换不完全是"内生"的，除了商人"对于他所经营交易的东西必须拥有财产权"外，还需要来自外部力量的保护和推动，最少需要"确立对财产的保护和对合同的保护"。在转换的第一个阶段，城邦承担了这个角色，致使中世纪西欧的商品经济远优于东方；商人的继续的专业化促使城邦经济过渡到商品经济的第二阶段即"贸易中心经济"，它使商业与环境的"泾渭分明"逐渐转换为商业向传统的非商业环境的不断渗透；渗透的最终完成即是现代市场经济的问世。希克斯认为货币、法律和信用等

---

① 参见列宁：《土地问题和争取自由的斗争》（1896），《列宁全集》第 10 卷，人民出版社 1958 年版，第 407 页；列宁：《十九世纪末俄国的土地问题》（1908），《列宁全集》第 15 卷，人民出版社 1988 年版，第 104 页。

在其中起了重要作用。它们推动了交易规制的标准化和贷款规模的扩大，使商业突破了城邦的范围，实现了地理上的扩张，形成了贸易中心。货币、金融业的发展，股份制企业的出现改善了政府的税收制度、举债技术，使政府不再陷入信用危机的困境。而政府则是继城邦之后对商人的最大保护神。最艰难的渗透是对习俗经济最顽固的堡垒传统农业经济的渗入。先是商业的渗透，后是金融的渗透，最后是向劳动力市场的渗透，它导致了要素市场产生，在现代工业中，商业渗透达到了顶点。①

　　希克斯的"市场发生学"以脉络的简捷和高度的抽象而著称，其中不乏真知灼见；尤其是市场经济的产生和成长离不开外部力量（城邦和政府）保护和推动的论述，为"一般规律"的第4条和第10条提供了佐证。

　　自希克斯之后，将当今欧美社会的经济体制称之为市场经济越来越流行，但异议亦不少。

　　为了将其经济体制与当时流行的计划经济区别开来，欧美学者刻意将其经济体制称为市场经济，因此，市场经济的定义均来自西方。它是由英文 Economy 或 Market-Directed Economy 、Market-oriented Economy 、Market-organized Economy 翻译过来的。欧美学者普遍认为，在这种经济体制中，"一般地、虽非唯一地依靠对经济系统中产出量进行配置的是市场"，因而根本不同于依靠国家计划来配置资源的指令性经济体制。另一个原因是为了突出市场在经济体制中的关键地位，强调欧美经济是由"市场安排的自由经济"。萨缪尔森说，任何社会都必然要遇到生产什么、如何生产和为谁生产这三个中心问题。不同的经济制度以不同的方式来解决这些问题。而市场经济就是一种主要依靠市场，而不是依赖习惯或中央指令、计划来解决上述三个基本问题的经济组织模式。② 或因此故，西方学者给市场经济下的定义大都突出这两点。如由英国著名经济学家戴维·皮克斯主编的《现代经济学辞典》中给市场经济所作的解释是："根据生产者、消费者、工人和生产要素所有者彼此之间自愿交换而形成的价格来做出关于资源配置决策和生产决策的一种经济制度。这样一种经济的决策是分散化的。即是，独自地由这种

---

　　①　参见［英］希克斯：《经济史理论》，厉以平译，商务印书馆1987年版，第11、32、33页。
　　②　参见［美］保罗·A.萨缪尔森等：《经济学》，高鸿业等译，中国发展出版社1992年版，第38、40、62、68、91页。

经济中的集团和个人而不是由中央计划工作者来做出决策。"① 但是，也有学者认为，除了由市场来配置资源外，市场经济还有一大特点：立足于财产私有制之上，故它还都具有社会制度的属性。《简明不列颠百科全书》中就明确地写道，"资本主义亦称市场经济"，它是"在资本主义制度下，生产资料大都为私人所有，主要是通过市场的作用来指导生产和分配收入的"②。其他学者亦持如此看法。③

随着当代一些昔日实行计划经济的国家改行市场经济，学者们对市场经济与资本主义的这种关系提出了异议，认为市场经济与资本主义并无必然的联系。"在社会所有制的条件下，市场经济也有在某种程度上起作用"④。同时，随着凯恩斯主义的问世及其应用，人们也不再把计划与市场绝对地对立起来，而是主张市场与计划并用，推崇所谓的混合经济体制。

但是，市场经济的这些变化及人们对其看法的改变大半是19世纪之后的事情。正因于此，萨缪尔森将市场经济划分为传统市场经济和现代市场经济两个类型；之后，又有人增添了一个新类型即社会主义市场经济。显然，后面两个类型都是人们对传统市场经济进行改造后的产物；没有后者，就不会有前两者。正如转基因大豆是人们对原生态大豆进行改造的产物一样，人们不可能通过研究转基因大豆揭示出原生态大豆问世的历史和渊源。同理，19世纪之后的市场经济不会是本书研究的对象，我们所要探讨的是工业革命前的市场经济是如何孕育成长起来的，它又是如何地推进了社会结构的分化与整合的。

要回答这些问题，亟待解决的不是市场经济和计划经济的区分，因为这两种经济的差异十分明显；而是要讨论如何区分市场经济和商品经济，因为后者普遍见之于工业革命之前的东方各国。范文澜认为西汉时中国就已形成民族市场；付筑夫说那时的工商业中就已雇用了大量工人，已出现了资本主

---

① W. P. David, *Dictionary of Modern Economics*, London：Malmillan, 1983, p. 273.

② 中美联合编审委员会：《简明不列颠百科全书》第9卷，中国大百科全书出版社1986年版，第557页。

③ 参见［美］P. R. 格雷戈里、R. C. 斯图尔特：《比较经济体制学》，林志军、刘平等译，上海三联书店1988年版，第19、20页；［美］莫里斯·伯恩斯坦主编：《比较经济体制》，王铁生译，中国财经出版社1988年版，第39页。

④ W. P. David, *Dictionary of Modern Economics*, p. 273.

义萌芽。但这个萌芽并没有成长为资本主义的参天大树；这说明，商品经济虽然同市场经济一样，都以市场的存在为前提，但并不具有市场经济的功能。因此，将这两种经济等同起来，认为市场经济就是商品经济，市场经济是商品经济发展的高级阶段的观点都是经不起逻辑和历史推敲的。众所周知，商品经济是相对于自然经济而讲的，而市场经济是相对于计划经济而言的，虽然市场经济和商品经济有相同点，都是自然经济的对立物；但是由于产权的不相同等缘故，类似于古代中国的那种商品经济不仅不可能自发地将社会引向现代化，还会一次又一次地导致"富者田连阡陌，贫者无立锥之地"，使社会反复地崩溃，周期性地改朝换代，致使社会始终滞留在传统结构中而无法越封建雷池一步。因此，市场经济不可能从这种也被人们命为商品经济的经济制度中成长起来，不可能是它的高级阶段。

市场经济并非商品经济的产儿，那市场经济和商品经济到底有何同异，市场经济到底是什么？要明乎此，就须先区分清楚市场经济和市场。

通常来讲，市场是指人们交换物品的场所，是生产者和消费者之间进行联系的纽带和桥梁，故其产生的条件相对简单。一是劳动产品属于不同的人所有，二是有社会分工。"哪里有社会分工，哪里就有市场"[①]。故此，市场贯穿了自社会分工发生以来的人类历史，广泛见之于除原始社会之外的东西方各类社会。市场经济则首先是指人们配置经济资源的方式。它虽然建立在市场之上，但市场及其产生的前提，如社会分工等，都是其产生的必要条件而非充分条件。所以，不是说有了市场就有了市场经济；但是，有了市场，就有了商品交换，也就有了商品经济。这也就是说，市场虽然不是市场经济产生的充分条件，但却是商品经济产生的重要条件。正因如此，商品经济广泛见之于人类历史，从奴隶社会到现代社会无不见其踪影；即使是计划经济居绝对统治地位的苏联也不是没有市场，没有商品交换。

有了市场就有商品交换，就会产生商品经济；而从某些商品经济中也会发展出市场经济。一些学者就以此为据断言商品经济是市场经济的前身，市场经济是商品经济的高级阶段。如前所述，市场经济虽然同商品经济一样，有别于自然经济；从这个意义上讲，它也可谓之商品经济，但是，它与曾经

———————————

① 《列宁全集》第 1 卷，第 79 页。

在古代和中世纪时泛滥于世界大部分地区的商品经济有着本质上的不同。那么，我们凭什么将市场经济与商品经济区分开的？答案是凭市场经济给实行这种经济制度的国家带来了前所未有的"高收入和高增长"，使 GDP 的增长超过了人口的增长。"这一点，只要看一看西欧、北美"就可以知道。[①]所以，一些学者之所以将市场经济与其外的商品经济区分开来，往往将后者称为小商品经济、简单商品经济，主要是因为它给社会带来了后者所不能带来的效益。而它之所以能产生这样的效益，又因为它具有后者所不具有的下述几大功能。

第一，它能实现社会经济资源的优化配置。即通过市场上商品价格的变化来引导生产要素的流动，使稀缺的经济资源得到合理的配置，被用于社会最急需的地方。第二，它能促进技术进步、制度创新和组织创新。因为"市场保持对个人的竞争压力"，使所有的市场参与者都面临着发财和破产的双重选择，不得不永不停息地改进生产技术和经营管理，按照赢利最大化的原则来组织生产；使市场参与者优胜劣汰。第三，它能使市场和分工相互促进，从而促进了资本的积累、技术的进步、制度与组织的创新。第四，它为各种创新，如技术创新、产品创新、组织创新、制度创新等，提供了一种试错的机制，通过各种试验和博弈来检测这些创新能否被社会所接受，以"寻求有效率的分工水平、制度安排和剩余权结构"，减少外生和内生的交易费用，"发现有效率的经济组织结构"。除这四大功能外，它还具有其他的功能。[②] 所有这些功能都是其他经济体制所不具有的，以至它在人类历史上创造出了一波又一波的奇迹，展现出了它独特的魅力，有力地推动着传统社会向现代社会的过渡，使它同小商品经济及其他的经济体制明显地区别开来。

系统结构决定系统功能，市场经济之所以具有如此众多的巨大功能，关键就在于市场经济体制具有一般商品经济和其他经济体制所不具有的构成和机制。

---

① ［美］C. E. 林德布鲁姆：《市场体制的秘密》，耿修林译，江苏人民出版社 2002 年版，第 37—38 页。

② 参见［澳］杨小凯、黄有光：《专业化与经济组织——一种新兴古典微观经济学框架》，张玉纲译，经济科学出版社 1999 年版，第 126、134、221、228、341—343、252、253、363 页。

最先对市场经济这一特殊构成和机制进行过系统论述的是亚当·斯密的《国富论》。

在该书中，斯密把分工和资本积累视为经济发展的两大动力，同时指出，它们只有在自由的经济制度中才能发挥出这样的作用。而此制度之所以成功，是因为这一制度符合人的本性和要求，即人是利己的，他们所从事的一切经济活动的最终目的都是为了追求个人的经济利益，这一追求是人的本能要求和天性，也是人类一切活动的根本动力。这个人是利己的"经济人"的假定即是斯密的市场经济理论的出发点和基石。利己的人们为了增进私利而不断地努力，就带来了国民财富和私人财富的增加。但每个人对自身利益的追求，必然会受到他人出于同样目的的行为的限制；反之亦然，人们之间因而展开竞争。竞争越是激烈，这种个人利害之间的纠葛就会越厉害；同时，人类几乎随时随地都需要同胞的协助，要想做到这一点，仅靠他人的恩惠是不行的，只有刺激对方利己心，使其明白，为我做事也有利于他时，达到目的就容易多了。① 利他才能利己，人们由此进行相互交换，产生了市场。

为了从市场上换得自己所需要的产品，每个人都会根据自己所在的优势和自身的特长生产某种产品，由此在人们之间产生了分工。分工提升了劳动者的劳动技能的熟练程度，减少了工序转移的时间，提高了生产工具的使用效率，降低了生产成本，促进了机械的发明。因此，"在一个政治修明的社会里，造成普及到最下层人民的那种普遍富裕情况的，是各行各业的产量由于分工而大增"②。无论是对某个社会，还是对国际贸易，分工都是财富和繁荣增长的关键性起点。

分工会刺激交换，从而扩大了市场，市场是随着分工和交换的发展而发展的；反之，市场范围的大小也影响着分工和交换的发展程度，而市场的大小则要受人口数量、运输条件等多种因素的影响，尤其是要受制于对外贸易受限制的程度。"一个忽视或鄙视国外贸易、只允许外国的船舶驶入一二港

① 参见〔英〕亚当·斯密：《国民财富的性质和原因的研究》上卷，郭大力、王亚南译，商务印书馆1972年版，第13页。
② 〔英〕亚当·斯密：《国民财富的性质和原因的研究》上卷，第11页。

口的国家，不能经营在不同法制下可经营的那么多交易"①。故此，斯密认为，经济的发展依赖于分工，经济的不断增长就需要市场的不断扩大。一切限制市场扩大的政策自然也就阻碍了经济发展。所以，斯密极力反对贸易垄断，赞成经济的自由放任。在斯密看来，自由放任能赋予市场以一只看不见的手。在这只手的支配下，市场价格不可能偏于自然价格太久和太远。它能通过调整产品供求关系，使两者趋于平衡来促使市场价格趋向于自然价格，从而使买卖双方的利益追求都得到满足。这不仅极大地丰富了社会的物质财富，满足了人们的需求，还加剧了人们相互间的竞争，促使他们去改进生产技术，降低生产成本；同时，它还会调节社会总资本的使用方向和顺序，使有限的社会资源得到有效的配置，使社会生产效益最大化。故此，斯密主张建立完全竞争的经济模式，提倡国内外贸易都应实行自由放任的经济政策，反对国家干预经济，对国家因情绪、偏见和无知，或因维护一小撮人的利益而导致的垄断深恶痛绝；主张将国家的作用限制在国防、司法行政及个人无法完成的公共事业等范围内，在经济上只能扮演一个"守夜人"的角色，从而把自由放任政策普及于国内贸易和国际贸易，使每个人从利己动机出发，在"看不见的手"的调节下，通过完全竞争的市场，使社会效益和个人效益同时达到最大化。

这些表明，斯密实际上是把市场经济看作是一个有自组织能力的系统，视同为一个自组织。如同人体内部有一套内在的机制在调节着各器官之间的联系和人体的新陈代谢，市场经济内部也有一种莫名其妙的力量，即"看不见的手"在确保市场的有序运转，调节着市场和社会之间的关系；否则，市场的运转就会处于无序乃至倒退之中，而社会也就会因此而遭殃。

学者们认为，斯密所讲的这只"看不见的手"实际上是市场经济体制所具有的一种内部机制，即市场的价格机制、供求机制、信贷利率机制、工资机制、利益机制和风险机制等。通过这些机制，市场经济才会具有上述四大功能。而这些机制也并非凭空产生，它是一种由特定的要素按照特定的方式而形成的各种特定结构相互作用的结果。这种特定要素主要是市场主体、市场客体、市场体系和市场法制，这四者相互关联就形成了其他经济体制所

① ［英］亚当·斯密：《国民财富的性质和原因的研究》上卷，第87页。

没有的机制，即市场机制。①

斯密也论述过市场机制赖以生成的条件，它包括生产资料私有制、生产要素的自由流通、自由竞争的经济模式、良好的社会秩序、高尚的人格前提，等等。由于斯密当时撰写《国富论》的主要目的是清除英国重商主义残余对英国自由贸易所造成的种种障碍，故将贸易自由作为该书弘扬的主题，而未能进一步地探讨这些条件；再说，这些条件在斯密时的英国，已基本齐备，斯密也就没有必要去深究了。

与前述一些学者仅将市场经济定义为资源的一种配置方式来讲，斯密赋予市场经济的内涵要丰富得多，以其为基础，再综合学者们的补充和论述，就能概括出市场经济的四大构成要素，即特定的市场主体、市场客体、市场体系和市场法制。正是这四大要素间的相互关联所形成的市场机制，才使市场经济具有其他经济体制所没有的功能。因此，这四大要素及其构成的市场机制是市场经济赖以生存、运转，及其功能得以发挥的载体。没有这个载体，市场经济也就无从谈起，而市场经济胚胎的形成就主要表现为这些载体的问世。具体来说，市场经济应具备下面几个条件。

第一，产权清晰且专一是市场经济产生的首要前提。

包括罗马法、普通法及马克思主义经济学在内的各种法律和经济学说都几乎一致地认定"产权不是指人与物之间的关系，而是指由物的存在及关于它们的使用所引起的人们之间相互认可的行为关系"。它由一组关系，即一束权利而构成，如所有权、处置权、使用权、转让权、收益权等。因此，通行的产权制度是"一系列用来确定每个人相对于稀缺资源使用时的地位和经济社会关系"②。其中产权的归属是中心。产权清晰是指产权的归属必须符合排中律，它属于谁不属于谁应有明确的判断，而不能亦此亦彼。产权专一是指产权的归属不仅是明确的，而且是唯一的。正因为是唯一的，产权才是独立的，产权才能和行政权及一切特权分离开来，产权的所有者对财产权因而有独享的所有权、使用权、处置权、转让权等。市场主体对市场客体拥有直接占有、使用、分配和处置上的权利。这些客体因而是他的财富，是

---

① 参见吴振坤主编：《市场经济学》，中共中央党校出版社1994年版，第54、57—60页；王珏等主编：《市场经济概论》，中共中央党校出版社1994年版，第4—11页。

② 卢现祥：《西方新制度经济学》，中国发展出版社2004年版，第153—154页。

他及其家人的生存条件。唯有如此，市场交换的结果与其生存条件才会息息相关，财产约束才能硬化，才能保证市场主体出于对自身利益的关切而敏感地感受到市场供需等情况的变化以对其经济运作做出调整，才有可能因此而去改进生产技术和经营管理，去开拓市场。一句话，才能调动市场主体的积极性。同时，正因为财产的归属是唯一的，市场主体才拥有经营活动的自主权。这是他对市场的变化、市场的信号做出灵敏反应的必要条件。反之，如果他在经营上、生产上还要受制于各种外来的因素，不能独立自主地从事经营，即使他感受到了市场的变化，并且了解这种变化与自身利益密切相连，他也不能及时地根据他所感受到的变化而对其经济行为做出相应的调整。如此，上述市场经济的四大功能就不可能发生。换言之，产权与市场主体的经济行为有着内在的联系，要激发起市场主体的积极性、主动性，市场主体就必须对交换的物品有明确的、专一的所有权，就应对不利于市场运作的行为进行约束，使市场机制有效地运作起来，产生上述四大功能。唯有如此，才能建立起经济主体的激励机制和约束机制。因此，产权的清晰且专一是市场经济的首要前提。①

怎样的产权才是清晰和专一的？普遍认为，国有产权、社团产权的所有者是明确的，但这仅是相对于其他国家、其他社会成员而言的；对于其内部成员来讲，其产权都是模糊的。这就是说，它们的产权的归属虽然是清晰的，但不是唯一的。由于产权的所有者不是唯一的，而是个群体，他们不可能都来直接经营财产，而只能通过代理人管理和经营其财产；或者无法分身，如国王，也只能让人代理财产。而代理人与其所经营的财产之间并不存在不可解脱的利害关系。作为市场主体，作为市场主体的代理人虽然有可能有时也感受到市场风云的变幻，但却缺乏动力促使他根据这种变幻去及时地对财产的经营做出调整，想方设法地去进行技术革新和经营改革。由于缺乏必要的利益刺激，他们在大多数情况下对市场的变化实际上是麻木不仁，甚至是视而不见，如此也就根本谈不上技术与经营方法的改进了；相反，他们还会尽可能地去损公肥私，非法寻租。退一步讲，即使他们敏感地感受到市场的变化，想及时地做出适当调整也是难以实现的。因为他的经营权受到来

---

① 参见卢现祥：《西方新制度经济学》，第155、156、177、178页。

自产权所有者的各种各样的规章制度和主张的束缚和牵制，使他根本无法按照市场的变化来进行自主经营。在这种情况下，即使存在庞大的市场网络、繁荣的市场贸易，商品经济也不会成为市场经济，它根本不具有上述市场经济的四大功能。更何况，国家在界定产权方面有其优势，又有其自身的利益，不排除它在很多情况下利用其优势为自己谋利，形成种种特权。故学者们普遍认为"行政权与产权的分离，是市场经济建立的根本前提。与封建社会相比，资本主义经济快速发展的秘密就在于产权代替了封建社会的一系列特权"①。

与这类产权不同，私有产权的产权归属既明晰且专一。即使产权所有者是集体而不是个人，如现代的股份责任有限公司，其产权的归属也是明确和专一的，即归董事会全体股东所有，每个股东在产权中占有多大的股份都清晰可查。故股份公司的产权的归属无论是对外，还是对其内部成员来讲都是清晰确定的。而不像国家产权、社团产权，对外虽明确清晰，对内部成员来说却是模糊的。私有产权明确又专一，而产权归属的明确和专一是市场经济产生的首要条件，这就说明，私有产权是市场经济赖以生存的基石，是市场经济孕育与产生的首要前提。

第二，个人自由是市场经济的基础。

市场是市场经济的中心，是配置社会经济资源的枢纽。这就意味着一切经济资源，生活资料、生产资料，其中包括劳动力也成为市场客体、成为商品。

但劳动力成为市场客体绝不同于劳动者是商品。在奴隶制度下，甚至农奴制度下，劳动者就是市场上的一种商品，任其主人买来卖去。而劳动力成为商品的首要前提是劳动者成其劳动力的所有者。这就如同"在属于你的财产没有得到明确之前，你是不能把它们拿到市场上去出售的"一样，"在你的劳动力由习惯法和自由权法确定之前，你不能在市面上出售劳动力"②。换言之，他要享有人身自由。他的人身不再是他人的权利客体。这就意味着他们不再是奴隶、农奴，而是自由人。既然是自由人，他就有权将自己的劳动力出售给他人。如此，劳动雇佣制度才能产生并随着出卖劳动力的自由人

① 卢现祥：《西方新制度经济学》，第 167、168、186 页。
② ［美］C. E. 林德布鲁姆：《市场体制的秘密》，第 148 页。

越来越多而盛行起来。只有雇佣劳动盛行起来并成为社会的主要劳动关系，现代资本主义社会才能问世。因此，劳动力成为市场客体是市场经济产生的又一前提，也是市场经济不同于一般商品经济，或者说简单商品经济、小商品经济的根本所在，而劳动力要成为商品，劳动者就必须拥有人身自由。这从后面的论述中还可得到确证。此其一。

其二，私有权也同样须以个人自由为条件。没有个人自由的人，不是奴隶就是农奴，其人身属于其主人所有，他拥有的一切财产随时都有可能被其主人剥夺，因此，他即使能占有、使用一些财产，其产权也是残缺的、无效的。没有人身自由，也就谈不上市场经营的自由，他的一切市场活动、市场决策都会因其主人的限制、干扰而受到影响，他也就因此而并不享有经营活动的自主权，也就不具备市场经济所要求的市场主体的资格。这些都说明"广泛的个人自由是市场经济的基本骨架或基础材料。没有它，市场经济就不可能实现"①。即使有商品交换，也只能是古代东方的那种简单商品经济。

上述表明，无论是市场主体还是市场客体都将私有权和个人自由作为其存在的基本要求，对此，学术界已形成共识，诸多大家也都有所阐述：

哈耶克在《致命的自负》中就反复强调私有权和个人自由不仅是市场经济的基础，对于其产生的诸多条件，如"密集商业关系网络"、市场经济组织、自愿团体、公司、社团等，市场价格信号，即市场机制的产生也都是"不可缺少的"②。

马歇尔认为市场经济之所以能让"每个人把他的资本和劳动运用到恰到好处的趋势"，关键就是"工业企业的自由"③。

凯恩斯尽管极力主张政府对市场经济进行调控，但他仍然反复强调这种市场经济的基础仍然是生产资料私有制，政府调控只会加强这个基础，而不会去削弱它。他申明"人类许多有价值的活动，必须要有发财这个动机，私有财产这个环境，才能充分收效"④。

① ［美］C. E. 林德布鲁姆：《市场体制的秘密》，第45页。
② 参见［英］F. A. 哈耶克：《致命的自负——社会主义的谬误》，第29、30页。
③ ［英］阿尔弗雷德·马歇尔：《经济学原理》下卷，朱志泰、陈良璧译，人民日报出版社2009年版，第391页。
④ ［英］J. M. 凯恩斯：《就业、利息和货币通论》，高鸿业译，商务印书馆1987年版，第318页。

著名的美国经济学家弗里德曼则将"企业私有，自愿互利"作为市场经济的首要特征和首要前提。他说只有企业私有、交换自由"才可以不用强制手段而带来协调"，带来社会资源的最佳配置。①

萨缪尔森虽然主张混合经济，但仍然认为市场经济是基于财产私有制之上的，他说："在我们的市场经济中，生产工具为私人企业或个人所有。"②

平乔维奇把市场经济的特征归结为三点：清晰的所有权、契约自由和有限的政府。其中清晰的所有权居首位。③

猛烈抨击资本主义制度，主张用计划经济取代市场经济的马克思也同样指出："仅仅一种货币财富的存在以及甚至在一定程度上它所达到的统治，还绝对不够使这种转变为资本的事情发生，否则，古代罗马、拜占廷等等就会以自由劳动和资本来结束自己的历史了"。"只有在劳动者不再是生产条件的一部分（奴隶制或农奴制），或者说原始公社（印度）不再是基础的时候，商品生产才会导致资本主义。"④

上述诸家可谓是众口一词地强调私有权和个人自由是市场经济的核心和基础。这表明原生形态的市场经济，即19世纪之前的市场经济是在私有权和个人自由已有一定程度的发展的基础上产生的是没有疑问的。私有权和个人自由是市场经济孕育和产生的首要前提与历史是相符的。

第三，一个种类齐全的市场网络所构成的市场体系是市场经济的躯体。

所谓种类齐全是指不仅有商品市场、生产资料市场、劳动力市场，还应该有土地市场、技术市场、金融市场，等等。只有在这些市场形成了市场网络并相互交织在一起形成一个市场体系，种类众多的各类社会经济资源才有可能在这个体系中得到自动配置，市场经济才有可能产生。因此，种类齐全的市场体系是市场经济产生的又一个必不可少的条件是不争的。正如有的西方学者所说："如没有商品和劳务的交换提供工具的市场网络，那就无现代

---

① ［美］米尔顿·弗里德曼：《资本主义与自由》，张瑞玉译，商务印书馆1986年版，第14、15、159、161页。

② ［美］保罗·A. 萨缪尔森：《经济学》，第91页。

③ 参见［南］斯韦托扎尔、平乔维奇：《产权经济学》，蒋琳琦译，经济科学出版社1999年版，第28页。

④ 《马克思恩格斯全集》第46卷上册，第104、509页；马克思：《资本主义生产以前各形态》，人民出版社1956年版，第55页。

的、发达的经济能够运行。"①

第四，市场法制是市场机制有效运作的基本前提。

市场经济与法律如影随形，没有市场法制的规范与保护，产权私有的有效性就值得怀疑。产权的交易规范法制化因而是有效产权制度的基本标志之一。同时，"产权交易规范的法律化也是拒绝国家机构对产权干扰的有效手段"②。没有法律规范市场主体的行为、政府调控市场的行为和整个市场的经济秩序，以排除政府的政治行为和一切非经济活动对产权的侵犯、对市场活动的干扰，以确保经济关系的市场化、规范化、法制化，市场经济不仅难以为继，甚至根本无法建立起来。因此，市场法制的建设与市场经济的孕育、兴起是同步的，也是无须论证的。当然，市场法制的最终确立离不开国家，但市场法制的主体并不是公法，而是私法。而私法的兴起也是个自组织过程，国家在其中所起的作用主要是确认，承认既成的事实，且是在市场经济孕育成形的后期。因此，市场法制的建设归根到底是私法的兴起与发展，只有私法发展起来了，市场经济才能得到健康发展。故威拉德·赫斯特说社会能量释放的根源就是私法的发展。③

市场经济赖以存在的这些特殊的市场主体、市场客体、市场构成和市场法制决定了产权不清晰，盛行奴隶劳动、农奴劳动和各种强制劳动的环境中；在市场种类不齐全、市场彼此分割、完整的市场网络尚未建立，主要以小生产者之间互通有无的简单商品经济社会里；在官营经济发达，政治权力可以随意干预和改变经济关系的国家里，决不可能建立起市场经济。因此，尽管商品经济是市场经济存在的基础，但绝不是任何商品经济都可以成为市场经济的。没有确立私有权和个人自由，没有把劳动力的所有权归还给劳动者，没有政治权力受到约束的自组织状态，市场经济绝不可能产生。

以上所述，是市场经济的主要内涵，也是市场经济形成的基本条件。所谓基本条件，即是有了它们，可以孕育出市场经济的胚胎，但并不等于市场经济能够分娩问世。因为随着市场经济胚胎的成长，市场经济主体会由原来

---

① C. B. Curzon, *ABC of Economics*, London, 1981, p. 75.

② 卢现祥：《西方新制度经济学》，第 205 页。

③ 参见威拉德·赫斯特：《19 世纪的法律与自由条件》，转引自卢现祥：《西方新制度经济学》，第 186 页。

的个人变成经济组织，经济环境、社会环境，乃至市场经济本身也会越来越复杂，这就必然要求市场经济的这四大要素的形式也发生相应的改变以满足市场经济成长的需要。道格拉斯·诺斯说："有效率的经济组织是增长的关键要素，西方世界兴起的原因就在于发展了一种有效率的经济组织。""有效率的经济组织需要建立制度化的设施，并确立财产所有权，把个人的经济努力不断引向一种社会性的活动，使个人收益率不断接近社会收益率。"① 这即表明，要满足市场经济发展的需要，产权不仅要清晰且专一，不仅需要"能有效的抵抗整个世界"的绝对所有权，还需要一种能"使个人收益率不断接近社会收益率"的财产所有权。而确立此种财产所有权所需要的条件不仅远多于清晰且专一的产权，也多于"能有效的抵抗整个世界"的绝对所有权。所谓的绝对所有权，是西欧学者依据 17 世纪前后西欧土地所有权的变化总结出来的。在这之前，土地的所有权是被各种人所分割的有条件的权利。随着封建领主制、劳役制、共耕制等制度的废除，土地所有权就摆脱了这些制度的束缚而变成了所谓的绝对所有权。英国法律史家霍斯沃斯说："普通法已经承认，所有权不仅仅是原告针对被告占有权的一种更有优势的权利，而且是一种针对整个世界的绝对权利。"② 从逻辑角度看，这个"能有效的抵抗整个世界"的绝对所有权，就是前述的符合排中律的产权。它属于谁不属于谁已有明确的判断，而不是封建等级土地所有制下的土地产权，亦此亦彼。问题是，在领主制、劳役制和共耕制等制度没有废除之前，这种绝对所有权只存在于西欧的工商业之中，之后，才扩展到了西欧的农村。这正如里弗所说，自此之后，动产和不动产之间的差别消失了，绝对所有权从此就是对财产整体而言的，从而出现了一个适用于财产整体、"能有效的抵抗整个世界的所有权"概念——Ownership，它与"绝对的个人权利"——property 一起，使所有权真正绝对化了。③

但是，不要忘记，这个真正绝对化了的所有权仅是法律上对财产权的界

① ［美］道格拉斯·C.诺斯、罗伯特·保尔·托马斯：《西方世界的兴起》，张炳九译，学苑出版社 1988 年版，第 1 页。

② W. S. Holdsworth, *A History of English Law*, V. 2 London, 1937, pp. 62,458.

③ Andrew Reeve, "The Meaning and Definition of 'property' in Seventeenth-England", *Past and Present*, V. 89.

定，而实际生活比法律复杂得多，变化也比法律快得多，法律常常滞后于现实是不争的。一个财产的所有权到底归属于谁，不能仅凭借法律的判断，还必须从财产的利益的归属来判断所有权到底归谁所有。得利才算有权，无利也就无权。一块土地法律上归你，可土地上的收入都归了别人，你拥有这块土地岂不是徒有虚名？所以，道格拉斯·诺斯告诉我们，不要忘记产权是个权利束。它由狭义的所有权、使用权、转让权、收益权等各种权利组成。也不要忘记组成这个权利束的各方会被分隔开来。因为绝大部分生产资料，只有以一定的方式与劳动力结合，投入生产过程和经营过程后才能使财产实现增值。更何况，要获得市场的诸多潜在利益，要想弥补市场的诸多缺陷，单靠享有财产所有权的个人来运作产权是远远不够的；他们必须组织起来，形成规模经济才能达到目的。因此，市场经济的主体是复杂的，绝不只是单个自然人，而往往由众多自然人组成的法人，组成的经济组织，股份公司、工场、银行等。市场经济越是发展，市场上运作的经济组织就越是复杂、种类越是繁多，规模就越是庞大。同财产所有权是单个自然人的市场主体相比，经济组织内外关系就要复杂多了。在此情况下，仅靠财产所有权的明晰和法律上的界定，仅靠市场主体对财产拥有"能有效的抵抗整个世界的所有权"是远远不够的；如是，"所有制具体化为产权制度就显得十分必要"①。故必须对经济组织的内外关系进行制度安排，对参与生产或经营的各个主体，对所有者、经营者和劳动者等，都必须有明确的权、责、利。只有让他们各行其是，各负其责，各得其利，才能获得规模经济的效益和市场潜在的利益，才能弥补市场的缺陷。所以，道格拉斯·诺斯认为，只有建立了能"使个人收益率不断接近社会收益率"的制度化设施，才能真正确立财产所有权，才能"把个人的经济努力不断引向一种社会性的活动"。因为只有这样的制度化设施才能杜绝不劳而获的"白搭车"现象，才能实现"按劳取酬"，使财产所有者所得到的收益尽可能接近财产的全部增值。如此，才能激励财产的所有者、"激励社会成员参与推动经济增长的活动"。"而一个社会经济不能增长，那一定是它不能激发起经济上的进取精神"。但是，要建立这样的"制度化设施"，绝非仅有主观意愿就行了。它需要"一种技术手段能消除

---

① 黄少安：《产权经济学导论》，山东人民出版社 1995 年版，第 104 页。

那些沾光者造成的影响"，以消除或减少"白搭车"现象；还需要实现所有权的费用小于给他们带来的收益；同时，还不能与国家的利益相左。[①]

对中外市场经济理论的上述概括说明，市场经济理论对"一般规律"的充实是相当全面的。它们尤其有益于人们对其中的第三、四、十、十二、十四条在现代化起源过程中的具体形式和过程的把握。但是，尽管他们认定财产私有权和个人自由是市场经济的基石，却没有进一步地指出这两者的结合才是市场经济拥有其他经济体制所没有的生命力的命脉所在，因而也就没有指出这一结合才是市场经济不同于指令性经济（计划经济）和一般商品经济的根源。因为资源的市场配置虽然也是市场经济不同于指令性经济体制的不同之处，但不要忘记，古罗马发达的商品经济也是依市场来配置资源的，但它却没有生命力。原因就是它的劳动者缺乏个人自由，没有实现财产私有权和个人自由的结合。因此，仅从资源配置方式的角度来定义市场经济是不完善的，它没有揭示出市场经济的命脉所在。再者，他们极力宣传市场经济有一只看不见的手，认为国家的一切干预都是不利于市场经济发展的。这是值得商榷的。"一般规律"告诉我们，"密码载体"要成长为复合超循环体需要具备边界闭合，形成大小适宜的系统等多种条件。没有这些条件，不仅自组织难以继续进化，它的"密码载体"还会因此而遭到损害甚至异变。同样地，不仅市场经济的孕育成形，分娩成长离不开民族国家等各种正反馈机制，其胚胎的形成也同样离不开王侯们的帮助。

6. 新制度经济学

为科斯所开创，被道格拉斯·C.诺斯集大成的西方新制度经济学是当代西方经济学领域的一场重大革命。它为人们分析经济社会问题提供了一个崭新的视角。它重视历史，通过剖析具体的历史来揭示经济变迁的规律；强调系统要素间的相互作用对系统结构的影响。这不仅从历史和经济的角度证实了自组织的普适性，还为自组织理论提供了大量的经验支撑。

他们所讲的制度，就是自组织理论讲的系统要素之间相互作用所形成的

---

① 参见［美］道格拉斯·C.诺斯、罗伯特·保尔·托马斯：《西方世界的兴起》，第2、7、10页。

一种秩序、规则、方式和规范。① 在中文里，制度是外来词。它源于英文
"institution"。但据韦森考证，在欧美，连三位诺贝尔奖得主哈耶克、科斯
和诺斯在使用"institution"一词时，所指内涵也有差异。哈耶克将其视作
一种"order"（秩序），科斯则把它等同于"建制结构"（有点接近
"structural arrangement"或"configuration"），而诺斯则把它视为一种"约束
规则"，即游戏规则"institutions are rules of game"。或因此故，"institution"
一词在中国学术界被翻译得很杂乱。经济学界将其释为制度，英语学界和哲
学界将其释为建制，语言学界则将其等同于惯例，等等。英文词典 *Shorter
Oxford English Dictionary* 对 "institution" 的解说："an established law,
custom, usage, practice, organization"，就有多种所指，既有"组织、机构"
的意思（an established organization），也有惯例（practice）、习俗（custom）、
法律（law）的内涵。② 但是，所有这些内涵并没有超越人们相互交往的方
式和秩序的范畴。要么是这种方式和秩序硬化后的产物，如组织、机构、法
律；要么是尚未被权威机构文字化、程序化了的方式和秩序：习俗、惯例。
换言之，它们都是指人们相互交往和相互作用的方式及由此而形成的秩序。
区别不过是文字化、法典化与否，硬化与否。因此，舒尔茨的解释，制度就
是"管束人们行为的一系列规则"是无瑕可击的。③ 其所指即是人们在相互
交往时所遵循（惯例、习俗）或必须遵循的（法律）一套规则、行为规范、
一种约束、一种框架（组织、机构）。人们得以在其中相互交往、相互作
用，形成合作或竞争的关系。因此，制度也就是人们相互联系、相互作用的
方式和秩序。从自组织理论的角度观之，就是指要素之间相互作用所形成的
一种规则、方式而已。

在对制度的内涵做了上述界定的基础上，新制度经济学阐述了制度的类
别和功能，指出，制度是由国家规定的正式约束和保证此约束得以有效实行
的实施机制及社会认可的非正式约束构成。正式约束包括政治规则、经济规
则和契约等。在这两者中，是前者决定后者，政治规则对产权制度是否有效

---

① 参见邹珊刚编著：《系统科学》，第48页。

② 参见韦森：《哈耶克或自发生成论的博弈论诠释——评肖特的"社会制度的经济理论"》，《中国社会科学》2003年第6期。

③ 参见卢现祥：《西方新制度经济学》，"导论"第3页。

尤为关键。非正式约束是人们在长期相互交往中无意识形成的生命力持久的民族文化。它主要包括价值理念、伦理规范、道德观念、风俗习性、意识形态等。其中，意识形态是核心。它不仅蕴含着其他非正式约束，还可以在形式上构成某种正式制度安排的先验模式。① 因此，文化，尤其是意识形态在制度中所起的作用最具根本性。

在正式制度中，"一系列用来建立生产、交换与分配基础的政治、社会和法律基础规则"为制度环境，其中，宪法和法律体系是关键。因此，制度环境是一国的基本制度规定，是一切制度安排赖以产生和生存的大环境，决定、影响着其他的制度安排。制度安排最接近于制度一词的通常使用的含义。它也有正规和非正规、长期和暂时之分。制度环境决定着它的性质、范围、进程等。但制度安排也反作用于制度环境，促使它发生变化。②

这不同种类的制度是对人们之间不同性质的相互交往和联系的规范。而规范之所以必要，主要是人具有主动性、能动性等特性。他追求自身利益的最大化，但理性有限，并有机会主义倾向，致使其彼此间的交往都具有不确定性和风险。这些不确定性和风险会增加人们之间相互交往中的摩擦，降低交往的效率，甚至破坏、阻断人们之间的交往，导致人们间相互作用因受这些特性的影响而产生不好的效果。因此，制度的首要功能是减少了人们经济活动中的耗费，降低了交易成本。因为制度能规范人们的思维与行为方式，并使其成为社会共识。而社会共识可以帮助人们减少相互交往之间的摩擦和障碍，降低交易成本；并形成人们交往的合理预期，帮助人们预测他人可能的行为，以安排自己的行动，减少环境的不确定性，及人的有限理性和机会主义倾向给人们相互交往所带来的风险；同时，也能将外部利益内部化，使行动的个人组织接受自己的行为所带来的结果，促使个人收益率尽量地接近社会收益率，降低甚至消除外部性所带来的危害。③

正式制度在这方面所起的作用显而易见，但非正式规则作用不亚于正式

---

① 参见［美］道格拉斯·C.诺斯：《制度、制度变迁与经济绩效》，刘守英译，上海人民出版社1994年版，第64、65页；［美］道格拉斯·C.诺斯：《经济史上的结构和变革》，厉以平译，商务印书馆1992年版，第25、197、199、200页。

② 参见［美］道格拉斯·C.诺斯：《制度、制度变迁与经济绩效》，第64、65页；道格拉斯·C.诺斯：《经济史上的结构和变革》，第197、199、200页。

③ 参见［美］道格拉斯·C.诺斯：《制度、制度变迁与经济绩效》，第84—87页。

规则。如意识形态节省交易费用的作用就十分明显，因为任何一种意识形态都是个人与其环境达成的协议。协议简化了决策过程，减少了与他人、与社会交往的障碍和摩擦，缩减了人们在相互对立的理性之间进行非此即彼的选择时所耗散的时间和成本。此其一。其二，成功的意识形态能克服搭便车问题。而搭便车问题一直是困扰人们的经济活动，尤其是技术创新。其三，能减少制度实施成本。如一个尊崇信用的意识形态就能有效地制止或减少人们贸易中的摩擦和失信，大幅度地降低司法介入的程度和法院的执行成本。再如非正式约束中的习惯能规范人们的行为，符合其规范即为标准行为，以标准行为相互交往，交易费用就会被降低。[①]

制度不仅能减少甚至消除人们相互作用所产生的摩擦，还能为人与人、人与物之间的相互往来建立合作与竞争的关系提供方便，如发行货币、统一度量衡、建立股市和保险制度等。能大幅度地减少人们相互交往中的很多麻烦，节省大量的时间、精力和费用。规范产权的流动规则能推进产权的流动，使产权从低效人手中转到高效人手中，实现人和物的最优结合，使社会经济资源得到优化配置。在这方面，非正式规则所起的作用尤为明显。因意识形态相同或习俗文化一致而实现了人与人之间、民族与民族之间、国家与国家之间的合作，建立起联盟在世界历史上是屡见不鲜的。[②]

制度的第三大功能是能激励和激发人的主动性、能动性、创造性和学习的积极性。规范产权的归属、使用和转让等权利，外部性内在化的规则等都能增强这一功能，而非正式约束中的意识形态的作用尤为突出，因信仰、宗教而为其事业献身的人在历史上是数不胜数。

和古典经济学相比较，新制度经济学的上述系列看法是个重大进步。因为古典经济学只看到分工促进了生产力的发展，而对分工所造成的影响视而不见。而新制度经济学则指出了社会分工和部门内分工的发展虽然扩大了人们相互交往、相互作用的范围和种类，但人们为此是要付出代价的，需要交易费用的。费用的高低会严重地影响分工的效益。为了降低费用，提高效

---

① 参见［美］道格拉斯·C.诺斯：《经济史上的结构和变革》，第41、47、48—55页。

② 参见［美］道格拉斯·C.诺斯：《经济史上的结构和变革》，第18、48、53、91页。

益，就有了制度。

自组织理论表明，作为一个多元复合超循环体的自组织，物质流、能量流和信息流在其体内能否畅通无阻，不仅关系到它的生存状况是否正常，能否进化，也决定了其功能的大小。可见，新制度经济学对制度的功能的揭示和阐述极大地充实了"一般规律"的第五、十、十一、十三和十四条。

在对制度功能的分析中，道格拉斯·C.诺斯对非正式约束的论述颇为独到。他说，"相对价格的变化通过事先存在的精神构想来进行过滤，从而构成了我们对这些价格变化的理解。很显然，思想以及它们赖以存在的方式在这里是起作用的"[①]。这即是说，意识形态和信念体系是人类决策的基础，两者都属文化范畴，而一种文化往往属于一个民族，它来源于集体学习，故集体学习是这个基础的源泉。因此，是集体学习严重地影响了制度的变迁。它决定了制度变迁是个渐进的、不断累积变迁的过程。因为集体学习是历史上存活下来的，体现在现在的制度、技术与文化中的经验、知识技能和行为规范等非正式规则的缓慢的累积中。这些累积下来的非正式规则既是制度变迁主体处理经济生活中大量变化的事态，也是进行决策的主要依据。只有在极少数情况下，人们才会通过集体学习形成共识来适当改变行为规则以更有利于经济活动。换言之，只有非正式规则在边际上的连续变迁，才会导致正式规则的变迁，改变经济发展的秩序和结构特征。但是，集体学习能否对经济发展构成实际影响，要取决于现行制度是否提供了必要的保障和诱导。在一个传统文化中断了的国家里，其传统文化对经济发展的影响是不乐观的。

集体学习之所以能起到这样的作用，主要是因为它具有抽象能力和类比推理的能力。但是，它不是一个人一生的学习经验，而是过去数代人体现于文化中的累积性经验，是一种静态的集合物。它与文化积淀一起促进了社会内部的交流，形成了共同的世界观与思想模式。依据这个模式，它不断地改变人们对于社会、选择和制度合法性的认识。因此，它又是一个跨越时间的人类生产知识与制度知识积累沉淀的过程、文化积淀和观念调整的过程，也是习俗习惯等非正式规则，进而是整个制度由此产生的改变的过程。[②]

---

① 韩毅：《历史的制度分析——西方制度经济史学的新进展》，辽宁大学出版社 2002 年版，第 147 页。

② 参见谭崇台主编：《发展经济学的新发展》，武汉大学出版社 1999 年版，第 282、283 页。

人们在注满传统与文化的时间长河中进行学习、获取知识，并形成新的认识充实到传统与文化中去，成为下一代人进行决策的背景和依据，持续不断地对知识进行世代累积的集体学习又受制于哪些因素？

新制度经济学认为，一个是不同时期内，个人和社会面对的不同经验；另一个是给定的信验结构、制度体系过滤经验信息的方式。这两个因素决定了人们对于学习预期和个人收益率在社会各个领域是不等的。若政治领域的预期私人收益率最高，官本位思想就会盛行，人们就会纷纷投身科举考试争夺官位利禄。其他类推。故此，并不能保证集体学习传下来的思想模式能使人们一定能解决他们所遇到的新问题以取得经济的发展。要想人们从事经济发展所需要的学习，就得依靠适当的制度安排来矫正集体学习的方向。[1] 可见，是制度决定了集体学习的方向并使其以意识形态和信念体系的形式存续下去，通过变迁主体的选择来决定制度的变迁，影响经济的发展。因此，意识形态、文化遗产所起的作用是不容忽视的。它们可谓是制度变迁动因中最深层次的根源。道格拉斯·诺斯说："我们的社会演化到今天，我们的文化传统，我们的信仰体系，这一切都是根本性的制约因素。""这也就是说，我们必须敏感地注意到这一点，你过去是怎样走过来的，你的过渡是怎样进行的，我们必须非常了解这一切，这样才能很清楚未来面对的制约因素，选择我们有哪些机会。"[2]

将文化观念、意识形态视为制度变迁主体进行选择的主要依据之一，这比起仅将相对价格的变化作为选择依据的理性假设来说要客观得多。但更重要的是，新制度经济学强调集体学习是文化观念、意识形态的来源，强调后者是影响社会演化的根本性因素的论述，则与 CAS 理论是异曲同工，对"一般规律"第十四条提供了绝佳的注释。除此之外，新制度经济学对"一般规律"还有五大贡献。

第一，新制度经济学不仅对系统演变类型做出了与自组织理论相同的划分，并且阐述了划分的理由，因而不仅证实了现代化起源只能是个自组织过程，也对"一般规律"第六、十条提供了充分的理论支持和史实依据。

---

① 参见谭崇台主编：《发展经济学的新发展》，第 283 页。

② 参见［美］道格拉斯·C.诺斯：《制度变迁理论纲要》，《改革》1995 年第 3 期。

新制度经济学将制度变迁分为需求主导型的制度变迁和供给主导型的制度变迁两大类型。前者变迁的动力、指令来源于民间的个人或团体。它是人们"在响应获利机会时自发倡导、组织和实行"的。[①] 是人们为了获得潜在的利益，即在潜在的利益的引诱下发生的，故又被人们称为"诱致型的制度变迁"。在这个变迁类型中，人们对制度的需求是制度变迁的主要诱因和主要动力。后种类型的变迁的动力和指令则是来自于政府和国家，由政府和国家通过颁布命令或引入法律实现的。由于这种制度变迁非民间的需求而产生，又有不同程度的强制性，故又被称为"强制性的制度变迁"。

新制度经济学划分制度变迁类型的依据是变迁的指令来源，是系统之内，还是系统之外，这与自组织理论划分系统变迁类型的依据是完全一致的。新制度经济学谓之的诱致型的制度变迁就是后者所讲的自组织过程；它所讲的强制性的制度变迁就是后者所讲的他组织过程。但是，这两个理论是在不同层次上做这种划分的。自组织理论指的是物质世界整体演化的一般内在机制，而新制度经济学指的是经济系统转型的一般规律，故前者的抽象层次远高于后者，所抽象出的系统变迁的规律具有一般性，但却较简单而缺少具体内容；新制度经济学相反，它对转型规律的研究要深入得多、具体得多。例如，自组织理论对自组织本质的形成的原因着墨不多。而新制度经济学对现代化起源只能是自组织过程，而不可能是强制性制度变迁做了深入的分析。它指出，强制性制度变迁的主体是国家，而国家同个人一样，也是一个追求自身利益最大化的经济人，也面临着生存和发展的问题；面临着潜在对手的竞争；它们与民众之间也有一个交换关系，它们向民众提供保护与公正，以换取税收。为此，它有两个基本目标，一是界定所有权结构，以使其租金最大化；二是在第一个目标的框架中降低交易费用，以便使社会的总产出最大化，从而增加国家的税收。而这两个目标之间显然有着持久的冲突。因为有效率的产权的确立与统治者的利益最大化之间是矛盾的，甚至是对立的。[②] 因此，尽管国家在确立产权、提供制度上具有规模效益，能以更低的成本确立和实行所有权，降低产权界定和交易费用，并能有效地防止搭便车

---

① 参见林毅夫：《关于制度变迁的经济学理论：诱致性变迁与强制性变迁》，[美] 科斯等：《财产权利与制度变迁——产权学派与新制度学派译文集》，刘守英译，上海三联书店1991年版。

② 参见 [美] 道格拉斯·C. 诺斯：《经济史上的结构和变革》，第25、26页。

等优势，但是，在统治者偏好的特定效用函数中，除了经济因素之外，还有政治因素、意识形态等，以致国家在着手制度供给时面临着统治者偏好的多元性和有限理性、意识形态的刚性、集团利益冲突、官僚政治、社会科学知识的不足、国家的生存危机等各式各样的问题，以至它强制提供给社会的制度往往是低效率的和无效率的。为了实现自己租金的最大化，国家常把产权当成一种政策变量而非制度变量而随意变更产权关系。它既然今天可以根据政治需要把产权给你，明天也可以根据政治的需要把产权从你手中拿走。[1]因此，新制度经济学认为国家对制度的供给、干预和管制往往造成了所有制的残缺、无效，"违背了权利的本性"，"造成了一种根本的和巨大的扭曲"，结果是破坏了社会稳定的基础，导致了经济的停滞或衰退。人类历史上无效率的产权之所以成为常态，许多国家的发展之所以迟滞不前，其根源即在于此。[2]

第二，新制度经济学揭示了诱致型制度变迁发生的各种诱因及诱因引发制度变迁的条件、机制和原理，极大地丰富和充实了"一般规律"第十条和第十二条的内容。

自组织理论阐明了自组织过程的诱因是涨落。涨落本指大海中波涛的起伏，自组织理论将其指称为"系统中某个变量的行为对平均值发生的偏离"。涨落分内涨落和外涨落两大类型。后者指系统的环境所发生的变化，这种变化在与系统的相互作用中就会影响到系统的进化；前者则发生在系统内部。[3] 在系统处于非平衡态的条件下，这些涨落就有可能成为系统发生演变的诱因。在社会系统中，引发涨落到底有哪些因素，新制度经济学回答了这一问题。

为此，它把新古典经济学的市场供需均衡理论引了进来。认为制度如同商品，也有一个供给与需求，及供需平衡市场才能正常运行的问题。据此，新制度经济学又将诱致性制度变迁称之为需求主导型制度变迁，将强制性的制度变迁称之为供给主导型制度变迁。需求主导型制度变迁是在制度供需失去平衡时才发生的。而制度供需的失衡则是制度的需求偏离常态而导致的，因此，它即是自组织理论所讲的涨落。涨落中常含有在现有制度中无法得到

① 参见［美］道格拉斯·C.诺斯：《经济史上的结构和变革》，第25、43、44、64页。
② 参见卢现祥：《西方新制度经济学》，第166、198、202页。
③ 参见颜泽贤：《耗散结构与系统演化》，第77、192页。

的利益，只有变更制度才能获得，故被人们称为潜在的利益。要获得它，只有变更现有的制度，制度变迁因而发生。通过制度变迁，制度供需又恢复了平衡。

涨落因此而起，原因多种多样。一是要素价格比例的变化，如土地与劳动、劳动与资本、土地与资本比例的变化，等等；二是信息成本的变化；三是包括军事技术在内的技术进步，等等。此外，社会各团体对收入预期的变化所导致的偏好的改变；其他制度安排的改变，尤其是制度环境的变动，如宪法的变动、社会科学的进步、知识的增加等都会产生潜在的利益，诱发制度的变迁。[1]

发生了涨落，出现了制度供需的失衡是不是就一定会引发制度的变迁？新制度经济学的答案是否定的。它认为涨落只为制度变迁提供了一种可能性，要将其变为现实，还须具备很多条件。一是确立和维持新制度的预期收益要超过预期成本。因为任何一个新制度代替旧制度都需要创新者花费精力和时间与他人进行磋商、谈判。假若制度变迁主体不是个人而是集体，还需要进行大量的组织工作，付出谈判成本和组织成本。只有在这些预期成本的总和小于实施新制度的预期收益的情况下，制度变迁才可能发生；否则，无利可图，即使制度供需失衡，制度变迁也不可能发生。[2] 二是要看制度环境和外部条件给制度变迁和新制度安排的生存是否提供了必要的空间和边界。如果新制度安排超过了制度环境所允许的边界，那制度变迁就难以发生。在制度环境中，最具典型性的就是国家的宪法和文化传统。在崇尚"祖宗之法不可违""奇技淫巧不足惜"的中国封建社会里，任何制度变迁都难有发生的空间。正因此故，在社会科学知识十分贫乏的古代，诱致性的制度变迁只能发生在处于原始混沌状态的社会里。三是要看力量的对比。这就是说，变迁制度的想法能否实现，要"取决于赞同、支持和推动这一制度变迁的主体集合与其他利益主体的力量对比中是否处于优势地位。如果力量优势明显"，则制度变迁有可能发生，新制度会取代旧制度。四是要看制度变迁主

---

① 参见林毅夫：《关于制度变迁的经济学理论：诱致性变迁与强制性变迁》；[美]科斯等：《财产权利与制度变迁——产权学派与新制度经济学派译文集》，第384页；卢现祥：《西方新制度经济学》，第107、108页。

② 参见[美]道格拉斯·C.诺斯、罗伯特·保尔·托马斯：《西方世界的兴起》，第33、4、8页。

体的个人或组织是否有实现制度变迁所需要的知识、技术和学习能力，即创新能力。[①] 只有上述几个方面的条件都具备了，制度变迁才有可能发生；否则，即使发生了涨落，制度供求失衡，制度也不会变迁。

第三，它的路径依赖理论如同自组织理论中的超循环论，为"一般规律"第二、三、四、五条和第十条提供了大量的事实依据和强有力的理论支持。

诺斯说，"人们过去做出的选择决定了他们现在可能的选择"[②]。因为最初形成的制度可以凭借先占的优势地位战胜后来建立的制度，理解一个社会制度变迁的历史轨迹的关键因而要追溯到它的初始制度。近代英国和西班牙的经济发展之所以走上完全相反的道路，独立后的拉美各国一个又一个地回到集权官僚控制中去，与美国的差距越来越大，原因全在于它们的初始制度的巨大差别。[③] 而初始制度能成长起来就在于制度变迁中也同样存在着类似于技术演变过程中的报酬递增和自我强化的机制。在付出大量的初始成本之后，随之的制度运行和推广的追加成本和单位成本会下降，它因此而能获得后来的制度难以得到的规模效益；初始制度产生后，将会导致与其相配套的一系列正式规则和非正式规则的产生，形成一个以初始制度为核心的制度矩阵，并促成了与这一制度矩阵的共存共荣的利益集团的产生，发展出一个庞大的制度网络和社会势力；此外，制度普遍流行所导致的人们对制度的改进、降低制度成本的学习效应；人们纷纷采取与制度相同、相近、相配套的行为，以获得合作利益的协调效应；人们会因此而广泛地预测初始制度会持久下去、流行开来的良好预期，都会进一步地增强制度自我增强的能力，初始制度及以其为核心的制度矩阵会越来越扩展，形成一个制度变迁的长期轨迹。但是，这个轨迹能否带来经济的长期增长，则还要取决于政治市场的完全程度。如果政治市场是竞争性的、完全的，"一种具有适应性的有效的制度演进的轨迹将允许组织在环境不确定性下选择最大化目标，允许组织进行

---

① 参见［美］道格拉斯·C.诺斯：《经济史上的结构和变革》，第 30、31、105、197、199、200 页；V. Ruttan, "Social Science Knowledge and Institutional Change", *American Journal of Agricultural Economics*, Dec., 1984；［美］道格拉斯·C.诺斯、罗伯特·保尔·托马斯：《西方世界的兴起》，第 3—11 页。

② 卢现祥：《西方新制度经济学》，第 89 页。

③ 参见谭崇台主编：《发展经济学的新发展》，第 287 页。

各种试验，允许组织建立有效的反馈机制，去识别和消除相对无效的选择，并保护组织的产权，从而导致长期经济增长"。若政治市场不完全，初选的制度又无效，与初始制度共存共荣的组织和利益集团就会加强这个初选的制度，并增强维持这个制度的政治组织，使这种无效的制度变迁的轨迹持续下去。①

同诺斯的其他理论一样，这一理论也遭到了不少的批评。一是指责他引以为据的技术演进的轨迹中的键盘等例证不实；二是根本不存在什么政治市场，所谓的政治制度的成本和收益的计算也是无法确定和不真实的，用它们去说明路径依赖形成也就缺乏说服力；三是文化决定初选制度只不过是唯心史观的翻版。②

这些批评虽然不无道理，但诺斯的这一理论却与超循环理论不谋而合。路径依赖的诸多特征和超循环的许多特点是如出一辙。如"一旦建立则永存"的选择机理；圈内各方相助增长，却不容许"独立竞争者集结"；产物以双曲线速度增长等等。③ 此外，它所讲的完全的、竞争性的政治市场是经济实现长期增长的前提，同自组织理论讲的自组织只能产生于原始混沌态的坏境中完全是同语反复。它实际上是说，只要没有强大功能组织的干预，不利于获得潜在利益的制度即使最初被选上，也会在日后的竞争中被淘汰；最后能自我强化，形成路径依赖轨迹的是有效率的制度。反之，在功能组织的保护下，最初选择上的无效率或低效率的制度，不仅不会被淘汰，反而会随着报酬递增而不断地强化，并发展成一个与其配套的庞大的制度矩阵和利益集团。

第四，新制度经济学的国家学说为"一般规律"第六条和第十条提供了无可置辩的论据和丰富的内涵。

由于受达尔文的优胜劣汰思想的影响，在经济发展和人类未来的问题上，新古典经济理论和后人理解的历史唯物主义都是乐观派。它们宣传：

---

① 参见［美］道格拉斯·C.诺斯：《制度、制度变迁和经业绩》，第150页；卢现祥：《西方新制度经济学》，第88—91页。

② 参见林岗：《诺斯与马克思：关于制度变迁道路理论的阐释》，《中国社会科学》2001年第1期。

③ 参见［美］M.艾根、P.舒斯特尔：《超循环论》，第3、5、11、139、140页；赵凯荣：《复杂性哲学》，第35、37页；吴彤：《生长的旋律——自组织演化的科学》，"导论"，第52页。

"在历史进程中，无效的制度会被扬弃，有效的制度会存活下来，因此，更为有效的经济、政治与社会组织形式是逐渐演进来的"①，人类社会因而最终都将到达最理想的状态。

然而，近代英国和西班牙的故事告诉人们，人类历史上，经济持续发展只发生在英国等少数国家，经济停滞甚至倒退是常态，为什么这些预测与历史是如此地枘凿不入？

诺斯的答案是："西方世界的兴起就在于发展了一种有效率的经济组织。"而要建立有效率的经济组织，就"需要建立制度化的设施，并确立财产所有权，把个人的经济努力不断地引向一种社会性活动，使个人收益率不断地接近社会收益率"②。因此，制度建设，尤其是产权制度的建设，是决定经济组织效率高低的关键。③ 制度不同，基于其上的经济组织也就不同，所带来的经济效率也就不一样，甚至大相悬殊。在人类历史上，有效率的制度安排却是少有的，常见的则都是低效率，甚至是无效率的制度安排。懂得了这一点，也就会懂得经济停滞甚至倒退为何会成为人类社会的常态。

那么，又是谁在制度安排上起了决定性的作用？国家。但是，诺斯眼中的国家不同于传统说法。他既不将国家视为社会契约的产物，也不视其为一个阶级剥削、压迫另一个阶级的暴力工具，而是认定国家带有契约和掠夺的双重属性，从而创立了国家的暴力潜能分配论。此论认为一切能转化为暴力的力量，如经济力、财力等均含有暴力潜能。若暴力潜能在社会各种力量之间平等分配便产生了契约性的国家；若暴力潜能全部或大半被国家所掌握，便产生了掠夺性的国家。④ 不同性质的国家会导出不同性质的制度环境。制度环境是一切制度安排赖以产生和运行的背景，它决定于国家的性质是掠夺性的国家还是契约性的国家。国家之重要，除了由它提供制度环境外，还因为它在安排和维护制度上具有规模效益，能以最低的成本确立和实现所有权；同时，国家能凭借暴力在全社会实现所有权，因此，没有政府的权力很

---

① ［美］道格拉斯·C.诺斯：《制度、制度变迁与经济绩效》，第124页。
② ［美］道格拉斯·C.诺斯、罗伯特·保尔·托马斯：《西方世界的兴起》，第1页；黄少安：《产权经济学导论》，第224、225页。
③ 参见黄少安：《产权经济学导论》，第67页。
④ 参见［美］道格拉斯·C.诺斯：《经济史上的结构和变革》，第22、23页。

难想象所有权会普遍地实现。[①] 但是，国家又是一个经济人。它在追求自身利益最大化的时候往往不惜确立和实行无效制度、低效制度，使产权残缺、失灵；甚至改变制度环境，使路径逆转，经济由增长转为停滞或倒退。历史表明，路径逆转"一般是由政治团体的变迁导致的"[②]。"即使对历史和当代最一般制度的考察，也可清楚地看到无效率的产权是常态而不是偶然"。于是，就有了著名的国家悖论："没有国家办不成事，但有了国家又有很多麻烦"。[③] 是成也萧何，败也萧何。

诺斯的国家学说影响巨大，它不仅使人们对国家有了崭新的认识，对民族国家在现代化过程中的关键作用有了更深的理解，也对系统结构决定系统功能做了强有力的论证。因为诺斯的国家学说是以经济制度决定经济绩效为基石的。但是，他的国家学说也有其不足。他认为政治制度决定经济制度、决定产权制度的观点和其暴力潜能分配说是相矛盾的。因为这意味着作为暴力潜能分配的结果的国家同时又是暴力潜能的分配者，既是因又是果，这是不能成立的。暴力潜能的所有权和分配权不可能仅由国家控制，这就提醒我们在下面的研究中，应注重暴力潜能的分配权及其分配状况、变化，及其原因。

第五，诺斯认为制度变迁源于制度供需失衡。[④] 失衡同偏离常规的涨落显然是同语反复。虽然他的相关论述远不及"一般规律"第十二条那么深刻全面，但亦证实涨落的发生和放大也是现代化所必经的途径。

与其他现代化起源理论相比较，新制度经济学对现代化起源的研究的贡献是巨大的。但是，由于它是在未能掌握自组织理论的原理的情况下问世的，故它对现代社会生成的研究仍然是处于从具体到抽象的阶段；再加上其思维方式传统，因而不可能将现代化起源的全过程在精神上再现出来，以致在这个课题上留下了许多空白。例如，它无视系统要素的性质、种类上的差

---

① ［美］道格拉斯·C.诺斯：《经济史上的结构和变革》，"译者序言"，第18、24、43、44页。

② 韩毅：《历史的制度分析——西方制度经济史学的新进展》，第152页。

③ 参见［美］道格拉斯·C.诺斯：《经济史上的结构和变革》，第21—26页；卢现祥：《西方新制度经济学》，第168页。

④ 参见林毅夫：《关于制度变迁的经济学理论：诱致性变迁与强制性变迁》；［美］科斯等：《财产权利与制度变迁——产权学派与新制度经济学派译文集》，第384页；卢现祥：《西方新制度经济学》，第107、108页。

异，及系统要素相互作用的距离的长短对系统的非线性动力的影响；也没有探讨过要素是如何从单一转为复杂的。虽然也曾谈到分工，但仅囿于亚当·斯密的理论，视其为市场扩大的结果，却没有研究要素的分化和整合在扩大市场上的作用，以致毫无系统与环境的观念，对系统与系统、系统与环境之间的相互作用及其对社会变迁的重大影响的研究是个空白。诸如此类的空白在新制度经济学的制度变迁学说中还可列出不少，故此，笔者才认为诺斯的制度变迁理论也是只见树木不见森林。

7. 历史制度分析理论

历史制度分析理论是历史比较制度分析理论（Historical and Comparative Institutional Analysis）的简称。它于 20 世纪 90 年代中期兴起于美国。其代表人物是斯坦福大学的艾夫纳·格瑞夫（Avner Greif）教授，以及加里·李贝开普（Gary D. Libecap）、李·阿尔斯顿（Lee J. Alston）、约瑟夫·弗瑞尔（Joseph P. Ferrie）、巴里·温加斯顿（Barry R. Weingast）等人。

同新制度经济学一样，历史制度分析理论重视制度变量在经济发展和社会变迁中的作用，与新制度经济学有血缘关系，是新制度经济学的最新发展。但是，在其理论体系中，新古典经济学的微观经济学的地位远不如新制度经济学；而历史则被其摆在首位，被视为不仅具有背景的功能，也是认识世界的基本方法之一，历史成了其理论的基本来源，历史遗产在制度变迁中的作用得到空前的重视。这表明，它继承了经济学界上自亚当·斯密、李斯特、罗雪儿、斯穆勒，下到福格尔、诺斯的突出历史分析在制度变迁中的作用的传统；并创造性地将不同时间和空间、不同领域的制度纳入同一视野进行比较研究，形成了它独特的思维框架。其核心思想是：制度及其变迁并非孤立地存在，而是嵌入复杂的经济关系、政治关系、社会关系、社会组织及文化环境中，唯有在历史进程中，在总体分析和跨学科、跨文化研究的视野中，才能更好地把握制度演进的深层原因。① 可见，历史制度分析理论的研究原则与复杂性思维的原理是一致的，都坚持从系统整体出发去认识部分；强调系统总体分析、系统过程分析（历史分析）和要素分析（人文传统分

---

① 参见林义：《制度分析及其方法论意义》，《经济学家》2001 年第 4 期。

析）；坚持跨学科、跨文化的研究原则。它所讲的制度因而也是一个横跨经济、政治、文化和社会结构等领域的综合性的大制度概念。它运用这一概念探讨历史上的制度的变迁，弥补了新制度经济学的某些不足。

历史制度分析理论还继承了由美国经济学家安德鲁·肖特（Andrew Schotter）所开创的用博弈论研究社会制度生成的研究方法。在 1981 年出版的《社会制度的经济理论》中，肖特一开始就指出在制度产生的机制上有两种不同的认识。一是亚当·斯密和门格尔的演化生成论，二是康芒斯的"制度是集体行动控制个体行动"的制度设计论。他承继了前一种认识，并有史以来第一次将博弈论引入制度形成过程的分析，正确地指出"制度的出现首先要解决人们社会生活中普遍存在的囚犯困境弈局和其他协调博弈的问题。如果一个社会反复地面临某种困境博弈局面，那么，它应该演化出某种行为规则，以避免反复出现非效率的均衡策略的采用"。这种行为规则应成为一个社会惯例，"它规定了在重复博弈情况下当事人的行为，并且将被他们所遵循"。据此，他认为"社会制度最好是被描述为由某种特定成分博弈的反复进行而形成的超博弈（Supergames）的非合作均衡，而不是一次性博弈的特征"，并由此而认定制度"是通过人类行动而不是人类设计而有机地孳生（organically）出来的"①。

如果说哈耶克的"自发社会秩序理论"还仅停留在直觉和经验观察上，还缺乏理论论证的话，那么，肖特则用博弈论弥补了他的这一缺陷，用一个精美的博弈模型展示了哈耶克所讲的自发社会秩序的生成机制。继肖特之后，英国的经济学家萨金、宾默尔等人也相继将博弈论引入制度生成机制的研究中，格瑞夫的独特之处在于他把引入博弈论与历史比较分析结合起来，使制度生成的博弈论模型更具有说服力，充实了自组织理论。

格瑞夫认为以道格拉斯·诺斯为代表的新经济史学所依赖的交易成本经济学、产权理论和公共选择理论只能考察由国家界定并实施的制度，而忽视了它对自我实施制度，对制度选择和路径依赖的考察，以致其将国家视为制度的唯一来源。事实上，历史上的大部分制度并非是由国家出台实行的，而

① Andrew Schotter, *The Economic Theory of Social Institutions*, pp.24,28, 引自韦森：《哈耶克或自发生成论的博弈论诠释——评肖特的"社会制度的经济理论"》，《中国社会科学》2003 年第 6 期。

是自我实施的。为此，格瑞夫将制度定义为"本身是自我实施的对行为的非技术决定的约束"①，从而将研究的重点转向缺少或不存在国家与集中的法律体制情况下的自我实施制度。鉴于制度及其变迁并非孤立地存在，而是嵌入复杂的经济关系、政治关系、社会关系、社会组织及文化环境之中；再考虑到任何社会领域的成员都有他自己的动机，格瑞夫认为，任何社会结构，尤其是制度，都是社会成员交互作用的结果。② 故此，他认为制度是相互作用的各方博弈的产物，博弈论也就因此而被他引入了对自我实施制度的研究。他用博弈论对商业革命前夕，即 11 至 13 世纪时活跃于地中海地区的马格里布商人集团和热那亚集团进行了比较研究，建立了"特殊历史关系模型"（A Context-Specific model），得出了很多有意义的结论。

格瑞夫先用重复博弈论在理论上证明了中世纪晚期盛行于热那亚及意大利、英国、法国和佛兰德尔的社区责任制和热那亚的雇佣执政官制度都是在缺乏国家和中央法律制度下产生的自我实施制度。后者停息了热那亚的家族内斗，用和平和合作取代了内部冲突，热那亚得以团结一致对外扩张，带来了热那亚的黄金时代；前者则同马格里布联盟组织一样，解决了区际的贸易信用问题，克服了海外贸易中的代理关系和远距离个人交易中的这个障碍，从而为海外市场扩大、贸易的繁荣和经济增长奠定了必要的制度基础。借此证明，在国家和中央法律制度产生之前，自我实施制度的变迁是经济增长的主要动力。

随之，格瑞夫分析了马格里布人和热那亚人因文化信仰的不同而采用了不同的内部制度来应对社区间贸易的代理问题和信用问题。马格里布人信仰集体主义，热那亚人奉行个人主义。不同的文化信仰选择了不同的社区制度，也因此而在区际贸易中选择了不同的代理关系。马格里布人的代理关系是横向的，即一个商人一身二任，既是贸易商，也是代理商，结果，向海外开拓新市场时，只靠选派本联盟的人前往，而不能雇用当地人担任代理商，故此，马格里布人的海外市场的开拓也伴随着其组织联盟及其组织的扩大。由于基于集体主义之上，联盟组织内部保持着信息畅通、相互帮助的习俗，

---

① 韩毅：《历史的制度分析——西方制度经济史学的新进展》，第 16 页。
② 参见青木昌彦：《熊彼特式的制度创新》，《比较》（第十九辑），中信出版社 2005 年版。

并建立了行之有效的惩罚机制，故也就不需要建立提货单制度、保险制度等有助于商业代理业务的制度；联盟能妥善地解决商业代理人的问题，家族企业、股份制公司也就丧失了存在的可能性。反之，热那亚人的代理关系是纵向的，即贸易商就是贸易商，他不一身二任，不担任代理商，代理商必须雇用他人担任，向海外扩张时就不可避免地雇用当地人，并依靠社区责任制来实施惩罚以解决代理商的诚信问题。个人主义信仰主导了社会，热那亚内部也就是信息不畅、人情冷漠、缺乏互助精神。随着热那亚商业海外扩张的发展，为了弥补这些不足，热那亚人实现了一系列创新，发明了提货单制度、保险制度等；家族企业因为能有效地解决代理人问题也开始流行起来。家族企业发展到一定的程度，向外人出售股份也就势所必然，于是，股份制公司等组织创新也就应运而生。

　　把博弈论引入制度变迁研究无疑是历史制度分析理论的最值得一提的创新和亮点。这对于现代化起源的研究意义更为重大。因为现代化起源是个自组织过程而非他组织过程。自组织过程的制度变迁是需求主导型的而非供给主导型的。需求主导型制度变迁的最大特点是制度变迁的实施者并非是国家而是民间组织。从这个意义上讲，需求主导型制度变迁路径中的大多数制度变迁是自我实施型的制度变迁，而不是由国家和中央法律体制主导的制度变迁。但是，自我实施制度并非任由实施主体按照自己的意愿任意而为，他们面临着很多约束条件。首先就是利益各方的相互较劲、相互博弈，这就需要通过引进博弈论来解答这个问题；可是，博弈论虽然能解答博弈的结局，即能解释为什么能产生不同的制度均衡，却不能找出产生这种特定的制度均衡的原因；而格瑞夫的第二个高明之处就在于他在此时引入了历史，在不忘记诸多因素是制度变迁内在制约的同时，强调初始文化信仰对制度变迁是非常关键的内生变量，从而合理地解答了博弈为何有不同的结局。通过对马格里布和热那亚的这种"特殊历史关系模型"的深入探讨和比较分析，格瑞夫认为是文化上的差异导致了这两个社会对制度的不同选择。热那亚人以个人主义为其选择的中轴，而热那亚人则选择了集体主义的均衡，而这都是他们的宗教信仰所决定的。热那亚人所信奉的基督教将个人而不是将社会集团置于其价值观的中心，马格里布人则完全接受了其所居地的穆斯林社会的价值观。不同的文化价值观决定了两个社会在社会组织、社会习俗上的上述一系列差别，并深刻地影响了他们之后一系列组织演变，使他们在商业代理关系上选择了不同的组织模式，进而在近代商业组织的建立上走上了完全不同的道路。热那亚人实现了一系列技术创新和组织创新，而马格里布人则被锁定在原来的位置上而无任何创见和发明。可见，文化信仰对制度演变的影响是持续而又深远，而制度演变又在很大程度上决定了一个社会经济发展的历史和轨迹，格瑞夫也就继诺斯之后，从理论上和经验上论证了文化信仰在不同的博弈和均衡之间建立了内在联系和承继关系，因而在制度变迁轨迹中起了决定性的作用。据此，格瑞夫认为历史的制度分析揭示了一个社会内部经济、文化、社会特征之间的关系的复杂性。不同的社会制度，"在很大程度上归结于他们不同的社会文化特征，而这些特征又进一步强化了其经济制度"。

历史制度分析理论在路径依赖问题上突出了文化信仰在制度选择上的作用，使我们清晰地看到了集体主义和个人主义怎样支配了马格里布人和热那亚人对制度的一系列的不同选择，使这两个民族有着完全不同的制度变迁轨迹和经济发展道路。这极大地深化了诺斯的文化观念、信仰体系是决定社会发展的制度变迁的根本性制约因素的论述，丰富了诺斯的路径依赖理论和艾根的超循环论。

诺斯认为，非正式约束可以在形式上构成某种正式制度安排的先验模式。这就意味着受其影响的不仅有制度，还有依据制度所建立起来的组织。格瑞夫证实了这一点。他说，一个社会组织——它的经济、法律、政治和社会以及道德强制制度——是伴随着它的社会建构、信息传递和协调机制的，并且对长期的制度演化具有非常重要的影响。[1] 从传统文化信仰的演进过程看，组织导入反映了知识存量的存长，并且导致了有意识的追求和无意识的产出。如行会，由于具有文化信仰的依托，才能够广泛地在不同商人集团之间建立信息声誉机制，并对行会成员产生诚信和道德强制。只有在这种多边声誉机制形成的过程中，长距离的贸易才有可能。[2] 可见，在格瑞夫的理论

---

① 参见 Avner Greif, "Reputation and Coalitions in Medieval Trade: Evidence on the Maghribi Traders", *The Journal of Economic History*, V. XLIX, No, 4 (Dec. 1989)。

② 参见 Avner Greif, "Reputation and Coalitions in Medieval Trade: Evidence on the Maghribi Traders", *The Journal of Economic History*, V. XLIX, No, 4 (Dec. 1989)。

模型中，预期和组织是两个相互影响的制度性的构成因素。一个博弈的参与者关于其他参与者行为的预期是非技术性约束，这些约束是每一个博弈的参与者都必须面对而无法回避的，故预期影响了博弈参与者的行为；而组织也是一种非技术性的约束，因为它会通过引入新的参与者影响博弈结构中的信息交流和行为，以及各自的收益均衡。

据此，格瑞夫认为历史之所以不能选择更有效率的制度的情况成了常态，主要是三种因素阻碍了社会对制度的成功选择，而文化位居其首。因为"文化信仰是一种非协调的预期，经济变迁的能力就是其历史的函数。这意味着一个社会使用另一个社会的组织的能力是有限的"；再就是"现存组织与制度"，它们"影响个人与社会对外生变化的反应，而且决定对于新组织的引入的激励。因此，过去的组织引导未来制度和组织的发展"；三是由文化信仰、组织等因素所构成的制度结构影响价值观和社会实施机制的发展，"它们抑制了背离过去行为模式的灵活性"①。因此，历史制度分析理论不仅使人们认识到，了解一个制度变迁必须以历史为基石，通过历史来了解博弈的过程及其所达成的制度均衡，还使人们了解到每一次均衡所需要的条件以及所面临的约束，从而使人们对制度变迁路径依赖的性质和过程理解得更加深刻。

上述表明，历史制度分析理论丰富了"一般规律"的许多内容，对"一般规律"第十四条的贡献尤其卓著。因为它为组织指令是系统要素的学习性、适应性所导入的知识存量的函数提供了一个强有力的历史例证。

历史制度分析理论当然也存在着很多不足。如格瑞夫对自我实施制度下的定义除了上述短短的 20 个字外，对这一定义的内涵外延和基本构成未做任何进一步的说明。在他那里，自我实施制度仅指那些并非由国家界定并强制实施的制度。而他所说的国家是近代才出现的民族国家，这之前的诸侯王国、城邦国家等都不在其列；所说的中央法律体制也仅指民族国家制定的法律体系，而不是由诸侯王国、城邦国家实施的地区性的法律制度。② 据此，那诸侯王国政府强加给社会的制度也属于自我实施的制度了。而这种制度发

① 韩毅：《历史的制度分析——西方制度经济史学的新进展》，第 27 页。
② 参见韩毅：《历史的制度分析——西方制度经济史学的新进展》，第 172 页。

生的动因和条件显然不同于上述格瑞夫所讲的自我实施制度，也明显有别于诱致型的制度变迁。但关键是，博弈论在研究上述制度变迁时没有用武之地，因为在这个变迁过程中罕有博弈。因此，我们认为将博弈论用于制度变迁研究是个创新，也很有必要。问题是要将其用于制度变迁过程中真正发生过博弈的地方，而不是用于那些博弈罕见的场所，是否发生过博弈因而应是我们决定博弈论应用于制度变迁研究的唯一的准绳；而不是以正规制度或非正规制度来划界，也不以是否有国家界定作为标准。因为非正规规则中有许多制度变迁并非从博弈中产生。如哈耶克所说，它们中很多是试错的结果，是模仿、学习的产物。相反，由国家界定和实施的正式制度中却不乏博弈的产物。英国著名的大宪章和牛津条例不就是国王和与以贵族阶级为代表的社会力量反复博弈的结果吗？而类似这样的结果在英国国会史上又何止成百上千？英国国会颁布的很多法律、条令都是迫于市民阶级和第三等级的压力而被迫承认的既成事实。因此，又有什么理由把国家制定和承认的正式规则统统排除在博弈论探索的范围之外？再说，民族国家的产生又何尝不是博弈的产物？为什么英国产生了一个民众认可的专制王权，而法国却产生了一个有绝对专制主义倾向的王权？还不都是两国王权与其他社会势力进行博弈的结果。所以，博弈论只能用于也必须用于现代化起源过程中真正发生过博弈的地方无疑是正确的选择。

在这些地方引入博弈论之所以必要，主要是制度变迁不仅需要诱因，还要取决于多种条件，其中一条就是力量的对比。只有制度变迁主体在与其他主体力量的博弈中获胜，制度变迁才能成为现实。将博弈论引入其中，就能使我们对制度变迁的内在机制的认识更加深入、更加入微，能在精神上将制度变迁的细节再现出来。但是，如众所知，博弈的很多结果并非是唯一的，而往往是多重的。如纳什均衡的结果往往是两个甚至是更多的均衡。因此，不能将博弈论的作用夸大，而必须将其与历史的比较方法和历史经验分析方法结合起来，注重于历史个案的经验研究与归纳，并尽量地搜集个案的数量、扩展其涵盖的范围，注意个案之间的比较和归纳。尤其要把被长期推崇为历史发展的主要动力阶级斗争也纳入研究的范围。因为阶级斗争是典型的博弈。如此，才能将抽象出来的规律从特殊上升到一般，以丰富制度变迁理论，进而推进自组织理论在社会系统中的应用。

8. 经济发展的两部门模型

经济发展的两部门模型又称为两部门理论，是发展经济学的主要理论之一。它在总结发达国家的现代化的历史经验的基础上，概括出了经济起飞，尤其是农业生产力取得突破性发展的规律。该理论的创始人、1979 年的诺贝尔经济学奖得主刘易斯（R. R. Lewis）提出，实现一个国家经济起飞的关键是将传统农业中处于隐蔽性失业状态下的劳动力转移到工商业部门。只有实现了这一转移，才能使人均收入从递减转为递增，超过人口的增长，以实现经济的起飞，使社会挣脱马尔萨斯陷阱；否则，农业就永远无法摆脱低水平的均衡状态，国民经济的起飞就可望而不可及。

为什么不将传统农业中的剩余劳动力转移出去，传统经济就会永远滞留在低水平的均衡状态上？两部门理论正是从解答这一问题入手来阐述其理论体系的。它认为传统经济是以自给自足、生产要素基本不流动的农业为主体的，而以生产要素的流动为特征的工商业是微不足道的。而农业的主要生产要素仅有三种：土地、劳动力和技术（包括工具）。因此，只要运用产值、土地、劳动力和技术这几个变量就能阐明传统经济为何只能滞留在低水平均衡状态而使社会难以挣脱马尔萨斯陷阱。

先假定土地 T 和技术 A 不会随时间 t 而改变，它们是不变的，而劳动力 L 可变，它会随时间的变化而增加。于是，当劳动力 L 随着人口的持续增长而不断地加于不变的土地 T 之上时，产值虽然会增加，但其数量却是不断递减的。因为土地的产量与劳动力的投入并不总是成正比的，它要受劳动力之外的许多因素的影响：作物品种、自然条件、气候变化等，这即是李嘉图所说的"土地收益递减规律"。因此，当土地 T 和技术 A 不随时间变化而变化时，虽然最初每增加一个单位的劳动投入量 K 就会有增加的产值 U 与之相对应，但随着时间的推移，增加的产值 U 会越来越少，产值 U 持续地递减。再往下去，投入的劳动力不论增加多少，产值 U 也不会增加，它停滞不动了。这就是说，在土地的收益递减规律的作用下，劳动的边际生产率，即增加的劳动投入量（边际劳动投入量）与增加的产值（劳动的边际产值）之比是下降的。

要想改变这一局面，一是增加土地的数量，这就意味着有更多的土地和劳动力相互作用，从而使农业劳动的边际生产率得到提高，但是，土地是有限的，尤其是可耕的土地，因此，增加土地的投入只能发生在有限的时间和范围之内。到了一定时候，改变农业劳动的边际生产率下降的这个办法就失灵了。二是改良技术。如耕作方法和农具的改良、灌溉条件的改善等，这意味着土地上更多的技术量的投入，使农业劳动的边际生产率得到提高，但是，在科学技术还未提上议事日程和工商业发展还十分落后的传统社会里，农业技术的改进得不到其他行业的支持，而只能以简单的经验积累为基础，以致十分缓慢。所以，想依赖它来大幅度地提高农业劳动的边际生产率，以改变人均收入递减的局面也是有限的，到一定的时候，它同样失灵了。至此，也就说明了在传统农业社会里，因劳动力投入的持续增加而导致的农业劳动的边际生产率递减的规律是无法通过改变土地和技术这两个变量来改变的。唯一的办法是阻止土地上劳动力投入量的增加，而这也就是制止人口的增长。而人口的增长固然要受人均收入的影响，但是，在人均收入未达到最低生活费用水平之前，它还会受到文化、习俗等其他方面的因素的影响，故不会随着农业劳动的边际生产率的下降而下降。这也就必然导致在人均收入未能到达最低生活费用水平之前，人口增长的步伐是不会停止的；而一旦到达这一水平，饥荒、瘟疫、战乱等能消灭大量人口的事情就会发生。它们就会将过剩的人口消灭干净，从而恢复人口与土地之前的平衡。如此以往，代代相传，这就是所谓的马尔萨斯陷阱，亦即两部门模型所讲的传统经济的低水平均衡。

　　两部门模型的下一步分析，揭示了传统农业社会陷入这种低水平均衡之中而不得自拔的根源，那就是传统社会中的劳动力人口相对于土地资源是过剩的，以致一部分劳动力实际上处于失业或不充分就业的状态中。由于这些劳动力也均参加生产，故这种失业和不充分就业都是隐蔽的，难以为人们所察觉。而要解决这一失业和就业不充分的问题，在工商业尚不发达、农业技术难以有大的提高的传统社会里，增加土地的供给是首选。但土地是非再生性资源，受制于地球的体积、地理环境和自然条件，以致数量上是有限的，是不可再生的，不可能像人口那样持续地增长，故此路不通。剩下的办法就是将传统农业经济中处于隐蔽失业和不充分就业的劳动力转移到工商业中去。工商业与农业的最大不同之处是其主要生产资料，如资金、工具、厂房等是再生性资源，其规模和数量会随着工商业的发展和资本的积累而不断地扩大，"其扩大的速度可以超过甚至远远超过人口的增长"。这就意味着社会中的劳动力有越来越多的资源可与其相结合，使社会总收入和人均收入递增；再加上与工商业发展相伴随的科学技术的进步对劳动生产率的促进，就会从根本上将传统社会从低水平均衡的陷阱中拖拽出来。这不仅是因为农业劳动力的转移在为工商业提供大量廉价的、必不可少的劳动力，从而为其发展提供了基础条件之一的同时，也为农业本身的近代化创造了必要条件。因为只有将多余的劳动力转移出农业，才能够为留下来的劳动者充分发挥其劳动能力提供足够的土地，实现充分就业；并将原先处于失业和就业不充分状态的劳动力所消费的粮食转为商品粮输往工商业，提高其产品的商品率，从而增加其资本的积累和资本的投入；同时，也为实现土地等生产资料的积聚和集中，为农业的商业化、专业化，即农业的资本主义化创造了必要条件。

但是，实现多余劳动力从农业向工商业的转移，首要的前提是农业中拥有多余的劳动力。而这又显然取决于农民个人劳动生产率的发展程度。同样的土地资源，一样多的农业劳动者，农民的个人劳动生产率的高低就成了决定劳动者有无多余、多余多少的关键了。再者，工商业吸收劳动力也并非是无条件的，于是，拉尼斯和费景汉对刘易斯的模式进行了修正，产生了著名的刘易斯—拉尼斯—费景汉理论模型。在刘易斯提出只要在工商业部门提供的工资不低于农业社会成员平均所得，工商业部门就能吸收农业剩余劳动力的基础上，拉尼斯和尼景汉进一步地阐明了工商业农业两部门的平衡增长的必要性；只有工商业扩大了规模，才会吸收农业中的多余的劳动力；同时，也只有农业生产率提高了，才有可能在农业劳动力减少的情况下为工商业提供更多的剩余农牧产品。[①] 因此，按照两部门模型，将农业中剩余的劳动力转移出去，实现充分就业，是"经济发展的一项中心内容"。对传统农业社会来说，"经济发展就是要变劳动力过剩的经济为劳动力充分就业的经济"[②]。要做到这一点，一是要工商业有个大的发展，具有吸收农业剩余劳动力的能力；二是要农民的个人劳动自然生产率达到有剩余劳动力产生的水平。当一

---

① 参见万晓光编著：《发展经济学》，中国展望出版社 1987 年版，第 78、102 页。
② 万晓光编著：《发展经济学》，第 73 页。

个国家具备后一条件时，经济增长的关键就在于工商业是否发展到具备吸收农业中大量剩余劳动力的程度了。

两部门理论的贡献是巨大的，它以"其体系完整、论述全面而在整个发展经济学研究中占据重要地位，成为许多其他问题研究的基础"。但其最耀眼的是它逆反发展经济学重视经济发展总量的宏观分析的传统，一开始就把注意力放在经济发展过程的结构变化上，从经济结构的变迁中去寻找经济发展的中心问题和关键点，阐明了改变传统社会的经济结构，将发展工商业，以吸收农业中多余的劳动力作为传统社会实现经济起飞的无可替代的选择。[1] 其间意义，首先是为系统结构决定系统功能的科学原理增添了经验上的证据，为马克思的社会生产力决定自然生产力的科学论断提供了强有力的历史基础和无可置辩的事实支撑。它告诉人们，农业固然是其他部门发展的基础，但它也是社会系统的一个部分。同系统的任何一个部分一样，它们都是整体派生的，而整体才是基本的。它们都不能脱离整体而孤立地存在；而是按照一定的关系，根据整体活动的需要，相互协调地运动。因此，它们的性质和功能都是由它们在整体中的地位确定的，其功能和行为为整体和部分的关系所规定。[2] 因此，农业的发展也会依赖于其他部门的进步，依赖于政治、社会乃至周边环境的改善，依赖于整个社会结构的优化。所以，归根到底是系统结构决定系统的功能，社会生产力决定自然生产力。

两部门模型不仅为系统结构决定系统功能这一科学原理增添了经验支撑，还澄清了现代化起源研究中一个被学者们弄得混乱不堪的问题：资本主义到底是起源于乡村还是来自于城市？它明确告知：经济发展首先可以被理解为在传统的自给性农业内部，以工商业为主体的"现代部门产生、扩大直至占据主导地位的过程"[3]。这就明确地回答了上述问题的谁是谁非。但这并不等于说，工商业就可以脱离农村而独自发展。如上所述，任何部分都不能脱离整体而孤立地存在，都是按照一定的关系，根据整体活动的需要，相互协调地运动。但是，在各部分的这种相互协调地运动的过程中，毕竟有轻重缓急之分，两部门模型在这个问题上的回答无疑有助于这个被弄得混乱

---

① 参见万晓光编著：《发展经济学》，第73、61页。
② 参见邹珊刚编著：《系统科学》，第二、三章。
③ 万晓光编著：《发展经济学》，第61页。

不堪的问题的解决。

更为可贵的是，两部门模型为我们解开了现代化起源研究中的另一个重大的疑点和钮结，回答了一个哈耶克、诺斯等人都没有解答的问题。他们两人都把私有产权的确立定为现代化发生的前提和基础，同时又将土地的私有产权制度的确立视为基础中的关键。可历史告诉我们，中国早在春秋战国时代就已经确立了土地私有制度，且这一制度一直贯穿于中国封建社会的全过程，但直到近代，也未见出现西欧那样的社会变迁。土地私有调动了所有者的积极性，建立起了有效率的经济组织，如地主庄园，但却屡屡引来"富者田连阡陌，贫者无立锥之地"，导致农民暴动，兵连祸结，改朝换代。这虽然可解释为私有产权是现代化发生的必要条件而非充分必要条件，但私有产权为何在西欧诱发了现代社会孕育而在中国却起不了这样的作用，它到底要以何种形式出现于社会的哪个部分才会产生它在西欧曾起过的那种作用？哈耶克、诺斯对此都没有做出明确的回答。两部门模型虽然也没有直接回答这个问题，但它对工业和农业这两个部门的主要生产资料的特征及其之间的差异的论述却为这个问题的解决提供了答案。这即是它讲的，这两个部门的生产资料的性质是不同的。一个不可再生，一个可以再生。这种截然不同的性质就决定了这两个部门的发展空间和发展前景截然相反。农业的发展空间有限，它无法抵御日益增长的人口压力，无法使农业实现充分就业，因而只能导致人均收入的下降，乃至引发饥荒和动乱。工业的发展空间则是不可限量的。其增长速度不仅可以超过人口的增长，甚至远过于人口的增长，因而能使劳动力实现充分就业，使人均收入的增长超过人口的增长，社会因此越来越富裕。

除此之外，还是否有其他区别？答案是肯定的。其一是农业主要生产资料的种类有限，主要是土地。故农业中因生产资料种类的差异而引出分工的可能性很小，最多也只会因土地适不适于耕作而产生农牧业的分离；虽然也会因土质的不同而播种不同品种的作物，但那只会导致产出的多样，而不会使劳动出现分工。与农业相反，工业的主要生产资料不仅种类很多，且各种种类中又包含着无数的亚种、亚亚种。如原材料中有金属、非金属；金属中又有铁、铜、锡；等等，主要生产资料的种类比农业多得多。原材料种类不同，加工的方法就不一样，分工也就产生了。如手工匠人中有铁匠、铜匠、银匠、锡匠等之分。同种材料会用于生产不同的产品，这又会导致再一次的分工，如木匠中又分出桶匠、家具匠、细木工等。其二，农业的生产过程程序相对简单、环节可数，所要求的技术也不高，一个农夫可以包揽全部农活，无须分工；如他既可耕田、耙田，也可收割等。而工业生产的程序复杂，生产环节无限，且每个环节所要求的技术不仅大异且很复杂，能纺纱的，不一定能织布，更不用说会染色了；这又必然导致了再一次的分工。如西欧中世纪的毛纺业的加工工序达二十几道，每道工序都有其特殊的技能上的要求，致使毛纺业内有二十多种不同的职业。其三，在尚无拖拉机等农业机械之前，农业生产的主要投入是劳动力，且其生产是季节性的，播种、施肥、收获等工作顺序展开，一个劳动力可以承担所有的工序而无须分工，致使农户之间、农户和其他职业之间的相互联系、相互作用微不足道。工业生产则相反，以至手工行业之间的协作成为生产得以继续进行的前提，彼此间相互联系、相互作用的频率、范围和强度因而都远过于农业①，从而又助长了商业的发展。这些特征，从根本上决定了工商业组织的系统结构的分化程度、分化前景远过于农业，所促生的系统结构的复杂程度之高，是农业无法相比的；这为社会提供了大量的就业岗位，也使分工得到长足的发展，使生产效率提高，生产收益上升，从而吸引农村的大量劳动力前来就业。而英国的历史也表明，近代以来，不仅工业组织结构的分化程度为农业远所不及，商业的大发展，金融业、运输业、服务业等产业的兴起也都在工业兴起之后；连农牧业的分离和农业本身的专业化也都是尾随着毛纺工业和棉纺工业的。② 同时，市场经济的主要基础，如市场网络、金融体系等也只能产生于工业已有一定发展的基础上，而不可能产生于农业居绝对统治地位之时。其原因就是工商业要素间的相互联系、相互作用的力度、密度、距离是农业生产要素所无法相比的。前面讲过，系统的非线性源于系统要素的非独立性、非均匀性、非对称性。要素的种类越多，差别越大，要素的这些特性就越强，系统的非线性动力就越大。而非线性动力是系统的有序之本，系统演化的终极原因。可见，形成系统非线性动力的关键是工业、商业，而不是农

---

① 参见［澳］杨小凯、黄有光：《专业化与经济组织——一种新兴古典微观经济学框架》，第 311 页。
② 参见毕道村：《现代化本质——对中世纪以来人类社会变化的新认识》，第 140—169 页。

业。因此，一个传统社会能否形成包含着现代社会模板的序参量，现代化的孕育能否发生，不仅要看这个社会能否形成私有产权，还要看私有产权首先出现在哪个部门。这一结论，不仅解决了哈耶克、诺斯等人所没有解决的难题，也极大地丰富和深化了人们对"一般规律"的第三、四、十条和第十一条的认识。

9. 政治现代化理论

同经济学界一样，现代化在政治学界也是关注的中心。"政治现代化理论"的主题不说自明，其他两大学派，"政治发展理论"和"政治变迁理论"也都离不开政治现代化。"政治发展理论"的代表人物卢西恩·W. 派伊（Lucian W. Pye）说："政治发展就是政治现代化"①。以著名的政治学家阿尔蒙德（Gabriel Almond）为代表的"比较政治学"在对各个国家进行比较研究时，不仅用来比较的标准和尺度都渗透了现代性，受结构功能论的影响也很深。人们说"20世纪50—60年代的比较政治学，基本是结构功能论的现代化理论在政治学中的延伸"②；此后，社会与政治的现代化也一直在比较政治学中占有重要的一席。虽然它们论述的范围很广、内容繁杂，但都关注政治现代化，都用大量的篇幅论述了其中的三大问题：民族国家的形成，政治系统的分化与整合，政治制度的建立。从而证实了政治系统现代化的途径也同其他领域的现代化一样：系统结构由简单到复杂，高度分化而又功能专一的系统要素之间遵循着一定的方式与规则相互作用，形成了高度有序的系统结构，使系统功能得到根本性的提升。

在《变化社会中的政治秩序》这部享誉世界的著作中，亨廷顿（Samuel P. Huntington）反复强调，"政治现代化最关键的方面可归纳为三点：第一，权威的合理化，并以单一的、世俗的、全国的政治权威来取代传统的、宗教的、家庭的和种族的等等五花八门的政治权威"。第二，"划分新的政治职能。具有特殊功能的领域——法律、军事、行政、科学——从政治领域分离出来，设立有自主权的、专业化的，但却是政治的下属机构来执

---

① ［美］塞缪尔·P. 亨廷顿：《导致变化的变化：发展和政治》，西里尔·E. 布莱克编：《比较现代化》，第67页。

② 尹保云：《什么是现代化——概念与范式的探讨》，第148、149页。

行这些领域的任务"。第三，增加社会上所有集团参政的程度。"权威的合理化、结构的离异化及大众参政化就构成了现代政体和传统政体的分水岭"①。同时，政治参与的扩大还"必须伴随着更强大的、更复杂的和更自治的制度的成长"②。可见，亨廷顿对政治现代化主要内容的论述与自组织理论对自组织生成和进化过程的论述是一致的。

其他学者也都持同样的看法。如威尔齐、华德和拉斯托、著名的以色列学者艾森斯塔德等对政治现代化的看法也都如亨廷顿所言③，差别仅见于用词与提法。一般来讲，多数学者将权威合理化概括为政治理性化，把政治结构的分化与整合称之为政治世俗化，而把本属于政治结构的分化与整合范畴的政治民主化单列一项，再加上制度化，共为三大内容。

同"一般规律"将实现边界闭合，形成大小适宜的系统视为自组织进化的前提一样，现代政治系统的形成也以民族国家的产生为前提。没有民族国家的出现，各个政治要素也就尚未结合成一个系统；如是，自然也就谈不上政治系统的分化与整合及系统功能的提升。

如同商品经济虽然早已广泛存在，但商品经济并不等于市场经济一样；中世纪西欧虽然也有很多王国和国王，但他们所统治的地域既不同于古代东方的朝代国家，更不同于近代西欧的民族国家。从国王开始，土地层层分封，各级领主都视其领地为己有，对其拥有基本完整的司法权与行政权，形成了一个个土地受益权和政治统治权合二为一的近乎独立的政治实体。但国王所管辖的范围仅限其私人领地，无力插手其封臣的封土，"行政控制能力有限"。因此，它"只是若干块领地因政治、婚姻、继承等各种封建关系所致围绕着某个王室家族的聚合"④，与近现代国家版图在内涵上是截然不同的两个概念，缺乏民族国家的首要条件：国家主权，即一个能对其管辖范围

---

① ［美］塞缪尔·P.亨廷顿：《变化社会中的政治秩序》，王冠华等译，生活·读书·新知三联书店1989年版，第32页。

② ［美］塞缪尔·P.亨廷顿：《变化社会中的政治秩序》，第80页。

③ 参见 D.拉斯托和华德主编：《日本和土耳其的政治现代化》，普林斯顿，1964，"导言"，第6—7页；转引自谢立中、孙立中主编：《二十世纪西方现代化理论文选》，第204、458页；［以］艾森斯塔德：《现代化的抑制和变化》，第2页；［美］西里尔·E.布莱克编：《比较现代化》，第136页。

④ ［英］佩里·安德森：《绝对主义国家的系谱》，刘北成、龚晓庄译，上海人民出版社2001年版，第16页。

进行有效统治的权力中心。此其一。

传统社会，教义涵盖一切，人们只知道宗教性的管理方式和精神的世界帝国，国家制度与宗教是一体的，国王和国家的合法性原则是由先知、僧侣之类的具有宗教身份的知识精英提供的。如中世纪西欧，国王的王位和权威来自基督教会的"双剑论"，国王只有在得到罗马教廷的承认、经其涂油并经过其主办的授职典礼之后才为合法。因此，其国家的合法性原则来自彼岸而不是此岸，来自神学而不是来自理性。同时，无所不在的天主教会不仅要向国王和他的臣民征收什一税，还要与国王分享司法权。致使国王不仅要和贵族相对抗，还不得不与教会和教皇分享权力。这就更使他仅是个名义上的共主，根本无法对其国土全境实行有效统治，而国家主权和理性思维，却都是现代民族国家立足之基和应有之义。

中世纪西欧普遍信奉法高于一切的原则。人们视当时各种法：神法、自然法、公理法、普通法和习惯法都是相对不变的外界权威，它们"左右着人类的行为"。"法是真正至高无上的"，而"人间的权威""可以是多样化的"，因此，"没有哪一种权威是法的唯一本源"。这就断然拒绝了主权观念，现代化则要求具有变革能力的权威，故要求"法必须属于人而不能属于不变的法"①。

在传统国家里，只有宗教才能作为文化与意识形态的纽带把人们松散地联结在一起。因此，民众"只知道效忠于当地的主人"②，"不知有其国家，还未对国家产生归属感"③，"没有所谓的'民族情感'之类的特殊情感等"④。英国历史学家约翰·罗伯茨说："近代世界的政治结构有两大基本概念，一是土地应划分成统一在独立当局之下的区域，它们在确定的疆界内有决定其内部事务的最终发言权。二是这些区域只要有可能，就应该由具有一体感的人们所居住，他们形成民族关系或民族性。"⑤ 可见，朝代国家不仅

① ［美］塞缪尔·P.亨廷顿：《变化社会中的政治秩序》，第91—95页。
② ［英］丹尼斯·哈伊：《意大利文艺复兴的历史背景》，李班成译，生活·读书·新知三联书店1988年版，第40页。
③ ［英］安东尼·吉登斯：《民族 国家与暴力》，胡宗泽等译，生活·读书·新知三联书店1998年版，第4页。
④ ［英］安东尼·吉登斯：《民族 国家与暴力》，第4页。
⑤ J. Roberts, *Revolution and Improvement*, University of California, 1976, p. 46.

缺乏国家主权，也缺乏民族国家的另一个构件：民族意识。

基于上述原因，学者们普遍认为，在中世纪西欧，只有领地，没有国家；只有个人君主制，没有专制君主；民族国家的形成只是近代早期的事情。今日有些国家，如意大利、德意志在很长时间只不过是个地理名词。因此，政治系统现代化的首要前提是政治系统的形成，即民族国家的产生。① 之后才谈得上另外两个问题：政治系统由简单到复杂，及政治制度的形成与完善。

在这三大内容中，学者们将权威合理化放在首位。权威合理化是指用单一的、世俗的、全国的政治权威来取代传统的、宗教的、家族的和种族的等五花八门的政治权威。这即是说，一个能在全国范围内实施有效统治的民族国家的产生是政治系统实现现代化的首要前提。没有民族国家的出现，其他一切免谈。

为什么一个能对全国实施有效统治的民族国家的产生是政治系统实现现代化的首要前提？学者们列举了三条理由：

一是"权威的分散化与现代化是不相容的"，因为"现代化首先在于坚信人有能力通过理性行为去改变自然和社会环境"。而要改变环境，没有权威是办不到的，因此，"现代化要求有变革能力的权威"②。

二是在传统社会中，"抵制现代化改革的势力""利益、习惯和制度"是根深蒂固的。"要改变或摧毁这些势力，须将权力集中于现代化的推行者手中"，"地方的、宗教的、种族的以及其他权力中心必须摧毁，权力要集中于全国性的政治机构"③。

三是政治现代化"能够在许多社会势力中间引起日益增长的意识、内聚力、组织和行动"，"唤起阶级意识"，也引发出了部落意识、种族意识、宗教意识、种族意识等，从而导致了政治参与的扩大。这些以往远离政治的社会各阶层、广大平民参与政治活动以力求实现自己的利益符合政治现代化的要求；也是"区分现代化国家和传统国家的主要标志"。但是，政治参与

---

① 参见［法］托克维尔：《论美国的民主》下卷，黄果良译，商务印书馆1991年版，第97页；K.沙玛尔：《政治现代化与政治发展》；胡格维尔特：《现代化理论的社会学基础》；艾森斯塔德：《现代化的基本特征》《政治现代化的受挫》；谢立中、孙立平主编：《二十世纪西方现代化理论文选》，第453、454、457、460、42、167、555页。

② ［美］塞缪尔·P.亨廷顿：《变化社会中的政治秩序》，第92、93页。

③ ［美］塞缪尔·P.亨廷顿：《变化社会中的政治秩序》，第128页。

的扩大通常会破坏传统的政治制度并阻碍现代政治制度的发展，造成政治衰朽。"第三世界多数国家之所以染上了不稳定的顽症"，就在于"让政治参与跑到政治制度化的前面去了"。而免此的唯一办法就是创建政治制度，并在完善政治制度化的速度与扩大群众参与水平二者之间求得最佳值。所以，"一个政治体制首先必须能够创制政策"，以成功地处理现代化面临的问题；并"成功地同化现代化所造就的获得了新的社会意识的各种社会势力"，以扩大政治体制权力和其动员社会资源以实现某些现代化目标的能力。而要做到这些，都离不开权力的集中，离不开权力的合理化。而在 17 世纪及其之前，"权威的合理化意味着权力集中于绝对君主一人"，即民族国家的产生。①

　　基于上述几种原因，学者们认为，能否建立一个能在全国范围内实行有效统治的政权是政治现代化乃至整个现代化能否顺利推进的首要前提。而复杂性思维也告诉我们："没有整系统对分系统的他组织，没有上一层次对下一层次的他组织，系统的整体性便没有保障，系统必然分崩离析。"一个国家之所以成为一个完整的政治系统，关键就是存在着一个能对全部国土和全体国民实行有效控制，形成一个完整体系的控制中心。二战后，发展中国家与发达国家的差距不仅在经济上，在政治上也越来越大，其社会长期动荡不安的根本原因就是这些国家在取得了民族独立之后，没有建立起一个能对全国实施有效统治的政府，以致国家一直处于政治衰朽之中而无法自拔。在当代，能否实现有效统治的关键即是否能建立起一个强大的政党；而在 17 世纪之前的时代，能否实现有效统治的主要标志则是权力是否集中于绝对君主一人的手上，能否建立绝对主义的君主体制，以及为这一体制提供合法性依据的君权神授理论。这种理论视国王为国家利益的代表，为了国家的利益，臣民必须绝对服从国王；而国王为了国家利益，"为公益计"，也可以不择手段。"这一学说极其符合 17 世纪推行现代化的各国君主的需要"。它在法国形成后，即被詹姆士一世引入英国。故此，亨廷顿说，君权神授"理论之于 17 世纪犹如政党至上和国家主权之于当世"，而后者"正是今天人们用以摧毁传统

---

　　① ［美］塞缪尔·P. 亨廷顿：《变化社会中的政治秩序》，"前言"，第 35、83、92、93、95、127—131 页。

的地方、宗族和宗教权威的武器"①。在这种理论的帮助下，一个以专制王权为核心的民族国家应运而生，由于这种国家的合法性不再来源于宗教神学，而是理性，国家成了世俗制度，成为"具有自主性的军事—行政设施"，上帝的无上主权变成了国王的至上主权；因此，民族国家的问世也就被许多学者称为"权威来源的转换""权威的合理化""政治世俗化"，等等。

　　由于从传统社会中脱生而来，刚诞生的民族国家的政治体制必然具有近乎平衡态的主要特征：构成要素单一、要素关联短程、内部很少有物质能量信息的宏观流动；而系统结构简单原始必然导致系统结构功能的低下。亨廷顿说："都铎时代的英国政府是一种权力（即功能）混合的政府，即国会、王室和其他机构行使着多种职能"，其国会直至 17 世纪之初仍主要被视为法院而不是立法机构。此言不虚，此时的大不列颠，"行政、立法和司法机构同源共生"，"主权并未分割，权力也未分离"，英国政府仍然是"原始的、低效率的"②。英国如此，法国就更原始。"诸如阿拉贡大法庭和法国高等法院之类的机构直至 16 世纪仍行使着重要的政治职能"③，至于西班牙、葡萄牙的政治系统之原始简单则更是众所周知。

　　如是，依据"一般规律"，这些刚兴起的民族国家的政治系统能否实现现代化的关键就是看其能否通过分化与整合走向远离平衡态了。而学者们也一致认定，政教分离、政法分离、大众参与、民主化等是西欧政治系统由简单到复杂，政治功能逐渐专门化的主要途径。④

　　亨廷顿说：继"权威合理化"后，政治现代化的第二大步骤就是"划分新的政治职能。并创制专业化的机构来执行这些职能。具有特殊功能的领

---

　　①　［美］塞缪尔·P. 亨廷顿：《变化社会中的政治秩序》，第 91—95 页。

　　②　［美］塞缪尔·P. 亨廷顿：《变化社会中的政治秩序》，第 90、101、102 页。

　　③　［美］塞缪尔·P. 亨廷顿：《变化社会中的政治秩序》，第 102 页。

　　④　参见［美］加布里埃尔·阿尔蒙德、小 G. 宾厄姆·鲍威尔：《比较政治学：体系过程和政策》，曹沛林等译，上海译文出版社 1987 年版，第 161 页；尹保云：《什么是现代化——概念与范式的探讨》，第 150、151 页；［美］罗伯特·R. 达尔：《多元主义民主的困境》，求实出版社 1989 年版，第 72 页；胡格维尔特：《现代化理论的社会学基础》，谢立中、孙立平主编：《二十世纪西方现代化理论文选》，第 20、21 页；［美］罗伯特·达尔：《论民主》，李柏光译，商务印书馆 1999 年版，第 176 页；［美］弗里德曼：《法律制度》，李琼英、林欣译，中国政法大学出版社 1994 年版，第 246 页；马长山：《国家、市民社会与法治》，商务印书馆 2002 年版，第 159 页；［美］汉密尔顿等：《联邦党人文集》，程逢如等译，商务印书馆 1980 年版，第 264 页。

域——法律、军事、行政、科学——从政治领域分离出来，设立有自主权
的、专业化的但却都是政治的下属机构来执行这些领域的任务。各级行政机
构变得更加细致，更加复杂并且有更加严明的纪律"①。马克斯·韦伯认定
政治现代化的关键是社会结构的分化，其中首要的一环是"宗教与政制和
法律制度的分离"②。简言之，即政教分离："建制宗教与国家统治权力的分
离。"③ 分离意味着"教会对国家没有政治上的威权和利益的正当垄断"，
"教会组织和宗派不支持任何政治党派的逐角"，都"不受国家权力支持"；
"亦没有义务为国家政权的正当性提供支持"，国家统治的合法性原则因而
被转换；牧师阶层不再是国家权力结构中的一个部分，教会成了一个自愿的
团体活动；信仰个体化、"宗教私人化"。"政府也不支持任何一个教派的信
仰教义"，神职人员因而不再"担任国家行政职务，法律和舆论也禁止神职
人员从政，任何教派不得以宗教教义来支持某一政治观点和政治派别，舆论
亦不把管理方面的错误提升为宗教道德问题"④。

　　政教分离还意味着"建制宗教与公共生活秩序的治权的分离"。这首先
是指议会与教育的分离。教会放弃往日对教育的控制权，"教会机构被移交
给私人团体和地方公共威权"，教育系统与教会因而被分割开来，"甚至与
国家（政府）分离开来，获得了独立自主的地位"。其次是指教会昔日所承
担的经济功能、道德教育功能，对文化知识、日常生活伦理（包括婚姻和
性道德）的治权也都从教会中被割离出来，"都转让给了专门的世俗机构"，
"作为社会分化后相对自立的子系统与宗教建制相分割"，"以至于宗教的社
会功能萎缩为仅能支配社会成员个体生命意识"，沦为"公共生活秩序中的
一个子系统，并且不占有绝对的支配地位"；而这之前，不仅公共生活领
域、日常生活伦理均受到教会和教义的严格控制，连自然知识、社会知识与
某种宗教信仰都是叠合的。政教分离因而意味着不再"有超自然的原则可
为自然知识和社会知识提供基础，科学理论被应用到人类社会—政治行为

---

　　① ［美］塞缪尔·P.亨廷顿：《变化社会中的政治秩序》，第32页。
　　② 刘小枫：《现代性社会理论绪论》，上海三联书店1998年版，第465页。
　　③ 胡格维尔特：《现代化理论的社会学基础》，谢立中、孙立平主编：《二十世纪西方现代化理论
文选》，第29页。
　　④ 刘小枫：《现代性社会理论绪论》，第460—465页。

的领域"。法律的实证化使过去由宗教来评价的德行中立化，它"表明宗教组织对个人行为伦理的有效支配主要限于本组织的成员，因而不带有社会化的普遍法权"；同时，"人文科学（哲学、历史学、语文学）的扩展，使宗教知识的有限范围日益缩小"，也使"教会的精神和伦理治权范围的缩小"①。

政教分离的第三项原则是国家政府不再为社会"规定一套关涉人的本质、生命意义、世界意义的思想体系"，不再将自己的宗教教义、主义作为制宪的法理依据，从而支配宪政。过去那种国民身份和信仰身份叠合，合乎教义也就是合乎法律的情况因而不再发生，人民由此而获得了信仰自由的权利。"个人或团体可以自由地确定他们对生活方式或伦理行为的选择"，教派多元化、思想多元化的局面由此形成。②

政教分离使宗教丧失了对文化知识、伦理道德、公共生活领域的治权，也就使这些领域获得了独立发展的环境和条件，从而推进了包括宗教自身在内的各个领域的分化与整合。著名的以色列学者艾森斯塔德说："在文化领域，现代社会的特色在于宗教、哲学、科学等主要的文化及价值体系之日趋分化，识字和世俗教育的普及，以及以更为复杂的智力组织系统来培养和优化专门的角色。"③

为公共生活领域、经济领域提供交往规则的法律因政教分离而获得了更大的发展空间，但政治领域对它的约束和束缚仍是其独立发展道路上的一个重大障碍，因此，继政教分离之后，政治系统分化整合的第二大环节就是政法分离。胡格维尔特说："如果说文字是原始社会和文明社会的分界线，那么，正规的法律制度——独立的司法制度——的建立便是现代社会的标志。它使社会的整合功能从政治权威中分离出来。"从而使人们不再依靠宗教和政治权威来解释法律，使法律制度成为普遍的社会价值，"适用于社会所有的成员而不考虑他们的社会背景"④。

---

① 刘小枫：《现代性社会理论绪论》，第 466、467、476、477、486 页。
② 参见刘小枫：《现代性社会理论绪论》，第 474、477 页。
③ 艾森斯塔德：《现代化的基本特征》，谢立中、孙立平主编：《二十世纪西方现代化理论文选》，第 168 页。
④ 胡格维尔特：《现代化理论的社会学基础》，谢立中、孙立平主编：《二十世纪西方现代化理论文选》，第 18、25 页。

政法分离使政治和法律都获得了独立发展的地位，法律"只遵循自己特有的司法规则"，"它的观念和行为不被其他政治机构和社会团体的观念和行为所左右"①，法律系统也因此随之发生了一系列的分化与整合。最著名的莫过于孟德斯鸠等人所主张的立法权和司法权的分离及大家耳熟能详的三权分立。随之，立法领域和司法领域也发生了一系列的分化与整合。宪法、刑法、诉讼法、民法、经济法、行政法等，中央立法、地方立法等法律在立法程序和管辖范围等各方面的分野日益明显；同时，司法领域从立案、审判到执行都被分成不同的领域和程序。

行政系统也不例外。为了"提高政府运行的效能"和廉洁度，"政府权力的结构与功能不断分化与整合，使政府权力不断专业化、技术化、复杂化、系统化"②，从而"把政府分裂为许多小部分的国民本能"③，"大大削减了专断权力赖以存在的基础"④，建立起"权力与权力的体制性分野和制衡机制"⑤，致使"国家权力被多重分层化并又组合成一个相互监督的公共权力之网"，从而使"没有一个人，也没有一个机构和国家机关拥有无限制的权力"⑥。

在实现上述政制的各种分权制衡措施的同时，还必须实现社会的分权制衡。其一是发展自治性、多元性、社会性、开放性的社团组织，它们是抗衡专权、监督权力的一只"独立之眼"⑦；其二是将政治权力分散到普通民众，人人都能自由组党、参政、议政、选举议会、监督官员甚至直选国家元首。传统的集中化的国家权力因此"被分散在每日忙忙碌碌并精于计算和斤斤计较的、遍布全社会的'经济人'"身上，"分散给相对独立的个人和企业"⑧。

---

① ［美］塞缪尔·P.亨廷顿：《变化社会中的政治秩序》，第 19 页。
② 施雪华：《政治现代的比较研究》，武汉大学出版社 2006 年版，第 312、313 页。
③ ［美］弗里德曼：《法律制度》，第 246 页。
④ 马长山：《国家、市民社会与法治》，第 159 页。
⑤ ［美］汉密尔顿等：《联邦党人文集》，第 264 页。
⑥ ［德］奥特弗利德·赫费：《政治的正义性——法和国家的批判哲学之基础》，庞学铨等译，上海译文出版社 1998 年版，第 406 页。
⑦ 参见［法］托克维尔：《论美国的民主》上册，第 217 页；［英］John. Reane：《民主与公民社会》，参见顾昕：《以社会制约权力》，达尔：《民主理论的前言》，"译者后记"，转引自马长山：《国家市民社会与法治》，第 243 页。
⑧ 罗伯特·达尔：《论民主》，第 176 页。

亨廷顿说："传统政体的制度只需要组织社会上少数人的参与，而现代政体却必须组织广大民众的参与"。故"现代政体区别于传统政体的关键乃在其民众政治意识和政治介入的幅度"①。当精英政治转为大众政治时，也就意味着已将政治系统推进到最复杂也即政治现代化的最高程度了。"权力重又还给了人民"，从而标志着政治系统的"最后的普遍进化的完成"②，现代政体也就彻底地取代了传统政体。

但是，要做到这一点，分化仅是开始，紧接其后的是整合。如前所述，系统如果对分化后的要素不能及时地进行整合，就会导致"失范"。政治系统亦不例外，故制度建设成了政治现代化的第三大内容。

依据制度经济学，制度分为宪法秩序、制度安排和规范性行为准则。宪法是"用以界定国家产权和控制的基本结构"，是制定规则的规则；制度安排"是在宪法秩序下界定交换条件的一系列具体的操作规则，它包括成文法、习惯法和合同法以及自愿性契约等"；规范性行为准则属于意识形态范畴。③ 因此，在政治系统，制度建设归根到底就是法律的制定和实施，即法治。

学者们反复强调：政治权力的弥散、政治动员和政治参与的扩大，使各种政治力量间的相互作用日益频繁和复杂，由此产生的利益冲突和人们间相互交往的成本都会增加。④ 在此情况下，若政治制度建设滞后，当权者就会滥用手中的权利，而人民则连最基本的自由和人权都会丧失，"社会就会产生动荡和骚乱"⑤。不仅成为普力夺社会，还会成为不道德社会。因为"道德需要有依赖，依赖包含着预测性，而预测性又要求存在规范化和制度化的行为方式"。所以，没有强有力的政治制度，社会便会失去维持社会安定的工具和建立社会公共道德的基础；更无从谈起处理不断涌现出来的各种问题

---

① ［美］塞缪尔·P. 亨廷顿：《变化社会中的政治秩序》，第83页，另参见第32、34页。

② 胡格维尔特：《现代化理论的社会学基础》，谢立中、孙立平主编：《二十世纪西方现代化理论文选》，第20、21页。

③ 参见卢现祥：《西方新制度经济学》，第118页。

④ 参见［美］L. 科塞：《社会冲突的功能》，孙立平等译，华夏出版社1989年版，第110、111页。

⑤ 指政治制度有序度低，但参与程度高的政治体制。在这个体制内，各种社会力量用他们各自的方式直接在政治领域内进行活动。请参见［美］塞缪尔·P. 亨廷顿：《变化社会中的政治秩序》，第74页。

的能力。①

因此，欧美学者们普遍继承了亚里士多德的法治思想②，将"法律至上、权利制约、权利保障"视为法治思想的核心和基础③；强调"任何真实的政体必须以通则即法律为基础"，而法治不单是法律拥有权威，获得普遍的服从，且法律本身必须是"良法"或"良法之治"④。为此，就需要对包括当权者在内的所有的人及其组织和机构进行相互交往的行为进行规范，并将其程序化，从而使"现代代议民主政治的方方面面均由数量众多的政治规则和程序加以规范。从立宪到普选，从议会会议到组织内阁政府，从立法程序到行政程序和司法程序，从公民参政议政到政府管理公民的参政议政，从政党的组织活动到利益集团的利益表达和政治游说，等等，均由十分众多、详细的政治规则和程序加以事先规范"⑤。因此，法治意味着法律统治，它明确宣布："国家和社会的事务及人们的活动都必须接受且只接受理性、正义之法的统治，即使最高统治者也不例外。"他们必须"与其他人同样服从既定的法律"⑥，从而迫使所有的人和社会团体在相互交往时遵循法定的规范和程序。

因此，法治能迫使政府保持自行运作的有序化、廉洁和高效率。因为法律将政府的权力仅限于"如果政府不做就根本不会做的那些范围"⑦。规定它"只有执行广泛保护生产、自由和财产的普遍规则时，才可以合法干预社会"⑧，从而成了"防止统治阶级垄断权力的武器"⑨。制约了当权者的权力，也就能有效地使人民所享有的生命、自由和财产权利得到充分地确认和

---

① 参见［美］塞缪尔·P.亨廷顿：《变化社会中的政治秩序》，第4、5、11、22、23、73、74页。

② 参见［古希腊］亚里士多德：《政治学》，吴寿彭译，商务印书馆1965年版，第148、169、172页；参见谷春德：《西方法律思想史》，中国人民大学出版社2014年版，第38页。

③ 马长山：《国家、市民社会与法治》，第112页。

④ 参见［古希腊］亚里士多德：《政治学》，第148、169、172页；参见谷春德：《西方法律思想史》，第38页。

⑤ 参见施雪华：《政治现代化比较研究》，武汉大学出版社2006年版，第59页。

⑥ R. Joseph, *The Authority of Law*, Clarendon Press, 1979, p. 210.

⑦ ［英］L.罗宾斯：《过去和现在的政治经济学——对经济政策中主要理论的考察》，陈尚霖等译，商务印书馆1997年版，第178页。

⑧ 参见［英］戴维·赫尔德：《民主的模式》，燕继荣等译，中央编译出版社1998年版，第328页。

⑨ 马长山：《国家、市民社会与法治》，第156页。

严格地保护。① 在此同时，法治也能使政府合法地阻止社会和公民违规无序直接参与政治而导致政局紊乱。② 可见，法律是对结构高度分化后形成的各种要素进行整合，以便使政治系统臻于高度有序的工具。

但是，要做到这一点，仅有法律还远远不够，还必须使"法律至上"。换言之，要在社会上树立法律的绝对权威，"法律必须被信仰"成了法治社会的基本信条。而只有有法必依，违法必究，法律才会有权威，才会成为现代社会中实施"社会控制的最终有效的工具"③，法律才能真正地在社会上树立起自己的权威。

法律若要有权威，就须有旨在捍卫法律，并依法享有独立地位，同时又被整合进政治体系的众多层面上，"构成其权力分立及多样化的基础"的"中间团体""社团"的广泛存在。它们依法而存，没有法律，便没有这样的团体；没有这样的社团，"法律便不会有有力的捍卫者"，法律也就无权威可言。④

同时，还须有相应的政治文化，即公民文化。卢梭说："作为主权权威的参与者，就叫做公民；作为国家法律的服从者，就叫做臣民。"⑤ 从支持古希腊城邦民主政治体制的参政议政的自由民开始，中经中世纪的"城市公民"，到近代宪政下的公民意识的问世，公民文化已成了西方社会居统治地位的意识形态。它表现为"自主自律、自由自觉的主体价值取向"，"高度的角色意识、社会责任感和公共精神"；具有"以平等、自由为轴心的正义价值追求和理性自律精神，并呈现合理性意识、合法性意识和积极守法精神的泛内在结构"。正是这些精神和意识，"才使法律理念得以确立和发展"，才使法律至上成为现实。这是因为，法律的有效性虽然"有赖于国家的执法机构，但是，如果仅仅依靠这些机构的行动，它决不可能是有效的"，因为它们"不可能应付它们所涉及到的所有局面与行动"，"还必须由

---

①　参见［英］戴维·赫尔德：《民主的模式》，第 326、327 页。

②　参见施雪华：《政治现代化比较研究》，第 59 页。

③　［美］罗·庞德：《通过法律的社会控制——法律的任务》，沈宗灵等译，商务印书馆 1984 年版，第 89 页。

④　参见邓正来、J. C. 亚历山大：《国家与市民社会——一种社会理论的研究路径》，中央编译出版社 1999 年版，第 15、27、28、119 页。

⑤　［法］卢梭：《社会契约论》，何兆武译，商务印书馆 1994 年版，第 26 页。

相信法律或规则合法性（legitimacy）的信念来强化"，"依靠大部分公民对
社会中心机构的市民式依归"①。正是"社会成员对于符合合理性价值的国
家制度有效性的信仰、认同和服从，从而使国家制度和法律制度获得尊重性
和权威性并得以维持"。与此同时，他们又赋予了法治过程以"决定着法治
方向的导引功能""消灭着法治过程的阻力"的耦合功能、"实现着法治进
程的反思功能"。可见，公民意识为国家制度法律制度提供了合法性信仰、
有效认同和服从；为法治进程提供了不可或缺的重要内在驱动力，"使权利
制约和权利保障更为有效"，"促进普遍有效的法治秩序的实现"，并"使法
治在民主、开放的选择中，适应社会发展的要求"。故此，学者们普遍认
为，"如果民主政治和市场经济是法治得以存在和发展的正式制度要素的
话，那么，以主体自由追求和理性自律精神为内核的公民意识，则是其非正
式制度要素。"正是两者的契合，才有了具有普遍理性正义的现代法治。②

概上言之，学者们普遍认为政治制度建设的核心是法治，建设成功的标
志是实现了法律至上。如此，才能将政治系统整合成一个高度有序的系统。
根据系统结构决定系统功能的原理，系统功能的根本性提升只能发生在系统
结构的有序度大幅度提高之后。系统结构的有序度越高，系统适应环境挑战
的能力和存活能力、系统的灵活性、应变能力和稳定性、系统阻止外界干扰
和影响的自主性和内聚力也就越强③，就能使国家政治从传统的"土地政
治""集权政治""不规则、非程序的政治""宗教化、神权化政治""传统
型、魅力型政治""排他型、等级化贵族政治"转变为"资本政治""契约
政治""规则化、程序化政治""世俗化、理性化政治""法理型政治""参
与性大众化政治"。只有经过这样的一种转换，政治系统的功能才能大幅度
地提升，才能摆脱传统社会固有的"兴亡周期律"，实现社会的长治久安，
为经济的持续发展和文化的不断进步提供基本的条件。对此，学者们也都做
了大量的论述。④

---

① 爱德华·希尔斯：《市民社会的美德》，邓正来、J. C. 亚历山大：《国家与市民社会——一种社
会理论的研究路径》，第46页。
② 参见马长山：《国家、市民社会与法治》，第174—182页。
③ 参见K. 沙玛尔：《政治现代化与政治发展》，谢立中、孙立平主编：《二十世纪西方现代化理论
文选》，第457页。
④ 参见施雪华：《政治现代化比较研究》，第52—72页。

他们说，与传统的土地政治相比，资本政治"具有更大的推动社会发展的内蕴潜力"。因为在现代社会里，"政治成了资本的工具"，致使资本价值增值的动力能"有效地影响，甚至控制着社会政治的价值取向和运行机制"，资本价值快速增值的需要推动着资本政治比土地政治更加公平、透明和高效。使"现代理性，特别是资本理性和工业理性逐渐成为现代国家权力存在与发展的主要目标取向"，从而"促进资本大规模价值增值，推动社会快速工业化和城市化成为现代国家政治合法性的经济和社会基础"，现代国家机构的建构原则和运作原则因此不仅适应了现代资本理性和工业理性的高效的要求[①]，还给其以巨大的推动力。

这首先是它能铲除阻碍、抵制现代化的势力、利益、习惯和制度，除掉部落势力和地方势力，能对全国实施有效统治，从而为全国性市场体系的形成，进而为市场经济制度的分娩问世创造必要的条件；同时，它还能实现政治与经济的良性互动。"因为，只有在一个有序而稳定的社会里，才有可能把经济现代化带来的巨大物质能量转化为政治民主化的政治能量；也只有在一个有序而稳定的社会里，政治民主化产生的政治能量才会反过来加速经济的现代化。一个无序而混乱的社会将使这两股浪潮的能量在社会动乱中消耗殆尽，甚至有可能转化为负增长的能量。"[②] 同时，"如果没有政治领域的法制化，以个人本位为基础的法权关系、自由市场以及现代社会一切经济关系的形成都失去了起码的政治屏障，缺乏足够的依据，变得无从说起"[③]。

由于从传统的强力政治转为了契约政治，公民与政府之间的关系已是一种委托和被委托的性质，公民是主权者，"政府在以主权者的名义行使着主权者所托付给他们的权力，而且，只要主权者高兴，他就可以限制、改变和收回这些权力"[④]，从而根绝了一切暴政，也杜绝了暴政对社会的危害。

公民政治大众化则会使"政治体系的重大内外政策实际上是各种政治主体竞争妥协、讨价还价的结果"，而这种结果又常常是"价值趋中的"，

---

①　参见［法］卢梭：《社会契约论》，第77页；施雪华：《政治现代化比较研究》，第59、61、62、66页。

②　施雪华：《政治现代化比较研究》，第195页。

③　周穗民等：《现代化：历史、理论与反思》，中国广播电视出版社2002年版，第182页。

④　［法］卢梭：《社会契约论》，第77页。

反映了占社会人数最多的普通大众的价值选择，符合他们的利益。这有利于调动大多数人的政治积极性，也无疑会有助于社会的稳定。①

　　同时，现代政体还"给权力标出价格"。这"包括对可以用于政治的手段加以限制，对获得权力的程序加以限制，对掌握大权的人的作风加以限制"。这些限制来于政治制度，它足以限制或缓解新生集团的冲击力，"能够保护住体系的自主性"，"减缓新集团参政的步伐，或通过政治社会化的进程，迫使新生集团中那些在政治上最激进的成员改变其态度和行为"，迫使"来自任何一个社会势力的个人在通过该社会的政治制度获得权力的过程中，都必须在行为、价值观念和态度各方面大为改观"。他们"必须抛弃许多他们从家庭、种族集团和社会阶级中已经学到的那一套，并使自己适应于一套全新的行为准则"。这就决定了在现代政治制度中，"只有那些在非重要职位上得到训练的人才有望按正常渠道获得最重要的领导职位。复杂严密的政治体系设置了各种各样的部门和职位，使从政人士在获取最高官阶之前得到锻炼，从而有助于加强该体系的自主性。从某种意义上说，最高领导层是政治体系的核心；而次要的官职、边际组织以及半政治组织则形成了一个漏斗，意欲进入核心的人先通过它的过滤。这样，政治体系便可在不损害一根毫毛的情况下同化新的社会势力，吸收新的从政人员。"② 正因如此，现代政治体系能有效地解决随现代化发展而来的政治参与扩大所产生的种种问题，能为新生的各种社会势力、集团提供参政渠道，将其吸收进现存的政治体系中来。故此，现代政治制度具有艾森斯塔德所说的吸收"不断变化的问题和要求的能力"。凭借这些能力，现代政治体制才能使现代社会的政权更迭有序，社会长治久安。

　　传统的政治系统不具备这些功能且常常陷入政治衰朽和政权的兴亡周期律之中，这与系统结构过于简单是分不开的。亨廷顿说，"完全仰仗于一个人的政治体制是最简单的政治体制"，也是最不稳定的体制。亚里士多德对此早就了然在心，他说，暴君专制实际上都是短命的。在这样的体制中，政

──────────
　　① 参见施雪华：《政治现代化比较研究》，第59、61、62、66页。
　　② 参见［美］塞缪尔·P.亨廷顿：《变化社会中的政治秩序》，第20—21、72页；另参见科林·赖斯：《塞缪尔·亨廷顿与"经典"现代化理论的终结》，［美］塞缪尔·P.亨廷顿等著：《现代化——理论与历史经验的再探讨》，第377、378页。

治官员能够被少数几个军人所推翻或被少量金钱所收买。它表明，这种情况下的政治组织和政治程序是毫无自主性可言的。在没有自主性，因而也就没有任何防护措施的政治体系中，"各种集团在政治上尚未社会化的情况下，就参与了政治"，以致"新人物、新观点，新社会势力在体系核心内相互替换的速度之快，令人眼花缭乱"。"毫无自主性可言的政治组织和政治程序不仅易受其社会内部非政治因素影响，通常也易受来自社会外部因素的影响；容易被其他政治体系的代理人、团伙和意识形态所渗透"。"潜伏进几个代理人，偷运进几批武器，就能推翻一个政权，这是有案可稽的"。究其根源，就在于这种政治体系没有自主性，系统结构过于简单，当各种集团因社会经济的发展而纷纷崛起问政时，"这些不经认同现有政治组织或默认现有的政治程序就进入政坛。这些政治组织程序阻挡不了新社会势力的影响"。①

这一切，都无可置疑地表明，较之传统政治体制，现代化对政治体制功能的提升，则如马克斯·韦伯所说：犹如"大机器之取代个体劳动"②。

政治学家对政治现代化的上述认识是从大量经验事实中概括出来的，所得出来的规律与"一般规律"是一致的，故同前述几个现代化起源理论一样，证明了"一般规律"具有普适性。但是，他们所揭示出的政治现代化的特殊规律、具体途径、具体形式，如权威理性化、民主化、政治文化等则是"一般规律"无法涉及的具体内容，因而极大地充实了自组织理论，尤其是对"一般规律"的第六条、第十条、第十一条和第十四条具体到现代社会生成过程中所产生的各种具体问题做了详细的陈述和深入的分析，为我们探讨政治系统的形成和现代化指明了方向，明确了途径。例如，他们把建立一个能对全国实施有效统治的中央政权置于政治现代化的首位则为市场经济的分娩需要民族国家的保障提供了强有力的佐证。再如，他们认为大众参与的全民民主是政治系统结构分化与整合的最高的也是最后的阶段的论述，说明了政治现代化是个多层次的循序渐进的过程，不能仅概括为民主化，全民民主只是现代社会成熟的一个标志，而不是现代社会分娩的前提。

尽管政治现代化理论取得了如此多的成就，所存在的问题、待填补的空

---

① 参见［美］塞缪尔·P.亨廷顿：《变化社会中的政治秩序》，第17、20、21、72页。

② ［德］马克斯·韦伯：《马克斯·韦伯社会学文选》，转引自［美］加布里埃尔·阿尔蒙德、小G.宾厄姆·鲍威尔：《比较政治学：体系过程和政策》，第70页。

白也有不少，甚至还存在很多硬伤。仅拿被人誉为"政治现代化理论的集大成者"的亨廷顿来讲，[①] 其主要理论中不仅有已被事实证伪的论断，还有自相矛盾的内容。他将苏联的政治制度与美国、英国的政治制度并列为现代政治制度的典范就是一例。他一方面讲"独裁是最简单的政体"，"形式简单的政府是最易衰败的政府"，另一方面却将党政大权集中于一个之手的苏联的政治体制与美英两国政治体制并列，称之为"强大的、能适应的、有内聚力的政治体制"；然而，这个"有内聚力"的政府就因为总书记一人有了新思维而灰飞烟灭。这不仅反映出亨廷顿忘记了自己所讲的一句话："首先你必须使政府能控制被统治者，然后，还要迫使它控制其自身。"也说明亨廷顿对政治现代化的三大环节是一个缺一不可的整体的认识是缺位的。固然，若不先产生一个能对全国实施有效统治的政府，就谈不上政治系统的分化与整合，谈不上政治制度的建设，但是，仅有一个能对全国实施有效统治的政权，而没有后面两大环节，那不仅不会实现政治现代化，反而会给政治现代化乃至给整个社会的现代化制造出一个巨大的障碍。因为一个没有分化的原始的强大的、"个人说了算的领导人物主宰了一切的"政治体制会"常常推行灾难性的社会和经济的政策"[②]。不谈历史上和当代无数的这类事例，苏联政府推行的这类政策就数不胜数！这说明，亨廷顿对政治现代化后面的两大环节所具有的功能之一，即制衡政府权力的功能的认识是不够的。很少有政治学者如后面我们即将要讨论的市民社会理论学者那样对这个问题进行过深入的探讨。在这点上，政治学者们也显然逊于道格拉斯·诺斯。诺斯对国家的一个最大感触就是"没有国家办不成事，有了国家又会有很多麻烦"[③]，政治权威在现代化中的双重性质被他揭示得淋漓尽致；或因此故，诺斯特别强调经济绩效与制度变迁路径之间的关系，强调诱致型制度变迁对经济绩效增长和现代化的积极意义，强调国家的性质对现代化的影响，这都无疑是值得研究政治现代化的学者借鉴的；同时，由于经济的发展无法割断同宪法和政治制度之间的联系，西方新制度经济学对自组织理论的诸多丰富和贡献也适用于政治制度的变迁的研究。上述新制度经济学将市场供需理论

---

①　参见尹保云：《什么是现代化——概念与范式的探讨》，第 347 页。

②　参见［美］塞缪尔·P. 亨廷顿：《变化社会中的政治秩序》，第 1、3、7、17、18 页。

③　卢现祥：《西方新制度经济学》，第 193 页。

用来解释制度变迁，所揭示的诱致型制度变迁得以发生的诸多条件；它的路径依赖理论对自组织理论的序参量思想和超循环理论的丰富和发展；制度规范人们相互交往的功能丰富了自组织理论的系统演化动力的论述；思想观念、意识形态对制度变迁的过滤作用及集体学习在思想观念和意识形态的变迁中的作用的思想，以及它对系统结构决定系统功能的原理的发展都填补了政治现代化理论的空缺，都适用于政治现代化的研究。

政治现代化研究之所以存在上述问题，归根到底，还是研究者思维方式仍滞留在还原论上，仍将其研究的对象从整体中割裂下来进行单独的探讨，结果，对政治系统的研究可谓相当深入，但对政治子系统和其他子系统的关系、对现代化整体却极少涉及。正因如此，他们对很多政治问题的看法是片面的，甚至是错误的。例如，亨廷顿将创建政治制度视为解决因政治参与扩大而导致社会不稳定的唯一办法的观点就是一例。这表明他对路径依赖理论缺乏了解，更不用说超循环理论。如诺斯所述，"成也萧何，败也萧何"，国家权力、政治权力对市场经济的发展、现代化的成败至关重要，因此，政治权力扩展到什么人手上事关现代化的盛衰。扩散到市场经济受益者那里，市场经济的正反馈机制就得到增强；反之，市场经济的负反馈机制就会壮大。据此，我们也就不难理解，只给极少数人以选举权和被选举权的近代英国的现代化为什么成功，而给全民以选举权的魏玛共和国为何被希特勒法西斯政权所取代。它们无可置辩地说明，判断政治参与应该扩大到什么范围和程度的主要依据应该是以市场经济为中心的超循环圈的大小和范围，给卷入这个循环圈的阶级和阶层以政治权力，就会促进这个循环圈的发展，促进现代化；给这个循环圈之外的社会势力以政治权力，那就是阻碍这个循环圈的发展，就是对现代化的反动。至于政治制度的建设亦应依据这个循环圈的发展而定。因此，从现代化的角度讲，从推进人类社会的进步的视角看，民主化并不是解决现代化进程中一切问题的万应灵丹，它不具有天然的、绝对的合理性和普适性。发达国家的现代化历史如此，更不用说其现代化只能是个他组织过程的发展中国家了。

10. 市民社会理论

上面讲过，法治离不开社会团体的捍卫，"法治同中间团体（Corps

intermédiares）共存亡"①。实际上，不只是法治，政治系统现代化的每一个
环节都不能没有特定的社会团体的存在及其发展壮大；否则，就不会有政治
系统的现代化。再说，现代社会的产生不能没有国家又不能不防范国家，那
在历史上又是什么力量推动了民族国家的产生又能制衡权力、防范国家？又
是什么力量在民族国家兴起之前使市场经济的孕育得以推进？政治现代化理
论未能深究的这些问题，欧美论坛上历久弥新而今演进成全球热的市民社会
理论则对其进行了深入的探讨。

　　探讨表明，市民社会是一个历时性的概念，不同的时代，人们赋予了它
不同的内涵。亚里士多德的《政治学》开创了这一问题，之中的 "koinonia
politike" 是指 "自由和平等公民在一个合法界定的法律体系之下结成的伦
理—政治共同体"，即城邦国家，从此才有了市民社会一说。公元前 1 世纪
时，西塞罗把它译成拉丁文 "societas civilis"，并界定为：市民社会 "不仅
是指单个国家，而且指业已发达到出现城市的文明共同体的生活状况。这些
共同体有自己的法典，有一定程度的礼仪和都市特性"，"以及 '城市生活'
和 '商业艺术' 的幽雅情致"②，故应将其与部落、乡村等前城市文化区别
开来。

　　14 世纪以后，欧洲人越来越多地使用由拉丁文 "societas civilis" 转译
成的英文 "civil society"，以代表当时出现的城市文明，其内涵与西塞罗的
相同，仍指政治社会和城邦国家。从 17 世纪开始，"市民社会" 含义开始
有了变化。其一是苏格兰的亚当·福格森看到了近代国家向以前属于私人的
社会领域不断扩张的趋势，故将其使用的市民社会的概念定为正在萌发的资
本主义经济生活，它是一种意味着与政治的、公共的社会领域相对的经济
的、私人的社会领域，市民社会因而首次成为与国家对立的两极。③ 其二是
霍布斯、洛克、卢梭等一些近代自由主义思想家为反对君权神授思想而将市
民社会解释成 "人们为了结束彼此敌对的自然状态，通过相互之间订立契

---

　　① 查尔斯·泰勒：《市民社会模式》，载 J. C. 亚历山大、邓正来：《国家与市民社会——一种社会
理论的研究路径》，第 15 页。
　　② 参见［英］戴维·米勒：《布莱克维尔政治学百科全书》，邓正来译，中国政法大学出版社 1992
年版，第 125—126 页。
　　③ 参见唐士其：《"市民社会"、现代国家以及中国的国家与社会的关系》，《北京大学学报（哲学
社会科学版）》1996 年第 6 期。

约"的产物①，表述了一种国家受制于社会的观点。特别是洛克关于"市民社会先于或外于国家"的思想尤具影响力，以至于逐渐形成了与后来黑格尔所倡导的"国家高于市民社会"相对峙的市民社会理论。该论以"市民社会先于或外于国家"和国家权力源于人民为前提，推断出市民社会决定和制约国家的结论。强调国家所具有的权力是由社会赋予的。"国家之于市民社会，只具工具性的功用，是手段而非目的。这就意味着，作为手段的国家原则上是不能渗透市民社会的"；另一方面，"倘若国家违背契约而滥用权力侵吞市民社会，后者就可以依凭主权收回曾让渡的权力，可以不再服从国家，直到推翻它，建立新的政权。"②

黑格尔被称为第一个将国家与市民社会明确区分开的学者。实际上，黑格尔秉承了亚当·福格森的国家与市民社会的利益对立的理论。他认为"市民社会是处于家庭和国家之间的差别阶段，虽然它的形成比国家晚"，却"必须以国家的存在为前提"③。因为在市民社会中，私人的特殊利益占据上风；而在国家中，则是普遍的公共利益占据主流。④从而完成了国家与社会的分离；并将市民社会区别于一般社会；还把"需求的体系"的市场经济观引入市民社会理论⑤；强调在国家与市民社会的分立中，国家高于市民社会。

马克思否定了黑格尔政治国家决定市民社会的观点，指出是市民社会决定政治国家。⑥市民社会是直接从生产和交往中发展起来的社会组织，是"私人利益的体系"或"特殊的私人利益关系的总和"；并把市民社会的经济意义归结为生产关系、交往关系，将市民社会规定为"物质交往关系"⑦。认为它包括了处在政治国家之外的社会生活的一切领域，是国家的真正构成

① ［英］霍布斯：《利维坦》，黎思复、黎廷弼译，商务印书馆1985年版，第131—132页。

② 邓正来：《市民社会与国家——学理上的分野与两种架构》，《中国社会科学季刊》（香港）1993年5月总第3期，第66页。

③ ［德］黑格尔：《法哲学原理》，第197页。

④ 参见［意］萨尔沃·马斯泰罗内：《欧洲政治思想史》，黄华光译，社会科学文献出版社2001年版，第282页。

⑤ 参见王新生：《现代市民社会概念的形成》，《南开学报》2000年第3期。

⑥ 参见刘旺洪：《国家与市民社会：法哲学范式的批判与重建》，《法学研究》2002年第6期。

⑦ 参见王新生：《现代市民社会概念的形成》，《南开学报》2000年第3期。

部分，是国家的现实基础、原动力、存在的必要条件和存在形式；在一切时代它都构成国家的基础以及其他的观念的上层建筑的基础。①

美国社会学家塔尔科特·帕森斯（Talcot Parions）将市民社会理解为社会子系统（社会共同体），其主要功能是将文化价值加以功能化以达到社会整合的目的。

到了当代，学者们不再热衷于市民社会和政治国家的分离，而着力将经济领域排除出市民社会，其主要代表人物主要是安东尼奥·葛兰西（Antonio Gramsci）和 J. 哈贝马斯（Jürgen Habermas）。

二战后，葛兰西提出了著名的市民社会/政治社会理论：前者由各种民间社会组织和各种意识形态—文化组织组成，是替统治阶级行使非强制性的霸权职能，因而是统治阶级实现文化霸权的主要领域；后者指的是由各种强制性部门构成的国家机构，行使暴力性质的强制功能。葛氏认为，在今天的西方，文化的领导权有着更为根本的作用。②

哈贝马斯被誉为当今全球性市民社会理论复兴的代表人物，其突出贡献是将市民社会分为私人领域（经济领域）和公共领域（社会文化领域）。后者于 18 世纪时首产于英国，继之泛滥于法德等国。公众在这一领域中对公共事务进行开放的争论和理性批判，进而通过代议机构、新闻媒介，使其思想成为国家制定律法的依据和舆论督导力量，从而使国家权力具有近代意义上的公共性，在政治现代化过程中立下了不朽的功绩。③

尽管学者们因其时代背景的不同而对市民社会的论述有诸多纷争，但自从亚当·福格森的理论问世后，市民社会和政治国家的二元对立就一直是市民社会理论中的核心问题；而如何防止政治国家对市民社会的侵蚀和讨论两者之间的博弈则又是重中之重。其中原因，就在于市民社会里，私人领域已经摆脱了公共领域的羁绊而得到了充分的发展，其成员已不再有来自市民社会之外的任何权力的干扰和压制而能去尽情地追逐自己的经济利益。故社会

---

① 参见郁建兴：《马克思的市民社会概念》，《社会学研究》2002 年第 1 期。

② 参见俞吾金、陈学明：《国外马克思主义哲学流派新编》（西方马克思主义卷），复旦大学出版社 2002 年版，第 122 页。

③ 参见［德］哈贝马斯：《公共领域的结构转型》，曹卫东译，学林出版社 1999 年版，第 5—25、86、97 页；马长山：《国家、市民社会与法治》，第 84、95、99、167、191 页。

结合的各种形式，"对个人说来，只是达到他私人目的的手段"，"是外在的必然性"①。而在传统社会中，个人只是实现社会目的的手段、工具而已。因此，唯有在市民社会中，才出现了真正意义上的私人领域，对私人利益的追求才成为光明正大的事，而在此之前都是罪恶。所以，从本质上讲，市民社会是私人利益关系的总和，是一个私人领域获得了充分解放并和公共权力机关相区分的自治领域。为此，它首先要实现同国家的分离，以摆脱来自于公共领域强加给它的政治上的、经济上的、道德上的各种羁绊和压迫。而要至此，不仅需要民族国家，还需要宪政。因为民族国家的问世仅为市民社会的分娩创造了前提，但不能保证它走向成熟；一个成熟的市民社会，宪政建设的成功是必不可少的。只有如此，才能将公共领域，即国家的行为纳入法制的轨道而得到规范。这既能避免它无端地侵犯产权而使绝对私人所有权得到确立，又能防止它自身和他人对市场秩序的侵犯从而为市民们充分地发展其私人需要体系奠定坚实的基础和良好的环境。而一个成熟的市民社会不仅需要自治，还需要自律，即实现法治。这是因为，人们为满足财富的贪欲所进行的活动离不开法律的维护。在法治秩序下，每个人贪欲的实现是以不能损害他人的利益为前提的。法律为这个社会中的每个个人实现其自身贪欲设定了界限，使人们认识到只有尊重他人的利益和权利才能赢得他人对自己的利益和权利的尊重。②

自治和自律，不仅有力地维护了市民们以合理的利己主义为原则所开展的经济游戏，也为个人施展才智和能力提供了卓有效率的激励；使其活动的目的性更加明确，主动性、能动性、学习性和适应性的发挥达到极致。

然而，在探讨现代化起源时，不仅要了解市民社会的特征，还要了解市民社会及其特征是如何形成的。因为按照复杂性思维必须对系统进行过程分析的原则，就必须将市民社会当作一个活生生的历史过程来看待。应通过探讨不同的市民社会理论背后的语言、文化、历史来揭示市民社会的孕育、产生和发展及其与各类政治权力之间的博弈过程。因此，对一些学者认定市民社会只有在民族国家问世的西欧才得以产生，对这之前的市民社会避而不谈

---

① 《马克思恩格斯选集》第 2 卷，第 2 页。
② 参见《马克思恩格斯全集》第 1 卷，第 345、346 页；爱德华·希尔斯：《市民社会的美德》，载邓正来、亚历山大：《国家与市民社会》，第 39 页。

的现象不能不提出这样一个问题：市民社会难道没有自己孕育、分娩的历史？答案无疑是否定的。而一些学者也说，中世纪西欧社会的自治城市就是市民社会的前身。中国学者方朝晖还通过对市民社会这个概念的词源学上的考察证实了这一说法。

在《市民社会的两个传统及其在现代的汇合》① 中，方朝晖提出黑格尔和马克思之所以没有同孟德斯鸠等当时的自由主义思想家一起将市民社会同政治国家合为一体，而是率先将两者区分开并对立起来的原因之一是两者所用的市民社会一词有不同的词源学来源。孟德斯鸠等人所用市民社会一词仍然是 14 世纪以来在西欧广泛流行的 "civil society"。尽管英国人在讲市民社会（civil society）时，不像法国人那样强调市民社会（sociétyé civile L'etate eiveil）的政治含义和革命色彩，而注重其中的经济关系，但仍和法国人一样，"在使用 civil 一词时都带有异常明显的罗马文化的烙印"，即将市民社会看作是保障公民私人利益的理想社会的同时，也强调它是一个政治社会②；而黑格尔和马克思对市民社会的理解却与其不同。其原因之一是其所用的市民社会一词的词汇学来源不同于英法，而是德国本土的。而德语中的"市民社会"（bürgerliche Gesellschaft）一词是由形容词 bürgerliche（市民的、资产者的）和名词 Gesellschaft（社会）构成的，这两个词都是日耳曼语中早就有的，与拉丁语没有直接关系。其中 bürgerliche（形容词）是名词 Bürger（市民、资产者）的变化形式。它在现代德语中可分别指市民、资产者或公民。由于 Bürger 又是从名词 Burger（城堡、要塞、城镇）演变而来，"其最初含义则是指生活在城堡周围或城镇上的人，即近代早期城市里的那些商人、手工业者和自由民等"。从词源上看，德语中的 Bürger 和其复数形式 Bürgertum（通常译作市民阶层）分别同法语中的 bourgeois 和其复数形式 bourgeoisie 的含义是一致的。因此，"从词源上可以看出，bürgerliche Gesellschaft（德）、bourgeois society（英）、société bourgeoisie（法）这三组概念的本来含义就是指一个由中世纪末期以来在欧洲城市里形成的商人、手工业

---

① 《中国社会科学》1994 年第 5 期。

② 参见康德：《世界公民观点之下的普遍历史观念》；［德］伊曼努尔·康德：《历史理性批判文集》，何兆武译，商务印书馆 1996 年版，第 1 页；［德］费希特：《纠正公众对法国革命的评论》，《费希特著作选集》第一卷，梁志学译，商务印书馆 1990 年版，第 1 页。

者、自由民或第三等级构成的社会，这个社会就是马克思所说的 bürgerliche Gesellschaft"，把它译成"市民社会"当然是没有问题的，因为它的主体就是市民阶级或市民等级。

方朝晖认为，上述三组词汇提供了一系列异常重要的理解现代西方市民社会起源和特征方面的信息，它们比"来自拉丁文的市民社会概念——civil society société civile——等更准确地反映了现代市民社会作为一个活生生的历史过程的起源和特征"：第一，它们代表了现代西方市民阶层的主体，并准确地告之"现代西方的市民社会一开始就是由那些生活在城堡或市镇之上的商人、自由民等构成的。这些人不同于罗马时期有着特定身份和特殊政治地位的公民"；第二，追求私人利益是这些人的目标；第三，"自 11 世纪源起以来便一直对它外部的政治秩序和政治势力保持一种离心的关系"，"它们是独立于教会和王权的自治的城市公社"。据此，就不难理解为什么黑格尔和马克思能不受拉丁文化的影响，把市民社会理解成"私人需要的体系"或"私人利益关系的总和"，并从政治国家和市民社会二元区分的立场上来认识它。事实上，在德语中本有与来自拉丁文的市民社会概念的意义完全相同的词汇 Zivilgesellschaft，但黑格尔和马克思却执意不用而选择"bürgerliche Gesellschaft"，这只能说明黑格尔和马克思认定他们所选择的词汇"更能反映现代西方市民社会的起源和特征"，更准确地表明市民社会是一个由市民等级构成的，"与政治国家相区分的私人利益体系"，并能有效地同 civil civlle 这些起源于古希腊城邦，意谓公民，因而以国家为其存在的前提的词汇区别开来，由此也就开创出了一个不同于自由主义思想家的理解市民社会的新思路。也就不再像他们那样仅看到现代市民社会中的罗马法、公民观念等古代传统，以致更多地将市民社会当作一种理想，一种未来的憧憬；而是认识到现代的市民社会是在从 11 世纪以来逐渐形成的市民等级的推动下完成的，阐明了 11 世纪以来新兴的城市公社及其后来的发展是现代市民社会的直接源头。据此，方朝晖说："11—15 世纪期间西欧的自治城市公社可以说是一种真正的'市民'的社会，我们不能忽视它在西方市民社会发展史上的作用。"

方朝晖的论述无疑是独到、准确的，更宝贵的是他指出了自市民社会理论兴起之日起直到今天都普遍存在的一个问题，即重视市民社会理论的现实意义和实用价值，将其视为一个纠正时弊、反对专制、实现现代化、树立理想社会的武器和工具；而忘记了"市民社会本身是有历史的"，有"一个从低级状态向高级状态发展的过程"。马克思说市民社会"这一名称始终标志着直接从生产和交往中发展起来的社会组织"，而"真正的"市民社会或者说"资产阶级社会只是随资产阶级发展起来的"，以致探讨市民社会的孕育与分娩，揭示其在现代化起源中的作用显得严重不足，成果不多。哈贝马斯的《公共领域的结构转换：对一个市民社会范畴的研究》（Jürgen Habermas, *The Structural Transformation of the Public Sphere*：*An Inquiry into a Category of Bourgeois Society*）、亚当·佛格森的《市民社会的历史》（Adam Ferguson：*The History of Civil Society*）和中国学者马长山的《国家、市民社会与法治》是这个领域中屈指可数的著作；加上为数不多的一些相关论文，对其进行梳理后，学者们对西欧市民社会的孕育与成长的研究成果可概述如下：

"11—15 世纪期间西欧的自治城市公社是一种真正的市民的社会"，是成熟于 17、18 世纪的西欧市民社会的前身，它为后者的诞生和英法等国的政治现代化奠定了基础，树立了框架，提供了诸多条件和动力。

中古城市社会的首要功绩是为近代市民社会提供了基本框架：在城市内部，近代市民社会的两个领域——私人领域和公共领域已成雏形。哈贝马斯认为，"在中世纪的封建采邑制度之下，私人领域和公共领域实际上是模糊不清的，封建领主既是公共权力的最高代表，又是最大的私人利益实现者，公共权力不过是实现其私人利益的手段罢了"[1]。而"私人利益不被承认，追逐私人需要被认为是有罪的，因此我们说中世纪时没有真正的私人领域，或者说它没有从公共领域中分化出来"。但是，"bourgeois 和自治公社"的诞生则标志着私人利益得到了公开的承认，人们追逐私人利益时不需再把它和公共领域的道德和义务直接联系起来。这个追逐私人利益的阶层就是公社之中的 bourgeois。因此说，"只是随着自治公社的出现和 bourgeois 的壮大，才有了私人领域的分化，才有了真正意义上的私人领域"[2]，而城市社会也

---

① 参见 J. Habermas, *The Structural Transformation of the Pubic Sphere*, *An Inquiry into a Category of Bourgeois Society*, Polite Press, 1989, p. 6；转引自方朝晖：《市民社会的两个传统及其在现代的汇合》，《中国社会科学》1994 年第 5 期。

② 方朝晖：《市民社会的两个传统及其在现代的汇合》，《中国社会科学》1994 年第 5 期。

因此而分为公域与私域两个部分。"在公域内，它形成独立于国家之外的政治与文化共同体或组织；在私域内，它遵循市场的基本规则进行私人性的生产、交换与分配活动。"① 黑格尔说，"私人需要的体系"成了市民活动的主要内容。为保护这个体系，消除对所有权和人身的伤害，它建立了法庭等强制性力量；并建立了教育机构、救济制度等公共设施及制度，以保证个人的生活福利。②

公私这两大领域之所以能发展成国家和市民社会，也是与城市社会分不开的，它提供了条件和动力。

一方面，"城市商业经济所产生的清除市场壁垒"，"维护社会安全"，"保障贸易自由"等要求，"只能通过王权的强化"，"消除封建割据，并建立世俗国家主权来完成"；另一方面，"王权也只有依靠市民阶级的支持才能扩大其统治权力，以凌驾于教权和封建领主之上"，并可获得经济上巨大的实惠，"以税收形式得到日益增长的商业利润的一部分"③。于是，王权借助市民阶级力量摧毁了教权和贵族权两大障碍，"地方性观念和地方主义"也在此过程中"被民族性观念和公共权威所取代"，王权也就由此而"获得了合法性认同而日益走向集权"④。故"历史表明，欧洲君主新权力的获得，极大程度上取决于同新兴商人阶层的非正式联盟"⑤，是"商人和工匠阶层，使王国构成为一个整体"⑥。

近代市民社会的分娩问世，离开了中古城市社会也是不可能的。这首先是因为它为近代西方市民社会的经济基础提供了"密码载体"。中古城市社会的工商业经济关系是以明晰的私人产权、独立、平等的经济人格和契约关系为基础的。"作为现代文明的一个重要要素登场"的这一关系使基于其上的阶级能自由地支配其人身和财产⑦，极为重视自身的利益，把追求人身自

---

① 肖岁寒：《"市民社会"的历史考察》，《天津社会科学》1999年第3期。
② 参见何增科：《市民社会概念的历史演变》，《中国社会科学》1994年第5期。
③ ［美］保罗·肯尼迪：《大国的兴衰——1500—2000年的经济变迁与军事冲突》，第24—25页。
④ 马长山：《国家、市民社会与法治》，第64、66、67页。
⑤ ［美］斯塔夫里阿诺斯：《全球通史——1500年以前的世界》，吴象婴译，上海社会科学出版社1988年版，第467页。
⑥ J. Huizinga, *The Waning of the Middle Ages*, New York, 1954. p. 60.
⑦ 参见［法］基佐：《欧洲文明史——自罗马帝国衰败到法国革命》，程洪逵等译，商务印书馆1998年版，第116页。

由和享乐，独立发展商品经济的观念作为他们的价值追求，表现出了明显的商业意识和出色的资本主义精神。这些关系、意识和精神是城市经济力量壮大的基础，经济力量的壮大使城市经济渗入农村，使大量乡绅和新贵族加入其中，使市民社会的中坚力量不断壮大①；从护卫自治市的"私权利"发展到染指"公权力"，"开始进入国家政治生活并扮演举足轻重的角色"②。从而"摧毁了封建社会结构并确立了商品经济体系，私人利益和个体权利开始在全社会孕育生根"，市民社会也就越过了城墙而获得了普世性。③

中古城市社会为近代西欧宪政建设提供了组织机构、原则、模板，是其产生和发展的源泉和动力。

自治城市是继基督教会产生之后，西欧社会中的第二个独立社会组织。这就同基督教会一起，"从客观上确立了这样的思想：社会并非完全根据其政治组织与特性来界定，从而表明社会成员同样可以被组合进另一个世界"中去，"于是一种以权力抗衡权力的观点便出现了，这种观点对后期西方三权分立思想的形成具有关键性的作用"④。

美国著名的通俗哲学史家和历史学家威尔·杜兰（Will Durant）说，中古自治城市的"市政大会乃是自提比略以来的第一个代议政府。实在是他们，而非《大宪章》开今日民主政治之先河"⑤。当"市镇代表开始正式被召唤去和领主、教士们一起参加大会会晤时，就可认为议会形成了"⑥。这可谓为现代民主制度提供了主要的组织机构。

在"对传统血缘、等级社会结构进行了重大改组"的基础上，自治城市"形成了以角色分化、利益联结及合理性追求为表征的众多社会组织"、公司、同业公会、工匠协会、银行家协会等，这些"异军突起的权力源"，不仅通过扼制国家权力职能和范围的扩张以维护自己的自治权，还"不断

---

① 参见［美］帕尔默、科尔顿：《近现代世界史》上册，孙福生等译，商务印书馆1998年版，第151页；鹿春艳：《从中世纪的市民社会透视西欧在世界历史进程中的地位》，《安徽史学》2008年第4期；肖岁寒：《"市民社会"的历史考察》，《天津社会科学》1999年第3期。

② ［法］基佐：《欧洲文明史——自罗马帝国衰败到法国革命》，第126页。

③ 参见马长山：《国家、市民社会与法治》，第6、54、67—74页。

④ 肖岁寒：《"市民社会"的历史考察》，《天津社会科学》1999年第3期。

⑤ ［美］威尔·杜兰：《世界文明史——信仰的时代》，幼狮文化公司译，东方出版社1999年版，中册第889页。

⑥ ［美］帕尔默·科尔顿：《近现代世界史》上册，第40页。

地向国家领导和官员提出要求并力求对他们施加影响"①。这既促进了社会政治结构的多元化，抑制了权力，又加强了对国家权利的分立制衡；同时，这些社团组织也在国家权利主体和社会利益主体之间架起了桥梁，为社会和国家之间的合作提供了中介。

美国著名的理论法学家哈罗德·J. 伯尔曼（Harold J. Berman）说，自治城市的特许状及其集体誓约"是近代政府契约理论产生的主要历史渊源之一"②，有宪章类的作用。在它的指导下，"城市在百年或百年以上的时间中曾试过各式各样政府组织方案，也发明过几乎一切可以想象出的组合形式：例如，单一元首和多数元首制、直接和间接选举制、有限选举权和普选权制、等级代表制、比例代表制和短任期制、轮流任职制"以制衡城市政府的权力和权威③，从而建立起一套与当代宪政体系极其相似的城市宪政制度。各个城市政府"通常被分为相互间进行某种制约的行政、立法和司法部门"，并制定了官员的定期选举、有限任期、不得连任，对品行不端、滥用职权的官员可被市民撤换等制度。④ 这些制度为近代民主政治的权力制衡提供了模板和先例⑤，开创了现代宪政体制的先河。

特许状也明确规定了市民的义务和权利。其中包括民众参与城市政府的权利和条件，规定市政"官员的选举和新法律的采用，均须经过民众大会的同意"，从而使"政治权力最终属于市民全体"⑥。与此同时，又确定了向王室和封建贵族提供的赋税负担，限制了王室和封建贵族的特权，从而在市民和王室、市民和僧俗贵族之间确立了契约的原则。

选举权、立法机构代表、名副其实的司法系统、保护财产权、废除财产使用方面的种种限制、宗教宽容、言论自由以及集会和结社的权利等规定和

---

① ［美］戴维·波普诺：《社会学》，刘云德等译，辽宁人民出版社1988年版，下册，第405页。
② ［美］哈罗德·J. 伯尔曼：《法律与革命——西方法律传统的形成》，贺卫方等译，中国大百科全书出版社1993年版，第476页。
③ ［美］汤普逊：《中世纪经济社会史》下册，耿淡如译，商务印书馆1984年版，第430页。
④ 参见［德］哈罗德·J. 伯尔曼：《法律与革命——西方法律传统的形成》，第470页。
⑤ 参见马长山：《国家、市民社会与法治》，第86页。
⑥ ［德］哈罗德·J. 伯尔曼：《法律与革命——西方法律传统的形成》，第475—481页；［比］亨利·皮雷纳：《中世纪的城市》，陈国樑译，商务印书馆1985年版，第117、118页。

理念的最初形式，也是产生于自治城市市民社会争取城市自治权、豁免权、权利观念的发展和反抗不公正权威等活动中。其中自由人之间的自由契约关系和市议会选举市政官员正是洛克的社会契约论中的基础，因而是现代议会民主制的直接的历史源头。①

自治市的特许状及其框架下的城市自治制度是现代法治的源头。

以特许状为框架，各个城市在罗马法的基础上形成了一整套完备的城市法和行会法规、商人法等。这些法规将宗教崇拜和宗教信仰排除在法律之外，把建立世俗社会的秩序作为自己的主要目标，具有明显的契约特征、自治特征、一定的宪政特征。它规定了城市公民在法律面前人人平等，尊重和保护市民的私有财产权；对市民的人权给予了各种保护：未经法律程序，不得任意逮捕和监禁；禁止因债务而进行人身拘禁等；为充分实现法律的公平、公正奠定了基础。它清除了封建司法程序的一系列弊端，如僵硬的形式主义，延误时日，裁判决斗，神意裁判等流弊，建立了一种比较简单、公平和理性的审判程序和陪审团制度，培养了市民的公民权和公共权威的观念，致使"中世纪城市从一开始就是一个法律共同体"。在"确认了城市相对独立于领主的自治特权"的基础上，城市法律还"界定了城市政府和市民、市民和市民之间的权力、权利和义务，其共有性、世俗性、宪法性、客观性及发展能力，意味着革命性要素的诞生，尤其是在公民权利和自由领域，从而成为西方宪政的重要源泉"②。经过一系列变革及与王室法的融合后，城市法和行会法规获得了普遍性和权威性。"商人法由特别法上升为本土法律"，"从而与民族国家的统一市场和经济生活相适应并提供规约"③。使"欧洲生活产生新的秩序"④。可见，自治城市的法律体制为市民社会的分娩做好了法律上的准备，也为现代法治社会奠定了基础，泰格·利维说：正是从11世纪城市商人开始不断地造反到英法革命，才"产生了我们今日生活

①　请参见鹿春艳：《从中世纪的市民社会透视西欧在世界历史进程中的地位》，《安徽史学》2008年第4期；胡承槐：《论"市民社会"及其历史地位——兼评"重建市民社会"》，《哲学研究》1999年第11期。

②　［美］哈罗德·J.伯尔曼：《法律与革命》，第475—483页；马长山：《国家、市民社会与法治》，第70、71页。

③　参见马长山：《国家、市民社会与法治》，第6、54、67—74页。

④　［美］威尔·杜兰：《世界文明史——信仰的时代》中册，第889页。

于其中的法律体制"①。

　　城市法律还为现代法制提供了合格的法制主体。因为现代法制区别传统法制除了法律形式化外，还在于后者以社会和国家为本位，而前者强调个人的价值取向。市民们挣脱各种封建人身依附关系，完成了从身份到契约的转变，成了自由主体，使近代市民社会有了现成的法制主体。②

　　市民们之所以能至此，主要在于这个自由主体是依据特许状才建立了城市的法律，才使市民们成为一种共同体，而市民阶级所享有的自由和独立等都要依赖于这一共同体，为此，他们自然要遵守和服从他们为维护这一共同体所制定的法律，并运用它去获得争权的胜利。随着商品经济的发展，市民社会力量日益增长，新贵族和市民阶层演变为资产阶级并成为议会的主角。他们通过持续的议会斗争来争取其自由民主权利，使得代表市民社会要求的议会"从主要为发现法律而存在的机构发展为创制法律的机构"。总之，不论市民阶层是因何种原因恪守法律、尊重法律，都使对法律的尊重在西方一直是绵延不断，而"法律必须被信仰"是现代法制国家的基本信条。市民对法律的尊重和他们的争权运动都有助于现代民族国家法律权威的实现。因此，可以说，只有在西方近代市民社会的运动中，现代法律的权威才得到正式的确立。③

　　法律要被信仰，要有权威，还需要法律的形式化。而"法律的形式化并非仅限于法律外部的形式主义，而是立法、司法过程所体现出来的法律至上、司法独立、理性规则体系及司法程序性等系统化要求"。近代西方法律形式化运动的兴起固然有多种原因，但"其更深层次、更根本的动因，则源于市民社会精神的涌动并融入近代法律体系的形成与发展中的独特进程"。11 世纪后兴起的城市市民阶级即因其生存的需要而孕育出以民主参与、权利和契约、法律和程序为内容的自由理性和历史意识。它们体现在城

----

　　① ［法］泰格・利维：《法律与资本主义的兴起》，纪琨译，学林出版社 1996 年版，第 5、264 页。

　　② 请参见鹿春艳：《从中纪的市民社会透视西欧在世界历史进程中的地位》，《安徽史学》2008年第 4 期；胡文木：《"市民社会"——西方法治产生的历史根源》，《北京青年政治学院学报》2005 年第 1 期。

　　③ 参见胡文木：《"市民社会"——西方法治产生的历史根源》，《北京青年政治学院学报》2005年第 1 期；肖岁寒：《"市民社会"的历史考察》，《天津社会科学》1999 年第 3 期。

市法上，就体现为"共有特征""世俗特征""宪法特征"和"发展能力"，致使城市法律不仅对政府权利实行了分立制约，也为保护市民权利废除了神明裁判或决斗裁判，确立了由同等公民裁判的理性审判程序，并使市民代表进入法庭审理。所制定的商法体系，不仅具有客观性、普遍性、权利的互惠性、整体性和发展性等，还将参与裁判制引入了商事法院，从而揭开了西欧历史上法律形式运动的序幕。以城市为基地而相继发生的罗马法复兴、文艺复兴运动和宗教改革运动，即所谓的 3R 运动，有力地推进了法律形式化运动。以拥有高立法技术、高水平法律文化，并以私法为主的罗马法对城市法、商法和教会法都产生了重大影响。它们都从中学到了"一种理性的技巧来解决不同的社会问题"，通过以吸收罗马市民法、万民法的诸多概念和原则，创立了支配贸易的商法体系。而罗马法中的私法精神，对人身平等、遗嘱自由、财产私有、契约自由和衡平原则的肯定，及法律理性化倾向正是"中世纪后期市民阶级还在不自觉地追求的东西"①。而这恰是市民社会"向全社会扩张过程中所要求的"。文艺复兴运动则"为市民阶级的法意识、法观念注入了人文精神及理性因素"。市民社会的法律意识因 3R 运动而得到弘扬和上升，市民阶级法律意识的传播和法律形式化运动也因此实现了长足的进步。随着民族国家的形成，与公共权力领域相对抗的公众舆论领域相继在英法德等国出现，这个"公共王国恐怕不只是用批评态度监督国家运行，而是启发、指导和控制它们"。"这样，自由理性的市民社会精神就从至上性的自然法为理论表现，凭借公共领域而注入法律体系之中，成为西方法律形式化运动的重要驱动力"②，推进了法律的形式化和程序化，使法治日趋完备。

前面讲过，公民意识是法治社会必备的条件之一，但学者们大都认为，在民族国家产生之前的西欧社会，占统治地位的都是臣民意识、群畜意识，而无公民意识。③ 但是，由于城市自治制度、3R 运动，自治城市确立了市民文化，孕育出了人文主义，衍生出了丰富的精神资源，产生了人身自由、财产私有、人格平等的观念，较强的共同体意识和民主参与精神，奉行契约

① 《马克思恩格斯全集》第 21 卷，第 454 页。
② 马长山：《国家、市民社会与法治》，第 94、99 页。
③ 参见马长山：《国家、市民社会与法治》，第 70、71 页。

自由、责任归己的原则。他们尊重法律，注重权利，关注世俗利益，崇尚人性解放，追求自由理性，这一切都无不"呈现一种新的市民意识，即社会责任感"①。这些思想和观念无疑为通常所说的公民意识，即自主自律、自由自觉的价值取向，个性、参与、创造、开拓的行为图式，高度的角色意识，社会责任感和公共精神提供了构材，奠定了基础。② 可见，中古西欧城市社会为现代公民意识的产生也做出了不可磨灭的贡献。

中古城市社会还为资产阶级民主制度培育出了民主主体，即独立的、自由的、理性的、具有民主精神、法制意识和个体性、世俗性、多元性等文化品格的人群共同体的前身：自治市的自由民。

自治城市的市民阶级帮助王权战胜僧俗贵族，形成民族国家的过程也是资产阶级民主制的民主主体的形成过程。在这个过程中，市民社会与政治国家逐渐分离，而市民也因此完成了政治和社会双重角色的分离，人的个体化得以形成，资产阶级民主最终获得了主体。这个主体"以反抗专断权力，主张自由和权利为目标"。一方面"确立了国家权利和社会权利的契约关系"，另一方面造就了"利益纽带联结的、松散个体化的和较高水平的社会过程参与大众社会"③。在这个社会里，"个人享有不可剥夺的天赋人权"，而"政府权利或执政者仅是实现人权保障的手段"，致使"政府权力被大大地分散了"④，从而"形成对国家集权的社会消解"。而众所周知的是，资产阶级民主制的民主主体所具备的这些特性并不是天生的，而是其前身市民阶级在自治城市这个环境中逐渐练就出来的。

综上所述，学者们一致认为，正是被人们称为黑暗时代的西欧中世纪里的"市民社会"为近代市民社会的分娩和发展提供了各种元素和条件，也为近代民族国家的形成和政治系统的现代化奠定了基础。由此也就看到其中的潜台词：没有中世纪的自治城市和市民社会，也就没有近代市民社会和以资产阶级和封建贵族同为其基础的民族国家；而政治系统的现代化也会因缺

---

① ［美］帕尔默·科尔顿：《近现代世界史》上册，第 68 页。
② 参见马长山：《国家、市民社会与法治》，第 177、178 页。
③ 马长山：《国家、市民社会与法治》，第 157 页。
④ ［美］格尔哈斯·伦斯基：《权力和特权社会分层的理论》，关信平译，浙江人民出版社 1988 年版，第 322—325 页。

乏中世纪城市社会提供的上述一系列条件而难以问世。当然，中世纪城市社会的这些作用对于政治系统的现代化来说只是基石，而不是直接动力和主要成因，直接动力和主要成因应该是同民族国家一起问世的市民社会。对此，学者们几乎是众口一词。

首先，政治系统的现代化是在市民社会的直接推动下完成的。

众所周知，民族国家问世时，基本上都是专制主义的君主制度，英法之间只不过是专制的程度不同而已。因此，当时政治系统的现代化所面临的主要问题就是政治系统结构的分化与整合，以使其从简单到复杂，以实现权力的分立制衡，并实现法治和民主化。

按照哈贝马斯的说法，近代市民社会是由私人领域（经济领域）和公共领域（公众舆论领域）组成的。与权力领域（民族国家）相对抗的公众舆论领域是由"公众对公共事务进行自由开放的讨论、论辩，形成舆论并进行理性批判"而形成的。在长期广泛而又持续不断的讨论中，"形成了据说从那时起决定了英国政治发展进程的各种政治思想"，它包括反对国王特权，维护权利和自由以及确立法治原则，并"逐渐形成了关于如何保卫这些基本原理的两个关键性概念：成文宪法和分权原则"。"这些观点在以后500年中"，"不仅在英国，而且在美国以及欧洲大陆发生了决定性的影响"[1]，以致"在整个18世纪，公众舆论都被当作是那些建立在争论—理性概念之上的规范的潜在立法资源"。当"公共王国一旦作为一个置于国家真正中心的选举的议会来构成，便可以为选民服务"。此时，它"不只是用批评态度来监督国家运行，而是启发、指导和控制它们"[2]。在英国，下议院"采取请愿、辩论直至武力相对抗等形式"与国王进行斗争，通过了一系列维护市场经济，取消封建特权，推进政教分离、政法分离、司法独立等有利于权力分立制约的法律和法规；在法国，"一个属于具有政治批判意识的公众领域"于18世纪中叶左右出现，它以陈情书的方式所唤起的公众参与导致了三级会议的召开，并通过法国革命，"在一夜间就创造出英国经过一个多世纪的缓慢演进所取得的成果"。"在德国，通过私人聚会及固定读书会

---

① ［英］F. A. 哈耶克：《自由宪章》，杨玉生等译，中国社会科学出版社1999年版，第250—253页。

② ［美］贾恩弗兰科·波齐：《近代国家的发展》，沈汉译，商务印书馆1997年版，第85页。

等形式，于 18 世纪末形成具有批判意识的公众及公众舆论，它与议会斗争相结合而成为德国民主宪政进程中十分重要的驱动力量。"① 这表明，市民社会通过公众舆论领域促使议会通过一系列法令法规是欧美国家实现政治权力的分立制约和法治的重要途径。

此外，作为市民社会代表的议会在新生资产阶级雄厚财力的支持下，在国家政治生活中"获得了至上的主权地位"，对权力的分立制约和法治的确立和发展发挥了重要的作用。因为它通过法律的统治把国家公共权力框定在法律规则之下，以制约国家权力来保护个人的自由和权利，使国家权力服从并服务于市民社会的权利、利益的主张和要求，从而形成了权力的分立制衡机制和法治社会。同时，市民社会里的种目繁多的各类社团的广泛存在也是政治系统现代化不可或缺的要件。如学者们所说："仅有政治体制的分权制衡是不够的，还必须同时实现社会分权制衡。"而"横亘于国家权力与社会（个人）权利之间"的社团组织则是"分享权力，抗辩权力滥用，扼制腐败和护卫权利的天然屏障"。再说，社团组织还能"促使不同群体的合法权益获得有效实现和保障"，因而是"实现社会自律秩序，维护社会稳定"，"使民主和法治价值的合法性得以确认和弘扬"的重要力量。②

前面讲过，"如果说民主政治是市场经济得以存在和发展的正式制度因素的话，那么，以主体自由追求和理性的精神为内核的公民意识，则是其非正式制度要素"。而一谈到公民 Civilis，就会想到从古希腊罗马时代起，它就是"一个与公共生活、政治生活和国家密切相连的含义"，致使公民概念带有强烈的政治含义，有国家公民之说。它意味着一个人一旦成为公民，就享有一系列的政治权利。③ 因此，在民族国家产生之前，无公民存在。随着民族国家的产生，西欧才有了公民，才有了公民文化。如前面所讲，公民文化具有合理性意识、合法性意识和积极守法精神的内在结构，这才使人们对法律的服从具有内生性、自觉性和有序性，才使法治得以确立发展，政治系统的现代化因具备市民社会所提供的这一系列条件和动力才得以完成。

其次，实现了与国家权力的良性互动，奠定了现代政治制度运行的基石。

---

① ［德］哈贝马斯：《公共领域的结构转型》，第80、86页。
② 马长山：《国家、市民社会与法治》，第104、105、242—254页。
③ 参见方朝晖：《市民社会的两个传统及其在现代的汇合》。

　　学者们指出，"市民社会是多元主义并赋有自由、平等精神和个人价值追求的，但同时也具有节制个人、地区和集团特殊利益与需求的实质性认同。"[1] 实质性认同是市民社会的一种美德，其意是说"它随时准备节制个人或地区与集团的特殊利益，而将共同利益置于首位"[2]。市民社会的多元主义必然导致不同利益主张的"互相交融又相竞冲突"，阻止或听任这类冲突，不是导致制度僵化就是促使制度解体。而市民社会则通过其法规"对冲突进行合理的控制来达致市民认同、社会整合和理性规则秩序"。这不仅衍生出一种市民社会内部抑制单一独占性和专断霸权的平衡器，也确立了市民社会自主自律、宽容共存的自由理性诉求，并使新规则不断地被制造，旧规则不断地被改进，从而塑造成市民社会的"自发自生秩序"[3]。这不单是使政治制度能适应经济的持续发展和社会的不断变化，还形成了它与国家政治生活秩序方面的互动与互补。市民社会需要"国家提供法律上的保障和规章上的保护"，而国家权威和法律的贯彻也离不开市民社会及社会团体和公民文化的支撑。只有市民社会和政治国家确立起民主互动、制衡与合作的良性互动的有机构架，市民社会的再构和国家权力的改造才能持续下去，从而"普遍与特殊、公域与私域、权力和权利得到有机协调、保证和规制，以普遍规则秩序为目标的法治才能真正确立起来"。而"法治的基础与界限就寓于市民社会与国家的这种互动的发展构架之中"。这表明市民社会不仅是促进政治制度现代化的主要推动力量，也为现代政治制度的运行奠定了基础。[4]

　　上述表明，有不少的学者在市民社会是反对专制制度的利器这个热门话题之外，看到了市民社会概念的两种历史起源和市民社会的历史渊源，从而在一定程度上回答了西欧的历史上到底是什么力量通过什么途径，使西欧的经济和社会的发展在民族国家没有兴起之前，就克服了各种政治和宗教权力的阻碍。在这之后又有效地抑制了国家权力对市场经济的侵犯，从而使一些

---

　　① 马长山：《国家、市民社会与法治》，第170页。

　　② 爱德华·希尔斯：《市民社会的美德》，邓正来、J.C.亚历山大编译：《国家与市民社会：一种社会理论的研究路径》，第46页。

　　③ 参见［英］F.A.哈耶克：《法律、立法与自由》，邓正来等译，中国大百科全书出版社2000年版，上卷，第55—68页。

　　④ 参见马长山：《国家、市民社会与法治》，第200—201页。

国家的制度变迁的诱致型性质没有得到大的改变，或变化后又较快复原。其意义因而是非同小可的。一是它有力地反驳了以中世纪晚期的自治城市的特权和行会制度阻碍了资本主义生产关系的萌生和发展为由而全盘否认西欧自治城市的历史作用，把西欧资本主义的兴起和壮大的主要动力归之于农村和农民的观点。市民社会理论所揭示出来的自治城市的历史功绩和两部门发展模型所证明了的工商业部门在社会结构分化与整合中不可替代的关键地位，都不容置辩地说明舍弃自治城市根本无法揭示现代化起源的根源与动力，更不可能将现代化起源的全过程在精神上再现出来。二是它用大量史实和理论证明了仅靠政治现代化理论是无法阐明西欧政治系统是如何现代化的；要解决这个问题，市民社会理论是不能缺位的。三是它有助于说明包含现代社会胚胎的序参量的正反馈机制是如何产生的，又是如何转成市场经济的内生的催化剂，如何促进市场经济的孕育和分娩问世的。所有这些表明，市民社会理论涉及自组织理论的大部分内容，对自组织生成一般规律的第三条到第五条，第六条、第十条、第十一条和第十四条具体到现代化过程中的相关情况和问题做了精辟的论述。它尤其提醒我们：一个成熟的市民社会是评价一个社会实现现代化的主要判据之一；因为现代社会之所以拥有传统社会所没有的动态有序、持续进步等诸多功能，不仅是因为它拥有后者所没有的高度有序的社会结构，其系统要素所拥有的活力和创造力也是后者远所不及的。

11. 文化的现代化和人的现代化理论

文化的现代化和人的现代化理论源于马克斯·韦伯的《宗教社会学论集》。《新教伦理与资本主义精神》是此论的开山之作，继之，韦伯出版了《中国宗教——儒家和道家》《印度宗教——印度与佛教》《古代犹太教》等书。世界学术论坛上因此掀起了东西方文化比较的狂飙，现代化起源研究从此作为世界文化史的中心问题提上议程，并开辟出了一条揭示社会系统的复杂性根源的有效途径。因为社会系统之所以复杂，关键之一是其要素具有其他要素所没有的思维、感情和意志，致使其活动具有其他系统要素所没有的目的性、主动性、能动性、创造性、适应性和学习能力；导致其行为具有非确定性、个别性、偶然性和非量化性，从而构成了一种极其复杂的行为网络和图景。随着韦伯理论的问世，自组织理论的这些空白也就开始被人逐渐填补。

但是，对人们冲击最大的是他提出了加尔文教孕育出了推动西欧资本主义发展的"资本主义精神"，创立了"经济伦理学"，对东西方宗教文化进行了比较研究，力图揭示出一个民族的精神气质与其经济发展之间的内在联系。一些人对此大加讨伐，涤除其中的不实之词，如指责韦伯将新教伦理等同于资本主义精神，资本主义精神等同于资本主义制度，新教伦理是西欧资本主义兴起的根本原因外，归纳他们所陈列的理由，主要有下述几点：

（1）同路德教一样，在加尔文教控制的地方，教会甚至敌视资本主义。①

（2）天主教徒的职业责任心和职业成就并非如韦伯所说的那样低于新教徒；天主教人文主义者，如托马斯·莫尔、伊拉斯莫等所主张的宽容、自由意志，对资本主义的过去和现在均有重大影响，因此，天主教并非如韦伯所说的那样与资本主义精神格格不入。②

（3）新教伦理并非加尔文教独创，而是中世纪"晚期以来西方思想文化长期演进的结果，宗教改革不过是加强了这一趋势"③。

对第一点的答复莫过于英国历史学家 R. H. 托尼（R. H. Tawney）的名著《宗教与资本主义的兴起》。该书阐明，"后期的新教同 16 世纪和 17 世纪早期的新教教派形式有很大差别"。早期的新教"根本不具备马克斯·韦伯赋予他们的个人主义特性——这种个人主义指向一直要在三代人之后才发展起来"。而刚开始的加尔文主义虽然"对商业企业的生活给予完全的认可"，但"又用审判官般的约束对它加以限制"，这在日内瓦时期尤甚，故"除了少数极端分子以外，第一代改革者在社会理论方面很少是革新派"④。因此，当时出现加尔文教会敌视资本主义的情况也就不足为奇了。但这不足以推翻韦伯指出的加尔文教在资本主义兴起过程中所起的积极作用，因为加尔文教也会发展变化的，后期的加尔文教确实对传统经济伦理观进行了颠覆

---

① 参见 W. Sombart，*The Quintessence of Capitalism*，Lenton，1915，pp. 251,252。

② 参见董正华：《资本主义精神：新教伦理：个人主义还是民族主义》，《世界历史》2007 年第 1 期。

③ 向荣：《文化变革与西方资本主义的兴起》，《世界历史》2000 年第 3 期。

④ 参见［英］R. H. 托尼：《宗教与资本主义的兴起》，赵月琴等译，上海译文出版社 2006 年版，"导言"第 18、140、9 页。

和创新。

　　所谓经济伦理观即是从道德角度对放贷取息、经商贩运等经济行为和经济制度所进行的评价：它们是不是剥削，是否符合公平正义，是不是不道德的行为。而这种评价，不仅影响社会舆论，还成为政策法规的理论依据，从根本上决定经济的发展速度。中国封建社会之所以长期延续，原因之一，就是历代统治者视商人贱买贵卖，豪夺民利，兼并农人，故都厉行抑商政策。加尔文教产生前的几百年时间里，西欧通行的经济伦理观与此同出一辙。

　　此观源于中世纪教会。教会认为"人类制度与活动的最终标准是宗教"，故判断经济关系、社会秩序和"经济交易的合法性"的道德标准是基督教会的原始教义。[①]《圣经》认为，人的始祖因偷吃禁果而犯有原罪，人的血肉之躯因而是污浊罪恶的存在。[②] 所以，人来到世间不是来享受的，而是来赎罪的。[③] 人们只有在现世坚守清贫，服从权威、遵守秩序，死后才能回到上帝身边；而追求财富只能使人陷入罪恶的渊薮，坠入地狱。虽然，为了生存，追求经济利益不可避免，但必须"服从于生活的真正使命，即拯救"。贸易虽然必要，"但对心灵却是危险的"，所以，"追求更多的财富不是进取，而是贪婪，而贪婪是一种弥天大罪"[④]。故一切"专注于超出维持生计所必需的经济利益都应当受到谴责"。而"靠欺骗和不义之财为生"的"商人的灵魂是要进地狱的"[⑤]。

　　可见，被中世纪教会"予以最严厉谴责的恶行"，正是能够促使财富无限增长，而被现代社会"看作一种成就而大加赞扬"的德行。因此，教会的经济伦理观使人在人与人之间和人与自然的博弈中采取消极态度，极大地阻碍了经济的发展和社会的进步。[⑥] 加尔文教的问世，则使这个经济伦理观被颠倒了过来，明乎此，也就不难理解韦伯、托尼等人为何断言新教伦理促

---

　　① 参见［英］R. H. 托尼：《宗教与资本主义的兴起》，第93、168、11、12页。
　　② 参见《新约·哥林多前书》，第15章，50节。
　　③ 参见《费尔巴哈哲学著作选集》下卷，荣震华、王太庆、陈小慧译，生活·读书·新知三联书店1962年版，第53页注。
　　④ 参见［英］R. H. 托尼：《宗教与资本主义的兴起》，第11、19、20、24页；J. D. Gilchrist, *The Church and Economic Activity in the Middle Age*, New York, 1969, p.51。
　　⑤ 参见［英］R. H. 托尼：《宗教与资本主义的兴起》，第4、63、172页；另参见［比］亨利·皮雷纳：《中世纪的城市》，第77页注。
　　⑥ 参见［英］R. H. 托尼：《宗教与资本主义的兴起》，第168、12、11、19、20、24、172、22页。

进了西欧人的思想解放，使他们迈上了现代化之路。

　　新教虽然反对天主教会，但它毕竟是基督教会内部的一场革新运动，故其判断人们行为合法性的依据仍然是基督教义，仍然是灵魂得救。差别仅在于拯救灵魂的途径与天主教不同。他们宣传"远离贫困是一种美德"，故人们应该去"追求财富"[①]；而获得了财富就是"对上帝的祝福"，"就是荣耀上帝"，为上帝争光。[②] 而要至此，就要"不知疲倦地"去从事金融活动、商业贸易，由此而获得的"利润跟劳动者的收入和地主的租金一样体面"[③]。他们的职业也同做工务农一样，都是"上帝应许的唯一生存方式"，是他们的天职（Calling）。而挣钱，"只要挣得合法，就是长于、精于某种天职的结果和表现"[④]。因此，"天职并不是个人生于其中的条件，而是在上帝的指导下要你从事严格苛刻的事业"。因此，它是"一种集合号，召唤选民进行唯有到死才会结束的长期斗争"。只有经过百折不挠的斗争去争取事业成功，征服世界，人才能够获得"自己灵魂的拯救"，"才配得上基督徒这个名称"[⑤]，因为人们"只能通过完成神示的天职去寻求上帝之国"[⑥]。

　　但是，顽强拼搏、尽心天职，仅是上帝选民应须具备的品质之一；他还须有高尚的道德和理性思维，必须珍惜时间、谨守信用、行为谨慎、节俭诚实、善待他人、讲究效率、理性计算[⑦]；懂得"劳动是一种精神目标"，"灵魂只有在这里才能找到健康"；"享受、无节制的享乐，个人铺张浪费"，"绝不是基督徒干的行为"。"铁一样的意志和冷静的理智"是他必备的品质；深知"不用理性仔细掂量就去处理或进行重大的事件"，"那无疑是愚蠢和鲁莽的"[⑧]。

　　事业的成功，品质的高尚，都是上帝教导的结果，也是蒙受上帝呼召的

---

① 参见［英］R. H. 托尼：《宗教与资本主义的兴起》，第 63、146 页。
② ［德］马克斯·韦伯：《新教伦理与资本主义精神》，第 135 页。
③ ［英］R. H. 托尼：《宗教与资本主义的兴起》，第 63、143 页。
④ ［德］马克斯·韦伯：《新教伦理与资本主义精神》，第 59、60、38 页。
⑤ ［英］R. H. 托尼：《宗教与资本主义的兴起》，第 145、150 页。
⑥ ［德］马克斯·韦伯：《新教伦理与资本主义精神》，第 140 页。
⑦ 参见［英］R. H. 托尼：《宗教与资本主义的兴起》，第 147、149 页；马克斯·韦伯：《新教伦理与资本主义精神》，第 33、34 页。
⑧ ［英］R. H. 托尼：《宗教与资本主义的兴起》，第 145、146；马克斯·韦伯：《新教伦理与资本主义精神》，第 131 页。

体现，也正是这样的感受能证实他们是上帝的选民。

被天主教会"指责为社会邪恶的品质"如今被新教徒"作为经济美德"，于是，"经济进步"也就成了"有意识追求的目的"；把传统关系的稳定作为主要目的的传统经济政策也就被"经济扩张主义所取代"；与"清教的基本伦理信条"有"天然的亲和力"的重商主义也就随之问世。[1]这一切，不仅推倒了天主教伦理设置在经济发展道路上的重大障碍，还为经济发展和社会物质文明面貌的改变提供了巨大动力。

一代新人因之涌现。这些人"觉得他们是上帝的选民"，认识到"上帝计划中的伟大使命并下定决心去完成这一使命"，从而以"铁一般的意志和冷静的理智"，"在市场经济的浪潮中"奋勇拼搏，百折不挠地去争取事业的成功，开创出了一个"清教的英雄时代"[2]。

一代新人的产生，不仅推动了经济的发展和资本积累的加速，也促进了人的现代化，为资产阶级培养了整整一代的勇敢的战士；为天主教会和教皇造就了一大批最主要的对手和最危险的敌人[3]。正是有了他们，资产阶级在反对封建教会、封建制度的一连串的政治、军事和经济的斗争中才有了锐不可当的生力军和领导者。三次资产阶级大革命：尼德兰的民族独立战争、英国的资产阶级大革命和美国的独立战争都是在加尔文主义的旗帜下进行的，新教成了"美国之父"。

新教徒对现代社会兴起所起的巨大作用不仅见证于韦伯、托尼等学者所列举的新教徒在近代欧美各行业杰出人数中所占比例远高于天主教徒的统计数据，也见证于西欧各国实现现代化进程的快慢之不同和顺利与否：凡是新教国家，如英国、美国、丹麦、瑞士、雅典、挪威、荷兰等都顺利地、较快地实现了现代化；而天主教国家，除实行信教自由的比利时之外，其他国家，如法国、意大利、西班牙、葡萄牙的现代化进程不仅缓慢，且曲折血腥；新旧教参半的德国的现代化进程也是跌宕起伏。

但是，学者们前述的第三条讲得对，新教伦理不能全归功于加尔文教，而人的现代化更不能说成是加尔文教一蹴而就的；而是自治城市问世以来，

---

① ［英］R. H. 托尼：《宗教与资本主义的兴起》，第149—151页。
② ［英］R. H. 托尼：《宗教与资本主义的兴起》，第67、146、161、165页。
③ 参见《马克思恩格斯选集》第3卷，第706、707页。

一系列政治、经济、文化变化的产物。

首开先河的是自治城市社会在人的观念上所引起的巨大变化。在其财产私有、劳动自由、人格平等的基础上产生了与以追求拯救灵魂的传统意识成反差的市民意识和市民文化。它崇尚民主参与和自由平等，强调财产私有，尊重法律，注重契约和权利，追求自身的利益，公开宣称"这里没有凯撒，只有金钱"[①]。这种价值取向不仅动摇了传统的经济伦理观，也在人的现代化的道路上迈出了最初的一步。

以城市为基地的文艺复兴运动抛弃了基督教的神本主义，创立了人本主义。通过对人性的褒扬、人的能力的肯定，唤起了人的现世意识，这导致了近代自然科学的问世，也把民众从神规教旨的束缚中解放出来；在主张人们追求享受的同时，它提倡人的全面发展，在情欲、体魄等方面都能独树一帜，致使文艺复兴时代成了一个巨人辈出、群星璀璨的时代，显然，这与清教强调人的道德品质全面的提升所产生的结果并无二致。尽管人文主义者来源复杂，很多内容相互矛盾，人文主义精神与宗教信仰纠缠不清，人们往往各取所需，但市民文化因此而被注入了人文精神和理性因素则是无疑的。或因如此，新教伦理中的一些观念如合理时间观念可追溯到这一时期。向荣说，当时的人文主义者提倡对时间的合理使用，反对虚度光阴，对时间及劳动的态度与加尔文主义者无本质差异。再者，历时 150 年之久、跨越宗教界限的，有很多天主教改革家参加的习俗改革运动（1500—1650）对新教伦理的影响也很大。改革"几乎涉及当时人们生活的所有重要方面"，其基本内容与清教的主张大同小异。此时兴起的民族国家也极力推行重商主义政策。它强行要求国民改变懒惰、奢侈的恶习，惩治流浪汉，奖励勤劳、节俭的风气，对习俗改革和新教伦理都影响颇大。[②]

再者，加尔文教是宗教改革的产物，而宗教改革的发起者和中坚力量无不是宗教人文主义者。[③] 他们旨在用人文主义来改造天主教。改革发起者路德开创的"信仰得救"使"世俗生活与宗教生活的区别已经消失"。一个基

---

① 朱孝远：《近代欧洲的兴起》，学林出版社 1997 年版，第 186 页。

② 参见向荣：《文化变革与西方资本主义的兴起——读韦伯的〈新教伦理与资本主义精神〉》，《世界历史》2000 年第 3 期。

③ 参见［德］马克斯·韦伯：《新教伦理与资本主义精神》，第 131 页。

督徒只要真心信仰上帝就能得救，只要"有《圣经》和他自己的良知的指引就足够了"，教会、教皇和出世修行等都成了多余之物。"隐修生活被世俗化了，从此所有的人在上帝面前处于相同的地位。这一切进展包含了以后一切革命的萌芽，它是如此巨大，以致其余的一切都显得无足轻重。"因为"唯有通过宗教改革，世俗的职业才被赋予宗教合法性，并且被当作通往拯救的可能道路"[1]。若路德事先没有铺好这个通道，加尔文主义的新教伦理就缺少一个前提；如路德在斥责修道士"放弃现世的义务是自私的"的同时，强调俗人所从事的职业"是上帝安排的一项任务"，这一观念显然是加尔文教的天职观的源泉。[2]

路德的信仰得救不仅使教皇、教会及其主持的各种宗教礼仪、圣徒等都成了多余之物，也使各种团体、所有的亲属，甚至父母兄弟在自身拯救的问题上都无法相助。这既为清洗血缘宗族关系的残余，为后来主导欧美社会的个人主义的兴起奠定了文化基础；也清除了被天主教会添加进基督教义中的巫祝文化；俗人因此也能阅读圣经、解释圣经，于是，"圣灵变成了俗人，俗人变成了圣灵"，久违的平等又回到了人间，教会的一统天下、它的万流归宗的地位和等级森严的教阶制度也随着教会成了救赎的多余之物而成了历史。

与宗教改革几乎同时问世的市民社会继承和发展了其前身自治城市的市民文化和市民精神，突破了它们的局限性和初级性，将其升华为近现代市民社会精神和公民意识。它们与宗教改革掀起的思想变革的浪潮和新教伦理的潮流相结合，将人的现代化推进到一个新的阶段，并导致了启蒙运动的兴起。

16、17世纪时源于英国的启蒙运动于18世纪时在法国达到高潮。它继承了并囊括了文艺复兴以来西欧思想界的科学成果，将其矛头直接指向了传统观念的核心——宗教。指斥它是"神圣的瘟疫"、理性的大敌；号召人们从宗教的蒙蔽中解救出来，回归到人的自然本性和社会的"自我状态"。他们宣扬作为理性载体的人，神圣且高贵，享有不可剥夺的天赋人权，平等、

---

[1]　［英］R. H. 托尼：《宗教与资本主义的兴起》，第55、59页，"序言"第14页。

[2]　参见［德］马克斯·韦伯：《新教伦理与资本主义精神》，第59—60、62—63页。

自由、民主和博爱是与其俱来的权利，从而使人的现代化突破了宗教的最后藩篱——清教，开创了人的现代化的世俗化模式。世俗化为那些仍然受着天主教文化束缚的民族如法国、意大利，及德国等现代化后进国家的人的现代化，特别是其民族精英的现代化提供了一条崭新的通道。而这对于分化其顽固性远过于英国的这些国家的社会结构来讲尤其有效。然而，如众所知，没有新教对天主教的巫祝文化的清除及清教的争取到的信教自由和宗教宽容的局面，启蒙思想在英国的萌生、在法国的发展和在欧陆的传播势必要迟缓得多。

可见，在西欧，无论是人的现代化，还是文化的现代化都经历了一个前后相继的、极其漫长的过程。从自治城市开始，中经文艺复兴、城市市民社会，直到宗教改革。其历程与现代化起源的历史不相上下①，而新教伦理的问世和传播只不过是其中的插曲。这个插曲固然有其产生的具体原因，但它也是西欧先前文化变革和思想变革累积的产物；同时，也有其深刻的经济根源和社会根源。帕森斯、斯密尔瑟（Smelser）和布莱克（C. E. Black）等后人所创立的人的现代化理论对这一问题做了精辟的论述。

帕森斯用他的"社会角色期待理论"，出色地解答了社会系统机制在人格的变迁中所起的作用。他认为社会系统机制包括社会化机制和社会控制机制。它们决定了个体人格的形成必然是一个社会化过程，即个人被整合进社会，社会的价值观"内化"为个体独立人格的过程。在这个过程的早期阶段，以家庭中的"认同"方式为主，被内化的价值是一般性的，它形成基本的个性结构；之后，则以社会学习的方式为主，内化的价值具有特殊性，它造成了个性结构的分流，形成了各式各样的人格结构。运用这一模型，帕森斯剖析了现代人格的主要特征经济理性主义的形成过程。这之中固然有其与人性俱来的先天成分，但其主体是后天的经济子系统的分化与整合的过程所产生的新的价值观念。这些观念会被凝固成各种经济制度。经济制度会不断地作用、影响运动于这些制度中的个人，经济理性的价值观就会

---

① M. Scheler 认为，现代人是从 13 世纪末以来逐渐形成的。参见 M. Scheler：《伦理学与认识论》，Bon，1986 年版，卷十，第 28、29 页；刘小枫：《现代性社会理论绪论》，第 20 页。

被内化为他们的人格，经济理性主义也就由此成了现代人的人格结构中的组分。

帕森斯的这一理论清晰地表明社会结构变迁是人的现代化的重大原因。在斯密尔瑟那里，他的这一思想得到了进一步的发展。斯氏指出社会结构分化的直接后果就是职能的单一性和专业化水平提高，带来了经济的高速度的发展；而社会结构的整合导致了专业化职业集团在更大范围内的互补、相互依存和相互依赖，生产社会化的这种大幅度的提高带来了经济的高速发展。这不仅为个人的思想变化提供了物质基础，也带来了一系列新的经济制度的建立。这些制度内涵中的产权清晰、理性核算、市场法制等所体现出来的工具理性主义会促进个人经济利益的觉醒，促使经济理性主义、商业精神、个人主体意识和理性思维方式逐渐形成。而分化带来的职业分化和专业化使个人的职业角色和社会角色的单一化，规定了其行为的单一性，并逐渐使其养成情感无涉性和普遍性倾向。个人摆脱对家族和集体的依附，又为突破血缘等传统关系，自由地独立地追求个人利益和成就创造了条件。至于社会结构的分化与整合所带来的社会秩序的重组，新旧思想的碰撞，各种利益的博弈，则会开拓人们的眼界，锤炼人们的意志，使其逐渐形成开放、包容、灵活和跳跃式的思维方式，而现代人格也就在社会结构的分化与整合所带来的这一系列社会变动中逐渐形成。[1]

与帕森斯等人不同，布莱克是从历史上的实际的人际关系的变化来阐述现代人格的形成，他尤其推崇由率先完成了现代人格转变所组成的现代领导者集团。认为他们不仅集中体现现代人格特征，也在人的现代化和整个社会的现代化中起着关键性的作用。[2] 无独有偶，美国学者爱德华·希尔斯（Edward Shils）也表述过与其相似的思想。他说作为市民社会美德的"实质性市民认同"，不可能期望所有的公民都具有。一个成熟的市民社会只"需要相当一部分履行市民认同美德的普通公民和政治家"就行了，关键是他

---

① 参见安然、王洛中：《试析经典现代化理论中"人的现代化理论"》，《天津社会科学》2000年第5期。

② 参见［美］C. E. 布莱克：《现代化的动力——一个比较史的研究》，景跃进、张静译，四川大学出版社1988年版，第87—90页。

们"应该居于权威地位"①。

韦伯、帕森斯等人的观点得到普遍赞同。著名的以色列社会学家艾森斯塔特（Shmuel N. Eisenstadt）就认为任何国家的社会结构都取决于其特定的文化取向。其社会变迁虽然会受到先进的外来文化的影响和推动，但起决定性作用的则是其文化传统及其所处的文明圈。而任何文明圈中流行的文化传统和价值取向则都源于其文明圈起源时代的文化精英们的思想。② 美国著名社会学家英格尔斯（A. Inkeles）、奥格本（W. F. Ogburn）亦如此。前者认为现代化的成败取决于人的素质，西方之所以能率先现代化，是因为那里首先出现了"现代人"③；后者则是力主社会变迁就是文化变迁。④

帕森斯等人的理论清晰地阐明了包括新教伦理在内的现代化人格并非仅是西欧思想界系列革新变迁的结果，也是西欧社会结构的复杂化及其系统功能提升的产物。这就说明，没有自庄园手工业瓦解以来的西欧的经济发展和社会结构的分化与整合，传统文化结构就不会被分化整合，新教伦理就无法产生，因此，它是经济、社会、环境相互作用的产物；是它们被分化整合后的成果。它表明，新教伦理，乃至人的现代化对现代化的推进是文化对经济、社会的反作用。

但是，这并不足以推翻"宗教信仰对民族性格的影响，足以决定一个民族的命运"的论断；而马克斯·韦伯对现代化理论的贡献也并非限于新教伦理的揭示。他的理性化即是现代化，以及他所进行的东西方文化的比较都提出了一个极其重大的理论问题，即第一个现代社会的生成，以及后发国家的现代化的成功是不是要以特定的文化背景为前提？换言之，基督教文化是不是西欧成为现代化的故乡，英国成为现代社会滥觞之地的文化基础？反之，是不是没有这一基础的地区和国家就不能成为现代化的故乡和现代社会的滥觞之地，甚至连跟进欧美国家，实现现代化都不可能？

---

① 邓正来、J. C. 亚历山大：《国家与市民社会》，第48、49页。

② 参见谢立中、孙立平主编：《二十世纪西方现代化理论文选》，第328—379页。

③ 参见［美］阿历克斯：《人的现代化素质探索》，曹中德等译，天津社会科学出版社1995年版；［美］阿列克斯·英格尔斯、戴维·史密斯：《从传统人到现代人——六个发展中国家的个人变化》，顾昕译，中国人民大学出版社1992年版。

④ 参见［美］奥格本：《社会变迁：关于文化的先天的本质》，王晓毅等译，浙江人民出版社1989年版。

答案大都是肯定的。这里先要区分人的现代化和文化的现代化。前者所指是个人；这样的人即使在传统社会里也都存在，只不过是他们在其国家总人口中所占的比例极低而已。他们在现代化中的作用，则如希尔斯所说，要视他们是否居于权威地位而定。若如近代的普鲁士和现代早期的土耳其那样，那就有可能使国家走上现代化之路；若不是，那现代化也就免谈。至于文化，尽管人们对其定义千差万别，但不论如何定义，有两点则是一致的，即它是一个群体的历史沉淀物，得到这个群体的普遍认可。其外延广泛，它往往泛指整个民族、整个国家；最小也是指一个地区、一个企业。由于是人类历史的沉淀物，其内涵则有广狭之分。广义文化指人类卓立于自然的独特的生存方式，有精神的，也包括物质的，故与文明无异；狭义的文化则仅指人类所创造的精神财富，包括宗教、信仰、风俗习惯、道德情操、学术思想、文学艺术、科学技术、意识形态各种制度等。用制度经济学的术语讲，文化就是非正式约束。非正式约束虽然不是成文的制度，但它却是制定各类制度，乃至宪法的先验模式。因为精神财富大都属于意识形态。马克思说，"推动人去从事活动的一切，都要通过人的头脑"[1]，致使人类的任何实践活动都"带有经过思考的、有计划的、向着一定的和事先知道的目标前进的特征"[2]；然而，在这个过程中，无论是思考、计划，还是制定目标，都离不开早已储蓄其头脑中的意识形态的指导。而这些意识形态的绝大部分则都是人们从其前人那里接收来的。可见，文化就是信息，在社会系统中，它所起的作用就是 DNA 中的碱基对。它不仅为社会系统要素的心灵结构和行为结构编码，也通过要素为社会结构编码。当今世界现存的几大文明在思维方式、行为准则、社会结构，甚至生活方式上有如此大的差异，不能不归因于其传统文化的不同。故此，帕森斯在制定其著名的行动系统的功能模型（AGIL）时，认定文化系统的主要功能就是模式维持，即维持系统的价值体系和制度的统一性、延续性。[3] 诺斯则强调文化、意识形态不仅蕴含着其他

---

① 《马克思恩格斯选集》第 4 卷，第 232 页。

② 恩格斯：《自然辩证法》，第 157 页。

③ 参见［美］帕深思（P. Tarsons）、默顿：《现代社会学结构功能论选读》，黄瑞琪编译，台湾巨流图书公司 1984 年版，第 117 页。

非正式约束，还可以在形式上构成某种正式制度安排的先验模式。① 创建了"历史制度分析理论"的格瑞夫，则用事例揭示了文化信仰在博弈中所扮演的角色，论证了"文化信仰在制度变迁中所起的决定性作用"。但是，这并非说文化的不同一定会导致现代化命运的迥异；但当其传统文化中对国体、政体有硬性规定时，也就很难排除这个民族会被其文化挡在世界现代化潮流之外。那些至今仍固定政教合一的神权国家，尽管它们在政治上似乎已经民主化，甚至实现了总统直选，如伊朗，但由于其政教合一，传统观念在国民中根深蒂固，其实现现代化的可能性可以说是几乎为零。即使是实现了政教分离的土耳其、埃及等，由于其国民的大多数仍固守其传统宗教，就时刻面临着神权政治的复辟，穆斯林们随时都有可能利用选票将那些主张伊斯兰教为国教的人送上总统的宝座，使政教分离成为历史，使其现代化进程屡历险境。在当前的世界大局下，他们虽然能通过引入发达国家的资金、技术和物资，将经济提升到一个新水平，甚至实现工业化，但却很难在短时间内改变全体人民的思想和民族的传统文化信仰，致使传统文化成了国家实现现代化的瓶颈。于是，改革那些堵塞了社会结构改革道路的文化也就成了实现现代化的必不可少的前提。然而，"攻城易，攻心难"，"千百万人的习惯势力是最可怕的势力"，改变一个民族的文化谈何容易，如是，这样的国家的现代化也就是可望而不可即。

可见，韦伯的可贵之处，绝不只是他指出了新教伦理在西欧现代化过程中的作用，他的现代化即理性化，和他所指出的东方文化的非理性及从未突破宗族血缘关系的落后性，对理解现代化为何首起于西方，解答东方文明为何迟滞不前，甚至追随欧美之后，现代化进程也跌宕坎坷的意义尤为重大。

一方面，他的现代化即理性化，理性化是工具理性在社会所有领域的全面展开构成了现代化基本过程的论述，指出了信息库在系统适应环境中所处的主导地位，阐明了工具理性构成了现代社会正当性基础，有力地证实和极大地丰富了"一般规律"第14条关于系统信息库的论述。另一方面，也能从中推出：西欧的现代化是以天主教为其背景的，没有这个背景的民族不仅

① 参见［美］道格拉斯·C.诺斯：《制度、制度变迁与经济绩效》，第64、65页；［美］道格拉斯·C.诺斯：《经济史上的结构和变革》，第25、197、199、200页。

不可能成为现代社会的故乡，甚至连实现现代化都障碍重重，甚至不可能。

为什么？这首先是基督教比沉迷于巫术的原始宗教进了一步，从多神论进化到一神论，已祛魅化并思考灵魂救赎和神义论的问题。而这一切都源于《圣经》的《创世记》：上帝在造人之前，就创造了天地；并委托人管理地及地上的万物。于是，视万物，甚至灶、石头都有神的巫祝文化在基督教文化中难有立足之地，使理性成为基督教的底色。虽然后来天主教又将七圣礼、圣物、圣徒崇拜等迷信成分融合进教义，但《圣经》的理性底色则为新教的祛魅化提供了法理上的根据，为宗教的理性化乃至整个社会的理性化奠定了基础。同时，《创世记》也为人类提供了"拷问自然界"、改造自然界的依据，为自然科学的产生扫除了文化上的障碍。

其次是它的一元化原则，即《圣经》中耶稣所说，"凡是遵行我天父旨意的人，就是我的弟兄、姐妹和母亲"，以及它的博爱原则："爱亲人、爱邻人，也要爱自己的敌人"。依据这些原则，是否信仰天主成了人们判断一切问题的对错和人的亲疏的唯一标准。这不仅为个人主义奠定了文化基础，为打破宗族血缘关系提供了致命的武器，也为法治、民主奠定了根基，如前述哈瑞夫所讲，市场经济的一些制度的问世也缺不了它。

其三是它的双剑论。即教会亲掌上帝之剑，而把世俗之剑交给君王掌握，以保卫教会。这一说教不仅为日后政教分离提供了教义上的根据，还直接导出了"王权神授"理论。"王权神授"不仅堵塞了皇族之外的人夺取皇位的念想，根绝了将几百年的社会发展成果毁于一旦的社会动乱和改朝换代，也逼迫人们不得不走宪政和民主的道路以限制君权。

其四是基督教的"人性恶"的理念根绝了人们对一切世俗权威的崇拜，从而为民主制度的产生创造了条件，使专制制度的产生变得困难。

欧美之外的宗教要么不具有基督教的这些教义和特色，巫祝数术的色彩特别浓，理性缺位。如中国的道教、印度教，即使是最初不言"鬼怪力神"的儒教也在后来吸收了道教中不少的类似于"易经"的迷信成分；缺乏理性化的基础。且其同利益组织的关系十分密切，极力地维护宗教血缘关系。当然，信奉这类文化的民族并非一定不能成为后发的现代社会。日本即是一例。它的本土宗教神道是多神教，且其团体主义是举世闻名的，社会又实行森严的身份等级制度；后来的亚洲四小龙也是例证。其文化的根基都是儒家学说。不过，它们虽然今日也被人们认定为现代社会，但远不能和现代社会里的排头兵相比，其协同动力明显弱于后者，对此，它们残留的传统文化是难辞其咎的。同时，它们也很难证明与其文化相同的大国也能完成现代化，因为复杂性与系统规模成正比；系统规模越大，系统结构转型就越困难；或因此故，东方大国和拉丁美洲各国至今没有一个成为现代国家。模仿他人的现代化尚且如此，那就不仅无法像英国那样成为现代社会的滥觞之地，也无可能如西欧那样成为现代化的故乡。这证明了西欧成为现代化的发源地，英国成为第一个现代国家都是以基督教文化为特定背景的，没有这个背景的大国尚无法证明他们也能走上同一条道路。

与以儒教为文化背景的民族相比，那些将政教合一等相关社会结构的内容都凝固成文化的民族，不仅不可能成为现代化的发源地，连模仿他人实现现代化也都是不可能的事情。道理不言而喻：现代化的本质就是社会结构的根本转换及由此而来的社会发展动力机制的更替；在他们将其祖传的社会结构固化并发全民之力予以保护的情况下，社会结构的转型也就根本不可能发生。而要改变这一局面，人的现代化，尤其是其民族精英的现代化显然是首要前提；其次是类似于凯末尔那样的军人专制是必需的；与西欧的宗教改革和启蒙运动之类的思想革命也必不可少。这一切，都证实了文化的现代化和人的现代化都是现代化起源过程中不可或缺的一环，也说明了文化的现代化理论和人的现代化理论和 CAS 理论一样，对系统要素所具有的主动性、学习性等特性做了深入的分析和精辟的论述，极大地充实和补充了"一般规律"第十一、十三和十四条的内容。

12. 长时段理论和现代世界体系论

在博士论文《腓力普二世时代的地中海和地中海世界》和其代表作《15 至 18 世纪的物质文明、经济和资本主义》中，法国年鉴学派的第二代宗师布罗代尔提出了著名的长时段理论。

该理论有多个来源。一是继承了法国思想界丁·博丹、孟德斯鸠和拉布拉什等人重视地理环境、自然条件对人类社会组织、生活方式和行为方式的重大影响的传统思想；二是受到早期法国年鉴学派的代表人物费弗尔和布洛赫提倡研究人类活动现象的总体史的启发；三是深受马克思的"社会分期学说"和以列维·斯特劳斯为代表的"结构主义"的影响。在同结构主义者的论战中，突破了年鉴学派早期的代表人物对"经济局势和社会局势的过分依赖，将贝尔和鲁弗尔提出的历史的三大因果关系，偶然、必然和逻辑转换为历史时间的三大层次"：个体时间、社会时间和地理时间，以量度三种不同的历史，揭示历史运动的纵深性、层次性和阶段性的特征①，创立了长时段理论。

在这个理论中，个体时间强调的是短时段的、个别的人物和事件，它们是传统编年史、政治史所关注的内容，它们虽然能在发生的时段里产生轰动效应，但对人类社会造成的影响是暂时的，犹如海上的浪花和空中的尘埃，对历史发展不起作用；社会时间强调的是中时段发生的那些呈周期性波动和起伏的人口升降、物价起伏、生产增减等，其时间跨度从十年到几百年不等，它们往往是经济社会史研究的对象；地理时间强调的是长时段内没有变化或变化微小的地理环境、自然条件、文化传统、心态结构等，其特点是长期不变，或变化极其缓慢，但却在历史发展过程中起基础性的作用。

虽然这三个时段及其中的三种事物各有不同，但它们之间却能相互对照，又能相互说明。短时段里发生的日常事件，经过多次反复发生就能形成一种规律。规律延续下去，就会积累成为长时段中的历史结构。如文化传统、民族心理即是。这说明，今天的时间既始于昨天和前天，又始于遥远的过去②，历史的今天是昨天的历史的延续。布罗代尔说："杂事反复发生，经多次反复而取得一般性，甚至变成结构。它侵入社会的各个层次，在世代相传的生存方式和行为方式上刻下印记。"③反之，长时段也限制着个人活动的空间，规定了其活动的成果；而处于这两种时段之间的中时段，不仅可以从周期性的节奏变动出发，说明和解释短时段的历史现象，其本身所形成的经济结构和社会结构，只有在长时段内才能得到解释，它仍然要接受来自其他两个时段的影响，它们之间相互转换、相互解释。布罗代尔说："如果沙漏计时器能朝两个方向倒转——从事件到结构，再从结构到模式回到事

①　参见王作成：《布罗代尔"地理环境决定论"辨析》，《思想战线》2003年第6期。
②　参见［法］费尔南·布罗代尔：《历史和社会科学：长时段》。
③　［法］费尔南·布罗代尔：《15至18世纪的物质文明、经济和资本主义》第1卷，第27页。

件——就更符合我的见解。"①

在这三种时段中，布罗代尔尤其重视人与大自然不断重复对话的长时段，强调地理环境、自然条件在历史运动中的作用，认为它们构成了历史的基础，是一切历史现象为之围绕的中心。他说："在我看来，历史的分析解释中，最终取得胜利的总是长节拍。这种长节拍否定大量事件，否定所有那些它不能卷进它自己的水流中的并且被它无情排斥的事件。它当然限制人类的自由和偶然性的作用。"②

在这之前，历史学家重视个体时间和社会时间内发生的政治事件、经济现象和社会变化的研究，忽视了长时段内的历史现象。而接受长时段理论"不是简单地扩大研究和兴趣的范围"，而是"意味着改变作风、立场和思想方法，用新的观点去认识社会"③；意味着历史学和其他社会科学有了对话的基础，运用跨学科的方法进行总体史的研究有了可能。

对此，虽有人认为布氏肯定了人类对自然环境的改造活动，并巧妙地将地理环境拟人化；但亦有人指出它不过是"地理决定论"的翻版。④ 我们无意争辩其中是非，但却有意重评地理决定论。在"内因是变化的根据，外因是变化的条件"的传统思维的影响下，人们在研究社会发展时，地理环境自然条件的作用被置之脑后；研究现代化起源时，基本不做环境分析。这说明他们不了解作为自组织的现代社会同一切自组织一样，其生成和发展都少不了适宜的环境。光合作用只有在绿色植物体这一特定环境中才能发生；若没有地球这一特定环境，就不能有新陈代谢，就不可能有人。这个道理之所以被学者们所忽视，就是因为他们翻不过地理环境决定论。布罗代尔未受其害，通过研究腓力普二世时代的地中海地区的历史，探讨 15 至 18 世纪欧洲的社会变迁，用大量史实论证了地理环境、自然条件、文化传统等长时段历史在历史发展过程中的基础性作用和关键地位，为复杂性思维和自组织理论提供了事实依据，极大地充实了自组织理论，丰富和深化了人们对环境在现代化起源过程中的作用和地位的认识。

---

① ［法］费尔南·布罗代尔：《历史和社会科学：长时段》，《史学理论》1987 年第 3 期。
② ［法］费尔南·布罗代尔：《腓力普二世时代的地中海和地中海世界》第 2 卷，第 984 页。
③ ［法］费尔南·布罗代尔：《历史和社会科学：长时段》，《史学理论》1987 年第 3 期。
④ 参见王作成：《布罗代尔"地理环境决定论"辨析》，《思想战线》2003 年第 6 期。

那如何划分系统与环境？前述了两种划分法，第二种是"系统（国家/地理环境）/环境（外国/地理环境）"，布氏所讲的地理环境即是这种划分法中的环境。因为任何一种文明，都有其赖以生存的地理空间。在布氏看来，地理环境如何，对置身其中的社会组织、文化形态、历史进程所产生的影响是决定性的。他说："一种文明最根本的实在性，就是强使这种文明像植物那样生长，强加给它限制的空间。""这是一种迫使人并且无止境地受人影响的地理空间"，是文明扎根的土壤。其状况如何决定了文明的兴衰，据此，他认为是海洋促进了文明的发展，而山区是远离文明的地方，那里贫穷落后。①

这些结论对传统社会来讲是对的。传统社会结构极其简单，一家一户的生产得不到社会的任何支持，农户从自然界中攫取的物质和能量的能力十分低下。如果劳动者所在的地理环境、自然条件又相当贫瘠、恶劣，那人类从自然界攫取的物质、能量和信息就很有限了。从自组织理论角度观之，当环境贫乏，系统不仅难以从中吸入足量的负熵流以促其发展，甚至无力抵销系统内生的正熵量时，系统不仅难以进化，甚至向平衡态倒退。这即是马尔萨斯陷阱所讲的人口的增长会导致人多地少，使大量人口的死亡不可避免。究其原因，贫瘠的地理环境、恶劣的自然条件难辞其咎。

贫瘠的地理环境和恶劣的自然条件会阻碍社会的发展。但这并不意味丰饶的自然条件就适宜现代社会的产生。资本主义母国和资本主义故乡为何位于温带，而不是热带或寒带？根据马克思的"劳动生产率总是离不开各种自然条件"的论述，在寒带地区，自然条件过于严酷，无霜期很短，人们在室外活动的时间有限，付出了艰苦的劳动，除生存所需之外，剩余的太少。而社会的发展总是要以人们的一定剩余的积累、以便有扩大再生产的基金为前提的，过于少的剩余积累则势必要延误社会的进程。② 故此，直到7、8世纪，斯拉夫人才走出森林，9、10世纪才建立国家。

热带地区的问题就更多了。它们雨水充足，但分布很不均匀，且多是暴雨，并难以预测。"在尼日利亚北部，90%的雨水的降水是时速25毫米的暴

① 参见［法］费尔南·布罗代尔：《腓力普二世时代的地中海和地中海世界》第1卷，第2、189页。

② 参见马克思：《资本论》第1卷，第554—556页。

风雨。"急遽的暴雨冲掉了土地中的养分，使土质劣化；在黏土地带，暴晒后会形成硬壳；土地耕种两三年后即要永久休闲。① 直到近代，非洲农业收成仍是"极差，到他们那里去贩卖人口的欧洲航海家不得不从欧洲或美洲带去必需的粮食"②。更可怕的是，无季节性变化的气候使各种细菌、寄生虫、害虫孳孳不息，致使各式热带疾病广泛传播、使人丧失劳动力甚至生命。即使医学发达的今天，锥虫病在非洲仍在发展，古代就可想而知了。同时，挥之不去的高温使人身心疲乏，易于倦怠，使人们难以劳动过久、过重，"稍一用力或用脑就感到四肢乏力"。兰德斯说，非洲的气候不宜人的居住、牛的生长，致使古代非洲的牛耕农业和长途贩运微不足道③，城市阙如。④

　　这些问题在温带地区不是不存在，就是影响甚微，因而能够积累起社会进步所必需的劳动剩余。而四季的更替，又使人对自然产物的需求的多样化成为维持人的生存的必要条件，自然产物的多样性和土地的差异性给人们以巨大的刺激，促使人们的"需要、能力、劳动手段和劳动方式的多样化"，逐渐推进了人对自然的统治。因此，"资本主义的母国"不是寒带，也"不是草木郁然繁茂的热带，而是温带地方"⑤。

　　但是，并非温带地区都能成为现代社会的发源地。古代埃及"气候温和，大多数儿童不穿鞋，不着衣服"，"水草的根和茎，有的让他们生吃"，或烧烧吃。"一个儿童长大成人，所费于父母的""不比20个德拉玛更多。"生活资料如此之少又如此易得，人们也就缺乏上进的动力。其危害之烈，致使十七世纪末的一个叫托马斯·蒙的伦敦商人感叹道："我想不出有什么事还比在生活资料食料大部靠自然生产，气候使人无须为衣服住宅担忧的地带这件事，对人民全体来说，更可诅咒。"马克思解释道："资本主义生产方式要把人对自然的统治的假定当作前提。过于丰饶的自然，使人离不开自然的手像儿童离不开引绳一样，那不会使人类本身的发展成一个自然的

---

　① 参见〔美〕D. S. 兰德斯：《国富国穷》，第15页。

　② 〔法〕费尔南·布罗代尔：《15至18世纪的物质文明、经济和资本主义》第3卷，第496页。

　③ 参见〔美〕D. S. 兰德斯：《国富国穷》，第10、18页。

　④ 参见〔法〕费尔南·布罗代尔：《15至18世纪的物质文明、经济和资本主义》第1卷，第344页。

　⑤ 马克思：《资本论》第1卷，第554—556页。

必然。"①

上述说明，地理环境决定论有它的道理，同"一般规律"第 1 条讲的自组织只能产生于适宜环境是一致的，因此布罗代尔的理论为这一条提供了强有力的佐证。再说，布罗代尔对地理环境决定论也并未盲从，他指出了人类对地理环境并非无所作为，也能对它进行改造，或扬长避短，以为其所用。如通过向其他国家、其他社会开放，发掘其比较优势，吸入负熵流，以弥补其不足，这同"一般规律"的第 7、8 条可谓是不谋而合。他讲海洋孕育出了人类文明，而山区不行，但他没有深入下去，而代替他走下去的是美国学者沃勒斯坦。

沃勒斯坦在其代表作《现代世界体系》中断言："人类历史虽然由不同的部落、种族、民族和民族国家的历史组成的，但它们从来就不是孤立发展的，而是在相互联系中发展和演变的，总是形成一定的'世界性体系'。"16 世纪之前，这种体系主要表现是一些世界性的帝国，如罗马帝国、中华帝国等。帝国有一个单一的政治中心，但缺乏与之相应的"世界性经济"，即使有，也是昙花一现，极不稳定。到了 16 世纪，随着资本主义生产方式的发展，以西北欧为中心，形成了"世界性经济体系"，即"世界资本主义经济体"。因此，资本主义从一开始就不是单个国家内孤立出现的，而是作为一个世界性体系产生的。它由中心区、半边缘区和边缘区这三个部分联结成一个整体结构。与"世界性帝国"不同的是，它有一个自成体系的经济网络，却没有一个政治中心。三个不同的组成部分承担着不同的经济角色。中心区控制世界体系中的金融和贸易市场的运转，用边缘区提供的原材料、劳动力生产产品，向边缘区销售牟利；边缘区则在向中心区提供原材料、劳动力和初级产品外，还是中心区的销售市场；半边缘区则位于这两者之间，对中心区充当部分边缘区的角色，对边缘区履行部分中心区的功能。这三种角色若缺乏其中任何一个，资本主义世界经济体就不可能存在下去。三种不同的经济角色是由三个部分各自承担不同的劳动分工造成的，因此，"资本主义世界经济是以世界范围的劳动分工为基础而建立的。"②

---

① 马克思：《资本论》第 1 卷，第 554—556 页。

② 参见［美］沃勒斯坦：《现代世界体系》第 1 卷，第 79—81、97—99、296、297、460—465 页。

　　沃氏所言不虚，资本主义不是一个国家内的孤立现象，而是与其他国家相互交往的产物，不仅现代社会的分娩成长离不开各国之间的相互交往，其孕育也时刻不能没有国家的对外开放和国家之间的相互联系。因为只有从环境中持续地吸入足够的负熵流，系统结构才能从平衡态推进至远离平衡态。明此道理，也就明白下述事理：一个国家，即使其地理环境、自然条件十分优越也难以仅靠其国土提供的物质、能量和信息来提升其社会结构的有序程度，单独地实现其社会系统结构的升级换代。因此，一个国家要想发展，就必须对其他国家和地区实行对外开放，从后者那里获得它所需要的物质、能量、信息、技术和市场。由此而吸进的负熵流可能会远远地多于其自产的负熵流。然而，要想至此，环境本身要有足够的负熵流是必需的。如果周围的国家和地区的经济、文化和社会发展水平远不如它，而它又无力对周围国家进行改造，以提升这些国家的发展水平，那它就不仅无法从其环境中吸取足够的负熵流，反而会被环境注入正熵流。古代中国，可谓是独步东亚，社会发展水平较高的日本、朝鲜和越南无不是其学生；其余的不是游牧的草原居民，就是原始部落，经济和社会发展水平远不如中国。在自然生产力极其低下、人们相互交往的范围十分有限的古代，中国即使是对外开放，也不可能从周围各国吸入足够的负熵流；相反，周边落后民族和国家的屡屡入侵，给中国带来一次又一次地人口锐减、经济毁灭，社会关系的倒退和奴隶制残余的增加，使得古代中国吸入的正熵流远多于负熵流。与之相反，中世纪的英国毗邻西欧大陆，17 世纪之前，后者的经济和社会的发展水平，都在英国之上。因此，从罗马时代起，英国就通过从欧洲各国的交往，持续不断地吸入了大量的负熵流。凭此，它才能够使其社会结构的有序度不断提高，自然生产力不断提升，对外交往的能力不断增强，致使它在继续深耕欧陆市场的同时，又开辟出新大陆和世界市场，成了世界贸易中心，以致引发了工业革命。可见，现代社会从其孕育之日起就不是单个国家内的孤立现象，而是各个国家相互交流的产物。这就从历史的角度证实了适宜的环境和系统对外开放，吸入一定阈量的负熵流是自组织形成的前提；证明了现代社会的生成不仅需要有一个适宜的地理环境、自然条件，也需要有一个能供给它巨量的负熵流的社会环境。中国没有这样的环境，仅此一条，就足以锁定中国封建社会。可遗憾的是，至今，无一人从这个角度去思考这个课题。

　　长时段理论强调一个国家的地理环境、自然条件等对其社会发展的影响，世界体系理论则着重于探讨周边社会环境对资本主义兴起的决定性作用，两者显然是相补的。而沃氏也明言他的理论继承了布氏的思想，也赞同布氏的总体史的研究方法，并认为布氏多学科的研究方法加深了学科之间的分野，主张"采用一体化学科的研究方法"①。

　　此法的主要特征就是整体论。它是整合马克思主义、年鉴学派和耗散结构论而成的，包括知识整体性和时空整体性。前者是指以超越学科界限的一体化学科方法来建构历史社会科学，以便为现代世界体系提供一个完整的阐释。后者是指现代世界体系是一个独立的系统和"唯一的合法的分析单位"②。因为剩余价值的实现是资本主义生产持续的前提，而剩余价值只有在交接中才能实现，故"国际贸易一开始就是资本主义历史存在的首要条件"，是"资本主义生产形态与非资本主义生产形态之间的贸易"，它"吸取资本主义生产物并供给资本主义的生产要素及劳动力"，两者一起构成了经济上能自给自足，即内部有劳动分工，能够靠内部之间的经济交换来满足各自需要的历史体系。沃氏说，只有这种经济上能自给自足的历史体系才是整体性的分析单位③，在当今世界，它是现代世界体系。而"绝大多数通常描述为各种社会体系的实体、社会共同体、民族国家——实际上不是完整的实体"，因为它们在经济上不能自给自足，它们"只是更大的实体部分而已，并不能从其内部的原因来解释各种现象"。再者，它们的产生也离不开现代世界体系。正是后者增强了"中央集权与国内控制的长过程"④；后者的一体性折射在政治层面上，就促成了多重化的民族国家体系，而"国家体系是国家必须在其中运行的一系列规则，是国家舍此便不能生存的一系列合法化过程"。它约束了国家的主权，使国家主体具有有限性；而"要理解一个国家内部的阶级矛盾和政治斗争"，也"必须确定它在世界经济体中的位置"。因此，国家"是世界体系进程的产物"。故"只有将国家置于现代

---

　　① 参见［美］沃勒斯坦：《现代世界体系》第 1 卷，第 11 页。

　　② 参见江华：《沃勒斯坦的整体论研究》，《现代哲学》2005 年第 4 期。

　　③ 参见 I. Wallerstein, "The rise and future demise of the world—system analysis: comcepts for comparative analysis", in *Review*, January 1998, V. 21（1），pp. 103–112.

　　④ ［美］沃勒斯坦：《现代世界体系》第 1 卷，第 461、175 页。

世界体系中，将它作为现代世界体系演化和互动的结果来考察，才能对国家的历史进行有效地分析"。同时，世界经济体的不平等性渗入民族国家的肌体中，造就了一种隐蔽的等级制。中心国家以其雄厚的经济实力为基础，建立起强大有效的国家机器，对边缘和半边缘地区进行控制与剥削。因此，只有根据一个国家在世界经济体中的结构角色，才能解释清楚它的强度。[1] 所以，"世界历史分析坚持把世界体系的所有部分视为世界的部分，不可能对各个部分进行独立的理解和分析"[2]。

　　认定世界经济体才是"唯一的合法的分析单位"，只有确定了国家在世界经济体中的位置，国家才能得到说明，沃氏的这些见解确实不同凡响。但是，它却经不起逻辑的推敲和科学原理的检验。

　　沃氏认定只有经济上能够自给自足的现代世界体系才是唯一的合法的分析单位，国家因不符合这一条件而被排除在外；依据这一逻辑，那所有的开放系统包括人都被排除。因为他们也都同国家一样，其生存和发展须臾离不开与周围的环境进行物质、能量和信息的交流。一个人不向外排泄二氧化碳，吸进氧气，他能生存吗？依布氏逻辑，不仅人，连被沃氏视为唯一的合法分析单位的现代世界体系，作为分析单位也是"不合法"的。因为它如果不同自然界进行物质、能量和信息的交流，同样不能生存；同样不能自给自足。这样一来，按照沃氏选择分析单位的标准，那在客观世界中，只有各个星球才是合法的分析单位。可见，沃氏用来确定现代世界体系是唯一的合法的分析单位的标准和依据在逻辑上是经不起推敲的，且违背常识。

　　对于曾经表示赞同耗散结构理论，并力求对现代社会体系进行复杂性研究的沃氏来说，提出这种分析单位的选择标准实在令人匪夷所思。[3] 因为复杂性科学划分系统的标准中并无经济自给自足这一条，而是把研究的需要和研究对象的情况结合起来进行考虑，主张"一个系统是否存在，对外部的环境来说就看它是否具有自己独特的属性、功能、价值和形态"。因此，人

---

　　① 参见 I. M. Wallerstein, *The Present State of Debate on World Inequality*, London, 1984, p. 53。

　　② I. M. Wallerstein, *The End of the World as We Know It：Social Science for the Twenty-first Century*, London, 1999, p. 195.

　　③ 参见 I. M. Wallerstein, *The End of the World as We Know It：Social Science for the Twenty-first Century*, p. 214; I. M. Wallerstein, *Space Time as the Basits of Knowledge*, http：//fbc, Binghamton, edu/iwsptm, htm. ld。

们"总是把系统边界的闭合作为系统创生的标志","边界闭合了,系统才能成为一个和外界完全隔开,在时间和空间上都有限的整体","一个对环境有相对独立性的系统"才会产生。①

依据系统划分的这一标准,只要找出系统的边界,就能正确地区分系统及其环境。在此基础上,才能够按照复杂性思维的要求对研究对象进行系统要素分析、系统结构分析、系统过程分析和系统环境分析。只有进行了这些分析,我们才能真正地认识系统及其发展变化。若按沃氏的系统划分法,只有系统,而无环境;世界经济体是"唯一合法的分析单位",环境分析、要素分析等都无法进行。这表明,沃氏的思维方式是比还原论还要古老的朴素整体论。因为朴素整体论也把系统整体视为一种直接的现实,强调从整体到整体地直接把握对象,排除对系统要素、构成进行分析,拒绝分析思维。此其一。其二,沃氏以经济上不能自给自足为由,拒绝将国家作为分析单位。如是,世界发生的一切都被视为内部矛盾。沃氏可以说是将内因是变化的根据,外因是变化的条件的传统思维方式发挥到了极致。②

依据他的这一思维方式,世界经济体的兴起和发展均起因于内因。如此一来,本是各国的对外开放引起的经济交往、社会互动统统成了世界经济体发展变化的内因。世界经济体的中心区对边缘区和半边缘区的"不等价交换"也就成了资本积累的主要源泉、世界经济体运行的基本动力和最初的起因;剥削成了沃氏解释现代世界兴起和发展及各国在世界经济体中地位升降的唯一的撒手锏。

这种解释,一是历史表明,仅有国家之间的剥削,没有资本主义国家的问世,世界经济体决不可能演变成今天这种地步。最先进行殖民侵略,掠夺的金银财富居欧洲各国之首的西班牙、葡萄牙的现代化进程为何被甩在欧美各国之后?仅此,就足可否决沃氏的剥削创造现代世界体系论。此其一。

其二,在殖民时代,经济掠夺和不等价交换确实曾支配过宗主国与殖民地之间的交往;但现代统计资料表明,发达国家的产品出口量在世界产品总

---

① 颜泽贤等:《复杂系统演化论》,第221、224页。
② 参见田佑中:《论沃勒斯坦与熊彼特经济发展史研究的异同——一种以马克思为思想背景的经济社会学历史分析视角的比较》,《天津社会科学》2000年第3期。

出口量中所占的比例是越来越大，1955 年时达 64%，1970 年时增长到 72%。其中，发达国家之间的出口又是主要的。它所占的比例，1955 年时为 69%，1970 年增长到 76%。[①] 而二战后发达国家的经济发展又远过于以往，这难道也是剥削导致的？

其三，各国之间的交往，有不等价交换，也不乏熵流的质变，即一国的正熵流输往他国变成了负熵流，最初移民美国的不都被欧洲各国视为叛逆的异教徒？所以，李嘉图比较优势理论讲国际贸易是双方经济的互补并非全是虚言。没有这种互补，今日的北美不能成为世界第一强国的家园；没有这种互补，今天的海湾六国难道是凭自己的科学技术将藏在其国土下的石油变成了财富？其中一些不辩自明的真理表明，各国之间的经济交往，有中心区对边缘区、半边缘区的经济掠夺，但也有熵流的质变。即使是经济剥削，对于位于中心区的一些国家，如英、法等国来说，也是有益于其社会结构分化与整合的负熵流。正是从境外输入了大量的资金、技术、人力、市场，才导致了资本主义母国的产生；正是有了母国，才改变了其他西欧国家的生存的社会环境，使它们能从这个已改变了的环境中吸入了以前无法获得的负熵流，加速了它们的社会结构的分化与整合，相继步入了现代社会。也正是有了这一切，才有了现代文明向全球的扩散，形成今日席卷世界每一个角落的全球化浪潮。而在这个浪潮中不想落伍的国家也必须从境外吸入负熵流，即吸收他国的市场、资金、技术和文化，以促进自身社会结构的分化与整合；而不是依附论者所鼓吹的那样，割断与发达国家之间的一切联系，成为孤岛上的鲁宾逊就能发展成发达国家。但是，要想吸入足够的负熵流，以促进自身社会结构的分化与整合，还要取决于其本身社会是否具备将负熵流平权化的机制等许多条件。没有这些条件，即使从他国掠夺了大量财富，占有他人大量的土地，也仍然会像近代早期的西班牙、葡萄牙那样将掠夺来的财富变成自杀的毒药，将自己变成漏斗，为他人做嫁衣。因此，一个国家能否实现向现代社会的转型，对外开放，与各国进行经济往来、社会互动仅是前提之一，而非条件的全部；仅是外因，而非内因。沃勒斯坦的错误之一就是为

---

① ［日］中村哲：《近代东亚经济的发展和世界市场》，吕永和、陈成译，商务印书馆 1994 年版，第 27 页。

了坚持他的传统思维方式，坚持他的内因是变化的根据，将外因硬说成是内因。

　　把本是系统进化的外因视为系统进化的内因、进化的唯一根源和动力，这表明声称要对世界体系搞复杂性研究的沃勒斯坦，似乎连复杂性科学的基本原理都被遗忘；否则，他就应该知道，无论是探讨现代化的起源，还是研究现代世界体系，唯一"合法的分析单位"只能是国家，而绝不可能是世界经济体。其道理很简单，没有国家，也就意味着不存在能够阻挡人员、物资和信息流动的边界，国家也就成了环境的一部分，一个独立性的系统都不存在了，何谈系统的转型，成为自组织？更何况，输入负熵流，并达到一定的阈值是系统成为自组织必不可少的条件，没有边界的限制，那输进的负熵流也就会像热寂论所讲的，会被分散到无际的空间，被稀释到无法做功的地步，那又怎么谈得上系统结构远离平衡态，如此，又怎么可能有自组织？[①]而历史也证明，迄今为止，没有哪次成功的现代化不是以国家为单位的。这一切，都无可置辩地说明，要想现代化，就少不了国家和国家的边界。

　　如"一般规律"第六条所述，边界是系统划分和系统创生的标志。没有边界就没有系统；没有系统，就没有生命，更没有真核细胞和成千上万的物种；没有这一切，哪里还有自组织的问世和进化。正因如此，自组织理论视完成边界闭合，形成大小适宜的系统为系统进化必不可少的前提。所以，边界对系统形成的重要性已是广为人知的常识。[②]沃氏无视国界而将世界经济体视为"唯一合法的分析单位"的观点，不仅在逻辑上无以自洽，常识上也是令人匪夷所思的。

　　上述分析表明，布罗代尔、沃勒斯坦重视自然环境、社会环境在系统转型中的作用是值得肯定的，他们在研究历史时，依据大量史料所得出来的这些结论佐证并充实了自组织理论重视环境作用的相关原理，但是，沃氏关于合法分析单位的见解及系统演进的动力的论述是无法成立的，澄清这些，我们才能正确地把握和了解两种环境在现代化起源过程中的地位和作用。

---

　　①　参见沈小峰、吴彤、曾国屏：《自组织的哲学——一种新的自然观和科学观》，第26页。
　　②　参见颜泽贤等：《复杂系统演化论》，第264、265页；沈小峰、吴彤、曾国屏：《自组织的哲学——一种新的自然观和科学观》，第32、33、200页。

五、对 13 种现代化起源理论检讨的总结

不同于自组织理论来源于对物理、化学和生物现象的研究、试验和概括，上述 13 个理论则是研究现代化历史的成果，但它们所得出的结论同"一般规律"的十四项内容却是相互印证、不谋而合。互证是指它们直接来于对史实的研究，是对现代化起源历史的总结，虽然单个研究者和学派没有像自然科学家们那样完整地揭示出自组织产生和发展的规律，但他们从其研究的具体的历史时段、方面所总结出来的现代社会的生成规律也无不对应于科学家们所总结出来的自组织产生和进化规律一个部分、一个方面。不谋而合是指集它们之大成所展现出来的现代社会形成的轨迹，则和科学家们所揭示出来的自组织生成规律是一致的。两种来源迥然不同的理论殊途同归，这绝非巧合，它只能说明后者是前者的具体，前者是后者的抽象。从而用事实有力地证实了"一般规律"的普适性，也用无可置辩的大量历史事实证明了现代社会的生成是严格地遵循着"一般规律"而无任何例外。

较之于抽象，具体自然显得更为直观、生动、丰富、细腻，但也复杂得多，因而为"一般规律"中的十四项内容在现代化过程中的具体展示和特殊形式提供了极其丰富的经验支持、强有力的佐证和必要的补充。将这些成果同"一般规律"中的内容对号就座，一幅现代化起源的生动的、粗略的历史画卷就能展现在世人面前。这不仅使人们对"一般规律"的了解更加清晰、更加充实，还能掌握其中的一部分在现代社会生成过程中的具体形式，及其表现出的特殊性，弥补了"一般规律"在这些问题上的过于抽象。

如它在系统结构通过何种途径走向远离平衡态的问题上，讲过"破裂和重组"之后则再无补充。而结构功能论深入地论证了分化与整合是系统要素的品种从单一到多元，要素从独来独往、互不往来到相互合作、相互协同，要素之间的相互关联从短程到长程，系统结构从简单到复杂的主要途径。新制度经济学和历史制度分析理论关于制度的类别、功能和形成途径等问题的论述则进一步地阐述了要素间相互关联中的更深层次的问题，全面地揭示了影响要素间相互关联的各种因素，如关联成本、预期、相对价格、历史文化等，并把博弈论等引进了制度分析中，极大地深化了人们对要素间、

系统间相互关联问题的认识。自组织理论却只仅仅叙述了要素的独立性等特性及系统的尺寸对要素间相互关联的效率和作用的影响。市场经济理论、政治现代化理论、人的现代化理论、市民社会理论对社会系统的各个子系统的分化与整合的特性的揭示，则更是自组织理论所无法涉及的。这些，都极大地丰富了人们对系统结构从平衡态、近平衡态到远离平衡态的具体过程的认识。

"一般规律"中的有些内容，自组织理论虽然已讲得相当具体，但却没有论及这些内容在社会中的具体形式，如对自组织生成和进化决定于系统的组织指令的论述只举证了"密码载体"在生命产生和进化的指令作用。马克思、恩格斯的资本主义起源理论则揭示了组织指令在现代化起源中的具体形式和体现。他们对传统社会结构能否解体首先要取决于"这个生产方式的坚固性质和内部结构"，及英国人的新教情感同现实之间的"矛盾的感觉""曾经是英国人殖民、航海、工业建设和一切大规模实践活动的源泉"的论述，不仅清楚地表达了系统转型成什么样的组织就主要源于系统内部组织指令这个自组织理论的基本原理，也如实地揭示了影响社会结构转型的组织指令的来源。同样，市场经济理论、新制度经济学、历史制度分析理论、文化的现代化和人的现代化理论、市民社会理论、结构功能论也都认定文化和意识形态是集体学习的产物，而文化和意识形态又"足以决定一个民族的命运"。这些，都极大地丰富和充实了"一般规律"中关于系统要素的学习性、适应性影响系统的信息库，信息库决定"密码载体"的变化和组织指令，从而决定了系统进化的方向和进化的程度的思想，并为这一思想提供了强有力的历史证据。它提醒我们，研究这个信息库的分化整合的程度及其所达到的复杂程度是探讨英国为何率先实现现代化及西欧其他民族的现代化中途停顿的重要课题。

由于没有涉及具体的社会，"一般规律"无法深入到社会各个子系统中去，以致很多深层次的问题没有涉及，导致一些重大疑难找不到答案。例如，被视为市场经济基石的私有权，在古代东方不仅未能引出市场经济，还加剧了阶级分化和阶级斗争。两部门理论通过分析社会各个子系统结构的特性，找到了私有权成为市场经济基石的限制条件，从而使陷入泥团的许多问题都迎刃而解。其作用和效果同庖丁解牛别无二致。

　　在充实和丰富了自组织理论外，它们也用大量的史实证实了"系统结构决定系统功能"等一般系统理论的科学原理，彼此间也进行了大量的互证和补充，所有这些，都极大地充实和丰富了自组织理论关于"一般规律"的各项内容。

　　在这之中，马克思、恩格斯的贡献尤其突出，他们的论述遍及"一般规律"中除第12条外的全部内容。他们关于英国现代化的成功是由于它发生了遍及所有领域的社会革命的论述，则有助于人们理解系统结构远离平衡态为什么是自组织产生和进化的必要条件；对理解一个位于顶端的自组织必须以"系统的各子系统内部及各个子系统之间的相互联结形成一种多元复合超循环体为前提的"规律也有很大的帮助。他们认为人们之间"互相补益"，从而把人类的"类"的力量充分发挥出来，致使人本身的发展和控制自然界的能力远超动物的论述的意义尤其重大。这不仅表明他们已悟出协同才是人类历史发展的最大的动力源泉，更重要的是指出了人类社会前进的方向和主要手段是相互协同，而不是其他。

　　但是，作用是相互的，自组织理论对现代化起源理论的价值也是不可低估的。有了自组织理论，现代化起源理论的成果的客观性和科学价值就得到了证实。自组织理论不仅为它们提供了一个统一的思维框架，还为其提供了自然科学原理的基石。因为它们原本是各说各话，虽然都找到了现代化起源的个别特征和部分奥秘，但却是只见树木不见森林，未能找到能够将它们组合起来的思维框架和能够论证其真理性的自然科学原理。用复杂性思维和自组织理论对其进行分析、过滤之后，它们也就有了一个统一的、先进的思维框架和科学依据。

第 四 章

对现代化起源研究成果的反思

任何科学研究都必须站在前人的肩膀上，都需要事先总结前人在同一课题的研究上的成败得失。其目的，一是了解前人在指导思想、研究方法、史料的选用和研究结论等各个方面上有哪些失误和不足，以避免我们的研究重蹈前人的覆辙；二是清障碍，明是非，以正视听。这即是说，要筛选出前人和自己在指导思想、研究方法、选用的史料和研究结论等各个方面上的不同、相悖，乃至对立之处；然后，在复杂性思维和自组织理论的指导下，在确凿的史料的基础上，通过严密的逻辑论证以揭示其错误的本质和产生的根源，以清除其有碍于科学发展的社会影响，为人们接受科学的研究结论扫清思想障碍。这即是所谓的"不破不立"。三是汲取前人在本课题研究上的各类精华成果，充实、丰富和提升本书的内容。四是通过不同学派、不同学术观点之间的相互争论、相互交锋，使真理越辩越明，将科学研究不断地推向前进。占据现代经济三分之一的量子力学就是在以玻尔为代表的哥本哈根学派同以爱因斯坦为首的反对派的长期的激烈论战中发展起来的①。出于这些原因，用复杂性思维和自组织理论清理现代化起源研究这个历经二百余年的学术园地是必不可少的。

前面反思了 13 个现代化起源理论，之所以反思它们，主要是它们都在

---

① 参见［以］马克斯·雅默：《量子力学的哲学》，秦克城译，商务印书馆 2014 年版，第 78、79 页；李世雁：《自然辩证法 科学技术哲学基础》，北京师范大学出版社 2014 年，第 147、148 页。

不同程度上佐证和充实了自组织理论。此外，还有很多现代化起源理论因为没有这样的贡献，或这样的贡献不明显而没有论及。但是，其中一些理论颇有社会影响，若不予以剖析、澄清就难正视听；已反思过的一些理论，也有这样的问题，故也要指出来并予以澄清。为节省篇幅，凡与复杂性思维明显相悖的理论都点到即止；对西欧之外国家的现代化研究，除中国和日本外，一般都不涉及；但会关注东西方封建社会比较研究的成果，因为中国封建社会长期延续的问题和西欧为何率先实现现代化的问题是一把连环锁，没有西欧率先实现现代化这个问题，也就没有中国封建长期延续一说。因此，探讨其中一个课题，就无法对另一个课题置之不理。

依照前述的人类认识具体事物的一般规律，对现代化起源的认识，也有两个阶段。一是从具体到抽象，二是从抽象到具体，故反思已有的现代化起源理论也分为这样的两个部分。

一、对位于从抽象到具体认识阶段的现代化起源理论的反思

这类理论的特点是言之有据，不是自说自话。这即是说，这类理论都是基于某个内含"现代化起源一般规律"的抽象理论之上的，故所揭示的规律同这个抽象理论有属种关系，前者是种，后者是属。但是，其中有些理论所基于的抽象理论实际上并不含有现代化起源的一般规律，因而与现代化起源的一般规律并没有属种关系，并不符合划入这一认识阶段的条件。而现在之所以将其划入，除顾及它所造成的社会影响外，主要是考虑到立论者本人认为他的理论是以含有现代化起源的一般规律的抽象理论为基础、为依据的，因而与他的理论有属种关系。

然而，也正因如此，我们首先要研究的是，这类理论由之出发的抽象理论是不是经过实践验证过的科学原理或历史规律；否则，研究结果只能存疑，以等待实践的验证。其二，即使证实了这个抽象理论是经过实践验证过的科学原理，也要看它与现代化起源的一般规律之间是否有属种关系，若没有这种关系，那从这个抽象理论中推导出来的现代化起源的规律和结论在逻辑上都是不成立的。其三、研究者所用的思维方法是否科学、先进；其四，

比较研究的原则和方法、史料的鉴别和筛选、史实的考证等环节不出大错；其五，结论要经得起史实的广泛验证；此外，还要看其论证过程是否符合逻辑规则，能否自洽，有无逻辑缺环和历史的空白，能否形成证据链条等。

然而，尽管普里高津等人宣称自组织理论是理解社会结构及其进化的关键，但除本书外，还未见有人将其付诸实践。故下述的理论虽然有的也言之有据，但据之的都不是自组织理论。这就是说，它们赖以立足、由之出发的抽象理论都不是自组织理论。

1. 布罗代尔的现代化起源理论

布罗代尔不是援引他人的理论，而是自拟了一个社会发展一般规律的理论。这一理论主张运用跨学科的方法对人类社会的活动进行总体史的研究，但问题是，他认定的一般规律仅是他自己的一家之说，而不是经过实践反复验证过的科学原理。他的"短时段"事件"对历史不起重大作用"的主张与复杂性思维重视偶然性、重视边缘性研究的做法迥异。[①]它否认了偶然性在系统变迁中的关键作用；也否认了"微涨落"是系统变迁的触发器这个自组织理论的基本原理。他虽然主张用多学科方法进行研究，但没有注意到当今自然科学的突进及其引起的思维方式的变革，故其研究并没有建立在先进的思维方式和科学原理之上；因此，尽管以他为代表的文明学派在西欧现代化问题上有前述的许多真知灼见，但是，它最终给人留下的是印象，而不是思想；是规模宏大的壮丽场面，而不是令人回味无穷的思索。这就难怪人们视其为"印象派"，过于关注具体的、琐碎的事物，"既没有一套理论框架，也没有总结出什么规律和法则"[②]。其结果，连布罗代尔本人也感叹道："关键的问题是要弄清楚那种我毫不犹豫地称之为资本主义的社会部门为什么好像生活在一个与世隔绝的钟罩里，它为什么无法扩展而占领整个社会。"[③]

---

① 参见［法］费尔南·布罗代尔：《15 至 18 世纪的物质文明、经济和资本主义》第 1 卷，人民出版社 1992 年版，第 7 页。

② ［法］费尔南·布罗代尔：《15 至 18 世纪的物质文明、经济和资本主义》第 1 卷，第 11 页；［法］弗朗索瓦·多斯：《碎片化的历史学——从"年鉴"杂志到"新史学"》，马胜利译，北京大学出版社 2008 年版。

③ ［法］费尔南·布罗代尔：《15 至 18 世纪的物质文明、经济和资本主义》第 2 卷，第 248 页。

2. 人口论和阶级斗争说

人口论把人口数量视为决定社会发展的决定性力量，但这并不新潮，马尔萨斯理论早在其前。荷兰史学家斯里彻·凡·巴斯即用此论来分析西欧土地的历史，认为人口增长往往会导致饥荒。[1] 英国经济史名家波斯坦和法国学者 E. 勒罗伊拉杜里等人建立的经济发展模式则反其道而行之，断言"人口的增减，大概是作为生产增减基础的所有过程中最基本的一种"[2]，如 14、15 世纪英国发生的饥荒和疫病导致了农村人口的减少，使人地供需失衡，粮价和地租下降，领主因此被迫放弃了农奴制度。据此，他们断言人口锐减是西欧农奴制度衰亡、英国资本主义兴起的根本原因。一些西方学者的研究证实类似现象也见之于西欧各地，也导致了相同的结果。[3]

这个被人们称之为新马尔萨斯主义的"新人口说"遭到了布伦纳、希尔顿和哈维等人的批判，他（她）们通过对欧洲不同地区的比较，揭出了很多同因异果的情况，认为它经不起历史的检验。同时，他们又提出只有阶级斗争才能使陷入马尔萨斯陷阱的封建社会柳暗花明。阶级斗争使农民得到解放，然后以此为基础剥夺和分化小农，产生农业资本主义。[4] 对此，人们已多有批评[5]，这种把社会发展的动力归之于一种因素的做法显然没有脱离还原论的窠臼。

3. 贸易根源说

比利时史学家亨利·皮朗于 20 世纪 30 年代提出了"贸易根源说"。提

---

①　参见 B. H. Slicher van Bath，*The Agrarian History of Western Europe*，*500-1850*，London：Edward Arnold，1963，pp. 11-13。

②　［英］波斯坦：《中古社会的经济基础》，《世界历史译丛》1980 年第 4 期。

③　参见 M. M. Postan，Habakkuk，H. J. ed，*The Cambridge Economic History of Europe*，V. 1，*The Agrarian Life of The Middle Ages*，Cambridge University 1966，pp. 627-632.；J. Hather，and M. Bailey，eds.，*Modelling the Middle Ages*：*The History and Theory of England's Economic Developments*，London：OUP，2001，p. 154。

④　参见［比］亨利·皮雷纳：《中世纪欧洲经济社会史》，乐文译，上海人民出版社 1964 年版；第 175—185 页。张云鹤：《西方关于从封建主义向资本主义过渡的新讨论》，《世界历史》1980 年第 6 期；Aston. T. H. ed.，*Landlords peasants and politics in Medieval England*，Cambridge University，1987，pp. 354，355。

⑤　请参见：马克垚：《封建政治概论》，人民出版社 2010 年版，第 29—33 页。

出西欧经济发展的"最初动力来自外界",即与东方的贸易。之后,赞同他的人日多,逐渐地演变成了"商业化导致近代化"学派。美国学者斯威齐、奇波拉①、詹姆斯·W. 汤普逊等都是该学派的代表人物,他们极力强调商业和城市在西欧兴起过程中的作用,把它们视为西欧成功实现向现代社会转变的主要原因。②"商业化导致近代化"也慢慢地成了一个规范性认识范式。中国学者也深受影响③,黄宗智于1991年掀起的"当前规范性认识危机的讨论"在中国学术界掀起了狂涛,就足见这个思维范式在中国学界的影响有多大。"一般规律"第5—8条表明,对该范式的批评否认不了商业和城市的发展,国家、地区的对外开放是现代社会兴起的必要条件,但必要条件绝非充分条件。黄宗智在其论著中指出的中国传统农业经济中出现的"过密化"(involution,后又被其译成"内卷化")证实了这一结论④,但人们并没有进一步指出这是一个封闭系统的必然结局。

4. 新制度经济学

以道格拉斯·诺斯为代表的新制度经济学将新古典经济学的理论方法用于经济史的研究,这似乎表明他的《西方世界的兴起》属于从抽象到具体的认识阶段的成果,但实际上,新古典经济学理论是市场经济运行的抽象,现代化的成功是以市场经济的兴起和发展为动力的;因此,新制度经济学确实发现了西方兴起过程中的许多奥秘,但是,市场经济规律同系统转型的一般规律之间是特殊与一般的关系,后者中有许多前者所没有的一般性。而新古典经济学并没有揭示出系统转型的一般规律,它仅是总结了市场经济运行的规律,因此,新制度经济学虽然成绩骄人,但对于现代化起源研究来讲,它仍然是属于从具体到抽象认识阶段的成果,无法胜任揭示现代化起源全过程的奥秘的重任。

同人们批评的一样,新制度经济学的问题之一是把新古典经济学理论、

---

① ［意］卡洛·M.奇波拉主编:《欧洲经济史》,第2卷,商务印书馆1988年版,第4、5页。

② 参见［美］鲁姆斯·W.汤普逊:《中世纪经济社会史》下册,第443—459页。

③ 参见何顺果:《市场在西欧的兴起及其意义》,载《历史研究》1991年第3期;徐浩:《论中世纪晚期英国农村生产要素市场》,《历史研究》1994年第3期。

④ 参见黄宗智:《中国经济史中的悖论现象与当前的规范认识危机》,《近代中国(Modern China)》1991年7月号;《华北的小农经济与社会变迁》,《史学理论研究》1993年第1期。

交易费用理论无限制地用于非经济领域，甚至将它们揭示出的经济规律当作系统转型的一般规律来指导现代化起源研究。结果，很多结论不是无法认定、无法计量，就是根本不存在；即使一些似乎可以成立的结论也因其视野的狭窄而成悬案。这除了将其指导理论用得过于广泛之外，还因为诺斯等人不了解西方世界兴起是个与东方社会进行比较后才能得出的结论。因为所谓"兴起"是与"未兴起"等概念相比较而言的，没有东方文明古国的传统社会的长期延续，又哪里有西方世界兴起一说？所以，如前所述，这两个问题是一对连环锁，只有把这两把锁同时打开，才能使被它们锁住的历史大门洞开，取出西方世界兴起的答案。这就是说，西方世界兴起对于整个世界的传统社会来讲是一个特例，有其特殊原因。既然如此，那用传统社会共有的现象、共有的规律，如人口的增长是解释不了的。不然，那就是犹如用"夜半起床"来解释某人的死因一样的错误。如众所知，一般人绝不会因此行为而死亡；死者丧命的真正原因必是有高血压或其他原因，"夜半起床"仅是个诱因。可见，用事物的一般性来解释某个事物的特殊结果是违背逻辑规律的。而诺斯的西方世界兴起的主要结论就犯了这个大忌。

在这点上，诺斯显然不如近百年前的马克斯·韦伯。为了论证新教伦理在西欧资本主义兴起过程中的作用，韦伯广泛地考察了世界各个主要文明的宗教及其经济伦理观与其经济发展的内在联系，并将其与西方的宗教和经济伦理观进行比较，出版了《中国的宗教——儒教和道教》等系列论著，试图以"亚洲的宗教对资本主义伦理的出现所产生的抑制性的结果"来佐证他在《新教伦理与资本主义精神》一书中所做出的结论。[①] 而诺斯则在不顾及整个东方的历史的前提下，将西方世界的兴起归功于确立了财产所有权，建立了有效率的经济组织；进而又将其归之于人口的增长和技术的进步。虽然诺斯在财产所有权的解释上比其他人更深入一步，认定只有在个人收益率接近社会收益率的情况下，私有权才算完善；只有建立在此种私有权之上的经济组织才会有效率，才能实现现代化。但是，早在诺斯之前，亚当·斯密、马歇尔、哈耶克、凯恩斯乃至马克思都曾反复强调过私有权是现代资本

① 参见［德］维尔纳·桑巴特：《奢侈与资本主义》，王燕平、侯小河译，上海人民出版社2000年版，第242页。

主义社会的基石和其赖以产生的基础。这表明，在解答西方世界兴起这个关键问题上，诺斯仅是深化了人们的认识，却没有解决私有权绝非中古西欧独有而却在西欧引出了现代化的难题。秦始皇统一中国后，令"黔首自实田"，土地私有权上升为私有产权并在全国普及。之后，民众对其土地和其他财产都享有完整的权力束，可以自由地买卖、赠送和遗传。而中国的自耕农和地主的经济组织也并非没有效率，不然，古代中国也不会屡屡出现"富者田连阡陌，贫者无立锥之地"的情况。但是，它导致的结果却是农民暴动，兵连祸结，每隔两三百年，社会就要遭受一次大浩劫，积累的财富毁于兵燹、人口锐减，以至从西汉的董仲舒开始，直到今天的很多学者，视土地私有权是中国封建社会长期延续的根源。[1] 可见，仅有土地私有权和有效率的经济组织并不能确保传统社会就能转型为现代社会。它提醒我们，要想真正弄清楚私有权和有效率的经济组织在现代化起源中的作用，还必须研究中西的财产私有权有何同异。在这个问题上，《东方专制主义》作者魏特夫的考虑似乎比诺斯更深了一个层次。他提出东西方虽然都曾流行私有权，但两者的私有权却有着重大差别，西方是权力性的财产，而东方是乞丐式的财产。这虽然不一定正确，但起码表明魏特夫已经意识到东西方的差别不在于有无私有权，而是两者私有权的不同。

　　私有权和经济组织的高效率给中西带来的结果完全相反，这一事实不争地说明它们是一把双刃剑。因此，要想它们促进现代化的孕育与兴起，还需要其他的条件。马克思似乎早就看到这一点，他说，"只有在劳动者不再是生产条件的一部分"时，"商品生产才必然会导致资本主义"[2]。可见，在马克思的眼里，除私有权外，人的自由或许也重要。

　　比较研究的缺失使诺斯看不到土地私有权在东西方社会的同因异果，使他无法看清人的自由在其中的作用，同样地，这一缺失也使他成了新人口论者，用人口数量的增减来解释西欧有效权的形成和经济的发展。他认为，农奴制度、庄园制度的解体和现代产权制度的确立都是13到15、16世纪之

---

[1]　参见刘昶：《试论中国封建社会长期延续的原因》，《历史研究》1981年第2期。

[2]　《马克思恩格斯全集》第46卷上册，第104、509页；马克思：《资本主义生产以前各形态》，第55页；《马克思恩格斯全集》第49卷，第6页；第26卷三册，第479页；马克思：《资本论》第1卷，第160页。

间人口的增减和恢复的产物；不仅如此，人口的增加还是西欧的贸易复兴、市场扩展、城市兴起、技术革新兴起、军事技术革新的动力和根源。① 虽然诺斯也指出了人口升降只是个外生变量，但是，他却明言，人口及军事技术和组织，是一千年间变革的两个主要动力。②

不可否认，人口增减并非对经济发展和产权的兴衰没有影响，问题是，在同期的中国，也同样有人口的增减，但为何不能促使私人所有权发展成有效率的现代产权，产生有效率的经济组织，进而使中国实现现代化？可见，人口的增减之所以在西欧引出了在东方引不出的结果，其后面必有他因。正是这个原因才使人口增减在西欧成了有效产权和有效率经济组织得以产生的导因；导因绝非原因，只有深挖导因后面的原因我们才有可能找出西方世界兴起的根源。可惜，诺斯没有这么做。他不了解东方的土地私有权所产生的结果，因而看不到人的自由对私有权的导向作用和复制作用；他对两部门发展理论也是视而不见，致使他看重土地私有权而忽视工商业的私有权，再加上他未能掌握系统转型的一般规律，忽视对西欧现代化进程进行环境分析、结构分析。尽管他也追溯了从罗马帝国灭亡到工业革命之间一千多年的西欧历史，但却在此中留下了许多逻辑上的缺环和史实上的空白。所以，尽管诺斯的现代化研究成绩斐然，但离揭示西方世界兴起奥秘的目标还相距甚远。

诺斯之后，赵文洪于20世纪末出版了《私人权利体系的发展——西方市场经济和资本主义起源问题研究》③，它是国内第一部全面地肯定私人财产所有权在现代社会兴起中的积极作用的专著，也是国内少数肯定私人财产所有权是市场经济的基石，现代社会是市场经济发展的产物的著作。在综合西方学术界关于私人财产所有权的系列论述的基础上，它追踪了西欧私人财产所有权发展的历史，将私人财产所有权的完善和扩展视为一个过程，最终形成了一个体系，一个由绝对私人所有权、私有财产神圣不可侵犯原则和行使私人财产权利的自由或经济自由所组成的三位一体④，从而为市场经济的

---

① 参见［美］道格拉斯·C.诺斯、罗伯特·保尔·托马斯：《西方世界的兴起》，第17、18、20、29、35、48、51、60、61、70、71、73、88页。
② ［美］道格拉斯·C.诺斯：《经济史上的结构和变革》，第130页。
③ 中国社会科学出版社1998年版。
④ 参见赵文洪：《私人权利体系的发展——西方市场经济和资本主义起源问题研究》，第31页。

发展和资本主义社会的产生奠定了坚实的基础。值得指出的是，它还强调了斯密的"劳动所有权是一切其他所有权的主要基础"的论述，并指出"劳动力所有权是近代所有权的最早形式"，从而表明了近代私人财产权利体系的其他形式就是从这个最早形式发展而来的。遗憾的是，赵氏没有继续追踪这个近代所有权的最早形式是如何产生的，它又是在什么因素的推动下发展的，若能继续下去，他就有可能揭示出现代社会兴起的最初的历史根源。此外，他还强调了私人财产权利体系同人权之间的密切关系，指出剥夺人们的经济自由也就"是侵犯了最神圣的人权"，进而阐明了私人财产所有权是"近代西方共和政治的基础性要素"，"是资本主义共和政治的根本原则——政治自由——的前提"，这实际是说现代社会的整个社会结构都是从劳动力所有权发展而来的。显然，这是一个很值得深入开发的思想，沿此深究下去，就有可能揭示出现代社会结构内在联系及其生成的历史。这一切说明，该著不论是所用理论、方法和所持观点，在国内历史学界都是难能可贵的。它突破了以经典理论的只言片语为其学术立论的常见做法，也不再局限于本国本学科而注意到世界学术界的动态，大量地吸收了经济学界的学术成果，丰富和充实了西方学界关于私人财产所有权的论述。

5. 金观涛的"超稳定结构"

金观涛、刘青峰用老三论，即系统论、控制论和信息论探讨中国封建社会长期延续的原因，出版了《兴盛与危机》《西方社会结构的演变》和《悲壮的衰落》[1]，认定中国封建社会是个超稳定结构，从而导致了中国封建社会的长期延续，震动了20世纪80年代初的中国学术界。它们以其理论新颖、观点奇特而使当时思想仍束缚于极左教条的中国人感到震惊和新奇；对思想解放功不可没，尤其是将系统科学引进当时的中国学术界确有启蒙的意义。但是，通观30年后金氏论述同一课题的新著《历史的巨镜》后，发现他的论著除仍然疏于史料的考证和逻辑的推敲外[2]，其系统论的知识尚停留在经典系统论阶段，仍然是用系统存在的一般规律去解释系统的演化。宣称

---

① 金观涛、唐若昕：《西方社会结构的演变》，四川人民出版社1985年版；金观涛、王军衔：《悲壮的衰落》，四川人民出版社1986年版。

② 请参见苗东升：《评金观涛的超稳定系统》，《中国人民大学学报》1991年第2期。

将"功能偶合原则"用于社会结构的分析，不仅能解释系统的稳态，也能解释系统结构的演进。因为在稳态时，经济、文化和政治这三大子系统的功能是耦合的，若其中一个子系统发生了变化，其他两个子系统也因需要重新实现彼此间的功能耦合而随之发生变迁，从而使系统结构发生变迁，功能耦合原则因此也就演变成了"社会结构调节原理"。金氏宣称，运用这一原理，就能解答包括现代化在内的所有社会结构的变迁。①

实际上，金氏所讲的这些原则和原理就是经典系统论中的"系统结构变革相关性原理"②。它同马克思所讲的社会的上层建筑必须同其经济基础相适应，随着经济基础的变化，庞大的上层建筑或迟或早也要发生变革是同一道理。解释系统结构的变化时不能不用这个原理，在解答系统结构的演进时，它也不能缺位。但是，仅靠它，是无法解答系统结构如何从近平衡态转为远离平衡态，从守恒结构转为高度有序的耗散结构的。正因如此，这才有了后来的自组织理论的兴起和发展。因为要想整个系统结构演进到一个前所未有的系统结构，它就需要其中的某个子系统产生出一个包含着未来系统结构的全部萌芽的胚胎，自组织理论将这个胚胎称之为"序参量"，金氏将其称之为"潜组织要素"构成的"潜结构""潜在的新社会结构"；并认定西欧之所以兴起，就源于"自治城市"，自治城市就是这样的潜结构。它"是封建社会汪洋大海中的资本主义结构的岛屿"，"资本主义取代封建主义的历史，就是城市不断壮大、战胜农村的历史"③。

如此重视自治城市在西欧现代化起源中的作用，这与很多史家是一致的，但关键问题是，中世纪西欧的城市为何能获得自治，它在生产关系、经济关系上与东方城市到底有哪些不同，这些不同对西欧走上与东方不同的发展道路起了什么样的作用。可惜的是，金氏对这些问题着墨不多，且远不如已有的认识。因此，它充其量也仅是一个唯象理论，使人知其然而不知其所以然，无法将现代化起源的全过程在精神上再现出来。至于他后来用"资本主义确立过程的三种要素"来解释英、法、德三国在实现三个转变（即城市中的资本主义关系推广到农村，市政厅转变为资产阶级政府，现

---

① 参见金观涛：《历史的巨镜》，第 196—208 页。
② 邹珊刚等编著：《系统科学》，第 79—80 页。
③ 金观涛：《历史的巨镜》，第 266 页；金观涛、刘青峰：《兴盛与危机》，第 156、157 页。

代价值成为社会占主导地位的意识形态）上的差异所导致的三国现代化的迟早不一和难度不同则更是一种现象描述，也未能揭示出其深层次的根源。

　　未能揭示西方世界兴起的奥秘，自然也就打不开连环锁的另一端：中国封建社会的长期延续。金氏说，这是因为中国封建社会是个超稳定结构。在自组织理论看来，一切无机系统、一切传统社会都是个守恒结构，也就是超稳定结构。而它们之间的任何一个，其系统内，有上向因果作用，也必然会有下向因果作用。没有后者，就没有上层结构对下层结构、对要素的约束和控制，就无系统可言，已有的系统也会崩溃。① 因此，金氏说中国封建社会有一套强控制手段而使其成为超稳定结构，那只不过是讲出了系统论的一个常识，西欧各国也不缺乏这一套手段，否则，它们也成不了民族国家，甚至朝代国家。而关键在于，在西欧的强控制手段下，包含着新社会结构全部萌芽的序参量为何能产生并健壮地成长起来；在中国的强控制手段下，这种序参量为何产生不了，产生了也成长不起来。再说，国家的强控制手段难道对序参量的成长只起阻碍、摧残作用，而没有给过扶持吗：若如此，那又如何解释重商主义的历史功过，如何理解马克思所说的"国家的强力"在"货币财富转化为资本的历史过程中起了主要的作用"？ 所以说，用中国历代有一套强控制手段来解释中国封建社会的长期延续是远远不够的。

6. 林岗叙述的"马克思的故事"

　　马克思和恩格斯虽然关心资本主义社会灭亡，但他们对资本主义兴起的研究也是硕果累累。虽然这些成果都是他们研究兴起过程中的各个具体问题的结晶，但将其综合起来，则如上述，同"一般规律"是不谋而合的。虽然总结他们这些成果的不乏其人，但遵照马克思的"历史从哪里开始，思想就从哪里开始"的教导，用这些成果去系统地解剖现代社会生成过程的学者并不多见；更毋说用复杂性科学对其进行总结。林岗叙述的"马克思

---

① 参见 D. T. Campbell, *Downward Causation in Hierarchically Organized Biological Systems*, in F. J. Ayala, and T. Dobzhansky, eds., *Studies in the Philosophy of Biology: Reduction and Related Problem*, University of California, 1974, p. 176。

的故事"①，也只是重复苏联教科书上的"系统功能决定系统结构"的套话。正如林岗自己所说，"形式逻辑的严谨并不能保证一个理论的正确，更重要的是要看这个理论是否与历史事实相符"②。不对西方世界兴起的历史进行系统的剖析，不了解现代化同它之前的几次社会转型之间的同异，就不可能揭示出现代社会的本质和起源的奥秘，更不可能去科学地预测它的未来；然而，马克思恩格斯在世时，真正称得上现代社会的仅有英国一家，其他的几个西欧国家，现代化转型还远未完成。波斯坦、哈巴库克等人说："在19世纪60年代时，世界上基本上只有一个工业国——英国——它可能占了世界制造业产出的1/3以上。"法国和比利时虽然"已经进行了几十年的工业化"，但"两者在工业化的道路上都还有很长的一段路要走。德国和美国基本上还是农业国"③。因此，现代社会的特征及其系统功能的突飞猛进所导致的经济社会的持续发展和其对环境的巨大影响尚未充分地表现出来；西方兴起的全过程还没有完成，马克思和恩格斯又怎么可能揭示出这个过程的本质和奥秘？再说，当时的自然科学也不能够提供解决现代化问题所必需的科学规律。因为第一个现代社会的生成，如马克思所说，完全是一个自然历史过程，而作为最典型的"系统的自组织行为"的"生命是怎样从无机界中发生"尚未解决④，更不用说生命是如何进化的了。马克思指出，从抽象到具体是认识具体事物的必由之路，若抽象，即自组织生成和进化的一般规律都不知道，又怎样去认识具体的事物，即第一个现代社会的产生和西方世界的兴起？

更何况，马克思关于古代社会诸形态及其社会转型所做出的总结也不能说是确凿无疑的，因为当时的各方面的条件不允许他对欧洲之外的社会和历史有个全面的了解。那时的西方人对后者的了解还处于蒙昽时期，还谈不上研究，更谈不上深入地比较研究了。在对所概括的各地各国的历史和社会尚

①　林岗：《诺斯与马克思：关于制度变迁道路理论的比较》，《中国社会科学》2001年第1期；林岗：《诺斯与马克思：关于制度的起源和本质的两种解释的比较》，《经济研究》2000年第6期；林岗：《诺斯与马克思：关于社会发展和制度变迁动力的比较》，《中国人民大学学报》2000年第3期。

②　林岗：《诺斯与马克思：关于制度的起源和本质的两种解释的比较》。

③　［英］M. M. 波斯坦、H. J. 哈巴库克：《剑桥欧洲经济史》第六卷，王春法、张伟、赵海波译，经济科学出版社2002年版，第49页。

④　恩格斯：《自然辩证法》，第176页。

没完全弄清楚的情况下所总结出来的古代历史规律当然只能是一个尚待证实的假设。依据这种假设的历史规律所得出来的现代社会的兴亡规律自然也就难以让人信服。因为在没有掌握现代化之前的两次社会转型的规律及其同现代化之间的同异之前就断言它们的转型是同一性质，是同一原因引起的，那不是一个逻辑前提尚待证实的假设，就是一个与事实完全不符的结论。更关键的是，那还是个牛顿力学如日中天的时代，达尔文的进化论和克劳修斯的热寂论才刚刚问世，一个不断进步的有机世界是如何从一个不断倒退的无机世界中产生出来的问题还没有提上科学的议程，更不用说解答了。自组织生成的一般规律都没有揭示出来，我们又有何科学依据来揭示现代社会的生成？在其生命的最后时光，马克思为什么放下《资本论》第二卷和第三卷的写作，转而攻读起卷帙浩繁的世界历史？在认真阅读了德国历史学家施洛塞尔的18卷世界史及其他史学巨著后，留下了大量读书笔记，这难道不足以说明晚年的马克思已经意识到社会发展规律不可能仅从逻辑推理中得出来吗？由此可见，认为不掌握现代化之前的世界文明兴衰史，不研究现代化的全过程就能揭示现代化的本质和生成发展规律的认识是难以如愿的。因此，所有仍然迷恋马克思对一些具体问题的结论而忘掉了马克思主义原理的人，还是应该回到马克思的社会生产力决定自然生产力的观点上来，不要忘记恩格斯的相互作用是事物发展的终极原因的经典论述，把握一个常识：归根到底，不是人的身体所具有的功能决定人的身体结构，而是人体结构决定人体的功能。不然我们就无法理解为何人的体力和智力有如此大的差别，更无法理解现代分子生物学的大量成果。实际上，林岗在用他所理解的历史唯物主义去解答"为什么落后的生产方式会在相当长的时期内存在"的问题时，先是归咎于自然条件的恶劣，后来又因顾忌到地理环境决定论，转而归因于传统政治结构的韧性。说来说去，他所证明的还是系统结构决定系统功能，而不是他所坚持的系统功能决定系统结构。至于他援引早已被史实证伪了的依附理论来论证当代一些东方国家发展迟缓的论述早已被事实否决。[①] 这种把各国相互开放、相互贸易称之为经济剥削的理论，今天还被一些西方学者用来指责对外开放的中国与发展中国家的贸易是

---

① 参见林岗：《诺斯与马克思：关于制度变迁道路理论的比较》。

在搞新殖民主义。

7. 西欧农业先进说

希尔顿、雷纳多·赞盖里、沃勒斯坦等强调农业资本主义的发展是理解近代欧洲经济乃至近代世界经济体系形成的关键①；小林恩·怀特说西欧早在 9 世纪就已经在农业技术方面超过了世界其他地区。重犁、三圃轮作制、牛群自由觅食、现代马具和马掌的推广应用使西欧农民创造了世界上最高的农民劳动率。② 吴于廑说西欧之所以能于15、16 世纪实现由农本向重商的转变，关键是 13 世纪后，西欧农业生产剩余量的增长扩大了农民对剩余农产品的占有，使工业品中的大路货的需求日益增加，给了乡村工业的发展以巨大的刺激。③ 陈勇认为，农业生产力的长足进步是荷兰乡村商品化乃至社会近代化的基础。④

他们所说，有其根据，且是常理：人们只有果腹之后，才能从事其他工作。因此，"超越劳动者个人需要的农业劳动生产率，是一切社会的基础，并且特别是资本主义生产的基础"⑤。

但是，这个常理被其偷梁换柱了，因为它是就人类社会整体而言的，而不是指具体的国家或地区。历史上很多经济发达的国家和地区自产粮食不足，口粮大都依赖从外国、外地输入。如中世纪的尼德兰、威尼斯等，近代的荷兰，即便是整个西欧，近代早期也都需要从东欧输入大量的粮食。而现代社会的生成是以国家为单位，而不是整个西欧同时实现现代化的，因此，此论立论的根据无法成立。

至于把农业视为现代化的主要动力就更不可信了。

用复杂性思维观之，把社会发展的动力归功于一个部门、一个阶级是还

① 参见 P. kriedte, H. Medick, J. Schlumbohn, *Industrialization Before Industrialization*, *Rural Industry in The Genesis of Capitalism*, Cambridge University, 1981, p. 98。

② 参见 Lynn Wite, Jr, "What Accelerated Technological Progress in the Western Middle Ages?" in A. C. Crombie editor in chief, *Scientific Change*, New York, 1963, p. 277；转引自伊曼纽尔·沃勒斯坦：《现代世界体系》第 1 卷，第 39、40 页。

③ 参见吴于廑：《历史上的农耕世界对工业世界的孕育》，《世界历史》1987 年第 2 期。

④ 参见陈勇：《商品经济与荷兰近代化》，武汉大学出版社 1990 年版，第 211—213 页。

⑤ 参见马克思：《资本论》第 3 卷，第 918 页。

原论的产物，它会导致常识缺失。常识告诉我们，吃上饭固然是人们从事其他工作的前提，但是任何国家农业的发展都要受制于一系列的外在条件。除地理环境、自然条件外，人口密度、城市和工商业的发展水平等都在其列。因为这决定农民人均占地数量，从而决定他们是否实现了充分就业。而是否实现了充分就业不仅会在个人和社会的生产力上引出巨大差别，也决定了农业的走向是衰落还是发展。地租率和国税税率的高低也会影响农民的劳动积极性、个人劳动生产率和整个社会的农业生产；而租税率的高低难道不是政治环境、法律制度等条件的函数？诸如此类影响农业发展的因素是不计其数。斯里彻·凡·巴斯把它们分为外部因素和内部因素两大类，多达 73 种。外部因素包括雨量、气候、国家政策等；内部因素有人口数量、土地所有制和农业技术等。长期看，只有 13 种是不变的，其他 60 种均是可变的。[①] 可见，任何社会的农业生产和农民的个人劳动生产率决不是什么"不受动的始动者"，都要受制于其所在的各种社会条件，它们也是社会生产力，即社会结构的产物，同其他生产力一样，也是社会结构中各种因素相互作用产生的结果。虽然它也会对社会结构起反作用，但决不是"不受动的始动者"。二百多年前，亚当·斯密在其代表作中就辟专章论述了西欧城市和工商业的兴起从市场、资金、立法、技术等各个方面改善了农业生存的环境、农民的法律地位和生存条件。他据此断言："在欧洲大部分地方，城市工商业是农村改良与开发的原因，而不是它的结果。"[②] 马克思也讲："改良了的农业"是"农产品在城市时销路不断增长的结果"，大农经济是"工业对农业的反作用的产物"[③]。

指出西欧农业先进说在理论上和逻辑上不能成立并不等于承认西欧的农业确实是比东方先进。实际情况相反，在中世纪相当长的时间内，中国和印度的农业生产力远高于西欧。要证明这一点就必须识别此说所设的种种误区。

误区之一是指他们有选择性地的引用史料。如琼斯和兰德斯只强调西

---

① 参见〔英〕M.M.波斯坦、D.C.科尔曼、彼得·马赛厄斯主编：《剑桥欧洲经济史》，第五卷，高德步、蔡挺、张林等译，经济科学出版社 2002 年版，第 47、48 页。
② 〔英〕亚当·斯密：《国民财富的性质和原因的研究》上册，第 349—360、370—382 页。
③ 《马克思恩格斯全集》第 46 卷，上册，第 215 页；下册，第 180、181 页。

欧在地理环境和自然条件上的优势和东方的劣势，吹嘘西欧拥有全球最佳
的自然条件，而闭口不谈东方的优势和西欧的劣势。① 不讲别的，较之需
要2—3人来驾驭，用8—12头公牛所组成的牛队来牵引的重犁翻耕的西欧
土地②；土质疏松的中国黄土高原只要"一牛一犁"就"可耕百亩"③，较
之西欧牛队日耕2/3至3/4英亩（4.05—4.56亩）的生产率④，谁高谁低一
目了然。坚硬贫瘠的土地，迫使整个欧洲在中古和近代的任何时期都有2/5
的土地休闲⑤，农业革命前夕，三圃制仍是英国、法国乃至大多数西欧
"通行的制度"，大革命前夕的法国，很多地方还"经常是两年一休耕"⑥；
而中国在春秋时就已完成了向三圃制的过渡，西汉时土地已年年耕种⑦；
宋时，占全国耕地总数64%的南方耕地已是一年两收，北方诸路则行两年
三作制。⑧

　　印度气候虽然炎热，但更宜于农作物的生长，故"一年收获四季，粮
食单产量直到19世纪为止始终高于欧洲"，故"印度各地农民几乎都只耕
种良田"。1700年前后，恒河流域的耕地只等于该地区1900年耕地的一半，
印度中部只有2/3到4/5的土地耕种⑨。"在印南方的高韦里河地三角洲，
耕作者上缴了他们94%的产出，但却活了下来。这意味着一个农民能够养
活16口人。"彭慕兰说，这"暗示出亚洲各地不只是每英亩而且每个劳动
力的生产率都比在欧洲发现的任何生产率更高"⑩。"除了一年两熟（两季大

<hr>

① 参见［英］戴维·S.兰德斯：《国富国穷》，第23页。
② 参见［英］约翰·克拉藩：《简明不列颠经济史（最早时期到一七五零年）》，范定九、王祖廉译，上海译文出版社1980年版，第69页；P. Brandon, & B. Short, *A Regional History of England: the South-east from A. D. 1000*, New York, 1990, pp. 207, 209。
③ 参见王桢：《农书·农器图谱集之二》。
④ Orwin, C. S., *The open Fields*, Oxford, 1954, p. 36；［法］保尔·芒图：《十八世纪产业革命》，杨人楩、陈希泰、吴绪译，商务印书馆1983年版，第124页。
⑤ 参见Maland, D., *Europe in the sixteenth century*, London 1982, pp. 2, 3。
⑥ ［法］保尔·芒图：《十八世纪产业革命》，第124页；［法］伊波利特·泰纳：《现代法国的起源：旧制度》，黄艳红译，吉林出版集团有限责任公司2014年版，第351页；［苏］科思敏斯基：《十七世纪英国资产阶级革命》上册，何清等译，商务印书馆1990年版，第33页。
⑦ 参见《吕氏春秋·四月季》；《荀子·富国》。
⑧ 马端临：《文献通考》卷四。
⑨ ［法］费尔南·布罗代尔：《15至18世纪的物质文明、经济和资本主义》第3卷，第579页。
⑩ ［美］彭慕兰：《大分流：中国、欧洲与现代世界经济的形成》，第41页注①。

米、一季小麦另一季豆，两季鹰咀豆或两季油料作物）；印度农业的另一优势是供出口的'贵重'作物占重要位置：靛蓝、棉花、甘蔗、罂粟、烟草、胡椒。这些作物的收益高于小米、黑麦、大米和小麦。"[①] 丰富的物产，使东亚和西欧的人口密度之间一直存在着巨大的差距。彭慕兰说，这个差距就是两者"农业差距大小的深刻见证"[②]。再说，农业革命的爆发若真的是西欧地理环境与自然条件的独家功劳[③]，那农业革命应该是西欧的普遍现象，却为何独独产生于英国和荷兰？

　　误区之二是抽样比较，即对英、中农民的占地数、亩产量、总产量、赋税率进行计算和比较，得出了前者的个人劳动生产率远高于后者的结论。[④] 这种比较，貌似有理，但不要忘记，史料都是古人凭其所见而述，而地区之间各有特点，故所叙个案之间差异甚大。例如，宋代史籍中的江南户耕亩数的记载，是来自于各地的。各地之间，由于人口密度不一，自然条件差异很大，一夫所耕之田，及一夫所能耕之田，相差悬殊。如明代松江，"东西两乡不但土有肥瘠，西乡田低水平，易于车戽，夫妻二人可种二十五亩，稍勤者可至三十亩。且土肥获多，每亩收三石者不论，只收二石五斗，每岁可得米七八十石矣。东乡田高岸徒，车皆直竖，无异于汲水，稍不到，苗尽槁死。每遇旱岁，车声彻夜不息，夫妻二人极力耕种，止可五亩"[⑤]。三十亩与五亩之别，农户劳动生产率相差 6 倍之多。据"某些笔记所载"，宋代南方水田，一夫所耕可达三四十亩，甚至百亩[⑥]，悬殊就更大了。在如此悬殊的众多的史料中选择几个数据作为宋代户均耕田数就很难排除主观性和随意性。生产率如此，赋税率等其他抽样数据也

　　① ［法］费尔南·布罗代尔：《15 至 18 世纪的物质文明、经济和资本主义》第 3 卷，第 579 页。

　　② ［美］彭慕兰：《大分流：中国、欧洲与现代世界经济的形成》，第 40—41 页。

　　③ 参见 P. kriedte, H. Medick, J. Schlumbohn, *Industrialization Before Industrialization：Rural Industry in The Genesis of Capitalism*，p. 98。

　　④ 参见庞卓恒：《人的发展与历史的发展》，吉林文史出版社 1988 年版，第 17—20、114、29、30、70、67、68 页；庞卓恒：《历史运动的层次和历史比较研究的层次》，《历史研究》1985 年第 5 期；庞卓恒：《西欧封建社会延续时间较短的根本原因》，载《历史研究》1983 年第 1 期。

　　⑤ （明）何良俊：《四友斋丛说》卷十四《史》，中华书局 1959 年影印本。

　　⑥ 许涤新、吴承明：《中国资本主义发展史》第 1 卷《中国资本主义的萌芽》，人民出版社 1985 年版，第 48 页。

无不相同。① 故抽样之弊，如列宁所说："因为社会生活现象极为复杂，随时都可以找到任何数量的例子和个别的史料来证实任何一种情况。"②

不仅同一时期各地各户差异很大，各个时期的农业生产力的变化也不可忽视。如明清两代，长达五六百年。其间，因人口繁衍等原因，各个年代农民的户均占田量又何止霄壤之别。从康熙六十年到乾隆十八年，32 年的时间，全国人均耕地从 28.72 市亩降至 6.89 亩；13 年后，又降至 3.56 亩。③ 在比较中英的农业生产率时，是将康熙六十年的农业生产率同中世纪晚期的英国农业生产率，还是将乾隆三十一年的农业生产率同后者相比较？选择康熙六十年，按通常所讲的清代亩产量 421 市斤计算。户均按 4 人算，一户农民的个人劳动生产率为年产粮 24182 公斤［421 市斤×（28.72 市亩×4）］；选择乾隆三十一年，一户农民的个人劳动生产率为年产粮 2997.5 公斤。［421 市斤×（3.56 市亩×4）］仅为康熙六十年的 12%；按一些学者的计算，13—14 世纪英国中等农户户均产粮 2369 公斤，15—16 世纪户均产粮 5520 公斤。④ 拿康熙六十年的与英国比，中国农户的生产率分别为上述两个时期的英国农户生产率的 10.2 倍和 4 倍；拿乾隆三十一年的比，则分别为上述两个时期英国农户的 1.2 倍和 54%。

面对上述这种情况，观点极端对立的学者都可以从中选择出能证实自己观点的史实来以点代面，进行比较，以证己见。这就说明，认为西欧的率先兴起就是因为它的农业比东方先进的说法是完全不可信的。

再者，地区差异、时代久远等因素使学者们普遍感到对历史上的农业生产率进行计算是件很困难的事情，计算出的结果往往相差很大，以至很多学者说，农业生产率是一个"经常使用、滥用和错用的字眼"⑤。我们要避免陷入这个泥潭，就要另辟蹊径来揭开历史的面纱。新的途径虽不能确保与史

① 如赋税率，侯建新抽样计算后断言 13、14 世纪时的英国农的剥削率为 16%，而波斯坦等人计算的结果是 50%。请参见 D. Levine, *At The Dawn of Modernity Biology, Culture, and Material Life in Europe after the Year 1000*, London, University California, 2001, p. 199；马克垚：《西欧封建经济形态研究》，第 228 页。
② 《列宁全集》第 22 卷，人民出版社 1958 年版，第 182 页。
③ 梁方仲：《中国历代户口、田地、田赋统计》，上海人民出版社 1985 年版，第 248—263 页。
④ 侯建新：《现代化第一基石——农民个人力量与中世纪晚期社会变迁》，第 53、57 页。
⑤ 马克垚：《封建政治概论》，第 37 页。

实完全吻合，但能避免研究者因其偏好而以点代面，使结论更近史实。

　　计算国民总产出是今天经济学上通用的方法，比较中英的粮食总产量就能真实地揭示两国间的差别，因为这是以面比面，各地和各类生产组织在生产率上的差别影响不了比较；只要我们在比较时尽可能地选用最有利于英国的史料，以留有最大的余地，所得出的结论就会是客观的。依据这一原则，我们采用侯建新所引用的数据：13—14 世纪时的英国，共有耕地 900 万英亩，人口 300 万—600 万，三圃制下年播种 600 万英亩，每亩粮食纯产量 165. 6 公斤。[①] 据此计算，1300 年时，英国全年粮食总产量是 99300 万公斤，以 300 万人口计算，人均粮食 331 公斤。宋真宗天禧五年（1021 年），全国户数 8677677，每户以 5 人计，全国共有 43388385 人。全国垦田数 524758432 亩，其中江南田亩占 60%，314855059 亩，亩产原粮四石[②]，"按宋代一石，折合今市石 6.6 斗，92.4 市斤"。[③] 江南田地共计产粮 14546303725 公斤，北方粮田占 40%，209903372 市亩，按侯氏所述，亩产原粮一石，92.4 市斤，北方田地共计产原粮 9697535786 公斤，全国共计年产原粮 24243839511 公斤，除去种子 2623792160 公斤，年纯产原粮 21620047351 公斤，全国人均原粮 498. 3 公斤，为中世纪盛期英国人均原粮的 1.5 倍。

　　比较双方的非农业人口所占比重、人口增长率，两者的农业生产力也能立见高低。因为这些数据也是与农户的剩余粮食的数量成正比的。

　　史籍表明，战国时，"千丈之城，万家之邑相望"。几十万人口的城市已非罕见。如临淄有户七万，以每户 4 人计，全城人口即达 28 万。类似城邑，春秋战国之交时，约有 600 个。[④] 北宋时，汴京的人口达百万之多，境内几十万人口城市不下四十处。城镇人口已占全国人口的 20.1%；南宋时，更增至 22.4%。[⑤] 此外，还有近百万的常备军和六七十万官吏。[⑥] 之后，城

　　① 参见侯建新：《现代化第一基石——农民个人力量与中世纪晚期社会变迁》，第 63 页。
　　② 新近对宋代亩产量进行最详尽研究的当推方健。他的结论是宋代江南亩产稻谷 714 市斤。参见商荣盛主编：《江南社会经济研究：宋、元卷》，中国农业出版社 2003 年版，第 536 页。
　　③ 漆侠：《宋代经济史》，上海人民出版社 1987 年版，上册第 58、138 页。
　　④ 张鸿雁：《春秋战国城市经济发展史论》，辽宁大学出版社 1988 年版，第 121 页。
　　⑤ 参见赵冈：《中国城市发展史论集》，新星出版社 2006 年版，第 84 页；赵冈等：《中国历史上的城市人口》，《食货月刊》13 卷第 3、4 期。
　　⑥ 参见（宋）曾巩：《元丰类稿》，卷三十《议经费》，南丰查溪乾隆二十八年刻本；《宋会要辑稿》《食货十三》，中华书局 1957 年影印本。

市人口比例因人口增加而呈下降趋势，到清代，为 7.4%。① 而西欧，16 世纪之前，人口近十万人的城市只有 4 个，且全在意大利；75% 以上的城市不足 2000 人；② 城内，还都有很大比重的农牧业活动和农业人口。③ 在 2000 人口的城市中，农民占 50%；1000 人口的城市中，农民则是主要居民。④ 即使如此，西欧城市人口也都不足 5%；到 1500 年，最高的估算也只有 6.1%，低的只有 5.6%。直到工业革命前夕，也只有 9.9%；英国也不例外，1520 年，城市人口占人口的比例仅有 5.2%。⑤ 此外，英国没有常备军，也没有专职官吏。两相比较，足见在很长的时间内，中国非农业人口在总人口中的比重远过于西欧，包括英国。如果中国农户剩余粮食的数量没有超过西欧农民，那这远多于西欧的非农业人口靠谁来养活？事实上，战国时，中国就已是"上农夫食九人，上次食八人，中食七人，中次食六人，下食五人"。"一人治之，十人食之"⑥。宋仁宗时，"蜀民岁增，旷土尽辟，下户才有田三、五十亩，或五七亩，而赡一家数十口"⑦。即使在人多地窄的康熙年间，也是"一秋之熟，可支数年"，"一岁所入，计口足供十年"⑧。西欧呢？"17 世纪初的农业生产水平同罗马时代的状况差不了多少"。"每十个人吃面包，必须有七八人生产小麦"。⑨ 即使是经历了农业革命的英国，1700 年时，一个农民所得只能养活 1.7 个人；1800 年，也只能养活 2.5 个人。⑩ 奇波拉

① 参见龙登高：《中国传统市场发展史》，清华大学出版社 2003 年版，第 54—57 页；赵冈：《中国城市发展史论集》，第 84 页。
② 参见哈切图：《封建社会中的城市》，《历史问题》1983 年第 1 期。
③ 参见［英］约翰·克拉藩：《简明不列颠经济史（最早时期到一七五零年）》，第 11、262 页；E. Kosminsky, *Studies in the Agrarian History of England in the Thirteenth Century*, Oxford, 1956, pp. 322,323。
④ 参见 N. J. G. Pounds, *An Economic History of Medieval Europe*, London, 1974, p. 255。
⑤ P. Clark, ed., *The Cambridge Urban History of Britain*, V. 2, 1540 - 1840, Cambirdge：HUP, 2000, p. 169.
⑥ 《吕氏春秋·上农》；《孟子·万章下》。
⑦ 《续资治通鉴长编》，卷一六八，皇祐二年六月。
⑧ （清）王彬：《江山县志》卷十一，文溪书院清同治 12 年刻本；（清）钱鹤年：《汉阴厅志》卷九，清嘉庆 23 年刻本；（清）张葆连等：《新宁县志》卷四，道光十五年（1893）刻本。
⑨ ［英］奇波拉：《欧洲经济史》第 3 卷，吴良健等译，商务印书馆 1989 年版，第 365 页；第 2 卷，第 222 页；C. M. Cipolla, *Before the Industrial Revolution European Society and Economy 1000-1700*, New York, 1976, pp. 74,75.
⑩ 参见［英］阿萨·勃里格斯：《英国社会史》，陈叔平等译，中国人民大学出版社 1991 年版，第 209 页。

说："一个保守的推测是，即使在相当繁荣的区域，要让一个人脱离土地而生活，就需要超过 10 个人在土地上干活。"① 落后的农业生产力使人们抗拒自然灾害的能力极低，致使灾年、歉年特别多。1480 年至 1759 年间，英国有 25% 的年成歉收，16% 是坏年成，再加上饥年，人们吃饱肚子的日子并不多。② 17 世纪初时的一位英国议员说："如果不能从但泽进口粮食的话，英国就要有成千上万的人饿死。"③ 法国的情况则更糟。大革命前夕，法国的农业"仍然是十世纪的"，"没有铁制农具，很多地方还是用着维吉尔（Virgile）时代的犁"，产量不超过种子的六倍，"领主的捐税和什一税，耕种的费用分别占去土地收成的三分之一"，余下的还要缴各种国税，很多农民只得长年以野草为生，"巴黎的乞丐多得像蝗虫"，"1715 年时有三分之一的农民，总计约 600 万人死于困苦和饥饿"，而这种"撕心裂肺"的惨象在大革命之前至少已延续了半个世纪。④

农民养活自己后所余不多，西欧的人口增长率也就高不起来。11 世纪到 1340 年，是西欧人口增长最快的时期，从 1700 万增至 4450 万。340 年的时间增长了 2.68 倍⑤，年递增率为千分之二点八。西汉初年，全国人口 1400 万，到汉平帝元始二年，达 5806 万，208 年的时间，人口增长了 3.1 倍；年递增率为千分之六点九。唐代高祖武德中期（公元 618—626 年），全国户数 200 万，到天皇十三年，增至 961 万户；130 年的时间，人口增长了 3.8 倍，年递增率为千分之十二点一。北宋，太宗太平兴国元年（公元 976 年），宋朝辖区有户 309 万；徽宗太观四年（公元 1110 年），增至 2088 万户；124 年的时间，增长了 5.7 倍，年递增率为千分之十点四。⑥ 从各个朝代的初期到中期的一百年左右的时间内，中国的人口增长率比中世纪盛期的西欧的人口增长率高 2.46 倍到 7.07 倍。如果没有较多的余粮喂养孩子，

① ［意］卡洛·M.奇波拉：《欧洲经济史》，第 1 卷，徐璇译，商务印书馆 1988 年版，第 110 页。
② B. Coward, *Social Change and Continuity in Early Modern*：*England 1550-1750*, Longman, 1988, p. 10.
③ ［苏］科思敏斯基等：《十七世纪英国资产阶级革命》上册，第 44 页。
④ 参见［法］伊波利特·泰纳：《现代法国的起源：旧制度》，第 340—358 页、363 页。
⑤ 参见［意］卡洛·M.奇波拉：《欧洲经济史》第 2 卷，贝昱、张菁译，商务印书馆 1988 年版，第 28 页。
⑥ 参见赵文林、谢淑君：《中国人口史》，人民出版社 1988 年版，第 42、63、152、153、234—237 页。

这显然是不可能的，但是，却没有哪个王朝因此而进入现代社会。

上述三种比较都说明，中印现代化的滞后，根源不是其农业落后于西欧；而西欧成为现代化发源地，既非是其农业比东方发达，也非是其农业成了社会转型的主要动力。

8. 农民个人力量决定说

较之西欧农业先进说，此说走得更远，因为它不仅认为英国率先现代化是其农业先进，还认为这都得力于英国农民个人力量的发展。其理论根据是庞卓恒先生对唯物史观的新见解："生产力和生产关系，经济关系和上层建筑"只是一种理论表述，而不是现实中的存在。以这一见解为理论指导，庞先生和侯建新对中西封建社会进行了大量比较，形成了"农民个人力量决定说"（下面简称"决定说"），[①] 在中国世界史学界产生了较大的影响和长期的争论。[②]

此说的首要问题是它的理论根据违背了唯物主义常识，笔者早就指出过这一问题。[③] 这里仅强调两点。

一、马克思主义的认识论认为，概念不仅更深刻、更正确、更完全地反映着自然，也是彻底具体的东西，而不是"纯理性的存在"。[④] 因此，绝非

---

① 参见毕道村：《从西欧农奴个力量的双重性看农民动力说》，《世界历史》1992 年第 6 期；毕道村：《英国农业革命发生的历史缘由》，《世界历史》1993 年第 6 期；毕道村：《十五世纪西欧农民个人力量的发展及其影响》，《史学月刊》1993 年第 5 期；毕道村：《个人力量的发展是西欧封建经济解体的动力吗》，《人文杂志》1993 年第 5 期；毕道村：《英国农业近代化的主要动因》，《历史研究》1994 年第 5 期；毕道村：《再论西欧农奴个人力量的双重性的核心含义》，〈湖北师范学院学报〉1996 年第 1 期；毕道村：《中英封建时代生产力系统的异动对农业生产力的影响》，〈华中理工大学学报（社科版）〉1996 年第 3 期

② 参见庞卓恒：《西欧封建社会延续时间较短的根本原因》，《历史研究》1983 年第 1 期；庞卓恒：《历史运动的层次和历史比较研究的层次》，《历史研究》1985 年第 5 期；侯建新：《现代化第一基石——农民个人力量与中世纪晚期社会变迁》；侯建新：《社会转型时期的西欧与中国》，济南出版社 2001 年版；毕道村：《从西欧农民个人力量的发展看农民动力说》，《世界历史》1992 年第 6 期；毕道村：《十五世纪西欧农民个人力量的发展及其影响》，《史学月刊》1993 年第 5 期。

③ 请参见毕道村：《人与环境的辩证关系与历史研究的辩证方法》，〈史学理论研究〉1994 年第 4 期；毕道村：《唯物史观的现实前提与历史研究方法》，〈湖北师范学院学报〉1990 年第 3 期；中国人民大学报刊复印资料：〈经济史〉1990 年第 8 期；毕道村《是辩证唯物论，还是实践本体论——评农民动力说的哲学观》》，《湖北师范学院学报》1995 年第 2 期；。

④ 《马克思恩格斯选集》第 4 卷，第 539 页。

如庞先生所说,"构成社会基本矛盾运动的生产力与生产关系、经济关系和上层建筑这些范畴本身,都只不过是现实的人们在各个社会生活领域的实践活动的理论表述。"

二、马克思指出,不论实践的作用有多么大,它毕竟只能"改变物质形态",而"没有创造物质本身";它不仅"只有在物质本身预先存在的条件下才能进行",也只有在自然界发展到一定阶段才会出现。因此,它决不可能派生出在它之前早已存在的自然界。[①] 所以,唯有物质,才具有世界本体所须具备的"绝对先在性"和"最广泛的普遍性",才能够"为世界及其未来的发展提供充分的可能性"。因此,归根到底,是"环境决定人",而不是庞先生所说的"人决定环境"。

逻辑上,"决定说"也不乏自相矛盾之处。

为了证明英国向近代社会转化的基本动力来自于农民个人力量的壮大,"决定说"对英国、中国封建社会的中等农户的占地数,亩产量等进行了详细的计算、比较,以竭尽全力地证明中古和近代初期英国农民的年剩余率、个人劳动生产率远高于中国农民。[②] 然而,在回答中国封建社会为什么长期延续问题时,庞先生一方面将其归咎于中国农民个人力量的不发展,另一方面又说远至西汉初年,中国农民的一个全劳力已达到"一夫为粟二百石",即年产粮 2700 公斤的劳动生产率,比十二、十三世纪时占地 15 英亩的英国中等农户的劳动生产率高一倍,比一个占有全份地(30 英亩)的英国农奴的劳动生产率(约年产粮 2320 公斤)还要高。但如此高的农业劳动生产率并没有被历代中国农民发挥出来,原因就是中国封建专制政权和地主阶级对农民阶级的残酷剥削和掠夺。而被剥夺走的剩余产品又被剥削阶级"全部用于纯粹消耗性的消费",致使"剩余产品转化为扩大再生产基金""等于零","中国封建社会的农民"也就很难拥有足够的经济力量去促成自然经济这块顽石的逐步化解。那么,请问是什么原因使中国农民会遭受如此严重的剥夺?他和侯建新都认为,一是中国农民不能像西欧农民那样受到马尔克

① 参见《马克思恩格斯全集》第 2 卷,人民出版社 2005 年版,第 56、58 页;第 23 卷,第 56 页。
② 参见庞卓恒:《人的发展与历史的发展》,第 17—20、114、29、30、70、67、68 页;庞卓恒:《历史运动的层次和历史比较研究的层次》,《历史研究》1985 年第 5 期;庞卓恒:《西欧封建社会延续时间较短的根本原因》,《历史研究》1983 年第 1 期。

公社的保护；凭借公社流传下来的"习惯法"，西欧农民具有生产性活动的法律保障机制。二是中国封建专制政权对经济基础的反作用。[①]

对此，要澄清的是，马尔克公社是什么？法律保障是什么？难道它不是一种组织、一种制度，而是活动？是人而不是环境？是生产而不是生产条件？中国农民遭受封建地主阶级和封建政权的"举世罕见的苛政和残酷剥削"以至农民个人力量得不到发展，那地主阶级和封建政权又是什么？是人而不是环境？是生产而不是生产条件？答案不说自明。它表明，农民个人力量并非是"不受动的始动者"，它还要受制于法律保障机制和马尔克公社，受制于封建地主阶级和封建政权。可见，"决定说"已不自觉地将"不受动的始动者""唯一的自变量"的农民个人力量降格为"受动者""因变量"；不自觉地承认了中西封建社会的发展之所以缓速不一，关键是两者的发展条件的不一样，即法律和社会组织的不同，因而也就不自觉地承认了生产活动是由生产条件决定的。这样，"决定说"也就背弃了其研究由之出发的理论前提和思维框架，犯了自相矛盾这个逻辑学上的大忌。

比较研究是"决定说"的主要研究方法，而按比较研究规则，进行类型的比较时首先要确定比较双方是否真的是同一类型，并使其先行（或后行）情况的各个方面尽可能地相同。如此，比较的双方才具有可比性，得出来的结论才有价值可言。[②]"决定说"将15—16世纪的英国与中国的明清时代进行比较。理由是这一时期的中国和英国都处于封建社会晚期，具有可比性，实际上，这是不成立的。因为很多概念都内含着比较，中国封建社会晚期这个概念是就明清两朝在中国王朝系列中的位置而言的。这样的一个晚期能与英国的中世纪晚期同日而语吗？答案是否定的。因为中国封建社会不是像英国封建社会那样寿终正寝，而是英国人用大炮轰开国门后夭折的。夭折时，它是处于少年期、青年期，还是童年期，谁都无证据做最后的断定，因而也就无法排除中英社会机体各方面的差异之大，不会小于寿终正寝的老人的身体同夭折之人未死之前的身体之间的差异；如果置这么明白的史

①　参见庞卓恒：《中国封建社会延续时间较长的根本原因》，《天津师范大学学报（哲学社会科学版）》1983年第3期；庞卓恒：《人的发展与历史的发展》第119页；庞卓恒：《历史运动的层次和历史比较研究的层次》。

②　参见梁庆寅等：《逻辑概论》，中山大学出版社1998年版，第193、194页。

实和简单的道理于不顾，硬是将英国封建社会晚期和中国封建社会晚期这两个有着完全不同的参照系的定义和完全不同内涵的晚期等同起来进行比较，那不仅缺乏可比性，也违背了形式逻辑中的差异法的第一条逻辑规则。[①] 所以，即使"决定说"所述史实属实，也无法认定英国快于中国实现现代化是其农民的个人劳动生产率高于中国而不是两国之间的其他差异。

这种忽视可比性的做法，在"决定说"里不止一处：

一是用不同类属的粮食种类来计算中英双方的粮食产量。计算英国产量时按原粮计；计算中国产量时按成品粮计。而资料表明，将小麦、燕麦、黑麦等加工成成品粮，其产粉率只有70%—80%[②]；而1石稻谷可出糙米0.8斗，精米0.5斗。[③] 侯建新闭口不提有糙米折米率和精米折米率之分，也不提究竟有几个农家食用精米，就径直按精米折米率计算中国农户的年产量[④]，反之，计算英国农民的年产量时，则不提小麦须去掉麸皮后才能食用，而直接按原粮计算年产量，如此一来，中国农户的年产量就被压低了30%；英国农户年产量被提高了20%—30%。这一压一提，英国农民的个人劳动生产率远高于中国农民也就被"证实"了。

二是作为英国史专家，他们不可能不了解英国农户的播种量远大于中国农户的播种量的史实，但却从来不提纯产量而只提总产量。早在汉代，中国农民的用种量每亩最多一斗，不到10斤[⑤]；对于亩产一二百斤的农田产量来说，比重很小；反之，包括英国在内的整个西欧，播种量高达收获量的1/3到1/4。[⑥] 无视这一差别，历史也就被他们倒转了过来。不动侯建新论著中的原有数据[⑦]，仅将中西的产量都换成纯产量，比较后的结果就与侯氏的

①　参见毕道村：《论中国封建社会的非典型性》，《史学理论研究》1992年第4期；中国人民大学复印资料：〈历史学〉1993年第2期。

②　请参见（明）宋应星：《天工开物》上篇《粹精》，上海华通书局1930年版。

③　（宋）宋岳：《愧郯录》卷一五，明万历刻本；[法] 费尔南·布罗代尔：《15至18世纪的物质文明、经济和资本主义》第1卷，第167页。

④　参见侯建新：《中世纪晚期与现代化启动》，《历史研究》1994年第5期。

⑤　参见吴慧：《中国历代粮食亩产研究》，农业出版社1985年版，第115页。

⑥　H. S. Bennett, *Life on the English Manor*, *a Study of Peasant Conditions*, Cambidge University, 1956, p. 87.

⑦　参见侯建新：《中英劳动生产率及其在近代化的核心含义》，侯建新：《现代化第一基石——农民个人力量与中世纪晚期社会变迁》，第222—235页。

观点完全相反：英国农民个人劳动生产率仅及中国农民个人劳动生产率的56%；而不是侯氏所说的中国农民个人劳动生产率仅有英国农民的69%。[①]

选择性的引用史料也不罕见。例如，他们大谈中国封建社会农民遭受的国税的残酷剥削，可对中世纪西欧困扰农民的三大国税：动产税、征购和军役却闭口不提。[②] 英国史家 T. H. 阿斯顿说，地租受到习惯法的约束，而国税是不规则的且是不容商量的，因而更为专横，对农民的损害更大。到中世纪晚期，随着战争更加频繁，国税给英国农民带来的灾难就更为深重[③]。

更值得指出的是，"决定论"还颠覆了一个历史常识。侯建新一再声称"在资本主义将农民作为一个阶级消化掉之前，它是以农民个体的普遍发展为基础的"。从他们中涌现出了一大批富裕农民，他们就是未来的农业资本家，没有他们，"就没有资本主义"，而他们的兴起和发展是以"农民的普遍富足"而不是以农民"普遍贫穷"为基础的。到 16 世纪时，英国占地 90英亩以上的约曼从百年前占农户总数的 4%上升到 25%。那么，要问的是，新增的这么多的约曼所占有的如此多土地从何而来？不谈其他，仅看侯建新自己的论述。他说，14 世纪晚期，东英格兰农村 50%—70%的男性居民是雇工；1636 年时，英国中等农户的持有地的规模已高达 50 甚至 55 英亩；同时，"村民分化的趋势也越发明显，土地面积不到 2 英亩的佃户已上升到了1/3"，"劳动力不断从土地转移出去"。富裕农民"一方面对旧领地进行蚕食，即承租和购买领主的自营地；另一方面通过购买、转租等市场方式，逐渐吃掉小农份地"。"所以，大农的地产往往分散在若干村庄。例如，富裕农民威廉地产就是分散在 4 个庄园，而且经过十几次交易，原来的田主大都是小农"。[④] 可见，仅侯建新自己披露的大量史实，就表明一个约曼富裕起

---

① 中国农户年产原粮 3000 公斤，除掉 75 公斤种子（5 公斤×15 市亩），一年户均纯产量为原粮2925 公斤。英国农户一年产原粮 2369 公斤，除掉种子 31 蒲式耳，即 713 公斤，一年户均纯产量为原粮1656 公斤。

② 请参见侯建新：《现代化第一基石——农民个人力量与中世纪晚期社会变迁》，第 67—75 页；侯建新：《社会转型时期的西欧与中国》，第 80、81 页

③ 参见 T. H. Astoned., *Landlords peasants and politics in Medieval England*，pp. 285-359；J. E. Martin, *Feudalism to Capitalism：Peasant and landlord in English agrarian development*，London：Macmilan，1983，pp. 144，152。

④ 侯建新：《资本主义起源新论》，三联书店 2014 年版，第 20、23—25、38、43、44、64、301、302 页。

来的背后，是十多个甚至更多的小农丢失土地。那么，这些小农是因为富裕了才丢失土地吗？如果不是，那侯氏说约曼的兴起和发展是以"农民的普遍富足"为基础岂不是颠倒了史实？

众所周知，马克思早就给这个问题做出了结论。他说，剥夺农民土地的是资本原始积累的主要基础；侯氏却对此说不，"农民的普遍富足"才是其基础，但我是指在小农被商品化吞噬之前的时期。[①] 检诸史籍，西欧确实有个农民的黄金时代，即黑死病过后的一百年，由于人少地多，西欧农民过着从未有过的幸福生活。[②] 虽然这时出现了大农，但仅是萌芽；直到 1475 年后，随着人口的增长，人多地少的局面再次出现，以约曼为代表的富裕农民才在其后的几个世纪里得到大的发展。而这种发展无时无刻不伴随着大量小农的贫穷和破产。以致到 17 世纪末，英国雇工的人数已从 16 世纪早期占总人口的 1/4 上升到 1/3；此外，还有 130 万茅屋农和穷人，两者共计三百余万人，占当时全英人口的 57%左右。[③] 以至伊丽莎白女王在巡视英格兰后就叫嚷说"到处都是赤贫的人"[④]。与他们相比较，个人力量不断增长的农民显然是一小撮，即使在约曼最为昌盛的 16 世纪和 17 世纪早期，他们在英国也只占土地占有者的 20%—25%[⑤]，后者中尚未计入被逐出乡村的上百万的破产农民。可见，每户约曼的致富是以无数户农民的贫穷破产为代价的。为何如此，道理其实很简单，他们要致富，就需要土地和劳动力，那他（它）们从何而来，除了尽一切力量"夺取和圈占农民的土地和公共牧场"外，是没有其他办法的。而约曼"是最积极的、也是最贪婪的土地购买者"。他们的邻居"自耕农、小公有簿持有农、小佃农"常被他们"弄得精光"后

---

① 侯建新：《资本主义起源新论》，第 82 页。

② B. Coward, *Social Change and Continuity in Early Modern*：*England 1550-1750*, p. 54；J. R. Lander, *Government and Community*, *England 1450 - 1509*, London, 1983, p. 11；C. Dyer, *Lord and Peasants in a Changing Society*, *The Estate of the Bishopric of Worcester 680 - 1540*, Cambridge University, 1980, p. 316；E. L. R. Ladurie, *The French Peasantry 1450 - 1660*, Scolar 1987, pp. 63, 70, 74；R. Hilton, *Class Conflict and the Crisis of Feudalism*, Hambledon 1985, p. 149。

③ 参见 B. Coward, *Social Change and Continuity in Early Modern*：*England 1550 - 1750*, p. 53；C. G. A. Clay, *Economic Expansion and Social Change*：*England 1500-1700*, V. 1, p. 231。

④ 马克思：《资本论》第 1 卷，第 796 页。

⑤ 参见 M. Dunford and D. Perrons, *The Arena of Capital*, London 1983, p. 113

被逐出了家园。[①] 以至一个约曼发家的后面，往往是数十户农民的倾家荡产、啼饥号寒。而此类史料，可谓是数不胜数，俯拾即是，早已是常识，遗憾的是，"决定说"却置这样的历史常识而不顾。

上述说明，从赖以立足的理论，史料的引用和处理，比较对象的选择，到因果关系的推导，"决定论"都有值得商榷之处。

以上八说，立论不一，切入点不同，但有一点是相同的，即都力图揭出西方率先兴起的奥秘。而它们也大都不同程度地为此做出了贡献，或为后来的现代化起源研究奠定了基础、丰富了内容，或提供了启示。但是，同前述的 13 种现代化起源理论一样，要想不留史实空白，不留逻辑缺环地将西欧现代化起源的全过程在精神上再现出来，还有相当的距离。

二、对位于从具体到抽象认识阶段的
现代化起源理论的反思

处于这一认识阶段的研究成果并非一定不用理论作指导，而是所用理论没有被研究者视为揭示了社会转型的一般规律，而往往是被看作揭示了社会某一方面、某一领域的一般性。用这样的理论指导现代化起源研究时，所得出来的结论往往是从具体历史中抽象出来的，研究者也并不认定它们是现代化起源的终极原因。但是，这并不意味着这些结论无助于现代化起源的解密；其中一些能够佐证、充实我们的思维框架，另一些则能够给我们以启示和警诫。

处于这一认识阶段的成果较多，为论述能清晰简洁，我们对它们进行分类剖析。

1. 认为中西传统社会经济结构不同，西欧农牧混合，中国是单一的小农经济

周光远是中国最早提出西欧的后来居上应归功其经济结构的人。他认为

---

① 参见［英］施脱克马尔：《十六世纪英国简史》，上海外国语学院编译室译，上海人民出版社1958 年版，第 32、36、37 页；H. Kamen, *Europen Society 1500-1700*, p. 152；C. G. A. Clay, *Economic Expansion and Social Change：England 1500-1700*, V. 1, p. 231。

商品经济的发展不一定带来资本主义，也可能带来奴隶制或农奴制，最终结果究竟怎样，取决于经济结构的特性。14、15 世纪时，由于牧羊业的发展，毛纺工业广布农村，成了英国的民族工业；工农业相互关联，互为市场，英国经济结构因此而发生了重大变化，从农业为主转为农牧混合。这种经济结构导致了商品经济的迅速发展，贵族、农民的分化，资产阶级的强大，引发了圈地运动，导致了小农阶级瓦解，英国因此而成功地实现了社会转型。①

周光远的这一见解无疑是中国学术界研究现代化起源历史中最精彩的一笔。他是中国第一个从史实中概括出现代化的本质不是工业化、革命化，而是社会结构转型的学者。在他之前，在世界学术论坛上，也仅有结构—功能论持有这样的观点。在自组织理论才刚刚萌生，还远没有被人们接受之前，他就从研究历史中得出了这样的结论，实在是可贵的。他佐证和充实了自组织理论，从历史的角度证实了现代化的本质是社会结构的转型而非其他。但可惜的是，周光远没有以此为切入点而深入下去，没有说明这一转型的动力、原因及其历史地位。有人说，吴于廑填补了这一空白，但并非如此。吴于廑的精彩之处是用"农本""重商"这样的语句概括了15、16 世纪东西方社会的变化及差异。西欧完成了从农本向重商的转化，而中国没有实现这一转化。是什么原因导致了这一差异？吴于廑提出了两点解释。一是牧业在西欧经济中所占比重原就大于中国，而畜牧产品的商品化程度和其增长幅度远大于谷物的商品化，故使西欧经济顺利地实现了由农本转为重商。二是重商主义的推广，促进了农业和毛织业生产的商品化，为资本主义生产方式的形成创造了条件。②

牧业比重大于中国，这有利于西欧农本向重商的转化无疑是正确的。但是，这只是农本转为重商的有利条件，绝非是充分条件。不谈别的，牧业在经济中所占比重最大的不是率先转为重商的英国、荷兰，而是西班牙。可近代西班牙却是个现代化的失败者。可见，农本转为重商的根本原因还得从社会系统结构的整体变化中去寻找。再说，经济实现了向重商主义的转化，并非就能实现社会的现代化转型。在西欧，最先实现了向重商转化的并非英、

---

① 参见周光远：《经济结构与英国封建主义向资本主义过渡的关系》，《世界历史》1982 年第 1 期。
② 参见吴于廑：《世界历史上的农本与重商》，《历史研究》1984 年第 1 期。

荷，而是意大利中北部的各个城市共和国，但它们却迟迟未能实现它们的现代化。如前所述，现代化是社会结构的转型，唯此，才会出现社会系统结构功能的大幅度提升，引发工业革命。因此，仅仅实现了从农本转为重商、人均收入的增长超过了人口增长等，并不一定能确保现代化的成功。

如果说吴于廑的前一说法还有些道理的话，那他继之发表的《历史上的农耕世界对工业世界的孕育》就落入了俗套。因为他将西欧由农本向重商的转化归功于这之前西欧农业生产率有了大幅度的提高。这是否符合史实，上节已做了回答，这里无须再述。

既然承认西欧由农本向重商的转化、农牧混合经济结构的形成有利于其现代化的启动，那我们就得认可陈平、巴林顿·摩尔等人对中国的单一小农经济应对中国封建社会长期延续和现代化道路坎坷不平负责的指责。

20世纪80年代初，陈平连续著文认为单一小农结构是中国两千年来动乱、贫穷、闭关自守的祸根[1]；巴林顿·摩尔在他那本被人誉为20世纪社会科学三大名著之一的《民主和独裁的社会起源》中则将农民视为传统社会的遗传因子。[2]旧社会留下来的农民数量的多少决定了一个国家走上什么样的现代化道路。这个道路有三条，一条是以英法为代表的民主道路，一条是以德、日为代表的法西斯道路，第三条则是以苏联和中国为代表的社会主义道路。其中，民主道路是最理想的现代化之路。英法两国，尤其是英国，之所以能走上这条道路，关键就是在资本主义革命前夕，英法小农经济残存下来的不多。德日由于旧社会留下来的农民较多，新生的资产阶级不得不联合封建地主阶级以镇压小农阶级，以至走上了法西斯式的现代化道路。

不言而喻，小农经济原封未动，就意味着传统社会的经济结构已被尘封，因此，在肯定农牧混合有助于现代社会的分娩的同时，强调单一的小农经济应对中国封建社会的长期延续和现代化道路曲折负责也就是顺理成章的。但是，从自组织理论的角度观之，这实际上是倒果为因。因为自组织的形成只能发生于系统远离平衡态的情况下。英国能率先实现现代化，如周光

---

[1]　参见《学习与探索》1979年第4期，及1979年11月16日的《光明日报》上也有周光远的相关文章。

[2]　参见巴林顿·摩尔：《民主和独裁的社会起源》，华夏出版社1987年版。

远所说，原因之一就是其经济结构已远离单一小农经济。但是，这并不意味着周光远就已找到了英国率先实现现代化的根源，因为关键的问题是要找到英国的经济结构为何能发生如此变化。以此类推，单一小农经济的长期存在，仅表明中国的社会结构始终停留在平衡态或近平衡态。处于这一状态中的系统绝不会发生系统结构转型。可见，陈平等人指责单一的小农经济应对中国封建社会长期延续负责，那实际上就是要中国封建社会经济结构的原封未动应对中国封建社会的长期延续负责。这虽然没有解答他所要解答的问题，也不意味着陈平等人已认识到社会经济结构的变更是实现传统社会向现代社会转型的关键，但是，事实上，他们已和周光远一样，将研究的焦点集中到了社会的经济结构上。这无疑是一种进步。①

2. 强调城市自治制度和城市文化的作用

这方面的论著颇多。人们称赞西欧城市既破坏了封建社会的经济结构，又把新社会要素分离出来，起了双重作用。②

一些学者持不同意见。马克垚认为中世纪城市也是封建性质的，而不是什么反封建中心。③ 这一看法无疑是对的。中世纪西欧城市也是基于市民的封建小生产方式之上的，其行会组织和城市也享有特权。但是，这并不意味着西欧城市没有他们不同于东方封建城市的特殊之处。它有后者所没有的城市自治制度、城市市民社会和市民文化。马克思认为，市民社会及其产生是实现现代化的必要前提。没有它们，即使具备了实现现代化的其他前提，现代化亦难实现，葡萄牙虽然在 16、17 世纪有比较成熟的条件，却没有出现城市化和工业化，原因就在于葡萄牙在中世纪没有形成以自治城市为基础的

---

① 近来，社会结构的变迁是现代化的关键已渐被中外学者接受。请参见朱寰主编：《工业文明兴起的新视野——亚欧诸国由中古向近代过渡比较研究》，商务印书馆 2015 年版，第 90、91、94、95、99 页。

② 参见穆正平：《略论西欧中世纪城市的若干特点及其在封建制度解体中的作用》，《天津师范学院学报》1982 年第 4 期；赵建民：《试论中国与西欧的封建城市问题》，《社会科学》1983 年第 4 期；陈昌福：《试论西欧城市的兴起在历史发展进程中的影响》，《上海师范学院学报（社会科学版）》1984 年第 4 期；李运明：《西欧城市自治权与封建制度的解体》，《安徽师范大学学报·哲社版》1986 年第 2 期；刘景华：《城市的转型与英国的勃兴》，中国纺织出版社 1994 年版。

③ 参见马克垚：《从小农经济说到封建社会发展的规律》；中国史研究编辑部：《中国封建社会经济结构研究》，中国社会科学出版社 1985 年版。

"市民社会"①。

这些说明，尽管不能否认自治城市的封建性质，认定它们是反封建中心，但城市自治制度在现代化过程中的积极作用是不争的。因此，我们不能停留在此，而应找出西欧自治城市产生的根源，发掘出它在向现代社会转型过程中所起的深层次的作用。

3. 奢侈起源说

德国历史学家维尔纳·桑巴特的《奢侈与资本主义》可谓是此说的代表作。在书中，他列举了大量史实来证明西欧贵族们对奢侈生活和性欢说的追求，致使"欧洲内部的贸易"，甚至东西方贸易、欧洲和美洲之间的贸易都"是以奢侈品贸易为主"。而欧洲的工商业就是"通过为富人提供大量的消费品而兴旺发达起来的"。丝绸工业、花边工业、瓷器工业、玻璃工业、金银首饰加工业、珠宝加工业、刺绣工业、壁饰花毡制造业等都是"纯粹的奢侈品工业"。连那些既生产日用品，又生产奢侈品的"混合工业"，如毛纺业、麻布业、制衣业、皮革业、制帽业、建筑业、家具制造业、马车制造业等也都是以奢侈品为主。而作为工商业聚居地的城市，尤其是大中城市，"作为一个整体乃是奢侈的自然产物"。城市的发展又"推动了农业的革新"。富裕阶级对精美食物的追求"使肉产品价格上升"，导致"家畜饲养的专门化"和"农业生产技术的日益提高"，因此"18世纪农业所发生的变革，直接或间接地归功于奢侈"。② 但是，奢侈过度又往往使贵族穷困衰败，被迫将财富转给了市民阶级和新生的资产阶级。结果，"奢侈品消费的增长在更大程度上影响着工业生产的组织，在很多情况下（虽然不是全部），为资本主义打开大门，并使之渗透到各个行业"，"完全的资本主义组织和大规模工业主义组织"就"首先产生于奢侈品工业"。③

可见，在桑巴特的眼中，是奢侈造就了近代西欧资本主义社会。他的另一著作《战争与资本主义》认为军队所需要的大量军需物资和运输业务，

---

① 参见《马克思恩格斯书信选集》，刘潇然等译，人民出版社1962年版，第98页。

② ［德］维尔纳·桑巴特：《奢侈与资本主义》，第180、112—117、151、211、166、159、244、245、189—211、33、177、179页。

③ ［德］维尔纳·桑巴特：《奢侈与资本主义》，第108、109、153、154页。

对资本主义的兴起和发展也起了重大的推动作用。① 可见，与许多学者的看法相反，他认为西欧资本主义的兴起并不是建立在大路货需求的基础上，而应归功于贵族及其国家的奢侈性消费。

重视奢侈品生产在资本主义兴起中的作用并非是桑巴特的首创。马克思就讲过，在古代，在中世纪，能够问津奢侈品的主要是那些地租和剩余产品的占有者封建主、贵族等。② 但这并不能否认对大路货的需求也对市场经济的发展起过巨大的作用，尤其是近代。公平地说，两者都不可少。但关键的是，奢侈说同所有的还原论者一样，不是从事物的相互作用中去寻找西方兴起的动力，因而也就同真理相距太远。

4. 多种因素说

力主此说的学者为数不少。英国历史学家哈特维尔在编录工业文献时，提出了决定工业革命发生的五组因素：资本积累、创新、天赋有利因素、放任主义和市场扩张。每组因素下面有着多项内容，如资本积累中就包括农业生产率、商业增长中的积蓄、工业利润的再投资、低利率等。他认为，"对工业革命的完整理解，必须考虑上列所有因素，它们在不同时期以不同方式发挥作用"③。另一个学者森哈斯说："在过去三百年的历史上，不是只有单独一个例子说明自主性发展的主要决定性因素如果互相配合便有成效，个人、集体和整个政治文化的特性都得到顺利的发展。"④

中国学者中亦有不少持同样看法，如朱孝远、沈汉、王建娥、罗荣渠等。罗荣渠说："任何巨大的社会变迁都不是单因素（变量）或少因素（变量）促成的，而是众多因素（变量）促成的。其中最主要的因素是：生态因素、经济因素、政治因素、文化因素以及国际交往因素。""只有这样，即许多有利条件的特殊凑合，新生的现代生产方式才脱颖而出，在西欧资本主义生产关系中找到了它的最适合的发展形式。"⑤

---

① 参见［德］维尔纳·桑巴特：《奢侈与资本主义》，第156、176页。
② 参见马克思：《资本论》第3卷，第370页。
③ 谢立中、孙立平主编：《二十世纪西方现代化理论文选》，第985、986页。
④ 谢立中、孙立平主编：《二十世纪西方现代化理论文选》，第988页。
⑤ 罗荣渠：《现代化新论》，第66、120页。

但是，也有许多学者对多因素说颇为不满。庞卓恒可谓代表。他说，多因素决定论，"乍看起来，也有道理，但这种'多因素随机决定论'毕竟不是通往科学答案的阳光道，而是在遇到难以解开的谜底时常常被人们使用的一种万能的钥匙。说它万能，因为遇到任何难题，人们都可以用它来做一番解释。说它万不能，因为它对任何一种难题的解释都不可能令人豁然开朗"①。庞氏所言不无道理。多因素论若是不能将现代化起源的全过程在思维中再现出来，并厘清他们所说的多因素在这个过程中的地位、作用及其之间的因果关系，而是仅仅认定多因素共同起作用；或如罗荣渠说，是多个因素、事件的"'奇特的巧合性'使经济革命、政治革命、社会革命紧紧扭合在一起"，才产生了最早的现代社会②，确实是说明不了什么问题。如庞氏所说，它仅仅是一个无力解决现代化起源问题的遁词而已。但是，我们又必须看到，庞氏此说是有其目的的，即捍卫他主张的"生产力是不受动的始动者"，中世纪西欧的中等农户拥有 10%—19% 的年剩余率是西方世界率先兴起的根本原因。

当我们用复杂性思维考虑这一问题时，多因素论离真理显然要比单因素近得多。前面揭示的自组织产生和进化的一般规律表明，同样是自组织过程的现代化绝不可能是单因素的产物而是多因素相互作用的结果。生物就是一个自组织，为什么它产生于地球而不是其他星体？那自然少不了太阳给地球提供了不多不少的热量；还需要地球的质量和地球离太阳的距离适中，需要地轴偏斜一定的角度；诸如此类的条件，可列举一大堆，且缺一不可，否则，地球上就不可能产生生命。对此，不用多因素论，难道用单因素论？答案无疑是否定的。这就足以说明，将现代化起源归因于一个因素是绝对悖理的。科学的答案是，现代化的发生不仅需要多种因素，且需要这多种因素相互作用形成一个类似于发动机那样的机器，或类似于人体那样的，具有特定功能的有机体。多个因素之间通过相互联系、相互交流、相互作用导致涌现，即产生动力或生命。打个比喻，一台发动机不是一个零件就可以做成的，它要连杆、活塞、活塞环，还要曲轴、火花塞、缸体等，不仅缺一不

① 庞卓恒：《沃勒斯坦和他的"世界体系论"——读〈现代世界体系〉第一、二卷》，《史学理论研究》1998 年第 4 期。

② 罗荣渠：《现代化新论》，第 66 页。

可，还要将它们按照要求用螺丝等连接起来，且要连接恰当，否则，这个发动机就动不起来，就成了一堆死铁。如前述哈肯所讲，一个想将拆开了的玩具汽车重新装回来的小孩，要想成功，就必须懂得一个箴言的含义：整体大于部分之和。不仅要发现"结构怎样组成，还要明白组件如何协作"[①]。只有把构成玩具汽车的多个因素组合成一个具有把"能量从多个自由度集中到单个自由度"的功能的结构时[②]，才会装配成一个玩具汽车。而要做到这一点，不仅需要各种零部件的齐备，还需要"协调合作之学"。汽车如此，人体又何尝不是这样？人体如此，现代化又岂能例外？可见，懂得现代社会的生成不是一因所至，而是需要多种条件是一个进步；但更关键的是还要懂得它们之间是如何协调合作，形成一个具有把"能量从多个自由度集中到单个自由度"的功能的结构时，才能真正解释这种结构为何会导致涌现，产生工业革命。

道理已讲得很清楚了，但要让人彻底明白，则只有将现代化起源的全过程在思维中再现出来，将导致现代社会孕育成功、分娩问世的各个因素在其中是如何相互作用、相互协调，以至产生涌现的全过程清晰地展现在世人面前。如此，再去评定多因素在现代化起源过程中的作用及其之间的关系也就容易了。

综上所述，处于从具体到抽象认识阶段的研究成果有得有失，得者可用来充实自组织理论，失者则能给我们以启发和警诫，使我们的研究能够深入下去，并少走弯路。

三、鉴别现代化起源理论的三原则

上述外，还有不少的学者，尤其是欧美学者在这个问题上出版和发表了不少的论著。他们从各自学科出发，依据其占有的材料，提出了不少发人深省的论述，如强调圈地运动、农业革命、技术革新、个人主义、国家统一、

---

① 参见［德］H. 哈肯：《协同学——大自然构成的奥秘》，第5页。
② 参见［德］H. 哈肯：《协同学引论　物理学、化学和生物学中的非平衡相变的自组织》，第5页。

制度安排等在西方兴起过程中的作用。① 这些观点，大都言之有据，史料丰富，对西方世界兴起的揭秘提供了很多佐证。问题是，它们都忽视了一个不争史实：英国的现代化是自发产生的，而不是预先设计的，是自组织，而不是他组织。因而也就不能够依据自组织产生和发展所需要的条件、环境绝不同于他组织的这个无可置疑的事实和原理来规划其研究，以至其之所见，虽然言之确凿，史实丰富，也有不少的"树木"，但距离揭示现代化起源的秘密和过程还相距甚远。因为忽视了这个不争史实，就必然要违背科学认识论关于认识具体事物及其发展过程，从而在思维中把握具体所必须遵循的规则和程序，以至事与愿违，达不到预期的目的。这样的论著，未能提及的不少，我漏看的也不少，今后还会有很多要陆续问世的。为帮助大家明辨是非，以正视听，有必要阐明科学认识论关于认识具体事物及其发展过程的三大规则和程序，以及将其作为鉴别现代化起源理论的三大原则的理由。有了这三大原则，我们不仅能对未能提及的和今后问世的各色各样的现代化起源理论自行地做出正确的判断，还能找到历史学乃至其他社会科学同自然科学接轨，使其真正地实现科学化，而不止是持之有故、言之成理的一家之说的具体途径。

第一，用自组织理论指导现代化起源研究全过程。科学的认识论认为，"人们认识具体事物的完整过程是从具体到抽象，又从抽象到具体。人们总是从感性的具体出发，通过归纳，形成思维的抽象；然后，又由抽象上升到思维的具体。我们只有在思维中把握了具体，在精神上将具体及其发展过程再现出来，才算真正地认识了事物和它的发展过程"。这表明，从抽象到具体，才能真正认识具体事物及其过程；而从具体到抽象，则只是为抽象到具体准备必不可少的前提。社会历史研究要实现同自然科学的接轨，以保证自

---

① 参见［英］艾伦·麦克法伦：《现代世界的诞生》，管可秾译，上海人民出版社 2013 年版；［美］罗伯特·B.马克斯：《现代世界的起源——全球的、生态的述说》，［英］卡尔·波兰尼：《大转型：我们时代的政治与经济起源》，冯钢、刘阳译，浙江人民出版社 2006 年版；［美］威廉·伯恩斯坦：《财富的诞生：现代世界繁荣的起源》，易晖等译，中国财经出版社 2007 年版；［美］伊恩·莫里斯：《西方将主宰多久——从世界历史的模式看世界的未来》，钱峰译，中信出版社 2011 年版；［美］约瑟夫·R.斯特雷耶：《现代国家的起源》，王小卫译，精致出版社 2011 年版；［美］戴伦·艾塞默鲁、詹姆斯·罗宾森：《国家为什么会失败——权力、富裕与贫困的根源》，吴国卿、邓伯宸译，台北卫城出版社 2013 年版。

己的研究结论同自然科学原理一样可靠而不只是一家之言，就不仅要找出其所研究的对象所隶属的"属"，而且要阐明和证实这个"属"的一般规律是科学研究所总结出来的科学原理。唯有如此，才能证明我们的研究由之出发的前提是经过实践反复验证过的真理。有了它，我们的研究结论才能同从无可置疑的公理中推导出定理一样地可靠、可信。

据此，在本课题上，要证实自己的研究成果真正地揭示了现代化的本质和规律，首先就需要掌握这个前提：抽象，即现代社会所隶属的"属"的事物的产生和发展的一般规律。这就需要先分清楚第一个现代社会是他组织，还是自组织。若属于他组织，那就需要掌握他组织产生和发展的一般规律；若属于自组织，则就要事先了解自组织产生和进化的一般规律。至于最早的现代社会是他组织还是自组织，虽然早就被马克思和哈耶克等人阐明，但真正认识到分清这一问题在现代化研究中的关键作用的人却几乎没有。没有认清这一点，那就更谈不上引用自组织生成和进化的一般规律。只有认识到这一点，并将当今自然科学关于自组织的特征及其产生和进化的科学原理作为全部研究由之出发的"抽象"，才能确保研究成果同自然科学成果一样的真实可靠。

第二，以复杂性思维方法为思维中介。依据科学认识论，明确要认识的具体事物所隶属的"属"的一般规律，仅是第一步；第二步则是要正确地选择从抽象到具体的思维中介。因为我们所要得到的具体，不是感性的具体，而是思维的具体，这种具体"是许多规定的综合，因而是多样性的统一"①，因此，没有抽象的规定作为基础，就不可能形成思维中的具体。而将规定综合起来、多样性统一起来，使抽象上升为具体，就有"一个由此推彼，由低到高的发展过程"。从而规定了不仅要科学地明确每一个抽象即每一个规定，也要清楚各种规定之间的内在联系，并确定每一个规定在具体的总体中的地位与作用。为此，就必须运用某种思维方法。如第一章中所述，这种方法是思维主体在思维活动过程中用来把握思维对象的思维工具：一些概念性的东西；及运用这些概念性的东西时所必须遵循的逻辑规则。没有这些工具，不要说把许多规定综合起来，甚至连把握一个规定都难以实

---

① 《马克思恩格斯选集》第2卷，第18页。

现；不遵循这些逻辑规则，就会产生很多谬论。所以，正如前述，思维方法位居思维方式的三大内容之首，是其核心内容。是进行科学研究的望远镜和显微镜，其先进程度从根本上决定了认识主体在何种程度上认识、掌握客体的性质和规律。若其滞后或错误，将还原论及其哲学理念用于自组织的生成和进化过程的研究，那不论掌握的史料多么丰富，都不可能真正地认识客体。因为还原论的思维纲领是关注实体而不是关系，不懂得系统结构决定系统功能的道理，更不懂得非线性相互作用才是事物发展的内在动力和终极原因，因而只会将现代社会的产生归因于某个或几个要素，而不可能将其归因于相互作用形式的转换。只有用复杂性思维方法作为思维中介才能克服这些问题而真正认识客体。

第三，逻辑与历史的结合，"历史从哪里开始，思想进程也从哪里开始"。这是因为任何抽象、任何规定，都不是像黑格尔所说的绝对观念的发展，而是现实的历史，都是从具体的、历史的、现实的东西中概括出来的。因此，从抽象到具体的过程的每一步都需要不断地返回到感性的具体中去，要不断地用感性材料去证实它、丰富它和充实它。故此，科学的认识论反复强调逻辑的东西要和历史的东西相结合，"历史从哪里开始，思想进程也从哪里开始"的原则即表明只有不留逻辑缺环，不留历史空白地将现代化全过程在思维中再现出来，才能够真正地揭示出现代化的本质和规律。据此，我们不仅要凭借先进的哲学理论和思维方法找到逻辑起点、逻辑中介和逻辑终点，还需要阐明其由此到彼的过程。这就规定了必须对西欧历史中的许多重大现象，如自治城市、货币地租、垦荒运动、重商主义、文艺复兴、启蒙运动、农业革命、各国发展进程和特点、世界体系等的来龙去脉，及它们之间的承继关系，各国在这些现象上的同异及其原因，做出符合历史实际的、经得起逻辑推敲的说明；同时，对与其不同和对立的许多观点和理论不能置之不理，而要做出符合史实、逻辑自洽的论证，以正视听。为此，不仅不能对西欧历史上许多重大历史现象的来龙去脉避而不谈，还要进行东西方历史和西欧各国历史的比较，因为没有比较就没有鉴别，只有通过比较才能够掌握西欧历史的特性和普遍性，以做出科学的结论。显然，许多旨在解决现代化起源问题的学者，往往对西欧历史中的许多重大历史现象仅凭借其对西欧历史的一些了解和掌握的部分史实，就对工业革命和西方的率先兴起做出结论。完全无视历史从哪里开始，思想也应从哪里开始的科学的认识法则，实行跳跃式的思维和论述，留下了大量的历史空白和逻辑缺环。这样的问题，不仅广泛地存在于对现代化起源感兴趣的非历史领域的学者中，也见之于历史学者，本章前二节所述，即是例证。

上述三步骤所表达的三个原则，是旨在揭示现代化起源全过程的论著所必不可少的。缺少其中任何一个，其论都是存疑的、不成立的。反之，严格地遵循这三个原则，不仅能使我们如实地在思维中将人类史上最伟大变革的全过程再现出来，还能是我们找到社会历史研究同自然科学研究接轨的认识法则的具体途径，确保其结论也可以验证。

第 五 章

现代化起源研究的方法论程序和逻辑路径

在明确了现代化起源研究的指导理论、思维中介，并对中外已有的现代化理论进行了甄别和反思之后，我们就可以依据已阐明的自组织产生和进化的一般规律（下面简称"一般规律"）和已总结出来的世界学术界研究现代化起源的成果，拟订出将现代化起源全过程在精神上再现出来的方法论程序，明确现代社会孕育生成的必要条件和必须遵守的规则，在此基础上找到它必走的逻辑路径。这不仅是确保我们的研究达到预期目的所必不可少的程序，也是使我们的结论能够经得起逻辑推敲和史实的广泛验证，达到数学公理化程度所必需的步骤。

一、现代化起源研究的方法论程序

对分处于两个认识阶段上的现代化起源理论的分析结果表明，其涉及的可取观点和内容都没有超过前述的十三个现代化起源理论，而十三个现代化起源理论的内容也没有超越"一般规律"的十四项条件、规则和程序所涉范围，也就是说，再没有什么内容可增添到"一般规律"中去。因此，研究现代化起源的方法论程序必须以上述"一般规律"的十四项内容为主轴和框架，将上述经过筛选、甄别的现代化起源的研究成果充实进去。如此，我们就能清楚地掌握现代社会生成所必备的条件、必须遵守的规则和必须经历的程序或步骤；从而组建起一个扎根于科学原理之上的、有系列史实为支撑的现代化起源研究的方法论程序，以明确我们旨将现代化起源的全过程在精神上再现出来所必须解决的诸多课题及解决的次序。[①]

依据"一般规律"和上述的现代化起源理论，我们的研究分为三个大课题。即：（一）西欧是怎样发展成为一个适于现代社会孕育和生长的环境的；（二）英国为何能成为现代社会的滥觞之地；（三）西欧各国和日本为何能尾随英国率先实现现代化。将这三个课题作这样的次序安排，是因为"一般规律"第一条和哈耶克等人的现代化起源理论告诉我们，英国之所以能成为现代社会的滥觞之地，与其地处西欧，以西欧为其环境是分不开的。正是西欧在长达几百年的时间内为其提供了源源不断的负熵流，以及西欧所开辟出来的世界市场，它才得以启动和完成向现代社会的转型。

那西欧又是凭借什么做到这一点的？从"一般规律"第11条及结构功能论等现代化起源理论中得知，系统结构只有不断地迈向远离平衡态，系统要素的独立性等特性才会因要素被分化整合而不断地增强，要素间才会出现分工，彼此间的联系才会增强。物质、能量和信息的流动才能随要素间的关联从短程变为长程而发展起来。10世纪以后的西欧，其社会结构就开始了这样的变化。庄园手工业瓦解，城市复兴，商品经济兴起，分工、专业化、市场有了长足的发展；继之，地租形态更替，农民获得自由；文艺复兴、宗教改革；民族国家替代朝代国家，君主立宪取代专制王权……在短短的几百年时间内，经济、文化、政治风潮起伏，变化万千。纵览世界，当时又有哪个国家、哪个地区发生过西欧这样连续不断的制度变迁、经济增长、社会变动？答案是否定的。这表明，西欧之所以能源源不断地为英国提供市场、技术、物资和思想等，成了一个适于孕育现代社会的"子宫"，与西欧社会结构从10世纪后的几百年的时间内的不断演变，社会结构的有序度不断提高是分不开的。没有西欧提供的源源不断的负熵流，英国率先实现现代化是绝对不可能的。因此，弄清楚西欧社会结构变迁的来龙去脉，是搞清楚第一个现代社会为何拥有一个适于它孕育、分娩的环境是首要前提。

西欧之外的世界，东欧、北欧、近东、北非乃至美洲、亚洲也为英国的现代化提供了一部分负熵流，这当然有助于英国的现代化。特别是美洲，到

---

① 请参见吴彤：《自组织方法论研究》，第一、二、三、五、八章。

18世纪时已成为英国负熵流的主要来源地。但是，其能如此，也离不开西欧社会结构的变迁，正是这个变迁，才造就了现代世界体系。

再说，英国是西欧的一部分，自有人类以来，它就与欧陆各国密切相联，相互作用、相互影响，不弄清楚西罗马帝国灭亡以来西欧社会结构的变迁，不仅无法明白西欧社会为何能为英国提供源源不断的负熵流，也难以揭示出英国社会结构的变迁。因此，我们只有在认清了西欧社会结构的变迁之后，才能够真正地了解英国何以能成为第一个现代社会。唯有如此，才能够弄清楚欧美各国为何能尾随英国，陆续地实现现代化。因为正是这几百年的变迁，使它们拥有了接收英国现代化成果的各类基础，这才能够使它们利用被英国工业革命所改变了的世界环境，摆脱困境，奋起直追，陆续地实现了现代化。这个过程，是我们要研究的最后的一个课题。于是，我们研究的大课题就有三个。而每一大课题，又将依据"一般规律"的十四条内容，和历史过程分为若干个程序。

据此，第一大课题"西欧社会结构的变迁"，应依次分为下述七道程序：

一、"一般规律"的第2条及"自发扩展秩序"等现代化起源理论告知，一切自组织只能产生于一个原始混沌的状态中，而不可能见之于被某一个功能组织控制的状态下。"自发扩展秩序"等现代化起源理论则认为现代社会的基石私有权和个人自由只能在"广泛的自发秩序中找到立足之地"。据此，我们必须首先探讨西欧社会何时摆脱他组织状态进入原始混沌状态。只有在这种状态下，西欧社会结构才能进入自组织过程，才会开始一系列的变迁。

二、从"一般规律"的第3条悉知，一切自组织都源于拥有自我复制功能的密码载体，有自己的核酸和蛋白质。哈耶克、马克思等人认为财产私有权和个人自由是市场经济的基石，现代社会的经济体制就是市场经济，如前所述，财产私有权和个人自由就是市场经济的核酸和蛋白质。为此，我们就需要探讨西欧何时萌生，又是怎样产生出了财产私有权和个人自由；财产私有权和个人自由到底具不具备相互复制的功能；两者能不能成为"密码载体"？在什么样的条件下、在什么样的部门才能成为"密码载体"？因为"两部门模型"等现代化起源理论指出过，工商业及其生产资料具有农业生产及其生产资料所没有的很多特点，这会致使财产私有权和个人自由在这两个部门中引出截然不同的结果。同时，还要搞清楚"密码载体"是不是西欧独有，只有弄清楚这个问题，才能够明白为何独有西欧成了现代社会的故乡。

三、依据"一般规律"的第 4 条和第 1 条，"密码载体"问世后要想生存下来，其产物要想聚集成核，核要想发展成超循环组织乃至序参量；环境要想因超循环组织和序参量的反作用而得到有利于自组织生成的改造，都离不开正反馈机制的保护和帮助。"市民社会理论"和"新制度经济学"等现代化起源理论则强调城市的复兴和市场经济之所以能从最初的城市中孕育成形，获得人身自由后的工匠和商人之所以能汇聚于城市，争得城市自治权，开始了市场经济的孕育，关键还在于他们的这些行动都得到了国王和贵族们的帮助。那么，国王和贵族们是不是城市发展的"正反馈机制"，他们为什么这样做？他们为城市的发展和市场经济的孕育、成长创造了哪些有利的条件？与古代东方各国政府对待商品经济的态度相比较，他们的所作所为对西欧市场经济孕育起了哪些关键性作用？这是本程序所要解决的课题。

四、"一般规律"第 5 条告诉我们，在其正反馈机制的保护和帮助下，问世后的"密码载体"能汇聚成核，通过相互嵌套，成为慢弛豫变量，继而发展成序参量。"市场经济理论""新制度经济学"等现代化起源理论则多方阐述了工商业者聚集于城市，城市获得自治权；及城市的小商品经济发展为市场经济，和市场经济孕育的过程，以及贵族国王在这个过程中所起的积极作用。因此，本道程序应主要揭示市场经济的结构、孕育过程和孕育的条件，阐明国王和新贵族为何要帮助城市及其经济的发展。

五、"一般规律"的第 5 条和第 1 条告诉我们，"密码载体"聚集、耦合，形成了超循环组织之后就会产生大尺度行为，增强了适应和改造环境的能力，致"使环境变得有利于它自己"。"市场经济理论""结构功能论"等现代化起源理论也从多方面阐明，市场经济特有的"斯密动力"是促进社会结构分化与整合，致使社会结构离平衡态越来越远的强大动力。因此，本程序应主要研究孕育中的市场经济是如何地促进了西欧各国传统经济结构的分化与整合，致使其经济组织、城乡经济结构、劳动者的经济地位等发生了什么样的变化，这些变化又是如何反过来推动了市场经济的孕育。

六、从"一般规律"的第 11 条悉知，通过相互嵌套、耦合等方式，超循环会将越来越多的组分、子系统编织进其组织中，序参量会通过役使和支配其他要素和子系统而不断壮大，一般系统理论的结构变革的相关性原理也证实了一个子系统的变革会引发其他子系统的变革是一个普遍性的规律。[①]"人的现代化和文化现代化理论""政治现代化理论"和"两分法"等现代化起源理论也强调经济结构的变迁势必导致政治结构、文化结构的分化和整合。因此，在阐明了西欧市场经济的构成和发展后，继之要了解的是，市场经济的孕育给西欧社会的政治、文化和社会等层次带来了什么样的变化，这些变化又如何地反作用于市场经济，对西欧社会的"信息库"又做出了什么样的贡献。

七、从"一般规律"的第 6 条和第 10 条得知，形成大小适宜的系统，完成边界闭合；使正反馈机制内置是超循环组织生成和发展的基本前提。"市场经济理论""新制度经济学""马克思恩格斯的资本主义起源理论"等现代化起源理论则阐明，市场经济的发展能否取得民族国家的支持，那会在发展方向和速度上引出一个巨大的差别。而要赢得国家的支持，就需要同王权建立起休戚与共的关系，建立起法律至上的国家。16 世纪前后的西欧大陆各国，不是民族国家难产，就是未能实现王在法下，于是，它们的市场经济不是难产，就是生而不长，因此，本程序主要探讨市场经济在西欧各国的不同命运及其影响，揭示其产生的根源。

通过这七道程序的探索，我们就能揭示中世纪西欧社会结构变迁的旅程，了解它如何能为英国社会结构的分化与整合提供源源不断的负熵流，使英国的现代化建设有一个适宜的社会环境；也能找出现代化为何不能在西欧大陆发生的原因，厘清西欧大陆各国的不同发展道路。继之，要探索的是第二大课题：英国何以能成为现代化的滥觞之地，建成世界上第一个现代社会，为此，需要将这一过程分为下述七道程序。

一、"一般规律"的第 11 条告知，超循环组织的升级换代和序参量的形成和发展是系统结构能否远离平衡态的关键，通过对其他要素和子系统的役使和支配，序参量能够将其相互作用的超循环形式不断地向系统扩散。

---

① 邹珊刚等编著：《系统科学》，第 124、125 页。

"市场经济理论""新制度经济学"等现代化起源理论则阐明了只有市场经济的顺利分娩，由弱到强，分工和专业化因而得到不断发展时，传统社会结构才能逐渐地远离平衡态。这表明，16世纪前后的英国的社会经济结构的分化与整合之所以没有如欧陆那样陷入停滞，以致率先将英国的社会结构推到远离平衡态，引发了工业革命，关键就在于英国的市场经济的率先分娩和不断成长。因此，本课题的首要工作就是要追踪英国市场经济顺利分娩、由弱到强的过程，分析它所产生的影响。

二、"一般规律"的第6条告知，形成大小适宜的系统，完成边界闭合是系统发展成自组织的前提；第14条和第1条则告诉我们，系统的演变和进化是其适应环境变迁的结果，环境与系统的相互作用是关键。"新制度经济学""马克思恩格斯的资本主义起源理论"等现代化起源理论则证明了英国的市场经济之所以能顺利分娩、率先成熟，与其率先建立了民族国家，得到了国家权力的大力推进和新贵族阶级的大力协助密不可分。而这一切又都与英国的地理环境、自然条件和其独特的历史是分不开的。那么，它们是以什么样的"组织指令"使英国率先建立了民族国家，这是必须阐明的问题。

三、"一般规律"的第10条表明：正反馈机制内置和循环圈的升级换代是系统成为自组织和自组织进化的不可缺少的条件；第14条则表明，正反馈机制内置和循环圈的升级换代要受制于系统的信息库及受其影响的"密码载体"所发出的"组织指令"。"现代世界体系论""政治现代化理论"等现代化起源理论认为英国的国家权力和新贵族阶级之所以大力支持市场经济的发展，与其有大宪章等历史遗产是分不开的。故本程序主要弄清楚是英国社会和英国历史上的哪些原因促使了英国的国家权力和新贵族阶级不遗余力地去推动市场经济的发展。

四、从"一般规律"的第7、8、9条中获悉，系统对外开放，吸入足量的负熵流和负熵流的平权化是系统进化为自组织和自组织发展到高度有序阶段的三个必要条件；而第14条则告知，这三个条件又都要受制于系统的信息库及"密码载体"。现代世界体系论和马克思、恩格斯的资本主义起源理论则用大量史实证明了英国之所以能爆发工业革命，与毛纺工业成为它的民族工业，和它是世界贸易中心是分不开的。那么，英国凭借什么"利器"敲开了欧陆各国的大门，使毛纺工业成为其民族工业，又是什么原因使它能将吸入的负熵流平权化，以致整个社会结构都被分化整合被推致远离平衡态？这是需要探讨的第四个课题。

五、从"一般规律"的第 1 条和第 10 条中得知，自组织的发展会反作用于环境，使环境变得更适宜于它的发展；第 11 条和第 12 条则告诉我们，系统离开平衡态的速度同超循环圈的等级的高低和序参量的发展程度是成正比的。市场经济理论、结构功能论等现代化起源理论则多方面阐明，市场经济特有的"斯密动力"是促进社会结构分化与整合的强大动力。随着它的发展，英国的经济结构发生了翻天覆地的变化。因此，继之要探讨的是，在市场经济浪潮的冲击下，英国传统的经济结构发生了什么样的变化，前工业化浪潮是如何兴起的，它怎样引发了农业革命，农业革命又产生了哪些影响。

六、从"一般规律"的第 13、10 条悉知，物质、能量和信息在多元复合超循环体中的畅通无阻是自组织生存和进化的基石，也是它发挥其功能的前提。其之形成，则要依赖超循环的相互嵌套、耦合。人的现代化和文化现代化理论、政治现代化理论、市民社会理论和两分法等现代化起源理论，反复强调西欧经济结构的变迁导致了西欧政治结构、文化结构和社会结构的分化和整合。因此，本程序主要探讨英国经济结构的变化是怎样地推动了英国的政治结构和文化结构的分化与整合，及这些分化整合对英国经济的发展又起了哪些反作用。

七、"一般规律"的第 12 条告知，"微涨落"放大为"巨涨落"是自组织生成和进化的必由之路。第 11 条则讲推动涨落越过"势垒"，将其结构放大到全系统的是系统的非线性动力；而它的发展程度与系统结构远离平衡态的程度成正比。只有在系统的非线性机制因系统结构远离平衡态而得到充分解放时，非线性动力才会发展到它的典型形态：协同动力。在协同动力的推动下，系统结构才能通过涨落，使已经远离平衡态的系统发展成高度有序的自组织。根据"一般规律"第 13 条，这样的系统必然是一个拥有强大的系统功能、高超的自我修复能力和自我发展能力的、基于生命"密码载体"之上的多元复合超循环体。市民社会理论、人的现代化理论、政治现代化理论和马克思、恩格斯的资本主义起源理论等现代化起源理论则认定，蒸汽机改进之所以导致了工业革命，工业革命之所以使英国的生产力突飞猛进，并拥有持续发展的能力，关键是其社会结构的各个层次都已高度地分化和专业化，因而建成了由相互依赖的市场经济、宪政法治、市民社会、新教文化和思想自由的文化环境构成的现代社会体制。据此，本程序主要探讨英国社会发展的动力结构是如何发展成协同动力的，协同动力是如何利用国内外对棉布急剧增长的需求这个"涨落"将蒸汽机推向全国，致使人类征服、控制自然界的能力有了空前的飞跃。

通过上述七道程序的探索，我们就能系统地阐明英国从西欧脱颖而出，成为现代社会的滥觞之地的过程及其根源。

英国率先实现了现代化，彻底地改变了西欧各国的生存环境，大大地改进了它们从境外输入的负熵流的质量，使它们中止了的现代化进程得以相继重新启动，陆续地实现了现代化；欧陆之外的日本也尾随其后，成功地实现了社会转型。但是，这些国家的现代化进程是大相异趣，有的顺畅通达，有的大起大落，一波三折，其原因何在，共性是什么，对其进行剖析总结，我们就能揭示出西方世界兴起的奥秘，找到东方落伍的根源。

以上是我们依据从"一般规律"和世界现代化起源理论的科学成果确定下来的三大课题和14道程序。每个程序中又包含了若干个子程序，故上述每个程序中所要解决的问题是很多的。但是，要想将现代化起源的全过程在精神上再现出来，仅有方法论程序是不够的。因为方法论程序仅仅确定了现代化起源研究中必须解决的各种问题，及解决的次序，并没有为研究设置指路的"灯塔"，构筑杜绝研究过程中出现重大失误的"防火墙"，更没有为研究提供验证科研成果真伪的"试金石"，为了确保我们的研究不重蹈前人的覆辙，它们都是必不可少的，所以，我们还必须遵照辩证逻辑的要求，严格地遵循从抽象到具体所须遵循的逻辑路径而不得有任何逾越，为此，我们还必须科学地确定出现代化起源研究的逻辑路径。

二、现代化起源研究的逻辑路径

为何要为现代化起源研究规划出逻辑路径？

除上述原因外，也是达到现代化起源研究的目的所决定的。我们要揭示出现代化起源的奥秘，将现代化的全过程在精神上再现出来。遵循从抽象到具体的认识途径是必不可少的。而要做到这一点，除了要以自组织理论为思维框架的理论体系做指导，用复杂性思维方法做思维中介外，还需要对逻辑路径进行辨认和规范。其原因已在第二章阐明，在复杂适应性巨系统中，除因果联系之外，还有目的性联系。它表明现代社会并非从天而降，而有其深远的历史起源，它的基因早就存在。在非线性正反馈机制的作用下，这个基因缓慢地发展成现代社会。这决定了我们只有首先找到这个基因，才能循着基因发育的路径，找出从它那里繁殖出来的"原核细胞"及其衍生出来的"肢体与灵魂"，如此，我们才能真正地认识现代化，才能使我们的认识过程成为一个从逻辑起点出发，经过逻辑中介，达到逻辑终点，前后之间贯穿而没有间断的因果链条；一个历史从哪里开始，思想也从哪里开始，思想与历史同行的完整过程。只有依据逻辑规则，科学地揭示出这个过程，才能在思维中将现代化起源全过程再现出来，揭示出现代化起源的奥秘。因此，探求出逻辑路径是实现现代化起源研究的预期目的的必由之路。

再者，逻辑路径的各个环节，即逻辑起点、逻辑中介和逻辑终点在现代化起源研究的各个阶段中有其独特的作用。离开了它们的这些作用，我们甚至弄不清楚现代化起源研究何处是起点，何处是归宿，更不用说其他。

先看逻辑起点。

现代化起源历经千年之久，涉及社会各个层面、各个领域，何处是起点，又从何处切入？面对一个如同没有接缝的渔网的人类历史，面对一个五花八门的社会，确实无从下手。虽然我们事先已经确认了西欧的自组织状态是现代社会的"密码载体"产生的必要条件，但自组织状态在西欧存在的时间跨度是相当大的，现代社会的"密码载体"到底出现在什么时候？同时，"密码载体"的产生需要具备多种条件。之中，谁主谁次，谁决定谁？因此，仍然存在着一个研究应从何时开始，从何处切入的问题。如果逻辑起点确定不当，"历史从哪里开始，思想就应从哪里开始"的原则就无法落实，将现代化起源的全过程在精神上再现出来的预期目的就实现不了。同时，也不能找出认识对象中最基本的关系，因而也就无法厘清对象各方面的特性，分清本质和非本质规定，偶然性联系和必然性联系。这既无法揭示出现代化起源的深层次的根源及其衍生出来的一系列结果，更无法对现代化起源进行全方位的透视，根本无法实现在思维中把握具体的最终目的。反之，如实地确定逻辑起点，我们也就能找到现代化起源的最深层次的根源，为之后的历史演变的解读提供一把钥匙。马克思视商品为资本主义社会的胚胎形式，他写作《资本论》时，以商品为全书的研究起点即可为证；而生物科学也同样提供了一个再好不过的例证："自我复制功能密码载体"。

很久以来，整个生物学界、动物学界之所以将细胞作为研究植物体、动物体的逻辑起点，其主要依据就是通过 17 世纪英国科学家胡克和 19 世纪中叶的德国生理学家许赖登和许旺的研究，终于证实细胞是地球上 200 多万种生物体共同的基础。同样地，今天生物学的几乎所有的重大研究都集中于染色体上面，都在着重考察碱基对的排列顺序；也因为一切重大发现无不是由于在这种排列顺序上有新的认识的结果。为什么？无非是人们发现染色体是细胞的核心，而染色体中碱基对的排列顺序规定了蛋白质的结构。以生物体中的这个最基本的关系为研究的逻辑起点，生物学界获得了许多惊人的成就，并且必将取得能够改变整个人类未来的更重大的研究成果。显然，现代化起源研究要取得生物学这样的成就，正确地确定逻辑起点是必不可少的。

再谈逻辑中介。

在抽象上升到具体的过程中，逻辑中介具有承先启后的作用，它"把最抽象的逻辑起点与作为思维具体的逻辑终点联系起来，构成一环扣一环的逻辑整体"。没有这个中介，逻辑起点与逻辑终点就无法联系起来。我们也就"搞不清楚起点的规定与一系列后继规定之间的互相联系，就无法由前者必然地过渡到后者，进而把反映具体对象的许多规定互相联结起来，构成思维中的具体"①。于是，我们就无法认清客观事物的过程结构、客观过程的发展脉络；就无法说明逻辑起点后的一系列社会范畴、社会形式为什么是这样的，而不是那样的。如此，我们在思维中再现具体、把握具体的任务就无法完成，不仅不能建立起相应的科学理论，还会使我们犯逻辑跳跃的错误，将复杂的科学研究变成纯粹的理论演绎和逻辑推理。此其一。

其二，自组织的孕育、生成和进化的一般规律和现代化课题的本身的复杂性也决定了逻辑中介必不可少。

现代社会并非从天而降。耗散结构论阐明耗散结构是通过放大"微涨

---

① 张巨青等编著：《辩证逻辑》，第 181、182 页。

落"为"巨涨落"而形成的。耗散结构的有序态原本就是以模板形式存在于被放大的"涨落"之中；协同学也说明，自组织是非线性相互作用所产生的协同力将序参量中所包含的自组织的胚芽状态放大到整个系统而产生的。这些都说明，序参量是连接"微涨落"和"巨涨落"的中介，它与系统演化的逻辑起点和逻辑终点都有因果联系。因此，不了解序参量从何而来，我们也就无法了解自组织源于何处，为什么是这样，而不是那样。因此，找出自组织生成和进化过程中的逻辑中介及其具体形式是精神上再现自组织的全过程所必不可少的。同理，要想将现代化起源的全过程在思维中再现出来，逻辑中介必不可少。

更何况，西欧地域辽阔，封建社会时间漫长，自然经济又居统治地位，不仅各地差别很大，就是同一地方在不同时期也各有其特色，由此注定了任何人都可以从西欧封建历史中为他的论点找到事实根据；即使从同一角度去观察历史，由于所掌握的史料不同，结论也会不一样。由此得出来的论点不仅难以避免片面性，甚至会颠倒史实。我们只有"从全部总和""从联系中去掌握事实"①，才能够抓住事物的本质。这也决定了西欧现代化进程的研究需要有一个逻辑中介。再说，现代化进程是一个极其复杂的过程，能够影响、制约这个过程的因素是多方面的。不仅有社会经济的各个层次，还有地理条件、国际环境；这各个方面又包含着许多因素，导致西欧现代化起源的最终根源到底在哪个方面？如果我们不事先找到这个根源制约现代化起源所必须经过的中间环节，我们又怎能确保我们的研究能达到预期目的，而不至于缘木求鱼？

还有，能够制约现代化进程的众多因素交织在一起，关系是十分复杂的。这里不仅有本质和表象的交错，还有原因与结果的相互作用。原因固然产生结果，但结果也会对原因产生反作用。结果，这些"概念就会混合起来，并溶化为普遍交互作用的那种概念。其中原因和结果经常调换位置。在此时此地是结果，在彼时彼地就成了原因，反过来也是如此"②。同时，"运动的转化是包含各个中间环节的颇为复杂的过程"③。在原因和结果的相互

---

① 《列宁全集》第22卷，第182页。
② 恩格斯：《反杜林论》，第21页。
③ 恩格斯：《反杜林论》，第61页。

作用中还有中间环节。这不仅增加了区别原因和结果的困难，还必须将中间环节与它们区别开来，不能把两者的位置颠倒。再者，事物的因果关系是十分复杂的。有一因一果、多因多果，因此，结果赖以产生的条件的性质是不一样的。有的是必要条件，有的则是充分条件或充分必要条件。它们的性质不能混淆，它们的作用也不应夸大或缩小。为此，我们就必须对这些因素的性质及其之间的关系进行甄别，对它们的作用做出恰如其分的评价。否则，以偏概全，颠倒主次，倒果为因，过分夸大或忽略某一因素的作用和孤立地看待局部的种种失误就势必发生。而一个能够使我们贯彻复杂性科学的基本原则，从整体出发，在整体与部分、部分与部分，整体与其外部环境的相互作用中去考察各种因素的性质、作用和它们之间关系的逻辑中介就可以使我们避免上述失误。

逻辑中介之所以能起到这样的作用，就恰恰在于它是中介，有了它，我们才能够搞清楚逻辑起点的规定与其一系列后继之间的联系，才能够把反映具体的许多规定互相联起来构成思维中的具体。由于这一缘故，不论哪个方面的哪个因素、哪个条件促进或阻碍了传统社会向现代社会的转化，都只有通过这个中介才能对这两个社会的更替发生作用，因而也就必然要在其上留下它们的痕迹。所以，我们找到了现代化起源研究的逻辑中介，我们也就握住了传统社会向现代社会过渡的咽喉要道，因而也就能够从中找到影响这个过渡的一切因素所留下来的痕迹，了解它们在过渡中的地位和作用。如此，我们的研究就能够避免盲目性，而不至于缘木求鱼，井底捞月，如堕五里雾中。

由于只有通过它才能把反映具体对象的许多规定联结起来构成思维中的具体，逻辑中介也就成了传统社会和现代社会更替的中枢和缩影。因此，抓住了逻辑中介，我们也就是从两个社会更替的整体出发去分析和考察这个整体内部的各个要素及与这个要素运动有关的外部环境诸因素在整体运动中的地位和作用，及其彼此之间的关系。如此，我们也就把握了两个社会更替赖以实现的各种条件，而不至于只研究了其中一个或几个因素、几个条件，从而避免了研究的片面性，不至于认识偏颇，以偏概全，夸大某些因素的作用，而忽视了另一些因素的功能；也就能够通过鸟瞰这个社会更替的中枢和缩影，确切地掌握各个因素、各种条件在社会更替整体中的地位和作用，以及它们彼此之间的关系，因而也能够分清本质和现象、原因和结果，而不至于倒果为因，颠倒本质和现象的位置，能在错综复杂、千差万别的表象中抓住事物的本质，掌握影响社会更替的全部因素，以避免瞎子摸象一类的失误。

通过逻辑中介，我们才能够将反映具体对象的许多规定联结起来构成思维中的具体，就能够避免"依论裁史"。因为我们事先并未将某个方面认定为"不受动的始动者"。而是从逻辑起点出发，从整体与部分、部分与部分、整体与环境的相互作用中去观察历史，去把握整体的运动和发展，去确定各种因素在整体运动中的地位和作用。因此，这里并未事先确定谁是终极原因，而只是指出了寻找终极原因的方向和途径。这里也未牺牲历史的丰富性去迎合理论的简约性，没有把人的注意力限于某个基本方面而忽视了更广泛领域的研究；而是坚持了社会是一个由许多元素、许多矛盾所构成的多维的立体的矛盾网络，是一种多元素、多层次、多结构、多功能的复杂适应性巨系统，因而应该多侧面、多角度、多维多向地对它们进行研究的基本原则。但是，在系统科学看来，系统的质变，往往是由于子系统或要素的质变引起的。[①] 作为一个庞大系统的传统社会也是由许多子系统构成的，逻辑中介的组织载体即是其一。而传统社会之所以转变为现代社会，根源就在于逻辑中介的组织载体发生了质变。所以，抓住了逻辑中介，我们也就抓住了两个社会形态中最为关键最为要害的部位，从而能够提纲挈领，达到纲举目张的目的。但是，我们并未因此而牺牲对逻辑中介之外的领域的研究。因为众所周知，研究任何系统及其变化，不仅要探讨系统本身，还要研究系统赖以存在和发展的外部环境及其与系统之间的相互作用。

逻辑终点就是现代化起源的目的地。目的地错了，那现代化起源研究就要缘木求鱼、井底捞月了，就要犯哥伦布把新大陆当成东亚大陆的错误了。如此一来，那自然也就无法正确地选择逻辑起点和逻辑中介，因此，正确地确定逻辑终点是否能够科学地辨认和规范逻辑路径的关键。

将逻辑起点、逻辑中介和逻辑终点汇为一体的逻辑路径，不仅能指导现代化起源研究沿着正确的道路发展，防止出现逻辑跳跃、削足适履，将复杂

---

① 参见邹珊刚等编著：《系统科学》，第 183 页。

历史研究蜕变成逻辑演绎等以往现代化起源研究中常见的许多错误。由此也就注定了，进行现代化起源研究，有无完整的、正确的逻辑路径不仅关系到能否达到在思维中把握这一过程的目的；同时，也是我们反思现代化起源研究，检验已有的现代化起源研究成果正确与否及其成果正确程度的试金石。这就是说，一切现代化起源研究的成果，是不是正确的，首先就要看它是不是遵循了"历史从哪里开始，思想也就应该从哪里开始"的逻辑路径。其次，看它所走过的逻辑路径是否完整、科学；逻辑起点、逻辑中介的选择是不是符合既定的条件。最后，就要看是不是遵循了既定的逻辑路径对现代化进程中的每一个环节及其之间的相互联结做出了合乎逻辑的、有大量史实作为依据的论述。这也就是说，一个正确的逻辑路径不仅是指导现代化起源研究沿着科学道路发展，达到研究的预期目的的灯塔，也是预防研究中产生各种错误的防火墙，和检验各种现代化起源理论正确与否的试金石。而其之所以具有这样的功能，除了我们在规划逻辑路径时，对如何预防各种常见错误的发生都依据逻辑规则和科学原理做了精心设防外，关键是逻辑路径及其各个节点本身都具有这样的功能。

鉴于上述原因，我们在明确了现代化起源研究的主要课题和研究程序后，就要按照辩证逻辑的要求，确立逻辑起点、逻辑中介和逻辑终点，规划好现代化起源研究的逻辑路径，而我们的现代化起源研究将遵循这个逻辑路径，将现代化起源的全过程在思维中再现出来。

逻辑起点的选择。

正确选择现代化研究的逻辑起点的前提是了解逻辑起点的特征。辩证逻辑指出，"作为上升过程的逻辑起点，概括起来有这样的几个特征：（一）它是对象的最简单和最一般的本质规定；（二）它是构成具体对象的基本单位，如同植物中的细胞一样；（三）它以'胚芽'的形式包含着对象整个发展中的一切矛盾"①。依据这些特征，马克思在《资本论》中是以"商品"作为其研究资本主义社会运动规律的逻辑起点的。因为商品是资本主义社会的细胞，是资本主义社会经济关系中最简单和最一般的关系，它包

---

①　张巨青等编著：《辩证逻辑》，第 178、179 页。

含着资本主义社会的一切矛盾的萌芽。① 从这一逻辑起点出发，马克思相继研究了资本主义社会的生产过程、流通过程和生产总过程，阐述了他对资本主义经济运行规律和固有的矛盾的看法。

商品不是传统农业社会的最简单和最一般的本质规定，因为它只是封建农业社会发展到一定阶段的产物，也不一定包含着资本主义一切关系的胚胎，因为迟迟未能发展到现代社会的东方各国早就不乏商品，因此，商品不可能是现代化起源研究的逻辑起点。但是，商品具有使用价值和价值的双重属性。从分析商品的这种特性出发，我们可以找到现代化起源研究的逻辑起点。马克思说："商品不是物，而是物的外壳掩盖下的人们之间的一种特定的社会关系。"② 按照马克思的观点，人们的社会关系是以人们的经济关系为基础的。人们的经济关系是人们的社会关系中的抽象，是比社会关系更简单和更一般的本质规定。而生产关系又是人们的经济关系的基础，"是决定其余一切关系的基本的原始的关系"③。生产关系因而又是人们经济关系中的抽象，是比经济关系更简单更一般的本质规定；而"生产关系又无非是人们在生产过程中相互结成的关系"，因此，从事生产的劳动力是生产关系赖以建立的基础，是构成生产关系的最主要的要素。尽管以道格拉斯·诺斯为代表的西方新制度经济学不同意马克思经济学说的这些观点，但其对劳动力的重视程度绝不亚于后者。

新制度经济学认为，在社会的制度的体系中，产权制度是最基础性的制度④，产权制度也是一个系统，一个权利束。它至少包括四种权利：归属权（狭义的所有权）、占有权、支配权和使用权。每一项权利都有其相应的收益权。"有利才算有权"，因此，每项权利都至少包括两项内容：权能和利益。前者是产权主体对财产的权利或职能，后者则是权能对产权主体带来的效用和好处。"权能行使必须有利益，有利才算有权，两者相辅相成。"而产权的这些划分的主要理论意义和实践意义显然要体现在生产要素的产权

---

① 列宁：《哲学笔记》，第 409 页。

② 许涤新主编：《政治经济学辞典》上册，人民出版社 1956 年版，第 331 页。

③ 《列宁全集》第 1 卷，第 6 页。

④ 参见卢现祥：《西方新制度经济学》，第 15 页。

上，即主要体现在劳动力、土地和资本上。①

劳动力是主要的生产要素，因此，在三种生产要素的产权中，劳动力产权又居主要地位。亚当·斯密说："劳动所有权是一切其他所有权的主要基础。所以，这种所有权是神圣不可侵犯的，一个穷人所有的世袭财产，就是他的体力和技巧。不让他以他认为正当的形式，在不侵害他邻人的条件下，使用他的体力与技巧，那明显地是侵犯这最神圣的财产。"② 因此劳动力的产权制度是决定生产关系的性质乃至生产资料所有制性质的关键。劳动者对其自身劳动力不拥有产权或不拥有完整的产权的制度，即谓奴隶制和农奴制。一旦劳动者对自己的劳动力拥有完整的产权，所有制也就必然是租佃制度、独立的小生产经营和雇佣制度。劳动力产权的归属是这两个层次划分的基准。那又何谓劳动力？通常的解释是"人的劳动能力"，即"活的人体中存在的""体力和智力的总和"。因此，人体是否为其本人所有是这两个层次的分界线。佃农、独立小生产者和雇工都是自由人，其人身属于他自己。他能够按自己的意愿来处理自己的劳动力，因而对自己的劳动力拥有完整的产权；而奴隶和农奴之所以对自身的劳动力不拥有产权或仅拥有部分产权，关键就在于他们不是自由人。马克思说："假如与土地一起，也征服了作为土地有机从属物的人本身，那么，他们也征服了作为生产条件之一的人，这便产生了奴隶制和农奴制。"③ 因此，奴隶和农奴的人身是他人的财产，是他人进行"自身再生产的无机自然条件"，因而与土地、牲畜是并列的④，同它们一样，是权利的客体。由此也就决定了农奴也同奴隶、牲畜一样，也能被其主人出卖甚至处死。而两者之差别，也就在人身占有程度上的差异。奴隶完全丧失了人身自由，他们完全被主人的意志所控制。用罗马法的话说，奴隶仅在生物学的意识上是人，因而仅是自然法上之人，而不是人定法上之人。因此，他们在法律上被视为"物"，故只配有产权客体的身份，而不具有任何产权主体的特征。而农奴则能在一部分时间内按自己的意愿使用自身的能力，对自己的劳动力拥有部分产权。因而能够在占有、使用自己的

---

① 参见黄少安：《产权经济学导论》，第68—72、103页。
② 亚当·斯密：《国民财富的性质和原因的研究》上卷，第115页。
③ 马克思：《资本主义生产以前各形态》，第27—30页。
④ 参见《马克思恩格斯全集》第46卷上册，第488页。

部分劳动力的同时，对使用的生产资料也有占有、使用、支配的权利。能享有这些权能所带来的利益，占有一定的财物，拥有自己的独立经济。因此，他们既是权利的客体，又是权利的主体，具有双重性。这使他们既不同于奴隶，又有别于自由人，为人身是否被排除出他人的权利客体以及在多大程度上被排除出他人的权利客体所决定的劳动力产权归属上的这些差异导出了不同性质的产权制度。这说明，劳动力产权是生产要素的产权制度的核心，由此决定了私有产权制度并非是同一的，它有各种类型：奴隶制度、农奴制度、封建土地租佃制度、资本主义制度等，不能等同视之。而产生这不同类型的私有产权制度的根源就在于它是否把人排除在他人的权利客体之外，以及在多大程度上将人排除出他人的权利客体。不仅人是否排除出他人的权利客体会导致产权制度的大相径庭，就是排除出去的程度不一、范围不同，导出的产权制度和生产关系的性质也会迥异。致使基于其上的经济组织、经济制度、政治制度、文化形态、社会制度、社会结构等，都大相异趣。因此，劳动力的产权制度又是生产关系的抽象，是比生产关系和生产资料所有制更简单更一般的本质规定。劳动力产权制度的变更势必会带来生产资料所有制和生产关系性质的变动。因此，劳动力产权制度的变更犹如社会机体内的一次染色体的变异，染色体内碱基对的重构。生物体细胞中的碱基的变异会带来物种的变化，同样，当劳动力产权制度，这个社会最深层次的制度发生了变化时，基于其上的生产资料所有制、生产关系、经济制度、经济组织、人格结构、社会制度、文化形态、政治架构等一切组织、制度和结构都不可避免地会发生前所未有的变动，并且必然会沿着劳动力产权变更所规定好的路线发展。因此，劳动力产权制度不仅是我们的研究对象传统社会和现代社会中的最简单和最一般的本质规定；同时，它又以"胚芽"的形式包含着整个发展中的一切矛盾，是社会的细胞和多样性统一的基础。这正如马克思说的："统治和隶属关系构成所有原始财产关系和生产关系发展和灭亡的必要酵母。"①

　　但是，如前所述，产权制度是一个权利束，它至少包含着四种权利，归属权（狭义的所有权）、占有权、支配权和使用权。在这四种权利中，又是

---

① 《马克思恩格斯全集》第46卷上册，第503页。

哪种权利起决定性的作用？换言之，又是哪种权利决定整个劳动力产权的变更和性质？很多人认为是归属权，即狭义上的所有权，因而往往从法律上去判断劳动力的性质，并以此去区别劳动力产权制度。这是因为产权一旦被硬化为法权，获得法权形式，产权就更明确、更规范，遇到了产权矛盾，解决起来就更有依据、更有效。原因很简单，国家在确立产权方面，不仅具有比民间确定产权大得多的规模效益，也更有权威，故此，不少的学者在判断具体的产权性质时，就引据法律规定，不假思索地将法律上的规定当成产权本身；以法律上对归属权性质的规定来判断其他几种权利，乃至整个产权的性质。事实上，"权利和利益并非是法律创造出来的，它本身就是客观存在的经济关系，法律上的概念只是它在意识形态上的反映"①。既然是意识形态对现实经济关系的一种反映，那么就必须提醒自己这种反映是不是如实的、是不是滞后。因为无数的历史和现实的事例说明，法律上的规定与现实生活中的事实往往脱节。这起因于两种情况，一是法律超前，法律在实际生活中得不到落实，这就是通常所说的有法不依。这在今日发展中国家中极为常见，因为发展中国家现行的很多法律是引进来的，与其引进国的文化习俗并不相容。二是法律滞后。其产生根源，主要是现实生活千变万化，而法律一旦规定下来，则因传统、习俗、文化等各种原因而很难有所变动，结果就造成了法律与现实的脱节，使产权的法定归属不同于产权的实际归属。由此又导致了法定的归属权（狭义的所有权）与实际占有权、支配权和使用权的不一致。法定归属权为甲方所有，而实际占有权、支配权、使用权却为乙方所得。在这种情况下，尽管法律上规定甲方享受有归属权，但实际上他却一无所有。根据"有利才算有权"的原则，他事实上并不拥有财产的归属权；真正享有归属权的，则是实际上拥有占有权、支配权和使用权的乙方。黑死病后的一百年间的西欧，由于人口锐减，劳动力奇缺，雇工工资上涨，市场萧条，僧俗封建主自己经营土地已入不敷出，他们不仅将残存下来的劳役地租纷纷地改为货币租，还纷纷地将其自营地出租给农民。但是，人少地多，要这么做，困难很大，于是，封建主们为了寻找到租佃人，纷纷降低租赁条件，为佃农提供大量的生产投资并提供住房，不仅将地租压得很低，还将租

---

① 参见黄少安：《产权经济学导论》，第72、73页。

期定得很长。① 一般为几十年，很多长达 99 年。在租期内，租额固定，并且以货币结算。在远洋航行还未开始之前，商品价格低廉，这样做似乎还是可行的；然而，到了物价飞涨的 16 世纪前期，随着货币的贬值，贵族所收到的地租已不值钱了，其实际价值仅及租佃地实际收入的 1/10，甚至 1/11。因此，土地的绝大部分收入为租地的农民所得。更令贵族们恼怒的是，农民们还将其租得的土地任意转让，出售，所得利益全部独吞。很多农民，特别是昔日的那些领主自营地上庄园管家，因为租得大量的土地而迅速地致富，成为英国历史上著名的约曼。而可怜的贵族，尽管在法律上，他们仍然拥有对这些租佃地的归属权，但实际上，他们从这些土地中不仅所得甚微，还得眼睁睁地望着佃农们将自己的法定财产任意佃卖而获大利，可自己却得不到分文。面对这种局面，他们自然心里也明白，这些土地名义上、法律上虽然属他们所有，但实际上已不是他们的财产了。或许，他们终究会从中悟出一个道理：判断一项产权的归属，不能只凭法律上的规定，而必须根据"有利才算有权"的原则，从占有权、支配权和使用权的实际占有状况中做出结论。这也就是说，要实事求是、以实际利益的归属为准才能做出科学的判断。可见，尽管法权具有权威性，但是，它毕竟是意识形态对现实的反映，是果而不是因。因此，它和现实之间的关系如同形式和内容。归属权是形式，其他权项是内容。形式代表内容，内容决定形式。内容变了，形式不一定随之改变，它往往会滞后。所以，在产权这个权利束中，起决定作用的不是归属权，而是实际的占有权、支配权和使用权。它们是产权中最简单和最一般的本质规定，是产权中的抽象。

通过上面的分析，我们就得出了人类社会形态中的不同层次的抽象范畴：经济制度—生产关系—劳动力产权—劳动力的使用权。它们中的每一个，对其前面的范畴来讲是抽象，是其中的一般的本质规定；对其后面的范围来说则是具体，为后者所规定。它们都有可能成为我们进行现代化研究的逻辑起点，但是，在未探讨西欧历史之前，在未对西欧历史同世界各文明古国的历史进行比较研究之前，在我们还没有找出西欧到底在什么时候出现不同于世界其他文明的最深次的社会差异之前，我们不能最终决定到底应该以

---

① 参见 R. H. Hilton, *The English Peasantry in the Later Medieval ages*, Oxford, 1975, pp. 190–196。

哪一个范畴为我们研究西欧现代化的逻辑起点。因为西欧社会中的一切变化，只要没有在社会机体的深层次上造成同其他文明的不同，就不会导致西欧社会与其他文明的分道扬镳，不会引出现代化。这就如同古希腊罗马社会，尽管它在社会的各个方面已大不同于东方各国，但是，这些不同并不是发生在劳动力使用权这样的层次上。古希腊罗马社会有奴隶、奴隶制度，东方许多国家也同样有奴隶、奴隶制度，区别仅在于奴隶的多少，奴隶制度的普及程度。所以，尽管西欧这时有许多地方不同于东方，但它仍然同东方各国一样滞留在传统型社会内。之所以如此，显然是因为东西方社会的这些不同不是位于社会的基本层次，即"染色体"之上，没有造成西欧与东方在某种"最简单和最一般的本质规定"的不同。既然大家在基本单位、本质规定上都没有什么不同，那么社会的其他方面、其他的层次也就不可能有本质的差别。因为社会的这些方面、这些层次乃至整个社会结构都是为这些"基本单位""本质规定"所规定；反之，一旦某一方的这些"基本单位""本质规定"发生了变化，那么，它就必然走上了与另一方完全不同的道路。换言之，若一方的社会发展完全不同于另一方，那么一定是它的"基本单位""本质规定"发生了不同于另一方的"基本单位""本质规定"的变化。这是类似于动物体"基因"上的变化。"碱基对"变了，动物的身体的变化就是不可避免的。显然，这个变化就是我们所要寻找的逻辑起点，就是我们所要探讨的历史的最初的东西，从这个逻辑起点出发，经过逻辑中介，就能够上升到逻辑中的具体，追踪西欧现代化孕育、诞生和发展的全过程，在精神上将其完全地再现出来。

选择逻辑起点的这一过程说明，现有的理论在这里只是给我们提供了指导，确定了寻找逻辑起点的原则，至于以哪个具体关系、具体层次作为逻辑起点，则需要我们依据这些原则，通过分析研究史实才能确定。因此，我们的结论是历史研究的结果，而不是从理论中直接演绎出来的。

逻辑中介和逻辑终点的选择。

要找到逻辑中介就必须理出逻辑中介的特征。

前面讲过，逻辑中介在抽象上升到具体的过程中具有承前启后的作用。是它把逻辑起点和逻辑终点联系起来，才使抽象上升到具体，形成一个因果相联的链条，一个没有逻辑缺环的逻辑整体。由此可知，逻辑中介的第一个特征是具有具体和抽象的双重特性。对于逻辑起点来讲，它是具体的，它包含着逻辑起点；逻辑起点是它的抽象，是它的更简单更一般的本质规定。对于逻辑终点来讲，它是抽象的，它包含于其中。第二个特征是它具有媒介的功能，起着桥梁的作用，能把最抽象的逻辑起点和作为思维具体的逻辑终点联结起来，构成一环扣一环的逻辑整体。[1] 第三个特征是它把逻辑起点与其一系列的后继规定联系起来，并把反映具体的许多规定互相联结起来，构成思维中的具体，因而也是参与逻辑过程中的"一切都必须经过的中介"[2]。

现代化起源研究中的逻辑中介自然也会具有这些特征而必须具备下述几个条件：

其一，它基于财产私有权和个人自由之上，因为财产私有权和个人自由是现代社会和其核心制度市场经济的基石。因此，它一定是从财产私有权和个人自由发展而来的。财产私有权和个人自由是它的抽象，是它的更简单更一般的本质规定；而它则是财产私有权和个人自由的具体，它包含着财产私有权和个人自由。

其二，它是现代社会的抽象，是现代社会的更简单更一般的本质规定。现代社会是以它为基础发展起来的，因而是它的具体。如前所述，一切自组织都是通过放大系统内原有的序参量形成的，而序参量则是系统内的慢弛豫变量通过竞争而产生的，慢弛豫变量是它的前身和基础；而现代社会则是它发展的结果，这说明，逻辑中介就是现代化起源过程中的序参量。

其三，它必须是传统农业社会与现代社会之间的由此达彼的桥梁。这是因为，传统农业社会衰亡的根本原因是现代社会的兴起。正是由于这一新的社会形态的产生和发展才导致了封建社会的灭亡；这一兴一亡必然是因为两个社会之间有一座桥梁。反之，一个民族的封建历史之所以长期延续，必然是由于这个民族没有孕育、发展出新的社会形态。两个社会之间没有建立起这样的桥梁。

---

[1]　参见张巨青等编著：《辩证逻辑》，第182、183页。
[2]　参见列宁：《哲学笔记》，第103页。

其四，它必须是传统社会向现代社会转化的结合部、集结点、中枢和缩影。现代化赖以发生的各种因素、各种条件，或是其产生的前提，或是其结果。因此，在它的身上，我们可以鸟瞰到传统社会向现代社会转化中轴的全景，了解到影响转化的各种因素、各个方面在现代化起源过程中的地位和作用。

对照这些条件，我们认定，只有市场经济才是现代化起源研究的逻辑中介。

如前所述，"密码载体"赖以形成的财产私有权和个人自由是市场经济赖以生存的基础，是市场经济孕育和萌生的首要前提；而市场经济又是社会结构分化与整合的强大动力，是现代社会的基础和主要经济机制。可见，市场经济是现代社会的抽象，是它的更简单更一般的本质规定；而现代社会是市场经济的具体。市场经济是基于财产私有权和个人自由之上的，是从财产私有权和个人自由结合而成的"密码载体"发展而成的，因而是财产私有权和个人自由的具体，同时，它又是现代社会的抽象。现代社会是由它发展而来的，它是现代化过程中的序参量。可见，市场经济符合上述逻辑中介的第一个和第二个条件。但是，市场经济是一种特殊的商品经济，是后者在特殊环境中的产物，是奠基在财产私有权和个人自由之上的商品经济。而各国传统社会里的商品经济一般都被称为小商品经济而非市场经济。但小商品经济并非都基于财产私有权和个人自由之上，故它们不一定都是财产私有权和个人自由的载体，作为现代社会模板的序参量也不一定是小商品经济的抽象，只有市场经济才是传统社会和现代社会之间由此达彼的桥梁。正是由于它的产生和发展，西欧才完成了由传统社会向现代社会的转型；反之，中国封建社会之所以长期延续，关键就是中国封建社会的小商品经济始终未能发展到市场经济。因此，商品经济发展到市场经济阶段并非在任何国家、任何情况下都可发生，它需要具备各种条件。除了必须基于财产私有权和个人自由之上外，还需社会具备能复制和催生财产私有权和个人自由的正反馈的机制及社会结构偏离平衡态越来越远等许多条件。没有这些条件，市场经济的孕育与萌生决不可能发生。而市场经济的孕育与产生，又会对社会的各个方面、各个层面产生各种重大影响：市民社会的孕育、民族国家的形成、文化思想领域的一系列革命、地租形态的更替，等等。这就表明，现代社会孕育、产生和成长的诸多条件不是小商品经济演变为市场经济的前提、条件，就是市场经济发展的结果。因此，市场经济是传统社会向现代社会转化的一切条件和结果都须经过的中介，是现代化起源的中枢和缩影。这表明，市场经济不仅符合现代化起源研究的逻辑中介的第三个条件，也符合逻辑中介所需具备的第四个条件，所以，只有它才具有作为现代化起源研究的逻辑中介所需具备的四大条件。

但是，同序参量有从慢弛豫变量逐渐发展而成的历史一样，市场经济也有其萌生、孕育、分娩和发展的全过程及其所必须具有的条件，所以，不是任何发展阶段的市场经济都是序参量，只有它拥有了将其放大到整个系统的所必须的条件时，才能说它已从慢弛豫变量发展成了序参量。这个条件即是第二章第四节中所讲的：反馈机制有线性和非线性之分，只有非线性反馈机制才能将系统推进到一个新的更为有序的状态中去。这就表明，市场经济同其正反馈机制之间的相互作用进化到复合超循环阶段时才意味着它从慢弛豫变量发展成了序参量。因为此时市场经济的正反馈机制已不是个体，而是一个由无数个具有非独立、不等价、不对称的个体所组成的群体。这个群体和市场经济组成的超循环圈不仅使市场经济拥有强大的非线性动力，也包含着未来系统的全部萌芽。这就决定了，现代化的成败就集焦在市场经济能否从慢弛豫变量发展成未来系统模板的序参量上，据此，市场经济就是我们要找的逻辑中介。

现代化起源研究的逻辑终点是谁？前面已经阐明。它既不是资本主义生产组织、资本主义生产关系、资本主义社会和资产阶级革命，也不是道格拉斯·诺斯所说的人均收入的增长超过了人口的增长，而是工业革命时的英国的社会结构。英国工业革命的爆发表明英国的社会结构已完成由传统社会向现代社会的转型。没有这一转型，英国社会的生产力就不会持续增长，人类社会的生产力就不会发生如此巨大的飞跃。系统结构决定系统功能，正是生产力这一从未有过的飞跃才表明英国的社会结构的变革已进入到人类社会的最高阶段。它的社会结构已如同人体各个器官、各个器官内部的组织，已实现相互嵌套、相互耦合，致使物质流、能量流和信息流在社会机体内畅通无阻，"无一处咬刹"。这正如哈肯所说，生物体的生命及其功能，都"是靠通过系统的能量流和物质流来维持"的。[1] 血流在人体中某处受阻，人即使不生病、丧命，也会使其各肢体丧失功能。不过，物能流的畅通无阻是一切生命的共性，动物也不例外。可是，动物不具有人体那样的功能，究其原因，全在于人有个发达的大脑，因而有其他动物所没有的学习能力和经此而形成的巨大而又复杂的信息库。同理，英国能拥有当时西欧大陆各国所没有的强大的系统功能、良好的自我修复能力和持续增长能力，不仅在于其市民社会使其国民拥有其他国家国民所没有的活力和创造力，还因其新教文化、思想自由和宪政国家，使其"大脑"，即其信息库的结构复杂程度和更新速度远过于西欧大陆各国。可见，市场经济的问世、资本主义生产组织和资本主义社会制度的产生，以及人均收入的增长超过人口的增长都不是现代化成功的标志，唯有工业革命时英国的社会结构，才是现代化的逻辑终点。

至此，我们也就确定了现代化起源研究的逻辑路径：从逻辑起点，即通过比较东西方社会不同层次的抽象范畴，找出西欧在这些范畴的哪个层次上出现了不同于东方社会的特征开始，经过逻辑中介市场经济，到达逻辑终点即工业革命时期英国的社会结构。

---

① ［德］H.哈肯：《协同学引论　物理学、化学和生物学中的非平衡相变和自组织》，第5页。

现代化起源
用复杂性科学解密西方世界的兴起

中　卷

毕道村◎著

THE ORIGIN OF
MODERNIZATION

人民出版社

目　　录

上　卷

第一编　思维方式的更新和理论体系的整合

中　卷

第二编　西欧社会结构的变迁

下 卷

第三编 英国何以成了现代社会的滥觞之地

第四编　西方世界的兴起

第 二 编

西欧社会结构的变迁

第 六 章

权利主体的普及

　　根据前述的方法论程序，西欧是怎样发展成为一个适于现代社会孕育和生长的环境是需要解决的第一大课题。而其形成绝非是人类理性的产物，不是按照某个圣人、伟人的设计加工而成的，而是同英国的现代化一样，也是一个自组织过程。由此规定了我们必须以自组织孕育、产生和进化的一般规律为指导，到西欧的历史长河中去寻找这个自组织过程的起点。英国能成为现代社会的滥觞之地是以西欧这个环境为前提的，因此，这个起点一定是在西欧这个大环境中产生的。

一、从一统走向混沌

　　依据"一般规律"，自组织只能产生于原始混沌状态中，不能分娩在被功能组织所控制的情况下，首先需要解决的问题是西欧何时从一统状态走进了原始混沌态。为此，先要阐明何谓自组织和原始混沌态。

　　"自组织"一词源于自组织理论。该理论依据组织力或组织指令的来源不同将"他组织"和"自组织"区别开来。组织力或组织指令来于外部的被称"组织"或"他组织"，来于内部的即为"自组织"①。"例如一个工人集体，

---

　　① ［德］H. 哈肯：《信息与自组织——复杂系统的宏观方法》，第 10、29 页；苗东升：《系统科学精要》，第 166 页。

如果每个工人按照经理发出的外部指令而以一定的方式活动时，它就是一个组织过程；如果不存在给出的外部指令，而工人们按照互相默契的某种原则，各尽其责地协调工作时，它就是一个自组织过程。"① 哈耶克将现代社会制度称为"自发—扩展秩序"，认定它是在中古西欧早期的无政府状态下，在"个人能自由地利用自己的知识"和"分立的财产"的基础上发展而来的，因而"完全是自然的产物"。和生物现象一样，"是在自然选择过程中，通过自然进化而形成自身的"。应该说，是哈耶克在马克思将现代化称为自然历史过程之后，首次将现代社会称为自组织，将现代化称为自组织过程。但第一个将自组织概念引入现代化研究，称欧美现代社会为自组织，其现代化进程为自组织过程，则是拙著《现代化本质——对中世纪以来人类社会变化的新认识》。根据自组织理论中的自组织概念的内涵，人类历史中的自组织过程主要是指人类社会的经济生活、经济制度安排不受外来政治权力的干预和控制，其生存和变化都基于自身的需要和自身的规律；受制于地理环境、自然条件、历史过程、文化传统等内部因素；是矛盾各方博弈的结果。

能够影响自组织过程的因素如此之多，这就意味着产生自组织过程的环境存在着多种吸引子，而不是为某一个功能组织所控制。这就是所谓的原始混沌态。在这种状态下，各个吸引子都不可能对组织过程产生决定性的影响；系统内的组织指令主导了整个组织过程，产生出自组织。因此，我们识别西欧社会进入原始混沌态的主要判据就是看其经济生活、经济制度是否受到某个强权组织的干预和支配。

追踪人类历史，社会基层的经济生活、经济制度的安排不受某个功能组织的干预、支配只能发生在两种情况下。一种是中央政权实行无为而治的政策，不干涉、不支配社会的经济生活。实行均输平准、盐铁官营之前的西汉前期的无为而治即是其显例。另一种则是政治权力极其分散，不存在中央政权或中央政权名存实亡的时代。中古西欧社会何时出现过上述情况？

原始混沌态在西欧历史上出现得很早。自西罗马帝国皇帝戴克里先的

---

① ［德］H.哈肯：《协同学引论　物理学、化学和生物学中的非平衡相变和自组织》，第240—241页。

全面干预经济的政策失败之后，帝国经济走向衰败；随着城市衰落而兴起的隶农制的大地产已具有相对独立性。因此，自 3 世纪起，原始混沌态已初露端倪。继西罗马帝国而起的各个蛮族国家，政府干预、支配经济的能力被极大地削弱；"同时，经济活动范围对政府干预的要求也减少了"。这时期数量极少的立法"很少涉及经济企业领域"。这一情况由于西罗马帝国政府的财政体系的崩溃而更加突出。财政体系不再是政府的基础，罗马帝国时期征收的直接税、人口财产税只在西哥特人和法兰克人的王国中延续了一段时间，之后，并于地租中，或成为一些徭役的基础，同通行税和其他贸易税收一起消失了。总之，"王权的分散是中世纪早期的一大特点"，"各地的公共收费或者消失殆尽，或者以一种削弱的方式转变为庄园中的私人权利"。①

　　这种状况到查理·马特，尤其是查理曼大帝时有所变化。查理·马特没收教会土地，将其分封给下属贵族，借机更改贵族占有封地的条件。从无条件世袭占有的恩地制更改为以服军役为主的各项义务为条件的终身占有的采邑制，直接用政治权力来更改和支配经济制度安排。查理曼大帝继承了查理·马特发起的这场采邑改革，并在其所征服的广大地区内推行采邑制度。同时，他还对社会的经济生活、经济制度安排进行了一系列的干预：恢复直接税、统一度量衡、控制主要食品价格、禁止食品出口、关注海外贸易、禁止私下贸易，等等。但是，这种情况并未持续很久，查理曼大帝死后，帝国随之瓦解，查理曼干预、支配经济活动和经济制度安排的一切努力也渐渐地烟消云散。查理二世颁布了克勒西赦令，被迫承认了采邑已广泛地由终身占有转为世袭占有的事实；同时，加洛林政府的官职也变成了贵族们世袭的爵位；但贵族们同国王一样，"也被迫地将领地和管理权授予自己的部属"。领地、官爵的世袭使权力的分散合法且持久化。② 帝国因此而"支离破碎"，"土豪们各自占地为王，觉得任何人的话都可以不听"。在自己的领地上，

---

　　① M. M. Postan, E. E. Rich, E, Miller, ed., *The Cambridge Economic History of Europe*, V. 3, Eeited: M. M. Postan E. E., *Rich Edward Miller*, *Economic Organization and Policies in Middle Ages*, Cambridge University, 1963, pp. 292,293.

　　② M. M. Postan, E. E. Rech, E, Miller, ed., *The Cambridge Economic History of Europe*, V. 3, p. 296.

"他是一个实际的君主，人们同样把他当作国王"。① 虽然"对经济监管并未消失，但它不是来自任何一个中心"②。因而也就不再受制于任何外来的政治指令和政治权力，而仅是各个领地、庄园内部各种力量博弈的结果。

但是，上述情况的发展在各地是不平衡的。在今德国境内的各诸侯国，封建化进程滞后于高卢地区，故在查理曼帝国分崩后的一段时期内仍保留着较强的中央权力。在英格兰，10 世纪、11 世纪时，王权开始强大起来；在这之前，国王使用的收入也"仅限于皇室领地的产出"。高卢地区的无政府状态的时间最长，直到 12 世纪时才显出改善的端倪，王权的真正强大是在中世纪晚期。可见，西罗马帝国灭亡后，整个西欧即进入原始混沌态。其间，除查理·马特到查理曼大帝这一段时期有所逆转外，直到 12 世纪，原始混沌态都居统治地位，到 15、16 世纪时，王权才真正强大起来。

但是，原始混沌态主要是指政治权力而言的；就宗教文化而言，却并非如此。作为无秩序中的秩序，罗马教廷和罗马教会的组织对各地的影响没有削弱，还有所加强。教会各级组织伸展到西欧各地，每个山区村落都竖立着一座高耸入云的教堂，教廷和教会的影响是无处不在，因而也就难免使庄园的经济活动和制度安排受到他们的影响。但是，这种影响不同于政治权力的支配和控制，它是以"互相默契的某种原则"来影响人们的思想而发挥作用的③，而不是像后者那样用硬性的暴力来强制他人执行。因此，中世纪早中期的西欧对经济活动和经济制度安排的影响来自系统内部的组织指令，而非来自外部的强制组织力。

二、权利主体的普及

清楚了原始混沌状态的内涵和西欧处于原始混沌态的起止时间，也就为我们探讨现代化起源研究的逻辑起点创造了条件。继之要探讨的是，在处于原始混沌状态下的这段时期内，西欧的社会结构，尤其是它的劳动力的产权

---

① ［法］埃德蒙·波尼翁：《公元 1000 年的欧洲》，席继权译，山东画报出版社 2005 年版，第 74、76 页。

② M. M. Postan, E. E. Rich, E. Milley, ed., *The Cambridge Economic History of Europe*, V. 3, p. 296.

③ 参见颜泽贤：《耗散结构与系统演化》，第 237 页。

结构是否发生了变化；若有变化，又是什么样的变化，它发生在产权结构的哪个层次上。其原因第五章中已述：经济制度—生产关系—劳动力产权—劳动力的使用权，这些抽象范畴在人类社会结构中处于不同层次。它们中的每一个，对其前面的范畴来讲是抽象，是其中的一般的本质规定；对其后面的范畴来说则是具体，其一般关系为后者所规定。凭其所具有的抽象性质，它们都有可能成为我们进行现代化研究的逻辑起点，但到底谁是逻辑起点，只有对处于原始混沌态下西欧历史进行研究，并将其同世界各文明古国的历史进行比较后才能确定。

1. 生产奴隶的消失

如前所述，劳动力产权制度的变化就具体体现为劳动者身份的演变。劳动者对自己的劳动力拥有完整的产权的，不是佃农、自耕农，就是雇工；劳动者对其自身劳动力拥有部分使用权，则为农奴；若连劳动力的部分使用权也都无权拥有，那他必然是奴隶。据此，类推这段时期内西欧劳动者身份的变化我们就能找到现代化起源研究的逻辑起点。

中世纪早期的几百年时间里，西欧战乱频繁，经济衰败，城市消失；但是，劳动者的身份却发生了前所未有的变化，恩格斯说："古代的奴隶制已经消失了；破产的、贫穷的、视劳动为奴隶贱事的自由人也已经消失。"而日耳曼人则把那种在他们的故乡已经实行的比较温和的隶属形式发展起来，并提高到普及的地位①。对此，学者对农奴制度的普及颇感兴趣，屡加探讨；可生产奴隶的消失却没有引起很多人的注意。博伊斯说，一百多年来，"意识到这个问题的重要性的史学家很少，从 1930 年起，在法国学者中，仅有 3 人。平均每一代只有一人"②。至于中国学者，则普遍以"世界上没有而且也不会有纯粹的社会形态"为由，几乎完全不提这一史实。

不容否认，11 世纪之前，东西方的封建制度还无大的区别应是不争的事实。那时的西欧封建制度已日趋形成，但前封建社会的残余保留了不少，

① 《马克思恩格斯全集》第 21 卷，人民出版社 1965 年版，第 175 页；另参见《马克思恩格斯选集》第 4 卷，第 157 页。

② G. Bois, *The Transformation of the Year One Thousand: The Village of Lournand from Antiquity to Feudalism*, Manchester University, 1992, p. 25.

尤其是奴隶。然而，从墨洛温王朝开始，生产奴隶人数锐减，到 11 世纪初，生产奴隶已从西欧的大部分地区消失。

奴隶们获得自由的第一个途径是逃亡。当时，战乱频繁，群雄割据，给奴隶逃亡提供了很多机会。德比说，洛林和北海地区的一些文字史料表明当地发生过多次起义。相当多的奴隶趁机迁走，地产上的劳动力锐减。"公元 864 年，秃头查理试图减少领主们的损失，命令各个地区的奴隶至少应依其原有的身份，履行播种和收割时节的劳役。类似的命令不时发布，它表明一个重大的事实：农业劳动力确实离开了他们的庄园。"他们利用战乱移往外地，"服役于新的领主。这些新领主待他们如自由人，对他们的剥削较轻"[1]。

封建主也主动地释放奴隶。埃尔·多克斯说："在社会动乱和入侵时期，奴隶大量逃亡；在出现危机和崩溃的情况下，奴隶们则会被大量地解放和分居。""有多种证据记述了九世纪晚期和十世纪早期的奴隶工匠获得个人解放和集体解放的情况的变化。这些资料主要来自这一时期的法国的中部和西部。它记载了一个特殊的阶层：Colliberti。"人们对其社会起源进行过讨论，发现"他们似乎是在九世纪晚期和十世纪晚期集体获得解放的"。但获释后的地位不如拥有自己宅地的释奴 Servi。[2] 英国也有这种人，肯特王国的法律将其称之为"脱籍奴"，由于释放时未能获得份地，因此，他们"并不具备经济上的重要性"[3]。

一些封建主不仅释放自己的奴隶，还出资帮助一些奴隶获得解脱。"公元 873 年，诺曼人获得王室批准，在他们迁居的罗亚尔地区建立了一个市场，奴隶贸易成了该市场的主要交易。在市场上，犯人可用赎金获得自由，很多奴隶则由修道院出钱赎得自由。"[4]

更多的奴隶则被分居，"将其一对对地安置在农庄上，让他们自己管理自己。这不仅提高了他们的生产力"，"也能促使他们生孩子并能将孩子带大成人"，保证了劳动力的再生产，"还可减少庄园的监督费用"[5]。早在

① G. Duby, *The Early Growth of The European Economy*, Cornell University, 1974, pp. 117,118.

② P. Dockes, *Medieval Slavery and Liberation*, Methen & Co. Ltd., 1982, pp. 93,103,104.

③ ［英］约翰·克拉潘：《简明不列颠经济史（最早时期到一七五零年）》，第 61 页。

④ G. Duby, *The Early Growth of The European Economy*, p. 119.

⑤ G. Duby, *The Early Growth of The European Economy*, pp. 39,183；R. H. Hilton, *Bond Men Made Free*, London 1980, p. 118.

"七世纪时，巴黎地区的领主庄园中除了住有自由农之外，还有一些奴隶，从 Rotharis 的布告中得知，他们是一种被叫作 Servi massaril 的奴隶，这意味着他们已拥有自己养活自己的土地"①。"公元 750 年，在宾塞，分居奴隶已相当常见。他们享有继承权，安静地享受着他们的份地和房屋。"② 9 世纪初，在巴黎附近的圣热尔曼·德萨·普雷教会地产上，有 2800 个佃农，其中，有 120 个仍名为奴隶，但是，实际上，他们也同其他佃农一样，拥有自己的份地，且其份地面积的大小、缴纳的租赋的数量和所承担的劳役的天数已很难和不是奴隶的佃农区别开来。③ 被分居出去的不仅有务农的奴隶，"工匠们也被分居出去。他们中有铁匠、盐匠"等等。④

　　于是，"在整个墨洛温王朝和加洛林王朝时期，在西欧的大部分土地上，奴隶是越来越稀罕"⑤。与此同时，大量的自由农为了获得安全而寻求保护，他们成批地投靠领主而失去了自由。结果，"罗马帝国晚期发生的农民各阶级之间的融合再一次地发生"⑥。但是，融合是个渐进的过程。开始，分居奴隶与其他农民还有很多区别。"从严格的法律意义上讲，他们仍然是个奴隶"，名称仍是原有的罗马词语，不能出席法庭和自由人的集会，不能进教堂，更"不能担任圣职"，缴纳的赋税比自由人所缴纳的租赋更重、更不确定。⑦ 巴伐利亚的斯塔福洛斯庄园的情况说明自由人同分居奴隶的差别是相当大的。自由佃农每年提供的劳役是 36 天，这个负担很轻；分居奴隶每个星期则要提供 3 天劳役，它清楚地将自由佃农和分居奴隶区分开来。⑧

　　然而，这种区分后来却越来越模糊。一方面，分居奴隶承担的职责"越来越只受一些传统原则的制约"⑨。公元 717 年至 719 年编辑的《阿勒曼法》中引述的例子说明，教会对分居奴隶的赋税已有明确的规定：男奴隶

---

① G. Duby, *The Early Growth of The European Economy*, p. 39.

② P. Dockes, *Medieval Slavery and Liberation*, p. 96。

③ 参见 R. H. Hilton, *Bond Men Made Free*, pp. 56, 96。

④ G. Duby, *Rural Economy and Country Life in the Medieval West*, New York, 1978, p. 134.

⑤ G. Duby, *The Early Growth of The European Economy*, V. 1, p. 40.

⑥ M. M. Postan, H. J. Habakkuk, ed., *The Cambridge Economic History of Europe*, V. 1, pp. 252-253.

⑦ P. Dockes, *Medieval Slavery and Liberation*, p. 96.

⑧ 参见 R. H. Hilton, *Bond Men Made Free*, p. 95。

⑨ M. M. Postan, H. J. Habakkuk, ed., *The Cambridge Economic History of Europe*, V. 1, p. 253.

必须为领主自营地劳动三天，剩下的三天为自己劳动。① "在公元858年召开的凯尔西宗教会议上，主教们请求德国的日耳曼路易提醒他的官员不能要求分居奴隶提供的东西超过他们的父辈在位时所定的租赋。""公元905年，王室发令禁止米兰圣安布罗斯修道院院长对其雷蒙塔（Limonta）分居奴隶那里征收的赋税不能超过他们在隶属国王时所承担的数量。"② 9世纪时，奥格斯堡斯塔弗塞修道院有23块自由份地和19块奴役份地，耕种后者的农民除缴纳定量的实物外，每周所服劳役也被限定为三天。③ 这些说明，尽管与自由农相比较，分居奴隶为其份地所承担的封建义务要重得多，但是，它也毕竟受到了严格的限制。同时，他们也能积累、自由地处置财产，并可将其传给子孙。9、10世纪时，在法国的许多地方，尤其是在勃艮第，这种情况已十分常见。④

分居奴隶同其他身份的农民混居在一起，相互间领种对方的份地就难以避免。希尔顿说，9世纪时期的"资料告诉我们，自由民家庭占据着奴隶份地，而分居奴隶也可领种自由份地"⑤。而为当时的习惯所决定的份地等级制度使那些领种了不自由份地的自由农，"就像不自由的分居奴隶一样服劳役。他们所受的剥削比那些出身奴隶，但却拥有自由份地的邻居更残酷"。9世纪时，德国"不自由地产的占有者被强制地履行不同等级的犁地劳役，而这是以其拥有牲畜犁队为前提的"⑥。这种以份地的性质而不是以劳动者的身份来计算封建义务的方法的普及，是各类劳动者长期混居又都世代领种份地的结果。⑦ 它导致"对劳动力的剥削逐渐平均化"，进一步地模糊了农奴同分居奴隶之间的界限。故此，德比说："这是从奴隶制到农奴制的一个重要步骤。"⑧

---

① G. Duby, *The Early Growth of The European Economy*, p. 42.

② M. M. Postan, H. J. Habakkuk, *The Cambridge Economic History of Europe*, V. 1, p. 253.

③ 参见 G. Duby, *Rural Economy and Country Life in the Medieval West*, p. 365。

④ 参见 C. L. Brace, *Gesta Christi：or, a History of Humane Progress Under Christianity*, London, 1882, p. 236。

⑤ R. H. Hilton, *Bond Men Made Free*, p. 56.

⑥ G. Duby, *The Early Growth of The European Economy*, p. 90.

⑦ 参见马克垚：《西欧封建社会形态研究》，第162页。

⑧ Georges Duby, *The Early Growth of The European Economy*, p. 90.

10 世纪中叶，当西欧从萨拉森人、诺曼人和匈牙利人的劫掠下解脱出来后，政治秩序得到了恢复。这无疑"有利于封建领主，而不利于他们的佃农"。它增强了封建领主控制其属民的权利，导致了自由佃农与分居奴隶之间的"差别的进一步地消失"，"两者间的差别是越来越少，相互融合的结果是隶农、自由农同分居奴隶、被保护民之间不再有什么差别"①。

在上述各类因素的共同作用下，"在中世纪到十世纪早期的时间内，多种依附身份的农民逐渐融合为一个阶级"，"令人惊奇的是，这种融合在具有伟大创新精神的十世纪和十一世纪完成了"②。在奴隶来源已经枯竭的情况下，它所造成的一个重大后果就是生产奴隶和奴隶制生产关系在西欧主要地区的消失。

欧美中世纪史专家虽然在生产奴隶消亡的原因上各执一词③，但却普遍认可消亡的史实，至于生产奴隶在西欧主要地区的消失到底发生在什么时候的问题上，则存在着一些分歧。其原因有两个。一是区分奴隶和农奴的标准不同。二是所据史料来源于不同地区。

标准不同，主要源于学者们的视角不一。但大多数学者从经济角度出发，认为奴隶分居出去后就成了隶农，"与中世纪的农奴的差别不大"。他们被称为Servus。这一名称虽然与奴隶的称号有些相似，但这仅是"封皮、假象，这种骗人的封皮下却隐藏着新的社会事实"。因此，"这是一个新的概念，它不同于奴隶，对于中世纪来说，尤其如此"。据此，德比等史家认为，Servus、Servi 等都是佃农，他们分得了份地，就已享有对土地的保有权，从而摆脱了奴隶的身份。他们身份的这一转化，在公元 1000 年之前就已经完成。④ 换言之，生产奴隶在公元 1000 年之前就已经灭亡了。G. 博伊斯等学者不同意这一看法。他们认为奴隶建立了家庭，获得了份地，并不就

① R. H. Hilton, *Bond Men Made Free*, p. 96.
② M. M. Postan, H. J. Habakkuk, ed., *The Cambridge Economic History of Europe*, V. 1, p. 253.
③ 归纳起来，认为生产奴隶消亡的原因主要有教会掀起的废奴运动；技术进步和庄园化导致的大地产的分散使奴隶劳动效率低下；人口增长、城市兴起导致的向城市的移民；奴隶来源枯竭、奴隶的反抗逃亡等。请参见：D. Wyatt, *Slaves and Warriors in Midieval Britain and Ireland 800-1200*, Boston, 2009, pp. 11,12,14,15,17,18,37-46,48-50,53-55。
④ 参见 G. Bois, *The Transformation of the Year one Thousand: The Village of Lournand from Antiquity to Feudalism*, pp. 13,18,25,112。

意味着他们已摆脱了奴隶的身份；他们是否不再是奴隶应主要看他们对自己的份地是否享有使用权和收益权。而这主要由两部分构成：使用土地和转让土地。博伊斯认为，比德等人列举的 Servi、Servus 等身份的农户将其份地传给后代或转让给他人的例证主要发生在教会、修道院、王室及大贵族的领地上，而不是发生在小贵族的地产上。"而小地产组织很重要，它所拥有的人数比大地产多。为什么奴隶制度保留在小地产上而不保留在别处？"博伊斯回答说，"因为小地主不同于伯爵和教会，后者有足够的权力奴役自由人，迫使他们提供劳役"，自由人与奴隶毗邻而居，两者的"生活条件日趋一致"，"相互融合、通婚"。因此，"大地产是个熔炉"，在它里面，"一个新的农民阶级铸成了"。小地产则不同，"小地主所具有的权威只有私人性质，只限于自己的家庭。于是，他们就充分利用这一权利，阻碍着封建革命"。虽然，他们的奴隶也被分居，但分居的奴隶并不能按其意愿将份地转让给他们的后代或他人。"我们掌握的几百件土地转让的资料中，没有一个 Servus 参与其中"。这说明，"10 世纪时，他们还无权将财产遗传下去"。此外，还没有资料能够证明 10 世纪的分居奴隶能够参与公共生活、出席法庭、成为僧侣，也没有证据说明他们的赋税已被固定下来。据此，博伊斯认为 Servus 和 Servi 仍是奴隶，而不是农奴。同时，他一再强调，作为一种体系的奴隶制度是否消亡不能仅限于奴隶本身、奴隶与其主人之间的生产关系，也是"一个包含着社会各个阶级、各个集团的心理状态"，我们不能"总是认为一种社会组织能够离开其它社会组织而单独消失"，而必须"把握社会整体的结果"。[①]

然而，尽管博伊斯不同意德比分居奴隶即是农奴的观点，但他也认为将奴隶分居、安置在份地上"是一个决定性的步骤，它带来了奴隶制度消亡的种子，因为它授予奴隶以自治权，促进了奴隶的社会地位的提高"。同时，"作为一个明显的佃农，拥有租赋负担，从而将其置于了一个可被同化吸收地位的前封建生产关系上"。还说，"封建主义是城乡小生产的时代，是一个以小家庭为生产基础的时代"，"不抓住这个关键事实，就不可能了

---

① G. Bois, *The Transformation of the Year one Thousand：The Village of Lournand from Antiquity to Feudalism*, pp. 157,15,14,32.

解封建主义的实质"。① 这种认识，与其他中世纪史学者是一致的。例如，
埃尔·多克斯说，分居奴隶的实际情况与奴隶是相当不同的，"他们在家里
和劳动中享有相对的自由，这些不同表明了向农奴的转化。更重要的是，这
些变化表明自由佃农与分居奴隶之间几乎没有什么不同"。因为"一个完整
的农民的农业的重心在其有个小家"，"获得一个真正的独立的居所"是
"全部问题的核心"②。

　　为什么断言分居是一个决定性的步骤，奴隶享有自治权就播下奴隶制消
亡的种子？为什么说分居奴隶有一个家是全部问题的核心？这种同语反复显
然是指分居已经使昔日的奴隶对其劳动力拥有部分的使用权。从权利的属性
上讲，他已从古罗马的那种典型的群居奴隶所拥有的单纯的权利客体，转变
成了一种拥有双重权利属性的劳动者，既是权利客体，也是权利主体：和农
奴一样，在耕种自己的份地，豢养自己的家庭时，对其劳动力拥有使用权。
因而也就和农奴一样，拥有了"一个使自己作为阶级而逐渐获得解放的手
段"，因为无论是财产私有权，还是人身自由都是从权利主体中萌生出来
的，没有权利主体，也就没有财产私有和人身自由。据此，就足以说明史家
们断言分居是决定性的步骤和全部问题的核心是有充分道理的，也表明大家
在如何区分奴隶与农奴上并没有大的分歧，它们都符合前述的划分奴隶和农
奴的标准。至于小贵族地产上的分居奴隶对其份地有无继承权、转让权，博
伊斯事实上已做出了回答。虽然他"掌握的几百件土地转让的资料中，没
有一个 Servus 参与其中"，但那时的史料又有多少分居的奴隶的子孙因其祖
辈的份地被奴隶主收回而又回到了奴隶的地位的记述？答案无疑是否定的，
"这从领主的自营地不断萎缩中可得到证实"③。更何况博伊斯自己也认为：
"十世纪奴隶还没有确立对其土地的代代相传的继承权，但无可怀疑的是，
主人像后来对待农奴那样，将奴隶安置在同一块土地上；有时甚至在其死
后，将其土地授给奴隶的后代。于是，久而久之，奴隶家庭会将自己生活其
上的这块土地看作是他们自己的。假使这样的情况先前不是那么广泛，那

　　① 　G. Bois, *The Transformation of the Year one Thousand*: *The Village of Lournand from Antiquity to Feudalism*, pp. 157,22,23,17.

　　② 　P. Dockes, *Medieval Slavery and Liberation*, pp. 11,96.

　　③ 　M. M. Postan, H. J. Habakkuk, ed., *The Cambridge Economic History of Europe*, V. 1, p. 251.

么，土地的这种遗传将是不可理解的。"① 他的这一看法符合史实，因为"为了耕种的利益"，领主们只好让分居奴隶将"他所耕种的份地传下去，以便刺激农业劳动者的积极性"。因此，有史家说："虽然最初，他们很多人都是在任凭他人摆布的条件下持有土地的"，"但是，实际上所有这些人最终都能代代保有他们所耕种的土地"。② 可见，认定将奴隶分居，安置在份地上是奴隶成为农奴的关键的一步是无可置疑的。因为它使劳动者对其劳动力无任何使用权的状态进步到享有部分使用权的地位，而这一地位恰恰是奴隶所没有的。至于他们的份地能否自主转让，所承担的赋税是否固定，那仅是他所享有的使用权的范围的大小、时间的长短、能给他带来的收益的多少的问题，而不是有无的问题。它涉及的是量变而不是质变。质变就是分居。这正如波斯坦所说，分居的奴隶"在付租和服劳役之后，要有剩余时间耕作自己的土地，否则，他既不能生存也不能付租"。而"作为一个耕作者必须让他拥有一些权利"。"他有自己的家庭，他是家庭的头。他甚至拥有一些耕作的劳动力。这些说明他已不可避免地从其主人的专制权利下挣脱了出来。使他既是奴隶，也是佃农。结果，他越来越多地成为佃农而不是奴隶"。据此，波斯坦强调说："奴隶份地的兴起的一个完整的解释是奴隶制度和奴隶的消亡。"③ 至于产权制度之外的一些问题，不能出席法庭、不能出席自由人的集会，不宜进教堂等就更不是区分奴隶和农奴时所考虑的问题了。因为产权制度是社会的基础，而劳动力的使用权又是这一制度的核心，随着这一核心制度的改变，其他社会制度的转化仅是个时间问题。或许正是这一缘故，博伊斯并没有认定生产奴隶一直延存到公元 1000 年之后。他说，"在我看来，真正的结果并不是奴隶制度的结束，而是全部奴隶体系的终结，这发生在公元 1000 年前后"。公元 1000 年前夕，奴隶们已到达与农奴

① G. Bois, *The Transformation of the Year one Thousand: The Village of Lournand from Antiquity to Feudalism*, p. 19.

② ［法］P. 布瓦松纳：《中世纪欧洲生活和劳动（五至十五世纪）》，潘源来译，商务印书馆 1985 年版，第 141、142 页；［比］亨利·皮雷纳：《中世纪欧洲经济社会史》，第 56 页。

③ M. M. Postan, H. J. Habakkuk, ed., *The Cambridge Economic History of Europe*, V. 1, pp. 248, 249, 253.

合一的门槛，两者所经历的漫长的融合，已经"到达了这个过程的终点"①。
这表明，尽管学者们在奴隶与农奴的划分的标准上有些分歧，但所涉及的仅
是生产奴隶消亡的时间，相隔不过百年，因此，最迟在公元1000年左右。②

　　时间相隔百年，主要是当时商品经济尚未复苏，各地的经济、社会差异
很大，奴隶解放的进度因此大不相同③；而学者们所占有的史料又来源于不
同的国家和地区，再加上有的学者从法律、名称等角度来定义奴隶，以致出
现了这一局面。从全西欧的范围看，上述结论也是指当时西欧的主要地区，
或曰中心区域，即法国、德国和意大利中北部。④　而边缘地区，如爱尔兰、
英格兰、苏格兰、威尼斯、葡萄牙、西班牙及其近海的巴利阿利群岛、西西
里岛等，或因经济、文化落后，或因与异教统治区毗邻，相互来往密切；或
就是异教统治区，如西班牙的中南部，则仍有生产奴隶和奴隶贸易，即使没
有古罗马那样典型的群居奴隶而只有分居奴隶，分居奴隶向农奴的转化也远
未完成。诺曼人侵前的英国，即是一个经济、文化和社会进程远远落后于其
海峡对面的西欧边缘地区，又战乱频繁，因此，1086年编辑的土地调查册
上，还有9%的人口被登记为serui、bouarii和ancillae，一些史家称他们为奴
隶。实际上，由于教会蓄奴非法思想的影响，"在盎格鲁·撒克逊时期的
600年历史中，奴隶一直发展不起来"，日耳曼人的奴隶制度的那种温和的
特征依然健在，故serui、bouarii和ancillae都有自己的家庭，⑤　并且能够维

---

①　G. Bois, *The Transformation of the Year One Thousand*: *The Village of Lournand from Antiquity to Feudalism*, pp. 31,32.
②　参见 M. M. Postan, H. J. Habakkuk, ed., *The Cambridge Economic History of Europe*, V. 1, p. 250; P. Bonnassie, *From Slavery to Feudalism in South-Western Europe*, Cambridge University, 1991, pp. 6－7,335, 336。
③　参见 A. E. P. David, *Slavery in Early Medieval England*: *From the Reign of Alfred until the Twelfth Century*, Woodbridge: Boydell, 1995, pp. 257,236。
④　参见 D. Wyatt, *Slaves and Warriors in Midieval Britain and Ireland 800－1200*, Boston, 2009, p. 12。
⑤　参见 A. E. P. David, *Slavery in Early Medieval England*: *From the Reign of Alfred until the Twelfth Century*, pp. 46,47,244,245,253; D. Wyatt, *Slavery and Warriors in Midieval Britain and Ireland 800－1200*, pp. 25,30,32,37; 蒋孟引主编：《英国史》，中国社会科学出版社1988年版，第71页；加罗林时期，西欧大陆有许多叫 servi、mancipiar 的农民，此名称仍是罗马时期的奴隶称呼，但实际上，他们都已有自己的家庭和份地，故史家们认为他们实际情况已类同 serf，而不同于当时尚存在的视为牲畜的奴隶，请参见 P. Anderson, *Passages from Antiquity to Feudalism*, London NLB, 1974, p. 141。

持自己的生活①；除了一天为自己劳动外，其余时间都必须为领主干活，故是领主自营地上的主要劳动力，充任犁地人、牧羊人、挤奶工等等。而领主"除了按规则给他们报酬外，还给了他们一小块份地，使他们能安置其家庭"。因此，犁地人拥有自己的犁队，挤奶工有自己的奶牛，可以购置犁、牛乃至家产，并能用家产来赎身为自由人。② 故此，很多学者认为他们实际上已不是原来意义上的奴隶了，而是一种职业称谓；他们和其他人在法律上、经济上界限已变得很模糊了。③ 如按上述说法，他们实际上已赢得了从奴隶到农奴的"决定性步骤"。到 12 世纪初，连这种分居奴隶在英国也残存无几了。④ 可见，尽管 11 世纪后半期英国还有人被称为生产奴隶，但这些人在解放的道路上迈出了关键性的一步并不晚于南欧的同侪，区别仅是他们与其他人的融合晚于后者，因此，末日调查书及其之后一些的资料并不影响西欧生产奴隶于公元 1000 年左右消失的结论。

通常来讲，中世纪奴隶制消亡在西欧应是常识，因为并非中世纪史专家的恩格斯也知悉此事；而其所在的年代，也恰是新大陆的奴隶制度的盛世，但亚当·斯密却在那时向世人发出了警告，揭示了奴隶制度的种种缺陷，并指出它就是因为这些缺陷而在大部分欧洲消失。至于它"是什么时候发生的，是怎样发生的，在近代历史中，是最难稽考的事件之一"⑤。同代的学者 J. 米亚尔（John Millar）接手了这一难题，考察了中世纪西欧生产奴隶的消亡及其原因，认为主要是土地的庄园化导致大地产的分散而使奴隶劳动无效率所致。近代奴隶贸易被废除后，一些英国史家欢呼这是基督教文明的胜利和英国的传统，并将中世纪时西欧生产奴隶的消亡也归功于基督教。⑥ 18

---

① 参见 J. Gillingham, ed., *Anglo-Norman Studies*, V. XXⅢ, Suffolk, 2000, p. 341。

② 参见 D. Wyatt, *Slaves and Warriors in Midievial Britain and Ireland 800 - 1200*; pp. 25, 37; R. H. Hilton, *Bond men made free*, p. 57; A. E. P. David, *Slavery in early medieval England: From the Reign of Alfred until the Twelfth Century*, pp. 138,191,194,195,197,198,202,203,206,207,234,237,238,242,243。

③ 参见 A. E. P. David, *Slavery in Early Medieval England: From the Reign of Alfred until the Twelfth Century*, p. 254。

④ 参见 E. Lipson, *The Economic History of England*, V. 1, London, 1929, p. 49; R. H. Hilton, *Bond men made free*, p. 58; J. Gillingham, ed, *Angle-Norman Studies* V. XXⅢ, pp. 345,346。

⑤ ［英］亚当·斯密：《国民财富的性质和原因的研究》上册，第 355—356 页。

⑥ 参见 D. Wyatt, *Slaves and Warriors in Midievial Britain and Ireland 800 - 1200*, Boston, 2009, pp. 10-16。

世纪的这些思想，尤其是斯密和米亚尔的思想深刻地影响了著名的法国学者马克·布洛赫。二战期间他撰写了著名的《古代奴隶制度是怎样和为什么终结的？》一文，将其收入专门研究奴隶制度和农奴制度衰亡原因的论文集《中世纪的奴隶制度与农奴制度》，并在他的另一部名著《法国农业史》中写道："加洛林时代绝大多数的奴隶是佃农，如同人们所说的 Cases（Casati），就是说他们拥有自己的住所，拥有一定的耕地。只有一小部分还保留奴隶地位，而大部分已获得自由，条件是继续留在采地上生活。"之后，"由于奴隶补充来源断绝，它已经彻底消亡了。当然，战争还未断绝。不过基督徒再也不允许以战争谋取基督教徒的奴隶了。宗教观点使所有基督教团体的信徒成为同一个大家庭的成员，他们之间决不允许互相奴役：它只允许将非基督教徒或者——有时怀着犹豫——分立派教徒置于奴役地位。基于此理由，在中世纪只有对非基督教或非天主教徒的侵袭中容易获取可怜的果实的地区，才能找到数量可观的奴隶，日耳曼东部边境，西班牙的光复战争，还有那些濒临地中海的、有航船将混杂的人口投入市场的地区：由鞑靼人或拉丁人的海盗船带回的非洲黑人、'黄褐色'的穆斯林、希腊人和俄罗斯人"。①

直到 20 世纪 60 年代，布洛克的观点才产生了重大反响，一些学者才开始关注中世纪西欧生产奴隶消亡，探讨消亡的原因。深入研究了英国、西班牙、斯堪的纳维亚等一些国家和地区的奴隶制和奴隶贸易的情况，出版了一些论著。② 如 H. 路英的《盎格鲁·撒克森英国和约曼入侵》、D. 威阿特的《中世纪英格兰和爱尔兰的奴隶和骑士》③、J. 希克斯的《经济史理论》④、O. 帕泰森的《奴隶制度和奴隶社会交际的死亡》⑤、P. 波恩阿谢的《南西欧的奴隶制到封建制》⑥，等等。其中，P. 波恩阿谢的著作被视为继布洛克之

---

① M. Bloch, *Slavery and Serfdom in the Middle Age*: *Selected Essays*, London, 1975. pp. 18,19,24; 另参见 [法] 马克·布洛赫：《法国农村史》，余中先、张朋浩译，商务印书馆 1991 年版，第 82、83、110、111 页。

② 参见 J. Gillingham, ed., *Anglo-Norman studies* V. ⅩⅩⅢ, pp. 332-338。

③ D. Wyatt, *Slaves and Warriors in Midieval Britain and Ireland 800-1200*, pp. 14,15.

④ [英] 约翰·希克斯：《经济史理论》，第 118、119 页。

⑤ O. Patterson, *Slavery and Social Death*, Harvard University, 1982.

⑥ P. Bonnassie, *From Slavery to Feudalism in South-Western Europe*, Cambridge University, 1991.

后论述奴隶消亡问题的最为重要的著作。其搜集的地区史料极其丰富，论述全面且深入。他对诸家所讲的生产奴隶消亡的原因进行了综述和分析，认为是多种因素的合力作用的结果：教会释奴的主张解禁了人们的思想；奴隶被允许参加圣事唤起了他们的自由意识；战火逐渐停息，奴隶来源枯竭；长途贸易稀少，经济自给性增强，农业技术进步，大地产的耕作方式和奴隶劳动需要重新安排，以致奴隶被分居和劳役制庄园的兴起；奴隶与其他人婚配和混居、互领份地；等等。并对西欧各个地区生产奴隶消亡的具体时间进行了考察。全面来看，生产奴隶制度崩溃于 10 世纪后半期，消失于 10 世纪末 11 世纪初；各地奴隶消失的具体时间可以追溯清楚。如意大利的拉丁姆地区（Latium）是 1031—1032 年，西班牙的加泰罗尼亚（Catalonia）是 1035 年；北欧奴隶制度建立得晚一些，消失则要慢一些，如英国，到 1066 年，那里还有 10% 的人口被称为奴隶。① 其他著作则各有侧重。P. 多克斯的《中世纪的奴隶制度和奴隶的解放》用阶级斗争的观点解释了奴隶的消亡，法国学者 C. 韦林丹的专著《中世纪欧洲的奴隶制》则从法律角度探讨了这一问题。② 英国著名的地方史专家 C. 戴尔的《变化社会中的领主和农民——680—1540 年的伍斯特主教区的地产》，法国学者 G. 博伊斯的《公元 1000 年时的转型——卢恩德村从古代社会到封建社会》，则分别对英国的伍斯特主教区和法国孔德地区的卢恩德村作了个案研究，都认定在公元 1000 年左右，这些地方"已看不见奴隶了"。③

　　虽然，在生产奴隶消亡的原因等问题上，学者们有着不同的看法，但是，这并不否定他们都无不认同布洛克的生产奴隶于公元 1000 年前后在西欧主要地区已经消亡了的结论④，以致它被许多史学名家作为常识写进其史学通著和专著中。

　　蜚声世界史坛的经济史专家波斯坦在其名著《剑桥欧洲经济史》中辟

① 参见 P. Bonnassie, *From Slavery to Feudalism in South-Western Europe*, pp. 2–15,32,34,37,39–41,43–51,53–58,74。

② 参见 P. Dockes, *Medieval Slavery and Liberation*, pp. 10,11; Charles Verlinden, *L'Esclavage dans l'Europe médiévale*, Bruge, 1955。

③ C. Dyer, *Lord and Peasants in a Changing Society*, *The Estate of the Bishopric*, 1987, p. 97; G. Bois, *The Transformation of the Year one Thousand*:*The Village of Lournand from Antiquity to Feudalism*, p. 128.

④ 参见 P. Bonnassie, *From Slavery to Feudalism in South-Western Europe*, p. 316。

有专章"奴隶制度的衰亡",专门论述这一问题。他说,在墨洛温王朝的时期,奴隶仍很普遍,而在两三个世纪后的"加罗林朝时期的调查册中,奴隶的重要性已经锐减。奴隶在西方的绝大部分地区已是一个没有意义的角色,他们仅限于做家仆"。"到 12、13 世纪时,领地上那些人数比加罗林时期的奴隶多得多的栅户农和非栅户农,尽管他们仍缺乏法律上所说的自由。但是,他们既不是法国或意大利的 Serf,也不是德国的 Eigene,也不是英国的奴隶 Bondmen,甚至不被看作是奴隶的后裔。已没有法律意义上的奴隶,因为他们并不被看作财产而属于他的主人。他们和其主人的关系被习惯所规定。他们有自己的财产,没有人能忽视他们作为人所拥有的权利。在经济上,残留的奴隶制成分则更少。他们不住在领主的土地上,他们有自己的份地。为此,他们为领主提供实物租赋和劳役,因此,他们不是佃农,就是德国独有的那种名为'日日服劳役的农奴'(Tadeschalken;Servi Cotidiani)。尽管像他的名字所说的那样,每天都要服劳役,但是,实际上,他们更多的还是像一个劳工,而不是奴隶。他们有自己的栅屋和份地"。"易北河以东的地区虽然仍然盛行诱拐绑架俘虏之风","但对这些人也都是将其作为佃农安置在封土的荒地上,而不是将其作为领主的家内奴隶"[1]。

享誉法国中世纪史坛的 P. 布瓦松纳,在其名著《中世纪欧洲生活和劳动》中也辟有"奴隶制的废除"和"奴隶制的消灭和变化"的专节论述西欧生产奴隶制度在西罗马帝国灭亡前后的两次消亡。[2] 著名的美国中世纪史专家汤普逊在其名著《中世纪经济社会史》中反复讲道:大约在 8 世纪以后,"奴隶制度已迅速衰落,以致到了 1000 年,作为一个制度来看,实际上已微不足道。我们所看到的奴隶劳动者,不是田间劳动者,而是家庭仆役。庄园经济的惯例是不容许欧洲奴隶制度继续保持的"[3]。

此外,如 G. 德比的名著《欧洲经济早期的发展》、R. H. 希尔顿的《农奴获得自由》、E. 李普森的《英国经济史》、R. 多赫德的《西方中世纪早期的经济和社会》、D. 坎尼顿的《中世纪英国人的生计》、C. 布鲁克的《中世纪的欧洲》、W. C. 乔丹的《中世纪盛期的欧洲》、J. 弗莱克恩腾的《中世

---

① M. M. Postan, H. J. Habakkuk, *The Cambridge Economic History of Europe*, V. 1, pp. 253,254.
② 参见［法］P. 布瓦松纳:《中世纪欧洲生活和劳动(五至十五世纪)》,第 138、96 页。
③ ［美］汤普逊:《中世纪经济社会史》下册,第 381 页。

纪早期的德国》、M. 布尔的《中世纪时的法国》、① 莫尔顿的《人民的英国史》、约翰·克拉潘的《简明不列颠经济史》、马克斯·韦伯的《世界经济通史》、皮朗的《中世纪欧洲经济社会史》、苏联历史学家波梁斯基的《外国经济史（封建社会)》和中国学者马克垚的《西欧封建经济形态研究》、蒋孟引主编的《英国经济史》也都明白无误地记述了这一史实。②

　　学者们肯定了生产奴隶的消亡，但也同时指出在此期间，西欧的奴隶贸易却方兴未艾、"奴隶贸易达其顶峰"，12 世纪初，爱尔兰还是奴隶贸易，都柏林还有奴隶市场。然而，"这一史实给人的印象却是：奴隶是用来出口的，而不是留在本地使用"，因此，它不仅不能说明此时的西欧仍有生产奴隶，相反，是西欧生产奴隶已彻底消失的有力证据。因为这些奴隶贸易的货源虽然来于西欧的边缘地带，如爱尔兰、德国东部与斯拉夫人接壤的边区等，但这些奴隶并不是用来满足西欧内部的需求，而仅是出口贸易或过境贸易。如犹太人在德国东部购买了大量的斯拉夫战俘后，押送这些奴隶穿过德国、法国，或沿着法国边境直达港口。然后，从那里装船运往拜占廷，更多的则是运往穆斯林的西班牙，将其作为给东方商人的主要回头货。③ 为什么不将奴隶在西欧就地销货，而要冒着种种危险远销数千里之外？其原因是不

---

　　① Georges Duby, *The early growth of The European economy*, pp. 39, 90; R. H. Hilton, *Bond men made free*, pp. 57, 58, 86; E. Lipson, *The Economic History of England*, V. 1, p. 49; R. Doehaerd, *The early Middle ages in the West: economy and society*, New York, 1978, pp. 114, 124; C. Brooke, *Europe in The central Middle Ages, 962–1154*, Pearson Education Limited, 2000, pp. 82, 83, 108–110; J. Fleckenstein, *Early medieval Germany*, Oxford, 1978, pp. 36, 37; J. Walvin, *Slavery and the slave trade: a short illustrated history*, London, 1983, pp. 13, 18; W. Jordan, *Europe in the High Middle ages*, London, The penguin group, 2001, pp. 10–12; D. Christopher, *Making A Living in the Middle Ages: the Peolple of Britain 850–1520*, Yale University, 2002, pp. 36, 37, 90, 97; M. Bull, *France in the central Middle ages*, Oxford University, 2002, pp. 91–93.

　　② ［英］莫尔顿：《人民的英国史》，谢琏造等译，生活·读书·新知三联书店 1958 年版，第 47、49 页；［英］约翰·克拉潘：《简明不列颠经济史》，第 105、106 页；［德］马克斯·韦伯：《世界经济通史》，姚曾廙译，上海译文出版社 1981 年版，第 70、57 页；［比］皮朗：《中世纪欧洲经济社会史》，第 56 页；［苏］波梁斯基：《外国经济史（封建社会)》，北京大学经济史经济学说史教研室译，生活·读书·新知三联书店 1958 年版，第 146、161、162 页；［美］汤普逊：《中世纪经济社会史》下册，第 363、381、161、162 页；马克垚：《西欧封建经济形态研究》，人民出版社 1985 年版，第 171 页；蒋孟引主编：《英国经济史》，中国社会科学出版社 1988 年版，第 71、83 页。

　　③ 参见 D. Wyatt, *Slaves and Warriors in Midieval Britain and Ireland 800 – 1200*, pp. 4, 22; M. M. Postan, H. J. Habakkuk, ed., *The Cambridge Economic History of Europe*, V. 1, pp. 249, 250; P. Dockes, *Medieval Slavery and Liberation*, pp. 140, 141, 147.

言自明，它与近代的西欧殖民主义者将黑奴运销美洲而不是就近运往欧洲相同：西欧没有生产奴隶，没有将奴隶用于务农经商做工的社会条件，当然也就不需要外来的奴隶以补充其损耗。

词汇的变化也反映了这一史实。一是表达奴隶的古典拉丁文词汇Servus、Mancipium 不再使用，或很少使用；就是使用，也"不再意味着一个作为动产的奴隶，而意味着一个农奴了"。二是专指奴隶的名词"Slave""Sclavus""esclave""esclavo""shiavo""sklave"是各地的方言。之中流传较广的"Slave"源于斯拉夫人的名称 Slav，这是因为过境贸易贩卖的大多是在边境俘获的斯拉夫人。[1] 三是罗马时代对纯粹自由人的通称"ingenuus"同中世纪早期人们对获释奴隶或获释奴隶后代的称呼"liber"（获自由之人）之间的差别逐渐消失，"这两个词差不多变成了同义词"[2]。词汇的这些变化表明，被释放的奴隶和他们的后代已和农奴融为一体，作为一个阶级的生产奴隶已经不复存在了。

但是，在公元 1000 年后的相当长的时间内，家奴（Provenda）不仅是见之于西欧各地庄园，而且"在庄园经济中起过十分重要的作用"，这又作何解释？

事实上，这些名为家奴的劳动者是从"土地很少的小屋农中招集来的"，他们在领主那里的"劳动是农奴义务"，"是徭役的特殊形式"。8 世纪末的查理大帝颁布的"田产法规"中曾指出，"他们应出色地完成自己的职务以代替手工劳动"。在服役期间他们"可以不必缴人丁税和服徭役等等"，还可以获得"食物或货币"；或"得到一英亩播种小麦和一英亩播种燕麦的土地，或者有权把自己的牲口同主人的畜群一起放牧，并在秋季田野工作期间得到口粮"。负责看守主人畜群的家奴，"有时得到一英亩裸麦地、一斗大麦、羊羔，最好的羊毛，并且可以在一定期间在自己的土地上修筑关

---

① 参见［法］马克·布洛赫：《法国农村史》，第 100、111 页；M. L. Bush, ed., *Serfdom and slavery*, Long Limited, 1996, p. 81; G. Duby, *The early growth of The European economy*, pp. 39, 90；［美］汤普逊：《中世纪经济社会史》上册，第 326 页。

② ［法］马克·布洛赫：《封建社会》下卷，李增洪等译，商务印书馆 2005 年版，第 477—478 页。

家畜的畜栅，也就是说可以利用家畜的粪便替自己的土地施肥"。① "十三世纪时，大部分家庭奴仆也都订立了契约并付给酬劳：欧洲南部地区的公证册上，保存了这种订明有服役条件的契约"。"报酬不错：家仆能得到每年口粮和现金补贴。数字随责任大小有变动，后者作为添置衣物和购置与面包同食的副食品"。"1338 年时，在普罗旺斯的奥斯皮塔莱尔农家劳动的家仆生活比在独立小块土地上的劳动的农民要好得多；最重要的是他们生活安定，因为他们收入不受气候恶劣和收获好坏的影响。十四世纪中叶以后，似乎由于人口减少和随后农村无产者重归农村，结果造成家仆工资上涨，劳动力缺乏和它们人数的普遍减少"②。驰名英国的诺福克庄园中有各种各样的奴仆，同庄园管家、收租吏等庄园官员一样，他们都是农奴，免除劳役之外，都要领取报酬，而管家还有年薪。③ 德国农奴的情况则更有趣，那里有很多人不仅名为奴仆，还受"仆役法"的管辖；然而，他们却又都"取得了 Ritter（骑士）的称号"，有的甚至已"上升到王侯般的地位"。"如埃尔巴赫、瓦尔德贝格、罗伊斯、利希滕施泰因和博兰登家族"，等等。④

实为农奴、雇工、骑士甚至贵族，却名为奴隶，这似乎奇怪的事情，实际上并不奇怪。它只能说明，原来有关奴隶的词汇尽管当时有的还在使用，但其内涵已发生了根本性的改变。马克·布罗赫说："那些将奴役一词放在嘴头上的人自己都不明白是怎么回事，这古老的词就已渐渐演变成与其原义相去甚远的含义。蛮族入侵之后，依附关系在各处都急剧增加，但人们没有创造新的词汇来反映新的关系，复杂的词汇逐渐形成，不过主要是大量借用了奴隶制度的词汇。比如当说到非世袭的对上关系时，人们用 Vassal（附庸）一词，它来自凯尔特语，后混入罗马语，意指奴隶。附庸的义务被称为'Officium'。""加洛林时代，法律用语严格地称奴隶为'Servi'，而口语

---

① ［苏］波梁斯基：《外国经济史（封建社会）》，第 63、262、277 页；J. Fleckenstein, *Early medieval Germany*, p. 37；G. Duby, *Rural Economy and Country life in the Medieval West*, pp. 202, 203。

② ［意］卡洛·M. 奇波拉：《欧洲经济史》第 1 卷，第 145 页。

③ 参见 F. G. Davenport, *The Economic Development of Norfok Manor 1086-1865*, New York, 1967, pp. 22-25, 44, 50。

④ ［德］埃里希·卡勒尔：《德意志人》，黄正柏、邢来顺、袁正清译，商务印书馆 1999 年版，第 86、87 页。

中已把领主所有的臣仆皆称为'Servi'。"① 可见，以家奴的字眼仍被用来称呼农民而否认生产奴隶的消失，只能表明自己被"家奴"这个字眼的音和形所禁锢，而不了解其内涵所发生的本质变化。

但是，当时世界其他地区都盛行奴隶制度，又毗邻蓄奴制度发达，对奴隶的需求十分旺盛的伊斯兰国家，再加上奴隶是奴隶主拥有权力、尊贵、威望的标志，是其满足性需要和获得孩子的工具，故此，在与伊斯兰有着密切的商业往来的西欧的边缘地区，如西班牙、爱尔兰、威尼斯、热那亚等地始终都有奴隶②；然而，即使在那里，"奴隶商品也极为稀少、极为昂贵，一般都不用于农田垦种劳动和手工业劳动，而只是一些'家仆、婢女、姘妾'、角斗士、魔术师等"。③

即使有奴隶，却不介入生产，那这种奴隶对公元1000年后的西欧的生产关系和产权制度就不发生任何影响了。马克思说："单纯的家庭奴隶，我们这里都不予以考察，他们相当于现在的仆役阶级。"④ 埃尔·多克斯说："有这样的社会，在那里，奴隶主要是从事家庭服务，很少用于生产。奴隶被用作奢侈品、性用品、装饰品、财富的标志；他们甚至可以像非洲的奴隶社会那样，作祭品备用。但这仅是一种奴隶制度，而不是奴隶体制。"在"奴隶体制中，奴隶必须被置于生产关系之中；奴隶必须是生产力的创造者，必须是主人收入的源泉"；"主人同奴隶的关系因而成了生产关系"，"因此，我们应该将那些不是生产力的创造者的奴隶置于一边"⑤。

综上所述，公元1000年后，生产奴隶已从西欧主要地区消失，奴隶制

---

① ［法］马克·布罗赫：《法国农村史》，第106、107页。

② 参见 D. Wyatt，*Slaves and Warriors in Midieval Britain and Ireland 800-1200*，pp. 19,20,39,50,51,395-400。

③ 参见［法］马克·布罗赫：《法国农村史》，第106、107页；P. Dockes，*Medieval Slavery and Liberation*，p. 141；M. M. Postan，H. J. Habakkuk，ed.，*The Cambridge Economic History of Europe*，V. 1，p. 250；Mare Bloch，*Slavery and Serfdom in the Middle ages*，p. 30；M. Bloch，*Slavery and serfdom in the Middle age：selected essays*，p. 30；［美］詹姆斯·W. 汤普逊：《中世纪晚期欧洲经济社会史》，徐家玲等译，商务印书馆1992年版，第680、681页；佩里·安德森说，热那亚和威尼斯仅在东地中海的海外殖民地中使用了奴隶劳动力，但城市中奴隶则全是家仆，其中绝大多数为女性。因此，在意大利国内，奴隶制从未在经济上起过作用。请参见［英］佩里·安德森：《绝对主义国家的系谱》，第174页注16。

④ 《马克思恩格斯全集》第24卷，人民出版社1972年版，第539页。

⑤ P. Dockes，*Medieval Slavery and Liberation*，pp. 9,10.

生产关系已成为历史是一个毋庸置疑的史实。

2. 蓄奴习俗、蓄奴思想和蓄奴法律的根除

随着生产奴隶的消失，社会上原来盛行的蓄奴习俗、蓄奴思想和蓄奴法律亦已烟消云散，从而使西欧丧失了奴隶制度生存的社会环境和文化氛围。

首当其冲的是民间习俗。当大大小小的奴隶主们将奴隶释放和分居时，就意味着他们对奴隶制度的看法已发生了变化。这种变化最初可能限于经济上的考虑，从过去认定使用奴隶划算到现在认为蓄养奴隶划不来。随着经济上的这一考虑的广泛传播及现实生活对这一考虑的验证，人们也就不再看重奴隶和农奴之间的差别了，因为这种差别已毫无经济意义了，民间习俗中也就不再有奴隶与农奴的区分，奴隶制度也就渐渐地从民俗中消失了。从9世纪到10世纪早期，"官方术语、法律规则及严格的法律程序仍然很严格地在自由人和奴隶、佃农之间划一道分界线，但习俗和谚语却早已将这条线抹掉了"。[①]

尽管教会曾经极力为奴隶制度辩护，他们曾经宣扬奴隶是被邪恶所控制的人，可能会干坏事，为了责罚他们，应允许有教养的人对他们进行统治；奴隶制度是由于奴隶的原罪超越了常人而产生的一种惩罚方式等等。但是，不要忘记，基督徒们景仰的"上帝之城"，"千年王国"中并没有奴隶的位置。《彼得启示录》中就明示："大家共有的大地将不再用墙和篱笆隔开……将没有穷人，也没有富人，也没有暴君，也没有奴隶，也不再有大小尊卑之分，没有国王和王子，所有的男人将共同在一起。"[②] 故此，基督教的原始教义中不乏"上帝面前人人平等""爱人如爱己""上帝怜爱受苦受难、身负罪名、人所共弃、被认为没有资格蒙受救恩的人"之类的信条。故教会内部并非铁板一块，虽然教会和修道院拥有大量奴隶，并且以各种借口拒绝释奴；但革新派也层出不穷，[③] 到深山老林中过清贫生活的修士成千

① M. M. Postan, H. J. Habakkuk, ed., *The Cambridge Economic History of Europe*, V.1, p.253; Hilton, R. H., *Bond men made free*, p.248.

② 《新约·逸经》。

③ 拒绝释奴的理由主要是教会和修道院的奴隶是上帝的财产，他们无权放弃；且释奴会使他们无力救济穷人。而改革派释奴的理论依据原始教义外，也源于斯多葛学说和摩门教的上帝不喜欢奴隶制的教义，同时，也为了打击泛神论。请参见 P. Bonnassie, *From Slavery to Feudalism in South-Western Europe*, pp.25-32。

上万，同情穷人和奴隶的教士大有人在。他们出于对信仰的忠诚或对奴隶的同情而坚信原始教义，主张释放奴隶甚至要求废除奴隶制度。因此"圣徒们的生活中充满了集体解放奴隶和为奴隶赎身的例子"①，他们"专注于奴隶的解放"，致使"4 世纪以后反对奴隶制的宣言认真而且接连不断"②。公元 816 年，在英格兰召开的西罗戚宗教会议上做出了一个决议：每个主教死时都应释放其所有的奴隶以拯救其灵魂。有主教们做样板，奴隶主们也就不能无动于衷。每当主人临死之时，或遇主人家某人的生辰，或逢宗教节日，都要释放大批的奴隶以拯救灵魂。11 世纪后，很多地方不仅无奴隶可放，连农奴也没有了，就释放笼中的鸽子或囚犯以代替奴隶。奴隶主们这时常用的祝词将其动机表露无遗："赦人之罪者，其罪得赦"；释奴是为了"医好我的灵魂"；"我因为敬畏全能的上帝并要灵魂得治好，故释放你，望我们的主耶稣基督之天使，让我在圣人中间，占一个位置"③。第一任教皇格列高里也是其中一员。他曾写信给高卢的一个祭司，要他就地筹款以救赎贩卖到高卢的英格兰奴隶。祭司遵令照办，并将赎回的大批奴隶送到罗马，格列高里给他们洗礼并将其训练成教士，希望他们学成后能回英国布道，以解救英格兰人的灵魂，并涤除其蓄奴之恶习。一些人对他的做法感到困惑不解，他回答说："因为耶稣愿受人之苦，以恢复我们之自由，故此，我们也应当恢复人之自由；因为天然之律使人自由，而国家之律使他们变为奴隶。"④ 9世纪时的教皇尼古拉一世（Nicholas I）亦曾多次命令其部下释放洗过礼的奴隶。各级教士中这样的人物更是不计其数。公元 635 年至 651 年间在英格兰北部任主教的爱丹，也因大量释放奴隶而闻名于世。⑤ 公元 681 年，英格

---

① 参见 P. Dockes, *Medieval Slavery and Liberation*, p. 147。

② ［英］约翰·阿克顿：《自由史论》，胡传胜、陈刚等译，译林出版社 2001 年版，第 25 页。

③ C. L. Brace, *Gesta Christi：or，a History of Humane Progress Under Christianity*, pp. 246,228,230,231,237.

④ 参见 S. CharLes, *History of Medieval civilization，and of Modern to the end of the Seventeenth century*, p. 22；S. W. Duffield, *Latin Hymn-Writers and their Hymns*, New York 1889, pp. 100,101；W. N. Clarke, *An Outline of Christanity*, New York, 1926, V. 2, p. 156；C. H. Robinson, *Conversion of Europe*, London, 1917, pp. 98,99；杨昌标：《基督教在中古欧洲的贡献》，社会科学文献出版社 2000 年版，第 80—82、93—102 页。

⑤ 参见 C. H. Robinson, *Conversion of Europe*, pp. 322,323；C. L. Brace, *Gesta Christi：or，a History of Humane Progress Under Christianity*, p. 238。

兰南部一个叫尉尔夫立德（Wiefrid）的主教从国王那里获得一块赠地，上面有 87 户居民，内有 250 个奴隶。接收后，他就当即给这些居民洗礼，并当即宣布释放这些奴隶，让他们获得自由。[1]

教会和教士们不仅解放自己的奴隶，并热衷于收购市场的人和犹太人手中的基督徒战俘，给他们以自由。[2] 公元 629 年，比利时主教阿孟答斯从匈奴人手上赎回了大量的奴隶，释放了他们，并培养他们成为基督徒。649 年出任法里森主教的以利捷亚斯，曾任司库之职，他利用这一职务，常筹集巨资赎免奴隶，每次常达数百人之多。[3]

教会始终追求扩大它对世界的影响，而中世纪早期社会秩序混乱为教会按其价值观重建社会秩序，以替代世俗贵族的权威提供了一个大好的机遇，为此，教会就必须要为自己建立一个广泛的社会基础，舍掉了广大受苦受难的奴隶，这个目的就难以达到。[4]

但是，最为关键最为根本的是，作为一个居统治地位的宗教体系，它不可能与现实相对立；这就如当初它不可能无视"作为个人的教徒和作为组织的教会都是大地主、拥有大量奴隶"的现实，以致对奴隶制度从否定转为赞同一样；当它赖以安身立命的经济基础再次发生了变化之后，它也同样"不希望去颠倒已经建立起来了的社会秩序"。生产奴隶的消亡也必然会导致基督教对奴隶制度的态度的再一次变化。教会的原始教义又得到了肯定和发扬。"一点点地，教会终于同意基督徒不应再为奴隶"[5]。"教皇、主教和僧侣力求终止奴隶制"[6]。并以身作则，率先解放自己的奴隶。教会和修道院的奴隶因而率先得到解放。率先发起了教会改革运动的克吕尼

---

① 参见 M. M. Postan，D. C. Coleman，P. Mathias，ed.，*The Cambridge Economic History of Europe*，Postan，V. 2，pp. 558,559。

② 参见 R. Doehaerd，*The Early Middle Ages in the West：economy and society*，New York，1978，p. 112。

③ 参见 C. H. Robinson，*Conversion of Europe*，pp. 322,323。

④ 参见 G. Bois，*The Transformation of the Year One Thousand：The Village of Lournand from Antiquity to Feudalism*，pp. 143,144。

⑤ P. Dockes，*Medieval Slavery and Liberation*，p. 147。

⑥ ［法］P. 布瓦松纳：《中世纪欧洲生活和劳动（五至十五世纪）》，潘源来译，商务印书馆 1985 年版，第 95 页；M. Postan，Coleman，D. C. Mathias，ed.，*The Cambridge Economic History of Europe* V. 2，Cambridge University，1987，pp. 558,559。

(Cluniac) 修道院在这方面也成了领头羊，他们"对基督精神的追求强化了奴隶制度消亡的思想基础"，以致"进入克吕尼修道院的庄园，依附于克吕尼就意味着解放，因为它赋予了进入者以碌工（Beneficiary）的身份，这是一种享有人身权和其他基本权利的身份"。结果，10 世纪时，整个马孔地区的奴隶变成了基督徒。[①] 克吕尼修道院是当时教会改革运动的发起者和领导者，在它的垂范下，西欧各地教会、修道院的各类庄园中的那些谓之为奴隶的人也都拥有了碌工的身份。他们有自己的份地并且能将其传给后代，或出卖给他人。前述德比等人所举的 Servi、Servus 等身份的农户即是例证。

　　但影响最大的还是教会号召人们废弃奴隶制度，从思想上彻底地否定奴隶制度。教会公开站出来指责奴隶制度违背了上帝之法（哲人所说的自然法），禁止将洗过礼的人沦为奴隶。[②] 无数的高僧和后来成为圣徒的人公开地向奴主们呼吁，为了到达天国，应该解放他们的奴隶；尤其是"面临死亡时，应该抛弃他们在尘世间的一切财富，包括奴隶"。并给解放奴隶的行动涂上神圣的灵光：它是对上帝虔诚的表现。在异教徒无容身之地的西欧，教会的这些观念无疑就使否定奴隶制度成为社会的主体价值观。奴隶解放运动因而风起云涌[③]，大量的奴隶被捐赠给修道院或教会，10 世纪的最后的 25 年间，捐赠的数量急剧上升，公元 1000 年左右达到了顶点。[④] 而奴隶们也乘势而起，纷纷主动要求洗礼，随着基督教向乡村的不断渗透，加入基督教的奴隶们是越来越多。皮尔·图巴特（toubert）以塞宾的情况为例，说明这样的号召怎样导致了奴隶制度在城市兴起前夕的消亡。[⑤]

　　为了克服废奴的阻力，教会还强制规定："若一些基督徒俘虏了另一些基督徒则必须让他们自由"；这成了一句格言，而"这一格言又慢慢地形成

　　① 参见 G. Bois, *The Transformation of the Year One Thousand: The Village of Lournand from Antiquity to Feudalism*, pp. 15, 16, 28。

　　② 参见 M. M. Postan, H. J. Habakkuk, ed., *The Cambridge Economic History of Europe*, V. 1, pp. 248, 249。

　　③ 参见 P. Dockes, *Medieval Slavery and Liberation*, pp. 145–148。

　　④ 参见 G. Bois, *The Transformation of the Year One Thousand: The Village of Lournand from Antiquity to Feudalism*, pp. 20, 151。

　　⑤ 参见 P. Dockes, *Medieval Slavery and Liberation*, pp. 145–148。

了习俗，被确保下来"①。"这种新的限制提高了奴隶的售价"，随着基督教在欧洲的不断扩展和渗透，奴隶们纷纷洗礼，"基督徒越来越多，获得新的奴隶越来越困难"；掠奴战争也因此而在西欧绝迹。② 中世纪早期，战争时间之长、战斗之激烈、斗争之残酷是众所周知的，在这期间，无数的基督徒丢失了性命，当了俘虏。"但是，在几次大的战争和入侵之后，却几乎看不到什么奴隶"，可见，这些规定的影响之大。③

在中世纪西欧，基督教会的影响无所不在，教会抛弃了奴隶制度，蓄奴思想在西欧也就再也没有立足之地了。

废奴使基督教第一次实现了其博爱的理想，而法律的系统化则被其看作是"它体现博爱思想的自由之路"。因此，废奴促使了教会法的问世和法律的更新。"教会法律家们一致认为，奴隶制是违反自然法的"，教会法明文规定"奴隶制本身是不合法的，基督徒拥有一个基督徒作为奴隶是一项罪孽"。"应把奴隶作为人来看待"，"释放奴隶是一种虔诚和值得尊敬的行为。"④ 据此，教皇贴出布告，严令禁止掠基督徒为奴，将战俘降为奴隶，并严惩买卖奴隶者。⑤ 同时，教会还力主改善释奴的地位，并率先垂范。限定教会庄园里的分居奴隶缴纳的实物租和劳役租的数量，将分居奴隶的婚姻和家庭合法化并给予保护。教皇哈德里安四世宣布："一个农奴的婚姻无论是否得到领主的同意，都是有效的和不可解除的。"为此，教会法中确定了有效的几个必需的婚姻要件，根据这些要件，教会"承认两个奴隶或一个自由人和一个奴隶或农奴之间婚姻的有效性"。⑥ 德比对此评论说："最有影响的事情是基督教承认不自由的人拥有家庭的权利。"因为它不仅能使教会"有关婚姻和家庭的政策能有效地传播"并能确保对它的忠诚。⑦更重要的

---

① M. M. Postan, H. J. Habakkuk, ed., *The Cambridge Economic History of Europe*, V. 1, p. 249。

② P. Dockes, *Medieval Slavery and Liberation*, pp. 145-148.

③ 参见 M. M. Postan, H. J. Habakkuk, ed., *The Cambridge Economic History of Europe*, V. 1, pp. 248, 249。

④ M. M. Postan, H. J. Habakkuk, ed., *The Cambridge Economic History of Europe*, V. 1, pp. 248,249.

⑤ 参见 C. L. Brace, *Gesta Christi: or, a History of Humane Progress Under Christianity*, p. 238；［法］马克·布洛赫：《封建社会》下卷，第491页。

⑥ 参见［美］哈罗德·J. 伯尔曼：《法律与革命——西方法律传统的形成》，第392、274、275、276页。

⑦ 参见 G. Duby, *The Early Growth of The European Economy*, pp. 32, 33。

是，在法律上承认了他的家庭的合法性，事实上也就认可了这个家庭赖以生存的财产的合法性，从而也就承认了他是个权利主体，而不是不配享有这种权利的奴隶。

教会法"打破了民俗法永恒不变的神话"。它的蓄奴非法的思想和法规，以及它的旨在"保护贫困无援之人"而确立的"人性升华原则""良心原则"成了其他法律体系改革的依据；更何况，婚姻、诉讼、财产继承等更是直接受理于教会法，① 因此，教会法的问世加快了蓄奴法律从各类世俗法律体系中被剔除的步伐。

在这之前，尽管日耳曼人在其故乡实行"温和的奴隶制"，但这并不等于他们在入主罗马帝国的故土时就拒绝了这块土地上已沿袭了上千年的奴隶制度。因为"奴隶是战胜者与其俘虏之间的立约：支配俘虏，从他被俘的那一瞬间直到他死亡"②。日耳曼人在入侵过程中俘获了大量的战俘，在罗马传统的强大影响下，他们不可能杀死也不会释放这些战俘，自然会役使这些不幸者。同时，他们带进意大利、高卢和英格兰的形形色色的部落法，及其同当地原有的习俗相混合而成的民俗法，与残存在北意大利、法国南部和西班牙的所谓"粗俗罗马法"一样，"在性别、阶级、种族和年龄上"本来就"有众多偏见"。各个部落法中对同样的犯罪行为，依据犯人的阶级归属的不同而确定了不同数额的罚金。公元646年，伦巴第国王罗撒里颁布的《罗撒里敕令》中规定："一个自由人谋杀了一个自由的男人或女人，需要1200先令（solidi）赔偿金，而处死一个家仆的赔偿金仅仅是50先令，一个奴隶则只有20先令。"同时，"也禁止不同阶级的人之间（例如，自由人和奴隶、市民与外国人）缔结婚姻"。③ 入侵罗马帝国后，由于受到罗马法的巨大影响，以致在对待奴隶的问题上与罗马法就几乎没有什么大的差别。"许多规定涉及他们。如列维吉得（573—586年）王律共324条，有关奴隶规定达62条，占五分之一"④。对待奴隶也十分残酷：将他们与牲口同列，

① 参见［美］哈罗德·J.伯尔曼：《法律与宗教》，梁治平译，生活·读书·新知三联书店1991年版，第70、71、76—78页；［美］哈罗德·J.伯尔曼：《法律与革命——西方法律传统的形成》，第78页。

② P. Dockes, *Medieval Slavery and Liberation*, pp. 4-5.

③ ［美］哈罗德·J.伯尔曼：《法律与革命》，第6、64、78、274页。

④ 马克垚：《西欧封建经济形态研究》，人民出版社1985年版，第41页。

严惩逃亡者。规定奴隶不拥有法权主体所拥有的一切权利：放债、出席法庭、自由结婚，等等。①

在奴隶被释的既成事实和教会法的影响下，日耳曼各部落的领主先是默认，继而从法律上肯定了分居奴隶们对其份地和财产的继承权和转让权，并对其负担做了限制。744—748 年颁布的巴伐利亚的法律明文规定了教会属下的分居奴隶应该承担的负担，主要是些劳役租和实物租。公元 717—719 年编辑的阿勒曼（Alamans）法中也引述过这个巴伐利亚的法律。其中讲道："教会属下的奴隶应提供与法律规定一致的贡物：15 个单位的大麦酿酒；价值一个 Tremissis（货币名）的一头猪；两个单位的面包；5 只小鸡和 20 个鸡蛋；女奴应尽责地履行规定的任务；男奴一半时间耕种自己的土地，另一半时间耕种领主的自营地，所有时间均要充分利用，在自己的份地和领主自营地上各干三天。"② 同时期"伦巴地区的法律，禁止他们（分居奴隶）在没有得到同意的情况下出售他们的土地"。又同时规定："假使他认为对他的家庭有好处的话，他可以出卖他的耕牛"。波斯坦对此评价说："这是一个极具危险性和极具弹性的规定"，因为，它会使分居奴隶"不可避免地从其主人的许多强制权力下逃离"③。

7 世纪时，在意大利，"对男奴隶与女自由人的结婚也由禁止到默许，再到合法化"。学者们认为，"这种混合婚姻就是一种解放。它打破了自由与不自由的相互分离的状态，将人们带进了完全自由和完全不自由的中间状态。同时期的法律也肯定了人的价值。对遭受妇女强暴之类的事情规定了特殊的赔偿"④。女奴"在她做母亲的岁月中受到保护，并免除几乎所有一切的强迫劳役"，允许她们"用一些家庭服役或支付一些货币去代替它"⑤。"在领主们的允许下，奴隶们的孩子和其它村民的孩子们一样受制于同一的

---

① 参见科尔松斯基：《六一七世纪西哥特的奴隶和被释奴隶》，《中世纪》1953 年第 4 集，第 17—18 页。转引自马克垚：《西欧封建经济形态研究》，第 41 页。

② 参见 G. Duby, *The Early Growth of The European Economy*, p. 42；G. Bois, *The Transformation of the Year One Thousand：The Village of Lournand from Antiquity to Feudalism*, p. 16；G. Duby, *Rural Economy and Country Life in the Medieval West*, p. 42。

③ M. M. Postan, H. J. Habakkuk, ed., *The Cambridge Economic history of Europe*, V. 1, p. 253.

④ G. Duby, *The Early Growth of The European Economy*, pp. 39-40, 183.

⑤ ［法］P. 布瓦松纳：《中世纪欧洲生活和劳动（五至十五世纪）》，第 99 页。

习惯。"①

到 11、12 世纪时，部落习俗和法律分别发展成封建法和庄园法。前者主要调整封建贵族之间的关系，后者就主要是规范领主与各类农民之间的关系。如果说，在这之前，包括分居奴隶在内的各类农民所拥有的财产的保证及所承担的义务的限定还仅靠习俗和没有普遍权威的部落法律，因而尚不具备普遍性和稳定性的话，那么，在这之后，支配领主和庄园劳动者的庄园法则如哈罗德·J. 伯尔曼所说，具有了客观性、普遍性、互惠性等诸多特征。这也就是说，它不仅"适用于整个（西方）基督教世界内的所有的庄园"，同时，也是处理领主同庄园中各类劳动者的唯一的准则。在这之中，自然也包括昔日的奴隶及其子孙。因为"在 8、9 和 10 世纪，包括自由农，奴隶和隶农等等在内的各种农民都自愿或不自愿或半自愿地作为农奴而卷入领主的封建庄园"。同时，不存在用来规范奴隶行为和惩罚奴隶违法的另一部法律，庄园内的任何成员都要受制于庄园法。②

从内涵看，庄园法是一部典型的封建法律。在它那里，"农奴制的法律"概念第一次得到系统的阐述。农奴被称作束缚于土地上的人（alebae adscriptae）。这意味着，除非根据某些条件，他们不能离开土地；也意味着，除非根据某些条件，也不能将他们驱赶出去。占有土地是以承担劳役和义务为前提的，但农民们所承担的"各种不同类型的劳役和义务"已"规定得更具体"；而"人们也广泛地接受这样的观点，即应对领主有权要求的劳役的种类和每种劳役的数量予以规定"。拥有份地之外，"所有农民还有使用包括牧场、草地和森林在内的公共村社土地的传统权利"。为了保证农民份地所需要的劳动力的再生产，对庄园劳动者的婚姻也做出了各种具体的规定：结婚前先须取得领主的同意；在领主的管区内结婚，要向领主支付赎金；在管区外结婚，则要支付一笔税款。这套制度本来完全是为了保证领主的利益而制定的，但它同时也使农奴的婚姻完全合法。③ 庄园法的这些内容明白无误地说明：庄园里的农民都是占有土地并且对其土地拥有使用权的封建劳动者，而不是只能充当权利客体，而不能成为权利主体的奴隶。同时，

---

① G. Duby, *The Early Growth of The European Economy*, p. 183.

② 参见［美］哈罗德·J. 伯尔曼：《法律与革命》，第 387—393 页。

③ 参见［美］哈罗德·J. 伯尔曼：《法律与革命》，第 389—391、392、400 页。

法律保护他们的土地和婚姻，不能无缘无故地剥夺他们拥有的这些权利，将他们重新变为单一的权利客体，变为奴隶。故此，哈罗德·J. 伯尔曼认为庄园法具有一个重大的特征：领主权利和农民权利的互惠性，即保护领主对农民的权利。但同时也规定："西方基督教世界包括农奴在内的全部农民都享有受法律保护的权利。"更为独特的是，庄园法规定"法庭本身由庄园全体成员组成，上至领主和管家，下至地位最低的农奴，他们全都是法官，被称作诉讼参与人（suitors）"。这即是著名的"参与裁判制"。它使人们觉得"那是他们的法律"，从而增加了法律的活力；同时，它也"对领主权利的专断施加了一种实质性的限制"，因而"也是维持领主与农民权利互惠关系的一种重要机制"。通过这一机制，农奴"具有在法院诉讼的权利和义务"，从而"赋予农奴以法律人格即承认他们是庄园共同体的公民"资格。这些情况，"并不是说，农奴并不贫穷和不受压迫，而仅仅是说，他已经根据一种法律体系取得了权利，由此他变成了人"，并取得了保护他作为一个人所需要的各项权利。[①]

全体农民所享有的这些权利受到庄园法的肯定和保护；同时，当时社会上最有权威的教会和教会法对这些规定也加以强有力的保护。这不仅是教会法中对婚姻之类的问题作了同样的规定，还因为教会为保证法律的实施采取了很多新的措施。如规定"发誓开始采取基督教的形式，并由教会制裁所支持"，阻碍裁判和发假誓的行为"被当作要作苦行的罪孽"，有此行为者"应该向教士忏悔罪孽，并用禁食和其他形式的补偿去赎罪"。[②]

基督教还提高了王法的作用，"尤其是强化了国王保证以仁慈去缓和部落司法以及保护穷人和孤苦无援者免受富人和权贵欺凌的责任"[③]。643年，伦巴第国王罗斯埃（Rothari）颁布了一个布告，规定被释放的人和半自由的人的社会地位处于自由人和奴隶之间。[④] 从法律上肯定了被释奴隶的农奴身份。公元7、8世纪时，英国的魏尔徒德（Wihtread）王颁令：凡是在祭坛被释放的奴隶，任何人绝对不得再将其沦为奴隶。之后的亚勒弗烈王一世

---

① 参见［美］哈罗德·J. 伯尔曼：《法律与革命》，第396—399、401、404页。
② ［美］哈罗德·J. 伯尔曼：《法律与革命》，第78、79页。
③ ［美］哈罗德·J. 伯尔曼：《法律与革命》，第78—79页。
④ G. Duby, *The Early Growth of The European Economy*, pp. 32, 33.

则允许分居奴隶积累资产，以便赎得人身的完全自由；864 年，法国的查理巴尔德颁布诏谕，有敢卖人者，定惩不赦；流传已久的罚罪犯为奴的刑罚在加罗林时期也被从法典中删除，974 年的阿忒尔斯坦（Athelatan）则更是多方为分居奴隶谋求法律上之平等；11 世纪初在位的加纽脱王则明令战死的分居奴隶的子女得以继承其父之财产；[1] 威廉王则走得更远，他在 1066 年征服英格兰后，就立即下令严禁奴隶买卖，并立下一条法律：凡奴隶在王家的版图内，无论是城市还是乡村，只要住满一年零一天，就永远获得自由。[2]

教会法、庄园法和王室法认定和保护庄园全体成员所享有的这些权利，也就是否定和打击侵害这些权利的行为。这也是说，它们既反对农奴不履行自己对庄园主的义务，但同时也反对庄园主剥夺农奴已享有的一切权利、将他们倒退到奴隶的处境，一切有助于这种倒退的行为和做法都是违法的，从而彻底地废除了蓄奴法律。直到近代早期英国的惩治浪人的法律问世之前，在西欧也确实找不出一部保护奴隶制度的法律。事实上，浪人法也不是蓄奴法律，而是一部刑法，其惩治的对象其实是"罪犯"，而不是奴隶。

但是，习俗法律摒弃蓄奴制度并非全因教会法的影响所致，经济条件的变化和奴隶被释放的现实也迫使贵族们不得不改变释奴们的法律地位。这最早可追溯到西罗马帝国末期。当把奴隶分居到份地上的办法在罗马帝国境内开始流行开来的 3 世纪，为了促进税收的收集，帝国政府就开始把对待自由农、移民的办法也加到分居的奴隶的头上，规定"出租土地的人不能驱逐他们"。公元 367 年至 375 年间颁布的许多法令都"绝对地禁止乡村奴隶贸易"。"奴隶的名字列在税收册上，禁止没收他们的土地"，这一做法的目的是"阻止主人为了得到金钱而出卖奴隶，从而将他们永久地束缚在土地上"[3]，以保证政府的税收到位。这样一来，尽管分居的奴隶们在法律上仍然是个奴隶，仍明文规定"他耕种的土地不属于他的，那仅仅是服从其主

---

① 参见 C. L. Brace, *Gesta Christi：or, a History of Humane Progress Under Christianity*, pp. 245, 246, 247；[法] 马克·布洛赫：《封建社会》下卷，第 590 页。

② 参见 C. L. Brace, *Gesta Christi：or, a History of Humane Progress Under Christianity*, New York, 1882, pp. 244, 245, 246, 247, 249。

③ M. M. Postan, H. J. Habakkuk, ed., *The Cambridge Economic History of Europe*, V. 1, pp. 251, 252.

人的派遣，他的主人能随时按其意愿将其收回"。但是，事实上，他却能永久地使用自己的份地，并能将其传给他的后代。这项本来只有自由农和隶农才能享有的权利，奴隶们不仅能享有，而且还得到上述法令的认可和保护，实际上就已打破了奴隶是权利客体，而不是权利主体的罗马法的原则。

日耳曼各部落入主西欧后，在其所征服的地区广泛推行他们在其故乡行之已久的"温和奴隶制"。而这种制度中的所谓奴隶耕种自己的份地则早已是世代相传的习俗。它的推广，不仅促进了罗马帝国境内原有奴隶的分居，事实上也是默认了分居奴隶对其份地占有的合法性。之后的几个世纪，领主们为了确保自己的利益不受损失，只能先是默认，继而再从法律上肯定了分居奴隶们对其份地和财产的继承权和转让权，并对其封建义务做了明确的限制。这也就是说，迫于经济上的需要，贵族们事实上已经承认了他们属下的这些劳动者是享有自己的劳动力的部分使用权的农奴，而不是只能充当他人的权利客体的奴隶。

蓄奴习俗、蓄奴法律和蓄奴思想的废弃，使蓄奴制度完全失去了它赖以生存和发展的社会环境和文化氛围。尽管毗邻的异教区域和与异教斗争的地区的奴隶制度十分发达，但却无法渗透进西欧本土。从11世纪晚期直到13世纪，有大量的摩尔人奴隶持续不断地流入西班牙的基督教国家，也没有任何障碍阻止西班牙向西欧输出商业性奴隶，但是，它却没有使奴隶制生产关系在法国出现哪怕是最轻微的复辟；"甚至在西班牙，奴隶制度的繁荣也并未导致乡村奴隶制生产关系的复活，而主要限于城市的家庭奴隶制的兴旺"[1]。中世纪晚期，适于奴隶劳动的甘蔗种植业兴起，地中海沿岸的奴隶制因此有所复苏，但最终也仅限于沿岸的极少数的港口城市。[2]

显而易见的是，习俗和法律的这一系列变革使被释奴隶所享有的对其劳动力的部分使用权得到习俗和法律的确认，使这种权利从产权上升到法权。使权利的普及成为习俗和法律的规定，成为西欧社会结构的共性和特征。

---

[1]　P. Dockes, *Medieval Slavery and Liberation*, pp. 140,141.

[2]　参见 P. Bonnassie, *From Slavery to Feudalism in South-Western Europe*, p. 5。

三、东西方分手的岔口

　　生产奴隶的消亡，蓄奴习俗、蓄奴法律和蓄奴思想的根除是 11 世纪后西欧社会独有的特征，也是其共性。这就是说，在世界中古史上，唯有西欧消灭了生产奴隶制度，根除了蓄奴恶习，废除了蓄奴法律。而世界其他传统社会都程度不等地保留了这些制度、习俗和法律。布罗代尔说："中国和印度的下层无产者往往沦为奴隶，否则，不是极端贫困，便是依赖施舍为生。奴隶制在辽阔的伊斯兰地区普遍推行，在俄国也可找到"，"后又翻越大西洋，在新大陆广泛发展"①。

　　中国封建社会奴隶数量之多，蓄奴习俗之根深蒂固，蓄奴法律之残忍，在世界封建史上应该说是一绝。

　　唐朝之前的情况似乎无须赘述。奴隶数量太多，以至有一部分中国史学者提议将中国奴隶社会与封建社会的转换期定在魏晋南北朝时期。事实上，就是在这个所谓的过渡期内，奴隶数量也是十分惊人的。一般大地主家庭都是"僮仆成军，闭门为市"②。拥有上千名乃至数千名奴隶的官吏地主仅史籍有名的即达数十人之多。北魏元雍有"僮仆六千，妓女五百"③。东晋时，朝廷发奴为兵，结果"士庶嗷然""百姓嗟怨"④，足见中小地主也拥有大量的奴婢。以致一些学者主张：从隋唐起，中国才算正始进入封建社会。但隋唐奴隶之多，也是十分惊人的。官吏朝臣和民间的富商地主，少则"侍女数百"，"奴婢千人"，有的竟有"奴婢万人"。隋朝虽短命，但朝廷赏赐给朝臣的奴婢就达 4722 人之多，得到赏赐的朝臣 28 名。最多的一名就获奖奴隶一千人（梁睿）；最少的也有七人。⑤ 权臣杨素有"家僮数千人"，另一权

---

① ［法］费尔南·布罗代尔：《15 至 18 世纪的物质文明、经济和资本主义》第 2 卷，第 555 页。

② 《抱朴子外篇》卷三四《吴失篇》。

③ 《洛阳伽蓝记》卷三《城南·高阳王寺》。

④ 《晋书》卷七七《何充传》、卷七三《庾翼传》。

⑤ 参见《隋书》《李穆传》《于义传》《阴寿传》《窦荣定传》《元景山传》《宇文忻传》《苏孝慈传》《杨素传》《郭荣传》《和洪传》《张衡传》《王韶传》《赵绰传》《樊子盖传》《史祥传》《张奫传》《周法尚传》《李景传》《王仁恭传》《房彦谦传》《裴蕴传》《阎毗传》《裴仁基传》《赵仲卿传》《崔弘度传》《段达传》。

臣宇文述有"奴隶千余"①。唐大将郭子仪有"家人三千"②；营州都督李谨行"家童至数千"③；安南都护邓祐"家巨富，奴婢千人"；官僚元载有婢仆一百余人；京师富族王宗"善兴利，乘时贸易，由是富拟王者，仕宦因赀而贵，侯服玉食，僮奴万指"④。地主屈仲突任，"父卒时，家僮数十人，资数百万"⑤。唐武宗时的一次灭佛运动，毁寺四千六百余所，检出奴婢十五万余人。⑥

号称中国封建社会盛期的宋朝，虽然被认为是中国封建社会中保留奴隶数量最少、奴隶待遇最好的时期，却也存在着大量的奴隶。王曾瑜说："宋朝官府奴婢仍然保留一定数量，而且也看不出同前朝有何区别。"这首先是因为保留了森严的蓄奴法律。如宋真宗时规定，凡军士逃入辽境者，"先监其家属，限百日招诱，限满不获，实入贼境者"，没其妻子为奴婢。宋神宗时，"没官为奴婢者，其老、疾、幼及妇女配京东、西，许人请为奴婢，余配江南、两浙、福建为奴"。⑦宋朝民间蓄奴风气之盛，绝不亚于官府。北宋时，"江、湖民略良人，鬻岭外为奴婢"。江南西路建昌军南丰县"多掠良人子，售为奴婢，远近相蒙"。⑧官史萧注"略智高阉民为奴"。"（秦州民）李益者为长边县酒务官，家饶於财，僮奴数千指"。"大姓麻士强，……亲党仆役甚多。"南宋溧阳邑民潘氏兄弟"蓄僮仆数百"。⑨

奴婢不限于家务，他们被广泛地用于务农经商做工。南北朝时期民间谚语"耕当问奴，织当问婢"，在宋代仍然广泛流行。宋代史籍中此类史料举不胜举，"密州豪王瀚私酿酒，邻人往扑之，瀚给奴曰："盗也，尽使杀其父子四人，州论奴以法，瀚独不死"。"叶颙兄居处州，家奴屠酤犯禁，一

① 《隋书》卷四十八《杨素传》；卷六一《宇文述传》。
② 《旧唐书》卷一二〇《郭子仪传》。
③ 《新唐书》卷一一〇《李谨行传》。
④ 《旧唐书》卷一一八《元载传》；卷一八二《王处存传》。
⑤ 《太平广记》卷一〇〇《屈仲突任》。
⑥ 参见《旧唐书》卷一八《武宗纪》。
⑦ 《续资治通鉴长编》卷五五，咸平六年六月庚辰，卷二二一，熙宁四年三月辛丑，《宋史》卷三二八《李清臣传》，转引自王曾瑜：《宋朝阶级结构》，河北教育出版社1996年版，第498、499页。
⑧ 《宋史》卷三〇〇《周湛传》；《苏魏公集》卷六〇《朝奉大夫提点广西刑狱胡公墓志铭》，转引自王曾瑜：《宋朝阶级结构》，第500页。
⑨ 《宋史》卷三三四《萧注传》；卷二五七《吴廷祚传附元载传》；卷二四七《宗室二·彦俅传》。

绳以法"。沈作宾在越为官时，"族有居越者，私酿公行，作宾逮捕置于狱，而窜其奴"。夏竦"性贪，数商贩部中，在并州，使其仆贸易，为所侵盗，至杖杀之，积家财累钜万，自奉尤侈，蓄声伎甚众"。"宗庆遣家僮自外州市炭，所过免算，至则尽鬻以取利"。①

　　与之前各朝相比，两宋是公认的奴隶较少，奴隶所受人身束缚最少的朝代。之后陆续入主中原的金人、蒙古人和满人，入侵前的社会发展都刚刚进入阶级社会，所蓄奴隶特别多，蓄奴法律也最为严酷，因此，他们入主中原给中国社会带来的一个重大变化就是使奴隶制度一次又一次地得到强化，以致宋朝以后的中国奴隶不是逐渐减少，而是不断增多。谓之中国封建社会晚期的明清两代，人们蓄奴之多、范围之广，令人咋舌。仅史籍上有名的，如王锡爵、钱海山、徐阶、李钦、和珅；睢州的褚太初，宁陵的苗思顺，虞城的范良彦，无锡的大地主邹望，河南的褚、范、苗、曾，麻城的梅、刘、田、李等强宗右姓所占有的奴婢都在千人甚至数千人以上。蓄奴恶习影响之深、范围之广，甚至连一些中上层农民也占有不少的奴隶。四川郫县出土的残碑上记有8户农民的资产，其中占田仅三十几亩的和八十亩的竟各有5个奴隶。② 蓄奴数量之多，甚至远过于西汉。明末清初，江南各地爆发了规模浩大的"奴变"，史家惊呼为"千年未有"③。足见民间蓄奴规模之大、数量之多。西汉哀帝时规定："诸侯王奴婢二百人，列侯公主百人，关内侯、吏民三十人，年六十以上、十岁以下不在数中"。而清代法令却规定各级贵族占有的生产奴隶的最高限额为：亲王950名、郡王270名、贝勒215名、贝子170名、宗室公90名，其他各级臣僚都可合法地拥有数十名不等的壮丁奴仆。其限额远高于西汉，而这还仅是指生产奴仆，不包括家内奴婢。④

　　奴隶来源之广，连古罗马都不及。古罗马的奴隶主要依赖战俘、家生遗传、购买这三大途径来补充。而中国除有这三大渠道外，还有许多古罗马所没有的奴隶来源。如债务奴隶制，罚罪人及其家属为奴，利用权势压民为

　　① 《宋史》卷二八四《宋庠传》；卷三八四《叶颙传》；卷三九〇《沈作宾传》；卷二八三《夏竦传》；卷四六三《外戚上·柴宗庆传》。
　　② 参见谢雁翔：《四川郫县犀浦出土的东汉残碑》，《文物》1974年第4期。
　　③ 李馥荣辑：《艳涊囊》卷一。
　　④ 参见韦庆远：《清代奴婢制度》，中国人民大学出版社1982年版，第1页。

奴，掠人为奴，将义子、公差和士兵变相为奴等等。

与之相应，历代封建法律对奴隶制度严加保护。如唐代的《奴法》、清代的《逃人律》，一方面规定"奴婢贱人，律比畜产"，奴婢不能拥有自己的财产，任凭主人处置买卖、屠杀，直至强迫殉葬；另一方面则以严刑峻法严惩逃奴和窝藏逃奴的人户。① 蓄奴法律之森严，可见一斑。

民间蓄奴习俗较之蓄奴法律则更为根深蒂固。朱元璋开国后，三令五申地赦免奴婢，并昭告天下，明令禁止卖人为奴和庶民之家蓄养奴婢，但曾几何时，奴婢制度却以更大规模卷土重来。这足以说明，民间的蓄奴习俗是中国的奴隶制度久盛不衰的更为深厚的土壤。这些习俗融进人们的"名分""纲纪"等思想观念中，而盘根错节的封建宗法制度则又把这些观念具体化到各种家法和族规中，用它们来规范人们的行为，形成巨大的社会压力，将奴婢压在最底层，把奴隶制度看成类似姻亲关系那样一种天经地义而又须臾不可缺少的东西，起到了封建法律所无法起到的作用。严酷的蓄奴法律和根深蒂固的蓄奴习俗为奴隶制度的生存和发展提供了强大的政治保证和深厚沉重的文化氛围，使中国的奴隶制度虽屡遭改朝换代而一直盛而不衰。

然而，面对如此众多的奴婢，不少的中国史家却认为中国封建社会的奴婢在社会中是极少数，且主要是"担任必要服务或只充装饰的家庭奴隶"。因而主张奴隶制生产关系仅是残余，应略而不计。

从奴隶的数量及奴隶在中国总人口中所占的比重上看，奴隶制度确实是微不足道的。一般认为，西汉的奴隶约有 500 万，仅占总人口的 10%。② 其后，尽管有些朝代的奴隶剧增，但总的来说，奴隶在总人口中的比重不会与西汉相去甚远。虽说如此，但奴隶却主要集中于少数剥削者的家中。在这些人的家里，奴隶不再是人口中的少数，而是多数了。他们之中，虽然有一部分用于家内服役和供奢侈装饰之用，但大部分必须用于增殖财富。冉昭德先生曾以后汉析像为例，批驳了那种认为中国封建社会的奴隶主要用于家庭服役的观点。他说，析像有奴八百，每年增殖财富两百万。而按当时的生活费用计算，当时的一个千户侯的全年收入还不能养活一百人，那么，这个以增

---

① 参见韦庆远：《清代奴婢制度》，第 1、113—115 页。
② 参见沈长云：《汉代是奴隶社会吗?》，《天津社会科学》1983 年第 3 期。

殖财富为人生目的的商人析像又是凭什么本领白养着这八百个奴隶而又每年赚钱二百万？① 可见，人们蓄奴主要目的还是要他们在工商业和农业中从事着繁重的体力劳动和管理工作。

总之，无论奴隶在中国历代总人口中的比重有多大，也不论生产奴隶是否在奴隶中居优势，中国封建社会自始至终都存在大量的生产奴隶，根深蒂固的蓄奴恶习和森严的蓄奴法律则是不争的史实。

然而，依赖奴隶劳动绝非古代中国，整个东方的各个国家和地区的各个时期都存在着大量的奴隶。如中国的近邻朝鲜，各地各个时期都严重地依赖奴隶的劳动，其奴隶人数在总人口中的比重甚至超过 19 世纪时美国南部奴隶制盛期。② 各时期的印度，也残存着大量的奴隶和不可接触的贱民。"奴隶通常在主人的支配下当作商品"，任意买卖。③ 而贱民从事着各种手工劳动，如皮匠、鞋匠、屠夫等。如人们所知，这些人的处境比奴隶还要可怜，地位远不如奴隶。奴隶若得到主人的欢心，不仅可以为虎作伥，还有可能被释放而获得自由。而他们不仅自身无法解脱，连其子孙也都没有出头之日。

伊斯兰社会在未兴起之前就蓄有大量的奴隶。"在阿拉伯海沿岸，在有着亚热带气候和发达的农业肥沃的也门地区，很早以来就存在了发达的奴隶占有制。在汉志的一些商业城市中（麦加、雅特里布），奴隶贸易颇为兴盛"。伊斯兰教兴起后，批准了多妻制和奴隶制，将其合法化并给予保护。④ 伊斯兰兴起后又一直向外征服，成千上万的战俘因此被源源不断地输进伊斯兰世界。八世纪初的穆萨曾写道："我的营帐像是审判日的各族人的大集会。""在开温市场上，一个壮健的男人仅值几盎司胡椒"。⑤ 丰富的奴隶来源使其本来就有的奴隶制度不断地膨胀。"奴隶贸易十分兴隆"，"奴隶被用来执行各种各样的工作"⑥。阿拔斯王朝时期，在"种植园的奴隶劳动力中，

---

① 参见冉昭德：《关于汉代生产奴隶与生产力水平问题》，《历史研究》1958 年第 8 期。
② 参见 O. Patterson, *Slavery and Social death*: *A Comparative Study*, Harvard University, 1982, p. 3.
③ 参见 [印] 萨拉夫：《印度社会》，华中师范学院历史系翻译组译，商务印书馆 1977 年版，第 172 页。
④ 参见 [苏] 波梁斯基：《外国经济史（封建主义时代）》，北京大学经济史经济学说史教研室译，生活·读书·新知三联书店 1985 年版，第 135、136 页。
⑤ [美] 汤普逊：《中世纪经济社会史》上册，第 241、242 页。
⑥ [苏] 波梁斯基：《外国经济史（封建主义时代）》，第 141 页。

集中了大量走投无路的穷人"，在伊拉克南部的农业经济中，奴隶劳动更居主要地位。① 15 世纪时，中亚地区的封建主还有很多土地依赖奴隶耕种。"这种奴隶，有的是战俘，有的是贩来的异教徒。如《明实录》中就提到有许多中国人被贩卖到中亚为奴。穆斯林史料中提到，有一个宗教头目曾经用十个印度奴隶为自己挖了一个坎儿井（地下水渠）"②。伊凡四世进攻鞑靼汗国前夕，据说那里俄罗斯奴隶就有 10 万人之多。在土耳其奥斯曼帝国时期，帝国里的很多庄园都是靠奴隶耕种的。③

大化革新前的日本社会也有大量的公私奴隶并被广泛用于生产是众所周知的史实。这些人中有被俘的少数民族，也有罪犯。他们被迫从事苦役，可以被主人作为礼品相互赠送。④ 大化革新虽然变私地私民为公地公民，解放了部民，将其变成自耕农，但仍保留了公私奴婢，并规定"官户奴婢口分田与良人同。家人奴婢，随乡宽窄，并给三分之一"⑤。在法律上，则将班田农民列入良民之中，与皇族、贵族为伍；陵户、官户、家人等则属于贱民，贱民与良民的界限分明。而"贱民是奴隶。户令规定贱民不得同良民通婚，凡与良民结为夫妻新生子女，不知情者从良，逃亡所生子女皆从贱"⑥。"据推测，奈良时期奴隶占总人口的百分之十左右。"⑦ 由于朝廷允许良贱通婚，所生之子一律从良，故奴隶数量在下降。⑧ 幕府时期，日本尚未能消灭奴隶制度。各地庄园里普遍存在着名为下人的劳动者，他们被人视为其主人的私有财产，能够用来买卖、抵押，没有人身自由，虽然其中也有

---

　　① 参见［英］佩里·安德森：《绝对主义国家系谱》，刘北成、龚晓庄译，上海人民出版社会 2001 年版，第 419、528、535 页。

　　② 王治来：《中亚史纲》，湖南教育出版社 1986 年版，第 657 页。

　　③ 参见［英］佩里·安德森：《绝对主义国家系谱》，第 229、419、528 页。

　　④ 参见《续日本纪》卷二十一、卷二十二、卷十三、卷十四、卷十九。转引自王金林：《日本古代部民的性质》，《历史研究》1981 年第 3 期。

　　⑤ 《新订增补国史大系》之《令义解》田令条，吉川弘文馆 1974 年版。转引自张玉祥、禹硕基：《论日本奴隶制度向封建制的过渡》，《历史研究》1982 年第 2 期。

　　⑥ 《令义解》卷二、户令。转引自张玉祥、禹硕基：《论日本奴隶制度向封建制的过渡》，《历史研究》1982 年第 2 期。

　　⑦ 张玉祥、禹硕基：《论日本奴隶制度向封建制的过渡》，《历史研究》1982 年第 2 期。

　　⑧ 参见张玉祥、禹硕基：《日本平安后期社会经济关系的变化及其性质》，中国日本史研究会：《日本史论文集》，生活·读书·新知三联书店 1982 年版，第 50、51 页。

少数人拥有自己的家庭，但之中的大多数显然是生产奴隶。① 但是，从 13 世纪中期起，地头们为了"征收住在主人百姓宅内的亲类、下人的"赋役，鼓励"分割百姓住宅，使亲类、下人分居"，于是，亲类、下人纷纷获得了半独立的地位。17 世纪时，各藩为了保证领主的年贡收入，都采取了促使这些奴隶转为本百姓的政策，加速了这些人向平民的转化。其时，尽管各藩都还存在着少量的丧葬嫁娶以至衣食等事都须接受主家的监督，名为"名子、被管"的人口，虽然仍有人将他们视为家庭奴隶，但也有许多人视其为农奴，却无人将其称为生产奴隶。② 因此，到明治维新前夕，日本的"奴隶制度是微不足道的"③。

　　与中国等其他东方国家相比，在始终保留了奴隶制度这一点上，都是一致的；与前者不同的是，日本的奴隶制生产关系不是欣欣向荣，看不到尽头，而是处在衰亡之中。虽然明治维新前夕，日本还有贱民存在，但绝大多数贱民并不同于直接受制于奴主的生产奴婢，他们大都拥有自己的家庭并是独立从业的，仅是其职业是一般民众所不齿的贱业而已。其对日本的生产关系的影响显然不同于生产奴隶，而这对日本在近代东方率先兴起有何影响却是无人问津的。但是，与西欧相比，它奴隶虽少，但毕竟还是有；且走向衰亡的时间比较晚。因此，日本的情况虽较特殊，但仍改变不了生产奴隶消亡是 11 世纪后西欧社会的独有特征的结论。

　　东欧诸国和俄罗斯，拥有和役使奴隶的历史与其民族的文明史一样地悠久。在中世纪时期，其典型的社会结构"是军事贵族的统治同自由农民、债务奴隶和俘获的奴隶等混合居民的结合"。伊凡三世之前，俄国的地主阶级是由自治和分立的王公和波雅尔贵族组成，"其中有很多是鞑靼人或东方人，他们拥有庞大的自主领地，而且往往还有众多的奴隶"。16 世纪后期，"大约有 9%—15% 的俄国庄园依然由奴隶耕作着"，因此，"占有奴隶是波雅尔（大贵族）阶级的主要特点之一。这使他们的庄园拥有压倒小服役乡

---

　　① 参见［日］安田元久：《日本庄园史概说》，童云杨译，武汉大学出版社 1990 年版，第 168、169、174—178、182—184 页。

　　② 参见［日］井上清：《日本历史》，天津市历史研究所译，天津出版社 1975 年版，中册第 346 页；［日］安田元久：《日本庄园史概说》，第 196、202、203 页。

　　③ ［英］佩里·安德森：《绝对主义国家系谱》，第 351 页。

绅的决定性经济优势"。伊凡四世于 1581 年颁布禁止农民流动的法令后，农民的处境日益恶化，引起了一系列的灾难，导致"很多农民卖身为奴"。1670 年发生的拉辛起义队伍中就有不少的奴隶。所以，17 世纪时的俄罗斯，生产奴隶仍无处不在，在典型的波雅尔世袭领地的大庄园里，除了依附农民外，仍然有充足的奴隶劳动力供他们驱使，致使占有奴隶成了波雅尔阶级的主要特点之一。[①]

上述各国的史实说明，生产奴隶的消亡，蓄奴习俗、蓄奴法律和蓄奴思想的根除是 11 世纪后西欧的特征，是世界封建史上独一无二的现象。由此也就表明，自此之后，东西方的传统社会开始分道扬镳，走上了两条不同的道路。西欧开始了它向现代社会迈进的漫漫征程，而西欧之外的世界各国则被锁定在原有的社会形态中而长期得不到解脱。根源即如前述，西欧只要没有在社会机体的深层次造成同其他文明的不同，就不会导致与其他文明的殊途歧路；一旦在劳动力使用权的归属上，在这个社会机体的深层次上出现了与其他文明的差别，那就会走上与世界其他各国完全不同的道路。故此说，生产奴隶的消亡是东西方分手的三岔路口。

四、权利主体普及的历史意义

11 世纪后西欧生产奴隶的消亡表明西欧劳动力的产权制度和产权制度结构已发生了根本性的重大变化。劳动者仅为单一的权利客体的制度，即劳动者对其劳动力不拥有任何权利的制度已退出了历史，而劳动者对其劳动力享有使用权和部分使用权的制度已在西欧普及，所有的西欧居民都已取得了权利主体的地位，对其劳动力已享有全部使用权（自由农）或部分使用权（农奴）。这表明，生产奴隶的消亡绝不是西欧社会表层的一次变动，而是西欧的劳动力的产权结构上的一次根本性的改变。对其劳动力不拥有任何产权主体资格的产权制度已成为历史，权利主体已普及化，从而使基于劳动力产权结构之上的所有经济组织、社会结构都发生了根本的变动。连法律制度、人们的思想和社会的习俗都不可避免地发生了革命。因此，生产奴隶的

① 参见［英］佩里·安德森：《绝对主义国家系谱》，第 215、232、351、354、359 页。

消亡绝不是西欧社会的一次无足轻重的变化，而是西欧社会深层次中所爆发的一场史无前例的大革命，是西欧社会机体内的一次染色体的变异，染色体内碱基的重组。

正如生物体内碱基的重组会带来物种的变化一样，当劳动力产权制度，这个社会最深层次的制度及制度结构发生了革命性的变化时，基于其上的社会习俗、法律制度、经济组织、人格结构、经济制度、政治架构等一切组织、制度和结构都不可避免地发生前所未有的变动，并且必然会沿着这场劳动力产权革命所规定的路线发展。这正如马克思所说："统治和隶属关系构成所有原始财产关系和生产关系发展和灭亡的必要酵母。"① 否认这点，那也就否认了历史唯物主义、系统科学和现代生物科学早已证实了的科学原理。

与西欧封建社会的其他共性和特征，分封制，庄园制，政教分离、两权并立，骑士制度等相比较，生产奴隶的消亡无疑是西欧最基本的特征。西欧社会的其他特征虽然对西欧的历史无不产生过重大影响，如教权和政权的并立有利于权力结构的复杂化，因而也有利于现代化的孕育，但是，它们并不位于西欧社会机体的最深层次；因而不是我们的研究对象西欧社会中的最简单和最一般的本质规定；由此也就规定了它们本身并不能导致西欧社会机体的各个层次发生根本性的变革，衍生出一系列有利于现代社会孕育、萌生和发展的条件。这就是说，仅有这些特征，西欧绝对不可能踏上现代化之路。与之相反，生产奴隶的消亡是劳动力产权制度上的一次变革，是这个西欧社会机体深层次上的一场革命。这个层次是我们研究的具体对象西欧社会中的最抽象的范畴，最简单和最一般的本质规定，是社会多样性统一的基础，社会机体的基本单位；它以"胚芽"的形式包含着现代化过程中的一切矛盾。对照前述的现代化研究的逻辑起点所须具备的三大条件，足见生产奴隶的消亡不仅是东西方社会分道扬镳的三岔路口，也是西欧现代化的源头，是我们进行现代化起源研究，力图将英国的现代化进程在精神上再现出来的逻辑起点。抓住这场革命，从西欧社会这个范畴的变化开始研究西欧的现代化进程，我们就能够将西欧从传统农业社会向现代工业社会过渡的全过程、这个

① 《马克思恩格斯全集》第46卷上册，第503页。

过程的多方面的本质联系和发展规律在精神上具体地再现出来，从而达到揭示西欧成为资本主义的故乡，英国率先实现工业化的奥秘的预期目的。

历史是一个没有接缝的网，生产奴隶的消亡当然是有其前因，但是，这些前因并不位于社会深层次之上，它们并没有直接启动工业革命的系列社会变迁。因此，抛开这些因素，并不妨碍我们将西欧现代化进程在精神上完整地再现出来。相反，抛开生产奴隶的消亡，就背弃了建构一切科学理论的上述两大原则，就无法在精神上重现西欧现代化的全过程，因而也就不能够高屋建瓴、居高临下地俯瞰、厘清错综复杂的各种关系。在此情况下，将这样或那样的因素说成是西欧率先现代化的终极原因，即使有其道理，那也是倒果为因，或是将中间环节当成终极原因。唯有生产奴隶的消亡，才是西欧现代化的"奇点"①。追踪这个"奇点""爆炸"后的运动轨迹，我们就能够将西欧现代化的全过程在精神上再现出来。

然而，生产奴隶的消亡在西欧现代化起源中的这一重要的历史地位在学术界并未引起广泛地重视。如前述博伊斯所述：一百多年来，"意识到这个问题的重要性的史学家很少"，且主要是探讨奴隶制消亡的原因。② 大多数学者则普遍以"世界上没有而且也不会有纯粹的社会形态"为由，将这一史实完全置之脑后。即使是马克思主义的史学家也几乎完全忘记了马克思对这一史实的重大历史地位和影响所做的下列论述："仅仅一种货币财富的存在以及甚至在一定程度上它所达到的统治，还绝对不够使这种转变为资本的事情发生，否则，古代罗马、拜占廷等等就会以自由劳动和资本来结束自己的历史了。""只有在劳动者不再是生产条件的一部分（奴隶制、农奴制），或者说原始公社（印度）不再是基础的时候，商品生产才必然会导致资本主义。"③ 既然连这一论述的表层意义都未引起重视，就更不用说它的深层内涵：现代化起源的历史实际上就是一个劳动者人身不断地获得解放的历

---

① 现代天体物理学的科研成果表明，整个宇宙是从 150 亿年前的一个密度奇大但体积却很小的点爆炸而成的，这个点即为"奇点"。

② G. Bois, *The Transformation of the Year one Thousand*：*The Village of Lournand from Antiquity to Feudalism*, p. 25.

③ 《马克思恩格斯全集》第 46 卷上册，第 104、509 页；马克思：《资本主义生产以前各形态》，第 55 页；《马克思恩格斯全集》第 49 卷，第 6 页；第 26 卷三分册第 479 页；马克思：《资本论》第 1卷，第 160 页。

史。没有社会成员的个人自由和私有财产，就决不会有现代社会。废除奴隶制度，赋予人以权利主体的身份无疑是实现人的普遍自由和平等的第一步。这就是说，所有人摆脱奴隶的地位是每个人获得个人自由和财产私有权的前提。因为唯有如此，才能如恩格斯所说的，"给被奴役者提供了一个使自己作为阶级而逐渐获得解放的手段。"① 做不到这一点，那不仅后来的西欧不可能发生劳役租向货币租的转换，使农奴获得人身解放；连市场经济也都不会产生。

有如此锐利眼光的当然也不限于马克思、恩格斯，著名的德国社会学家诺贝特·埃利亚斯亦曾指出："西方社会缺少战俘奴隶这样廉价的劳动力"，"使社会发展从一开始便走上了另外的方向"。在罗马那样的蓄奴社会里，"众多的人由于监督奴隶而脱离了生产；使人对体力劳动普遍产生厌恶情绪"，并将"自由劳动力从奴隶所从事的活动中驱赶出来"；由于"取得必要的知识就得要向从事同样职业的身份低下的奴隶学习"，致使"为较高的职业寻找合格的人才变得困难起来"。由此"所产生的结果是很严重的"：除了奴隶主之外，"又形成了一个不从事劳动的中层"；并使"社会与一种相对简单的劳动设备相联系"。"正因如此，任何改变、改进对新情况的适应都相当困难"。鉴此，他认为："只有从这一背景出发才能理解，在中世纪早期人口逐渐增长的情况下，缺乏奴隶或奴隶的作用微乎其微对于西方社会发展方向所具有的意义。这一社会从一开始就走上了与古罗马不同的道路，它受到不同于古罗马所受到的规律的制约"。之后出现的城市革命、农奴的解放等，"便是首先的证明"。故此，他断言，"缺乏奴隶和自由劳动的发展"是"西方技术发展和货币发展为'资本'这一特殊形式的先决条件，而货币发展为资本正是西方的特点"，因此，只有掌握了"缺少奴隶经济那种典型的社会规律"，"才能真正了解西方规律的特点"。② 这些见解无疑是非凡的，遗憾的是，他们在这些见解面前止步了，而没有揭示出生产奴隶的消亡是如何催生出私有财产权和个人自由，是怎样地导致了市场经济的孕育。不清楚现代化的最初起源，就更勿谈其他了。

---

① 《马克思恩格斯选集》第 4 卷，第 157 页。

② ［德］诺贝特·埃利亚斯：《文明的进程》第 2 卷，王佩莉译，生活·读书·新知三联书店 1999 年版，第 59—62 页。

　　为什么如此重大的历史事件却没有引起人们的重视，更不用说对它进行深入探讨？原因虽然是多方面的，但归根到底还是思维方式滞后。人们一直把主要矛盾、大数现象作为自己关注的中心，以致对所谓的偶发现象、边缘情况视而不见；不了解"蝴蝶效应"，忽视偶然性，不重视边缘研究，不懂得复杂适应性系统的质变会起因于某种看不起眼的偶发现象，因此完全意识不到作为社会机体碱基的一次变异的生产奴隶消亡本身就是一次重大的产权革命和人权革命。

　　产权革命是指它使昔日对其劳动力毫无使用权的被释奴隶第一次对其劳动力享有部分使用权；由此又带来被释奴隶能够拥有自己的份地，对份地起码享有使用权，能占有和享受份地部分产品，从而拥有了自己的独立经济、自己的家庭。被释奴隶因享有自己的劳动力的部分使用权而拥有自己的独立经济，对其劳动力所创造出来的财富也享有权利，这显然是朝着私有财产权迈进了一大步。人权革命是指被释奴隶都实现了人格上的升华，都成了人定法上之人。而这也就意味着他们已由毫无人身自由的奴隶转变成享有一定人身自由的农奴。他有自己的家庭，有自己耕种的份地等。这显然是朝着个人自由迈进了一大步。无论是朝着私有财产权的迈进，还是朝着个人自由发展，都无疑为市场经济的孕育和发展创造了条件，提供了必要的前提。马克思说："任何时候，我们总是要在生产条件的所有者同直接生产者的直接关系——这种关系的任何形式总是自然地同劳动形式和劳动生产力的一定的发展阶段相适应——当中，为整个社会结构，从而也为主权和依附关系的政治形式，找出隐蔽的基础。"① 沿着这个思路，我们就能揭示出生产奴隶消亡与市场经济形成之间的必然联系。

---

　　① 《马克思恩格斯全集》第25卷，第891—892页。

第 七 章

从权利主体的普及到市场经济基因的产生

作为西欧社会机体内的一次染色体的变异，生产奴隶的消亡所产生的影响是全局性的、颠覆性的，但是，这种影响是按照劳动力产权的联系层次依次展开的。劳动力是任何经济组织赖以建立的基础，所以，首先受其影响的就是当时西欧主要的经济组织封建庄园。从庄园开始，它的影响逐渐扩展到社会的其他层次，直到整个社会的历史进程。

一、生产奴隶消亡后的西欧庄园的产权结构

没有奴隶了，西欧封建主所能使用的劳动就只有农奴的劳役，而无奴隶的劳动作为补充。这正如马克·布洛赫所说："除了徭役之外，领主还能求助于什么劳动力呢？奴隶制吗？由于奴隶补充来源断绝，它已经彻底灭亡了。"[①] 因此，封建领主所经营的一切产业，不论是领主的自营地，还是他们经营的临时性商业和庄园手工作坊，所能利用的只能是劳动者的劳动力产权中的那个被剥夺了的部分：劳役。除此之外，唯有放弃劳役，让其用实物租或货币租来顶替。故此，伴随着西欧生产奴隶的消亡，劳役制和租佃制成了西欧封建主经营产业时的唯一选择。社会所有的经济组织，无论是农业组织还是手工业组织、商业，也都只能奠基于劳役制、租佃制和独立小生产者

---

① ［法］马克·布洛赫：《法国农村史》，第 110—111 页。

之上。这不仅有别于生产奴隶灭亡前的西欧经济组织，也显然不同于使用着大量奴隶和囚犯的东方封建地主的庄园和官工官商。这表明，生产奴隶消亡从根本上改变了西欧封建庄园经济组织的产权结构，它成了单一的结构，而不是封建制生产关系和奴隶制生产关系的互补的双重结构。

庄园领主自营地所依赖的劳动力是众所周知的。一是长年在领主家中服役的、被称为家仆的耕夫、牧羊人等。这些人的身份前面已述，都是从"土地很少的小屋农中招集来的"，他们在领主那里的"劳动是农奴义务"，"是徭役的特殊形式"。他们不仅没有因此而丧失他们的家庭和份地，还从庄园主那里领取不等的报酬。二是服劳役的农奴。由于大庄园中拥有的农奴较多，依赖农奴提供的这两种劳动，就能满足领主自营地的一切需要。但是，在农奴较少的中小庄园，特别是小庄园，由于农奴较少，农奴份地与自营地之比未达到所需要的四比一，农奴按惯例提供的劳役数量不能满足自营地的需要，领主就只得要求农奴提供超过惯例规定的劳役量，并对超过规定的劳役另外付酬。若还不能满足自营地对劳动力的需求，就雇用庄园的自由农。这种情况到12、13世纪时更甚，以致在英国主要农业区涌出了许多雇佣制的小庄园。[①]

除自营地外，封建庄园中需要劳动力最多的行业就是庄园手工业了。只有具备种类繁多的手工业，庄园才能自给自足。因为当时货币经济已荡然无存，城市手工业已随着城市的衰败而解体。"在卡罗林王朝时代，它经历了一次微弱的复兴，没有得到任何巨大的进步。昔日的帝国制造工业已经绝迹，在蛮族入侵前存在过的工业阶级已不复存在"。在这种情况下，庄园要想生存下去，就必须拥有自己的手工业，故此，中世纪早期的西欧几乎每个庄园都有自己的手工业，"每一领地，不管怎么小，通常都有它的看守炉灶的人、制面包的人、屠宰的人、酿酒的人、纺织的人、漂布的人及染色的人"[②]。尤其是那些封建大庄园，手工业种类之全、规模之大，不亚于后来的市镇。

同时。在每一个农家内，"每一个成员，依照性别、年龄及才能，从事

---

① 参见 E. Kosminsky, *Studies in the Agrarian History of England in the Thirteenth Century*, pp. 278, 98, table. 2。

② ［法］P. 布瓦松纳：《中世纪欧洲生活和劳动（五至十五世纪）》，第104、105页。

于满足生活基本需要的制造品的生产。农民自己建筑房屋、制造家具、修筑犁耙；他的妻女则做面包，纺织羊毛及亚麻，编织衣裳"。其中，有一些人拥有专门的手工技能，是谓工匠。但他们也和其他农奴一样，拥有自己的份地。他们中有些人被领主集中起来在领主的作坊里劳动，但也有人能"独立工作，在这种情况下，他要用制成品来对他的主人支付奴役税（cens）"，即实物租赋。此外，在每个领地里，特别是大领地里，像领主拥有自己的自营地一样，也都拥有领主直接经营的庄园手工作坊。这些作坊都具有一定的规模，常有几十人甚至数百人在里面劳动。作坊内部有一定的分工，有各色各样的工匠，如铁匠、金银匠、皮匠等。庄园越大，手工业种类就越全。尤其是教会和寺院，其庄园手工业规模之大种类之全都位列前茅。有些寺院甚至成了不折不扣的工业中心。如法国的圣里亚克在9世纪时，就"已经在它的四周聚集了一个真正的工业市镇，在这里，制武器的人、制马鞍的人、装订手稿的人、制靴的人、屠宰的人和漂布的人，都依照他们的职业集居在不同的街道上"。[①] 由于手工业种类繁多，庄园内"差不多一切生活必需品都是就地生产出来的。制服装用的羊毛、剪割、清洗、梳刷、纺织都是在庄园的宅邸内进行的。兽皮由农奴鞋匠来硝制并制成鞋子。兽肉是用盐腌、火熏、醋渍的。各种家庭和农业工艺都是由庄园上的农奴来做的——制鞋匠、硝皮工、染工、织布工、铁匠、制车轮匠和木工"[②]。

在生产奴隶未消亡之前，在庄园手工业作坊中劳动的工匠中当然不乏奴隶。然而，同农业中的奴隶那样，他们在墨洛温和加洛林两王朝时期逐渐地获得了解放，变成了农奴。"领主们分配给每个工匠一块土地，和从事其职业的必需的工具。被分居出去的工匠像任何佃农一样，向其主人缴纳劳役和实物租赋。因此，8、9世纪时，弗里斯林教会（Freising）从分居出去的铁匠、武器匠那里获得很多收入。建于777年的克雷姆斯芒斯特修道院（Kremsmunster）每年接收了2个养蜂人、6个铁匠、2个分居出去的渔夫、

---

① 参见［法］P. 布瓦松纳：《中世纪欧洲生活和劳动（五至十五世纪）》，第103—105页；R. Mckitterick. ed.，*The Early Middle Ages*：*Europe 400 - 1000*，Oxford University，2001，p.108；S. Chodorow，M. Sortor，*The Other Side of Western Civilization*：*Reading in Everyday*，V. 1，*The Ancient World to The Reformation*，Harcourt Collage，2000，pp.110-112。

② ［美］汤普逊：《中世纪经济社会史》上册，第287、288页。

1 个盐工和 2 个分居出去的盐工的租赋。公元 790 年，巴伐利亚伯爵法西欧
（Fassilo）将位于赖兴霍尔（Reichenhall）的 8 个盐炉赠给萨尔茨堡教会。
那里有三块土地可以分给炉上的 8 个分居的炉工"。"公元 893 年的一份资料
规定普朗（Prun）修道院可从其位于梅斯附近的盐矿中获取收入。那些盐
矿从每年四月一直开到十二月初。它们的开采由修道院和分居盐工共同承
担。在萨尔茨堡教会的庄园中，很多铁工拥有土地。位于博伊斯·恩·德劳
斯地区的圣加马德斯·普雷斯修道院中，一个叫安特恩（Antoine）的佃农
分有半个份地，供应修道院 6 个标枪；佃农厄曼欧佛（Ermenulf）是个铁
匠，分有半个份地，提供 6 根长矛枪；佃农赫得欧（Hado）占有半个份地，
上交他生产的工业产品。"[1] 这些缴纳劳役或实物的工匠显然已不是奴隶而
是农奴了。

除了隶属于庄园的这些工匠外，自由的或半自由的工匠"在某些地区，
在高卢、在西班牙，特别是在意大利，仍旧分散地生存下来"。"在黑暗的
最后两个世纪中，还有些工匠住在工业市镇（vici）上。例如在圣里克尔或
科培，这些市镇是在领地上成长起来的，或是住在领地以外的村庄（cas-
tra）"。这些"工人，有的完全自由，有的半自由，常常是迁徙不定的，在
需要他们的手艺的地方，就叫他们去做活，只须用货币或实物支付一定的
税。这些就是我们在布瓦松、圣托美尔、科培、圣里克尔、科马歧奥、诺兰
托那、和布雷西亚所遇见的人"[2]。

上述表明，在生产奴隶消亡后，西欧庄园的各类手工业也同其农业一
样，除了少量的雇工外，其他的都只能依赖农奴提供的劳动力，要么让农奴
缴纳实物赋税，要么让农奴服劳役，而不可能像东方各国的贵族地主们那
样，在雇工、农奴之外，还有大量的奴隶可供其生产和管理之用。

农业手工业之外，西欧庄园中还避免不了有些临时性的和季节性的商
业。因为庄园里总有些剩余产品必须出售，而僧俗贵族们又不能亲自出来经
营贸易。其间缘由，则如普鲁谟寺院的住持累吉谟向他的僧侣们说的："亲
自来来往往经营贸易，不是他们分内的事，因为那将降低寺院团由于它的精

---

① R. Doehaerd, *The early Middle Ages in the West*: *Economy and Society*, p. 134.

② ［法］P. 布瓦松纳：《中世纪欧洲生活和劳动（五至十五世纪）》，第 105—106 页。

神性质所应得崇高尊敬的地位。"于是，只得利用他人的劳动力来进行贸易。然而，没有了生产奴隶，能使用的管理人员和劳动力也只能同农业手工业中一样。结果，僧俗贵族和"寺院使用代理人的办法"进行经商"是个很普通事情"。这些代理人有专业知识，他们大多是类似于自由或半自由的工人那样的自由商人，其中不乏犹太人。由于教会，特别是寺院要供养的人数众多，商业活动的规模比世俗封建庄园要大得多。普鲁谟寺院是中世纪时代一个很著名的商贸中心，仅葡萄酒和食盐贸易就"经常使用六个代理人，后来，它还把代理人增加到十二人"。在法国，教会，特别是寺院，从这种活动中所获得的利益要比世俗庄园多。"商人们在他们的疆界之内并在他们的雇佣之下作为经商代理人，往来于法国各个河流上，进行活动。这些活动是早期中世纪和十一与十二世纪城市兴起时期之间的一个联系环节。卢普·得·菲利厄曾经描写有关寺院所使用的这一类船只的情况。在851—852年间的冬季，这种船只往来于罗因、塞纳和瓦兹各河流上"。故此，"在沿河的适当地点上，这些主教区的和寺院的团体设有存放商品的仓库或储栈做庇护所、小舍。"① 而商业中需求量最大的运输劳力则主要依赖农奴提供的劳役。

　　可见，在生产奴隶的消亡之后，封建主直接经营的一切产业，无论是农业、手工业，还是临时性的商业，都只有农奴的劳役可供利用；之外，就是雇佣农奴或自由人。因此，这些产业只能基于封建劳役制和封建雇佣制之上，而不可能以奴隶和类似于奴隶的囚徒为基础。而封建主直接经营的产业之外的一切经济组织，则主要是由小农和农奴工匠独立经营。他们利用自己的劳动力来维持生活，那种依赖出卖劳动力为生的雇佣劳动者仅是社会中的极少数。封建产权制度因而是此时西欧社会的一切经济组织的基石，其经济组织的产权结构因而是单一的。这同生产奴隶尚在时的经济组织的产权结构显然是不同的，那是一种由两种不同性质产权所构成的双重性质的产权结构。这种产权结构具有多种产权制度间的互补与协同的功能，而生产奴隶消亡后的单一的产权结构却丧失了这一功能。

　　必须指出，生产奴隶消失后，西欧经济组织的这种特殊构成具有普遍

---

① ［美］汤普逊：《中世纪经济社会史》上册，第332、333页；下册，第243、244页。

性。最突出的证明就是连皇帝和国王的庄园也都如此。"有一个苦心研究的学者曾经说：喀罗林朝的王室领包括有一千六百十五个单个的领地；其中很多和县和州同样大小，村庄星罗棋布。它们包括无数的广大农场（庄园或村落），宫殿、葡萄园、森林、矿地和采石场。领地是由许多村落或庄园集合而成"，他们中"有的是很大的，包括三十、三十五、六十三，甚至七十所庄园"。它们"组成为一个行政上的经济单位，每一个庄园或大农场受一个地方管事的监督，而地方管事则受地方郡伯的监督"。为了管理这庞大的领地，查理曼亲手制定了一个著名的庄园管理手册："庄园诏令"。诏令中除规定庄园的管事应在庄园的账册中记入"由朕庄园上的佃农所耕种的土地"等农耕事务外，还应记入"金属匠和金属工人的数目、制剑者和制鞋者"等手工业事务。① 这些记述的情况表明，一个皇家领地上的工匠数目是惊人的，有的达数百人之多。"在这里，一切工业上的劳务应有尽有——磨粉、烘面包、屠宰、酿酒、捕鱼、捕鸟、粗木工、细木工、铁工、纺、织、制绳、制马鞍、洗衣和制肥皂、直到金匠和战袍绘画人的作坊。妇女们特别从事亚麻和羊毛的纺织。"在生产奴隶尚未消失前，皇家庄园的手工业者中自然也有奴隶，随着生产奴隶的消失，皇家庄园手工业也就同贵族、教会和寺院的手工业一样，不是利用农奴的劳役，就是让农奴工匠以物代役。"为了奖励奴役的工匠，他们的税是固定的，同他们务农的弟兄们的税一样；他们的小小财产有时可免缴继承税，即所谓永远管业（mainmorte）。"②

与东方各国封建社会相比，生产奴隶消亡后的西欧经济组织的产权性质和产权结构无疑是特殊的。

我们仍从东亚谈起。

同中世纪早期西欧领主们一样，从皇室到各级官府、各级封建贵族和封建地主都有自己的手工业和商业。不同的是，这些手工业和商业除了利用农民缴纳的大量力役之外，还有大量的奴隶和囚徒。这里仅以已属中国封建社会晚期的明代为例。

明初，著名将领凉国公蓝玉，"令家奴贩私盐一万余引"③。大臣李庆在

---

① ［美］汤普逊：《中世纪经济社会史》上册，第286—288页。
② ［法］P. 布瓦松纳：《中世纪欧洲生活和劳动（五至十五世纪）》，第104—105页。
③ 刘辰：《国初事迹》。

其奏疏中讲："公侯都督往往令家人子弟行商中盐。"① 各都司卫所、布政司、按察和府州县官都收留大量的"军伴皂隶'，以"办纳钱财""买卖借贷"②。宣德时，会昌伯孙忠以"家奴贷子钱于滨州"③。英宗时，皇亲公侯伯文武大臣家，令家人于北京四出州县"把持行市，侵夺公私之利""诡名中盐"，十分盛行。英宗即位初，两淮盐价低贱，但商人中盐者少，"皆因彼处军卫豪势之家，纵容厮役，阻坏盐法""私出兴贩"。文武官吏李玉、黄信、王瑜、龙、柳溥、太监金英等都纵令家人大贩私盐，其货船有时竟多达六千余艘。驸马都尉石璟"令家奴放债"。指挥孙继宗、孙绍宗，都指挥孙显宗及其侄孙磷"起塌房"，"邀截客商，引盐发卖"；辽东巡抚都御史李纯放债催款，所用之人，全是家奴。④ 景泰二年，彭城伯张瑾封王于江西，"道南京，令家人市货帛，载马船以归"。中军大都督府汪泉，纵家人杨俊等"擅榷商贾"。辽东巡抚都御史李纯，"令义男放债"⑤。成化时，都督同知赵英，在凉州"纵容家人与哈密回回贩私茶"⑥。明孝宗弘治年间，李东阳奏说："游手之徒，托名皇亲仆从，每于关津都会大张市肆，网罗商税"⑦。另一大臣屠滽说："皇上即位以来……勋戚之家……纵令家人开设店肆邀截商人货物，自都城内外坊市及张家湾河西务等处一切名利，悉侵夺之。"庆之侯周寿，寿宁侯张鹤宁指使奴仆朱达、周洪等"列邸店以罔民利"。驻扎在北方军事重镇大同的将领们"皆令家人以段布市马，而英、昶家人，因以违禁花云段与虏交易"。"广宁、开原、抚顺三马市，每遇夷人持马貂诸物来市，被镇守等官及势家纵令头目仆从，减价贱市，十偿三四。"⑧ 嘉靖时，驸马都尉邬景和，"纵容家人，开张店面，刻害商民"。严嵩父子，在扬州等地，纵容家奴严冬"网夺商利"⑨。万历时，右都御史秦

① 《明成祖实录》卷七十二，永乐八年九月乙未。
② 刘辰：《国初事迹》。
③ 《明史》卷三〇〇《孙忠传》。
④ 参见《明英宗实录》卷二九〇：天顺二年四月，卷二十七、六十一、七十四、七十五、一九五、一九三、二八九、二十七、六十一、七十四、七十五、一九五、六十六：正统五年四月。
⑤ 《明英宗实录》卷一九三、二八九、二〇六、二〇二、二二〇、二三五、二六〇。
⑥ 《明宪宗实录》卷一五六。
⑦ 《明史》卷一八一《李东阳传》。
⑧ 《明孝宗实录》卷一一七：弘治九年九月己酉，卷二一九，卷一五〇：成化十二年五月、九月。
⑨ 《明世宗实录》卷五十一、五四四。

耀派遣家奴在无锡、苏州、常州开设典当十余铺，"每铺不啻二三十万金"①。著名官吏徐阶、朱国桢、徐显卿各以织布、缫丝、养蚕而闻名乡里，如其所述，这主要出于诸女仆之功。②

地主也同官吏一样。闻名江浙的大地主濮家，历经宋、元、明三朝，久盛不衰，工农商俱全，全因"臧获千丁，督课农桑，机杼之利，实由此始"③。嘉靖时，浙江严州府锦沙村的一个姓徐的小地主，只有一个仆人阿寄。靠他贩漆，历20余年，终于"致产数千金""财雄一邑"④。以善理家政而名闻当时的龚孺人、金孺人、奚太宜人也主要是因为她们善于役使臧获，使其"畴力耕，畴技工作，畴行贾，畴女工"⑤。天顺时，常熟大户钱晔发家致富，主要是靠他的十三个奴仆。⑥ 另一富户李端其，"益督童奴活生业，居则量物货，出则置田亩，家率赖以不坠"。吴宽之母张氏，"勤劳内助，开拓产业，佣奴千指，衣食必均"。⑦ 松江徐某重托其仆钱某"初畀千金令其鬻布"，后又给其千金"往汴梁贸易"。⑧ 吴兴沈乐仆丁旻"二十至六十服贾，岁入千金"⑨。著名刻书商毛于晋，"家蓄奴婢二千指"，除用于耕种宅旁的二顷地外，主要用来刻书、校书。⑩

商人也不例外。著名商人沈廷器，"日课僮仆坐列肆，视人所弃者取之，人所取者弃之，操有余以待不足，不数年遂以财擅一郡间"⑪。当时中国最大的几个商业集团，徽商、晋商、福建的海商，无一不是靠奴隶支撑其商业的。其中，徽商的资本最雄厚，而徽州同时也是中国奴隶最多、奴隶所受的奴役最严酷的地区。各家大姓，都蓄有大量的奴仆用于"营运"⑫。

① 康熙《衡州府志》卷一九。
② 参见《涌幢小品》卷二《农蚕》。
③ 胡琢：《濮镇见闻》卷一。
④ 张履祥：《杨园先生集》卷四十四《近古录二》。
⑤ 王世贞：《弇川山人稿》卷九五《郭母奚太宜人墓表》，卷93《明故金孺人墓志铭》。
⑥ 参见《连抑武杂记·钱氏三仆》。
⑦ 吴宽：《匏翁家藏稿》卷五八《徐南溪传》；卷六二《李君信墓志铭》；卷五七《先世事略》。
⑧ 李绍文：《云间杂识》卷四。
⑨ 赵吉士：《寄园寄所寄》卷一二。
⑩ 参见钱泳：《履园丛话》卷二二《梦幻·汲古阁》。
⑪ 丁养浩：《西轩效唐集》卷一〇《明故存济沈公夫妇墓志铭》。
⑫ 参见赵吉士：《寄园寄所寄》卷一二；《清稗类钞·奴婢类》；《乾坤正气集》卷三一六《故光禄丞敬一程翁墓表》；何乔远：《闽书》卷三八《风俗》。

上述例证在明代的各种史籍中比比皆是，以致史籍中凡是提及工商业劳动力一般情况的，特别是官吏、地主、大工商业主在工商业中的劳动力的，很少不是奴隶；连明代的各类小说，如《儒林外史》《醉醒石》、"三言""二拍"等，凡是叙及此事的，没有其他性质的劳动者，几乎都是奴隶。如《警世通言》中所讲的宋金，《醉醒石》中所讲的陈簏都养了几个甚至几十个家丁，专做"私商勾当"。

明代如此，蓄奴风气更甚的清朝就更不用提了。因此，通中国封建社会之始末，奴婢一直在宫廷、官府、官吏、贵族、地主、商人，乃至一般富户所经营的农业、工商业中担任重要角色是确凿无疑的。

日本的贱民也同样用于工业劳动。如《户令》中规定："凡官户奴婢，每年正月，本司色别，各造籍二纸，一纸送太政官，一纸留本司，有工能者，色别具注。"足见官府是依据奴婢的技能来安排其工作的。在《圣武续纪·天平十五年》中，也记有工业奴隶的事条。"在正仓院文书中"，也"见到关于寺院工业奴隶的记事。使用于商业的事"。《杂令》中还规定："凡皇亲及五位以上，不得遣帐内资人及家人奴婢等定肆商贩。"足见此类事太多，不得不下令禁止。①

与西欧曾为一体的拜占廷帝国也有大量的奴隶用于生产。在中世纪早期及其之后的几百年中，帝国经营的丝绸及其他纺织作坊里有成千上万的奴隶劳动。"奴隶劳动也为贵族开辟了非常广阔的经济活动机会"，贵族、商人、地主甚至小作坊主利用奴隶经工营商十分普遍。在伯罗奔尼撒有一个名叫达尼艾里斯的人拥有数千名奴隶，其中很大一部分被安置在纺织作坊里劳动。② 该地最富有的蚕丝业的女工厂主达妮丽达死去时，被释放的奴隶就达三千名之多。③ 在君士坦丁堡和其他一些城市中，"经常可以遇到一些利用少量奴隶劳动的小作坊老板"。为此，在帝国的手工业同业公会所制定的章程中，就对他们同其主人的关系做了详细的规定。④

---

① ［日］内田繁雄：《日本社会经济史》，陈敦常译，商务印书馆 1936 年版，第 104 页。

② 参见［苏］波梁斯基：《外国经济史（封建主义时代）》，第 89、90、91 页。

③ 参见［苏］列夫臣柯：《拜占廷史》，包溪译，生活·读书·新知三联书店 1959 年版，第 171 页；［法］P. 布瓦松纳：《中世纪欧洲的生活和劳动》，第 39 页。

④ 参见［苏］波梁斯基：《外国经济史（封建主义时代）》，第 89、90、91 页；［苏］列夫臣柯：《拜占廷简史》，第 203 页。

伊斯兰世界的"奴隶被用来执行各种各样的工作"①。13世纪时波斯的著名诗人萨第在其著名的作品《花园》中写道："我认识一个商人，他有一百五十头驮货的骆驼，四十个跟从的奴隶和仆人。"② 19世纪初，埃及的统治者穆罕默德·阿里从西欧引进了大量的机器设备，开办了许多官办新式棉纺织厂，1834年时，纺锭达到40万个，在世界上名列第九，规模比比利时还要大，为了让这些工厂运转起来，他按照"埃及的优良传统"，使用了大量的奴隶，由于工作条件太恶劣，致使奴隶们大批死去。③

在俄罗斯，奴隶不仅用于农田劳动，还被封建主广泛用于庄园开办的各种手工业中。

同时期的印度，贱民则从事着各种手工劳动，如皮匠、鞋匠、屠夫，等等。

可见，世界各国传统社会的经济组织的产权性质和产权结构与生产奴隶消亡后的西欧是不同的。它基于两种主要生产关系之上，有封建制，也有奴隶制；两种不同的性质的产权制度互补和协同，形成了截然不同于11世纪之后的西欧庄园经济组织的产权结构。

二、庄园手工业的瓦解和个人自由的萌生

西欧庄园经济的这种特殊的产权结构从根本上决定了庄园经济组织的基础是脆弱的，它势必会分解。首先被分解出来的是庄园中为贵族所拥有的手工业和临时性的商业，致使中古西欧封建经济组织和经济结构发生了第一次分解，并随之实现了第一次整合，产生了新的经济组织和社会组织，迈出了西欧社会结构从简单到复杂的第一步。而之所以能迈出这一步，全因生产奴隶的消亡。

生产奴隶的消亡，以及随之而来的蓄奴习俗、蓄奴思想和蓄奴法律的根除，使所有的劳动者都成了权利主体，对自己的劳动力拥有全部或部分产权；随之引发的习俗、思想和法律的变化又势必导致了人们的思想和人格结

① ［苏］波梁斯基：《外国经济史（封建主义时代）》，第141页。
② ［美］汤普逊：《中世纪经济社会史》上册，第249页。
③ 参见［美］戴维·S.兰德斯：《国富国穷》，第572页。

构上的升华：追求经济独立和人身自由成了西欧人格结构发展的主流。同时，也规定了封建主的制度安排的方向，建立有利于农奴追求其经济独立和人身自由的制度安排成了必然。

首先，生产奴隶的消亡使权利主体普及，除了一小部分自由劳动者完全摆脱了权利客体的地位，对其劳动力有全部产权外，其他的劳动者都具有了双重性，既是权利的客体，又是权利的主体，对其劳动力拥有部分产权，但同时又丧失了自己劳动力的另一部分产权。前者使他能独立经营自己的经济，而后者又使他必须为领主服劳役。因此，与自由劳动者相比较，他有一个最大特点：置身于两种不同的劳动力产权制度下，并在它们之间频繁地转移。服劳役时，他在他人的监督和强制下，用他人的生产条件为他人创造财富；余下的时间，则从事的是用自己的生产条件为自己创造财富的自由劳动。不要忘记，人都要"谋求自身利益最大化的"，其经济行为都为现存所有权结构所引导。"个人会发现，在这组所有权下的所作所为对自己有利，而在那组所有权下则不利"①。

故此，在不同的产权制度下，人们实现其自身的利益最大化的方法和途径是不一样的，甚至截然相反。在劳动力产权归劳动者自己使用的产权制度下，劳动者谋求自身利益最大化的唯一途径只能是厉行节约，尽量降低生产成本和交易成本，积极劳动，尽可能地提高生产效率。在自己的劳动力被他人奴役的劳役制度下，他追求自身利益最大化的途径就必然是最大限度地实行机会主义行为：尽可能地偷懒，以保存自己的劳动力；千方百计地投机取巧，以最大限度地损主肥己。不同的产权制度下，人们谋取自身利益最大化的途径不一致，必然导致不同的人格结构。"劳役制度培养了说谎和欺骗行为"，形成了好吃懒做、欺诈、偷摸等"不良"品质。因为服劳役是强制的，在强制下要谋求自身利益的最大化，就只能通过怠工、偷懒，使用欺诈、偷窃等手段来为自己谋利，以致"农奴中间有许多极妙的理由来欺骗农奴主"②。有的将领主的耕牛私自外租，有的扣减种子和饲料，有的则在

① ［美］道格拉斯·C.诺斯：《经济史上的结构和变革》，第79页。
② 格尔申克隆：《对现代工业化"前提条件"概念的反思》，［美］塞缪尔·亨廷顿等：《现代化理论与历史经验的再探讨》，第188页。

收割时收藏部分谷物，将其偷运回家。[①]　为了扭转这种局面，领主们不是施以"小恩小惠"，严加惩罚，就是制定各种苛刻的制度进行管束。例如，为了防止农奴以生病为借口来逃避劳役，领主对病假做了许多硬性规定。在拉姆西所属的一个庄园，领主允许生病者一年最多歇三个星期；但在秋季只允许歇十五天。在奇切斯特主教各庄园，生病者可以歇两个星期到一个月，届时即使仍未痊愈，也不能多歇。同时，对生病还规定了一定的标准。如病得不能出屋，或病得只能卧床。甚至只能靠神父为其涂圣油才能减轻病痛的才能请病假。如此种种措施，目的就是为了"让人们为他们劳动"，但结果却是人们在干活时消极怠工，或故意将活儿干得糟糕。我们只需对庄园文献扫上一眼，就会发现这种情况十分普遍。兰利修道院案卷开头几页有这样的记载：一些人因未参加收获或提供的人手不足而被罚款；一些人被罚款是因为他们来晚了，而且来了以后，又把活儿干得很糟糕或消极怠工。有时候，不来参加劳动的并非一人，而是整整一群人，领主的谷物因此不能入仓。有时候人们即使来了，却又感到愤愤不平。休·勒·瓦特莱德——根据名字他是个运水工——对招呼他去运水的领主仆人破口大骂；罗杰被通知去运小麦，第一次通知时他未理睬，后来他虽然去了，却把第一车小麦抛在了缴什一税的堆里，第二车小麦又被他扔在地上，麦捆也因此全散了，车辆只能绕过这些散落的麦捆才能进入田庄。有份法庭文件记述了某个领主凶暴地用一把粪叉杀死了威廉·布莱特，原因是该领主发现威廉干活怠惰。这里只是列举了收获时发生的几个事件，但无疑足以使读者联想到那些作为田间生活的一部分而经常出现的情景。不仅一般农奴"出工不出力"，连被领主委以重任的管家等也处处损主肥私，"用权谋利狡诈的农事官也比比皆是。据说有个农事官专门盯着那些未经许可的拾穗者，然后突然现身，夺走那些人的合法谷物，偷偷地拿到磨坊去为自己磨面。另一个农事官被控告在保管领主的田产方面玩忽职守。陪审团也发现他收受贿赂，徇私枉法，贪污罚金。常常把领主的财产挪为己用"[②]。类似记载，在当时的史籍中可谓是比比皆是。故此，德比等人说："农奴是特别懒惰和最爱小偷小摸的人"，而其中的工

---

①　参见 P. Dockes, *Medieval Slavery and Liberation*, pp. 128,129。

②　参见 H. S. Bennett, *Life on the English Manor: a study of peasant conditions 1150–1400*, pp. 113, 114,181,182。

匠又特别会偷，以至在领主的眼中，劳役制度是各种制度中最糟糕的制度。①

与此相反，当农奴为自己劳动时，他劳动热情高涨，责任心、主动性、创造性也都很强，不仅会千方百计地去节约生产资料，还会尽可能地想办法降低成本，提高质量，主动地想办法解决生产中所遇到的问题。

置身于两种产权制度组成的产权结构下的农奴的人格结构自然不同于仅为权利主体的自由劳动者的人格结构。他有两面性。但劳动积极、负责的一面仅在他是权利主体时才能展现出来，当他被迫劳动时，他的人格结构中的那个最糟糕的一面就表露无遗了。人格结构的这种两面性分别表现于两种不同的劳动中，引出了两种截然相反的结果。自由劳动是高效率又高质量；强制劳动是少慢差费。再加上使用农奴的劳役需要高昂的监督成本，比较成本远高于从农奴那里收取实物租和货币租。这一切都促使置身于劳役之旁的自由劳动成了导致劳役制度处于极不稳定状态的因素。

对于庄园手工作坊来讲，农奴的自由劳动对劳役劳动的否定表现得尤为强烈。这一是手工业劳动是个更需要劳动者发挥其劳动的积极性、主动性、创造性和责任心的行业。产品质量的好坏，产量的高低，成本的耗费的多少，品种花样的繁简就主要取决于工匠们态度。二是这一行业不同于农业、采矿业等所谓"土地密集型"和"努力密集型"产业，"痛苦刺激"，即对劳动者实行强制手段对提高其生产力几乎不起作用，它需要劳动者主动地发挥其智慧和技巧。正因如此，工匠们对强制劳动更为反感，两种产权制度下的生产成本和经济效益所呈现出的背离和反差因而比农业、采矿业更为突出，致使手工业劳役制度及基于其上的手工作坊组织的稳定性更差。故此，农奴主对工匠们大都是进行怀柔收买而不是给予痛苦刺激。古罗马时代最初的释奴因而就主要是工匠和商人，他们获得的人身解放的时间最早，频率也最高。② 而他们追求经济独立、人身自由的精神也最为强烈。

蓄奴习俗、蓄奴思想和蓄奴法律的根除，基督教的上帝面前人人平等的原始教义的再生与传播所酿成的文化氛围无疑会加剧西欧农民人格结构上的

---

① 参见 P. Dockes, *Medieval Slavery and Liberation*, pp. 128, 129。
② 参见［冰］思拉恩·埃格特森：《新制度经济学》，吴经邦等译，商务印书馆1996年版，第188页。

这一重大变迁。只有经济独立、人身自由才能使农民们实现自身利益的最大化，追求自由自然也就成了当时西欧主要人群农民的人格结构的主流。在10世纪开始的大垦荒中，农奴大批地逃亡到新垦区；城市兴起后，农奴又大量地迁徙到城市的史实都是农奴争取经济独立、人身自由的最突出的体现。

　　与农奴们一样，封建主也面临着一个如何才能实现自身利益最大化的问题。而当时急需解决的问题就是他所拥有的巨额财富和他所过生活的极其简陋之间的矛盾。他们拥有广大的土地，驱使着众多的人民，权重身贵，地位显赫，本应过着常人无法想象的生活。但事实上，他们穿的衣服，吃的饮食，居住的房屋，使用的家具却与其属下的农奴相差无几，甚至毫无差别。不同点仅在于他所拥有的物资的数量远远地超过农奴。可是，数量太多，花样品种却太少，质量太差，巨大数额的这些财富对他的生活已无大的实际意义了。其间缘故，全在于庄园经济的自给自足和社会上商品经济的荡然无存。庄园中为数众多的农奴和工匠虽然为他生产了数量颇多的农牧产品和手工业品，但是，庄园再大，受自然条件和地理环境的制约，受手工匠人的工种种类、技术水平、原材料供应、设备等多方面条件的限制，所产的产品品种有限，质量不高。尽管封建主及其家人可以敞开肚皮吃，任意地用和穿，但是，他吃的食物、所穿的衣服、所用的家具却很难和农民们拉开档次。在市场微不足道、商品交换几乎处于停顿的情况下，庄园中余下的大量的农牧产品和手工业产品无处销售或很难销售。剩下的办法只有两种：大宴宾客和大养仆从。故此，当时西欧贵族的周围常有成群的宾客，他们依赖贵族的给养。同时，"大人物和大富翁，上自王公，下至小领主，其待客的阔绰，都超过了我们今日所能想象的。例如，威斯敏斯特大厅为威廉·鲁弗斯的饭厅，然而常人满之患。托马斯·伯克特常以清洁的草秣，铺于厅的地上，使坐不到座位的坐地就食的武士文人，不致染污他们崭新的衣裳。据说，瓦解维克大公每日在各庄园所款待的宾客，达三万人"[1]。普通的修道院，也常年豢养着300—400名宾客。[2] "公元822年，科尔俾修道院每日就食的

---

① 参见［英］亚当·斯密：《国民财富的性质和原因的研究》上册，第372页。
② 参见 G. Duby, *Rural Economy and Country Life in the Medieval West*, p.380。

人数不下于 300 名，但罕有超过 400 名的；照管的修道院长每日计算每日所焙的面包为 450 个（15 个磨粉机制的产品），每年所消耗的猪为 600 头。"①

将大量剩余的农牧产品和手工业品用于豢养扈从，宴请宾客，而不能用来提高自己的生活质量，不能尽情享受这些财富，使自己拥有的财富与其所置身的地位相称，这实在有违封建贵族的心愿。但是，在商品交换还极不发达，社会无法提供更多种类、更好质量、更高档次的产品、更新颖的生活方式的时候，这是唯一的选择。用制度经济学的话讲，这时的制度供求还是均衡的。当时业已存在的手工业劳役的否定因素还不足以动摇这种均衡局面。

但是，当西欧的商品经济和地区间的专业性分工因北欧海盗等外来的入侵逐渐停止、社会日趋稳定，人口逐渐增长，农业生产力日渐提高，不同禀赋的土地因垦荒而得到开发，十字军东征的刺激和东西方贸易的恢复等多种原因而逐渐得到复兴和发展时，原有的制度均衡就被打破。市场的产生和发展，为农奴们的产品，特别是为农奴工匠们的产品提供了越来越大的市场。

在这之前相当长的一段时间内，西欧也并非没有市场。中世纪西欧"最古老的市集"于 630 年出现在巴黎。② 公元 900 年后，随着农业生产力的发展，西欧的市场越来越多。③ 但是，这种基于农业基础之上的市场并不具有完全的商业性质。它所进行的贸易主要是小生产者的互通有无，和封建主出售剩余农产品的场地。交易的物品主要限于当地生产的农牧产品和手工业品。在数量上可以调剂贸易双方的余缺，在品种和质量上对双方却无太大的互补，贸易方式也主要是以物物交换的原始方式为主。"一个人会以一匹马去换一袋谷物，以一块布去换一双靴子"。④ 长途贸易几乎没有，以货币为中介的贸易也是偶尔为之，货币流通量相当地小，故此，汤普逊说"这种市场带有一种农家风味，是当地农民所常逛的地方"，而食粮则是市场上

---

① ［德］桑巴特：《现代资本主义》第 1 卷，李季译，商务印书馆 1958 年版，第 45—46 页。

② 参见［美］汤普逊：《中世纪经济社会史》下册，第 189 页。

③ 参见公元 900 年是个转折点，请参见 R. Hodges, *Dark age economics: the origins of towns and trade, A. D. 600-1000*, New York, 1982, pp. 150, 151。

④ 参见［法］P. 布瓦松纳：《中世纪欧洲生活和劳动》，第 162 页；R. Hodges, *Dark age economics: the origins of towns and trade, A. D. 600-1000*, pp. 147-150。

的主要商品。①

当市场还是贵族之间、农民之间彼此互相调剂余缺的时候，它对于庄园经济系统来说，还仅仅是一种必要性补充。它有助于庄园经济制度的稳定，还根本谈不上对其稳定的威胁。故此，尽管市场产生得很早，但在其产生后的一二百年的时间内却未能动摇庄园的根基，还是种互补经济，连小商品经济甚至都不够格。当地区性、国际性的中、远程贸易随着十字军东征、垦荒拓边后的地区性分工的发展而逐渐兴隆起来后，市场上交易的物品和交易的手段发生了一些重大的变化。交易的物品中增加了很多本地无法生产的手工业产品和农牧产品的加工品。如巴黎盆地生产的葡萄酒，法兰西斯的绿色、灰色和深蓝色呢绒②，北方的毛皮，阿拉伯和拜占廷的丝织品，莱茵河地区的陶器，英国的斗篷，南德的盔甲、武器，东方的香料、宝石等等。这些远程运销来的物品大都是由当时那些处于社会边缘的商人、犹太人、失掉土地的农奴和僧俗封建主的商业代理人等运来的。③ 他们显然不可能用这些商品来进行以物易物的原始贸易，因为他们不可能在道路破烂、交通阻隔，劫匪遍地的情况下，交换来一些量大价低的农牧产品，再长途运输它们到外地去交换他们用来贸易的商品；而必须用他们运来的价高量小的商品换来货币，以便他们到外地再去进货，将贸易维持下去。结果，货币在市场上的重要性也就日益增加，外地运销来的货物，没有货币就无法购买。同时，具有本地特色和专门工艺的手工业品的产品在市场上的销路也会渐渐有所增加。因为这些物品物轻而贵，不仅运输成本较低，也易于远销外地获得金钱。

市场贸易的这些变化，对庄园经济产生了原有市场无法产生的重大影响，市集也因之兴盛起来。不同于市场，市集处于较高级的封建管辖权之下、涉及更大地域的贸易；它开设的间隔时间虽长于市场，但每次开市的时间则要比市场长得多④；而更重要的区别是，在这里，中远程贸易贩来的商

---

① 参见［美］汤普逊：《中世纪经济社会史》下册，第185页；R. Hodges, Dark age economics: the origins of towns and trade, A. D. 600-1000, p. 163。

② 参见 G. Duby, The early growth of the European economy, p. 239；R. Hodges, Dark age economics: the origins of towns and trade, A. D. 600-1000, New York, 1982, pp. 149,154。

③ 参见［比］亨利·皮雷纳：《中世纪的城市》，第61、70—74页。

④ 参见［美］汤普逊：《中世纪经济社会史》下册，第186页。

品成了主要的货源。市场上的很多商品也来源于市集。因此，它对封建庄园所产生影响要比市场大得多。

市场贸易内容的变化和市集的发展动摇了封建庄园经济制度的脆弱的均衡局面。因为它为封建贵族和农奴工匠提供了很多潜在的利益，扩大了原有的制度选择集合，出现了潜在的制度需求和制度供给，原有的制度均衡因而被打破，因为庄园原有的制度无法使贵族和农奴工匠获得这些潜在的利益，从而使庄园制度的变迁成为必要也成为可能。

这首先是因为中远程贸易给市场市集带来的这些商品是庄园和本地其他庄园所无法生产的，又是封建主所渴求的。它涉及封建贵族生活和生产中的各个方面。巴黎盆地和大西洋沿岸地区生产的高质量的葡萄酒、东方香料等大大地改善了贵族们的饮食，使昔日粗糙难咽，甚至有点臭气扑鼻的牛羊肉变得香喷可口。法兰德斯的毛呢质地精良，颜色鲜艳，品种繁多，穿上用它所做的衣裳，贵族们就变得威严华贵，彻底改变了昔日与农奴穿着无异的寒酸模样，将贵族和普通人彻底地区别开来。[1] 用上南德、米兰生产的盔甲和刀剑，不仅使他们变得威风凛凛，还有更多的把握克敌制胜。[2] 所有这些，都将使贵族们的生产和生活焕然一新。昔日困扰他们的位高权重，拥有大量财富，但又不得不过着与农奴相差无几的生活的苦恼终于有了解脱的希望，市场和市集给他们展现出了一幅从未有过的锦绣前景

但是，获得市场市集上的这类物品需要货币。庄园中剩余的农牧产品，在城市尚未产生、遍地都是农庄的情况下是难以找到销路的，因此，即使是富裕农民也很难用他的产品换来金钱。但农奴工匠就不同了，同各地都有的农产品比较，他们的产品都不同程度地具有本地甚至本人的特色，再加上手工业品物轻而贵，运输成本比农牧产品低，可以远销他乡，获得货币的可能性远大于农牧产品。故此，马克思和恩格斯认为："掌握了某种手艺的农奴获得动产的可能性最大"[3]；可是，在贵族的手工作坊中制造的物品换来的金钱归贵族所有，在自己家中制作的，卖后得来的金钱则归自己，因此，市场市集的发展使他们为市场生产的机会越来越多，这就必然会进一步地强化

---

① 参见 G. Duby, *The early growth of the European economy*, p. 239。

② 参见 J. Day, *The Medieval market economy*, New York, 1987, p. 163。

③ 《马克思恩格斯选集》第 1 卷，第 121 页。

他的劳动的积极性，"使他们更加努力工作、更为机灵"，致使其劳动效率和产品质量得到提高；同时，也会使他更加厌恶劳役，进一步地加大了两种劳动状态下的生产成本、经济效率和产品质量的背离和反差①，增强了贵族和工匠双方变更现有制度的安排的欲望，以便获得因市场市集的发展而带来的但在现有制度下无法得到的利益。

如何变更？掌握了变更权的贵族所面临的选择只有两种。一是增加农奴的劳役，甚至复辟奴隶制度，以增加庄园手工作坊的劳动力的供给，增加品种，改进产量。这在尚有生产奴隶、蓄奴法律和蓄奴习俗的社会里，自然是一条可行的途径。由此也就必然导致如同中国封建时代那种"凡是商业资本发达的社区，奴隶也跟着盛行起来"，官僚地主工商业也随之兴旺的结局。② 如此，西欧社会尔后的一系列变化也就不可能发生而势必走上与中国封建社会相同的道路。然而，此时的西欧生产奴隶已经消失，庄园主无法通过这一途径达到预期目的。这是因为，庄园的手工业劳役受时间和数量的限制；而伴随着生产奴隶的消亡，蓄奴法律和蓄奴习俗也已灰飞烟灭。在这种情况下，增加农奴的劳役，恢复奴隶制，需要更改很多正始约束，如庄园法，教会法；和非正始的约束，如蓄奴非法，上帝面前人人平等，基督徒不奴役基督徒等。不仅经济上的成本极高，政治上也要冒很大的风险。这些都决定了变革的预期成本远高于变革的预期收益，因而是行不通的。查理曼等人也曾尝试恢复古罗马的奴隶制度而招致失败的史实就是明证。③

更关键的是，这样做，不仅达不到预期目的，还会使事情更糟，离预期目的越来越远。因为商业的复兴，市场市集的发展使农奴工匠尝到了甜头；对劳役他们本来就极端厌恶，增加本就受庄园习俗和惯例限制的劳役租和实物租，只能激起他们对贵族和劳役的进一步憎恨，他们会变本加厉地损主肥私，将贵族们为发展自己的工商业而提供的各种信息和手段，如市场动态、运输工具、原材料等转而变成发展自己独立经济的有利条件。其结果，就必然会使其独立经济和庄园手工作坊的工作效率、产品质量朝两个完全相反的方向发展。无论农奴工匠在庄园作坊中生产出来的产品，还是上交给贵族们

---

① 参见 D. Wyatt, *Slaves and Warriors in Midieval Britain and Ireland 800-1200*, pp. 13,16。
② 参见傅衣凌：《明清社会经济史论文集》，人民出版社 1982 年版，第 312—318 页。
③ 参见 P. Dockes, *Medieval Slavery and Liberation*, pp. 171,97。

的手工实物，在品种、规格、质量、样式等各个方面的差距会越来越大。在这种情况下，封建贵族不要说达到增收货币的预期目的，连维持现状都会越来越困难。

变革的第二条途径就是满足农奴工匠追求经济独立和人身自由的愿望，用货币代役租代替农奴匠人的手工业劳役和实物代役租，从而让手工匠人获得对其劳动力的支配权，外出就业，以谋取货币。这样做，贵族们既可免掉庄园手工作坊的监督、管理方面的花费；放弃对其用处不大的量大、质差、品种单一的庄园自己生产的手工业品，又可获得他们所急需的货币。能到市场上去购买他们渴望的、而庄园手工业又无法提供的工商业品；这样做，同样满足了农奴工匠的愿望，变革的预期收益将大于变革的预期成本。对贵族来讲，这个途径简易易行，能达到自己的预期目的，何乐而不为！对农奴匠人来讲，外出就业，获得货币的机会和数量将大大增加，变革制度对于他们来说也同样可以获利。既然对双方都是有利可图的事，在实践中必然会获得巨大的成功，成了贵族们获取货币和商品的有效途径。因此，从生产奴隶消失不久的 11 世纪时开始，租税制度的这一更替也就相继在西欧各地展开。但是，当时，这也并非是农奴中的普遍现象，它"最初只涉及领地的手工业者"①，而不涉及一般的农奴。其原因，除了手工业者擅长于从市场上获得货币外，也因为他们的份地小，"仅有较少的劳役"，例如在奇切斯特主教的安伯利庄园（在萨塞克斯郡），除了大佃农外，还有贝内·史密斯之类的小佃农，他的铁匠铺只有 4 英亩耕地。他所承担的劳役即是用领主提供的铁，修理两条犁的犁铧；为两匹马打马掌；为领主磨好所有的镰刀和剪刀。这种情况自然也就"比较容易让领主同意他们将劳役量折成货币支付"，从而使"他们完全自由"。② 这样的过程虽然最初出现于 11 世纪，但却同城市兴起一样，绵延不绝，在之后的两个世纪，在雷东、斯特拉斯伯格、梅茨、阿拉斯、特里尔和塞恩特思等地都留下了大量的、记载这一情况的可信史料。③

随着租赋制度的这一更替，缴纳货币租就成为农村手工匠人与封建贵族

---

① ［苏］波梁斯基：《外国经济史（封建主义时代）》，第 308 页。
② 参见 H. S. Bennett, *Life on the English Manor：a study of peasant conditions 1150-1400*, pp. 66-68。
③ 参见 R. Doehaerd, *The Early Middle Ages in the West：economy and society*, p. 169。

间的人身隶属关系的主要体现。11 世纪后，在德国和法国北部，只有少数农奴匠人仍缴纳手工业品，其他手工业者都缴纳现金；巴伐利亚 13 世纪时的资料表明，依据缴纳货币数量的多少，封建主将其往日的农奴匠人分为三个等次，他们每年分别向其缴纳 5 到 30 个德尼尔（denier）作为租赋。[①] 除定期地缴纳定量的货币以代替劳役或实物租外，更多的则是一次性地缴纳一笔赎金，并立约存档。12、13 世纪时，在英国的"庄园法庭中，再没有比这种更普遍的记载了"[②]。工匠们也就因此而获得了经济上的完全独立和外出做工的自由。11 世纪晚期，在马孔市郊营业的面包师，在满足主教需要的同时，也把面包卖给行人。随着道路行人的增加，他们的业务日益扩大，他们也因此而逐渐地获得了经济上的独立。其他的工匠，如铁匠、皮革匠、织匠等也都通过逐渐扩大供应外来顾客的产品的生产而使自己获得了自由。[③] 同时，居住在庄园的"大批手艺人亲自携带自己所制造的东西到市场上去出售"；而他们当时的身份几乎都是农奴，以致当时法国"用以称呼手艺人的是一个指封建主的旧农奴的一个名词"；而法文中用来称呼手工业的词 metier 也就是从他们为领主所从事的役务 ministeria 发展而来的。到市场后，"他们已不复替封建主做工作"，前店后厂，既做工，又经商，"在自己住所的窗槛上，或者在市场上出售东西"[④]。由于农奴工匠纷纷外出，以致"在十一世纪和以后的几个世纪"，西欧各地出现了大量流浪的手工业者，他们定居在商业小村镇里、交通要道、十字路口、城堡和寺院的围墙下，和弃武从商的小贵族、定居下来的商人混住在一起。前店后厂，亦工亦商，为城市的兴起提供了必不可少的工商业骨干，使新建的城市如雨后春笋。[⑤]

在这之前，西欧也并非没有城市，仅是城市很少也很小，工商业也极不发达，主要是军事、政治和宗教中心。因此，城市的真正复兴就起源于手工匠人和商人在城市起源地上的定居。11 世纪中叶，随着"原来漂泊不定的商人"和"低洼地区的织工陆续在城市定居"，法兰德斯地区原来的一些所

①　参见 G. Duby, *Rural Economy and Country Life in the Medieval West*, p. 222。
②　参见［英］约翰·克拉潘：《简明不列颠经济史》，第 137 页。
③　参见 G. Duby, *The early growth of The European economy*, pp. 232, 238−240。
④　［美］汤普逊：《中世纪经济社会史》下册，第 415 页。
⑤　参见［苏］波梁斯基：《外国经济史（封建主义时代）》，第 554 页。

谓的城市的"人口逐渐增加",真正的城市才开始涌现。① 故此,早期的城市居民是"中世纪时代的商人"和"手艺人"。无论他们是外来的,还是原住在工业市镇上,"他们已是不替封建主做工"的农奴。所以,"在法国,用以称呼手艺人的是一个指封建主的旧农奴的一个名词,他们的活动叫做ministeria(役务),那是法文metier(手工业)这个词的由来"。"在北欧国家里,商人(mercatores)是市民(burgenses)的同义词。包括手艺人和商人在内"。②

通过对市镇居民的姓氏起源地的研究,西方学者也已充分证明城市的居民的祖先绝大多数都是其家乡距其移住的城市不超过一天路程的农村工匠。他们是沿着他们早已熟悉的道路移居进城的,并且和他们的家乡保持着经常性的联系。如法国的蒙特里松城在1260年以前,20公里以内的移民超过全城人口的3/4③;1252年,英国埃文河畔的斯特拉特福市的绝大部分居民都是来自半径16英里以内各处的乡民,"而且都是在那边乡下作专门行业的"④。可见,非法逃亡进城的移民是少数,绝大多数市民都是合法的移民,而这之中,手工业代役租形式的转换无疑是关键。

城市的兴起使残存的庄园手工业更为困难,完全失去了存在的价值。因为新兴城市中的手工业在经济组织上、生产环境上、资源供应上、信息来源上、技术进步和技术交流上、设备上、生产成本上、市场开拓上拥有的优越条件是庄园手工业无法相比的。以致城市手工业产品无论是在款式、花样、售价、质量,还是功能上都远胜于残存庄园手工业的产品。例如,法兰德斯的呢绒业集中于城市后,改用商人运来的西班牙和英国的优质羊毛做原料,11世纪中期,又实现了一次重大的技术革新,出现了双人操作的脚踏卧式纺车。这种纺车不但生产率比传统的单人操作的竖式纺车高2—5倍,质量也得到很大的改进,能织出长达15—20米的呢绒,而旧式纺车的产品却不超过3米。与此同时,工艺过程也发生了一系列的改革,出现了漂洗、染色

---

① 参见〔法〕费尔南·布罗代尔:《15至18世纪的物质文明、经济和资本主义》第3卷,第94页。

② 〔美〕汤普逊:《中世纪经济社会史》下册,第415页。

③ 参见 N. J. G. Pounds, *An economic history of Medieval Europe*, London, 1974, pp. 268,269。

④ 参见〔意〕卡洛·M. 奇波拉:《欧洲经济史》第1卷,第186页。

等工序。织出的呢绒因而柔软、厚重、鲜艳，商业价值大为提高，成为贵族们的主要衣料。所以，这种毛纺业绝非庄园工匠所能胜任的。它不仅有经过长期训练才能掌握的必要的技术，还需要各工序的严密配合，需要"全体纺织工、漂洗工和染工联合成一个真正的公社"。显然，在当时，唯有城市才能为这样的毛纺业提供熟练的工匠和使他们联合在一起的条件，致使高级呢绒业为城市所垄断。[①] 而残存的庄园手工业的粗呢绒在贵族的眼中则一钱不值。贵族们既然能从附近的城市买到质量更好、价格更便宜的手工业产品，能雇到技术更好的工人，他们也就没有必要继续保留庄园中残存的工匠和手工作坊。1130 年左右时，法国的沙特尔圣母院给其自营地的代理人下了一份指令，规定今后不再要求庄园的农奴履行纺织劳役了。[②]

　　另一方面，城市欣欣向荣的局面和自由新鲜的空气对于尚留在庄园的农奴工匠来说，无疑是一个样板，对他们有无比的吸引力，使其对劳役更加厌恶，促使他们迁往新兴城市。1342 年，布鲁日城共收留了移住该城的农奴282 人，其中，有 150 人是手工匠人。[③] 手工匠人是庄园人口中的极少数，而在迁居城市的人口中却占了一半以上，足见庄园外迁的农奴工匠比例之大。余下的工匠的劳动效率、产品质量自然会进一步下降。于是，随着手工业者陆续离开庄园，庄园手工业者也就随之消亡。连那些昔日以"工业市镇"而闻名于世的大寺院，也"由于居民流入城市而丧失了人口，因而陷入贫困和毁灭的状态，虽然有少数寺院在它周围的不自由社会反叛以后，发展为城市，像在阿拉斯的圣瓦斯特寺院和在瑞士的圣加尔寺院那样，克伦尼、克雷尔服、费冈、科比、赫斯斐尔德各大寺院都没有成长为城市，相反地，它们蜕化为荒凉的乡村社会"[④]。

　　12 世纪时，手工业者向城市的迁居甚至发展到这样的程度，连为领主、农民制造、修理农具、马鞍的铁匠也只能在城市里找到。在梅斯市，犁铧成了最重要的手工业；洛斯市的铁匠是附近森林的木炭烧制者的主要顾客，而

　　① 参见 G. Duby, *The early growth of the European economy*, p. 232。

　　② 参见 G. Duby, *Rural Economy and Country Life in the Medieval West*, pp. 380,153,221,222。

　　③ 参见 D. M. Nicholas, *Town and Countryside：Social Economic and Political Tensions in Fourteenth Century*, Flanders, 1971, p. 231。

　　④ ［美］汤普逊：《中世纪经济社会史》下册，第 414 页。

这一时期留下的犁铧，也明显地是城市手工业作坊的技术产品，而不是农民自己制造的粗劣工具。①

手工业向城市的集中，开始完全是一个自发的经济过程，后来，却在西欧大陆形成了一种工业垄断主义。城市当局用暴力清除农村中残存的手工业②，以加速手工业向城市的集中，而德国人甚至在他们所征服的斯拉夫人境内也大力推行这种政策。

在手工业者脱离庄园的同时，商业亦集中到城市。犹太商人、叙利亚商人不再四处漂泊，逐渐在城市里定居下来。一些小贵族则将地租转为资本，成为城市里最初的贵族阶级。③ 那些为僧俗贵族经营运输业和临时性商业的管家、执事也脱离了主人的控制，结果，"商人也像手工业者一样，从贵族的家中漂走了"④。

庄园手工业的瓦解，促进了城市的兴起；而兴起的城市对庄园工匠产生了巨大的吸引力，使他们通过合法或非法的途径迁往城市⑤，加速了残存的庄园手工业的崩溃。因此，庄园手工业的瓦解与城市的兴起是一个互动的过程，这个过程的双方都产生了因果累积效应。结果，在城市日趋兴旺的过程中，随着庄园农奴工匠的逐渐外迁，庄园手工业也就日渐消亡。德比说，1100 年之前，庄园手工业已从意大利庄园的财产清单中完全消失；在法国，它的灭亡是在 12 世纪前半叶；虽然在经济落后的德国，庄园手工业残喘的时间要长一些，但不久也都完全湮灭了。⑥ 马克·布罗赫也说："制造业的劳务在 12 世纪初就在各地几乎都结束了"，人们再也"看不到那种聚集成群的佃农集体制造木制工具、木板、布匹或服装的现象了"，"妇女集体劳动的工场也关闭了"。他关于庄园手工业消亡的原因的下述论述则更令人深

---

① 参见 G. Duby, *Rural Economy and Country Life in the Medieval West*, pp. 380, 108。

② 参见 ［比］皮朗：《中世纪欧洲经济社会史》，第 186—188 页。

③ 参见 A. B. Hibbert, "The Origins of the Medieval Town Patriciate", *Past and Present*, 1 February, 1953, p. 18；D. Christopher, *Making A Living in the Middle Ages*：*the People of Britan*, *850-1520*, Yale university, 2002, pp. 67, 68；［比］亨利·皮雷纳：《中世纪的城市》，第 101 页；［美］詹姆斯·W. 汤普逊：《中世纪晚期欧洲经济社会史》，第 303、306 页；［法］P. 布瓦松纳：《中世纪欧洲生活和劳动》，第 208、209 页。

④ 参见 G. Duby, *The early growth of The European economy*, pp. 232, 238-240。

⑤ 参见 F. G. Davenport, *The economic development of Norfok manor 1086-1865*, p. 97。

⑥ 参见 G. Duby, *Rural Economy and Country Life in the Medieval West*, pp. 153, 208。

思："手工制造劳役随商业复兴而消失"，但"我们不能把它归因于商业的进步（商品流通的发展此时尚处于雏形），倒是应将它看成领主制组织机构发生的深刻、广泛变革的一个方面"①。

三、庄园手工业瓦解的根源

权利主体的普及是西欧庄园手工业得以瓦解的关键。而权利主体的普及是西欧生产奴隶消亡和蓄奴习俗、蓄奴思想和蓄奴法律根除的产物。没有这个产物，权利主体就不会普及，庄园手工业就不会瓦解。因此，生产奴隶的消失是西欧庄园手工业和临时性商业瓦解的根源。为了证实这一结论，我们有必要进行比较研究，看一看封建贵族拥有奴隶并将奴隶用于劳动、用于工商业时又会出现什么样的情况。东方各国尤其是中国又是最具可比性的对象。

中国的生产奴隶、蓄奴习俗、蓄奴思想和蓄奴法律与封建社会共始终，奴隶被宫廷、官府、贵族、地主商人和手工业主大量地用于工商业。面对这一不争的史实，一些史家往往用奴隶仅是人口中的少数，构不成主要劳力的理由而对其置之不理。这种将因果关系理解为数量上的线性变化显然无法理解整体大于部分之和的系统原理。在总人口中，奴隶虽是少数，最多不会超过总人口的10%。但是，不要忘记，在封建社会里，工商行业的从业人员也是人口中的少数，也未超过10%；在西欧，只有7%左右。② 而贵族地主及其国家的工商业又仅是工商业的一部分，其中所用的技术骨干、管理骨干又无疑是所用劳动力中的少数。因此，尽管奴隶是人口中的少数，但他们对封建贵族、官僚、地主和商人的意义却远远地超过了他们在人口中所占的比例。这正如博伊斯说的："一些大地主拥有一对或几对奴隶，这是使他们自己不耕作的途径；也是他们走出村庄的狭窄的生活圈子，进入公共领域、军队，从事司法和宗教活动的途径。"是他们"获得其它的社会资源收入""获得社会霸权的一个工具"③。

---

① ［法］马克·布罗赫：《法国农村史》，第107—109页。

② 参见 N. J. G. Pounds, *An economic history of Medieval Europe*, pp. 255,256。

③ G. Bois, *The Transformation of the Year One Thousand：The Village of Lournand from Antiquity to Feudalism*, pp. 21—23.

　　这是因为，只要有奴隶存在，就说明社会上有一部分人对其劳动力没有任何权利，权利主体就始终没有得到普及。即使他们的人数很少，但只要有这样的人存在就足可以使封建地主阶级及其国家通过他们牢牢地把持工商业，避免了与西欧封建庄园手工业相同的命运。其间奥秘就在于蓄奴制度使中国贵族地主工商业的产权结构不同于西欧贵族的庄园经济，社会环境和文化氛围与后者也大相径庭。

　　首先，奴隶的人格结构不同于农奴。他对其劳动力不享有任何权利，他实现其利益最大化的途径因而截然不同于对其劳动力享有部分使用权的农奴。由于对自己的劳动力不享有任何权利，未能成为权利的主体，他不可能像农奴那样，采用欺诈、偷窃、怠工等手段，来壮大那个对于他来说并不存在的独立经济；同时，他为贵族地主们所干的劳动也并非像农奴干的劳役那样完全是无偿的；他赖以生存的一切生活来源都依赖于主人，这实际上是奴隶主为维持他的劳动力的再生产而付给他的报酬。这也就决定了他的生活水平的高低和质量的好坏，与主人的经济状况、社会地位必然息息相关。恩格斯说："他与主人利害攸关。"①《红楼梦》中的贾家，在其气盛之时，贾府的大管家常常站在人口市场上趾高气扬地为贾家选择奴隶；贾府被抄后，他却站在下面任他人挑选。这种命运攸关的利害关系是奴隶产权制度的产物，它决定了追求经济独立和人身自由不可能成为奴隶们实现自身利益最大化的有效途径，因而不可能培养出奴隶们崇尚自由的人格；相反，由于依附主人、服从主人才能实现自身利益的最大化，其人格结构中的依附性、奴性则比其他人群更为鲜明、更为突出。

　　为奴隶产权制度所注定的奴隶的这种人格结构及价值取向又被森严的蓄奴法律，根深蒂固的蓄奴习俗、蓄奴思想所强化。它们一方面将奴隶置身于一个具有强大压力的容器中，迫使其就范，强制地铸就其人格；另一方面，又给奴隶们的奴役蒙上种种亲情伦理的面纱，将他们甩入了一个温情的陷阱中，使他们脱身不得，心甘情愿地接受奴主们的驱使。

　　中国历代封建法律对奴隶的森严残酷是举世闻名的。从秦国商鞅变法所制定的律令到清代的律法，对奴隶的地位都作了严格的规定，并堵塞了一切

①　《马克思恩格斯选集》第 1 卷，第 233 页。

有可能改变其地位的途径，以断绝他们通过这些途径获得人身自由的念头，迫使他们安于现状。如唐律、明律和清律中，都规定良民认奴婢为子孙，或认良人为奴婢者都为非法，不仅无效，还要受到法律的惩处。前者"杖一百，并各还之"；后者"以略人论，减一等（即流放三千里）""徒二年"①。婚姻上，良贱不得相娶。奴婢"男女既成，各以其类配偶之"。不准以婢为妻，也不准以婢为妾，更不准奴娶良人之女为妻，否则，不仅要"各还正之"，还要服刑或杖几十。② 若"奴婢私嫁女为良人为妻妾者，准盗论"，因为"奴婢既同资财，即合由主处分，辄将其女私嫁与人，须计婢赃，准盗论罪"③。若背主逃跑，初则鞭一百，并于脸上刺字；再跑就要被处死。通往良民的各条道路都被堵死，因此，"主仆之分一定，则终身不能更易"，"苍头、臧获长子孙，数十世名义相续属不绝"，"世世子孙，长远服役。"④

在堵死奴隶可能获得人身自由的各条道路的同时，又用严刑峻法迫使他们听从主人的使唤，赋予奴主对他们有生杀予夺的大权。规定奴隶有罪，主人请官后即可杀之；即使不请官杀了，或无罪而被错杀了，仅受很轻的处分。反之，"奴婢过失杀主者绞，作罥者流"，"罥旧主者，徒二年，殴者流二千里，伤者绞，杀者皆斩"⑤。除了谋反等大罪外，奴婢不得告发其主人，否则处以极刑。⑥

这还不够，还要在奴隶的身上套上封建宗族制度的枷锁。家法族规对奴隶行为的规范，"比正式法律条文更加苛刻详密，对奴婢的束缚和压迫更加严酷，摆在奴隶面前，是数不清的死罪，无尽无休的不准。他们既不得有自己的独立经济，又不得解脱为平民"，"甚至连居住、穿戴等都有特殊的苛刻限制，真是生杀予夺由人，生活生命毫无保障"⑦。"脱有稍紊主仆之分，始则一人争之，一家争之，一族争之，并通国之人争之，不直不已"⑧。

---

① 《唐律疏议·户婚上》；《唐律疏议·诈伪》；《唐律疏议·杂律》。
② 参见《唐律疏议·户婚中》；嘉庆《大清律例》卷一〇《户律婚姻》。
③ 《唐律疏议·户婚下》。
④ 韦庆远、吴奇衍、鲁素：《清代奴婢制度》，中国人民大学出版社1982年版，第148、108页；乾隆《安福县志》卷二《地志·风俗》引康熙时《福乘藏稿》。
⑤ 《唐律疏议·斗讼二》。
⑥ 参见《贞观政要·刑法》。
⑦ 韦庆远、吴奇衍、鲁素：《清代奴婢制度》，第125页。
⑧ 康熙《徽州府志》卷二《奥地志下·风俗》。

困于法律族规之中的奴隶们还要受到为维护封建等级秩序和蓄奴制度而炮制出来的一套封建伦理的教化，及由此而形成的文化氛围的腐蚀。以致他们认为"主仆之分"，"天经地义"，"等于寇履"，"不能更易"；其本身及其妻儿的衣食都来之于主人，"赖其生养"；因而应感主人之恩，报主人之德。以封建文化所宣扬的那些忠臣义奴为榜样，心甘情愿地听从主人的驱使和奴役。①

费尔巴哈说，人是环境的产物，特别是他成长时期的环境的产物。出生成长于这样的制度、法律、族规所织成网络之中的奴隶，既慑于封建法律及封建族规的淫威，也难免于封建伦理的感化，其人格结构中自然会具有较多的奴隶心态和较少的自由精神。虽然有部分奴隶自由精神难以泯灭，但也有一部分奴隶必然会以"忠""孝"为荣，信守"为奴一日主人身，恩情如父子，名分等君臣"的秩序观念，自觉或不自觉地为奴主尽忠效劳，成为他们得心应手的工具、摇钱树，甚至鹰犬。而一些贵族地主和商人也常常施以小恩小惠，有意地培育出这样的"义奴"。司马迁在《史记·货殖列传》中总结了汉代商人致富的要诀之一就是"用人得宜"，"能择人"，"能使豪奴自饶尽其力"，"与同事僮仆同苦乐"。并举汉武帝时的一个大商人刀间为例，间"收桀黠奴"，"使之逐鱼盐商贾之利，终得其力，起富数千万"。明代太仓王世贞曾讲其伯母龚老太驾驭其奴隶的方法："孺人质明盥栉，坐寝堂，男女大小数千指，旅见各报所业。孺人摘其尤惰者与扑；而勤者为劳苦，手治卮酒……饮之，既退，其饮者忻忻动颜色，相勉亡负。其见扑者，望而自质责，……即孺人所任使，亡弗称材。……诸水陆之饶，计口程其羡，时赢缩而息之，……而子母之利归焉。"② 结果，死心塌地地为主人卖命的所谓"忠义奴"是史不绝书。

最早见之于史册的忠义奴是春秋战国时的豫让。他是晋国智瑶的家奴，晋为赵襄子灭亡后，他立志为主报仇，被捕，慷慨自刎后，被作为忠义奴的典范流传于世。③ 唐代贞元年间的上清则是义婢的典型。他是宰相窦参的婢女，窦被人污陷，家破人亡，她被没入宫，成为唐德宗的侍婢，但她不忘故

---

① 参见《清档案·起居注册》，转引自韦庆远、吴奇衍、鲁素：《清代奴婢制度》，第125页。
② 王世贞：《弇州山人稿》卷八五《龚孺人传》。
③ 参见《史记》卷八六《刺客列传》。

主，趁机冒险进言，使窦参的冤情得以澄清而致平反。① 明洪武时，江阴泾里夏智，"以造皇城烧砖事，违限，谪云南普安街。（其奴）安甫愿以身代，遂即日赴焉"②。舍身救主，代主受刑，可谓忠义奴中之极品；而为主赚钱，不计私利的奴隶则更多。明代一个叫陈龙的奴隶，"沈氏仆也，夫妇俱忠谨，善为治，终身佣直，悉以归其主，不为私计"。吴兴丁旻，"沈氏仆，自乃祖乃父世勤于沈氏。旻二十至六十服贾，岁入千金之息于主"。浙江淳安县的徐家，家道徒然中落，后以仆人阿寄贩漆，经他一人二十多年的辛苦经营，"致产数万金"，他如数交给徐家，致使其"财雄一邑"。"范信者，昆山龚家泰奴也。泰贫，鬻信于常州夏雒谭某家。数年不通。正德初，泰贫益甚，无所归。一日适经其所遇信于涂。信见故主，泣拜于地延至其家。谓新主曰：此信故主，今流落至此，……恳留容留，则吾夫妇不展佣力报主。新主义而留之。信矣农事稍闲，即肩负不贩，往来村落市卖以取微利。妻则日与新主佣工，夜则纺织，给故主之养，迨久不衰。"③ 金祥，清代潮阳人，八岁时，因家贫被卖给同县商人陈子锟家为奴。得主家信任，"为主掌会计"。后陈家破产，锟病临殁之时，将卖身契退还给金祥。金拒收，愿留陈家协助孤儿寡母重振家业。在他的主持下，陈家生意日益兴隆。"四五年而致数万金。"并为少主娶媳捐官，成为富甲一方的豪绅。他为此终身未娶，因劳累过度，壮年殒命，临终前，还将一份财产清单交给少主。④ 至于劝主为善、帮主解困等奴婢见之于野史小说的则更是俯拾即是。清代的《清稗类钞》《清谭随录》《莺莺传》和《水浒传》等书中，都记有这样的事例。

忠义奴婢之外，奴隶们中更多的是趋炎附势、狗仗人势之徒。这些人虽不能临危受命，但在平时，只要施以小惠，慑以酷刑，就能成为一个听任使唤的走狗。因为他们深知，只有顺从主人，才能实现自身的最大利益。在史籍中，这些被人们称为恶奴、悍奴、豪奴、刁仆的奴婢更是数不胜数、举不胜举。

---

① 参见柳珵：《上清传》，载鲁迅校录：《唐宋传奇集》，齐鲁出版社 1997 年版。
② 雍正《泾里志》卷九《人物·万安甫传》。
③ 张履祥：《杨园先生全集》卷三二《见闻录二》卷四四《近古录二》；又见《旧小说》戊集一；田汝成：《阿寄传》；卷四四《近古录二》。
④ 参见《清稗类钞·义侠类》。

　　此类例证，在古罗马的史籍中也是俯拾即是。当古代意大利的农庄和矿山爆发奴隶和穷苦群众的起义时，一些城市的工商业奴隶不仅不参与其中，反而和奴隶主站在一边。而阿雷佐市留下来的陶器产品说明，奴隶制作的陶器的质量甚至超过了自由工匠制造的陶器；以其体型复杂和细部精致完美而著称于世的爱瑞克忒神庙上的雕塑就是奴隶们的作品。①

　　从产权制度经济学的角度视之，无论是忠义奴婢，还是刁奴悍仆，其人格特性和价值取向的形成，都是蓄奴制度、蓄奴法律和蓄奴习俗，以及由此酿成的社会环境和文化氛围的产物。在奴隶制的产权制度的安排下，无论是选择忠义，还是选择刁悍，都是实现奴隶们自身利益最大化有效途径。因为实际生活迟早会教育奴隶们懂得，在这样的产权制度、社会环境和文化氛围中，像西欧农奴那样对待自己的主人对自己是不利的；只有对主人忠义，为主人舍身卖命，才对自己有利，才能实现自身利益的最大化。而现实生活中的无数事例也早已证明了这一点，"豪奴悍仆，服食起居，同于仕宦"的事例可以说遍地皆是。② 中国各代都产生了大量的主动投靠贵族，愿意为其效命的所谓义奴就恰好说明了当奴隶是件有利可图的事情。明代顾炎武说："今日江南士大夫，多有此风，一登士籍，此辈（指义奴）竞来门下，谓之投靠，多者亦至千人。"③ 孙世骎说："明季缙绅，多收投靠而世隶之，邑几无王民矣。"④ 卖身为奴对中国历代的老百姓的吸引力如此之大，这就不难理解为什么贵族会有那么多的忠奴恶仆。

　　有了这些忠奴义仆、恶奴刁仆，贵族、官吏就能干他们想干的任何事情，经营他想经营的任何产业。用奴婢经工营商，开当铺，放债取息，走私贩盐，经营田庄，讨债逼债、杀人越货、行贿受贿的事情在中国史书上因而是多如牛毛。而更重要的是，有了奴隶，有蓄奴习俗和蓄奴法律，贵族们就能有效地控制工商业并牢牢地掌握它，而不致出现西欧庄园手工业那样的结局。

　　其中缘故，主要是贵族们有了经工营商所必不可少的，且与自己"利

---

① 参见 P. Dockes, *Medieval Slavery and Liberation*, p. 212。
② 参见《清实录·世宗实录》。
③ 顾炎武:《日知录》卷一二。
④ 《二申野录》卷八。

害攸关"的，能作为自己代理人的生产骨干和经营骨干。西晋大贵族石崇，水碓至三十余区，皆苍头管之①。历经宋元明三朝的大地主濮家，"臧获千丁，督课农桑，机杼之利，实自此始。"② 清代张履祥说："富家巨室，田主深居不出……一任纪纲仆人所为。"③ 故此，贵族、官吏、地主和商人们特别看重那些有一技之长的奴仆。唐代，"李公（选）有故人子弟来投，落拓不事，李公遍问旧时别墅，及家僮有技者，图书有名者，悉云卖却"④。"（金人）唯喜有手艺，如医人、绣工之类，寻常只团坐地上，以败席或芦籍衬之，遇客至开筵，引能乐者使奏技，酒阑客散，各复其初，依其环作刺绣。"⑤ 他们的身价因而远高于一般的奴隶。元代，"时北人酷爱江南技艺之人，呼曰巧儿，其价甚贵。……处处有人市，价分数等"⑥。

通过这些骨干，贵族、官吏和地主又能掌握其工商业所需要的大量劳动力，获得四两拨千斤的效果。在中国历代封建王朝中，贵族、地主、商人们的工商业和其他产业中大量使用不同性质的劳动者的事例比比皆是。东汉大贵族地主樊宏，"营理产业，物无所弃，课役僮隶，各得其宜"⑦。仲长统言东汉末"豪人之室，连栋数百，膏田满野，奴婢千群，徒附万计"⑧。如郭沫若所说，他们所用劳动力，除奴隶之外，还有大量的农奴⑨。到了宋朝，农奴很少，于是，奴隶之外，大量的雇工也被用于工商业。他们与奴隶有着相似的名称：干奴、人力、女使等。但他们实际是雇佣来的。"觅女使，即有引至牙人。"⑩

这些农奴、人力、女使不仅满足了贵族官吏地主工商业对其劳动力的需要，且不像 11 世纪后的西欧庄园手工业中的农奴工匠那样一心一意地损主肥己，而只能听凭贵族官吏地主的压榨而无可奈何。

---

① 《晋书》卷三三《石苞传》。
② 胡琢：《濮镇见闻》卷首卷一。
③ 张履祥：《续农书》。
④ 赵泽章：《因话录》卷四。
⑤ 洪迈：《容斋三笔》卷三。
⑥ 李焘：《续资治通鉴长编》卷一九一。
⑦ 《后汉书》卷一二七《樊宏传》。
⑧ 仲长统：《昌言》，《全后汉文》卷八九。
⑨ 参见郭沫若：《奴隶制时代》，人民出版社 1973 年版，第 28 页。
⑩ 参见孟元老：《东京梦华录》卷四《饼店》，卷三《雇觅人力》。

这一是贵族官吏地主有奴隶做其工商业的骨干，通过这些骨干来管理其工商业，对其他劳动力实行严密的监督，使其服服帖帖。明朝洪武末，茶禁甚严，安庆公主却"数遣私人贩茶出境，所至绎骚，虽大吏不敢问。有家奴周保者尤横，辄呼有司，科民车数十辆，过河桥巡检司，擅捶辱司吏"①。

二是贵族官吏地主通过奴隶牢牢地掌握的工商业就能获取市场效益，农奴的劳役租改交货币租也就不可能成为他们获得市场潜在利益的有效途径，因此，他们不仅不会去这么做，甚至从未有过这样的考虑。

三是在贵族、地主、大商人通过他的工商业获得市场利益的情况下，农奴所面临的市场形势和社会形势与 11 世纪后西欧农奴工匠所面对的市场和社会是截然不同的。他在市场上会遇到强大的竞争对手，贵族、地主、大商人的工商业；还有官工官商，农奴的小工小商又怎么是他们的竞争对手？这些人有钱有势，用豪奴悍仆来霸占市场；甚至用暴力置对手于死地，还会利用其手中的政治权力和社会影响制定市场法规，限制异己力量的发展，中国历代之所以厉行抑商政策难道与此无关？面对如此形势，农奴工匠们即使有从贵族、地主工商业中脱离出去的想法，也没有实现这些想法的客观条件。

即使有些农奴工匠实现了这些愿望，也决不可能使贵族、地主、商人的工商业因缺乏劳动力而瓦解，也决不会改变贵族、地主、商人的工商业的产权性质。因为只要有蓄奴制度、蓄奴习俗和蓄奴法律存在，他们的工商业就会有源源不断的奴隶来源，会有大量的劳动力供他们驱使。更何况，中国封建社会的蓄奴制度之发达，蓄奴渠道之多，连古罗马都为之逊色。

债务奴隶制。早在希腊时代，西欧人就基本废除了将自己的同胞沦为奴隶的这一做法，而中国人则将这一恶俗保留到清末。元代时，"贫民贷富家钱，至本息相当，收其本，又以息为卷，轻转贵偿，号羊羔利"，若无钱归还，"限满时，将媳妇孩儿拖将去，面皮上刺着印子作奴婢"②。乾隆九年（1744 年）九月，江苏按察史奏报本省的情况："近年以来，江省地方偶有

---

① 《明史》卷一二一《公主传》。
② 《元史》卷一二六《廉希圣传》；《通判条格》卷二十八《违例到息》。

偏灾，贫民小户日用拮据，往往割其所爱以救燃眉之急，或将幼小之儿典于巨室；或交已许之女费于富家。……然一经典卖，事难自主。……典主借称抚养年久，勒索重利，捂不放赎者。种种留难，致使穷苦小民，生当盛世，不免骨肉分离。"①

买卖奴隶制。明代中期，"岭南之市谓之虚，西蜀为之亥，山东谓之集，每集则百货俱陈，四远竞奏，大至骡马、羊、牛、奴婢、妻子，小至斗粟尺布。"② 明末，"邑西关有人市，年少妇人价不及千钱，有饭一餐易一妻，米一斗易一婢者。"③ 奴隶贸易早就被合法化："（汉）高祖令民得卖子。"④ 并要过税，东晋时谓之"估税"，元代时官方明文规定"诸人驱口"，"与钱物同"⑤。买卖人口的官私牙人，到处都是⑥。结果，大量破产的农民"卖妻鬻子"，晋亡后，"中原子女鬻于江东者不可胜数。"⑦ "营利之徒，以人为货。"宋时，"江湖民略良人鬻岭外为奴婢，（周）湛至，设方略搜捕，又听其自陈，得男女二千六百。"⑧

罚罪人为奴，即使是皇亲国戚也难免有为奴的下场。大清律例规定："凡谋反及大逆，但共谋者不分首从，皆凌迟处死。祖父、父、子孙、兄弟及同居之人，不分异姓，及伯叔父兄弟之子，不限籍之异同，男年十六以上，不论笃疾废疾皆斩。男年十五以下及母女、妻妾、姊妹，若子之妻妾，给付功臣之家为奴。"⑨

子孙世袭为奴。西汉时的习俗是："凡民男而婿谓之臧，女而归奴谓之获"⑩，"善人以婢为妻生子曰获，奴以善人为妻生子曰臧。"⑪ 清代，"凡汉人家奴，若家生，若印契买"，"以及投靠养育年久，或婢招配生子者，俱

---

① 《清档案：朱批奏折》，转引自韦庆远、吴奇衍、鲁素：《清代奴婢制度》，第125页。
② 谢肇淛：《五杂俎》卷三《地部一》。《五杂俎》，上海书店出版社2004年版。
③ 《古今图书集成·职方典》五二一《西安府·纪事》。
④ 徐天麟：《西汉会要》卷四十九。
⑤ 《新元史》卷一九三《关阶夫传》。
⑥ 《通判条格》卷一八。
⑦ 《晋书》卷四《惠帝纪》；《晋书》卷八四《殷仲堪传》。
⑧ 《宋史》卷三〇〇《周湛传》。
⑨ 嘉庆《大清律例》卷二十三，《刑律、贼盗》上，《谋反大逆》。
⑩ 扬雄：《方言》。
⑪ 《文选·司马子长报任少卿书》。

照八旗之例，子孙永远服役。"①

　　压民为奴。元代"权豪势要之家"，"蔽占王民奴使之者，动辄百千家，有多至万家者。"② 阿里海牙行省荆湖时，"以降民八千户，没入为家奴"③。

　　变相为奴。即名义上不变更原有的身份名称，但实际上当奴隶使用。唐开元时，"卫左悉以假人为童奴，京师人耻之，至相骂辱，必曰侍官。"④ "山东戍卒，多赍缯帛自随，边将诱之，寄之府库，昼则苦役，夜縶地牢，利其死而没入其财。故天宝以后，山东戍卒，还者十无一二。"⑤ 宋代男女雇工，也成了奴婢。雇佣成了奴婢的重要来源。"今之僮使，本佣雇良民。"⑥

　　以上蓄奴制度和蓄奴习俗在古罗马帝国时期已被废除，或很少见了。罗马人认为家生奴隶不划算，故此，他们并不热心于奴婢间的婚配，不承认奴婢婚姻的合法性。其奴隶的主要来源是战俘。正因如此，当其对外战争失利时，其奴隶制度就因奴隶来源的枯竭而走向衰亡。反之，中国封建社会各代不仅将大量战俘沦为奴隶⑦，还有上述这多令罗马人都为之惊愕的蓄奴习俗和蓄奴制度，正因如此，中国的封建贵族、官吏、地主、商人、手工作坊主、官工官商，乃至富裕农民都有了源源不断的奴隶劳动力的供应。即使一些农奴工匠从贵族、地主、官吏的工商业中分离出去，也丝毫无损于他们的工商业。

　　上述说明，只要社会上有生产奴隶，只要蓄奴习俗、蓄奴法律和蓄奴思想还未根除，封建贵族、官吏、地主就会拥有与自己利益攸关的、能代表自己利益的工商业骨干，就有了源源不断的劳动力供应，就能够牢牢地掌握工商业，获取市场利益和市场所能带来的一切好处；在此基础上，再运用手中的政治权力和其社会地位，他们就能将这些利益和好处最大化，以攫取大部

---

① 《户部则例》卷三。

② 《元史》卷二三《武宗二》。

③ 《元史》卷一六三《张雄飞传》。

④ 《新唐书》卷五十《兵志》。

⑤ 马端临：《文献通考》卷一五一《兵制》。

⑥ 《续资治通鉴长编》卷五十四咸平六年四癸酉。

⑦ 如唐太宗攻高丽，将掠来的大量战俘赏给将士为奴，见《旧唐书》卷三《太宗纪》，另见《后汉书》卷八六《西羌传》；《晋书》卷三《孝武帝纪》；《隋书》卷七八《庚季子传》；《魏书》卷五《高宗纪》、卷八《世宗纪》。

分社会财富。再转而用这些财富增强自己的社会地位、政治权力和军事力量，发展和壮大自己的工商业，就能使其工商业不断地膨胀，使其经济力量、政治力量同其工商业进入一个相互促进、相得益彰的循环之中。这样，我们就从比较的角度证实了权利主体的普及是西欧庄园手工业瓦解的直接动力，生产奴隶的消亡，蓄奴习俗、蓄奴思想和蓄奴法律的根除则是庄园手工业瓦解的历史根源。

这正反相对的两个结论，经得起广泛的验证。

中世纪日本虽有生产奴隶和蓄奴习俗和法律，奴隶也同样用于工业劳动，但是，如前所述，由于日本没有遭受落后的游牧民族的入侵等缘故，奴隶制度没有被强化而是不断地走向消亡。17 世纪中期前，各藩的奴隶已所剩无几；之后，各藩又都极力促使他们转为本百姓，到明治维新前夕，日本的奴隶制度已微不足道。所剩下的贱民，其职业也都被圈定在几个特定的行业内，而不得像中国的奴隶那样从事各业。明治维新时，废除人身等级制度，宣布四民平等，被废除的贱民种类主要是两种，一个是非人，即乞丐；一个是秽多，即屠夫；没有贱民从事主要工商行业。① 随着日本生产奴隶人数的锐减和蓄奴习俗的渐渐衰微，大化革新前后一度十分兴盛的各级贵族的工商业也就如西欧的庄园手工业一样，逐渐地脱离了各级武士的控制；到了江户幕府时代，下层武士不仅没有自己的工商业，也没有自己直接经营的农庄。大名和将军的辖区内虽然有工商业，但却不能与中国贵族、官吏和地主的工商业同日而语，这些工商业的产权是独立的，属町人所有，贵族们只能对町人的收入征税，故从中获得的益处远没有中国贵族从其工商业中所获利益大。如此，也就不难理解，为什么到了江户幕府后期，藩主的财政日益穷乏，商人的势力却日渐强大。②

伊斯兰世界和奥斯曼帝国的情况则与中国相差无几。

在西欧，虽然绝大多数僧俗贵族的庄园手工业在 12 世纪时瓦解了，但是，直到 13 世纪、14 世纪时，仍有少数教会和寺院保留有自己手工业。究

---

① 参见［日］内田繁雄：《日本社会经济史》，第 261 页。
② 参见［日］内田繁雄：《日本社会经济史》，第 241 页。

其原因，就在于他们拥有一种特殊的劳动力：世俗弟兄。① "九世纪前期，费列雷修道院的修士们购买现成的僧袍和凉鞋，或者还买进布匹，由世俗弟兄们缝制。这些世俗人没有工资，只供衣食。"② 在 1038 年的发伦布洛萨寺院团中，也发现有世俗弟兄。随后，这种吸收"不识字者""愚蠢者"为教会和寺院的低级僧侣的办法被本尼狄克、息斯脱西安等许多教派和寺院所仿效。对被吸收进来的世俗弟兄，不要求他们发三项誓愿，也不从事任何宗教事务；只规定他们从事农业和手工业劳作；同时，"也充当商业代理人，把寺院土地上的产物运到市场上去卖"。③

显然，就人身而言，世俗弟兄与教士们一样，都是自由人；就经济地位而言，他们则与奴隶无异，对其自身的劳动力都没有使用权，因而都没有自己的独立经济。故此，汤普逊认为"他们是异于农奴和工奴的一种特殊群体"④。因而也就无法通过租赋形态的更换而使他们从教会和修道院中独立出来。于是，少数一些教会和寺院就一直将其工商业保留到 13、14 世纪。

没有比较就没有鉴别，上述各种情况足以证实，是封建庄园手工业赋税制度的变革导致了庄园手工业的瓦解，外迁的手工业者为城市的兴起提供了必不可少的技术骨干和业务骨干，促使了中世纪西欧城市的兴起。而生产奴隶、蓄奴习俗和蓄奴法律的消逝是这一切得以发生的必要条件；不具备这一条件，封建庄园手工业的瓦解就难以实现。

四、市场经济基因的产生

庄园手工业中的劳役租、实物租为货币租所取代，但是，此项制度的变革所涉及的工匠占庄园总人数的比例极低，是一种典型的边缘现象，故被绝

---

① 参见［美］汤普逊：《中世纪经济社会史》上册，第 261 页；P. Brandon，B. Short，*A regional history of England：The south-east from A. D. 1000*，p. 44。

② ［意］卡洛·M. 奇波拉：《欧洲经济史》第 1 卷，第 180 页。

③ C. B. Bouchard，*Holy Entrepreneurs Cistercians，Knights and Economic Exchange in Twelfth-Century Burgundy*，Cornell university，pp. 98,197；［美］汤普逊：《中世纪经济社会史》下册，第 231 页；G. Duby，*Rural Economy and Country Life in the Medieval West*，p. 154。

④ ［美］汤普逊：《中世纪经济社会史》下册，第 219、220 页。

大多数史家视而不见。

从法律上讲，这些以钱代役的农民工匠还未被法律确认为自由人，但是，他与领主已订立了契约。通过定期缴纳定额货币，他已获得了行动自由和迁徙的自由。这就意味着他在原本已拥有对自身劳动力的部分使用权之后，对其劳动力拥有了全部的权利及由此带来的全部权益。因此，庄园手工业中的劳役折算同13、14世纪时西欧农奴中普遍发生的劳役折算的本质是一致的。后一折算使西欧广大的农奴获得了自由；这次折算则使庄园中的农奴工匠率先实现了人身解放。可见，它是手工业劳动性质的一次质变：强制劳动转为自由劳动。马克思说，强制劳动是"被迫的、无酬的劳动"，奴隶劳动、徭役，劳役都是典型的强制劳动；自由劳动则是一种能够自由地发展和巩固他们现存生产条件的劳动。[①] 废除了庄园手工业中的劳役，也就使工匠们拥有了其劳动力的全部产权，能够全心全意地为改善自己的生存条件而劳动；因此，庄园手工业的瓦解也就是手工业中的一次劳动性质的转换，强制劳动转为自由劳动。在后来的自治城市里，工商业者的自由劳动又得到了城市法的肯定和保护，劳动的自由性质得到了巩固和发展，劳动者的自由精神和企业家精神进一步光大。[②]

能够自由地支配自己的劳动力，也就能够自由地处置与其劳动力相结合的生产要素，取得生产要素的产权。因为手工业者和商人不同于农民，土地不是他们的主要生产要素。他"随身带着的几乎全是最必需的手工劳动工具构成的那一点点资本外，就只有他的特殊劳动"，就是手工业生产的主要生产要素，而权利必然带来利益，其"劳动产品应该属于谁的问题根本不可能发生"，"它自然是属于他的"[③]。生产条件和生产成果都属于工匠和商人，他们就能够自由地、独立地运用这些权力为自己谋得利益。因此，在中古西欧，第一个获得私有财产权的并不是转换为货币地租后的农奴，而是庄园手工业瓦解后的手工匠人。自治城市产生后，工匠和商人的产权又得到城市法的严格保护，产权上升为法权。

---

① 《马克思恩格斯全集》第48卷，人民出版社1985年版，第139页。

② 参见 K. Reyerson and J. Drendel, *Urban and Rural Communites in Medieval France Provence and Languedoc（1000-1500）*, Leidon, Boston Koln, 1998, p. 67.

③ 参见《马克思恩格斯选集》第3卷，第620页；第1卷，第105页。

如前所述，私有权和个人自由是市场经济的"核酸"和"蛋白质"，正是在两者结合的基础上才产生了现代社会制度的核心市场经济制度。庄园手工业中的劳役折算使这两者问世并得以结合，市场经济的"原核细胞"的产生也就是必然的。是"核酸"和"蛋白质"结合产生的"原核细胞"的繁衍造就了大千的生物世界，同样地，财产私有权和个人自由的结合所造就的市场经济的"原核细胞"则为市场经济的孕育提供了"受精卵"。

如同受精卵需要在子宫中才能生成胚胎、长成婴儿一样，市场经济的这个"受精卵"也需要"子宫"这样的适宜环境为它的繁衍和成长提供各种养料和条件。依据前述的经济发展的两部门模型，这个环境只存在工商行业，而不是农业领域。因为只有它才能为市场经济的孕育提供各种条件，如再生性的生产资源、分工协作和工商业组织结构复杂化的发展空间等等。而这一切，都是市场经济的构成，如市场网络、金融体系等必不可少的基础。由于生产奴隶、蓄奴习俗和蓄奴文化于 11 世纪左右消失，西欧的财产私有权和自由劳动首先普及的行业是工商业，而不是农业，这才使西欧率先开始了市场经济的孕育。

财产私有权和个人自由是孕育得以发生的关键。两者结合在一起后的关系就类同于核酸和蛋白质。财产私有权如核酸，赋予自由劳动以动能，增加其活力，极大地提升其创造财富的能力；还赋予它所创造的财富的私有性质以保护其权益；并为自由劳动向雇佣劳动的转化创造了条件；而更重要的是，它为自由劳动的增长及其功能的发挥提供了高效的机制和强大的动力。因为它是交换和市场的基础[①]，因而也是市场经济产生的前提；"分工可以无限地提高劳动的生产能力"，但却"只有自由放任的私有财产才能创造出最有利和无所不包的分工"[②]；同时，也只有在市场与分工的互动的过程中形成所谓的"斯密动力"。故此，马克思在强调"一个民族的生产力发展的水平，最明显的表现在该民族分工的发展程度上"时，也不忘指出："分工和私有制是两个同义语，讲的是同一件事情，一个是就活动而言，另一个

---

① 没有交换就没有市场，而交换必须以交换双方对交换物的所有权或产权为前提，是不同产权主体之间的行为，私有制造成了具有明确利益边界的经济主体，因而为商品交换创造了首要条件。

② 马克思：《1844 年经济学—哲学手稿》，第 100 页。

是就活动的产品而言。"①

　　而私有财产权本身的发展，则如核酸的复制一样，要借助于蛋白质，即自由劳动的复制功能和增殖功能。通过规定其手工业的商业性生产的性质，自由劳动还扩大了私有财产权的存在，夯实了商品交换和生产的基础，并促进了理性生产组织的产生和发展，使私有财产权在经济发展过程中的地位越来越重要。

　　两者互为动力，相得益彰，齐头并进，持续发展。因此，不论两者相互作用的形式、功能，还是其产生的效果，都和结合在一起的核酸和蛋白质那样，毫无二致，都成了"催化循环圈"，因而都具有自我复制、自我增长、自我修复的功能。故私有财产权和自由劳动的结合不仅产生出了市场经济的"受精卵"，也赋予了它成长的生命力。

　　财产私有权如核酸赋予了自由劳动以动能和活力，主要是指私有财产权使手工匠人和商人有了劳动的热情，使他们拥有了积极性、主动性、能动性、学习性、创造性和探险精神。因为他们是为自己创造财富而不是被迫为他人劳动。这正如马克思说的："小生产是社会生产的技艺培养所，是培养劳动者的手艺、发明技巧和自由个性的学校"，但是，这"只有在劳动者是自己使用的劳动条件的自由所有者"的地方，"它才得到充分的发展，才显示出它的全部力量，才获得完整的形式"②。庄园手工业瓦解后，西欧工商业技术的革新、改进速度之快，新技术、新方法推广应用范围之广，远过于东方各国。

　　中古西欧的技术革新可谓遍及手工业的各个领域，但最具代表性的莫过于水车的改进和应用。因为在当时人看来，水力是自然力中潜能最大的动力，能应用的地域也比风车广得多。因此，从12世纪开始的对水车的一系列革新有力地推进了西欧手工业的发展，衍生出了一系列的发明，极大地改善了矿冶业、毛呢工业的生产条件，建立起了种类繁多的机械加工工业，"使欧洲具有的工业能力和技术大大地超过它要向之挑战的亚洲的任何文化——更不必提非洲和美洲了"。更重要的是，这些技术改进和技术发明，

　　① 《马克思恩格斯全集》第3卷，第37页。
　　② 《马克思恩格斯全集》第49卷，第244页。

为之后的西欧技术的进步奠定了良好的基础。霍兰说，"历史的回顾显示，技术创新似乎总是由于已知积木的特定组合而产生的"。"20 世纪社会带来变革的两项技术创新，内燃机和数字计算机"所用的积木块，多数都是 19 世纪的发明。① 同样地，引发了英国工业革命的蒸汽机所用的很多积木块，如曲柄、连杆等都是水车技术改进过程中的成果。没有这些积木块，蒸汽机的发明和改进肯定会被延缓下来。故人们说，水车的技术革新是"后来全部自动化的基础"②，是"十三世纪的工业革命"的产物。③

　　远在罗马时代，西欧人就已在使用水车，可直到 11 世纪，水车的构造仍很简单。同一个轴心上装上一个水车轮子和磨石，"只用一个小小的铁制接头就行了"。任何一个木匠在一个星期内就能制造出来。较为复杂的上冲式或下冲式水车，则多一个垂直的轮子"以控制磨石的速度"。用途单一，主要用作水臼，加工粮食。从 12 世纪开始，水车被陆续地安上了齿轮、弹簧踏板；凸轮的发明使垂直捣击器问世，使水车能用来漂洗呢绒。之后，又发明了连杆、曲柄和调节器，使水车的运动方向由往返变成了旋转。15 世纪时，德国人和法国人又发明了两种在水流较小的情况下也能运转的卧式水车，致使水车朝着水轮机的方向前进了一大步。同时，水车的轮子增多、直径加大，并加装了蹼板，功率有大幅度地增加。产生的动力已从最初的 3 马力增至 10 马力左右。④ 16 世纪时，意大利"用于卷丝、纺丝、拈丝的机械极其精巧，只用一个水轮子就带动几层机械装置和筒管"⑤。在此同时，水车的安放也由沉埋式改为上击式，让水流由上而下来冲击叶轮。这不仅充分地利用了水流的势能；还能通过筑坝来提高水的势能，并为开渠引水以便将水车建到工作场所创造了条件。水车因此而不再局限于河流之上而被广泛地用于各地，其推行速度之快是少有的。1086 年，英国土地调查册上记录的水车为 5000 部，当时英国约有 3000 个社区，平均每个社会区拥有的水车不

---

① 参见［美］霍兰：《隐秩序——适应性造就复杂性》，第 60—61 页。

② ［意］卡洛·M. 奇波拉：《欧洲经济史》第 1 卷，第 122—123 页。

③ 马克垚：《西欧封建经济形态研究》，第 340 页。

④ 参见［意］卡洛·M. 奇波拉：《欧洲经济史》第 1 卷，第 182、183、120、122 页；第 2 卷，第 155、160—166 页；D. Levine, *At The Dawn of Modernity Biology, Culture, and Material life in Europe after The year 1000*, London, University California, 2001, pp. 172–173。

⑤ ［法］费尔南·布罗代尔：《15 至 18 世纪的物质文明、经济和资本主义》第 3 卷，第 637 页。

到两部；到 12 世纪初，就增加到每个社区十多部，每个城市里都有制造和修理水车的工人。之后，增加的速度是有增无减，以致当时的西欧人"无论在南在北，每天都能见到这种节省劳动的动力机器"，它"比教堂还普遍"。①

水车的应用范围得到扩展。已不局限于碾磨粮食，而被广泛地用于工农业的各个方面。抽水抗旱、纺织、漂洗呢布，鼓风冶炼，拉制铁丝、切削、磨刀，带动锯床、切削金属的机床、矿石捣碎机、滚轧机、车床、锻锤等各种机械。② 15 世纪后期，里诺河上的游人看到一个溢水道中的流水"转动着各种机器"，用以碾磨谷物，制作铜锅和战争武器，捣碎草药和五倍子（做染料），纺织蚕丝，擦亮武器，磨利工具以及锯开木板。③

动力的改进，极大地提高了各行业的生产效率，对中世纪手工业的三大主要行业，矿冶业、机械加工业和呢绒业的影响尤为突出。

碍于抽水和送风，中古西欧的矿冶业十分落后，只能开采地表矿，致使矿产资源十分稀缺。冶炼炉只能建在山谷中，以借助自然风力；故炉温很低，无法将矿石充分熔解，只能获得糊状的混合物，须反复锻打、挤出杂质后才能得到熟铁，以致西欧的铁器十分昂贵稀少。14 世纪时，水车开始用于采矿冶炼的抽水、送风和助燃，深层矿藏由此得到大规模的开发，成本下降，劳力减少。16 世纪初，西德蒙德矿山的九个矿井每年须雇用 600 个工人从井下排水，后来发明了一种用皮囊装水的上射式水车，运水的上下距离可达 218 米，两个人操作，八个小时可出 100 立方米的水，相当于 629 个工人的工作量。④

用水车带动鼓风机，炼铁炉的炉温成倍地增长，不仅能得到流质的铁水，炉子的体积也增大了。14 世纪时，德国等建造的"斯托克炉"高达十公尺，每年可产铁 40 至 50 吨，是以前旧式炼铁炉的三倍⑤；滚轧机使用水

---

① 参见［意］卡洛·M. 奇波拉：《欧洲经济史》第 1 卷，第 120 页；D. Levine, *At The Dawn of Modernity Biology, Culture, and Material life in Europe after The year 1000*, pp. 167–170；T. Thornton, *Social attitudes and political structure in the fifteenth century*, Sutton publishing Limited, 2000, pp. 189–192。

② 参见［意］卡洛·M. 奇波拉：《欧洲经济史》第 1 卷，第 121 页。

③ 参见 C. M. Cipolla, *Before The industryial revolution European Society and economy 1000–1700*, p. 162。

④ 参见［意］卡洛·M. 奇波拉：《欧洲经济史》第 2 卷，第 177、178 页。

⑤ 参见马克垚：《西欧封建经济形态研究》，第 333、334 页。

车后，带铁的产量则是以前的手工锻打的 10 倍甚至 20 倍。[①]

　　毛纺行业很早就进行过一些重大技术革新，11 世纪中期发明了双人操作的脚踏卧式织机，其生产效率比原先的单人操作的竖式织机高 3—5 倍。质量也有很大的改进，能织出长达 15—20 米的呢绒，而旧式织机的产品不超过 3 米。[②] 但毛呢的漂洗却一直依赖人工，质量难以保证，劳动强度也很大，水车捣击器的问世，极大地减轻了漂洗呢绒的劳动强度，提高了生产效率；漂洗质量也有很大的提高；还推动了城市工商业向农村的转移。因为水车大都建立在有河流的农村，从而将城市的工匠吸往乡间，使城市行会逐渐瓦解，手工工场在农村普遍兴起。[③]

　　织机效率的提高，反过来促进了纺纱机械的改进，出现了新的纺车和能带动 200 个纱锭的喷力水车。[④]

　　生产效率的提高促进了分工的发展，毛呢业的工序增至二十多道，这又促进了专用机器的发明。15 世纪时，起绒机问世，它代替了用起绒工起绒的手工操作[⑤]，呢绒的整修质量大为提高，呢绒更加精美。尼德兰和佛罗伦萨在呢绒的制作、染色、修整、抛光，染料的加工、选择、搭配、使用等各个方面发展出一整套只有他们自己才知道的极为高超的技术和工艺流程。其产品因而精美无比，卓冠绝伦，不仅夺得了整个欧洲市场，而且远销东方。[⑥] 西方学者说，呢绒业是中古西欧的主要工业，它的发展，即直接"得益于漂洗水车数量的增加"。可见，水车的改进，其意义绝不亚于 18 世纪的纺织机械化。[⑦]

　　上述只是西欧手工业领域的技术革新的一个缩影，革新事实上遍及工

---

　　① 参见［意］卡洛·M. 奇波拉：《欧洲经济史》第 2 卷，第 169 页。

　　② 参见 G. Duby, *The Early Growth of the European Economy*, pp. 239,240; J. L. Bolton, *The Medieval English Economy*, *1150-1500*, London, 1980, p. 154。

　　③ 参见［意］卡洛·M. 奇波拉：《欧洲经济史》第 1 卷，第 120 页。

　　④ 参见［意］卡洛·M. 奇波拉：《欧洲经济史》第 1 卷，第 125、209 页; J. L. Bolton, *The Medieval English Economy 1150-1500*, p. 154。

　　⑤ 参见［意］卡洛·M. 奇波拉：《欧洲经济史》第 1 卷，第 120 页；第 2 卷，第 192 页。

　　⑥ 参见 G. Duby, *The early growth of the European economy*, pp. 239,240;［美］詹姆斯·W. 汤普逊：《中世纪晚期欧洲经济社会史》，第 348、379 页。

　　⑦ 参见［意］卡洛·M. 奇波拉：《欧洲经济史》第 1 卷，第 226 页；［法］费尔南·布罗代尔：《15 至 18 世纪的物质文明、经济和资本主义》第 3 卷，第 630 页。

商业的各个部门。市民们以空前的热情改进技术和经营方法。但丁在世的时期（1265—1321 年），在意大利，每天都有一个新的器械和新的技术被发明出来。^① 据不完全统计，12—16 世纪期间，西欧大约有 1000 件大的或小的发明，如望远镜、钟、眼镜等。^② "显恩·怀特断言，在列奥纳多·达·芬奇之前，欧洲已发明了以后四个世纪内（直到电的发明为止）随着需要的产生而逐一付诸应用的各种机械系统"^③。

　　西欧工匠不仅积极革新，还热衷于引进和改进东方的发明。例如，直到近代，整个东方的纸的生产仍停留在手工生产阶段；而西欧却已于 1276 年在法布里亚诺和 1280 年在哈底瓦使用捣碎机来生产纸浆。^④ 从波斯人那里引进风车后，西欧人将车轴由垂直改为水平，并在风车上安装了一个帆，使风车的功率大幅提高。1147 年，法国人引入中国的投石器，用来攻城。但它需要 100 人轮班操作；之后，西欧人在该机的杠杆上的一端装上一箱重物，用绞盘机或滑车将箱子提升起来，然后用扳机将石头投掷出去。这不仅极大地节省了人力，还能连续地击中同一个弹着点，大幅度地提高了它的打击力和摧毁力。1244 年，英格兰人又根据空气对弹丸的摩擦力不同的原理制造出了圆形石弹，它"称得上大炮发明前的大炮弹"^⑤。火药传入西欧后被称为"中国雪"，西欧人很快用其发展出了飞箭飞弹、各种手提枪支和马拉的大炮。15 世纪下半叶，手提的枪支也成为军队的主要武器。"到 1500 年时，欧洲人已有了世界上最精良的军事装备"，"已建立起足够征服全球的军火库"。^⑥

　　西欧人不仅热衷于发明、创造、引进，也以无比的热情推广新技术，新成果。每一种新式装置只要一旦发明了，就会很快传播开去。如机械时钟发明出来后，它在欧洲的传播，几乎是爆发性的。奇波拉评价说，如此热衷于

---

　　① 参见［意］卡洛·M.奇波拉:《欧洲经济史》第 1 卷，第 123 页；C. M. Cipolla, *Before The industrial revolution Society and economy*, p.165。

　　② 参见 C. M. Cipolla, *Before The industrial revolution European Society and economy 1000-1700*, p.169.

　　③ ［法］费尔南·布罗代尔《15 至 18 世纪的物质文明、经济和资本主义》第 3 卷，第 637 页。

　　④ 参见［意］卡洛·M.奇波拉:《欧洲经济史》第 1 卷，第 125—126 页。

　　⑤ 参见［意］卡洛·M.奇波拉:《欧洲经济史》第 1 卷，第 129、130 页。

　　⑥ 参见 C. M. Cipolla, *Before The industrial revolution Euyopean Society and economy 1000-1700*, p.169；D. Levine, *At The Dawn of Modernity Biology, Culture, and Material life in Europe after The year 1000*, pp.127,128；［意］卡洛·M.奇波拉:《欧洲经济史》第 1 卷，第 125、126、129、130 页。

新技术的推广，"在其它文化中是没有的"①。

古代中国，被李约瑟等西方学者称为发明和发现的国度。他们说，"我们所生活的近代世界"，"赖以建立的种种基本发明和发现，可能有一半以上源于中国"。四大发明自不用说，就是"第一运动定律也不是伊萨克·牛顿首先发现的，而是中国人早就发现了的"；"如果没有从中国引进马镫，使骑士安然地坐在马上，欧洲也就不会有骑士时代"；"如果没有从中国引进枪炮和火药，也就不可能结束骑士时代"②。

然而，中国的这些发明和发现都是只开花不结果。火药就是个典型。虽然藉此开发出了一些原始的枪炮，但用得最多的还是礼花焰火，明朝灭亡后，火器技术再无大的改进。汉代就发明了造纸术，但直到近代，纸的制作仍然用手工。指南针则一直用于看风水。直到清代，农家所用的织机竟与汉代曾母投梭图上所画的织机上没有什么不同。③

由于得不到改进和推广，很多发明不是束之高阁，就是不见了踪影。据统计，指南车的发明、失传，再发明、再失传，如此循环竟达八次之多。④更令人惊讶的是，清代时，中国的冶铁业仍用人力鼓风，汉代的水排、畜排不见了。⑤

不仅中国，其他东方各国也都如此。

公元前100年到公元前50年间，一个叫希罗的埃及人就发明了一种蒸汽动力装置，它貌似玩具，但用它却可以从远处打开和关闭神庙的大门。除此之外，埃及人还有许多发明：抽吸水泵、温度计、经纬仪、利用空气胀缩的巨大力量的战争武器等；也涌现了不少的科学大师：欧几里得、托勒密、厄拉多塞、狄凯、阿科等。然而，埃及人却像中国人一样，这些发明都未在生产中得到应用推广，更不用说"导致工业生产中的一场革命"。他们的水车也都同中国一样，"始终十分简陋，仅适合日常繁重

① 参见［意］卡洛·M.奇波拉：《欧洲经济史》第1卷，第121、125页。

② ［美］罗伯特·K.G.坦普尔：《中国发明和发现的国度——中国的100个世界第一》，陈养正、陈小慧等译，21世纪出版社1995年版，第11、12页。

③ 参见吴承明：《中国资本主义与国内市场》，中国社会科学出版社1985年版，第198页。

④ 参见刘天一：《漫谈指南车》，台湾：《科学月刊》1981年第1期。

⑤ 参见河南博物馆：《河南汉代冶铁技术初探》，《考古学报》1978年第1期；许涤新、吴承明：《中国资本主义发展史》第1卷，《中国资本主义萌芽》，第162页。

的磨麦工作"①。

东西方比较，情况是如此地截然不同，那么，西欧人为什么会以令人震惊的热情进行技术革新、技术引进和技术推广？西欧的一位主教对此所做的解释是令人信服的：这"主要是得力于那些手艺人的勤奋、精巧"②。奇波拉说：正是"在十四世纪中叶发明机械时钟以后，制造复杂的金属机器工匠人数增加了"，欧洲才"超过了中国夺得了技术上全世界领先的地位"③。反之，古代中国的主要手工业都为宫廷手工业和官吏贵族的手工业所垄断。之中不是用的奴隶、刑徒，就是服劳役的农民、工匠和兵匠。直到明清，被召工匠还要"桎梏赴工"，形同囚徒。④ 可想而知，这样的工人还有什么劳动热情，更不用说去搞发明创造，应用新技术了。两相比较，就足以说明财产私有权和自由劳动的确立是西欧的手工业技术革新、引进和推广取得突飞猛进的主要原因。而这反过来又可对东方技术创新的滞后做出合理的解释：除了社会结构、经济机制方面的问题外，最直接的原因就是工匠们大都是在官营手工业和贵族官僚家中服役的奴隶、农奴，他们没有独立的产权，被强制劳动。在这种情况下，即使社会不乏热衷于发明的个人，但广大工匠却无兴趣应用、改进和推广发明的成果。

除赋予自由劳动以活力之外，私有制还为自由劳动向雇佣劳动的转化提供了前提。因为"生产过程借以运动的一切生产关系既是它的条件，同样也是它的产物"⑤。随着工商业的发展所带来的市场的扩大、分工的发展，对劳动力的需求也随之增加，故城市兴起后不久，用优惠的政策吸引农村居民进城就成了市民们的首选。农奴进入城市一年零一天即可获得自由因而成了各个城市的习俗和法律规定。致使整个中世纪时期，农奴不断地流入城市⑥，使社会上的自由劳动日益增多。马克思说："凡是这种自由劳动者的数量日益增多而且这种关系日益扩展的地方，旧的生产方式，即公社的，家

---

① 参见［法］费尔南·布罗代尔：《15 至 18 世纪的物质文明、经济和资本主义》第 3 卷，第 628、629 页。

② C. M. Cipolla, *Before the Industrial Revolution European Society and Economy 1000–1700*, p. 165.

③ ［意］卡洛·M. 奇波拉：《欧洲经济史》第 1 卷，第 110 页。

④ 参见《明纪》卷一三《英宗纪》。

⑤ 《马克思恩格斯全集》第 26 卷，第三册，第 564 页。

⑥ 参见 C. Petit-Dutaills, *The French Communes in The Middle ages*, New York，1964. p. 28.

长制的、封建制的生产方式等等，就处于解体之中，并准备了真正雇佣劳动的要素。"① 即奴隶和农奴所没有的人身自由。而获得了自由的人一旦丧失了生产资料，他就必须出卖劳动变为雇工。所以，在中世纪西欧的商业和很大一部分手工业中，雇工一直是其主要劳动力。城市手工业中虽然盛行行会，但仍有很多行业并未被网进其中，仍雇有大量工人。② 奇波拉说，就整个中世纪工业而言，雇佣制度甚至比"业主与徒工之间的准家属关系更为典型"③。就是行会关系，"一方面对于资本家的形成，另一方面对于工人阶层的形成，都有决定的重要性"。因为业主与徒工、帮工之间实际上仍然是买者和卖者的关系，是"资本和雇佣劳动关系的一种狭窄"的形式。④ 一旦手工业迁往农村，或商人支配了农民家庭手工业时，行会对雇工人数的限制也就不复存在了，行会的自由劳动也就变为雇佣劳动；如果情况相反，私有工商业不是同自由劳动结合在一起，而是基于强制劳动之上，那就会出现付衣凌所说的情况："在中国封建社会里，凡是商业资本发达的社区，奴仆也跟着盛行起来。""明清商品经济最发达的江南、闽粤等省，同时也是蓄奴最多、最严重的地区。"⑤ 两相比较，足以说明，只有实现了财产私有权同自由劳动的结合，工商业的发展才会促进自由劳动向雇佣劳动的转化，使劳动力也成为商品，从而为市场经济的发展提供了必不可少的条件。因为"商品生产，到以工资雇佣劳动为基础的时候，才强加于整个社会；但也是从那时起，它才把它的全部潜力伸展出来"⑥。

自由劳动虽然赋予了自由劳动者以巨大的活力和积极性、主动性，但仅凭这点，还不足以使西欧市民取得上述成果。因为任何主观努力的成功都离不开客观条件。没有一个高效率的运作机制和推其向前的强大动力，自由劳动的主动性能取得的成效还是有限的。可见，市场经济和"斯密动力"对自由劳动的增殖和其功能的发挥功不可没。至于私有财产权在这一机制和动

---

① 《马克思恩格斯全集》第 49 卷，第 468 页。

② 参见 C. M. Cipolla, *Before the Industrial Revolution European Society and Economy 1000 – 1700*, pp. 76–78；[意] 卡洛·M. 奇波拉：《欧洲经济史》第 1 卷，第 199 页。

③ [意] 卡洛·M. 奇波拉：《欧洲经济史》第 1 卷，第 212 页。

④ 参见《马克思恩格斯全集》第 48 卷，第 7、8 页。

⑤ 傅衣凌：《明清社会经济史论文集》，第 312、318 页。

⑥ 马克思：《资本论》第一卷，第 643 页。

力形成过程中的关键作用，前述的市场经济学、新制度经济学已做了详尽深入的论述。概言之，财产私有权是市场经济产生的首要前提，市场经济所具有的资源配置等四大功能，无不基于此；市场经济赖以运转的各项制度也无不以私有财产权为核心；对其权力界定的妥否，决定了交易费用的高低、经济组织的选择、劳动激励机制的效率等等。① 因此说，私有财产权也为自由劳动的能量的发挥提供了一个高效的机制和强大的动力。

反过来，自由劳动对私有财产权也投桃报李，如上所述，它对后者的作用也是多方面的。

首先，自由劳动的数量上的增加、效率的提高和层次的提升促使了私有财产权的增加和普及，以致逐渐地取代其他产权而居统治地位；同时，私有财产权在市场经济中的地位的日益提升与自由劳动也是密不可分的。因为"分工的演进"与自由劳动的发展是并进的，而私有财产权具有的"寻求有效合约安排以平衡两类交易费用的功能"又与分工密不可分。②

其次，通过规定其手工业的商业性生产的性质，自由劳动还扩大了私有财产权的存在，夯实了商品交换和生产的基础，并促进了理性生产组织的产生和发展，致使私有财产权在市场经济发展过程中的地位越来越重要。

马克思说："交换的深度、广度和方式都决定于生产的发展和结构。"③生产若是奠基于奴隶制、农奴制、徭役制之上，产品则可以不进入交换，直接进入消费；或作为原料直接进入生产；用于交换的仅是自给后的剩余。因为在这些制度下，劳动力的再生产无须通过市场而主要是通过家生、掠夺、罚没；同时，使用这些劳动力也是强制性的、无偿的。劳动力的使用和获得都无须购买，交换也就尚未成为生产的要素包含在生产之内，而生产也就无须通过交换来补充其要素而使交换成为生产过程中的一个必要环节；生产费用、经济效益也因此而尚未成为生产中的决定性因素，进行不计成本高低的自给性生产也就可行。马克思说，"在使用奴隶和农奴的生产中，剩余价值

---

① 参见［澳］杨小凯、黄有光：《专业化与经济组织——一种新兴古典微观经济学框架》，第477页。

② 参见［澳］杨小凯、黄有光：《专业化与经济组织——一种新兴古典微观经济学框架》，第271页。

③ 马克思：《政治经济学批判》，第161页。

仅仅是例外，这应当叫做剩余产品，这些产品多半是被直接消费掉，而不是拿到市场上去出卖。"① 中国历代王朝的官办手工业主要依靠奴隶、刑徒、工匠的无偿劳动。其产品除宫廷、官府、军队直接消费外，其余都被作为原料在官办手工业各部门中无偿调拨，真正进入市场的仅是这两种消费后的一点剩余。所以，尽管中国官办手工业规模庞大、技艺高超，但于商品交换却无大的补益。拥有大量奴隶、农奴及其他依附人口的中国贵族官吏和缙绅地主也不例外。他们的经济高度自给，其所依赖的劳动力主要就是奴隶和农奴。中国著名的农书《四民月令》《僮约》《齐民要术》《颜氏家训》等都积极主张耕织自给，应有"蔬果之善""鸡豚之善"，并应自制栋宇、器械、樵苏、蜡烛等一切日用消费品，连酒醋、脯腊、乘马之类都要自给，力争做到"闭门而为生之具已足"。而所有这些工作都依赖家中奴婢承担。直到清末，著名的贵族大地主曲阜孔府，仍役使着数百名农奴工匠，不仅一切家庭日常用品都自给自足，连每年上交给皇室的贡品也有很多是自制的。② 西欧中世纪早期的领地手工业，所用的工人都是奴隶和农奴。"既不要支付工资，也不要考虑成本和卖价"，生产的唯一目的是"满足直接的需要"，"供应比家庭稍大的集团，而不是供应外面的市场"③。所以马克思说，"自然经济在任何一种依附农制（包括农奴制）的基础上都占优势"④。

当工商业奠基于自由劳动之上时，情况就截然相反。由于工商业者都是自由人，获取他们的劳动，除了交换、购买之外，别无他途。行会中的帮工和学徒，虽然不是典型的雇工，但是，他们和师傅之间仍然是作为自由人互相对立；因而彼此之间仍然存在着买者与卖者的关系；被支付的是工资。为此，使用其劳动力的生产都必须讲究生产效益，不可能进行不计成本的自给性生产，而必须讲究价格和效益以适应市场的变化和要求；否则，就会入不敷出，无法支付劳动者的报酬和生产费用而使生产无以为继。明代学者们谈及其雇工种田时说，雇工们"刁悍成风"，"非酒食不能劝"，"今日掉臂而

① 《资本论书信集》，人民出版社 1976 年版，第 438 页。

② 参见何龄修：《封建贵族大地主的典型——孔府研究》，中国社会科学出版社 1981 年版，第 331、332 页。

③ ［法］P. 布瓦松纳：《中世纪欧洲的生活和劳动》，第 103、104 页。

④ 《马克思恩格斯全集》第 24 卷，第 538 页。

来，异时不难洋洋而他适"。搞得雇主们叫苦连天，"全无赢息，落得许多起早宴晚，费心劳力"，所以，"若雇工种田不如不种"，否则，就会"亏本折利""家资荡尽"①。由此，也就不难理解西欧的"城市产业一旦和农业分离，它的产品会自始就是商品"②。经此，庄园手工劳役制度下的自给性生产就转换成了城市手工业的商业性生产，私有财产权也就因此而被自由劳动扩展到了市场经济的支柱产业。同时，由于必须讲究价格和效益以适应市场的变化和要求，就必然会从生产过程中发展出一种"自由劳动之理性的资本主义组织方式。这种组织方式在其它地方仅只略有迹象而已"，因为"使用自由劳动的真正家庭工业在西方以外的其它地方只是极为个别地存在过。只有在极少的情况下，一般是在国家垄断企业（但也完全不同于现代工业组织）中，频繁地使用日间劳动者才导致过生产组织的产生，但也从未产生过我们在中世纪就业已有过的那种理性的手工业学徒组织"③。在这种组织中，分工会有更快的发展，私有财产权的地位自然会得到提升。

与核酸和蛋白质之间的关系相比较，私有财产权和自由劳动之间的互动关系确实是毫无二致。同前两者一样，它们之间也是相互复制、相互促进、相得益彰、同步发展的；换言之，都形成了相互作用的催化循环圈。众所周知，生命就起源于核酸和蛋白质形成的催化循环圈。没有这个循环圈，就没有今日奇妙无比的生物世界；同样地，没有财产私有权和自由劳动的结合也就没有现代化及其所带来的现代社会。正是这种结合，劳动者才充满了活力，才能商品化，技术革新和技术推广才得以加速，私有财富才能够加速增殖。概言之，中世纪西欧才具有了古代东方社会所没有的自我生长、自我修复的生命力，才有了导致社会天翻地覆的市场经济和现代社会。可见，断言私有财产权和自由劳动是市场经济和现代社会的核酸和蛋白质是符合事实的。正是它们的结合，才使市场经济有了得以孕育、生成的基因，现代社会才得以在此基础上分娩问世。但是，如果这一结合不是发生在工商业领域，而是集中于农业领域，西欧也就会同古代中国一样，难逃兴亡周期律的厄运，无法走上现代化之路。

---

① 钱泳：《履园丛话·种田》；张履祥：《杨园先生全集·沈氏农书》。
② 马克思：《资本论》第3卷，第372页。
③ ［德］马克斯·韦伯：《新教伦理与资本主义精神》，第11页。

第 八 章

市场经济正反馈机制的产生及其作用

财产私有权和自由劳动的产生为市场经济的孕育提供了一个能够进行自我复制的"密码载体",而各地刚刚从各自的主人那里获得自由的手工匠人还需要汇聚在一起,找个安身立命之地;面对盗匪遍地、封建壁垒森严,自然经济居绝对统治地位的现状,他们还有许多困难有待克服。要汇聚在一起,克服这些困难,仅靠他们自己是做不到的,没有外人的帮助,特别是有权有势的王侯们的帮助,他们难有立身之地,更不用说克服所面临的许多艰难险阻。这就是说,市场经济的孕育,同生命的产生一样,仅有一个"密码载体"是不够的,还必须要有一个能够使"密码载体"中的核酸和蛋白质的相互复制能够持续下去的正反馈机制。西欧市场经济的孕育之所以能够持续,离不开这一机制的保护和帮助,我们继之的事情就是找到这个机制,弄清楚它是如何产生的,又是如何帮助工匠们攻坚克难、发家致富的。

一、市场经济正反馈机制的产生

这个机制就是土地权和货币权的分离。它起因于封建庄园中的手工业和临时性商业的瓦解。但是,这个瓦解不能理解为此后的西欧乡村再无手工业了,也并非说贵族们不再经工营商;而是说他们已不能再通过强制他人劳动的方式来经营工商业,因而也就不能再以封建贵族的身份来拥有工商业的产权,而必须以雇主身份来管理其工商业。因为自庄园手工业瓦解后,西欧社会在工商业领域根绝了奴隶制度，也消除了劳役制度。

庄园手工业瓦解后，不仅农民仍保留了他们的家庭手工业，如纺织业；还有很多手工业，如采矿业、冶金业、采石业、砖瓦制造业、农具修理业、制盐业等，无法迁居城市而仍然留在农村；从农民中，特别是从茅屋农中，也不断地分化出各种专业的和兼业的铁匠等手工业匠人。尽管这些手工业仍旧留在农村，但是，他们不仅已脱离领主的直接控制，其产权也不再属封建贵族所有。一些行业，如矿冶业、建筑业等还成立了自己的行会，以保护自己的利益；从农民中分化出来的手工匠人也不同于原来的农奴工匠。即使其身份还是农奴，但其产品则同农奴份地的产品一样是属于他们自己的；封建主获得他们的产品，雇佣他们的劳动力都必须等价交换，他们的手工业不归封建主所有。[①]

国王领地中的手工业也被瓦解。11 世纪后，除了法国王室举办过短命的国家手工工场外，西欧不存在类似于中国官工官商那样的宫廷手工业和官府手工业。西欧各国王室及其官府、军队所需要的一切商品、手工业品甚至粮食、肉类、果品和蔬菜也同贵族们一样，都要从市场上购买。[②] 13 世纪时，伦敦市就有一批主要为王室和军队服务的粮商。在爱德华一世同威尔士、法国和苏格兰作战的时期，供应军队的任务即由他们承担。[③] 可见，庄园手工业的瓦解还导致了另一个重大后果：西欧的土地所有权和工商业所有权不再为封建贵族独享，而分别为贵族和工商业者所有。

丧失了工商业产权，也就意味着丧失了货币权，因为货币是工商行业的生产和流通中的主要媒介；经工营商是获取货币的主要途径，在农业尚未商业化的时代，尤其如此。因此，学者们形象地将工商业的生产要素的产权称为货币权，而将对土地的所有权称为土地权。故庄园手工业的瓦解，也就是土地权和货币权的分离。昔日曾经同时占有土地和手工业产权的封建贵族已不再享受有工商业生产要素的产权，即货币权了。

西欧的土地权和货币权不再为封建贵族独享，而分别为封建贵族和工商

①　参见 G. Duby, *Rural Economy and Country Life in the Medieval West*, p. 154。

②　参见 G. Rosser, *Medieval Westminster*, *1200 - 1540*, Oxford University, 1989, pp. 126, 153 - 155, 158,159。

③　参见 ［英］约翰·克拉潘：《简明不列颠经济史》，第 151、152 页。

业者所有，这就意味着传统社会的两大主要生产要素的所有权的分离，从而
使工商业摆脱了那些并不属于它的先赋性关系的束缚，开始了西欧的"资
本不依赖于地产而存在和发展"的历史。[①] 同时，也意味着西欧社会结构的
基石的一次大分化，因为生产要素的产权是社会其他一切权利的基础。它们
一分为二，必然带来行政权和经营权的分离，使暴力潜能也被分割，产生了
极其深远的影响。

与中国、阿拉伯世界和斯拉夫世界相比较，两权分离无疑是西欧社会的
一个基本特征。如前所述，东方各国的封建贵族、官吏、地主，乃至官府、
宫廷都拥有自己的手工业和商业。只有日本的情况有些特殊。大化革新前
后，日本贵族们拥有自己的手工业；到了幕府时代，他们只能依赖町人经营
的工商业。这是日本奴隶所剩无几并被排除出正常经济活动，以及实行身份
职业世袭的人身等级制度的产物。

土地权与货币权的分离为西欧社会独有，也正是在它的帮助下，西欧市
场经济的受精卵才得以孕育成形。概括起来，两权分离起了七大作用：
（一）推进了城市、城市自治制度的兴起和城市的对外开放；（二）为市场
经济的孕育拓出了巨大的生存空间；（三）中止了官工官商的妊娠，为市场
经济胚胎的成长扫除了主要障碍，腾出了巨大市场；（四）规定了城乡经济
关系的市场性质；（五）使金钱成为封建贵族的克星；（六）摧毁了抑商政
策的基石与靠山，奠定了重商主义的基础；（七）推进了现代世界市场体系
的孕育。

这些作用不断递增。因为随着市场经济的发展，财产私有权和人身自由
也会得到扩展，致使封建贵族要想在强制劳动的基础上重新夺回货币权也就
越来越难；同时，许多社会势力，包括贵族，甚至国王，会同市场经济结成
共生关系，使正反馈机制从外置转为内生，形成催化循环圈。这些，都意味
着货币权与土地权的分离有可能越来越彻底，致使其对市场经济的促进作用
越来越大。因此，没有两权的分离，就不会有市场经济的孕育成形、分娩和
成长；即使孕育成形，也会流产；即使分娩了，也会夭折。近代早期西班牙
的衰败和大革命前法国现代化的停滞不前就是见证。古代中国，虽然也曾有

---

① 《马克思恩格斯选集》第 1 卷，第 105 页。

过一些民间工商业基于个人自由和财产私有权之上，也出现过所谓的资本主义萌芽，但最终不是侏儒，就是夭折。其祸首之一，就是土地权和货币权的合二为一使市场经济的正反馈机制缺位。故此，对于市场经济来讲，两权分离就犹如一场成功的化学反应，不能仅有底物，还需要催化剂。

这一切，无不说明，在现代化的起源过程中，正反馈机制的产生同市场经济的受孕具有同等重要的意义。而它们两个都是庄园手工业瓦解的结果。因此，庄园手工业的瓦解不仅是继生产奴隶消亡之后西欧历史上最重大的人权革命和产权革命，也是中世纪西欧社会结构的首次分化与整合，实现了土地权和货币权的分离。西欧社会结构由此而迈出了它由简单走向复杂、由近平衡态走向远离平衡态的第一步。随着这一步的迈出，市场经济也就开始了其孕育的过程，而传统的社会结构也就开始离析整合，庄园手工业的瓦解产生了巨大的多米诺骨牌效应。

二、促进了城市和城市自治制度的兴起

缴纳代役租后的那些工匠，若不离开各自的庄园，聚集在一起，形成城市，就会如霍兰所说的，如单只蚂蚁那样，生存能力是很差的，更不用说克服各种困难，建立市场经济。因此，他们只有像蚂蚁一样聚集起来，找到聚居地，运用集体的力量，建成城市，才能克服上述各种困难，获得顽强的生存能力，还能够在此基础上产生复杂的大尺度行为。[1]

适于工匠和商人汇聚的地方，当然是便于贸易的交通要道，人们常去的寺院周围，最好的是城堡、城市，那里是最好的市场。但是，11 世纪之前，西欧各地，尤其是意大利中北部虽然残存了少量罗马时代的城市，但从经济角度看，它们很难称之为城市了。因为它们"已被缩成非常特殊的机构，它们没有或几乎没有依靠贸易和工业生活的自由人口"；城市里住的不是教会人士及其侍从，就是封建主及其骑士。因此，与其称它们为城市，不如将它们称为主教所在地或要塞。[2]

---

① 参见［美］霍兰：《隐秩序——适应性造就复杂性》，第 11、12 页。
② 参见 M. M. Postan, E. E. Rich, E. Miller, ed., *The Cambridge Economic History of Europe*, V. 3, pp. 6-10。

到加罗林王朝时期，墨洛温王朝时还在各地游荡的叙利亚商人已消失，只有少数犹太商人定期前来和王侯教士们进行以货易货的贸易，而基督徒作为商人的仅有弗里斯兰人。[1] 大约 10 世纪时，在意大利北部，开始零星地出现了城市。到 11 世纪后期，城市开始在全西欧范围内兴起；之后，城市兴起的步伐是越来越快；到 13 世纪时，达其顶峰。1086 年，英国具有城市特点的地点为 111 个，到 14 世纪早期，这样的地点已增至 550 个。[2]

城市如此迅速兴起，贵族国王功不可没。修道院长、僧俗贵族、法国国王和德意志皇帝，"都以非凡的热情"，"建立了数不胜数的城市"[3]。为了吸引工商业者前来定居，他们修桥筑路；整顿社会治安，保护商人；大搞地方建设，建造"园地和市场货摊""营业的场地、住房等等"，以改善经商的条件。同时，还提出了许多富有引诱力的条件。例如，"轻的规定的课税、宽大的司法"等[4]，"以鼓励人们在其领地里的城镇里居住"[5]。"在普罗旺斯以北地区，世俗领主和主教划定地界并且亲自督造，帮助建立一些新市镇"[6]。结果，在 11 世纪后期到 13 世纪末的短短的两三百年的时间里，西欧城市得到了空前的发展。英格兰在 1086 年后出现的 172 个新城市中，除 18 个不清楚建立者是谁之外，其他都是王室和僧俗贵族建立的。[7] 在法国兴起的 500 个城市中，就有 420 个受惠于教会寺院的庇护。[8] 因此，"在城市发展过程中，领主在总体上发挥了重大作用"可谓是西方中世纪史家的

---

① 参见 M. M. Postan, E. E. Rich, E. Miller, ed., *The Cambridge Economic History of Europe*, V. 3, p. 11。

② 参见 P. M. Hohenberg, and L. H. Less, *The Making of Urban Europe*, *1000-1500*, New York, 1985, pp. 120,121。

③ [苏] 波梁斯基：《外国经济史》，第 357 页；尚钺编：《封建社会历史译文集》，生活·读书·新知三联书店 1955 年版，第 124 页。

④ 参见 [苏] 波梁斯基：《外国经济史》，第 311 页；[美] 鲁姆斯·W. 汤普逊：《中世纪经济社会史》下册，第 427、428 页；[比] 皮朗：《中世纪经济社会史》，第 49、51、83、84、89 页。

⑤ 参见 [苏] 波梁斯基：《外国经济史（封建主义时代）》，第 311 页；[美] 哈罗德·J. 伯尔曼：《法律与革命——西方法律传统的形成》，第 447 页；[美] 汤普逊：《中世纪经济社会史》下册，第 428 页；[比] 亨利·皮雷纳：《中世纪欧洲经济社会史》，第 49、51、83、84、89 页。

⑥ [法] 泰格·利维：《法律与资本主义兴起》，第 86 页。

⑦ 参见 T. Rowley, *The High Middle Ages*, *1200-1500*, London 1986, p. 201；R. H. Hilton, *English and French towns in feudal society: a comparative study*, Cambridge University, 1992, p. 34。

⑧ 参见 [法] P. 布瓦松纳：《中世纪欧洲生活和劳动（从五到十五世纪）》，第 194 页。

共识。[1]

那么，要问的是，包括国王在内的各级僧俗贵族为何热衷于为工商业提供聚集地，建立城市？汤普逊的回答可谓是一针见血，因为他们"发现在他们的领土内有一个商业中心，是对己有利的"[2]。

首先，建立城市是防止其农奴逃亡的一种方法，因为农奴们在城市能够通过做工匠或小贩来糊口。[3]

其次，在货币经济正在替代自然经济的情况下，封建主征集现款租税比征集实物租税要容易得多，且可让城市代收，这比自己收集要少很多麻烦。[4]

其三，他们可以将市区土地出租给他人建房以获取租金。一小块宅基地，能收租金6—18便士，一般为12便士，一个有80户居民的小乡镇一年就可获得4镑租金。市场租金更贵；100平方英尺的市场可收租10先令，相当于20英亩良田的收入。[5] 因此，贵族从城市中获得的"地金"不少。如伯克郡的海伊·威康贝市自1226年立市，该市的领主阿兰·巴萨特每年都能从该市收取30英镑的地金。[6] 多以特维奇市每年上交国王的费金高达100英镑。[7] 若领主自己建住宅、商店或货栈，再出租给市民，收入就更可观了。一间房屋连其宅基地年租金达20先令，一个小茅屋也要5先令；而当时农田的年收入最多也不超过1镑。[8]

其四，可从城市获得各种税收。如通行税、市场税等，市场法庭的罚款和磨坊也都归领主。13世纪中期，原本为庄园的英国的斯塔福德

① 参见 E. Miller, *Medieval England*: *Towns*, *Commerce and Crafts*, *1086-1348*, p. 271。

② ［美］詹姆斯·W. 汤普逊：《中世纪经济社会史》下册，第427页。

③ 参见［苏］波梁斯基：《外国经济史》第311页；［美］詹姆斯·W. 汤普逊：《中世纪经济社会史》下册，第428页；皮朗：《中世纪经济社会史》，第49、51、83、84、89页。

④ 参见［苏］波梁斯基：《外国经济史》第311页；［美］詹姆斯·W. 汤普逊：《中世纪经济社会史》下册，第428页；［比］皮朗：《中世纪经济社会史》，第49、51、83、84、89页。

⑤ 参见 D. Christopher, *Making a Living in the Middle Ages*: *the People of Britain 850-1520*, pp. 146, 147, 197-199；［美］哈罗德·J. 伯尔曼：《法律与革命——西方法律传统的形成》，第454页。

⑥ 参见 R. H. Hilton, *English and French Towns in Feudal Society*: *a Comparative Study*, p. 40。

⑦ 参见 R. H. Hilton, *A Medieval Society*: *the West Midlands at the End of Thirteenth Century*, Cambridge University, 1983, p. 176。

⑧ 参见 D. Christopher, *Making a Living in the Middle Ages*: *the People of Britain 850-1520*, pp. 146, 147, 197-199；［美］哈罗德·J. 伯尔曼：《法律与革命——西方法律传统的形成》，第454页。

市，仅地租一项，每年即为其领主带来 12 镑的收入，为周围同等面积农庄的 15 倍。① 若再加上贵族多余的农牧产品因在城市里找到了销路所增加的收入，贵族们得到的就更多了。因此，城镇是领主们名副其实的摇钱树和聚宝盆。德文伯爵属下的一个小城蒂渥顿在 1286—1287 年间给他带来的收入高达 14 镑 11 先令多；他的另一座小镇拉汶索罗德 1260 年给他奉献了 6 镑税金，以后逐年递增，到 1307 年，达到 68 英镑。②

不过，强调王侯在城市兴起中的作用，并不否认城市在这一时期兴起还有其他的原因。

它首先要归功于 10 世纪后，诺曼海盗和蛮族入侵的停止，社会逐渐安定，农业生产力得到恢复，人口得到增长，由垦荒而导致的不同禀赋土地的开发所引起的长距离贸易的兴起；其次是不能忘记意大利中北部城市同东方的贸易，以及随十字军东征所带来的东西方贸易的发展和其所带回的东方财富和文化的影响，它们都为西欧城市的兴起奠定了基础。

但是，这些都是城市兴起的一般条件，它不能说明西欧城市为何具有东方城市所没有的特性。这也就是说，东方城市的兴起和发展也不能没有农业经济的一定发展，也不能没有地区间的交流，没有对外开放。这些都是东西方城市兴起和存在的都不可缺少的前提，而不是导致中世纪西欧城市具有不同于东方封建城市诸多不同特殊性的根源。因此，解释不了西欧城市兴起过程中，国王和贵族们为何如此热衷于帮助工匠和商人建立聚集地，而不是像东方城市那样，大多数是因政治、军事原因而兴起；更解释不了西欧城市兴起后不久，都相继获得了不同程度的自治权。

城市的自治权固然有市民通过金钱赎买、包税或武装暴动等方式主动争取来的，但大部分却是国王和各级大封建主主动地、以特许状的形式赐给城镇的。汤普逊说，赐给城市的特许状的办法被很多封建主所模仿，鄂图诸帝在意大利就系统地推行了这一政策。"全部意大利由于这个变更而改变了面

---

① 参见 R. Bartlett, *England under the Norman and Angevin kings*, *1075–1225*, Oxford, 1999, p. 337; D. Cannadin, *Making A Living in the Middle Ages*: *the People of Britain 850–1520*, pp. 146, 147, 197–199; [美] 哈罗德·J. 伯尔曼：《法律与革命——西方法律传统的形成》，第 454 页。

② 参见 J. L. Bolton, *The Medieval English Economy*, *1150–1500*, p. 122。

貌"①。从 1050 年到 1150 年的 100 年时间里，"数百个意大利城市中心建成
为独立的自治的共同体。它们常常被称为公社（Communia）"，"这一运动在
后一世纪里，尤其是在被称作'公社特权大宪章'的《康斯坦茨和约》
（Peace of constance）公布之后，突飞猛进地发展。"②

在法国，路易六世将"初级特权授给了巴黎地区及毗邻区域上的王室
内领地里的一大批城镇"。诺曼底公爵将自治权首先授给了维尔纳叶市，
"随着时间的推移，维尔纳叶的特许状已经扩展到其他许多诺曼城市"；③
"在普罗旺斯地区，领主们就住在城市里，他们毫无异议地颁发特许状"④。
而"波蒙的法律和布勒特厄的习惯法，是这样地出名，以致可以找出各有
三百多个模仿的例子。香槟的威廉，是理姆斯的大主教，也是腓力·奥古斯
都的伯父；他在 1182 年曾赐给波蒙居民一项著名的宪章；曾有很多地方加
以模仿。在北法，农奴阶级获得解放，大部分应归功于这著名的法律。这项
法律，不是通过武力，而是通过和平的协商，传布开来，因而刺激了农业、
工业和商业的发展。'新城市'的建立，以下列两种方式之一——以示其永
久存在——用成文的组织法或用树立一个象征性的十字架于该地。在北法，
后一项方式是普通的，在那里'自由十字架'常常在小市镇里可以看到。
在洛林、卢森堡，甚至亚尔藤斯，它也是可看到的"⑤。

诺曼人征服英国后，"威廉旋即发给伦敦一份特许状，在其后两代人的
时间里，伦敦市民的权利及伦敦作为一个城市的权利得以迅速地扩展"，成
了英国其他城市自治的样本，连威尔士和爱尔兰的城市也都被授予了特许
状，其内容同诺曼人在法兰西的市镇十分相似。⑥

社会进程最为缓慢的德意志在这方面也不甘人后。弗赖堡、吕贝克等城

---

① 〔美〕詹姆斯·W.汤普逊：《中世纪经济社会史》上册，第 407 页。
② 〔美〕哈罗德·J.伯尔曼：《法律与革命——西方法律传统的形成》，第 467、446、447 页。
③ 〔美〕哈罗德·J.伯尔曼：《法律与革命——西方法律传统的形成》，第 446—448、467 页。
④ 〔法〕泰格·利维：《法律与资本主义兴起》，第 82、86 页；〔美〕哈罗德·J.伯尔曼：《法律与革命——西方法律传统的形成》，第 462—463 页。
⑤ 〔美〕詹姆斯·W.汤普逊：《中世纪经济社会史》下册，第 428 页。
⑥ 参见〔法〕泰格·利维：《法律与资本主义兴起》，第 82、86 页；〔美〕哈罗德·J.伯尔曼：《法律与革命——西方法律传统的形成》，第 462、463 页；N. Mccord, and R. Thompson, *The Northern Counties from A. D. 1000*, New York, Addison Wesley Lengman Liminted, 1998, pp. 53,54。

市都是由贵族们于 11、12 世纪时建立并被他们授予了自治权，而它们的法律体系则被德国 12 至 14 世纪期间建立的数以百计的城市所接受。① 总之，除少数城市外，西欧大多数城市的自治或自由都是国王和贵族们主动授予的，而不是用暴力争来的。② "整个欧洲，从波罗的海到黑海，国王、贵族、主教和修道院院长都纷纷给他们的城市（town）颁发特许状"③。

莫尔顿说，在主动赐给城镇特许状的国王、僧俗封建主中，"最容易的是取自国王"，"较不容易的取自贵族"，"而很困难的是取自大修道院"。国王自愿地将城市自治权赐给城镇，当然是有利用城镇来抵抗割据的封建主之意，但也不排斥他对金钱、商品的需求远过于抵抗封建主割据的缘故。因为在他看来，"金钱永远比照例的劳役有用些"④。反之，从大修道院那里取得城市的自治权之所以比国王和贵族那里难得多，原因就在于前述的修道院的僧人本身必须劳动，且又拥有专司劳动的"世俗弟兄"，因而能够在不同程度上保留自己的手工业和商业。如此一来，离开庄园的手工业者和商人就成了修道院工商业的竞争对手。在这种情况下，修道院又怎么可能帮助城市的发展，赋予城市以自治权呢？

国王、贵族和教会依其自己的工商业的有无决定了他们对城市兴起的不同态度的上述事实说明，土地权和货币权的分离对市场经济的孕育所起的巨大的推动作用。波斯坦十分清楚其中的道理。他说："只要手工业和贸易仍是农业的附属，并仍掌握在农夫、渔夫、土地贵族或教士手中，就没有必要也少有机会来发展商业和工业城镇。中世纪鼎盛时城镇的发展之所以成为必然并真正不可避免，不仅是因为贸易的扩展，而且是因为封建社会条件使得贸易的发展很难掌握在农村阶级手中。"⑤ 正是由于王室和贵族这些农村阶级没有自己的工商业，为了获得工商业所带来的利益，他们的唯一选择只能是帮助工商业者建立城市，并赐给其自治权。这才使那些离开庄园，四处漂泊的手工匠人和商人有了立足之地，能聚居在一起，形成城市，致使这一时

① 参见［美］哈罗德·J. 伯尔曼：《法律与革命——西方法律传统的形成》，第 454、455 页。
② 参见［美］詹姆斯·W. 汤普逊：《中世纪经济社会史》下册，第 425 页。
③ N. Mccord, and R. Thompson, *Urban Life in the middle ages*, *1000-1450*, New York, 2002. p. 46.
④ 参见［英］阿·莱·莫尔顿：《人民的英国史》，第 114 页。
⑤ M. M. Postan, E. E. Rich, E. Miller., ed., *The Cambridge Economic History of Europe*, V. 3, p. 220.

期西欧的城市迅速兴起。

城市的产生，在现代化起源中意义重大。从自组织理论的角度讲，它意味着因生产奴隶消亡和蓄奴制度和文化的消失所引发的微涨落得以聚集成核，实现了边界闭合，成了慢弛豫变量；从超循环论的角度讲，犹如结合了的"核酸和蛋白质"长出了"膜"，从"原核细胞"发展成"真核细胞"，为向多细胞生物发展奠定了基础；从经济学的角度讲，私有权和自由劳动结合而成的市场经济基因，找到了能够助其孕育成形的"子宫"，和建设市民社会、市民文化及进行各种政治制度试验的基地。而这一切，都离不开两权分离对市场经济孕育的最初的推动。

三、为市场经济的孕育拓出了巨大的生存空间

两权的分离势必导致产权间的交换。因为无论何人，都不可能只要农产品不要工商业品就能生存，反之亦然。当自己不能生产的产品的产权不属于自己，而是属于一个自由人时，要取得这些产品，除了等价交换之外，别无他途。这正如马克思所说，"一切劳动产品，能力和活动进行私人交换"是"同以个人之间的统治和服从关系（自然发生的或政治性的）为基础的分配相对立"。"奴隶根本不被看作是交换者"①；农奴也要无偿地为主人提供劳役甚至产品，而要取得自由人的劳动和产品，购买，交换是唯一的办法。即使是国王、贵族，也得如此。

手工业者离开庄园，贵族们就没有了自己的工商业，他们所需要的大部分生活资料和生产资料就必须向市民购买。而这首先就得有货币，为此，他就得出售其自营地的农牧产品，或是要农奴出售其产品，以向他缴纳货币租。而城市及其工商业也就获得了赖以生存的物质基础：粮食和原料。据统计，一个居民 800 人的小城市，仅吃喝两项就需要 1000 英亩耕地。消耗的牲畜和羊毛所需要的土地更多。② 数量如此巨大的粮食和原料，仅靠农民的那点剩余是不够的，主要还是靠贵族，因为他们是农牧业剩余产品的主要拥有者。

---

① 《马克思恩格斯全集》第 46 卷（上册），第 105 页；（下册）第 472 页。
② 参见 D. Christopher, *Making A Living in the Middle Ages*, *the People of Britain*, *850-1520*, p.35。

贵族们用出售剩余农牧产品所获得的货币购买工商业品，就为城市及其工商业提供了最主要的商品市场，使他们拥有了巨大的生存空间。

在货币地租未居统治地位之前，贵族们需要的粮食、家畜等仍可从其庄园中获得，但是，高级呢绒、时装、高级家具、香料、各种装饰品，以及武器、铠甲等这些需要特殊材料和专门手艺人加工的物品来之于城市则是不言而喻的。甚至连住宅、城堡、食品，这些建在乡村，产生在田野里的建筑材料和物品也要求之于市民。这是因为，住宅和城堡涉及贵族的尊严、安全和舒适。故此，从11世纪起，石头建筑渐渐取代了贵族的木屋。而建筑这样的房屋则需要石匠、木匠、管道匠等各种专门工匠的密切配合，还需要有工程师式的匠人进行设计、计算。这些人只能从行会里雇佣，而庄园里只能提供粗工。此外，建筑用料，如石料、砖瓦、石灰，以及建筑机械如滑车等也都由城市提供，有的还须长途运输，甚至要漂洋过海，因此，耗资巨大。至于贵族的食物，则"素以无比丰盛和多样化为其显著特色"，而宴客又是其嗜好。但庄园只能为其提供基本食品，一切名贵食品，如名酒、香料、各地土特产等均须购买。1122年，著名的克吕尼修道院消费的食品只有四分之一是自产的，其余四分之三都是外购的，每年为此所花费的金钱数量惊人。[1] 爱琳娜·德·芒特福特留下来的账目中记述了1265年5月份一个星期的开支。仅星期日一天，为招待西莫·德·芒特福特伯爵夫人及其丈夫随从，就消费了六只羊、一头阉牛、3只小牛、8磅肥肉和6打家禽面包；此外还有葡萄酒、啤酒、鸡蛋、面粉、干草和燕麦，总耗资近30先令。[2] 1313—1314年和1318—1319年间，英国汤姆士伯爵每年用于购买食物、饮料及照明材料的费用竟超过了5000镑。1304—1305年间英国林肯伯爵及其夫人的家庭开支共计3265镑，其中用于购买食品、黄油、香料、酒和蜡烛的费用就高达1800镑。[3] 在中世纪，"衣着是将贵族和平民分开的主要标志"，是贵族的身份、财富的重要象征，故其价格不菲。12世纪末，一个普

---

① 参见 G. Duby, *The early growth of the European economy*, pp. 216, 217; J. L. Bolton, *The Medieval English Economy*, *1150－1500*, pp. 160, 161; N. Mccord, and R. Thompson, *France in The central Middle ages*, pp. 84, 97。

② 参见 F. Gies, And Joseph, *Life in A Medieval Castle*, New York, 1974, p. 102。

③ 参见 E. Miller, & J. Hatcher, *Medieval England rural society and economic change*, *1086-1348*, London, 1980, pp. 229, 203。

通贵族常年用来换洗的 3 个头巾和 2 件长袍即值 50 先令，相当于当时一个
熟练海员 10 个月的工资；海员要想购置这样的衣帽，则需要耗费他三年多
的积蓄。① 至于贵族及其家人极力追寻的各种花色的呢绒和华贵的服装之昂
贵更是令人惊叹。② 一个叫巴松皮埃尔的贵族，身穿绣着棕榈树叶、镶满了
重达 50 磅珍宝的服装，价值 14000 埃居，"其中只有 700 埃居是加工费"；
15、16 世纪时的一个贵族妇女离开罗马时，"用了 150 头骡子运她的衣
服"③。贵族家中不仅摆有各种豪华家具，还有大量的装饰品，如挂毯、地
毯之类，它们也都是长途贩运而来。④ 至于王室，就更令人惊愕，英王亨利
四世的一件长袍就用了 12000 张松鼠皮和 80 张银鼠皮。1344—1345 年，爱
德华三世一家用于室内装饰的松鼠皮等兽皮多达 79220 张。⑤

　　贵族们唯一的生产工具铠甲和武器更为昂贵。12、13 世纪时流行的
"锁子甲做工精细，前后胸部位均由两层或三层锁子甲组成。并在上面镀上
一层银，或罩上一层银锁子甲以示尊贵"⑥。到 14 世纪，用一定厚度的铁板
护住全身的铁叶甲替代了锁子甲，每副铁叶甲的价值高达 50 镑左右；此外
还必装备价值等于三头牛的头盔。⑦ 而骑士们必不可少的坐骑也价格不菲，
一匹马的价值为一头牛的六倍。⑧ 而骑士往往拥有数匹马。一匹马给自己，
其他的给扈从。⑨ 扈从之外，贵族们还拥有大量的仆从，地位越高，仆从越
多，因为这是其地位和尊贵的象征。1532 年，伊利主教尼古拉·韦斯特家
中长年雇有家仆上百人，除供给他们吃喝外，之中一半人，每人每年付年薪
53 先令 4 便士；另一半人付年薪 40 先令。此外，还需要付他们每人 4 码宽
呢绒，供其置办冬天穿的长袍；3 码半的布料，置办夏天的外套。其耗费之

---

　　① 参见 R. Bartlett，*England under the Norman and Angevin kings*，*1075–1225*，p. 361。
　　② 参见 G. Duby，*The early growth of the European economy*，p. 238。
　　③ 参见［德］维尔纳·桑巴特：《奢侈与资本主义》，第 112、114 页。
　　④ 参见 K. B. Mcfarlane，*The Nobility of Later Medieval England*，Oxford university，1980，p. 96。
　　⑤ 参见 S. Inwood，*A history of London*，London，1998，p. 99。
　　⑥ A. V. B. Norman，*The Medieval Soldier*，New York，1971，p. 216.
　　⑦ 参见 R. Rudorff，*Knight and the Age of Chivalry*，New York，1974，p. 222；马克·布洛赫：《封建社会》上卷，第 260 页。
　　⑧ 参见［法］马克·布洛赫：《封建社会》上卷，第 260 页。
　　⑨ 参见 M. H. Keen，*Chivalry*，Yale University 1984，p. 225。

大，可见一斑。①

除马外，贵族们所需要的这些物品不是任何地方、任何人都能生产的，它们都是一些地区的特产，只能通过长途运输才能到达各地贵族的手中。如铠甲和武器就大都来自米兰和南德②，皮革来自俄罗斯和东欧。③ 当时的运输条件很差，道路破烂不堪，抢劫频繁，运输工具落后，运费十分昂贵，故只能运输那些量小体轻价格昂贵的商品才有利可图。从北意大利运往西欧各地的香料、高级呢绒、丝绸；从法国波尔多等地输出的葡萄酒；法兰德斯输出的呢绒，从北欧进来的毛皮、高级木材，莱茵河地区产的高级陶瓷，斯堪的纳维亚输出的琥珀、象牙等无不被当时人们列入奢侈品之列。这些产品即使就地销售，由于手工业技术落后，价格也是十分昂贵的，一般人难以承担。16 世纪之前，西欧城市所经营的大都是这类商品，故当时的主要工商行业，如毛呢业、丝绸业、皮革业、香料业、武器制造业等，都是以奢侈品的生产和贸易为主的。离开了奢侈品，这些行业要么不存在，要么是忽略不计。城市当然也经营粮食、柴薪等量大体重的日常生活用品和原料，但那主要是满足城市自身的需要，且都是短途运输。④

能够买得起这些奢侈品的只能是贵族。一是这些商品对于他们来说，并非可有可无，而是维持其体面、身份和社会地位的必需品。二是他们占有当时社会的主要财富，买得起这些商品。马克思说："在以前的一切生产方式中，一切供人享受的财富，也只有那些有商人前来和他们交易的剩余产品的主要所有者，奴隶主，封建主，国家（例如东方的专制者），有资格可以问津。"⑤ 广大农民，即使是那些占地较多的份地农，能够购其一二的也是凤毛麟角。1300 年左右时，价格最便宜的粗呢绒是 1 先令至 1 先令 6 便士一码，而当时雇工的日工资不超过 1.5 便士，一件简陋的粗罩衫等于他们的

---

① 参见 K. Aughterson, *The English Renaissance, An anthology of sources and documents*, New York, 2002, p. 178。

② 参见 H. Miskimin, *The Economy of Early Renaissance Europe, 1300 - 1460*, Cambridge university 1975, p. 128。

③ 参见 S. Inwood, *A History of London*, London, 1998, p. 99。

④ 参见 D. Christopher, *Making A Living in the Middle Ages: the People of Britain, 850-1520*, p. 66; R. Bartlete, *England Under the Norman and Angevin Kings, 1075-1225*, p. 361。

⑤ 马克思：《资本论》第 3 卷，第 370 页。

2—4 个月的工资；一件破旧外套价值 3 先令甚至更多；一个家庭常用的锅也需要 2 先令多；而此时的一头耕牛仅值 4—5 先令①，一品脱（208 公斤）的粮食的平均价格只有 4 先令。② 据卡恩顿估算，公元 1300 年前后，米德兰地区的一个占地 30 英亩的份地农在正常年景能产粮 23 品脱，其中 6 品脱留作第二年的种子，10 品脱用作口粮和饲料，能拿到市场上出售的大约有 7 品脱，估计能获币 1—2 镑。这些钱一要交纳租赋，二要付雇工的工资。因为按其占有的土地和所承担的劳役数量来看，份地农非雇工不可。当然他还有畜牧业收入，但按卡恩顿掌握的 1293 年的一些资料中的情况来看，一个拥有 4 头耕牛、6 头奶牛、20 只羊的农户的出售其牧业收入所得也只够缴纳租赋，他还认为租赋额被明显地低估了。如此一算，能让其用来购买的现金可能还不到一镑。卡恩顿对南英份地农资料的分析也得出了同样的结论，在好年成时，份地农大约有 1 镑的收入可用于购买和雇工。③ 1 镑钱能买点什么？1194 年，一个德国青年贵族购买了三个头巾二件长袍，总值达 50 先令。这就是说，一个份地农一年的赢余只够买一件长袍一个头巾。份地农如此，半份地农就更不用说了，因为按上述情况计算，他只能产粮 11.5 品脱，除掉 3 品脱种子，余下的仅够其作口粮和饲料。畜牧业收入用来缴纳赋税，几乎没有钱再用来购买物品。④

　　收入如此之低，市场上的商品的价格又是如此之贵，因此，12、13 世纪的西欧农民仍然是尽可能地自制自家所需要的一切用品，如用具和衣服等；砍柴打猎，若住在海边，还打鱼煮盐。⑤ 自用之外，还用它们交租。甚至连贵族家庭中的仆人和侍从的衣着也都仰赖于农民上交给贵族的粗毛呢和其它纺织品。⑥ 即使在黑死病后一百年的所谓的农民的黄金年代，他们仍然

① 参见 E. Miller, & J. Hatcher, *Medieval England rural society and economic change*, *1086 - 1348*, pp. 158,163; R. H. Hilton, *A Medieval society*: *the west midlands at the end of Thirteenth century*, p. 105。

② 参见 M. M. Postan, *Essays on Medieval Agriclure & General Problems of The Medieval*, Cambidge University, 1973, p. 204。

③ 参见 D. Christopher, *Making A Living in the Middle Ages*, *the People of Britain*, *850-1520*, pp. 164, 171。

④ 参见 R. Bartlete, *England Under the Norman and Angevin Kings*, *1075-1225*, p. 161。

⑤ 参见 D. Christopher, *Making A Living in the Middle Ages*: *the People of Britain*, *850-1520*, pp. 168, 169。

⑥ 参见 G. Duby, *Rural Economy and Country Life in the Medieval West*, pp. 153,348。

是一如故我，无丝毫的改变。①

　　农民当然也要出卖各类农牧产品甚至手工业品，但是，出售所得却大部分被他们用来缴纳各类租赋，由此注定了农民在市场上的真正角色是卖者而很少是买者。奈特鲁百户区的城堡主在清理了当地市场的 1358 年的票据后脱口而出："他们（农民）不买，光卖。"② 为什么？很多西方学者在分析了原始账目后答复说：农民是被迫为市场生产的，出售和卖工收入的主要部分要作为租赋上交贵族和教会，余下的部分才能为自己家庭购买必需的生活用品和生产工具，雇用工匠。所购之物当然也就不是所谓的奢侈品，而大都是当地制造的粗糙日用品。雇用的工匠也主要是为了修房建房。其中，茅屋农用来购买的货币最多，超过了份地农。这是他们份地太小，必须大量出卖劳动力所致。然而，他们所购买的商品却主要是粮食。卡恩顿说，在 12、13世纪时的英国至少有 40% 的农户需要从市场上购买部分口粮。③

　　与前述每年家庭开支高达几千镑的贵族相比较，农民的购买力显然是微不足道的。一个伯爵家庭的购买力相当于数千户份地农，几万户半份地农。"根据统计和后人研究结果可知"，1086 年前后，"全英土地年收入为 73000镑，王室获 12600 镑，约占 17%；大约 100 家主教、修道院长及教会执事等共得 19200 镑；约 170 户世俗贵族及其封臣的收入为 35400 镑，占 49%"。三者总计 67200 镑，占全英土地总收入的 92%。④ 估算英国各阶级的土地份额及其收入也可得出类似的结论。历代资料统计结果表明英格兰全境耕地总数是：黑死病前为 700 万—800 万英亩，1696 年为 900 万英亩，20 世纪中期为 830 亩。⑤ 由英国 1279 年百户区卷册的资料可知，领主自营地占英国田地总数的 32%⑥，这与英国 1086 年土地赋税调查所得出来的结论基本相同。当时贵族自营地、农民份地分别占 30% 和 70%。这里以全英国土地总数 900

　　① 参见 C. G. A. Clay, *Economic Expansion and Social Change*：*England 1500-1700*, V. 1, p. 62。

　　② R. H. Hilton, "Medieval Market Towns and Simple Commodity Production", *Past & Present*, 1 November 1985, Issue 109 pp. 3-23.

　　③ 参见 D. Christopher, *Making A Living in the Middle Ages*：*the People of Britain*, *850-1520*, p. 171。

　　④ 阎照祥：《英国贵族史》，第 40 页。

　　⑤ 参见 D. Christopher, *Making A Living in the Middle Ages*：*the People of Britain*, *850-1520*, p. 171；[苏] 叶·阿·科思明斯基、雅·亚·列维茨基：《十七世纪英国资产阶级革命》上卷，第 28 页。

　　⑥ 参见 E. Kosminsky, *Studies in the Agrarian History of England in the Thirteenth Century*, p. 91。

万英亩计算，贵族的自营地为 288 万亩。农民份地为 612 万亩。三圃制下，每年播种的田地分别为 192 万亩和 408 万亩。每亩纯产量，即除去种子后的产量统一定为 7.2 蒲式耳。据此，贵族自营地年产粮为 138.24 万蒲式耳；农民为 440.64 万蒲式耳。贵族人数很少，1086 年的调查的结果是占总人口的 3%，之后虽有增加，也未超过总人口的 5%。因此，其自营地收成中用于自给的部分很小，大部分收成被送进了市场。在 1208—1209 年间，英国温切斯特主教区的 32 个庄园共出售小麦 1767.5 夸脱，占其当年总净产量的 82%；14 世纪初期，兰开斯特公爵在威尔特郡的 6 个庄园共出售各种谷物 1808 夸脱，占其谷物总净产量 1330 夸脱的 91%。享格福德领主的威尔特庄园所出售的谷物也达到了同样的比重。[①]

　　或许有人说这是大庄园，小庄园的产量小，产品自给率高，产品商品率没有这么高。可事实却恰恰相反，1279 年的百户区卷档的资料和其他大量史料说明，小庄园产品的商品率比大庄园还要高。[②] 因此，我们完全有理由把贵族自营地中出售的部分按上述史料中的最低数据，即 82% 进行估算，贵族出售的商品粮为 113.3568 万夸脱。农民中贫富不一，下等农户生计艰难，虽有较多的打工收入，也只能用来购买口粮和农家粗制的衣服，能用来购置工商业品的钱是微不足道。只有占地 15 英亩或 15 英亩以上的中上等农户才有不等的盈余。据百户区卷档资料，中上等农户占农户总数的 53.5%，下等农户占 46.5%。[③] 上等农户平均每户占地以 24 亩计；中下等农户以 8 亩计。这即是说，中上等农户的产量占农民总产量的 3/4，330.48 万夸脱。按西方学者最新估算，每户份地农自用粮是 10 夸脱，占份地农户均纯产粮 17 品脱的 58.8%。半份地农户家庭人口并不比份地农少，自用粮不会比份地农少很多，但由于占地少，粮食产量却要比份地农低得多，因此，商品粮的比率要远低于份地农。按侯建新的估算，他们的自用粮占纯产量的 75%（54 蒲式耳/72 蒲式耳）。[④] 若再除掉什一税 10.3 蒲式耳，农民能卖的粮食仅有

---

　　① 参见 M. M. Postan，*Essay on Medieval Trade and Finance*，Cambridge University，1973，p.164。

　　② 参见 E. Kosminsky，*Studies in the Agrarian History of England in the Thirteenth Century*，Oxford，1956，p.277。

　　③ 参见 E. Kosminsky，*Studies in the Agrarian History of England in the Thirteenth Century*，p.228。

　　④ 参见侯建新：《现代化第一基石》，第 73 页。

7.7 蒲式耳，仅占其年纯产量 72 蒲式耳的 10.7%。半份地农约占中上等农户的一半左右，据此，这里将中上等农户的商品粮率定为 41.9% [(58.8%+25%÷2)]，于是，中上等农户出售的商品粮总数为 138.47 万品脱。出售所得不可能全部用于消费，还要交纳各种租赋。这就涉及租赋率。波斯坦的结论是 50%。[1] 侯建新估算的租赋率最低，但半份地农也达户均农田纯产量的 44.86%[2]；但自由农的租赋率并没有这么高，一般估计只占其纯收入的 25%。[3]

农奴身份的中上等农户占农户总数的 32.3%，而自由农身份的中上等农户仅占农户总数的 17%。[4] 据此，我们将农户的平均租赋率定为其纯产量的 38% [(45%-25%)×2/3+25%]。于是，农民的 138.47 万品脱的商品粮中有 52.6186 万品脱要作为租赋交给僧俗贵族。贵族的购买力因此而增至 165.9754 万品脱，而中上等农户的购买力则仅有 85.8514 品脱。这就是说，中上等农户的购买力仅及贵族的一半，贵族的购买力为中上等农户的两倍。当然，农民还有畜牧业收入，但贵族也有，且不比农民少。如前所述，13、14 世纪英国出口的羊毛中，仅大领主就占了 1/3。[5] 羊毛贸易也主要集中在贵族手中，农民出售羊毛时还要遭到他们的层层盘剥。再说，贵族们实际拥有的资财和生财之道比农民多得多：森林资源、池塘出租、法庭收入和施放高利贷等。在 1296 年至 1297 年间，英国康沃尔伯爵庄园的收入近 4700 镑，其中自营地的收入仅占 10%，各种租税为 67%，法庭收入和其他收入占 23%；而以城市的工商业和远程贸易为依托的各种收入，如矿产、冶铁炉的出租，过境商人缴纳的税收等还在这之外。[6] 因此，我们在计算贵族和农民的购买力时，省略掉双方农田之外的其他收入，对我们的结论不会产生根本性的影响。

---

① 参见 M. M. Postan, H. J. Habakkuk, ed., *The Cambridge Economic history of Europe*, V.1, pp.602, 603。
② 参见什一税 10.3 蒲式耳，租税 15 先令＝22 蒲式耳，见侯建新：《现代化第一基石》，第 73 页。
③ 参见马克垚：《西欧封建经济形态研究》，第 222—234 页；第二版（2001 年版），第 219—231 页。
④ 参见 E. Kosminsky, *Studies in the Agrarian History of England in the Thirteenth Century*, p.228。
⑤ 参见 J. L. Bolton, *The Medieval English Economy, 1150-1500*, p.77。
⑥ 参见 E. Miller, & J. Hatcher, *Medieval England rural society and economic change, 1086-1348*, pp.226,203。

　　比较大小城市的税收和营业额，也会得出相同的结论。一些学者认为，大城市以远程贸易奢侈品贸易为主，而两千人口以下的小城市以周围农村为生命线。[①] 此论的前半截是不争的，其顾客主要是王公贵族也无争议；但是小城市是否如其所言则颇成问题，这里姑且承认小城市与贵族的需求无关，我们只需比较大小城市的税收额就能得知贵族和中上等农户的购买力的大小及其在社会总购买力中所占的比重。

　　蒂弗顿是英国的一个小城市，1286—1287 年间，该市向领主缴纳的地租、罚款、市场税收和居民上交的财产税等共计 14 镑 11 先令 9.25 便士，其中市场税不过 1 镑 5 先令 1.75 便士；另一个自治市克拉克，每年上交的租税也不过 16 镑，其中 6 镑为市场税和居民缴纳的各类杂税，按蒂弗顿市的市场税与其它租税的比例，市场税也不会超过 2 镑。与小城市相比，大城市的税收额则要高得多：1202—1204 年间，英国郡城波士顿仅从商人那里收取的商业税即达 780 镑，林肯城其次，达 675 镑[②]，平均每年为 390 镑和 328.5 镑，分别为小城市的 195 倍和 164 倍。在当时的英国，它们是仅次于伦敦、布里斯托尔和约克的大城市，但其资产大约只等于布里斯托尔的 1/2，伦敦的 1/10。[③] 这即是说，伦敦和布里斯托尔的商品经济的规模分别等于 1950 个和 3900 个小城市的商品贸易额的总和。然而，直到 14 世纪上半期，即使算上 66 个具有市镇特色的小村庄，英国也只有市镇 300 个[④]，除去 38 个所谓大城市[⑤]，中小市镇只有 260 多个，它们的商品贸易额的总和只等于大半个波士顿的商品贸易额。与被称为奢侈之都的伦敦相比，波士顿又是小巫见大巫。15 世纪中期，伦敦集中了全国对外贸易量的 60% 多，缴纳的税金等于英国其余城市所纳税金的总和，为布里斯托尔的 40 倍。[⑥]

　　市场税收额的比较说明小城市的商品贸易额在社会的商品贸易总量中只占极小的比重，远小于大城市。它说明，同贵族相比，农民的购买力是微不

　　① 参见庞卓恒：《人的发展与历史的发展》，第 124 页。
　　② 参见 J. L. Bolton，*The Medieval English Economy*，*1150-1500*，pp. 122,134。
　　③ 参见 T. Rowley，*The High Middle Ages*，*1200-1500*，pp. 177,178。
　　④ 参见 J. L. Bolton，*The Medieval English Economy*，*1150-1500*，p. 121。
　　⑤ 参见 T. Rowley，*The High Middle Ages*，*1200-1500*，pp. 177,178。
　　⑥ 参见 J. L. Bolton，*The Medieval English Economy*，*1150-1500*，p. 255；T. Rowley，*The High Middle Ages*，*1200-1500*，pp. 177,178。

足道的。而这还是假定农民是小城市的主要买主所得出的结论，实际上，农民虽是小城市市场上的主要卖主，却不是工商业品的主要买主。买主主要是市内和周围的僧俗封建主及依附于他们的各类工资收入者。例如，英国米德兰地区西部的 40 个小城市留下来的原始资料表明，13、14 世纪时，当地人口中那些主要靠工资收入为生的阶层，是比其他人更重要更稳定的城市产品的需求者。他们之中除了市镇中的手艺人和周围乡村的矿工和冶铁工外，就主要是当地修道院和僧俗封建主的仆人和雇工。1381 年的税收单据说明，他们几乎占市镇纳税人的 1/3—1/2。① 故此，一些小市镇因贵族的扶助而兴起，随教会驻地的转移而迁徙，因教会的衰落而消亡。② 再说，小城市中也有一部分是经营奢侈品贸易的，特别是那些海港市镇。有些小城市也有不少的奢侈品制造业。例如，彭德伯望是一个在英国排不上名次的城市，却拥有金银加工等多种奢侈品工业。③ 其余的小城镇，也都要将周围农村生产的农副产品输往大城市和国际市场，例如，英国的小城市图克斯伯里、切尔滕纳姆凭借其纵横的水道在周围乡村收购粮食，然后运往布里斯托尔，供市民消费或出口。④ 同时，市内的一些商人也常从大城市那里贩来奢侈品，转卖给城内外的僧俗贵族，以致在小城市和乡村集市中都能看到大都市生产的工商业品和舶来品。⑤ 这种种史实说明，真正为农民服务的工商业仅是小城市中的一部分。

本来，中小城镇的商品贸易额在城市商品贸易总额中就占很小一部分，而农民需求的商品额又只是其中一部分，这就再次证明，在中古时期，与贵族的购买力相比，农民的购买力是微不足道的。

黑死病后的一百年是西欧农民的黄金年代，农民收入大幅度增加，贵族的收入则因农民缴纳的租赋税收的下降而狂跌。然而，农民的购买力不仅没有因为其收入的增加而增强，其经济的自给性反而有所强化。而整个社会的

① 参见 R. H. Hilton，"Medieval Market Towns and Simple Commodity Production"，*Past & Present*，1 November 1985，Issue 109，pp. 3-23.

② 参见［英］施脱克马尔：《十六世纪英国简史》，第 43 页。

③ 参见 C. G. A. Clay，*Economic expansion and social change：England 1500-1700*，V. 1，p. 180。

④ 参见 R. H. Hilton，*The English peasantry in The Later Medieval Ages*，pp. 87-89。

⑤ 参见 E. Miller，& J. Hatcher，*Medieval England：rural society and economic change*，*1086-1348*，London，1980，p. 75。

商品贸易额和人均贸易量则随着贵族的购买力的下跌而至前所未有的低谷。①

　　这些史实无不说明中世纪西欧的几乎所有的主要工商行业都是以王室、教会、贵族及其军队、侍从的需求品的生产和贸易为其根基的，封建贵族阶级及其国家的需求是它们赖以生存的生命线。武器制造业；高级呢绒业、丝绸业、壁饰花毡制造业、建筑业、造船业、金银器皿业、珠宝加工业、皮革业、食品业、家具制造业、经营香料、药材、染料、纺织原料、装饰品、木材、石料的远程贸易业、货币兑换业等主要工商行业无不是以贵族和王室及其附庸为主要服务对象的。采矿业、冶炼业、金属加工业虽然也要为农牧业生产服务，生产农具之类的物品，但是，为王室贵族服务的上述行业则是原材料需求和机械需求的大户则是不争的，故这些行业中的很大一部分也是为王室、教会、贵族及其军队服务的。于是，剩下来的以农民为其主要服务对象的手工业也就只有农具修理业、乡村酿酒业、农家的粗呢绒加工业、盐业等。与前述行业比较起来，其规模和营业额是无法相比的。假若11、12世纪后的西欧像中古中国一样，货币权与土地权不是分离的，而是合一的，那么，不仅上述奢侈品行业、采矿业等统统都会变成官工官商或官吏贵族的工商业，连农具制造业、乡村酿酒业、盐业这些为农民服务的工商业也都会变为官有官办。汉武帝的盐铁官盐垄断了全国的农具制造、食盐的生产和销售，后来的封建王朝，连酿酒造曲都由官办工场制造；就是盐渍、豆豉、菜酱之类的制作也都设有专门的作坊。宫廷的官家所需之物，不论巨细，皆有专门的官吏主持。② 构成了一个庞大的自给自足的自然经济网络。再加上贵族地主官吏工商业占领了不小的民间的市场，留给中国民间工商业的生存空间也就十分有限。它们所能经营的只能限于普通日用品和饮食品等小手工业，和需要有特殊手艺技巧以及有地方特色的各种工艺品和特产品；即使这些，也还要受制于政府对其实行的严厉的科买及禁榷政策所带来的诸多限制。这种情况，即使到乡村市镇大批涌现的宋明清三朝也未能得到改变。在认为是因商品经济的发展而产生的手工业市镇中，"科第蝉联"之族仍是里

---

①　请参见第七章第二节。
②　参见《新唐书》卷四六《百官志》。

面的中心人物。因商品经济的发展而产生的市镇都如此，郡县城市就更不用提了。唐代定州的何明远，"赀财巨万，家有绫机五百张"①。扬州的一个富人，"宅基雄壮"，"复有广厦，百工制作毕备"②。占主导地位是各级官吏、贵族和各种乡绅的工商业。官工官商和官吏、乡绅的工商业是中国封建城市工商业的主体是毋庸置疑的。民间工商业的生存空前十分狭小。

本已小得可怜的生存空间，还要被官工官商和封建贵族的工商业所挤占，因为这些工商业还要向社会倾销它们自给后多余的产品，还要运用手中的政治特权和社会地位霸占市场，如此一来，民间工商业到底还有多少市场供其利用就可想而知了。没有了市场，没有了顾客，中国民间工商业又怎么可能发展壮大？两相比较，就足以清楚地看到两权的分离对西欧工商业发展的重大意义：为其开拓出了巨大的生存空间。没有这个空间，西欧工商业在短短的几百年时间内就成长为资本主义工商业是决不可能的。桑巴特虽然夸大了贵族的奢侈享受在资本主义兴起中所起的作用，忽视了其他因素的作用，而把问题看得过于简单，但他也不是没有道理和依据的。其书中列举的大量史实也有力地佐证了两权分离从根本上改善了西欧民间工商业的生存条件，为它开拓出了巨大的生存空间。③ 没有这个空间，西欧的民间工商业就会同中国的民间工商业一样，永远只能在官工官商和封建贵族的工商业的缝隙中苟延残喘。如此一来，小商品经济就不可能转换成市场经济，生产技术无法进步，产品价格就降不下来；而社会结构也不可能远离平衡态，耕织结合、自给自足的小农经济就无法解体，一个有购买力的阶层难以产生。这一切，必然使奢侈品无法转化成日用品，奢侈品生产不能转为大路货工业，整个社会的工商业就会如古代东方城市的工商业一样，一直为达官贵人服务，成了"真正的经济结构上的赘疣"④。这就再次证明，庄园手工业的瓦解所导致的货币权和土地权的分离，为西欧市场经济的孕育开拓出了巨大的生存空间。这个空间是它的生命线，是它将奢侈品工业转为大路货工业的基础。

---

① 张鷟：《朝野佥载》卷三。
② 《太平广记》卷三一五。
③ 参见［德］维尔纳·桑巴特：《奢侈与资本主义》。
④ 《马克思恩格斯全集》第46卷上册，第480页。

四、为市场经济的孕育扫除了官工官商

"从十一世纪开始"，王室庄园"也像其它地主一样，愈来愈要求从他们土地上获得货币而不是实物"[①]，因此，庄园手工业的瓦解不仅扼杀了尚处于胚胎之中的贵族工商业，也中止了官工官商的妊娠，为市场经济的孕育和成长扫除了这个最大、最危险的障碍——官工官商。

1. 中止了官工官商的妊娠

从产权上讲，王室的领地无疑是官工官商的源头，在民族国家产生前，王室的开支就主要依赖其领地上的产出。当王室领地上的各个庄园的手工业者和临时性商人被分化出去后，王室也就同贵族们一样，没有了自己的工商业，由此也就中止了官工官商的妊娠，使官工官商在中世纪西欧几近绝迹。在古代中国，宫廷官府中所需要的一切奢侈品、手工业品，连日常用品，如纸张、盐、茶叶也都能自给，因为他们有官工官商；城市兴起后的西欧王室和官府，不仅奢侈品，连日常用品也都离不开市民和商人。英王室和伦敦商人留下来的许多账册都表明，王室及其宫廷所需要的各种物资都源于伦敦商人，他们因此而赢得的订货不仅成就了伦敦的许多工商行业，也极大地促进了伦敦的繁荣。[②] 这显然是王室和宫廷丧失了自己的手工业的必然结果。为了揭示王室庄园手工业瓦解所产生的重大的历史影响，我们不妨以中国的官工官商的产生过程为例来证明这一结论。

早在殷周时代，各个诸侯及其手下的封臣也都同周王一样，依赖自己的封地上的收入为生，随着兼并战争的进行和郡县制的推广，秦王朝由当初一个边境中的小侯国变成了全中国的统一政权，它的小小的封地经济也就变成了国家经济。而在诸侯的封地经济中，原就有以奴隶刑徒为主要劳动力的手工业和商业。殷周时代各类文献中的"工商食官、皂隶食职"，"商工皂隶，

---

① ［意］卡洛·M. 奇波拉：《欧洲经济史》第 1 卷，第 269 页。
② 参见 S. Inwood, *A History of London*, p. 102。

不知迁业"①，"处工就官府，处商就市井"② 等就是明证；现代考古的大量
成果也给予了有力地证实。③ 战国时期，秦王及其贵族封臣拥有的工商业的
规模、种类远过于进行过封建改革的东方六国。山泽矿产资源全都为秦官府
所垄断，采矿、冶铁、工具制造等与日常生产生活息息相关的大手工业也几
乎全都由秦政府经营。很多秦简表明秦官府生产了各种生产工具供农民借
用，还记载了采铁、漆园种植、畜牧等行业的经营管理制度，说明秦官手工
业分工发达，种类繁多。《关市律》云："为作务及官府市"④，表明秦的官
商也不小。

　　由于社会发展落后，秦国生产奴隶很多，尤其是官奴婢。秦律中对奴隶
的身份、地位、来源、使用、待遇、奖惩等都作了一系列的严格规定，其中
大多是针对官有奴婢的。因此，"奴隶一直是秦国官工官商中的主要劳动
者"，"这在秦简中比比皆是"；奴隶之外，还役使着大量的刑徒。⑤ 随着对
外兼并战争的不断胜利，秦侯获得越来越多的奴隶、战俘、原料、市场，甚
至官工官商，其领地手工业越来越大。随着秦侯化家为国，化小国为大帝
国，秦侯的那个最初的小小的领地手工业也就依次变成了秦国、秦帝国的庞
大的官手工工场和官营商业。西汉朝廷召开盐铁会议时，大夫们说："山海
之利，广泽之畜，天地之藏也，皆宜属少府"。而"少府以养天子也"，大
司农才"供军国之用"，"陛下不私，以属大司农"⑥，原本是皇家私产的少
府，汉武帝时转归"军国之用"，可见，在中国历史上辉煌了几千年的官工
官商就是从诸侯们小小的领地工商业发展而成的，后者是前者的胚胎是确凿
无疑。这就说明，西欧各国国王领地上的庄园手工业和临时性的商业若不是
同封建贵族庄园中的手工业和临时性的商业一样被分解出去，那它们也就必

---

　　① 《左传》襄公九年。
　　② 《国语·齐语》。
　　③ 参见文物编辑委员会：《文物考古工作三十年》，文物出版社1980年版，第191页；山东省文物
管理处：《山东临淄齐故城试掘简报》，《考古》1961年第6期；群力：《临淄齐故城勘探纪要》，《文物》
1972年第5期；田昌五、臧知非：《周秦社会结构研究》，河北大学出版社1996年版，第179、180页；
另参见：河南省博物馆新郑工作站、新郑县文化馆：《河南新郑郑韩故城的钻探和试掘》，《文物资料》
第3期；刘亚东：《河南新郑仓城南发现战国铸铁器泥范》，《考古》1962年第3期。
　　④ 参见田昌五、臧知非：《周秦社会结构研究》，第365—369、372—377页。
　　⑤ 参见田昌五、臧知非：《周秦社会结构研究》，第368、369、372—377页。
　　⑥ 《汉书》卷二四《食货志》；《史记》卷三十《平准书》；《盐铁论》第六。

然会随着国王的实际控制地域的扩大而不断地壮大起来，最后也同中国秦王的封地手工业一样，成长为封建国家的工商业；而庄园手工业的瓦解也就使国王们失掉了建立官工官商的组织基础和历史依据。因此说，庄园手工业的瓦解中止了西欧官工官商的妊娠，打掉了它的胚胎。

在工商业还刚刚起步的阶段，中止了官工官商的妊娠，对于市场经济的孕育至为重要。因为路径依赖理论和超循环理论告诉我们，一旦在起始阶段建立起了某种能够带来报酬递增的制度，就会产生一些与这一制度共存共荣、因而维护这一制度的组织和利益集团，以及为其服务的理论、法律、习俗等意识形态，从而使这种制度一直地延续下去，形成了一种固定的制度变迁轨迹；一种圈内所有成员相互催生、自我复制、相干成长的超循环圈，从而拥有"一旦建立便永存的机制"；既"不允许独立竞争者集结"，也不允许异质者寄生其上。① 可见，假若当时西欧没有中止官工官商的妊娠，官工官商就会孕育分娩，不仅国王会从中获得巨大的利益，对其产生巨大的依赖，还会随之产生能够带来报酬递增的相配套的制度，共存共荣的组织和利益集团。到那时，民间工商业要想取代官工官商，所面临的障碍就是不可克服的了。反之，中止了官工官商的妊娠，不仅为市场经济的孕育扫除了这么一个巨大的潜在障碍；还会使工商业者同从市场中获得税收和利益的国王、部分贵族和其他社会阶层结成共存共荣利益集团。在此情况下，国王想另建官工官商，不仅无法对抗强大的民间工商业的竞争，也无法克服这个利益集团的反抗。近代法国黎世留和柯尔贝尔时代建立起来的官工官商虽然盛极一时，但最终因低效、贪腐，无法抵制国内外民间工商业的竞争而崩溃的史实就是明证。这些说明，在工商业刚刚复苏的阶段，西欧就因庄园手工业的瓦解而中止了官工官商的妊娠的意义之重大，它使西欧走上了完全不同于古代中国的道路，形成了与后者截然不同的路径依赖。不仅为市场经济的孕育创造了良好的条件，也为市场经济日后的分娩、成长铺平了道路。

2. 避免了市场经济的"宫外孕"

官工官商有国家做后盾，所拥有的财力、人力的动员能力远非民间工商

---

① 参见［美］M. 艾根、P. 舒斯特尔：《超循环论》，第 139 页；赵凯荣：《复杂性哲学》，第 37、39 页。

业所能相比，能进行大规模的协作，更精细的行业分工，能建设民间工商业无法承担的大型工程，故宫、长城等都是官工官商的作品。但是，尽管有如此多的长处和优势，但它却不能发展成市场经济。这主要是它没有自己的生命"密码载体"，其产权制度、劳动性质、生产组织、生产性质与市场经济生成所必需的各种条件相悖；同时，它还会阻止基于私有权和人身自由之上的民间工商业的成长，使市场经济"宫外孕"。因为它用特权垄断了市场，催生了抑商政策。

官工官商的所有权归封建国家；如第三章第四节所述，国家产权的归属虽然是清晰的，但不是唯一的。国家必须用官员做代理人管理其资产，行政权与产权的分离还没有实现，产权同官府的行政权、特权、垄断权等纠缠在一起，因此，官工官商的产权截然不同于私有产权，它当然也就不可能成为市场经济的基础。

各国历史表明，在雇佣劳动还没兴起的近代之前，官工官商所用的劳动力不是奴隶、刑徒，就是服劳役或徭役的工匠，或者服兵役的士兵，都建立在无报酬的强制劳动之上。如古代中国，除唐宋明清四代外，其他各朝的官工官商无不以奴隶和刑徒为其主要劳动力。从唐朝起，除照例使用大量奴隶与刑徒外，官办手工业中也有大量的兵匠和民匠，一些学者认为这两种人已成为官手工业中的主要劳动力；元代全国的工匠几乎都沦为了官办手工业中的奴隶或农奴；明代的情况又返回到唐宋。清代废除了手工业的匠籍制度，官工官商也日渐式微。

同奴隶刑徒一样，其他工匠也无人身自由。"淮南二十一州军酤匠多新犯配军之人"[①]。宋孝宗时，韶州岑水场，"所役兵士皆是两广配隶之人，衣粮经年不至"[②]。即使是雇工，也是官府用"拘辖""纠查"等办法强制征召的。[③] 不仅"其役苦"，还要和奴隶一样，在其手上和脸上刻字。[④] 唐官府"搜求市廛，豪夺入献，追捕夫匠，迫胁就功。以勒索为名，而不酬其直。

---

①　《宋会要辑稿·食货》二十之八；《宋会要辑稿·刑法》之四之一十三。
②　《宋会要辑稿·食货》之三十四之二十一、二十二。
③　参见王昶：《金石萃编》卷一四《扈仁后山陵采石记》；《宋会要辑稿·职官》二九之五。
④　参见李焘：《续资治通鉴长编》卷二六二熙宁八年夏四月乙丑；《宋会要辑稿·职官》一六之九；吕大防：《锦官楼记》。

以和雇为称，而不偿其偭"①。

官工官商基于各色强制劳动之上，故此，它们不具备市场经济的"密码载体"；故缺乏生命力，其技术停滞；生产自给，商业性匮乏；政企不分，组织原始，缺乏市场经济的各种基础。

由于工匠们从事的是强制劳动，故"其入役也，苟简钝拙，务阁其技巧，使人之不已知，务夸其工料，使人之不愿为"②。因此，劳动效率极低，产品质量低劣，生产成本极高。汉代盐铁官营后，"铁器苦贵，贾贵"，"民用钝弊，割草不痛，"民不愿购，官府则"强令民买之"，结果，"贫民或不耕，手耨，淡食"，"百姓疾苦之"③；明代时，"工场所制兵器、盔甲，粗糙不堪，徒费钱粮，无益实用。"④

同劳动力一样，官工官商所用的原料和生产资料也不通过市场，而是通过指令从官办的园圃、矿冶和山林调拨；或是民众缴纳的实物赋税，包括齿、革、翎毛、竹木、漆、蜡等多种手工业原料；再就是以任土作贡为名向各地强索土特产⑤；或以征榷抽分的形式从矿山和市场抽取实物税和向民间强索摊派⑥；虽偶有科买，但"名虽平估，所得不能半"。甚至是"旷欠不给"，"名为而实白"⑦；宋代川陕路的官营井盐所需要的烧柴，都从民间强购，三四十文一束的柴，官府仅给三四文而已。⑧

官工的产品"多半是被直接消费掉"⑨。汉代，"大司农供军国之用，少府以养天子也"⑩。之后各朝亦不例外，送进市场的仅是官府自给后的剩余。

由于规模庞大，故其内部分工较为发达；但是，其政经一体、官商一体的原始经营体制和一切依赖权力和强制的极其落后的管理方法，不仅使其缺失发展的内在动力，还使社会经济资源遭到极大的浪费。

---

① 《旧唐书》卷一四三《陆贽传》。
② 岳珂：《愧郯录》622。
③ 《盐铁论·水旱》。
④ 《明神宗实录》卷一一〇；另参见《紫山大全集》之四《农器叹寄左丞公》。
⑤ 参见《唐六典》卷二二《少府监》；《册府元龟》卷一六〇。
⑥ 参见《宋史》卷一六五《职官志》。
⑦ 许有王：《至今集》卷五四《知州元公墓志铭》。
⑧ 参见文同：《丹渊集》卷三四《奏为乞免陵州并纳柴状》。
⑨ 马克思、恩格斯：《资本论书信集》，第438页。
⑩ 《汉书》卷二四《食货志》。

权力高度集中，很多决策只能由皇帝和少数高官决断，再交给对生产过程一无所知的宦官和官吏用行政命令、酷刑暴力来执行。且决策错误、政策多变，"中外相应，一以虚文，上下相蒙"，欺上瞒下，贿赂公行，司空见惯。[①] 汉代，"废天下诸钱，而专命水衡三官作。吏匠侵利，或不中式，故有薄厚轻重。农人不习，物类比之，信故疑新，不知奸贞"[②]。宋时，"州郡军备，全为虚文"，"靖康之祸"也就势所必然。[③] 明代，工部军器局各厂局均驻守中官，致使"纳贿之衅一启，求利之门横开，纷纭投托，日益增多"，"关局之抽盘，有甚于抄掠；门禁之侵剥，何殊于抢夺"[④]。结果，"上下贪污成风，所造火器，因偷工减料，只能供演习打响之用"[⑤]。

在这种体制下，难有技术改进，即使有也会被扼杀。清代著名的火器发明家戴梓，曾发明一种能连射二十八发的连珠铳，这在当时世界上是首创；还制成了蟠肠鸟枪和威远将军炮，但清廷以"骑射乃满州之本"为由将其发明拒之门外，后来还将他革职充军关外。[⑥]

生产自给，管理落后，致使生产和经营全不计工本。"一杯棬用百人之力，一屏风就万人之功"[⑦]。唐玄宗时，宫中仅供杨贵妃个人需要的，就有"织锦绣之工凡七百人，其雕刻熔造又数百人"；为制造杨氏诸姨所需物品的"锦绣官及治琢金玉者，大抵千人"[⑧]。结果，社会经济资源被大量地浪费，其配置效率远远地低于民间工商业。

如前所述，市场经济的孕育和分娩，不仅需要私有财产权和自由劳动的结合，还需要正反馈机制等许多条件。它们缺一不可，而官工官商不仅使所有这些条件缺位，还创造了与这些条件完全相反的环境，这就从根本上决定了民间工商业的命运，它不可能发展成市场经济。虽然，它们中有一部分是以财产私有权和人身自由为基础的，但是，它们都因缺乏正反馈机制和环境

① 《宋史》卷一九六《兵十一》。
② 《盐铁论》卷一《错币》。
③ 《宋史》卷一九六《兵十一》。
④ 《明经世文编》卷一〇七。
⑤ 张振龙主编：《中国军事经济史》，蓝天出版社1990年版，第393页。
⑥ 参见张振龙主编：《中国军事经济史》，第393页。
⑦ 《盐铁论》卷六《散不足》。
⑧ 《白孔六帖》卷八三《百工》。

恶劣而难以生存下去，更不用说发展了。因此，它们的结局只能是市场经济的"宫外孕"。

首先，官工官商使民间工商业失去了封建贵族阶级及其国家这个主要顾客，失去了它赖以生存和发展的主要市场和大部分生产资源；更残酷的是，它们连余下的市场也都无法保住，因为官工官商还要最大限度地占领和垄断由百姓的需求所造就的民间市场。汉武帝推行的盐铁官营和均输平准，就剥夺了民间工商业对主要手工业：矿冶业，和主要商品：粮食、铁器和食盐的经营权和一切商品的外贸权。之后，被官商禁榷的商品越来越多。到了宋朝，连酒、茶、矾、香药等日常生活用品也都纳入了官商专营的范围。其范围之广、贪婪之甚，连官吏们都感到太过分了："国家之禁，疏密不得其中矣。今山泽江海皆有禁，盐铁酒茗皆有禁，布绵丝枲皆有禁，关市河梁皆有禁"①。国内市场被其霸占，国外市场又被其封闭垄断，民间工商业的生机是微乎其微。

同时，"征天下之工匠，纤微之巧，无不毕集"是历代朝廷必行之事②；民间工商业的技术骨干和原料也被官府夺走了，唐朝的少府将和监作将所用工匠"散出诸州，皆取材力强壮，技能工巧者"③。元朝时，除留少数"畸另匠人"于民间外，其余的工匠户都被朝廷官府搜刮一空。④ 朝廷还垄断了全国的山海矿藏资源，民间不得开采；还以作贡、坐派、科买等途径从民间强征各种工商业原料。唐代"诸州各府各有作院""定造军器"，耗费不少；"更于本部内广配土产物，又征敛数倍"；地方官还以进贡为名，"私造器甲"，"以功费又倍，悉取于民户"⑤。

这都无异于釜底抽薪，从根本上窒息了民间工商业赖以生存的空间。故此，除推行无为而治的西汉初期外，中国的民间工商业少得可怜。西汉之后，宋朝的民间工商业之发达可谓是空前绝后。然而，与官工官商相比，仍然是小巫见大巫。元丰三年（1080 年），汴京全城缴纳免行钱不够 100 文的

① 《石徂徕集》下《明禁》。
② 《隋书》卷四六《苏孝慈传》。
③ 《唐六典》卷六一三。
④ 参见《元史》卷二《太宗纪》；《元史》卷四《世祖一》。
⑤ 《册府元龟》卷六〇。

小工商业者仅 8654 户[①]，元丰八年（1085 年）时，"免轮官中祗应"的中上等"行户"，也只有 6400 多户。[②] 因此，元丰年间，在汴京入籍的民间工商业者总共只有一万五千余户。这在宋初即有"居人百万家"的汴京来说。[③] 仅是其总人口的几十分之一。故此，胡如雷说，在中国封建社会的"绝大部分时期，官府手工业是城市手工业中最主要的部分"[④]。

不过，要维持这种优势地位，仅靠腐朽的官工官商本身的力量是不够的，还必须有国家的帮助以抗拒民间工商业的竞争。汉武帝实行告缗令前，民间工商业"上争王者之利，下锢齐民之业"就足以见证民间工商业对官工官商的威胁之大；他们"能乐观时变"；"能薄饮食，忍嗜欲，节衣服，与同事僮仆同苦乐，趋时若猛兽挚鸟之发"，其"治生产，有犹伊尹、吕尚之谋，孙吴用兵、商鞅行法是也"[⑤]，其从业精神和经营本领岂止是那些腐朽官吏所能比的。史籍表明，只要官府放松对煮盐，采矿、冶铁的管制，官盐就会失去市场，官办的矿冶就会倒闭。如明代"私盐四出，官盐不行"[⑥]。而一旦有了抑商政策，情况就会逆转。东晋的董遇"欲增羡利"，"乃重征盐商，过者七钱，留卖者十钱。由是盐商殆绝，而官复自卖"[⑦]。南北朝时，刘宋朝廷在蜀地立治，下令"一断民私鼓铸，而贵卖铁器"[⑧]；汉武帝未实行盐铁官营和均输平准前，"县官大空"国用日蹙，之后，"用益饶矣"[⑨]。汉武帝"北至朔方，东到泰山，巡海上，并北边以归。所过赏赐，用帛百余万匹，钱金以巨万计，皆取足大农"[⑩]。

可见，官工官商是抑商政策出台的根据和原因；而抑商政策之所以历两千多年而畅通无阻，又得归功于官工官商。因为它为抑商政策的实施提供了靠山。没有这个靠山，取缔、压缩民间工商业所留下空白就无法填补。这就

---

① 参见《文献通考》卷二十。
② 参见《续资治通鉴长编》卷三五九。
③ 参见《续资治通鉴长编》卷三十二。
④ 胡如雷：《中国封建社会形态研究》，生活·读书·新知三联书店 1979 年版，第 256 页。
⑤ 《史记》卷一二九《货殖列传》。
⑥ 《明史》卷八十《食货四》。
⑦ 《资治通鉴》卷二八三高祖天福四年。
⑧ 《宋书》卷四五《刘粹传》。
⑨ 《史记》卷三十《平准书》。
⑩ 《史记》卷三十《平准书》；《汉书》卷二四《食货志下》。

会危及官府和社会生存的基本条件。元兴元年（402 年），"杨土饥虚，运漕不继，（恒）玄断江路，商旅遂绝，于是公私匮乏，士卒唯给桴橡"①。

抑商政策也会伤害一些贵族官吏的工商业，但是，除政敌外，官吏贵族并不是整肃的对象。《汉书·张安世传》记述："诏都内别臧张氏无名钱，以百万数。"足见无市籍的官吏地主的钱是不登记、不上簿录的。而告缗令推行的结果也是"商贾中家以上大氐破"，未见官吏贵族和地主。告缗令过后，"民皆甘衣好食，不事蓄藏"；而"贵人之家，云行于涂。毂击于道，攘公法，申私利，跨山泽，擅官市"②。可见，抑商政策不仅不会损伤贵族官吏的工商业，反而为他们压制民间工商业，垄断市场提供了法律依据，将它变成了谋利的工具。北宋曾布等人说："商贾不行，由兼并之家巧为摧抑"；因为官吏们"宁忍取下户之苛，而不敢受豪家大姓之怨"。"榷酤立法甚严，犯者籍家财充赏，大官势臣连营列障，公行酤卖则不敢问，是行法止及孤弱也"。"有盐井籍民煎输，多至破产，惟有禄之家得免"。"盐法之坏，由势要横行，大商专利"。"私贩者不问多寡，概遭黥徒，逋官课者不恤有无，动辄监系"。而"富家巨室，武断乡闾，贵族豪宗，侵牟民庶"，"乘人之急，谋利数倍"，朝廷严禁海外贸易，但"海舶之利，颛于富家大姓"③。经济环境宽松的宋代尚且如此，其他各朝就更不用提了。明代"贫民卖私盐人即捕获，富室卖私盐官亦容隐，故贫灶余盐，必藉富室乃得私卖"之类的史料是数不胜数。④ 张燮等人说："二麦不登，则禁造曲，而富家之违禁造曲也如故。"⑤ 富人受益，官吏也得利，因为可用它来寻租。如宋朝，"贪吏并缘苛取百出，私立税场，算及缗钱、斗米、束薪、菜茹之属"⑥。"江南溪渡，多公吏豪民典其事，量输官课，而厚算行旅"⑦。可见，斯密所言不虚："在各种行业中上，压迫贫者，必然使富者垄断成为制度。富者垄

---

① 《晋书》卷六四《简文三王会稽王子传》。
② 《盐铁论》卷二《刺权》。
③ 《宋史》卷四七一《曾布传》、卷三八一《洪拟传》、卷三七七《王庠传》、卷一七九——一八六《食货下》。
④ 《明文奇赏》卷一七，霍韬：《淮盐利弊疏》；《明世宗嘉靖实录》卷一〇八、卷一八九。
⑤ 张燮：《东西洋考》卷七《饷赋考》；另见《明史》卷一二〇《诸王五》、卷一六四《聊让传》、卷一八一《刘健传》、卷一八五《侣钟传》；《通制条格》卷一八；包汝辑：《南中纪闻·楚守纪注》。
⑥ 《宋史》卷一八六《食货下八》。
⑦ 《宋史》卷一八六《食货下八》。

断行业，就能获得极大的利润。"① 所以，抑商政策并非如一些中国学者所说，是为了防止小农被兼并而设立的。相反，统治者会极力地避免触犯居统治地位的阶级和利益集团的利益；如诺斯所说，他将会同意一个有利于这些阶级和集团利益的制度安排而无视其效率的低下。②

可见，中国历代王朝之所以厉行抑商政策，全是为了实现自身利益的最大化；而他们之所以能如愿以偿，关键就是他们已直接掌握了攫取市场利益的最现成的、最有效的手段工商业。既然行政权和产权结合在一起，那利用行政权来膨胀产权也就是任何统治者都会做出的必然的选择。这正如诺斯所说，"如果国家直接成为买者或卖者，那它就会强买或强卖"③，就会厉行抑商政策。可见，官工官商产权制度上的这一特点才是抑商政策得以问世并能长盛不衰的根本原因。

总之，官工官商不仅因自身产权制度、劳动性质、生产组织、生产性质的原始、落后而无法成长为市场经济的主体，催生出市场经济制度；它还垄断了市场，用抑商政策来摧残其竞争对手，致使那些基于财产私有权和人身自由的民间工商业只能在官工官商和官吏贵族工商业的缝隙中艰难求生，不仅难以成长，甚至常遭遇灭顶之灾；即使产生了市场经济，也无法避免宫外孕的结果。这就说明，扫除了官工官商，也就消除了它所导致的上述种种恶果，使西欧市场经济避免了"宫外孕"的厄运。

3. 避免了巨人症的发生和社会结构的硬化

官工官商导致了暴力潜能的高度集中，从而夯实了专制制度并将其推至天下一统的地步。这不仅使国家患上巨人症，也使社会结构硬化，成为所谓的超稳定结构。

在中世纪西欧，各国君王虽然也有谓之专制君主的，但类似东方这样权力高度集中于一人的专制制度是很罕见的。而在东方各国的专制制度中，古代中国和古代波斯又可谓是群山之巅。因为伊斯兰虽然也实行专制政体，但世俗君主只有执法权；立法权和法律的解释权则掌握在神职人员手中。印

---

① ［英］亚当·斯密：《国民财富的性质和原因的研究》，上册第 88 页。
② 参见［美］道格拉斯·C.诺斯：《经济史上的结构和变革》，第 28 页。
③ 卢现祥：《西方新制度经济学》，第 192 页。

度的执法权和法律的解释权归婆罗门，而不归国王。中国则不然，立法权执法权和法律的解释权都归皇帝一人所有，其统治的触角深入到乡社。

为何这样？卡尔·A.魏特夫认为主要是中国处于干旱和半干旱地区，需要开挖大规模的灌溉工程才能维持正常的农业生产，而开展和管理这样的工程离不开大规模的协作，及维持协作所必需的"纪律、从属关系和强有力的领导"；于是，便产生了东方专制主义。[①] 这一理论被指责为"虚构"。一是中国的灌溉地不及全部可耕地面积的50%，并未达到魏特夫所说的治水社会的标准；二是中国历史上的水利工程大都建于专制制度建立之后，而不是在这之前。如西门豹的漳水，贯通长江、淮河的邗沟，李冰的都江堰等，因此，专制国家是治水之因而不是果。[②] 更关键的是，即使治水需要权力集中，也仅是表明了权力集中的必要性，而不是它的必然性。因此，无论是从史实上讲还是从逻辑上看，治水说都不能成立。

然而，权力集中要成为必然就需要权力黑洞，能制服吞并其他权力；而他要成为权力黑洞，他就要有暴力资源，因此，唯有道格拉斯·C.诺斯提出的暴力潜能分配说为封建专制主义的产生提供了比其他的国家学说更为合理的解释框架。

所谓暴力潜能，既包括军队、监狱等暴力工具，也包括各种生产要素和"无形资产"，如产权、特权、权威等。而国家的性质则由暴力潜能的分配情况而定。潜能若在公民之间平等分配，便产生了契约性的国家；若分配不平等，便产生了"掠夺或剥削的国家"[③]。

封建君主专制都是暴力潜能分配不均的产物，但分配不均也有程度的不同。较之西欧，中国的暴力潜能的分配更为集中，导致这一结果就是官工官商。因为工商业是土地之外的又一个生产暴力潜能的主要要素，尤其是军火工业及其原材料工业。与土地不易集中相比，工商业财富不仅能直接转为暴力，且容易集中，能形成权力的黑洞。唐代，"天下之赋，盐利居半，宫

① 参见［美］卡尔·A.魏特夫：《东方专制主义——对于极权力量的比较研究》，拓夫等译，中国社会科学出版社1989年版，第2、5页。
② 参见李祖德、陈启德主编：《评魏特夫的"东方专制主义"》，中国社会科学出版社1997年版，第82、83页。
③ 参见［美］道格拉斯·C.诺斯：《经济史上的结构和变革》，第22、23页。

阃、服御、军饷，百官禄俸，皆仰给焉"①。刘晏"因平准法，斡山海，排商贾，制万物低昂，常操天下赢货，以佐军兴。虽宴兵数十年，敛不及民而用度足"②。若工商业为他人所有，皇权就会受到致命的威胁。汉初诸侯、豪强之所以桀骜难驯，原因即在此。史称："天下初定，郡国诸侯各务自拊循其民。吴有豫章郡铜山，濞则招致天下亡命者盗铸钱，煮海水为盐，以故无赋，国用富饶"③。"吴以诸侯，即山铸钱，富埒天子，后卒叛逆。"④ 又称，"公擅山川铜铁鱼盐市井之入，运其筹策，上争王者之利，下锢齐民之业"，"因其富厚，交通王侯，力过吏势，以利相倾"以致"县官大空，而富商大贾或蹛财役贫，转毂百数，废居居邑，封君皆低首仰给，冶铸煮盐，财或累万金而不佐国家之急"⑤。唐朝后期的藩镇割据，除军政二权集于节度使一身外，与各个藩镇拥有工商业是分不开的，李德裕节度西川，"请甲人于安定，弓人河中，弩人浙西。繇是蜀之器械皆犀锐"⑥。可见，工商业产权的聚散足可决定权力黑洞的大小。对此，两千多年前的人们就深有所悟。在著名的盐铁会议上，大夫们说："夫权利之处，必在深山穷泽之中，非豪民不能通其利。异时，盐铁未笼，布衣有胸邪。丙队吴王，皆盐铁初议也。吴王专山泽之饶，薄赋其民，赈赡穷乏，以成私威。私藏积而逆节之心作。夫不蚤绝其源而忧其末。"⑦"普天之下，莫非王土"可谓是东西方传统社会之共性，而两者集权程度之所以大异，关键就在于工商业产权的归属了。拥有了官工官商，帝王们就垄断了土地之外的主要暴力潜能，对包括贵族在内的一切势力都占有压倒性的优势，这不仅能形成高度暴虐的集权体制，还能将其范围推进到地理环境所允许的最大范围之内，在生产力水平还极其低下的情况下，产生大一统的大帝国。

中国为什么在两千多年前就实现了西欧人直到今天还不能实现的大一统？其间奥秘就在于此。

---

① 《新唐书》卷五十四《食货志》。
② 《新唐书》卷一四六《刘晏传》。
③ 《史记》卷一〇六《吴王濞列传》。
④ 《汉书》卷二四《食货志》。
⑤ 《史记》卷三十《平准书》。
⑥ 《玉海》卷一五一。
⑦ 桓宽：《盐铁论》卷一《禁耕第五》。

　　东周时，私营工商业兴起，但官工官商也得到加强。手工业技术空前进步，兵器也日益复杂、昂贵。春秋时，主要的兵器叫轻车。它速度快，但不宜防守。后出现的重车和辎重车用皮革覆盖，既可防守，也可用来宿营，但费用猛增。① 战船是"一舫载五十人与三月之食"，"一日行三百余里"②。足见其吨位之大，费用之高。冶铁业的兴起，使铁质短兵器取代戈戟等笨重的铜质长兵器，战斗力大有提高。而要抵御这日益强大的兵力，就需要高大的城池。于是，诸侯们都倾其全力地挖河筑城。国都不过百雉，"大都不过三国之一，中，五之一，小，九之一"的周制早已被人们抛之脑后。鲁为弹丸之地，竟筑城 19 座。墙厚河深的各种军事要塞更是不计其数。③

　　战争费用因此升至天文数字。那些国小民穷、故步自封及改革失败的诸侯们越来越难以承担；那些锐意进取的诸侯们则将其不断增长的财富专用于暴力潜能的增值。结果，诸侯之间拥有的暴力潜能的差距越来越大。强凌弱、众暴寡也就势所必然。灭掉了邻居，不仅能获其国土和人民，还能将其官工官商据为己有，形成一个个暴力潜能的黑洞。大洞吞小洞，春秋初期的诸侯国变成了战国时的七国；最后又一统于暴秦之手。而秦国之所以灭六国，一统天下，则如哈佛大学叶山教授所说"秦代对奴隶的剥削（此处姑且不说政府所大量使用的徭役劳动）和对在先进经济部门从事强迫劳动的罪人的剥削可能是秦国打败其它国家、统一中国的决定性因素之一"④。

　　"秦立国较晚，社会发展远落后于东方各国。""东方各国已踏入封建社会的门槛，秦还在奴隶制阶段徘徊，故被称作夷狄。"同时，"秦的奴隶制生产关系缺乏六国那样的自上而下的变革"，"宗族奴隶制没有受到大的冲击，各宗族仍占有很多的奴隶，其中公室奴隶最多"。商鞅变法时，"从事手工业、牧业等从事非农业生产的奴隶则随着山林牧苑的国有化而转为官奴隶"。商鞅又打击宗室势力，规定根据军功等级占有土地和奴隶，那些不符合这一规定的宗室所拥有的大量奴隶被转为官奴隶。商鞅实行的严刑峻法，则使罪犯成为秦官奴婢的最大来源。对外战争的不断胜利更为秦补充了大量

---

① 参见张振龙：《中国军事经济史》，第 31 页。
② 《史记》卷七〇《张仪列传》。
③ 参见张振龙：《中国军事经济史》第 27 页。
④ 叶山：《古代奴隶制度的比较历史研究》，《中国史研究》1986 年第 4 期。

的战俘，这一切，不仅使秦国的奴隶数量远过于六国，其官奴的数量更是创中国的最高纪录。①

官奴婢多，官工官商有了充足的劳动力供应；秦又"厉行抑商政策，管制山泽矿产资源，私营工商业不活跃，官营工商业就居主导地位，特别是像大规模的矿冶、工具制造的大手工业几乎都由官府经营，这是东方所没有的"。秦简、秦代法律文献"提供了许多材料"，说明国家直接垄断了许多种工商业，并为其制定了经营管理制度，如采铁、铸造、油漆、陶瓷、织布、皮革和生产工具的生产和经营。所生产的工具不仅出售，还供农民借用；国家"还参与交通运输工具的建造，并严格地掌握、操纵市场的经营管理"。与东方六国相比，秦的官工官商是首屈一指的。如冶铁业本始于吴楚韩等国，而后渐及他国，秦国殿后，但它却后来居上，并集其大成。《山海经》上记载著名的铁山有37处，其中，可考者有31处，里面属于秦国就有10处。对外战争的胜利，又使秦官工官商迅速膨胀。秦占蜀地后，秦冶铁业和兵器工业又有了大发展。《史记·索隐》中讲"天下之宝剑，韩为众"，韩国兵器一直是各国武器中的上乘。秦灭韩后，韩之良工巧匠尽为秦所掳。② 因此，秦的官工官商不仅规模最大，发展得也最快。而在秦官工官商中从事强制劳动的则主要是奴隶和囚徒。③

可见，秦成为虎狼之国，进而一统天下，建立起世界上最为专制的王权，关键就在于它通过各种强制劳动垄断了主要工商业。

若没有官工官商，国王则可通过征税来获得暴力资源，但他却无法建立起与中国皇权相媲美的专制王权。因为工商业是别人的，再加上工商业者居住相对集中，见识又广，要从他们那里征税，就必然会受到他们的各种抵制，绝不可能像从官工官商那里进行调拨那样容易，从而限制了权力向君主的集中。即使出现了专制政体，也不可能像中国皇权那样的极端，更不可能将它推广到地理所允许的极限范围。这里仅以法国为例。

除柯培尔时期建立过较多的国家工厂外，法国没有值得一提的官工官

① 参见田昌五、臧知非：《周秦社会结构研究》，第375—377页。
② 参见朱伯康、施正康：《中国经济通史》上册，第139—141页。
③ 参见《睡虎地秦墓竹简》，转引自田昌五、臧知非：《周秦社会结构研究》，第365—368页；另见叶山：《古代奴隶制度的比较历史研究》。

商。故法王的主要收入是封建税和国税。封建税是国王从其直属领地和依靠领主权从封臣处征得的各项税收。如盾牌钱、协助金、司法罚款等。国税是以关税为主体的商税、动产税、人头税、教区税、户税、财产所得税等。①封建税按惯例征收，用于王室的消费，他人不得干涉。国税就不同了，无论是征收的税种、税率、数额，还是税收的用途，和使用后的审计，国王都必须与臣民协商解决，因而被称之为赋税协商制。14 世纪之后，协商对象由市民转成了议会，赋税协商制就变成了议会授予制。随着商品经济的发展，国税逐渐成为国君收入的主要来源。1460 年时，国税收入已逾超封建税收入的 33 倍；到路易十一临终时，更升至 45 倍。②国税中，工商业税一直是主体，其主要的纳税人就是以工匠商人为主的第三等级。③

随着国税的增加及其在税收中的比重的上升，法国也就逐渐由封臣制过渡到等级君主制，进而过渡到专制君主制，国王控制的领土空前地扩大。其原因就在于增加的国税直接地转化成了暴力资源：士兵的工资、兵器、战车、火药等，致使国王与贵族的力量的对比发生了重大变化。因此，法王控制的版图大扩张的两个时期都是国税增长幅度最大的时期。一个是被尊奉为伟大的"国土聚合者"的路易十一时代。④其间，税金增加了四倍。⑤一个是"消除了大封建主对王权的反抗"的弗朗西斯一世时代。⑥仅人头税一项即从 120 万里费尔图尔增加到 1100 万里费尔图尔。⑦

总之，谁占有了工商业收入，谁就把持了最大的暴力资源；但是，如何把持？是直接拥有，还是间接拥有，则又从根本上决定了专制王权的集权程度。法国国王要获得暴力潜能就得求之于享有工商业产权的第三等级。这就决定了他取得和使用这些暴力潜能就不像中国帝王那样随心所欲，而要费九

①　参见马克垚：《中西封建社会比较研究》，学林出版社 1997 年版，第 390、394、395 页。

②　参见 Postan，M. M. Habakkuk，H. J. ed.，*The Cambridge Economic History of Europe*，V. 1，pp. 305，317-319。

③　参见［美］詹姆斯·W. 汤普逊：《中世纪晚期经济社会史》，第 48 页。

④　参见［法］皮埃尔·米盖尔：《法国史》，桂裕芳、郭华榕译，商务印书馆 1985 年版，第 134、135 页。

⑤　［美］参见道格拉斯·C. 诺斯、罗伯特·保尔·托斯：《西方世界的兴起》第 167 页；波斯坦：《剑桥欧洲经济史》第 3 卷，第 32、318、304、317、305、319 页。

⑥　参见［法］皮埃尔·米盖尔：《法国史》，第 144 页。

⑦　参见［美］道格拉斯·C. 诺斯、罗伯特·保尔·托马斯：《西方世界的兴起》，第 167 页。

牛二虎之力。

首先是征税难。1338 年，腓力六世承认"除非有紧急需要，而且经过各等级人民同意"，否则国王无权征收任何新税。① 1357 年的《三月大赦令》再次确认了三级会议享有决定税额、监督赋税的征收和使用的权力。② 然而，每逢征税，不仅要取得议会同意，还得派法官深入民间做动员工作，或将被征税的对象邀请到中央法庭就征税的各项事宜与他们协商，低声下气地去乞求各阶层居民。③ 15 世纪后，虽然中央议会停开，但一些地方议会仍在，国王要想征税，仍须取得它们的认可，即使自称"朕即国家"的路易十四也得如此。而地方三级会议的"代表接近于纳税人，许多甚至本身即为纳税人，因而对财权更为重视，不会轻易出让"。因此，法王在这里征税也常常碰壁；17 世纪时，在凯尔西、勃艮第、巴黎等地还因争夺税收权发生了多次武装暴动。"故此，即使处于权力巅峰状态的路易十四，其集中强大的程度，仍远不及中国"④。

更令国王烦心的是，税收到手以后也不能随心所欲。税款的用途及用后的审计，都由议会及其任命的机构和人员来决定和实施。1318 年，议会还为此建立了审计机构，专门监督财政官吏和查阅王室的财政账目。1439 年的奥尔良会议后，全法会议虽然不再召开，但国王征税仍须经得各个地方的三级议会同意；所征得的税额也不准挪作他用，即使是路易十四也得遵守。⑤

法国如此，英国就更不用提了；西班牙王室虽然没有官工官商，但他的海外的财富和牧羊主缴纳的税收也起到了和官工官商一样的作用。⑥ 这些说明，王权拥有的权力是其获得和使用暴力潜能的自由度的函数。而决定这一函数的关键是货币权与土地权是合一还是分离。两权合一，王权获得暴力资

---

① 刘启戈：《世界中世纪史》（上），第 267 页，转引自马克垚：《中西封建社会比较研究》，第 414 页。

② 参见洪波：《法国政治制度变迁》，第 114 页。

③ 参见刘启戈：《世界中世纪史》（上）第 267 页，转引自马克垚：《中西封建社会比较研究》，第 414 页。

④ 马克垚：《中西封建社会比较研究》，第 408、418 页。

⑤ 参见［美］道格拉斯·C. 诺斯、罗伯特·保尔·托马斯：《西方世界的兴起》，第 165—167 页；马克垚：《中西封建社会比较研究》，第 403 页。

⑥ 参见［美］道格拉斯·C. 诺斯、罗伯特·保尔·托马斯：《西方世界的兴起》，第 176、177 页。

源就如探囊取物一般，以致形成权力的巨大黑洞，不但能产生极为暴虐的王权，还能将这一权力推至地理环境所允许的极限范围，建立起统一的大帝国。反之，不仅其王权的专制程度不能和中国皇权相比，其统治的地域也会小得多。

官工官商使中国很早就建立起极度集权的大帝国，也就使中国患上了一个远比法国更为严重的"巨人症"。因为它使"车同轨，书同文"，没有了国家边界的隔离作用，各个地方也就发展不出各具特色的经济、制度和文化，也就无法产生类似于英国那样的社会。虽然也可从外吸入负熵流，但当时技术落后，人们行之不远，中国周围的地理环境又万般险峻，周边各国的社会发展水平也远远地落后于中国，致使中国能从它们那里输入的正熵流远大于从它们那里吸取的负熵流；即使引入了大量的负熵流也会被广袤的国土所稀释而无法产生集焦效应。就算那时全世界都沦为中国的殖民地，中国所拥有的人均市场占有量也远远低于工业革命前夕英国的人均市场占有量，根本无法获得使其社会结构到达远离平衡态所需的负熵量。

退一万步讲，即使当时世界能为中国提供足量的负熵流，有官工官商在，中国也不可能对外开放，吸入这些负熵流。因为对外贸易是获利最大、发展前景无限的行业。不加控制，任凭私人经营，就会使通过抑商政策以灭绝王权的潜在替代者的目标全部落空，故此，即使被人称颂为最为开放的唐宋两朝，对外贸也是严加控制的。唐朝在北边设互市官，"诸外蕃与缘边互市，皆令官司互检校，其市四面穿堑及立篱院，遣人守门，市易之日，卯后，各将货物畜产，俱赴市所，官司先与蕃人对定物价，然后交易"[①]。在广、扬等州设"市舶司"，外商货到，抽税之后，"先官买而后民买，二者异值"。唐初期，仅有丝绸出口，唐中叶之后，才有茶叶及少量的金银、铜钱、瓷器、铜器制品出口。进口则大多为畜产品及珠宝、犀象玳瑁等奢侈品。它主要是销售官工官商的剩余产品，弥补其不足，是官工官商的补充，与国民经济几乎没有什么联系。[②] 此法为两宋所承袭。宋朝廷在陆路边界设榷场，以垄断贸易。榷场立法："商人资百千以下者，十人为保，保留其货

---

① 《唐令拾遗·关市令第二十六》。

② 参见朱伯康、施正康：《中国经济通史》上册，中国社会科学出版社 1995 年版，第 565、569、570 页。

之半在场，以其半赴泗州榷场博易。俟得百物，复易其半以往。大商悉拘之"，"以俟百货之来，两边商人，各处一廊，以货呈主管官，牙人往来评议，毋得相见"[1]。设提举官管市舶司，"掌蕃货、海舶、征榷、贸易之事，以来远人，通远物"[2]。货至抽税后，官方以官价统购禁榷之物及象牙、乳香等贵重之物，剩余的才准许商人自行处理。[3]

唐宋如此，遑论以片板不准下海而著称的明清等朝。中国封建社会因而始终是一个封闭系统。"海关收入在整个财政收入所占份额很低"的事实充分地证实了这一结论。"乾隆十八年（1753 年）四口通商时，海关收入只有99 万两，占不到岁入总额的 1/40。改为广州一口通商后，长期停留在四五十万两的水平。直到鸦片战争前夕，最高也只有 150 万两左右。同田赋相比，始终是微不足道的。"如道光皇帝所说："实属无关毫末。"[4] 可见，虽然古代中国并非完全不与外界进行物资上的交往，而是交往量很小，几乎可以略而不计，对社会系统的影响与金属物体所受到的氧化作用相似，十分缓慢微弱。

系统越大，能够提供足以促其结构变迁的负熵流的环境就要越大，当系统规模扩大到环境不足以提供这样的负熵流时，这个系统的结构不仅无法变迁，还会因输入的负熵流达不到一定的阈值而不断地向平衡态退化。若这个系统是封闭的，那向平衡态倒退就更不可能遏止了。而官工官商既能使社会患上巨人症，又令社会对外封闭，如是，这个社会的社会结构必然会被硬化而无法分化整合，使传统社会的结构更加稳定。

综上所述，官工官商无任何前途可言，它既不能发展成市场经济以促进社会结构的变迁；又不能促进在其缝隙中求生的民间工商业进步，反而压缩其生存空间，恶化其生存环境，使市场经济"宫外孕"；更可恶的是，它还会令社会患上巨人症，并对外封闭，使传统社会结构更加稳定，从而断绝了自发地走向现代化的任何可能性。因此，一旦社会拥有庞大的官工官商就必然使它伊始就走上了同西欧完全不同的道路，形成不同的路径依赖。两相比

---

① 《建炎以来系年要录》卷一四五；《中兴两朝编年》卷九；熊克：《中兴小记》卷三十。

② 《宋史》卷一六七《职官七》。

③ 参见朱伯康、施正康：《中国经济通史》上册，第 771、772 页。

④ 许涤新、吴承明：《中国资本主义发展史》第 1 卷，《中国资本主义萌芽》，第 704 页。

较，足见源于庄园手工业的分离的土地权和货币权的分离对官工官商妊娠的中止的意义何其重大，它不仅使西欧走上了与中国完全相反的道路，避免了后者在近代所遭受的种种厄运，还为西欧市场经济的孕育、分娩和成长提供了一个强大的正反馈机制。

第 九 章

自治城市的历史地位及其产生的原因

庄园手工业的瓦解及接踵而来的自治城市，是西欧社会结构所经历的第一次分化与整合，它不仅产生了许多新的组分市民等，还产生了新的社会组织和政治制度，那么，这就是否意味着西欧从此有了"反封建中心"？因此，自治城市的本色及其在现代化起源中的地位与作用是我们首先要澄清的问题。

一、自治城市的封建本色

对自治城市的争议可概括为两极，即肯定和否定。从亚当·斯密开始，许多学者认为它截然不同于中古东方城市。它形成了独立的市民阶层和相应的市民意识及市民文化，因而是封建汪洋中的自由岛屿①，是"体制外异己力量"②，具备反封建性，并"有足够的力量推翻封建社会"；是它促进了"农村改良与开发"，使乡村自然经济解体、农奴制度崩溃。因此，自治城市是西欧"中世纪的光辉顶点""资本主义的预备学校"，"资本主义与城市

---

① 参见 M. M. Postan, D. C. Coleman, P. Mathias, ed., *The Cambridge Economic History of Europe*, V. 2, p. 221。

② 厉以宁：《资本主义的起源——比较经济史研究》，商务印书馆 2003 年版，第 382 页。

基本上是同一回事"。①

东方则是城乡一体。城市是封建的政治军事统治中心，没有形成独立的市民阶层和市民文化，没有自治权，不是自由的渊薮，而是受奴役的陷阱；是东方社会发展落后于西方的根源所在。

反对者认为，西欧城市并非反封建因素，而是西欧封建社会结构中的有机组成部分，城乡之间因而存在着诸多的类似性。城市从事的也是家庭小生产，属简单商品生产；文化思想也都被纳入教会组织的网络之中；国王和贵族的权力通过种种渠道伸入到城市里面。而乡村也"需要市场的存在以满足封建经济与政治体制的需要"，故封建主往往就是市场生产的组织者；农民也要通过市场获取货币以缴纳租赋，因此，应该把中世纪的城市看作封建社会和封建经济的表现。所以，西欧也是城乡一体，城市并不具有反封建性，不能说城市经济的发展就必然会导致农村封建经济的瓦解。缘此，以道布、布伦纳、希尔顿为代表的学者主张的资本主义乡村起源说流行一时，他们认为是农民的阶级斗争、农村土地的集中、乡村工业的发展才导致了西欧资本主义的兴起。② 此其一。

其二，西欧城市虽然先以经济为主，但后来也发展成政治中心；到近代早期，城市自治也大都被取消。而中国城市并非单一的寄生型城市，也有很多是经济中心，是政治中心的城市后来也具有强大的经济功能。中国的一些城市，特别是乡村市镇，也是工商业人口为主，也产生了市民文化。早在"宋朝的汴京、临安等城市中，市民文化就很鲜明"。因此，总体上看，中西城市并无根本区别，仅是中国城市的政治色彩稍浓一点而已。③

其三，自治城市并非西欧独有，日本、印度等都出现过。清代后期，工

---

① 参见［英］亚当·斯密：《国民财富的性质和原因的研究》上卷，第378页，下卷，第361页；《马克思恩格斯全集》第21卷，第448—450页；M. M. Postan, *The Medieval Economy and Society: An Economic History of Britain in the Middle Ages*, London, 1981, p. 212；［法］费尔南·布罗代尔：《15至18世纪的物质文明、经济和资本主义》第1卷，第512、514页；马克斯·韦伯：《经济与社会》下卷，第597、599、602、609—620、630、631、651、652页。

② 参见克拉克森：《工业革命：一份简编》，人文出版社1990年版，第152页；阿斯顿、腓力普编：《布伦纳争论：前工业化时代欧洲的农村阶级结构和经济发展》，剑桥1987年版，第10—63页；R. H. 希尔顿：《英国中世纪社会的城镇》，R. J. 霍尔顿：《城市、资本主义和文明》，伦敦1986年版，第102、118—140页；转引自马克垚：《中西封建社会比较研究》，第229—230页。

③ 参见马克垚：《中西封建社会比较研究》，第226—228页。

商业发达的大城市，"市民已经获得了接近于实际上的自治的权利"。反之，十六世纪后的西欧，城市资本变成了高利贷资本、土地租金、国家公债，城市贵族变成了地主和高利贷者。因此，把自治城市视作"资本主义的预备学校"毫无道理。[①]

反对者上述所言有其道理。西欧确为城乡一体，城市也是小生产，其本质也是封建的，是西欧传统社会结构的一个有机部分，城乡经济也是互补的，正是为了解决封建庄园的财富有余而消费不足的内部矛盾才导致了城市和城市自治制度的产生，但是，承认这些，并不等于承认他们对自治城市的历史地位的结论。

东西方确实都是城乡一体，由于土地权和货币权是分离的，西欧城乡在经济上的互补性还远过于两权合一的中国。由于两权合一，中国的地主庄园往往农工商具备，"僮仆成军、闭门为市"，城市并非其必要之地。历经元明清三代的著名大贵族地主濮家庄园，不仅有农桑、园圃、茂竹供以粮食、菜蔬；有机杼、水碓、晒酱台等设备加工各种农副产品，还有四大牙行收积机产，完全是一个不折不扣的农工商联合企业。[②] 中国历代著名的农书，如汉代的《四民月令》及其后的《齐民要术》《颜氏家训》总结了地主们经营庄园经济的原则和方法。极力推荐一切日用消费品，如酒醋、脯腊、乘马之类均要自给。《颜氏家训》里讲："生民之本"，在耕织之外，还得有"蔬果之善""鸡豚之善"以及栋宇、器械、樵苏、蜡烛等物资；要做到"闭门而为生之具以足"。魏晋南北朝时，名为"屯、邸、别业的"地主庄园中"包含着一系列复杂的财产构成"。"除大宗田产、房舍之外，这里还有桑麻、果蔬、竹木的生产，有鱼池、鸡坶、豚圈的管理，有器械、蜡烛的制造，有水碓磨房的建立，甚至货栈店房、水陆码头，莫不应有尽有。"[③] 与之相反，城市复兴后的西欧封建贵族庄园所经营的产业仅限于农牧业，没有自己的工商业，封建主所需要的工商业品不得不仰仗于城市，为此，其农副产品不得不大量地销往市场，从而与城市有着密切的经济联系。因此，从城

[①] 参见 R. J. Holton, *The Transition From Feudalism to Capitalism*, London, 1978, pp. 185, 7, 11, 12, 7, 8; 马克垚：《中西封建社会比较研究》，第 179、180、228 页、229 页。

[②] 参见胡琢：《濮镇纪闻》，卷首《总叙》。

[③] 刘毓璜：《论汉晋南朝的封建庄园制度》，《历史研究》1962 年第 3 期。

乡经济联系的密切程度上讲，真正城乡一体的是西欧，在那里，城市和乡村如水和油一样的不可分离①；而中国却远未至此。既然如此，也就没有理由否定西欧自治城市的封建本色，也没有理由否定它是西欧封建社会的一个有机组成部分。

同农村一样，西欧自治城市也盛行小生产方式；其自治制度和行会制度也都热衷于市场垄断；同封建领地一样，城市也有责任支持和赞助国王，是名副其实的"集体封土"；在组织上和思想上都受辖于教会，因此，西欧自治城市根本不是什么封建"体制外的异己力量"，而是西欧封建社会不折不扣的肢体。

二、人身自由和财产私有是西欧城市的根本特征

承认西欧中世纪城市的封建本色，并不等于东西方封建城市没有本质上的差别，一些学者之所以如此认为，主要是他们不了解"统治和隶属关系构成所有原始财产关系和生产关系发展和灭亡的必要酵母"的科学原理②，以致对"中世纪的城市劳动，与亚洲的劳动形式和西方农村的劳动形式不同，它已经前进了一大步"③的事实熟视无睹；无视城市的工匠和商人不仅享有人身自由，且都拥有自己的生产工具的事实，看不到城市获得了自治权之后，市民的个人自由和私有权又有了更大的发展，以致不论城市获得的自治程度如何，起码都享有下述几项权利：

首先，城市特许状规定所有的市民都是自由人，这不仅使城市农奴彻底消失了，"农奴身份的一切痕迹在城市的墙垣之内"也被抹掉。市民一词即已意味着自由，连进入城市一年零一天的农奴也都成了自由人。④ 市民对其

---

① 参见 D. Levine, *At The Dawn of Modernity Biology, Culture, and Material life in Europe after The year 1000*, p. 136; G. Rosser, *Medieval Westminster, 1200-1540*, Oxford University, 1989, pp. 119, 228。

② 参见《马克思恩格斯全集》第 46 卷上册，第 503 页。

③ 《马克思恩格斯全集》第 26 卷第 3 册，第 479 页。

④ 参见［法］泰格·利维：《法律与资本主义兴起》，第 83 页；［美］哈罗德·J. 伯尔曼：《法律与革命——西方法律传统的形成》，第 446 页； ［比］亨利·皮雷纳：《中世纪的城市》第 118 页；P. Daileader, *True Citizens: Violence, Memory and Identity in the Medieval Community of Perpignan, 1162-1397*, Bodton, 2000, p. 3。

劳动力的所有权因此都上升为法权，德国谚语"城市的空气使人自由"因此传遍了整个西欧。尽管在地中海沿岸一些城市仍有贩卖异教奴隶的贸易，但他们是家务奴隶，在经济上"毫无作用"；更何况，"不论在什么地方，有权有势的行会从不允许产生一个必须向其主人交纳人身租息的奴隶手工业阶层，成为自由手工业的竞争者"①。因此，西欧城市不仅剔除了一切形式的强制劳动，也从根本上铲除了它再生的根源。

其二，市民对其生产工具和生产条件的产权也受到特许状和城市法的保护。城市上交给封建主的各种赋税通过承包、租赁等形式以一笔"固定下来而且数额适度"的金额所代替。② 他们的宅基地"不受继承原则的制约，能像一把斧头或一块布料那样随意转让"、遗赠、出租，用作抵押品。即使领主们仍未放弃对这些土地的所有权，但是，由于土地租金因物价的上涨、货币的贬值而不断下降以致变得价值不大；再加上土地继承上的淆乱及市民一次性地赎买等缘故，大部分城市土地的产权实际上转归了市民。③

其三，市民的人身和财产的安全得到了保障。市镇所在之地被教会宣布为休战区，"封建战争不得波及"。所有的市民，除非案情涉及国王的司法权限，都不接受市外的法庭审判。法国国王腓力普·奥古斯特在昆坦市特许状中写道："不论是我们还是其他任何人，均不得在公社参事法庭之外，对公社之人提出诉讼。"城市有自己的法律和法庭，由自己选出的法官主持审判；即使是领主的代表，也要由市民选举产生；而他必须忠于城市才能当选；当选后还要宣誓按照特许状上的规定、依据城市法所规定的程序和条文来主持审判，不得任意妄为。各种罪行也都定出了处罚的额度；对各种侵犯市民人身安全和财产安全的行为规定了严刑峻法，规定"凡是集市期间所

---

① ［德］马克斯·韦伯：《经济与社会》下卷，第 690 页。

② 参见 J. L. Bolton, *The Medieval English Economy*, *1150 - 1500*, pp. 127 - 129；R. H. Hilton, *Bond Men Made Free*, London, 1980, p. 80。

③ 参见 M. M. Postan, E. E. Rich, E. Miller, ed., *The Cambridge Economic History of Europe*, V. 3；Economic Organization and Policies in Middle Ages, p. 21；［比］泰格·利维：《法律与资本主义兴起》，第 91 页；［比］亨利·皮雷纳：《中世纪的城市》第 119、120 页；［德］马克斯·韦伯：《经济和社会》第 2 卷下册，第 54—57 页。

犯罪行，应比平时担负更多的责任”。①

其四，城市的市场是自由的，只遵守城市自己制定的市场法规，而"不受领主任何干涉"。市民自由贸易，·城际贸易时能程度不等地免除税收。如"允许所有伦敦人及其财产避开和免除通行税、过路税、度量税以及整个英格兰和海港的所有其他关税"，而这一特权随着伦敦的特许状被其他城市模仿而很快地为英格兰其他城市所享有。②

此时的西欧农村，农奴制盛行；东方各国，城乡都盛行各种强制劳动。印度等国虽然也出现了不少自治城市，但印度城乡都是种姓制度的一统天下。尽管各种姓在立法、司法和行政上都享有自治权，但其"世袭种姓结构因其礼制上的职业隔离而阻碍了'资产阶级'和'城市公社'的出现"，一个统一的市民阶层从未产生。城市中的吠舍阶层虽然可以垄断城市的工商业，但其低下的种姓地位使它永远处于婆罗门种姓和刹帝利种姓的统治而从未获得城市的行政权、立法权和司法权，因此，印度城市虽是自治的但却不是自由的。③ 9、10世纪的中亚的所谓自治城市也是这样，那里盛行奴隶劳动。14、15世纪时东欧的一些城市，如克拉科夫等，和乌克兰和白俄罗斯的一些获得了所谓"马格德堡权"的城市，也无不如此；再说，这里的城市自治权源于德国移民的治外法权，掌握城市政权的是德国移民，而不是本国的工商业者。④ 战国时代的日本，虽有自治城市，但却昙花一现。可见，我们不能望文生义，以为世界上那些有自治之名的城市都等同于西欧的自治城市。财产私有权和个人自由不仅是中世纪西欧城市不同于世界其他城市的独特之处，也是中世纪西欧城市的普遍特征。

---

① 参见 R. H. Hilton, *A medieval society: the west midlands at the end of Thirteenth century*, Cambridge University 1983, pp. 219, 220; R. H. Hilton, *The English Peasantry in The Later Medieval Ages*, pp. 89, 90; Georges, *The early growth of the European Economy*, Cornell University 1974, p. 244; C. Petit-Dutaills, *The French Communes in The Middle ages*, pp. 38, 39; 泰格·利维：《法律与资本主义兴起》, 第 88、83 页；［美］哈罗德·J. 伯尔曼：《法律与革命——西方法律传统的形成》, 第 446、448 页；［苏］波梁斯基：《外国经济史（封建主义时代）》, 第 316 页。

② 参见 E. Lipson, *The Economic History of England*, V. I, pp. 279, 285-286; D. C. Douglas, *English Historical Documents*, V. II, London, 1967, p. 963。

③ 参见［德］马克斯·韦伯：《经济和社会》下卷, 第 592、593 页。

④ 参见［苏］苏联科学院主编：《世界通史》, 北京编译社译, 生活·读书·新知三联书店 1962 年版, 第 3 卷下册, 第 1004 页。

在城市兴起最早的意大利，市民自治运动席卷了各个角落。[①] 1100 年前后，法国国王和大领主将自治权广泛授予各类城市，连很小的乡村市镇都获得了独立自治的地位。[②] 低地国家城市自治制度"较为混杂"，具有"双重性"。城市官员不再"受由城堡总管担当的市政长官的管辖"，而是由伯爵从城市贵族中遴选，为双方负责；或是伯爵的法庭与城市法庭并存，各司其职[③]；城市自治权因而受到一定限制，但是，城市自治和城市享有自由却仍是这一地区的普遍现象。[④] 在德国，"君主支持城市的解放"，在大空位期间（1254—1273 年）后，"宗主国原来的城镇变成了几乎独立的城市共和国。"在理查一世和约翰·莱克兰统治时期，英国的城镇"赢得了真正的自由；从此之后，由它们选举地方长官和市长来管理自己"。[⑤]

尽管如此，人们仍可找出有些城市特别是一些教会城市从未获得过宪章，获得宪章的城市也有很多得而复失，那这是否意味着市民没有人身自由，或者丧失了他们曾经享有过的人身自由？

事实上，自治宪章并不是城市具有自治权的必要条件。正如很多史家所指出的那样，"城市特许状并未给至少在 10—20 年以前就已经设立的东西添加什么"，而仅是"一种对既成事实的认可"，将城市中早已实行的惯例写进特许状中。[⑥] 故此，小杜泰利等很多西方学者说，并不是宪章的颁布才使市民获得了自由，在这之前，市民实际上就已是自由的。这是因为汇聚到城市的商人原本就享有"事实上的自由"，而工匠也已摆脱了劳役制度，他们从四面八方汇聚到一起后，为了贸易的需要和保卫共同的利益，自发地组织

①　参见 C. M. Cipolla, *Before The Industrial Revolution European Society and Economy 1000 - 1700*, p. 144。

②　参见 G. Duby, *Rural Economy and Country Life in the Medieval West*, pp. 132,242,243; N. Mccord, and R. Thompson, *The Northern Counties from A. D. 1000*, pp. 126—129; [法] 雷吉娜·佩尔努：《法国资产阶级史·近代》，康新文等译，上海译文出版社 1991 年版，上册，第 23 页。

③　参见 M. M. Postan, E. E. Rich, E. Miller, ed., *The Cambridge Economic History of Europe*, V. 3, Economic organization and Policies in Middle ages, p. 28。

④　参见 D. M. Nicholas, *Town and Countryside：Social Economic and Political Tensions in Fourteenth Century*, p. 74。

⑤　M. M. Postan, E. E. Rich, E. Miller, ed., *The Cambridge Economic History of Europe*, V. 3, Economic Organization and Policies in Middle ages, pp. 26—29; J. L. Bolton, *The Medieval English Economy 1150-1500*, pp. 123,124.

⑥　[美] 哈罗德·J. 伯尔曼：《法律与革命——西方法律传统的形成》，第 444 页。

起来，宣誓互助，成立了行会、兄弟会、慈善团体之类的自治组织；而通行的市场和平、地方自治的传统等都为他们提供了模式和凭据。因此，成立自治组织并非要"领主授权"；"即使他们的授权要求被否决，他们也会坚持自己的态度"，而宪章只是认可市民的这些组织及其所享有的自由而已。1188 年，腓力普·奥古斯塔斯授给图尔奈市一个城市宪章。宪章中明确授权成立公社之前市民们已经享有的一切习惯权利。① 职是之故，很多没有获得宪章的城市也享有很大的自治权。如巴黎从来没有获得过自治市的地位，但是，主持城市的事务的并不是国王的官员，而是商人。"他们的会所变成了市政厅"，"他们的会徽——一只帆船——仍雕饰在巴黎市的市府上面"②；有的城市虽然没有自治宪章，所享有的自由却比那些拥有宪章的城市还要多。③ 英国的伦敦虽然获得自治权，但却常被国王以各种借口取消，在提高上交的赋税后又被恢复。但是城市自治权的丧失往往是市民再无权自行组织政府，而并不等于取消市民的一切自治组织和自治法规。市民们仍保留着他们的行会、法庭、行会规章和城市法，而行会的职责与政府的职责往往混同一起，拥有自治宪章中所载明的许多内容，如土地的自由处置、免税、独立审判、独立处理内部和外交事务等，因此，行会实际上就是城市的一个影子政府。④

自治更不是市民享有人身自由的前提，因此，没有城市自治权并不等于市民没有人身自由，城市自治权的丧失并不等于市民人身自由的丧失。在没有自治权的时间内，伦敦市民不仅仍有自由的行会和法庭，他们原本就有的人身自由和拥有、转让和继承财产的自由丝毫无损。一些教会领地上的城市，如英国的莱斯特、埃德蒙、沃威克、考文垂等从未获得过自治宪章，但是，市民们仍有自己的商会和法庭，因此，他们是受自己组织和法律保护的

　　① 参见 Petit-Dutaills C. E., *The French Communes in The Middle ages*, pp. 13,14; M. M. Postan, E-. E. Rich, E. Miller, ed., *The Cambridge Economic History of Europe*, V. 3, p. 25, S. Reynolds, *An Introduction to The History of English Medieval Towns*, Oxford University, 1977, pp. 92–98。
　　② ［法］皮埃尔·米盖尔：《法国史》，第 242 页。
　　③ 参见 C. Petit-Dutaills, *The French Communes in The Middle ages*, p. 25。
　　④ 参见 J. L. Bolton, *The Medieval English Economy, 1150–1500*, pp. 124–130; S. Reynolds, *An Introduction to The History of English Medieval Towns*, pp. 102,112,113,106,124; R. H. Hilton, *A medieval society: the west midlands at the end of Thirteenth century*, p. 221.

自由人，而不是受奴役的农奴。① 就是那些既无行会又无自己法庭的乡村小市镇上的工商业者也都不是农奴而是享有一定自治权利的自由人。英国的波兴市分属于两个修道院，但这里的法庭记录表明：是市民自己而不是领主管理着城市的事务。② 在法国北部的一些城镇中，以及一些教会领地的城镇中，有很大一部分，甚至绝大部分市民是圣徒的农奴。他们每年只要支付几个便士，就享有不受任何干涉的从事贸易的自由并免交一切税收，于是，"人们对它趋之若鹜"，以致佛兰德斯伯爵不得不下令禁止人们申请成为"圣徒的农奴"③。

　　为什么没有自治权的市民却享有人身自由？这一是市民们原本就解脱了劳役，获得了自由；二是开设市场都需要取得国王和大贵族的批准，一获批准，就享有市场和平和自由贸易的权利；三是为了留住工商业者，领主们必须给他们的土地自由租佃权并确保其人身自由。即使最贪婪的领主也尽量地避免过多地干扰其领地上城市的内部事务，市民因此而享有事实上的自由。④ 故此，波斯坦说："不应该过分强调城市自治特权的重要性，对于自由公社的存在而言，城镇特权被以书面形式固定下来和被王侯批准并非绝对必须的。"一般来说，"小城镇比重要的城镇更愿意得到这种保证"⑤，这主要是因为他们凭借自己的实力来保卫自由的信心不如大城市。所以，尽管西欧城市获得自治的程度各不相同，早晚不一，还有极少数教会领地上的小城市始终未能获得自治权，或自治权常被取消，但所有的西欧城市的市民都普遍享有人身自由、财产私有权却是不争的。所以，必须分清城市自治与市民

　　① 参见 R. H. Hilton, *A medieval society: the west midlands at the end of Thirteenth century*, pp. 221; J. L. Bolton, *The Medieval English Economy*, *1150-1500*, p. 129; S. Reynolds, *An Introduction to The History of English Medieval Towns*, p. 115。

　　② 参见 R. H. Hilton, "Medieval Market Town and Simple Commodity Production", *Past & Present*, 1 November 1985, Issue 109, pp. 2-23。

　　③ 参见 M. M. Postan, E. E. Rich, E. Miller, H. J. ed., *The Cambridge Economic History of Europe*, V. 3, pp. 18,19。

　　④ 参见 R. H. Hilton, *A medieval society: the west midlands at the end of Thirteenth century*, p. 190; Hilton, R. H., *The English Peasantry in The Later Medieval Ages*, pp. 80,81; N. J. G. Pounds, *An Economic History of Medieval Europe*, p. 255。

　　⑤ M. M. Postan, E. E. Rich, E. Miller, ed., *The Cambridge Economic History of Europe*, V. 3, *Economic Organization and Policies in Middle ages*, pp. 29,30.

自由这两个概念。没有自治并不等于没有自由；自治是自由的成果之一但并不是自由的要件，所以，西欧城市自治特权的不等性、有限性否认不了西欧市民享有人身自由的普遍性。

反之，城市自治并不等于市民人身自由。M.罗斯托夫采夫说："罗马帝国好像是一个自治城市的联盟和凌驾于这个联盟之上的君王政府的奇妙的联合体。"① 可是，罗马帝国自治城市下的广大手工工场中的奴隶却没有丝毫的人身自由。同样地，在保有大量奴隶并盛行各种徭役制度或种姓制度的东方的自治城市中，很大部分城市居民的人身是不自由的。所以，我们必须分清城市自治与市民自由这两个概念。自治是个与政治组织相联结的概念，它可以是自由人自己管理自己；也可以是奴隶主、农奴主的自治；而自由则主要是个产权概念，它主要是指人们对其劳动力、对其人身拥有所有权，他的人身和劳动力属于他自己而不属于他人。换言之，他是个权利主体，而不是权利客体。明乎此，我们就会明白不能因为东方社会也曾出现过自治城市就否认自治城市是中世纪西欧的特征的道理：此自治城市非彼自治城市也，两者基于不同的产权制度之上。而市民自由，即城市居民是劳动力产权的主体，而不是权利客体是西欧城市不同于东欧和东方封建城市的最深层次的本质。正由于此，才有了马克思所说的西欧"中世纪的城市劳动，与亚洲的劳动形式和西方农村的劳动形式不同，它已经前进了一大步"②。

三、资本主义起源于乡村吗

承认西欧城市的封建本色、城乡一体，也不等于承认"资本主义的乡村起源说"是对的。恰恰相反，正是城乡一体才导致了贵族的衰落与传统社会结构的分化与整合；才导致了资本的积累和市场经济的孕育。因此，"资本主义的乡村起源说"及一切否认自治城市在现代化起源中的积极作用的观点都是违背史实的。

此说不懂得复杂性思维的基本原理：整体是基本的，部分是派生的，

---

① ［美］M.罗斯托夫采夫：《罗马帝国社会经济史》，马雍、厉以宁译，下册第622、623页。
② 《马克思恩格斯全集》第26卷第3册，人民出版社1974年版，第479页。

各部分是按整体的目的发挥它们的作用的；它们不能脱离整体而孤立地存在，而是按照一定的关系，根据整体活动的需要，相互协调一致地活动着。当一个部分活动时，其他部分也会与它配合，进行相应的运动。因此，部分的性质和它的功能都是由它在整体中的地位确定的，其行为为整体和部分的关系所规定。① 乡村工业是西欧的普遍现象，但却只有英国的乡村工业衍化成了机器大工业，这一史实，清楚地证明了离开社会整体的乡村起源说是悖理的，它不仅割断了历史的因果链条，也将部分从整体中割裂开来。

　　总的来看，经济落后、交通不便的乡村成了手工工场的发源地绝非是空穴来风，而是13世纪末即已初露端倪，15世纪末开始的西欧城市工商业向农村大转移的产物。是从城市迁往农村的商人随身带去了他们在城市积累起来的资金、技术和市场，这才有了乡村工业的大发展。在这之中，农村的主要贡献是供给了大量廉价劳动力和水力资源，其他的一切无不来自城市。

　　首先，大批城市工匠和商人移居农村，直接开办手工工场，这在英国尤为典型。由于迁出的人太多，致使伦敦之外的英国重要的工商业中心的人口几乎都大幅度地下降。15世纪初年，约克城人口达12,000人，到1561年时，降到了8000，羊毛织工行会从50个降到了10个②；1440年时，考文垂市的人口逾万，到16世纪中期，仅余四五千人，其中，织工少了1/3③；此类情况，比比皆是，以致亨利八世纪政府惊呼："大小城市，皆已衰微"。离开城市的工匠和商人则迁往乡村开办手工工场、牧场、矿山，或充当包卖商，致使许多昔日穷困的村庄繁荣起来。因此，乡村工业的兴起是城市市民外迁的直接产物，是以城市的衰败为代价的。英国著名的毛呢工业区西赖丁地区的兴起就是建立在约克城的呢绒工业的衰落的基础之上的。④

　　其次，市民直接供应农民家庭手工业的原料、设备、资金，并包卖产

---

①　参见邹珊刚等编著：《系统科学》，第二、三章。

②　参见 H. Heaton, *The Yorkshire Woolen and Worsted Industries*, Oxford, 1920, p. 62; P. Clark & P. Slack ed., *Crisis and Order in English Towns 1500-1700*, p. 92。

③　参见 C. Phythian-Adams, *Desolation of a City*, *Country and the Urban Crisis of the Late Middle Ages*, Cambridge University, 1979, pp. 48,49。

④　参见 E. Lipson, *The Economic History of England*, V. 1, p. 434。

品。15 世纪时，英国格洛斯特郡的阿宾敦镇的著名呢绒商塔克，每周定期
给周围乡村 500 个农家发放羊毛，并定期回收。[1] 费尔福德城的塔姆斯、布
雷德福城的霍顿、萨福克郡拉文翰镇的斯普林家族都是远近闻名的大呢绒
商。他们住在城内，而他们的工人却分布在周围的乡村。[2] 英国三大毛纺
区：东盎格利阿、约克郡西区、西南部诸郡，都是商人居住在城市，而将毛
呢的加工交给乡下的农民。[3] 在东盎格利阿，尤其是在梳毛工业占优势的诺
福克郡中，梳毛工头"住在城里，特别是住在诺里奇这个大城市里"，他的
"代办人坐在盖上油布篷车到乡间去把羊毛交给纺工，以后又取回纺好的线
并支付相应的工资"。笛福在他的著名游记中写道："总的来说，毛纺业的
纺毛工作主要是由村庄和农舍中的贫穷人们完成。呢绒制造商老板一般都居
住在大城镇里，每周由仆役带着马匹将羊毛送到纺工们的家中，同时把他们
纺出并适合在当时织机上完成的毛纱带回去"[4]。一些商人虽然不直接介入
乡村工业的生产过程，但却以合伙、包销、放贷等方式投资乡村工业。[5] 除
毛纺业外，遍及采矿、冶炼、制盐、煮皂、玻璃制造等各种乡村工业中都能
见到城市资本渗透的证据。而这也并不奇怪，因为当时除了城市外，不可能
有其他地方积累了巨量资本，以致拉姆齐说："大部分工业资本必然来于伦
敦的富商。"[6]

　　其三，市民们大量地购置土地，转农为牧，为乡村毛纺工业的发展提供
了大量的原料。17 世纪 30 年代，曼彻斯特的纺织业巨头汉佛莱先后三次购
买了价值 9300 镑的耕地[7]，波特涅地区的呢绒商约翰·弗劳沃在其耕地上

① 参见 E. Lipson, *The History of the Woolen and Worsted Industries*, 1921, p. 48。
② 参见 A. E. Musson, *The Growth of British Industry*, New York, 1978, p. 24。
③ 参见 E. Lipson, *The History of the Woolen and Worsted Industries*, 1921, p. 64; A. E. Musson, *The Growth of British Industry*, p. 24; R. H. Tawney, *Studies in Economic History：The Collected Papers of George Unwin*, London, 1958, pp. 271,272; H. Heaton, *The Yorkshire Woolen and Worsted Industries*, p. 118; 保尔·芒图：《十八世纪产业革命》，第 39—41 页。
④ ［法］保尔·芒图：《十八世纪产业革命》，第 46、47 页。
⑤ 参见 P. Mathias, *The First Industial Nation：an Economic History of Britain 1700-1914*, London, 1983, pp. 95,96。
⑥ 参见 G. D. Ramsay, *Tudor Economic Problems*, London, 1963, p. 94。
⑦ 参见 A. P. Wadsworth, *The Cotton Trade and Industrial Lancashire 1600-1780*, Manchester, 1931, pp. 33,34。

养了 8000 多头羊。另一个呢绒商理查·惠特克拥有 260 亩牧场①，而英国西南部地区较大一点的呢绒商则无不是大地主。如威廉·施顿普于亨利八世时期花费 1500 多镑购置了被没收的修道院的地产用来养羊；另一个呢绒商特罗布里奇占有的庄园多达 9 座。② 呢绒商占地太多，以至伊丽莎白政府不得不于 1576 年颁发限制呢绒商占地养羊的法令。18 世纪初，著名的旅行家笛福发现乡村的土地一块又一块地被商人们收购，就无不感叹地说："在本国的这块地方，有一些相当大规模的地产被伦敦的市民和大小商人买去与享有，我提到这一点，是表明伦敦城市所增加的财富是怎样扩展到了农村。"③

其四，是城市带来的先进的生产设备和先进生产技术才使农家纺织业的粗糙产品升级换代，才使其有资格走进市场。这就是说仅凭农家纺织业的原有水平，其产品在市场上是没有销路的，更不用说走向世界市场。如农家用来梳毛的东西就是一个类似于刷子样的简陋工具，是市民将其更换为梳毛机的。它不仅使其工效大为提高，梳毛的质量也上了几个档次。农家用来纺纱的是个简陋的纺车，要一手转动轮子，一手捻线和拉线，工效十分低下；16 世纪末，它被脚踏纺纱机所取代，纺纱效率提高了一倍。由商人提供给农民的织机能织出传统农家织机根本织不出来的 100 英寸宽的宽幅呢绒；水力漂洗机替代农家的棒槌脚踏的洗呢方法不仅减轻了劳动强度，提高了工效，还能将呢绒拉到一定的宽度，增加了呢绒的品种、提高了质量。④ 商人从国外引进的切割机及滚压机代替了农村铁匠的手工劳动，极大地提高了钢铁切割和制钉的工效。⑤

至于使英国毛呢得以畅销于国际市场的技术则更不属于农民，而是英国市民，尤其是先后移居英国的外国移民带来的。据统计，英国在国际市场上的几乎所有的主要呢绒品种都出自移民之手。例如，英国著名的贝斯呢

① 参见 G. D. Ramsay, *The Wiltshire woolen industry in the Sixteenth centruies and Seventeenth centuries.*, London, 1965, p. 12。

② 参见 K. G. Ponting, *The Woollen Industry of South West England*, New York, 1971, p. 140。

③ ［法］保尔·芒图：《十八世纪产业革命》，第 52 页。

④ 参见戚国淦、陈曦文：《撷英集——英国都铎史研究》，首都师范大学出版社 1994 年版，第 52、53 页。

⑤ 参见 W. H. B. Court, *The Rise of th Midland Industries*, *1600-1838*, Oxford, 1953, chapter Ⅶ。

（Bays）、塞斯呢（Says）、莫卡多呢（Mokadoes）、斯坦曼呢茨呢
（Stments）、卡塞斯呢（Carsays）、阿腊斯毯（Arras）、花毯（Tapestry）等
七个新品种都是移居诺里季的荷兰人和瓦隆人带进来的。这类呢绒所用羊毛
比传统呢布少1/3，但售价却高得多。① 然而，即使这样，英国在17世纪中
叶前仍然只能生产白胚布，呢绒染色仍然还得依赖尼德兰人，是外国移民带
来的技术才使英国纺织工业实现了更新换代。② 引发了工业革命的棉纺工业
也同样不是农民的创新，而是市民们"模仿外国工业而产生的，它的胚种
是由东印度公司的海船运到英国的；丝纺工业也是一样，它是由意大利抄袭
来的。"③

其五，城市是高档工业品和普通商品的关键工序的主要所在地和整个
乡村工业的调控中心。它将准备工序和需要大量劳动力的粗活分散到农
村，而城市则"专门生产那些需要昂贵的设备和原材料、很高的技术水
平"和"严格的生产监控"的产品。即使是普通产品，如毛呢，农民加
工出来的也仅是个白胚布；后面的几道工序，如张架、剪绒、修整、印染
等也大都由城镇的商人所组织的手工作坊完成；最后，成品布由行会的检
验官员检验合格、盖章放行后，送往市场。④ 17世纪时的德国，"粗纹斜布
纺织移到了农村"，而"印染和漂白工序仍然留在城市"；纽伦堡商人控制
了周围乡村的制铁业，沃尔姆商人和奥格斯堡商人则操纵着南部的麻纺
业。⑤ 在法国，里昂市的丝绸业是由商人组织的，他们将国外进口的原料分
配给农村的小生产者，其产品则由他们组织出口⑥；诺曼底的乡村制铁业、⑦
博韦城周围乡村的纺织业、⑧ 西南部商人的酿酒业也无一不为其所在地区的

---

①　参见 E. Lipson，*The Economic History of England*，V. 1，p. 495。

②　参见 J. S. Burn，*The History of the French*，*Walloons*，*Dutch and Other Foreign Protestant Refugees Set-tled in England*，London，1846，pp. 258,259。

③　参见［法］保尔·芒图：《十八世纪产业革命》，第80页。

④　参见 M. Zell，*Industry in the Countryside：Wealden Society in the Sixteeth Century*，Cambridge 1994，pp. 182,183,186,207。

⑤　参见刘景华：《西欧中世纪城市新论》，湖南人民出版社2000年版，第117、118页。

⑥　参见 W. Beik，*Louis XIV and Absolutism A Brief study with Documents*，New York，2000，p. 12。

⑦　参见［意］卡洛·M. 奇波拉：《欧洲经济史》第2卷，第351、352页。

⑧　参见 M. M. Postan，*The New Cambridge Modern History*，V. 4，pp. 477,478。

城市的市民所控制。① 在荷兰，15世纪瓦捷尔兰特许多村庄的居民加工和纺织毛线，是按莱登呢绒商人的定购进行的。② 在英国，城市始终是"商业和服务业中心"，其"经济任务是组织农村生产、购买原材料和销售制成品"③。英国西部、东部和北部约克郡和兰开夏，以及东南部各地的乡村毛纺业，米德兰西部的制铁业，都分别为布里斯托尔、埃克塞特、诺里季和吉尔福德等城市所控制。④ 可见，在乡村工业的发展过程中，以城市为基地的商人实际上就是企业家，它扮演着双重角色，既是生产的组织者，又是产品的销售者。是他们把商业活动扩大到城市周围的乡村，也是他们把乡村的原工业生产与国内外市场结合起来，故此，不少的欧美学者认为城市商人是原工业化的催化剂⑤，是乡村"工业组织的中枢"⑥。

其六，没有城市经过几百年时间所开拓出来的海内外市场尤其是海外市场，乡村工业的兴起是绝不可能的。17世纪初，英国生产的毛呢40%出口到海外，18世纪初达2/3。⑦ 仅这一点，就足以说明乡村工业的命运不是由农民掌握，而是捏在商人手上。⑧ 琼·维达克在对诺曼底的五金工业调查之后说："独立的乡村工匠，只要他们仍旧只局限于利用本地的低质铁为本地的市场生产一些廉价的缝针、别针、刀与锁，他们就能保证其完全独立自主的地位，并在资金上不依赖别人；然而，到了17世纪，铁工业不仅在法国而且在西班牙与新大陆也开辟了新的销路，这些乡村工匠不得不从莱茵兰、勃艮第和瑞典进口越来越多的铁以弥补本地供给的不足，于是，为了原料、

① 参见 G. D. Ramsay, *The Wiltshire woolen industry in the sixteenth centuries and seventeenth centuries*, Cambridge Univerity, 1994, p. 12。

② 参见［意］卡洛·M. 奇波拉：《欧洲经济史》第2卷，第351、352页。

③ 参见 Raban Sandra, *England under Edward I and Edward II 1259-1327*, Blackwell, 2000, p. 55；［英］罗伯特·杜普莱西斯：《早期欧洲现代资本主义的形成过程》，朱智强、龚晓华、张秀明译，辽宁教育出版社2001年版，第37、49、50、137、140、150页；［德］汉斯·豪斯赫尔：《近代经济史——从十四世纪末到十九世纪下半叶》，王庆余、吴衡康、五成稼译，商务印书馆1987年版，第162页。

④ 参见 G. D. Ramsay, *The Wiltshire woolen industry in the sixteenth centuries and seventeenth centuries*, p. 12.；P. Brandon, ￡ B. Short, *A regional history of England：The south east from A. D. 1000*, p. 186；刘景华：《西欧中世纪城市新论》，第117、118页。

⑤ 参见 R. S. Duplessis, *Transitions to Capitalism in Early Modern Europe*, Cambridge, 1997, p. 211。

⑥ H. Heaton, *The Yorkshire Woolen and Worsted Industries*, p. 91.

⑦ 参见 C. D. Ramsay, *The English Woolen Industy 1500-1750*, Macmillan, 1982, p. 34。

⑧ 参见［法］保尔·芒图：《十八世纪产业革命》，第43页。

工资与产品的销售，他们只得依靠那些富有的大商人。"韦斯德雷地区的制钉业、蒂埃尔斯周围的刀具业、布雷西亚地区的轻武器制造业也都如此。①所以，乡村工业无不依赖于商人、依于海外市场。如英国米德兰平原的纺织品生产就"主要是为了满足外国市场的需求"②；低地国家的亚麻布产量、洪德绍泰、里尔与亚眠的毛纺业在16世纪长时期的显著增长就主要得力于美洲新市场的开辟③；因此，资本主义生产是建立在对外贸易和世界市场的基础上④。而国外市场的开辟无疑有赖于商人及商人的组织。如英国的毛呢经销业就完全掌握在1407年成立的冒险商人开拓公司、1579年成立的东地公司、1581年成立的利凡特公司等大公司手上。在这些公司中，城市商人，尤其是伦敦商人占有压倒性优势。如俄罗斯公司中，伦敦商人就占其成员的3/4。⑤ 正是依靠这些公司和商人的努力，英国乡村工业生产的呢绒才能持续不断地运销海内外，乡村工业才能够生存和发展。虽然，从小生产者中，特别是约曼及其子弟中也涌出了很多商人，但是，他们大都是小商小贩，最多是个中间商。没有几代人的努力和知识的累积，他们是成不了大商人特别是成不了从事海外贸易的大商人。因为在小国林立、民族杂处的西欧进行国际贸易绝不是一件容易的事情。它不仅要求经营者掌握主要货物的品种、规格，质量标准和质量鉴别方法，具有读写和处理商务的能力，还须通晓几国的语言，能识别各国的货币及其成色，熟悉各国的度量衡制度，了解各种商业法规和各国的风情习俗，拥有组织长途贸易和远程信贷的知识和手段。⑥要具备这样的素质，就须从小接受系统的教育训练，绝非出身农家的约曼所能具备的。甚至连英国伦敦的大商人都难以胜任这一工作，而不得不在很长一段时间内依赖意大利商人、汉萨同盟和尼德兰等外商。

---

① 参见［意］卡洛·M.奇波拉：《欧洲经济史》，第352页。

② ［意］卡洛·M.奇波拉：《欧洲经济史》，第307页。

③ 参见［意］卡洛·M.奇波拉：《欧洲经济史》，第313、314页。

④ 《马克思恩格斯全集》第26卷，第三册第278页；第二册第481页；另见《马克思恩格斯选集》第1卷，第163、164页；第2卷，第521页，第3卷，第446页。

⑤ 参见 T. S. Willan, *The Muscovy merchants of 1555*, Manchester, 1953, pp. 9,10；戚国淦、陈曦文：《撷英集——英国都铎史研究》，第111页。

⑥ 参见 J. Day, *The Medieval market economy*, pp. 165-167；W. Beik, *Louis XIV and Absolutism*, *A Brief study with Documents*, New York, 2000, p. 112；［美］詹姆斯·W.汤普逊：《中世纪晚期欧洲经济社会史》，第687页。

其七，没有城市经济发展所导致的农村的力役地租向货币地租的转化，农民也就摆脱不了农奴的境地，他没有人身自由，自然也就不可能自由地去经工营商，自由地去出卖劳动力。而工场手工业也会因农村缺乏自由的环境，缺乏自由劳动力而难以取得发展。

上述任何一项条件对于乡村工业的发展来说都是必不可少的前提，缺少其中一项，乡村工业要么是夭折，要么就根本无法萌生，因此，无论从哪方面讲，资本主义乡村起源说与历史都是不相符的，不谈别的，乡村工业被西欧学者普遍称之为"放出"制，手工场主被称之为"包卖商"，被谁放出？被谁包卖？答案是不言自明了。事实上，没有乡村做基地，城市手工业也能发展至工场手工业阶段，14世纪地中海沿岸城市普遍萌发了资本主义萌芽就是例证；反之，却找不出不需要城市的资金、技术、设备、市场的支持而发展起来的乡村工业。这一不争的史实再次说明，城市才是孕育工场手工业的"子宫"，而乡村只不过是分娩工场手工业的"摇篮"。没有"摇篮"，不会影响工场手工业的分娩，只是使它缺乏成长的摇篮，如14世纪的佛罗伦萨；但是，如果没有"子宫"孕育新生命，那抚育这个新生命的"摇篮"也就不复存在了。

四、自治城市在现代化起源中的作用

城市自治使离开庄园的工匠得到了保护，也"第一次在欧洲历史上写了平民的传记。前所未有的一种新社会集团，即市民阶级或资产阶级出现了。一种新的生产财富的方式开始流行"[1]；西欧的政治文化也因此发生了前所未有的变化，自治城市在西欧现代化起源过程中的作用是不可替代的、多方面的。

首先，巩固了庄园手工业瓦解的成果，保护了幼小的市民阶级，为市场经济的孕育创造了条件。

城市自治清除了城市中的农奴制度的残余，进一步地将"劳动主体确立为所有者"；从而巩固和扩大了工匠从庄园手工业瓦解中所获得的各项权

---

[1]　［美］汤普逊：《中世纪经济社会史》下册，第407页。

利，为市场经济的孕育准备了合格的市场主体。对外，它建立起了防止外人争夺市场的屏障，使市民享有垄断市场的特权；对内，它规范了市民的内部关系和行为准则，建立了稳定的市场秩序；避免了市民内部的恶性竞争。这在封建贵族势力十分强大、市场十分狭小、市民阶级还十分弱小的情况下尤为必要。它使幼小的市民阶级能用集体的力量来抵抗封建主的压迫和剥削，避免了市场被少数人所垄断，极大地增强了市民们的凝聚力，以致他们"对于城市有一种近乎热爱的感激之情"。"像兄弟一样相互帮助吧！"写在12世纪时佛兰德尔特许状上的这句广为流传的名言将市民的思想表露无遗。矗立在佛罗伦萨广场上的大卫石雕像和各个城市辉煌的大教堂、踊跃捐助城市公益事业等，都是城市市民热爱家乡的见证。[①]　因此，"中世纪商人从来不是个人主义者"，"他们本质上是一个喜欢结成联盟的人"[②]。著名的圣戈德里基传"告诉我们，他的主人公自从与一支流动商人的商队合伙之日起，他的生意就突飞猛进"，"无论海上贸易或者陆地贸易，都是同样的情景。船舶只有结成队才能航行，同样，商人只有结成帮才周游各地。只有以武力保证安全才有他们的安全，而武力是联合起来的结果"[③]。而商人只有周游各地，才能开拓出各地的市场，法兰德斯诸城市的呢绒之所以能远销各国，佛罗伦萨等城市的毛呢工业之所以能发展成手工工场，离不开商人通过市集、市场和批发贸易开辟了广阔的销路。显然，只有不断地开拓市场，才能促使城市的小商品经济向市场经济的过渡。

其次，形成了制度变迁的主体，促进了城市制度的变迁，营造出了一个适于市场经济孕育的制度环境。

城市成了集体封土，政治权力从分散在国王、贵族和教会手上，又分散到市民手中，城市拥有不等的行政权、立法权、司法权，甚至军事指挥权；在意大利中北部和德国，市民势力竟然强大到让城市成了"自由城市的国家"[④]。于是，城市当局也就和国王一样，成了制度的供给者。而他们当时对制度的需求也很迫切，因为传统的正式约束和非正式约束不仅阻碍着他们

---

①　参见［比］亨利·皮雷纳：《中世纪欧洲经济社会史》，第128、129页。
②　马克思：《资本论》第3卷，第1056页。
③　［比］亨利·皮雷纳：《中世纪的城市》，第74页。
④　参见［美］詹姆斯·W.汤普逊：《中世纪晚期欧洲经济社会史》，第172页。

去获得许多潜在的利益，也危及他们已经赢得的权利。

首当其冲的是领主们给城市留下的封建法。[1] 它们主要是"处理以耕种土地或以土地所有权为生的人们的关系"[2]；几乎没有处理工商业关系方面的法规和案例。因此，一些涉及财富转让的条款严重地损害了贸易。一些地方的法律规定，一个家庭的成员在一年内"有权将业已售于外人的任何所有物重新购回。任何一个在原售让者死去时继承产业的人都得享有这种权利"。还维护贵族的特权。如《习俗法》中规定："债权对一位贵族，应在债务到期后宽限十五天，然后才能起诉索债；对其他人仅只宽限十天。"[3] 其办案程序十分迟缓、相当淆乱还"恣意作为"，流行神判法和司法决斗；"不服判决或因审判有错而上诉，在理论上是不可能的，但实际上诉的级别模糊不清"[4]。这一切，都决定了市民要完善城市的制度，就必须变更原有的法律制度和法律程序，以确保他们获得的自由与财产，改善他们的社会环境，为此，就"需要有一种更为灵活的法律，一种更为迅速、更不依赖偶然性的证明方法"，也"需要熟悉受审者的职业情况，能够凭借对案情的知识迅速结束争论的法官"[5]。

旧法律需要变更，很多法律空白也需要填补。城市各行业之间和各行业内部有大量的关系需要规范；各地使用的货币的种类、成色、度量衡、法律相差巨大且十分复杂，除市场贸易有国王颁布的市场法可资沿用仅需修改外，其他一切都无章可循。

除正式约束外，横在市民面前的障碍还有以天主教文化为主体的传统的封建伦理道德和思想文化等许多非正式约束。其中，教会的经济伦理观和拯救观对城市经济危害最大，这同样需要变更，以建立起适应城市经济发展的新文化。

此外，城市还面临着防御及与之相关的一系列制度的建立等最为紧迫的事情。因为"商人及其商品确是最富有诱惑力的掠夺品"。为了估定与征收

---

① 参见［法］泰格·利维：《法律与资本主义兴起》，第24页。

② ［比］亨利·皮雷纳：《中世纪欧洲经济社会史》，第47页。

③ ［法］泰格·利维：《法律与资本主义兴起》，第25页。

④ ［法］泰格·利维：《法律与资本主义兴起》，第25页；另参见程汉大：《英国法制史》，齐鲁书社2001年版，第38、39页。

⑤ ［比］亨利·皮雷纳：《中世纪欧洲经济社会史》，第47页。

建设城市防御设施所需要的税款，"为了应付城市人口增加而产生的不断增长的需要，例如码头与市场的建造、桥梁与市区教堂的修建、同业行会的管理、粮食的分配"、食物的销售等一系列问题，建立相应的行政机构和与其相配套的行政制度等都是怠慢不得的事情。[1]

总之，赢得城市自治后的西欧市民在制度建设上是任重道远，而要完成这一使命，城市自治权必不可少。有了这一权利，市民就成了制度变迁的主体，就能集制度的需求者和供给者为一身，因而也就能够按照自己的愿望为自己创造出一个适宜的制度环境；否则，他们只能求助于国王和诸侯。而王侯们也是个经济人，市民们的很多制度需求不但与其利益不一致，还有不少相忤的，因此，当城市没有自治权，市民不是制度变迁主体时，市民就无法按其意愿变迁城市制度。

其三，为近代市民社会提供了框架，为其孕育、诞生提供了各种条件和动力。

前述的市民社会理论对这个问题已做了论述，不再复述；仅补述自治城市制度对市民诚信品质的训练，这种品质是市民文化的重要内容，是市民社会和市场经济赖以存在的基石之一。

在变迁制度的过程中，城市也制定了各种法规来约束市民的行为。对婚姻、财产继承、债务、财物抵押、借贷等一系列问题做出规定，对违背这些规则和规定制定出了量刑的标准和审判程序；对产品的生产、销售，原料的采购、生产规模的设置、劳动力的培养、产品规格和质量都制定了标准；对犯法和违规的行为规定了极为严厉的惩罚措施，用绞刑、斩首、肢解之类的肉刑来对付罪犯[2]；用驱逐出会、出市、推倒住房之类的极端措施来惩处违背会规的市民。为了保护整个城市和行会的声誉，对那些生产假冒伪劣产品的行为的惩罚尤其严厉。英国布里斯托尔市的织匠行会的会规规定，凡是用次品原料生产呢绒的织工，一经查出，所用织机一律焚毁；伦敦锡匠行会对那些屡教不改者则永远开除出会[3]；屠夫行会用枷刑来处理出售变质肉类的

---

① 参见［比］亨利·皮雷纳：《中世纪欧洲经济社会史》，第48、49页。

② 参见 P. Daileader, *True Citizens: Violence, Memory and Identity in the Medieval Community of Perpignan, 1162-1397*, pp. 2-3；［比］亨利·皮雷纳：《中世纪的城市》，第122页。

③ 参见 E. Lipson, *The Economic History of England*, V. 2, pp. 329,330。

会员，并当众焚毁其出售的产品[1]；对欠债不还的债务人也严惩不贷。英国南安普敦市的商人行会规章规定，对逾期不还债的债务人应扣押其土地与动产，以满足债权人的要求；若还不服者则以破坏和平罪论处。[2] 在如此严密的多重法律制度的保护下生活了几百年的西欧市民，不仅形成了依法行事、按法律处理纠纷的民俗；也懂得遵守法律和法规是实现自身利益的必要前提，知道一切违背这些法律和信用的行为不仅会遭到法律的惩处，还会遭致社会舆论的谴责。讲求诚信，遵守契约，也就逐渐成为西欧市民的基本道德准则。[3] 这不仅减少了交易成本，有益于市场经济，对市民文化的产生和市民社会的孕育的影响尤其巨大。

其四，促进了工商业分工的发展，推动了社会结构的分化与整合。

城市对市场的垄断对城市产业分工的发展是个极大的促进。其中，市场需求最大的纺织业、皮革业和金属制造业名列前茅。纺织工人被分为"羊毛梳理工人、织造工人、整理工人、毡合工人、染色工人；制革业先分为鞣皮匠、制鞋匠、靴鞋修补匠，继之又细分为制钱袋匠和制手套匠；金属加工业分为锻工和锻制小工具的工匠、锻制刀剑的铁匠和制锉匠，制造刀剑的铁匠又分为淬火匠和造剑匠"。分化后的各个行业都成立了自己的行会，致使行会的数目越来越多。如德国的汉堡市，"十四世纪有 22 个行会，十七世纪时达到 58 个；吕贝克的行会数量由十五世纪的 50 个增加到十七世纪的 65 个；吕讷堡十四世纪有 14 个，十七世纪增加到 23 个；美因河畔的法兰克福十四世纪有 14 个，十五世纪增加到 28 个行会，到十七世纪初各种同业公会达 40 个"[4]。14 世纪中叶，伦敦共有 48 个行会。[5] 1422 年增至 111 个。[6]

分工的发展，使城市手工业职业的种类大增，考文垂市仅有居民 6600

---

① 参见 W. J. Ashley，*Economic Organization of England*，in *Journa of Political Economy*，March，1901，V. 1，pp. 192—193。

② 参见郭守田：《世界通史资料选辑（中古部分）》，商务印书馆 1974 年版，第 147—150 页。

③ 参见 D. Levine，*At The Dawn of Modernity Biology*，*Culture*，*and Material life in Europe after The year 1000*，pp. 137，138。

④ ［德］汉斯·豪斯赫尔：《近代经济史——从十四世纪末到十九世纪下半叶》，第 20、21 页。

⑤ 参见［法］P. 布瓦松纳：《中世纪欧洲生活和劳动》，第 308 页。

⑥ 参见 G. Unwin，*The Gilds and Companies of London*，1963，pp. 370-371；［英］克拉潘：《简明不列颠经济史》，第 200 页。

人，却拥有 90 种不同的职业；北安普敦和莱斯特的居民更少，每市只有 3000 人，所拥有的职业种类却分别达到 63 个和 60 个。①

商业的职业分化也越来越发达。城市兴起早期的那种前店后场，即手工业者同时也是商人的情况从根本上得到改观。如伊丽莎白时代的伦敦，商业同业公会仅有 2500 名成员，到 1640 年，上升到 4000 人，1710 年更达到 8200 人。② 1700 年，英国约克镇不仅有粮商、布商，还有装订商、书商、煮皂商、烟管制造商、钟商、书柜商等许多过去闻所未闻的商人，此外，还出现了舞蹈教师和音乐家等许多新的职业。③

自治城市对工商行业分工的促进也直接推动了社会结构的分化与整合，为社会的转型创造了主要条件。

其五，创造了极具活力的系统要素，加快了手工业技术和商业金融技术的发展。

前述工匠因获得人身自由而爆发出来的活力到自治城市时有了更大的发展，自治权的获得使他们对自己前途的预期更加看好。如布瓦松纳所说，它使市民感觉到"为自己建立了——用生动的日耳曼谚语来说——一个黄金的园地，能够在个人利益与自由的刺激之下为他们的精力找到出路"④。生活在 1200 年左右的扎克·得·维特里曾如此地描述市民：他们"能深思熟虑，对公共事务勤劳而又热心；他们拒绝屈从别人，并防止任何人侵犯他们的自由。他们制定自己的法律并服从这些法律"⑤。可见，城市自治催生出了当时世界上最具活力的社会系统要素，使西欧的手工业技术和商业金融技术在城市产生之后的短短的几百年时间内就取得远远超过东方各国城市上千年所取得的成就。

其六，市民按行业和地域来结盟，而不是按血缘关系来分别亲疏，因此，继天主教会之后，城市进一步地冲淡了东方社会至今都未能打破的宗族血缘关系，这不仅为尔后的企业组织和制度的创新扫清了障碍，也为人格的

① 参见 W. G. Hoskins, *English provincial towns in the early sixteenth century*, in Clark, ed., *The Early Modern*, London, 1976, p. 98。
② 参见 R. Grassby, *The Business Community of Seventeenth-Century*, Cambridge, 1995, p. 56。
③ 参见 J. Patten, *English Towns 1500–1700*, Chatham, 1978, p. 147。
④ ［法］P. 布瓦松纳：《中世纪欧洲生活和劳动》，第 185 页。
⑤ ［美］詹姆斯·W. 汤普逊：《中世纪经济社会史》下册，第 427 页。

升华开辟了道路。

这主要是因为市民来自四面八方的农村，离开了他们的祖居地，也就脱离了原有的血族宗亲；入城后，又因职业、利益等缘故加入了兄弟会和行会，与毫无血缘关系和地缘关系的同行结成了利益同盟，进一步地淡化了人们之间的宗族血缘关系。而这一关系的淡化就意味着人们把诚信守法、遵守规则放在"血浓于水"之前，其人格结构向现代人格迈进了一大步。

除上述几大作用外，还有下述三大作用因涉及甚广而放在后面详述：

一、促进了资本在城市的集中和积累，从而为市场的开拓、技术的进步和经济组织的变革奠定了基础。

工商业的生产资料可以再生、城市和行会又实行市场垄断等缘故，城市聚集和积累资本的能力因而远过于农业。1427 年，佛罗伦萨城市共和国共有人口 26 万。其中佛罗伦萨市区的人口为 3.8 万，占全国总人口的 14%。当时全国可征税的财产约为 1500 万金佛罗琳。其中，第二大城市比萨及另外两个较大城市的居民的人均财产为 70—85 个佛罗琳；住在科尔多纳等另外 3 个小城市的居民人均财产是 45 个佛罗琳；住在人数有 1650 人左右的 15 个大村庄的 2.5 万居民的人均财产是 32 个佛罗琳，余下的 17.6 万农民人均拥有的可征税财产不到 14 个佛罗琳；而住在佛城的人均财富则高达 273 个佛罗琳。占 14% 的人口的佛城居民却占有全国可征税财产的 67%。其中，大部分为动产和公债。全国动产的 78%，及几乎当时的全部公债（共 260 万佛罗琳）均为佛城居民所有。[1] 再如，1293 年，热那亚市的年税收额为法国王室同期年收入的 35 倍。[2]

资本的积聚和集中对于市场经济的孕育、分娩和成长是必不可少的。因为无论是市场的开辟、交通条件的改善、大型贸易的开展、股份公司和银行的建立，还是工场手工业的产生都是以资本的不断积累为前提的。

二、促进了地租形态的转换和农民的人身解放，摧毁了封君封臣制度，为城市工商业向农村的大转移廓清了环境，创造了各种条件。

三、促进了民族国家的兴起，推进了政治结构的分化与整合。

---

① 参见 P. 艾布拉姆斯和 E. A. 里格利编：《各社会形态下的城镇》，剑桥 1978 年版，第 132—139 页；转引自马克垚编：《中西封建社会比较研究》，第 285 页。

② 参见 P. Anderson, *Passages from Antiquity to Feudalism*, p. 193。

　　自治城市的这九大作用表明，自治城市不仅为市场经济的孕育提供了一个适宜的环境及其所必需的各种条件，还使市民成为城市制度变迁的主体，使市民对经济之外的领域也能进行制度安排，从而使城市不仅成为市场经济的"子宫"，也为市场经济成长为序参量创造了诸多条件。如市民社会、市民文化、民主政治等，也都得以在城市得到萌生和成长。从这点上讲，自治城市也就是后来成长为序参量的慢弛豫变量，是市场经济及其正反馈机制网络的"孵化器"，如马克思等人所说，是资本主义的预备学校，现代化的开端。①

　　同评价一切事物均以一定的历史背景为前提一样，自治城市的积极作用的背景是封建割据；民族国家产生后，城市的自治制度及其特权就成了市场经济发展的障碍。

五、分裂割据是西欧自治城市产生的根源吗

　　在现代化起源过程中起了如此重大作用的自治城市又是怎样产生的？长期以来，中外学者普遍认为这与中世纪西欧的诸侯割据、政治分裂有着因果关系。其主要理由有下述几点：

　　一、西欧自治城市是在封建割据的缝隙中发展起来的。②

　　中世纪西欧与中国一样，"没有一块土地是没有领主的"③。故大多数城市都是从贵族的城堡、主教的行宫、修道院的周围和作为主教驻地的罗马城市的废墟中发展起来的。从 11 世纪后期起，在它们的周围，逐渐地定居了大量的工匠和商人。于是出现了两个中心：一个老的军事的内堡，一个新的经济的外堡。之后，城市的重心又从内堡转移到外堡，两者合成为一个社会。不仅内堡的土地、房产等许多财产属于内堡的主人④，内堡的贵族势力

　　① 参见 D. Levine, *At The Dawn of Modernity Biology, Culture, and Material life in Europe after The year 1000*, p. 137。

　　② 参见刘昶：《为什么资本主义不曾在中国发展起来》，《上海师范学院学报》1982 年第 2 期。

　　③ 参见［法］P. 布瓦松纳：《中世纪欧洲生活和劳动》，第 121 页。

　　④ 参见［美］詹姆斯·W. 汤普逊：《中世纪经济社会史》，下册第 417 页；［英］克拉潘：《简明不列颠经济史》，第 83 页；K. Reyerson, and J. Drendel, *Urban and Rural communites in Medieval France: Provence and Languedoc, 1000-1500*, Leidon. Boston Koln, 1998, pp. 52, 55-58, 62；R. Bartlett, *England under the Norman and Angevin kings, 1075-1225*, pp. 332, 333。

对于近在咫尺的外堡的影响也是必然的。而城市的居民也比较复杂①，"工匠和商人只是后来才逐渐构成居民的大多数"②。可见，同中国古代城市一样，西欧城市并不位于封建割据的缝隙之中，也是坐落于封建政治中心③，故"城市一词有时就被理解为主教所在地的意思"④。

为何这样？答案很简单，一是为了安全。城市财富密集，动乱时期能够为城市提供安全的，只有城堡和教堂。故商人一有危险，就"寻找城堡的保护"⑤；二是为了生存。因为城堡里聚居着贵族及其随从等大量的高消费人口，有各种私宅教堂有待建设整修，因而"具有销售的多种可能性，从而吸引了众多的从事手工业和商业的人前来"行商务工，操办各种服务业。⑥ 而在大路货工业尚未问世的城市兴起初期，能够接受市民们提供的商品和服务的只能是封建贵族。韦·桑巴特说："中古时代的商业，特别是在较早时期，商业大部分是对收取地租者的交易。"所贩卖的"一切工业品中有四分之三是以收取地租者——君主、骑士、教会、修道院和大主教——为顾客"的。⑦ 工商业者当然不可能远离其顾客，城市建在封建势力的统治中心因而是必然的，故"城市的大小和财富，与其中所居王公势力范围及统治范围成正比例"⑧。这说明，城市建在封建割据的缝隙之中的说法不仅有

① 参见 M. Bonney, *Lordship and The Urban Community：Durham and its overlords 1250 - 1540*, Cambridge University, 1990, pp. 94-98。

② ［美］詹姆斯·W. 汤普逊：《中世纪经济社会史》下册，第 426 页；另参见［比］亨利·皮雷纳：《中世纪欧洲经济社会史》，第 152 页。

③ 参见［美］詹姆斯·W. 汤普逊：《中世纪经济社会史》下册，第 415—418 页；［德］汉斯—维尔纳·格茨：《欧洲中世纪生活》，王亚平译，东方出版社 2002 年版，第 260、261、234、235、238 页；R. Mckitterick, ed., *The Early Middle ages：Europe 400-1000*, p. 128；［德］桑巴特：《现代资本主义》，第 85 页。

④ ［德］马克斯·韦伯：《世界经济通史》，第 270 页。

⑤ 参见［比］亨利·皮雷纳：《中世纪欧洲经济社会史》，第 38、39 页；Barbara Harvey, ed, *The twelfth and thirteenth centuries 1066-1280*, Oxford University, 2001, p. 108；［苏］波梁斯基：《外国经济史（封建主义时代）》，第 308 页。

⑥ 参见 R. Mckitterick, ed., *The Early Middle ages：Europe 400-1000*, pp. 125,127、128；［德］汉斯-维尔纳·格茨：《欧洲中世纪生活》，第 233 页。

⑦ 参见［德］韦·桑巴特：《现代资本主义》，第 418 页。

⑧ R. Mckitterick, ed., *The Early Middle ages：Europe 400-1000*, p. 127；另参见桑巴特：《现代资本主义》，第 87、88 页；D. Levine, *At The Dawn of Modernity Biology, Culture, and Material life in Europe after The year 1000*, p. 134。

违史实，也有悖于常识。

　　二、四分五裂的西欧封建政权无法扭转农奴逃亡城市①，自治城市是逃亡农奴建立的。

　　城市是由昔日农奴建立的，但他们大都不是通过逃亡来到城市的。西欧学者在研究了中古城市居民的原籍后发现他们的家乡一般都在离城市 20 英里之内，不超过一天的路程②；进城后，和其家乡还保持着经常性的联系。如法国的蒙特布里松城在 1260 年以前，20 英里以内的移民超过全城人口的四分之三③；14 世纪时，土伦市五分之四的移民来自 10 公里之内；④ 英国郡城埃克塞特的居民中有一半以上来自 20 英里以内，27% 来自 20—40 英里。⑤ 黑克托·安曼在研究了斯瓦比的许多城市后也得出了相同的结论："这些城市的大部分移民是从 30 英里以内地区迁来的，只有很少一部分人来自远达 60 英里的地方"⑥。且城市越小，市民迁来的距离就越近，他们普遍来于城市半径 10 英里的地区。从城郊或城市附近迁入城市就显然不是逃亡来的，否则，他就会轻而易举地被领主们抓回去。大城市的居民迁来的距离虽然远一些，但大都是从小城市来的。⑦ 所以，一些史家认为城市是由逃亡的农奴建立的说法与史实枘凿不入，度过一年零一天而获得自由的逃亡农奴总是少数。⑧ 故此，12 世纪时，虽然出现过领主间关于遣返逃亡农奴的特殊协定，但协定盛行的时期却是城市自治权早已普及的 13 世纪。⑨ 此时，不仅意大利、法国和英国城市争取自治权的斗争已近尾声⑩；连城市兴起最迟的德

　　① 参见沈定平：《中国与西欧封建城市比较之我见》，《社会科学》（沪）1984 年第 1 期。

　　② 参见［意］卡洛·M. 奇波拉：《欧洲经济史》第 1 卷，第 53、54 页；S. Reynolds, *An Introduction to the History of English Medieval Towns*, p. 70。

　　③ 参见 N. J. G. Pounds, *An Economic History of Medieval Europe*, pp. 268,269。

　　④ 参见 K. Reyerson, and J. Drendel, *Urban and Rural Communites in Medieval France：Provence and Languedoc*（1000-1500）, p. 246.

　　⑤ 参见 D. Christopher, *Making A Living in the Middle Ages：the People of Britain, 850-1520*, p. 194。

　　⑥ ［意］卡洛·M. 奇波拉：《欧洲经济史》第 1 卷，第 65、66 页。

　　⑦ 参见 D. Christopher, *Making A Living in the Middle Ages：the Peolple of Britain, 850-1520*, p. 194。

　　⑧ 参见 N. J. G. Pounds, *An Economic History of Medieval Europe*, pp. 268,269。

　　⑨ 参见［苏］波梁斯基：《外国经济史（封建主义时代）》，第 279 页。

　　⑩ 参见 C. Petit-Dutaills, *The French Communes in The Middle ages*, p. 12；［法］亚·德·柳勃林斯卡娅：《法国史纲——从远古到第一次世界大战结束》，北京编译社译，生活·读书·新知三联书店 1978 年版，第 76—81 页；E. Lipson, *The Economic History of England*, V. 1, pp. 218,219。

国，整个工业世界"亦已在行会的基础上组织起来了"①。

　　逃亡农奴既然不是城市初期人口的主要来源，那也就无助于说明政治分裂怎样产生了自治城市。更何况，贵族制定的法律必然要符合他们的利益。当城市能够给他们利益的时候，他们制定的法律就不是阻止，而是鼓励农民进城。前述封建主在11、12世纪时在其领地内大量兴建城市，用各种优惠条件来吸引居民的史实就是例证。因此，农民能否流往城市，主要还是取决于封建主的经济需要。当城市的发展有益于贵族时，国家分裂不仅不会阻止农民进城，诸侯们还会利用被分割到他手中的国家权力来帮助农民进城。

　　三、封建割据削弱了西欧封建主的力量，使他们之间矛盾重重，市民因此能利用他们之间的矛盾赢得自治权。②

　　这个理由似乎只看到了政治分裂削弱了封建主的力量，却忽视了它对城市的危害。一般说来，除了战争外，割据并不影响封建主的经济基础，却会严重损害城市经济。因为割据给商品流通造成了极大的困难。它使道路破烂不堪③，使"商人不得不在难以想象的泥泞中从事商业旅行；使税卡重重，税目繁多"。因为贵族"有权在大路的每一个转弯处"，和"河道上的每一个转弯处，设立抽税的税卡"；每当船只遇险时，贵族还可用岸权来没收那些漂到岸边的商品，为此，他们便"设置一些假的水路标，以便增加船只失事的次数"④。税目之多，"以至于无法分门别类"。"甚至商人经过贵族领地时扬起灰尘这一点，也得纳税"；"如果过境商人的车轮坏了和车轴触到了贵族的土地，那么贵族有权占有全部货物"⑤。割据还使抢劫频繁，案件记载之多，"使人们很可疑，有哪一次旅行，可幸免这样的经历"⑥。

　　① ［美］詹姆斯·W.汤普逊：《中世纪经济社会史》下册，第83页。
　　② 参见《对中国封建社会长期迟滞的看法》，1961年10月4日《人民日报》；［意］卡洛·M.奇波拉：《欧洲经济史》第1卷，第12页；［英］佩里·安德森：《从古代到封建主义的过渡》，郭力、刘健译，商务印书馆2001年版，第203页。
　　③ 参见［美］詹姆斯·W.汤普逊：《中世纪经济社会史》下册，第161、165页。
　　④ ［苏］波梁斯基：《外国经济史（封建主义时代）》，第380—384页。
　　⑤ ［苏］波梁斯基：《外国经济史（封建主义时代）》，第382页；［美］詹姆斯·W.汤普逊：《中世纪经济社会史》下册，第97、165页。
　　⑥ ［美］詹姆斯·W.汤普逊：《中世纪经济社会史》下册，第168页；另参见J.E.T.Rogers, *The Industrial and Commercial History of England*, Bristol, 2001, pp.295,296。

至于币制、度量衡的极端混乱[1]，以及贵族之间的私战对贸易的影响就更大了。

凡此种种，都说明政治分裂虽然削弱了贵族的力量，但给城市的损害更大。正由于此，15 世纪以前，除意大利外，商业的规模都不大。1391 年，"当动身到法兰克福集市去的商人被劫掉的时候，发现他们每人所有的商品平均只有 166 佛罗琳"；1384 年，即汉萨同盟的商业最繁华的时期，同盟首府伯律克的出口值只有 293.760 伯律克马克（含金量只有半镑白艮/马克）。[2] 或许因此，西欧城市的规模远不能和东方相比。当东方普遍出现几万、几十万人口的大城市时，西欧最大的城市佛罗伦萨、威尼斯则仅有九万人口。[3] 人口五千以上的所谓大城市也仅占城市总数的 5%，而人口两千以下的小城市则高达 75%。[4]

再说，封建主虽然彼此间有矛盾，但更多的是共同利益；相互间还有效忠与保护的契约关系，还有封建制度的巨大国际中心——天主教会的支持。如果城市争取自治权的斗争违背了他们的共同利益，教会足可联合封建主予以镇压，对法国南部阿尔比异端的围剿就是例证。而他们对待市民争取自治权的斗争之所以一反常态，关键在于这种斗争并不使他们都感到威胁。莫尔顿说，城市自治权"最容易的是取自国王"，"较不容易的取自贵族"，"而很困难的是取自大修道院"。原因是，在国王看来，"金钱永远比照例的劳役有用些"[5]。可见，市民争取自治并非违背所有封建主的利益，还会满足他们中很多人对金钱的欲望。正因如此，大多数城市是通过赎买包税等途径获得自治权的[6]，其中，很多城市的自治权还是封建主主动赐予的，从这些途径获得自治与分裂割据并无因果联系，因此，用分裂割据来解释这些城市自治权的来由在逻辑上是不通的。

退一步讲，即使自治城市源于政治分裂，那古代东方也不乏封建割据。

---

① 参见 W. Beik, *Louĭs XIV and Absolutism：A Brief Study with Documents*，New York，2000. p. 12。
② 参见［苏］波梁斯基：《外国经济史（封建主义时代）》，第 384 页。
③ 参见 N. J. G. Pounds, *An Economic History of Medieval Europe*，p. 258。
④ 参见哈切图良：《封建社会中的城市》，《历史问题》1983 年第 1 期。
⑤ ［英］莫尔顿：《人民的英国史》，第 66 页。
⑥ 参见《马克思恩格斯全集》第 6 卷，第 303 页。

自秦以来，中国的分裂时期加起来也长达七八百年；分裂期间，甚至连村寨都扎营自保，如东汉末到处都是坞堡。一个小小的村寨即可自治，拥有自己的政权与军队，分裂至如此程度，却未见自治城市的踪影。是分裂的时间不够长吗？可西欧城市获得自治权耗时不多，意大利的数百个城市获得城市自治权所费时间也不过一百年①；自秦以来，古代中国有这么长的分裂期，为什么没有一个城市夺得自治权？

再说，在大一统的时代，充其量也只能说争取城市自治权的斗争难于取胜，却没有任何理由说这种斗争根本没有发生。12、13世纪时，罗斯和伊朗都发生过争取城市自治权的起义和群众运动②，而中国，除清末外，在长达二千多年的时间内，连争取城市自治权的斗争都没有发生；更为奇怪的是，在唐朝以前的一千多年时间里，连工商行会都见不到，可见，政治分裂导致城市自治的说法在逻辑上是讲不通的。

当然，也不否认，有些城市，如德国的城市，是利用封建主之间的分裂和斗争获得自治权的；但是，也要看到，在强权之下，城市自治照样兴旺。如"佛兰德诸城市虽然在政治上隶属于强大的统治者，但在事实上却比他们的法兰西同类获得了更大的独立性"③。伦敦的威斯敏斯特城是修道院和主教的所在地，国王也曾长驻此地，是名副其实的封建统治中心，名义上也一直受修道院的管理，但实际上，市民也建立了自己的政府和议会，获得了自治权。④　可见，分裂割据绝非是城市自治的必要条件，它充其量也只能是为某些城市争取自治权的成功增添了一些助力。

第四个理由，由于政治分裂，西欧各封建领地都是拥有行政、司法职能的独立实体，封建城市自然也得到了某种独立自主的权利。⑤

其意是说，封建领地是个现成的样板，既然它是拥有行政、司法职能的独立实体，城市自然也就会照章办理。史实真的是如此吗？答案是否定的。

① 参见［美］哈罗德·J.伯尔曼：《法律与革命——西方法律传统的形成》，第467页；［英］亚当·斯密：《国民财富的性质和原因的研究》上卷，第364、365页。

② 参见苏联科学院：《世界通史》第3卷下册，第635、701页。

③ 参见［美］哈罗德·J.伯尔曼：《法律与革命——西方法律传统的形成》，第448页。

④ 参见 G. Rosser, *Medieval Westminster, 1200-1540*, Oxford University, 1989, pp.58,164,226-229, 232-237,244,248。

⑤ 参见［英］佩里·安德森：《从古代到封建主义的过渡》，第150、203页。

因为两者成为独立实体的方式和途径是截然不同的。国王将自治权授予城市是自愿的，而他承认封建领地是独立实体却是被迫的。这正如恩格斯所说，马特·查理的采邑改革，本是为了"将巨室和王室永久地联系在一起"，但却"反而导致王权的彻底毁灭，豪强的独立及帝国的瓦解"[①]。为何会这样？关键显然在土地分封，贵族享有分封地的用益权及由此而来的暴力潜能，利用这些潜能，他们就能够获取对领地居民的人身统治权，成为拥有司法权、行政权和军事指挥权的独立实体；而贵族权力的增强也意味着国王权力的削弱，于是，分裂割据也就势所难免。而王权对这种局面只能是无可奈何。反之，城市自治权"最容易的是取自国王"。国王不仅允许王室领地的城市自治，还常主动地将自治权授予其封臣采邑内的城市。这里有鞭长莫及之憾，但也不排斥利用城市来牵制贵族。但我们要想一想，国王为什么要利用城市来牵制贵族，如果城市没有经济实力和暴力潜能，他们对国王有利用价值吗？这就表明，我们探讨城市获得自治权的原因，绝不能停留在历史的表层，而不去挖掘其底下的根源。

综上而言之，政治分裂应该是西欧城市获得自治权的前提。它在其中所起的作用则同它在生产奴隶的消失、蓄奴习俗和蓄奴法律的消亡上面所起的作用相同。换言之，同生产奴隶消失一样，城市自治只能是一个原始混沌状态下的产物。若是当时西欧整个社会都处于一个权力中心的掌控之下，既不会出现生产奴隶的消失，也不会产生自治城市。民族国家产生后，城市自治权随之被取缔就是明证。但是，仅有政治分裂并不足以使城市获得自治权，上述中国封建社会的情况就是例证，因此，我们不能满足于政治分裂导致城市自治的答案，而必须进行更深入的分析。

六、人身自由和财产权私有是西欧自治城市的基石

贵族领地成为独立的政治实体有其产权根源，如果他们对其领地上的生产条件和劳动力不享有占有权就绝不可能成为独立的政治实体；同理，如果市民对城市的工商业的生产资料和其劳动力没有占有权、使用权、受益权，

---

①　恩格斯：《德国古代的历史和语言》，刘潇然译，江苏人民出版社1973年版，第74页。

那政治统治权岂不成了无根之木，无源之水？可见，城市工商业和市民的劳动力归市民所有，这是城市获得政治独立地位的基础。马克思说，在古代世界，"生产者对生产条件的所有权，同时是政治关系即市民的独立地位的基础"①　是有其道理的，一切离开产权制度，离开暴力潜能的源泉去谈暴力潜能分配结果的理论都是悖理的。

事实上，不论是政治分裂，还是国家统一；也不论城市获得自治权的方式如何，是金钱赎买、包税，还是武装夺权，都离不开市民们手中有钱。而这又是因为他们是拥有工商业产权的自由人。正是有了这些，城市居民才能形成一个有着共同的生产条件、共同的经济基础、共同的经济利益和社会地位，与封建主阶级对立的独立的社会阶层。共同的生产条件、经济利益和相同的社会地位必然要产生共同的经济要求和政治要求，必然会同样感受到封建主的经济剥削和政治压迫，由此而形成的对立关系决定了市民阶层必然会为摆脱共同敌人的剥削和压迫而联合起来进行共同的斗争，争取城市自治才会成为城市大多数居民的一致要求而被付诸行动，回顾中世纪西欧城市公社的历史不正是如此？

城市兴起之初，进城的人员并非都能定居下来，关键是进来后有钱租一间房子，有一项手艺维持生活，开铁匠铺、皮匠铺之类的作坊，故能成为市民的大都是工匠和行商。若身无分文，又无手艺，那就要看有无工匠或商人收留你当学徒、雇工或仆人。据统计，学徒、帮工、伙计、雇工、日工之类的下层市民达城市总人口的20%—40%②；再加上工匠商人及其家属，上中下三层市民即占到"那个时代城市和城镇居民中的绝大多数"，大约为五分之四。③　有些城市，开始时居民成分庞杂，但后来工匠和商人，以及其下的学徒和帮工成了居民中的大多数。④　他们虽然来源不同，但都不是奴隶，也都解除了封建劳役，而这也就意味着他们已成为有着统一经济基础的统一的阶层，从而决定了西欧城市在生产关系和阶级结构上具有中国封建城市所不

① 《马克思恩格斯全集》第25卷，人民出版社1974年版，第675页。

② 参见 D. Cannadin, *Making A Living in the Middle Ages: the People of Britain 850-1520*, pp. 94,201；[德]汉斯-维尔纳·格茨：《欧洲中世纪生活》，第268页。

③ [美]哈罗德·J.伯尔曼：《法律与革命——西方法律传统的形成》，第436页。

④ 参见[美]詹姆斯·W.汤普逊：《中世纪经济社会史》下册，第426页；[比]亨利·皮雷纳：《中世纪欧洲经济社会史》，第152页；[法]P.布瓦松纳：《中世纪欧洲生活和劳动》，第116页。

具备的两大特征：（一）生产关系上不仅根绝了奴隶制，也消灭了生产条件的所有权和生产者相脱离的封建劳役制、徭役制等。（二）由于摆脱了生产资料所有权和直接生产者相脱离的上述这些生产方式，生产资料的所有者和直接生产者已经合二为一了。一切直接生产者利用自己的劳动力和生产资料来经工营业，获得了独立的产权，即财产私有权；反之，不从事工商业的城市居民，包括封建主，不拥有工商业产权。

拥有独立的私有财产权是西欧市民成为统一阶层的根源，他们因此都需要相同的社会环境和政治文化氛围来经营其产业，也使他们都同样地感受到封建主和传统制度的剥削和压迫。如商人，他们一般都享有自由，但是，他若结婚，所娶的女子就往往是当地的农奴的姑娘，他们的孩子也就因此失去了自由。"婚姻使农奴身份重新出现在他的家庭之中，多少仇恨，多少冲突必然从这种矛盾的状况中产生！"至于逃到城市的农奴那就更不用说了，领主随时可以找到他们而将他们领回去。所有的市民在交纳规定的税收之外，还要遭到领主的勒索。领主像勒索他的庄园的农奴那样也行使着各种各样的垄断权。如强迫市民到他的磨坊和烤房里去加工粮食和面包；优先出售其庄园生产的酒和肉，无偿地征用市民的马匹、船只，等等。①

同样的经济基础也使他们有着同样的利益追求。而个人自由无疑是市民的第一需要，因为"没有自由，那就是没有行动、营业与销售货物的权利"，"贸易就无法进行"。要实现个人自由，就需要一部熟悉工商业运作、程序理性的法律和法庭取代传统的封建法律和法庭，以保护其经济的安全运行；城市里财富密集，是抢劫和敲诈的主要对象。因此，建立治安和共同防御也是市民共同关心的问题；而要解决这些问题就要征税，以便建立治安机构、城墙和自卫组织来替代贵族原有的管家治理②，如此等等，也就决定了改变现有制度是市民们的相同愿望。"共同的利益和共同的经验"，再加上长期的聚居无疑会在他们"中间养成一种强烈的共同意识"；相互结成了一个有着共同追求的共同的阶级，产生出共同的经济要求和政治要求，对封建主的经济剥削和政治压迫都产生了同样的切肤之痛。这种对立关系决定了市

① 参见［比］亨利·皮雷纳：《中世纪欧洲经济社会史》，第100、121页。
② 参见［比］亨利·皮雷纳：《中世纪欧洲经济社会史》，第46页；［比］亨利·皮雷纳：《中世纪的城市》，第105页。

民阶层必然为改变同一个环境、摆脱共同敌人的剥削和压迫而团结起来，导致各个城市兴起之初就纷纷涌现出歃盟兄弟团①；并"以和平方式要求领主，不论是男爵、主教或住持，承认城市为一个自治社会；如果这项要求被拒绝，就以暴力方式来反抗封建权力并要求宪章的自由"②。可见，工商业者有自己的独立经济而产生的市民阶层，以及由此而形成的它和封建主之间的对立关系，是西欧城市争取自治权的斗争得以发生的首要前提。

它也是这种斗争得以取得胜利的关键，因为"分配的机构完全取决于生产的机构"③。城市的工商业的财产权归于市民所有，而不归封建主，这就决定了在工商业收入的分配上，前者能够获得其中的大部分，而后者则只能通过收取代役租、人头税等分点余羹。这就必然使市民阶层的经济力量和商品经济的发展同步增长，并使他和封建主之间的经济力量的对比发生逆转。因为封建主的主要收入地租因农业的发展十分缓慢以及庄园惯例、社会习俗的限制而几乎毫无变化。于是，随商品经济的发展而日益富裕起来的市民阶层，必然会通过赎买、包税等经济途径或武装反抗等手段取得不同程度的城市自治权。

城市自治权的获取需要金钱，自治权的维持和扩大同样离不开金钱。故此，一些西欧学者说，在中世纪，任何自由都如一个易碎的商品，已经获得的权利和自由通常都会受到来自王室的威胁，通过行贿或支付罚款，它们又能勉强地继续生存下来。④ 了解这个道理，我们就不难理解很多城市的自治权得而复失后，后来又失而复得。

可见，是工商业者的财产权独立、个人自由才会使他们形成有着一个有着统一诉求的统一阶层；也正是由于产权独立，个人自由，他们才有力量去实现他们的这个诉求。工商业产权为市民所有，它的另一面就是国王贵族们没有自己的工商业。由于没有自己的工商业，他们才不得不去满足市民们的这一诉求，给城市以自治权。这一方面固然有他力不从心的缘故，但主要还是他们需要城市的税收、地租，更何况，他还可从城市那里获得购买自治权

① 参见［德］马克斯·韦伯：《经济与社会》下卷，第598页。
② ［美］詹姆斯·W.汤普逊：《中世纪经济社会史》下册，第424—425页。
③ 马克思：《政治经济学批判》，第158页。
④ 参见 A. White, *A History of Lancaster*, Edinburgh, 2001, pp. 39,40。

所须支付的一大笔赎金。再说，他们之所以力不从心还不是因为他们没有自己的工商业；否则，他手中有源源不断的财源，还会害怕市民们造反要自治权吗？前面讲过，12、13世纪时，有一些寺院的手工业因有世俗弟兄做劳动力而被保留了下来，致使其所在的城市市民面对着寺院的"不自由工人工场的竞争"。这类寺院照例"把他们的剩余制造品在当地市场上出售"，并"能够以较低于自由工人的产品的价格来售出"，力图以此来"击败寺院之外的竞争"。与此相应，这些寺院的"僧侣对城市一贯地采取了敌对的态度"，"反对解放手工业的农奴，反对组织独立的手工业者团体"，迟迟不给城市以自治权。这自然激起了市民们对僧侣的仇恨。他们憎恨"他们既不用给世俗弟兄们另付工资"，"又可免缴税款、市场捐等"，运用特权进行不公平的竞争，从而使西欧城市争取自治权的运动具有强烈的"反僧侣色彩之特征"。当赎买自治权不成功时，市民们"就反叛了他们的领主，不论主教或住持；并组织了城市公社"。于是，一些教会城市获得自由或自治往往经历过激烈的、残酷的、反复的武装斗争。琅城、喀姆布莱、未兹雷、沃尔姆斯等城市都是因此而闻名于世的。[①]

斗争无不以教会的失败而告终，这仍然是两权分离使然。两权分离使市民们垄断了社会的主要的工商业，市民的经济力量、暴力资源随着工商业的发展而不断地壮大，残存在教会手中的那点工商业对此是无能为力的，以致教会无力抵抗市民的强力竞争而不得不认命。这是因为，教会工商业的产权是集体的，不专一，用的又是无酬的强制劳动，没有活力，更无生命力，自然不是市民的工商业的对手。

若情况与西欧相反，主要工商业为官吏和贵族所掌握，那不仅不会出现自治城市，连争取自治权的斗争都不会发生。中国封建社会为什么没有争取自治权斗争的丝毫踪影，其原因全都在此。

主要工商业为地主阶级及其国家所垄断，决定了中国城市乃至有同样特点的东方城市，包括伊斯兰统治下的西班牙的城市的消费功能是主要的。那里聚集了大量的官吏、贵族、军人及其家人、随从、家仆和各种依附人口，

① 参见［德］马克斯·韦伯：《经济与社会》下卷，第684、685页；［美］詹姆斯·W.汤普逊：《中世纪经济社会史》下册，第425页；［美］哈罗德·J.伯尔曼：《法律与革命——西方法律传统的形成》，第453页。

致使城市人口动辄是几万、几十万甚至上百万，远远地超过了中古西欧城市。其中，非生产人员占了很大的比重。明代后期的开封城，仅王府就有七十二座。其他镇国、辅国将军府、中尉府和仪宾府更是不计其数；若再加上开封的各衙署和缙绅府第，以及依附他们的人口，如奴婢、仕女、戏子等，"一般庶民百姓居在开封城市内就微乎其微了"。《如梦录》中记载，"明代末年，周王宫内御乐不算，各王府乡绅家就有大梨园七八十班，小吹打二三十班"；再加上流街串巷的艺人，戏剧、曲艺和杂技，闲杂人员之多令人咂舌。务工营商的人员中，大多是官工官商中的奴隶、囚徒、服役工匠、兵匠和其他依附人口，而不是拥有私有财产权和人身自由的民间工商业者。东吴首都建业，王宫内设有冶铸、纺织、造船等各种行业；孙琳上疏景帝曰："少帝于宫内作小舡三百余艘，饰以金银，师工昼夜不息。"[①] 足见宫内官手工业规模之大，官工匠人数之多。

　　这也就决定了城市的工商业者，不论是直接生产者还是所有者，其身份、经济性质、社会地位要比西欧城市复杂得多。在所有者方面，有官吏、地主、大商人、大作坊主、小工匠、小商贩等各种人物。其中的官吏、贵族、大地主的工商业在城市工商业中所占比重极大；而官府作坊之外的私人手工业是微不足道的。[②] 直到明清，这种情况仍无根本改变。如景德镇，明中叶时仍"多官府造作之所"，官窑多达五十八座，民窑则仅有二十座。[③]商业方面，明清时，湖广一带的城市是："民之贾十三，而官之贾十七"[④]，"通衢诸细布店，俱系宗室"[⑤]。苏松一带的商业，明末竟为大官僚徐阶、董其昌独占。这些工商业中的生产者除封建社会后期有少数是雇工外，绝大多数是奴隶、刑徒和系官人匠。如前所述，直至明清，奴隶农奴仍是官吏、贵族和大商人的工商业中的骨干。他们不仅是一般的劳力，也是其主子的代理人。例如《明史》中几个提到当时官吏工商业的一般情况的奏章和诏令中，

---

　　① 《御览》卷七七一引《江表传》，转引自中国古都学会编：《中国古都研究》，另参见该书第214、215、223 页。

　　② 参见唐长孺：《魏晋南北朝史论丛续编》，生活·读书·新知三联书店 1959 年版，第 88 页。

　　③ 参见《江西通志》卷一三二《宦绩录·铙州府》；《宣德实录》卷七○；《景德镇陶录》卷八引《黄墨舫》。

　　④ 《广东新语》卷九；另参见《通判条格》卷一八。

　　⑤ 《楚宗纪·注贸易》。

都明确指出"家人奴仆"是官吏用来行商的主要人员。①

虽然，明清时代的江南的一些城市工商业比较发达；从南宋时期开始兴起的乡村市镇中，工商人口已是居民中的大多数。但是，史料表明，其中的大部分工商业的所有者都是贵族、官宦之家，从业人员也都是他们所拥有的奴隶、农奴，和其他依附人口；而不是有自由人身份的工匠和商人。如江南地区著名的濮院镇，系南宋吏部侍郎濮斗南的家乡。南宋末年，他退居家里，专营家业，用千余奴仆，大兴机杼之利，逐成巨镇，历经元明清三朝二百六十余年。到明万历年间，拥有镇上一半产业，故"时俗有濮半城之名"；镇上其他工商大户"亦皆科第蝉联"的巨姓大族。② 其他市镇也无不如此。如乌青镇，"合镇之绅士，亦兼为合镇之商贾也"③；王店镇，为工部尚书王逵"聚货贸易，因名王店"④；王江泾镇上的大姓皆为簪缨望族；南浔镇，科第极盛，有"九里三阁老，十里两尚书"之谚。⑤

工商业者本不居城市居民中的多数，而工商业者的各个阶层的构成又十分复杂。不论是直接生产者，还是所有者，都是一些有着不同的经济利益和政治地位的阶层、阶级或集团。他们不但没有形成一个有共同经济基础的市民阶层，而且各自的利益也往往是互相对立的。其中掌握着主要工商业的是官僚乡绅阶级及其国家，他们手中掌握着封建政权，根本没有必要再去争取城市自治。在这种情况下，不仅不会出现自治城市，连争取城市自治权的斗争都是不可能发生的。直到清代后期，在某些工商业发达的城市，如汉口，才出现商会成为重要的地方自治团体，获得了相当程度的自治权的情况。⑥但这并不推翻上述结论，恰是它的佐证。因为这时的官商已基本瓦解，官工也随着洋务运动的兴起集中于机器大工业而退出了传统的手工业。官工官商与民商工商业是互为盈虚的，官工官商的萎缩自然带来了民间工商业的发

① 参见《明史》卷三百《外戚·因能传》；卷一八一《李东阳传》；卷二二六《吕坤传》；另见《明会典》卷三四。

② 参见朱国祚：《明故登仕郎鸿胪寺班侍经筵湖濮公墓志铭》，见《濮川志略》卷九《勒石》；光绪《桐乡县志》卷一《市镇》。

③ 民国《乌青镇志》卷二《形势》。

④ 光绪《梅里志》卷一七《旧闻》，引《天香录》。

⑤ 民国《南浔镇志》卷八《古迹》。

⑥ 参见史正明：《美国学者对近代中国城市史的研究》，《中国史研究动态》1991年第5期。

展，才形成了稍具规模的、有着共同经济利益的市民阶层，于是，才出现了城市自治的萌芽。

事实上，在这种局面下，即使城市的民间工商业者有争取城市自治权的意向和努力，他们也无法如愿以偿。因为垄断了主要工商行业，并能用国家机器厉行抑商政策以摧残民间工商业的封建国家和贵族官吏攫取了工商业所带来的绝大部分利润；而民间工商业却只能拾点零头，致使他们同封建国家和贵族、官吏之间的经济力量的对比根本不可能发生逆转。他们也因此既不可能通过金钱赎买、包税等经济途径获得自治权，更不可能通过武装斗争达到预定的目的；即使有获得自治权的意向和努力，也是永远无法实现的黄粱梦。

综上而言，西欧市民拥有私有财产权和个人自由，以及由此而来的土地权和货币权的分离才是市民获得城市自治权的根本原因。因此，西欧城市的自治，实质上就是西欧市民的经济成就在政治上的反映。而这并非新发现，马克思早就讲过，资产阶级在它的发展的每一个阶段上，"都伴随着相应的政治上的进展。它在封建领主统治下是被压迫的等级，在公社里是武装的和自治的团体，在一些地方组成独立的城市共和国"①。当然，政治分裂也并非对城市争取自治权的斗争毫无影响，但其真正意义是：由于国家分裂成各自独立的地区，市民阶级的这些政治成果在时间上和空间上也被割裂开来，这种被割裂了的形式，就是单个城市的自治。

政治分裂既然赋予了市民阶级的政治成就以单个城市自治的外衣，当政治分裂被国家统一取代时，市民阶级的政治成就的形式当然会有所变化：城市自治权逐渐受到王权的限制或被国王所剥夺。如果将剥夺的原因简单地归结为王权不容忍，那就将中央集权和地方自治绝对地对立起来以致无法解释王权为什么后来又将这种权力授予了很多外贸公司，因此，我们还得追根到经济上。这首先是国家的统一使商品经济冲决了城墙而获得了广阔的天地，致使城市自治变成了过时的制度。它的"自我主义妨碍了大规模商业"和工业。"很多城市根据市场权利强迫过境商人卸下货物，向市民发售，然后才能继续前进。""有些地方的船夫行会认为他们存在城市水道附近航行的

---

① 《马克思恩格斯选集》第1卷，第274页。

绝对权利，有时甚至把别人的货物卸下，装在自己船上运送。"可见，"十四世纪的城市工业，把它原来具有的那种地方排外性精神发展到了极限"①。这无疑是对商品经济发展的反动，是城市封建本色的表现。随着市场经济越过城墙而向外发展，城市自治制度当然会因此而衰落。这不仅是国王希望的，也是工商业者们所欢迎的。这正如马克斯·韦伯所说，市民在议会和王室行政中的力量日益壮大，"妨碍了各个城市社区本身一种强大的、政治自主运动的产生"②。此其一。

其二，城市自治制度已成为城市内部经济发展的桎梏，它的行会顽固地阻挠着工商业的扩大。在封建割据时代，离开了城墙，工商业难有生存的空间，国家统一、社会安定后，人们自然会用脚投票，迁徙出城以逃脱其束缚。故此，从15世纪末起，很多西欧国家发生了工商业从城市向农村的转移；随之，新兴工业在广大乡村兴起，城市随之衰落。③

经济的发展本来是城市自治的基础，现在这个基础发生了上述一系列变化，那城市的自治制度随之瓦解也就是很自然的了。但是，这并不能废除系统变动相关律，工商业者所取得的经济成就必然要在政治关系上得到反映，它们必然要用另一种形式来代替城市自治以体现工商业者的经济成就。这种成就已越过城墙，体现这种成就的政治形式当然会越来越具有民族的规模。13世纪以后，英国第三等级之所以能逐渐地控制议会，市民阶级之所以能和新贵族结成联盟，通过系列的立法来保障其利益，无不是英国的市场经济已越过城墙而在国内外广泛开辟了市场的结果。

但是，形式的改变并不意味财产所有权此时已不再和政治统治权、司法权糅合在一起。中世纪后期出现的各种贸易公司，如东印度公司、莫斯科公司、莫凡特公司等，都是生产资料所有权和政治统治权、司法权、军事指挥权合一的组织。这些公司的经济活动已超越城墙、国界，而它的统治自然也就不限于单个城市而具有更大的规模。但不论其规模有多大，形式如何，如果公司的经营者们对其所经营的产业没有所有权，它们就不可能在政治上享

————————

　　①　［比］亨利·皮雷纳：《中世纪欧洲经济社会史》，第189、190页。

　　②　［德］马克斯·韦伯：《经济与社会》下卷，第632页。

　　③　参见［比］让·东特：《比利时史》，南京大学外文系法文翻译组译，江苏人民出版社1973年版，第40、45页；另请参见刘景华：《西欧中世纪城市新论》，第四章。

有任何自治和统治的权力。

　　总之，无论是中国的情况，还是自治城市过后的历史，都无可置辩地证实了上述结论，中世纪西欧城市之所以能获得自治权，一是市民们财产权独立，人身自由，二是货币权和土地权的分离。

第 十 章

市场经济的孕育

城市兴起后，西欧可谓是日新月异。在随后短短的几百年的时间内，社会各个领域都发生了翻天覆地的变化：农奴制度消亡，封臣制寿终正寝；土地买卖盛行，雇佣劳动兴起；封建贵族衰落，第三等级崛起；民族国家相继问世，世界体系渐次成形；资本主义手工工场兴起；大陆各国却被锁定在前工业社会而不得动弹，位于边陲的英国却成了现代化的滥觞之地。无论是社会变动幅度之大，还是国家社会分化之剧，都为东方各国远所不及。

布罗代尔说，西欧社会的这一剧变"恰好证明欧洲经济是个用自身逻辑便加以解释的协调的集合体。在这个协调体系具有世界经济的流动性、结构性和等级性的情况下，成功与失败之间有着紧密的联系"①。对此，要问的是：如果当时的西欧的经济机制不具备资源配置功能和优胜劣汰功能，能出现这样的情况吗？答案是否定的。那么，什么样的经济机制才具有资源配置功能和优胜劣汰功能？唯一的答案只能是市场经济。因为迄今为止的人类历史表明，唯有市场经济才会具有指令性经济和习俗性经济，以及这两种经济组成的混合经济所没有的推动力。所以，诺斯说："十三世纪时，西欧已经形成了市场经济的雏形。"②

市场经济的孕育推进西欧各地各国的社会结构的分化和整合，但是，各

---

① ［法］费尔南·布罗代尔《15 至 18 世纪的物质文明、经济和资本主义》第 2 卷，第 370 页。
② ［美］道格拉斯·C. 诺斯等：《西方世界的兴起》，第 69、80 页。

国也因各自的国情不同而致其分化整合的进度不一，以致分道扬镳，走上了不同的发展道路。

一、市场经济的基因和"子宫"

前述表明，市场经济不同于其他经济体制的最大根本之处是它拥有其他经济所没有的生命力，而这又是因为它有自己的"核酸"和"蛋白质"，财产私有权和个人自由。这不仅使它能够自我生长、自我修复，还能通过会聚和相互嵌套、耦合而不断地进化。从而形成一个由特定的要素、按照特定的结合方式而形成的、具有特殊结构，因而具有特殊功能的经济系统。它有着特定的市场主体、市场客体、市场体系和市场法制，从而构成了市场经济赖以生成、运行和发挥其功能的载体。没有这个基础，市场经济也就无从谈起。而市场经济的孕育和形成就主要表现为这些载体的问世。它与自治城市是密不可分的。自治城市是它赖以孕育的"子宫"。因为它为离开庄园的手工匠人和商人提供了汇聚地。"一般规律"第 5 条说，"密码载体"的产物（如蚂蚁）聚集一起，就会"在宏观层次上出现全新的"特性，"涌现出复杂的大尺度行为"[1]，产生整体大于部分之和的效果。同样地，汇聚在一起的匠人和商人也涌现出了他们单独存在时所没有的功能，并为其潜能的发挥奠定了基础。因为他们"聚集后能再聚集，形成'介主体'；'介主体能够进行再聚集，产生介介主体。这个过程重复几次后"，就能得到"CAS 非常典型的层次组织"。这就是说，他们在城市的结合可谓是市场经济"受精卵"的生成，而由他们汇聚而成的城市则成了"受精卵"的"子宫"，"子宫"为他们提供了保护和"营养"，使他们得以孕育出市场经济的各个载体。

首先，城市为离开庄园的工匠和商人提供了安身立命的居所和集腋成裘的场地，使他们能够组成行会、兄弟会等组织，用集体的力量发展经济，争得城市自治权。这巩固了市民的人身自由和财产私有权，使市场经济的基因

---

① ［比］伊·普里戈金、［法］伊·斯唐热：《从混沌到有序——人与自然的新对话》，第 187 页；［德］H. 哈肯：《高等协同学》，第 68 页。

获得了一层"细胞膜"而变得更为健全，而市场经济也就因此有了合格的市场主体和市场客体。因为市民们不仅有了生产和经营的主动权和积极性，也注定了任何人要想获得他们的产品，除了通过平等交换之外别无他途。市民们的产品也都因此而成了商品。这既规定了城市生产的商业性质，也规定了中世纪西欧城乡关系的市场性质。除了迁居进城的少数贵族外，城市居民所需要的粮食和原料也都只能通过市场获得，成为商品。同样地，他们所需要的劳动力也只能从市场上得到，故城市自治当局规定进城的农奴居满一年零一天即可获得自由，有的城市甚至用暴力解放城市周围的农奴。这就是说，进入城市市场的一切资源，包括劳动力也都商品化了。

自治城市的宪章和行会的规章制度使市民得以垄断城市的市场，而领主庄园手工业瓦解所导致的两权的分离又为市民们提供了当时所能提供的最大的商品市场，从而使市场经济得到它赖以孕育的市场。

城市获得自治权，成了制度变迁的主体，这不仅使市民拥有了执法权，也拥有了立法权，能够按照自己的需要来更改旧法律，制定新法律；破除阻碍其经济发展的一切非正式约束，创造新的文化氛围，从而为市场法制的建设提供了必不可少的立法权和执法权，使西欧的市场法制建设得以开展。

总之，由匠人和商人汇聚而成的城市，为市场经济的孕育提供了适宜的环境，使其基因得以在这个"子宫"内孕育出市场机制的四大载体。正是有了这样的一个"子宫"，西欧的市场经济才不至于"流产"和"宫外孕"。

但是，不论它如何健全，但毕竟是个"子宫"。如果市场经济被囿于这个范围内，其发展就十分有限。因为自治城市本质是封建的，同当时的农村一样，都是自给性的小生产方式居统治地位；即使市镇居民，也大多以农业为主[1]，农田和牧场占去了市区的一大部分。[2] 而城市当局也都极力地保护和推行市场垄断的经济政策；思想和文化上也都受到教会严密的统治和制约，所以，尽管自治城市已拥有市场经济的基因，但如同所有的"受精卵"一样，未来的一切都只是以胚芽的形式包含在基因之中，它还有待发育。城

---

[1]　参见 N. J. G. Pounds, *An Economic History of Medieval Europe*, pp. 255,256,101。

[2]　参见 G. Luzzatto, *An Economic History of Italy*: *From the Fall of the Roman Empire to the Beginning of the Sixteenth Century*, New York, 1961, p. 56。

市初期，无论是市场上、市镇上，运行的仍然是小商品经济。虽有工商业，但也主要是市镇上的居民同周围农民互通有无，贸易量很小；市民也大多是裁缝、制鞋工等为人们日常服务的工匠。[①]"一个城区所生产与交换的产品往往与毗邻的地区没有什么两样。日常做生意很多不使用货币"，而是"物物交换"[②]。其生产的目的仍然是维持生计，而不是追求利润的商品生产。因此，尽管是"农民赶着牲畜，带着农产品创造了市场"，但绝对不是农民创造出了市场经济，否则，我们就无法理解为何同样是"地方集市星罗棋布"的东方各国却未能建立起市场经济。[③]

小商品经济要发展成市场经济，个人自由和私有财产权是基础，换言之，要拥有市场经济的基因；东方各国的小商品经济不拥有这样的基因，故尽管其城市发展到上百万人口，却始终未能建成市场经济。西欧自治城市具有这样的基因，但其初期，仍未脱离小商品经济范畴；而其后来之所以转化为市场经济，关键就是众多孤立的市场市镇被联结起来了。它们相互交流，从为周围农村服务转为同广大地区，同广阔的国内外市场交往，从而在市镇自身完成从半自给状态和互补经济向商品经济过渡的同时，建立起地区性的、全国性的甚至国际性的市场网络，将小商品经济升华为市场经济。

其能如此，首先就归功于基因，即"密码载体"。其内两要素的相互作用、相互复制和相互促进所形成的强大的生命力，所唤起的劳动热情、创造力；它汇集于城市后产生的层次组织所生成的集体精神和集体力量；为技术创新和组织创新，为市场的开拓、分工的发展，乃至"斯密动力"的形成和发展提供了强大的动力。其次就是两权分离所提供的市场空间和助力。正是王侯们提供的商品市场和帮助，才使市民的经济活动突破了城墙的限制，建立起种类齐全的市场体系、完善的市场法制，从而开始了市场经济孕育的漫漫征程。

---

① 参见 C. G. A. Clay, *Economic expansion and social change*：*England 1500–1700*，V. 1，pp. 172–174.
② ［意］卡洛·M. 奇波拉：《欧洲经济史》第 2 卷，第 366 页。
③ 参见［法］费尔南·布罗代尔：《15 至 18 世纪的物质文明、经济和资本主义》第 2 卷，第 654 页。

二、市场体系的孕育

一个种类齐全的市场体系是市场经济的躯体，它的问世因而是市场经济孕育的重要内容。在这之中，工匠是后盾，居于前列的是商人，是他们长途跋涉，贩贱卖贵，把相互隔绝的各个城市、各个地区联结了起来，才产生了市场体系。在这个体系中，商品市场网络又是基础。

1. 商品市场网络的问世

有商业就有商人，故商人对城市复兴功不可没；城市复兴后，将无数的市场、市镇和城市编织起来的还是行商。1331 年 5 月，到法国福卡尔基镇的一家商行联系业务的商人共有 35 个。他们与附近的一千个左右的社区有着频繁的往来，这些孤立的社区因此被他们织成了一个相互依存的商业网络。[①] 有了这样的网络，市镇上的商品的品种才得以丰富起来，周围乡村的农副产品才能运往外面的世界，市镇和城市的小商品经济才能开始向市场经济转化，并由此而增强城市对周围地区的辐射能力，使这些地区也萌发出许多的市场、市镇和城市，形成无数个星系形的市场网络。

地处东西方交通要道的意大利，商业和城市复苏最早。12 世纪时，市镇之间已形成了分工互惠的贸易体系，商业活动已渗透到意大利中北部地区的每个角落。[②] 并由此向西向北延伸，使意大利与地中海沿岸，与南德的商业活动联成一片，使这个庞大的地区形成了一个经济整体，内部的物资交流十分活跃。[③]

尼德兰、北海和波罗的海地区，以布鲁日、吕贝克等城市为中心，形成了欧洲的另一个经济整体，"这里人口之稠密、城市之众多，工商业之集中，都是西欧其他任何地方都无法匹敌的"。12 世纪时，这里"就出现了各

---

① 参见 R. L. Heilbroner, *The Making of Economic Society*, New Jersey, 1980, p. 49。
② 参见 G. Luzzatto, *An Economic History of Italy: From the Fall of the Roman Empire to the Beginning of the Sixteenth Century*, pp. 94,109。
③ 参见［意］卡洛·M. 奇波拉:《欧洲经济史》第 2 卷，第 371、372 页。

城市之间商业协调一致的迹象"①。

15 世纪时，经历了黑死病的德国尚有 3000 个大小市镇，它们间隔约四到五小时或七到八小时路程。它们不仅是热那亚人爱说的陆路货与海运货的装卸港，"也是内河船舶与大车的集散中心"②。

13 世纪时，通过联结各地轮流举办的市场而形成的地方性市场网络，整个英国已形成了一个完整的市场网络，并建立起了与其相配套的道路交通系统。③

通过海运十分便利的英吉利海峡，英国与大陆相联，而欧洲北部、西部在 13 世纪早期就"已成为一个互相结合得很好的经济整体"④。在著名的香槟集市上，这个整体又与地中海经济世界实现了对接，通过市集上的贸易和彼此之间的直接通航，西欧各国的市场网络在 13 世纪时就已连成了一片，形成了一个全西欧范围内的国际性的市场网络。⑤ 相互依赖，并且日益向经济整体化趋进的西欧市场网络又通过意大利同东方经济接轨，从而将贸易活动推向当时已知的整个世界。

到文艺复兴时，西欧各国经济就可谓是国际性的经济了。⑥ 在 14 世纪末的一个商人弗朗赛斯科·达蒂尼的档案中，保留了从布鲁日、伦敦、里斯本到威尼斯、大马士革等 300 个商埠中的 15.3 万封来往书信。⑦ 1423—1500 年间，佛罗伦萨派任的领事遍及亚历山大、那不勒斯、马略卡尔、君士坦布尔、塞浦路斯、黑海各港口、印度、波斯，还有中国。其人数如此之多，分

---

① ［美］詹姆斯·W. 汤普逊：《中世纪晚期欧洲经济社会史》，第 451 页；另参见 W. P. Macray, *Glassmaking in Renaissance Venice*, Ashgate, 1999, p. 16; M. F. Mazzaoui, *The Italian Cotton Industry in the Later Middle Ages 1100-1600*, Cambridge U. P., 1981, pp. 28,29,61,65,87,88。

② 参见 ［法］费尔南·布罗代尔：《15 至 18 世纪的物质文明、经济和资本主义》第 1 卷，第 595 页。

③ 参见 J. L. Bolton, *The Medieval English Economy*, *1150-1500*, pp. 136,151; J. Gillingham, ed., *Anglo-Norman studies* V. XXII, Suffolk, 2001, p. 302。

④ ［意］卡洛·M. 奇波拉：《欧洲经济史》第 1 卷，第 238 页。

⑤ 参见 E. Miller, & J. Hatcher, *Medieval England Rural Society and Economic Change*, *1086-1348*, p. 78。

⑥ 参见 H. Miskimin, *The Economy of Early Renaissance Europe*, *1300-1460*, Cambridge University, 1975, p. 115。

⑦ 参见 ［法］费尔南·布罗代尔：《15 至 18 世纪的物质文明、经济和资本主义》第 3 卷，第 91、92 页。

布范围如此之广，足以证明其商品市场网络之大，范围之广。[①] 所运输的物品也不再限于奢侈品，粮食、酒等大宗初级产品也在其列。[②] 甚至连石头也都成了商品。从 12 世纪起，诺曼底的凯恩地区的白石就已经广泛地用于东南英和伦敦的贵族和教会的房屋的建筑。[③]

日益密切的经济来往，促进了地区性分工和国际性分工的发展。13、14 世纪时，各国各地之间的经济的相互依赖已到了密不可分的程度。爱德华三世时，英国禁止羊毛出口，结果，佛兰德的很多行会都停业了。织工挨饿，商店关门，整个佛兰德民怨沸腾。[④]

与东方接壤的威尼斯、热那亚和比萨等城市可谓是市场网络建设的排头兵。通过它们早先在东地中海所建立的殖民地，通过供应十字东征所建立的地中海航运统治权，西欧和东方的贸易得以恢复和发展。东方的各种奢侈品，如香料、丝绸、磁器等，以及棉花等原料都源源不断地涌入西欧。这不仅激活了僧俗贵族和国王对市场的欲望，也使意大利的棉纺、丝绸等工业发展起来，从而为西欧商品市场网络拉起了最初的几根"纲绳"。11 世纪时，他们的贸易"从威尼斯经勃伦河、棱恩河到达德国，又经塞普第麦与圣伯纳德河来到莱茵河流域，并经过塞尼山达到尼罗河流域"。"十一世纪下半叶，意大利人在法国出现。很可能在这个时期，意大利人经常到香槟集市上来，在香槟，他们与来自法兰德斯的商业汇合。"几乎与此同时，北欧的斯堪的纳维亚各国也起了与威尼斯相同的作用。他们接踵海盗之后的"商业使法兰德斯与北海及波罗的海国家保持密切的联系"，并把法兰德斯制造的毛呢带到"诺曼水手们航行所到的一切海岸"，使法兰德斯成了北欧的工业中心。[⑤]

大城市和特大城市对市场网络的建立起了巨大的作用，它们是这一网络的心脏和头颅。它们资金雄厚、工商业发达；有先进的商业贸易组织、发达

---

① 参见［美］詹姆斯·W.汤普逊：《中世纪晚期欧洲经济社会史》，第 620 页。

② 参见 G. Holmes, *The later Middle ages 1272–1485*, Arrangement with Thomas Nelson and Sons Ltd, 1966. p. 31; J. Day, *The Medieval Market Economy*, p. 93。

③ 参见 T. Rowley, *The High Middle Ages, 1200–1500*, p. 164。

④ 参见［美］詹姆斯·W.汤普逊：《中世纪晚期欧洲经济社会史》，第 118 页。

⑤ 参见［比］亨利·皮朗：《中世纪欧洲经济社会史》，第 18—34 页；D. Levine, *At The Dawn of Modernity Biology, Culture, and Material life in Europe after The year 1000*, pp. 140–146。

的交通航运工具，流畅的信息通道，低廉的交易费用和发达的金融业和金融手段，不仅是本地区的商品的集散地、工业品的主要产地和农副产品的主要需求源，且与国内外有着广泛的联系和商业往来，因而在整个商品网络中具有牵一发而动全身的地位。其经济状况和需求变化直接制约和影响着其他城市和广大农村的经济发展，决定着整个市场网络的伸缩和兴衰。因此，城市发达地区如意大利北部，低原国家，其商品市场网络的形成要比城市发展落后地区早，商品市场网络的发展程度和密度也超过后者。

商品市场网络是其他市场网络的基础，它的建立推动了其他市场网络乃至整个市场机制的形成。

2. 金融市场网络的建立

假如说物质商品市场是市场经济的肌体的话，那么，金融市场网络则是市场经济中的血管和血液。因为货币是"货物借以流通的轮毂"，"是商业上的大工具"[①]，没有金融市场网络就根本谈不上社会经济资源的配置。而在交通阻隔，贵金属供应严重短缺，币制尤为混乱的西欧中古时代，金融市场网络的建立尤为必要。唯有建立这样的网络，大规模的商贸才有可能[②]，贸易方式才能多样化，国内市场才会得到改善。[③] 犹如一个没有血管和血液的人就不成其为一个活人，一个没有建立起金融市场网络的商品经济也就不可能发展成市场经济。

金融市场网络的建立的首要前提是金融巨头的形成。无此，金融业就难以从商业中分离出来，也就无法建立起独立的金融组织，发展出一套完整的金融制度和金融业务的运作技术手段，进而形成完整的金融市场体系。

金融巨头主要来自商业和商人，特别是经营远程奢侈品贸易的商业和商人，因为唯有他们才能积累起巨额的财富。布罗代尔说："提供出售的小麦给农民，地主和转售商留下的利润十分微薄；再分散到许多人手里，真是所剩无几。因而在这个过程中，没有或只有很少的资金可供积累。西蒙·吕兹在葡萄牙经商，一度进口布列塔尼的小麦，他想起这段经历时总要生气。他

---

① ［英］亚当·斯密:《国民财富的性质和原因的研究》上册，第 265、267 页。

② 参见 H. Kamen, *Europen Society 1500–1700*, p. 73。

③ 参见 J. L. Bolton, *The Medieval English Economy，1150–1500*, pp. 302,305。

说，贸易利润主要用于支付运费，让运输承包人坐收其利。我们还可回顾笛
福关于英国国内贸易的见解。笛福认为英国国内贸易令人赞美，因为它经过
许多中间人转手，而每个人在经手时都得到一点好处。不过，从笛福本人附
举的例子来看，这份好处实在太少。远程贸易不容置疑的优点正是它允许集
中，从而使它成为推动资金流动和资本积累的无与伦比的动力。所以我们不
能不同意德国历史学家莫利斯·道勃的见解：远程贸易是创造商业资本主义
以及商业资产阶级的一个主要工具"①，其利润率之高令人难以想象。意大
利城市兴起时期，一般来往于威尼斯和亚历山大之间的威尼斯的甲板大帆
船，每次往返通常可得到 1000% 的收益。② 1511 至 1526 年间，大商人福格
家族的年利润率都保持在 54% 以上③，这即意味着，在这 16 年的时间里，
该家族的资产几乎翻了 649 倍。可见，远程奢侈品贸易是获利最多、最容易
积累起巨额利润的行业。故此，12 至 15 世纪期间，在国际贸易最为发达的
意大利和南德出现了许多富可敌国的市民。1310 年时，佩鲁齐家族的资金
为 14.9 万佛罗琳；1318 年，罗尔迪的资本是 87.5 万佛罗琳，约合 13 万英
镑；而其时英国国王的岁入也只有 3 万英镑。④ 当这两家破产时，英国国王
欠他们的债务就达 140 万佛罗琳，约合 20 万英镑。而其时英国的出口总额
也只值 25 万英镑。⑤ 到 15 世纪中叶，美第奇和卢西莱两家的资产均超过了
100 万佛罗琳，按含金量计算，达 1714 万美元。⑥ 一百年后的富格尔家族的
家资则至少有 500 万佛罗琳。⑦ 如此巨额的财富是贵族们所无法相比的。
1530 年，法国杰沃丹地区的 121 个最富的领主的总收入是 2.14 万利弗尔，
而该地区城市中的一个最富的商人的年收入达 6.5 万利弗尔。⑧ 可见，城市

---

① ［法］费尔南·布罗代尔：《15 至 18 世纪的物质文明、经济和资本主义》第 2 卷，第 437—
438 页。

② 参见［美］詹姆斯·W. 汤普逊：《中世纪晚期欧洲经济社会史》，第 14 页。

③ 参见［法］雷吉娜·佩尔努：《法国资产阶级史·近代》上册，第 326 页。

④ 参见 M. M. Postan, E. E. Rich, E. Miller, ed., *The Cambridge Economic history of Europe*, V. 3,
p. 455.

⑤ 参见［意］卡洛·M. 奇波拉：《欧洲经济史》第 1 卷，第 249、250 页。

⑥ 参见［美］坚尼·布鲁克尔：《文艺复兴时期的佛罗伦萨》，朱龙华译，生活·读书·新知三联
书店 1985 年版，第 63、113 页。

⑦ 参见［美］詹姆斯·W. 汤普逊：《中世纪晚期欧洲经济社会史》，第 586 页。

⑧ 参见［英］波斯坦：《剑桥欧洲经济史》第 1 卷，第 557、558 页。

拥有的资产之多是农村和乡村市镇所无法相比的。1343 年，佛罗伦萨市政府的税收总额达 604850 佛罗琳，折合 9 万英镑①，是 1334 年英国城乡赋税总和 3.6 万英镑的 2.5 倍。② 十五世纪前六十年，威尼斯每年的铸币量都超过了英法两国铸币量的总和。③ 而英法的财富也主要集中于城市，特别是大城市。因此，同商业、制造业一样，"银行业、经营技术、信贷，全部起源于城市"④。

金融市场网络形成的另一个前提是商业的发展，尤其是远程贸易的发展。因为唯有这些贸易的发展，才会使以物易物发展成货币支付，使某种或几种金属货币广泛地流传开来，形成一个货币网络；在这个基础上，新的交换手段和交换方式才会在原有的交换方式和交换手段满足不了交易需要的时候被创造出来。农村居民显然不能提供这样的条件，农民的借贷纯是消费性的，贵族亦如此。⑤ 因此，一个广为人知的事实是，货币网络、信用证券以及整个银行业的崛起"几乎全部与商业部门的需要联系在一起"，尤其是与远程的国际性贸易，及其中产生的货币兑换业联在一起。⑥

卡洛林王时期，由矮子丕平创立的货币权威崩溃了，由其创立的便士、先令和镑的换算体系却保留了下来；在此基础上，各国国王、大僧俗贵族，甚至自治城市都铸造了自己的硬币。随着远程贸易的逐渐兴起，原先通行于大多数地区但币值很低的硬币"迪纳里厄斯"已满足不了贸易的需要，威尼斯因而率先发行了大面额的银币"格罗索"，热那亚等大城市和法国国王随之模仿，相继发行了自己的银币和金币。随其贸易的扩展，这些货币也逐渐地遍及西欧绝大部分地区，而其流行的范围、普及的程度和发行量自然要同其贸易相进退。那些经济落后的地区和国家被迫使用外国货币，产生了所谓的货币殖民；而威尼斯、佛罗伦萨等工商业发达城市发行的"格罗索"和"佛罗琳"则被各个商业中心优先使用，以致流传全欧；因此，金融市

---

① 参见［美］詹姆斯·W.汤普逊：《中世纪晚期欧洲经济社会史》，第 625 页。

② 参见 G. Holmes, *The later Middle ages 1272-1485*, p. 77.

③ 参见 H. Miskimin, *The Economy of Early Renaissance Europe*, *1300-1460*, p. 154.

④ ［美］詹姆斯·W.汤普逊：《中世纪晚期欧洲经济社会史》，第 13 页。

⑤ 参见［意］卡洛·M.奇波拉：《欧洲经济史》第 1 卷，第 107 页。

⑥ 参见［德］汉斯·豪斯赫尔：《近代经济史——从十四世纪末到十九世纪下半叶》，第 39、40 页。

场网络与商品市场网络同时诞生。①

　　但是，仅有货币的金融网络是初级的。集市上流行的是各地铸造的货币，它们的单位、形制、成色、分量是千差万别，这当然不利于地区间贸易和国际贸易的结算，故商人们都希望能够兑换到自己所需的钱，于是，专营货币兑换的商人应运而生。② 货币兑换业者也就因此而变成了银行家。他们组织起自己的公司，在各地设立分号，开展各种经营货币的业务，从而掀开了西欧货币金融市场网络的逐渐改善和不断升级的过程。

　　为了结清商人之间的贸易的差额，解决流通货币严重不足的困难，金融业者在货币兑换之外又增添了新的内容——汇划业务，"出现了各种各样的应付票据；有在指定地区或在卸货地区内支付的应付票据；还有在某个确定日期到期的票据叫即期支票"。国王约翰于 1199 年 8 月 25 日所签下的一张汇票应分四次分期偿付某些皮亚琴察商人的 2125 马克的货款，这可谓是最早的一份见于记载的汇票。之后，比利时历史学家载马雷在伊普雷档案馆发现了写于 1249—1291 年间的大约 8000 份汇票（又叫集市证书）。这些汇票都是两联的亲笔字据，一联由债权人持有，另一联由集市的官员们保存，而契约本身也经由官员中的两人作证。这表明，应付票据、汇票等各式各样的票据的应用是越来越广，越来越频繁，现金兑换因而逐渐被书面支付的支付票据、承兑汇票所代替，"成了地区性的或国际性的结算工具"。③ 这些票据业务解决了流通中贵金属严重不足，避免了现金运输中的风险，减少了借贷者④，但更关键的是它表明了"信用的原则，即必须拥有一个诚实经营并有支付能力的良好信誉这一原则，已经在西欧得到普遍遵行；有赖于此，信用状和汇票才得以流通"。波焦在他的短篇小说集中讲述了一件逸事："梅塞雷·皮埃罗·达诺切拉需要在佛罗伦萨付给别人一大笔都卡特，于是他就把这笔钱交到罗马的美第奇家族的银行里，换回一张信用状，然后他就带着信

---

① 参见［英］约翰·乔恩：《货币史——从公元 800 年起》，李广乾译，商务印书馆 2002 年版，第 35、36、51—56 页；J. Day, *The Medieval market economy*, pp. 116—119。

② 参见［德］汉斯·豪斯赫尔：《近代经济史——从十四世纪末到十九世纪下半叶》，第 39、40 页。

③ 参见［德］汉斯·豪斯赫尔：《近代经济史——从十四世纪末到十九世纪下半叶》，第 39、40 页；J. Day, *The Medieval Market Economy*, pp. 172, 173。

④ 参见 J. Day, *The Medieval Market Economy*, p. 145。

用状前往佛罗伦萨。旅途中，他开始怀疑自己能否收回这笔钱。可是他一到
佛罗伦萨的银行，他的钱立即分毫不差地付给了他。于是他又来到科西莫那
里，说道：你的信用就是你的声誉。而科西莫答道：梅塞雷·皮埃罗啊，别
人的信任就是商人的财富，一个商人得到信誉越多，他也就越富。"汤普逊
说，"信用概念的出现以及它成为经商惯例，这实是欧洲经济史上的最重大
事件之一"①，因为它为更多样、更广泛的贸易奠定了基础。随着地区贸易
和国际贸易的发展，赊销日益成为地区贸易和国际贸易中的主要方法，通行
于各地，甚至盛行于同一行业的各个工序之间②，信用在商业中的作用因此
越来越大。③ 海上贸易离不开它④，保险业务不能没有它⑤，借方贷方都要凭
借它⑥，扩大生产增加业务更是需要它。13 世纪末叶，一家伦巴第的公司的
借款额达 1100 镑，而其资本总共不过 1400 镑；1424 年一个叫威廉·林恩的
羊毛商的财产总额为 4842 镑 7 先令 2 便士，其中借款就有 3027 镑。⑦

　　信用的拓展"要求银行业务的相应发展"⑧，以便基于信用之上的各种
商业事务能得到开展。股份公司因此而涌现，这导致了股票的发行、转让；
也促进了公私借贷的增加，从而促使银行接收私人存款、发行公债，给客户
透支等⑨，金融业就在这各种各样的商业活动的需要的促动下从商业中分离
出来。

　　商业活动最为活跃的意大利阿尔诺地区的城市率先起步，首先创立了大
型金融商号。13 世纪初，佛罗伦萨便成了欧洲的第一个银行城。到 1338
年，该城已有 80 家商号经营银行业务，其中首屈一指的是巴尔迪家族和佩
鲁齐家族。继佛城之后，意大利和西欧其他国家中的一些城市也相继兴起了
各式银行。15 世纪时，富格尔银行的财势之大实在是前无古人，它几乎垄
断了德国、西里西亚、匈牙利、卡林西林、蒂罗尔、奥地利、希米亚和西班

---

①　[美] 詹姆斯·W. 汤普逊：《中世纪晚期欧洲经济社会史》，第 590、592—595 页。
②　参见 M. Zell, *Industry in the Countryside：Wealden Society in the Sixteenth Century*, pp. 218,219。
③　参见 [意] 卡洛·M. 奇波拉：《欧洲经济史》第 1 卷，第 262—265 页。
④　参见 H. Kamane, *European Society 1500-1700*, p. 77。
⑤　参见 [意] 卡洛·M. 奇波拉：《欧洲经济史》第 1 卷，第 262 页。
⑥　参见 S. M. Jack, *Trade and Industry in Tuder and Stuart England*, London, 1977, p. 125。
⑦　参见 [意] 卡洛·M. 奇波拉：《欧洲经济史》第 1 卷，第 262—265 页。
⑧　[意] 卡洛·M. 奇波拉：《欧洲经济史》第 1 卷，第 263 页。
⑨　参见 J. Day, *The Medieval Market Economy*, pp. 149,150,155-158。

牙的所有的矿业资源。[①]

这些金融巨头在本地建立起一个发达的金融网络的同时，还将触角伸向西欧各地，并扩至东方。在意大利、法国、英国、尼德兰、西班牙、北非等地都有佛罗伦萨人开设的银行，仅巴尔迪和佩鲁齐家族的就达41处。[②] 1496年，佛城在土耳其境内注册的银行和商家已不下50个。佛罗琳币因而流行全欧成了通用的国际货币。14世纪末，发行量已达200万佛罗琳。利用这些雄厚的资金，通过向各国国王、贵族贷款，代教皇征收什一税、放债等途径，金融巨头们在各国获得了很多商业上的优惠条件。凭此，他们不仅长期控制了一些国家的进出口贸易[③]，还在这些国家内部编织了一个金融业网络。[④] 在英国，佛兰芒和意大利商人为了获取羊毛，广泛地开展多种金融业务，向各地牧羊人发放各种贷款。[⑤] 银行遍布各地，当铺处处可见，大小城市的商贾和金银匠人不仅在城乡放债取息，还接收他人存款，使城市成为周围地区的信贷中心和金融中心。通过商人、绅士和富裕的农民，各种金融业务被推至了穷乡僻壤。[⑥] 到15、16世纪时，除东德部分地区外，已遍及西欧的金融网络被推进到一个崭新的阶段，形成了一个空前完整的金融体系。[⑦]

金融业务、金融组织和金融工具的种类也越来越多，金融业务越来越复杂。13世纪初，威尼斯就出现了公司股票的发行和买卖；1371年，佛罗伦萨成立了世界上的第一个证券交易所；1310年，一个专门出售海运保险和其它种类保险的特许公司问世，布鲁日、比萨、葡萄牙、加泰罗尼亚的银行都相继开展起保险业务；15世纪初，背书行为广泛流传，"它使汇票具有了纸币的全部特征"，佛罗伦萨银行设在各地的分支机构也随之开始了它的纸

① 参见［美］詹姆斯·W.汤普逊：《中世纪晚期欧洲经济社会史》，第580页；J. Day, The Medieval Market Economy, pp. 150-154。

② 参见 G. Luzzatto, An Economic History of Italy: From the Fall of the Roman Empire to the Beginning of the Sixteenth Century, p. 117；［美］詹姆斯·W.汤普逊：《中世纪晚期欧洲经济社会史》，第567页。

③ 参见 M. M. Postan, Essay on Medieval Trade and Finance, pp. 206, 207；D. Burwash, English Merchant Shipping, 1460-1540, Toronto, 1947, p. 148。

④ 参见 H. Kamane, European Society 1500-1700, p. 83。

⑤ 参见 M. M. Postan, Essay on Medieval Trade and Finance, pp. 204-206。

⑥ 参见 H. Kamen, Europen Society 1500-1700, pp. 69, 72, 73。

⑦ 参见 H. Miskimin, The Economy of Early Renaissance Europe, 1300-1460, p. 120；J. Day, The Medieval Market Economy, p. 143；J. L. Bolton, The Medieval English Economy, 1150-1500, p. 302。

币业务。1340 年，复式簿记在热那亚首次出现，之后，这一先进的记账方法，随着活字印刷术的应用，迅速地传至西欧各地，金融业务的技术水平有了很大的提高。随着业务面的拓宽和技术的提高，银行的功能增加，逐渐发展成为一个多边支付体系的中心。①

金融业在经济生活中的作用因而越来越大。货币存量猛增，"正常信贷、强制信贷和虚幻信贷造成证券大量流通"。"其数量之多，据一项确切的计算，竟超过荷兰现金的 15 倍"。可见，金融、信贷市场网络的形成极大地加速了商品的流通，促进了经济资源的配置，是"欧洲经济发达的核心"。② 故此，奇波拉说："建立完善的金融机构，富有弹性的货币供应以及便利的信贷是工业发展所必需的先决条件"。"如果没有金融革命作先导"，欧洲就不可能出现工业革命。没有一个完整的金融市场体系的建立，西欧市场机制的建立也是绝不可能的。③

3. 劳务市场网络的诞生

劳务市场产生的首要前提是劳动力也被作为商品进入市场进行交易，故劳动力的商品化首起于西欧城市。虽然城市的主要行业都被组织进行会，行会的学徒、帮工也不是典型的雇工，但他们和师傅之间仍是"买者和卖者的关系"，以契约为基础，"被支付的是工资"。如前所述，其实质仍是雇佣关系；更何况，城市中还有很多行会外的行业也都以雇工为主；就是有行会的行业，如建筑业等，也雇有大量的雇工。14 世纪初，人口仅有 9 万的佛罗伦萨城，仅在毛纺业就业的雇工就有 3 万人。④ 故此，奇波拉说：就整个中世纪工业而言，雇佣制度甚至比"业主与徒工之间的准家属关系更为典型"⑤。

"生产过程借以运动的一切生产关系既是它的条件，同时也是它的产

---

① 参见［意］卡洛·M. 奇波拉：《欧洲经济史》第 1 卷，第 261、262 页；第 2 卷，第 473 页。

② 参见［法］费尔南·布罗代尔：《15 至 18 世纪的物质文明、经济和资本主义》第 3 卷，第 300、433、434 页；第 2 卷，第 31 页；［美］詹姆斯·W. 汤普逊：《中世纪晚期欧洲经济社会史》，第 613—616 页。

③ 参见［意］卡洛·M. 奇波拉：《欧洲经济史》第 2 卷，第 454 页。

④ 参见［法］P. 布瓦松纳：《中世纪欧洲生活和劳动》，第 301 页。

⑤ ［意］卡洛·M. 奇波拉：《欧洲经济史》第 1 卷，第 212 页。

物"①。西欧城市的工商业既然以自由人身份的师傅、学徒、帮工和雇工为
其主要劳动力，随着它的发展，自然也就会导致这类自由劳动力的日益增多
和雇佣关系的发展。

城市兴起后，就"非常需要劳动力"②，为此，城市当局采取了各种措
施吸引农民进城。

他们首先保护迁入城市的农奴，赋予他们以自由。城市兴起后不久，
"接纳法权"（Droit D'accueil）流行于西欧各个城市。它规定入城的农奴
"只要在一个市镇内住了一年零一天，在那里结了婚，在那里完全保有一块
价值不高的不动产，或者仅仅保有一份能在法庭上作为担保物的地租"，就
可以成为"享有它所有权利和特权"的市民。他们"甚至不排斥那些没有
财产而只带着他们的强壮的双手入境的移民。它把公民权利给予他们"。其
目的都是为了这些人能够为它带来"他们的劳动，他们的发明和他们的宝
贵的财富"。而热衷于此道者，不只是市政当局，还有市民"从它的最低的
到最大的分子全部在内"③。有些城市为了吸引农民，给他们以自由之外，
还"允许他们在某一期间内享免税权"。在他们的努力下，农民通过各种途
径移住城市。"在意大利，乡村农民流入城市这项趋势，特别是在十字军开
始震动全西欧社会之后，是一个极其突出的现象"。封建主曾企图限制他们
的农民移住，"但他们都是枉费心机"。不仅阻挡不了农民自发地进城，还
得面对市民对农民的争夺。"早在1106年时，佛罗伦萨城市曾招请它周围村
庄的全部农民离弃他们的领主而来到城内"④。13世纪时，意大利的很多城
市"甚至用强力解放了本区的农奴"，相继颁布了许多相关的法令。波隆尼
于1256年和1282年曾连续二次发布了这样的法令⑤，意大利卫尔夫派城市
也千方百计地为农奴赎买自由⑥，通过多方努力，城市赢得了大量的劳动
力，到13世纪时，西方人口约有1/10流入了城市。⑦

---

① 《马克思恩格斯全集》第26卷第3册，第564页。
② ［美］詹姆斯·W.汤普逊：《中世纪经济社会史》下册，商务印书馆1963年版，第426页。
③ 参见［法］P.布瓦松纳：《中世纪欧洲生活和劳动》，第200、204页。
④ 参见［美］詹姆斯·W.汤普逊：《中世纪经济社会史》上册，第409页。
⑤ 参见［苏］波梁斯基：《外国经济史（封建主义时代）》，第281页。
⑥ 参见［美］詹姆斯·W.汤普逊：《中世纪经济社会史》下册，第426页。
⑦ 参见［法］P.布瓦松纳：《中世纪欧洲生活和劳动》，第206页。

　　于是，城市成了劳动力市场的发源地和主要市场。在英国，每当冬季，城镇中"到处都充满着没有事做的农民，向手工业者出卖劳动力"[1]。很多城市的雇工占城市纳税人的 1/3 以上。[2] 一些城市，如巴黎、汉堡等，早在13 世纪时就已有专门的场所作为雇工市场。"巴黎的格雷夫广场"，及其附近朱累广场和"靠近派出所"的广场都是"约定的雇工市场"。"在 1480 年的汉堡，零工前往安慰桥寻找雇主，那儿已是一个公共的劳动力市场"[3]。矿冶业、建筑业所在地也成了重要的劳动力市场。1475 年，上法尔茨的上莱茵地区的冶铁业雇用了当地的 1/4 以上的人口，总数达 1 万 1 千人。[4]

　　城市对粮食和原料的需求在农村也唤起了一个日益发展的劳动力市场，而农村本身也存在大量无地或少地而必须出卖劳动力的茅屋农。他们虽然多是农奴，但因无耕畜耕犁，服劳役时只能为领主干一些辅助性的工作，故所承担的劳役十分有限。[5] 因此，承担劳役较多的主要是份地农和半份农。即使是他们，劳役的天数也为庄园法和习惯法所约束，为领主服役超过了应服的天数，领主就需要另付工钱。一般来讲，只有农奴的份地为领主自营地的两倍的庄园，才能保证领主自营地有足够的劳动力供应。中小庄园特别是500 英亩以下的小庄园做不到这一点，因而必须雇工耕种，即使是大庄园，农忙季节时也不得不向外大量雇工。[6] 由于这些缘故，"当货币一旦在农业用途上变成更为方便的工具时"，领主们便开始雇工了。科思敏斯基对英国13 世纪时的《百户区卷档》的研究成果表明，英国中部六郡的中小庄园特别是小庄园的主要劳动力不是农奴，而是雇工。[7] 在法国，大约从 11 世纪末起，大领主们就开始这么做。他们"招收只有少量土地的农民"来耕种

---

① ［意］卡洛·M.奇波拉：《欧洲经济史》第 1 卷，第 147 页。

② 参见 R. H. Hilton, *Class Conflict and the Crisis of Feudalisn*, London 1985, p. 265。

③ ［法］费尔南·布罗代尔：《15 至 18 世纪的物质文明、经济和资本主义》第 2 卷，第 33 页。

④ 参见［意］卡洛·M.奇波拉：《欧洲经济史》第 1 卷，第 206 页。

⑤ 参见 H. S. Bennett, *Life On the English Manor: a Study of Peasant Conditions, 1150-1400*, Cambridge University Press, 1956, pp. 66,67。

⑥ 参见 E. Kosminsky, *Studies in the Agrarian History of England in the Thirteenth Century*, pp. 168,169, 275。

⑦ 参见 E. Kosminsky, *Studies in the Agrarian History of England in the Thirteenth Century*, pp. 297,168, 169,275。

自营地。①

同前述两个市场一样，劳务市场也渐渐地连成一片。劳动力从一个地方流向另一个地方，甚至国界也成不了它的障碍。从 1370 年左右开始，在其后的一百多年的时间里，成千上万的德国工匠从南德的各个城市持续不断地流向意大利的各个城市。以致"在全意大利处处可看到德国人。他们从事几乎每一种可能的职业和技艺"，如织工、染工、皮毛匠等等。他们有的携家而来；有的是单身汉，他们在意大利结婚安家；建立了许多地方兄弟会。人数之多，致使当地人将他们单独列为"条顿人"称之。同南德人一起移民的，还有北德意志人、佛兰德人和荷兰人等。②

为了争夺人才、技术和资金，各个城市和各个国家也都实施了各种吸引人才的政策，有力地推动了劳务市场网络的发展。爱德华三世时，英国政府制定了一系列鼓励和吸引尼德兰呢绒工匠和其他技术人才移民英国的政策。大批尼德兰工匠因而涌往英国，定居在伦敦、温彻斯特、布里斯托尔、阿比登、约克等工商业城市和约克郡西区。③ 15 世纪后，劳动力的国际流动随着各国宗教改革和整个社会经济的变化而空前加剧。大批劳动力因各种原因而移居英国、荷兰。仅 1560 年，移往英国的荷兰移民就达一万人之多。④ 1572 年 8 月的"圣巴托罗缪"大屠杀事件后，就有六千名胡格诺教徒移住英国⑤；取消南特赦令后，涌往国外的胡格诺教徒达数十万之多。致使外国移民在一些城市中占了很大比例。如英国的第二大城市诺里季总共人口为两万多，其中，仅尼德兰移民就有六千。⑥

从 13 世纪起，劳动力也从城市流向乡村，而乡村内部的劳动力的流动也日益加剧。这首先是城市的毛纺工匠迁居水流湍急的河谷地带建造水车，用水车漂洗呢绒。到 15 世纪末，随着大批工商业者从城市流往乡村，劳动力的流动是盛况空前。传统农业区的大批农民流往新兴工业区、国内大批人

---

① 参见［意］卡洛·M. 奇波拉：《欧洲经济史》，第 47、148 页。

② 参见［美］詹姆斯·W. 汤普逊：《中世纪晚期欧洲经济社会史》，第 383、384、356 页。

③ 参见 E. Lipson, *The Economic History of England*, V. 3, p. 60。

④ 参见［德］桑巴特：《现代资本主义》，第 599 页。

⑤ 参见［苏］波梁斯基：《外国经济史（封建主义时代）》，第 493 页。

⑥ 参见 W. Hoskins, *The Age of Plunder*, London, 1979, p. 97。

口流向新大陆和澳洲。社会上还涌现出大批的流动的雇工，因此，这时的西欧，劳动力市场网络伸展到四面八方、国内和国外，城乡之间，在欧洲范围内和欧美两州之间形成了巨大的劳动力市场。

在移民和流动人口中，有很多人拥有一技之长，甚至是身怀绝技，所以，"长期以来，人口的流动一直对知识的传播起着重要的作用"，故劳务市场网络的孕育与萌生同时也导致了技术市场的催生。荷兰人迁至日内瓦，"振兴了当地几乎已凋敝的毛织业丝织业"；他们迁入英格兰，就把纺织印染技术带给了英国人；迁入德国莱茵河地区，就帮助了当地人建立起了轻纺工业。[①] 城市工商业者将技术带到乡村，旧大陆移民将西欧的农牧业技术和工商业技能带进新大陆，都给迁居地带来了前所未有的技术革命和新兴产业。

劳动力的流动同时也是信息的流动和信息市场的产生，创造出了很多新的贸易和新航线。例如，荷兰人的外迁"给英格兰、荷兰共和国和西德带来了轻布料以及从钻石雕琢到榨油等其他贸易"[②]。

上述三个主要市场网络的形成，标志着西欧市场体系骨架的确立，市场经济已孕育成形。

三、市场法制建设

市场体系的孕育，从一开始就得到了城市特许状的保护、支持和推动。为了保证自己作为市场主体的利益，也为了协调市场主体之间的关系，市民们以特许状为基础，在制定行会章程之外，陆续地制定了不同于封建法律的城市法、商法和海商法。因此，市场体系的孕育与形成的过程也就是市场法制的建设过程。没有以特许状为基础，以城市法、商法和海商法为主体的市场法制的保护，城市内部的经济秩序都难以维持，遑论形成市场体系。

以特许状为其根源的城市法，由制定法和习俗组成，内容丰富，涉及公法和私法的各个方面。它用自由平等的观念排除了封建的特权法，肯定了市

---

① 参见［英］罗伯特·杜普莱西斯：《早期欧洲现代资本主义的形成过程》，第119、137页。

② ［英］罗伯特·杜普莱西斯：《早期欧洲现代资本主义的形成过程》，第119页。

民对其生产条件的所有权和作为市场主体所享有的权利和义务。规定了各市场主体在财产买卖、继承、出租、转让、抵押、债务、签订契约等各种经济活动之间的平等关系，排除了封建特权对这些平等关系的侵犯，使正常的司法程序成了解决纠纷的主要途径；明令保护市民对包括土地在内的财产所享有的出租、遗赠、继承、抵押、买卖的全部产权；明确规定市民拥有对市场贸易的管理权、征税权、货币铸造权、度量衡的规制权、城市行政机构和行会的组织权，从而保证了交易者作为市场主体的自由、独立和平等的地位。

依据特许状和城市法而成立的城市行政机构和行会组织拥有对城市和市场的管理权、征税权和惩罚权，为城市和市场秩序的维护提供了法律依据和有力的组织保证。他们制定了详尽的工商活动的行动准则，对度量衡的标准、产品的质量、售价、工作时间、劳动力的招收、使用等各种问题都给予了明确的规范。用严刑峻法防止并严惩囤积居奇、出售伪劣产品等各种不法行为，有效地规范了市场主体的行为，促进了市场的有序化。[①]

随着市场网络的兴起与发展，商人之间异地交往的日益频繁，商业活动也就超越了城市法的管辖范围，故需要新的法律来调整商人在这类活动中所发生的各种关系，于是商法应运而生。商法又称商人法，由规范内陆活动的商法和规范海上贸易的海商法（又称之为《海上领事法》）组成。它渊源于商业和海上贸易活动中形成的商事和海事习惯。

同城市法一样，商法也首起于城市复兴最早、城市生活最为繁荣的意大利。商人们很早就在国际市集和国际市场上组建商事法院和商业事务所，按商事中的习俗自行处理商务和商事纠纷，而商法和海商法就是汇集这些习俗和惯例而成的。1095 年，位于第勒尼安的意大利海岸的阿马尔菲共和国，颁布了第一部海商法汇集《阿马尔菲表》，"其权威逐渐被意大利所有城市共和国承认"，遂同海上领事法一同"成为地中海各港口通行的基本法"。继之，在 1150 年左右，"一个以法国大西洋沿岸岛屿奥莱尔法院所作的海事判决为内容的汇编，被大西洋和北海的各海港城镇——包括英国的各海港城镇——所采用"。1350 年左右，巴塞罗那领事法庭所遵循的《海事法典》逐

---

① 参见 J. Chartres, *Agricultural Markets and Trade 1500−1750*, Oxford University, 1980, pp. 32, 35, 53, 127, 246, 247。

渐成为地中海各商业中心的支配性法律。而这一法典实际上是意大利各城市法律的汇编。其内容涉及海上贸易和各种海上运输契约的签订和执行，以及对违规行为的处罚。①

商法和海商法具有鲜明的客观性和互惠性。1050 年到 1150 年间，"商法中的各种权利和义务实际上变得更加客观、准确而较少任意、模糊"。它"存在着一种从习俗（行为模型）意义上的习惯到更为细致地加以界定的习惯法（行为规范）的运动"，"并大大地加强了对公正裁决商事纠纷的强调"。这实质上是强调各方的地位的平等和权利的互惠。所谓互惠，一是程序上，"双方必须公平地参与交换，即，不存在强迫、欺诈或滥用一方意愿或认识的行为"；二是实体上的，即"不得使任何一方承受与他所获得的利益极不相称的代价"，"也不能不正当地损害第三方的利益或一般的社会利益"。随着国内国际贸易的日益兴隆，权利的互惠性随着契约机会的增多而变得日益重要，各国越来越多地给予外国商人以"国民待遇"，为现代最惠国待遇条款的问世开创了先河。②

商法和海商法的最大特点还是它的普遍性，这是它与具有地方特色的城市法最大的不同；也是商法、海商法为保证其客观性和互惠性的必然结果。由它们所规定的贸易双方的权利和义务因而"更加统一、更加普遍；而较少差异，也较少的歧视"，更具有国际性和世界性。如 1474 年的一位英国大法官所说："它是世界上通用的法律"。其合法性和有效性亦为各个城市和各地封建王侯们所认可，并"逐渐地得到了日益强大的中央政治当局的维护"。如著名的《大宪章》中就提道："所有的商人为了买卖的目的可以安全地出入，逗留以及由陆路和水路通过英格兰。按照古老公开的习惯，他们可免交法律上的捐税"③。

为了通过保证商法的普遍性以实现互惠的目的，各地都采取了各种措施以保证法律能如实地执行。

---

① 参见［美］哈罗德·J. 伯尔曼：《法律与革命——西方法律传统的形成》，第 414、415 页；［美］詹姆斯·W. 汤普逊：《中世纪晚期欧洲经济社会史》，第 618、619 页。

② 参见［美］哈罗德·J. 伯尔曼：《法律与革命——西方法律传统的形成》，第 415、416、418、419 页。

③ ［美］哈罗德·J. 伯尔曼：《法律与革命——西方法律传统的形成》，第 415、416 页。

　　首先，各个城市纷纷互相签订条约。从 12 世纪开始，意大利就签订了不少的这种双边条约。条约中规定："对方的居民享有在己方境内的自由、财产的自由、从事工业和贸易的自由，以及享有诉诸法庭的自由。"还规定在双方设立公开的商事法院，"以迅速裁决条约双方的公民之间的商事纠纷"。在需要时，可由公共当局出面协助商事法院实施诉讼程序。并规定外国商人有权选出"商业领事"，参与涉外商业案件的审理，以保证审判的公正性。这种被称之为商人领事法院制度于 1154 年首起于米兰后，迅速地扩展到意大利和欧洲的许多港口城市，有些地方还建立了类似的混合法院、采用了相同的法律。如英格兰、爱尔兰、威尔士在位于频繁进行进出口贸易的主要渠道上，建立了 14 个"贸易中心城镇法院"，其主要任务就是保护外商的正常贸易活动。在这里，实行的是 1353 年颁布的贸易中心城镇法。该法规定："在所有涉及贸易中心城镇的事情上"都应该"由商法支配，而不是由国家的普通法支配，也不是由城市、自治城市或其他城镇的习俗支配"。同时规定，该院的首席法官由该市的市长出任，任期一年，"由商人共同体，其中也有作为居民的外国人选举产生"。审判时，无论被告原告中有无外国人，参与审判的陪审团的成员中必须有一半是外国商人。[①]

　　根据商法的规定，商人们建立了"基于自由交往和互惠的领事馆"，产生了领事制度。由商人们自行派往贸易国的领事代表本国商人的利益，负责本国商人与贸易国之间的联系和协调；并履行监督贸易，防止走私、保护本国商品，通报海运消息等职责。在王权兴起前，它有效地履行了现代领事制度的一切职责，代替民族国家来保护国际贸易。[②]

　　社区集体担保制度则是保证法律执行的又一武器。这一制度规定，当一个商人在国外订立契约时，来自同一个城市或同一个社区的一个或几个商人也在契约上签字。一旦违约，违约方所在的社区和城市有责任运用集体组织机构保证契约的执行，有责任用社区的财产来赔偿对方的损失和罚金。英国国王亨利一世曾宣布："所有伦敦市民的债务人应偿还债务，或者证明他们不欠任何人的债务。如果既不还钱，又找不出证据，债务到期的市民可以拿

---

　　①　参见［美］哈罗德·J.伯尔曼：《法律与革命——西方法律传统的形成》，第 416—418、421、422 页。

　　②　参见［美］詹姆斯·W.汤普逊：《中世纪晚期欧洲经济社会史》，第 620、621 页。

走城市里来自债务人居住的自治市镇、农村或县里的抵押品。"一旦外国债权人确定某城镇的居民不能偿还他的货款，政府当局就从市政基金中出钱偿还；然后，再从债务人那里寻求得到双倍赔偿。梅特兰从英国法律文献中发现英国一般是以行会和同业公会为单位来为其每一个成员的债务负责。规定"同业协会的每一个成员为每一个成员在贸易过程中的货款提供担保，对这些货款有附带责任。你是 X 团成员，我对你采取行动，是因为你的同伙或与你分担财政负担的人与我已经签订了贸易货款，但是没有偿还"[1]。为了本城市和国家的名誉，不少的城市当局出面强制其市民履约。1292 年，一个叫卢卡斯的伦敦商人在里恩的集市上购买一个德国商人 31 镑的货物未付款就离开了里恩。尽管他先后逃窜了几个城市，最后，他被伦敦市民抓住，关进了伦敦塔。[2]

　　商法的这些特点，是日益发展起来的国际性商贸活动的反映与总结，是商业贸易活动实践的成果。但是，从根本上讲，它却是城市宪章和城市法所捍卫的市民对其生产条件的所有权和作为市场主体享有的权利和义务的原则的延伸，是城市集体主义精神在国际贸易中的应用。正是由于有了这套法律和制度的保证，商人们才能够在异国他乡经商时免遭不平等的待遇和无法预测的后果，大大地减少了各地在贸易上的摩擦，有力地促进了市场体系孕育与形成。[3] 到"十四世纪之初，中世纪那种阻碍通航，使海上贸易毫无安全可言的坏习惯已经开始被人们抛弃，欧洲各国乐于为其扬帆于异国海域或经商于海外的臣民们提供保护"[4]。

　　15 世纪后，随着民族国家的形成，商法从共同商法的发展阶段开始进入国家商法的发展阶段。1561 年，丹麦国王颁布了《海事法典》，这一事件标志着国家商法的诞生。路易十四时期，法国先后于 1673 年和 1681 年颁布了商法和海商法典。继之，各国都制定了商法和海商法，实行了民商分立。过去分散于贵族、城市、行会的立法权集中统一到新兴的民族国家手中。[5]

---

① 韩毅：《历史的制度分析——西方制度经济史学的新进展》，第 88、94 页。
② 参见 ［美］哈罗德·J. 伯尔曼：《法律与革命——西方法律传统的形成》，第 418 页。
③ 参见 ［美］道格拉斯·C. 诺斯、罗伯特·保尔·托马斯：《西方世界的兴起》，第 62 页。
④ ［美］詹姆斯·M. 汤普逊：《中世纪晚期欧洲经济社会史》，第 620—621 页。
⑤ 参见 C. M. Cipolla, *Before The Industrial Revolution European Society and Economy 1000-1700*, p. 82.

在民族国家尚未形成，还没有基于国家的强制力之上的法律体系支持跨境贸易的情况下，商法和海商法的产生和发展对于国际贸易的发展和西欧市场体系的形成起着命运攸关的作用。最有力的证据就是信用手段的普及。它随着商法和海商法的产生而产生，随着它们的发展而普及。因为在那种四分五裂的局面下开展地区性和国际性的贸易，除了实物交换之外，其他的贸易都须以信用为基础。就是现金支付实际上也是一种信用交易。"因为那时不存在任何保证货币价值的主权国家，许多不同种类的货币都在流通之中"。实物支付之所以在 12 世纪时的西欧长途贸易中成了例外，汇票、本票、支票等"各种涉及使用信用手段的商业契约激剧猛增"；关键就是商法体系使诚信、这个商人共同体特定的需要成了法律的基本原则。同理，"康美达""海上合伙"等各种联营商业组织在 11 世纪之后的涌现也是依赖于信用原则的确立。坐商将资金托付给行商，这在"生命是廉价的，资金则非常短缺"的年代，没有每一个合伙人对其他合伙人会信守诺言的信心、没有商法体系对诚信原则的保护是绝不可能的。[①] 而基于诚信原则之上的这些联营组织无疑是现代企业组织的前身。它的产生和发展不仅为现代企业组织的产生做好了组织上、制度上的准备，也为国家商法的出台提供了立足的根本。

西欧企业组织为什么在中世纪时代就很少以血缘关系为基础，关键还是它有一个有商法体系作保证的、比血缘关系更为可靠的诚信原则。正是基于这一原则的商法及其特有的一套司法程序为工商业组织突破血缘关系的屏障、实现社会化奠定了基础。

劳动立法也是市制法制的不可缺少的部分，其起源之早不亚于商法，前述逃亡农奴进城居住一年另一天即可获得自由即是例证。英国历届政府颁布的鼓励外国人移居英国的一系列的规定和法则也都是为了获得熟练劳动力而制定的，因而极大地维护了劳务市场的发展和劳务市场网络的形成。它的主要内容是：移民享有居住自由、信仰自由、从业自由，并向他们颁发营业许可证，拥有不受行会管辖的特权；对其中有技术发明的移民颁发专利权，给

---

① 参见［美］哈罗德·J.伯尔曼：《法律与革命——西方法律传统的形成》，第 426—431 页。

予专门津贴等；并规定对侵犯移民正当权利的行为给予严厉惩处。[①]

黑死病过后，爱德华三世颁布了 12 岁至 60 岁的成年男子中的无地可耕者必须就雇于任何愿意雇用他们的人，但所得工资不得超过疫病之前的法令。尽管这一法令违反了市场的规律而没有得到认真地执行，但它却是西欧历史上最早的有关劳动工资的立法。之后，这样的立法在英国历史上是屡见不鲜。伊丽莎白时期共颁布了关于工资调整的诰令就有 38 个，其中有 14 个是专门针对伦敦的。诰令对各种工匠的年、周、日的工资额都做了具体规定。诰令用女王寄给枢密大臣的书信的形式公布于世，并抄送给市长、市行政司法长官、市议员等，令他们执行。[②] 此外，各郡治安法官还可根据本地实际情况制定工资标准，称为法定工资。如果按高于法定工资的标准雇用或受雇，雇主和雇工都会以违反法令而受到相应的处罚。[③] 16 世纪开始的西欧各国有关惩治浪人及强迫他们劳动的所谓血腥立法也应是劳动立法，尽管它是血腥的，但它为有劳动能力的人设立了习艺所、济贫院，为贫苦的儿童提供学习的场所，都无疑有益于增加劳动力供给，有助于劳务市场的稳定和发展。[④]

伴随城市法、商法、劳动立法兴起的则是罗马法的复兴。罗马法的复兴不仅弥补了城市法、商法和海商法的不足，还为它们提供了法学基础，有力地推动了它们的发展，使其内容越来越丰富。从商法、海商法中最初的简单的商业关系习惯的规范，如遇险船只抛弃货物后，按投资比例分摊损失的规定等，发展出很多复杂的处理办法。并将涉及面从商业扩展到金融业、保险业，使银行账簿、票据汇兑、海上保险文件等都具有法律效率。同时，对纠纷的裁决和处理越来越规范化、程序化，法律的整体性程度因此而不断地提高，并随着市场体系的孕育而不断地向前发展，11 世纪晚期和 12 世纪时产

① 参见 E. Lipson, *The Economic History of England*, V. 1, p. 452, V. 3, p. 367; W. J. Ashley, "Economic Organization of England", *in Journal of Political Economy*, *March*, 1901, V. 1, pp. 198, 199; H. Chisholm, *Encyclopedia Britannica*, V. 13; New York, 1911, p. 35。

② 参见 P. L. Hoghes, J. F. Ed. Larkin, *Tudor Royal Proclamations*, V. 3, Oxford 1969, pp. 22 - 25, 40 - 42。

③ 参见 E. Lipson, *The Economic History of England*, London, 1931, V. 2, pp. 367, 368。

④ 参见 [德] 汉斯·豪斯赫尔：《近代经济史——从十四世纪末到十九世纪下半叶》，第 111 页；[英] 罗伯特·杜普莱西斯：《早期欧洲现代资本主义的形成过程》，第 339 页。

生了公证人制度。公证人不仅登记商业文件，还负责起草各类契约和公证文书。这些契约和文件也都具有义务约束力，由此产生的公证体系"使商业习惯自觉地适应新的情况不可避免"[1]。

随着市场法制建设的逐渐推进，西欧各国也建立起了执行和维护这些法律的司法机构和司法专业队伍，培养出了大量的司法官员和律师、公证人等。他们是法律的贯彻、执行所必需的组织保证。因为法律作为一系列条规、行为准则，及违规惩罚规定的汇集，和它所特有的一套复杂的执行程序，使一般人难以摸清其中的奥秘而无法涉足其中，从而导致了司法专业人员的产生。13 世纪时，在各个城市，特别是在意大利各城市中，这些专业人员人数已达相当的规模。如 1268 年，维罗纳市已有公证人 124 人；1283 年，波伦亚市的公证人是 212 人。[2] 法英两国政府于 1274 年和 1292 年相继立法，"限定只有经司法官员批准者方可从事法律工作"[3]。这标志着早已存在的诉讼代理人制度和公证人制度得到了国家法律的正式认可。这些人虽然在城市人口中所占比重不大，但其产生的社会影响则远远超过了它的人数。他们的出现及其队伍的发展有力地推进了市场法制的建设。

随着市场法制的逐渐形成，还成长起了一大批市民阶级的法律理论家。他们出版了大量的法学著作，整理复活了罗马法，并结合新的经济形势和社会环境将罗马法的原则运用于具体的司法实践过程中，使具体的法律服务于第三等级的经济利益。创立了泰格·利维谓之的"造反法理学"，使市场法制奠基于深厚渊博的理论基础之上，赋予了它以牢固的基础和旺盛的生产力。

四、市场经济胚胎的成形及其意义

财产私有权和自由劳动是市场经济的"基因"；市场体系是市场经济的躯体；金融市场是市场经济的血液；市场法制则可谓是市场经济的免疫系

---

① 参见［美］哈罗德·J.伯尔曼：《法律与革命——西方法律传统的形成》，第 432 页。
② 参见［法］费尔南·布罗代尔：《15 至 18 世纪的物质文明、经济和资本主义》第 3 卷，第 633 页。
③ ［美］M. E. 泰格、M. R. 利维：《法律与资本主义的兴起》，第 151 页。

统，它们的产生也就标志着市场经济胚胎的孕育成形。诺斯说，十三世纪时的西欧："真正的市场经济雏形已具"，尽管它很幼嫩，但是，"各种生产形式"已处于它的统治之下。① 这就是说，这个幼嫩的市场经济的胚胎会反过来推进城市乃至整个社会结构的分化和整合。它们之间相互推动、相得益彰，使西欧的面貌在城市复兴后的短短的四五百年时间内发生了翻天覆地的变化。在这个过程中，不断成长中的市场经济"胚胎"展示出市场经济才具有的诸多功能，有力地推动着西欧传统社会结构的分化与整合；也有力推动着欧洲各国间的相互交往，并将市场推向东方、推向新大陆、推向整个世界。世界也就由此而逐渐地从分散走向整体，一个前所未有的世界体系的胚胎亦于 16、17 世纪时逐步形成。

显然，没有自治城市就没有这一切。这不仅是因为自治城市为市场经济保护了基因，提供了"子宫"，也因为市场经济赖以产生的市场体系和市场法制也都是以它为基础的，因此，完全可以说，没有自治城市，也就没有市场经济的孕育。

但是，自治城市虽然在市场经济的孕育过程中功不可没，但自治城市本身又是市场经济发展的一个障碍。它的城市自治制度和行会制度所推行的地方垄断主义等严重地阻碍了国内市场的形成与发展；它又是个地方政权，作为一个制度变迁主体有其不可逾越的局限性，无力直接在全国范围内确立法制、执行法律，建立秩序；无法也无力克服诸侯割据所产生的地域分割和市场分割、关税林立、道路艰险的困难。要克服这些障碍和困难，就离不开市场经济正反馈机制的帮助，即离不开王侯们的支持。正是这些支持和帮助才使市场经济的胚胎得以克服各种障碍和困难而成长起来；而它的正反馈机制也因从它那里得到不断增强的反馈而越来越强大，两者也就在彼此间的相互作用中不断壮大。可见，要揭示出市场经济孕育的全部奥秘，就不能把视线局限在人身自由、财产私有权和自治城市身上，还要关注市场经济正反馈机制。

但是，即使有正反馈机制的帮助，市场经济的胎儿仍难以脱离子宫而顺利分娩。这是因为，不仅自治城市是市场经济发展的障碍，连它的正反馈机

---

① ［美］道格拉斯·C.诺斯、罗伯特·保尔·托马斯：《西方世界的兴起》，第 69、80 页。

制的载体的王侯们也给它的发展造成了重重困难。正因如此，在民族国家问世之前，甚至在民族国家形成之后的相当长的时间内，市场经济在西欧各国仍然是个发展不一的胎儿；尚未分娩，更谈不上发展壮大。其原因，主要是市场经济的各个构成部分的完善都离不开民族国家。没有民族国家，社会就会滞留于封建割据状态。即使建立起了市场网络，这个网络也会是一张"破渔网"，中间会有许多尚待补上的大洞和小洞。同时，这个"破渔网"的各个网结之间的相互联系和相互作用也会因地方割据、关税林立、币制和度量衡的不统一而常遭阻梗，以致困难重重。如此一来，网络是仅有纲而无目，而不是一个能捞起鱼虾的"渔网"。商品市场网络、金融市场网络、劳务市场网络、技术市场网络都是如此状况，市场经济也就只能是个胎儿，还未分娩。同样地，没有为国家所主持的需求主导性的制度变迁，市场法制就无法健全完善，更无法用较低的成本推广到全国和全欧洲，如此一来，市场经济也就缺乏一个在全国乃至全西欧都行之有效的市场法制。既缺乏一个健全的骨架，又缺乏一个遍及全身的"免疫系统"，自然也就谈不上市场经济的分娩问世。故此，尽管到15世纪末，西欧各国之间的经济联系已是空前地活跃，并已开始世界体系的孕育，但是，整个西欧的市场经济仍处于孕育阶段，各国间的差别仅是个胚胎的大小的问题，没有哪一个国家的市场经济已经分娩问世，更谈不上发展壮大。

但是，这并不意味着这个尚是胎儿的市场经济对西欧传统社会结构的分化与整合毫无影响，相反，西欧各国都从市场经济的孕育中获益匪浅。它从根本上摧毁了传统社会结构的根基，使其各个子系统都经历了一系列的分化整合，致使社会结构离平衡态越来越远。这之中，"斯密动力"当然功不可没。市场与分工的相互推进，相得益彰；分工的发展使社会结构日益复杂化；它的资源配置功能和优胜劣汰功能发挥出作用并日益强化。13、14世纪时，各个国家、地区、城市之间为了争夺市场、资金、原料、人才等展开了激烈的竞争。虽然城市行会"禁止内部竞争并野蛮地压制它"[①]，但却不能将这种做法推行到地区性和国际性的市集和交易会上去。在那里，"所有

① ［美］詹姆斯·W.汤普逊：《中世纪经济社会史》下册，第439页。

的限制全部取消"①，各地区、各城市之间的市场竞争十分激烈。自治市和行会的规章制度也制止不了农村居民之间争夺农牧产品市场，以及城市之间、地区之间、国家之间争夺农牧产品资源的斗争。行会不仅不禁止这些竞争，反而"鼓励它们的成员进行对外的竞争来扼杀对方"②。从而使城市行会内部和行会之间的竞争、分化从未停止。例如，15 世纪时，德国科隆的纺织业行会被四五个师傅控制，其他会员都沦为雇工。③

可见，尽管直到 15 世纪末，西欧市场经济尚未分娩，但是，由于已形成了市场经济的雏形，整个西欧也就从这个雏形的运作中受益匪浅。这正如诺斯等人所说，尽管"在国际市场之外的产品市场常常因不完善而受到享有特权的行会和垄断的干扰"，但是，"市场经济在整个欧洲的扩展仍带来了增益"④。显然，这不能全归功于这个尚是个雏形的市场经济，它的正反馈机制也功不可没。这一机制不仅帮助了城市的兴起、城市自治制度的产生和推广，也推动了市场经济的孕育，并且使其自身在这个过程中不断地发展壮大。

---

① ［法］雷吉娜·佩尔努：《法国资产阶级史·近代》上册，第 84 页。
② ［美］詹姆斯·W.汤普逊：《中世纪经济社会史》下册，第 439 页。
③ 参见斯托克利茨卡亚－特烈什柯维奇：《中世纪史城市史的基本问题》，莫斯科 1960 年版，第 211 页，转引自马克垚：《西欧封建经济形态研究》，第 331 页。
④ ［美］道格拉斯·C.诺斯、罗伯特·保尔·托马斯：《西方世界的兴起》，第 102 页。

第 十 一 章

正反馈机制对市场经济的推进

正反馈机制从产生之日起就为城市的复兴、城市自治制度的建立和普及提供了不可或缺的帮助；为市场经济开拓了巨大的生存空间，为其铲除了官工官商这个潜在的障碍；而城市的发展和市场经济的孕育又导致了货币权的强化，使其与土地权的分离更加彻底。波斯坦说："当贸易不断地演化为专职商人的职业"时，"修道院地产上的僧侣代理或者加洛林大地产上有特权的办事员能够经营各种贸易的时代也就一去不复返了。"[①] 因为它使从工务商成为一种越来越难以为贵族和一般人所从事的专业，从而巩固了它和土地权的分离，使正反馈机制得到强化，使这一机制对市场经济的正反馈作用越来越大，越来越广。

一、推进了城市的对外开放

如前所述，自治城市的本质是封建的，因此，也是排外的、封闭的。

城市的基层组织行会"主要关心的是一致维护会员的利益和标准"[②]。故对内对外，都实行封闭和垄断的政策。

---

① M. M. Postan, D. C. Coleman, P. Mathias, ed., *The Cambridge Economic History of Europe*, V. 2, p. 220.

② M. M. Postan, E. E. Rich, E. Miller, ed., *The Cambridge Economic History of Europe*, V. 3, pp. 213-214.

对内，它企图通过限制会员的人数来独霸市场的垄断权，使"市民获准进入行会越来越困难"①。17世纪时，切斯特市还规定：只有具备市民和某行会的双重身份，才能在该市从事该行会业务。② 严禁包括贵族、外国商人在内的行会外的各类人等从事零售业。③ 对能满足本城的需要，或符合本城利益的外地商人和外国商人所从事的贸易，则"用尽一切方法来保证将这些商人的活动置于严密的控制之下"，"以便使他们能为当地人创造尽可能多的利润，而为他们自己创造尽可能少的利润"。其中，对外国商人的限制和歧视尤为严厉：征收歧视性的税收；强买他们的货物；限制他们进入城镇或城镇的某个地区；规定他们之间不能有业务往来，只能同当地人做生意；或只能以本地人作为中间人开展业务；制定了防范和打击外国商人与当地居民建立合作关系的各项措施和法律；规定允许留居的外商必须遵守"寄住法"。该法规定，外商来后必须到市政厅注册，由市政厅给他们分配房东；并通过房东对他们的生意进行监督。④ 某个行业越是重要，对外国商人的限制就越苛刻。

波斯坦等人说，"行会作为城市经济组织的一般方式和作为政治机器的一个主要支柱决定了城镇的政策……故此，行会的政策往往被提升为城市的政策。"这就决定了城市当局的政策的特点仍然是"典型的垄断、恐怖和排外"，并"相当狭窄和当地化，控制十分严密"。"它们反映的不是一群大商人的利益，而是不同行业间的妥协"，在这之中，工匠和小商人的利益得到了很好的体现。⑤

为了达到这一目的，城镇当局想尽各种办法将分散在各地的贸易集中到自己的市场上。为此，他们迫使路过的外地商人必须经过他们的城镇，要他们在本市的港口卸货、交费后再装船；或强留在本城贸易，而不让他们前往

---

① M. M. Postan, E. E. Rich, E. Miller, ed., *The Cambridge Economic History of Europe*, V. 3, pp. 213-214.

② 参见 W. Cunningham, *The Growth of English Industry and Commerce, in Modern Times*, Cambridge, 1903，p. 34。

③ 参见［法］马克·布洛赫：《封建社会》下卷，第540页。

④ 参见 M. M. Postan, E. E. Rich, E. Miller, ed., *The Cambridge Economic History of Europe*, V. 3, pp. 164,170-172,223,224。

⑤ M. M. Postan, E. E. Rich, E. Miller, ed., *The Cambridge Economic History of Europe*, V. 3, pp. 213,214,215.

目的地，致使商人们不得不改变运输线路，那些与其竞争的城镇亦被压制，以致与世隔绝，让本是贸易集中之地的城市变成了"贸易受阻遏之地"；其为祸之烈，连著名的城市热那亚、法兰克福和英国的南安普敦都曾遭此厄运。①

城市的政策还力求"消除附近小城镇和村庄所带来的威胁"。从 14 世纪开始，根特、伊普斯和布鲁日就禁止在它们的城墙外有纺织生产，查禁像波铂灵厄和特尔蒙德这类小城镇的织机，并派遣搜索队进入周围 5 里格（1 里格约等于 5 公里）之内的村庄进行搜索。② 当时欧洲最大的几个都市，如热那亚、佛罗伦萨、威尼斯、巴塞罗那也都把它们所控制乡村的农民变成他们的粮食承办人，同时又禁止他们从事任何工业。③

行会和城镇的这些封闭保守的政策几乎与自治城市共始终，黑死病过后，它又"得到了充分的发展，成了城镇内和城镇之间所有贸易往来的基本框架"。例如，禁止在国内市场上出售外国商品的法令在 12、13 世纪相当罕见，可到了 14、15 世纪时，却变得相当普遍。1305 年，比萨就开始禁止进口羊毛半成品，到了 1336 年，则禁止一切羊毛制品入境；佛罗伦萨于 1317 年和 1319 年也颁布了类似的法令；到 1458 年，更是明令禁止在城市中出售任何外国制造的布匹；同样的法令在热那亚、巴塞罗那、威尼斯、米兰等许多城市中都可以见到。④

城镇内部的矛盾因此而被激化，以致在很多城镇发生了推翻城市贵族的行会革命，手工业者和小商人由此而掌握了很多城市的权柄，他们建立起了力图包容各个行业的利益尤其要为城镇中广泛的卑微的人群负责的"行会政府"。为此，他们力图消除来自城外的一切威胁，以"支持城墙内的业主，努力保证城镇成为原材料的唯一销售地"，因而对一切外来的商品和人

---

① 参见 M. M. Postan, E. E. Rich, E. Miller, ed., *The Cambridge Economic History of Europe*, V. 3, pp. 162-164。

② 参见 M. M. Postan, E. E. Rich, E. Miller, ed., *The Cambridge Economic History of Europe*, V. 3, pp. 213,355；［法］P. 布瓦松纳：《中世纪欧洲生活和劳动》，第 318—319 页。

③ 参见［法］P. 布瓦松纳：《中世纪欧洲生活和劳动》，第 318—319 页；M. M. Postan, E. E. Rich, E. Miller, ed., *The Cambridge Economic History of Europe*, V. 3, p. 213。

④ 参见 M. M. Postan, E. E. Rich, E. Miller, ed., *The Cambridge Economic History of Europe*, V. 3, pp. 211,212,213,415-417。

员，无论是外国商人，还是乡村商品都抱着敌对态度。由于封闭和排外能保护小生产者的利益，故那些"只有1到2个裁缝、1到2个肉铺老板、一群职工"的乡村市镇，其排外性、封闭性比那些工商业较为发达的大中城市更强。例如，仅有一个小市场的小小市镇吉纳的法规就十分排外。它严格限制外地人和外国人在本地的商贸活动，禁止市民同外面联系，不准许将业务扩散到城墙之外，禁止出售不是本城制造的商品，工匠"只要能在城内有工可做，就不能外出工作"。而这样的小镇在法兰西和德意志都为数不少，它们长期沉浸于管制良好的自我感觉之中，直到法国革命和被拿破仑征服时才开始觉醒。①

　　意大利中北部和低地国家的几个著名的商业性大都市，虽然不像一些小城市那样封闭，但迫于周围城镇的竞争，它们也极力地想建立起一种排他性的商业垄断权和商业统治权。威尼斯人、热那亚人和汉萨商人就曾建立过这样的权力，相互封闭；威尼斯和热那亚、布鲁日和斯拉斯、根特和布鲁日、马林和安特卫普、多德雷赫特和阿姆斯特丹、巴黎和鲁昂之间也是如此。②

　　当然，也有许多城市实行自由贸易政策，"外国人在那里贸易也几乎不受任何限制"。它们或是依赖出口商业、转口商业的贸易城市，如安特卫普就是靠吸引被别的城镇阻挠和敌视的外国商人前来经商才扭转了其发展的颓势并由此而发展壮大起来的；布鲁日、卑尔根—奥普—祖姆也都曾是自由的港口；或是处于交通线路上的城镇和以航海为业的城镇，如米德尔斯堡等；一些内陆的小城镇，如布鲁日附近的亚登堡市，因为吸引外商可以获益等缘故，也实行对外开放，为外国商人提供各种优惠待遇。③

　　但是，这样的城市是不多的，"绝大多数城镇都采取带有垄断和防护性质的经济政策，依靠的是特权和限制"④。然而，市民毕竟从事的是工商业，原料、产品市场和生活消费品对他们来说是必不可少的，因此，它们的对外封闭是相对的，是以维护其商业垄断权为前提的封闭，故他们在尽力地驱赶

---

　　① 参见 M. M. Postan，E. E. Rich，E. Miller，ed.，*The Cambridge Economic History of Europe*，V. 3，pp. 171，213-216，V. 2，p. 271。

　　② 参见［法］P. 布瓦松纳：《中世纪欧洲生活和劳动》，第318—319页。

　　③ 参见 M. M. Postan，E. E. Rich，E. Miller，ed.，*The Cambridge Economic History of Europe*，V. 3，pp. 217，224，225，227；V. 2，pp. 271，279。

　　④ M. M. Postan，E. E. Rich，E. Miller，ed.，*The Cambridge Economic History of Europe*，V. 3，p. 227.

竞争者的同时，也在努力地开辟新市场；改进技术，处心积虑地去开发、征服和控制一些地区，以垄断某种商品、原料或某个线路，致使城市之间征服与反征服、控制与反控制的斗争十分激烈。其目的主要是为使被征服的城市和地区成为它的仓库和原料、粮食的供应地；为它织布、染色，为它组织运输，甚至为它提供出海口。例如，佛罗伦萨攻陷比萨、控制里窝那；热那亚堵塞萨沃纳的海港等，都是为了这些目的。①

显然，要想在全国范围内建立起各类市场网络，就必须彻底打破各个城市相互封闭的格局。而这个目的之所以能够实现，国王和贵族，尤其是国王，起了关键性的作用。

首先，国王和贵族们通过制定法规，采取各种措施来保护外地、外国商人和工匠；支持本国商人和工匠对外贸易。

在 1127 年赐给圣·奥默城（St Omer）的特许状中，佛兰德斯的伯爵就向市民们承诺：他将代表市民就有关事宜与外国当权者进行交涉和调停。1157 年，当商人们抱怨他们在荷兰和泽兰遭到了不公正的待遇时，伯力伯爵就急忙代表商人进行交涉；并为这同荷兰和泽兰进行了两场战争。随后，在布鲁日签订的条约中，腓力为他的国民争取到了能给佛兰德斯商人带来人身安全和货物安全的一些特权。② 1186 年，法王腓力二世甚至宣布那些来自于正在与法国作战的敌对国家的商人也受他的保护；1193 年，为了保护佛来铭商人，他又再次宣布了这一政策。对在外国经商的法国商人，他也是关怀备至。在伦敦档案中，人们还可以看到他写给英国首席法官的一封信，他在信里"以坚决口气要求英国清理若干亚眠商人在英国出售小麦而未能收集的账款"③；英王亦不例外，从 1204 年起，很多国王都给各国商人发放了安全通行证。④

---

① 参见［法］费尔南·布罗代尔：《15 至 18 世纪的物质文明、经济和资本主义》第 1 卷，第 599 页；M. M. Postan, E. E. Rich, E. Miller, ed., *The Cambridge Economic Eistory of Europe*, V. 3, pp. 174, 175。

② 参见 M. M. Postan, E. E. Rich, E. Miller, ed., *The Cambridge Economic History of Europe*, V. 3, p. 346。

③ 参见［美］詹姆斯·W. 汤普逊：《中世纪经济社会史》下册，第 61、62 页。

④ 参见［意］卡洛·M. 奇波拉：《欧洲经济史》第 1 卷，第 284 页；M. M. Postan, E. E. Rich, E. Miller, ed., *The Cambridge Economic History of Europe*, V. 3, pp. 311, 310。

　　除安全外，商人在外国、外地务商时，也"需要有迅速的法律程序以保证执行契约时不致拖延太久，需要有帮助他们从与他们有贸易往来的人中收回债款的机构"，需要有从事贸易的各种便利。那不勒斯、安茹帝国的查理，和英格兰诸王都毫不吝惜地满足了商人的这些需求。① 1271 年，亨利三世规定"所有的毛纺业工匠，无论男女"，无论他是来自何地何国，"都可以放心地来到英国生产布匹"；并在五年内享有免税的特权；1303 年颁布的《商业特权法》进一步许诺：外商在英国既可以进行批发贸易，也可以进行零售业务；并承诺对其涉及的案件要尽快地进行处理；1337 年，爱德华三世再次重申了这一规定。②

　　教皇也不落后，他们经常为保护意大利商人的利益写信。格列高里七世给法王的信件，为法国集市上的意大利商人大开方便之门。③

　　贵族和国王还常常为遭到大城镇压迫的中小城镇提供支援，帮助它们摆脱前者的压迫，支持它们发展自己的工商业。佛兰德斯的伯爵们对被根特等城市压制的小城镇和乡村充满了同情心，在马累的路易统治时期残留下的令状中，就有许多是给予梅嫩、奥登堡、罗兹拉尔、韦尔威克、拉戈尔古、铁列特、吉斯坦文及洪德斯科特等城镇发展纺织生产的特许状。④

　　第二大措施是减免包括通行税在内的各类税收，为城市之间、地区之间和国家之间的贸易扫除障碍。

　　1131 年，亨利一世在授予伦敦的特许状中向全国宣布：在英格兰全境和所有港口免除伦敦市民一切货物的通行税、过境税、货物税及所有的其他关税。如果还有城市向伦敦市民征税，伦敦市民就可以用对等的办法和数额向对方征税⑤；之后，亨利一世又将这一权利授予了其他城市；这一政策为金雀花王朝诸王所继承⑥；约翰国王在授予格洛斯特、伊普斯维奇

----

　　①　参见［意］卡洛·M. 奇波拉：《欧洲经济史》第 1 卷，第 284 页。

　　②　参见 M. M. Postan, D. C. Coleman, P. Mathias, ed., *The Cambridge Economic History of Europe*, V. 2, p. 676。

　　③　参见 M. M. Postan, D. C. Coleman, P. Mathias, ed., *The Cambridge Economic History of Europe*, V. 2, pp. 358, 676; V. 3, p. 135。

　　④　参见 M. M. Postan, E. E. Rich, E. Miller, ed., *The Cambridge Economic History of Europe*, V. 3, pp. 355, 356。

　　⑤　参见 E. Lipson, *The Economic History of England*, V. I, pp. 279, 285-286。

　　⑥　参见 D. C. Douglas, ed., *English Historical Documents*, V. II, pp. 947, 963。

和邓维奇等城市的特许状中宣布，市民在包括王室的大陆领地在内的整个国王领地内都免缴进出口关税、过境税、货物税、桥梁税、摊位税、商业税和丹麦金。① 如果有人违背这一规定而向他们征税，则这些城市的市政官员有权在本市扣押对方城市的财产。② 国王们企图用这个办法将其分散在全欧的领地连成了一个统一的贸易区。③ 到 1275 年，在全英格兰，要想开征新的通行税，就必须取得国王的许可。④ 除非为了换取等价的道路服务，如修桥、筑路、整修城墙、改建码头等，国王的政府也很少批准征收过路税；即使批准了收税，过后，政府也都要对征收情况进行调查，以决定其取舍。金雀花后各王朝也都继承了这些政策，1303 年颁布的《商业特权法》和爱德华三世于 1337 年颁布的法令都重申了商人在英国国土上经商都免交各地收费的规定。⑤

　　一些贵族也授予城市市民税收豁免权。例如。康沃尔伯爵理查德免除了洛斯特和威尔士市民在康沃尔郡的市场和市集上的通行税，丹比厄和兰特里斯安特的市民也可以在其主人的英格兰和威尔士的领地内免征通行税。⑥

　　第三大措施是授予外国商人以各种商业特权。

　　历代罗马教皇都在这方面做出了表率。意大利诸城的银行家都得到他们长期的、有力的保护；君主们起而效之，故商人们也"从君主那里取得一些特权和豁免权"⑦。13 世纪末，皮埃尔的盖伊公爵将他给予德国人和西班牙人特权的政策授给布鲁日附近的小镇亚登堡，以帮助它吸引外国商人，以振兴城市的经济。1086 年，英王就给予多佛人在整个英格兰免收赋税的特权；12 世纪中叶，英王授权圣·奥默的商人在伦敦可以有自己的居所，并

　　① 参见 R. C. Cave, *A Source Book for Medieval Economic History*, London, 1964, pp. 208, 210; F. Pollock, & F. W. Maitland, *The History of English law before the time Edward I*, V. I, London 1898, p. 664; E. Lipson, *The Economic History of England*, V. I, p. 279。

　　② 参见 F. Pollock & F. W. Maitland, *The History of English law before the time Edward I*, V. I, p. 666。

　　③ 参见 M. M. Postan, E. E. Rich, E. Miller, ed., *The Cambridge Economic History of Europe*, V. 3, p. 309。

　　④ 参见 ［意］卡洛·M. 奇波拉：《欧洲经济史》，第 284 页。

　　⑤ 参见 M. M. Postan, D. C. Coleman, P. Mathias, ed., *The Cambridge Economic History of Europe*, V. 2, pp. 183, 676; V. 3, pp. 135, 309-311。

　　⑥ 参见 E. Lipson, *The Economic History of England*, London, 1929, V. I, pp. 279-280。

　　⑦ 参见 ［法］P. 布瓦松纳：《中世纪欧洲生活和劳动》，第 172—173 页。

可以自由地进入各个集市和市场；而丹麦人和挪威人在这之前就已拥有这样的权利；查理二世统治期间，意大利和加泰罗尼亚不仅有权用自己的商船直接到英国运输羊毛，还有权直接进入英国内地采购，15 世纪初期，英国出口的羊毛中有 1/5 是他们运走的。1353 年，为了确保出口税收，爱德华三世授权外国商人在英国各个城镇建立商品中心，使外国商人垄断了英国羊毛的出口业务。[①]

汉萨商人不仅从英王那里获得了一系列的特权，还获得了自治权。爱德华二世时，汉萨同盟中的斯蒂亚德公司就拥有广泛的自治和司法权力，能与伦敦市政府分享行政权；致使汉萨商人在后来的几个世纪内在英国拥有了各种自治权：在伦敦建有自己的商会大厦，有自己的市长，有权成立法庭审理汉萨成员之间的诉讼而不受英政府的管辖。其间虽因英商和其他外国商人反对而有所间断，但英王于 1474 年又将这些特权原封不动赐给了他们，并一直维持到都铎时代。[②]

由低地国家的君王们带头，大陆各国也授予了英国商人诸多商业特权甚至自治权。"他们可以和波罗的海、低地国家进行贸易，可以召开他们自己的会议，自由地挑选自己的管理人。"而大陆各国的商人也从各国的君主中得到一系列的特权。1193 年时，法王腓力·奥古斯都，就把伊普尔人置于其权力的保护之下，并将安全通行证发放给来往于香槟集市上的各国商人；允许佛兰德人、意大利人在其领地上定居，给予他们以巴黎市民同样的保护，豁免他们的平民税、防卫税和骑马巡逻的兵役；并授权他们组织自己的商会，选出自己的会长。1245 年，香槟伯爵允许罗马人、图斯肯人、伦巴第人和普罗旺斯人脱离集市的管辖，用自己的司法权来管理自己；1294 年，美男子腓力四世再次认可了这一政策。[③]

第四大措施是为商业贸易修桥铺路，开挖运河，保护运输安全。

推动城市对外开放，仅为其提供各种商业特权是远远不够的，还必须改

---

①　参见 M. M. Postan, E. E. Rich, E. Miller, ed., *The Cambridge Economic History of Europe*, V. 3, pp. 224,225,309,336。

②　参见 M. M. Postan, D. C. Coleman, P. Mathias, ed., *The Cambridge Economic History of Europe*, V. 2, pp. 273,274,295-298; V. 3, pp. 311,310。

③　参见 M. M. Postan, E. E. Rich, E. Miller, ed., *The Cambridge Economic History of Europe*, V. 3, pp. 311,129,128,337。

善交通状况。"大的封建领主，特别是""教会和中央政府"为此出力不少。在他们"的推动之下，做出了值得称赞的努力来另行安置陆路和河流，以及各种运输手段"。在法兰西，出现了最早的皇家公路，圣路易甚至动"用警察来保护道路"，并命令"地方上土地所有者负责维持道路和保护旅行者"。在西西里王国、德意志和低地国家则修筑了军用道路或公路"。"由于一种有益的竞赛精神，在三个世纪内，修筑了许多木桥和石桥"。同样地，英格兰国王们和在那不勒斯的安茹帝国君主查理都努力保证要把国内道路更好地加以保养；在德意志，到 14 世纪时，国王"也把建筑道路和桥梁看作对国家有用和对商人有助"。与此相应，"对盗匪进行了剿伐"。①

11 世纪下半叶和 12 世纪初期，佛兰德斯的商路尽管已四通八达，但其内部交通仍十分困难。对此，伯爵们响应市民的呼吁，着力梳通旧河道，开掘新运河，致使"运河贯穿了整个佛兰德平原"②。

第五大措施是极力促进度量衡和币制的统一，帮助金融业发展。

各个地区的国王和大封建主，如英格兰和法兰西的国王、法兰德斯的伯爵们，诺曼底的公爵们，两西西里王国的国王们，几乎都做过这方面的努力。他们"限制度量衡的复杂性"，企图借此"使度量衡得到统一"。他们"试图发达信用，并制止它们的滥用"；"允许外国银行家来组织银行"等。③而"尼古拉·奥雷姆曾明确表示在他的领土内维护良好的铸币是统治者的责任"④。法国国王则于 13 世纪时进行了货币改革，并在贵族领地上推行"圣·路易的优质货币"⑤。

第六大措施是直接开办包括国际性市集在内的各种市集，直接推动了地区贸易和国际贸易的发展和市场网络的建设。

不同于市场，市集是以远程贸易和批发贸易为主的。它定期召开，并以

---

① ［法］P. 布瓦松纳：《中世纪欧洲生活和劳动》，第 167—168 页；卡洛·M. 奇波拉：《欧洲经济史》第 1 卷，第 283 页；汤普逊：《中世纪经济社会史》下册，第 77、78 页。

② 参见 M. M. Postan, E. E. Rich, E. Miller, ed., *The Cambridge Economic History of Europe*，V. 3, p. 349。

③ 参见 ［法］P. 布瓦松纳：《中世纪欧洲生活和劳动》，第 156—157 页。

④ ［意］卡洛·M. 奇波拉：《欧洲经济史》第 1 卷，第 284 页。

⑤ 参见 M. M. Postan, E. E. Rich, E. Miller, ed., *The Cambridge Economic History of Europe*，V. 3, p. 309。

特定的商品交易为主。故其特点是规模大、地域广、交易量大、交易形式复杂，是地区性和国际性贸易的主要场所，各地和各国商品货币的汇合地。[①]"大量商品——小麦、麻布、丝绸和棉织物、明矾和染料、武器和金属器以及其他很多东西"，包括东方来的货物都是通过市集来进行的。这不仅"促进了水陆商路的运输"和道路环境的改善，也由于是各地、各国商人云集的场所[②]，各种货币、各种文化在这里交锋，故市集的作用，不限于商业和经济，在法律、文化、金融等各个方面都产生了重大的影响。[③]

市集古已有之，但是，市集的大发展则是在城市兴起后的 12、13世纪。[④]

虽然各国国王发展了自己国土上的定期集市，并将其作为资本市场，但远赶不上香槟伯爵在发展集市上所取得的成就。12 世纪初，香槟省的定期集市还只是地方性的农贸市场，在香槟伯爵的努力下，到这个世纪末，其封地上的各个集市都已声名远播，成为闻名全欧洲的国际大集市，成了法国各地、西欧各国，乃至东欧一些国家的商人集会贸易的中心。在这里，香槟伯爵建立了一整套集市规则，制定了各种法令，如市集内禁止佩剑，禁止私战，禁止追讨旧债和逃亡的农奴等；允许商人们用自己的法律维护集市的组织和内部秩序，并与邻近的领主达成协议，对所有到来的客人给予保护。1209 年，奥古斯都也批准了这一做法，并将皇家的安全通行证发给了所有来到香槟集市上的商人。[⑤]

在各国国王和大小贵族的帮助下，类似这样的地区性和国际性的市集可谓是星罗棋布，遍布西欧各国。据不完全统计，意大利著名的市集，有比萨、威尼斯、热那亚、巴费亚等 16 个，除罗马城没有集市外，大型集市几乎遍及意大利所有的城市；德国著名的集市除美因河畔法兰克福和奥得河畔

---

① 参见 M. Kowaleski, *Local Markets and Regional Trade in Medieval Exetes*, Cambridge, 1995, pp. 57, 58。

② 参见马克尧：《西欧封建社会形态研究》，第 270 页。

③ 参见［美］詹姆斯·W. 汤普逊：《中世纪经济社会史》下册，第 189、190、197、198 页。

④ 参见［美］詹姆斯·W. 汤普逊：《中世纪经济社会史》下册，第 188 页。

⑤ 参见 M. M. Postan, E. E. Rich, E. Miller, ed., *The Cambridge Economic History of Europe*, V. 3, p. 310；［美］詹姆斯·W. 汤普逊：《中世纪经济社会史》下册，第 196、202 页；［意］卡洛·M. 奇波拉：《欧洲经济史》第一卷，第 223、224 页。

法兰克福、科隆外，还遍布在爱尔福特、瑙堡等七八个城市和地区；在法兰德斯和低地国家，市集也遍布圣奥麦、布鲁日等 17 个地区；全法国可谓是遍布集市，其中最重要的，在诺曼底有卢昂、科德柏克等 13 个集市，在布勒塔尼有圣马洛等 7 个集市；在法兰西岛有巴黎、波未等 11 个集市；在法国中部有布尔日等 17 个集市；在英属领地有波尔多、贝云等 4 个集市；在法国南部有圣齐尔兹和波揆耳；在英国，除十分出名的斯图尔桥和圣爱甫兹两市集外，还有切斯持、朴次茅斯等 8 个市集；西班牙著名的市集也有八九个之多。①

由于市集以批发贸易和远程贸易为主，因此，集市不仅是城乡之间，城市之间、地区之间联系的桥梁，也是集市与集市之间，国家和国家，甚至东西方之间的相互联系、相互作用的通道。通过这种联系，不仅把一个国家，也把整个西欧织成了一个网络。因此，可以说，市集是市场经济的城市之外的又一个赖以孕育的子宫，没有它们，也就谈不上市场网络的萌生和市场经济的孕育。

第七大措施是主动引进外商外资和外来的技术，积极推进城市工业的改组和国际贸易的发展。

布瓦松纳说："君主们在工业的改组或建立中起了倡导的作用，他们支持矿产财富的开发和冶金工业的建立。他们从海外招来了能够列入新的工业特长的企业家或工人，例如法兰西的丝织品，英格兰的毛织品和意大利的丝毛混合纺织品的制造。在他们的保护之下，玻璃和陶瓷工厂组织起来了，尤其是美术和奢侈品工业，对这些他们给以贤明的眷顾，特别是意大利各邦、法兰西、低地国家和波希米亚。""有时候，为了克服行会垄断的滥用，它颁布职业自由的命令；同时，准许任何一种有能力的工匠自行开业。"法兰西斯的好约翰在 1351 年颁布的敕令，英格兰的理查二世于 1394 年颁布的敕令中就有这种内容。②

总之，许多国王，如英格兰和法兰西的各代君王、两西西里王国的国王，和一些国家的大贵族，如法兰德斯的伯爵们，诺曼底的公爵们，香槟的伯爵们，在推动城市向外开放，建立城际之间、城乡之间、地区之间和国际

---

① 参见［美］詹姆斯·W.汤普逊：《中世纪经济社会史》下册，商务印书馆 1963 年版，第 188、189 页。

② 参见［法］P.布瓦松纳：《中世纪欧洲生活和劳动》，第 287 页。

之间的贸易往来方面居功不小，做出了城市所无法做出的贡献，有力地推动了城市和国家的对外开放，对市场经济的孕育做出了不可磨灭的贡献。布瓦松纳说，"他们是工业复兴、都市活动和工匠组合的各种表现的开明的保护者"，"他们的政策在眼界上比封建政府更为远大，他们尽力之所及来促进流通与交换的发展；不仅给商人以安全，并且给予他们一连串的豁免和特权。"他们使"矿产得到开采"，海陆交通得到改进，"国外贸易的利益受到保护"，以致"具有某种特权的市集与市场"遍及西欧，度量衡得到统一，银行也开始产生。教会和教皇也出力不少，他们"在持续性、力量和眼界各方面，都比世俗政府的行动来得优越。教会的眼光看到了整个西方基督教国家，它在这里开始了最早的国际经商，并力图给予劳动一整套旨在增加其效力的保护性制度。""他们恢复了基督教国家利益一致的观念，并试图在欧洲建立秩序和公共和平"①。

　　为什么国王和贵族们如此不遗余力地推动城市打破彼此之间的壁垒，推动它们向外开放？答案无疑还是为了获得他们所需要的利益和金钱。

　　香槟伯爵之所以如此热衷于香槟市集，是因为市集给他带来了各种税收。② 英国伯维里市的市民们向国王约翰（1199—1216 年）上缴了 500 马克，结果，国王约翰就将其通行税豁免的范围扩大到全英格兰。③ 英国王和贵族们之所以给外国商人诸多照顾与特权，无非是因为"外国商人是英格兰显贵巨商们的羊毛和其他剩余农产品的顾主"。"在卡斯蒂利，直到 15 世纪，王室对于热那亚商人和其他外国羊毛出口商"是"曲意奉承"，百般照顾绵羊业主垄断组织的利益，其背后的原因无非是"很大一部分国王的岁入是从这个组织来的"④。

　　商人们不仅给国王和贵族们贡献了大量的税收，还给他们提供了巨额贷款。"在十三世纪，科伦的大主教亏欠意大利银行家的债在四万镑以上，而英国和法国的主教们也欠他们很多钱。当时最大的贵族，法兰德斯与香槟的伯爵们、勃艮第的公爵们从他们借到了当时被认为是大笔的借款；教皇们、皇

---

　　① 参见［法］P. 布瓦松纳：《中世纪欧洲生活和劳动》，第 156—157 页。
　　② 参见［美］詹姆斯·W. 汤普逊：《中世纪经济社会史》下册，第 205 页。
　　③ 参见 E. Lipson, *The Economic History of England*, V. I, p. 280。
　　④ ［意］卡洛·M. 奇波拉：《欧洲经济史》第 1 卷，第 281 页。

帝们、那不勒斯、法兰西和英格兰的国王们都欠他们的债。他们对法兰西的查理四世在一年内就放债十四万镑，贷给爱德华三世四十万镑以上，而在1340年，后者欠它们的债款几达一百四十万镑，即一个王国的价值"[①]。1563年，西班牙哈布斯堡家族欠德国银行家富格尔家族的债就高达4445135佛罗琳。[②]

对于国王和贵族们来说，这些金钱可谓是命运攸关。如富格尔家族的金钱就影响到教皇的选举。查理由于有富格尔的543000金佛罗琳而当选为教皇，富格尔银行的金钱对战争也"发挥着重大作用。1547年的米尔贝格战役中，查理五世的军队之所以能战胜萨克森的莫里斯和士马尔卡登联盟的军队，是因为富格尔银行提供的金钱使他得以雇佣更为精良的士兵。同样，正是它的金币在危急关头打垮了法国和法国的外交武器"[③]。

此类史例，俯拾皆是，它们都不争地说明，国王、教会和贵族们之所以如此不遗余力地推动城市对外开放是因为他们知道这会给他们带来金钱和利益。如爱德华一世所说，是因为"国王懂得外国商人对达官贵人是宝贵和有用的"[④]。

那么，国王、教会和贵族们为什么非要通过这个途径来获得他们所需要的金钱，而不是通过其他途径，如中国的汉武帝那样实行盐铁官营、均输平准的方法来增加自己的收入？

答案是不争的：他们没有自己的工商业。在没有掌握货币权的情况下，他们要想获得金钱的唯一途径只能是帮助商人发展贸易，推动城市对外开放。可见，是土地权和货币权的分离帮助自治城市克服了其封建本质所带来的封闭、排外的本性，从而促进了城市间、地区间、城乡间和国际间的贸易的发展，有力地推动了各类市场网络的建立和市场经济的发展。但是，由于自治城市的封闭性、排外性是扎根其封建本质之上的，故国王、教会和贵族们对其这类顽症的克服，无论是在程度上，还是在范围上，都是有限的。正因如此，这才有后来的城市的工商业向乡村的大规模转移，其目的就是为了逃避城市的这种封建本质所带来的垄断性、封闭性和排外性。另

① ［法］P. 布瓦松纳：《中世纪欧洲生活和劳动》，第172页。
② 参见［美］詹姆斯·W. 汤普逊：《中世纪晚期欧洲经济社会史》，第580—586页。
③ ［美］詹姆斯·W. 汤普逊：《中世纪晚期欧洲经济社会史》，第584、585页。
④ ［意］卡洛·M. 奇波拉：《欧洲经济史》第1卷，第281页。

一方面，国王对城市的这类顽症的克服也与国王所拥有的权力正相关。在国家直到近代早期还未实现统一的意大利、德国，由于王权的软弱，封建城市的这类顽症始终未能得到克服；反之，在王权强大的英国，城市的排外性、封闭性的削弱要快一些。

二、规定了城乡经济关系的市场性质和农业剩余的流向

不同于古代东方，中世纪西欧的城乡经济关系是以商品货币交换关系为主、租赋贡纳关系为辅；而不像前者，以租赋贡纳关系为主、商品货币交换关系为辅。其缘由前面已述，一是城市基于私有财产权和自由劳动之上，这必使其生产具有商业性质；二是两权的分离必使任何一方要取得对方的劳动成果都只能通过市场，这正如马克思所说："资本不依赖于地产而存在和发展的开始，也就是仅仅以劳动和交换为基础的所有制的开始"[1]；当"城市产业一旦和农业分离，它的产品会自始就是商品"[2]。

为了维持其生活及其经济的运转，西欧市民需要大量的粮食、牛羊等畜牧产品和葡萄、染料等多种经济作物。而能满足他们这一愿望的只有三个途径：一是市民有自己的土地，二是收调租赋，三是购买。

城市兴起之初，一部分市民在郊区占有小块农田，能够不通过市场得到他们所需要的农副产品，致使这一时期西欧的城市还带有很强的自然经济色彩。随着城市的扩大和工商业的发展，这些农田或转为城市宅基，或因市民经济的日益专业化而无法耕作，或因无法履行封建义务而被市民出卖，或被封建主收去。所以，除了极少数的乡村市镇外，大中城市残留的农牧业成分越来越小。在一万人口以上的大城市中，农业是微不足道的。在2000—10000人口的中等城市中，仅占七分之一左右。[3] 就是小城市，如果工商业

---

① 《马克思恩格斯选集》第1卷，第105页。
② 马克思：《资本论》第3卷，第372页。
③ 参见 G. Duby, *Rural Economy and Country Life in the Medieval West*, p. 128；N. J. G. Pounds, *An Economic History of Medieval Europe*, p. 255；E. Miller, & J. Hatcher, *Medieval England rural society and economic change*, *1086-1348*, pp. 9, 10。

发达，或是港口，农牧业成分也不多。11 世纪后期，英国诺里奇市的市民所拥有的农田微不足道；伊普斯维奇的 538 个市民家仅有耕地 40 英亩。所以，总的来说，除了因特殊情况而引起的短期的、局部的逆转外，随着城市的发展，市民们自己生产的农副产品不仅"只能满足总需求的小部分"，而且日益缩小；而对农副产品的商业性需求，无论是相对数量，还是绝对数量，"都增长得很快"。[①]

收调租赋只能够存在在两种情况下：一是城住的封建主，能从乡村运进其自营地的产品或用征收的实物租赋来满足自身的需求。二是市民是封建贵族的奴隶或服劳役的农奴，所需要的粮食和原料全赖主人调拨。

由于自治城市已根绝了农奴制，第二种情况是不可能的；第一种情况则存在，特别是城市兴建之初。市里不仅住着一些大贵族；在市民中，也有很多移住进城的小贵族。他们所需要的农副产品有一部分是直接从其庄园运来的，这是西欧城乡间也存在租赋贡纳关系的主要成因。[②] 但是，这种关系在不断地萎缩。一是贵族庄园的产品的种类和质量有限；庄园无法生产的各种名贵产品，如波尔多的葡萄酒、优质小麦等仍需购买。二是贵族没有自己的工商业，再加上工商业所需要的原料种类繁多，又有特殊的质量要求，即使城中的寺院有自己的工商业也无法从自己的庄园获得，以致不得不依赖远方市场。再者，他们远离城市，按传统方式管理其庄园困难重重，以致后来也不得不放弃领主自营地，改为从市场购买。[③] 即使是国王，也是这样。13 世纪时，伦敦市就有一批专门为王室和军队服务的粮商。在爱德华一世同威尔士、法国、苏格兰作战的时期，供应军队的任务即由他们来承担。[④]

上述三条途径，前两条很狭窄且不断地萎缩；剩下来的唯一途径就只能是向乡民购买；此外，城市所需要的劳动力，也只能依赖于市场。因为市民

① 参见 E. Kosminsky, *Studies in the Agrarian History of England in the Thirteenth Century*, pp. 257,322；[意] 卡洛·M. 奇波拉：《欧洲经济史》第 1 卷，第 96 页；E. Miller, & J. Hatcher, *Medieval England rural society and economic change*, 1086-1348, p. 9。

② 参见 P. Daileader, *True citizens: violence, memory and identity in the Medieval community of Perpignan*, 1162-1397, p. 24,25。

③ 参见 J. L. Bolton, *The Medieval English Economy*, 1150-1500, p. 89；G. Duby, *Rural Economy and Country Life in the Medieval West*, pp. 137,312,313。

④ 参见 [英] 克拉潘：《简明不列颠经济史》，第 151、152 页。

对他人没有超经济的强制权，市场也都成了他们获取劳动力的唯一途径。故此，在中世纪西欧，劳务市场之兴旺也是其他文明所无法相比的。每当冬季，城镇中"到处都充满没有事做的农民，向手工业主出卖劳动力"①。许多城市，如巴黎、汉堡等，13 世纪时就已有专门的场所作为雇工市场。②

无须赘述，此时的乡间居民，无论是农民，还是贵族，要想获得市民的产品，市场交换是唯一的渠道。货币地租取代劳役地租后，这一渠道更为宽阔。为了交纳货币租，农民必须将其产品拿到市场上出售以换回货币，而它的最大买主无疑是市民。故此，在货币地租盛行的 12、13 世纪，农民们与城市市场的交往十分频繁，他们大量出售其农副产品，却很少购买，所赚得的货币则主要用来缴纳地租和赋税。③ 随着地租的更替，领主们也逐渐地放弃了自营地，他们所需要的一切都只能到市场上去购买，与城市的经济交往也就更紧密了。

市民离不开乡村，乡民也离不开城市，金钱与商品成了彼此间交往的主要媒介，使西欧城乡间的贸易十分兴旺，呈现出其他文明所没有的诸多特征。

第一，市场、市集星罗棋布，不仅城市，乡村市镇甚至村庄也都设有市场。1198 到 1483 年间，英王室给 2800 个地方发放了市场特许状；而当时英国只有 240 个城市④，即每个城市周围至少有 5 到 6 个农村市场。西南部的德文郡，仅正式认可的市场就有 113 个，而该郡居民人数过 400 的城市有 11 个，城市与市场之比为 1：10。正是由于有了众星拱月般的市场，城市才拥有稳定的农牧产品来源和商品市场。尽管这些村庄市场中的贸易不乏乡民间互通有无的内容，但却已具有越来越多的城市触角和微细血管的功能。一方面，这些乡村市场是市民收购农牧产品的前哨。它们之间的距离一般在 1—7 英里，任何一个农民从其居住地到市场去可以当日返回，并有足够的时间在市场上进行交易。⑤ 所以，市场是当地农民常逛的地方，他们在那里向商

---

① ［意］卡洛·M. 奇波拉：《欧洲经济史》第 1 卷，第 147 页。

② 参见［法］费尔南·布罗代尔：《15 至 18 世纪的物质文明、经济和资本主义》第 2 卷，第 33 页。

③ 参见 G. Duby, *The Early Growth of the European Economy*, p. 255。

④ 参见 J. L. Bolton, *The Medieval English Economy, 1150-1500*, pp. 119,121。

⑤ 参见马克垚：《英国封建社会研究》，北京大学出版社 1992 年版，第 270 页。

人出售各种农牧产品[1]，商人再将其转运到城市里。13 世纪时，英国的图克斯伯里、切乐腾纳姆等小城市的商人从其周围农村收购粮食，然后运往布里斯托尔市。[2] 另一方面，农村居民也离不开城市的工商业品，12、13 世纪时，在小城市和乡村集市中都能看到大都市生产的工商业品和舶来品。[3]

与西欧不同，中国是在城市产生后上千年的唐宋时代才出现了较多的乡村市场，才形成了不同于郡县城市的乡村市镇。为什么郡县城市可以脱离乡村市场而存在，无非是它们赖以生存的农牧产品是实物形态的租赋贡纳，因而也就不需要乡村市镇和市集作为城乡贸易的中间市场和中转站。可见，在中世纪西欧，地方性的小市场仍如火如荼绝非偶然，它是西欧城乡经济往来以市场交换为主渠道的必然结果。

第二，城市小，市民人数少。市场交换既然是西欧城市获得农牧产品的主要渠道，那城市的规模与商品交换的水平应是一致的。在交换手段、运输工具还很落后，交通条件还很艰难，量大体重的农牧产品的运输十分困难的情况下，城市的规模必然会受到严格的制约；正因如此，人数不足两千甚至一千的小小城市占西欧城市总数的 75% 以上也就势所必然。[4] 这与城市人口动辄几万、几十万，甚至上百万的中国相比较，不能不说是中世纪西欧的又一特点。马克思说：大规模的协作"是以直接的统治服从关系、特别是以奴隶制度作为基础"[5]。正是有了建立在超经济基础之上的漕运之类的大规模协作，满足几十万、上百万中国封建城市人口对农牧产品的需求也就成为可能的事情；相反，缺乏对乡村居民的这种权力的西欧城市的规模很小也就不言而喻了。

第三，城市之间的经济联系十分密切。这是因为城市再大，其产品种类也是有限的，难以单独满足本城市民和周围乡村居民特别是贵族的需要，而必须获得其他城市的产品，于是，城市之间的相互交流就形成了相互依存的

---

[1]　参见 E. Miller & J. Hatcher, *Medieval England Rural Society and Economic Change*, 1086 - 1348, p. 75。

[2]　参见 R. H. Hilton, *The English Peasantry in The Later Medieval Ages*, p. 87。

[3]　参见 E. Miller & J. Hatcher, *Medieval England Rural Society and Economic Change*, 1086 - 1348, p. 75。

[4]　参见哈切图良：《封建社会中的城市》，《历史问题》1983 年第 1 期。

[5]　马克思：《资本论》第一卷，第 354 页。

城市市场网络。[①] 其中，市集起着网结的作用。市集虽然古已有之，但是，集市的大发展则是在城市兴起后的 12、13 世纪。[②] 它是城市联系日益密切的原因，也是它的结果。

城市同盟的形成，如莱茵同盟、士瓦本同盟以及影响更大的汉萨同盟的出现，也反映了城市之间的在经济上相互依赖与相互合作的紧密程度。城市网络的建立，使农村不仅依赖其周围的城市，而且依赖广大的国内、国际市场。12、13 世纪时，英国乡村的经济活动就是通过城市网络与佛兰德斯等国际市场联系在一起，用他们的羊毛支撑着佛兰德斯的毛纺工业。

专营远程贩运和批发业务的市集在中国却十分罕见，这只能说明中国城市之间的市场联系远不及西欧。可见，城市间形成了一个联系密切的市场网络是城乡经济关系以市场交换为主的西欧封建社会才能具有的特征。

第四，城乡产品的商品化率高居不下是市场交换为城乡经济交往的主流的结果，也是它的见证。

由于城市产品"自始就是商品"，市民交纳给领主的赋税又很早货币化[③]，因此，城市产品的商品化率几近百分之百是不争的。

农村产品的商品化率之高亦为当时世界所仅有。1208—1209 年度，英国温切斯特主教区所属庄园共收获小麦 3679 夸脱，其中，44% 被用作种子；8% 自用；剩下的 1767 夸脱被售出，占当年小麦净产量的 85.77%。收获的大麦、燕麦和黑麦分别被售出 28%、17% 和 38%。[④] 这些杂粮中的自留的部分也主要是用于酿酒和作饲料[⑤]，产出的啤酒、牲畜及其附产品则大都被出售，如该主教区的羊毛几乎全都是这样处理的。到 13 世纪末，该主教区的小麦出售量增至总产量的 70%，大麦、燕麦、黑麦的售出量分别增至 39.5%、34% 和 67%。其他庄园也无不如此。同期的诺福克伯爵的芬恩斯特

---

① 参见 D. Levine，*At the Dawn of Modernity Biology*，*Culture*，*and Material life in Europe after The year 1000*，p. 238。

② 参见 [美] 詹姆斯·W. 汤普逊：《中世纪经济社会史》下册，第 188 页。

③ 参见马克思：《资本论》第三卷，第 372 页；J. L. Bolton，*The Medieval English Economy*，*1150–1500*，pp. 126,128。

④ 参见 E. Kosminsky，*Studies in the Agrarian History of England in the Thirteenth Century*，pp. 324,325。

⑤ 参见 J. Thirsk，*The agrarian history of England and Wales*，V. 5，Cambridge University，1984，p. 110。

庄园所产小麦，除用作种子的外，都被卖掉了[①]；1220 年到 1349 年间，里姆波特庄园每年上市的粮食均占其总产量的 2/3。[②] 再如，温切斯特主教区自用的小麦从未超过其总产量的 8%；而肉类同小麦一样，也是贵族们的主要食品[③]，其自用的比例也不会超过小麦，而被出售的牲畜和其附产品，如毛、皮、奶等，也都高达其净产量的 90% 左右。这就意味着饲养这些牲畜的杂粮最终还是被送进了市场。加上原来直接送进市场的杂粮，被售出的杂粮的比例不会低于小麦。很多领主出售的耕畜、牲畜的收入远远高于其谷物的收入的事实就是明证：

表 11-1　埃塞克斯郡两个小地产分类现金收入比例[④]

（单位:%）

	地租及法庭收入	出售牧草、饲草、麦秆及木材	出售谷物产品收入	出租、出售耕畜、牲畜	计算外出售收入额以及归还欠款	总计
卡勃耐尔						
1343—1344	7.4	8	28.6	48.7	7.4	100
1346—1347	7.4	2.4	35.9	43.9	10.4	100
兰金霍						
1324—1325	14.9	1	27	47.8	9.3	100
1338—1339	17.6	1.5	18.2	49.2	0	100
1342—1343	17.7	3.3	10.7	61.2	7.2	100
1344—1345	13.5	7.7	29.3	41.4	8.2	100
1347—1348	17.5	4.7	10.6	59.5	7.8	100

把上述几例的数字加权计算，将领主自营地的农牧产品的商品率定为 75% 与史实不会相差太远。在英国主要农业区米德兰中部六郡中，领主自营

① 参见 E. Kosminsky, *Studies in the Agrarian History of England in the Thirteenth Century*, pp. 324,325。
② 参见 B. M. S. Campbell, and M. Overton, *Land Labour and Livestock*: *Historical Studies in European Agricultural Productivity*, New York, 1991, p. 188。
③ 参见 ［意］卡洛·M. 奇波拉:《欧洲经济史》第 1 卷，第 88、89 页。
④ R. H. Britnell, "Minor Landlord in England and Medieval Agrarian Capitalism", *Past and Present*, 1980, 11; J. L. Bolton, *The Medieval English Economy*, *1150–1500*, p. 98。

地占全部耕地的 32%，其余 68% 的耕地为农民的份地；相关史料表明，农民出售的粮食比领主售出的粮食还多。[①] 姑且视为相等，以此为据，当时英国农牧产品的商品化率当为 54.9%。[②]

上述各项史实都说明，在中世纪西欧，城乡关系的主流是市场交换；与东方各国相比，这无疑是它的又一特征，而土地权与货币权的分离对此功不可没。反之，东方各国的土地权和货币权是合二为一的，故其城乡经济关系就截然不同于西欧，古代中国的情况就是明证。

两权合一首先决定了中国古代城市的规模远过于中世纪西欧城市。因为两权合一使王侯们拥有众多为其务工经商的依附人口、奴隶、刑徒等；暴力潜能的集中和巨额财富的流入使国家统治机器恶性膨胀；由此而形成的消费黑洞又将大量的人员吸引到城市，于是几万、几十万甚至上百万人口的城市遍布东方也就不足为奇了。

循此而形成的城市当然不同于中古西欧城市，以至于学者们认定它们是政治意义、军事意义大于经济意义的郡县城市。一个庞大的贵族官吏队伍和一个人数常达百万之多的常备军是城市中的常客；再加上高消费的吸引，以致"在中国，封建地主入居城市是司空见惯的事"[③]；这些人又带着众多的奴婢、农奴、管家、打手等，这就势必使王公贵族、官吏、军人、地主，及其依附人口成为城市的主要居民。即使是明清中后期因丝织业、棉纺业等手工业的发展而兴起的新兴城市如苏州、杭州、南京等亦如此；甚至连遍布江南地区的商业市镇，如著名的濮院镇、王江泾镇等，也不例外。

贵族地主阶级及其国家占有大部土地；又通过各种强制劳动掌握了主要工商业，就决定了古代中国的地租和税收始终是以实物形态为主。一是因为他们能自己制造主要工业品，又能攫取大部分工商业利润，也就完全没有必要用更替地租形态的办法来获得金钱；二是如前所述，当手工业基于强制劳动之上时，其生产性质必然是以自给性为主。

货币地租在中国出现得早，但始终不敌实物地租。两宋时期，货币地租

---

① 参见 E. Kosminsky, *Studies in the Agrarian History of England in the Thirteenth Century*, pp. 324,325。

② 32% 的领主自营地的净产量是 2060 品脱，68% 的农民份地的净产量为 4377.5 品脱。领主农民共计售粮 3534 品脱：总净产量 6437.5 品脱的 54.9%。

③ 胡如雷：《中国封建社会形态研究》，第 250 页。

尤其发达。但即使是在货币租最为发展的学田制的国有地中，货币地租也大都属临时折纳；在固定的地租中，不占主导地位。而在私田租佃中，货币"地租数量还很微小"。故此，在古代中国，占主导地位的一直是以实物分成制为主的实物地租。[①]

税收也是如此，虽征收过货币，但实物税是主要的。宋代"颐宁以前，民间两税，皆用米麦布帛。虽有沿纳诸色杂钱，然皆以谷帛折纳"。熙宁后，南方以钱计夏税，"但用实物缴纳比用钱支付为多"；北方"交纳夏税多数以丝绵绸绢及小麦本色为主"[②]。官手工业所需要的原料和官商所获得的物资，绝大部分都是通过前述的四个途径，用行政手段获得的。因此，源于官工官商的城乡经济交流不是市场交换，而是实物租赋的城乡转移。

地租、税收和官工官商所需要的原料均以实物为主，而享用和使用这些实物的贵族官吏和地主及其依附人口又是城市的主要居民，这就决定了中国城乡交流的主要渠道不是市场交换，而是租税的调拨。前述的濮家，不仅拥有 26 个庄园的农田、园圃供其粮食、菜蔬和桑蚕，还有机杼、水碓、晒酱台等加工设备供应其工副产品。[③] 宋徽宗时，荆湖一带，"产茶州县在城铺户，居民多在城外置买些地土，种植茶株，自造茶货"[④]。明代福建，"其田主及有力家城居者，仓廒既设外乡，或设他县"，每年"均要计家口所食谷几何，量运入城"[⑤]。宋朝"临川市民王明居廛间贩易，赀蓄微丰，买城西空地为菜圃、雇健仆吴六种植培灌，又以其余者俾鬻之"[⑥]。工商市镇如此，京城及郡县城市则是有过之无不及，其居民所需要的各类物资主要靠漕运。北宋时，进京的漕粮每年达七八百万石，约当今的八九亿斤。[⑦] 所需要的木材、燃料、衣料也主要来源于"上供"；宋仁宗时，竹木务和发运司仅从陕

---

① 参见高聪明、何玉兴：《论宋代的货币地租——与包伟民商榷》，载漆侠主编：《宋史研究论丛》，河北大学出版社 1993 年版，第二辑。

② 《栾城集·乞借常平钱置上供及诸州军粮状》；转引自朱伯康、施正康：《中国经济通史》上册，第 732 页。

③ 参见郑昌淦：《论唐宋封建庄园的特征》，《历史研究》1964 年第 2 期。

④ 《宋会要辑稿·食货三二之一二》。

⑤ 周之夔：《弃草文集》卷 5《广积谷以固闽围议》。

⑥ 《夷坚支甲》卷 5《灌园吴六》。

⑦ 根据《宋会要辑稿·食货四六之一》和《居士集》等书统计，转引自郭正忠：《宋代城镇的经济结构》，《江淮论坛》1996 年第 4 期。

西一地，每年即向京师发送大料木植 79 万余条，竹 150 余万杆；① 此外，每年还有"上贡"来的土特产品近 200 种被输进京城。②

当然，城市"细民"还是需要上市购买。但是，市场上的物资在城市消费物资的总量中所占的比重不大。如南宋"行在"杭州，商品经济的色彩远过于北宋的汴京，但真正依赖于市场的人不多。吴自牧说：城内外"百十万口"，"除府第、官舍、宅舍、富室及诸司有该俸人外，细民所食，每日城内外不下一二千余石，皆需之铺家"③。据此计算，该城"仰粜而食者，凡十六七万人"④。而当时的杭州，人口不啻百万之多，却仅有十六、七万人靠商品粮生活，大约只占总人口的六分之一。

但这并不表明商品粮在进城的粮食总量中也达到了这个比例，因为"夫富人之多粟者，非能独饮而自食之，其势必粜而取钱以给家人之用"⑤。大量的城住地主在城里都开有粮仓、粮店，直接向市民出售他们从其佃户那里收来的地租。宋代鼎州查市余某，"岁收谷十万石"；平江常熟县直塘镇张三八，"仓廪帑库所贮钱米万计"；常德府城富户余翁，"岁收谷十万石"，"常减价出粜"⑥。因此，商品粮在城乡间的粮食流通总量中的比重要远低于城内所消费的粮食中商品粮所占的比例。

官工官商所获得的产品和物资，除自用并供给宫廷、军队和各级官府及其依附人口外，还通过俸禄、赏赐等途径流进王公贵族、官吏的家中，剩下的小部分产品才进入城内市场。同时，城住贵族和地主之间会互济余缺，彼此售卖他们的手工业产品和从乡间获得的实物租赋。而他们在城市中的工商产业仅次于官工官商，如朱熹的外祖父世居徽州城，"其邸肆生业几有郡城之半，因号半州祝家"⑦，因此，市民也会从他们那里购买物资。这些尽管都能繁荣城市的市场，但它却有损于城乡之间的商品贸易。故此，学者们津津乐道的中国古代城市的贸易兴隆改变不了中国城乡经济关系以租赋贡纳关

---

① 参见《乐全集》卷二十四《论京都饥馑请行赈救事》。
② 转引自郭正忠：《宋代城镇的经济结构》，《江淮论坛》1996 年第 4 期。
③ 吴自牧：《梦粱录》卷十六。
④ 《癸辛杂识续集》卷上。
⑤ 《朱文公文集》卷二十五《与建宁传守札子》。
⑥ 洪迈：《夷坚志·甲志》卷七；洪迈：《夷坚志补》卷七《直塘风雹》。
⑦ 《朱文公文集》卷九十八《外大父祝公遗事》。

系为主的史实。

由于官工官商和贵族地主的工商业所用的劳动力大都是奴隶、刑徒、服徭役或兵役的工匠、农民、军夫等各种从事强制性劳动的人口，城市所用的主要劳动力也不是通过市场渠道从农村获得的。

中国古代城市所用物资、劳动力大都通过非市场渠道从农村获取；城市的产品也主要用于满足自身需要，而不是面向农村；而乡村也同样不依赖市场。

乡民中最有实力与城市进行市场交换的是各类乡居地主。他们利用其奴役的奴隶等依附人口和实物租赋纺纱织布，制作各种手工业品，以满足自家的需要，过着"经旬屡月不用数钱"，"无求于人"的生活。[1] 多余的产品则用来供应周围地主和农民的需求。乡村市场、市镇中贩卖的许多商品就来源于此。故其经济不仅自给性很强，互补性也很强，致使作为一个阶级的乡居地主比单个地主家庭具有更强的自给性。农民男耕女织，也有自己的家庭手工业；缴纳的租税又始终以实物为主，又能从乡居地主的工商业那里购置自己无法生产的日用品，他们与城市打交道的必要性就比西欧农民小得多。汉时，"自年六七十翁亦未尝至市井"[2]。到清代，"终其身未尝入城市"、至"老死不识城郭者"仍大有人在。[3] 有的人入市，也是"凡一岁之需，皆于此时置办"[4]，致使整个农村的封闭性远超西欧。

农村对城市封闭，而城市手工业又建立在强制劳动之上，其生产本质必然是自然经济为主，所以，虽然实物租税和土贡特产品等从农村大量流入城市，但城市手工业品却很少流往农村。黄宗智说，"明清城镇的兴起，与生产的关系十分有限；它们从未成为面向小农消费者的生产中心。仅有的一点生产，诸如丝织、高级棉布加工等等，都是为了城镇居民的消费。城乡间的商品流通几乎完全是单向的，小农向城市的上层社会提供丝和布、地租和税

---

① （清）张英：《恒产琐言》；《柳宗元集》卷二十四《送从弟谋归江陵序》。
② 《史记》卷二五《律书》。
③ 《古今图书集成·职方典》230，《兖州府风俗考》，《宝庆四明志》卷六；另据德·希·珀金斯的考证，农村输入城市的商品，占农产品总值的7%—8%，请见 [美] 德·希·珀金斯：《中国农业的发展（1368—1968年）》，宋海天等译，上海译文出版社1984年版，第162、163页。
④ 《古今图书集成·职方典》140，《大名府风俗考》。

粮但几乎没有回流"[①]。工商市镇如此，遑论郡县城市。可见，古代中国的城乡关系一直以租赋贡纳关系为主、商品货币交换关系为辅是不争的事实。由此衍生出一系列截然不同于中世纪西欧的现象：城市的产生不以市场、市集的繁荣为前提；城市规模大、人口多，农产品的商品化率却很低。直到清代盛期，粮食和棉花的商品化率也只有 10.5％ 和 26.3％。[②] 城乡之间缺乏互动，城市之间的联系也就缺乏了动力，各地之间的封闭性也就很强。宋代李觏在观察了东南各郡后说："此来诸郡各自为谋，纵有余粮，不令出境。昨见十程之内，或一米粜五六十价，或八九十，或一百二三十，或二百二三十价。鸡犬之声相闻，而舟楫不许上下，是使贱处农不得钱，贵处人不得食"[③]。商品经济最为发达的东南地区尚且如此，遑论其它地区！

租赋贡纳关系是古代中国城乡经济关系的主流，市场交换则是中古西欧的城乡经济的主要渠道，由此也就决定了西欧城市经济的发展给西欧农村的影响是截然不同于东方城市。因为城乡关系是否以市场为主，实际上是一个经济资源的配置方式的问题。西欧的城乡的经济关系的主流是市场交换，这不仅使城市能够通过这种交换获得广大的市场；为自己赢得巨大的生存空间，也使它能通过这种交换，将其私有产权、人身自由等渗透进农村；致使传统社会结构开始分化，离平衡态越来越远；同时，它还促成了一个将农业剩余转为工商业资本的社会机制，极大地促进了城市资本的积累。

在古代，农业剩余（实物和价值）是社会财富的主要源泉是不争的，它能否转化为工商业资本，对商品经济的发展及其向市场经济的转化来说，是至关紧要的。由于地主占有土地，无论中外，农业剩余的直接流向都是地主阶级，而他们也往往是将到手后的农业剩余用于自身的享受，增强其经济实力和政治权力。但是，用的方法却有别。因为地主阶级及其国家的需求是多种多样的，而农业剩余的种类却是有限的，地主阶级的需求的多样性和农业剩余的种类的有限性之间的矛盾只能用两个办法解决，一是地主阶级用这些农业剩余直接生产工业品，以满足他们在食物之外的其他需求；二是与其

---

① 黄宗智：《长江三角洲小农家庭与乡村发展》，中华书局 2000 年版，第 91—92 页。
② 参见许涤新、吴承明：《中国资本主义发展史》第 1 卷，第 282 页。
③ 《李觏集》卷二十五《寄上孙安抚书》。

他阶级进行交换，互通有无。若是前者，地主阶级就必须有自己的工商业，农业剩余就会留在他们那里；若是后者，农业剩余就会从他们那里流向其他阶级。因此，地主阶级虽然是农业剩余的直接接收者，但不一定是农业剩余的最终归宿，决定农业剩余的最终流向的关键是土地权和货币权是合二为一，还是一分为二。

两权的分离决定了西欧各阶级之间，城乡之间的经济关系的性质截然不同于两权合一的东方各国。城乡之间、农业和工商业之间、封建贵族和市民之间从此建立起以市场为纽带的相互供求的依赖机制。封建贵族严重地依赖于城市，依赖于金钱。因为他们没有自己的工商业，他们必须将他们从农民那里攫取来的农业剩余转卖给市民；或者让农民将应交给他们的农业剩余卖给市民，他们再从农民那里收取货币租，显然，无论选择这两种的哪一种，西欧农业剩余的最终流向都是城市。

前面讲过，工商业组织的系统结构的分化空间、分化前景远过于农业；其构成要素间的相互联系、相互作用的力度、密度、距离也是农业系统要素所无法相比的，因此，工商行业是社会系统结构分化整合，由简单走向复杂的主要通道，是系统的非线性反馈机制强化的力量源泉。城市获得自治权，享有特权的市民阶级进一步强化了它在市场交往中具有的先天优势，决定了西欧社会农业剩余的这一特殊流向必然会产生特殊的结果，即不仅大部分农业剩余产品的最终得主是市民阶级，农业剩余价值也不同程度地流进了这个阶级的腰包。因为获得城市自治权后的市民享有种种特权：行业经营的专利权、城市市场的垄断权、货物购买的优先权、物价的决定权，等等；并拥有执行这些权力的组织：城市自治机构和行会等，从而导致城乡间的贸易，市民阶级与贵族之间的互通有无成了一种不平等的交换。市民们低进高出，将封建贵族攫取来的农业剩余价值中的相当大的一部分夺到自己的手中，致使城市不仅是农业剩余的最终得主，也使它成了农业剩余价值的最终归宿。

在工商业与农业的市场贸易中，由于各自的特点与生产条件的不同，农业本来就处于不利地位。受农作物的生长周期和自然条件等许多客观因素的制约，农业劳动生产率的提高十分缓慢；与之相反，手工业的生产效率的提高和生产成本的降低都远非农业所能相比。马克思说："相对剩余价值和劳动生产力成正比，生产力增加就增加，生产力降低就降低。"① 而价值的货币表现是价格，在平均利润率尚未形成的前资本主义的市场上，商品的市场价格是由商品的价值决定的。它在不断变动的供求关系的驱动下，围绕着价值而上下波动。市民们生产的手工业品的价值因劳动效率的提高而不断地下降，这些手工业品的市场价格也应随着价值的下降而下降，但是，城市的行会组织和城市当局颁布了各种法令和严格的规章制度来维持他们对市场的统治和垄断。因此，尽管他们的产品的价值因生产率的提高而不断下降，但他们却不会降低其产品的售价，也不会提高农牧产品的收购价，反而尽可能地压低价格。各行会统一其产品的售价，也统一购进粮食和原料。面对这种垄断，农村居民，包括封建贵族都无可奈何。因为他们居住分散，利益不同，未能建立起统一的组织，无法统一其农牧产品的售价，更不可能调节工商业品的购价，因此，他们不仅要用高价购进工商业品，还得低价出售其农牧产品。在城市势力所及的农村地区，市政当局颁布了一系列严格的法令，"禁止从乡村输出谷物到本地区的城市首府之外"。"规定要运往城市市场上出售的具体谷物定额，出售价格有限定或者详加管理。"1266—1322 年间，比萨的货币价值跌落了 66%，而谷物价格的上升却被圈定在 25% 以内。② 势力强大的城市还将这种垄断和控制的权力伸向远离它们的乡村。1236 年，威尼斯垄断了渡河河谷和特里维索及其往南地区的谷物的输出；1273 年，威尼斯宣布，没有该城的同意，波伦亚每年在安科纳等地购买的小麦不得超过 2 万科比斯（筐）。③

城市的这一系列政策必然使手工业品极其昂贵。农牧产品价格低廉：1300 年前后，价格最便宜的粗呢绒是 1 先令至 1 先令 6 便士一码，一件破旧外套值 3 先令以上，一口家庭常用的锅也需要 2 先令多；而此时的一条耕牛仅值 4—5 先令④，一品脱（208 公斤）的粮食的平均价格只有 4 先令。⑤

① 马克思：《资本论》第 1 卷，第 337 页。
② 参见 [意] 卡洛·M. 奇波拉：《欧洲经济史》第 1 卷，第 278 页。
③ 参见 M. M. Postan, E. E. Rich, E. Miller, ed., *The Cambridge Economic History of Europe*, V. 3, p. 174。
④ 参见 E. Miller & J. Hatcher, *Medieval England Rural Society and Economic Change, 1086－1348*, pp. 158,163；R. H. Hilton, *A Medieval Society：the West Midlands at the End of Thirteenth century*, p. 105。
⑤ 参见 M. M. Postan, *Essays on Medieval Agricture & General Problems of The Medieval Economy*, p. 240。

　　较之手工业，商业和高利贷对农村居民的剥削更胜一筹。中世纪的交通不便给商人施展其商业骗术提供了极为有利的条件。他们倒手转卖，任意加价，牟取暴利。其利润之高远非其他阶级所能与之相比。1511 年到 1526 年间，大商人福格家族的年利润率都高达 54% 以上。①故此，马克思感叹道，城市通过它的垄断价格课税制度，它的直接的商业骗术和高利贷，剥削着农村，"而中世纪城市资本的积累，就主要来源于商人和手工业者对农村的剥削"②。城市因此而积累起来大量的财富，出现了许多富可敌国的市民。1292 年，热那亚的租税收入为法国王室 13 世纪初的年收入的 7 倍多③；14世纪初，英国国王欠佛罗伦萨城的罗尔迪和佩鲁齐家族的债务高达 20 万英镑，而此时；该国王的年收入却仅有 3 万英镑；英国全国一年的出口总额也只有 25 万英镑。④

　　与市民们相反，封建贵族们在市场上是低出高进，他们攫取的农业剩余，乃至他们的土地、矿山等社会财富最后都被转手到市民手中，以致日渐衰败。究其原因，一是两权分离，二是城市自治，市民利用其城市特权，获取高额利润，以致在西欧城市兴起之后的短短的四五百年间就积累起巨量资本，使西欧封建社会发生了翻天覆地的变化。所以，尽管中古西欧的农田单产量、农业劳动生产率都远不如当时的中国，但是，由于两权分离和城市自治，为数不多的农业剩余却能流到先进生产力、先进生产关系的代表市民阶级手中。

　　古代中国两权合一，城市又无自治权，决定了贵族地主及其国家必然会利用其手中的工商业，实现不同程度的自给自足，并通过相互售买、实现互补而使整个贵族地主阶级满足其多种需求的主要途径不是求之于其他阶级，而是求之于己。以致民间工商业因缺乏市场等而十分地孱弱，无法享有西欧市民阶级所享有的超额利润。中国的农业剩余的最终流向因而不是民间工商业，而是官工官商、贵族官吏和地主。他们拥有绝大部分农业剩余和工商业

　　① 参见［法］雷吉娜·佩尔努：《法国资产阶级史·近代》第 1 册，第 326 页。
　　②《马克思恩格斯全集》第 26 卷第 2 册，第 257 页。
　　③ 参见 D. Levine, *At The Dawn of Modernity Biology, Culture, and Material life in Europe after The year 1000*, p. 143。
　　④ 参见 M. M. Postan, E. E. Rich, E. Miller, ed., *The Cambridge Economic History of Europe*, V. 3, p. 455；［意］卡洛·M. 奇波拉：《欧洲经济史》第 1 卷，第 249、250 页。

利润，也就拥有源源不断的财力来增长自己的经济实力，巩固自己的政治权力，兼并土地，扩充军队和官僚机构，强化封建国家机器。以致各个封建王朝从初期开始，土地兼并就愈演愈烈，官僚机构和战争机器越来越庞大，社会矛盾越来越激烈，以致最后不得不以惨烈的农民战争或外族入侵的办法来使人口锐减，以解决这一系列的矛盾。因此，在古代中国，农业剩余最终导致的结果不是促进市场经济的发展，而是成了摧毁社会在几百年时间内取得的经济成果的"炸药"。

可见，从传统社会向现代社会的转化，固然需要农民的个人劳动生产率发展到能为社会提供一定的农业剩余的水平，但社会机制将农业剩余导向何方则也是事关民族命运的关键。若是流向封建贵族官吏地主及其国家，那农民创造的农业剩余再多，也不可能促进现代社会的孕育、产生和发展；相反，它只会增强贵族地主官吏的兼并力，强化封建国家的统治，使社会停滞甚至倒退。这就好比一个家庭能否发达，不仅在于他们有多少盈余，更重要的是，他们将这些盈余用于何处，是用于扩大再生产，还是用于奢靡浪费。反之，一个不富裕的家庭，若能将有限的剩余用于扩大再生产，那他终究会富起来则是无疑的。显然，封建时代的中国就犹如前者，而中古西欧则像后者，其农业虽然落后，但却能将有限的农业剩余用来积累工商业资本、发展这个前景无限的产业，最终使它能取代农业而成为整个社会的基础。这就再次说明，由两权分立而形成的正反馈机制在西欧现代社会兴起过程中的作用之大。

三、变金钱为封建贵族阶级的克星

两权的分离使市场成为贵族们无法离开的生命线，贵族们的吃穿住行及行军作战所需的各种主要物资无不仰赖于市场，若要尽情享受他们所占有的大量财富，维护其贵族地位，扩大其权势，就更离不开市场，由此注定了货币是贵族满足其需要的主要媒介，致使贵族日常的货币支出十分惊人。14世纪初，英国汤姆士伯爵的年开支达3750镑，另一伯爵亨利·拉西为1321镑。[①]

---

① 参见 E. Miller & J. Hatcher, *Medieval England rural society and economic change*, *1086 - 1348*, p. 229。

到这个世纪后期，兰开斯特公爵的年均日常开支更高达 8000 镑。[①] 若建造一个城堡或教堂，费用常达万镑。[②] 来自政治、军事、宗教方面的压力及贵族间的争狠斗富也迫使贵族们加大消费。[③] 中世纪战争频繁，扈从的人数、城堡的坚固、住宅的华丽、武器的换代关系到领主的安危和威望，贵族因而要不断地整修、重建城堡、教堂，购置新的武器、增添扈从。还须筹款支付国税、补助金、赎款、诉讼费，并敬献上帝。僧侣们则需要在日常开支外筹措安葬费、选举费、宗教节日的庆典费和慈善资金。[④] 例如，坎特布里大教堂的小修道院在 1270—1280 年间上缴了 1160 镑税收，还为选举副院长花费了 1000 镑；1293—1294 年，又为选主大主教支付了 1300 多镑。[⑤]

随着工商业的发展，军事装备、工商业品还不断地升级换代，享乐方式层出不穷，贵族们的消费是水涨船高。"拿服装为例，四个月前还满意的服装，今天就认为已经过时而遭到摒弃"[⑥]，"文艺复兴前，盛行宽松外套，文艺复兴时，它则被有几排纽扣的紧身上衣所取代，用作纽扣的珍珠宝石因此而成为贵族们热烈追逐的对象"[⑦]。16 世纪时，配有宽硬的皱领和洒满香水的皮手套的服装又流行一时。[⑧] 到这个世纪的后期，服装的式样变得更加豪华，"简直是各种装饰品堆砌而成的"[⑨]。而"追求华丽，经常变更他们服装的式样"是"贵族和王室人员"的时尚[⑩]。他们的消费水平因而扶摇直上。从 11 世纪中期到 12 世纪中期，英国的物价翻了 1 倍，而军费上升更快。

---

① 参见 K. B. Mcfarlane，*The Nobility of Later Medieval England*，p. 98。

② 参见 J. L. Bolton，*The Medieval English Economy*，*1150-1500*，London，1980，p. 160。

③ 参见 E. Miller & J. Hatcher，*Medieval England rural society and economic change 1086-1348*，pp. 229，230。

④ 参见 J. L. Bolton，*The Medieval English Economy*，*1150-1500*，pp. 159，160；E. Miller & J. Hatcher，*Medieval England rural society and economic change*，*1086-1348*，p. 231；G. Duby，*The early growth of the European economy*，p. 234。

⑤ 参见 E. Miller & J. Hatcher，*Medieval England rural society and economic change*，*1086 - 1348*，pp. 231，201。

⑥ ［瑞］布克哈特：《意大利文艺复兴时期的文化》，何新译，商务印书馆 1976 年版，第 364 页。

⑦ H. Miskimin，*The Economy of Early Renaissance Europe 1300-1460*，p. 128.

⑧ 参见［意］卡洛·M. 奇波拉：《欧洲经济史》第 2 卷，第 116—118 页。

⑨ ［英］施脱克马尔：《十六世纪英国简史》，第 49 页。

⑩ ［意］卡洛·M. 奇波拉：《欧洲经济史》第 2 卷，第 119 页。

1086年，英国的1匹马的价格是1镑，二百年后，涨至40至80镑。[①] 14世纪时，米兰制造的一副普通盔甲的价格就等于今天13000—14000美元的小麦。[②] 骑士原先的报酬是1天4便士；1173年时则涨到8便士至1先令；30年后，又升到3先令至4先令。[③] 1215年，英国国王约翰不仅要比五十年前他的父亲多付3倍的费用为其家庭购买食品，还要为其军队多付出3倍的开支。[④] 15世纪时，贵族出嫁一个女儿大约要花费750镑，到17世纪早期，则需要用3550镑，几乎翻了5倍。[⑤]

随工商业一起兴起的还有城市，城市生活对居住在穷乡僻壤的贵族们无疑有巨大的吸引力。使一些贵族移民城市，余下的贵族也在选择每年至少有一部分时间住在城市。意大利、西班牙和法国南部的贵族很早就这么做。居住地变了，他们对货币的需要就更急迫，因为城市习惯迫使他们非过奢侈糜费的生活不可。[⑥]

贵族的消费如此之大并不断地增长，而这对于维持其日常生活，维护其安全、地位、身份、权势和脸面又是必不可少的。因此，两权的分离给封建贵族带来的一个重大影响就是使"获得金钱成为封建主生活中压力最大的问题"[⑦]。

如何获得货币，办法还是很多的，如劳役折算、出卖各种封建特权、增加租赋罚款等。然而，这些做法的增收对象是农民，而农民可供剥削的东西有限。因为农业生产力发展缓慢；同时，农民上缴的各种赋税都受习惯的制约，很难有所增加；因此，这条增收的道路不长，前途有限。第二个办法则是经工营商，这无疑是个最佳的选择，因为工商业发展前景无限。

---

① 参见 R. H. Hilton, *Peasants, Knights and Heretics in Medieval English Social History*, Cambridge, 1976, p. 170。

② 参见 H. Miskimin, *The Economy of Early Renaissance Europe, 1300-1460*, p. 128。

③ 参见 K. B. Mcfarlane, *The Nobility of Later Medieval England*, p. 98；另参见 A. V. B. Norman, *The Medieval Soldier*, p. 131.

④ 参见 R. H. Hilton, *Peasants, Knights and Heretics in Medieval English Social History*, p. 67；另参见 T. H. Aston. edited, *Landlords peasants and politics in Medieval England*, pp. 285, 320-324, 331。

⑤ 参见 C. G. A. Clay, *Economic expansion and social change: England 1500-1700*, V. 1, p. 148。

⑥ 参见 [意] 卡洛·M. 奇波拉：《欧洲经济史》第1卷，第167页。

⑦ G. Duby, *Rural Economy and Country Life in the Medieval West*, p. 237.

　　然而，无论是选择前者，还是锐意后者，都会导致封建贵族阶级的衰亡。选择前者会使贵族们贫困潦倒，选择后者则会导致他们蜕化变质，异变成资产阶级新贵族。

　　一部分贵族因固守传统的生产方式而日渐破产是庄园手工业瓦解后西欧社会中的一个很常见的情况。12、13 世纪时，贵族负债即已成为一种普遍现象，且亏欠的债务愈来愈多。1230 年，英国的世俗贵族中已有 60% 的人亏欠国王的款项，其中大约有 80 个贵族的负债额为其年收入的 1 到 6 倍。[①] 可以说，此时，几乎全西欧的贵族都为财政问题所困扰。[②] 到 16 世纪中叶，高达 80% 的法国贵族为债务所累。[③] 为了弥补日益亏空的开支，贵族们被迫抵押乃至出卖土地成了西欧各国的普遍现象。13 世纪时，在英国贝德福郡的有据可查的 67 个世俗庄园中，有 49 个被其主人出卖了；伍斯特郡的 18 个世俗庄园中，有 16 个被出卖；亨廷顿郡的 101 个庄园中有 78 个被出卖。[④] 到中世纪后期，英法等国的封建主事实上"已丧失了对土地的支配权"，"沦为小农田的占有者"[⑤]。到近代早期，土地买卖更是盛况空前。从 15 世纪后期到 1640 年，英国的艾塞克斯郡和赫特福德郡有 85% 和 90% 的庄园更换了主人[⑥]；土地不仅"从封建贵族手中"，也"从国家元首一女王手中溜走"了，以致过去所有享有"封建土地权的人事实上都被剥夺了权利"[⑦]。随着其权力基础封土的丧失，原始的封建贵族也就渐次灭亡。在 14 世纪时的英国，平均每 25 年就有四分之一的贵族家庭因丧失土地和其他原因而消失。[⑧] 1300—1500 年间，收到通知参加议会的贵族共有 357 家，到 1559 年时只剩下 63 家，到 1641 年仅有 22 家贵族尚存。[⑨] 在法国福雷，13 世纪时有

　　① 参见 J. L. Bolton，*The Medieval English Economy，1150-1500*，p. 102。
　　② 参见 E. Miller & J. Hatcher，*Medieval England rural society and economic change，1086 - 1348*，p. 234。
　　③ 参见［苏］波梁斯基：《外国经济史（封建主义时代）》，第 483 页。
　　④ 参见巴尔格：《11—13 世纪英国封建主义史研究》，莫斯科 1962 年版，第 145 页；转引自马克垚：《西欧封建经济形态研究》，第 139、140 页。
　　⑤ 参见［意］卡洛·M. 奇波拉：《欧洲经济史》第 2 卷，第 255、263 页。
　　⑥ 参见 C. G. A. Clay，*Economic expansion and social change：England 1500-1700*，V. 1，p. 155。
　　⑦ ［英］施脱克马尔：《十六世纪英国简史》，第 51 页。
　　⑧ 参见 J. L. Bolton，*The Medieval English Economy，1150-1500*，p. 104。
　　⑨ 参见 L. Stone，*The Crisis of the Aristocracy 1558-1640*，Oxford University，1965，p. 769。

215 个贵族家庭，其中的 66 个在 1300 年时已经消失了，占总数的 30.7%；在 1400—1500 年间，余下的 69 家贵族消失了 38 家，占 55%；到 1789 年时，当地只剩下 5 家贵族。[①] 威尼斯的贵族人数在 1575 年前达其顶峰，包括其家人 10000 人，占威尼斯总人口的 5%；但是这之中已有大量靠政府施舍为生的落魄贵族，他们流落在圣巴纳巴贫民区；1630 年后，富裕贵族大大减少，以致只剩下 14、15 人能出任国家最高职位。[②] 而这些残存下来的原始贵族也遭到了严重的削弱。[③]

贵族在经济上的衰落必然要导致其政治权势和法律地位的下降，这无论是对农民阶级还是对市民阶级来讲都是福音。它加速了农奴阶级的解放，有利于市民的政治地位的上升；并极大地改变了阶级力量的对比，有力地推进了旧的经济结构和政治结构的分化与整合。

另一部分贵族受不住金钱的诱惑而去经工营商、放高利贷，同匠夫贩卒为伍。在意大利，城市刚一兴起，一些失意的小贵族就纷纷移住城市，亲身从事商业、银行业。[④] 在伦巴平原，这种事情尤为普遍[⑤]；在西欧其他地区，随着商品经济的发展，贵族兼营工商业、移住城市的也是有增无减。[⑥] 庞兹和皮朗说，"意大利的大部分贵族与阿尔卑斯山以北的他们的兄弟不同，一直居住在城市里"，"他们也常常对于商业发生兴趣"，不仅将其"收入的一部分进行商业投资"，其幼子也大都亲身"从事商业"。故此，不仅"威尼斯、热那亚的贵族在海上贸易方面占有相当的地位"，全意大利的封建贵族家庭中"很多财富也是来自商业和银行业"[⑦]。在阿尔卑斯山以北的地区，从12、13 世纪时起，一部分贵族和一些"出身名门"的青年人也都"从事商

① 参见佩罗：《中世纪晚期法国贵族的社会流动》，《过去和现在》第 21 期，1962 年 4 月，转引自马克垚：《西欧封建经济形态研究》，第 137 页。

② 参见［法］费尔南·布罗代尔：《15 至 18 世纪的物质文明、经济和资本主义》第 2 卷，第 510 页。

③ 参见 C. G. A. Clay，*Economic expansion and social change*：*England 1500-1700*，V.1，p.157。

④ 参见 R. H. Hilton，*Bond Men Made Free*，pp.48,49；［美］坚尼·布鲁克尔：《文艺复兴时期的佛罗伦萨》，第 8、9 页。

⑤ 参见 R. H. Hilton，*Bond Men Made Free*，pp.48,49。

⑥ 参见 D. Christo pher，*Making A Living in the Middle Ages*：*the People of Britain*，*850-1520*，pp.67,68。

⑦ N. J. G. Pounds，*An Economic History of Medieval Europe*，pp.350,349,254,255,267；［比］亨利·皮雷纳：《中世纪欧洲经济社会史》，第 152 页。

业"，成了"土地资本家"，甚至建立起自己的船队，"从事大规模的商业"①。对开矿、冶炼、烧炭等乡村工业，贵族们尤为热心。他们投入了大量资金，成为这些行业的主要投资人之一。② 在法国，不少的贵族投资"海上贸易"，进行"大工业企业活动"③。15、16 世纪的英国，绅士贵族们发财的秘密就是"什么买卖都做"，他们对养羊、养牛、投资矿井、冶铁、纺织、"拿土地做投机买卖""都感到兴趣"④。

贵族们要经工营商，首先就需要缴纳盾牌钱，以解脱军役。12 世纪时，盾牌钱已开始流行；到 12 世纪末，缴纳盾牌钱而不愿到国外服役的情况已扩大到总佃户；13 世纪时，不愿从事兵役的情况更普遍了。例如，按照封土面积，英国的巴恩和韦尔斯主教区应提供 20 个骑士服兵役，但他们只答应提供 2 个骑士给国王；林肯主教区服军役的骑士则从 60 个减到 5 个；亨利二世时，教会为王室提供的骑士是 750 个，到 13 世纪时，却只有 121 个半。⑤ 解脱了军役，也就放弃了他们所享有的封建特权，这不仅削弱了封建贵族阶级的势力，增强了国王的力量，也为贵族经工营商异化为第三等级创造了前提。

解脱军役后的一部分贵族去经工营商，就成了中国史家常常提到的中国历史上著名的"土地、商业资本和高利贷资本的'三位一体'"。在西欧，几乎所有的商人都把他们的闲散资金投入土地，15 世纪时，在佛罗伦萨、西恩那，几乎"每个显贵都至少拥有一处郊区农庄"；1550 年，巴黎市民在各个郊区拥有的土地占这些地区耕地总面积的 1/4 到 1/2 以上；而英国的市民、商人则早就成了主要的购地者，完全控制着土地市场。⑥ 因此，"三位一体"绝对不是中国封建社会的专利，而是中西封建社会的共性。

中国史家们将"三位一体"说成是中国封建社会长期延续的重要原因。

---

① J. L. Bolton, *The Medieval English Economy, 1150-1500*, p. 275；［美］莫尔顿：《人民的英国史》，第 118 页。

② 参见［意］卡洛·M. 奇波拉：《欧洲经济史》第 2 卷，第 353 页；R. H. Hilton, *The English peasantry in The Later Medieval Ages*, p. 207。

③ 参见［法］皮埃尔·米盖尔：《法国史》，第 257 页。

④ 参见［意］卡洛·M. 奇波拉：《欧洲经济史》第 2 卷，第 353 页。

⑤ 参见 R. H. Hilton, *Peasants, Knights and Heretics in Medieval English Social History*, pp. 12,171。

⑥ 参见［美］坚尼·布鲁克尔：《文艺复兴时期的佛罗伦萨》，第 368 页；［比］亨利·皮雷纳：《中世纪欧洲经济社会史》，第 77 页；E. L. R. Ladurie, *The French Peasantry 1450-1660*, pp. 50,56；C. G. A. Clay, *Economic expansion and social change；England 1500-1700*, V. 1, pp. 153,154。

指责它使利润转化为地租，限制了商业资本的发展；并把最稳妥的生息形式和获取高效收益的形式揉为一团，致使货币权成了巩固土地权和封建特权的武器，造成了"社会各阶级之间的互相流动、转换"，"无法形成一个和封建阶级相对抗的第三等级"[①]。

相反，西欧史家却对"三位一体"做出了积极的评价。英国史家克拉潘说："所谓英国生活的商业化是中世纪君主政体的强大力量。以及绅士和商人之间没有严格界限这两种情况所促成的。""英格兰从来没有为贵族制定过一套法律，而为市民阶级制定过另一种法律"[②]。

他的论述言之有据。"三位一体"中的资金高度灵活，资源配置自由，地租能迅速地转化为资本，加速了资本的积累和工商业的发展。奇波拉在分析了鲁昂等城市的小地主的情况后指出，这些人"对于城市工业所需要的资金做出了相当巨大的贡献"[③]。

地租转为资本的最简便的方法是将力役租改为货币租，因此，在西欧乡村中首先实行货币租的即是那些经工营商的乡绅和新贵族。[④] 他们在土地私有产权的确立和农奴的人身解放上起了领头羊的作用。

同中国的地主一样，西欧贵族们也常用工商业利润购置土地，但是，其结果并非延缓了资本的积累，导致了商人的地主化。相反，它不仅不会损害工商业，反可将土地变成了蓄水池，将剩余的工商业资金转为储蓄金、保险基金。当市场扩大时，这些资金和地租又可反馈到工商业中来，以保证工商业扩大再生产对资金的需要。[⑤] 同时，它也能迅速地将农业经济资源配置到工商行业，使工商业获得源源不断的原料供应。13 世纪时，为了适应毛纺工业的发展，佛兰德斯城市中的很多新贵族在自己的土地上养羊并栽种茜

---

① 方行：《试论清代前期地主、商人和高利贷者的三位一体》，《经济研究》1980 年第 8 期；白钢：《中国封建社会长期延续原因探讨》，《光明日报》1982 年 10 月 20 日。

② ［英］克拉潘：《简明不列颠经济史》，第 268 页。

③ ［意］卡洛·M. 奇波拉：《欧洲经济史》第 1 卷，第 195 页。

④ 参见［苏］波梁斯基：《外国经济史（封建主义时代）》，第 479、48 页；［苏］亚·德·柳勃林斯卡娅、达·彼·普里茨克尔、马·尼·库兹明：《法国史纲——从远古到第一次世界大战结束》，第 138、149、153 页。

⑤ 参见 J. L. Bolton, *The Medieval English Economy, 1150-1500*, p. 284; M. Zell, *Industry in the Countryside: Wealden society in the Sixteeth century*, pp. 223, 225, 226。

草，以满足其工商业的需要。① 1260 年前后，法国杜埃城的大呢绒商兼地主布瓦纳布罗克，除每年购进大批羊毛外，自己还有大片的牧场和种有茜草的耕地。②

与市场的密切交往使新贵族具有了"强烈的价值观念"，经工营商中形成的经营方针和竞争意识常被他们"移到农业上来"，不仅其农业技术有了长足的进步，他们的土地也得到了改良。15、16 世纪时，伦敦的一些著名商人，如艾沙员姆、雷维特等人同时也是著名的农业改良者。③

这些说明，西欧的"三位一体"在经济资源的配置、技术进步和经营管理上具有单一经济体所没有的诸多功能。如现代兼营多种产业的公司一样，它将很多市场交换的项目纳入了企业内部管理的范围，具有资源配置上的灵活性和通融性。科斯认为，这种公司具有节约交易费用、降低生产成本的作用。因此，它是一种比单一产业更有效率的经济组织。④

"三位一体"还极大地改善了工商业发展的政治环境。因为它是促使封建贵族变为第三等级的杠杆，也是工商业者成为贵族、第三等级渗透到贵族中去的桥梁。通过获得土地，市民就能够晋升为贵族，法国就是因此而形成了一个进步的穿袍贵族阶层，而英国也是因此而涌现出了一大批新贵族。

贵族和市民的相互渗透，分化了与第三等级尖锐对立的敌对阵营，壮大了新兴的革命势力，改变了阶级力量的对比，从而改善了商品经济发展的条件。莫尔顿说："在英国，封建制度的衰落只是加强下议院——议会的非封建部分——的地位。"⑤ 在下议院的权力的增长过程中，"三位一体"起了关键的作用。16 世纪时，任伦敦市参议员的 140 名商人中，就有 118 人占有土地，其中 96 人有 309 处庄园。⑥ 这个世纪末，英国下议院共有议员 2603 名。其中 57% 是名为骑士、缙绅和乡绅的新贵族；2% 为律师；17% 为商人。下

---

①　参见 M. M. Postan，D. C. Coleman，P. Mathias，ed.，*The Cambridge Economic History of Europe*，V. 2，pp. 634，381，382。

②　参见［法］雷吉娜·佩尔努：《法国资产阶级史·近代》上册，第 134 页。

③　参见 C. D. Ramsay，*The English Woolen Industy 1500-1750*，p. 56。

④　参见［美］科斯：《财产权利与制度变迁——产权学说与新制度学派译文集》，第 69 页。

⑤　［英］莫尔顿：《人民的英国史》，第 130—131 页。

⑥　参见 R. Butt，*A History of Parliament*，*the Middle Ages*，London，1989，p. 169。

院几乎为新贵族和第三等级所把持。[①]

三位一体既然如此有助于向现代社会的转化，那西欧各国向现代社会的转化进程当然会受到"三位一体"的制约。法国在向现代工业社会的转化过程中为什么会落后于英国？学者们说，一个最重要的原因就是贵族经工营商受到了 16 世纪中叶颁布的不准贵族经商的法令的严格限制，法国资产阶级因而不能"得到农村资产阶级能在同时发展中给予的支持"，这"无论在经济上，还是在政治上都削弱了资产阶级"[②]。

同样是三位一体，为什么所起的历史作用截然相反？其间奥秘，当然是两者的劳动性质的截然相反。如前所述，中国贵族地主的工商业所用的多是依附人口，实行的是强制劳动，故也少不了这种劳动所具有的种种劣根性。而西欧贵族要经工营商，就不能没有劳动力，因为"不论生产的社会形态如何，劳动者和生产资料却总是生产的要素"。若没有可供驱使的劳动力，他们除了亲身从事本小利微的工匠和小商小贩外，根本不可能兼营工商业；即使是需要劳动力最少的高利贷亦不例外。如中国唐代，"封家征求，各遣奴皂，凌突侵渔，百姓怨叹"，"博州刺史琅邪，王冲，责息钱于贵乡，遣家奴督敛"[③]。然而，绝不是任何劳动力都可与贵族们的资本相结合，只有脱离了生产资料的劳动者才能这么做。这种脱离或许是永久的，或许是暂时的，但脱离则是必需的。因为拥有自己生产资料的劳动者绝不可能同时使用他人的生产资料，为他人创造财富。因此，封建贵族经工营商只有在社会上存在没有自己的生产资料，或者在强制下被迫暂时地放弃自己的生产资料的劳动者的情况下才会产生。这类劳动者的存在是封建贵族得以经工营商的首要关键。而迄今为止的人类历史表明，这类劳动者只有奴隶、服劳役的农奴工匠和雇工。在工商业领域已根除了强制劳动，已无奴隶和农奴工匠可用的情况下，贵族们要经工营商，唯一能用的劳动力就只有雇工。而检诸历史，也无不如此。

14 世纪之前，西欧贵族所经营的工商业同市民所经营的工商业一样，

①　参见哈斯勒：《1581—1603 年下院信史》第 1 卷，第 12、13、20 页；转引自刘新成：《英国都铎王朝议会研究》，首都师范大学出版社 1995 年版，第 67 页。

②　［苏］波梁斯基：《外国经济史（封建主义时代）》，第 479、480 页。

③　《新唐书》卷一一六《韦思谦传》，卷一一三《徐有功传》。

普遍使用的是自由劳动者。当时，商业方面普遍盛行"合伙营业方式"，即委托制或协作制。很多贵族置身其中，而按这一制度，提供资本的坐商和承担全部劳动的行商分别得到利润的 3/4 和 1/4。① 因此，马克思说，这是"一种被掩盖了的雇佣关系"②。矿冶业则是贵族们投资最多的另一产业，雇佣劳动则居绝对统治地位③；在他们控制的纺织业中，务工之人也是"工资收入者"，13 世纪下半期，杜埃有个贵族叫包音布鲁克，他的两个工厂、一个染房中所使用的劳动力全是雇工。④ 13 世纪后，随着"一个空前规模的雇工阶级的出现"⑤，雇佣劳动在新贵族所经营的工商业中更是空前地普及。

　　如前所述，用雇工经工营商，就必然会使生产费用"成为生产中的决定性因素"，其产业的兴衰进退已与市场供求的变化、价格的变动息息相关。这就规定了他们对诸如产品的市场价格、劳动生产率以及怎样通过市场销售以获取最大收益等问题异常关切。因此，他不能奢靡浪费，而必须精打细算；必须对生产和销售过程的一系列环节进行合理的组织和改进，以降低成本、增强其产品的竞争力。其结果是，他们必然会像所有参与市场竞争的市民们一样，要求改进市场的内部条件和外在环境。这就从根本上决定了他们与市民阶级有着共同的利益诉求和价值取向，共同的经济基础、经济利益决定了他们和后者有着共同的政治要求，成了所谓的新贵族。

　　贵族不是因守旧而衰败，就是投身商海而变成新贵族。不是穷了就是变了，整个贵族阶级也就江河日下。而导致这一切的"罪魁祸首"就是金钱。故此，马克思和恩格斯说："骑士等级需用金钱这件事对于骑士等级之趋于灭亡起了很大的促进作用。""骑士的城堡在未被大炮轰开之前，就已经被货币破坏了"。而贵族阶级之所以遭此命运，其根源只能是两权分离。正是

①　参见马克垚：《西欧封建形态研究》第 359 页；［意］卡洛·M.奇波拉：《欧洲经济史》第 1 卷，第 257 页；G. Luzzatto, *An Economic History of Italy: From the Fall of the Roman Empire to the Beginning of the Sixteenth Century*, p. 119。

②　《马克思恩格斯全集》第 25 卷，第 1024 页。

③　参见［意］卡洛·M.奇波拉：《欧洲经济史》第 1 卷，第 189 页。

④　参见［意］卡洛·M.奇波拉：《欧洲经济史》第 2 卷，第 381、382 页。

⑤　参见［英］莫尔顿：《人民的英国史》，第 73、74、90 页；E. Lipson, *The Economic History of England*, V. 1, pp. 92, 113；［英］克拉潘：《简明不列颠经济史》，第 150 页。

它使金钱成了市民阶级"对付封建主义的最有力的武器",成了封建贵族阶级的克星。①

要想金钱不成为其克星,贵族们就必须在经工营商之外寻到金钱。西班牙传统制度之所以长寿,关键之一就是其封建贵族长寿。它的贵族始终认为"工商业活动是可耻的职业"②而不屑于此,从而根绝了西班牙贵族资产阶级化的任何可能性;但是,他们并没有因此而贫穷衰亡。其间原因是众所周知的,那就是他们和王室从海外殖民中获得了大量财富。

近代早期的东德和东欧的封建贵族也是如此。从16世纪起,他们返老还童,演出了西欧农奴制度中最残酷的一幕。其中缘由,还是因为他们在工商业之外获得了他们最急需的货币。通过与荷兰等外国商人的联手,利用英荷法等国资本主义的兴起而需要进口大量粮食的机遇,依靠出口其自营地上的大量的剩余粮食,他们摘掉了欧洲最贫穷贵族的帽子,经济实力政治权力急剧上升。利用它们,贵族们恢复和扩大了农民的劳役,"组建了自己的运输网络","运输和销售小地主们的产品",垄断了粮食出口市场,致使他们"投向市场的农产量的比例越来越大",以致越来越富裕。③

显然,货币在中国之所以成不了封建贵族的克星,关键是贵族地主阶级及其国家垄断了主要工商业,掌握了货币的主要源泉。在东方,除日本外,其他国家也大都与中国相似,两权合一,封建贵族阶级及其国家掌握着货币权,故其贵族阶级及其国家也一直未有大恙。日本就不同了。他们的中下层武士在幕府后期大都与英法的传统贵族一样穷困不堪。究其原因,是因为他们手中没有货币权,只能靠大名发放的禄米为生。于是,为了生存,他们不是弃武经商,就是跟商人联姻或给商人当养子,以致成了明治维新的领导者和倒幕的主力军,使货币也成了封建贵族的克星。

封建贵族是传统社会结构的"骨架"和主要维护者,若对他们都无可奈何,也就无法瓦解他们赖以生存的基础小农经济,使其耕织分离,为工商

---

① 参见《马克思恩格斯全集》第21卷,第514、515页;第26卷第3分册,第442、480页。

② [苏]波梁斯基:《外国经济史(封建主义时代)》,第462页。

③ 参见[英]罗伯特·杜普莱西斯:《早期欧洲现代资本主义的形成过程》,第102、105页。

业的发展腾出纺织品市场①，使奢侈品工业转为大路货工业。可见，瓦解、摧毁传统贵族阶级是现代化进程中的关键之役，而上述表明，能否赢得此役，货币权与土地权是合二为一，还是一分为二是关键。西欧成功地做到这一点，两权分离自然是功不可没。

四、奠定了重商主义的基础

土地权和货币权的合一导致了王权推行抑商政策，那么，两权的分离是否就必然使西欧国王实行重商主义？有的学者的答案是否定的。因为农业是传统社会的基础，重农抑商有利于维护这个基础，故此政策非中国独有，而是普遍现象。中世纪西欧也有不少的事例说明僧俗封建主，尤其是教会也在不同程度地推行抑商政策。如禁止借贷取息；教士不准从事工商业；宣传商人死后要入地狱，对工商业者课以重税；制定"落地税""船难税"；对酒、小麦等货物实行专卖制度等。但是，如果我们因此就去赞同皮朗的观点："中世纪王侯没有一点重商主义的色彩"②，那就大错特错了。因为在两权分离的西欧，国王和贵族们不可能全面地推行抑商政策，杀鸡取卵，竭泽而渔只会危及他们的自身的生活和安全。因为他们的生活、地位和权力，须臾都离不开工商业。他们自己没有工商业，若再去摧残扼杀民间工商业，那他们就是死路一条。他们虽然因笃信教义等缘故而有过抑商的举动，但更多的则是扶助工商业以从中受益；因为这才是他们实现其自身利益最大化的最佳选

---

① 不少的中国史家将中国封建社会长期延续的原因归咎于农民的耕织结合。他们以马克思的论述为据："资本主义前的、民族的生产方式具有的内部坚固性和结构，对于商业分解作用，曾经是一个多大的障碍，人们尽可以在英国对印度和中国的通商上，得到一个适切的例证。在印度和中国，生产方式的广阔基础，是由小农业和家庭工业的统一形成。"据此，他们认定小农的耕织结合是中国封建社会的特征，是导致中国封建社会发展滞迟的祸首。而上述史实表明，在西欧，首先被瓦解的是封建贵族的农工一体的庄园经济，而不是小农经济的耕织结合。正是因为贵族庄园经济的农业和工业的分离，才为工商业赢得了广阔的生存空间，工商业才得以发展壮大，进入前工业化和工业化阶段。而其小农经济的耕织分离则是前工业化和工业化的结果。一是前工业化使小农的家庭纺织业为包买商所控制，变成了工场手工业的一部分；二是随着小农经济在工业化浪潮中被淘汰而自动消失。而在土地权与货币权合二为一的中国，工商业始终同地主阶级及其国家结合在一起，货币权始终未能从土地权的束缚下独立出来，它第一步都未能迈出，又怎么可能走出第二步：分解小农的耕织结合？

② ［比］亨利·皮雷纳：《中世纪欧洲经济社会史》，第83页。

择。尽管这个选择最终会给其阶级带来灭顶之灾，但给他们个人带来的直接利益是可以看得见的金钱、享受、荣耀和安全。正因如此，他们才会以无比的热情开设市场，建立了数不胜数的城市，并主动地赐给城市特许状，开设市集，保护外地外国商人，等等。所以，在两权分离的西欧，国王贵族对工商业进行扶助是主流，而国王尤其着力。因为国王不仅其自身的生存离不开工商业，为了抑制贵族以实现国家的统一也需要市民们的支持。故此，随着民族国家的产生，大多数国王都大肆推行重商主义。

当然，重商主义中也有不少的措施是有碍于经济自由、使产权残缺，不利于市场经济的。如实行专卖制度、建立国家工场、同业组合等。在近代西欧，有效产权的确立就是通过废除重商主义中的这些举措来实现的。那么，是否就可以由此断定，重商主义对市场经济的发展有害无益，不值得肯定？答案是否定的，这只要将其同抑商政策进行比较，就不言自明了。

这缘起于两者立足的理论的不同，及由此出发的政策的不一样。"作为15—18世纪居统治地位的经济论调"的重商主义，无论是早期的，还是晚期的，都视贵金属为财富的唯一形态，路易十四的财政总监科尔伯说："一国的强盛与伟大完全由它所拥有的白银量来衡量"[1]。要想使国家富裕，要么是增加贵金属的存量，要么是"积累各种货币手段"[2]。但国内贸易只能使贵金属在各阶层之间和各集团之间再分配，无益于国家贵金属总量的增长，只有贱买贵卖的对外贸易才是国家财富的源泉，因此，"对外贸易是增加我们的财富和现金的通常手段，在这一点上我们必须时时谨守这一原则：在价值上，每年卖给外国人的货物，必须比我们消费他们的为多"。为此，国家不但要鼓励本国商品，尤其是工业品的输出，限制商品进口，以此来增加货币的流入量和国内的积累量；还要发展为对外贸易服务的手工业，"在我们出口的货物里边，我们不可以仅仅注意到我们自己所多余的东西，而是还必须考虑到我们的邻友们的必需品；就是他们所不需要的以及尚未在别的地方加工制成的东西，我们也应（除了出售原料之外）尽量加工制造从而从中取利，而且还要将售价提高到不致因价高而使出售量减少的程

---

① F. Braudel, *The Wheels of Commerce*, New York, 1982, p. 542.

② ［英］M. M. 波斯坦、D. C. 科尔曼、P. M. 马赛厄斯主编：《剑桥欧洲经济史》第四卷，E. E. 里奇、C. H. 威尔逊主编：《16世纪、17世纪不断扩张的欧洲经济》，经济科学出版社2003年版，第216页。

度为止。"① 为此，就要有斯密所说的"两架巨型机械"，即"两种孪生的法律，用来管制出口和进口"②。此外，重商主义也十分重视农业生产，主张增加人口；甚至要求经济资源在全社会范围内的自由流动和自由配置，让人们"有随意销售商品的自由"③，以实现效率的最大化和充分就业。④

依据其理论，早期重商主义对汇率和贵金属都严加管制，禁止贵金属出口；禁止本国出口商接受金银之外的货币作为货款，规定外国商人离境时只能带走货物，不能带走贵金属。晚期重商主义推行的经济政策则以贸易管制为主要手段，以实现国内各种货币手段的增加。为此，他们利用进口的高税率和法令对工业品进口尤其是对奢侈品的进口实行一定的限制，用高出口税率严格限制原料出口，鼓励中转贸易，实行出口退税，以奖励出口贸易。可见，尽管早期重商主义和晚期重商主义在经济政策上有诸多不同，但是，他们所立足的理论却是相同的，都视贵金属为国家财富的象征，都主张通过贵金属的积累来实现国家的富裕。因此，他们对工商业的认识，对对外贸易的认识都是惊人的一致，都认为发展工商业和对外贸易是积累国家贵金属存量的主要办法，因而都不遗余力地主张发展国家的工商业，尽力扩大对外贸易和殖民地。显然，起码在这两点上，重商主义同历代中国封建政府大力推行的抑商政策是截然相反。

抑商政策视农业为一国之本，以工商为末业，认为"工商重，则国贫"，甚至把工商之民列为"五蠹"之一，把"商贾外积"和"耕战之士困，末作之民利"视为国家即将灭亡的两大特征。为此，它极力保护小农经济和官工官商，不仅对民间工商业多方设限，对对外贸易也是严加管制，将其尽可能地限制在最小的范围内。

两相比较，就足见在理论认知上，重商主义要比抑商政策先进了一个时代：它已经认识到工商业和对外贸易对国家富强和经济发展的重要性；而后

① ［英］托马斯·孟：《英国得自对外贸易的财富》，袁南宇译，商务印书馆1983年版，第4、6页。

② ［英］M. M. 波斯坦、D. C. 科尔曼、P. M. 马赛厄斯主编：《剑桥欧洲经济史》第四卷，第518页。

③ ［英］伊丽莎白·拉蒙德：《论英国本土的公共福利》，马清槐译，商务印书馆1991年版，第71页。

④ 参见 L. Magnusson, *Mercantilism*, V. 1: introduction, London, 1995, p. 16; W. D. Grarnpp, "The Liberal Elements in English Mercantilism", *Quarterly Journal of Economics*, 1952, 66（4）: pp. 486,487.

者不仅看不到这一点，反而视工商业的进步和对外贸易的发展是国家的祸害。因此，尽管重商主义有它不利于市场经济的一面，但较之重农抑商政策，重商主义是有利于工商业的进步和对外贸易发展的。更何况，并非所有的重商主义政策都会损害产权，其中也不乏有益于市场开拓、有助于市场经济孕育的内容。近代早期的法国，虽然很多重商主义举措造成了产权残缺；但也有很多政策，如争夺海外市场，开拓殖民地等都无疑有助于法国市场经济的孕育。所以，在西欧各国现代化进程中，重商主义功不可没。英国的市场经济的孕育、分娩和成长，民族市场的形成和海外市场的开拓，乃至整个现代化进程都因其政府大力推行重商主义而得到极大的加速可谓是人们的共识。即使是被道格拉斯·诺斯称为现代化失败者的法国，重商主义对其工商业和对外贸易的发展所起的作用也是巨大的。柯尔贝尔的重商主义"显示了某些成功，特别是在军事和海军装备的供应方面，以及在豪华的纺织品、玻璃、瓷器和类似物品的市场方面。法国挂毯、家具、镶边织物、丝带、镜子、瓷器的制造者是意大利同行业先驱的竞争对手和死对头。甚至在更普通的平纹布和亚麻布的制造方面，法国也是领先的；而且，在柯尔贝尔死后10年的时候对法国纺织工业进行的一次调查也显示出它的范围辽阔和蒸蒸日上"。故此，学者们认为柯尔贝尔的重商主义"奠定了法国的工业，并因此使法国从受邻国的束缚中解脱出来"，从而"构成了法国在欧洲优势地位的重要基础"，使法国在"经济战中征服了除荷兰外的所有国家"。1670年后，路易十四又用其创立的"大型贸易公司'如军队一般'在各个地区进攻荷兰人，并很快地使其衰落"。对外贸易的发展和国际经济战的胜利也使"波尔图和马赛等港口的运输和贸易""在17世纪和18世纪崛起并辉煌"。而与之发展起来的交通运输对法国"这块当时最大的政治统一体"的经济统一也起了不可低估的作用。①

　　总之，同重农抑商政策相比较，在理论认知上，在经济实践上，重商主义更有利于工商业发展和社会的对外开放，更有利于民族国家的形成和市场经济的孕育。不谈别的，仅讲"一般规律"中的对外开放是系统进化的首

———————————

　　① ［英］M. M. 波斯坦、D. C. 科尔曼、P. M. 马赛厄斯主编：《剑桥欧洲经济史》第四卷，第475、476、479—482页。

要条件一项，就足证重商主义和重农抑商政策在系统进化过程中所起的作用是大相径庭。

为什么中国历代王朝青睐重农抑商政策而西欧封建君主却看好重商主义？这只能在土地权和货币权的分离或合一中去寻找答案。前者偏好产生的原因也应该为后者的偏好的形成提供一个答案。但是，由于天主教传统经济伦理观的深远影响，也由于一些寺院一直保留其手工业和商业，故中世纪西欧也不乏抑商举措；但是，与前述王侯们热衷于兴建城市、赋予城市自治权、帮助城市打破封闭状态的无数史实相比较，这些举措显然是支流，且随着寺院工商业的瓦解和宗教改革而逐渐走向消亡；到民族国家产生后，大多数国家都厉行重商主义；更值得强调的是，在这之前，所有的西欧王国、侯国、骑士领地都对外开放，听凭其臣民开展各项外贸业务。这就足以说明，此抑商非彼抑商，从总体上讲，西欧流行的商业政策对工商业的危害比东方的抑商政策要小得多。其中缘由当然是它的两权分离使王侯们不得不把向外求财作为要诀。此其一。

其二，前面讲过，城市自治权最容易的是取自于国王，再就是世俗贵族，最难的是教会。这显然同中国相反。汉武帝厉行盐铁官营、均输平均，颁布"告缗令"，以查税的名义使"中家以上大氐破产"。当然，汉武帝不是抑商贱商的始作俑者，而其后历代的抑商贱商的举措虽然大同小异，但都可谓是再接再厉，而所有这些抑商贱商的法令都无不是出自朝廷。那么，我们要问的是，为什么中国的皇帝对民间工商业，对对外贸易的态度同西欧的国王如此天悬地隔？为了自己利益的最大化，没有官工官商的国王们除了厉行重商主义以推动其国民工商业的发展和对外贸易的扩大之外，他还有什么手段去镇压诸侯们的反叛，去同各国争锋？有什么方法去积累贵金属，实现富国强兵的梦想？

其三，重商主义不是从天而降的，它是民族国家兴起之前各地早已广泛存在的各种重商举措上升到理论的产物，重商主义的所有内容都是这些举措的经验的总结。从这点上讲，重商主义及其各种政策无不是这些重商举措的继承和发展。而这些重商举措之所以在民族国家兴起前就已被王侯们付诸实践，主要是因为国王们每当遇到需要金钱的时候，首先想到的就是商人，而不是封建贵族。因为自从城市兴起之后，它就成了社会财富的主要源泉。可见，从渊源上讲，从历史角度观之，重商主义是两权分离的产物；从现实的角度观之，结论不变。根据可从诺斯那里找到："国家是按主要权力集团的利益来规定所有权。"[①] 经过城市兴起后的几百年的发展，到民族国家兴起时，工商业者已成了一个主要的权力集团，没有他们的支持，民族国家就不可能兴起；其兴起之后，国王又怎么可能违背这个权力集团的利益以致危及自己的生存和发展？

综上所述，无论是从渊源上看，还是从民族国家的兴起和发展上看，没有土地权和货币权的分离，既不可能有民族国家的兴起，也不可能有民族国家所推行的重商主义，是两权分离为重商主义提供了它赖以产生和生存的基石。

五、推进了现代世界市场体系的孕育

如前所述，工业革命"不可能仅靠内部经济各部门的和谐发展而实现，它还必须凭借控制外部市场这个必不可少的条件"，因此，它也是世界体系的产物。虽然，世界体系的最终形成有待于新航线的开辟和新大陆的发现，但它也是建立在半边缘地带基础之上的。而世界体系的半边缘地带的形成则与西欧人尤其是日耳曼人持续几个世纪的向东扩张是分不开的。否则，中欧东欧就不可能在 15 世纪后成为粮仓而融入西欧市场。史籍表明，这种扩张的主要途径是军事殖民、传教建会、垦荒拓边和建立城市。12 世纪时，日耳曼人就越过萨尔河—易北河向东进行垦荒拓边，南翼"到达了偏远的特兰西瓦尼亚，并于 12 世纪后半期到达了鞑靼人的地域"，北线 1200 年时进到西波西尼亚、卢萨蒂亚斯、布兰登堡中部边界、麦克伦堡中部，并在远至里加的地方建有商业前哨；13 世纪早期，移民越过波美拉尼亚、布兰登堡东部、西里西亚和摩拉维亚北部，继之侵入新边界、大小波兰和波西米亚东部；到 1350 年左右，日耳曼人越过桑河进入红俄罗斯。[②] 1200 年时，越过易北河进入斯拉夫土地的德国移民已多达 20 万；随后的一个世纪，移入的人数更多；在西里西亚（Silesia），移民们就建立起 120 个城市和 1200 个村

---

① 参见［美］道格拉斯·C. 诺斯：《经济史上的结构和变革》，第 III、18、24、105 页。

② 参见 M. M. Postan, H. J. Habakkuk, ed., *The Cambridge Economic History of Europe*, V. 1, pp. 454, 455。

庄；在东普鲁士建立了 1400 个村庄。[①]

在如此广大范围内进行垦荒拓边的主力是农民，但是，也离不开工匠和商人，他们为其提供工具、资金和物资，但更不能没有僧俗贵族。垦荒中所遇涉及的一系列的关键问题，如组织、土地所有权、规划、安全，尤其是向异族居住的蛮荒之地进发，都离不开他们。这一是需要军事力量去征服、占领斯拉夫人的土地；要进行长距离的移民，并保护移民。二是要建立城堡、教堂、磨坊及为其提供水流的拦河土坝；以及首次收获到来之前或更长时间内移民的生活费的垫付；住房建设费用；维持大量驻守骑士的耗费；等等，因此，"每一次拓边殖民都需要大量的资本支出"和军力的使用。[②] 如条顿骑士团在其征服地建立了无数的磨坊，其中有的耗资竟高达 2 万—3 万塔勒。[③] 但更关键、更重要的是，这是一场以军事征服和传教为先导、以军事占领为常态的殖民活动，离开了以战争和传教为职业的僧俗贵族，是不可想象的。因此，在这个长达几个世纪的拓边运动中，各级王侯、贵族和教会，尤其是宗教组织条顿骑士团在其中起了重要作用。

"1158 年，狮子亨利再次建立律比克城，直接引起了这场殖民运动。""在修道院长罗库姆的伯瑟尔德讲道的感召下，许许多多富人和贵族，为了粉碎异教的力量，建立基督的王国，踏上了移民的征途。"他们中"有高级和普通教士、商人、富人和穷人。他们直抵律贝克，登上满载武器和给养的船只，向立窝尼亚进军"。"1187 年，主教迈因哈德在维克斯库尔建筑了一座教堂和一座城堡，他获得了立窝尼亚的使徒的称号。但是，在这个偏僻的波罗的海的国家中真正建立起国家统治的，是主教布克斯霍夫顿的阿尔伯特（1198—1229 年）。1201 年，他在里加河与德威那河的汇合处建立了里加城，并且建筑了城墙以围护云集在那里的教士、士兵和商人团体"。第二年，主教阿尔伯特创立了"圣殿骑士团"，第三年，即获得教皇诺森三世的确认。之后，他们就一举征服了立窝尼亚、库尔兰和爱沙尼亚；继之，他们又转向

---

① 参见 D. Levine, *At The Dawn of Modernity Biology, Culture, and Material life in Europe after The year 1000*, pp. 155–158。

② 参见 M. M. Postan, H. J. Habakkuk, ed., *The Cambridge Economic History of Europe*, V. 1, pp. 461, 462。

③ 参见 ［美］詹姆斯·W. 汤普逊：《中世纪晚期欧洲经济社会史》，第 245—247 页。

东南欧。于是，"在里加殖民地建立后的二十年间，德国人的设防城镇在整个波罗的海沿岸星罗棋布。诸如德威尔流域的迪那蒙德、霍尔姆、维克斯库尔、伦内瓦尔登、简肯豪森，阿尔畔的文登、费林和 1224 年建立的多帕特"。在征服或驱逐当地民族之后，贵族们"把城堡和设防城镇连成一系列战线，划地为界，然后在这些线内的安全地区广泛移民，就这样一环接一环，蚕食了整个地区"①。

是什么原因使贵族们"离弃了富饶繁华、和平安宁的家乡，进入了一个令人厌恶、荒陌千里、孤寂偏僻而又时时处处战祸横行的土地"？

答案并非如他们所说，是"为了粉碎异教的力量"，而是为了金钱。各级各类贵族均从这类殖民活动中获得了大量的土地和金钱。如"半是僧侣半是士兵"的条顿骑士团，仅在其占有的普鲁士就建有 85 个自治市，其占有的斯拉夫土地之广可见一斑。境内不仅有大量的耕地、牧场，还有丰富的水力资源和种种矿产。"14 世纪初，骑士团拥有 16,000 匹马，10,500 头耕牛，61,000 只绵羊，19,000 头猪。"利用境内丰富的水力资源，建立了大量的锯床和磨坊，仅磨坊就有 390 座，能磨制 240 万蒲式耳谷物，生产的面粉足够 50 万以上的人食用。因此，骑士团不仅能大量出口谷物、木材、木器、皮毛、蜂蜜、蜂蜡、牛脂等农牧林产品，还出口钾碱、琥珀。可是，骑士们并不满足于敛财的这些常用途径，而是"祈求教皇准许进行贸易"，力求获得货币权。"1263 年，教皇乌尔班四世授权他们，允许出卖产品以购所需，但是禁止获利性经营。""万般无奈，骑士团就求助于伪造文件，他们伪造了一份据说是亚历山大四世于 1257 年颁布的圣谕，该文件申称，'由于他们贫穷'，特允许骑士们从事贸易"。据此，骑士们开始大量经商，并加入了汉萨同盟。②

条顿骑士团的这一历史充分地说明了王侯们热衷于东征垦荒殖民的真实原因。它再次证明了两权分离使贵族们不得不到处寻找金钱，殚精竭虑地寻求掌握货币权。也正是他们对金钱的这一追求才促进了中欧和东欧地区的开发，使其在 15 世纪后成为西欧的粮仓，从而为现代世界体系贡献了一个必

① ［美］詹姆斯·W.汤普逊：《中世纪晚期欧洲经济社会史》，第 245—247 页。
② 参见［美］詹姆斯·W.汤普逊：《中世纪晚期欧洲经济社会史》，第 255—257、260—264 页。

不可少的半边缘地带。在这之前，由于地域偏僻、自然条件严酷等各种原因，它们的社会发展"尚未超越父系家庭氏族阶段"。其居民"非常稀疏"①，"总人口一成不变"；大部分地区的生活仍滞留"在集体经济的基础上——捕鱼、收集野生蜂蜜"，虽然也进行畜牧，但主要是猪。虽开始农耕，但"耕作没有系统且是粗放的，耕作地点经常变更，犁即是钩（uncus），用两头牛或一至两匹马来拉动。这种犁仅仅是刮着地面"②；"唯一的手工业就是亚麻纺织"③，城镇很少。④

日耳曼移民的涌入，使无数的荒野变成了良田，令很多与世隔绝的地方有了人烟；但更多的地区是当地居民按日耳曼农业制度开发出来的，故被称为"日耳曼法律指导下的殖民"。在人们的共同努力下，中欧和东北欧的农业于"12世纪到中世纪后期"实现了转型，但"这主要是日耳曼人移民的结果"。从1250年开始，在布兰登堡，就有大量的粮食登船运到佛兰德、英格兰；1287年，佛兰芒市场上就有来自奥斯特兰的谷物；随着西欧经济的不断发展，中东欧向西欧输送的粮食和原料越来越多。⑤

可见，中欧东欧之所以成了现代世界体系中的半边缘地带，离不开日耳曼僧俗贵族所发起和领导的拓边垦荒；这是丧失了货币权的贵族们的功劳。它表明，两权分离在现代世界体系的半边缘部分形成中的作用是不可或缺的。同样地，现代世界体系的最终形成也不能没有两权分离。因为王侯们是远航探险、新航线的开辟和近代世界殖民体系建立的组织者、出资者和领导者。之所以如此，还是因为两权分离使他们不得不到处寻找土地和金钱。

为了支持哥伦布的前两次远航探险，卡斯蒂里亚的女国王伊莎贝拉拿出了她自己7/8的资金。远航带来的好处使他们大感意外，也使他们知道，对其进行管控，就能得到他们所需要的金钱，故此，西葡两国国王都竭尽全力

---

① M. M. Postan, D. C. Coleman, P. Mathias, ed., *The Cambridge Economic History of Europe*, Cambridge University, V. 2, p. 474; V. 1, pp. 452,453.

② M. M. Postan, H. J. Habakkuk, ed., *The Cambridge Economic History of Europe*, V. 1, pp. 449–453.

③ ［美］詹姆斯·W. 汤普逊：《中世纪晚期欧洲经济社会史》，第244页。

④ M. M. Postan, D. C. Coleman, P. Mathias, ed., *The Cambridge Economic History of Europe*, V. 2, p. 474.

⑤ 参见 M. M. Postan, H. J. Habakkuk, ed., *The Cambridge Economic History of Europe*, V. 1, pp. 452, 453,485,486; V. 2, p. 581.

用国家的力量来控制新航线和新大陆所带来的利益。早在 15 世纪中期，葡萄牙王室就将非洲海岸的贸易置于其财政署的控制之下，建立了休达商行等许多商行；新航线开辟后，国王便照此办理，建立了印度商行，控制了以香料和贵金属为主要商品的东西方贸易，使葡萄牙的远洋贸易直接从属于国家。西班牙王室建立了皇家法庭和贸易署来管理远航：安排船队的构成，规定航行的时间及线路，为每条航船安排船长、船员和护航队；还成立了最高皇家印度诸地委员会，赋予它在各个殖民地建立政府的职责。除实行直接的国家控制外，他们也将一部分贸易业务授予私人，但一直没有放弃对他们的严格控制。因此，对远洋贸易进行直接的国家控制是西葡两国不同于其他西欧国家的特别之处①，这也就是说，西葡两国是直接用国家力量推进了现代世界市场体系的孕育。

西欧其他国家对远洋贸易和殖民地的开发也进行了积极的国家干预。他们给私人公司颁发特许状、赋予它们从事某一行业垄断权，组建起各种从事远洋贸易和殖民地开发的特许公司。16 世纪前，英国就已建立了数目众多的特许公司，从事远洋贸易和殖民地开拓的公司就是以这些公司为模式做出某些调整而形成的。如 1408—1579 年间从事伊斯兰贸易的公司，1555—1666 年从事莫斯科公国贸易的公司，与黎凡特、非洲等进行贸易的公司，1600 年成立的东印度公司，等等，这些公司虽然都是商人们主动组建的，但大都得到了国王的特许状，获有国家赋予的贸易垄断权。②

1602 年，荷兰东印度公司成立，并得到荷兰当局颁发给它的特许权，它因此拥有从好望角到马六甲之间的贸易垄断权。1621 年成立的荷兰西印度公司则得到了大西洋沿岸、美洲大陆和南北美洲的全部贸易权。这两家特许公司从此就成了国中之国，有自己的法律、军队，可代表国家对外宣战与媾和等，但是，同其他大小公司一样，它们也都在荷兰当局的管辖之下。③

法国的特许公司所带有的国家印记则更为明显。从法王路易十一起，法

① 参见［英］M. M. 波斯坦、D. C. 科尔曼、P. M. 马赛厄斯主编：《剑桥欧洲经济史》第四卷，第 204—212 页。
② 参见［英］M. M. 波斯坦、D. C. 科尔曼、P. M. 马赛厄斯主编：《剑桥欧洲经济史》第四卷，第 202、221、222 页。
③ 参见［英］M. M. 波斯坦、D. C. 科尔曼、P. M. 马赛厄斯主编：《剑桥欧洲经济史》第四卷，第 212、213、222、223 页。

国各届政府都热衷于成立大公司。在路易十三、黎塞留、路易十四和柯尔贝尔时代，政府组建了大量公司，还亲自出面招募人员，任命主管，募集资本，提供船只；为公司免除关税并给予各种特权；并根据其特点将它们分配到政府各部进行分类管理。如同法国殖民地进行贸易的公司均由海军部管理；公司的贸易和生产的组织因此都变成了政府的事务。①

西欧其他国家的远洋贸易公司，如丹麦的东印度公司、西印度公司、南海公司，瑞典的西印度公司，普鲁士的非洲公司等也都是由国家建立的。②

可见，虽然西欧其他国家的远洋贸易和殖民地开发不是像西、葡那样由国家直接控制，但其背后仍少不了国家的支持。那么，西欧各国政府为何对远航探险和殖民地开发如此卖力？答案是不争的："其首要的目的是通过得到贵金属来获得财富。"而它们也确实如愿以偿：各国不仅对远洋贸易运进来的货物征收20%的关税，还要分享其利润。西班牙政府规定从新大陆获得的贵金属的1/5归其所有；英国伊丽莎白女王资助了非洲公司，故分享其1/3的利润；各国贵族也从中获益匪浅，经国王分封，他们在殖民地建立了无数的领地和庄园。③

西欧的国王和贵族为何如此热衷于海外的财富，而不像乾隆皇帝那样，声言天朝万物具有，而不屑于西方的物品？答案只能是两权分离。这点，在西葡两国表现得特别明显。因为最热衷于远征探险和殖民地开拓，成为其先锋和主力的都是贵族。其之如此，主要是两国都是从驱逐异教徒的宗教战争中分娩的，故僧俗贵族具有很强的好战性、冒险性和传统性，他们不仅没有自己的工商业，且视经工营商为耻辱。④ 当战争结束，他们昔日赖以为生的本领已无用武之地时，他们就只能去寻找新的征战对象，以扩大他们的领地和庄园，于是新大陆等就成了他们狩猎的目标。其他西欧国家的国王支持私人公司进行远航探险和殖民地开发显然是他们推行重商主义的必然选择。前

---

① 参见［英］M. M. 波斯坦、D. C. 科尔曼、P. M. 马赛厄斯主编：《剑桥欧洲经济史》第四卷，第202、203、212、213、222、223页。

② 参见［英］M. M. 波斯坦、D. C. 科尔曼、P. M. 马赛厄斯主编：《剑桥欧洲经济史》第四卷，第222、223页。

③ 参见［英］M. M. 波斯坦、D. C. 科尔曼、P. M. 马赛厄斯主编：《剑桥欧洲经济史》第四卷，204—208、209、210页。

④ 参见［英］罗伯特·杜普莱西斯：《早期欧洲现代资本主义的形成过程》，第79页。

面讲过，近代西欧各国政府之所以信奉重商主义为立国之本，其根子仍是两权分离。或许有人说，17世纪之后的荷兰和英国，掌握国家权力的已是议会，远航探险与两权分离已毫不相干。但不要忘记，英荷的资产阶级之所以能掌握议会，与这两个国家的市场经济于16世纪后的分娩和成长是分不开的；而这又如前述，离不开与以两权为离为根基的正反馈机制对市场经济孕育的保护与推进。再说，17世纪时，现代世界市场体系早已成形，故英荷议会对远航的推动只是对这个体系的巩固，故它们都不应该在本话题之内。

总之，现代世界体系的两大构成，半边缘地带和边缘地带都是这个体系的核心地区西欧主动向外出击而形成并与核心地区连成一体的。而核心地区的这些出击之所以成功，离不开其土地权和货币权的分离，正反馈机制在推进现代世界体系的孕育过程中也立下了不朽之功。

六、正反馈机制的历史地位

综上所述，两权分离使当时最有权势、拥有当时绝大部分社会财富的王侯贵族成了市场经济的"帮凶"，造就了一个强大无比的正反馈机制，从而为市场经济的发展提供了全方位的保护、帮助和推动。不仅为它提供了一个赖以安身立命的"子宫"，还以其巨大的购买力为市场经济开拓出了巨大的生存空间：一个无与伦比的商品市场和一个辽阔无际的国际市场；并以其对金钱的渴望赋予了它诸多的特权：城市自治制度、行会组织、特许权、免税权等；提供了强大的动力：重商主义；为它排除了各种障碍：官工官商、封建贵族工商业、抑商政策、城市自身的缺陷，小生产方式、对外封闭；等等；致使城市得以剥削农村，改造或者毁灭了贵族，获得了源源不断的资本、劳动力、市场，从而使它得以孕育成形。总之，凡是市场经济的孕育所必需各种条件和所需要的动力，正反馈机制都一个不少地给予了满足；市场经济孕育道路上各种潜在的障碍都被它排除；可见，市场经济从其孕育的那一刻起，它的每一步成长都离不开正反馈机制的保护和帮助。完全可以说，没有它，市场经济的胚胎就会像中国明清时代的资本主义萌芽一样，沦为"宫外孕"。

通过强制劳动掌握工商业的中国历代王朝都把这一切颠倒了过来。不仅主要市场被官工官商和贵族官吏工商业全部占领，连民众需求所形成的市场也因他们倾销剩余产品而被压缩；各种生产资源和劳动力也被他们占用和控制；不仅没有安身立命的"子宫"和特权，还面临官工官商，贵族官吏的工商业和抑商政策等许多凶恶的敌人和不可逾越的障碍。在如此境况下，小商品经济升格为市场经济是绝对不可能的。除了古代日本出现过自治城市外，其他各国基本上没有形成过市场经济的胚胎。如中国，直到明清，不仅官工官商，贵族地主的工商业以各种各样的强制劳动为基础，就是民间工商业，也有很大一部分是依赖于奴隶和农奴的劳动。这就是说，经工务商的人员中还有很多人既无财产私有权，也无个人自由。虽然这时也有少数工匠和商人拥有财产私有权和个人自由，并因此产生了所谓的资本主义萌芽，但是，这点可怜的萌芽由于缺乏适于生长的基地必然要沦为"宫外孕"而遭致夭折。这不仅是它本身先天不足，没有行会和城市自治制度以致缺乏凝聚力、协同力和活力；还因为它们缺乏市场经济赖以孕育的上述各种条件，以致面临着强大的敌人和各种巨大的障碍。所以，明清时代出现的资本主义萌芽的夭折，是情理之中的必然。

两相比较，源于土地权和货币权分离之上的正反馈机制在西欧市场经济的孕育过程中所起的关键性作用也就昭然于世了。它表明，从市场经济开始孕育的那一日起，直到工业革命，西欧市场经济在孕育、分娩和成长每一个阶段所需要的条件、动力，其根源直接或间接地都可追溯到两权分离，都是两权分离的直接成果或间接的产物；而市场经济的每一步的发展都离不开正反馈机制的帮助和推动。没有它，即使有了一些市场经济的基因，也会像明清时代的资本主义萌芽那样遭遇"宫外孕"；失掉了它，那市场经济即使孕育到临盆阶段，也难以分娩。近代早期的意大利乃至几乎整个西欧大陆的市场经济所遭遇到的命运就是明证。

第 十 二 章

市场经济的"胎动"效应

源于"密码载体"的市场机制，使市场经济在其孕育过程中就展示出了优胜劣汰功能和经济资源优化配置的功能。在它的运作下，市场已成为一切经济资源都须经过的中介和各个经济实体争夺市场份额的战场，价格的波动成了社会对各种经济资源需求变化的晴雨表；它迫使每个市场主体面临着发财或破产的不二选择而永不停息地改进生产技术、经营方式和经营管理。这不仅促进了生产力的不断发展，使市场扩展和劳动分工相互促进，也使经济资源得到了优化配置，进而使西欧社会结构的各个层次都发生了重大变化。

一、各种利益主体的市场竞争

随着西欧市场经济胚胎的不断成长，越来越多的利益只能从市场上得到，致使城市之间的竞争、地区之间的竞争、国家之间的竞争、城乡之间的竞争、城市内部之间的竞争日趋激烈，所达到的程度是当时世界上仅有的。

城市是市场的主要所在地，又是独立的利益主体，城市之间、城镇之间的竞争尤其激烈。保护已有的市场，开拓新市场，保持对商路的严密控制"是城镇政策的一个主要组成部分"，以至城镇的对外历史，尤其是 13 世纪之后的历史，可以说是"围绕着它们互相之间为控制贸易路线、控制其商品的重要来源地和垄断某个大市场的进入权而引起的冲突来书写的"。商业

战争、各式各样的冲突和对抗、"海盗行为和报复、贸易禁运和争议外交"、堵塞对方的港口等，可谓是花样百出，层出不穷。①

著名中世纪史家汤普逊说："任何人阅读马基雅弗里的《佛罗伦萨史》或者任何一部中世纪城市早期编年史，都能体会到，城市的全部政策都体现了商业竞争。"② 每当英国羊毛出口季节，来自意大利十余个城市的羊毛商人都不惜代价向英国人争相提供优惠条件，目的是使自己得到更多的羊毛，结果是英国人大获其利。③ 热那亚和威尼斯之间的竞争尤其激烈。凭借其位于东方贸易前哨的区域优势，威尼斯人一直在西欧与东方的贸易中居于重要地位。这引起同样在寻觅与东方贸易的霸主地位的热那亚人的不满与挑战，于是，这两个城市之间为争夺黑海和爱琴海的贸易控制权的斗争也就长期化、白热化。竞争激烈的另一对对手是佛罗伦萨和比萨；而后者又同锡耶纳、沃尔特、热那亚进行了长期的竞争。竞争的手段是无所不用其极。"利用通路征收高额保护关税"，"封销通往邻国的所有道路"，收罗同盟国，建立对抗共同对手的同盟关系，乃至发动商业战争都成了意大利各城市之间相互交往的常例。1284—1381 年，威尼斯与热那亚为争夺商业霸权，断断续续地进行了长达一个世纪的战争，直到 1381 年，通过萨瓦的调停才告结束。佛罗伦萨与比萨之间的竞争最后因佛罗伦萨于 1406 年征服并占领了比萨城，并将其变成其属地而告一段落。④

为什么意大利城市之间的竞争较多地诉诸武力？其原因有二。一是它们的自治程度很高，尤其是几个大城市。名义上虽属于皇帝或教皇，实际上是独立的城市共和国，能自组政府，有自己的军队，自行决定内外政策。二是大多以商立国，与东方的贸易是其生命线。为了保全和垄断这个生命线，城市之间发生战争的概率自然要大得多。这两个原因在阿尔卑斯山以北的欧洲基本上是不存在的。那里城市的自治程度远不如意大利。大多数城市没有自己的军队，也不能独立地对外宣战；以与东方的贸易为其生命线的城市也很

① 参见 ［美］M. M. Postan, E. E. Rich, E. Miller, ed., *The Cambridge Economic History of Europe*, V. 3, p. 165。

② 詹姆斯·W. 汤普逊：《中世纪晚期欧洲经济社会史》，第 311 页。

③ 参见 G. Holmes, "Anglo-Florentine Trade in 1451", *Economic History Review*, V. 107, 1993 (4)。

④ 参见 ［美］詹姆斯·W. 汤普逊：《中世纪晚期欧洲经济社会史》，第 311—313、328、329 页。

少见，故城市间的战争少有。国家之间因商业利益而相互争夺甚至征战却不稀罕，英法百年战争中就有太多的商业利益；用政治外交手段介入市场竞争则更是常事。故"官方档案中充满了冲突"，"而和平贸易几乎没有被他们提及"①。那么，在中世纪和近代早期的西欧，是不是没有真正的市场竞争，而只有为了利益而进行的暴力争夺。

事实上，因争夺商业霸权而运用政治手段甚至发动战争在现代也是屡见不鲜，但这并不能掩饰其背后的商业动机，"战争只是商业扩展的手段之一"。"正是一系列的军事冒险"，"才使两个微不足道的城镇，热那亚和比萨，发展到商业的极盛"。虽然战争会使竞争进入无序状态，但它的存在也从另一个角度说明了当时市场竞争的激烈程度。更关键的是，最终决定市场份额多少的并不是政治和军事手段，而是市场竞争力。因为利润只能来于市场，而不是战场。"即使在那些以征服开路的地方，与以前的敌人保持合作对最终获利而言也是必要的"。所以，"奥德赛式的商人探险""超越了伊利亚特式的辉煌业绩"；"勇敢的赤手空拳的先驱者的个人开创精神所取得的成就要大于血腥的战争"②。这在欧洲历史上可谓不乏其证。16世纪的西班牙可谓是欧洲的霸主，可结果如何？工业前夕的英国，虽然凭借其强大的军事实力征服了印度，但在大量涌入的印度棉布面前却束手无策，最后，击败印度棉布的还是工业革命所带来的市场竞争力。即使是曾以战争相见的城市，大部分时间的经济交往仍然得以市场为中介，而最终决定竞争结果的仍然是城市在市场上的输赢。佛罗伦萨的兴起及其称霸欧洲就是一个例证。

佛罗伦萨是"欧洲第一座既不濒临海洋，或坐落于通航河畔，也不位于重要隘口往来处而成为大商业中心的欧洲重镇"。它"之所以能称雄全欧，全靠它睿勇有为、精明果敢和富有民族自豪感的人民"。它没有全身心地投入"流血竞争"；而是利用它位于"过往重要商路的中心位置"，通过对佛兰德的原色呢绒进行再加工，从而"在整个西方世界"，"也在东方的呢绒贸易中堪称榜首"，赢得了广大的市场。在此基础上，佛罗伦萨发展出多种工业，成了欧洲的工业中心，进而成为欧洲的商业中心、金融中心，乃

---

① M. M. Postan, E. E. Rich, E. Miller, ed., *The Cambridge Economic History of Europe*, V.3, p.167.
② M. M. Postan, D. C. Coleman, P. Mathias, ed., *The Cambridge Economic History of Europe*, V.2, p.345.

至文化中心。虽然它和比萨之间也有过战争，但是，这些战争绝不可能使佛罗伦萨的印染工业"居世界首位"；更不能使佛罗伦萨人在欧洲毛织品的大宗贸易、在银行业，"在所有这些活动中，居于最领先的地位"。而他们之所以能做到这些，关键还是他们不断地改进技术、管理，增进市场竞争力。①

再说，能用战争同其邻近的竞争者争夺商业霸权，但绝不可能用战争去对待距其遥远的竞争对手。"在直布罗陀海峡以外，意大利各共和国不再有任何势力，他们的经济霸权只能通过优越的商业组织维持。他们必须通过和平的方式求生存，而不能""抵制、封锁或劫掠对方商船"②。对付这类竞争者，能用的唯一办法只能是提高其市场竞争力。在德意志和奥地利，意大利人是"凭借自己的资金、组织机构和商业技巧与当地从事银行业和进出口贸易的商人展开竞争"的，而不是武力。意大利人的开拓精神在非洲的周围和内地表现得更为突出。在那里，他们既没有海军的支持，也没有国家政权的干预，而所面对的敌人则是野心勃勃的葡萄牙和卡斯蒂尔，所能依靠的只能是他们的市场竞争力。③

意大利尚且如此，城市间的争斗远没有其激烈的西欧其他地区的城市所采用的竞争手段则主要是技术改进和经济政策等。这正如波斯坦所说："有大量证据表明，城镇在努力将竞争者赶出旧市场的同时也在全力以赴地开辟新市场，在对抗商业对手的同时也在努力同因地理或道德顾虑、技术不足或组织不完备而构成的障碍作斗争。""除了直接扩张外，还有在旧道路被关闭时开辟替代路线的努力，防止旧市场遭到破坏的辛苦呵护，以及通过获得另一个销路弥补前一个销路损失的策略"。"十三世纪后期，一些勇敢的人穿越海洋和沙漠，开辟到波斯、印度和中国的道路的行动很快就得到了意大利各城市的集体支持。"④

竞争不仅发生在城市之间，也发生在城镇之间和乡村集镇之间。一方

---

① 参见［美］詹姆斯·W.汤普逊：《中世纪晚期欧洲经济社会史》，第346—384页。

② M. M. Postan, E. E. Rich, E. Miller, ed., *The Cambridge Economic History of Europe*, V. 3, p. 105.

③ 参见 M. M. Postan, D. C. Coleman, P. Mathias, ed., *The Cambridge Economic History of Europe*, V. 2, pp. 400,401。

④ M. M. Postan, E. E. Rich, E. Miller, ed., *The Cambridge Economic History of Europe*, V. 3, pp. 167–168.

面，几乎"所有的小型城镇都被纳入由大城镇的吸引力决定的外交与商业的轨道中"，成为大城镇的卫星城、专用市场或原料产品的专供地。另一方面，只要有机会，小城镇也会寻求自己的利益，从而与大城市进行或明或暗的竞争。同时，它们之间"也有更为琐碎但一样激烈的竞争。他们都渴望获得大城镇吞吃后剩下的贸易残屑"①。

城市内部各阶层、各个行会之间的竞争也很激烈。

由于各种主客观原因，一个行会要想消除内外竞争，真正实现垄断是不容易的，只有很少一部分行会才能做到。故此，行会成员"必须面对两种竞争者。第一类是在法律和政治地位上处于劣势的市民和外国人"；"第二类竞争者，也是潜在的更可怕的竞争者，是其他行会的成员。这些人会公开在其行业雇用村民或外国人；或鼓励他们的妻子这样做；作为重要的商人，他们随时可以从其他城镇引进竞争性的产品"。而"城镇政府有时支持某一个行会，有时会促进竞争"。出于这些缘故，行会能否实现对其行业的垄断要取决于"当地的供求状况，以及城镇权威在维持竞争状态时得到的利益"。因此，"没有一个中世纪行会能够绝对地严密地控制供应，也没有一个行会能完全避免在零售业上的竞争"。一般来讲，行会对市场的垄断可分为三个等级。居其顶端的行会必须是拥有买家的独家垄断权和卖方的独家垄断权；而要确保这些垄断权，它就必须能保持"会员间非凡的团结，以及对打破价格路线和生产协议的人的严格制裁"；同时，还必须争取到"公众权威的友好或中立"。显然，能满足这些条件的行会是不多的。"在地方贸易和产业中，唯一能够稳定地占据"这个等级的行会是经营贵重金属的行会。屠夫行会也力争到达这个等级，并非常接近这个等级。处于中间等级的行会"没有影响价格的能力"，其"行会成员和非行会成员获得原材料的机会均等"。故此种等级的行会处于"完美的竞争状态"，皮革业、经营贱金属的行业、食品业、纺织业、制蜡业、油脂业和木材业均属此级。其他的行会则处于等级最下端，它们的生意常输给更能干的竞争者，但还能够生存。可见，只有极少数处于顶端的行会才能够真正地实现垄断，其他行会想做却

---

① M. M. Postan, E. E. Rich, E. Miller, ed., *The Cambridge Economic History of Europe*, V. 3, pp. 165,166.

做不到。那些为当地市场服务的行会和高度专业化行会所面临的竞争最为激烈。后者面临的主要问题是"经受不住来自新程序和新的替代品的竞争"；而经营贱金属的行会就"几乎没有操纵价格的能力"。因为城镇铁匠所需要的原材料"常常依赖他们之外的普通批发商"；而"来自农村的竞争无所不在"；商人们也常唆使其他市民制造轻器皿来加剧竞争。①

行会内部同样不得安宁，因为"总有一些行会的工场主不顾生产量的限制，在质量标准上做手脚，与商人或其他企业主串通一气，或生产理应属于其他行业的产品"②。15 世纪时，伦敦的轻金属行会内部的竞争空前激烈，行会内的很多小作坊抓住城内劳动力过剩的机会，把"生产各种各样产品的工作——别针、金属丝和靴刺——都交给没有市民资格的劳工去做"③。

竞争固然有因违背行规而起的，但也往往为行会规章所容允。如德国的行会最初只要求控制住重器具的制造和销售，而对轻器具的竞争并不在意。1320 年，戈斯拉尔行会的法令规定只有行会成员才能铸造采矿镐、耙、船舵等重工具，同时又列出了 50 多种产品，任何人，不管他是不是行会成员，都能制造和销售。④

来自外部的竞争也很激烈，这一是行会并不能将本市经营同一行业的人都延揽进行会。"无数的工匠仍然未加入行会组织，他们从事的是所谓的自由职业。另一些则住在领地内或在城市法律控制不到的郊区"⑤。1450 年，尽管摩德纳城的铁匠行会会员的人数在不断上升，但仍有 23% 的城市铁匠不愿入会。1362 年，一群定居在博洛尼亚市内和市郊的铁匠公开与行会对抗，与他们竞争。"行会官员花费了 10 英镑来吸引他们加入行会，但无果而终。"二是来自城外的竞争。这除了农村工匠的竞争外，来自其他地区和国家的产品的竞争往往是致命的。14 世纪时，分布非常广泛的法国金属行会

①　参见 M. M. Postan, E. E. Rich, E. Miller, ed., *The Cambridge Economic History of Europe*, V. 3, pp. 246-248,254。

②　［英］罗伯特·杜普莱西斯：《早期欧洲现代资本主义的形成过程》，第 44 页。

③　M. M. Postan, E. E. Rich, E. Miller, ed., *The Cambridge Economic History of Europe*, V. 3, p. 255.

④　参见 M. M. Postan, E. E. Rich, E. Miller, ed., *The Cambridge Economic History of Europe*, V. 3, pp. 256,257。

⑤　［英］罗伯特·杜普莱西斯：《早期欧洲现代资本主义的形成过程》，第 44—45 页。

普遍地感受到了德国进口钢铁的竞争[①]；16 世纪后佛兰德和佛罗伦萨的毛纺业的衰落则都是英国毛呢竞争的结果。

还有两种竞争也是行会无法控制的。一是新行业。15 世纪时，德国城镇对牛肉的大量需求不仅刺激了东北部平原牛的饲养，还促生了香肠业。"这些扩张力量是如此强劲而普遍，行会无法限制它们"。二是有些商品的需求是行会无法满足的。如军需品即是其一。这种商品不仅种类多、数量大，而且要得急，且有周期性和风险性，武器商行会无法满足其需求。于是，这种生意就"落到一种生意人手上，这种人不参加任何行会，专靠为贵族和王侯服务为生"[②]。

这些都决定了行会尽管极力追求行业垄断，实际上却做不到。致使行会内部和行会之间的竞争十分激烈，行会的升降沉浮因而十分寻常。在佛罗伦萨，直到 14 世纪初，卡里马拉（细呢绒业）行会仍在各行会中居首要地位。然而，"仅仅几十年后它就被对手羊毛行会超过了"。1450 年，吕纳堡制革行会声称，"他们曾经是一个富人行会，现在却变成了穷人行会。"[③]

从城市产生之日起，城乡之间的竞争就随之展开。因为乡村手工业的存在就是对城镇工商业的一个威胁，城镇居民也就处心积虑地消除这种威胁。从 14 世纪初开始，"根特、伊普斯和布鲁日就禁止其城墙外有纺织生产的存在"。为此，它们经常派搜索队到方圆 5 里格（旧时长度单位，每里格约等于 5 公里）的村庄进行检查，毁坏织机，并对村民进行恐吓。意大利的城镇则将其行会制度延伸到城墙之外很远的城方，以此将农村的手工业纳入城镇行会规章管理的范围，以消除其竞争。不仅大城镇如此，那些仅有 1—2 个裁缝、1—2 个肉店老板，仍旧以农业为生的乡村小市镇也是极力地防止生意流失到乡村。[④] 但是，由于乡村拥有的先天优势，乡村工商业向城镇的渗

---

① 参见 M. M. Postan, E. E. Rich, E. Miller, ed., *The Cambridge Economic History of Europe*, V. 3, pp. 255, 258。

② 参见 M. M. Postan, E. E. Rich, E. Miller, ed., *The Cambridge Economic History of Europe*, V. 3, pp. 251, 278。

③ M. M. Postan, E. E. Rich, E. Miller, ed., *The Cambridge Economic History of Europe*, V. 3, p. 651, 252.

④ 参见 M. M. Postan, E. E. Rich, E. Miller, ed., *The Cambridge Economic History of Europe*, V. 3, pp. 213, 215, 216；[美] 戴维·S. 兰德斯：《国富国穷》，第 55、56 页。

透是防不胜防的。

一是其产品质量虽然粗糙，但价格便宜，适合城镇下层居民的需要。虽然城镇"习俗限制他们在公共的市场在公众监督下出售货物，只能沿街叫卖，但这并不影响他们占有贸易份额"。如果一个行会想禁止他们出售，"精明的村民们就很可能努力同这个行会在城镇内的其他竞争者联合起来行动"。二是农村手工业在原料的价格和采购上"有明显的优势"，行会无法与其相比。14世纪中期，随着铁矿石熔炼价格的上升，"城镇铁匠失去了乡村的生意，而农村制作的产品为城镇工匠提供铁和进口钢的代理而进入城镇市场"①。三是农村不仅劳动力丰富而又便宜，且有城镇所没有的水力、矿产等经济资源，尤其是水力资源，它"像19世纪的煤一样成了决定性因素"，为漂洗呢绒和造纸等手工业提供了动力。因此，"水的便利和离矿藏较近使一些工业远离主要城镇"。四是农村没有城市规章和行会制度的约束，"无须不断地消耗自己的资金以支付地方税、庆典、制备服装和其他公共负担的花销"；无须"为各类赋税以及其他与国王和城市相关的负担而苦恼"；他可以自由地雇工、随心所欲地选用生产设备和生产方法。故"实验探索的自由一直是乡村工业的特征"。很多新机械、新技术是乡民发明的，城里发明的机械和技术也是先在农村得到应用和推广的，如起绒机、漂洗机等。五是集市的增加"使得每个乡下人很容易到达集市把剩余产品卖给商人，而这些商人又与港口和城市相联系"。他们不仅能将乡村产品销至城市和远方市场，也能从各地为乡村居民找到他们所需要的原料。故此，原先一直为满足本地需求的毛纺业通过集市上的商人远销到城市、外地市场甚至国外市场。② 六是农村劳动力低廉。要想降低成本，增强其产品的竞争力，"最简便的办法就是使用农村的劳动力"。③

出于这些缘故，乡村的手工产品无处不在；约克的居民在1304年递给国王的陈情书中讲，尽管1164年的宪章规定染布和磨光布的制造仅限于约

---

① 参见 M. M. Postan, E. E. Rich, E. Miller, ed., *The Cambridge Economic History of Europe*, V.3, pp. 246,254,255。

② 参见 M. M. Postan, D. C. Coleman, P. Mathias, ed., *The Cambridge Economic History of Europe*, V.2, pp. 339,669,672,673,684,685。

③ 参见 J. L. Bolton, *The Medieval English Economy 1150-1500*, pp. 158,159。

克和其他城镇，但如今"各种人在农村的不同地方""制造染布和磨光的布"①。15世纪下半叶，法国市民在与德意志商人做生意时，与其竞争的主要对手不是别人，而是佛兰德的波珀厄村的村民。②

激烈的竞争也发生于集市与集市之间。13世纪时，勃艮第公爵发展了他在肖蒙、奥顿，尤其是夏龙地区的集市，从而与其他领主的集市进行竞争。③

规模最大的竞争当然是国家之间的竞争。13世纪末，曾经是政治对手的英法两国"现在主要转变为商业上的竞争，竞争的焦点是加斯科尼的葡萄酒贸易和依赖英国羊毛的佛兰德毛织业，决定性的因素是在比斯开湾和在那时被称为'狭海'的英吉利海峡的海上势力和海上霸权"。"保证英格兰东部诸港和佛兰德港口之间，南安普敦或朴茨茅斯和波尔多之间的海路畅通，对于英国的利益是绝对必要的。""这两个国家之间敌对的另一个原因是在北海和英吉利海峡和中世纪唯一剩下的最大捕鲸基地比斯开湾的渔业。"为了争夺位于英国东海岸附近的鱼资源十分丰富的"多格尔沙洲"，英国人、弗里斯兰人、佛兰德人、诺曼人和布列塔尼人的捕鱼船在春夏两季都集中于此，相互争夺渔业资源。随着英国海上贸易的增长和政府力量的增强，英国政府开始在这一地区推行法治，整肃海盗，也正是在这一"借口下隐藏着破坏法国、西班牙和佛兰德海上贸易的欲望和不可告人的目的"。另外，两国在佛兰德的对抗及法国为了获得葡萄酒产地而不断地蚕食加斯科尼的行为，到13世纪末也成了两国商业竞争的焦点，这一切都使百年战争不可避免。而英国在战争初期的两个行为则充分地表明了它发动这场战争的真正目的。一个是在佛兰德发行流通金币；另一个是发布"海上主权"宣言，而该宣言的目的明显是为了维护英国在英格兰同佛兰德和加斯科尼之间进行的三角贸易的安全。这些都说明，虽然百年战争是一场政治冲突，但

---

① M. M. Postan, D. C. Coleman, P. Mathias, ed., *The Cambridge Economic History of Europe*, V. 2, p. 672.

② 参见 M. Sortor, "Saint-Omer and its Textile Trades in the late Middle Ages: a Contribution to the Proto-industrialization debate", *The American Historical Review*, V. 98, 1993 (5)。

③ 参见 M. M. Postan, E. E. Rich, E. Miller, ed., *The Cambridge Economic History of Europe*, V. 3, p. 303。

"也是商业和工业上的竞争"。同样，它们与西班牙、荷兰、爱尔兰等国家的战争和争斗也都不例外，且越到近代，战争的商业性质也就越是突出、越是明显。这正如人们所说，不仅英格兰人，当时几乎所有的欧洲人都"完全相信这样一句格言：国旗所到之处，贸易随之而来"①。

竞争也发生在城市与贵族、与国王之间。"莱茵河联盟为了维护它的贸易，用军事行动对抗当地的贵族，汉萨同盟同国王交战，威尼斯攻击罗马帝国"之类的事情是不绝于史。②

竞争还从陆上延伸到海上，争夺渔业资源、航道的斗争的激烈程度绝不亚于陆地上的争斗。"整个地中海纠纷不断，比萨战舰在巴塞罗那的海港威胁热那亚商人"③。

竞争的手段是五花八门。从发动战争、堵塞航道、高额征税到提高产品质量、降低商品价格、开辟新的航道、商道、市场；从城市、国家的单打独斗到城市和城市、国家和国家的相互结盟。④

争夺的对象众多。市场、商路、航道、羊毛等各种工业原料。其中，对羊毛和技术工匠的争夺尤为激烈。⑤

如此多元、复杂、激烈的、大规模的市场竞争在世界近代史和中古历史上是仅见的。在同期其他文明的历史上，竞争主要发生在工商业个体之间。其原因只有一个：在当时的世界上，只有西欧在进行市场经济的孕育。市场经济以其特有的"斯密动力"使市场不断扩大，使越来越多的资源、人、地区和国家被卷入市场竞争的旋涡中，从而使竞争越来越激烈、竞争的方式越来越多。当一些原来从未进入该地区的商品和市场主体进入该地区市场后，原来因地利之便而垄断了该地区市场的生产者在地区市场中的优势便永远地失去了，他不得不与这些新来的商品和市场主体进行竞争。地区市场纳

---

① 参见［美］詹姆斯·W.汤普逊：《中世纪晚期欧洲经济社会史》，第75、77—111、121、122、129页。

② 参见 M. M. Postan, E. E. Rich, E. Miller, ed., *The Cambridge Economic History of Europe*, V. 3, p. 166。

③ M. M. Postan, E. E. Rich, E. Miller, ed., *The Cambridge Economic History of Europe*, V. 3, p. 165.

④ 参见 M. M. Postan, E. E. Rich, E. Miller, ed., *The Cambridge Economic History of Europe*, V. 3, p. 166。

⑤ 参见 M. M. Postan, D. C. Coleman, P. Mathias, ed., *The Cambridge Economic History of Europe*, V. 2, pp. 649,650；［美］詹姆斯·W.汤普逊：《中世纪晚期欧洲经济社会史》，第278页。

入民族市场后，民族市场的价格主导着地区市场，国内其他地方的商人进入市场的机会增多了，这又会迫使原来借助地利而取胜的生产者和商人在民族市场上与其他生产者和商人竞争。例如，原来在巴黎市场的肉类供应中占优势的卡尔瓦多斯，因其他地区肉类打入巴黎市场，丧失了其优势地位，它在拉莱维特等三大主要牲畜市场中的销售量，由原来的占总数的37%，降至1860年的25%，1880年的20%；当外地的谷类和羊毛进入巴黎盆地的南部和东部后，当地农民生产的这两项主要产品的价格也随之下跌。阿维农地区的葡萄酒的酿酒者不仅失去了外地的传统市场，连本地市场也失守了，因为本地的消费者也喜欢上了埃罗、奥德和塔尔纳地区所生产的酒。[①] 这些，都足以说明中世纪时期世界上最激烈的市场竞争之所以出现在西欧而不是世界其他地区，全因其市场经济的孕育在当时的世界是仅见的。

二、推进了市场的扩展、资源的优化配置和社会分工的发展

在如此激烈的竞争中，优胜劣汰是势所必然，"在14世纪初，佛罗伦萨羊毛工业的竞争导致比萨的羊毛工业陷入危机"；"伦巴第和卡特罗尼亚羊毛工业的发展，致使佛罗伦萨的羊毛工业在14世纪中叶出现危机"；"随着博洛尼亚、热那亚、威尼斯以及后来米兰丝绸工业的增长，卢卡的丝绸工业在14世纪陷入了危机"[②]；16世纪中期后，在北方更为廉价的中型船只的竞争下，曾经首屈一指的威尼斯造船业开始衰退，到16世纪末，其造船厂几乎停业[③]；在蜂起的新兴商业集团竞争下，取得了商业史上不曾再有的"影响广阔且延续久远的成就"的汉萨同盟，在15世纪末之前就"已被压缩到

---

① 参见 R. Price, *Modernization of Rural France*：*Communication Networks and Agriculture Market Structure in Nineteenth Century France*, London, 1983, pp. 318,316。

② M. M. Postan, E. E. Rich, E. Miller, ed., *The Cambridge Economic History of Europe*, V. 3, pp. 413,414.

③ 参见［英］M. M. 波斯坦、D. C. 科尔曼、P. M. 马赛厄斯主编：《剑桥欧洲经济史》第四卷，第167、168页。

只剩下一点点影子"①。

在此情况下，墨守成规显然是死路一条。这就迫使每个市场主体不得不永不停息地去拓展市场，寻找原料，进行技术、制度、组织和管理的创新，按照盈利最大化原则来组织生产。从而促使西欧的商品市场、原料市场不断地扩大；使有限的经济资源在更大的地域范围内得到优化配置，使地区性分工和国际性分工都得到了发展。

正是在这种力量的作用下，市场扩张在西欧地域内是前所未有；并从西欧延伸到中欧、东欧，远达俄国、中东和中国；从 15 世纪末起，又迅速扩展到新大陆；使原限于西欧的市场经济网络演变成现代世界体系。

曾是西欧对外开放的排头兵的意大利中北部的城市成绩卓著。一方面，它们极力地向位于各城市之间的封建侯国、贵族领地、自由村社等地方势力割据的地区渗透。到 15 世纪时，"只有小的边远山镇才没有打上商业的烙印"②。另一方面，他们大肆向外扩张。早在 12、13 世纪时，威尼斯、热那亚和比萨在沿地中海岸就"建立起广泛的贸易据点"。"热那亚人是那么多，散居在世界各地——只要他们在哪里定居，就在哪里建立起另外的热那亚。"第四次十字军东征时，"意大利人实际上垄断了地中海的货运和客运，从穆斯林和拜占庭人手中接管了所有的跨地中海贸易"；"有些商人走得更远，甚至到了突厥斯坦，进入东部的可汗国和中国"。在西欧，"从里斯本和卡迪兹到伦敦和布鲁日（后来，是安特卫普）"的每个重要城市，意大利人都"建立起定居地"。并在这里履行国内公司的代理人的职责，推销自己的商品，采购当地的原料，从而"把自己的影响扩展到了他们以前很少去过的地方"，成了"那些欠发达国家的商业的促进者"。"在德意志和奥地利，意大利人凭借自己的资金、组织机构和商业技艺与当地从事银行业和进出口贸易的商人展开竞争。波兰、波希米亚、匈牙利、塞尔维亚和保加利亚王国"就这样"第一次完全进入商业经济圈"。"意大利人把西方贵族和中产阶级早就熟悉的、但被当地人视为奢侈品的衣服、首饰和食品引入这些国家。"在威尼斯等大城市的带动下，"一些伦巴第和托斯卡纳的内陆城市也

---

① 参见［美］詹姆斯·W. 汤普逊：《中世纪晚期欧洲经济社会史》，第 198、200、220、229、233、240—243 页。

② ［美］詹姆斯·W. 汤普逊：《中世纪晚期欧洲经济社会史》，第 296 页。

开始往海外派遣移民"。意大利人向外开拓市场的这个"过程在 13 世纪晚期和 14 世纪早期达到了顶峰。至那时，意大利的商人已经深深地侵入三大洲，开辟了新的路线并转向了殖民帝国主义"①。

很难精确计算出黑死病前的二百年期间意大利中北部城市的市场范围到底扩大了多少倍，但从热那亚 1274 年至 1293 年间的港口税收额的增幅中却可窥其大概。短短的 19 年时间，就有 4 倍以上的增长。②

西欧其他国家的商人也极力向东方扩展，"马赛、蒙彼利埃、纳邦纳、巴塞罗那、安科纳、佛罗伦萨和鲁古逊（达布罗弗尼克）都在君士坦丁堡建立了殖民地。有些商人甚至来自西班牙、英格兰、德意志"。其中，前述日耳曼人在中欧和东欧地区进行的拓边垦荒所带来的市场扩张尤为突出。其能如此，和日耳曼的商人和工匠紧跟骑士和农民进行的农村殖民化之后进行的城市殖民化是分不开的。这一殖民化的前导，即向中东欧的商业扩张是与日耳曼人向东拓边垦荒相并进行的。为了满足拓边垦荒对工具和物资的需求，手工业率先兴起。11 世纪末，位于莱茵河谷的科隆就成为北欧的一个手工业贸易中心，并成功地占有了莱茵河谷的大部分贸易。12 世纪时，它的商人已经深入到奥地利、卡林蒂亚、奥格斯堡和拉蒂斯邦，并已成了佛兰德和德意志中部和南部的主要贸易中介。位于东欧走廊上的威斯特伐利亚地区的城镇也不甘落后，他们"在东方建立起最早的贸易据点"③。同时，在领主和殖民者中间充当中介人，并"负责所有的技术工作"的"勘界者"也都是日耳曼市民。这些人不仅"将其所得资本投向土地"，还将日耳曼人城镇的各项制度带到新垦区，使斯拉夫的诸侯们在 12 世纪后完全依靠他们来"促进贸易、工业和采矿业，并把建立城市和公共机构的任务交给了他们"。于是，由勘界者建立的殖民城市成了各个地区的"贸易和司法的中心"，它和为其所支配的斯拉夫村庄所形成的"城区体制成了整个国

---

①　参见 M. M. Postan, D. C. Coleman, P. Mathias, ed., *The Cambridge Economic History of Europe*, V. 2, pp. 347,348,351,400。

②　参见 M. M. Postan, D. C. Coleman, P. Mathias, ed., *The Cambridge Economic History of Europe*, V. 2, p. 355。

③　参见 M. M. Postan, D. C. Coleman, P. Mathias, ed., *The Cambridge Economic History of Europe*, V. 2, pp. 232-236,347,348,351,400。

家的基础"①。日耳曼市民和商人也因此从中获得了极大的利益，促使他们将贸易的前线一直向东推进。以萨克森为起点，他们沿着斯堪的纳维亚人早先在西北欧和波罗的海之间开辟出来的陆上通道，在通往俄罗斯的诺夫哥罗德和斯摩棱斯克的主要路线上建立起了一系列的据点。被人称为东方城镇的母亲城吕贝克就是其一。在这些据点的基础上，在斯拉夫人的土地上又衍生出了数量更多的第二代德意志城镇。正是这些城镇"改变了整个北欧贸易的内容和方向"，把西欧"与斯拉夫商品源地连接起来"。佛兰德所需要的粮食及各种森林产品，斯堪的纳维亚需要进口的谷物，英国人所需要的木材、粮食、森林产品等，现在也都来于波罗的海和东欧。这一切不仅仅给德意志东部的城镇带来财富和权力②，更重要的是将中东欧并入了西欧市场，使西欧的市场网络得到了空前的扩展，使其影响力覆盖到整个欧洲。③

扩张持续了几个世纪，即使黑死病后人数锐减，意大利人的市场扩张也是在稍作停顿后，又变本加厉地"继续向海外扩张"④。这说明，市场扩张的主要动力绝非人口的增长，而是市场经济所带来的竞争和对金钱的无比的渴望。

市场网络的不断扩展，扩大了欧洲各地之间的经济交流和人员往来的地域范围，提升了各地的开放度和相互依赖的程度，使各类经济资源在全欧范围内得到优化配置，也为各地特色产品实行专业化生产创造了主要条件，从而使国际分工、地区分工、行业分工、部门内分工得到了空前的发展。

以"第一个把整个欧洲转变为专业性加工地区的商业活动"的毛呢业为例，最早的工业社会，佛兰德和佛罗伦萨就是建立在毛纺业之上的，是"在进口羊毛的基础上发展起来的"。正是依靠英格兰的优质羊毛，佛兰德和佛罗伦萨才能加工出优质呢绒；也正是仰赖日渐形成的国际贸易网，佛兰

---

① 参见 M. M. Postan, H. J. Habakkuk, ed., *The Cambridge Economic History of Europe*, V. 1, pp. 90, 462。

② 参见 M. M. Postan, D. C. Coleman, P. Mathias, ed., *The Cambridge Economic History of Europe*, V. 2, pp. 232–240。

③ 参见 M. M. Postan, D. C. Coleman, P. Mathias, ed., *The Cambridge Economic History of Europe*, V. 2, pp. 280, 281；[美]詹姆斯·W. 汤普逊：《中世纪晚期欧洲经济社会史》，第 206 页。

④ 参见 M. M. Postan, D. C. Coleman, P. Mathias, ed., *The Cambridge Economic History of Europe*, V. 2, p. 400。

德和佛罗伦萨的呢绒才能在 13 世纪时就"出口到那时所知世界的最遥远的角落";并在随后的几个世纪中成为他们用来交换东欧的粮食、木材、皮毛、东方的奢侈品的主要物品。①

其他各类手工业产品、矿产品,甚至农牧渔业产品的生产和销售也都离不开这个日渐形成的国际市场网络。依赖这个网络,西欧,乃至中东欧的各类经济资源才会被配置到能被高效利用的地方,中世纪的西欧才会不断地出现一个又一个的专业化生产的中心。低地国家不产羊毛,但其部分地区非常适合亚麻的生产,但西欧亚麻布的生产基地却是法兰西的北部和中东欧地区,其造船帆用的大部分的布和造绳用的大麻则从布列塔尼经波罗的海地区运来。② 在德国诸城中,乌尔姆的亚麻布和亚麻布制品在 14、15 世纪时是闻名遐迩;康斯坦茨则以大麻闻名;埃尔富特的菘蓝染料用于染色而享有盛誉。"纽伦堡制造的各种兵器和射击武器被认为世界之冠",德国、意大利、西班牙、英格兰和波兰对它的"要求之量极大"③。皮卡丁是靛蓝工业在北方的主要基地,阿尔恩斯和科比的经济繁荣就是建立在靛蓝工业的基础之上的。"许多外来的染料,特别是非常珍贵的和价格高昂的绿色染料来自葡萄牙";明矾、黑皂等用于织布的材料主要来自西班牙。煤在 13 世纪时主要产于诺森伯兰郡,从那里通过海路运到英国和低地国家。14、15 世纪时,布尔纳夫则成了北欧最大的食盐生产地和销售中心。虽然欧洲各地都有开矿炼铁,"但重要的中心仅有三四个",即威斯特伐利亚、萨克森、瑞典。其中,瑞典产的铁是"中世纪铁中价格最高也最具国际声誉的"④。而列日也早就以其铁制品而闻名于世,迪南则以冶铜著名。⑤ "葡萄酒的商业化生产,曾经在欧洲各地遍地开花,但后来逐渐集中在几个葡萄种植高度专业化的地区。"如法兰西的勃艮第(奥格斯堡)、马赛、加斯科涅和拉罗切利。14 世

---

① 参见 M. M. Postan, D. C. Coleman, P. Mathias, ed., *The Cambridge Economic History of Europe*, V. 2, pp. 174,175。

② 参见 M. M. Postan, D. C. Coleman, P. Mathias, ed., *The Cambridge Economic History of Europe*, V. 2, p. 176。

③ 参见 [美] 詹姆斯·W. 汤普逊:《中世纪晚期欧洲经济社会史》,第 270—272、286 页。

④ 参见 M. M. Postan, D. C. Coleman, P. Mathias, ed., *The Cambridge Economic History of Europe*, V. 2, pp. 172,173,176–178。

⑤ 参见 [美] 詹姆斯·W. 汤普逊:《中世纪晚期欧洲经济社会史》,第 86 页。

纪初，后两个地区"已经能够供应进入国际贸易的大部分葡萄酒"。为此，加斯科涅不得不仰赖外来的粮食，而从其输入葡萄酒的英国有时就成了它的粮食供应地，两者"形成了一个互补的经济系统"。还有"几个专门生产黄油的地区，那里的黄油出口到别的国家：荷兰、斯堪的纳维亚地区、波兰的南部，还有小部分出口到英格兰"。波罗的海的松柏、紫杉和冷杉成为汉萨进口到本国的主要产品之一；也是吸引英国商人到波罗的海地区的主要动力之一。中世纪晚期的油漆差不多全是波罗的海地区生产的。波斯坦说，这个北欧贸易商品的目录几乎可以无限地继续下去。"从低地国家来的砖、从科隆来的剑和盔甲、从佛兰德来的织锦和油画像……"①

号称西欧商场的南欧亦不例外。如威尼斯的玻璃制造工艺"取得了前所未有的成就"，它生产的各类玻璃制品在欧洲各地是畅销货。②威尼斯和热那亚曾是著名的造船业中心，"地中海与大西洋沿岸之间的海上贸易几乎没有例外都是用威尼斯和热那亚的商船运输的"③。卢卡则是著名的丝绸业生产中心，其"丝绸工艺领先于整个欧洲"；它生产的各类锦缎、锦绣等产品享誉欧洲，需求量巨大，以致卢卡商人遍布欧洲各地。④

波斯坦在罗列了北欧各城市生产的特产后说，实际上，当时欧洲的"劳动力的地区分工的程度，远远地超过仅仅用一个商品列表显示的程度"⑤。这一状况还可以从其他史实中得到证实，例如，当中断了与某一地区的经济往来后，其后果如何就足以表明它们之间相互依赖到了何种程度。如12世纪时，英国进口的中断在挪威西部导致灾难；1269年后，英法两国的贸易中断，结果，佛兰德的毛纺工业被迫停产，"雇主破产，使手工业者处于悲惨和贫困的境地，成群结队，饥肠辘辘地流荡于乡间，靠乞讨为生。据说，在1297年佛兰德羊毛饥荒时期，佛兰德地区可谓一座空城，只是因

---

① M. M. Postan, D. C. Coleman, P. Mathias, ed., *The Cambridge Economic History of Europe*, V. 2, pp. 169-174, 176-178.

② 参见［美］詹姆斯·W. 汤普逊：《中世纪晚期欧洲经济社会史》，第337—338页。

③ M. M. Postan, D. C. Coleman, P. Mathias, ed., *The Cambridge Economic History of Europe*, V. 2, pp. 354, V. 4, pp. 186-187.

④ 参见［美］詹姆斯·W. 汤普逊：《中世纪晚期欧洲经济社会史》，第339—344页。

⑤ M. M. Postan, D. C. Coleman, P. Mathias, ed., *The Cambridge Economic History of Europe*, V. 2, pp. 178, 179.

为人民得不到英国羊毛"。"14世纪早期，法兰西北部的动乱能引起低地国家的饥荒"。"15世纪从布尔纳夫运盐返航的船队遭受的抢劫，能在北欧国家形成重大危机"。其时的波尔多，如果不从英国运来食品，当地人也许会坐守其财富而死于饥饿。① 16世纪中叶，"没有纽卡斯尔的煤"，法国"也就不能进行钢铁的加工，不能进行金属的加工，不能进行葡萄酒的加工，不能使金属匠工作，不能造枪，不能进行要用火的任何其他形式的加工和生产"。波斯坦对此评论说，"禁运和经济抵制容易被用做政治武器，这本身就是人们对外贸的依赖的证明：实际上是对外贸易的分工极其专业化的证明。"②

可见，在斯密动力的驱动下，西欧的市场范围得到了持续的扩展，资源的优化配置率上升；专业化生产长足发展，部门内分工和地区性分工有了很大的进步，西欧的经济地理和工业布局有了重大改观。到15世纪末，虽然从佛兰德到托斯卡拉地区仍是西欧的主要工业区，但很多落后的地区，如瑞典、法国、荷兰和英国的工商业都得到了长足的发展。各地、各个国家、各个部门经济上的相互依赖程度空前地提高。波斯坦说，"12、13世纪国际贸易的显著增长"是"建立在发达地区和不发达地区之间劳动分工基础之上的"③。这就足以表明，从那时起，分工与市场的相互促进，分工和专业化生产的发展，就已经进入了良性循环。

三、推进了技术创新、制度创新和组织创新

面对激烈的市场竞争，要想生存，除新辟市场外，还得对技术、制度和组织进行创新。技术创新只需要个人或少数人努力就能实现，而制度创新和组织创新则是集体行为。城市兴起后，"发展创造成了西欧人的一个特征"④，但是，由于行会的"匠师成为雇佣资本家，一般工匠被排斥于行会

---

① 参见［美］詹姆斯·W.汤普逊：《中世纪晚期欧洲经济社会史》，第94页。

② M. M. Postan, D. C. Coleman, P. Mathias, ed., *The Cambridge Economic History of Europe*, V. 2, pp. 182,660,661.

③ 参见 M. M. Postan, E. E. Rich, E. Miller, ed., *The Cambridge Economic History of Europe*, V. 3, p. 412。

④ M. M. Postan, D. C. Coleman, P. Mathias, ed., *The Cambridge Economic History of Europe*, V. 2, pp. 718,719.

之外"，"成了人体工具"，以致他们创新的热情下降，导致手工业技术从 13 世纪时曾达到的高水平后下落。① 但是，这并不表明技术创新的停止，而是创新的主力转为商人和行会师傅；创新最旺盛领域从手工业转移到商业和金融业。波斯坦说："人们认为黑死病的爆发（1348 年）标志着长期人口与经济增长的结束和百年不遇的衰退的开始……。但是要指出的是，在经商技巧的改进方面并未出现类似的退步。相反，尤其在 14 世纪经商技巧经历了不断的进步、革新和试验。例如，已经为人们所知的汇票的雏形在 1350 年之后被广泛应用，海上保险也是如此。商业簿记也直到 1400 年才达到完全成熟，只要我们对 1343 年倒闭的佩鲁齐公司和弗郎切斯科·达蒂尼 1410 年的账户进行比较就可以很清楚地看清这个问题。1375 年后出现的另一个革新是合伙关系的缔结，它有点像现代的控股公司。最后的例证是 1397 年建立的美蒂奇银行。所有这些新商业习俗的基础确实都是在 12、13 世纪奠定的，只是当时它们没有得到充分发展。据此，我们也许可以得出这样的结论：随着黑死病而出现的衰落加剧了竞争，降低了利润率，促使商人改进方法、增加效率、减少花费，其结果是适者生存"②。

创新主体和领域的这些转移实际上也是市场经济孕育的结果，而市场经济所导致的市场竞争、市场扩大及其所带来的分工和专业化的发展则给技术创新、制度创新和组织创新带来了更强大的动力。

市场扩大使意大利中北部城市商人的经商技巧和经营方式传播到落后地区。在这之前，北欧商人或是不记账，或记账方式很原始。他们"用小店主的方式记录偿还和赊欠的账款，没有真正的账户"。借出的钱归还后就拿笔将记录划掉；在记录委托和合伙生意时，为每一宗货物开设一个独立账户，将费用和销售收入分别记录在两边。这两套记录，即商品账户和私人账户之间缺乏协调，以致无法从中看出财务的整体状况。同时，每个合伙人都按自己的体系记自己的账，没有总账，当双方账目不符时就会引起很多纠纷。③ 意大利商人到北欧经商，也就将其用得十分娴熟的复式簿记记账

---

① 参见 [美] 詹姆斯·W. 汤普逊：《中世纪晚期欧洲经济社会史》，第 688 页。

② M. M. Postan, E. E. Rich, E. Miller, ed., *The Cambridge Economic History of Europe*, V. 3, p. 44.

③ 参见 M. M. Postan, E. E. Rich, E. Miller, ed., *The Cambridge Economic History of Europe*, V. 3, pp. 107, 109。

方法带到北欧①；但是，直到 16 世纪，汉萨商人才真正学会复式记账方法。②

保险业"是现代商业的另一块基石"，它也是意大利人首创的。1350 年前，它已在热那亚人、比萨人和威尼斯人中运用。"15 世纪，热那亚商人在布鲁日成立了一个正规的保险公司。"16 世纪时，保险业才被汉萨商人所接受，而在黎凡特及西欧的传播过程中，它又取得了一个重大的发展，即"建立了统一的做法和法令"。③

意大利商人的这些商业和金融业的技术和方法，虽然不乏罗马帝国的遗产，但主要还是他们的发明和创造。复式簿记的使用被人们称为"资本主义企业的开始"和"利润驱动力作为经济行为的指导原则"的确立。④ 现存于热那亚档案馆的 1340 年的原始契据登记簿足以证明，复式记账方法最迟于 14 中期已在意大利广泛流行。今日人们常用的金融词汇，如"银行、记账、折扣、信用、债务，等等，都是意大利语词汇"。⑤ 到中世纪晚期，意大利商人已发明并掌握了绝大部分复杂的金融、借贷和国际兑换技术。但这些发明和创新并非仅得益于市场的扩大，市场竞争也起了同样的作用。市场竞争导致商业利润的下降，迫使商人不得不改进其经营方法和经营技巧。14 世纪早期，德尔·本公司加工的呢绒的售价仅比它购置原料的成本高 11.7%—20.34%，依靠有效的管理和加工者的低工资，它才获得了 7% 到 15% 的利润。波斯坦说："边际利润的减少和交易量的极大增加促进了商业技巧的发展，也慢慢地削弱了行商对坐贾的优势。一个可以称作'合理化'的过程使得商人不仅可以安全地度过与增长俱来的危机，而且能达到新的繁荣高峰。一些学者认为，这些变化是如此重要以至于他们称之为 13 世纪晚期和 14 世纪早期的商业革命。但是，这种革命至少进行了 3 个世纪，不仅

① 参见［美］詹姆斯·W. 汤普逊：《中世纪晚期欧洲经济社会史》，第 614 页。

② 参见 M. M. Postan, H. J. Habbakkuk, ed., *The Cambridge Economic History of Europe*, V. 3, pp. 109, 100; V. 5, p. 490。

③ 参见［美］詹姆斯·W. 汤普逊：《中世纪晚期欧洲经济社会史》，第 613 页；M. M. Postan, E. E. Rich, E. Miller, ed., *The Cambridge Economic History of Europe*, V. 3, pp. 99,100,110。

④ M. M. Postan, E. E. Rich, E. Miller, ed., *The Cambridge Economic History of Europe*, V. 3, pp. 93, 94.

⑤ 参见［美］詹姆斯·W. 汤普逊：《中世纪晚期欧洲经济社会史》，第 614—616 页。

在商业技巧方面，而且在许多其他的领域产生了许多重要的转型。13、14
世纪在管理方面的改进作用可以与工业革命时铁路、发电机和柴油机的发明
相比。它们使得已经十分火热和巨大的经济扩张在速度和动力上又有增加，
并把商业革命从它自己所造成的巨大窒息中拯救了出来。"①

　　市场竞争对技术创新的推动也很明显，佛罗伦萨呢绒业的兴起就是个显
例。为了从佛兰德垄断的西欧毛呢市场抢夺份额，佛罗伦萨商人在对市场进
行分析后，得出了两点结论：一是只有英国和西班牙的优质羊毛才能织出优
质呢绒；二是东方社会对"色彩明快、优雅的呢绒"有大量的需求。于是，
佛城的许多商人深入到英国的乡村，订购羊毛，同时，进行了一系列的技术
革新，发明了只有他们自己才知道的毛呢精加工的秘密工艺流程，"特别在
印染和抛光工艺上"。他们从北欧和西班牙购买回大量的粗制呢绒，进行精
加工，再染上东方染料，生产出了能够满足当时"东西方人们变幻莫测的
鉴赏口味"的呢绒，将其运销东方，返销北欧。1300 年，一个德国出生的
佛罗伦萨人费代里戈·奥利切拉里又发明了从地衣植物中提取染料的植物，
从而彻底结束了染料完全由东方进口的历史，使佛罗伦萨生产的呢绒的质量
和品种更上层楼，夺得了呢绒业的第一把交椅的地位。②

　　北欧拥有的手工业城市和矿山的数量都超过了南欧，因此，"这一时期
德国城市云集了欧洲最多的技术发明：印刷术、矿石的冶炼、熔化、军械、
钟表的制造。实际上，当时所有关键性的技术进步都是在德意志城市中起步
或得到完善的"③。这些技术发明中有不少是起因于市场竞争的。16 世纪时，
荷兰在波罗的海地区同汉萨同盟和其他地区的渔民展开了激烈的竞争，为
此，他们发明了一种相当专业但造价低的双桅的捕鲱渔船，以用来开拓远离
海岸的渔场。这种船的空间较大，能在甲板上对鱼进行加工，取出鱼的内
脏、对鱼进行腌制和装桶，因此，捕鱼量很大，一艘渔船一次出海可捕
40—50 拉斯特的鱼。为了让捕鱼船减少往返时间，他们还发明了往返捕鱼

---

① M. M. Postan, D. C. Coleman, P. Mathias, ed., *The Cambridge Economic History of Europe*, V. 2,
pp. 375,376.
② 参见［美］詹姆斯·W. 汤普逊：《中世纪晚期欧洲经济社会史》，第 348、350、362、363、
377、378 页。
③［英］佩里·安德森：《绝对主义国家的系谱》，第 176 页。

船和港口之间的快船，专门用来接送捕鱼船上捕获的鱼，以便捕鱼船能在捕鱼季节里持续捕鱼。在其最盛期，荷兰这种捕鲭鱼船达到一千艘。凭借这种渔船，荷兰战胜了波罗的海地区其他的捕鱼者，建起了市场遍及欧洲的"大渔业"①。

　　为了满足不断扩展的市场对金属的需要，北欧的探矿技术在15世纪后半期取得了显著的进步，很多地区都发现了丰富的矿藏。在中欧，勘探者找到了朱砂矿、水银矿和明矾矿。在蒂罗尔、卡林蒂亚和亚琛附近的莫尔森特发现了石灰石大矿。丰富的矿藏使它得以建立起意大利所没有的金属工业，致使它"比阿尔卑斯山以南任何地区的工业都更有活力"②。采矿和冶炼技术有了明显的进步，以石灰石为重要原料的黄铜的生产在低地国家和德国广泛传播。在富铜矿中加入铅从而成功地将银分离出来的技术问世，在宗教改革前夕，在采矿与冶金行业中，再也没有哪项发明比这项技术发明更具刺激性。③ 它极大地促进了人们对深层铜矿的开采，引发了很多重要的技术发明。一是大功率的排水机械的发明。原有的抽水机"是用环形链条带动一长串水桶"来抽水的，不仅效率低，成本也高。1480年出现了帆链式抽水机，"它可以从管子中连续不停地大量抽水"④。其中最大功率的排水机需要三个水车驱动，共使用了96匹马。将这种排水机与排水沟相结合，就能将深层的水抽到地面。二是通风方法的改进，用它能抽出地下的一些有毒气体和易爆气体。大功率的排水机、更有技巧的排水沟同新的通风方法的结合，使"采矿变得越来越普遍"，矿坑越来越深，有的深达400英尺甚至600英尺，矿产量因而有了大幅度的增加。三是炼铁炉的改进和鼓风炉的重新发明。14世纪时，三种类型的新炉取代了老式长筒炉子，其冶铁能力为原始长筒炉子的三倍。鼓风炉的发明对炼铁炉发展的意义更为重大，13世纪时，人们就将强有力的水车引入冶铜业和冶铁业，它导致冶铁炉的火力倍增。其火力之大，使以往很难熔化的铁矿石入炉即熔，使过去一直只能制造熟铁的

---

　　① 参见〔英〕M. M. 波斯坦、D. C. 科尔曼、P. M. 马赛厄斯主编：《剑桥欧洲经济史》第四卷，第171、172页。

　　② 参见〔英〕佩里·安德森：《绝对主义国家的系谱》，第176页。

　　③ 参见 M. M. Postan, D. C. Coleman, P. Mathias, ed., *The Cambridge Economic History of Europe*, V. 2, pp. 727,728。

　　④ 〔美〕詹姆斯·W. 汤普逊：《中世纪晚期欧洲经济社会史》，第579页。

西欧现在也能炼出生铁了。①

　　采矿冶金技术的发展，促进了金属加工业的进步。过去无法生产的生铁制品，"如枪、标、背壁、盔甲、柴架、厚板"等到处可见。用来加工金属的水锤有的重达200吨，"其撞击声响彻整个山野与森林"②。1350年，纽伦堡还发明了一种金属拉丝机。③军火工业也从中受益，更有效率的加农炮被大量制造，从而"使战争艺术发生了革命性的变化"④。更关键的是，它对欧洲的整个经济格局都产生了重大的影响。因为有了深井采矿这些新技术，富格尔家族、霍克斯泰特尔家族等大矿主控制下的德意志、波希米亚和蒂罗尔各银矿，才能开始向欧洲输出大量贵金属，其数量之大，以前在欧洲从未见过。⑤

　　技术创新遍及各地，也遍及各个行业。在农业上，13、14世纪时不少地区出现了四牛四马或六牛四马混编的犁队；在纺织工业中，水力作坊被广泛地用于漂洗等工序，还被用来带动意大利新发明的"拈丝机"⑥；14世纪时，卢卡人利用水力来增加其头梭工场的产量，人们说这是采用脚踏织布机以来最重要的技术创新。15世纪早期，"人们发明了第一套磨光、起绒的机械化方法"。它将布匹通过一个装有起绒草并与水车的轴连接在一起的滚轮，不仅提高了加工的速度，也提高了呢绒的质量。⑦16世纪时，卡洛·波尼惊奇地发现，意大利当时用于卷丝、纺丝、拈丝的水力机器极其精巧，只用一个水轮就能带动几层装置和筒管。里恩·怀特断言，在列奥纳多·达·芬奇之前，欧洲已发明了以后四个世纪内（直到电的发明为止）随着需要的产生而逐一付诸实用的各种机械系统。⑧一系列技术创新不仅提高了生产

---

　　①　参见 M. M. Postan，D. C. Coleman，P. Mathias，ed.，*The Cambridge Economic History of Europe*，V. 2，pp. 728-732，738。

　　②　参见［美］詹姆斯·W. 汤普逊：《中世纪晚期欧洲经济社会史》，第692页。

　　③　参见 G. N. Clark，*Early Modern from about 1450 to about 1720*，Oxford，1960，p. 191。

　　④　参见 M. M. Postan，D. C. Coleman，P. Mathias，ed.，*The Cambridge Economic History of Europe*，V. 2，pp. 729，730，738。

　　⑤　参见［美］詹姆斯·W. 汤普逊：《中世纪晚期欧洲经济社会史》，第692页。

　　⑥　参见 Klough and Rapp，*European Economic History*，London，1959，p. 80。

　　⑦　参见 M. M. Postan，D. C. Coleman，P. Mathias，ed.，*The Cambridge Economic History of Europe*，V. 2，pp. 370，685。

　　⑧　参见［法］费尔南·布罗代尔：《15至18世纪的物质文明、经济和资本主义》第3卷，第637页。

效率，也导致了肥皂、明矾、玻璃、制砖和酿造等新行业的产生。①

市场的扩大，专业化的发展，人们相互交往的日趋密切和竞争的加剧，减少了关税，也促进了河道的整治、道路的改善和交通工具的改进。②

在中世纪，水路运输有许多优势：速度快、载货量更大、运费便宜，不像陆路那样关卡林立、盗匪横行，故"整个西方的水上运输网，特别是从十二世纪起，是非常活跃的舞台"③。但这离不开东方的平底大船、指南针、星盘的引进和推广，也得益于标记锤和其他的航海发明。④ 同时，也离不开贵族们出于对利益的追求而对河道的整治和运河的修建。意大利"维斯孔蒂的公爵们都长期抱有一个梦想，即连接提契诺河和阿达河"。这个梦想直到列奥纳多·达·芬奇解决了之中的五个闸门建设的技术问题后才得以解决。运河因而能通过"米兰西接马乔列湖，东连科莫湖"。列奥纳多还发明了"以钝角相连的双层闸门，从而改善了航海事业"，使威尼斯和热那亚加强了贸易往来，也促进了灌溉系统的发展，扩大了水稻的栽培面积。中世纪的德意志，其内河航运贸易比今日还要发达，甚至每条小河道都被利用起来。人们疏通河道用标杆标出航道，并开凿运河。最著名的运河是特拉夫河与易北河之间的格拉登运河，此河凿于 1390—1398 年间，最初是为从吕内堡向律贝克运送食盐，但以后用来航运各类货船。1459 年，布伦瑞克为了与不来梅建立航运交通，"对奥克耳河进行了大量的疏导工作"⑤。

人们也没有忘记改善陆路的运输条件。从国王到大封建领主，"特别是市镇当局、商人公司、教会""都做出了值得称赞的努力来另行安置陆路和河流，以及各种运输手段。在法兰西，出现了最早的皇家公路；在西西里王国、德意志和低地国家则建筑了军用道路或公路"，"修筑了许多木桥和石桥"，"对盗匪进行了剿伐"⑥，对泥泞的路面也进行了技术改造，铺上了长

---

① 参见王加丰、张卫良：《西欧原工业化的兴起》，中国社会科学出版社 2004 年版，第 55、56 页。
② 参见 M. M. Postan，D. C. Coleman，P. Mathias，ed.，*The Cambridge Economic History of Europe*，V. 2，p. 374。
③ ［法］P. 布瓦松纳：《中世纪欧洲生活和劳动》，第 167—168 页。
④ 参见 M. M. Postan，D. C. Coleman，P. Mathias，ed.，*The Cambridge Economic History of Europe*，V. 2，pp. 362，363。
⑤ 参见［美］詹姆斯·W. 汤普逊：《中世纪晚期欧洲经济社会史》，第 323—325 页。
⑥ 参见［法］P. 布瓦松纳：《中世纪欧洲生活和劳动》，第 324、214、167—168 页。

方形的石板或圆形的石头。① 这使陆路运输变得可行，一些线路的运费甚至比水路还便宜。1318 年，从巴黎到马赛的陆路的运费比从马赛到比萨的海路运费还要低。这种情况虽然当时还不普遍，但对促进陆路运输意义深远。被抛弃的一些陆路贸易线路被恢复。南德地区通过阿尔卑斯山脉的中部山口到达意大利的运输线路在 12 世纪时被抛弃，人们转道远至普罗旺斯海港的海路。1338 年后，人们在阿尔卑斯山的旧塞普蒂默尔山口开辟了一条可供小马车通行的道路，② 于是，在山谷各隘口出现了"最初的、相当正规的客运服务社、信件递送服务社""货车运输社、旅馆和保护所"，致使这段旅行变得方便、安全和迅速。"从此以后，载货马车能把笨重的货物在三十五日内从巴黎运到热那亚"。商人的护送队走完从佛罗伦萨到那不勒斯之间的路程只需要十至十二天，而银行的急差则只要五至六天。③

　　市场的扩展、竞争的加剧和专业化的发展还促进了经济制度的变迁，新制度层出不穷，领事制度的创立即是一例。它一方面是市场扩展的必然；另一方面，它又是"促进贸易的一个重要因素，它提供了必要的条件，舍此正常贸易将很难进行"。因为中世纪商人在异国时，常常多灾多难；收不回借出的债；动辄被罚款；而且不按他熟悉的商业习惯法，却根据他知之甚少的地方惯例来决定罚款数额。不管他为经商去异国，还是到另一个城市，处处如此，处处被当地人视为外夷，领事馆因而成为进行贸易不可或缺的机构。它为在异国经商的商人们排忧解难，有力地促进了国际贸易的发展，也为统一各地的法律和惯例，建立"国际法律机构奠定了基础"。不过，在民族国家尚未问世的时候，需要在异国他乡设立领事馆的主要是需要保护其市民的商业利益的自治城市。因此，贸易越发达，贸易范围越广的城市，在世界各地设置的领事馆就越多。"佛罗伦萨驻外国的领事人数之多，分布之广，可以说明它的贸易范围和重要性"。民族国家兴起后，各地的领事也就

---

　　① 参见 M. M. Postan, D. C. Coleman, P. Mathias, ed., *The Cambridge Economic History of Europe*, V. 2, pp. 362,363。

　　② 参见 M. M. Postan, D. C. Coleman, P. Mathias, ed., *The Cambridge Economic History of Europe*, V. 2, p. 374。

　　③ 参见［法］P. 布瓦松纳：《中世纪欧洲生活和劳动》，第 167—168 页。

转由各国政府任命；他代表君主，代表国家①；延续下来，就变成了现代的领事制度。

邮递制度和邮政系统也是在市场形势变化的推动下产生的。

市场的扩大使过去一直奔波于各地的商人再也无力照应分散各地的生意，他们不得不往各地派驻或寻找代理人，于是，行商变成了坐商。坐商需要掌握各地的市场状态和商业行情，因为"他依靠这些信息做出商业决策和预测"。信息是真是假，是否过时，往往是决定其生意成败的关键。例如，掌握"钱币市场对来自于国外的报告尤其敏感"。因为"兑换率要迅速同其他地方的流行趋势相对应"，于是，一些投机商将散布虚假信息或封闭特殊信息作为谋利的手段，这使得建立邮递制度和邮政系统不仅必要而且刻不容缓。于是，意大利在 1181 年，德意志到 1237 年时，都建立了邮递制度。② 到 14、15 世纪时，意大利邮递制度发展成"邮政系统，……到 1452 年驿站已遍布整个伦巴第，并有一百多匹马用于邮政业务。伦巴第的邮政业务甚至发展到阿尔卑斯山北侧。除了官方公函以外，大多数是零售商和商人的信函。私人信件很少"③。

今日的关税制度、关税协定、保护制度等也都是为了适应市场形势的变化而起源于这个时期。

13 世纪后期，为了阻止其他城市的竞争，威尼斯建立起关税制度。不仅对邻近城市及附近的伦巴第和托斯卡纳地区生产的布匹征税，还对从罗马涅和阿普利亚进口的羊毛征收出口关税，禁止本城百姓去博杜瓦或特雷维索的毛纺业中去工作，以防止原材料和劳动力流到竞争对手手中。④ 南德的雷根斯堡、纽伦堡、奥格斯堡、乌尔姆、慕尼黑和其他城市也于 14 世纪时"以促进它们自己的地方工商业为目的，对非本市商人输入的或非本地技工

　　① 参见［美］詹姆斯·W.汤普逊：《中世纪晚期欧洲经济社会史》，第 620、621 页。
　　② 参见［法］P.布瓦松纳：《中世纪欧洲生活和劳动》，第 167—168 页；M. M. Postan, E. E. Rich, E. Miller, ed., *The Cambridge Economic History of Europe*, V. 3, pp. 97,98。
　　③ ［美］詹姆斯·W.汤普逊：《中世纪晚期欧洲经济社会史》，第 321、322 页；M. M. Postan, E. E. Rich, E. Miller, ed., *The Cambridge Economic History of Europe*, V. 3, p. 83。
　　④ 参见 M. M. Postan, D. C. Coleman, P. Mathias, ed., *The Cambridge Economic History of Europe*, V. 2, p. 651。

生产的商号一律课以高额关税"①。

关税协定也产生了。1219 年后，德国城市纽伦堡相继和雷根斯堡等许多城市和地区缔结了这样的协定。②

制度的创新、道路的改善、商业经营方法和经营技巧的改进等极大地改善了经商条件和经商环境。到 14 世纪早期，西欧的经商环境已明显地区分为高利润、大风险的"外层地区"，和赢利一般，但投资安全的"内层地区"。后者包括"地中海、黑海整个海滨"和"整个大西洋海滨地区，还有人口稠密的意大利的中北部地区、香槟、法兰西岛屿、佛兰德和布拉班特"。在内层地区进行远程贸易已不再是一种冒险。这里已"形成了一个高度竞争性的市场"，成功主要依靠效率、速度和对各项经商费用的精确计算。③

但是，要想抓住瞬息万变的市场机遇，战胜竞争对手，仅有技术创新、制度创新还是不够的，更重要的是要提高经济组织的效率，进行组织创新。

商业组织最先发生变化。首先是行商变为坐商。意大利的锡耶纳和佛罗伦萨的商人很早就"坐在账房管理事务并通过合伙人或代理人的形式获得永久的国外代理"，信函成了他们和代理人之间联系的主要工具。凭借这一转变，他们在 14、15 世纪时就控制了东至君士坦丁堡和亚历山大、西至布鲁日和伦敦的整个地区的贸易和银行业。北欧的贸易由于以日常生活品为主，商品笨重，价格低廉，故一直盛行单个行商经商的习惯。虽存在合作关系，但多是为某一宗生意而结成的暂时的合作；或是分住两地的合伙人之间的相互代办的合作关系。没有正式协议，也没有总账，以至诉讼不断。到 14、15 世纪，由于邮递制度的发展，汉萨商人也逐渐地从行商变为坐商。④

行商变为坐商拉开了商人间合作关系发展的序幕，委托制则使商业组织

① ［美］詹姆斯·W. 汤普逊：《中世纪晚期欧洲经济社会史》，第 266 页。

② 参见 ［美］詹姆斯·W. 汤普逊：《中世纪晚期欧洲经济社会史》，第 272 页。

③ 参见 M. M. Postan, D. C. Coleman, P. Mathias, ed., *The Cambridge Economic History of Europe*, V. 2, pp. 374, 375。

④ 参见 M. M. Postan, E. E. Rich, E. Miller, ed., *The Cambridge Economic History of Europe*, V. 3, pp. 42, 43, 106, 107。

发展成合伙商号和股份公司。委托制最初是海商们为了从事某项生意而形成的合作，生意完成，合作终结。合作方式既可合伙者共同出资，共同经营；也可将资本委托给几个行商，而自己坐地分成。因此，这种组织灵活，风险分散，能将社会上的闲散资金收集起来变为商业资本，能为那些有能力的年轻商人的崛起提供机会；更重要的是，投资者所承担的责任有限，因而不同于同时兴起的无限责任公司。后者源于家族型的商业企业，其规模随市场的扩大吸收了非家族成员，原为其惯例的无限责任也就沿袭下来。① 无限责任无疑会吓阻许多人投资企业，故有限责任公司的产生是商业组织的一个重大进步。"正是通过此类组织，意大利金融家的业务才得以进行。"中世纪西欧银行业几乎所有的著名家族，如巴尔迪、佩鲁齐、美蒂奇、富格尔的大部分资金无不是由合伙人和储户提供的。② 它的产生，主要是因为贸易的发展使原有的商业组织不能胜任。因此，股份公司一般都是一些新兴的大企业，只有它们"才需要把这些杂七杂八的合伙商人们融汇成一个庞大而组织完善的公司"，它们出现于 14 世纪时的热那亚，在开罗斯岛、塞浦路斯和科西嘉岛都有这种公司。尽管其股份还不像现代股份公司的股票那样明确固定，但作为一个商业组织，其基本框架已与现代股份公司并无大异，而现代股份公司正是在这个框架上兴起的。③

　　这一时期的手工业组织也发生了前所未有的重大变迁，导致了资本主义生产方式的问世。

　　变迁是沿着两个途径发生的，一个是自治城市原有的手工业行会因其市场的扩大直接发展成手工工场。佛罗伦萨的毛纺工业是这种变迁的代表，也是商业发展推动手工业进步的典范。经过努力，佛城建立起了举世闻名的精制毛纺业，到 14 世纪上半期，年产量已达 80000 匹，呢绒企业达 200 家。雇用了 3 万名工人，平均每个企业雇工 150 名，多的达数百人，远过于行会规定的帮工和学徒的人数。因此，尽管企业还使用行会的称号，但其实质却是"高度资本主义的"。可见，是市场的发展所导致的规模的扩大直接推进

---

　　① 参见［美］詹姆斯・W. 汤普逊：《中世纪晚期欧洲经济社会史》，第 603 页。

　　② 参见 M. M. Postan，E. E. Rich，E. Miller，ed.，*The Cambridge Economic History of Europe*，V. 3，pp. 49–53；［美］詹姆斯・W. 汤普逊：《中世纪晚期欧洲经济社会史》，第 599—606 页。

　　③ 参见［美］詹姆斯・W. 汤普逊：《中世纪晚期欧洲经济社会史》，第 603、606—612 页。

了行会手工业向手工工场的转变。但这一转变并不限于毛纺工业，而是遍及细毛呢加工业、丝绸业等许多行业；也不限于佛罗伦萨，而是遍及意大利和北欧许多城市，这就是众所周知的西欧的最初的资本主义萌芽。[①]

第二个途径是城市手工业向农村的转移，和包卖商制度在乡村的兴起。如前所述，乡村手工业的发展在庄园手工业瓦解后一直没有停止，随着市场经济向农村的渗透、货币地租的兴起及随之的两极分化和土地的兼并的加剧，无地和少地的农民越来越多，农村中专业的和兼职的工匠日渐增多。[②]其生产目的亦由当初的自给自足逐渐地转向为交换、为市场而生产[③]；特别是那些有水力资源可供利用的地区。[④] 但这一转向的决定性步骤是中世纪后期即已开始的城市工商业向农村的转移。因为城市工商业本来就是面向国内和国际市场的，特别是毛纺工业。它们转移到农村的目的也就是为了摆脱行会和城市的束缚，以满足市场的巨大需求，其生产组织则随其向农村的转移发生了重大改变，手工工场应运而生。最初的手工工场主要是利用农民的手工业，故称之为分散的手工工场，也即人们所熟知的包卖制；再往下发展，即是将工匠们集中在一个屋檐下，变成了集中的手工工场。据道格拉斯·诺斯的理论，现代的高效率的经济组织也就由此诞生，这就是学者们所说的"原工业化"，或"前工业化"。

导致乡村工业的发展原因是多方面的。货币地租盛行使农民获得了人身自由，农村因而拥有大量廉价的劳动力，无行会制度、税收少，有丰富的水力资源等；但是，最根本的原因还是市场的扩大。受城市垄断政策和行会规章束缚的手工业再也无法满足这个不断扩大的市场的需求，向农村的转移就不可避免。市场扩大催生了手工工场，同时也是手工业能否成长壮大为机器大工业的关键。原工业化理论的著名人物克里特说："国内市场有限"，它"限制着对工业品需求的增加"，"只靠它是不能产生原工业化的"，"挪用国

---

① 参见 M. M. Postan, E. E. Rich, E. Miller, ed., *The Cambridge Economic History of Europe*, V. 3, pp. 644-646, 651-654；[美] 詹姆斯·W. 汤普逊：《中世纪晚期欧洲经济社会史》，第367页。

② 参见 [英] 克拉潘：《简明不列颠经济史》，第161页。

③ 参见 P. Kriedte, H. Medick, J. Schlumbohn, *Industrialization before industrialization*, *rural industry in the genesis of capitalism*, p. 3。

④ 参见 M. M. Postan, E. E. Rich, E. Miller, ed., *The Cambridge Economic History of Europe*, V. 3, p. 673。

外的购买力是克服这种限制的惟一途径"①。

显然，上述创新的制度和组织很多就是市场经济的构成要素，如金融制度、生产组织等，它们是随着市场经济的孕育而发展的。不仅它们，连市场的扩大也不例外。它们的发展是孕育中的市场经济的结构与功能之间相互作用的产物。这就是说，结构一旦形成就具有相应的功能，功能一旦产生，就会对结构产生反作用，促进结构的发展，使新制度、新组织不断产生，致使市场机制越来越复杂。

四、催生出现代世界市场体系

贵族和王权虽然推动了世界市场体系的孕育，但是，世界市场体系的最终形成还是离不开市场经济的孕育；换言之，归根到底，这个体系还是市场经济的产物。15 世纪最后 25 年，随着人口的增长及随之而来的经济复苏，西欧市场开始了新的扩张，为开辟东方市场而产生的新航线将东西方联在一起，使两者的贸易剧增并常规化；而新大陆也被揽进了西欧市场网络，现代世界体系呱呱落地。

对新一轮扩张的通常解释是人口的增加，黑死病前那种人多地少的局面再次重演。但是，这轮人口增长的巅峰是 16 世纪②，在新航线的开辟和远洋探险开始的 15 世纪末，其人口总量并没有恢复到黑死病前的水平。1338 年，佛罗伦萨的人口是 110000 人，1351 年下降到 45000—50000 人，到 1520 年，也只有 70000 人。③ 既如此，那又何以解释西欧在黑死病前人口爆炸的时候没有去远洋探险却反而在人口较少的 15 世纪末去寻找通往东方的新航线？所以，同前述我们用孕育中的市场经济解释了黑死病前西欧市场连续扩张了两百年一样，15 世纪末开始的这轮向外扩张同样是市场经济成长的产物。而这轮扩张之所以在人口密度远小于黑死病前发生，则和黑死病后，各

---

① P. Kriedte, H. Medick, J. Schlumbohn, *Industrialization before industrialization, rural industry in the genesis of capitalism*, p. 33.

② 参见［意］卡洛·M. 奇波拉:《欧洲经济史》第 2 卷，第 30 页。

③ 参见 M. M. Postan, D. C. Coleman, P. Mathias, ed., *The Cambridge Economic History of Europe*, V. 2, p. 343。

国各地为对付市场萧条，加强了对本地市场的垄断，以致西欧内部市场因税卡重重等障碍而难有进展是分不开的。在此情况下，寻找通往东方的新航路，以求开辟新市场也就是很自然的了。

但是，为什么最初开辟新航线，发现新大陆的不是身处市场旋涡的英国人、法国人、荷兰人，或意大利人、汉萨人，而是位居欧洲边缘的西班牙人和葡萄牙人？

德法等国对此时的西欧内部市场都望而生畏，工商业远远落后于他国的西葡两国向外扩张又有什么奇怪？他们明白自己没有力量介入西欧内部的市场竞争，转而向东寻找通往东方的新航线是最明智的选择。再说，这两个国家的贵族阶级都习惯于战争生活，"宁肯练武或游手好闲"而不愿意经商务工[①]，所以，首先进行远洋探险，开辟新航线，发现新大陆的只能是他们。不过，没有西欧其他国家在技术上和资金上的支持，他们是无法成行的；到美洲的探险就是在热那亚人哥伦布的倡议下才得以开始。而意大利人之所以热衷于远洋探险则同其长期置身于激烈竞争是分不开的。"热那亚在欧洲经济世界到处争地盘。或者捷足先登，或者排除异己"，但是，基奥贾战役（1376—1381 年）的失败使它"降为次等强国"，它就转而向西经营。[②] 可见，西班牙葡萄牙的远洋探险，建立新航线的背后站着的仍是西欧的市场经济。

再说，西葡两国虽然能够开拓新航线，发现新大陆，但其工商业的落后也决定了两国无法将他们到达的土地变成原料供应地和商品市场；它们从新大陆虽然得到了大量的贵金属，但这在它那里除了使物价"上升到危险的水平"外，并不能转化为资本。[③] 因此，它们虽然得到了新大陆等广大的海外地区，但不能将它们融入西欧的市场体系；而完成这一任务的只能是西欧其他国家。

西葡远洋探险的成功给其他国家提供了榜样，两国获得的巨大财富是个巨大的诱惑，这必使他们追随两国，远洋探险，竭力地去开拓殖民地。但

---

① 参见［德］汉斯·豪斯赫尔：《近代经济史——从十四世纪末到十九世纪下半叶》，第 231 页。
② 在这场战役中，热那亚被威尼斯战败。［法］费尔南·布罗代尔：《15 至 18 世纪的物质文明、经济和资本主义》第 3 卷，第 172、173 页。
③ 参见［意］卡洛·M.奇波拉：《欧洲经济史》第 2 卷，第 310—315 页。

是，他们如果同西班牙一样，无力供应新大陆所需要的工商业品，无法消化从新大陆输入的原料和贵金属，那新大陆也就不可能成为西北欧的商品市场和原料市场，不能成为其剩余人口的迁徙地，现代世界体系就难以形成。正是"斯密动力"的不断成长才使西欧的各类市场网络将新大陆和其他殖民地融化其中，所以，虽然是西葡开辟了新航线，发现了新大陆，但真正使它们沦为西北欧的边缘地带，促使世界体系分娩成长的是西欧的市场经济。

15 世纪后的西欧市场经济已今非昔比。随着英、荷、法等民族国家的兴起，英、荷市场经济的分娩问世，各国大力推行重商主义政策等原因，市场竞争之激烈达到前所未有的程度，各方因而都面临着一个空前的挑战。整个 16 世纪，佛罗伦萨、威尼斯和米兰的织工不得不与来自德国南部的粗斜纹布竞争，一直是武器制造中心的米兰面临着来自德国南部的竞争，以致被迫将其武器制造集中到阅兵盔甲和比武武器。[①] 16 世纪上半叶，英国的毛纺织品的出口增加了 2/3，这"给佛兰德和低地国家其他一些地区的传统织布业带来了灾难"，"许多织布厂被迫停产"。到 17 世纪，一些老的毛纺业中心，如翁斯科特、里尔、佛罗伦萨与威尼斯都在荷兰英国毛纺业的竞争下，不同程度地出现了无可逆转的衰落。"造船业、冶铁业和丝织业的情况也大致相同：意大利与其他一些国家的造船厂在荷兰的造船厂的竞争下纷纷屈服了；佛兰德、巴伐利亚与伦巴第的那些古老的、一度享有盛名的铸炮厂在英国与瑞典的优势面前逐个倒闭了。"[②]

面对激烈的市场竞争，创新和新辟市场是唯一的出路。16 世纪时，英国依靠其优质羊毛，让其未曾染色的毛呢畅销全欧，打败了佛兰德等老的毛纺业中心。但是，1575 年后，由于西班牙羊毛大量输入西欧各国等原因，毛呢销售严重萎缩，为了摆脱困境，英国进行了一系列的技术革新，研制出了"深受广大消费者欢迎"的价廉物美的新毛呢、台面呢和粗斜纹布等，英国的毛呢因此又成了畅销品。[③] 创新的层出不穷也使荷兰的造船业一直独步欧洲。他们在驳船和其他小型船只的船帆上所展示的多才多艺充分地表明

① 参见［英］M. M. 波斯坦、D. C. 科尔曼、P. M. 马赛厄斯主编：《剑桥欧洲经济史》第四卷，第 145、146 页。
② 参见［意］卡洛·M. 奇波拉：《欧洲经济史》第 2 卷，第 361、362、432 页。
③ 参见［意］卡洛·M. 奇波拉：《欧洲经济史》第 2 卷，第 361 页。

了其独创性。这使狭窄的河道中有了操纵灵敏的船只，极大地加快了欧洲内河的运输业的发展；他们发明的"撑杆主帆在河道驳船中使用至今"；"船首三角帆和桅上主、斜杆都在 18 世纪极为有效地吸收到远洋船只中"①。

依靠创新从他人手中夺得了市场，而被他人夺走了市场的人也会依靠创新来反败为胜。创新不仅能提高商品的质量、增加花色品种，也会大幅度提高生产效率，增加商品数量，因此，创新同竞争一样，都给商人增加了压力，促使他们不得不去开拓新的原料市场和商品市场。17 世纪后期，热那亚在丧失了纸张生产的垄断地位后，不再与新手争夺低质纸张，而专门生产优质纸张，其数量之大，不仅运销英国与荷兰，也运往其殖民地和西班牙。② 再说，各国的贸易保护主义在 16 世纪后期时又再度强化，本就障碍重重的西欧内部市场就更难深入。于是，"对欧洲工业来说，非欧洲市场变得越来越重要"。很多西欧国家因此竭尽全力地去寻找海外市场，"并使之殖民化，甚至东波罗的海库尔兰的小公爵领地也把自己的旗子插到了西印度群岛的多巴哥岛和西非的冈比亚"。③ 在英国，"为了开辟新的市场，商人们无所不用其极。向国外推销英国纺织品的热潮在伊丽莎白时代引起了许多著名的商业冒险，其中包括开辟通往中国的东北商路与西北商路，以及在 1600 年创建东印度公司"④。

这就导致西欧各国与西班牙的贸易、与新大陆的贸易、与非洲和亚洲的贸易的商品的品种和数量都在不断地增长，在其贸易总量中的比重日益上升。让·博丹在 1568 年写道："其生计完全依赖于法国的西班牙人因严峻的环境所迫不得不从我们这儿获取粮食、亚麻布、布匹、菘蓝、纸张、书籍甚至木器。总之，什么产品他们都要，然后将这些货物运往天涯海角，为我们换取黄金、白银与香料。"在柯尔培尔时代，法国向西班牙输出的丝绸达 200 万利弗尔，其中有 9/10 最终都销往了海外市场。可法国的官员却与商人说："这项生意仍为其竞争对手意大利人，尤其是热拉亚人所控制，而他们只获得了其中一小块。"可见，西欧各国都从与新大陆的贸易中得到了巨

---

① ［英］M. M. 波斯坦、D. C. 科尔曼、P. M. 马赛厄斯主编：《剑桥欧洲经济史》第四卷，第 195 页。
② 参见［意］卡洛·M. 奇波拉：《欧洲经济史》第 2 卷，第 363、364 页。
③ ［英］罗伯特·杜普莱西斯：《早期欧洲现代资本主义的形成过程》，第 254—256 页。
④ ［意］卡洛·M. 奇波拉：《欧洲经济史》第 2 卷，第 433 页。

大的利益。"低地国家的亚麻布产量在十六世纪长时期的显著增长主要可以归因于美洲新市场的开辟,而在十六世纪的最后 25 年中产量暂时跌落则反映了与西班牙的正常贸易联系的破裂。"同样,里尔纺织业产量的升降同它与对西属美洲贸易的兴衰是一致的。洪德绍泰的纺织业在 1530 年至 1570 年间,和亚眠的纺织业在 16 世纪下半叶取得的显著发展也都要归功于同新大陆的贸易。[①]

除输出商品外,西欧各国还向新大陆大量移民,并将黑奴大量地贩卖到新大陆,极大地促进了新大陆对西欧产品的需求,使西欧向新大陆的出口量急剧增长。据统计,18 世纪期间,法国对西印度群岛和北美殖民地的出口就增加了 8 倍。1699 年到 1774 年,英国工业品的出口增长了 9 倍。[②] 一些过去仅用来满足本地百姓需要的低级工业品也因为要满足殖民地的黑奴、劳工及印第安人的需要迅速地发展起来成为出口商品。德国东部,从萨克森到西里西亚的粗麻织品工业,16 世纪时就这样地繁荣起来。[③]

与新大陆的贸易,不仅使西欧得到了它极为稀缺的贵金属,也使新大陆很多独有的物种:玉米、木薯、马铃薯、甘薯、花生、烟草、可可、菠萝和西红柿等输入欧洲乃至整个旧世界,极大地丰富了旧大陆的农作物品种,没有这些新品种的传播,"欧洲后来不可能有能力养活那么庞大的人口",也不可能使旧大陆的热带地区和山区如此之快地得到开发。而原来仅有狗、火鸡、豚鼠和骆驼四种动物的新大陆如果没有从旧大陆输入许多品种的动物,特别是用于运输和耕作的马和骡,"它也就不可能以它已经发生过的那种速度被开发"[④]。棉布在欧洲的畅销使棉花种植在美洲普及,再次加快了美洲开发的速度。美洲的商品和贵重金属向欧洲的大量输入对欧洲所产生的影响则更是深远。"载着未知的货物的商船队的归来,有力地刺激着投机活动",它导致交易所遍布西欧的各大海港,期货贸易兴旺,股票发行和股票交易兴起,政府的有价证券也进入交易所进行交易并被用来投机。[⑤] 它引发了欧洲

---

① 参见 [意] 卡洛·M. 奇波拉:《欧洲经济史》第 2 卷,第 312—315 页。

② 参见 [英] 罗伯特·杜普莱西斯:《早期欧洲现代资本主义的形成过程》,第 263 页。

③ 参见 [德] 汉斯·豪斯赫尔:《近代经济史——从十四世纪末到十九世纪下半叶》,第 145 页。

④ 参见 [英] M. M. 波斯坦、D. C. 科尔曼、P. M. 马赛厄斯主编:《剑桥欧洲经济史》第 4 卷,第 247—249 页。

⑤ 参见 [德] 汉斯·豪斯赫尔:《近代经济史——从十四世纪末到十九世纪下半叶》,第 188—191 页。

的价格革命，导致物价飞涨，"价格的上涨促进了企业的广泛发展，欧洲内部价格水平的差异鼓励了商人在各个市场之间进行大规模的投机活动"。所以，我们虽然不能说美洲的金银是现代资本主义产生的原因，"但它确实有力地刺激了欧洲的工业生产"①。而外来商品的进入，又为西欧市场增添了很多竞争者。价格低廉、做工精细的印度棉布传进欧洲后，引发了西欧的"印度热"。1699 年，约翰·卡里写道："现在大多数的男人和女人都认为，如果穿的衣服不是用白棉布制作，就算不得穿上了好衣服"。为了从印度输入白棉布，人们展开了激烈的竞争。"荷兰东印度公司与英国东印度公司的竞争最为激烈。这些公司派了手艺人与织工去教印度人如何纺织可以在欧洲打开销路的布匹。另一种办法就是进口半成品，然后在欧洲进一步加工完成"②。如众所知，正是围绕印度棉布的竞争才导致了一系列的技术创新，乃至蒸汽机的改进、工业革命和第一个现代社会的问世。故此，不少的学者认为，工业革命与大规模的殖民地开拓密切相关，"它至少部分地是由海外殖民地所提供的产品和市场所引发"③。

　　市场的激烈竞争促进了创新和市场的开拓，被开拓出的世界市场又通过其产品的输入和输出而加速了西欧的市场竞争、创新的步伐、地区性分工和专业化的发展。④ 专业化的发展使产量增加，成本降低，为市场扩大增添了巨大的压力和动力，分工与市场就这样相互推进，相得益彰。这些不仅最终将新大陆、非洲和亚洲融进了以西北欧为中心的市场体系，还逐渐地在非西欧地区形成不同的分工，成为大家所熟知的半边缘地带和边缘地带，现代世界体系也就这样分娩问世。

　　上述说明，现代世界体系是西欧市场经济的产物，是西欧市场经济在其孕育、诞生和成长过长中的副产品。在这个过程中，西欧是发起者，也是主

　　① 参见［意］卡洛·M. 奇波拉：《欧洲经济史》第 2 卷，第 312、368 页。

　　② ［意］卡洛·M. 奇波拉：《欧洲经济史》第 2 卷，第 437 页。

　　③ ［英］M. M. 波斯坦、D. C. 科尔曼、P. M. 马赛厄斯主编：《剑桥欧洲经济史》第 4 卷，第 223 页。

　　④ 参见［英］罗伯特·杜普莱西斯：《早期欧洲现代资本主义的形成过程》，第 160 页；［意］卡洛·M. 奇波拉：《欧洲经济史》第 2 卷，第 357—359 页；［德］汉斯·豪斯赫尔：《近代经济史——从十四世纪末到十九世纪下半叶》，第 234、235 页；［英］M. M. 波斯坦、D. C. 科尔曼、P. M. 马赛厄斯主编：《剑桥欧洲经济史》第 5 卷，第 207、208 页。

导者。而西欧人之所以能在与非西欧人的交往中如愿,将其意志强加给非西欧人,将非西欧地区变成其主导的现代世界体系中的半边缘地带和边缘地带,关键是其经济实力、军事实力、技术力量和思想活力远过于非西欧人。这正如布罗代尔所说,"要剥削世界,事先必须拥有慢慢成熟起来的强大力量"①。西班牙和葡萄牙之所以成为新大陆财富的漏斗,富了其他国家,却穷了自己,关键还是它们不具有这个实力。而英法荷等国之所以具有这个实力,并且不断增长,原因显然在于它们的经济制度——市场经济。正是市场经济所独有的竞争机制和优胜劣汰等功能促使市场主体不断地去进行技术创新、制度创新和组织创新,不断地去开辟市场;从而导致商品市场网络、产品市场网络、技术市场网络、金融市场网络的不断扩大,各类产品的持续增加和各类分工的不断进步;致使分工与市场相互促进,相得益彰;西欧的发展与北美的开拓的相互推动,齐头并进。正因如此,尽管在远洋贸易和殖民地开拓上,西欧各国都曾各领风骚上百年,但最终能战胜竞争对手、成为日不落帝国的只能是市场经济最先分娩、市场最为健全的英国。这一事实也无可置辩地说明是西欧的市场经济催生出了现代世界体系。

---

① [法]费尔南·布罗代尔:《资本主义的动力》,生活·读书·新知三联书店1997年版,第75页。

第 十 三 章

农村传统社会结构的分化与整合

在城市兴起后的几百年时间里，西欧农村发生了前所未有的变化：市场和市镇如雨后春笋，垦荒一浪高一浪，单一农业变成了多种经营，劳役被折算为货币，农民两极分化，封臣制崩溃，工商业由城市转移到农村，等等，这一切之所以发生，绝非是用人口增长、农业生产力的发展等因素可以解释清楚的，孕育中的市场经济才是根源。

一、地租形态的转换和农民的人身解放

在这一系列变化中，劳役地租折算为货币地租是关键的一环。11 世纪时，折算已在意大利农村零星地发生；但大规模的发生是 12 世纪后。13 世纪时，货币地租在西欧大部分地区已居主导地位，但劳役地租的基本消失在英国是黑死病爆发后的一百年，在西欧大陆，尤其是在德国和法国，直到 15 世纪末也未全部绝迹。但是，除 16 世纪在德国东部和东南部农奴制度再次复辟外，劳役制度在西欧大陆其他地区已无足轻重了。

货币地租在古代东方、在中国封建社会也曾出现过，但是，直到 19 世纪，实物地租仍居主导地位；故货币地租替代劳役地租而居统治地位是中世纪西欧独有的现象。

这个独有现象所产生的影响不仅是独有的，也是多重的。

随着劳役折算为货币，农奴就获得了人身自由。于是，继摆脱奴隶制度

后，西欧农民又挣脱了农奴制度。故折算不仅是一次经济制度的转换，也是一场规模宏大的人身解放运动和人权革命，此其一。

其二，农民因此不再受封建领主支配，领主们也就失去了上抗王权，下压百姓的人力基础，昔日使其能裂土称王的封土封臣制度也就因此走向了崩溃，从而为民族国家的产生扫清了主要障碍。

其三，农村因此成了自由的天地，成了被城市的特权和行会制度所困扰的市民们向往的地方。故尾随地租形态更替的是城市工商业向农村的大转移，行会手工业变成了资本主义手工工场。

其四，货币租赋、人身自由，都密切了农民与市场的联系，商品经济向农村的渗透因而一浪高过一浪，农村的两极分化加剧，大农经济兴起，雇佣劳动盛行，职业分化日甚，农村经济结构日益复杂。

可见，劳役地租转化为货币地租对西欧传统社会结构的分化与整合，现代生产方式的萌生，民族国家的产生，及市场经济的发展产生了极其深远的影响，是西欧现代化起源过程中的里程碑。

它是怎样发生的？商品经济发展说、人口增长说有其一定的根据，但要揭示其底蕴，就先要明白这场折算的本质，即它是一次新旧制度的更替。其次要明白它同先前发生的庄园手工业中的劳役租被货币代役租取代的性质是相同的，是一种自我实施的制度，是贵族和农民博弈的产物。

与有国家强制实施的制度不同，"自我实施制度必须是参与人各方经过协商、谈判、讨价还价后自愿达成的一致结果"，是"博弈的一种均衡状态或均衡结果"。其产生过程，"就是制度博弈各方在特定的战略局势中，根据自己不同的目标自主地选择各自的最优策略与对手进行博弈，最后求得制度均衡的过程"[1]。可见，将劳役地租折算为货币地租是领主和农奴双方都预期到的最大收益所在，是实现双赢的所在。因此，必须分析博弈双方选择劳役折算为他们共同目标的主观愿望及其产生和实现的客观条件；并将其和相反条件下发生的情况进行比较，才能揭示西欧的劳役地租被货币地租取代的深层原因和各种条件。

首先，应从博弈的双方，即贵族与农民中去寻找他们更替这一制度的主

---

① 韩毅：《历史的制度分析——西方制度经济史学的新进展》，第232页。

观愿望及其产生的原因。

　　贵族的预期无疑在博弈中居主导地位，因为贵族是土地的占有者。马克思说："不论地租有什么独特的形式"，它们都"是土地所有权借以实现的经济形式"①，没有土地所有权和占有权的农民是被迫交出自己的剩余劳动的，因此，这些劳动以什么样的形态上交给领主不可能取决于他们，而只能由领主决定。贝涅特说："我们到处发现，领主们只有事遂己愿的情况下，才会同意解放农奴，至于农奴的意愿如何，在领主看来无足轻重。"② 所以，"尽管农民有许多办法使他们被迫接受的地租形态无利于地主，但农民不可能迫使领主实行农民所选择的地租形态"③，贵族在这场制度博弈中居有先天的优势，地租形态的更替首先必须体现他们的愿望。那么，他们为什么要把劳役地租折算为货币地租是首先要弄明白的问题。

　　答案是，货币比劳役的用途更大。如前所述，由于土地权和货币权的分离，早在12世纪时，货币就已成了满足贵族各种要求的主要手段；成了社会上"最有力量的权力工具"。但由于贵族没有自己的工商业，而市民都获得了人身自由的现实又决定了货币是贵族满足其需求的主要媒介；随着市场经济的发展，他们的消费水涨船高，致使其货币支出十分惊人，从而"使获得货币成为封建主生活中压力最大的问题"④。

　　如何获得货币？工商业不归其所有，除了少数贵族突破传统、雇工经营工商业外，大部分贵族的主要财源只能是地租和领主权的收入。因此，要想解决对货币需求日增的问题，办法只有四个：一是城市兴起时期，开设市场、制定优惠的条件、吸引移民以建立城市、收取税收。二是募民开荒拓边。三是扩大自营地，改善管理，以增加粮食的产量和上市量。四是劳役折算，并让农奴赎买各种封建义务。

　　选择这四种办法的哪一种显然要因时因地而异。在城市兴起时期，采用第一种办法以获取货币的只能是从国王那里申请到特许状的少数大贵族；再

① 《马克思恩格斯全集》第25卷，第714页。
② H. S. Bennett, *Life on the English Manor: a study of peasant conditions 1150–1400*, pp. 285,286.
③ ［苏］科思敏斯基：《11—15世纪英国封建地租形态的演变》，《史学译丛》1956年第1期。
④ 参见 G. Duby, *Rural Economy and Country Life in the Medieval West*, p.237。

说，城市不可能无限制地增加；建市、建城也不见得都会成功。① 选择第二
个办法也是有条件的。垦荒，一要有能耐从国王或大贵族处获得荒地的开垦
权，二要有资金投入。因此，垦荒也不是所有的贵族都能做的，特别是中小
贵族。第三个办法同样需要具备诸多前提。如要善于管理，要有忠心并且能
干的管家，市场的粮价有赚钱的空间等，这也不是贵族们在任何情况下都能
做的。第四个办法所需要具备的前提则要少得多，前述三个办法所需要的前
提它都可以缺位，只要领主愿意将劳役折算为货币，他就能如愿以偿；同
时，它会给领主带来最直接最明显的利益，如节省征收劳役地租中的监督、
运输、保管等种种麻烦和支出，省去了大量的时间、费用②，并能在收入上
取得立竿见影的效果。因此，将劳役租、实物租折算为货币租是贵族们获取
金钱的最有效、最简便的办法。在 13 世纪后半期和 14 世纪前期，英国的伊
利主教区和温切斯特主教区的现金收入分别增加了 7 倍和 60%。除新垦了一
些土地外就主要得力于自营地的出租和劳役的折算。黑死病前 30 年，布雷
登哈的莱昂内尔，废弃传统方法而代之以土地出租，其收入从 8 镑 10 先令
增加到近 15 镑。③ 因此，尽管折算的最大受益者是农民，但直接受益者是
地主。④ 折算暂时地缓和或解决了他们生活中压力最大的问题，故此，贵族
们渴望将劳役租折算为货币租。

　　作为博弈的另一方的农民也能从这场折算中实现他们预期的最大利益：
获得人身自由和行动自由。因此，劳役折算也就自然而然地成了博弈双方实
现各自最大预期的交汇点，两者的利益在这里能取得均衡。故它是一场博弈
双方都能获益的正和博弈，是贵族和农民都希望的事情。

　　但是，仅有博弈双方的主观愿望是不够的，外在条件也是折算能否实现
的关键。除了农民对其土地有实际的使用权这类不讲自明的条件外，还要有
二个条件，即"要把商业、城市工业、商品生产一般和货币流通的显著发

---

① 参见 N. Mccord, and R. Thompson, *The Northern Counties from A. D. 1000*, New York, Addison Wesley, Longman Limited, 1998, p. 52；T. Williamson, *The origins of Hertfordshire*, Manchester University, 2002, pp. 194, 195。

② 参见 G. Duby, *The early growth of the European economy*, p. 226。

③ 参见 E. Miller, & J. Hatcher, *Medieval England：rural society and economic change*, 1086 - 1348, pp. 201, 202。

④ 参见 R. H. Hilton, *Peasants, Knights and Heretics in Medieval English Social History*, p. 91。

展假定作为前提"；"还要把产品有一个市场价格，并或多或少接近价值来进行售卖的事实假定作为前提"[1]。

　　第一个条件在城市得到发展的 12、13 世纪时无疑是具备的，应讨论的是第二个条件。因为农产品实现与货币的交换是货币地租产生的前提，但买卖事涉双方，如果没有买主，或没有足够的买主，农民售粮就无法实现，或只能压价贱卖。农产品假若不能以接近其价值的价格售卖，农民的一部分剩余劳动甚至一部分必要劳动就无法实现，贵族们得到的货币租就会低于被它所代替的力役地租的实际价值，而农民则连继续再生产都成问题，所以，农产品能以接近其价值的价格出售是货币地租产生和发展的前提。而这一条件的出现又"是以商品供求平衡为前提的"。随着供求关系的变动，农产品的价格就围绕着价值而升降。1160—1179 年间，英国小麦的平均价格是每夸脱 1.89 先令；1180—1190 年间，升至 2.6 先令，上涨了 37%；1260—1279年间，上涨到 5.62 先令，几乎为 1160—1179 年间小麦价格的 3 倍。[2] 粮价的上升无疑是农产品需求增长的结果，正是这一时期，英国的货币地租上升到主导地位。这说明，西欧之所以能在 12 世纪后完成向货币地租的过渡是因为当时的西欧存在着一个巨大的农牧产品的商业性需求源。所以，不是任何性质的商品经济的发展都会导致货币地租全面地取代劳役地租和实物地租，只有那种能产生巨大的农牧产品商业性需求源的商品经济才能为地租形态的这一更替提供必要条件。如此，我们也就不难理解看似发达的古代中国的商品经济却无法改变实物地租一直居统治地位的局面。

　　中古西欧为何能产生农牧产品的巨大商业性需求源？其间底蕴又是两权的分离。如前章所述，两权分离注定了市场交换成了城乡经济关系的主流，使西欧市民只能通过市场才能获得他们所需要的农副产品和原料，从而使城市成为主要的农牧产品的商业性需求源。这一需求的多样性及城市的分工又会造成农牧业生产地区的专业化、大量的专业化农户和雇工，农村内部的农特产品贸易也随之兴盛起来。[3] 城市间的广泛联系又会将国际社会对本地农

---

① 马克思：《资本论》第 3 卷，第 932 页。

② 参见［意］卡洛·M. 奇波拉：《欧洲经济史》，第 166 页。

③ 参见 M. M. Postan, *Essay on Medieval Trade and Finance*, p. 93。

牧品的需求传导过来①，从而形成了一种以城市为核心，以国际市场为依托，以农村内部的农牧产品贸易为外围的多层次的农牧产品的商业性需求体系。正是由于有了这个巨大的、农牧产品的商业性需求体系，农牧产品才能以接近其价值的价格出售，才为地租形态的更替提供了必要条件。

是两权分离使城市成为农牧产品的巨大商业性需求源，使农牧产品能以接近其价值的价格出售，那么，是不是具备了这些条件就能使劳役地租更换为货币地租？

没有那么简单，因为贵族们也能出售其自营地的产品，若这一办法能满足他们对货币的需求，他们就不仅不允许农民进行劳役折算，还会强化劳役。14 世纪前期，伦敦东南部的乡村，在伦敦市场强烈的商品需求的影响下，劳役制度不但没有削弱，反而有所加强。从 16 世纪起，尾随西欧资本主义兴起的农牧产品市场的扩大则是东德农奴制度复辟和东欧地区农奴制度空前繁荣的主要诱因。据此，一些学者认定，商品经济的发展不仅不是劳役地租更换为货币地租的原因，反而是促进劳役制度兴起和强化的祸根。

这表明，由两权分离所造成的农牧产品的商业性需求仅是折算的必要条件，而不是充分条件。因此，还需要搞清楚，在什么样的条件下，贵族们能通过出售自营地的产品来满足其对金钱的渴求；又是在什么情况下，需要通过折算来满足他的这一诉求，显然，这些答案只能从史实的比较中去寻找。

16 世纪时的波兰、匈牙利、立陶宛等东欧国家地广人稀，粮食生产有很大的剩余，虽然拥有向西欧出售粮食和其他农牧产品的巨大商机，但利用这一商机所需要的主客观条件与西欧各国农民利用其本国的农牧产品市场所需要的条件有霄壤之别。在西欧，任何一个农民只要拥有健全的体力，就可以将其农牧产品销往附近的市场或市镇，如果有辆马车，他还可以对周围的几个市场进行选择，选粮价最高的市场出售；而东欧各国的农民离西欧遥远，要想向那里运销农牧产品就不那么容易了。不仅需要信息的畅通、巨额资本和交通工具，还要具备进行国际贸易的外语能力、经验和知识②，显然，这些条件他们都没有。因此，他们无法利用西欧的这个巨大商机，而本

---

① 参见 G. Duby, *Rural Economy and Country Life in the Medieval West*, pp. 422,423,134,137。

② 参见 D. Stone, *The Polish-Lithuanian state 1386-1795*, London, 2001, pp. 191-193。

地又没有这样的商机，因为东欧的"工业化程度比西班牙低得多，更不用说与欧洲大部分地区相比"，城市弱小原始，城市人口仅占当地总人口的2%。[①]

西欧商机不能为农民所用，但却为贵族们提供了发财的良机。唯有他们才有财力和工具，组织船队，绕过中间商，直接将粮食和其他农牧产品运往但泽、里加等出口口岸。[②] 那里有专门经营向西欧出口粮食的大商人。于是，"商人变成了地主的代理人，贵族们还邀请外国商人来波兰居住"，结果，"从这项庞大的东西方贸易中获利的只是那些贵族与但泽的商人"[③]。16世纪末，仅大贵族出口的粮食就占波兰—立陶宛谷物出口量的55%—70%。[④] 他们尝到了甜头，必然要谋求扩大出口；利用从中得到增强的经济实力进一步扩大自营地和对工商业的垄断。他们将农民在瘟疫中抛弃的大量土地收归为自营地，并把许多封建权力和司法权抓到手中，再利用这些权力强迫农民增加劳役，以增加出口的粮食。在匈牙利，1550年以后，耕田、播种、晒草、收割，以及任何需要运输的工作，都由农民用劳役履行。农民每周得服两天的劳役；到16世纪后期，每周劳役增加到3—5天，有些年甚至是6—7天劳役。除承担各种农活外，还须履行各种运输劳役，帮领主将外销的谷物运往市场和港口，并须自带耕田的各种农具、马车及拖畜。[⑤] 17世纪上半叶，贵族自营地已居农业中的主导地位，农奴已占人口的90%以上。贵族们还组建了自己的运输网络，或与出口口岸的商人和外国商人合作，"运输和销售小地主们的产品"，获取利润；并通过强制销售、通过税费和法律等种种强制手段来强化他们对商业的垄断权。1565年，波兰商人被禁止向外国出口商品，而贵族与外国通商却享有免税的特权。贵族还越来越多地用劳役来发展领地手工业，将租出的矿山收回自营，开办了越来越多

① 参见［英］罗伯特·杜普莱西斯：《早期欧洲现代资本主义的形成过程》，第133页；I. Portis-Winner, and T. G. Winner, *The Peasant and the City in Eastern Europe: interpenetrating structures*, Oxford, 1984, pp. 49, 50。

② 参见 P. S. Wandycz, *The Price of Freedom, A History of East Central Europe From The Middle Ages to The Present*, New York, 2001, p. 61。

③ ［意］卡洛·M. 奇波拉：《欧洲经济史》第2卷，第393—394页。

④ 参见 D. Stone, *The Polish-Lithuanian State 1386-1795*, p. 193。

⑤ 参见［英］M. M. 波斯坦、D. C. 科尔曼、P. M. 马赛厄斯主编：《剑桥欧洲经济史》第五卷，第110页。

的矿山、玻璃厂、铸铁厂等。在领主的这些企业里，大量的附属工作和技术性较低的工作都由农奴用劳役履行。农奴的无酬劳动压低了其产品的成本，将西欧的工业品排挤出了中东欧市场，1650 年左右，西欧纺织品仅占中东欧纺织品消费的 20%—30%，农奴制农业和工业都在中东欧占据着越来越强的支配地位①，两权也就因此实现了完全的合一。如此一来，折算就更不会发生。一是贵族们获取货币的途径已经多样化，经工营商、扩大自营地都是他们获取货币的最佳办法，而通过折算获取货币则要让他们付出丧失对农民的诸多权力，代价太大、成本太高，已不在他们的选择范围之内。二是随着贵族经济实力的增强，其政治势力亦如日中天，他们操纵了立法机构将农奴制度法制化，并千方百计地削弱城市市民的地位。1496 年，波兰—立陶宛议会通过立法禁止市民购买土地，不许市民担任国家和教会的高级职务；1543 年，又通过法令，除九个大城市外，其他城市的市民必须售出其已占有的土地；1565 年，议会又成功地禁止本国商人从事海外贸易，并立法鼓励外国商人到波兰—立陶宛务商，还规定贵族出口谷物免除一切税收，进口自用商品也无须纳税。② 1755 年，在梅克伦堡，法律保护贵族将农民从土地上驱逐出去。③ 通过无数的这类立法，贵族们巩固了他们对出口贸易的垄断，从而将劳役制度这个原本由民间自动实施的制度转换为由国家强制实施的正式制度。

东德城市的居民虽然不是外来的异族，但城市也不发达，既小也少，粮食需求量不大，很容易满足。而这里地广人稀，农产品剩余较多，河网发达，很容易把谷物运往各个海港城市。故此，垦荒之初，这里就向西欧出口粮食。但是，随着西欧对粮食需求的日增，贵族农民一起售粮赚钱的情况被改变。一是骑士们因军役的减少而有越来越多的空闲时间来加大对商品粮食生产的关注；二是本地城市的落后使他们难从工商业中觅钱而只能从土地中去掘金。而宗教改革后的系列战争又致使东德地区的人口锐减，"整个村庄

---

① 参见［英］罗伯特·杜普莱西斯：《早期欧洲现代资本主义的形成过程》，第 104、105、133、134 页；P. S. Wandycz, *The Price of Freedom*, *A History of East Central Europe From The Middle Ages to The Present*, New York, 2001, p. 61。

② 参见 D. Stone, *The Polish-Lithuanian State 1386–1795*, pp. 81, 82。

③ 参见［英］M. M. 波斯坦、D. C. 科尔曼、P. M. 马赛厄斯主编：《剑桥欧洲经济史》第五卷，第112 页。

空无人烟"。一边是出口商品粮需求的猛增，一边是劳动力的剧减，雇工种田会要价太高而无利可图，唯一的办法就只能是维持并扩大劳役制度。而粮食出口需求量的大增，则注定了谁能提供足够的出口粮食谁就能在市场中占主导地位并最终控制市场。"一般说来，骑士可以比较容易地承担所要求的数量，而且可以利用他的特权将农民从市场中排挤出去"。而农民人数的锐减又无疑加剧了这一情况，因为骑士们能将大量抛荒的土地据为己有，使其自营地面积迅速扩大，结果，谷物市场从骑士农民平分秋色转为骑士独家垄断。[①] 随着贵族们的经济力量因谷物出口的扩大而增强，他们也谋求对工商业的垄断权。[②] 于是，16、17 世纪的东德也实现了两权的合一，贵族对国家权力的控制因此加强，农奴制度全面地复辟也就不可避免。

上述史实表明，有农牧产品的商业性需求，和谁能利用这一需求是两回事情。一般来说，这个需求源就在本国本地，那农奴和贵族获取货币的可能性就相等；若产生这种需求的城市在国外，相距遥远，那能获取货币的就只有贵族。这时，不论农民个人力量如何强大都无济于事。1386 年后，德国的法律制度被德国移民引入并普及到波兰—立陶宛全境，致使其农民享有广泛的人身自由、行政自治权和集体司法权。"他们通过由富裕的带头人控制的大会来行使这些权利"，他们交纳的实物租和货币租的地租额很低并都被固定下来，故其劳动积极性很高，开垦出了大量荒地，并对这些土地有长达二十年的免税权。[③] 同样，德国农民所享有的自由原本就比西欧其他地区的农民多，份地的面积也要大得多，"而且大多数可以取得以前以货币固定下来并且几乎不能再加以改变的世袭租地的地租。所以骑士对于农民来说，与其说是他的主人，不如说是他的邻居"。但是，同东欧的农民一样，他们所拥有的这种个人力量无法改变他们在利用外地外国农牧产品需求源上的劣势，在与贵族争夺这一需求源的博弈中败下阵来，使他们从享有"最优厚

---

① 参见［德］汉斯·豪斯赫尔：《近代经济史——从十四世纪末到十九世纪下半叶》，第 123、124 页。

② 参见 P. S. Wandycz, *The Price of Freedom*, *a History of East Central Europe from the Middle Ages to the Present*, p. 61。

③ 参见 D. Stone, *The Polish-Lithuanian State 1386–1795*, pp. 67, 68；［英］罗伯特·杜普莱西斯：《早期欧洲现代资本主义的形成过程》，第 99 页；［英］M. M. 波斯坦、D. C. 科尔曼、P. M. 马赛厄斯主编：《剑桥欧洲经济史》第五卷，第 109、111 页。

的农民权利变为最低下的农民权利"①。这些史实无可置辩地说明，能否利用农牧产品巨大的商业性需求是决定货币地租能否取代劳役地租的又一关键；其中，距离这个需求源的远近又是决定性的因素。

但是，我们又该如何解释 14 世纪前期，在劳役折算在英国如火如荼的时候，靠近伦敦市场的英国东南部地区的农奴制度反而强化的史实？这当然与其邻近伦敦，所受到的农牧产品需求的影响十分强劲是分不开的。伦敦市场对农牧产品的需求大，农牧产品的价格高，为市场生产农牧产品自然是贵族们的首选。但是扩大自营地的生产首先遇到的一个问题就是要有足够的且又廉价的劳动力。然而，在这个问题上贵族们却遇到了难题。其缘由还是邻近伦敦。因为这也为农民提供了赚钱的大量机会，市场对劳动力的需求量大，劳动力价格自然就要高于其他地区，在此种情况下，雇工种田自然就会降低利润甚至得不偿失，因此，最佳的选择自然是增加劳役。这与黑死病后，英国贵族普遍要求恢复劳役、颁布限制最高工资法令是同一道理。正如黑死病后贵族恢复劳役的行为因为粮价大跌，经营自营地入不敷出；农民的逃亡和反抗等原因而失败一样，14 世纪前期伦敦附近地区的贵族恢复劳役的做法也是昙花一现，因为它改变不了两权分离"使获得货币成为封建主生活中压力最大的问题"这个一般性规律。

然而，这或许又会引出人们的一个疑问：黑死病后，因人口锐减，西欧的商品经济一落千丈，而西欧大部分地区残存的劳役地租反而在此时彻底地消亡，如此说来，那促使西欧劳役地租灭亡的原因岂不是商品经济的衰败，而不是市场经济发展？

黑死病过后，西欧的商品经济确实是一落千丈，但并没有消亡，国际贸易量和城乡贸易量虽然大幅下降，以城市为核心的农牧产品的商业性需求源仍然存在，只是说对农牧产品的需求没有黑死病前那么强劲了。其具体体现就是粮食价格的下降。可见，黑死病所改变的仅是农牧产品的需求量，并没有从根本上铲除农牧产品的商业性需求。如果这种需求真的不复存在，那农民也就无法换来货币，西欧大部分地区残余的劳役地租就绝不可能在黑死病后消失。

---

① ［德］汉斯·豪斯赫尔：《近代经济史——从十四世纪末到十九世纪下半叶》，第 123、125 页。

　　但是，为什么劳役地租的彻底消亡发生在农牧产品的商业性需求下降之时，而不是在它强劲之日？为什么这时连领主的自营地也土崩瓦解了？

　　欲解其中奥秘，仍得回到两权的分离还是合一。我们知道，黑死病使人口锐减、粮价大跌。黑死病前人多地少变成了人少地多，劳动力因此空前紧张，雇工工资急剧上升。[①] 于是，所有雇工种田的业主都只能是入不敷出，必然亏损。若想解脱困境，封建贵族有三种选择。一是强迫已将劳役更换为货币租的农民重新改服劳役；或要求国王颁布"限薪令"，规定雇工的工资不得超过黑死病之前的水平。当时，很多封建贵族就是这么干的，其结果，是众所周知的，无论是在英国，还是在西欧大陆，都引发了农民的一系列反抗，甚至起义，此路不通。但是，此路在俄罗斯、匈牙利、波希米亚等国家却是畅通的，它们的农奴制度为什么从这一时期得到了空前地发展？

　　这些国家并没有像东德东欧那样向西欧出口粮食，因而不能用前面解释东欧农奴制度兴起的原因来解答这一疑问；故此，人们一般用人口稀少，地广人稀，劳动力宝贵但流动性很大来解答这一问题，因为"能够阻止劳动力从其庄园流失的唯一的有效途径就是用强力将他们束缚在土地上"[②]。这一解释似乎无可争议，但问题是俄国和东欧贵族们束缚农民于土地的企图为何能以得逞？而黑死病后的西欧，同样是地广人稀，封建主强力将农民束缚在土地上的行为却不仅遭到失败，甚至连最后的一点劳役制度也消失殆尽？他们的农民也为此起义，取得了胜利，却为何不像东德的农民起义那样以失败而告终？

　　同样是地广人稀，同样是农民起义，结局却截然相反，这就说明原因后面还有原因，那就是两地的城市和市场经济发展水平的大相迥异。西欧的城市和商品经济的发展水平远在俄国和东欧之上，农民因而能通过大量地迁居城市、从事乡间工商业来抵制贵族们恢复农奴制度的企图；在黑死病中减少了大量人口的城市也采取各种措施吸引人口与封建贵族争夺劳动力；再加上粮食价格的下跌，扩大领主自营地，只能使领主亏损更大，因为其产品的商品率更高，这些都决定了西欧封建主恢复劳役的努力必然以失败而告终。而

---

①　参见 E. L. R. Ladurie，*The French Peasantry 1450-1660*，Scolar，1987，pp. 70-72。

②　D. Stone，*The Polish-Lithuanian state 1386-1795*，pp. 69,70.

西欧的这两点在俄国、东欧和德国东部都不存在。它们的城市和工商业都很小、很落后，根本不存在真正的市民阶层①，农民很难在非农业领域获得生计。② 因此，还是马克思讲得对，劳役地租更换为货币地租，必须以"商业、城市工业、商品生产一般和货币流通的显著发展"为前提。

第二种选择则是像汉武帝实行盐铁官营后的中国地主商人那样，从市场上退下来，增加庄园手工业的种类，"耕当问奴，织当问婢"，成为西汉后期那种经济上自给自足，政治上能建坞割据的豪强地主，从而使货币不再成为他生活中压力最大的问题。而要实现这一点，那就是两权合二为一，而这在黑死病后的西欧显然是做不到的，故此路不通。

第三种选择就是彻底放弃残存的劳役，并将自营地出租，以换取货币租。这能缓解贵族生活中压力最大的问题；更何况，在粮价很低的当时，经营自营地是亏损的。在农民那里，此时将劳役换货币也行得通，因为农民对货币的需求是弹性的，他们的生活简陋，能自给，没有货币，对其生活并无大碍；粮价虽然很低，但毕竟有对粮食的市场需求，故此，黑死病后的西欧贵族放弃了残存的劳役。这就不仅使西欧大部分地区的劳役地租、农奴制度彻底消失，也使封建贵族的自营地烟消云散。

三种选择，只有最后一条可行。所以，归根到底，西欧的劳役地租和领主的自营地之所以在农牧产品的商业性需求下降之时消亡，关键还是两权的分离。两权的分离使货币成为贵族生活中压力最大的问题，致使其对货币的需求是刚性的，故无论粮价低到何种程度，他们都要不惜一切代价来获得它。在粮价低迷的时候，放弃劳役，出租自营地，不仅能确保贵族们得到急需的货币，也能避免自己经营自营地所带来的市场风险。既能趋利，又能避害，何乐而不为？对于农民来讲，既能获得渴望已久的人身自由，又能获得土地，没有理由不干。可见，是两权分离将劳役地租的命运操于市场之手。粮价上涨，意味着人口增加、劳动力价格下跌，劳役的劳动效率下降，将其折算，再雇工生产则有利可图；粮价下跌，领主的自营地无利可图甚至亏

① 参见［英］M. M. 波斯坦、D. C. 科尔曼、P. M. 马赛厄斯主编：《剑桥欧洲经济史》第五卷，第116、117页。
② 参见 I. Portis-Winner, and T. G. Winner, *The Peasant and The City in Eastern Europe*: *interpenetrating structures*, p. 49。

损，劳役同样会失掉其存在的价值。可见，当两权分离时，农牧产品的商业性需求，无论是升是降，都会将劳役制度推向断头台。反之，若两权是合一时，也就如同古代中国贵族庄园的工商业，退可以自给，进可以赚钱，"以末致富，用本守之"，更换地租形态根本不是贵族地主致富的选项，实物地租也就一直居主导地位。

除上述因素外，生产工具的改进，财产继承制度，人口的分布和升降，及由此而引起的土地供求关系的变动，土地、劳动力和农牧产品价格的起落，庄园同城市、贵族居住地的相对位置，政治局势的变化等等都会对折算进程产生影响。因为当时庄园的账册中清楚地表明，尽管情况复杂，变化很大，可贵族经营决策时围绕的轴心只有一个：怎样获得最大的现金收入[1]，这些因素都能增加或减少领主的现金收入。不言而喻的是，现金收入之所以成为贵族围绕的轴心，全是两权分离的结果。

在孕育中的市场经济的推动下，西欧大部分地区的农奴制度就这样永远地走进了历史。在继工商业者获得了人身自由之后，广大的农民也获得了人身解放。因此，劳役折算也是一场伟大的人权革命。其根源，就在于市场经济是基于人身自由和私有权之上的。马克思说："生产过程借以运动的一切生产关系既是它的条件，同样也是它的产物。"[2] 经济发展的过程，同时也是生产关系的扩大再生产的过程。在市场经济向农村不断渗透的过程中，其赖以立身的生产关系向农村渗透也就是必然的事情。

二、农村的商业化浪潮

事实上，劳役折算只不过是孕育中的市场经济在农村掀起的商业化浪潮的一波而已，类似的浪潮波涛相逐，一浪高过一浪，从根本上改变了西欧农业生产的性质和农村的产业结构。

首先是垦荒。它起源于9、10世纪，但是，从11世纪后期起，其规模之大、涉及的社会阶层之广是前所未有的；直到14世纪中期黑死病爆发，

---

① 参见 G. Duby, *Rural Economy and Country Life in the Medieval West*, p. 237.
② 《马克思恩格斯全集》第 26 卷第三册，第 564 页。

垦荒才停止。因此，以自治城市的兴起为界，西欧的垦荒运动可分为前后两个阶段。城市兴起之前，即 11 世纪晚期之前为第一阶段；城市兴起之后，为第二阶段。

如果说，第一阶段的垦荒与东方各国的垦荒相比还无多大的特殊之处的话，那么，第二阶段的垦荒则具有自发性、市场性；同前述日耳曼人向东拓边一样，其主要动力是市场利益。东方各国也有规模巨大的垦荒，但大都是指令性行为，垦出的荒地归官方所有，建立了所谓的官屯、军屯。

具有如此特征的垦荒极大地改变了西欧的传统经济结构。

一是使西欧的耕地面积翻了一番，农牧产品有了大幅度的增长；二是为了争夺劳动力，新垦区的封建主给移民以优厚的条件；老垦区的贵族则放松了对农奴的束缚，农奴制度因而在新老垦区都有所衰退[1]；三是氏族家族血缘的联系纽带因移民离开其家族而松弛甚至被斩断；四是极大地增强了西欧土地资源的多样性，增加了原料和贵金属的供给。其作用之大，影响之深，以致学者们说，"这是欧洲的萌芽"；"欧洲是垦荒的产物"[2]。

为何发生具有如此深远影响的垦荒？通常的解释是将其归因于人口的增长[3]，或把它说成农民个人力量的发展。[4]

后一答案之悖理已在第四章论及，不再赘述；这里只分析前一个答案：它表面上将垦荒归因于人口增长，实际是归之于农民，因为感受到人口压力最大的只能是农民。

不容否认，人口增长是垦荒的最初动因，也是整个垦荒运动中不可忽视的因素，但是，若将其视为垦荒第二阶段的主要原因或唯一原因则是值得商榷的。

不言而喻，农民对人口压力感受最大，是因为其人口基数大，而所占土地的比重又最小；贵族则相反。当两者的人口以同样的比例增长时，农民的

① 参见 M. M. Postan, H. J. Habakkuk, ed., *The Cambridge Economic History of Europe*, V. 1, pp. 500-503。

② ［法］费尔南·布罗代尔：《法兰西的特性——人与物（上）》，顾良、张泽乾译，商务印书馆1995年版，第 118 页。

③ 主要代表人物为波斯坦，见 M. M. Postan, H. J. Habakkuk, ed., *The Cambridge Economic History of Europe*, V. 1, p. 291。

④ 参见庞卓恒：《人的发展与历史发展》，第 119、120 页。

人均耕地或越来越少，危及其基本生存条件；贵族不仅受影响不大，还会利用农民渴求土地的欲望的加强来加重对农民的剥削。13 世纪后半期，很多农民几乎愿意在任何条件下承佃土地，而地主则普遍在土地租佃期满、重订租约时，废除长期租约并取消农民的土地继承权，缩短租期，加重剥削量。1320 年，在意大利的奥里戈桥庄园，领主改订了契约，与 1250 年比较，农民们上交的租赋几乎翻了一倍。① 土地调查册时期，英国僧俗贵族的人数不超过全国人口总数的 5%②，其自营地却占全国耕地的 1/3 至 2/5③；贵族还从农民那里收取什一税和各种实物现金租税和法庭罚款；据波斯坦等人估算，这些剥削占农民净收入的 50%左右。④ 因此，占人口总数 90%以上的农民，实际占有的耕地不到全国耕地的一半。以人均耕地计算，贵族占有的土地为农民的 20 倍以上，当贵族和农民的人口以相同的速率增长时，农民无法糊口，贵族仍绰绰有余。

因此，人口增长给贵族带来的问题是微不足道的，故城市兴起前，困扰贵族的不是粮食不足，而是过多。怎样处理？如前所述，主要是吃，大宴宾客；因此，贵族决不可能为增加本来就够丰盛的粮食去垦荒。

人口增长对农民造成的问题就大了。他们本来因占地少而生计艰难，据波斯坦和马克垚计算，在英国，仅足维生或不足维生的农民高达全体农户的78%。⑤ 因此，人口的增长只会使农民面临着更为严重的土地短缺，他们渴望增加土地的欲望远过于其他任何阶级。

更何况，垦荒中的许多问题，如土地所有权、资金等，如十一章中所述，是农民解决不了的，必须依靠贵族。而这些问题不是仅存在于拓边的垦荒过程中，在西欧内部的垦荒中同样存在。

土地所有权是第一个拦路虎。因为那时"普天之下，莫非王土"，连荒

① 参见 G. Duby, *Rural Economy and Country Life in the Medieval West*, pp. 258,259。
② 僧俗人数一般占人口的 2%，据此估算，僧侣贵族人口不超过人口的 5%。请参见 R. H. Hilton, *A medieval society: the west midlands at the end of Thirteenth century*, p. 64。
③ 参见 E. Miller, & J. Hatcher, *Medieval England rural society and economic change*, 1086 – 1348, p. 22。
④ 参见 M. M. Postan, H. J. Habakkuk, ed., *The Cambridge Economic History of Europe*, V. 1, pp. 602, 603。
⑤ 参见马克垚：《西欧封建经济形态研究》第 232 页；M. M. Postan, H. J. Habakkuk, ed., *The Cambridge Economic History of Europe*, V. 1, p. 619。

野和森林都属于僧俗高级贵族和国王。① 他们制定了森林法，设置了森林法庭和森林官员，严惩一切入侵。② 因此，要垦荒，就先要取得王侯的认可。尽管农民可以秘密地偷垦村边的荒地，但这样的活动不可能持久和扩散，仅发生在垦荒初期，数量有限，只留下了少许的痕迹；而大规模的垦荒则都是在王侯们认同后进行的。③ 而要王侯们同意不是一件易事。这涉及土地使用权的出让，还要贵族丢掉花园不再打猎，而打猎在当时是他们首要的娱乐，没有重大利益的诱惑，他们决不会放弃。④

在内部的垦荒中，资金同样是个大问题。一是，先需要缴纳大笔费用得到开荒权；二是待垦的都是生荒地。土质坚硬黏重，密布丛林和高大的树木，需要先进的农具和大量的人力进行开垦；继之要围上篱笆以防各种野兽侵入⑤；还有引水排水、庄稼收获前垦荒者的居住吃穿和生产工具等都需要大量的资金。⑥ 例如，在几个世纪内，尼德兰为建堤造田耗资 75 亿法郎。⑦ 如此巨额的费用显然是农民所无法提供的。史料表明，农民为私自垦荒而上交的罚金一般是 12 便士甚至更少，最多的也只有 1 马克。在英国的萨里郡，他们偷垦地一般仅有几亩、1 亩甚至不足 1 亩。⑧ 所以，同拓边一样，尽管农民是垦荒的主要劳动力，但垦荒的组织者、领导者只能是贵族。既然垦荒的主角不是对人口增长承受着最大压力的农民，那么用人口增长来解释垦荒就显然悖理了。故此，《大垦荒时代》的作者写道："没有发现决定性证据可以证明，大开垦时代是由于人口超常增多（即人口革命）引起的。"⑨ 更

---

① 参见 G. Duby, *Rural Economy and Country Life in the Medieval West*, p. 76。

② 参见 E. Miller & J. Hatcher, *Medieval England rural society and economic change*, 1086–1348, p. 34; J. L. Bolton, *The Medieval English Economy 1150–1500*, p. 11。

③ 参见 G. Duby, *Rural Economy and Country Life in the Medieval West*, pp. 70–73; P. Anderson, *Passages from Antiquity to Feudalism*, p. 188。

④ 参见 E. Miller & J. Hatcher, *Medieval England rural society and economic change*, 1086–1348, pp. 33; R. H. Hilton, *The English peasantry in The Later Medieval Ages*, p. 229; G. Duby, *Rural Economy and Country Life in the Medieval West*, p. 71。

⑤ 参见 E. Miller & J. Hatcher, *Medieval England rural society and economic change*, 1086–1348, p. 35。

⑥ 参见 G. Duby, *Rural Economy and Country Life in the Medieval West*, pp. 71, 81, 78, 80, 87, 499; M. M. Postan, *The Cambridge History of Europe*, V. 1, pp. 295, 462。

⑦ 参见［法］P. 布瓦松纳：《中世纪欧洲生活和劳动》，第 231 页。

⑧ 参见 E. Miller & J. Hatcher, *Medieval England rural society and economic change*, 1086–1348, p. 40。

⑨ M. M. Postan, H. J. Habakkuk, ed, *The Cambridge Economic History of Europe*, V. 1, p. 72.

何况"在欧洲许多地区，开垦土地超越了仅仅为补偿耕地退化的程度，它转而成为一种经常性的对荒野的征服"①，其规模和特点早已超越了人口增长对它的影响。

那么，并未承受到人口压力的西欧贵族为什么会热衷于垦殖荒野？物质利益仍然是最首要的原因。

这首先体现在贵族对垦荒的态度的变化上。从 10 世纪起，农民即已在村边周围秘密垦荒。一旦被贵族发觉，新垦地必须缴纳什一税并承担各种封建义务。贵族们对垦荒是不参加，不倡导，顶多是容忍。然而，到 12 世纪前半期，领主对垦荒的态度发生了根本性的变化，变成了垦荒的主要倡导者、组织者和投资者。垦荒因此而进入一个决定性的阶段，被推向高潮。②那么，导致这一变化的根本原因是什么？仍然是金钱。

国王和大贵族首先获益。因为垦荒者首先需要向他们缴纳申请费以获得他们的批准。1189 年至 1194 年间，英国兰开夏郡的地主为开垦森林向领主约翰上交了 500 镑；1199 年，莫特安伯爵为同样的目的向国王提交了 200 镑和 10 匹军马③；之后，还要上缴永久性的租赋。1179 年，英王室规定，在新垦区，每播种一亩小麦必须上缴一先令，播种一亩大麦须上交 6 便士，结果，以牺牲打猎为代价得到的金钱像洪水那样持续地涌向他们的手中。④

直接主持垦荒的贵族也大受其益。一是他新增了不少的佃户。1256—1257 年间，英国伊利主教区的地租收入因此由 1171—1172 年的 920 镑上升到 1920 镑。⑤ 二是其自营地也因垦荒而增加。在原有的自营地已长期租给农民并改收货币租的 12 世纪后期，领主获利尤巨。因为始于此时的通货膨胀使货币地租不断贬值⑥；将新垦地转为自营地则使贵族也从粮价的上涨中大获其益。⑦ 英国伍斯特主教区的自营地在 12 世纪时即已大部分租出。其间

①　[意] 卡洛·M.奇波拉：《欧洲经济史》第 1 卷，第 156 页。
②　参见 G. Duby, *Rural Economy and Country Life in the Medieval West*, London, 1968, pp. 72,87。
③　参见 J. Z. Titow, *English Rural Society 1200-1350*, London, 1972, p. 36。
④　参见 E. Miller & J. Hatcher, *Medieval England rural society and economic change, 1086-1348*, p. 35; J. Z. Titow, *English Rural Society 1200-1350*, p. 36。
⑤　参见 J. L. Bolton, *The Medieval English Economy, 1150-1500*, pp. 86,87。
⑥　参见 G. Duby, *Rural Economy and Country Life in the Medieval West*, p. 238。
⑦　参见 J. L. Bolton, *The Medieval English Economy, 1150-1500*, pp. 87,88; J. Z. Titow, *English Rural Society 1200-1350*, p. 44。

的账目调查册表明，地租成了庄园的主要收入。到了 1246 年，情况大为改观。这个主教区的许多庄园，如弗拉德伯里和特里丁顿庄园均由领主的管家直接经营。其自营地主要来于新垦地。[1]

目的决定手段，当手段达不到预期目的时，手段就必须改变。13 世纪时，在僧俗领主的规划下，大规模地组织"新市镇"和移民村庄的现象被深入林区、建立移民点所替代。而移民点不再务农，主要从事畜牧业。而这一变化与当时粮食价格的上涨的相应缓慢，以及肉类、羊毛、皮革的价格的急剧上涨是相应的。[2]

移民垦荒使森林面积锐减，造船工业的发展和城市用材的增加则使木材的需求量猛增，从 13 世纪起，木材价格持续上升，森林日益成为贵族的主要财源。一些领主，如蒙德伯爵的木材收入甚至超过了地租。贵族们开始把森林当作自己的重要财产。他们不再热衷于募民垦荒，而代之以木材生意和豢养牲畜。[3]

西欧这场垦荒的盛衰的上述过程表明，同前述的拓边、折算一样，贵族们热衷于募民垦荒的主要原因还是为了金钱。两权对立使这成了贵族生活中最重要的问题[4]；而市场经济则不断地加重这个问题对他的刺激。它使消费水平持续上升[5]，也使农牧产品的价格不断上涨；从 1160 年到 1300 年的 140 年的时间，英国小麦价格几乎增加了三倍；其他农牧产品也都有大幅度的增长。[6] 可见，垦荒的动力也是来自市场经济。

市场经济还为贵族们通过垦荒，以实现其金钱梦提供了市场网络等必要条件。

其一，垦荒地生产的大批余粮和各类经济作物、畜牧产品需要运往工商业发达的地区和城市。没有现成的市场网络、可行的交易手段和成熟的市场制度，安全地完成交易以获取预期的利益是不可能的事情。

---

① 参见 C. Dyer, *Lord and peasants in a changing society*, *The estate of the Bishopric*, pp. 63,64。

② 参见 G. Duby, *Rural Economy and Country Life in the Medieval West*, pp. 85,86。

③ 参见 G. Duby, *Rural Economy and Country Life in the Medieval West*, pp. 161,162。

④ 参见 G. Duby, *The early growth of the European economy*, p. 253。

⑤ 参见 R. H. Hilton, *Peasants, Knights and Heretics in Medieval English Social History*, pp. 67,169,170。

⑥ 参见 E. Miller & J. Hatcher, *Medieval England rural society and economic change*, *1086-1348*, p. 66。

其二，开发处女地，垦殖森林，没有先进的农具和工具是不行的。而 11 世纪前留下的庄园记录表明，即使在贵族大地产上，除镰刀等少数工具外，大多数农具都是木质的；铁器农具和铁匠都十分罕见。安娜普斯庄园虽然拥有众多的财产和两百多条耕牛，但铁工具只有四把小镰刀和两把铲子。用如此钝劣的工具去开垦莽莽的原始森林，掘出粗大的树桩显然是不可想象的。城市的兴起和工商业的发展扭转了这一局面，铁匠和铁匠铺的明显增多及其广泛分布于农村即是明证。①

其三，垦荒的巨额资金也离不开城市的支持。很多市民直接参与了荒地的垦辟，波斯坦和奥班说，"迄今为止我们发现"投资垦荒的"主要是市民，市民阶层最倾向于将其所得资本投向土地"②。意大利和法兰德斯的城市投入巨资在新垦区建立了巨大的水利工程和坚固的河堤海堤，围垦了大量的沼泽、海滩和森林。③

其四，在拓荒地需要组织城镇和庄园，以克服当地原有制度造成的障碍，并保障垦荒人的利益。12 世纪时，"城市生活已逐渐发展，城镇规划和法律的主要部分已建立起来"，从而为新垦地区提供了制度样板，保证了当地社会秩序并使垦荒能继续进行，而不至于因制度上的缺陷而陷入停顿。

上述表明，是两权分离使贵族因离不开金钱而矢志于垦荒，是市场经济的发展才为其垦荒致富提供了必不可少的市场网络、制度环境和物质条件。因此，长达二三百年之久、波及全西欧范围的垦荒并非人口增长、农民个人力量发展所致，而是孕育中的市场经济给西欧农村的重大冲击之一，它深刻地改变了西欧农村的面貌，正如马克思所说："城市的繁荣也把农业从中世纪的简陋状态中解脱出来"，"它给了垦荒以巨大的刺激"④。

孕育中的市场经济给西欧农村的第二个重大冲击就是促进了畜牧业的发展和经济作物的广泛栽种，改变了农村传统的产业结构，极大地促进了农村经济结构的多样化、市场化和专业化，大幅度地提高了不宜农作的土地的

① 参见 G. Duby, *Rural Economy and Country Life in the Medieval West*, pp. 20, 21, 108。
② M. M. Postan, H. J. Habakkuk, ed., *The Cambridge Economic History of Europe*, V. 1, p. 462.
③ 参见 G. Luzzatto, *An Economic History of Italy: From the Fall of the Roman Empire to the Beginning of the Sixteenth Century*, pp. 98, 99。
④ 《马克思恩格斯全集》第 7 卷，人民出版社 1959 年版，第 387 页。

价格。

纵览学坛，可以发现几乎所有的中外学者都认定中世纪西欧的畜牧业远比古代中国发达，究其原因，则无不将其归因于中西不同的自然条件和人口密度。实际上，这种看法是值得商榷的。

布罗代尔在其著述中有一段令人深思的叙述：中国"山上很少种稻米，至少在十八世纪前是如此。一位旅行家 1734 年从宁波前往北京，途中所见的山地几乎一片荒凉。欧洲的山区不但人丁兴旺，而且畜牧业发达，天时地利都得到充分利用。而在远东，人们对此不屑一顾，甚至干脆拒绝。白白放弃本该开发的巨额财富，委实太可惜了！但中国人对经营林业和畜牧业毫无知识，他们不吃牛奶或奶酪，肉也吃得很少，他们怎么会去开发利用山区"①。

在西欧，人们首先开发的往往不是平原河网地带，而是山区。他们以山区为基地，逐步向平原进发。因此，西欧的山区很早就得到了良好的开发，"拥有从橄榄树橙树""桑树直到真正的森林和高地牧场等多种多样资源"。塞文山脉、科西嘉地区的山上栽满了栗树，"蒙田 1581 年在卢卡周围见到的山和格拉纳达高地都种植桑树"，"还有的山生产核桃"；山区还是乳制品和干酪的产地，16 世纪时撒丁岛的干酪整船的出口到整个地中海；"是新鲜黄油或有蛤蜊味的黄油，煮肉或烤肉等食品的产地"②。故其山地不像中国的山地那样一文不值，而是身价倍增。很多山区的地价甚至比平原地区的良田的价格还高出许多。13 世纪时，随着牲畜产品及林木果品的商品化率的提高，法国山区的土地价格远远地超过了耕地价格；在巴黎边区，一阿扒（axpenc 相当于 20—50 公亩）草地平均价格为同等面积耕地的两倍多。1297 年，在列日地区，林地的价格为同等耕地面积价格的两倍③；1600 年，英国肯特郡的红土山坡上的果地的价格，最低的也两倍于农田。④ 显然，如果没有市场经济，西欧山区就不可能得到这样的开发。

---

① ［法］费尔南·布罗代尔：《15 至 18 世纪的物质文明、经济和资本主义》第 1 卷，第 177 页。
② 参见［法］费尔南·布罗代尔：《腓力普二世时代的地中海和地中海世界》，第 60—67、39、40 页。
③ 参见 G. Duby, *Rural economy and country life in the medieval west*, p.156。
④ 参见 P. Brandon, B. Short, *A regional history of England*: *The south east from A. D. 1000*, p.174。

前面讲过，西欧的多层次的农牧产品的商业性需求体系具有多样性，这种多样性及城市间的分工造成了农牧业生产地区的专业化和大量的专业化农户，农村内部的农特产品贸易因之兴盛起来。[①] 市场经济的发展使工商业所需要的原材料和商品的种类越来越多、数量越来越大；同时，为其所不断升级的生活方式也使城乡贵族阶级的物质需求越来越复杂。其结果，则如波斯坦所言："在十二世纪，尤其是十三世纪，城镇成为农产品的重要出向，以至于越来越需要从城镇市场的角度去考虑组织生产了。"甚至连最为传统的教会庄园也不得不如此，如西多教会，"绝对是以为城镇供应谷物为目标来组织其田间生产的"[②]。于是，人们不得不千方百计地去利用闲置的土地资源；即使其地的土地不宜于生产城市需要的某种产品，人们也会绞尽脑汁地去进行开发。例如，因气候和土地贫瘠等原因，无论是耕地还是荒原，意大利的多数牧场都是季节性的，许多地区草地和饲料不足，尤其是在冬季；再加上要满足对粮食的需求，各地都严格限制种植饲料作物，给"放牧留下的余地很小"。中世纪后期，"在佛罗伦萨平原和维罗纳周围的地区，除去林地之外，唯一能够放牧的地方，就只有大路旁边"。但是，市场对畜牧产品的需求又很大，为了不失掉它能带来的利益，意大利的畜牧业就不得不依赖季节性的迁徙。每个秋天，从阿尔卑斯山到西西里，都有庞大的畜群进行长途迁徙，其行程之艰险和耗费之大是可想而知的。沿途都要损失很大一部分牧畜。然而，尽管条件这么艰苦，可意大利的畜牧业是不退反进，以致人们说"波河流域的畜牧业是中世纪的一大创造"[③]。

为了满足市场对纺织品的需求，意大利除从北欧进口羊毛和粗呢绒外，还竭尽全力地开发本国的荒山、沼泽等不宜耕的地区，用于放牧。故整个意大利，尤其是托斯卡纳沼泽地区、拉齐奥和南部地区，都取得了畜牧业尤其是绵羊养殖的发展。阿普利亚、阿布鲁兹、西西里、撒丁岛、威尼斯和近海沼泽地的牧羊业均闻名遐迩。所产羊毛不仅用于当地工业和手工制品，也输往佛罗伦萨那样的大城市；羊奶酪也成了供应意大利人食用的主要奶

---

① 参见 M. M. Postan, *Essay on Medieval Trade and Finance*, p. 93。

② M. M. Postan, H. J. Habakkuk, ed., *The Cambridge Economic History of Europe*, V. 1, p. 298.

③ 参见 M. M. Postan, H. J. Habakkuk, ed., *The Cambridge Economic History of Europe*, V. 1, pp. 378-386。

酪商品。① 市场对肉类、皮革等原料的需求，使人们意识到"获利最好的办法是大量豢养牲畜"，牧牛业、牧马业和牧猪业因此也得到迅猛发展。② 因此，从 13 世纪起，人们饲养牲畜的目的已不再只是为了耕作，而是为了得到越来越多的牛奶和牛肉，大量畜产品被用于出口销售。14 世纪时，洛迪、派亚森扎和帕尔马的"帕尔马乳酪"就已在国外市场上走俏；15 世纪时，伦巴第的黄油远销到罗马，而它的马早就拥有了欧洲市场，牛则主要用来销往意大利北方地区；而输往意大利北部的还有南方和其岛屿上生产的牲畜，大量的咸肉、腊肠和奶酪、牛皮、羊皮和羊毛；外国商人则经常光顾亚平宁地区接近阿尔卑斯山谷的一些地方，那里召开的牲畜交易会，经常展销绵羊、牛和马。③

各种经济作物、饮料作物和饲料作物在市场的带动下也被广泛栽种。啤酒可谓是遍地开花，大麦遍布各地；葡萄酒则以法国为甚，是人们的主要饮料，也是法国出口的主要商品。内地的许多城市，如圣冉·敦格里及位于色佛尔河畔的尼奥尔，都"富产葡萄酒"，并有"大量出口贸易"；英国不仅给波尔多运来食品以换取葡萄酒，还将葡萄酒转输到葡萄牙，致使葡萄酒成为英葡两国的主要贸易商品。由于获利甚丰，"以致贵族、主教、教士、国王本人和王后都亲自经营此种贸易"。将最好的土地用来栽种葡萄，使葡萄园遍布法国，南方各省，因 2/3 的土地是山区性质，种植规模更大；波尔多"到处都是葡萄园"④。

同羊毛一样，染料是中世纪纺织工业不可或缺的原料；亚麻、大麻等也是重要的纺织原料，随着纺织工业的发展，各种染料作物和原料作物的种植在西欧各地得到广泛发展。在意大利的北部和中部，到处都可见到藏红花，特别是托斯卡纳。早在 13 世纪时，它就向各国出口，远达北欧。到中世纪

---

① 参见 M. M. Postan, H. J. Habakkuk, ed., *The Cambridge Economic History of Europe*, V. 1, pp. 382, 386,392。

② 参见 G. Duby, *Rural Economy and Country Life in the Medieval West*, pp. 146,149。

③ 参见 M. M. Postan, H. J. Habakkuk, ed., *The Cambridge Economic History of Europe*, V. 1, pp. 378—386。

④ 参见［美］詹姆斯·W. 汤普逊:《中世纪经济社会史》下册，第 51、56、62、67 页；［美］詹姆斯·W. 汤普逊:《中世纪晚期欧洲经济社会史》，第 89—91、94、475 页；P. Anderson, *Passages from Antiquity to Feudalism*, p. 185。

晚期，南方的阿普利亚省成了最大的藏红花贸易中心，是德意志和整个意大利的供应市场。意大利北方则是茜草和靛蓝的主要产地，其中罗马格纳生产的茜草主要是用于出口。北方则是亚麻和大麻的主要产地，皮埃蒙特、伦巴第、波伦亚和罗马格纳都是它们的主要产区。[①] 托斯卡纳也是菘蓝的主要产地，13 世纪时，它就向意大利北部出口，也销往北欧。到了 14 世纪，菘蓝的种植又被扩散到托托那到卡斯特吉奥的广大地区，出现了波伦亚和伦巴第这两个强劲的竞争对手。到 15 世纪时，连托斯卡纳也要从伦巴第进口菘蓝；西班牙、英国和低地国家都要仰赖它的供应。[②]

上述表明，中世纪西欧畜牧业发达，经济作物被大力种植，山区被广泛开发，绝非如一些学者所说，得力于先天的自然条件和地理环境；而是市场经济发展水平远过于东方各国的产物。庞大的市场网络，既将各国各地的多样性需求集合在一起，又会将这多样性需求的某一种需求集合到一地，使此地必须实行专业化生产才能满足市场的此种需求。于是，那些本地市场无法利用的山地、沼泽、荒滩不仅能得到开发，而且会成为稀缺资源而使地价远高于农田，有的甚至高出一倍。[③] 而这些情况在两权对立的古代东方是不会出现的。一是那里不会有一个横跨国界的多层次的农牧产品的商业性需求体系和市场网络，因而也就不可能将国内国际的多种性需求的某一种需求反馈到某地，使其能进行专业化的生产，如是，各种闲置的土地资源也就无法得到利用而被继续闲置。二是那里必然要厉行抑商贱商政策，即使民间自发地开发了闲置的土地，也必会被当局扼杀。清代时，俗称南山老林、巴山老林的川楚陕三省边境山区的周围数百里的地界内，山岭重叠、人烟稀少，但资源丰富。山内林、木、炭、笋、木耳、香菇、铁、金颇多，故从外地吸引来了大量移民。他们聚集于此，开发荒山，栽种各种林木，并以其为原料开办了各种手工工场。木厂、炭厂、香菇厂、木耳厂、纸厂、板厂、盐井、铁厂、淘金厂、香菌厂等等，从而使这一地区成为当时中国资本主义萌芽著名源地之一，极大地促进了当地商业资本的兴起和发展。然而，清政府却指责这里的移民弃本逐末，聚众谋反，于是，大动干戈，动员各路大军，合围山

---

① 参见 M. M. Postan, H. J. Habakkuk, ed., *The Cambridge Economic History of Europe*, V. 1, p. 386。

② 参见 M. M. Postan, H. J. Habakkuk, ed., *The Cambridge Economic History of Europe*, V. 1, p. 386。

③ 参见 M. Zell, *Industry in the Countryside: Wealden Society in the Sixteeth Century*, pp. 45–47, 102。

区，一剿再剿。"经官兵杀戮者不知凡知"，致使这些产业被彻底摧残。① 两相比较，就足以说明，中国西欧的不宜农作的土地的命运之所以如此天悬地隔，绝非是两者的自然条件和人口密度的不同所致，而是源于两者商品经济的本质的不同。

市场经济的"胎动"使西欧的山区都发生如此天翻地覆的变化，那毗邻城市的农村所受到的影响就可想而知了。如英国的东南部诸郡，其乡村经济从 12、13 世纪时起就已高度地市场化、多样化、专业化和集约化，包括粮食在内的一切生产都被市场左右，其原因，就是它毗邻伦敦。1450—1650年间，此地牛、羊等牲畜产品的价格就翻了 7 倍。②

无论是垦荒还是闲置土地的开发利用，农村专业化生产的发展，都是市场经济"胎动"的效应，都是它在西欧农村掀起的商业化浪潮。

孕育中的市场经济给西欧农村的第三个重大冲击就是货币和高利贷等的涌入，密切了城乡的联系，不仅促进了土地买卖，也为货币地租的盛行创造了条件，加速了农村的阶级分化。

货币涌入农村，首先瞄准的对象是农业的主要资源土地，以致市民在农村购进地产成为西欧的普遍现象。如法国蒙彼利埃市（Montpellier），1350年前留存下来的土地买卖的公证文书中的土地买主和卖主 80% 是市民。结果，很多地区特别是城市周围十公里，甚至二十公里范围内的土地，大都成了市民的财产。市民们将购进的地产用于栽种葡萄之类的商业作物，从而改变了传统的地租形态和生产方式。土地之外，也投资水车，并将其用于呢绒、盐等物资的加工。③ 向农村居民放货，并非限于各级僧俗贵族、商人和大小骑士，也借钱给农民。13、14 世纪时，法国的借贷业就以城市为中心向周围农村渗透。如土伦市的高利贷商人就通过乡间小道将货款送进周围的大小村落；与此相应，律师、公证人也纷纷下乡，为城镇周围的农村居民提供各种法律帮助和公证服务，通过留存下来的法律文书和公证资料，今人能

---

① 参见朱伯康、施正康：《中国经济通史》下册，第 444—449 页。

② 参见 P. Brandon，B. Short，*A regional history of England*：*The south east from A. D. 1000*，pp. 57，62–64，67，174，175，177，179–183，203，206–213。

③ 参见 T. Thornton，*Social attitudes and political structure in the Fifteenth Century*，Sutton Publishing Limited，2000，pp. 195–198。

清晰地了解到当时人们的日常生活和城乡之间的密切的经济联系和各种往来。乡民不仅到周围城镇出售农牧产品，购买各类生产资料和生活资料，甚至是粮食，特别是灾年；同时，他们也从城镇里获得贷款和法律、公证服务。而城镇一方面成为周围农村的农牧产品的加工中心、转运中心，同时，也是周围乡村同外界，乃至海外联系的桥梁。如法国普罗旺斯地区的首府艾克斯市（Aix-en-Provence）即是一个纺织业、畜牧产品加工业和家畜季节性迁徙活动的分配中心；土伦市虽然是著名的国际商贸中心，但其市内却有大量为农村服务的畜牧产品加工业。①

这各类浪潮，波涛相逐，掀开了西欧农村经济的专业化和商业化的进程，使农村的传统经济结构不断地偏离平衡态。这即是吴于廑所讲的从农本到重商，但转变的动力并非其他，而是西欧孕育中的市场经济。

三、促进了土地市场的发展

被市场经济所掀起的乡村的商业化浪潮的另一大内容是农村土地市场的迅猛发展。但是，西欧土地买卖的开山之作并不是市场经济，而是第一次十字军东征。

当时，为了筹足战费，很多贵族出售自己的土地，以致"出了一个奇特的经济现象，凡在路上可以应用的现款和动产是'高价的'，而不动产和不可搬运的财产，尤其是土地，是'廉价的'。由于十字军兵士的财产主要是土地，所以出征的战士，无论高等贵族，还是一般的骑士，都必须用不动产来换取货款；因此，地产的价值跌到远在它的通常水平之下。在十字军热忱最高的地方，房屋和田亩几乎售不出去"。"福伊克斯伯爵把他的部分土地让出来以应付开支。黑诺特·胞尔文把他的大批庄园抵押给利格主教"之类的记载是数不胜数。② 十字军运动延续了两百年之久，在其存续期间，它对土地买卖的影响自然一直存在，但是，它的影响是有限的。主要是土地占有权的转移，从一些贵族骑士手上转入另外一些贵族，特别是僧侣贵族手

---

① 参见 K. Reyerson, and J. Drendel, *Urban and Rural Communites in Medieval France*: *Provence and Languedoc*, *1000–1500*, pp. 242–263, 269, 273。

② 参见［美］鲁姆斯·W. 汤普逊：《中世纪经济社会史》上册，第 487 页。

上；而土地使用的性质、土地使用的生产关系的变化都不大，与 12 世纪时兴起的市场经济对土地市场的影响相比较，无论是市场的发展速度、规模，还是土地的使用和生产关系都是远所不及的。

首先，市场经济的发展，使城乡的各个阶层都卷入其中，致使土地的卖主和买主都发生了重大变化，从而打破了封建贵族对土地的垄断，使越来越多的土地资源进入市场，致使土地市场的规模和转手的频率不断地递进，达到了空前的高度。同时，转移的不再只是土地的占有权，还有使用权；而十字军东征所引起的土地转让主要是占有权，因为当时土地所有权大都属于国王，贵族只有占有权。市场经济兴起后，农民、新贵族、市民和商人等也都卷入土地买卖，农民通过把劳役租转给买主的方式将土地的使用权转让给买主；而后面几种人的土地买卖则也不同于贵族间的土地买卖，转让的不仅有土地的占有权，也有使用权，土地市场主体和土地转让的权利因此日益复杂化。在此之中，那些善于经营，特别是善于面向市场经营的农民、商人和城市市民则日渐成为土地的主要买主。到 15 世纪时，上自国王，下至农民，则都卷入了土地买卖的旋涡，而几乎所有的西欧商人也都把他们的闲散资金投入土地。在佛罗伦萨和西恩那，"几乎每个显贵都至少拥有一处郊区农庄"。1550 年，巴黎市民在各个郊区拥有的土地占这些地区耕地总面积的1/4 到 1/2 以上；而英国的市民、商人则早就成了主要的购地者。① 英国罚款委员会的档案表册中留下了 1652 年到 1655 年的土地买主的名单。在 138名注明了身份的买主中，伦敦的资产者占 50.73%，官吏、各种债主富人占28.98%。② 在城市近郊、在很多郡，特别是在毛纺工业发达的约克郡，西南部的维尔特、萨默塞特和格冬斯特三郡以及萨西克斯等地，最大的地主就是商人、市民和毛纺工厂主。③ 到近代早期，土地买卖更是发展成了举世闻名的圈地运动，传统的英国封建贵族和绝大部分小农都因此失掉了自己的土地，而这些人所经营的经济则都是传统社会结构的主要要素、核心和基础，

---

① 参见〔美〕布鲁克尔：《文艺复兴时期的佛罗伦萨》，第 8、9 页；〔比〕皮朗：《中世纪欧洲经济社会史》，第 77 页；E. L. R. Ladurie, *The French Peasantry 1450 - 1660*, Scolar 1987, pp. 50, 56; C. G. A. Clay, *Economic expansion and social change：England 1500-1700*, V. 1, pp. 153,154。

② 参见〔苏〕叶·阿·科思明斯基、雅·亚·列维茨基：《十七世纪英国资产阶级革命》上卷，第 516、517 页。

③ 参见 L. Stone, *Social Change and Revolution in England*, *1540-1640*, London, 1975, p. 131。

是农村自然经济的根基，而要摧毁传统结构的这个核心和基础，最根本的办法就是剥夺这两个阶级对土地的占有权和使用权，而土地买卖显然是其中不可替代的角色。

转入市民、商人和富裕农民手上的土地的耕作不再以自给为目的，而是以满足市场的需求为生产的导向。因此，转手后的土地被大量地投入经济作物的栽培和牧羊等商业性生产中。法国蒙彼利埃市 1350 年前的土地买卖的公证文书中的土地买主和卖主，80%是市民，而被他们所买的土地却不再生产粮食，而是用来栽种葡萄、染料等经济作物，以致很多城市周围的农村都是葡萄园。[1] 可见，土地买卖使"土地所有权丧失了不动产的性质，变成了一种交易品"[2]。因此，同这个体制下的一切经济资源会得到优化配置一样，土地资源被优化配置的程度会随着市场经济的发展而越来越高。经交易的土地大都被用于社会最需要的地方。英国毛纺工业的大发展，如果没有大量的土地通过买卖而被圈为牧场就显然是不可能的。

土地易手到面向市场生产的富裕农民、商人和市民手中，必然会使地租形态发生了转换，从劳役地租转为货币地租。因为买得土地的市民、商人和富裕农民不可能像封建领主那样维持农奴的劳役，而大都转为货币地租，故此，那些购地的市民、商人和富裕农民几乎都是实行货币地租的先锋，土地买卖因而极大地促进了西欧地租形态的转换。同时，市场经济的资源优化配置的功能必然会使土地逐渐汇聚于那些善于适应市场、善于经营的买主手中。宗教改革时期，英国的封建贵族曾不断地从女王那里获得大量的土地，然而这些土地仅对他们中的少数人有利，绝大多数人的处境却一点儿也没有改善。因为他们债台高筑，到手的大部分土地又通过市场落到了商人和绅士手中。[3] 在许多贵族和农民失掉土地的同时，一些富裕农民、商人和市民则成了大地主。他们将聚集起来的土地进行集约经营，将小农经济变成大农经济、租地农场；而失去了土地的农民则成了无产者，为庄园、农场和工场提供了劳动力。13 纪后的英国，随同土地买卖的盛行，就出现了一个空前规

---

①　参见 C. Brooke，*Europe in The Central Middle Ages*，*962-1154*，pp. 259,260,268。

②　《马克思恩格斯全集》第 4 卷，第 185 页。

③　参见 M. Overton，*Agricultural Revolution in England：The Transformation of the Agrarian Economy*，*1500-1850*，Cambridge，1966，p. 169。

模的雇工阶级和大批为市场生产的约曼。在农业发达的东英格兰农村，充当雇工的人数竟高达当地居民总数的 50%—70%。① 正是由于有这么多农民丧失了土地，约曼等大农才能集聚起土地，实行集约经营，从而使农民的户均耕地不断扩大。黑死病前，英国占地 50 英亩以上的农户十分稀少，不到全体农户的 5%，到 16 世纪时，已增至农户总数的 1/8。② 户均耕作规模的扩大不仅提高了农业劳动生产率，促进了农村的商业化，也破坏和重组了农村的传统的经济结构和阶级结构。这说明，为市场经济所支配的土地买卖实际上是对传统社会结构进行分化整合的一个利器。故此，在工业革命前的西欧，土地买卖盛行同农民的两极分化和资本主义农业的发展是并行不悖的，如英国；反之，西班牙、德国等国的传统结构就难以解体，市场经济同土地买卖是同进退的，后者虽然能促进前者的发展，但却要受制于前者。东西方航道转移后，意大利的市场经济开始衰退，到 16 世纪后期，各地商人和城市贵族纷纷退出商业活动而投资土地，随之，古老的庄园制度又复活了，连农奴制也在一些地区复辟。③ 而同期英格兰的市场经济强劲向上，持续发展；英国土地买卖空前活跃。到 17、18 世纪时，英国的市场经济在西欧、在世界可谓是独占鳌头，其土地买卖也是无国能及，所引发的圈地运动，无论是规模之大，还是影响之深远都是唯一的。与其相应，英国因失掉土地而破产的小农是越来越多，农户是越来越少，一个农户耕种土地越来越多，约曼和乡绅兴起。而他们的产生和增长显然是建立在大多数小农失掉土地的基础之上的，是土地买卖的产物，是市场进行资源优化配置的产物。因此，它同市场经济同进退，是市场经济发展之果。尽管此果可反作用于因，但从根本上讲，它绝不是市场经济发展之因。这不仅从上述 16 世纪后期意、英两国农业的不同状况可得到证实，在揭示工业革命前夕英国农民的两极分化的原因时也会得到确证。

---

① 参见 R. H. Hilton, *The English Peasantry in The Later Medieval Ages*, pp. 31-38。

② 参见 D. Gaimster, and P. Stamper, *The Age of Transition: The Archaeology of English Culture 1400-1600*, Oxford University, 1997, pp. 72-74。

③ 参见［美］沃勒斯坦：《现代世界体系》第 2 卷，第 253—255 页；［英］M. M. 波斯坦、D. C. 科尔曼、P. M. 马赛厄斯主编：《剑桥欧洲经济史》第 5 卷，第 31—33 页；［英］约瑟夫·库利尔：《欧洲近代经济史》，石军、周莲译，北京大学出版社 1990 年版，第 186、258、266 页；［意］卡洛·M. 奇波拉：《欧洲经济史》第 2 卷，第 436 页。

　　土地买卖引出了如此积极的效果，而在古代中国，土地买卖不仅没有促进农村的商业化，反而导致了大规模的社会动乱，这该作何解释？

　　如前所述，第一次十字军东征时就兴起了土地买卖，而此时市场经济尚未兴起，这说明，土地买卖并非市场经济所独有，只要有商品经济，就会有土地买卖，但商品经济有小商品经济和市场经济之分，两者之下的土地买卖所引出的结果是截然不同的。其原因是多方面的，但最根本的是小商品经济缺乏生命力，它并非如市场经济那样，立足于私有财产权和自由劳动之上，其工商业中不乏各类强制劳动，其资源的配置方式因而截然不同于市场经济。决定其土地流向的并非全是市场，还有暴力和封建特权[1]，故各种封建特权往往能决定土地的流向；再加上，土地权和货币权的合二为一，掌握金钱最多的往往是封建贵族和王侯，而"田地无定主，有钱则买，无钱则卖"[2]，故在土地市场上占尽优势的是王侯、贵族和官吏。所以，聚集到他们手上的土地并非是资源优化配置的结果，而是权力运作的产物。再说，它不是建立在私有财产权和个人自由之上，不具有市场经济才拥有的生命力，故其工商业的发展空间极其有限，根本不具备两部门理论所说的吸收农业剩余劳动力的能力。更何况，贵族、官吏和商人兼并土地的主要目的并非是为了满足市场的需求，而是"以末致富，用本守之"。因此，小商品经济体制下的土地买卖虽然也会导致"富者田连阡陌，贫者无立锥之地"，但失掉土地的农民却无法变成雇工，而只能充当佃农；若人多地少，佃农都当不成，那就只能是揭竿而起。于是，小商品经济体制下的土地买卖只能带来社会的动荡和改朝换代。这即是说，小商品经济下的土地买卖同市场经济下的土地买卖一样，对传统社会结构的要素能进行分化，但却不能如后者那样，将失掉土地后的农民整合成新的社会要素：雇工和资本家，这就必然会产生迪尔凯姆所说的"失范"。失范一定会导致系统的紊乱和功能的丧失[3]，引发出社会动乱。

　　经济体制的不同，土地买卖的结局就截然相反。中世纪西欧在城市兴起

---

　　[1]　如海瑞出巡松江，遇几万百姓状告乡官夺其地产。请参见《海瑞集》上册，中华书局1962年版，第239页。

　　[2]　兆佳：《天台治略》卷六，《告示》。

　　[3]　参见迪尔凯姆：《社会分工论》，第325页。

之后，土地买卖之所以日益兴隆，以致其传统社会结构被渐渐地分化整合，其根源显然就在于促进其土地买卖的商品经济不是小商品经济而是孕育中的市场经济。

四、农村劳动力市场的发展和乡村职业的分化

随着市场经济向农村的渗透，农村的劳动力市场有了很大的发展。即使在庄园制瓦解之前，雇工在农村也很常见。这主要是因为西欧有一个巨大的农牧产品的商业性需求源；农奴的劳役又形成了惯例难以违背；份地不足的茅屋农所提供的劳役与其所拥有的份地又是成正比的；于是，如第十章中所述，很多庄园，特别是中小庄园因征收的劳役不足，需要大量雇工。布里斯托尔对鲍思梯斯、凯尔维登赫尔、卡勃耐尔及兰金霍四个小庄园的账目的研究也得出了同一结论。在兰金霍庄园，1338—1339 年的账目上只有 2 个佃户应服 100 次劳役，其余年份未见有劳役的记载。在鲍思梯斯庄园，1341—1343 年间仅有定量为收割 2 英亩谷物的劳役，其他的工作都需要雇工完成，即使是农奴也得另付工钱。其他两个庄园则全无劳役的记载，一切工作均需雇工完成。[①] 在克欧兰修道院庄园的 1322 年的账册上，被折算为货币的劳役不足 4 镑 10 先令；而支付给雇工的工资则高达 9 镑 4 先令 6 便士。[②] 再加上很多因份地太小而主要靠出卖劳动力的茅屋农，庄园中名为"家奴"的雇工，农村里的矿冶业、建筑业所雇用的工人，农村的劳动力市场已相当发达。奇波拉说："在十三世纪和十四世纪前期，有人计算过，当时英格兰农民中至少有三分之一为工资而劳动。"[③]

随着劳役折算的推进，农村的劳动力市场得到加速。大量史料表明，此时的农民不仅到城市、矿山和建筑工地上出卖劳动力，还向封建主和富裕的邻居卖工。奇波拉说："地主不是唯一雇有长工奴仆的人；还有很多农民也雇用辅助的帮工，这种帮工构成了他们家庭的一部分。"到了农闲时节，寻

① 参见 R. H. Britnell, "Minor Landlord and Medieval Agrarian Capitalism", *Past and Present*, 1980, p. 11。
② 参见 M. Lewis, *England 1175–1425*, London, 1979, pp. 55, 56。
③ ［意］卡洛·M. 奇波拉：《欧洲经济史》第 1 卷，第 148 页。

求出卖劳动力的农民更多，有的甚至是全家出动。"在 1340 年冬季税务稽察官查访普罗旺斯的山区一个村庄时，发现三分之一的房屋都锁上了大门，紧闭窗户——原来居民都跑到山谷地带挣工资去了。"① 波斯坦说。13 世纪时，占英国乡村人口总数的 1/2 都是全职或兼职的雇工。按保守的估计，他们的人数应超过 100 万，有可能接近 200 万；一般认为，此时英国人口为 370万。对意大利，他也得出了同样的结论："到了十四世纪，那里的大部分村民都变成了受雇佣的劳工或佃户。意大利各处都有挣工资的耕田人、收获人"等各种人等的记述。②

土地买卖和城市工商业向农村的转移对农村劳动力市场的推动力就更大了。土地买卖剥夺了大部分农民的土地，迫使他们不得不出卖劳动力；工商业转移到农村后，则会充分地利用农村的家庭手工业，故不仅能将那些无地的农民变成雇工，也会雇用那些有地的农民，使他们在农闲时为他们工作，并使他们家庭的妇女、儿童成为包卖商的雇工。故此，15 世纪后，随着工商业从城市向农村的大转移，劳动力市场在英、荷、法等国兴隆空前，特别是在英国。16 世纪前期，英国的纺织、成衣、制革、建筑、金属加工等手工业总共吸收了 3/4 的城市劳动力和乡村地区 1/2 的居民。③ 但是，土地买卖和城市工商业的转移都是以商业化为先导并与商业化同进退的，因此，它们在西欧各国是不同步的。土地买卖在英国发展得最为火热，英国城市工商业向农村的转移 15 世纪前就已开始，而法国的原工业化则于 16、17 世纪才发生④，正因如此，英国农村劳动力市场的规模远胜于西欧大陆。其原因，又显然是 15 世纪后的英国市场经济的发展已远超西欧大陆。农村劳动力市场的发展同市场经济的发展正相关的这一史实，再次说明，市场经济是推动西欧农村劳动力市场发展的主要动力。

作为主要动力，市场经济主要是将其对农牧产品的市场需求传导给农村，使贵族等为了满足这一需求而雇工生产。如前所述，农民离需求源的地

---

①　［意］卡洛·M. 奇波拉：《欧洲经济史》第 1 卷，第 144、145、148 页。

②　参见 M. M. Postan，H. J. Habakkuk，ed.，*The Cambridge Economic History of Europe*，V. 1，pp. 426，562，568。

③　参见 L. A. Clarkson，*The Pre-Industrial Economy in England 1500-1750*，New York，1972，p. 80。

④　参见 M. Zell，*Industry in the Countryside：Wealden Society in the Sixteeth Century*，p. 228。

理距离是个关键；劳役数量被庄园法固定也是个原因；与古代中国相对照，蓄奴法律、习俗和文化被根除则是根本。没有这一条件，无以为生的农民则就可以和古代中国破产的农民一样去卖身为奴，或投靠豪强、官吏缙绅、地主、商人为奴。在清初三次圈地期间，投充为奴的人数共有四万九千九百四十三丁。[①] 康熙时，"因家无衣食，将子女入京贱鬻者，不计胜数"[②]。乾隆五十二年，山西大同"民人口食无资，卖鬻子女者甚多"[③]。"吴中之民，多鬻男女于远方，男之美者为优，恶者为奴。女之美者为姿，恶者为婢，遍满海内矣"[④]。即使不为奴而为雇工，也会被雇主"作奴使用"[⑤] 的，因为中国历代王朝法典视雇工与奴仆"同为下役之人，未可以奴仆为贱而以雇工为良也"[⑥]，制定了许多惩罚雇工，使雇工和雇主的地位极其不平等的条款。[⑦] 可见，若是法律上、文化上没有剔除奴隶制度，破产的农民就不一定去当雇工；即使当了雇工，他与雇主之间的雇佣关系也会有很多奴隶制的成分。这就说明，市场经济推动了农村劳动力市场的发展是以西欧的特定的制度环境为前提的。

以城市为基地的商业性需求体系不仅是农牧产品的巨大需求源，其吸收农村手工业产品的能力也随着市场经济的发展而不断增强。这不仅加剧了农村的职业分化，促进了农村的专业化生产，也为城市向工商业的大转移创造了条件，从而从根本上改变了西欧农村的经济结构。

前面讲过，庄园手工业瓦解后，那些为农业服务的手工业仍留在农村，

---

① 参见《直隶赋役全书》，转引自左云鹏：《论清代旗地的形成、演变及其性质》，《历史研究》1961 年第 5 期。

② 王先谦：《东华录》，康熙十八年七月，卷二十四，转引自韦庆远、吴奇衍、鲁素：《清代奴婢制度》，第 38 页。

③ 《清高宗实录》，卷一三〇二，乾隆五十三年四月，转引自韦庆远、吴奇衍、鲁素：《清代奴婢制度》，第 39 页。

④ 唐甄：《潜书》，"存言"，转引自韦庆远、吴奇衍、鲁素：《清代奴婢制度》，第 45 页。

⑤ 黄册，大狱，顺治十六年三月十五日巡抚山西监察御史白尚登题本，转引自李文治、魏金玉、经君健：《明清时代的农业资本主义萌芽问题》，中国社会科学出版社 2007 年版，第 378 页。

⑥ 吕坤：《实政录·民录》第 62 页；《海瑞集》上册，第 169—170 页；孙喜淦：《孙文定公奏疏》卷二，第 14 页；张治堂：《讲求共济录续集》卷 2，第 1、2 页；李文治、魏金玉、经君健：《明清时代的农业资本主义萌芽问题》，第 378 页。

⑦ 参见《行移体式》卷 3，第 4 页，转引自李文治、魏金玉、经君健：《明清时代的农业资本主义萌芽问题》，第 370、371 页。

农民中还不断涌现出专业和兼职的工匠。这主要是因为手工业一直是农村中的小土地持有者的谋生之道。他们的份地小，不足维生，除了出卖劳动力，就只能从事家庭手工业。故西欧农民的家庭手工业一直很发达。越是土地贫瘠的地方、农业条件不好的地区，农民的家庭手工业就越发达。在英国半农半牧的约克郡，几乎每个农户都有织机，茅屋农们务农的同时又忙着务工，并常到当地毛纺织品市场上贩卖。[①] 到 15 世纪后期，随着人口的逐渐恢复，茅屋农再次增多，农民的家庭手工业的商业性生产的比重越来越大，内部分化也越来越大，很多农民手工业者雇工生产，成了资本家。在英国农村，兴起了上百项的新兴手工业，如织袜、织麻、造纸、制针、花边制造、煮皂、工具制造等，它们雇用了大批少地无地的农民。[②]

这一切，离不开城市及其市场网络提供的产品市场和原料市场；也离不开市场经济机制，没有与城市手工业之间的激烈竞争，它也就失去了发展的动力。此外，前述农村内部的一系列变化：垦荒及经济作物的广泛种植、劳役折算、土地买卖和土地兼并、农村劳动力市场的发展等，也都加速了农村手工业的发展；而这些变化无一不是源于市场经济的发展。

乡村手工业的发展对城市手工业无疑是个挑战。其产品价格低廉，成了城乡下层人民的重要货源；连贵族家中的仆人也缺少不了他们的产品。而劳役折算后的乡村的自由环境、大量的廉价的自由劳动力、丰富的水力资源，以及累积起来的手工业技术和物质条件，对于城市工商业则又是巨大的诱惑。它们迁往农村后，就摆脱了城市和行会的规章制度的种种束缚，还能利用农村廉价的、丰富的劳动力、原材料、水力资源和农村家庭手工业所拥有的技术和工具，生产出远多于它们在城市所能生产出来的产品。故此，从15 世纪末开始，城市工商业向农村转移的规模是越来越大。

由于市场经济的推动，位于乡村的矿冶业，尤其是金银矿业有了很大的发展。在德国，矿业，"尤其是银矿业，在 13 世纪达到繁荣"；1480—1570年间，德国矿业又迎来了第二个大发展时期。"它向欧洲输出了大量贵金属。其数量之大，以前在欧洲从未见过"；同时，还产生了一个控制欧洲货

---

① 参见 M. Lewis, *England 1175–1425*, pp. 78,91。

② 参见 J. F. C. Harrison, *The Common People：A History from the Norman Conquest to the Present*, Bloomington, Indiana University, 1985, p. 129。

币市场近两百年之久的富格尔家族。① 矿冶业的大发展，使采矿工人、冶炼工人空前增长，也导致大量农民自由采矿。②

上述种种，极大地改变了农村的产业结构、职业结构和阶级结构。农村已不再以单一的农业为生，农区、牧区、经济作物区、各种各样的工业、矿冶业、手工业、商业等，其产业结构已远不是城市兴起前的那种单一农业了。同样，乡民们也不再是单一的农民、牧民，而是商人、工人、工匠、矿工、小贩，各行各业，三教九流，什么人都有。"在普通的农村村庄，也能看到拥有很少地产的商人和工匠聚居区，到处都有铁匠、木匠、砖瓦匠、磨坊帮工和小商小贩，大多数村庄拥有纺纱工人或纺织女工；另一些村庄则有漂洗工和编织工。此外，小农户还可以作为公社的雇员，即村庄的牧羊人、养牛者或养猪人"；还可以酿酒。各地的罚单表明，因"违反淡啤酒法令"而被罚款的"酿酒女工的人数是很多的"③。随着职业结构的复杂化，阶级结构也发生了不等的变化；在英国，传统的领主—农奴的二层阶级结构被地主—租地农场主—雇工、手工场主—雇工等近代阶级结构所取代的情况日趋明显。

上述表明，农村社会结构所发生的这一系列变革的根本动力绝非其他，而是孕育中的西欧市场经济作用于农业和农村的结果。这些结果相互影响，彼此互动，产生合力，使西欧传统农村经济结构发生了翻天覆地的变化。

---

① 参见［美］詹姆斯·W. 汤普逊：《中世纪晚期欧洲经济社会史》，第595、578、579、692页。

② 参见 M. M. Postan，D. C. Coleman，P. Mathias，ed.，*The Cambridge Economic History of Europe*，V. 2，pp. 713，714。

③ 参见 M. M. Postan，H. J. Habakkuk，ed.，*The Cambridge Economic History of Europe*，V. 1，pp. 622，623。

第 十 四 章

传统文化结构的分化与整合

依据系统变革的相关性原理，西欧经济结构的上述一系列变动必然要导致其文化结构和政治结构的相应变动。这些变动，是经济结构进一步变迁的前提，也是社会结构远离平衡态的内容。如前所述，社会系统的复杂性之所以远过于自然系统，就是因为其要素具有后者的要素所没有的主动性、能动性和学习性等特性。这些特性的改变则又要受制于社会结构各层次的变动。这些变动会改变系统的信息库，从而导致了这些特性的变化。同时，社会结构的变迁又会决定市场经济的正反馈机制能否从外置转为内生，以致对制度变迁能否维持其诱致型类型起决定性作用。而这对西欧各国其后的市场经济命运、现代化的成败又都是关键。

一、传统文化结构严重地阻挠了现代社会的孕育

自西罗马帝国灭亡起，天主教会就借助入侵的日耳曼人的势力将其组织伸展到西欧社会的各个角落。它攫取了大量的土地、司法权力和政治权力，建立了数不清的教会和修道院，使其"不仅是宗教的机构，也是一个经济、政治和军事的机构"①，成了一个庞大的国际组织机构，主导了西欧社会的各个方面，享有"万流归宗"的地位。

---

① ［美］威尔·杜兰:《世界文明史——信仰的时代》（中），第788页。

教会实行神权统治和精神专制，是中世纪西欧的思想文化中心。他的各类修道院保留了罗马时代的农牧业和手工业的知识和技术，有很多潜心研究学问的修道士，是学术研究中心；他创立了教会法，对西欧其他各种法律和各国法律的成长产生了重大影响。在多代宗教学者的努力下，其神学体系日臻系统、缜密，对当时人们的思想的影响越来越大。通过八圣礼等宗教仪式，通过广布西欧城乡的宗教法庭、慈善机构控制着人们的婚姻、信仰等人生的各个重要方面，它对人们思想和社会生活的控制之严远远地超过了儒教。在它的控制之下，整个西欧变成了一个"精神整体"①。

基督教会延续并发展了它从诞生时期起就已具备的三大特点，即教内实行人人平等；反对异端，不宽容异教；主张普世主义。

当然，天主教也有它积极的一面。除前面讲的，它的祛魅化等更有利于现代社会的萌生外，经济上，教会和修道院保留了罗马时代的农牧业与手工业的技术和知识，开展了大规模的垦荒；"拥有西方世界的大半的流动资金"②，促进了资本的积累和商业资本向产业资本的转化。③ 政治上，教会发起了"和平运动"，促进了西欧社会战乱的平息和社会秩序的安定。文化上，它用融希伯来宗教精神与希腊罗马理性精神为一体的教义来消化日耳曼文化，研究学术，创办大学，推动各个民族之间的文化交流，铸造出了长达上千年的西欧中世纪文明，从源头上规定了日后西方文明的发展路向和基本面貌。社会结构上，它建立了教会这个建制实体，使教会成为一个"法治国"④，"在国家（政权）与社会（民间）之间打入了一个楔子"。这是"社会分化的开端"，迈开了缺少这种建制实体的东方社会所缺少的社会结构分化的第一步，为日后西欧社会结构的持续分化与整合奠定了基础。⑤

然而，随着社会各个方面的不断变迁，天主教越来越成为现代社会孕育过程中的一个巨大障碍。

---

① 参见 H. Brugmans, *Europe：Dream-Adventure-Reality*, Brussels, 1987, p. 40。
② O. C. Cox, *The Foundation of Capitalism*, New York, 1959, p. 165.
③ 参见龙秀清：《西欧社会转型中的教廷财政》，济南出版社 2001 年版，第五章。
④ 参见［法］P. 布瓦松纳：《中世纪欧洲生活和劳动》，第 158—160 页；W. Schuchter：《韦伯的西方基督教观》，Frankfurt/Main 1988 年版，第 255 页；转引自刘小枫：《现代性社会理论绪论》，第 469 页。
⑤ 参见刘小枫：《现代性社会理论绪论》，第 468、469 页。

首先就是它的经济伦理观。基督教取得合法地位后，教父们就将这个伦理观硬化为教会法。早在里奥大教皇（440—461 年）时，教会就宣布"金钱的利息就是灵魂的毁灭"①，"从事买卖就几乎无法避免犯罪"。后来"所有的教会法规集都引用过这个教规"②。企图以法律和其"公平价格"学说"迫使人们放弃经济生活"，"信奉与经济生活的自然发展不相容的禁欲主义"③。

在其认定的各种贪婪罪中，高利贷居首位。历次宗教会议都引据《圣经》上"你若借钱给他，不可如放债的向他取利"之类的规定④，"禁止神职人员和平信徒放高利贷，并制定了惩罚违规者的法则。教职人员如果借钱给缺钱的人，拿他们的财产作抵押，获取所借款额之外的利益，就要被革职。""公共的高利贷者不准参加圣餐或基督徒的葬礼"；"不能参加告解，不能获得宽赦"，"他们的遗嘱没有法律效力"，"他们的捐供不予接受；没有惩罚他们的教职人员将被停职"。"任何个体或团体，都不准租房子给高利贷者，如果他们曾经租到房子的话，则应在三个月里赶走他们。违反规则，则以开除教籍或停止教权作为处罚"⑤。

"不仅收取利息要被看作是高利贷者，而且某人在讲价时考虑到时间因素，在赊销时索要更高的价格，也应看作高利贷者。即使借债人起过誓不告高利贷者，教会当局也应强迫后者归还他们获取的利息"⑥。而商业，则"是高利贷的一种形式"，故商业复兴"对教会来说是一件气愤而忧虑的东西"⑦。

在教会的影响下，"高利贷者极不得人心"，故不得人心的人也都被叫作高利贷者，而所有被人"认为是压迫性的交易形式都会被纳入高利盘剥"，甚至"杀价，地主勒索高额地租，租户以更高的租金转租土地，削减

① ［法］雷吉娜·佩尔努：《法国资产阶级史·近代》上册，第 70 页。

② M. M. Postan, E. E. Rich, E. Miller, ed., *The Cambridge Economic History of Europe*, V. 3, p. 47.

③ ［比］亨利·皮雷纳：《中世纪的城市》，第 77 页。

④ 参见《出埃及记》第 22 章第 25 节；《利未记》第 25 章第 35—37 节；《路加福音》第 6 章第 34—35 节。

⑤ ［英］R. H. 托尼：《宗教与资本主义的兴起》，第 28 页。

⑥ ［英］R. H. 托尼：《宗教与资本主义的兴起》，第 29 页，另参见 92 页。

⑦ ［比］亨利·皮雷纳：《中世纪的城市》，第 77 页。

工资或以实物抵付工资，拒绝给拖延的债务人折扣优惠，对贷款抵押品坚持过分的要求，中间人赚取过高的利润——所有这一切，在圣雷蒙德 13 世纪时的神父职责手册中一概被谴责为高利贷"。既是高利贷，就要给予严惩。"13 世纪末，布尔日的一个大主教在法庭上迫使大约 35 个高利贷者吐出不义之财；70 年以后，佛罗伦萨的一位宗教法庭审判官在两年时间里向高利贷者和渎神者收了 7000 弗罗琳"①。甚者，诉诸暴力。"自从汉斯·伯海姆 1476 年领导起义之后，几乎没有一个十年不发生农民起义。消灭让工匠和农民长期饱受其害的高利贷成了一种战斗口号；镇压敲诈勒索者的普遍要求，吓得一个又一个市政当局向大学和神父们请教利息的合法性问题，大学和神父们照例做出响亮的、但使人困惑的回答"②。

更关键的是，他极大地扭曲人们的思想，"他的教义能从许多方面能从许多曲折的渠道进入人的心灵，并且即使作为一种命令被拒绝之后，仍能作为一种感情长期存在"③。许多人"担心他们的生活方式有使灵魂得不到拯救的危险。忧虑来世折磨着他们的良心。许多人在弥留之际立下遗嘱，建立慈善机构或者拨出一部分遗产以退还所得的不义之财"④。连城镇和行会都受其影响，以致"他们为自己为商业行为制定的规则，带有很多教会法规的特点。佛罗伦萨是中世纪欧洲的金融中心；但即使在这里，14 世纪中叶的世俗当局也不断因放高利贷而对银行家处以罚金。而且，50 年以后，先是禁止全部信贷业务，然后，又输入犹太人，让他们从事这种不许基督徒做的生意。科隆曾是最大的商业贸易中心之一；但是，当科隆飞黄腾达的商人着手立遗嘱的时候，他回头想到贸易有害灵魂、贪婪是一种大罪，为了赎罪，他只能指导他的后代做出补偿，去从事某种不像商人的职业那么有害的职业。考文垂市的自由民就共同权利问题与市执政官斗争了大半个世纪；但是那个繁华商业城市的领地刑事法庭却把高利贷与奸淫罪同等看待，并且颁布法令，不许高利贷者成为市长、议员或同业公会的首领"⑤。

---

① ［英］R. H. 托尼：《宗教与资本主义的兴起》，第 29、30、92 页。
② ［英］R. H. 托尼：《宗教与资本主义的兴起》，第 49 页。
③ ［英］R. H. 托尼：《宗教与资本主义的兴起》，第 23 页。
④ ［比］亨利·皮雷纳：《中世纪的城市》，第 77—78 页。
⑤ ［英］R. H. 托尼：《宗教与资本主义的兴起》，第 23 页。

在这样的压制下，"商人在封建社会中没有立足之地"，"人们对他们的行为持怀疑态度，认为他们沾有高利贷和邪恶的污点"①。其对经济的发展和市场经济的孕育所起的阻碍作用之大是可想而知的。

其次是它的神秘主义、禁欲主义、蒙昧主义。

教会宣扬上帝造世界、造人的神话；宣传《圣经》是上帝的启示，教会是天启的接受者和解释者，在学术上是至高无上的。任何擅自阐释《圣经》，挑战教父的人都是宗教异端。世界是上帝安排的，因此，"社会秩序是不可变更的，只能接受，不能改进"，故要"谴责各种社会变动"②。教会要人注重来世，轻视现世、鄙视人生，无视自然，宣扬"不要恋慕这个罪恶的世界和世上虚幻的东西；因为人若爱世界，就不会再有爱父的心了"。"在上帝的眼中，这世界上的智慧，都是愚不可及的"，故"不要爱世界和世界上的事物"③。可见，在天主教的这个神学体系中，愚昧便是德性，理性和独立思想也就没有容身的余地。这不仅僵化了人们的思想，也窒息了人们探索、改造周围客观世界的任何兴趣，堵塞了科学兴起的道路。

政治上，天主教会宣扬教皇至上和普世主义，严重地阻滞了民族国家的产生。

天主教的双剑论主张天国的权力高于地上的权力，精神的权力高于世俗的权力。④ 为此，它先是伪造了《艾多西尔教令集》，编造出了"君士坦丁赠与"的故事，向世人宣布罗马教廷是基督耶稣的"宗徒之长"圣彼得的继承人，理所当然地被指定为"上帝圣子在地上的代理人"。教皇权力因而神圣无比，对教会和世俗社会都具有至高无上的权力，具有解除臣民对邪恶君主的誓言、废黜皇帝和国王，任免各地主教的权力。教会的"教会自由"的思想，宣扬教会是个普世的社团。在这个社团中，教皇所享有的权力超越了民族和国家的疆土，他对教士实行直接的支配，以实现教会的普

---

①　M. M. Postan, E. E. Rich, E. Miller, ed., *The Cambridge Economic History of Europe*, V. 3, p. 46.

②　［英］R. H. 托尼：《宗教与资本主义的兴起》，第 34 页。

③　《新约·约翰壹书》第 2 章 15 节；《新约·斯多林书》第 3 章 19 节；《新约·约翰福音》第 18 章 36 节。

④　参见［英］克里斯托弗·道森：《宗教与西方文化的兴起》，长川某译，四川人民出版社 1989 年版，第 147 页。

世统治。①

　　为了实施这些理论，罗马教廷与德国皇帝进行了长期的斗争，终于从后者手中夺得了"神职册封权"，废除了私有教会，取得了自组枢机主教团，自选教皇，将全西欧的教会置于其旗下的权力。运用这个权力，罗马教廷从全西欧范围内挑选枢机主教，使罗马教廷成为名副其实的普世社团的首脑。教廷颁布了教会法，组建了各级教会法庭。12世纪中叶，随着教会法被推至各地，教皇掌握了各地的最高司法权；凭此，并通过赋予十字军骑士以"圣彼得骑士"（militia sancti petri）的称号，使大批诸侯和农民脱离了他们的国王和领主，转投教会，扩大了教会在各地的采邑权。占有了几乎占全西欧耕地总数约三分之一的耕地，成了"西欧唯一的最大的土地所有者"。通过各地教会，教廷向西欧各地征收彼得税、教产税、什一税、赎罪券金及诉讼费，亲自放债或通过商人放贷，教廷成了"全欧洲最大最富的收税者，最大的财政机构和最富有的银行家"②；成了国中之国，掌握了各个国家的部分行政权、司法权、征税权和军事指挥权。通过这些权力，教皇拉拢诸侯，扶持亲信，肆意干涉各国内政，甚至组织武装入侵，多次废黜皇帝和国王。显然，西欧各国要想完成从朝代国家向民族国家的转变，就必须排除教皇和教廷这个国家统一道路上的巨大障碍。

　　天主教会坚持格里高利七世提出的"教皇无误"的理论，视教皇为真理的化身，从而终结了人们对真理的探索。使教会将排除异端，镇压异教徒作为其首要任务，推行神权统治和文化专制，致使西欧长期处于天主教一教独大局面，文化结构长期滞留于平衡态。

　　教会排斥异端的历史由来已久。③ 多达八次的十字军东征，就是为了征服异教徒穆斯林。第一次十字军东征后，基督徒开始对身边的犹太人进行了长期的血腥屠杀、迫害和驱逐。④ 但是，当西欧境内的蛮族都皈依了基督

　　① 参见 W. Ullmann, *The Growth of Papal Government in the Middle Ages*, London, 1979, pp. 430–432, 619–635。

　　② ［美］詹姆斯·W. 汤普逊：《中世纪晚期欧洲经济社会史》，"绪论"第14页；第385页。

　　③ 请参见 M. D. Lambert, *Medieval Heresy: Popular Movements from the Gregorian Reform to the Reformation*, Oxford University, 1992; J. B. Rusell, *A History of Medieval Christianity: Prophecy and Order*, Arlington Heights, AHM 1968。

　　④ 请参见 B. S. Bachrach, *Early Medieval Jewish Policy in Western Europe*, University Minnesota, 1977。

教，整个西欧已是基督教的一统天下时，教会镇压最多的还是教会内部的异端。不仅严厉打击那些敢于挑战基督教的原始教义的人，如批评神学家托马斯·阿奎那的神学体系缺少数学和自然科学这两个基石的罗吉尔·培根（1214—1294）；如描写了巴勒斯坦土地贫瘠实况的西班牙人塞尔维特等；也惩罚那些仅仅是对某些教义有不同理解的天主教徒。按教会的权威神学家托马斯·阿奎那的解释，异端是指那些背叛了教会并组成了宗派的人，或曲解《圣经》或教义而坚持不改的人，或抗拒圣事、蔑视主教权威的人。于是，参与神学纷争的败方，改革教会、鼓吹苦修因而冲击了主教的权威者，不听从教皇和教廷的指示或调解者，买卖圣职者，赞同教士结婚的人等都被判为"异端"。从中世纪初期对阿利安派的镇压，到对法国南部城市阿尔比派的武力讨伐，再到中世纪后期开办宗教裁判所，被判定为异端、异教徒、不信教者而遭到迫害、监禁、屠杀的人士和团体是不计其数。对异端的不宽容不仅成了天主教的传统，还将其传递给被其视为异端的路德派、加尔文派和其他教会革新派。

教会镇压异端的目的是要统一舆论，以维护其思想统治和国际封建中心的地位，而它也确实在很长时间内达到了目的，把西欧的文化结构一直维持在平衡状态。

综上所述，以天主教为核心的传统文化结构对现代社会的孕育的阻挠作用是多方面的，也是强大的。不改造这一结构，市场经济的分娩，现代社会的孕育不仅难以继续下去，甚至会中断。这正如道格拉斯·诺斯所说："我们的社会演化到今天，我们的文化传统，我们的信仰体系，这一切都是根本性的制约因素。"① 而西欧之所以能先于世界各国率先实现现代化，其原因之一就在于他们对其传统文化进行了背离、抛弃和改造，致使其文化结构偏离平衡态，直至远离平衡态，从而能持续不断地为现代社会的孕育、兴起和发展提供必要的思想养料和文化动力。

---

① ［美］道格拉斯·诺斯：《制度变迁理论纲要》，《改革》1995 年第 3 期。

二、对传统文化的背离、抛弃和改造

同经济结构远离平衡态一样，促使西欧人背离、抛弃和改造其传统文化的动力仍是孕育中的市场经济。这也是因为自治城市当局成了制度变迁的主体。为了给市民营造出一个适于生存的社会环境，他们变更了城市的各种正式约束和非正始约束，其中也包括传统文化。不过，市民们最初并未抛弃、改造天主教的原始教义，而是或明或暗的背离了它，形成了新的市民文化；而教会自己也因自身利益的需要，在不同程度上背叛了自己的原始教义；随着市场经济的发展及资产阶级的产生，市民对传统文化的态度由背离发展为抛弃，发生了文艺复兴，产生了人文主义；到近代初期，一些天主教徒用人文主义对天主教进行改造，发动了宗教改革，促生了新教。

城市获得自治权使市民的经济活动从宗教—政治领域中分离出来，使市民的经济活动获得了独立发展的条件。在追求自己经济利益的过程中，势必会背离教会的经济伦理观和禁欲主义；市场活动中的自由贸易、平等交换、互惠互利、尊重商业规则、惯例和诉讼程序等市场精神也促进了崇尚民主参与、人身自由和人格平等，强调财产私有和尊重法律，关注契约自由和世俗利益的市民精神的发展①，从而把追求世俗生活、追求自身的经济利益和政治权力放在首位，宣称"这里没有凯撒，只有金钱"②。广泛流传的"圣戈德里基的故事"讲的就是一个流浪汉追求金钱的故事。他从流动商贩开始，在短时间内积累起了大量资金，并用这些资金来维持和扩大他的买卖，"费尽心机为每件商品寻找能赚取更大利润的市场"。显然，这"是明目张胆地违抗教会对各种投机倒把所持有的谴责态度以及公平价格的经济学说"，公开地背离了教会倡导的禁欲主义。③

商人被当时的人称为"泥腿子"、流浪汉，其生活方式"从一开始就使农业社会感到惊讶，他们与这个社会的一切习惯相抵触"。因为其活动的成功取决于人的才智和精力，而不是神意或天命。这是一种"老谋深算和理

---

① 参见［美］詹姆斯·W.汤普逊：《中世纪晚期欧洲经济社会史》，第173页。
② 朱孝远：《近代欧洲的兴起》，第186页。
③ 参见［比］亨利·皮雷纳：《中世纪的城市》，第72、73页。

性主义的活动"①。1200 年左右，一个叫扎克·得·维特里的人曾大力称道意大利"市民能深思熟虑，对公共事务勤劳而又热心；他们拒绝屈从别人，并防止任何人侵犯他们的自由"②。为了使人身自由和私有财产得到尊重和保护，市民们将他们这种老谋深算的理性精神运用于城市生活的各个方面。

运用理性精神，市民在城市管理机构的设置和运行上实现了"一种伟大的、本质上是革命的革新"③。它以契约精神为基础，奉民众参与、自治管理为圭臬，来规范城市管理机构的设置和运行。为此，市民们提出了各式各样的政府组织方案，先后试验过多种组合形式和选举形式。如复数执政制、首席执政制，直接选举和间接选举等，其中很多举措都是破天荒的。例如，实行"纯粹的世俗政体"，对执政或元首实行有限任期，而不是终身制，都在某种程度上实现了行政、立法和司法部门的相互分立和相互制约。④ 为了选择一个能更好保证其利益的政府制度，一些"城市常派使团到其他城市研究它们的政治制度。1187 年，两个城市曾各派一个使团到斯瓦松；都尔内城研究六个不同城市的宪章与地方行政工作；奥格斯堡在 1386 年，科伦在 1396 年前后曾派遣一个使团先后参观了巴塞尔、君士坦司、马因斯、窝姆斯、斯拜耳、乌尔穆和斯特拉斯堡；根特著名的'三十九人'委员曾到过汉堡、布勒门、马德堡、斯拜耳和律伯克"⑤。生活在这样政体下的市民自然会逐渐养成反抗专制、强调独立，追求自由、主张权力、重视契约的个性；形成了一系列民主政治的范式和理念，如选举、集会、结社、议会等。这些个性、范式和理念是传统文化中所没有的，一种新的文化也就由此而生。

城市法尤具理性色彩。其指导思想是理性主义，建立世俗社会的秩序是市民制定此法的目标。为此，他们很早就复兴了罗马法，以从中吸取法律观念和原则；排除了传统法律中的宗教崇拜和宗教信仰，删除了其司法程序中的野蛮的决斗裁判、免诉宣誓、"神意裁判"等极为原始、充满了偶然性和

① ［比］亨利·皮雷纳：《中世纪的城市》，第 76、77 页。
② ［美］鲁姆斯·W. 汤普逊：《中世纪经济社会史》下册，第 427 页。
③ ［德］马克斯·韦伯：《经济与社会》下卷，第 594 页。
④ 参见［美］哈罗德·J. 伯尔曼：《法律与革命——西方法律传统的形成》，第 470—472 页。
⑤ ［美］汤普逊：《中世纪经济社会史》下册，第 427 页。

欺诈行为、具有浓厚神秘主义的审判程序。同时，确立了具有鲜明的理性和世俗性的审判程序：讲究人证、物证，对市民的人权给予了各种保护；规定未经法律程序，不得任意逮捕和监禁；禁止因为债务而进行人身拘禁；并对刑罚种类实行限制等。① 尤其是他们为远程贸易发展而制定的商法和海商法，理性主义的色彩更为浓重，以致伯尔曼称"它是典型的资本主义法"②。

在这种理性的城市法律和城市政治制度的影响下的市民，逐渐地养成了恪守法律、尊重法律、自觉地维护法律权威的习俗，孕育出以民主参与、权利和契约、法律和程序为内容的自由理性和历史意识；产生了人格平等、遗嘱自由、财产私有、契约自由的理念，极大地丰富了市民文化的内涵。

城市政府还插手一直为教会垄断的教育领域。从 12 世纪中叶起，就开始建设世俗学校，打破了教会对教育的垄断，提高了市民的读写能力。在市政事务中，市民们使用本国方言而不是教会中流行的拉丁语，使城市文化具有了明显的世俗性特征。③

随着一系列新文化观念的广泛传播，教会的权威主义在城市里是日渐衰微。市民们对有碍其利益、有损其自由的人和组织的反抗日趋激烈。"不论是男爵、主教或住持"，如果拒绝城市自治，剥夺其自由，城市就会"以暴力方式来反抗封建权力并要求宪章的自由"④。为此，"商人在各地发动和领导事变"，"他们是城市居民中最活跃，最富裕，最有影响的分子"。"最难忍受损害他们的利益和自信心的处境"。从 12 世纪起，各种异端思想在城市中广泛流传，阿尔比派在法国南部城市中传播迅猛就是教会的权威主义在城市遇到了严重挑战的显例。⑤

对教会严禁高利贷的政策，市民们偷梁换柱，暗度陈仓。一是故意延期还款，借款人用缴纳延期罚金的名义向借款人支付借款的利息⑥；二是有偿借贷写成无偿借贷，少借多写，实借 60 镑，借条上写成 80 镑；三是用礼物

---

① 参见 ［比］亨利·皮雷纳：《中世纪的城市》，第 79、121 页；哈罗德·J. 伯尔曼：《法律与革命——西方法律传统的形成》，第 477—482 页。

② ［美］哈罗德·J. 伯尔曼：《法律与革命——西方法律传统的形成》，第 407 页。

③ 参见 ［比］亨利·皮雷纳：《中世纪的城市》，第 141、142 页。

④ 参见 ［美］詹姆斯·W. 汤普逊：《中世纪经济社会史》下册，第 145—153 页。

⑤ 参见 ［比］亨利·皮雷纳：《中世纪的城市》，第 106、142、143 页。

⑥ 参见 ［比］亨利·皮雷纳：《中世纪欧洲经济社会史》，第 116 页。

代替息钱；四是巧用汇率。1236 年，教皇格里高利九世谴责从远古以来就开始流行的海洋贷款及类似契约都带有高利贷性质之后，"海洋兑换偿付契约"就取其代之。此法规定贷方用低于借款时的兑换率的货币还款，他也就将利息付给了贷方。① 诸如此类规避教会的高利贷法令的办法多不胜数，博玛诺瓦写道："我不想逐项列举放高利贷者所使用的办法，以免教会说这类人规避法令。"② 更甚者，有"市政当局的账簿和个人的备忘录都不忌讳使用高利贷这个可厌恶的名词"③。

连僧侣甚至教皇也都在不同程度上背离了教会的经济伦理、道德规范和宗教思想。这主要是市场经济的孕育，使原本以土地为生的教会再也难以默守其传统教义。因为工商业的发展使罗马教廷获得了越来越多的税收和捐赠，为"教廷的货币造就了一个巨大的生机勃勃的蓄水池"。教廷若不想失去这个蓄水池，就必须善待"注满这个大水池的源泉"的"新兴的商业和工业"④。此其一。

其二，教廷本身的生存和发展离不开货币放贷。为了将散布于西欧各地缴纳的什一税等各类税金收上来，13 世纪时教廷就已在西欧各地设置了各级税官，并在罗马设立了最高财政管理机构圣库。但是，要将各地的税款送到罗马，耗费不菲且风险很大，还不一定能满足教廷的急时之需。而要解决这些问题，没有自己的商业网络的教皇唯有委托大商人为其转运税款到罗马。而商人也趁机将那些暂时存放的税款用于放贷取利，并放贷给那些无力缴纳税款的人。⑤ 为了自身的利益，教皇不仅认可了商人们的这些放贷，还勒令僧俗债务人还款，甚至用审讯和开除教籍来进行威逼。⑥ 并授予一些意大利商人为"教皇商人""圣库商人"或"圣库官员"。锡耶纳城、佛罗伦

---

① 参见 M. M. Postan，E. E. Rich，E. Miller，ed.，*The Cambridge Economic History of Europe*，V. 3，p. 55。

② ［法］泰格·利维：《法律与资本主义兴起》，第 36 页。

③ ［比］亨利·皮雷纳：《中世纪欧洲经济社会史》，第 116 页。

④ ［美］詹姆斯·W. 汤普逊：《中世纪晚期欧洲经济社会史》，第 566 页。

⑤ 参见 W. E. Lunt，*Financial Relations of the Papacy with England*，V. 1，1327 - 1534，Cambridge，1939，pp. 598，599。

⑥ 参见 J. B. Bury，J. R. Tanner，etc. ed.，*The Cambridge Medieval History*，Cambridge University，1968，V. 6，p. 486。

萨城和卢卡城的银行家等都承担过教廷的收税、转运、借贷等资金管理事务。① 教廷大分裂后（1378 年），教廷的收入锐减，入不敷出，教廷更是离不开商人的借贷，他们对商人的信赖空前地加强。②

在这样的情况下，教廷要想维持其地位和影响，要不就对其经济伦理观做一定的变通，要不就对违背它的行为佯装不见；或是只管普通民众，而"在社会上层的商业活动中，它一笔抹煞"。于是，教会的反高利贷的禁令就成了"防止富有的放债人利用农民和工匠的急需之难"，而并非为了阻挠由教会主持或参与的巨额融资，以致"人们经常抱怨"教皇们对其业务的道德性"奇怪地保持着冷漠"，把很多放贷的大商人、大银行家"置于特殊的保护之下，有时还用开除教籍的威胁强迫人们还债"。③

教皇教廷的这种态度，实际上就是唆使主教们和修道院通过放贷来获得利益。他们通常要借贷人以其土地作抵押，当借贷人无法按期偿还贷款时，他们就能将借贷人用来抵押的土地收归己有。12 世纪末，在诺曼底，这种用来抵债的土地平均售价仅及正常出售的土地价格的 55%—60%。如此巨利，也就难怪主教和修道院纷纷向世俗贵族提供贷款；甚至向商人和高利贷者贷款，再转借给他们。于是，贵族们"向教士们的借款也就更为频繁"。直到教皇亚历山大三世发布教令，宣称抵押贷款是一种高利贷形式，禁止神职人员涉足其中，世俗金融家才逐渐代替主教和修道院成为王侯们的主要贷款人。④ 结果，12 世纪末后，民间放贷越来越普遍，利息往往高达 40%甚至 300%。⑤

面对这种现实，一些神学家，如托马斯·阿奎那和教会法学家，都意识到传统的经济伦理观已经难以原封不动而不作变通了。他们不再将所有的买卖都斥之为罪恶，而是按是否投入了劳动、时间和金钱分为几种。凡是投入

---

① 参见［美］詹姆斯·W. 汤普逊：《中世纪晚期欧洲经济社会史》，第 357 页。

② 参见 Partner Peter，"Papal Financial Policy in the Renaissance and Reformation"，*Past and Present* V. 88，1980，p. 25。

③ 参见［英］R. H. 托尼：《宗教与资本主义的兴起》，第 27 页；［美］詹姆斯·W. 汤普逊：《中世纪晚期欧洲经济社会史》，第 17 页；［法］雷吉娜·佩尔努：《法国资产阶级史·近代》上册，第 99 页。

④ 参见 M. M. Postan，E. E. Rich，E. Miller，ed.，*The Cambridge Economic History of Europe*，V. 3，pp. 443,444。

⑤ 参见［法］雷吉娜·佩尔努：《法国资产阶级史·近代》上册，第 205 页。

了劳动、时间和金钱的贸易，所得利润就是合法的。[1] 但是，这在教会内部并非共识，在对待高利贷的问题上，产生了"严禁"与"弛禁"之争。严禁派坚持原始教义和教父们对高利贷的定性，认定"高利贷就是附加于本金之外的任何东西"，主张继续禁止各种形式的借贷取息行为。以教会法学家和经院学者为主的一批人则认为放贷并非都是高利贷，许多放贷所得收益是商业利润，而不是高利贷的利息。因为"钱除了具有其本性外，还拥有增殖的功能"；因而应该把商业利润和高利贷区别开来。在1512—1517年的第五次拉特兰公会时期，教令将高利贷仅限于"想法利用自身不能增殖的物品来谋取收益，而没有投入时间、劳动，没有承担任何风险的利润"。这种观点显然突破了早期教父们给高利贷下的定义，它表明弛禁派的观点已逐渐占上风，教会对放贷的禁令已变形为反对过高的利息率。[2]

上述表明，城市兴起后，基督教的原始教义、道德规范和宗教思想就不再是原封不动。在很多问题上，它已经被市民，甚至教会人士自己所背离，尤其是其经济伦理。这一变化意义重大，它松动了铁板一块的西欧文化结构，为其注入了新鲜的血液，促使它开始离开平衡态。随着市场经济"胚胎"的继续成长，以天主教教义为核心的传统文化所遭到的命运不再只是背离，而是被抛弃。

始于14世纪初的文艺复兴运动，卷入的不只是市民，僧俗贵族，连罗马教皇都成了积极参与者、支持者和保护者。其之所以如此，一是它的魅力太大；二是虽有很多人文主义者猛烈地抨击了教会和僧侣，但并没有直接地攻击天主教的教义，而是各说各话，宣讲和传播与天主教教义大相径庭的思想。换言之，他们抛弃了天主教教义，另辟炉灶，宣扬与天主教教义截然相反的人文主义。

人文主义是文艺复兴的指导思想，它又称人本主义、人学，即研究人的

---

① 参见 J. W. Baldwin, *The Medieval Theories of the Just price*, Philadelphia, 1959, pp. 40, 41, 115; R. de. Roover, *Money, Banking and Credit in the Medieval Bruges: Italian Merchant-Banker, Lombards and Money-Changers*, Cambridge: Cambridge University Press, 1948, p. 306。

② 参见 J. D. Gilchrist, *The Church and Economic Activity in the Middle ages*, New York, 1969, pp. 64, 65, 70, 115。

学问。它与天主教的神本主义，即神学是相对立的。神学宣扬上帝是世界的中心，是他创造了世间万物和人。而人的祖先却违背上帝的意志，犯有原罪，故人来到世间的目的不是享福，而是为了拯救灵魂。据此，神学贬低人的价值，认为人是罪恶、卑微、消极的存在，人性是恶的，故制定了一系列的教规教礼来束缚人的行动。把禁欲、自卑、消极、无所作为、漠视周围的世界视为一个基督徒应具备的品质；将主张民主、自由、法治、理性等理念的希腊罗马文化视为异端，千方百计地予以摧残。

而人本主义则认为世界的中心是人，而不是上帝，人是"宇宙的精华，万物的灵长"，而不是污浊罪恶的存在；人性是善的、崇高的；人来到世间并非赎罪，而是来追求幸福的；故人生的要务不是禁欲修行，而要追求物质和精神上的幸福与快乐，改造世界，创造奇迹，成为生活的创造者和主人；不应该用神旨和教规来束缚人的思想和行动，实行愚民政策，而要重视知识和文化，一切科学和艺术也都应以启发人的智慧和表达人的感情为目的；反对封建等级制度，抛弃门第观念，号召思想解放，提倡个性自由；希腊罗马文化不是宗教异端，而是良师益友，不应该对它们百般摧残，而应该对它们推崇备至。

在天主教会无处不在，神学思想掌控人的灵魂的中世纪，人文主义者的上述主张无异是石破天惊。这对打破神学对人们思想的牢固束缚，促进人们的思想解放，对西欧文化的发展、打破中世纪西欧文化结构的平衡态，所起的巨大作用是不言而喻的。虽然文艺复兴所取得的文化成果遍及各个领域，所产生的影响也是多方面的，但概括起来，则如布克哈特所言："发现世界和发现人。"①

发现人是说人文主义发现了人性的善良和人的伟大，肯定了人的价值和创造力，提倡人的解放和个性自由，以充分利用人的理智，努力去追求尘世的幸福。这破除了神旨教规对人性的束缚和压迫，从而打破了天主教神学套在人们身上的思想枷锁，解放了人的思想，改变了人的行为，教会的得救观念开始消弭，教会的信条受到严重的挑战，基督教的地位一落千丈。"14、15 世纪期间，在欧洲进行的商业活动不计其数并飞速发展"，"货款的运用

---

① ［瑞］布克哈特：《意大利文艺复兴时期的文化》，第 311 页。

额如此之巨大，卷入其中的商业活动如此之彻底，以至人们最终公开要求获取利息，再也不处心积虑地掩饰了。"教会"不准谋取利息的禁令"已被人们置之脑后。① 在这之前，商人致富之后，或离世之前，往往将财产捐给教会，或退给借贷人，写下遗嘱，表示忏悔。1330 年后，这种情况则几乎不再遇到。② 人文主义对人们思想解放的作用之大可见一斑。同时，它强调人是世界的中心，是要据此说明宗教要为人服务，宗教信仰纯粹是个人的行为，应把宗教事务和世俗事务完全彻底地区分开来，从而为近代民族国家兴起和政教分离提供了理论根据。

发现世界是说文艺复兴扫除了神学这个妨碍人们认识客观世界的思想障碍。而当人们困于这一障碍而不能正视自己的情况下，只能幻想通过超自然的、万能的上帝来获得对外部客观世界的认识，以实现自己灵魂的超脱。当扫除了这一障碍后，他们也就将改变自己命运的希望从上帝身上转移到客观世界，从而发现被神学贬得一钱不值的世界是如此美丽和神秘，以至全身心地投入对周围客观世界的探索，从而为近代自然科学的兴起和哲学、历史学、文学、艺术学、建筑学、政治学摆脱神学的束缚扫清了思想障碍。此后，上帝的立足之地被自然科学和奉行世俗主义和现实主义的哲学、历史学等学科的发展压迫得越来越小。

因此，发现了人和世界的文艺复兴是对发现了神的天主教一家独霸局面的颠覆。它动摇了天主教的传统观念，解放了人们的思想，启动了锻造现代人的巨大工程；为宗教改革准备了思想材料、理论武器和人才；使古希腊罗马文明中对全人类具有普遍意义的诸多理念得以复兴，并促使它和希伯来文明的结合，形成了现代文明的六大主要理念：自由、民主、法治、理性、平等和博爱，为现代社会的分娩提供了文化基因；直接促使了资产阶级文化的兴起和近代自然科学的诞生，为新生的资产阶级登上历史舞台、改造世界提供了强有力的思想工具。因此，继被市民文化撼动后，西欧的传统文化结构又被推离平衡态，开始了它迈向远离平衡态的漫长历程。

在现代化孕育过程中有如此不可替代的地位的文艺复兴又是如何产生

---

① 参见［美］詹姆斯·W.汤普逊：《中世纪晚期欧洲经济社会史》，第 600 页。
② 参见［法］费尔南·布罗代尔：《15 至 18 世纪的物质文明、经济和资本主义》第 2 卷，第 625 页。

的？要找到答案，就需要了解佛罗伦萨。因为没有文艺复兴在佛城的兴起，也就谈不上文艺复兴席卷意大利和整个欧洲。

佛城成为文艺复兴的发源地不是偶然的。地理大发现前，佛城是西欧的工业中心、商业中心和金融业中心。13 世纪后期。它生产的毛呢质量居全欧之首，畅销整个欧洲和近东。1338 年，佛城有两百多座毛织业手工工场，年产七八万匹呢绒，价值 120 万佛罗伦萨金币，雇工达三万余人。舶来布匹加工业为佛城的第二大产业，城内就开设了二十余座大批发庄，在城内就年售呢绒一万匹，约值三十万金币①，外销就更多了。它还是欧洲丝绸业的中心；其货币佛罗琳在全欧的地位如今日的美元。上述四业和医药、皮毛、律师业共为七大行会，这七大行会不是手工工场，就是为工场服务的商号。他们雇用的工人占全城人口一半以上。② 资产阶级不仅掌握了佛城的经济命脉，1115 年时即已经获得的城市自治权这时也为七大行会直接掌握。"城内和郊区的封建贵族势力悉被清除，贵族子弟被剥夺担任公职之权"③，也不能任行会的高级官职，因此，佛城是世界上第一个资产阶级城市共和国。它实行议会民主制度，执政官进行民主选举。即使在美第奇家族当政时期，民主共和国的政体仍然没有改变。

资产阶级兴起后，迫切需要修辞学。因为他们的贸易需要书信往来，需要做商业广告；也需要学习修辞学改进演讲，鼓动群众，拉选票。然而，当时学校的教育大都掌控在教会手中。为了论证上帝的存在，开设的主要课程是形式逻辑。虽然也学修辞学，却是副课，教材十分简单，根本满足不了新生资产阶级对修辞学的需要。但人们从传说中知道希腊、罗马的修辞学十分发达，有不少像西赛罗那样的大演说家。于是，他们到处寻找、发掘、翻译、研究希腊、罗马时期的书籍和遗址，形成了一个考古热和学习拉丁文的运动。运动的初衷是学习古人的修辞技巧和语言艺术，但当他们一接触到希

---

① 参见朱龙华：《文艺复兴与思想解放》，《世界历史》1980 年第 3 期。

② 据威兰尼《纪年史》第 8 卷 36 章所述，佛罗伦萨总人口约十一万，其中，以毛织业为生的人就有三万，若加上丝织和其他工商各业，雇佣工人及家属总数必居人口一半以上。现代学者一般估计佛罗伦萨当时人口为十二万至十五万，参看施奇威尔：《佛罗伦萨史》，1939 年英文版，第 211 页。转引自朱龙华：《文艺复兴与思想解放》。

③ 请参见朱龙华：《文艺复兴与思想解放》，丹尼斯·哈伊：《意大利文艺复兴的历史背景》，第 76、121 页。

腊罗马的文化时，就像改革开放后的中国人那样，眼界陡然开阔，看到不少过去闻所未闻的东西，尤其是其中的民主思想、自由理念和法治、理性等，更是给他们脑袋里吹进了一股清新的空气，令他们兴奋不已，使他们对其社会有了一个从来就没有过的清醒认识；深感这些思想和观念正是他们在发展经济、捍卫其利益时所必要的武器。于是，他们也就从最初学习希腊罗马人的修辞艺术、语言技巧转而学习他们的思想，并用这些思想和观念去反思和批判他们所处的世界和社会，形成了所谓的人文学，产生了人文主义。一场遍及各个思想领域的文艺复兴运动也就以燎原之势，燃遍佛城，延及意大利，烧红了整个西欧乃至欧洲。

在运动中，人文主义者虽然揭露了一些教会人士的腐朽与虚伪，却并没有触及天主教的教义和教会组织，而是各说各话，在很长时间内未遭遇教会的反对。但是，既然思想解放的火炬已经点燃，它只会越烧越旺，许多虔诚的基督徒也成了人文主义者，他们用人文主义去思考宗教问题，一场旨在改造基督教会和教义的宗教改革运动也就势所难免。

宗教改革在现代化起源中的历史功绩是众所周知的，除前述的外，主要有三点。

首先，它摧毁了罗马教廷这个国际封建统治中心，打破了天主教会的一统天下，极大地压缩了天主教组织，为现代社会的兴起扫除了巨大的组织障碍和思想障碍。

继路德教徒另组教会后，继起的各种新教都纷纷建立自己的教会组织；连仍奉天主教为其国教的法国、西班牙等也相继通过与教廷谈判，从罗马教廷手中收回了大部分征税权和教职任免权，建立了民族教会。教廷的治理范围仅剩下意大利和德国部分地区，获得的税收因此大幅度地缩减。随着经济力量的萎缩，教廷的思想影响力和政治影响力锐减，他再也无法继续他的封建国际统治中心的地位，对人们的思想控制力被空前地削弱。

其次，是为新生资产阶级提供了锐利的思想武器。因为加尔文教提出了一条与天主教完全相反的灵魂拯救道路，指出尘世中事业的成功就是拯救的标志，忠于职守，发财致富就是"增添上帝的荣耀"；而要获得事业的成功，就要有百折不挠、奋勇拼搏的勇气和意志；还要有信守诺言、惜时如金、勤俭节约的高尚德行，从而赋予了初生的资产阶级以积极的、战斗的人生观，为了资本主义事业的成功，他们全力以赴、前仆后继，不屈不挠、奋斗终身。因此，宗教改革及其产生的新教塑造了几代西欧人的灵魂，极大地促进了人的思想解放和理性的发扬，为资产阶级在与封建地主阶级的阶级大搏斗中提供了一批又一批的勇于冲锋陷阵的经济智士和革命英雄；并"把新兴的资产阶级组织成一个有纪律的社会力量"。"教他们觉得他们是上帝的选民，使他们认识到他们在上帝的计划中的伟大使命并下定决心去完成这一使命"①。从而使新生的资产阶级巧妙地解决了现代化孕育与分娩过程中的物质文明与精神文明之间的关系，使西欧新教国家的精神文明的建设走在物质文明建设之前。

锐利是说它具有很高的智慧。因为它对基督教义进行了创造性的阐释，充分地利用了宗教对人们思想的影响力，把两希文明中的价值观，即人权、博爱、自由、民主、法治、平等和理性说成是人们为了在来世的永生而去努力实现的目标，从而把神秘的宗教与现世生活巧妙地融为了一体；将出世和入世、人与死、生前和死后紧密地结合起来；把人的死后的得救与生前的事业的成功紧密地结合在一起；把个人的理念、事业的成功、道德的高尚说成是获得拯救的唯一途径，从而将个人利益与社会利益有机地结合起来。为了使个人获得拯救，人们必须尽力为社会作贡献。从而很好地克服了个人利益与社会利益之间的矛盾，把人们的职业变成了"一种集合号，召唤选民进行唯有到死才会结束的长期斗争"，极大地激发了资本主义"原本就具备的朝气"②。

同时，它又把这些理念与希腊文明中的英雄主义有机地结合起来，为了来世的永生，今生必须百折不挠，勇于献身去争取事业的成功，从而使新教徒具有强大的、积极的进取精神；使新生的资产阶级具有很强的战斗性。不仅轻松地解决了长期困扰今天很多发展中国家的道德沦丧、利欲嚣张、贪污遍地、信用丧尽，精神文明严重滞后于物质文明的难题，还为正在同封建贵族进行大搏斗的新生资产阶级提供了几代为之冲锋陷阵的勇敢战士。

如前所述，系统的结构不仅决定于系统要素之间相互联系和作用的方

① ［英］R. H. 托尼：《宗教与资本主义的兴起》，第 67 页。
② ［英］R. H. 托尼：《宗教与资本主义的兴起》，第 136、145 页。

式，也取决于系统要素的性质。文化不同，作为社会的要素人的性质也就不一样，所以，宗教改革实际上就是一个转换西欧社会系统要素性质，改善系统结构，增强系统功能的过程。它使正在孕育过程中的市场经济体系更加具有活力和生命力。

第三大贡献是极大地加速了西欧文化结构向远离平衡态的运动。在摧毁了天主教会这个西欧思想界的顽固的封建堡垒之后，各种新宗教、新思想如雨后春笋。继路德的新教之后，又产生了加尔文教、圣公会；英国也建立了自己的国教。加尔文教传播至西欧各国之后，又因各国的商业化程度不一，经济发展水平不等，本土文化不一样，使后期的加尔文教又不同于前期的加尔文教，个人主义取代了共同性、集体性，分娩出了各种教宗，如胡格诺教、清教等。同时，又因教义上的分歧，从英国国教内又分出循道派，从清教中又分出长老会、公理会等；从加尔文教中又陆续分娩出了虔信派、浸礼派等。[1] 教派林立，相互争锋，西欧思想界从此是百花齐放，百家争鸣，各种新思想、新文化、新理论迭出不穷，西欧各国文化结构开始走向远离平衡态。

宗教改革能起到这样的作用，宗教改革之所以在能够在西欧发生，其根源就是市场经济的"胎动"。正因如此，恩格斯才将其与尼德兰的民族独立战争、英国的资产阶级大革命一起列为资产阶级反对封建贵族阶级的三次大革命的中第一次大革命。

综上所述，西欧思想文化领域所发生的上述一系列历史变迁，归根到底都是市场经济"胎动"的产物。正因如此，市民文化、文艺复兴和宗教改革都发生在城墙之内，都是城市的产品。新思想、新宗教也大都是"由移居外国的商人和工人从一个国家传播到另一个国家的"[2]。显然，没有西欧城市的这些产物，西欧社会的文化结构就会千年一制，死水一潭，要想实现社会转型是绝不可能的。这正如马克斯·韦伯说的："我们承认经济因素具有根本的重要性；但是与此同时，与此相反的关联任用也不可不加考虑。因为，虽然经济理性主义的发展部分地依赖理性的技术和理性的法律，但与此

---

[1] 参见［德］马克斯·韦伯:《新教伦理与资本主义精神》，第71、72页；R. H. 托尼:《宗教与资本主义的兴起》，第18、140页。

[2] ［英］R. H. 托尼:《宗教与资本主义的兴起》，第62页。

同时，采取某些类型的实际的理性行为却要取决于人的能力和气质。如果这些理性行为的类型受到精神障碍的妨害，那么，理性的经济行为的发展势必遭到严重的、内在的阻滞。各种神秘的和宗教的力量，以及以它们为基础的关于责任的伦理观念，在以往一直都对行为发生着至关重要的和决定性的力量"①。

三、开启了通向思想自由的大门

新教涌现，天主教一统天下的终结，也就为各种新理论、新思想的产生创造了条件，西欧社会通向信仰自由和思想自由的大门就此开启。

思想自由是人们按其意愿，"进行思考，形成一定主张、意见和想法的权利"，也是指人们运用其蕴藏于内心的信念、世界观、知识、意愿等来研究事物、寻找答案、形成某种见解时不受外界的干涉，而能进行自主判断和自主表达的自由。这是一种人的内心活动的自由，精神的自由。它包括信仰自由、学术自由、出版自由等等。

信仰自由是思想自由中的一种，通常是指人们面对诸多宗教、主义时有自由选择权。在中世纪，它通常是指宗教信仰的自由。但信仰自由并不等于思想自由，因为思想自由不仅包含着信仰宗教的自由，也包括不信仰任何宗教的自由。历史表明，对宗教信仰采取宽容态度，并不意味就容忍无神论。以主张信仰自由和政教分离而著称的洛克就不愿意保护无神论者。他说，"否认上帝存在的人，是根本谈不上被宽容的"②。但是，在人们普遍信教的时代，要想实现思想自由，就需要先打破天主教的一统天下，可见，没有信仰自由，也就没有后来的思想自由。

思想自由是一项基本人权，因为它事关人的尊严；也是验证真理，提升国民智力、民族品质和社会道德、促进经济发展和科技进步、实现公共利益的必由之路。英国史家伯里说，希腊人之所以使我们铭感难忘，乃是因为他们发现了"思想自由"，这"不但是他们哲学的玄想，科学的进步，政制的

---

① ［德］马克斯·韦伯：《新教伦理与资本主义精神》，第15、16页。
② ［英］洛克：《论宗教宽容》，吴云贵译，商务印书馆1982年版，第41页。

实验之条件，并且是他们文学与艺术所以能各臻美妙的条件"①。美国史家伊迪丝·汉密尔顿也说，古希腊人之所以走在人类的前面，是因为在那里"世界第一次有了思想自由"②。

具体言之，思想自由所具有的功能还有下述两点。

首先，思想自由是经济发展的基础条件。这仅从宗教改革后西欧各国实行不同的宗教政策，带来了截然不同的经济后果的事实就可得到证实。西班牙、法国对异教徒和新教徒实行迫害、驱赶政策；英国、荷兰则不仅实行宗教宽容，还大量地接纳被他国驱逐的新教徒。西、法两国因而尝到了其宗教政策带来的苦果。17 世纪后半叶，南特敕令废除后，法国约有 29 万至 30 万胡格诺教徒移居国外。结果，"造成里昂与马赛的商业、利穆赞和普罗旺斯的造纸业的衰退"，"曾经向巴黎、英国和荷兰出口帽子的诺曼底的制帽业完全绝迹了；在兰斯，约一半织布机没有操作；尼姆兰的丝织业工人移居到阿维尼翁和阿姆斯特丹，带去了使尼姆闻名于世的缎带制造技术"；"主要由新教徒经营的法国花边编织工业"遭到沉重的打击，"花边制造业最重要的中心阿郎松失去了最好的工业家和工人，他们把制作的秘密传到了北方；里昂的花边制造业工人移居到日内瓦，在那里创建了这一新兴工业；柯尔柏创立了法国的花边的编制工业，而现在法国却要依靠外国，尤其是依靠尼德兰"③；大量胡格诺派的实业家们在"把资本转移到国外之后，也随之外流了"④。

而"法国的竞争者和敌人"，尼德兰、奥地利、瑞士、莱茵地区，"特别是荷兰、英国和勃兰登堡却在从中受益"。"它们张开双臂欢迎这些胡格诺教徒，并使用他们来加强自己的手工业"⑤。从他们那里"学到了玻璃、肥皂、丝织品、上等的毛纺织品、皮革制品、钟表的制造方法和使用新式缎带编织机的缎带制造技术，织袜机也被带进这些地区"⑥。为了减少丝绸和

① ［英］伯里：《思想自由史》，宋桂煌译，吉林人民出版社 1999 年版，第 29 页。
② ［美］伊迪丝·汉密尔顿：《希腊方式——通向西方文明的源流》，徐齐平译，浙江人民出版社 1988 年版，第 25 页。
③ ［英］约瑟夫·库利舍尔：《欧洲近代经济史》，第 19、20 页。
④ ［德］汉斯·豪斯赫尔：《近代经济史——从十四世纪末到十九世纪下半叶》，第 252 页。
⑤ ［德］汉斯·豪斯赫尔：《近代经济史——从十四世纪末到十九世纪下半叶》，第 252 页。
⑥ ［英］约瑟夫·库利舍尔：《欧洲近代经济史》，第 20、21 页。

天鹅绒的进口，"英国创建了自己的丝绸工业，加工外国原料，但是直到胡格诺派从法国迁入后，才兴旺发达起来"。在荷兰，"各种各样受迫害的人都有可能迁入，并对其经济的壮大做出了重大贡献"①。荷兰的经济发展之所以能一度执欧洲经济发展之牛耳，并非是因为他推行了重商主义政策。因为当时的荷兰"很难视为一个国家。与法国和英国的相比，它尤其缺乏重商主义的组织机构和立法保证"。她的富裕，全是因为她奉行信仰自由和思想自由。"这种作法极大地促进了这一新国家在制造业、商业及金融技能方面的至关重要的发展，促进个人之间商业关系网络的形成，以及资本和船舶数量的大幅度增加"。"离开这些因素，荷兰的进步则要慢得多、小得多"②。

其次，思想自由是一切创新，思想创新、制度创新、科学创新的前提。因为创新之源泉和本质无非是独立的思维。而人的思维要独立，思想的自由是必须的；"在精神奴役的一般气氛中"，"从来没有而且永远不会有一种智力活跃的人民"③。当然，思维独立并不等于创新，但是，它使大相异趣的各种独立思维相聚一处，这无异为相聚的各方提供了相互学习、相互借鉴、相互交流和相互竞争的大好机会，其作用不亚于读万卷书，行万里路。它给各方带来了闻所未闻的知识、技能和思想，彼此间取长补短，就能催生出新思想、新文化和新教义；同时，它也会刺激人们的好奇心和求知的欲望，极大地增强了创新的冲动力。亨博尔等人说，"正是那些异端学说激发了人们知识上的挑战，并使人们始终保持一种受教育的欲望。"自建国之日起，美国的创新能力增长之快，创新成果之多，其文化和宗教的多元化是功不可没的。与其对照，一直强调民族与宗教的纯洁性的南美各国，就"完全没有北美式的技术、好奇心、首创精神和公民意识"。在那里，通往财富之路不是劳动、创新，而是"贪污和腐败"④。而没有创新，也就没有经济的发展、社会的前进、科学的进步。创新是民族进步的灵魂，也是社会发展的源泉和动力。没有创新，任何社会不只原地踏步，连原地踏步都不可得。因为你不创新并不能阻止他人创新；你落后了，你就要挨打。所以，密尔说，思想自

---

①　［德］汉斯·豪斯赫尔：《近代经济史——从十四世纪末到十九世纪下半叶》，第145、244 页。
②　［英］M. M. 波斯坦、D. C. 科尔曼、P. M. 马赛厄斯主编：《剑桥欧洲经济史》第5 卷，第17 页。
③　［英］约翰·密尔：《论自由》，程崇华译，商务印书馆1996 年版，第35 页。
④　参见［美］戴维·S. 兰德斯：《国富国穷》，第438、439 页。

由、个性独立"是个人福祉和社会进步的寄托所在"，"一个民族的活力就源于思想自由"①。

　　没有思想自由，就没有创新；没有创新就没有经济的发展，就没有制度创新，也就没有现代社会的孕育成形，分娩和发展。西欧之所以率先兴起，关键之一就是它较东方更早地开始了思想自由的进程。在近代早期的西欧，思想禁锢最严的是西班牙，而它的经济发展和社会进程在西欧各国中也是最落后的。

　　然而，人们获得思想自由却不是一件容易的事情。英国学者伯里说："现在在最文明的国家中，对于言论自由总视为当然的事，我们已习惯于这种状态，所以当它是一种天赋的权利。但这种权利，经过了很多血战，到最近才能获得的。费了数百年之久，才能使那些最开化的人民信服发表各人的意见和讨论各种的问题的自由是一件好的事，而不是一件坏的事。"② 文艺复兴虽然分娩出了人文主义，但是，它并"未直接产生反对正统信仰的公开的或普遍的理智革命"③。西欧思想界仍是天主教的一统天下，宗教改革虽然使这一局面开始改观，但促使改观的并不是新教，无论是路德宗，还是加尔文宗，迫害起异己来，其手段之残酷并不亚于天主教会。尤其是加尔文宗，它"不宽容的声名是最恶的"。它不仅不赞成路德的君权高于教权，反而在日内瓦建立了一个神权政府。在那里，思想自由被完全剥夺；它用监禁、放逐和死刑来扑灭异教。④ 然而，正是宗教改革中的各个教派的互相争斗才启动了西欧的信仰自由和思想自由的漫长的历程。其标志性事件首推1555年神圣罗马帝国皇帝查理五世与德国的新教诸侯签订的《奥格斯堡和约》。这个和约确定了教随国定的原则，即诸侯信什么教，其臣民亦应随之信这个教。这虽然没有赋予民众以信仰自由，但却使新教徒和天主教徒相互妥协，而不再非要斗得你死我活不可。其次是1598年法国国王亨利四世颁布的《南特敕令》。该敕令也是天主教徒和胡格诺教徒相持不下的产物，同时也是西欧历史上第一个以国家敕令的形式赋予不信奉国教者以信仰自由。

---

①　［英］约翰·密尔：《论自由》，第19、39页。

②　［英］伯里：《思想自由史》，第13页。

③　［英］伯里：《思想自由史》，第37页。

④　参见［英］伯里：《思想自由史》，第40页；《马克思恩格斯选集》第3卷，第446页。

而颁布这一敕令的亨利四世以一个胡格诺教宗主的身份改信其敌对的宗教天主教无非是为了登基，当了国王后，他当然希望坐稳王位，真正成为全民的共主。于是，颁布敕令，以终止内乱，实现国家的统一也就必然成为他的政策。可见，民族国家的兴起也是信仰自由和思想自由得以实现的一个极其重要的原因。

建立民族国家是王权和新兴资产阶级在这一时期所追求的主要目标。为此，一要排除包括罗马教会在内的一切外来势力的干扰，以实现民族自主。宗教改革显然有助于王权实现他的这一目标。因为宗教改革终结了天主教的一统天下，并使王权和资产阶级受益。通过没收教会地产，德国世俗诸侯获得了巨大的利益；英国的政府、贵族、市民和资产阶级从亨利八世发起的宗教改革中获利之巨更是令人瞠目结舌。二是需要铲除国内的各种割据势力，以维护王权对全国有效的统治。而要做到这一点，平息国内各种宗教的纷争是国王所无法回避的。彻底地压倒甚至消灭争斗中的一派，以实现全体国民信仰的一致无疑是不错的选择；但若无法实现这一点，教派双方势均力敌，相持不下，那允许敌对教派的合法存在就无法回避。换言之，在这种情况下，允许一定程度的信仰自由是势所必然的。因为除此之外，国王再也没有办法来平息国内的纷争，以维护其对国家的控制，实现国家的统一。这就是说，在国王的眼中，政治高于宗教，解决国内的政治冲突以维护其统治远高于其宗教信仰。马基雅维里的《君主论》就明显地表达了这个意思；亨利四世朝三暮四，一生中数次改宗，最后，又以胡格诺派首领的身份改信天主教，登上王位，以国王身份颁布《南特敕令》，也显然是出于这种考虑。他在1589年写给法国三级会议的信中就反复强调，两种宗教共存是"把人民重新团结起来为上帝服务的唯一真正有效的方法"①。可见，最初的宗教宽容并不是国王和政客们认识到信仰自由和思想自由对国家和经济发展的重要性，而是一种无奈的选择。至于为宗教狂热所感染的普通信徒则往往是在经历了血流成河的惨痛的教训之后才会接受统治者的这类决定的。16世纪60年代初，法国政府也曾采取了类似《南特赐令》的一些宽容措施，以阻止

---

① 参见亨利四世：《亨利四世最优秀书信集》（*Henry IV, les plus belles lettres de Henry IV*），Paris，1962，p. 55。转引自王加丰：《西方基督教文化的宽容与不宽容的问题》，《世界历史》2006年第4期。

即将到来的宗教大屠杀。但是，这些措施很快地就被淹没于广大教徒的宗教狂热中。主张容忍胡格诺派的首相都被天主教徒看成是异端，"王室不可能控制高级教士，高级教士更不能控制本堂神甫和各宗教团体，狂热的胡格诺分子不可能受其较谨慎的领袖的遏制……王室无法依赖自己的官员，官员们则无法取得人民的服从。各巴力门拼命抵制让异端自由礼拜的措施"①。面对如此境况，任何英明领袖都只能是无可奈何，而只能听任狂热的教徒们相互屠杀。以至人们说，没有圣巴托罗缪大屠杀及继之的两大教派的你死我活的生死搏斗、没有双方都走到山穷水尽的绝境，法国人就不会接受《南特敕令》。正是因为这种宗教宽容是当时的人们的被迫选择，这才有了之后不久的《南特敕令》的废除及随之发生的胡格诺教徒的大逃亡。

　　除需要宗教宽容以巩固政权外，初生的民族国家也需要宗教宽容来发展经济。而吸引外国工商业者前来定居是首选。这正如波斯坦所说，"在技术知识实际等于人以及工匠技巧的"前工业化时代，虽然"工业制成品可以出口，偶尔也可以仿制"，但"移植技术的惟一安全可靠的办法，就是迁移那些头脑中掌握技术秘密的人"。正因如此，17世纪上半叶仍在残酷地迫害异教徒的荷兰新教政府，过后不久即采取宗教宽容政策，吸引在法国、西班牙等国遭受迫害的新教徒。因此，它和英国、普鲁士一样"从技术熟练而足智多谋的佛兰德人、瓦隆人和胡格诺教徒移民中得到的巨大的而具有决定性的好处"。这种"更宽大的容忍带来更高程度的经济繁荣"的事实不仅表明荷英等政府比法国、西班牙的政府明智②，也是新兴的民族国家发展经济，增强国际市场竞争力的需要。

　　同君权神授的理论随着民族国家的兴起而广泛流传一样，民族国家这一需要也被约翰·洛克之类的新生资产阶级的代言人上升为政治理论，致使宗教容从最初的无奈选择逐渐地成长为自觉的决策，成了新兴资产阶级锐意追求的目标。约翰·洛克是自然神论的奠基人之一。他从1689年起，到1704年止，先后发表了论述宗教宽容和政教分离的四篇书信。在这些书信中，洛克继承和发展了自然法与社会契约思想，批判了英国普遍存在的宗教

---

　　①　E. Armstrong, *The French Wars of Religion*: *Their political Aspects*, New York, 1971, pp. 15-16.
　　②　参见［英］M. M. 波斯坦、D. C. 科尔曼、P. M. 马赛厄斯主编：《剑桥欧洲经济史》第5卷，第38页。

偏执思想，倡导仁爱与宽容的精神，主张信仰自由和政教分离。为此，他首先厘清了公民政府事务与宗教事务的区别，据此来区分政权和教权，规定二者之间的界限。并由此推论出一系列思想理论，如有限政府、分权思想等等。继之又在区分政教二权的基础上，区分了教会、官长在宽容问题上所适用的范围与职责，进一步地阐述了他的宗教宽容的思想和信仰自由的原则。① 他在第一封信中向世人呼吁："对于那些在宗教问题上持有异见的人实行宽容，这与耶稣基督的福音和人类的理智本来完全一致，有些人们对于如此透彻精辟的见解，竟如此愚盲，无视它的必要性和优越性，真是令人吃惊。"此论一出，这封本是用拉丁文言写的信立即被转译成英文、法文和荷兰文，广泛发行，在全欧洲引起了强烈的反响。② 这表明，信仰自由和政教分离已因为建立民族国家的需要而成为当时欧洲的学术界和政界高度关注的问题。

依据洛克的理论，要想实现信仰自由，实现政教分离，即区分政府事务和宗教事务，以正确划分政权和教权的权力界限是前提。

何谓政教分离？它首先是"指建制宗教与国家统治权力的分离"，即国家不再把某一个宗教规定为每个国民都必须信奉的国教，不支持任何一个教派的信仰教义，不给任何一个教派以经济上的支持和独特的优惠，不让任何神职人员担任公职；而任何一个教派"亦没有义务为国家政权的正当性提供支持"，而公民的身份也不以赞成任何一个教派的教义和受任何一个教派的约束为前提。其次是指"建制宗教与公共生活秩序的治权的分离"。即教会将对教育、文化知识、包括婚姻与性道德在内的日常生活伦理的治权都转让给了专门的世俗机构，解除了它在传统社会里所承担的经济功能、政治功能、法律功能、教育功能、道德功能，而把自己的社会"功能萎缩为仅能支配社会成员的个体生命意识"。国家不仅不再钦定某一宗教为国教，也不再为社会"规定一套关涉人的本质、生命意义、世界意义的思想体系"强制国民信仰；执政者也不再将自己信奉的宗教教义或某一主义作为制宪的法理依据，从而支配宪政。③

---

① 参见［英］约翰·洛克：《论宗教宽容》，第5、8、11—17、23—29页。
② 参见［英］约翰·洛克：《论宗教宽容》，第5、12、29、45页。
③ 参见刘小枫：《现代性社会理论》，第460—462、467、474、482—488页。

　　概上三点，足见政教分离的实质就是政治权力不再干涉民众的信仰，从而实现了信仰的个人化，和人们思想的自由化。因此，政教分离是世俗化的首要的一环，是政治现代化的关键、现代社会演化的里程碑和核心所在。离开了政教分离，信仰自由和思想自由就是一句空话。政教分离并非全是洛克等思想家的天才发明，也是现实的反映。洛克的父亲是个清教徒，1652 年洛克进入牛津基督学院学习时，正值独立派的一位领袖约翰·欧文被任命为院长兼牛津大学副校长，他在洛克的心中播下了宗教宽容的思想种子；1665 年的勃兰登堡之行，则使洛克心中的这个种子成长为参天大树。他在那里与各种教派教徒进行自由交谈时，惊奇地发现了他已身处信仰自由的国度，感受到了宗教宽容的温馨气息。他在后来写给友人的一封信中说，克利夫的居民"平静地接受彼此对通往天堂之路的选择，因为我没有观察到过由于宗教上的原因而在他们中间发生了任何的争吵和仇恨"，他们对宗教宽容公开地持赞赏态度。在写于 1667 年的《关于宗教宽容》一文中，他总结了这次出使勃兰登堡的经历并努力劝说他的国人也要怀宗教宽容之心，并声称"所有思辨性的见解和宗教崇拜都要遵循普遍宽容的原则，对该原则就是官长也不应加以干涉"①。并据此提出政府的权力应为人民的权利所限制，表现出他的宗教宽容思想已开始转向自由主义。晚年，洛克被迫流亡到各国新教徒的庇护所荷兰。这块信仰自由的土地不仅使洛克的宗教宽容思想更趋成熟，还促使他进一步地提出了政教分离思想。他在 1685 年写的《论宗教宽容——致友人的一封信》中指出，公民社会和宗教社会不应结合在一起，政府和教会的事务是不同的。因此，"官长的整个权限仅涉及公民事务"，而教会对公民事务不应享有任何权限。② 自此之后，追求政教分离、实现信仰自由和思想自由成了西欧新生资产阶级努力追求的目标，英国等一些西欧国家继荷兰之后也相继实现了信仰自由和思想自由。尽管直到光荣革命，英国的宗教宽容还是有限的，但是，政教分离、信仰自由和思想自由毕竟已经开始了它的漫长的发展历程，而启动这一历程的就是始于 16 世纪的宗教改革。正是宗教改革打破了天主教会的一统天下，形成了多教并存，彼此相持

---

　　① J. Locke, "An Essay Concerning Toleration", in David Wootton, ed., *Political Writings of John Locke*, New York: Mentor, 1993, pp. 186-196.

　　② 参见［英］洛克：《论宗教宽容》，第 8、15、16 页。

不下的局面，迫使人们不得不实行一定程度的宗教宽容。同时，宗教改革也加速了民族国家的兴起，一些国家，如法国、西班牙趁教皇穷于应付宗教改革派的挑战的机会与教廷讨价还价，剥夺了教廷在国内的许多权力，排除了大部分的外来干涉，使本民族获得了更多的独立性。一些国家，如英格兰、瑞士、北欧诸国也趁机发起宗教改革，改信新教，摆脱了教廷等外来势力的干涉，加速了民族国家的兴起。民族国家的兴起促进了政教的分离，为信仰自由和思想自由奠定了坚实的基石。可见，无论是宗教改革，还是民族国家的兴起，以及自治城市产生以来西欧思想文化领域所发生的上述一系列变迁，归根到底都是西欧市场经济孕育的结果。没有市场经济的孕育，没有随市场经济的孕育而问世的资产阶级，西欧思想文化领域所发生的这一系列变化都是不可能的。

但是，必须指出，西欧人从宗教改革运动中主要争取到的是信仰自由，而不是思想自由，他们争取思想自由的斗争一直延续到现代社会问世之后很久，直到二战，甚至二战之后。但是，信仰自由毕竟是思想自由的一项重要内容，争取到了信仰自由，也就开启了通向思想自由的大门。

第 十 五 章

促进了西欧政治结构的重构

前述政治现代化理论阐明，政治系统的现代化同样受到"一般规律"的支配，其中关键的一步，是边界的闭合，即民族国家的形成。如其所述，中古西欧，并无这样的系统。它只有"朝代国家"，而无"民族国家"。其谓国家，"只是若干块领地因政治、婚姻、继承等各种封建关系所致围绕着某个王室家族的聚合"①，它是靠个人之间的效忠而维系着的，因而主要是一种私法关系②，"行政控制能力有限，以致政治机构中的成员并不进行现代意义上的统治"③，缺乏民族国家的首要条件：国家主权。虽然也有英王、法王等所谓君主，但他们也和贵族们一样，除了能支配其直属领地之外，对其分封出去的领地则无统辖权。贵族们分割了原来属于他的权力，并用这个权力与其对抗。同时，教会不仅要向他和他的臣民征收什一税，还要与他分享司法权。于是，他不仅要和贵族相对抗，还不得不与教会和教皇分享权力。而民众"只知道效忠于当地的主人"④，却"不知有其国家"，"没有所谓的'民族情感'"⑤，也没有"国家观念"⑥。虽有公法，但处于附属地

---

① ［英］佩里·安德森：《绝对主义国家的系谱》，第16页。
② 参见马克垚：《英国封建社会研究》，第68—69页。
③ ［英］安东尼·吉登斯：《民族 国家与暴力》，第4页。
④ 参见［英］丹尼斯·哈伊：《意大利文艺复兴的历史背景》，第40页。
⑤ ［英］安东尼·吉登斯：《民族 国家与暴力》，第4页。
⑥ ［英］丹尼斯·哈伊：《意大利文艺复兴的历史背景》，第40页。

位。① 因此，"朝代国家"缺乏将其各个要素联结成政治系统的三个黏合剂：国家主权、民族意识和公法。

民族国家排除了教廷教会等外来的干预，以民族市场和新生的民族意识为纽带，并健全了公法关系，从而将境内的各种要素联合成一个完整的系统，一个能在全国范围内实施有效统治的民族国家即告诞生，政治系统因而也就具备了分化整合、推进现代化的前提。但是，因地理、历史、市场经济孕育步伐不一等各种原因，民族国家的形成呈现出巨大的地域上的差异。为此，我们在揭示民族国家产生的底蕴的同时，也要挖掘出各国差异的根源。

一、民族国家的兴起

在朝代国家中，王权受制于三大势力：封建贵族、教会和教皇、自治城市。其中，贵族是主要的割据势力。民族国家的产生，就必须使王权摆脱这三种势力的羁绊和束缚，尤其是封建贵族。而这离开了正在孕育中的市场经济就根本不可能。

前述为市场经济所推进的劳役折算使货币地租取代了劳役地租，也就铲除了封建贵族分土割据的根基，为民族国家的分娩问世铲除了主要障碍，使封土封臣制的瓦解与民族国家的兴起成为同一过程的两个方面。

如前所述，12 至 15 世纪期间，西欧的封建贵族陆续地将力役地租改为货币地租，并出售他们对农奴的各种封建权利，两者之间的人身隶属关系因此而被契约关系所取代，他们驾驭农民的权威也因此而丧失。凭借这一权威，在平时，他们是"境内居民的裁判者"；"在战时，是境内居民的统领者"②。他们令农奴充作长矛兵和弓箭手③；用农奴的劳役运输军用物资和给养，传递消息。故此，马克思说："封建主的权力不是由他的地租多少，而是由他的臣民的人数决定的，后者又取决于自耕农的人数。"④ 随着这一权

---

① 参见 J. Roberts, *Revolution and Improvement*, p. 46。
② ［英］亚当·斯密：《国民财富的性质和原因的研究》上册，第 373 页。
③ 参见 ［法］马克·布洛赫：《封建社会》下册，第 713—714 页。
④ 《马克思恩格斯全集》第二十三卷，人民出版社 1972 年版，第 785 页。

威的丧失，"封建主义的政治制度在农村也就丧失了它的社会基础"①。封建贵族对农民的司法权、行政权和军事统率权也就渐次转移给国王。同时，贵族的财富也会日益缩水。因为货币地租额通常固定，而货币却会随着市场经济的发展而不断地贬值。尤其在 16 世纪的价格革命时期，贵族困于黑死病后形成的长租期、低地租，蒙受了巨大的经济损失，"贵族阶层对日益扩大的财源越来越失去控制"②。可见，地租形态的转换，在政治上，在经济上，都是封建贵族走向没落、民族国家喷薄欲出的重要标志。

其次，如前所述，市场经济的发展使贵族们的生活费用和参战费用不断地增长，使他们深感履行军役是个沉重的负担，甚至根本无法履行。再者，工业的发展导致铁价低廉，"铁价低廉则意味着相当大的一部分男性人口可以得到金属武器和铠甲。因此，普通的农民和牧人在战斗中威力大增"③。在用长弓和火器武装起来的士兵面前，骑士们昔日赖以为荣的骑术、武术等变得一钱不值了，在战场上取胜的可能性越来越渺茫。百年战争中，法国是在抛弃了由骑士服役的封建贵族骑士军队，建立了领取薪金的正规军队后，才取得了胜利。而在这之中，使用火炮又是克敌制胜的关键。④ 面对这一变化，贵族们寻求用金钱来代替兵役也就很自然了；更何况，商人们在市场中日进斗金在他们那里也是一个不可抵御的诱惑，卸掉兵役，转营工商业，不但能解决他们"生活中压力最大的问题"，还可能使他们发财致富。而国王则可用他们缴纳的免役钱来组建雇佣军队。较之贵族武装，雇佣兵有很多骑士所没有的好处。如集中居住，召集迅速；只要付款，就能让他们无限期服役、俯首听命；而不像贵族那样桀骜不驯；等等。于是，以钱代役也就在各地陆续发生。12 世纪末，盾牌钱在诺曼底和英格兰已很常见；在法国，13 世纪时盾牌钱也被普遍实行。与此相应，雇佣兵在国王和贵族的军队中越来越多。⑤

---

① 《马克思恩格斯全集》第 21 卷，第 450、514—515 页。

② 参见 M. M. Postan, E. E. Rich, E. Miller, ed., *The Cambridge Economic History of Europe*, V. 3, p. 289。

③ ［美］麦尼尔：《竞逐富强——西方军事的现代化历程》，倪大昕、刘锋译，学林出版社 1996 年版，第 12 页。

④ 参见 ［英］佩里·安德森：《绝对主义国家的系谱》，第 82 页。

⑤ 参见倪世光：《西欧中世纪骑士的生活》，河北大学出版社 2004 年版，第 225 页。

14 世纪，在意大利，雇佣军已经很普遍了。①

折算使贵族丧失了割据的人力基础，以钱代役则使他们丢掉了对抗王权的军事力量；再加上国王们用高官厚禄笼络一部分贵族，打击那些顽固对抗王权的贵族。于是，一部分贵族因贫穷、失败等而消失；一部分贵族则转化成王权的支柱；还有一部分贵族则成了工商业者和农场主。对抗王权，导致国家四分五裂的主要力量就这样萎缩了，它被市场经济的"胎动"所产生的种种影响消除了。

阻碍国家统一的另一障碍教会教廷的排除，也同样离不开市场经济的"胎动"。

前面讲过，教廷教会之所以成为国际封建统治中心和国中国，首先是得力于它有雄厚的经济基础。一是土地，二是金融，三是手工工场和商业。10世纪时，教会在西欧各地占有的土地已占当地耕地总量的31%到44%②，他们在上面建立起了数不清的庄园。不仅经营种植业、畜牧业、渔业和园艺业③；有的还经营磨坊业、酿酒业、盐业等各种手工业④；还利用自己特殊地位，从贵族和国王那里获得各种商业特权、豁免权和征税权，垄断了盐井、葡萄酒的压榨、将大量剩余农副产品和手工业产品推向市场。⑤ 由于根基深厚，享有各种特权，又拥有大量特殊的劳动力，在贵族的庄园手工业于11世纪左右因手工业劳役租被货币租所取代而纷纷瓦解消失时，一些教会，特别是修道院不仅保留了自己的手工业和商业，14世纪前还有所发展。⑥

教会修道院的这些经济体及其享有的特权同市场机制是格格不入的，它自然会引起市民的不满。随着城市的发展，这种不满发展到仇恨。最初，教

① 参见［美］麦尼尔：《竞逐富强——西方军事的现代化历程》，第77页。
② 参见 B. Robert, J. Ekelund, eds., *The Medieval Church as an Economic Firm*, Oxford, 1996, pp. 8,19。
③ 参见 C. B. Bouchard, *Holy Entrepreneurs Cistercians, Knights and Economic Exchange in Twelfth-Century Burgundy*, p. 108; D. H. Williams, *The Cistercians in the Early Middle Ages*. Gracewing, 1998, pp. 289,346,354,356,359; J. E. Butonb, *The Cistercian Abbeys of Britain*, London, 1998, p. 27; 汤普逊：《中世纪经济社会史》下册，第226页。
④ 参见 D. H. Williams, *The Cistercians in the Early Middle Ages*, pp. 333,375,378; N. J. G. Pounds, *An Economic History of Medieval Europe*, p. 345; ［美］詹姆斯·W. 汤普逊：《中世纪经济社会史》下册，第246、247页。
⑤ 参见［美］詹姆斯·W. 汤普逊：《中世纪经济社会史》下册，第247页。
⑥ 参见［法］布瓦松纳：《中世纪欧洲生活和劳动（五至十五世纪）》，第160页。

会和修道院属下的很多城镇通过武装暴动来争取城市自治权；之后，市民与僧侣之间的暴力对抗持续不断。1282 年，为反对修道院的葡萄酒贸易特权，科隆城的商人和手工业者同埃伯巴赫修道院的代理人发生大规模的冲突，而这样的冲突在德国乃至在西欧的其他城市中则是屡屡发生。[①] 故城市法中也都因此充满了强烈的反僧侣主义的内容。到了 14、15 世纪，反僧侣主义发展成了一个广泛的社会思潮，成了促进宗教改革运动的因素之一。[②] 可见，正是保护了教会修道院工商业的特权和豁免权，损害了正在孕育中的市场经济，才导致了城市的有力反击。但更致命的还是教会修道院经济的传统本质，市场经济发展使它和世俗贵族庄园一样遭到巨大的冲击。"他们也有着地主的一切困难与麻烦，周围也都是一些牢骚满腹而又难驾驭的佃农"[③]。他们也不得不于 12、13 世纪时逐渐地将劳役租更换为货币租；黑死病后，也不得不将剩余的自营地租出去。

使工商业得以保留的世俗弟兄制度也因无法应对市场的发展而彻底消失[④]，寺院工商业也就随之消亡。[⑤] 其原因之一是市场的扩大带来了教会修道院经济规模的扩张，而世俗兄弟人数有限，无法满足随扩张而来的对劳动力需求的增加，以致大量地使用农奴、佃农和雇工，世俗兄弟也就由直接劳动者演变为修道院各类产业的管理者和代理商。但是，这并没有改善他们的生活状况和在修道院中的第二等级的地位，致使其不满情绪日益强烈。于是，他们或积蓄私产（14 世纪后期，条顿骑士团在柯尼斯堡的"最高经纪人"拥有价值 3 万马克的资产，这在当时可是一笔巨大的财富[⑥]）；或通过各种途径离开修道院并借此带走修道院的大量财产，以致从 13 世纪中叶起，修道院的经济日渐衰落。戴维·鲁滨逊说："13 世纪时，不列颠修道院经济的主要转变是从世俗兄弟数量的减少开始的。"[⑦] 原因之二是，世俗兄弟制

---

① 参见 D. H. Williams, *The Cistercians in the Early Middle Ages*, p. 340；[法] 泰格·利维：《法律与资本主义兴起》，第 84—86、92 页。

② 参见 [美] 詹姆斯·W. 汤普逊：《中世纪经济社会史》下册，第 249 页。

③ [美] 詹姆斯·W. 汤普逊：《中世纪经济社会史》下册，第 252 页。

④ 参见 M. M. Postan, H. J. Habakkuk, ed., *The Cambridge Economic History of Europe*, V. 1, p. 332。

⑤ 参见 J. E. Butonb, *The Cistercian Abbeys of Britain*, p. 30。

⑥ 参见 [美] 詹姆斯·W. 汤普逊：《中世纪晚期欧洲经济社会史》，第 259 页。

⑦ J. E. Butonb, *The Cistercian Abbeys of Britain*, p. 30。

度不同于雇佣制度，它赖以生存的修道院的各种经济不是建立在产权明晰的私有权之上，世俗弟兄所经营的财产并不是他的私有财产。如前所述，这样的市场主体对市场的变化不是麻木不仁，就是视而不见；其经营依赖于封建特权，而不是技术与经营方法的改进；他们真正热心的是怎样地去损公肥私，非法寻租。故其所代理的各类企业绝不是市民经济的竞争对手。市场经济越发展，他们在竞争中的劣势就越明显；市场波动越大，其产业的溃败也就越快。13 世纪后期，人口日增，人地矛盾日益激化，修道院地产上的佃农的反抗也日趋激烈。1291 年巴尔梅尔尼修道院的许多佃户拖欠大量租金，拒不缴纳；达恩霍尔修道院的农奴和佃户更是诉诸暴力，杀死了修道院的收租员，并将他的头颅当球踢。① 1348—1349 年的黑死病使西欧经济遭到重挫，农民和工商业者甚至贵族们也都纷纷改变原有的生产方式，以适应经济形势的这一变化。可教士们却"看不到时代已经变了，他们也没有顺应时势洗面革心"，仍然"生活在一个傻瓜的乐园中"，其经济的衰亡也就不可避免。14 世纪初，连曾经兴极一时的条顿骑士团也在农民、市民和王权的联合攻击下瓦解了。② 溯其根源，当然还是其经济基因并不是具有能够自我复制功能的"密码载体"，因而立足于其上的经济也就不具有市场经济所拥有的生命力。

　　再说，教会和修道院积累起来的巨大财富引起了国王、市民和其他阶级的觊觎，而教会修道院经济在市场冲击下的衰败又使他们丧失了抵抗王权剥夺其财产的物质基础；在教廷迁徙到阿维农的时期，君主们先后摆脱了对教皇的臣属关系；在随后的教会大分裂与公会议运动时期，国王们又获得了教职授职权、征税权等。由于丧失了对地方教会的控制，教廷只能越来越依赖于教皇国的收入，无力抵御新兴王权将各国的教会变成民族教会的努力。16世纪初，教皇为弥补亏空而滥卖赎罪卷所引发的宗教改革更是宣告了作为民族国家兴起的障碍之一的教廷和教会被清除已不可避免。

　　但是，扫除了上述两大障碍，还不足以让国王成为名副其实的一国之主，国王还必须自身富裕起来、强大起来。布罗代尔说："一个幅员辽阔的

① 参见 D. H. Williams，*The Cistercians in the Early Middle Ages*，p. 299。
② 参见［美］詹姆斯·W. 汤普逊：《中世纪晚期欧洲经济社会史》，第 262、263 页。

国家通常都要借助战争实现其政治统一，因而开支甚多，更加需要广辟税源，而收税就需要设置管理机构，为维持管理机构又需要更多的钱和更多的税。"① 要做到这些，就离不开新生的资产阶级和新贵族。因为在市场经济日益昌盛的时代，唯有这些阶级才有取之不竭的财源。这些阶级也渴望结束诸侯割据、在更大的范围内确保社会的和平与安全，形成统一而稳定的国内市场，以保护和扩大他们的利益；获得强大的后盾支持他们对外扩张。这些，都决定了他们必然会成为支持国王建立民族国家的主要力量。但是，不要忘记，城市自治制度也是王权实现国家统一道路上的重大障碍。只有铲除了这一障碍，国家统一的目的才能实现。此时的市民阶级，因其力量还不足以抗衡封建贵族，也需要与国王结盟，因此，"在欧洲其他地方，也都变通地重复了英国模式：国王和商人结盟，商人支持国王的立法和司法权力，以期获得统一规定，有利于在广大地域从事贸易的法律。商人获此贸易，便报之以缴纳捐税和关税，并在很多情况下给予国王巨额贷款，以供其对外推行军事政策。这类军事政策又很可能会——通常确实会——转而有利于本国商人"②。

可见，市场经济不仅为国家的统一扫除了上述各种障碍，也为国家统一提供了经济支持。而这种支持绝非只是金钱和物资，更重要的是战争和政治统治所需要的各类经济资源和人力资源的合理配置和及时的调动，这对于战争的胜负和统治的成败更是关键；而能够胜任这种配置和调动的则只有市场经济。因为"市场化资源调动缓慢地发展，逐渐证明它比指令能更有效地把人的努力融成一体"。"到16世纪，甚至欧洲最强大的指令结构在组织军事和其主要事业时，也要依赖国际货币和信贷市场。""以商业为基础的荷兰之所以成功，以帝国官僚结构为基础的西班牙之所以失败，就是明证。在18、19世纪，大英帝国的成功和同样优秀的法国之所以失败，关键因素也基本相同。以海军和海外贸易为本的英国始终严格遵从市场原则，所以能够藉英伦银行建立牢固信贷机制，并通过全球性经济网络来为战争调动资源；至于以陆军和大陆官僚机构为主的法国，则始终未能完全摆脱指令经济的干

---

① ［法］费尔南·布罗代尔：《15至18世纪的物质文明、经济和资本主义》第3卷，第334页。
② ［法］泰格·利维：《法律与资本主义兴起》，第44、45页。

扰，因此动员力量相对减弱许多。在七年战争（1756—1763）中英国之能够击败法国，囊括后者在北美洲和印度的殖民利益，关键正在于此"。可见，"市场会凌驾于当时（欧洲）最强大统治者军权之上"。"这可以说就是资本主义的秘密，只有通过它非强制性、但又无孔不入的无形之手，才能筹集发展先进军备所需的庞大资金；另一方面，军备所提供的强大武力和战争的巨大消耗，又反过来保证和加速资本主义的发展，两者之间形成互相加强的正反馈循环"。[①]

　　孕育中的市场经济还唤起了民众的民族意识，产生了民族凝聚力。使国家统一不仅是王权的渴望，市民和新生资产阶级的愿望，也成了全民族的诉求。而市场经济之所以能唤起民众的民族意识，主要是市场的扩大使市民阶级要求在更大范围内建立秩序，力求建立统一而稳定的国内市场，以推动他们去建立民族国家。正是在这个意义上，市场成了推动新兴市民阶级产生民族主义的原动力，"是资产阶级学习民族主义的第一个学校"[②]。再者，是市场经济的孕育及其所带来的人口的广泛流动，进一步地破坏了人们之间的血缘关系，促进了以地域、语言和经济联系为纽带的、因而具有更大地域容量的共同体的形成。共同体内的居民具有共同的经济利益、文化传统和心理素质，由此而产生的保护和发扬这些共同性的思潮即是人们通常所说的民族意识，其理论形式即谓民族主义思想。第三是市场竞争的加剧，使不同地域和文化之间的居民在利益上的分歧激化，强化了民族意识。例如，汉萨商人在英国长期享有各种贸易特权和优惠政策，这导致英国商人乃至全体英人的不满而群起攻之，致使英国人的民族意识在这场斗争中得到极大的加强；同样，法国人的民族意识也是在反对英国入侵的百年战争中得到空前地强化，著名女英雄贞德的故事及其在法国的广泛传播即是明证。

　　可见，市场经济不仅为国家的统一扫除了各种障碍，也为国家统一提供了力量源泉和思想依据。但是，民族国家能否分娩，关键还在于王权能否实现与新兴资产阶级的结盟。结盟不仅能使国王获得实现国家统一所必不可少的经济力量、民族意识和同盟军，还能铲除国家统一道路上另一个重大障

---

　　①　[美]麦尼尔：《竞逐富强——西方军事的现代化历程》，序第3、4、10页。

　　②　J. B. Morrall, *Political Thought in Medieval Times*, Toronto, 1987, p.159.

碍：自治城市。然而，两者的结盟并不是必然的，"在封建主义表层下形成着的一切革命因素都倾向王权，正像王权倾向它们一样"；但这只能说是一种倾向。倾向要成为现实，一是要有个名义的国王；二是要王权和市民双方有结盟的意愿，而这又决定于双方各自追求的目标及其国家的经济体制的特点。只有具备如此多的条件民族国家才能分娩问世，故工业革命前，仅有英国建立起了严格意义上的民族国家；法国、西班牙和荷兰仅搭起了一个民族国家的框架；至于德国和意大利，则连框架都还没有搭起来。

　　不同于意大利，法国、英国和西班牙早就有名义上的国王。13 世纪时，法国就已是欧洲大陆上最大的政治实体，以致皮埃尔·谢努说当时的法国几乎是个国家。① 英国自诺曼征服之后，国王就保持着对全国的有效统治。这三个王室的意愿最终在英王亨利七世（1485—1509 年）、法王路易十一（1461—1483 年）和西班牙的斐迪南二世（1468—1516 年）的任上得以实现，以致弗朗西斯·培根将他们称之为近代国家的"三个智者"。他们之能铲平割据，城市出力不少。路易十一的办法就是把每个城市提供的弓箭手的数目增加 2 倍到 3 倍，并在巴黎组织起一支民兵；每当他对顽固不化的封建势力采取攻击行动和推行一项政策时，所需要的金钱都只能从城市那里得到。② 1346 年，英王依靠本国的羊毛商人和银行家所提供的贷款解除了加来城之围，并取得了克雷西战役的胜利。③ 卡斯蒂尔与阿拉贡于 15 世纪末合并成统一的王国后，斐迪南就是依靠城市的力量才挫败了大封建主的反抗。

　　就整体而言，中古法国"缺少大宗的出口商品"，外贸税收不仅远不如意大利的城市共和国，也不如英国。虽然早在 14 世纪就创立了出口税，1369 年又创立了集市杂税，路易十一还曾征收过进口税，但是直到 1523 年所有这些税收的收入也只有 15000 锂，而从国内贸易口征收的国库税和盐务税就达 100 万锂④，可见，法国经济的对内联系远强于对外联系。在国内建

---

　　①　参见［法］费尔南·布罗代尔：《15 至 18 世纪的物质文明、经济和资本主义》第 3 卷，第 366 页。

　　②　参见［美］詹姆斯·W. 汤普逊：《中世纪晚期欧洲经济社会史》，第 636、650 页。

　　③　参见 M. M. Postan, D. C. Coleman, P. Mathias, ed., *The Cambridge Economic History of Europe*, V. 2, p. 291.

　　④　参见 M. M. Postan, E. E. Rich, E. Miller, ed., *The Cambridge Economic History of Europe*, V. 3, pp. 291, 319.

立秩序，形成统一的民族市场因而成了市民阶级和国民的共同诉求，产生了民族意识。

在政治上，除了与王权结盟外，法国的市民阶级也不可能有其他的选择。13 世纪末之前，法国城镇虽然拥有较高程度的自治权，但是，却"从来没有铸造过货币，没有行使过高级审判权；也从来没有发展出在德意志出现过的那种组织和联合精神"。它只是封建制度下的法人，"其权利和义务都为特许状所规定"。尽管一直受到王室的"严酷的苛税勒索"，但国王也给城市带来了安全与和平，工商业凭此繁荣起来。① 要想继续繁荣并有所发展，与法王结盟，以便法王在更大的地域范围内建立秩序是唯一的出路。

英国的对外贸易量远大于法国，但是，中世纪晚期前，他的大部分份额却先后被意大利商人、汉萨商人和荷兰商人所掌握。直到 15 世纪末，英国商人才控制了英国绝大多数毛纺业和"其他进出口贸易的大部分"②。但这也意味着外国商人仍然占有部分份额③，且外国商人还一直享有许多英国商人没有的特权。因此，"从 15 世纪初几年起，英国的经济史就分为两个方面，一方面是英国民族工业的兴起史，另一方面是从内部和外部驱逐外国竞争者的斗争史"。经过数代人持久不懈的努力，英国商人和市民阶级最终达到了他们的目的。④ 这场斗争得到了"英国各阶层的大众的拥护"，同英法百年战争一样，这种情绪"被转化为民族的自豪感"，对英国民族意识的形成起了巨大的推动作用。⑤

对外贸易长期被外国人掌控，即表明英国商人所经营的主要是国内贸易，建立统一的国内市场也就必然成为他们的主要诉求；而历届国王从外商那里能获得大量资助和借贷则又极大地降低了国王对城市的依赖度。爱德华三世时，英王将过去意大利人享有的种种利益转给德意志人，获得了大笔贷

① 参见［美］詹姆斯·W. 汤普逊：《中世纪晚期欧洲经济社会史》，第 156、177 页。
② 参见 M. M. Postan, D. C. Coleman, P. Mathias, ed., *The Cambridge Economic History of Europe*, V. 2, pp. 287,288。
③ 参见 M. M. Postan, E. E. Rich, E. Miller, ed., *The Cambridge Economic History of Europe*, V. 3, p. 335。
④ 参见［美］詹姆斯·W. 汤普逊：《中世纪晚期欧洲经济社会史》，第 359 页。
⑤ 参见 M. M. Postan, D. C. Coleman, P. Mathias, ed., *The Cambridge Economic History of Europe*, V. 2, pp. 295,296。

款，对法战争才得以继续。爱德华四世被兰开斯特家族驱逐后，是汉萨同盟向他提供资金，才使得他得以卷土重来。[①] 对城市依赖度低，自然有助于王权克服自治城市的特权，避免英国的城市走上德、意城市的道路，成为民族国家分娩道路上的障碍。英国国王也就在资产阶级的支持下通过不断地强化对各地的行政管理而逐渐地完成了从朝代国家向民族国家的转化。

西班牙实现国家统一的道路不同于英法。他奠基于从伊斯兰教徒手中收复的失地，成于斐迪南和伊莎贝拉的联姻及对罗马帝国的遗产继承。在此过程中，城市所起的作用也是巨大的。阿拉贡从十字军远征时代起，就有了国际性的海上贸易，与加泰罗尼亚联合后，就牢固地建立起了一个地中海上的商业殖民帝国。国王大力赞助商业和支持城市，他们废除道路税和地方关税，实行自由的商业政策；城市反过来给国王以强有力的军事援助和财政支持。卡斯蒂利亚虽然只是个适于放牧的内陆山地国家，它的城市大都是在收复的失土上建立起来的，是军事征服的产物。[②] 但是，在王权镇压大贵族的反叛过程中，市民阶级是国王的主要盟友，为国家的统一做出了很大的贡献。

荷兰则是在尼德兰诸省联合起义反对西班牙的殖民统治后成为所谓国家的，领导起义的奥兰治家族虽然因此成了全荷兰的共主，但是，他并没有建立起全国性的权威，故此，荷兰实际上是个地方联合体，仅搭起了一个民族国家框架，还不是一个完全意义上的民族国家。

二、德意民族国家的难产

同意大利不同，德国有一个名义上的共主，且是一个地位高于国王的皇帝。但也恰是皇帝这个称号使德国难以统一。这首先是神圣罗马帝国皇帝的称号使德国国君以罗马帝国的合法继承人自居，"享有普世统治权"，发誓要重现昔日罗马帝国的辉煌以恢复其版图，故全力对外争夺，不仅要统治德国，还要占领罗马、意大利和西西里。为此，历代皇帝都倾全国之力与教皇

---

① 参见［美］詹姆斯·W.汤普逊：《中世纪晚期欧洲经济社会史》，第 227、229 页。
② 参见［美］詹姆斯·W.汤普逊：《中世纪晚期欧洲经济社会史》，第 471、475—479 页。

争夺中北部意大利的控制权，弗里德里希二世还为此而长期滞留意大利。为了免除后顾之忧，他们赐给僧俗贵族以各种特权，贵族的势力因此日大，他们彼此争夺不已，致"德意志民族的神圣罗马帝国"在经历了短暂的强盛期后就解体了。无数的封臣在各自的领地上行使着近乎完全的统治权。自铸钱币、自定法律、自施行政、自行宣战，各封地之间如同国家那样相处。在霍亨斯陶芬王朝的最后一位皇帝康拉德四世逝世后，由七大选侯选举皇帝。① 为了彻底摆脱皇权的束缚，贵族们专门选择那些软弱无力的人当皇帝，甚至选外国人为帝。查理五世当选后，帝国版图空前扩大，国家原有的分权倾向被空前强化，因为他管辖的版图过大，根本无暇顾及也无力顾及诸侯强悍的德国。②

政治上的分裂使教皇视德国为其奶牛，一遇财政上有所需要，就到德国兜售赎罪券，终于在德国引发了宗教改革运动和农民战争，使德国在政治分裂之上又加上宗教分裂。两大分裂使德国沦为欧洲各国的战场，在其后的几百年时间内陷入了极其悲惨的境地。

同皇帝一样，德国的城市也无意追求国家的统一。这主要是因为德国城市之间经济联系薄弱，它们的主要贸易对象不在国内而在国外。由北部诸城组成的汉萨同盟"是在国外的德意志商人所组织之各个联合体与国内组织之类似联合体的结合"。保持海上霸权和对波罗的海和北海沿岸国家的商业控制权是其"一项单一的政策"，故无意加强国内的经济联系。德国南部诸城之间结成士瓦本同盟则主要是将意大利北部诸城运来的东方商品转贩到德国各地。故同汉萨同盟一样，其经济具有极强的国际性和外向性。德国其他地方，城市稀少且弱小，因此，直到近代早期，德国仍然缺乏建立民族市场的内在需求。市民阶级寻求与王权结盟的意愿不高，故德国始终未能出现两者间的结盟。而城市也就只能自保，并力求自强，以致每个城市都成了主权实体。他们自行制定法律、自行征税、自管司法、自行铸币，抛弃了对僧俗领主的"最后一点忠诚的外观"。即使是直辖于皇帝的所谓帝国城市也仅是在其徽章中"保留着帝国的鹰徽"，"几乎就是自由民的共和国"，致使德意

① 参见王亚平：《权利之争》，东方出版社 1995 年版，第 291—293、296、297 页。
② 参见［英］佩里·安德森：《绝对主义国家的系谱》，第 63 页。

志成了"欧洲最杰出的市民国度"①。为了与封建主对抗，城市间相互结盟；而封建贵族则成立狮子同盟等组织与之对抗，整个德国也就被分割得七零八落。

意大利为何也没有实现国家的统一？佩里·安德森认为这首先是因为教皇和神圣罗马帝国的跨国体制使意大利和德意志两地不可能产生以领土划分的、正宗的君主政体。而教皇国又顽固地抵抗着任何统一意大利半岛的努力。再加上城市商业资本兴起早、力量过强，以致"使在全国范围内建立强大的、经过改组的封建国家成为不可能。城市的财富和活力挫败了建立统一封建君主政体的努力"。霍亨斯陶芬家族的腓特烈二世在 13 世纪将其公国由南向北推进时就被城市所阻止即是明证。②

安德森说，意大利之所以长期未能统一，一是缺乏一个名义上的共主——国王，二是市民阶级本身也缺乏结盟的意愿。但是，除安德森所说的城市力量过强外，城市的国际性、外向性太强也值得考虑。它们通过充当东西方贸易的桥梁而兴起，与东方和欧洲各国的贸易是其主要业务，致使城市与意大利境外各国的联系远比它们彼此之间的联系更紧密、更频繁。这就必然使意大利城市都为争夺贸易对象和商业线路而恶斗不已。③ 如前所述，其争斗之激烈连封建主都自叹不如。同时，其城市力量之大、自治程度之高，在欧洲也无人能及。它们不仅能自组政府、议会，自建军队，还能自行宣战、停战，其统治地域也不限于城区，还控制了周围广大的农村，因此，意大利中北部诸城实际上是一个个的城市共和国，已经具有国家所须具有的绝大部分机构和功能，故也具有一个国家所具有的利益和思维，其市民自然也就缺乏一种建立民族国家的意识。既没有民族意识的形成，又缺乏建立统一的民族市场的利益需要，再加上又天生地缺乏一个名义上的国王，这就使中世纪晚期和近代早期的意大利的市民阶级根本没有建立民族国家的诉求。尽管有马基雅弗里那样卓越的思想家在疾呼国家的统一，但绝大多数市民仍沉

---

① 参见［美］詹姆斯·W. 汤普逊：《中世纪晚期欧洲经济社会史》，第 172—174、205、207、254 页。

② 参见［英］佩里·安德森：《绝对主义国家的系谱》，第 146—147 页。

③ 参见 M. M. Postan, D. C. Coleman, P. Mathias, ed., *The Cambridge Economic History of Europe*, V. 2, p. 340。

浸在其城市共和国的传统氛围中而迟滞不前。不仅不去追求国家的统一，反而视其同胞为仇雠，引狼入室，把意大利变成了外国的战场。"正是各个城市公社提供了资金以及直至最后一刻仍在提供绝大部分军队。正是佛罗伦萨的教皇党银行家提供了大笔贷款 20 万图尔锂（livres tournois）"，"正是佛罗伦萨的骑兵为法国军队的胜利扫清了道路"，才使"法国的金雀花王朝得以征服意大利南部的西西里王国"。因此，城市公社是意大利统一道路上的一个远比其他障碍更强大的反对力量。因为"城市公社总是比皇帝更能调动意大利财源，尽管他们平时四分五裂，一旦在半岛上建立统一王朝这一前景危及其自治城市共和国的生存时，情况就大不相同了"。哈布家族进入意大利的多次行动之所以失败，全是伦巴第城市同盟所致。①

无王权可以结盟，市民阶级又敌视国家的统一，再加上在"抵制建立统一的意大利王权的长期斗争中，教皇国不时发出恶毒的诅咒"，这一切都决定了意大利民族国家的难产。

上述对德意两国未能实现国家统一的分析表明，民族国家的分娩不仅需要一个力图实现国家统一的国王，更关键的是要有一个愿与国王结盟的市民阶级。因为没有国王，可以像 19 世纪时的意大利那样，推举出一个国王；可市民阶级能否愿意与国王结盟，则主要取决于其国的市场经济是内向联系超越对外贸易，还是相反。因为这决定了建立民族市场是否能成为市民阶级的共识，民族意识能不能产生。如果城市以对外贸易为主，那不仅缺乏建立民族市场的共识，城市还会彼此敌对，反对国家的统一。如此一来，国王不仅失去了实现国家统一的力量源泉和最强大的同盟军，还多了一个阻碍国家统一的巨大障碍。

为何会这样？这在复杂性科学看来是个很简单的问题。因为是要素之间的相互联系和相互作用才构成了一个具有其特有结构的系统。没有要素之间的相互联系和相互作用，那怎么会有系统的产生。意大利诸城之间在经济上联系甚少，甚至没有联系，那意大利又怎么可能成为一个系统。市场经济的特性决定了民族国家能否分娩，这更就证实了，离开了市场经济，民族国家的问世就只能是一句空话。

① 参见［英］佩里·安德森：《绝对主义国家的系谱》，第 151、154、173—174 页。

三、推动了民族国家的法制建设

市场经济帮助英法等国国王铲平了国家统一道路上的各种障碍，建立起民族国家的框架。但一个没有法制的国家就犹如一个要素交往无序可循的淆乱系统，因此，民族国家的问世离不开国家的法制建设，而法制建设又离不开市场经济。市场经济不仅能推动国家的法制建设，还能决定建成什么样的法制。

1. 是法律使"国王"成为国王

从系统的角度观之，一个系统的形成离不开系统要素之间按一定的方式和顺序的相互联系和相互作用。如果系统分化后的各个部分之间缺乏联系，或联系得不规范，系统就会"失范"；系统不稳，其功能是紊乱的。同理，民族国家离不开制度，尤其是法律。因为法律是一种使国家经济和社会生活有序化的工具，一个没有法制或不能依法治国的国家必然出现政治腐朽。故此，前述的各种政治现代化理论都视法制建设为现代化的前提。

再说，一个国家政权的"合法性的一个构成要素在于，权力必须以可预知的方式来行使。其所以可预知，要依靠建立起可在诉诸暴力之前运用的一套正式法律规章和诉讼程序结构"[1]。依据这样的规章和程序，国家无须诉诸暴力就能促使人们自觉地遵守社会秩序；若国家对那些违背法律的人和事诉诸暴力，则都会获得合法性。可见，民族国家的形成与否，除上述条件外，还要看是否建立起了一个健全的国家法制。人们之所以认定中世纪西欧"既没有政府，也没有国家"[2]，关键之一就是"封建主义完全依赖于附庸和作为宗主的国王之间的人身关系，一旦国王黯弱无法控制其附庸，后者就会带着自己的附庸从原来的关系中脱离出来获得独立，于是王国就解体了"[3]。所以，布拉克顿说得好："为行善治，国王需要两样东西，即武器和法律。"

---

① ［美］M. E. 泰格、M. R. 利维：《法律与资本主义的兴起》，第 270 页。
② ［法］基佐：《欧洲文明史——自罗马帝国败落到法国革命》，第 135 页。
③ ［英］R. C. 范·卡内冈：《英国普通法的诞生》，李红海译，中国政法大学出版社 2003 年版，第 9 页。

"一旦他只用武力统治"，他就不是国王；因此，"国王的政权恰来源于法律——是法律使他成为国王"[①]。

法律使统治获得合法性，使社会运行有序；也能促进国王权威的扩散和统治地域的扩大。亨利二世前，"整个英格兰王国的司法体系是四分五裂。"国家司法权为王室法庭、教会法庭、地方公共法庭和庄园法庭所分割。[②] 王室机构政法不分，各种职能集中于御前小会议。亨利二世即位后（1154—1189年），即从御前小会议中分出普通诉讼法庭，专门审理各地的普通民事诉讼[③]；又把巡回法庭常态化，将巡回审判经常化。[④] 法官们将巡回时搜集到的各地的习惯法加以鉴别、筛选、整理、选择和加工，形成了自己的认识和规则，并依此进行判案，形成了全国通用的普通法和一套理性的诉讼程序和审判方法[⑤]，及起始令状（original wit）制度和陪审团制度。致使"神裁""决斗"等非理性的审判方法成为历史。失地王约翰时期（1199—1216年），又设置了王座法庭。除审理涉及王室利益的案件，也受理上诉案件。1237年，亨利三世时期又从财政署分出财税法庭，专司财政案件的审理。[⑥]

增添了各种王室法庭，也就增加了人们诉讼时进行选择的空间；加剧了各种法庭之间的竞争。凭借其所用的法律、审判程序和证据审查制度比各类封建法庭更为理性，王室法庭对诉讼人具有更大的吸引力，导致了公共地方法庭尤其是各类封建法庭所审理的案件越来越少。亨利三世时期，它们仅占案件总数的40%，到爱德华一世时，更降至15%；而王室法庭审理案件的比重则从60%升至85%。[⑦] 从而从封建法庭手中夺取了包括杀人、盗窃、纵

① ［美］哈罗德·J. 伯尔曼：《法律与革命——西方法律传统的形成》，第568、554页。

② 参见 A. T. Cater, *A History of English Legal Institution*, London, 1906, p. 23。

③ 参见 F. W. 梅特兰：《爱德华一世以前的英国法律史》第1卷，剑桥大学出版社1898年版，第153—155页；转引自程汉大主编：《英国法制史》，第58页。

④ 参见 J. E. A. Jolliffe, *The Constitutional History of Medieval England*, London, 1937, p. 213。

⑤ 参见 F. W. 梅特兰：《爱德华一世以前的英国法律史》第1卷，剑桥大学出版社1898年版，第153—155页；转引自程汉大主编：《英国法制史》，第85页；［法］哈罗德·J. 伯尔曼：《法律与革命——西方法律传统的形成》，第51页。

⑥ 参见 ［英］R. C. 范·卡内冈：《英国普通法的诞生》，"译者序"，第3—13页。

⑦ 参见 P. Buand, *Origins of the English Legal Profession*, Blackwell, 1992, pp. 4, 28。

火、伪证等在内的大量的案件审理权。依据教会法学家格拉提安的"归还原则"①，国王的法庭发展出了不依赖所有权的侵夺之诉，它使被告不能以自己的所有权为据来侵夺原告所占有的土地、财物和权利，这不仅为封臣保护自己所占有的土地、财物和权利提供了有力的保护，也为王室"从贵族那里夺取权力"提供了有效的法律武器。② 可见，法制建设为英国架起了一座由朝代国家向民族国家转化的重要桥梁。

然而，有了法制，也不等于其政治结构能因此走向远离平衡态。历史表明，一些民族国家的政治系统极难被分化整合，以致无法为国家的现代化提供必要的政治环境。近代的西班牙、葡萄牙和被伯尔曼誉为"西方第一个近代地域性国家"的西西里诺曼王国的现代化进程之所以一波三折③，落在西欧各国之后，关键之一就是它们没有建立起"王权有限，法律至上"的法制，而是形成了"王在法上""法从王出"的社会。因此，它们的政治系统虽已形成，但却是一个运行轨迹不定、变化难以预期的系统。这不仅使人们对国家难有信心，导致官吏寻租，人口外流；还会使国家的制度变迁的性质从需求主导转化为供给主导，致使社会发展由自组织过程转入他组织过程。由于人的理性有限，国王不可能引导社会沿着现代化的方向演变；而只能是相反。近代西班牙、葡萄牙的历史就是明证，现代许多国家走过的历程也都是例证。

可见，现代社会的兴起不仅需要通过法制建设形成民族国家；还要看建构成了什么样的法制。所以，我们不仅要还原西欧各国民族国家兴起的历程，还需要了解他们建构了什么样的法制，以及各国市场经济的"胎儿"在这个建构过程中扮演了什么样的角色，它们是如何地驱使各国法制建设走上了不同的道路。

2. 市场经济的孕育唤醒了罗马法

同教会法、城市法和商法的兴起离不开罗马法的复兴一样，民族国家的

---

① "归还原则"是指"任何人都有权恢复他被掠夺的全部东西，包括权利、权力以及土地和财物。"请参见［美］哈罗德·J. 伯尔曼：《法律与革命——西方法律传统的形成》，第548—551页。

② 参见 W. S. Holdsworth, *A History of English Law*, V. 1, London, 1922, p. 72。

③ 参见［美］哈罗德·J. 伯尔曼：《法律与革命——西方法律传统的形成》，第501页。

法制建设也同样得力于罗马法。尽管西罗马帝国灭亡后，罗马法在西欧的大部分地区消失殆尽；但是，在西班牙和法国南部，特别是在北意大利，"有关罗马法的记忆以及罗马法的一些术语和规则残留下来"。但这是一种简单化、通俗化，且错误百出的"粗俗罗马法"[①]。它无法满足 11 世纪后西欧社会的需要。1080 年，在意大利一家图书馆中偶尔发现了查士丁尼汇编的法律抄本，此后，对罗马法进行翻译、分类、编辑、评注、复原、研究、改造和应用络绎不绝。学者们清除了罗马民法中与古代历史条件密切相关的内容，如对奴隶制的全面规定，使罗马法适应已经发生了重大变化的时代。到中世纪末，罗马法的影响已遍及西欧。[②] 市民、教会、商人、国王都纷纷引据罗马法来制定自己所需要的法律。至于事实是否如哈罗德·J. 伯尔曼所说，是授职权之争促成了"新教会法"的形成，才导致了王室的、城市的和其他新的世俗法律体系的分娩，则值得商榷。因为从时间上看，很多世俗法律，如城市法、行会法、商法、海商法与教会法之间并没有前后相继的关系。通常认为，波隆拉大学的修士格拉蒂安编辑的《格拉蒂安教令集》是第一部教会法。此集汇聚了不同时期的教令、教皇的敕令、教父在法庭上的陈述，以及国王和皇帝的法令，并用罗马法分析、注解其中的诸多矛盾、分歧和对立，从而使教会法开始脱离神学而走向科学，故格拉蒂安被人们称为教会法之父。但是，《格拉蒂安教令集》却迟至 1140 年才得以问世。[③] 在这之前，城市法和商法不仅早已问世，并已得到很大的发展。例如，科隆市于"1106 年的又一次起义确立了一个独立的城市政府和一个城市法律体系的建立"。它在 12 世纪时被称为科隆法（jus coloniensis），偶尔也称之为城市法（jus civilis）。[④] 再如，1111 年，阿拉斯获得了成立执行城市法的执行吏法庭，而这样的法庭则"早已存在于根特、布鲁日或伊普雷这样一些更为重要的地方"[⑤]。

　　可见，西欧中世纪陆续产生的各种法律虽然不乏相互影响，但彼此之间

①　［美］哈罗德·J. 伯尔曼：《法律与革命——西方法律传统的形成》，第 62 页。
②　参见［英］佩里·安德森：《绝对主义国家的系谱》，第 10、11 页；［美］哈罗德·J. 伯尔曼：《法律与革命——西方法律传统的形成》，第 62 页。
③　参见王亚平：《权利之争》，第 222 页。
④　参见［美］哈罗德·J. 伯尔曼：《法律与革命——西方法律传统的形成》，第 450 页。
⑤　［比］亨利·皮雷纳：《中世纪的城市》，第 116 页。

并无因果关系。当时诸法蜂起、多法并存的情况显然是西欧社会尚处于原始混沌态的结果。由于社会没有权威中心，只存在各自为政的各类社团，也就不存在后来全社会统一适用的普通法，只会有适用于各个社团内部的社团法。如城市法、行会法一样，教会法也是个社团法。这一点，连伯尔曼也不否认。但各种法律的兴起与罗马法的复兴是分不开的。教会法也不例外。如众所知，教会法起因于教皇与德皇之间的"圣职授职权"之争。为了反驳罗马教廷提出的教权至上思想，维护皇权的绝对权威，德皇组织学者学习和研究罗马法，促使罗马教廷也起而效之。因此，"新的教会法律体系乃是罗马法的一个后代"的说法与史实不符，被教会法作其根源的罗马法不是6世纪拜占廷的罗马法，而是11世纪和12世纪时被学者们改造过的罗马法。但罗马法的原则却支配了"任何地方的所有法规，无论是教会的法律，还是世俗政治体的法律"，故此，人们说罗马法是"教会法的一个侍女"。不过，"它同样可以被称为帝国法律的一个侍女以及正在兴起的世俗王国和城市国家实在法的一个侍女"①。

　　罗马法何以有如此大的能耐？这当然是得力于它独有的特点。

　　如恩格斯所说，罗马法是纯粹私有制占统治的社会生活条件和冲突的十分典型性的法律表现，以致后来的立法都不能对它做任何实质性的修改。它关于私有财产权的概念是绝对的、无条件的，将这一概念引入当时的法律自然有利于商品经济的发展。因为当时的土地权利严格受制于土地等级所有制，因而极不利于正在兴起的市场经济。在罗马法的古典概念的启发下，人们在法理上对所有权进行了强化和界定。12世纪末对有封号者所拥有的对财产的所有权和没有封号者对财产的使用权的区分即是其一。这不仅能合理地解释土地等级分封制度下对同一土地的多重权利，更重要的是由此衍生出的法律规定导致了有利于商品交换的绝对产权的产生，使所有权的安全、契约的稳定、对当事人之间经济交易的保护和它的可预见性，都得到了法律明文的保障。此其一。

　　其二，罗马法拥有关于证据的理性原则以及对专业法官的强调的平衡法

---

　　①　参见［美］哈罗德·J.伯尔曼：《法律与革命——西方法律传统的形成》，第248—250、260—267页。

的传统，将这些传统引入当时既无法律框架又无具体程序的城镇法律中，不仅有利于其科学化，更重要的是为买卖、租赁、雇佣、借债和商品检验提供了一个系统而严密的架构，为市场经济的孕育和分娩创造出有利的法律环境。①

其三，罗马法包括了相互矛盾的两个部分：规定了公民之间的经济交换关系的民法和规范国家与其臣民之间政治关系的公共法。前者主张的神圣不可侵犯的私有财产在法律上的无条件性与后者宣传的行使的帝国主权的绝对专制性显然是对立的。然而，正是后者主张的这个政治最高权力的原则深深地吸引着所有希望集权于其身的当权者，他们也纷纷热衷于推动罗马法的复兴。②

为了反驳罗马教廷提出的教权至上思想，德皇率先组织学者研究罗马法；罗马教廷为了反制德皇，起而效之。于 12、13 世纪时将教会法规编纂成法典，成为中世纪欧洲中第一个全面运用罗马法理的政治社团。而各王室亦凭借它来进行王室法的建设，以反抗教廷的集权，剥夺封建主的权力，铲平各种各样的割据势力，建立专制主义的中央集权国家。

罗马法的这三大特点既符合市民、商人、手工业者发展其经济的需要，也符合他们和国王极力排除教会、教廷对世俗事务的干预，力图建立民族国家的需要。因此，是市场经济的孕育推动了罗马法的复兴和各国的法制建设。正因如此，西欧各个民族国家的法制建设之所以在近代早期走上了不同的发展道路，对各国经济和社会的发展产生了不同的影响，原因就在于各国市场经济在这一时期的有着不同的命运：英国市场经济顺利分娩，发展迅速；荷兰市场经济分娩之后则长期躺在襁褓之中；法国的市场经济则长期处于孕育之中而难于分娩；而西班牙的市场经济在娘胎中就夭折了。

3. 各国市场经济发展的差异对法制建设的影响

在建立了民族国家的英国、法国和西班牙三国中，英国的法制建设的速度和完备程度为法、西两国远所不及。其中原因是多方面的，但主要是其内

---

① 参见［英］佩里·安德森：《绝对主义国家的系谱》，第 11、12 页。
② 参见［英］佩里·安德森：《绝对主义国家的系谱》，第 12、13 页。

部发出的组织指令的不同。而这些指令源于多个方面，其中，市场经济的发展状态的影响不容忽视。一是英王权一直比法、西两国王权强大，英国法制建设起步比法、西早。从亨利二世开始，英国就开始了法制建设。但是，一个成功的法制建设绝不只是司法制度的革新，还必须将革新的司法制度推广到全国。只有在国王权力所及之处，王室法庭和普通法才能发挥其作用。而这在分封制度尚存、封建庄园还存在的时候是做不到的。因为农奴的各类事务属庄园法庭管理，而不属只审理自由人的案件的百户区法庭等国家法庭的管辖。这一局面的改变只有在农奴制度彻底消亡后的 15 世纪后期才得以实现。到 1468 年，普通法庭开始接受公簿持有农对侵占其份地的领主的起诉，到伊丽莎白一世时期，公簿持有农才得到了王室法庭的充分的法律保护。[①]此时，国王的权威才插进了原来无法进入的农奴家庭，如前所述，是西欧市场经济的发展才导致了地租形态的更换和农奴制度的消亡，如是，英国国家法制建设的动力来于何处也就不说自明了。

市场经济对英国法制建设的第二大贡献是它为国王的法制建设提供了大量的、与其志同道合的人力资源。都铎王朝的开国之君亨利七世将贵族把持的咨议会改为由其少数亲信组成的枢密院；并设置国务秘书一职，代表他直接领导枢密院，使它成为"一个正式的中央机构"[②]；故国务秘书的设置是"近代意义上的国家政府出现的标志"[③]。同时，亨利七世将原来作为各郡郡长的治安员改为地方法官，增加其人数，扩大其职权。让他们主持郡"季会法庭"，受理除叛逆罪之外的所有刑事犯罪案件及民事案件；负责公共治安；贯彻中央的政令；管理本地工商业和济贫事务，征收地方税，权力之广，无所不包，堪称"都铎王朝的杂役女仆"，国王在地方上的全权代表。通过他属下的各级警官，国王的权力又被延伸至百户区乡镇。为保证治安法官能忠实地履行职责，亨利还为各郡配置了主管地方军务郡尉，郡尉有权监督治安法官的工作，向枢密院汇报地方公众舆论[④]，一个能在全国范围内实

① 参见 C. M. Gray, *Copyhold, Equity, and the Commom Law*, Hafford University, 1963, pp. 54-146。

② 参见 G. R. Elton, *England Under the Tudors*, London & New York, 1974, pp. 61,184。

③ W. S. Holdsworth, *A History of English Law*, V. 4, London, 1924, p. 67.

④ 参见 G. R. Elton, *The Tudor Constitution：Documents and Commentary 1514-1523*, Cambridge University, 1960, pp. 418,454。

现有效统治的权力中心由此确立。其之成功，奥秘就在于市场经济为国王提供了建立这些政府机构所必不可少的人力资源。大量的市民、资产阶级和绅士、乡绅之类的新贵族出任政府的各级官吏。依靠他们，国王才得以在中央和地方建立起一个忠顺的、有效率的政府、财政机构和税收机构；才得以将其权威伸展到全国各地，直至穷乡僻壤。

此外，在英国，无论是商法融进普通法，还是衡平法的问世，市场经济都是推手。拿衡平法来讲，没有市场经济发展对法律的需要，就根本不会有它的问世。因为普通法"实质上是封建地产法"[①]，它根本无法处理随市场经济发展而日益增加的商务、契约、借贷之类的案件；为了弥补它的这一缺陷，主要用来审理商务案件的衡平法才应运而生。而商法能融进普通法得力于市场经济发展的需要也是不说自明的。与普通法相比，制定法在英国法制建设中所占的比重要大得多。从议会问世之日起，每年颁布的法令少则几十，动则成百上千。在1640年的大革命前，市民、商人、绅士、资产阶级化了的小贵族已是下议院的主体。大革命期间，特别是光荣革命后，议会已完全被资产阶级、绅士和资产阶级化的贵族所把持。由他们制定颁布出来的制定法既反映了市场经济发展的要求，同时也是市场经济发展的成果。这一切，都无不说明英国的法制建设是在日益发展的市场经济的推动下完成的。正是由于其市场经济的分娩和发展都先于西欧大陆各国，它才能在法制建设方面走在后者的前面，从而在欧洲率先建立起民族国家。也正是由于市场经济发展的强劲，第三等级在民族国家的产生和发展的过程中，在国家的法制建设中起了主要作用，"王在法下"的传统不仅能够传承下来而且能够得到发扬光大，成为世界上第一个宪政国家。

法国的市场经济落后于英国，其法制建设不仅相应地落后不少，还走上了一个不同于英国的"王在法上"的发展道路，建立起了绝对主义的专制国家。

从时间上讲，法国的司法改革比英国迟不了多少。腓力·奥古斯都（1180—1223年）在统一了大半个法国后，就开始了国家的法制建设。他使王室法院的财政职能和司法职能分离开来，实现了司法的专业化；增加了巡

---

① ［英］R. C. 范·卡内冈：《英国普通法的诞生》，第124页。

回各地的督察官的数量，并向各地派出了称之为邑长的官吏；邑长受国王的领导，在其辖区内巡回，定期主持巡回审判；接受下属地方官吏"邑吏"所主持的法庭中的上诉案件，初步形成了邑吏法庭—邑长法庭—王室法院的三级司法机构。1250 年后，又建立了专理上诉案件的巴黎高等法院，一个具有法国特色的"等级制的法院制度"因此问世。其间，审判程序也趋理性化，司法决斗裁判和共誓涤罪程序被废除；专就案件所涉及的某个习惯是否存在做出裁决的"民众陪审团"问世，各地习惯法从此具有了共同的程序、统一的概念体系和基本原则，受过罗马法训练的法律专业人士开始活跃在各级法庭上，致使"法兰西的诉讼程序越来学理化和复杂化"；在罗马法的帮助下，法官们对习惯进行了分辨，分清了习惯法中哪些是合理的，哪些是不良的；从而使"一种合乎理性和良心的规则被嵌入习惯法之中"，在一定程度上弥补了法国无全国通行的普通法缺陷。因此，这些法制建设也促进了王室的权力向全国的扩张，"使王室铸造货币的权力扩展到整个王国，加强了对城市和城镇实行的控制，增加了王室政府的效率"；也使邑长法庭"特别关心占有和妨碍占有问题"，以通过对"侵权性的侵占具有管辖权而从封建领主手中夺取司法管辖权"[1]，从而不断地压缩着领主的司法范围。

　　但是，由于法国市场经济在 15 世纪后开始落后于英国，其法制建设要比英国滞后不少。一是它的劳役制度和封建庄园制度的彻底消亡要比英国晚得多，直到大革命前夕，还有大量的存留。这就意味着法国很大一部分人口还受制于领主的庄园法庭，而不是国王的法律。二是市场经济发展的滞后，使其市民阶级远没有英国市民阶级那么强大，还越来越贵族化，穿袍贵族越来越多；再加上主要税收不是来自工商业而是小农，需要建立一个庞大的官僚机构将税收从分散的小农中收上来，这一切都使国王得不到他建立其司法机构所需要的合格人才，他为此不得不大量地卖官鬻爵，致使其法律制度和司法机构不仅"在强化社会秩序化方面"远"不能像英格兰王室法律制度在英格兰那样富有效率"，还往往成为王权的反叛力量，巴黎高等法院就曾多次担任这样的角色。[2]

---

① ［美］哈罗德·J. 伯尔曼：《法律与革命——西方法律传统的形成》，第 567、570、571 页。
② 参见［美］哈罗德·J. 伯尔曼：《法律与革命——西方法律传统的形成》，第 574、568 页。

近代西班牙虽然也常被史家谓之为民族国家，但它不是市场经济发展的产物，而"完全要归功于两组资源"。"一是从王朝的联姻中获利，使它在欧洲拥有大面积的领土和广泛的影响，没有一个王朝可以与之匹敌"。二是从殖民地"获得无比丰富的贵重金属，使它的国库比任何竞争对手都更为丰盈"。王权能得到这样两组资源，离不开贵族领主，它都"是在贵族大领主结构内组织、运营的"。由于僧侣贵族在驱逐摩尔人收复国土的战争中作用重大，它们在统一后的国家中的地位、权势和影响远过于市民阶级，"国家上下政权均为大小贵族所掌管"。尽管卡斯蒂利亚与阿拉贡的合并标志着西班牙民族国家的诞生，但是，这两个地区的政治结构的反差十分强烈。阿拉贡三地均有定期召开的议会，议会有自己的职能机构、司法控制机构和经济管理机构，"实行一致通过的体制"；在卡斯蒂利亚，"议会的召集与组成完全听命于君主独裁"，"会期断断续续"，也"没有法律创制权"。"随着阿拉贡的各种特权被确认"，两地"任何水平上的行政合并都无从谈起了"；两地"甚至未能实行统一的货币体系，更不用说在国内建立统一的税收和司法制度了"[①]。因此，西班牙虽然被置于一个国王的统治之下，但其国家的法制建设并未启动，一直是一个人治的国家。虽然表面上是一个政治系统，但却是一个运行轨迹不定、变化难以预期的系统。

---

① ［英］佩里·安德森：《绝对主义国家的系谱》，第5、54、55、60、63页。

第 十 六 章

现代社会在西欧大陆的难产

　　遍布自治城市的西欧使市场经济的孕育成了西欧的普遍现象，展示出了市场经济才具有的诸多功能。然而，自治城市本身又是市场经济发展的一个障碍；它又是个地方政权，无力直接在全国范围内确立法制、执行法律，建立秩序，作为一个制度变迁主体有其不可逾越的局限性。因此，任何一个国家要想完成市场经济制度的建设就必须排除自治城市及其制度，用一个能在全国范围内确立法制、建立秩序的制度变迁主体来代替城市，这就需要民族国家的产生。

　　民族国家的产生为民族市场的形成和市场经济的分娩提供了可能性，但不是必然性，因为各个民族国家问世后走上了不同的发展道路。而民族市场的形成不仅需要王权，还需要这个王权有足够的权威，能对全国实施有效统治；需要他保持国家制度变迁的诱致性质，使需求主导型的制度变迁居统治地位；并建构起能使"个人收益率接近社会收益率"的产权制度。换言之，不仅需要维持市场经济的正反馈机制，还需要它由外在于市场经济转为市场经济内生的，而这只有在新生的民族国家与市场经济结成共生关系后才有可能。

　　如此多的条件，各国并非都有，除英国之外的其他国家都不具备这些条件，故此，市场经济能否分娩，不仅需要民族国家，还需要特定的民族国家。分娩后，能否顺利成长，也离不开这些条件。荷兰的市场经济一直处于襁褓之中，其原因也不外乎于此。

意大利和德国不用多说，它们在工业革命前一直处于分裂割据的状态。连民族国家都未形成，其市场经济也就必然难产，以致其社会连停留原地都不可得。意大利从欧洲的商场倒退为一个农业社会，德国则沦为各国的战场。

西班牙和法国似乎实现了国家统一，西班牙还一度国富兵强，法国的经济总量则一直居欧洲之首，可它们的市场经济仍然是可望而不可即。因此，在工业革命爆发之前，整个西欧大陆滞留在近平衡态状态下而难以越雷池一步。显然，只有找到它们陷入这一怪圈的各种内外原因，我们才能揭示出工业革命为何首发于英国的根源。

一、现代社会的分娩问世须以
特定的民族国家为前提

没有民族国家就没有现代社会的分娩问世，英国、荷兰、法国最先实现现代化，而他们实现现代化时都已是民族国家；意大利和德国的现代化的成功也是在他们于 19 世纪时实现了国家统一之后的事情。

为什么现代化的成功只能发生在民族国家内，而未见于国家统一之前？已有的答案不外乎下述几种：

第一，没有民族国家就没有市场经济的分娩和发展。因为只有民族国家才能在全国范围内统一法律，维护社会秩序，铲除各种封建壁垒、地方关卡，保障贸易自由，形成统一的民族市场；在此基础上，市场经济才能孕育成熟而分娩问世。否则，就不能建立起各类市场网络和完整的市场体系，已有的市场网络就只能像个有着许多大大小小破洞的渔网，如此一来，市场经济也就只能滞留在孕育阶段而难以分娩问世。故此，很多学者说民族国家"与市场经济形成了一种共生关系"[①]。市场经济的孕育促进了民族国家的产生，民族国家的产生则催生了市场经济。

第二，没有民族国家，商人在国际贸易的竞争中就没有后盾，难以开拓出国际市场；更不可能开拓出殖民地，以加速本国资本的积累，拓宽资源的

---

① ［美］保罗·肯尼迪：《大国的兴衰——1500—2000 年的经济变迁与军事冲突》，第 24、25 页。

来源。因此，在近代早期，谁先形成民族国家，谁就能成为强国、获得广大的殖民地。西班牙和葡萄牙最早实现了权力的集中，他们也就随之成了"超级大国"，各自建立起面积为其本土几十倍甚至上百倍的庞大的殖民帝国。继之的荷兰、法国和英国也都随其民族国家的问世而相继称霸欧洲，雄踞世界。反之，意大利和德意志却因国家统一的迟到而在近代沦为欧洲的乡村和粮仓，不仅市场经济难产，还沦为其他国家的战场。

第三，没有民族国家就没有民族国家所推行的重商主义，没有资本的加速积累和工商业的进一步地发展，也就没有市场经济的分娩和成长。这一点，前面已述，故近代西欧，很多国家都推行过重商主义，并取得了不同的经济成效。即使是被诺斯称之为现代化失败者的法国也厉行过重商主义；至于工业革命发源地的英国，其现代化的成功更是离不开重商主义。

第四，没有民族国家就"只有边陲，而无边界"，教皇克雷芒四世在写给路易九世的一封信中谈到法国与罗马帝国的边界时说："我们在任何文件中都找不到有关划定它的记载。我们对此一无所知。"① 没有边境的西欧是浑然一体，它就必然处于混沌一体的近平衡态中而不能自拔；而要使社会系统从宏观无序变成宏观结构的高度有序，实现现代化，驱使系统到达远离平衡态是唯一的道路。为此，唯一的出路就是建立民族国家。如此，才能形成系统，对外开放，才能吸入负熵流，系统结构才有可能走向远离平衡态，因此，系统边界的形成是建立民族国家的前提。换言之，只有在西欧不再是浑然一体，而是被边界分割不同的民族国家时，现代社会才能从某个国家中率先分娩。

其原因在第三章中已述：系统边界有隔离作用、保护作用、控制作用和纽带作用。前两种作用使系统内外有别，后两种作用使人们对系统与环境的交流的内容、数量和速度进行有效的控制。正因如此，从民族国家产生时起，西欧各个国家的制度、法律、文化、思想之间的差异才越来越大，各个国家的财富、生产力发展水平才越来越悬殊。波斯坦说："12 世纪后期以及 13 世纪的欧洲社会基本上是一个大一统。每个地方劳动与生活的基本方式是类似的，他们推崇的行为也一样。"连"采矿与冶金的状况也不例外"，

---

① ［法］雷吉娜·佩尔努：《法国资产阶级史·近代》下册，第 578、579 页。

"整个欧洲的采矿权都差不多"①。随着民族国家于14、15世纪渐渐兴起，制度变迁的主体逐渐由自治城市、诸侯领地转变为国家，自我实施制度逐渐为国家制定的法律规章所取代，具有民族特色、时代特色的规章制度、文化形态越来越多。规则不同、长短不一的边境线又将这些各具特色的制度和文化限定在为其所封闭的国境之内，致使各国的经济制度、政治制度、法律规章，乃至文化和宗教之间的差异越来越大；与此相应，各国的经济发展水平、拥有的财富和军事力量也都逐渐地被拉开了距离。这之中的胜出者则能集全欧甚至全世界的资源为其所用，使其获得的负熵流在其狭小的国土内产生集焦效应，促使其社会结构远离平衡态而产生涌现。反之，如果没有民族国家所带来的国境线，从西欧之外吸入的负熵流就会分散至全西欧范围而被"热寂"掉；更何况，在西欧之外的世界其他地区的经济社会发展水平尚很低的当时，即使将全世界的市场和资源都集中到如此广袤的西欧，所产生的负熵流也远不足以将西欧社会结构推至远离平衡态。所以说，边界的存在和边界的闭合是系统产生的标志，没有边界，也就没有系统，系统都不存在，还谈得上什么系统的自组织。

　　总之，民族国家的上述四大贡献是现代社会孕育成形、顺利分娩的四大关键，缺少其中一个，要想实现社会的转型、进入现代社会就只能是梦呓。但是，各个民族国家产生后就走上了不同的发展道路，从而使各自的市场经济有着不同的生存条件。何以至此？这里有历史、地理环境等诸方面的因素，但民族国家所推行的经济政策则是主要根源。各国虽然都信奉重商主义，"所采取的很多措施在方法和原则上似乎也都是相似的"；法国所取得的经济成就在很多方面甚至超过了英国，"在工业产量，对外和对内贸易量方面也一直居世界领先地位"，但是，各国的"重商主义体系之间仍有根本的区别"②。

　　一是政策的制定和推行的主体不同，导致各国重商主义的起源迥异。在英国，虽然决定政策的是枢密院，但是，"政府机构通常都对商人的利益加

　　① M. M. Postan，D. C. Coleman，P. Mathias，ed.，*The Cambridge Economic History of Europe*，V. 2，p. 712.

　　② 参见〔英〕M. M. 波斯坦、D. C. 科尔曼、P. M. 马赛厄斯主编：《剑桥欧洲经济史》第4卷，第482、483、521、522页；第5卷，第390、391、401页。

以密切关注。他们的诉状和反诉都得到聆听，他们的意见也得到征询"。同时，"大型贸易公司、船主、羊毛商人、制铁商、制帽商、甘蔗种植者，以及其他许多行业都进行游说、演说和贿赂，以便能够各行其是或做与此类似的事"，其结果，"商人的观点在英国得到了认真的考虑"，致使"英国重商主义的特征是，它来自于商人和政府官员之间理论和行政上的合作。大部分重商主义的奠基之作都来自于商人"。商人和生产们实际上是英国重商主义体制的主要设计师，"然而，没有证据表明商人在柯尔贝尔时代或其后操纵了政府的政策，因而，在法国并不存在与英国相似的情况"。虽然，"在法国，商人群体同样被征询意见"，但是，"柯尔贝尔认为商人们的看法不可避免地是自私自利和缺乏远见的，因而对其不加考虑"。故此，在法国，不仅商人"对政策的影响微弱得难以觉察"，连法国的贸易组织也"都可以说是政府的事情"①。

法英两国重商主义的出处不同决定了两国重商主义体系的"目的上至少其侧重点不同"。亚当·斯密说，"英国重商主义体制的目的是经济上的"，"这一目的就是生产，而所培养的势力就是生产者"。而法国重商主义"政策本身的目的似乎往往对商人造成遏制而给工人带来折磨，而不是有利于他们，受益者是在王室办公室里被人格化了的国家"②。因此，法国的重商主义是只问目的，不问手段，只要能为国家积累金银，赢得 GDP 的增长，就不管实现这一目的的手段会有什么副作用，有什么后遗症。由此所带来的许多后果，尤其是在制度上、社会结构上留下的诸多后遗症则是柯尔贝尔等人始料未及的。这些制度和结构严重地阻碍了有效产权的确立、市场经济的孕育与分娩，壮大了封建贵族阶级，使法国的制度变迁走上了与英国相反的道路。所确立的产权缺乏效率，建立的经济组织低效率甚至没有效率，这表明，法国的重商主义所取得的成就是以建立无效产权和低效率产权为代价的，是以制度变迁性质的逆转为代价而得到的。

与荷兰、法国相比较，英格兰所取得的经济成就在相当长的一段时间内

---

① ［英］M. M. 波斯坦、D. C. 科尔曼、P. M. 马赛厄斯主编：《剑桥欧洲经济史》第 4 卷，第 482、483、521、522 页；第 5 卷，第 390、391、401 页。

② ［英］M. M. 波斯坦、D. C. 科尔曼、P. M. 马赛厄斯主编：《剑桥欧洲经济史》第 4 卷，第 482、483 页。

并不出色，他的"企业花了更长的时间才成熟起来"，但是，"他却是建立在稳定得多的国内财富的基础之上的"。他建立起了一套行之有效的产权制度，赢得了经济自由。"无数的管制和持续的政府干预，这些大陆重商主义的特征在英国"都被排斥掉了。再加上它的"相对强大和稳定的政府，在17世纪晚期和18世纪，与那些逐渐对企业更有利的法律和政策相结合"，使他"确保了一个政治上稳定的环境"[①]，这一切，均使英国获得了大陆各国所没有的发展后劲，使它与后者在制度上和经济成就上的差距是越来越大。

英法重商主义导致截然不同的上述结果表明，市场经济的分娩成长和现代社会的问世，不仅不能没有民族国家，还需要特定的民族国家。所谓特定，一是代表民族国家的王权能对全国实施有效统治，能铲除阻碍民族市场形成的一切障碍；二是能维持制度变迁的诱致性质，使市场经济的基石私有财产和个人自由不受损害反而有所发展。

然而，工业革命前的西欧大陆的朝代国家，不是王权对全国的控制还没有达到有效的程度，还没有完成向民族国家的转型；就是转型成功后的国家未能同市场经济建立共生关系。换言之，市场经济还没有将其正反馈机制从外在的转为内生的，以致这个反馈机制发生了变质，由正的全部转成了负的，如西班牙；或部分转为负的，如法国。如此，其国家的制度变迁也就不再是诱致型的，而具有了强制性；市场经济的历史也就不再全是自组织过程，而具有他组织过程的成分了。其结果，工业革命前的西欧大陆各国没有一个是能促进市场经济顺利分娩、健康成长的特定的民族国家，而导致这一结果的原因当然是因国而异，以致我们不得不分别缕析。

二、统而不一的荷兰

道格拉斯·诺斯认为荷兰是世界上第一个实现了人均收入增长超过人口增长的国家，将其同英国并列，称之为现代化成功的两个典范。在其代表作

[①]　［英］M. M. 波斯坦、D. C. 科尔曼、P. M. 马赛厄斯主编：《剑桥欧洲经济史》第5卷，第411、529页。

《西方世界的兴起》中，他认定 14 世纪末到 16 世纪中期，统治尼德兰的勃艮第第四位公爵及之后的哈布斯堡家族的查理，就已通过削弱行会的排外和垄断，以及阻止地方行会对工业发展的强行限制等途径在尼德兰地区确立并保护了私有财产所有权，发展出了有效率的经济组织，使市场经济制度在荷兰得以诞生问世。[①]

不可否认，市场经济孕育成形，顺利分娩的几个要件在 16 世纪后的荷兰大都具备。行会制度已经废除，城市特权不复存在；封建领主制度寿终正寝，12、13 世纪时农民就已获得自由，敞地制不复存在；农民"享有对土地的拥有权，他们可以随意买卖、租赁和抵押他们的土地"[②]。这说明，私人财产所有权和人身自由已扩展到荷兰全境，而不再限于城市；人们因此在生产活动和经营活动中享有高度的自主权和高度的自由。国内的市场法制虽尚未完全一致，但荷兰商人主要经营对外贸易，此时的西欧也早就通行一套行之已久的国际商法和海商法，这一切，都令人们难以反驳诺斯的上述判断；很难说市场经济在 16 世纪末后的荷兰尚未分娩问世。但是，我们却又有充分的理由断言荷兰的市场经济是先天不足，天生畸形，未离襁褓，无力推动社会结构的分化与整合，以致荷兰同西欧大陆其他各国一样，无法实现向现代社会的转型。

做此判断有何根据？

先天不足首先是指荷兰是个邦联。它的全称是联省共和国，荷兰仅是七省中的一省。它为争取独立而成立的乌得勒支联盟仅是个临时军事联盟，联盟条约提及的唯一的长远目标就是"缔约各省同意永远团结"，之中"没有成为自由国家宪法的意向"。联盟的基础"是中世纪自由的观念"，它要求"一切措施都必须经过全体表决"，这是绝对民主，而不是近代社会承认的少数服从多数的裁决原理。"条约中有关中央行动的条文从来就没有转化为行动"，如条约中"由'中央'普遍强制征税的条文"就落空了。虽然建立了共和国政务院，"但和强大的各省议会相比，它显得苍白无力，成了微不

① 参见［美］道格拉斯·C.诺斯、罗伯特·保尔·托马斯：《西方世界的兴起》，第 181—184 页。
② 参见［英］M.M.波斯坦、D.C.科尔曼、P.M.马赛厄斯主编：《剑桥欧洲经济史》第 5 卷，第 17、22 页；［美］道格拉斯·C.诺斯、罗伯特·保尔·托马斯：《西方世界的兴起》，第 183 页；［英］罗伯特·杜普莱西斯：《早期欧洲现代资本主义的形成过程》，第 33 页。

足道的财政控制机构"。至于民族国家都有的最高法院,在荷兰也不存在。民族国家的常设机构"被摒弃了,但作为国王的总督却留任不动,虽然他不具备国王的性质,但他却被赋予君王的权势,包括签署特赦令"。"然而,他的地位既不能被视为凌驾各省的权威,也不能视为为各省效力"。而共和国制宪上的这种反常之举绝不限于总督一职,共和国的大议长亦如是。这一切,都说明"共和国只有最低限度的中央权力,而这一权力又是为都市寡头谋利的"①。

中央权力的缺位,使荷兰仍处于分裂状态。北部各省,虽然已被河流网络和道路连成了一体,但却同整个荷兰一样,被"分为许多法制区和行政区"。"七个省区不但各自认为享有主权,而且下面还分为许多小不点儿的城市共和国"。各省的"省长成了没有国王的总督",各省的"主权问题由各省独立行使","各省形成的制度都能完全主宰自己的事务","都有自己的社会分割和阶级"。以致"海牙的政府以软弱无力而著称"。中央机构国务会议和联省会议"原则上没有任何实权,一切重要决定需交各省分别决定"。以致人们说"如果你不得不给荷兰共和国的政治体制取名字,那就只好用'独立主义'或'独特主义'"。所有这些,都不能不令人们说,"这个共和国从来就不需要成为一个新国家。"②

可见,全盛时期的荷兰并不是通常意义上的民族国家,而仅是一个地方联合体。"联合省联而不合",以致"危机四伏,纷争不已"。提供国家一半以上收益的荷兰省,和代表五省并兼职国务会议总理和共和国军队统领的奥兰治王族之间相互对抗,两名对手轮流主持国家的政务。而消灭地方封锁,建立统一的民族市场是市场经济成长的前提之一。但荷兰民族市场体系却是不完整的,其市场网络犹如中间有不少破洞的渔网。致使其国际间的经济联系比国内各地之间的经济联系紧密,国际贸易比国内贸易发达,以致"国家之间的专业分工比一国之内不同地区之间的专业化分工更

① 参见［荷］约翰·赫伊津哈:《十七世纪的荷兰文明》,何道宽译,花城出版社2001年版,第17—21页;［法］德尼兹·加亚尔等:《欧洲史》,蔡鸿滨、桂裕芳译,海南出版社2005年版,第400页;［英］M.M.波斯坦、D.C.科尔曼、P.M.马赛厄斯主编:《剑桥欧洲经济史》第5卷,第17页。

② 参见［荷］约翰·赫伊津哈:《十七世纪的荷兰文明》,第17、18、20页;［法］费尔南·布罗代尔:《15至18世纪的物质文明、经济和资本主义》第3卷,第208—218、222、223页。

早出现"①。可见，极盛时期的荷兰还没"取得某种内部统一性以及作为一个整体出现在世界其他地区面前的能力"②。

中央权力孱弱，致使"整个法制体系仍然扎根于中世纪权利的观念，这个体系是反对任何权威的，无论那个权威是多么可取"。再加上对西班牙"反叛的胜利不仅意味着新教占上风，而且意味着的一整套制度的保留：城市自治、庄园对乡间的治理以及与之相伴的过时的产业制度"。这一切，都促使各个市镇都实行根据自己的需要所制定的政策③，荷兰也就不可能建立起统一的完善的市场法制。

中央权力的孱弱，及其内部各地、各种不同利益集团之间的冲突不能得到国家权力的控制而无法协调，使荷兰的国家主权功能缺失，"尤为缺乏重商主义的组织机构和立法保证"。对内，它们实行行业经营许可证制度，恢复行业垄断；对外却敞开大门，开放市场，并放弃荷兰商人对殖民地和德国内地市场的垄断，从而割断了国际贸易与国内生产的联系。当大多数欧洲国家纷纷祭起贸易保护的重商主义的大旗时，他们却反其道而行之：削减军队、实行减少海外活动的收缩战略。当英、法等国用其海军为其商船保驾护航，争夺商业霸权时，从来没有享受过国家提供的支持、保护和公共产品的荷兰各城市、各公司却用商会的民间武装来维持其商船的航运安全，保护他们在亚洲和非洲的利益④，以致根本无力应对恶劣的海外贸易环境。1626—1634 年的 8 年间，仅在英吉利海峡，被敦刻尔克海盗掠夺的荷兰商船高达 1499 艘，另有 336 艘被击沉，被海盗拍卖的战利品的价值高达 1100 多万荷兰盾；1621 年后的 25 年间，在英吉利海峡，荷兰平均每年损失的商船达 125 艘。再说，公司自建军队，自备公共产品，极大地增加了企业成本，严重地削弱了它们的国际竞争力。从 1625 年到 1688 年，荷兰的东印度公司不仅支付了巨量的防御工程支出，士兵在员工中所占的比重也从 30% 上升到

---

① 参见［英］M. M. 波斯坦、D. C. 科尔曼、P. M. 马赛厄斯主编：《剑桥欧洲经济史》第 5 卷，第 187、188 页；［法］费尔南·布罗代尔：《15 至 18 世纪的物质文明、经济和资本主义》第 3 卷，第 208—218、222、223 页。

② ［法］费尔南·布罗代尔：《15 至 18 世纪的物质文明、经济和资本主义》第 3 卷，第 311 页。

③ 参见［荷］约翰·赫伊津哈：《十七世纪的荷兰文明》，第 18、19 页。

④ 参见 V. J. DeVries and V. A. Woude，*The First Modern Economy*：*Success*，*Failure and Perseverance of the Dutch Economy 1500-1815*，pp. 175,380,401,477。

47%。为了减轻负担，他们不得不压缩军队；这自然使本来就缺乏国家的支持和保护的荷兰公司的竞争力越来越弱。致使他们像当年的威尼斯一样，不仅失去了海外市场，也失去了欧洲市场，甚至连其债务也追不回来，荷兰的公司纷纷破产。①

中央权力孱弱使"商人是国王，商业利益是立国之本"早成荷兰人的共识，故荷兰的"贸易是绝对自由，绝对没有任何东西对商人是禁止的"。它的税制"对资本十分宽大"，他的主要个人捐税仆役税就是一个很"奇怪的递减税率"。"雇仆人一名需纳税 5 弗罗琳 16 苏；雇 2 名纳税 10 弗罗琳 6 苏；雇 3 名纳 11 弗罗琳 12 苏"②，而从中获益的只能是富人，且越富受益越大。而对普通百姓来说，则是"不堪忍受"③。17、18 世纪时，"几乎所有的捐税负担都压在间接税方面，联省议会以及各省市全部使用这个武器，向着消费者开火"。更可恶的是，它"税额小"，且"名目多"，"对各类酒、各种谷物、水果、土豆、黄油、木材和木柴、泥炭、煤、盐、肥皂、鱼、烟草、烟斗、铅、瓦、砖、各种石料、大理石，征收所谓消费税"。18 世纪时的"一位见证人逗笑说：一头奶牛以 60 法郎的价格出售前已经付出 70 里佛的捐税，端上餐桌的一盘牛肉至少已付过二十次消费税"。"1689 年的一份陈情书"中也讲："没有一种食品不缴消费税；对面粉和啤酒征收的消费税极高"；以致当时的观察家们"异口同声地说"，"任何国家都不像荷兰那样，有如此沉重的税收负担"，这是当时荷兰"生活昂贵的主要因素"。对此，"富人可以经受得住，或者不难趋避"；对老百姓则"是个不堪忍受的重负"，因此，人们说"没有什么社会和国家能比荷兰更加不讲公道"。可见，"荷兰资本主义的整个利润对绝大多数人民几乎没有什么益处。最初稍有增加的实际工资经过这一个世纪也下降了：国家的繁荣与'众多工人团体的极大贫困'相伴而行，在阿姆斯特丹，大约有一半的人栖息于肮脏的

---

① 参见 V. J. DeVries and V. A. Woude, *The First Modern Economy：Success，Failure and Perseverance of the Dutch Economy 1500 - 1815*, pp. 10, 14, 380, 401, 432, 431, 447；D. Ormrod, *The Rise of Commercial Empires：England and the Netherlands in the age of Mercantilism，1650 - 1770*, Cambridge, 2003, pp. 107, 108, 203；G. Edmundson, *History of Holland*, Cambridge 1922, pp. 156, 159, 166 - 177, 300。

② ［法］费尔南·布罗代尔：《15 至 18 世纪的物质文明、经济和资本主义》第 3 卷，第 215 页。

③ ［英］罗伯特·杜普莱西斯：《早期欧洲现代资本主义的形成过程》，第 300、301 页。

后院、地窖和地下室中"①。

荷兰商人还普遍认为，"对进口征收关税会破坏荷兰建立在贸易基础上的经济"，以致除了从南部进入荷兰的商品外，商品无论进入荷兰国内还是进入其殖民地都很容易且几乎不纳任何关税。② 于是，不仅外国商人向荷兰输入货物畅通无阻，一旦有利可图，荷兰商人也会主动地进口国外工业产品。这就使荷兰国内凭据贸易优势建立起来的手工业失去了保护，全都衰退。③ 更甚的是，为了自己的利益，商人们不惜损害甚至出卖国家的利益。他们一边和英国人结盟与法国作战，另一边却给法军发放军饷，用中立国的旗号作掩饰的荷兰船为法军提供军粮。④

商人商业独大则意味着荷兰工农业的相对弱小，以致成为商业的附庸。

由于自然条件恶劣，土地狭小且不宜种植谷物，荷兰农业有两大特点。一、为了不断地排干被开垦出来的沼泽地，导致了风车的发明和工程科学的蓬勃发展；二、从事亚麻、大麻、蛇麻草、花卉、水果等经济作物的种植以替代粮食生产；而国民所需要的粮食全赖进口。⑤ 这些虽然使荷兰拥有当时世界上最先进的农业技术，但却因粮食需要全赖进口，所生产的经济作物又需要海外市场，致使农业依赖于外贸，成为商业的附庸。

工业亦如此，除了为商业服务的造船业一枝独秀外，其他工业的发展却遇到重重障碍。每个城市都阻止其他城市和农村的工商业品的进入；议会和政府又对国内课征重税，拖延国内贸易急需的交通运输条件改善；对国际贸易则用轻税和垄断权来激励其发展。以致阻断了国内外市场的联系，不仅各地无法形成规模经济，连阿姆斯特丹也不例外。⑥

---

① 参见［法］费尔南·布罗代尔：《15 至 18 世纪的物质文明、经济和资本主义》第 2 卷，第 66、67 页；第 3 卷，第 216 页。

② 参见［英］罗伯特·杜普莱西斯：《早期欧洲现代资本主义的形成过程》，第 300、301 页。

③ 参见 J. Mokyr, *Industrialization in the Low Countries, 1795-1850*, Yale University, 1976, p. 94, 3;［英］罗伯特·杜普莱西斯：《早期欧洲现代资本主义的形成过程》，第 299、299—302 页；J. I. Isreal, *The Dutch Republic and Hispanic World 1606-1661*, oxford, 1982, p. 429。

④ 参见［法］费尔南·布罗代尔：《15 至 18 世纪的物质文明、经济和资本主义》第 3 卷，第 208—218、222、223 页。

⑤ 参见［法］费尔南·布罗代尔：《15 至 18 世纪的物质文明、经济和资本主义》第 2 卷，第 47、48 页。

⑥ 参见 V. J. DeVries, and v. a. Woude, *The First Modern Economy: Success, Failure and Perseverance of the Dutch Economy 1500-1815*, pp. 91, 92, 187。

市场经济畸形，先天不足还体现为国外贸易发达，国内贸易停滞不前。

商人商业独大和自由放任，使各地都能根据自己市场的需要来自由地选择投资方向。这使每个城镇制定的法律常有损于其他城镇，也会使其主要贸易对象是国内而不是国外。身为全国商业重心的阿姆斯特丹及其所在的荷兰省和泽兰省就主要依赖对外贸易，尤其依赖波罗的海的航运和贸易。"他们称这一贸易为母亲贸易，或贸易的灵魂"，而其中的谷物贸易被形容为"这片土地上所有贸易的根源"①；可谷物的卖家和买家，都不在国内而在国外；荷兰庞大的商船队和东西印度公司也主要服务于国外。荷、泽两省之间及它们与其他省之间的贸易往来也远远地落后于国际贸易。②

既然市场经济畸形、先天不足，那为何16、17世纪时的荷兰的繁荣又居欧洲之首？

从流量和交易量上看，荷兰的商品经济在这个时期确实取得了高速发展并称雄于整个欧洲，但这种繁荣"是在陈旧的经济体系之下"，即"中世纪自由的条件下"实现的。凭借这种自由，凭借中央权力的缺失，每个地区都"制定有利于自己的法律、限制外来者"。自由因而成了荷兰各城镇开发贸易和发展工业的主要基石。各国居民都"可以自由地移居到新建立的共和国"③，结果，"欧洲各地的商人纷纷来到即将成为或已经成为世界中心的阿姆斯特丹"。"1650年左右，市内三分之一的居民有外国血统或者是外国人的后裔"。"他们带着资本、能力和商业关系而来"，使阿市"迅速地成长起来。1600年仅有居民5万，1700年达到20万。它使各国移民很快混合起来。把大批佛兰德人、瓦隆人、德意志人、葡萄牙人、犹太人和法国胡格诺教徒统统改造成真正的荷兰人"④。这一做法极大地促进了这一新国家在制造业、商业及金融技能方面的发展，促使个人之间商业关系网络的形成，以及资本和船舶数量的大幅度增加。"离开这些因素，荷兰的进步则要慢得

---

① ［英］M. M. 波斯坦、D. C. 科尔曼、P. M. 马赛厄斯主编：《剑桥欧洲经济史》第5卷，第259页。

② ［荷］约翰·赫伊津哈：《十七世纪的荷兰文明》，第8、9、11、15、16页。

③ ［英］M. M. 波斯坦、D. C. 科尔曼、P. M. 马赛厄斯主编：《剑桥欧洲经济史》第5卷，第17、187、188页。

④ 参见［法］费尔南·布罗代尔：《15至18世纪的物质文明、经济和资本主义》第3卷，第201页。

多、小得多"。然而，尽管"陈旧的经济体系"对荷兰的经济繁荣贡献巨大，可这时它的"大多数邻国正在试图抛弃这一体系以寻求更加有效的经济体系"①，其中原因，一是它难以模仿，二是它无法持久。

除自由外，新教思想、私有产权制度的确立，高效率的经济组织，以及面向全欧乃至全世界的庞大市场及由此而导致的市场的高度集中和分工，及其带来的低交易成本也都对荷兰经济的繁荣起了重要作用。但上述情况却无不表明，市场经济并不是荷兰繁荣的主要原因；更不能证明繁荣也促进了市场经济的发展。

贸易的繁荣掩饰不了市场经济的畸形、天生不足，及由此带来的工农业的相对孱弱，导致社会结构分化与整合的动力的严重不足，使荷兰的社会结构被锁定在原地而无法远离平衡态。

这集中表现在它无力将输入的巨大熵流平权化，即无法将输入的熵流分配到荷兰社会结构的各个部位、各个层面，以促其分化和整合。这首先是荷兰的七个省"在经济上还不是一个整体。东部的各省具有以农业为主的特征，实行贵族地主制，从事传统的种植业和畜牧业。只有西部的荷兰省和泽兰省才充分具备哪些使尼德兰有别于欧洲所有其他经济区的特点"②。其他五个省不是"草木葱茏、沼泽众多，似乎是遥远而落后的地区"；就是"孤独而谦卑"的山地，河流上点缀着"繁华和虔诚的中世纪小镇"，"水体、灌木、田野和牧场覆盖的地区占了全国一大半"，"即使乌特勒支和西兰的贡献也不能与富裕和强大的荷兰省相比"。因此，"伦勃朗时代的荷兰文明集中在 60 余平方英里的狭小地区"；其他很多地区所"追求的是乡村生活，日益孤立。"③

这样的荷兰根本无力创新，更无力推广别人的技术成果。15 世纪以来"它没有发明什么商业技术教给其它国家"④，而工业技术革新也停止了。⑤在 1817 年至 1830 年间，海牙颁给荷兰人的专利证只有与其人口面积差不多

---

① 参见〔英〕M. M. 波斯坦、D. C. 科尔曼、P. M. 马赛厄斯主编：《剑桥欧洲经济史》第 5 卷，第 17、187、188 页。

② 〔德〕汉斯·豪斯赫尔：《近代经济史——从十四世纪末到十九世纪下半叶》，第 234 页。

③ 〔荷〕约翰·赫伊津哈：《十七世纪的荷兰文明》，第 8、9、11 页。

④ 〔英〕M. M. 波斯坦、D. C. 科尔曼、P. M. 马赛厄斯主编：《剑桥欧洲经济史》第 5 卷，第 454 页。

⑤ 〔英〕罗伯特·杜普莱西斯：《早期欧洲现代资本主义的形成过程》，第 302 页。

的比利时人的 38%。[1] 创新力的弱小说明荷兰社会结构激发微涨落的能力的低下，而这显然是社会结构分化程度极低的结果。

上述表明，近代荷兰的繁荣并非是社会结构转型的产物，而是它袭用"陈旧的经济体系"的结果；当然，与其位处北欧商贸中心优越的地理位置也是分不开的。但是，"商人资本的独立发展与资本主义生产的发展程度成反比例的"[2]。它意味着商业资本在不同生产或很少同生产发生联系，以致对社会结构的分化整合几乎不起作用。而荷兰在近代把阿姆斯特丹变为欧洲的商业重心和金融重心，只不过是再现了意大利城邦，特别是威尼斯和热那亚的早期成就而已。不过，作为一个城邦就能够掌握一个真正的贸易和信贷帝国，而没有现代国家来维持，荷兰是最后一次。[3] 它再次证明了"商业的发展不会自然而然地进入或者必然地进入工业化"。德怀特·帕金斯的这个判断具有普遍意义，中国如此，荷兰近代史也是明证。[4]

所以，诺斯将荷兰视为现代化成功的两大典范之一是错误的。他被荷兰的繁荣蒙蔽了双眼，没有看清楚繁荣背后的市场经济制度的先天不足和残缺不全。产生的原因还是荷兰的统一是有其名而无其实，统而不一，没有真正地形成民族国家。仅此，就足以置荷兰的现代化于死地。布罗代尔说："任何民族市场的形成，都必须在农业、商业、运输、工业、供应与需求之间达到艰难的平衡，英国自从达到这一平衡后，便显示自己对小小荷兰的无比优越；荷兰这个蕞尔小国从此已永远丧失称霸世界的资格，而业已建立了民族市场的英国却如虎添翼。查理·金特尔伯吉问过，为什么震撼荷兰的商业革命没有把它引向工业革命，其中一条理由无疑是荷兰不拥有真正的民族市场。"[5] 从自组织理论的角度解读布氏的这一论述，就是说，对外开放虽然对系统结构转型必不可少，但转型的根本还是系统结构借外来熵流的推动而远离平衡态，而荷兰发达的对外贸易却使荷兰的社会结构无法远离平衡态，荷兰社会结构也就因此而被锁定在传统社会中无法动弹；之后，还导致它在

① 　J. Mokyr, *Industrialization in the Low Countries 1795–1850*, pp. 126–130.
② 　马克思：《资本论》第 3 卷，第 368 页。
③ 　参见 V. Barbour, *Capitalism in Amsterdam in the Seventeenth Century*, Baltimore, 1950, p. 13。
④ 　参见［美］W. W. 罗斯托：《这一切是怎样开始的——现代经济的起源》，第 16 页。
⑤ 　［法］费尔南·布罗代尔：《15 至 18 世纪的物质文明、经济和资本主义》第 3 卷，第 335 页。

模仿英国工业革命的过程中一度成为落伍者。

此外，荷兰还有一个先天不足，即国土太小。这从根本上决定了它绝不可能成为真正的自组织，而只能尾随其它的现代国家，模仿它们来实现现代化。其原因"一般规律"中已述："只有超过了特定的临界尺度，耗散结构才能出现。""一个系统要是太小，那么它将总是受到边界效应的支配。只有超过一定的临界尺度才能使非线性有机会显露特征，并且才能选择新结构，使之成为相对于其环境有一定自立性的系统"。

三、向指令性经济体制逆转的法兰西

人们对法国不能率先爆发工业革命的原因说了许多。如国家的统一滞于形式，民族市场难产；行会和专利垄断制度空前发展；国家干预工业生产过程，经济自由缺位；国家大办官工官商，推行重商贱农的错误政策；国土过大，身患巨人症；等等。[①] 但未能抓住根本：市场经济难产，致使其社会结构的分化与整合的动力严重不足。而市场经济之所以难产，不止是没有形成民族市场，更关键的是随着王权的强大，法国市场经济的反馈机制由正变负，经济体制向指令性经济逆转。

市场经济未能分娩首先当然是法国的统一仅是名义上的，没有形成民族市场。

虽然法国在路易十一时就开始走向中央集权；但是，这仅是"在历史上第一次将中世纪时期所有本为附庸的省份收括在一个君权之下"，一百年后，各省"仍然各自为政"；城市自治权也未"受到严重损害"[②]。柯尔贝尔在位时，"大大简化和统一了五大农场的税收"，而"这五个农场几乎拥有法国整个北半部"；但其中却有不少地区"扩大并保持对巴黎的独立性"[③]，与五大农场相比，法国的其他两类地区的独立性更强。它们或是"被视为外国，但又通过关税与外国相分割"，或是"新占据的地区"，它们"在同

① 参见［美］道格拉斯·诺斯、罗伯特·保尔·托马斯：《西方世界的兴起》，第171—174页。
② ［英］佩里·安德森：《绝对主义国家的系谱》，第86—87页。
③ ［美］W. W. 罗斯托：《这一切是怎样开始的——现代经济的起源》，第41、42、78页。

法国进行贸易时要付各种关税"①。大革命前，法国仍然"是由三十多个市场区域所构成的"，并因"国内关税制度而互不往来"。其中只有巴黎有一个广大的腹地可以利用；其他地方则从邻近地区取得供应。即使"地区性市场，进入其中也是受到限制的。垄断、行会、甚至售卖某种农产品的权利都被当作一种特权"②。1726 年到大革命爆发时，法国一共"撤除了 4000 多个路卡，这个成绩只能说平平，因为制宪会议从 1790 年 12 月 1 日起，废除境内关卡简直多不胜数"③。因此，"法国全土从经济关联上看，最终成为一个统一的国家，是进入革命时代以后的事"④。

在文化上，法国也"存在着两种互为对抗的、各有其语言王国的潜在文明形态——奥依语文明和奥克语文明"。这条语言分界线"从加隆河畔的拉雷奥尔直到瓦尔河流域，穿越中央高原和阿尔卑斯山脉的一大部分"，故"在长长的语言边界两侧，存在着裂缝和敞开的伤口"。而法国的历史也"总是在这个中界区的两侧一分为二的。北方发生的事通常并不以相同的方式在南部出现，反之亦然：文明方式在奥依语地区和奥克语地区几乎从来都不相同"。文明的差异是南北双方经济联系松懈的产物。直到 19 世纪前后，两大地区仍"相互对峙"，当北方因工业发展需要大量的工人，并吸收了大量的外国移民前来就业时，"南方竟不受诱惑，居民坚持留在当地务农"，不但"不愿去北方加入工人的行列"，在"感情上就怀有敌意"⑤。

若法国王权顺应市场经济的发展，那市场经济的发展就会促进国家的统一；上述民族市场未能分娩所带来的一系列问题就会缓解甚至消失。可是，王权强大后，法国市场经济的反馈机制的性质却向负反馈方向发展，指令性经济体制分量加重，形成了指令性经济和市场经济并存，后者因而处于前者的挤压、扼制和渗透之下的混合型经济体制。在这种经济体制下，市场经济

---

① ［德］汉斯·豪斯赫尔：《近代经济史——从十四世纪末到十九世纪下半叶》，第 248 页。

② ［美］道格拉斯·诺斯：《西方世界的兴起》，第 168 页。

③ ［法］费尔南·布罗代尔：《15 至 18 世纪的物质文明、经济和资本主义》第 3 卷，第 326—327 页。

④ ［英］约瑟夫·库利舍尔：《欧洲近代经济史》；W. W. 罗斯托：《这一切是怎样开始的——现代经济的起源》，第 42 页。

⑤ 参见［法］费尔南·布罗代尔：《法兰西的特性——空间和历史》，顾良、张泽乾译，商务印书馆 1994 年版，第 63、64、285、286 页。

不仅因正反馈机制的缺位和负反馈机制的压制而步履艰难，还因为后者而异化，以致官商勾结，贪腐遍地，贫富悬殊，资产阶级封建化，这不仅令法国市场经济难产，还使法国走上了与英国不同，而类同于东方社会的发展路径，并随着时间的推移而产生越来越大的路径依赖性。巴林顿·摩尔说："17、18 世纪的法国社会向我们展示出一种混合形态。这种混合形态是由被学者认为是东西方特有的两种特点（即官僚政治的和封建主义、资本主义的）所构成的"①。其结果，也就只能像东方社会一样，用炽烈的群体暴力进行改朝换代，以缓解不断高涨的社会矛盾，引发了举世震惊的法国大革命。

法国市场经济命运的这场转折是随着法国王权俱来的。15 世纪前后，法国王权就应运而生，16、17 世纪时，国王就成了全民族的共主，随之，王权对市场的干预越来越强，市场经济前行的障碍越来越多。

这首先是政府大建官工官商，损害了私有财产权，从而变异了市场经济的基因，使市场经济难产。

这种如同汉武帝实行盐铁官营、官输平准的做法首先在矿冶业得到推广。如前所述，在西欧中世纪，不仅城市空气使人自由，"金属粉末也使人自由"，矿工都是自由人。虽然矿区的土地权属于领主，但领主"允许任何人登记开采并给予资助"，而矿工们一般只须缴纳 10% 的产品作为税收就行了。② 王权兴起后，这一切都被改变。法兰西国王对"矿区越来越实行家长制控制，甚至专制。资本家以及工人必须服从王公及其官员的法律与命令"。从 15 世纪晚期和 16 世纪早期起，"开始在整个王国控制采矿企业"。1471 年，路易颁布法令，规定各地贵族在其领地"发现矿物的 40 天之内向国王报告，并且说明开采计划。如果贵族们不遵守这项规定，或者他们不愿意建立自己的企业，皇室采矿机构则要将其租出去或直接开采。所有开采活动，即使贵族在自己土地上开采都要受皇家采矿管理机构的监督"。并规定，所有矿区的争端"都不由法庭解决而由国王的主要采矿官员或由其副职解决"。通过这些办法，王室"与商人分享对矿业管理的控制权"，并最

---

①　［美］巴林顿·摩尔：《民主和专制的社会起源》，拓夫等译，华夏出版社 1987 年版，第 45 页。

②　参见［意］卡洛·M. 奇波拉：《欧洲经济史》第 1 卷，第 188 页；M. M. Postan, D. C. Mathias, ed., *The Cambridge Economic History of Europe*, V. 2, pp. 714-720。

终获得"决定权",将各种民间矿冶业变成了官办企业。"1453 年法兰西国王查理七世没收了 15 世纪最有名的商人、布尔日的查杰斯·科尔在里昂山和博若莱山的 3 个采矿公司。在 1476 年后的 70 年里,皇家采矿机构直接组织控制银矿的开采,致使法国商人对矿产"行使的控制权转瞬即逝。因此,在王权强大起来之后,法兰西的各类采矿业均"由主权当局统治"。①

国家还直接出面组建贸易公司、兴建皇家制造业。从亨利四世时代到柯尔贝尔当政时期,各届"政府不仅习以为常地参与组建乃至创建公司,而且由政府招募人员、任命主管人员,积累所需资本(至少是募集其中的大部分)";还"习惯上为特许公司提供船只",并"通过免除关税和给予其他特权来予以帮助"。为黎世留和柯尔贝尔控制的皇家政府"是那个时期大多数公司的创立者"。著名的莫尔比昂公司、以加拿大为对象的森特·阿索斯公司、以安得列斯群岛为对象的美洲群岛公司和东方公司等都是黎世留出面组建的。黎世留之后的柯尔贝尔"是大约 10 个公司的真正创立者"。路易十四也常用其权威来支配公司。1723 年东印度公司直接由印度事务院管理,而该院有 20 个领导成员是国王直接任命的;只有 10 个领导成员是由股东们选举的。路易十四还亲自任命几利亚公司的成员,并力保柯尔贝尔选为东印度公司的领导成员。七年战争期间,公司变成了"印度事务院中的战争办公室",原由公司任命的公司下属的军政首长也改由政府任命,致使公司的"贸易和生产的组织都成了国家事务"。② 创建的皇家制造业也为数不少。巴黎和博韦的毛毯厂、布雷斯特、土伦和罗彻福德的兵工厂、普瓦捷的一家织袜厂和一家绒线制帽厂、凯泰尔劳尔特的皮件厂都是由政府直接创建和管理的;"另外一些工厂则建在医院中,如在波尔多,那里的工厂生产袜子、梳理羊毛、生产花边。部分兵营也变成了工厂",甚至设备制造和建筑行业的企业"也属国王所有"。③

经过几代政府的努力,法国建立起了一个庞大的、前所未有的官工官商

① M. M. Postan, E. E. Rich, E. Miller, ed., *The Cambridge Economic History of Europe*, V.3, pp. 747-751.

② [英] M. M. 波斯坦、D. C. 科尔曼、P. M. 马赛厄斯主编:《剑桥欧洲经济史》第 4 卷,第 222、223、225、226 页。

③ [英] M. M. 波斯坦、D. C. 科尔曼、P. M. 马赛厄斯主编:《剑桥欧洲经济史》第 5 卷,第 390、391、412、413、435、436 页。

体系。尽管这些官工官商没有使用奴隶和农奴，而是建立在雇佣劳动基础之上，但是，由于企业的产权是政企合一，它们对市场经济的影响同古代中国的官工官商一样，是市场经济的克星。其原因则如第八章和第十一章所述，它对市场经济的扼杀具有决定性，因此，近代法国官工官商的产生与膨胀是法国的市场经济反馈机制的性质由正变负的主要标志。

通过投资、授予垄断权等办法，法国政府还建立了不少的官民合营的企业。"东印度公司是由国王和柯尔贝尔与商人合作创立的"，"东印度公司800万里弗资本中，有一半是由国王和公共基金所捐助，诺德公司的比例也差不多"①。不仅政府极力想支配私人企业，私人企业也极力地去追求王室的"恩赐"。因为"只有依赖政府，才能保证得到直接的补贴、无息贷款、特许权，以及排他性的特权"。例如，"煤矿的创办者要保证地理上的垄断，否则他的投资就只能是打水漂"。直到17世纪晚期和18世纪，得到政府给予的补贴和特权的这种企业仍遍及整个法国。借助皇家赋予的特权地位，著名的"皇家厚玻璃公司1750年时是世界上最大的私人工厂之一，雇用了约1000人，销售额超过了1000000里弗（live）"②。在这样的境况下，法国的工厂要么官营官有，要么受官操纵，市场经济的基因私有财产权遭到严重破坏。

其次是进行经济管制，剥夺企业的经营管理权，损害个人自由。

"这在路易十一的尝试中已见到端倪，柯尔贝尔则是把它发展到登峰造极的水平"。他"像当年管理父亲的店铺一样治理整个法国，把国家看作贸易公司"③。行会组织被强制推广，因为在政府的眼中，行会是"一个为自己效劳的，易于驾驭的绝妙工具"。亨利三世、亨利四世和路易十四，都为这发布过敕令。"巴黎的各行各业，从装门窗玻璃的小商贩到药剂师，都成立了各自的行会"。其他地方亦不例外，波尔多、克莱蒙、图尔和纳博纳分别于1461、1480、1481和1484年成为行会城市。④"不仅在城市里，而且在

① 参见［英］M. M. 波斯坦、D. C. 科尔曼、P. M. 马赛厄斯主编：《剑桥欧洲经济史》第4卷，第571、572页；第五卷，第401页。

② 参见［英］M. M. 波斯坦、D. C. 科尔曼、P. M. 马赛厄斯主编：《剑桥欧洲经济史》第5卷，第391页。

③ ［法］雷吉娜·佩尔努：《法国资产阶级史·近代》下册，第116页。

④ ［法］雷吉娜·佩尔努：《法国资产阶级史·近代》上册，第297、298页。

集镇里，甚至在农村里"，行会"都成了一种普遍的贸易机构模式"，成了"法国工业组织的基础"，它和"工业官僚这种双重的管理机制"一起，构"成了对工业和商业生活的几乎每个方面进行面面俱到的管理骨干"。其中，塔顶是柯尔贝尔的商业委员会，是决策机构；其下"则是把规章制度贯彻到生产程序的全部细节中去的执行官员"；最底层的则是行会。为了将政府的管理贯彻到"工业生产的每一个细节"①，政府颁布了无数的法令。"仅在路易十一执政期间，就颁布过 60 多项"②。其严厉细密之程度，远超同时的"其他大多数国家"③。法令详细规定了企业"使用的机器台数、学徒和工人的人数"及工资④，以及"原料和产品的质量、尺寸及重量，设置了对产品强制检查和检印的政府机构"；规定"违反规定的工具要在制造业监督官在场的情况下破坏掉"⑤；其中，对染织业的"管理竟达到了十七个项目"⑥。甚至规定了"第戎的纺织品做到每匹布有 1408 支线，查特伦的布则是 1216 支线"⑦。其管制之严，到了"没有国王的钦准，甚至没有王室官吏在场，不得举行会议"的地步。⑧ 结果，"劳动的流动在各处都受到层层限制，动手兴办工业不说是不可能的，也是困难的"；"生产过程不允许偏离常规一步，任何发明都会被对这种生产过程的无孔不入的管理所禁止或扼杀"⑨。

既剥夺工商业者的私人财产所有权，又损害他们的个人自由，这也就从根本上损坏了市场经济赖以孕育成长的基因，使法国的市场经济向小商品经济转化，使尚未孕育成形的市场经济体制向指令性经济体制逆转，使法国的经济体制变成了市场经济体制和指令性经济体制的混合体制，并使后一体制所占的比重越来越大，并越来越居控制地位。而导致这一切的根源就是法国王权已从昔日的市场经济正反馈机制的载体向市场经济负反馈机制的载体转化，致使法国的制度变迁的性质从需求主导型，部分地转换为供给主导型。

---

① ［美］道格拉斯·诺斯：《西方世界的兴起》，第 172、173 页。
② ［法］雷吉娜·佩尔努：《法国资产阶级史·近代》上册，第 297、298 页。
③ ［英］M. M. 波斯坦、D. C. 科尔曼、P. M. 马赛厄斯主编：《剑桥欧洲经济史》第 5 卷，第 412 页。
④ ［英］约瑟夫·库利舍尔：《欧洲近代经济史》，第 104 页。
⑤ ［英］约瑟夫·库利舍尔：《欧洲近代经济史》，第 104 页。
⑥ ［美］道格拉斯·C. 诺斯、罗伯特·保尔·托马斯：《西方世界的兴起》，第 172、173 页。
⑦ ［英］M. M. 波斯坦、D. C. 科尔曼、P. M. 马赛厄斯主编：《剑桥欧洲经济史》第 4 卷，第 480 页。
⑧ ［法］雷吉娜·佩尔努：《法国资产阶级史·近代》上册，第 298 页。
⑨ ［美］道格拉斯·诺斯：《西方世界的兴起》，第 174 页。

　　如第十三章所述，农民彻底摆脱人身奴役状态是在市场经济发展及其持续地向农村渗透的过程中实现的。[①] 市场经济的迟滞不前必然使法国农村原已开始的劳役折算和农奴的人身解放也被中止。大多数农民虽然折算了劳役，但封建杂费在各地仍残留不少。农民仍然"要到庄园主的磨房中为他们碾磨谷物，允许庄园主在自耕农的土地上狩猎等义务"；"敞地制在法国大部分地区仍然很盛行"，农民"受到村公社强加于他们身上的集体奴役的约束，比如规定了他应该种哪些庄稼以及应该在什么时候播种和收割"[②]。因此，产权私有，人身自由在占人口多数的农民中尚未普及，市场经济的这两大基因的生长还被局限在十分狭小的范围里。

　　由于运用了国家的暴力潜能，法国王权的重商主义政策在具体问题上也"显示了某些成功"[③]，但主要体现为推动了法国经济总量的增长和军事力量的壮大。例如，政府针对朗克多克的毛毯业所颁布的法规和税费"对建立以自动化生产为代价的外包系统的大量兼营批发的制造商非常有利"；也"正是皇家的工业品才首先把像珍妮纺织机，水力织机和炼焦炉等技术革新引进法国来"[④]。到18世纪中期，虽然，法国工业品的出口比例同英国是一样的，但绝对量是英国的4倍，"法国仍然是世界上头号工业强国"[⑤]，"在工业产量，对外和对内贸易量方面居世界领先地位"。"在奢侈品工业和许多技术发明方面领导着世界"。"一个具有自我意识的商人阶级"也已培养出来，柯尔贝尔"把法国建设成一个拥有海上霸权和帝国霸权的梦想在18世纪也实现了"。法国"拥有了一支比当时任何一个国家都要强大的陆军和海军，从而使法国威胁着欧洲，实际上也威胁着世界"[⑥]。但是，所取得的这一切成就都是通过恶化市场经济的环境和条件取得的，是杀鸡取卵式的产物，它不仅无益于市场经济的孕育和分娩，无力推进社会结构的分化与整合；所引出的后患是灾难性的，且层出不穷：社会经济资源因错配而被

　　① 参见巴林顿·摩尔也持同样看法，参见［美］巴林顿·摩尔：《民主和专制的社会起源》，第31页。
　　② ［英］M. M. 波斯坦、D. C. 科尔曼、P. M. 马赛厄斯主编：《剑桥欧洲经济史》第5卷，第553页。
　　③ ［英］M. M. 波斯坦、D. C. 科尔曼、P. M. 马赛厄斯主编：《剑桥欧洲经济史》第4卷，第481页。
　　④ ［英］罗伯特·杜普莱西斯：《早期欧洲现代资本主义的形成过程》，第307、308页。
　　⑤ ［美］沃勒斯坦：《现代世界体系》第2卷，第350页。
　　⑥ ［英］M. M. 波斯坦、D. C. 科尔曼、P. M. 马赛厄斯主编：《剑桥欧洲经济史》第4卷，第482页；第5卷，第527、531页。

大量浪费，经济发展严重失衡，官商勾结、贫富悬殊、贪腐成风、道德败坏，不仅使经济发展不可持续；还硬化了传统社会结构，极大地激化了社会矛盾，恶化了社会风气，使法国走上了类同于古代东方的发展道路，以致法国人民为摆脱这样的路径依赖而付出了血腥的代价，耗费了漫长的岁月。

　　其根源，无非是经济体制向指令性经济的倒退，因为这些副作用都是指令性经济所固有的。法国亦不例外，其市场被扭曲、资源被错置①；"人才、企业和资本不断地被从生产企业和贸易中转移开，投入到令人生疑的公共财力支持的事务活动中"②；"一旦初始的刺激消失，就会提高成本，妨碍工业根据变化的消费者嗜好和市场机会做出快速的调整，阻止新的人才，资本和能源的流入"③。这些，又会导致企业在市场竞争中成为失败者。因为"法国王室和其大臣们被证明在一般的商人事务上远不如企业家那样做得好，在主动避免业务风险方面也远不如个人做得那么机敏"。那些能长期生存甚至还能不断扩大的企业"主要是依靠它们的特权地位和与之相伴的大量税收来支撑"④；再加上官商官工"存在规模的压力，而且缺乏利润激励而对管理者没有刺激，以致企业常常特别没有效率"。同时，它还会"创造了过时管理太多的生产机构"⑤。而这些"机构中的一部分职位本身也成为出售的对象"，"产生出了像德·罗斯曼夫人一样的社会寄生虫，她通过召集成群结队的老鸨和女投机者而在工业特许权方面发展了有利可图的贸易。她在接受审讯时讲道，如果所有从事她这类生意的人都被惩处的话，至少能装满好几个巴士底监狱。巴黎警察总监证实了她的说法，王宫中的名字几乎无一遗漏地记录在她的名单上"。越来越多的官职就这样为宫廷的利益被出售。所以，被这种低能和腐败的官僚所监管的工商企业"被证明更多的是大量花费了皇室的金钱，而不是为皇室带来财富"，"是对商业效率的一种嘲笑"。"继亨利四世之后，黎塞留和玛扎然尽全力开拓东印度贸易"，"建立了经营

---

① 参见［英］罗伯特·杜普莱西斯：《早期欧洲现代资本主义的形成过程》，第307、308页。
② ［英］M. M. 波斯坦、D. C. 科尔曼、P. M. 马赛厄斯主编：《剑桥欧洲经济史》第4卷，第482页。
③ ［英］罗伯特·杜普莱西斯：《早期欧洲现代资本主义的形成过程》，第307、308页。
④ ［英］M. M. 波斯坦、D. C. 科尔曼、P. M. 马赛厄斯主编：《剑桥欧洲经济史》第5卷，第412页。
⑤ ［英］罗伯特·杜普莱西斯：《早期欧洲现代资本主义的形成过程》，第307、308页。

西半球、远东、利凡特、波罗的海和非洲贸易的公司"，但是，800万里弗资本中，有一半是由国王和公共基金捐助的东印度公司却最终不敌荷兰公司的竞争而一败涂地，"而直接在金钱上或间接在特权上接受政府资金补贴的""皇家制造业和特许制造业"等"柯尔贝尔所宠爱的许多企业"[1]，却"在他去世前就已经失败了"[2]。而柯尔贝尔主义也就因此"成了一位法国学者所说的一场混乱的暴政"[3]。

　　这场暴政使"法国资产阶级中最富有和最具影响的部分不是工业家和一般商人"，"而是贵族式资产者，包括税收官、财政官和律师，这些人享受着官僚化社会丰厚的额外收入"。而真正的商人在法国是没有地位的。他们不但不能像英国的商人那样影响重商主义政策的制定；"所受到的传统的限制更大，……自由的活动更少，受经济和政治结构的约束越多"；还必须承担比英荷等国要多得多的地方通行税等种类繁多的税收，这些税收之畸重，"轻言之是大部分私人企业的负担；重言之对它们是一种灾难"；此外，他们还要忍受着由专卖权、行会特权、"宗教纷争以及与之相伴的政治动荡"等因素所造成的极其恶劣的商业环境；因此，法国商人的地位正如他们的代表在1701年时对路易十四所说的"极为悲惨"。这不仅"制约了企业家绩效"，还"很容易使企业家放弃商业业务"，使"他们的子女都想摆脱这种地位"，使人们认为发财的主要途径只能依附宫廷，购买官职，以致购地买官，跻身贵族，"成为贵族是每一个有抱负的中产阶级的目标"，从而使法国人缺乏企业家精神，使"杰出的商人太少"。致使这个比"英格兰更加多样化、自给性强"，"拥有大量潜在财富的国家"，"就算在和平时期也停滞不前"[4]。同一切人都是经济人一样，法国宫廷推行的重商主义的一系列政策的目的无非也是为了政府财政而不是为了工商业的发展。"它们目的本身从来就不是鼓励私人资本家"。"宫廷的私心和非经济的动机所产生

---

　　① 参见［英］M. M. 波斯坦、D. C. 科尔曼、P. M. 马赛厄斯主编：《剑桥欧洲经济史》第4卷，第481页；第5卷，第401页。

　　② ［英］罗伯特·杜普莱西斯：《早期欧洲现代资本主义的形成过程》，第307页。

　　③ ［英］M. M. 波斯坦、D. C. 科尔曼、P. M. 马赛厄斯主编：《剑桥欧洲经济史》第4卷，第481页。

　　④ 参见［英］M. M. 波斯坦、D. C. 科尔曼、P. M. 马赛厄斯主编：《剑桥欧洲经济史》第5卷，第385、412、413、516、517、520、530、531页；［法］雷吉娜·佩尔努：《法国资产阶级史·近代》下册，第131页。

的政策，从好处讲是大部分私人企业家的负担，从坏处讲对它们是一种灾难"。宫廷所创立的比其他国家更为严厉的经济管制制度、行会制度、官工官商、公私合营的特许制造业和既得利益集团等"都阻碍了新企业的变革和老企业的发展"。而政府想借此"为王室敛财"的"这个目标也从未实现"①。可见，在市场经济面前，法国王权履行负反馈机制的角色远大于它作为正反馈机制的角色。因此，法国王权及其与之俱来的国家统一虽然为法国市场经济的分娩带来了一些机遇，但更多的是使法国的市场经济的孕育与分娩的反馈机制发生了质变。

统一的民族市场未能建立，市场反馈机制由正变负，这一切都使法国的经济体制发生了向指令性经济的逆转；市场经济赖以分娩的条件缺失，以致到大革命前，市场经济都未能分娩。虽然此时法国的工业产值占总产值的比重比英国还要略高一些，钢铁产量甚至为英国的两倍半。但是，经济总量的增长绝不意味着社会结构就因此而远离平衡态。"在法国革命前夕"，"法国人绝大部分是在田里工作"，劳动人口中"只有五分之一在工业就业"；这表明，此时的法国的社会结构仍然处于近平衡态，推动其历史发展的还是社会各种力量相互冲突后的合力，随即发生了空间惨烈的法国大革命因而是必然的。大革命之前所取得的经济业绩，仍然是"使用现有的组织结构"，"继续使用古老的技术"而取得的。② 正因如此，18 世纪时的法国"尽管充满了发明创造"，"但发明创新转为工业应用的速度远远落后于英国"。"许多法国的发明都是在英格兰和苏格兰开发和应用的"③。同时，"技术革新的引进也比英吉利海峡对岸缓慢得多。1789 年法国有 900 台珍妮纺织机，而英国就有 2 万台。尽管法国的钢铁业比英国大得多，也更多地依靠木炭为燃料的低容量的炼钢炉"④。

上述近代法国的经历再次表明，现代化绝非是生产力增长的结果，更不是国民经济总量增长的产物。如果国民经济总量的增长不能促使社会结构的

① 参见［英］M. M. 波斯坦、D. C. 科尔曼、P. M. 马赛厄斯主编：《剑桥欧洲经济史》第 5 卷，第 385、412、413、516、517、520、530、531 页；［法］雷吉娜·佩尔努：《法国资产阶级史·近代》下册，第 131 页。
② 参见［英］罗伯特·杜普莱西斯：《早期欧洲现代资本主义的形成过程》，第 312 页。
③ ［英］M. M. 波斯坦、D. C. 科尔曼、P. M. 马赛厄斯主编：《剑桥欧洲经济史》第 4 卷，第 482 页。
④ ［英］罗伯特·杜普莱西斯：《早期欧洲现代资本主义的形成过程》，第 312 页。

分化与整合，社会结构就无法远离平衡态，市场经济就无法分娩成长，现代社会也就是可望而不可即。

反馈机制由正变负是法国的市场经济难产的关键，而导致法国王权这一变化的直接原因是英法百年战争、战争前期的战败及其所带来的社会混乱，迫使法国议会于1389年放弃了税收批准权①，法国王权从此摆脱了民众的束缚和制约，能自由地追逐自身的利益。这是人们在暴政和无政府之间做出的无奈选择。这正如让·茹凡纳尔·代·于尔森于百年战争即将结束时所说："如果有位国王能给法国人带来国内和平，哪怕他是撒拉逊人，法国人也会服从他"。而路易十二之所以在这之后不久成了"人民之父"，能"不经被统治者的同意便夺取了征税权"，就是因为他满足了三级会议"极欲终止法国动乱的愿望"，恢复了王国的安定。② 而放弃征税权，就意味着制度变迁由诱致主导型转为供给主导型。

若追根溯源，这背后的原因就要复杂得多。如资产阶级不仅过小，且多半封建贵族化，其贵族化的程度远过于法国贵族的资产阶级化。而贵族化后的法国资产阶级，即通常所说的穿袍贵族为了享受传统贵族即佩剑贵族所拥有的经济特权，他们就拼命地捍卫王权及其所推行的种种制度和法令。此外，对新教徒的压迫，造成了晚期重商主义时期最为看重的人力与财力的大量流失。在撤销对胡格诺教徒实行宽容的《南特敕令》后，大都属于工业家、金融家和能工巧匠阶层的大约100万人的胡格诺教徒中的大部分被迫逃离法国，法国因此而损失了大量技术人员，流失了巨额资金。这自然严重地损害了法国市场经济的发展。过于辽阔的国土也使法国建立民族国家和民族市场的难度远大于英荷等国。17世纪末，威廉·配第就已观察到法国的国土等于荷兰的十三倍、英国的四倍；人口等于英国的四至五倍，荷兰的十倍。③

要抑制和改变这些不利于市场经济分娩的先天因素和后天原因，要激发

---

① 参见 C. J. Rogers, ed., *The Wars of Edward Ⅲ: Sources and Interpretations*, Rochester, NY: Boydell Press, 1999, pp. 327, 328。

② 参见［法］费尔南·布罗代尔:《15至18世纪的物质文明、经济和资本主义》第2卷，第571页；［美］道格拉斯·C.诺斯:《经济史上的结构和变革》，第147页。

③ 参见［法］费尔南·布罗代尔:《15至18世纪的物质文明、经济和资本主义》第3卷，第368、388、389页。

法国历史和社会中那些有利于市场经济成长的潜在因素，唯一的办法就是从环境中吸入足量的负熵流，并实现平权化。然而，恰是这两点上，法国无能为力。它缺乏一个能敲开其他国家大门的利器。虽然有人认为"葡萄酒对于法国农业的意义，就像羊毛在16、17世纪对于英国和整个社会的意义一样"，但是，"几乎90%的葡萄酒都在法国本土消费掉了"，而不是像英国那样90%的羊毛被用于出口；更何况，葡萄加工无法衍生出羊毛加工那样长的产业链①，这不仅使法国从环境中吸入的负熵流严重不足，也无法形成一个将负熵流平权化的社会机制，因而无法培养出一个强大的工商业主阶层，也无法将传统的封建贵族转化为资产阶级新贵族，因而也就无力改变阶级力量的对比，制约王权，使其同市场经济之间形成共生关系，为市场经济的发展提供助力。市场经济不能分娩，社会结构分化与整合的动力就会严重不足，社会分工就会滞留在一个很低的水平上。这不仅令法国市场经济孕育不良、难产，还必然会使法国王权的基础具有更多的传统性，使市场机制的反馈机制的性质拥有更多的负面性，从而使法国滞留在现代社会的大门前而不得入内。

四、为信仰而战的西班牙

近代西班牙的落伍是不容争议且十分典型的。其根源是先天不足，及其所导致的路径依赖。

率先强化了王权，又首先发现了新大陆，获得了海外的大量金银和广阔的殖民地，西班牙的市场经济的孕育最初也是显山露水，国力空前强大，以至16世纪被人称为西班牙的世纪。可好景不长，17世纪时，西班牙成了西欧最贫穷的国家。国势如此大起大落，这在世界史上是罕有的。

人们列举了种种原因，如强调其统治者忽视自身的工业生产，大量人口迁往了新大陆等，这些都不无道理；但根本问题是它的政府为什么不对工商业进行扶助？为什么不能同荷兰一样，吸引各国居民前来工作以补充外迁的人口。

---

① 参见［美］巴林顿·摩尔：《民主和专制的社会起源》，第35、36页。

　　只有社会结构远离平衡态时，现代化才会发生。而近代西班牙的社会结构极为单一和原始，反现代化势力特强，根本不具备发展市场经济的基本条件。

　　首先是其经济结构原始、单一。在异教徒、犹太人的工商业者被驱逐出境后，整个西班牙的工商业也就残存无几①；畜牧业一枝独秀；绝大部分土地产权属于僧俗贵族②；行会制度原封未动，手工工场微不足道。③汤普逊说，它要"比其他欧洲国家约落后一百年到一百五十年的时间"④。

　　其政治结构也很简单。其王权是欧洲封建王权中最原始、最为专制、具有"最浓厚的贵族色彩"、最敌视资产阶级的封建政体。权力高度集中于国王。国王依靠贵族实行对全国的统治。贵族尚武好战，或行封建租佃，或拥有殖民地的奴隶制种植场，是专制政体的坚实基础。⑤

　　文化结构同样原始。天主教是唯一的信仰，至高无上；其他一切思想都是异端，都要被无情铲除。因为其贵族与异教徒进行了长达几个世纪的战争，他们中不知有多少人的亲人死在异教徒的刀下。故从国王到民众，宗教狂热都"达到了极点"。腓力二世宣称，为了保卫天主教，他准备烧死几十万人，甚至他的儿子。⑥宗教改革后，西班牙又成了天主教的宪兵。为了保持西班牙这块"净土"，西班牙建立起了最严格的文字和思想审查制度，以及最严厉的宗教裁判所。焚烧禁书，绞杀异教徒，连不吃猪肉的人也视同异教徒处置。⑦近代西欧，人文主义广泛传播，宗教改革风起云涌，唯独西班牙始终是天主教一统天下。它不仅彻底地清除了境内的异教徒，也成功地阻挡了新教向西班牙境内的渗透。1550—1600 年的半个世纪内，西班牙被审

---

　　①　参见［英］R.B.沃纳姆编：《新编剑桥世界近代史》第 1 卷，第 453、476、477 页；［美］詹姆斯·W.汤普逊：《中世纪经济社会史》下册，第 145—160 页；［美］詹姆斯·W.汤普逊：《中世纪晚期欧洲经济社会史》，第 472、473 页。

　　②　参见［美］詹姆斯·W.汤普逊：《中世纪经济社会史》下册，第 154 页。

　　③　参见［英］佩里·安德森：《绝对主义国家的系谱》，第 56、57 页。

　　④　［美］詹姆斯·W.汤普逊：《中世纪经济社会史》下册，第 148 页。

　　⑤　参见［苏］波梁斯基：《外国经济史（封建主义时代）》，第 438、435 页。

　　⑥　参见［苏］波梁斯基：《外国经济史（封建主义时代）》，第 468、469 页。

　　⑦　参见［英］爱德华·伯曼：《宗教裁判所——异端之锤》，何开松译，辽宁教育出版社 2001 年版，第 203—219 页。

查的持有新教观点的嫌疑人仅有 325 个。①

社会结构如此单一原始，其历史和地理位置也难辞其咎。它位于西欧边缘，大部国土长期陷于阿拉伯人之手，奴隶制残余较多，城市发展远落后于西欧其他国家。② 在地理上，它又位于欧洲各国中"条件最差的地点上"。"地处西南角，没有国际通路横穿其境内；北有庇里牛斯山阻碍它与法国的交往"；东有"阿拉贡高地阻碍了埃布罗河流域之外的卡斯蒂利亚和地中海之间的交通"；大部分国土又"被众多的山脉割裂成崎岖不平的高原"。陡峭的山坡，狭窄的山谷，使人们抵达沿海"港湾极不容易"；对外虽有贸易，但因为"缺少出海口"及为"狭窄而贫瘠的海岸所限，商业的规模不大"；而山脉绵亘的内地，道路崎岖，河流也"过于湍急"，"不能架桥"，降雨量也极不稳定，不适宜内陆水道的发展。③

其国家的统一也不是资产阶级与王权结盟的果实，而是宗教战争、王室继承和联姻的产物。两个王国都保留着各自的政体、法律、法院、税制和货币。④ 未经当地诸侯许可，腓力二世甚至"不能派兵进入阿拉贡"。查理五世即位导致了帝国疆土的扩大，"但也强化了国家原有的分权倾向，王朝的不同属地上出现各异的政务院和总督"。"结果是大到整个国际性帝国，小到伊比利亚半岛，均不可能实现真正的统一"⑤。

这些，造成了市场经济孕育环境的十分恶劣，使其市场经济的先天不足，直到中世纪晚期，"卡斯提尔的商人和手工业者中间仍然没有行会，可见其工业活动之微小"⑥。到被人称为西班牙商品经济盛世的 1557 年，一个威尼斯使节还写道："我相信没有哪个国家像西班牙那样仅有这么少的技术工匠。"⑦

---

① 参见［英］R. B. 沃纳姆编：《新编剑桥世界近代史》第 3 卷，《反宗教改革运动和价格革命》，中国社会科学出版社 1999 年版，第 326、420 页。

② 参见［意］卡洛·M. 奇波拉：《欧洲经济史》第 2 卷，第 137 页。

③ 参见 M. M. Postan, H. J. Habakkuk, ed., *The Cambridge Economic History of Europe*, V. 1, p. 432;［美］詹姆斯·W. 汤普逊：《中世纪晚期欧洲经济社会史》，第 471、472 页；《中世纪经济社会史》下册，第 145、146 页。

④ 参见［英］O. R. 波特编：《新编剑桥世界近代史》第 1 卷，第 457—460 页。

⑤ 参见［英］佩里·安德森：《绝对主义国家的系谱》，第 40、55、60、63 页。

⑥ ［美］詹姆斯·W. 汤普逊：《中世纪经济社会史》下册，第 155 页。

⑦ C. M. Cipolla, *Before The Industrial Revolution European Society and Economy 1000 - 1700*, pp. 233, 234.

卡斯提尔的"商业几乎是个空白"①；故市民的贸易本领"也落后于法国、意大利和德意志的市民"。当摩尔人被驱逐后，加泰罗尼亚的工商业也就荡然无存了。② 因此，西班牙的第三等级，从来没有发展成为历史上一个进步因素。③ 虽然它帮助过王权的强大，但远不如贵族，特别是小贵族。

市场经济先天不足，市民阶级弱小，能够给王权的支持就十分有限，王权从市民那里得不到帮助就必然会去求助于封建贵族阶级。致使西班牙的制度变迁必然是供给主导型的，因而使市场经济孕育的环境更加恶化。

在美洲的银矿尚未开发出之前，麦斯塔（王国牧民荣誉会）缴纳的税收为王室提供了"主要的也是增长最快的"财政收入④；此外，国王还能从他们那里获得牧场租金和贷款。"查理一有困难就前往求助"，麦斯塔也有求必应，慷慨解囊；国王给予回报，"相应地通过了许多法律。这些法律照顾养羊业而不利于农业"和工商业。1462 年的法令规定每年留在国内的羊毛不得超过总产量的三分之一，国王查理想将这个比例调整到二分之一，但遭牧羊主的反对而只得作罢。⑤ 致使国内羊毛价格居高不下，从根本上杜绝了西班牙最具潜在优势的工业，即毛纺业的发展道路，使西班牙始终是个原料出口国，无法完成向工业国的转化；也无法使西班牙的出口贸易和产业进入一个更高层次的循环。

为贵族发现和管理的新大陆使国王在羊毛税之外又增加了一笔更大的收入。上至殖民地总督，下到印第安人，都要向国王缴纳不等额的税收和贡物；每个从新大陆回来的西班牙人都要将其获得的黄金的 2/5 和其余财产的 1/10 上缴给国王；进出新大陆的商品均须交税，税额从 9.5% 到 29%。据统计，在三个世纪中，西班牙从新大陆共输入 225 万公斤黄金、1 亿公斤白银，及大量的热带农副产品。然而，同国王从尼德兰得到的收入相比，所有

① ［英］O. R. 波特编：《新编剑桥世界近代史》第 1 卷，第 457—460 页。
② 参见 ［美］詹姆斯·W. 汤普逊：《中世纪经济社会史》下册，第 145—160 页；詹姆斯·W. 汤普逊：《中世纪晚期欧洲经济社会史》，第 472、473 页。
③ 参见 ［美］詹姆斯·W. 汤普逊：《中世纪经济社会史》下册，第 155 页。
④ ［美］道格拉斯·C. 诺斯：《西方世界的兴起》，第 118 页。
⑤ 参见 ［英］O. R. 波特编：《新编剑桥世界近代史》第 1 卷，第 450 页。

这些收入都黯然失色。①

西班牙因此而空前地富强起来，但是，这些财富，却起到了官工官商对中国王权所起的那种作用，使西班牙实现了土地权和货币权的合二为一，从而使西班牙王权和贵族阶级无求于民间工商业。明乎此，也就不难理解西班牙王权推行各种摧残工商业政策时是如此地不留情面。他随心所欲地增加国内的各种税收，规定国民出售任何一种商品都要征收其价值的10%的交易税给国王，税率还时常提高，还不时地征收名目繁多的新税，广泛地实行包税制度。包税人变本加厉地进行搜括，将商品搬过一条街，从一处搬往另一处，也要缴纳交易税。税率往往占商品价值的30%以上，有的甚至高达40%—60%。重税之外，还要对商人进行赤裸裸的剥夺。市民们困苦不堪，揭竿而起，换来的则是残酷的镇压和更贪婪的剥削。②

西班牙政治结构的极端无序也是摧残市场经济的一个杀手。因为它使国王的权力几乎没有任何制约，国王想干什么就干什么。于是，大量的金钱被国王用于维护他的庞大的且不断膨胀的专制主义的国家机器。15世纪时，行政费用就占去了岁入的半数，17世纪时升至80%。③

文化结构的原始单一也是西班牙市场经济的克星。为了保持其国民的纯洁性，遍布全国的宗教裁判所在国民中寻找宗教异端，一旦发现，不是处死就是驱逐出境。1391年，在全国范围内屠杀犹太人。仅塞维利亚一处就杀死了4000人；1483年之后的15年内约有9000多人被处以火刑，另有9万多人被处以其他各种刑罚。④大批的能工巧匠和商人仅因出身和信仰等问题而被驱逐出境，1492年有16.5万人逃出西班牙，结果，大量的摩尔人连同其无数的能工巧匠被赶出了西班牙。据统计，西班牙总共因此而损失了50

① 参见 J. V. Vives, *The economic history of Spain*, New York, 1969, p. 323；［法］米歇尔·博德：《资本主义史1500—1980》，吴艾美泽，东方出版社1986年版，第8页。
② 参见［苏］波梁斯基：《外国经济史（封建主义时代）》，第459、465—468页；道格拉斯·诺斯：《西方世界的兴起》，第177、178、180页。
③ 参见［英］O. R. 波特编：《新编剑桥世界近代史》第1卷，中国社会科学院世界历史研究所组译，第633、634页。
④ 参见［英］爱德华·伯曼：《宗教裁判所——异端之锤》，第135—137、157页；［苏］波梁斯基：《外国经济史（封建主义时代）》，第436、437页。

万国民，而"这些臣民的勤勉和文化曾是它的经济繁荣的保证"①。随着这些异教徒的被驱逐，不仅西班牙的许多工商业，如丝绸业完全地消失了，灌溉农业也不复存在了，"羊群也开始游牧于过去曾是阿拉伯人美丽园地的南西班牙地区"②。本来就远落后于各国的工商业和农业，在国王的横征暴敛下和野蛮摧残下彻底地崩溃了。为了"血的纯净和清澈"，西班牙人得到了应得的"折磨和惩罚"③。

文化的原始还促使国王将大量的财富投入到追求其世界帝国的梦想和保卫天主教的纯洁性的"既无结果又无止境的欧洲战争中"。仅1588年武装无敌舰队就耗费了380万杜卡脱。而战争又都是在国外进行的，军需品都要就近采购，因此，哪怕是胜利的战争给西班牙带来的也不是收益而是巨大的耗费。而西班牙参加了16、17世纪欧洲所发生的几乎所有的大型战争，仅查理五世一人就参加过40次远征。他和他的子孙经常同法国国王、土耳其苏丹、德国新教徒作战，用西班牙人的鲜血和财富去捍卫天主教世界。当他们全心全意投入他们为之献身的事业时，他们从来不关心国内经济的命运。不仅从来没有实行重商主义政策，还为满足对外战争的巨大需求而对各行各业横征暴敛。到16世纪末，"腓力二世就把西班牙经济力量弄到了山穷水尽的地步"。1700年，查理二世去世时，国库竟然连出殡的费用都拿不出来。④佩里·安德森颇为感慨地说："正是战争拖垮了西班牙绝对主义的原始结构。"⑤

社会结构的极其原始，使本应是有助于现代社会孕育的一些条件，如对外开放，拥有广阔殖民地等，反而成了"西班牙经济颠覆的祸根"⑥。因为这种结构不能实现外来的财富的平权化，而主要为开拓殖民地的领导者和组织者的贵族及国王所占有。他们凭借这些财富过着挥金如土的寄生生活，

---

① 参见〔苏〕波梁斯基：《外国经济史（封建主义时代）》，第437页；〔英〕O. R. 波特编：《新编剑桥世界近代史》第1卷，第477、478页。

② 参见〔美〕詹姆斯·W. 汤普逊：《中世纪晚期欧洲经济社会史》，第671页。

③ 参见〔法〕弗罗南·布罗代尔：《腓力普二世时代的地中海和地中海世界》第2卷，第261页。

④ 参见〔苏〕波梁斯基：《外国经济史（封建主义时代）》，第459、465—468页；〔美〕道格拉斯·诺斯：《西方世界的兴起》，第177、178、180页。

⑤〔英〕佩里·安德森：《绝对主义国家的系谱》，第67页。

⑥〔英〕佩里·安德森：《绝对主义国家的系谱》，第67页。

第十六章　现代社会在西欧大陆的难产　749

"始终不屑于资本主义企业活动"。为了解决弱小的西班牙工业无法满足其奢华生活欲望的问题，他们大量进口外国的工商业品以供其享受。1568 年，让·博丹写道：西班牙人"从我们这儿获取粮食、亚麻布、布匹、菘蓝、纸张、书籍甚至木器，总之，什么产品他们都要"①，以致当时的一个威尼斯人说："西班牙没有其他国家的援助就不能存在。"而西班牙的贵族却为各国为西班牙生产，而西班牙人却不为各国生产为荣，完全不了解隐藏在这后面的致命的民族忧患。②结果，从 16 世纪后期起，西班牙不仅丧失了它的国外市场，也丧失了它的国内市场，它已经成了法国、荷兰与英国商品的一个重要的倾销地。③

外来的巨额财富对弱小的西班牙的工商业来说不是福音而是灾难，因为他从中得到的不是资本而是市场。在新大陆发现的初期，他们的工商业也确实因这巨大的海外市场而红火了一阵子，"塞哥维亚和巴利亚多利德的呢绒业、巴伦西亚的丝绸业以及毕尔巴鄂地区的金属品制造业与远洋船舶制造业都获得了长期的繁荣与发展"。但是，"十六世纪中叶以后"，"海外的需求量显然已超过了西班牙的工业能力"，1545 年，西班牙手工制造业主手中来自新大陆的订单足够其工作六年之久，而殖民地的订货又必须及时送达，于是，商人不得不从西欧各国进口商品再用他们的名义转运给各个殖民地，致使西班牙"成了个漏斗。通过这个漏斗，别国的产品流入了加勒比地区、墨西哥以及新格纳拉达高地这些终点"④。"腓力普二世统治时期，殖民地进口产品中的十分之九都来自西班牙以外的国家"；进入 18 世纪后，这个比例进一步上升，"殖民地消费的物资中，只有二十分之一是由西班牙生产的；其他的全部由荷兰人、法国人、英国人提供"⑤，西班牙"几乎成了外国人的货栈"⑥。同时，从新大陆涌入的贵金属使西班牙的物价的上涨不仅比西

①　[意]卡洛·M.奇波拉：《欧洲经济史》第 2 卷，第 312 页。
②　参见 C. M. Cipolla, *Before The Industrial Revolution European Society and Economy 1000 – 1700*, p. 234；[苏]波梁斯基：《外国经济史（封建主义时代）》，第 462、464、465 页。
③　参见[意]卡洛·M.奇波拉：《欧洲经济史》第 2 卷，第 361 页。
④　参见 C. M. Cipolla, *Before The Industrial Revolution European Society and Economy 1000 – 1700*, pp. 233,234；[意]卡洛·M.奇波拉：《欧洲经济史》第 2 卷，第 312 页。
⑤　[英]约瑟夫·库利舍尔：《欧洲近代经济史》，第 209、211 页。
⑥　[法]费尔南·布罗代尔：《15 至 18 世纪的物质文明、经济和资本主义》第 3 卷，第 476 页。

欧各国早，上涨的幅度也要高得多，西班牙的工业的生产成本和产品价格因
而远高于其他国家。[①] 结果，随着西班牙殖民地的日渐开发，不是西班牙
工业的兴盛，而是西欧其他国家工商业的发展。16 世纪前半期，托勒多
和塞利维亚的呢绒业空前兴盛，其产品大量销往新大陆，到了 16 世纪下
半期，它们的呢绒业却全都衰败了。除了国王的横征暴敛外，还因为它们
无法同英法荷兰的毛呢竞争。[②] 商业也是如此。由于在欧洲和东方都无商
业网络和金融据点，从新大陆运来的金银只能通过意大利人、佛兰德人、
德国人在欧洲和东方的商业网络和金融据点换得货物。故从事东西方贸易
的商人全是西欧其他国家的商人；西班牙商人被完全排除在欧洲内部和东
西方贸易之外。[③] 在金融领域，西班牙商人也被排除出本国市场。因为他
们无力充当国王的贷款人，国王需要的大量贷款只得求助于外国商人。但
贷款需要抵押品，于是，外国商人就垄断了西班牙的金融业和许多行业。
奥格斯堡的银行家富尔格开采了西班牙的矿山，垄断了水银交易。16 世
纪中期，西班牙的食品、羊毛、丝、铁交易的垄断权都已归之于热那亚商
人。[④] 到 17 世纪时，整个"西班牙的批发贸易的六分之五都落入了外国商
人手中"[⑤]。

　　同外来的财富一样，西班牙的广阔的殖民地也起了同样的副作用，其原
因就在于"西班牙又把自己的弱点输出到海外"，也追求信仰的纯洁性，只
准西班牙及其属地的天主教徒移民西属殖民地，这"就意味着排斥英国人、
德国人、瑞士人、北美人，也就是说排斥南美洲最迫切需要的人"。不仅如
此，它还在殖民地的各个角落"追捕异教徒"，致使其殖民地失去了"最迫
切需要的技术和知识，更不用说失去了文化多元性的优势"。而霸占了各殖
民地的西班牙移民"仍一心一意"地想通过西班牙本土流行的模式发财，

---

　　① 参见 C. M. Cipolla，*Before The Industrial Revolution European Society and Economy 1000 - 1700*，
pp. 233,234；［意］卡洛·M. 奇波拉：《欧洲经济史》第 2 卷，第 312 页。
　　② 参见 G. V. Scammell，*The First Imperial Age*，*European Overseas Expansion C. 1400-1715*，London，
1989，p. 230。
　　③ 参见［意］卡洛·M. 奇波拉：《欧洲经济史》第 2 卷，第 452 页。
　　④ 参见［英］约瑟夫·库利舍尔：《欧洲近代经济史》，第 210 页。
　　⑤ ［苏］波梁斯基：《外国经济史（封建主义时代）》，第 460 页。

因此，在他们那里，"通往财富之路不是劳动，而是贪污"，暴政和贿赂。[①]而他们反馈给西班牙的则是使其经济"发生了致命的转折"。先是"应殖民地的需要，越来越多的土地不再生产谷物转而生产葡萄酒和橄榄油，导致谷物生产和牧羊业的萎缩"。这不仅"使西班牙在 16 世纪 70 年代成了粮食进口大国"，也导致西班牙农村人口大批失业。"1571 年和 1856 年的普查表明，仅有三分之一的男性从事农业生产，而不少于五分之二的人口处于任何直接生产活动之外"。1600 年后，随着殖民地自己的工业的发展，它需要"进口精细的手工业品"却"是西班牙不能生产的，只能从英法等国走私进口。导致西班牙与美洲属地的贸易额灾难性的下降：1606—1610 年到 1646—1650 年，总吨位共下降了 60%"[②]。

通过上述各种途径，西班牙的对外开放使西班牙在西欧现代化进程中所扮演的角色十分可怜，它犹如一个漏斗或者一个屋顶，将来自新大陆的财富输往了英法这些极力想置它于死地的国家，而它自己不但什么也得不到，反而赔进了本国人民的大量财富和生命[③]，"成了外国人的西印度群岛"，以致许多同时代的西班牙人痛心疾首地说："城乡经济最终都是被突然迸发出来的美洲财富冲垮的。"[④] 其原因，就是他缺乏现代社会生成的一大关键，负熵流的平权化机制。没有这个机制，外来的财富就会转换成"正熵流"：摧残它的国民经济，腐化它的贵族，腐蚀它的国民；让它的国王和教士们疯狂，令它的工农商业凋零，让它们的人民无以为生。而这又是其社会结构极其原始的必然产物。

传统社会结构的根深蒂固，不仅导致其反现代化势力的十分强大，还会使这种势力对市场经济和现代化的阻碍作用倍增。西班牙这一历史底蕴表明，市场经济环境的先天不足，会转化成摧残市场经济的后天杀手。它使西班牙无法成为现代化的发源地，也必然使它在后来欧洲各国追随英国实现现代化的浪潮中成为落伍者。到 17 世纪初年，西班牙全国已是乞丐遍地，寄

---

① 参见 ［美］戴维·S. 兰德斯：《国富国穷》，第 438—439、445—446、459 页。

② ［英］佩里·安德森：《绝对主义国家的系谱》，第 66、67、71 页。

③ 参见 C. M. Cipolla, *Before The Industrial Revolution European Society and Economy 1000 - 1700*, p. 235.

④ ［英］佩里·安德森：《绝对主义国家的系谱》，第 66、67 页。

食于寺院者达数十万人之多；人口急遽减少。许多市镇和乡村已完全从地面上消失；交通工具被抛弃，大路上空旷无人。① 而剩下的西班牙人则普遍地"轻视劳动"，"与其劳动，莫如忍受饥饿"②。于是，一个世纪的繁荣留给西班牙的只有抛弃的土地，无数的僧侣、乞丐和蔑视工商业的贵族。③ 直到18世纪后半期，"欧洲最贫困而混乱的地方要数西班牙了"。它"人烟稀少；既无工业，也无诚信"，"整个国家几乎都是穷人"，"至少比其他国家落后两个世纪"④。而更可悲的是，西班牙人"并不对此烦恼。直到19世纪初期，西班牙人仍然认为西班牙是欧洲文明的中心，是信仰与美德的典范，认为不懂得西班牙语就是彻头彻尾的无知"⑤。应该说，西班牙文化的这种极端原始是它在20世纪走上法西斯道路，在二战后的相当长时期内仍然维持这一体制的重要原因。它在佛朗哥去世后之所以能改弦更张，完全是其地处西欧，致使具有强烈的现代化意识的民族精英得以继承国家政权的产物。因此，从根本上讲，它现今的现代化是"人工授精"的结果，而不是它自然生产的"婴儿"。如果它位于东方，其结果绝不会比伊斯兰世界的命运强多少。因此，西班牙于16世纪时上演的富国闹剧留给世人的教益是深刻的。国家的富强并不等于国家的现代化。如果不对传统社会结构进行分化整合，富强就不能持久，外来的财富就会因不具备平权化机制而导致贫富悬殊，道德坠落，社会因矛盾激化而倒退。同时，它也证明，越是悠久、越是厚重的文明，特别是非基督教文明，反现代化势力就越是强大，现代化的道路就越是艰难，越是坎坷，如果谁不知道什么叫路径依赖，这就是路径依赖。西班牙和伊斯兰的近现代史已经证明并将继续证明，要摆脱这种路径依赖绝不是一件容易的事情。

---

① 参见〔苏〕波梁斯基：《外国经济史（封建主义时代）》，第437页。

② 〔英〕约瑟夫·库利舍尔：《欧洲近代经济史》，第211页。

③ 参见 C. M. Cipolla, *Before The Industrial Revolution European Society and Economy 1000 - 1700*, p. 235。

④ 〔英〕M. M. 波斯坦、D. C. 科尔曼、P. M. 马赛厄斯主编：《剑桥欧洲经济史》第5卷，第544、545页。

⑤ 〔美〕戴维·S. 兰德斯：《国富国穷》，第438—439页。

五、被锁定在前工业社会的西欧大陆

在近代欧洲都曾独领风骚过百年的荷兰、西班牙和法国均无法敲开现代社会的大门，那连形式上的国家统一都未能实现的意大利和德意志就更不用提了。

意大利中北部城市可谓是西欧资本主义的发源地，但是，如前所述，资本主义的产生绝不等于现代化的成功。现代化是社会结构和社会发展动力机制的根本性转换，而不是像 17 世纪的荷兰那样，仅是资本主义经济和政治的统治地位的确立。要实现这一转换，市场经济的分娩和成长是必不可少的。为此，达到一定规模的民族国家又是前提。没有这样的民族国家，即使国家富裕，技术革新领先也实现不了现代化。米兰的呢绒、挖花织物和武器生产都很发达；商业更因其是南北欧之咽喉而早就是南北欧的通道，它还征服了周围农村，聚集碎地为大庄园，消灭休耕地，引进新作物，进行大规模的农业改良；并将其推广到整个伦巴第平原；这个农业革新传到"尼德兰之后，又传到英国，产生了众所周知的后果"。但是，米兰和伦巴第的农村所经历的这些巨大变革却未能导致一场工业革命。若认为"当时技术不够发达"也是不能成立的。因为在 16 世纪的意大利，"这一进步已如探囊取物"。如前述里恩·怀特所言，"在列奥纳多·达·芬奇之前，欧洲已发明了以后四个世纪内（直到电的发明为止）随着需要的产生而逐一付诸应用的各种机械系统"。那么，为什么米兰的冲刺得不到加速，反而刹车了呢？布罗代尔认为这"首先是因为米兰没有归它支配的广阔的民族市场"，也就是说，同荷兰一样，其国土面积太小。"其次应主要归咎于米兰不是一个对外开放的海港，产品不能直接向外国出口"。因此，"米兰的失败也许证明，工业革命作为整体现象不可能仅靠内部，通过经济各部门的和谐发展而实现；它还必须凭借控制外部市场这个不可或缺的条件。"[①] 而要想赢得国外市场，没有一定规模的民族国家作后盾是不可能的，没有建立民族国家是意

---

① 参见［法］费尔南·布罗代尔：《15 至 18 世纪的物质文明、经济和资本主义》第 3 卷，第 636—639 页。

大利在近代由先进变落后的关键所在是不争的。

新大陆的发现和东西方航线的改变进一步地恶化了意大利经济发展的条件，再加上北部的激烈竞争，和其本身经济制度的僵化，使 1680 年后的意大利"成了一个落后的国家——它的制造业崩溃了，而它的农业再度成为经济中的主要部门"；被认为是意大利诸城中"最为顽强的"威尼斯的各种制造业，连同它那曾经享誉欧洲的商业造船厂也都陆续地衰落；它也因此"沦为只供人们狂欢作乐的城市"①。随之，从工商业中退出来的资本向两个方向转移。一是"转到阿姆斯特丹和里昂等地"；二是像古代中国商人一样，转向土地，"靠地租来获得收入"。由于各地农村土地都陆续地"集中到少量的封建的所有者手中"，麦扎堆（mezzadria）的数量在增加，地主的势力也得到加强，农奴制度也在一些地区复辟了。到了 18 世纪早期，"皮埃德蒙和勃登堡—普鲁士呈现了某些惊人的相似之处"②。

与意大利相比，德意志大部分地区要落后得多，特别是农奴制度复辟的东部。除去个别地区外，汉萨同盟所辖的西德意志地区的几十个城市的工业也落后于西欧其他国家，仅从法国进口的工业品，就花费了整个国民收入的十分之一。西部诸城的商业也因同荷兰的竞争而失去了市场。15 世纪末，德国海运占世界海运的 40% 左右，到 17 世纪初，则下降到 17.5%；从 17 世纪初开始，南部的商业中心地区也开始衰退，重重关税已使其不堪重负。③"由德累斯顿到汉堡的船一般要走上 4 个星期，其中 3 个星期是花在通关过卡上的。" 1685 年，有 60 根木材从萨克森运到汉堡寄售，结果 54 根木材作为贡物被献给了沿线的诸侯，只有 6 根木材到达了目的地。据统计，"易北河上的航运总共包括 48 个互不相关的关卡障碍。30 个是边界上的，10 个是属于城市的，还有 7 个属于封建地主所有，在德意志全境以及它的内部各州

① 参见［意］卡洛·M.奇波拉：《欧洲经济史》第 2 卷，第 370 页；［英］M. M. 波斯坦、D. C. 科尔曼、P. M. 马赛厄斯主编：《剑桥欧洲经济史》第 4 卷，第 168、169 页；第 5 卷，第 31—33 页；［英］约瑟夫·库利舍尔：《欧洲近代经济史》，第 186、258、266 页；［意］卡洛·M.奇波拉：《欧洲经济史》第 2 卷，第 436 页。

② ［美］沃勒斯坦：《现代世界体系》第 2 卷，第 253、254 页。

③ 参见［美］詹姆斯·W.汤普逊：《中世纪晚期欧洲经济社会史》，第 240—243 页；［英］约瑟夫·库利舍尔：《欧洲近代经济史》，第 258 页。

内部情况都是如此"①。在这样的情况下，德国城市的经济和社会的发展被持久地锁定在昔日自治城市的发展阶段而不得动弹也就是不说自明的事情。

类似的败象在西欧大陆其他国家也不少见，即使市场经济发达的尼德兰南部和列日也不例外，17 世纪和 18 世纪早期，随着大地主势力的发展，"许多农民由于从佃农变成交纳谷物的佃户，从而失去了某种程度的独立地位"②。可见，哪里市场经济发展因受阻而衰退，那里的资本就会倒流土地，农奴制度就会复辟。

社会不进反退，这是西欧大陆各国市场经济难产的结果。难产的原因各国不一。德意是民族国家未能形成；法国、西班牙虽然在名义上建立了民族国家，但都未形成统一的民族市场。前面讲过，一个完整的、统一的市场体系是市场经济的基础，基础都未成形，也就很难说市场经济分娩了。荷兰的市场经济虽然分娩，但因国家统而不一，民族市场太小又没成形，以致天生畸形，未离"襁褓"。

没有统一的民族市场；市场经济的正反馈机制又没有从外置转为内生，反而由正转负，这对于尚是"胎儿"和未离"襁褓"的市场经济来说，真是雪上加霜。西班牙是全部转负，法国则为大半转负。在这些负反馈机制的反作用下，西班牙的市场经济可谓是大步后退，遭到了决定性的破坏；法国的市场经济则大半走入歧途。这也就是说，当时的整个西欧大陆，走在最前面的荷兰和法国也都没有达到"一般规律"的第 6 条和第 10 条所提出的要求；整个西欧大陆的现代化进程也就必然会被中断，并且必然会不同程度地向传统社会倒退。因此，在工业革命爆发之前，不仅整个西欧大陆被锁定在前工业社会而不得动弹，而且在向后倒转。这是必然之事，如果没有外在条件的变化，即英国的率先现代化，西欧大陆也就会同中国封建社会那样陷于停滞，甚至倒退的怪圈之中而不得自拔。彭慕兰说："迟至 18 世纪中叶，西欧的生产力或经济并没有独一无二的高效率；倘若没有煤的发现和新大陆资源的利用'这两个偶然因素'的共同作用，英国不会产生工业革命，欧洲

① 参见［英］M. M. 波斯坦、D. C. 科尔曼、P. M. 马赛厄斯主编：《剑桥欧洲经济史》第 4 卷，第504—506 页。

② 参见［美］沃勒斯坦：《现代世界体系》第 2 卷，第 253、254 页。

很可能走上一条与中国同样的'内卷化'的道路"①。

西欧大陆各国因为没有建立起民族市场，没有实现正反馈机制由外置到内生的转变，以致其现代化进程中断的这一史实，充分地证实了"一般规律"的普适性，使其中的许多内容得到了史实的充分印证，尤其是第6条和第10条。前者讲的边界闭合，形成大小适宜的系统，后者讲的正反馈机制的内置和循环圈的升级换代都是自组织进化的必备条件。第6条实现不了，之后各条也就免谈；同样地，第10条做不到，其后的各条无须考虑，不仅如此，这两条做不到，还会使社会出现不同程度的退化。因为实现不了这两点，就会导致"密码载体"的不同程度的变异，使其中的私有财产权变为官有产权，使个人自由衰减。德国部分地区的农奴制再版、意大利倒退回农业社会、西班牙全面衰败不都是例证吗？

明白了工业革命前西欧大陆各国现代化进程中断的原因，也就能理解前面一再阐明的道理：现代化绝对不是GDP的上升和国家的富足。一个国家要实现一时的富足和强兵并不是很难，问题是，它们的富国强兵，往往是以有害于"密码载体"、有害于复合超循环体形成为代价而获得的；因而最终都无法避免一切传统社会的宿运。其之实质，犹如一个没有发育出心脏、肝脏等各类器官的低等动物、如腔肠类动物那样，尽管可能通过吸收外来的食物将其体积发育到很大，但终究因其缺乏各类器官、缺乏由这些器官间的相互作用及这些器官同"密码载体"间相互作用形成的复合超循环体而令其功能低下；其缺乏创新能力和学习能力，难以自我创新、自我进化是必然的；同时，也会令其适应环境、改造环境的能力十分低劣，更无法同环境之间形成相互作用、相互促进的超循环，以致当环境达其需求的极限，或环境有所变化时，其生命"密码载体"的复制和细胞的繁殖，乃至整个机体的新陈代谢都会因物质能量输入的缺乏或中断而无以为继。可见，基于"密码载体"之上的多元复合超循环体之地位犹如生物体上的各类器官及它们相互作用所形成的系统，如消化系统、神经系统、骨骼系统等等。常识告诉我们，生物体的功能与这些器官、系统的数量和复杂程度是成正比的。尤其是信息库所在的神经系统，缺乏这些器官，缺乏这些系统，其所具有的功能

---

① ［美］彭慕兰：《大分流：欧洲、中国及现代世界经济的发展》，第8—11页。

则如前述的腔肠动物一样，极其低下。因此，形成多元复合超循环体对于现代社会生成的重要性和不可或缺性可见一斑。近代西欧大陆各国之所以在现代社会大门前停顿了下来，甚至倒退，主要问题就在这里。没有形成多元复合超循环体，它们的市场经济就像缺乏能量供应的"密码载体"和细胞一样，复制和分裂因能量供应有限或难以为继，以致无法分娩或分娩之后一直躺在褪裸之中。

但是，西欧大陆各国虽然没有发展成多元复合超循环体、率先成为现代社会，可它们在中世纪时期都曾拥有"密码载体"，拥有了东方社会所没有的生命力，因而历经了几百年的市场经济的孕育，以至其社会结构实现了一定程度的分化和整合，社会分工和部门内的分工都有了长足进步，市场有了很大的发展，思想、文化因之而发生了一系列的变革，为英国输送了源源不断的、各种各样的负熵流。正是由于从西欧大陆输入了各种先进的技术、制度、文化、思想，稀缺的物资和商品，仰赖西欧大陆的商品市场，依靠西欧大陆首创出来的世界体系；再加上其自身的各种特殊条件所形成的各种组织指令，英国的市场经济才能顺利地孕育、分娩和成长，社会结构才能渐渐地离开平衡态，英国的工业革命才能爆发并取得成功。可见，是西欧大陆 11 世纪以来的几百年的市场经济的孕育及其所引发的一系列的社会结构的变迁，才得以使英国的现代化有了适宜的环境。没有这样的一个环境，就犹如地球上没有原始生命所创造出来的氧化性的大气及由此而生长出来的生态环境。如众所知，没有这样的生态环境就根本不会有人类。同样地，没有工业革命前西欧大陆几百年的社会变迁，也就绝不会有英国的工业革命。

现代化起源

用复杂性科学解密西方世界的兴起

下 卷

毕道村◎著

THE ORIGIN OF
MODERNIZATION

人民出版社

目　　录

上　卷

第一编　思维方式的更新和理论体系的整合

中　卷

第二编　西欧社会结构的变迁

下　卷

第三编　英国何以成了现代社会的滥觞之地

第四编　西方世界的兴起

第 三 编

英国何以成了
现代社会的滥觞之地

第 十 七 章

率先分娩成熟的英国市场经济

在西欧大陆各国滞留在现代社会门前的近代早期，唯有英国的市场经济分娩了，且成长得很快，率先建立起世界上第一个成熟的市场经济体制。

然而，英国却一直是西欧最落后的地区之一。尽管它向外交往的大门一直是敞开的，不断地从大陆吸入先进的制度、技术、思想、文化，但是，直到亨利八世统治结束时（1547 年），"英格兰尚属一个不发达国家"①。然而，当荷兰之外的大陆各国于 17 世纪 20 年代左右再次落入马尔萨斯的陷阱中而苦苦挣扎时，英国却逃过了这个危机；到内战前夕，英国已成为欧洲第一工业强国②；光荣革命后，其经济发展进入了快车道，最先完成了农业革命，继之又率先发生和完成了工业革命，成了世界上第一个现代社会，并由此而改变了西欧、改变了世界，成了自有人类历史以来的唯一的日不落帝国，在人类社会进程的大舞台上，上演了一场极为壮观、极为灿烂、极为辉煌的大喜剧，从根本上改变了人类的命运和未来。

一个原本落后的岛国为何能后来居上？依据前述，这首先是它率先实现了市场经济的分娩，正是有了市场经济，英国才具备了一个能促其社会结构进行分化整合的强大动力，使其社会结构远离平衡态，实现了社会动力系统

---

① T. K. Rabb, *Enterprise and Empire*: *Merchant and Gentry Investment in the Expansion of England*, *1575-1630*, Cambridge, Massachusetts, 1967, p. 1.

② 参见［法］费尔南·布罗代尔：《15 至 18 世纪的物质文明、经济和资本主义》第三卷，第 639 页。

的更换，导致社会系统功能的大幅度提升，引发了工业革命，成了现代社会的滥觞之地。因此，要找到其中的底蕴，就要先还原其市场经济分娩成长的过程，再去顺藤摸瓜。

一、以伦敦为中心的民族市场的形成

同西欧大陆各国不同，地理大发现后，英国市场经济加快了它发展的步伐。这首先就表现了民族市场的形成，建立起了一个种类齐全、相对成熟的市场体系。这在当时的西欧是独一无二的。

1. 商品市场网络的形成

布罗代尔说，在封建时代，"经常可以看到，国际市场在一个国家十分兴旺发达，若干地方市场相当活跃，而界于二者之间的民族市场或区域市场却停滞不前"。这说明民族市场不同于另两种市场，而"是彼此相似而又互不相聚的若干较小地域的总和。它对这些地区兼容并蓄，强制它们建立某些联系"①。因此，民族市场的产生需要铲除阻碍国内贸易的各种障碍，如政治阻隔、关税壁垒、运输阻梗等。

税卡是民族市场形成的首要障碍，英国率先排除了它。大约 1275 年时，通行税在英国已被"法律禁止，开征新的通行税，规定要得到国王的许可"②。地方性收费大体上到 15 世纪时也不见了③；《英国物价史》中有关通行税征收额记载，"只有几个孤立、价值不大的数字"④，当 1707 年苏格兰议会并入英格兰议会后，英国全境已不存在任何国内关税了，英国因此而"成为了欧洲最大的统一市场"⑤。1749 年，法国人古阿耶教士给友人写信说："我在介绍旅途经过时，忘记告诉你一路上不见关卡和税吏。"除了在

---

① ［法］费尔南·布罗代尔：《15 至 18 世纪的物质文明、经济和资本主义》第 3 卷，第 314 页。
② ［意］卡洛·M. 奇波拉：《欧洲经济史》第 1 卷，第 284 页。
③ 参见［美］戴维·S. 兰德斯：《国富国穷》，第 342—343 页。
④ ［法］费尔南·布罗代尔：《15 至 18 世纪的物质文明、经济和资本主义》第 3 卷，第 325—326 页。
⑤ E. J. Eric, *The Forging of the Modern Nation: Early Industrial Britain 1783-1870*, London, 1985, p. 107.

过境边关时会受到仔细检查外，"你就可以在大不列颠自由通行，谁也不会盘问你。人们如此对待外国人，对待本国公民就更不用说了"①。与前述近代法德等国税卡重重的情况比较，英国这种情况在当时的西欧是独有的。②

　　克服地理障碍是民族市场形成的又一前提，在这方面，英国有两大先天优势：是个岛国，便于近海运输；河流密布，内河运输无处不在。③ 但是，由于近海，几条大河都有潮汐，航行有危险；很多河道被淤泥堵塞，并非都能通航。16 世纪后，英国人通过立法对各条航道进行改造，还大肆开挖运河，使航道从 1600 年的 685 英里增加到 1660 年的 1724 英里；除了山区，整个英国，大部分航道相距不过 15 英里。港口、工业区甚至矿区都被航道串联起来。④ 英国人对修整道路也是不遗余力。从 1663 年起，"各地由私人出资建起的收费道路" 蔚然成风，致使英国构成了一个 "殊称人意的陆上交通网"⑤；到 "1763 年，收费公路已延伸到王国所有的区域"⑥。道路维护和管理也随之按商业化运作，仅在约克郡就有 125 个信托公司管理着 1737 英里的道路。⑦ 随着道路网络的完善，来往于各地的定期商业运输班车日益增加。到 17 世纪中期，定期往来的商业运输班车把伦敦和 200 个城市联在一起，也把它同各个边远地区连了起来。⑧ 运输效率也大有提高。1710 年，

① ［法］费尔南·布罗代尔：《15 至 18 世纪的物质文明、经济和资本主义》第 1 卷，第 326 页。

② 弗郎索瓦·克罗泽说："英国国内市场不像法国，是一个真正的民族市场，因为这个国家是一个统一的经济体，没有内地关税或通行税。" 请参见 F. Crouzet, *Britain Ascendant*: *Comparative Studies in Franco-British Economic History*, Cambridge, 1985, pp. 417,419. 英国学者查特里斯也说："在 16、17 世纪，英国对国内贸易征收的通行税、养护桥梁税和其他税收相对较轻，而西欧大部分地区确立了一系列十分严格的关税联盟。与法国或德国相比，英国是一个非常自由的贸易区。" 请参见 J. A. Chartres, *Internal Trade in England 1500–1700*, London, 1977, p. 13.

③ 参见［法］费尔南·布罗代尔：《15 至 18 世纪的物质文明、经济和资本主义》第 1 卷、第 3 卷，第 674、675 页。

④ 参见 P. Bagwell, and P. Lyth, *Transport in Britain 1750–2000*: *From Canal Lock to Gridlock*, New York, 2002, p. 4.

⑤ ［法］费尔南·布罗代尔：《15 至 18 世纪的物质文明、经济和资本主义》第 3 卷，第 677 页。

⑥ L. Levi, *History of British Commerce*, *and of the Economic Progress of the British Nation 1763–1870*, London, 1872, p. 18.

⑦ 参见 B. R. Duckhan, *The Transport Revolution 1750–1830*, London, 1972, p. 3.

⑧ 参见 E. Kerridge, *Trade and Banking in Early Modern England*, Manchester, 1988, p. 9；［意］卡洛·M. 奇波拉：《欧洲经济史》第三卷，第 142 页。

从利兹到伦敦，邮车一般需要 4 天，到 1785 年，竟下降到 26 个小时。[①]运费也随之下降，"在 1660 年以后的这个世纪里，收费道路的运费下降了约一半"[②]，以致当时的英国人自豪地说："在一个国家内地交通方面，人们从未见过任何革命能够比得上英国在几年时间内所实现的那种革命。"[③]

水道陆路运输系统的不断改善，星罗棋布的沿海港口又使英国拥有发达的沿海交通网，英国也就有了一个"三位一体式"的运输网络，从而为英国市场经济的分娩成长提供了一个基本条件。

民族市场的形成还需要将农民卷进商业大潮，将贸易的触角伸进农村腹地。否则，它就会像一个中间有许多破洞的渔网，无法实现负熵流的平权化，使社会结构的大部分无法分化整合。而要将农民卷入市场网络，乡村市镇不仅不能缺席，还必须密如蛛网。因为市镇里必有市场，那是农民出售各类农畜牧副产品的地方[④]，也是商人收购农牧渔副产品转运到大城市和推销其工商业品的前哨。[⑤] 市镇之间的距离一般在 1—7 英里，任何一个农民到市场去完全可以当日返回，并有足够的时间在市场上交易。[⑥] 因此，市镇是大中城市伸入各个村庄的触角，有了它们，英国才能形成一个完整的、中间没有破洞的市场网络，农民才能接受城市乃至国际市场的影响，逐渐商业化、市场化。换言之，才能被注入的负熵流所分化和整合，成为崭新的社会细胞，因此，英国民族市场的形成还需要以市镇的迅猛发展为基础。

这种发展首先体现为市镇数量的增加。

从 15 世纪最后的第 4 个 25 年起，英国也从黑死病的打击中苏醒过来，

---

① 参见 R. G. Wilson, *Gentlemen Merchants*: *The Merchant Community in the Leeds 1700–1830*, Manchester, 1971, p. 148。

② P. Mathias, *The First Industial Nation*: *an Economic History of Britain 1700–1914*, p. 104.

③ ［法］保尔·芒图：《十八世纪产业革命》，第 90 页。

④ 参见 E. Miller & J. Hatcher, *Medieval England rural society and economic change*, *1086–1348*, p. 75。

⑤ 参见 R. H. Hilton, *The English peasantry in The Later Medieval Ages*, p. 87；E. Miller, & J. Hatcher, *Medieval England rural society and economic change*, *1086–1348*, p. 75。

⑥ 参见马克垚：《英国封建社会研究》，第 270 页。

随着人口的增加和新航线的开辟，农业市场从 16 世纪起重新发展和繁荣。[①]
到 1640 年时，英国的乡村市镇已从 300 个增加到 800 个，市场则从 1200 个
增至 1750 年的 3200 个。[②] 整个英国乡村已被一个由城市、市镇、市场和市
集所组成市场网络所覆盖。

市镇市场数量的增加，意味着市场网络的网眼密度的增加，市场网络强
度的提升；也意味着市镇之间的距离的缩短，农民赶集的平均距离缩短到 7
英里。[③] 商人们则如蜘蛛一样，穿梭来往于各个市镇之间，城市和市镇之
间，将货币、商品、城市的需求和海外的需求带到乡村的各个角落，把农民
卷入市场经济的浪潮中，使农村经济成为民族市场甚至国际市场的有机
部分。

同黑死病前相比，市镇的商业化和专业化程度、市场功能和市场辐射力
也有了大幅度的提升。

这首先体现为城镇中务工营商的市民的比重加大，工商行业的种类增
加，如怀蒙德翰镇的行业种类从 16 世纪的 18 个增加到 17 世纪末的 38 个[④]；
涌现出了大量的工业集镇。如肯塔尔、利兹华尔德、毕斯理成了纺织集镇；
伯明翰、谢菲尔德因成了矿冶集镇。它们原与农民互通有无的功能已降到其
次。更多的市镇变成了商业市镇。"1690 年，很多城镇，甚至较小的城镇都
有现代意义上的商店：不只是出售当地的产品，而是出售居民需要的各式各
样的商品。"之中有 "西印度的糖、美洲的烟草、西雷丁的金属制品等"[⑤]。
有的市镇专向周围工业乡村人口输进粮食或原料，如萨默塞特郡的布鲁顿和
温坎顿市[⑥]；有的则负责周围乡村产品的外销或出口，如将针织产品沿塞文
河运到布里斯托尔出口的图克斯里伯市[⑦]；向外转运科茨沃兹的优质羊毛的

---

① 参见 J. Chartres, *Agricultural Markets and Trade 1500—1700*, Oxford University, 1990, p. 24。

② 参见 J. Chartres, *Agricultural Markets and Trade 1500—1700*, pp. 16,44,171; A. Everitt, *The marketing of agriculture*, in J. thirsk, *The Agrarian History of England and Wales*, V. 4, Cambridge, 1967, pp. 466, 467。

③ 参见 J. L. Bolton, *The Medieval English Economy*, *1150—1500*, p. 119。

④ 参见 J. Patten, *English Town 1500—1700*, Chatham, 1978, pp. 254,283。

⑤ ［英］肯尼斯·O. 摩根：《牛津英国通史》，王觉非等译，商务印书馆 1993 年版，第 313 页。

⑥ 参见 J. Thirsk, *The Agrarian History of England and Wales*, V. 4, p. 493。

⑦ 参见 J. Thirsk, *The Rural Economy of England: Collected Essays*, London, 1984, p. 246。

奇平康普敦市等。① 各市镇上的市场、市集也日益专业化。出现了谷物市场、麦芽市场、水果市场、蛇麻草市场、牛市、马市、羊市、羊毛市场、奶酪市场、皮革市场，等等。② 16世纪时，这种专业化市场已占市场总数的2/5。③ 17世纪中叶，在英格兰，仅粮食市场就有96个，纺织原料及产品的专市50多个。④ 专业市场上的贸易量惊人。如牲畜市场，日成交牲畜量常达数百头。⑤

专业化市镇、市场和市集的增加和专业化程度的提高，表明"仅仅维持生计的旧农业经济过渡进入一种新的商业化的和以市场为导向的制度"⑥。市镇的市场辐射范围已从地方伸展到全国乃至国际。18世纪后期，诺福克郡市场上的牛，一半来自苏格兰，1/4来自威尔士和爱尔兰，本地养的只占1/4。⑦ 市场的扩大使16、17世纪时英国的地区性分工有了很大的发展。英格兰东部的市镇主要从事谷物贸易，米德兰地区集中从事牲畜和皮革制品的贸易，英格兰西部则以牲畜、乳产品、手套、羊毛和呢绒的交易为主。⑧

当时的英国，人口只有现代英国的十分之一，可市镇却比现代多⑨，它说明英国的广大乡村已形成了一个以乡村市镇为中心的、相互嵌套的市场网络。致使英国广大乡村居民的经济和生活与市场的联系越来越紧密；覆盖全英的市场网络的网眼越来越细密。

如同毛细血管离开了主血管就会干涸、萎缩一样，乡村市镇的上述发展当然离不开和大中城市的联系，温奇库姆是一个仅与农村进行经济互补的市镇，同附近与加来港有密切联系的坎普顿市相比较，这里的经济就显得毫无

---

① 参见 R. H. Hilton, *The English Peasantry in The Later Medieval Ages*, p. 80。

② 参见 J. Thirsk, *The Agrarian History of England and Wales* V. 5, pp. 589–592。

③ 参见 L. A. Clarkson, *The Pre-Industrial Economy in England 1500–1750*, p. 135。

④ 参见 J. Thirsk, *The Agrarian History of England and Wales*, V. 4, 1500–1640, pp. 589–592。

⑤ 参见 S. M. Jack, *Trade and Industry in Tuder and Stuart England*, London, 1977, p. 129。

⑥ A. Dyer, *Decline and Growth in English Towns 1400–1640*, Cambridge, 1995, p. 43.

⑦ 参见 M. Overton, *Agricultural revolution in England*: *The transformation of the agrarian economy*, 1500–1850, pp. 138,139。

⑧ 参见 L. A. Clarkson, *The Pre-Industrial Economy in England 1500–1750*, p. 135。

⑨ 参见 J. Chartres, *Agricultural Markets and Trade 1500–1700*, p. 25。

生气，后来竟慢慢萎缩而至消失。① 反之，城市经济的发展也会给周围市镇带来繁荣，西伦斯特市的发展就带动了其周围的弗尔匪德、莱奇拉德等六个市镇的兴起②，故一个城市周围往往有许多卫星城镇。③ 可见，大中城市在国家的市场网络中占据着主导地位，左右着整个民族的经济。故英国民族市场的形成也表现为旧城市的转型和新型城市的大量兴起。

中世纪后期，因工商业从城市向农村的转移，英国的自治城市普遍衰落，一些城市从此一蹶不振，但多数城市通过制度和经济的转型而复苏。复苏的步伐从 17 世纪中期起明显加快④，1660—1750 年到达顶峰⑤；同时，兴起了大量的新兴城市，在兰开夏郡至少兴起了 10 个，格洛斯郡有 6 个，萨默塞特至少有 5 个，威尔特郡有 3 个，东盎格利阿的 49 个城市有一大半是新兴城市⑥，英国的城市数量因此大增。16 世纪初，5000 人口以上的城市仅有 10 个，1700 年增至 32 个。⑦ 英国的城市人口随之增加。1660—1740 年间，诺丁汉市的人口翻了一倍；诺里奇市则从 1.2 万人增长到 5.6 万人。⑧ 1520 到 1750 年，英格兰的城市人口从 240 万增加到 577 万人。⑨ 城市的人口增长速度远高于全国人口的平均增长速度。⑩ 城市的商业化、专业化程度倍增，出现一批新兴的手工业城市和港口城市。复兴后的城市，一般不再以手工业为主。余下的手工业或仅为乡村工业的毛纺产品进行最后几道工序的精加工；或从事服装业、建筑业、饮食业等与商业有着密切联系的行业。城市

---

① 参见 R. H. Hilton, *The English Peasantry in The Later Medieval Ages*, pp. 87-89。

② 参见 J. L. Bolton, *The Medieval English Economy, 1150-1500*, London, 1980, p. 135。

③ 参见 R. H. Hilton, *A Medieval Society: the west midlands at the ead of Thirteenth century*, p. 170。

④ 参见 C. W. Chalklin, *The Rise of English Town 1650 - 1850*, Cambridge, 2001, p. 76; C. V. Phythian-Adams, *Urban decay in the late medieval England*, in P. Abrams, and E. A. Wrigleg, eds., *Towns in Societies: essays in Economic History and Historical Sociology*, Cambirdge, 1978, pp. 162-185。

⑤ 参见 P. Clark, ed., *Country Towns in Pre-industrial England*, Leicester, 1984, p. 2。

⑥ 参见 E. Lipson, *The economic history of England*, V. 1, pp. 440,441; A. P. Wadsworth, and Mann, *The Cotton Trade and Industrial Lancashire 1600-1780*, pp. 311-315; H. C. Darby, *A New Historical Geography of England before 1600*, Oxford, 1979, pp. 240-242。

⑦ 参见 E. A. Wrigley, *People, Cities and Wealth: the Transformation of Traditional Society*, oxford, 1987, p. 160。

⑧ 参见 L. A. Clarkson, *The Pre-Industrial Econony in England 1500-1750*, p. 47。

⑨ 参见 E. A. Wrigley, *People, Cities and Wealth: the Transformation of Traditional Society*, p. 162。

⑩ 参见 T. S. Ashton, *An Economic History of England: 18th century*, London, 1966, p. 15。

的商业性、服务性和专业化明显地加强，且越来越强。如诺里奇市的商人在全市从业人员中所占的比重从 1525 年的 17.87%，跃居到 1569 年的首位，达到 21.44%[①]。1608 年，西部的格洛斯特等三个纺织城市进入档案的 1337 个人中，商人和零售商占到 19.3%，居第一位[②]。16 世纪前，约克城工业大于商业；16 世纪后，倒了过来。[③]

在城市内部，行会日渐式微，贸易越来越自由；昔日定期或不定期的市场、市集的直接贸易被商店中的直接贸易所取代。城市的零售商店和百货商店越来越多，成为城市贸易的主要形式。1614 年，伦敦的烟草商店就超过了 7000 家。[④] 17、18 世纪，商店甚至进入了乡村市镇。如贝里圣埃德蒙兹就是"一个充满琳琅满目的商店和商人的城市"[⑤]。各种批发贸易也"由露天的市集转入室内的市场"，变为了"货栈、谷物交易所或旅店"。旅店也成为交易场所，拍卖贸易的规模越来越大，也越来越复杂。[⑥] 间接贸易和委托贸易日益兴隆，中间商越来越多。18 世纪早期，丹尼尔·迪福在斯陶尔布里奇集市上看到，来自伦敦和英格兰各地的批发商所进行的巨额贸易，全是在记事本上进行，他们和商贩接头，随接订单，交付货物。[⑦] 中间人凭着少量的商品样品就可以与人签约，进行买卖，极大地降低了远程贸易的风险和成本，降低了运输成本，扩大了商品需求市场；有力地促进了零售商店的增长。中间人制度"取代了中世纪的直接交换、公共市场和固定而公正的价格"[⑧]，而它本身不仅是贸易量增加和市场网络扩大的产物，也是现代商业制度的一个符号。

---

① 参见 L. F. Pound, "The Social and Trade Structure of Norwich 1525–1575", in *Past and Present*, V. 1 July, 1966, pp. 49–68。

② 参见 A. Tawney & R. Tawney, "An Occupational Census of The Seventeenth Century", *Econonic History Review*, V. 5, 1934。

③ 参见 D. M. Palliser, "The Trade Gilds of Tudor York", in P. Clark and P. Slack ed., *Crisis and Order in English Town 1500–1700: Essays in Urban History*, London, 1972, p. 93。

④ 参见 R. B. Westerfield, *Middlemen in English Business, Particularly between 1660 and 1760*, New Haven, 1915, pp. 342, 344, 346。

⑤ P. Clark, ed., *Country Towns in Pre-industrial England*, p. 16.

⑥ 参见［意］卡洛·M. 奇波拉：《欧洲经济史》第 2 卷，第 88、89 页。

⑦ 参见 D. D. Foe, *A Tour through the Whole Island of Great Britain*, I, London, 1927, pp. 84–85。

⑧ R. B. Westerfield, *Middlemen in English Business, Particularly between 1660 and 1760*, p. 129.

委托贸易是更复杂的贸易手段，其应用范围很广，涉及交通运输业、仓储业、信用业、保险业、银行业等，几乎无行业不及；但它又要依靠银行、依赖信用和专业运输来进行。[①] 用埃里克·克里吉的话说，这都表现出了成熟的城市市场特征，是商业制度的重大创新。[②] 虽然这种贸易曾见之于先前的国际贸易，但是，它在 17、18 世纪时的英国城市和海外贸易中的快速发展却是前所未有的。城市内的大量贸易尤其是英国的殖民地贸易就主要依赖于这种贸易形式。

商店、中间人、委托人、代理人的大量涌现，表明现代商业制度已取代市场市集上的直接贸易而成为城市商业的主流。随之，商业信息的传播手段也随之变革。报纸已成了商品信息传播的媒介。"上面登载了大量的有关商品和劳务的广告"[③]。1713 到 1714 年间，还出现专业性的商业报纸《商人》和《不列颠商人》[④]；1724 年又出现了商业刊物《格洛斯特杂志》，其发行范围在 1738 年已扩展到南伍斯特等五个郡和威尔特郡的部分地区。[⑤] 后来，这类的定期周刊物超过了 10000 份[⑥]；通过报纸杂志刊登商业广告已习以为常。它极大地加速了商业信息的传递速度和范围，是城市制度向现代转型的又一标志。

行业分工和专业化程度自然会随着城市的上述变化而提高。在中世纪，即使是人口达 3000 人的大城市，其行业种类也不过二三十种。16 世纪 20 年代的北安普敦、莱斯特的人口也是 3000 人，但其行业种类达到 60 多个；考文垂的人口为它们的两倍，行业种类却达到 90 个。[⑦] 这表明涌现出了很多新职业。[⑧]

---

① 参见 ［法］费尔南·布罗代尔：《15 至 18 世纪的物质文明、经济和资本主义》第 3 卷，第 266 页。

② 参见 E. Kerridge, *Trade and Banking in Early Modern England*, pp. 5, 6。

③ ［意］卡洛·M. 奇波拉：《欧洲经济史》第 2 卷，第 90—91 页；另参见 G. A. Cranfield, *The Development of the Provincial Newspaper 1700-1760*, London, 1960, pp. 13-17。

④ 参见 P. Gauci, *The Politics of Trade：the Overseas Merchant in Sante and Society, 1660-1720*, Oxford, 2001, p. 165。

⑤ 参见 G. A. Cranfield, *The Development of the Provincial Newspaper 1700-1760*, pp. 13-17。

⑥ 参见 P. Gauci, *The Politics of Trade：the Overseas Merchant in Sante and Society, 1660-1720*, p. 165。

⑦ 参见 W. G. Hoskins, *English provincial towns in the early sixteenth century*, p. 98。

⑧ 参见 J. Patten, *English Towns 1500-1700*, Folkestone：Dawson, 1978, pp. 148-149。

上述表明，以城市为纲，以市镇为网结，以广大乡村为网绳的全英性的商品市场网络已经告成。

2. 劳动力市场金融市场等市场网络的问世

全英性商品市场网络的发展当然会带来劳动力市场网络、金融市场网络、土地市场网络等市场网络的进步，因为舍掉它们，它本身也无法发展。

如同前述，劳动力市场网络在黑死病前的英国就已形成。那时城乡人口中，挣工资的人至少有三分之一，且所得工资也多为现金。黑死病后，有所回落，到 16、17 世纪之际，农村人口中又有 1/4 到 1/3 是以工资为生；17 世纪末叶，这个比例上升到了一半。[1] 同时，在农业之外的行业就雇的人越来越多。依据杰弗里·蒂明斯的估算，受雇于农业的工人的比例在 1729 年到 1731 年间已下降到乡村雇工总数的 1/5，而从事制造业的则升到乡村雇工总数的 2/3。[2] 但更多的农民是到外地和城市打工，导致劳动力在国内甚至国外广泛地流动。15 世纪时，中部和西部地区，"每隔四十到六十年，当地全部家庭的大约四分之三便会消失"[3]。足见劳动力流动量之大。随着城市的复兴，流往城市的劳动力越来越多。据史家多方测算，1520 年，居住在 5000 人以上的城市居民约占英国总人口的 5.25%，到 1750 年时，已上升到 21%。[4] 根据教区的死亡和洗礼登记材料，城市的丧葬数比洗礼数还高；但城市的人口增长速度却远高于全国人口的平均增长速度[5]，这表明有大量的农村人口就雇于城市，因此，城市人口大幅度增长是城市劳动力市场发展的重要标志。

较之其他市场网络，英国的金融市场网络远落后于西欧大陆，15、16 世纪时，还不见银行的踪影，16 世纪后的商业繁荣和意大利、汉萨等外国

---

① 参见 L. A. Clarkson, *The Pre-Industrial Economy in England 1500–1750*, pp. 47–48；A. Games, *Migration and the Origins of the English Atlantic world*, Cambridge, 1999, p. 74。

② 参见 G. Timmins, *Made in Lancashire: A History of Regional Industrialisation*, Manchester, 1998, p. 71。

③ ［英］艾伦·麦克法兰：《英国个人主义的起源》，管可祎译，商务印书馆 2008 年版，第 132 页。

④ 参见 E. A. Wrigley, *People, Cities and Wealth: the Transformation of Traditional Society*, Oxford, 1987, p. 162。

⑤ 参见 T. S. Ashton, *An Economic History of England: the 18th century*, p. 15。

商人在英国的活动"为伦敦金融市场的逐渐发展奠定了基础"。1600 年左右，伦敦的金融市场已"包含了一个业已活跃的商业票据市场，以及可以满足非商业信贷要求的一系列工具，而且还包括了一个范围广泛的由其支配的金融证券"。汇票和本票在已取得相互信任的商人的短期信贷业务中流行；以实物担保品为基础的、用于长期借贷的许多形式的债券也流行开来。17 世纪的第 2 个 25 年，汇票背书也日益盛行，导致商业信贷扩张，这又刺激了存款业务发展。从 1630 年起，金匠们就"系统地从商人和大地主那里接受活期存款和定期存款"，并向外开展贷款等业务，即进行"存款、清算、贴现和发行银行卷"等"现代意义上"的银行业务了，从而导致"金匠银行"于 1640—1672 年间的兴起。[1] 它们发行的本票被迅速地传播，成了事实上的纸币。1694 年，一群约定以 8% 的利息贷款 150 万英镑的商人得到了国王的回报，获得了法人的资格和接受存款、贴现票据的权利，具有现代意义的第一家银行英格兰银行也就宣告诞生。[2] 之后，它还发行可流通期票和银行券，乃至钞票。随之，伦敦的私人银行如雨后春笋，1725 年有 25家，1776 年已达 51 家。[3] 地方银行也成倍地增加。[4] 到 1784 年，地方银行已达 119 家，16 年后，又增到 300 家。[5] 各银行间密切联系，还将业务委托给大小商人，沃特福德郡和埃塞克斯郡的小城镇麦芽商成了银行的代表，50个酿造商也成为银行家，甚至郡收税员和收费道路基金的财务员也成了银行家[6]，银行网络因而在英国全境迅速地铺开，揽括了城市，也覆盖了农村，甚至偏远的山区。例如英格兰边缘的威斯特摩兰郡的柯比斯蒂芬镇的一个名叫亚伯拉罕·登特的店主，他柜台上的各种各样的商品都来自英国的大部分地方，其中大多数商品都是通过汇票支付的；而他出售给镇上和镇周围乡村的商品也有 50% 是信用交易；同时，他还向当地居民提供贷款，后来，他又

---

① 参见［英］M. M. 波斯坦、D. C. 科尔曼、P. M. 马赛厄斯主编：《剑桥欧洲经济史》第五卷，第347—353 页。

② 参见［法］保尔·芒图：《十八世纪产业革命》，商务印书馆 1983 年版，第 72 页。

③ 参见［英］M. M. 波斯坦、D. C. 科尔曼、P. M. 马赛厄斯主编：《剑桥欧洲经济史》第五卷，第352—353 页。

④ 参见［法］费尔南·布罗代尔：《15 至 18 世纪的物质文明、经济和资本主义》第 3 卷，第422 页。

⑤ 参见 L. S. Pressnell, *Country Banking in the Industrial Revolution*, Oxford, 1956, pp. 6-7。

⑥ 参见 P. Mathias, *The First Industial Nation：an Economic History of Britain 1700-1914*, p. 152。

成了大支票贴现商。① 其之成功，显然是它背后有一个全英性的信用体系及以此为基础的全英性的金融市场网络。金融市场网络的形成不仅极大地加速了资本的积累和集中，也加快了资金的流通速度，降低了贷款利息。英格兰银行建立不到 20 年，利率即从 7%—8% 降低到 4% 以下。②

随着整个市场网络的发展，英国土地市场更趋活跃。1500 到 1660 年间，土地买卖加速；宗教改革时期，政府将没收来的教堂和修道院的大量土地投放市场，还分别于 1536 年和 1540 年颁布了放松土地流动、规范遗嘱行为的法令，致使土地买卖更为自由，土地交易资源更加充足，土地交易盛况空前。③ 大革命时期对王室和保王派贵族的土地的拍卖，更是将土地买卖推向了高峰。④ 1660 年后，长达几个世纪的圈地运动因议会通过的圈地合法化而愈演愈烈。无论是买卖的规模和数量都远远地超过了西欧大陆各国，更为中国封建时代的土地买卖远所不及。各郡土地价格疯狂上涨，16 世纪末到 17 世纪中的 50 年间，诺福克郡和萨福克郡的土地租金上涨了 6 倍，牧地和草地的租金上涨了 3 倍。⑤ 土地还被等同于现金，普遍用于借贷抵押。

上述各类全英范围内的市场网络的形成，标志着一个种类齐全的市场体系已在英国落成，英国的民族市场已经诞生。在西欧大陆，尽管也出现了上述某些现象，但即使是荷兰的市场网络也只是一个中间有无数破洞的"渔网"，只有国际市场而无民族市场。不仅如此，英国还有一个西欧大陆各国所没有的特点，即全域奉一城为经济首脑。

3. 伦敦成为民族市场的中心

这个首脑就是伦敦，但是，15 世纪前，它工商业并重。16、17 世纪时，

---

① 参见 T. S. Willan, *An Eighteenth-Century Shopkeeper*, Manchester, 1970, pp. 19 - 27, 29, 32 - 39, 42-49, 112-127; N. Mekendrick, J. Brewer, and J. H. Phumb, *The Birth of A Consumer Society: The Commercialization of Eighteenth-Century England*, London, 1982, pp. 207-208。

② 参见〔法〕保尔·芒图：《十八世纪产业革命》，第 72 页。

③ 参见〔英〕伊丽莎白·拉蒙德编：《论英国本土的公共福利》，第 32、33 页。

④ 参见 C. Hill, *Reformation to Industrial Revolution: A Social and Economic History of Britain, 1530-1780*, New York, 1969, p. 64。

⑤ 参见 E. Kerridge, "The movement of rent, 1540-1640", in E. M. Carus-Wilson (ed), in *Economic History*, Ⅱ, London, 1962, p. 209。

伦敦人口增长了 10 倍左右，有"55 万居民，占英国人口的 10%"①。经济也随之由工商并重转为商业和贸易中心。1576 年，议会按工资、地租和动产征收补助金，伦敦缴纳的税金 4 倍于其他城市缴纳税金的总和，为布里斯托尔的 40 倍。② 1581 至 1711 年间，伦敦贸易已占有全国贸易量的 80% 左右。③这得益于它是全国最大的消费中心，18 世纪初，市内有近 40 个专业市场。④大革命后，当时英国最大的煤矿纽卡斯尔的产量的一半被运到伦敦，达32.2 万吨。⑤ 1580 年到 1640 年，东北三郡运往伦敦的谷物增长了 14 倍。⑥同时，伦敦又像是全英的"中央编组站。一切都运抵首都，然后再从首都运走，或者运往国内市场，或者运往国外"⑦。如它向全国各地输送的面粉、肉品、酒类、皮革和黄蜡之类的成品和半成品，所用的原粮和牲畜无不来自外地。⑧ 1600 至 1624 年的伦敦市政会长老中，几乎有一半人就是靠经营国内的加工贸易或转运贸易发家的。⑨ 伦敦还是英国的主要海港。16 世纪时，经它输出的纺织品从占全国纺纱品输出量的 61% 上升到 84%⑩；1700 年，全国进口总量的 80% 都是进入伦敦后再发往各地的。⑪ 1561 年，它缴纳的关税达 52679 镑，占全国关税总收入的 2/3 还多。⑫ 伦敦还是国际转运贸易的中

① ［法］费尔南·布罗代尔：《15 至 18 世纪的物质文明、经济和资本主义》第 3 卷，第 417 页。
② 参见 G. D. Ramsay, *The city of London in international politics at the accession of Elizabeth Tudor*, Manchester University, 1975, pp. 150；T. Rowley, *The High Middle Ages 1200-1500*, pp. 177,178。
③ 参见 L. W. Moffit, *England on the Eve of the Industrial Revolution*, New York, 1925, p. 72；J. Thirsk, *The Agrarian History of England and Wales 1500-1640*, V. 4, pp. 589-592；J. L. Bolton, *The Medieval English Economy 1150-1500*, p. 255。
④ 参见 L. W. Moffit, *England on the Eve of the Industrial Revolution*, pp. 233-234。
⑤ 参见 ［英］M. M. 波斯坦、D. C. 科尔曼、P. M. 马赛厄斯主编：《剑桥欧洲经济史》第五卷，第509 页。
⑥ 参见 C. Hill, *The Pelican Economic History of Britain*, V. 2, 1530-1780, Penguin Company, 1980, p. 64。
⑦ ［法］费尔南·布罗代尔：《15 至 18 世纪的物质文明、经济和资本主义》第 3 卷，第 420 页。
⑧ 参见 T. S. Ashton, *An Economic History of England: the 18th century*, London, 1966, p. 64。
⑨ 参见 R. Grassby, "English Merchant Capitalism in the Seventeenth Century", in *Past and Present*, V. 46（1970）, pp. 92-93。
⑩ 参见 G. D. Ramsay, *The city of London in international politics at the accession of Elizabeth Tudor*, p. 150；T. Rowley, *The High Middle Ages, 1200-1500*, pp. 177,178。
⑪ 参见 P. Mathias, *The First Industial Nation: an Economic History of Britain 1700-1914*, p. 85。
⑫ 参见 G. D. Ramsay, *The city of London in international politics at the accession of Elizabeth Tudor*, p. 150；T. Rowley, *The High Middle Ages, 1200-1500*, pp. 177,178。

心和再出口产品的加工中心。1640 年，经它转运的货物的价值等于纺织品之外的英国出口商品价值的总和。① 进口的糖、卷烟和印花棉布均在这里进行加工后再出口到各国。1700 年，伦敦的再出口商品占到全国总量的86%②；14 世纪初，伦敦的海外贸易即占全英海外贸易的 1/3；到 1540 年，升至 85%。③ 伦敦因而成了海外贸易商人的大本营。英国各个时期的海外贸易公司和著名的殖民贸易公司，都是以伦敦为其基地的，其主要成员也是伦敦人。

　　伦敦还是个"制造奢侈浪费的，从而也是创造文化的庞大机器"④。它建有许多高级消费品、奢侈品和军工品的制造工场。到 17 世纪 30 年代，伦敦又成为欧洲国家最大的资本化都市。货币洪流和"商品洪流不断地流向伦敦或从伦敦流出"，伦敦也就"变成巨大的、要求大量供血的心脏，它把自己的搏动节奏传到各地，打乱一切，又使一切归于平静"⑤。它对粮食、肉类、牛奶、水果、煤炭、原料等商品的巨量需求使"几乎整个英国的生产和贸易区域都为伦敦服务"；甚至"苏格兰于 1707 年同英格兰合并后也不例外"。而所有的地方，一旦同伦敦发生联系，就"无不朝着专业化和商业化的方向发展"⑥。在它的泵动下，到 17 世纪末，英国就"大致形成了统一的国内市场"⑦。

　　不言而喻，这一切与英国已成为一个真正的民族国家、伦敦是这个民族国家的首都分不开的。正因如此，它才"能够控制岛上的全部产品以及全部转销业务"，成为全国的物流中心。可见，伦敦成为全国市场网络的心脏和头脑，是英国已成为真正民族国家的结果，也是它的见证。反之，此时的法国虽然名义上是一个民族国家，但是，整个国家却在"在巴黎和里昂两个中心无所适从"；而"英国只有一颗脑袋，但硕大无比"。这在当时的欧

---

　　① 参见 F. J. Fisher，"London's Export Trade in the Early Seventeenth century"，*Economic History Review*，V. 2，1950，p. 160。

　　② 参见 P. Mathias，*The First Industial Nation：an Economic History of Britain 1700-1914*，p. 85。

　　③ 参见 S. Inwood，*A History of London*，pp. 101, 102。

　　④ ［法］费尔南·布罗代尔：《15 至 18 世纪的物质文明、经济和资本主义》第 3 卷，第 420 页。

　　⑤ ［法］费尔南·布罗代尔：《15 至 18 世纪的物质文明、经济和资本主义》第 1 卷，第 627、628 页。

　　⑥ E. J. Eric，*the Forging of the Modern Nation：Early Industrial Britain 1783-1870*，p. 96.

　　⑦ ［英］佩里·安德森：《绝对主义国家的系谱》，第 136 页。

洲是"找不到能与它相比的例子"①。正是有了这个政治权力和文化影响力能覆盖英国全境的权力中心，英国市场网络才有了一个各国市场网络所没有的"心脏和脑袋"。在这个"心脏"的泵动和这个"脑袋"的指挥下，这个市场网络才能通过无数的市镇组成的市场触角将国内外市场的需求和商品伸入到英国乡村的各个角落，致使英国的市场网络密不透风，民族市场最终告成。它正如英国史家 A.J.波拉德所说："伦敦领导权的确立是十五世纪英国经济最重大的结构转型，它对英国未来经济的发展产生了深远的影响"②。

二、"密码载体"的改进与普及

财产私有权和人身自由是市场经济的"密码载体"，是其生命力的源泉。虽然它们在贵族庄园手工业瓦解时就已产生，但在农村劳役被折算之前，其主要部分还是被限制在城市和矿山，大部分农民还处于农奴状态，没有人身自由。同时，市民虽然拥有财产私有权和个人自由，但却受制于行会章程和自治城市特权，因此，他们对其财产和劳动力的使用权、转让权等都受到各种限制。显然，以这样的"密码载体"为基石的市场经济，不仅在量的增长上会受到限制，也无法进行各种制度安排，以将其所有制具体化为产权制度，这既不利于工商业组织的发展，更无法建立起"使个人收益率不断接近社会收益率"的制度化设施。因此，英国市场经济的率先分娩成熟不仅表现为上述市场网络体系的发展，还体现为市场经济"密码载体"的改良与普及。换言之，近代英国不仅在市场网络体系的建设方面走在西欧大陆各国之前，其财产私有权和个人自由的改进和普及也远超后者。

英国行会制度的衰败首先起于从 14 世纪起即已开始的城市工商业向农村的转移。15 世纪中叶到 16 世纪中叶，转移达到了高潮，1518 年，亨利八世在其一诏书中写道："王土上所有大小城市之许多或大多数地方，皆已衰微。"③ 这对城市的特权和行会组织无异于釜底抽薪，足其致命。

---

① ［法］费尔南·布罗代尔：《15 至 18 世纪的物质文明、经济和资本主义》第 3 卷，第 417、420、422 页。

② A. J. Pollard, *Late Medieval England 1399—1509*, London, 2000, p. 181.

③ E. Lipson, *The economic history of England*, V. 1, p. 261.

　　受其影响，留在城市的市民也越来越无视行会规章。帮工私自开店、雇用非行会人员，制造劣货，多带徒弟等各种违规现象层出不穷，屡禁不止。行业壁垒亦被突破[①]；商人见什么商品盈利就经营什么。[②] 行业被迫开放[③]，不同的几个行会合并为一个公会（company）。[④] 16 世纪初，伦敦的工商业通过几次归并后归于 12 个商业公会。[⑤] 到这个世纪的下半叶，英国只有公会而无行会，全国手工业被合并为皮革、金属、建筑、织布和食品 5 个公会[⑥]，行会在英国已成为历史。[⑦]

　　不同种类的行业进入同一公会，势必形成分工，直接联系市场的最后一道工序一般能支配前面的各个工序。例如，伦敦呢绒业公会由织工行会、漂洗工行会和染工行会等合并而成。前两个行会因为只能生产半成品而远离商品市场，其成员虽仍有自己的作坊，但也只能受雇于同公会的负责呢绒加工最后一道工序的染工行会。该行会因此成了该公会生产活动的主要组织者。他们除了从公会内部成员收购呢绒产品外，还充当农村呢绒业的包卖商。[⑧] 因此，公会就是采用雇佣劳动的资本主义组织。[⑨] 而类似伦敦呢绒匠公会生产方式的这种变化几乎遍及英国各个公会。[⑩] 到 17 世纪时，集中的手工工场已成为城市手工业的基本的生产制度。

---

　　① 参见 D. C. Coleman，*Industry in Tudor and Stuart England*，Macmillan and Co. Ltd.，1975，p. 21；S. Kramer，*The English Craft Gilds：Studies in Their Progress and Decline*，New York，1927，pp. 116–120，128，129。

　　② 参见 F. Armitage，*The old Guilds of England*，London，1918，p. 144。

　　③ 参见 G. Unwin，*The Gilds and Companies of London*，London 1963，pp. 46；E. Lipson，*The economic history of England*，V. 1，p. 358；W. Cunningham，*The Growth or English Industry and Commerce*，*During the Early and Middle Age*，Cambidge University，1910，p. 345。

　　④ 参见 S. Kramer，*The English Craft Gilds：Studies in Their Progress and Decline*，p. 20；G. Unwin，*The gilds and companies of London*，pp. 158，166–168。

　　⑤ 参见蒋孟引：《英国史》，第 244 页；G. Unwin，*The gilds and companies of London*，pp. 166–168。

　　⑥ 参见 S. Kramer，*The English Craft Gilds：Studies in Their Progress and Decline*，New York，1927，pp. 5，19。

　　⑦ 参见 D. C. Coleman，*Industry in Tudor and Stuart England*，pp. 20，22。

　　⑧ 参见 G. Unvin，*Industrial Organization In the Sixteenth and Seventeenth Centuries*，London，1904，pp. 1112–1113。

　　⑨ 参见 T. H. Marshall，"Capitalism and the Decline of the English Gilds"，*The Cambridge Historical Journal*，Vol. À，1929，No. 1。

　　⑩ 参见 E. Lipson，*The economic history of England*，V. 1，p. 358。

随着自治城市的衰败，城市垄断政策失去了根据；各个城市相互开放，结成贸易伙伴。南安普敦市于 16 世纪前就与 73 个以上的城镇和贸易集团签订了互惠条约，相互免税①；1540 年，莱斯特城向国王上书说，现在去外地经商，外地人到本城经商已成了天经地义的事情。② 自治城市也就由此转变为贸易自由的近代城市。

新兴城市，如曼彻斯特、伯明翰等从建城之日起就把贸易自由作为其立足之本。对经济活动没有设置任何限制的立法，城市当局也从不干涉各行业和个人的经济活动；人们说，"伯明翰极其光荣强大之源泉，人口增长经济昌盛之根由，就在于它是一个自由城市"③。

于是，原先束缚在英国市民身上的行会制度和自治城市的特权已荡然无存，市民们不仅拥有完整的财产私有权，对财产的使用也有了充分的自由。因此，到 18 世纪时，"工场手工业享受着普遍自由已成为事实"④。

各类农民，也在同一时期获得与市民相同的权利。

由于市场经济持续发展，英国不仅没有出现东德那样的再版农奴制，也不像法国那样保留了农奴制的残余。劳役折算为货币租后，原来的农奴变为了公簿持有农。他们对其耕种的土地的权利称之为"公簿持有保有权"。这是因为他们的这项权利被记录在庄园法庭的簿册上，他们持有一个副本。"公簿持有保有权"是由维兰（农奴）保有权转变而来的。维兰保有权受庄园习惯法保护。庄园习惯法规定并确认维兰的权利，庄园法庭保护维兰佃户。⑤ 维兰佃户转为"公簿持有农"后，他对土地的占有权、使用权、继承权等也同样受到庄园法庭的保护。虽然，他们在转让土地、继承土地时还要受到领主的许多限制，对其所耕种的土地不享有所有权；但是，他和他的家庭同领主的关系，已从封建性质的人身依附转为了契约关系。不仅是劳役，原有的封建负担，如贡税、公共罚金、见面金等也都消失了，他对其劳动力拥有了全部的产权。这就是说，农奴制度消亡了，且消亡得特别彻底。⑥

① 参见 A. S. Green, *Town Life in the Fifteenth Century*, V. 1, London, 1894, pp. 53, 54。
② 参见 A. R. Myers, ed., *English Historical Documents*, V. 5, London, 1967, p. 954。
③ P. Clark & P. Slack ed., *Crisis and in English Towns 1500-1700*, Cambridge, 1976, p. 98.
④ ［德］汉斯·豪斯赫尔：《近代经济史——从十四世纪末到十九世纪下半叶》，第 157 页。
⑤ 参见 C. M. Cray, *Copyhold*, *Equity and the Common Law*, Harvard U. P. 1963, pp. 6-7。
⑥ 参见 E. Kerridge, *Agrarian Problems in the Sixteenth Century and After*, London, 2005, p. 90。

1440 年后，若在英国发现了不自由身份的人，或发现有人还在服劳役，那就是很反常的现象了。[①] 1640 年发生的大革命，则从法律上彻底地清除了公簿持有农身上残余下来的极少量的封建人身依附关系。这就是说，所有的英国农民也都和市民一样，对其劳动力拥有了完整的权力束。随着《济贫法》对流浪者以惩罚为主逐渐转为以救济为主，劳动者流动和出卖自己劳动力的自由度越来越大，这就意味着人身自由已覆盖了英国全体国民。

由于农民和贵族的主要财产都是土地，中世纪实行的又是封建等级土地所有制和公社的敞地制，故财产私有权在农业的普及则要比工商行业的财产私有权的普及要复杂得多。在这样的土地制度下，全国土地的所有权都属于国王，而国王是以国家的代表的身份任这一职位，即以法人的身份来领有全国土地的。[②] 故国王对土地也无私人财产所有权，而只有"王位所有权"[③]。而处于这个所有制中的各个等级上的贵族对其领地也都只有占有权，而没有所有权。即使如此，贵族还需要为上级领主和国王承担许多封建义务，才能享有这个土地占有权。首先是服兵役。随着市场经济的发展，不仅骑士缴纳盾牌钱以代替兵役的情况日益普遍，盾牌钱的数量也被固定下来。其次是各种辅助性的义务，一是协助金，即资助封君；二是继承金，类似继承税；三是未成年的封臣继承人须接受封君的监护；四是对违约的封臣实行财产扣押；五是没收无继承人或叛变者的封地。这些封建义务使封臣们对其封土的占有权严重残缺，封臣们为了保卫和扩大这个占有权，从 1215 年用武力迫使约翰二世签下"大宪章"开始，同历届国王进行了长期的一次又一次的斗争，使上述各种封建义务得到严格地限制，条件被规范，数额被固定。到近代早期，货币贬值，其实际价值已变得微不足道了。土地市场的发展则使土地分封的等级层次因土地转让后而减少，封臣对领主的封建义务因此大幅度下降，甚至被取消[④]；也使越来越多的贵族因国王的总佃户，即大贵族不

---

① 参见 J. Whittle, *The Development of Agrarian Capitalism: Land and Labour, in Norfolk 1440-1580*, Oxford, 2000, p. 37。

② 参见 B. Jarrett, *Social Theories of the Middle Ages 1200-1500*, London, 1926, p. 131; F. Pollock & F. W. Maitland, *The history of English law before the time Edward I*, V. 1, p. 511。

③ 参见刘启戈、李雅书选译：《中世纪中期的西欧》，商务印书馆 1962 年版，第 69—82 页。

④ 参见 J. M. W. Bean, *Decline of English feudalism*, Manchester, 1968, pp. 126-148。

断地将土地转给他人而变成了国王的直接佃户。① 故此，当 1646 年下院通过了废除骑士领有制及其相关的一切封建义务的法案及 1660 年的议会又再次确定这一方案后，各级贵族的地产就变成了与国王没有任何联系的地产。② 他们对其土地就拥有了绝对的私人财产所有权，封建领主阶级也就变成了近代的贵族地主阶级，英国的私人财产所有权也就由动产普及到全部不动产，英国的财产私有制得到全面地确立。

　　除占有全国土地 59.5% 世俗贵族的贵族领地外，还有占全国耕地的 31% 的土地是教会和修道院的。③ 宗教改革时，亨利八世解散了修道院，没收了修道院的土地。除赐给一部分给其宠臣外，大部据为己有，使王室土地占全国土地的 1/3 以上。因财政需要，伊丽莎白陆续地出卖了王室的土地。④ 到 1561 年，王室庄园的土地下降到占全国土地的 9.8%。出卖的王室土地大都落到贵族手中，使其占全国土地的比重上升到 82.8%，教会土地所占比重下降到 7.4%。⑤ 此后，王室仍不断地出卖庄园。到大革命前夕，王室的领地在全国土地中的比重已降到 2%。⑥ 1649 年，长期议会为了保证军饷，通过法令将王室的林地分配给穷人、公社等，余下的也被售出。到斯图亚特王朝复辟时，原有的王室领地仅余下原来的 1/4。⑦ 1646 年 10 月，长期议会通过法令，没收了教会的全部土地并进行拍卖。同时，议会还没收了王党贵族的土地，复辟后，贵族的土地被物归原主，但被卖出的王室和教会的

---

① 参见马克垚：《英国封建社会研究》，第 129 页。

② 参见 S. R. Gardiner, ed., *Constitutional Documents of The Puritan Revolution 1625–1660*, Oxford, 1906, p. 290; A. E. Bland, P. A. Brown, and R. H. Tawney, eds., *English economic history: select documents*, London, 1914, p. 670；叶·阿·科思明斯基、雅·亚·列维茨基：《十七世纪英国资产阶级革命》上卷，第 535—550 页。

③ 参见 J. P. Cooper, "The Social Distribution of Land and Men in England, 1436–1700", in *Econoimic History Review*, 1 December 1967, V. 20 (3), pp. 420–421。

④ 参见 R. Lachmann, *From Manor to Market: Structural Change in England 1536–1640*, Wisconsin U. P. 1987, pp. 89, Table. 4. 6。

⑤ 参见 R. H. Tawney, "The Rise of the Gentry: A Postscript", *Economic History Review*, 1954, No. 1, pp. 91–97。

⑥ 参见 R. H. Tawney, J. M. Winter, *History and Society: Essays by R. H. Tawney*, London, 1978, p. 113。

⑦ 参见 G. Davies, *The Early Stuarts 1603–1660*, Oxford University, 1959, p. 273。

土地一去不回，大多为商人贵族所得。[①] 于是，王室、教会和修道院的土地也都变成了拥有绝对所有权的私有财产。但是，这并不意味着地主对其土地的产权拥有完整的权利束，因为被买卖的土地上的原有的租佃关系不变，土地的使用权仍掌握在农民手上，故土地仍按照源于公社时期留下的敞地制度进行耕种。在这种制度下，各家条田犬牙交错，互相混杂，界限不清，大家统一耕种，同时播种同一种作物，同时收割，收割后耕地就连成一片，变成了公共牧场。这种制度适合于自然经济，与市场经济的要求背道而驰，因为没有一个人能够独立自主地根据市场的需求来耕种土地。即使他在法律上拥有这些土地的所有权，他对土地的权利束也是不完整的。只有彻底地摧毁敞田制，才能获得土地的完整使用权。要实现这一目的，就只有圈地。而贵族对其土地绝对所有权的确立则为圈地，以清除套在土地使用权上的最后一道障碍——敞地制。

圈地最先起于公共牧场、草场、荒地，因为这些土地属于领主的。继之，贵族又通过协商、租期到期收回份地、暴力等手段将农民的份地进行收回围圈，使自己独享土地的全部产权。此后，他就能够根据市场需求的变化，或是将土地用作牧场，或将其租给富裕农民，形成租地农场。因此，市场是圈地的起因和动力。15 世纪时，英国毛纺业空前发展，对羊毛的需求激增，激起了大规模的圈地运动；其后，高潮迭起，一直延续到小农消灭殆尽。不过，大革命前的圈地不同于以前的圈地。之前的圈地是由贵族、租地农场主等人自发进行的；而大革命后的圈地则得到议会的大力支持。议会先后通过了上千个批准圈地的法案。故 17 世纪是圈地的顶峰，圈占了全英格兰 24% 的土地；18 世纪达 13%。[②] 到 1820 年，没有圈占的敞地占全郡土地 3% 以上的郡在英格兰不超过 10 个。[③]

通过上述途径，土地的绝对所有权在英国农村得到全面地确立，财产私有权和个人自由已从城市、矿山普及到全国，在各行各业中都赢得了绝对的

---

① 参见［苏］叶·阿·科思明斯基、雅·亚·列维茨基：《十七世纪英国资产阶级革命》上卷，第 521—535 页。

② 参见 G. Elliott, *Field Systems of Northwest England*, in Alan R. H. Baker and Robin A Butlin, eds., *Studies of Field Systems in the British Isles*, London, 1973, pp. 52–53。

③ 参见 E. C. K. Gonner, *Common Land and Enclosure*, London, Macmillan. 1912, p. 270。

统治地位。同时，原先加在财产私有权和个人自由上的各种束缚亦得到解除，市场经济"密码载体"得到改进和普及。这些，在当时的西欧，除了荷兰外，没有其他国家能与英国相提并论，英国的市场经济也因此而获得了率先分娩成熟的基石。

三、市场法制建设

民族市场需要的市场法制不是市场经济孕育时的市场法制，如城市法、商人法、地方法规、行会法规等。它们不是地方法规、行业法规，就是国际法，难以对英国全境的经济关系产生直接的影响。它们只有被普通法、衡平法、制定法吸收后才会有这样的影响。因此，英国市场经济分娩和成长所必备的法律只能是普通法、衡平法，及王室和议会颁布的制定法。而这些法律也只能在市场经济发展的推动下问世，到民族国家问世之后才能成熟。

由于英国王权在中世纪时就比较强大，故其市场法制建设的法制基础比大陆深厚。到爱德华一世统治时期（1272—1307 年），起源于亨利二世时代（1154—1189 年）的普通法的各个方面都已比较完善。普通法是在搜集英国各地的习惯法后对其进行梳理、规范划一的结果[①]，因此，它是全国性的法律。但是，如前所述，普通法是封建地产法，无法处理随市场经济发展而日益增加的商务、契约、借贷之类的案件；甚至连土地关系的案件也因土地用益权卷入土地市场越来越深而难以处理。致使向王室咨询会议求助的案件越来越多，迫使咨询会议不得不建立大法官庭来处理这类案件，逐渐产生出衡平法和衡平法庭。衡平法官们不拘泥于法律程序，重内容轻形式，凭良心、以公平和正义来审判案件，因而补充、修正了普通法。到 16、17 世纪，上诉到大法官庭的案件大增，使衡平法和衡平法庭的管辖权遍及英国全境，使它和普通法和普遍法庭之间的竞争日趋激烈，从而促进了普通法的改进和完善，使普通法和普通法庭对市场法制的建设做出了多方面的贡献。

第一是将过去主要用于保护封臣和自由农不受封君侵犯的土地法扩大到

---

① 参见［英］R. C. 范·卡内冈：《英国普通法的诞生》，第 128 页。

公簿持有地。① 1468 年，普通法庭首次允许公簿持有人以普通法上的侵害之诉（trespass）程序起诉侵占其份地的领主。到伊丽莎白一世时期，普通法已经建立了一套明确的有关公簿持有地权益的规则，公簿持有人像自由持有人一样获得了充分的法律保护。②

第二是创立了合同法。合同法早已有之，但它对于没有印记的"非正式契约"的保护远不能满足当事人的需要，以致当事人纷纷转向衡平法庭寻求保护，迫使普通法法庭由间接侵权行为令状（trespass on the case）发展出具有很强的灵活性的"违约损害赔偿之诉"（action of assumpsit）。普通法法庭以此为基础，不断扩大它的适用范围，最后取代其他令状成为保护非正式契约最主要的令状。③

第三是发展了侵权法。此法与财产法、合同法一起构造了私法体系的框架。成为普通法用来调整人身关系、财产关系的基本依据。普通法将刑事犯罪行为和民事侵权行为剥离开来，使民事侵权行为法迈上了独立发展的道路。同时，它开始重视行为人的主观心理状态，对损害是过失或不可抗力引起的，或损害是非正常人智力所预料的被告可判他免负其责。到 17 世纪末，又确立起了过失责任原则，规定对没有尽到法律所规定的应当注意的义务而导致了对他人的损害，侵权行为人必须负担赔偿责任。从而修正了绝对责任原则的极端做法，清除了这个英国市场经济发展道路上的绊脚石，使日益增多、越来越复杂化的财产侵权案件得到及时和合理地处理。提高了市场秩序的有序度；也为英国人冒险、投资、开疆拓土、开创新事业，在经济上最大限度地发挥其主观能动性免除了后顾之忧。④

第四是确定了商标的"使用优先"原则。规定谁先使用了某一商标，

---

① 参见程汉大：《英国法制史》，第 72、73、89、90 页。

② 参见 C. M. Gray, *Copyhold*, *Equity and the Commom Law*, pp. 54-146。

③ 早期普通法认可的非正式契约诉权是"金钱债务之诉"（action of debt or debt contract）和"请求交付动产之诉"（action of detinue）。前者是请求支付定额债权——如买卖价金、租金——的诉权，后者是请求交付特定动产——如一匹买的或借的马——的诉权。而这两种诉权适用范围又相当狭窄，仅在因买卖货物、委托、借款等产生纠纷时得以使用。请参见 ［日］望月礼二郎：《英美法》，郭建、王仲涛译，商务印书馆 2005 年版，第 276 页。

④ 参见何勤华：《法律发达史》，法律出版社 1999 年版，第 273—277 页。

其他人就无权使用同一商标或相近的商标。① 在商标注册制度于 1862 年出现之前，它有力地保护了英国的商标权。

第五是将商法融入了普通法体系。17 世纪时，普通法院接管了被撤销的贸易中心法院的大部分业务，而这些业务过去都是用商人法审理的，商人法都是些商业惯例，案件由一般陪审团裁决，但却没有任何确定的法律规则指导他们的裁决，致使商法充满了不确定性和不可预测性。法官曼斯菲尔德将陪审团改为从伦敦商人中选拔出来的具有商业交易专业知识的特别陪审团②；并把商事习惯和案件事实的裁决分开，发展出一系列符合需要的、公正合理的商事法律规则，使商事习惯确定下来，把它们融入普通法中，成为英国的"本土法律"③。

第六是通过认定原告利用契约限制约翰以染工的身份从事贸易活动是一种推定的违法行为的判决确立了保护贸易自由的惯例，使其后一切限制贸易的行为都被普通法认定是违法行为。④

衡平法和衡平法庭对市场法制的建设的贡献也是多方面的。

首先是它给土地用益制（theuse）以有力的保护，促进了土地市场的发展。土地用益制是人们为了克服封建领主制下土地转移道路上的各种障碍、各种赋税而产生的。⑤ 依据此制，土地受封人将其土地转让给土地受托人，由他来经营土地，但须将土地的收益交给土地受封人或土地受封人指定的第三者。此制使封君和国王严重受损，也使欺诈现象层出不穷，纠纷不断。⑥ 致使亨利八世于 1536 年颁布了《用益权法》（Statute of Use）。该法规定：将用益权转化为普通法上的权利，使用益制下的土地转让成为普通的土地转让，故土地受托人必须履行契约，而享有受益权之人必须承担正常土地转让

---

① 参见程汉大：《英国法制史》，第 410 页。

② 参见［日］望月礼二郎：《英美法》，第 25 页。

③ 参见［法］泰格·利维：《法律与资本主义兴起》，第 47、262 页；何勤华：《法律发达史》，第 252、292、293 页；程汉大：《英国法制史》，第 195 页。

④ 参见 T. Frazen, *Monopoly*, *Competition and the Law*, Harvester Wheatsheaf, 1922, p. 112。

⑤ 当时人们常把土地捐给教会，而教会永远不向封君纳税，这影响了封君和国王的租税收入。故国王颁布"死手法"，禁止土地捐赠于教会，否则一律没收。

⑥ 参见 H. Potter, *An Introduction to the History of Equity and Its Courts*, London, 1931, p. 88。

所须承担的各种赋税。① 但是，由于用益制是秘密制定的君子协定，涉及的是道德关系，而不是法律关系；再加上《用益权法》的限制，普通法庭对用益制的保护并不涉及所有的用益制类型。② 对租赁地产权上设定的用益③，对受托人须为受益人偿还债务、准备嫁资或其他"利益输送"的所谓积极利益（The Active Use）④，对第三者的利益仅为名义上的利益，而实际利益又被转给另一个人的所谓"双重利益"（The Use Upon a Use），都不为它所认可。⑤ 衡平法庭则对普通法法庭不予理睬的积极用益和双重用益给予保护。"1634 年，大法官庭在著名的塞班奇诉达斯顿（Sambach V. Dalston）判例中，确认了第二次的用益权，并赋予该受益人通过申请强制履行令来保护自身合法利益的权利"⑥，大量的土地用益案件因此被吸引到衡平法庭。土地用益制能够规避土地转让过程中的赋税，"使土地的转让更容易了，也使普通法禁止的遗嘱赠予不动产成为可能"⑦，故随着市场经济的发展，土地用益制越来越流行，16、17 世纪时，用这种方法转让的土地是越来越多，以致在衡平法庭的工作内容中，涉及土地用益制的案件占了 2/3⑧，其对土地市场的促进之大可见一斑。

其次是它对"信托"（Trust）关系的保护，并由此创立了著名的信托制度。所谓信托，即是一种代人理财的机制。在这个机制中"所谓受托人受权代表他人或机构（即受益人）公平地保管和管理某项财产"⑨。上述《用益权法》中的第二次用益权就是一种信托。而也正是平衡法对第二次用益权提供了保护，它才能创立信托制度。此制度的创立也是源于《用益权法》

---

① 参见余辉：《英国信托法：起源、发展及其影响》，清华大学出版社 2007 年版，第 99 页。

② 参见 Ames James Barr，"The Origin of Uses and Trusts"，*Harvard Law Review*，V. 21，No. 4（Feb.，1908）. p. 264；余辉：《英国信托法：起源、发展及其影响》，第 55 页。

③ 参见高富平、吴一鸣：《英美不动产法：兼与大陆法比较》，清华大学出版社 2007 年版，第 84 页。

④ 参见何宝玉：《英国信托法原理与判例》，法律出版社 2001 年版，第 18—19 页；程汉大：《英国法制史》，第 186 页。

⑤ 参见高富平、吴一鸣：《英美不动产法：兼与大陆法比较》，第 85 页；A. Harding，*A social，History of English Law*，V. IV，London，1945，pp. 469–473。

⑥ P. V. Baker，*Snell's Equitable*，London，1982，pp. 105–106。

⑦ L. B. Curzon，*English legal History*，Macdonald & Evans，1968，p. 119。

⑧ 参见 H. G. Hanbury，&D. C. M. Yardley，*English Court of Law*，Oxford，1979，p. 97。

⑨ 中美联合编审委员会：《简明不列颠百科全书》第八册，第 658 页。

的缺陷。此法只限制不动产，不限制动产；既不能禁绝用益制度，还限制了人们用它对财产进行遗嘱处理，遭到了人们的激烈反对，致使衡平法院做出了著名的"塞班奇诉达斯顿"判例。在该判例中，确认了第二层次用益中的用益权人的合法权益，并将其命之为信托，以区别于第一层次用益权。之后，一切不受用益法保护的用益设计就都统称为信托，都受到衡平法庭的保护。允许人们用遗嘱来处理财产的《遗嘱法》也因此而出台。[①]

17 世纪后，信托关系已从不动产领域扩展到各种动产领域，衡平法庭也不断地对信托关系进行规范，促生了《委托法》。其规定订立信托关系时必须有信托文书，受托人必须遵守信托文书中的规定来经营、处理受托财产，并按文书中的约定将利益交给委托人。史实表明，《委托法》对规范和保护英国的市场经济秩序起了巨大的作用，被英国人视为其国家的杰作。著名的法学家梅特兰说："如果问我们：英国人在法律领域最伟大和最杰出的成就是什么，那就是数世纪发展起来的信托规定。我认为没有什么是比这更好的回答。"[②]

衡平法对契约关系也提供了有力的保护。这源于普通法法庭只对非常少量的盖印书面契约予以保护，不仅不保护无书面文件的协议，连证书上的印火漆剥落，或证书遗失都被它拒之门外。而大部分商务契约属于这类契约。随着市场经济的发展，这种非正式契约越来越多，使衡平法院受理的此类案件与日俱增。巴伯对 15 世纪大法官法院受理的此类案件的案卷进行了深入的分析，发现有十一大类，其中有请求收回"金钱债务之诉"的请愿书，有动产和不动产买卖的请愿书，婚姻授产协定，有关合伙、代理、保证和补偿契约的请愿书等。[③] 它说明，此时的大法官法院在契约法领域已享有非常广泛的管辖权。到 16、17 世纪时，英国的契约合同因海内外贸易的迅猛发展而猛增，经济纠纷案件的急剧增加。正是由于衡平法对这些案件的及时而又较为公平的处理，弥补了普通法法庭的救济不力，对规范和保护市场秩序

---

① 参见余晖：《英国信托法：起源、发展及其影响》，第 122 页。
② R. P. Meagher and W. M. C. Gummow, *Jacobs' law of trusts*, London, 1997, p. 3.
③ 参见 W. T. Barbour, *The History of Contract in early English Equity*, *Oxford Studies in Social and Legal History*, V. IV, 1914, pp. 71-143。

起了不可估量的积极作用。^① 正因如此，也因为 16 世纪后星室法庭等特权法庭的建立，议会立法的增多和治安法官权力的增大，衡平法院逐渐专注于民事经济领域，衡平法同市场经济的关系更为密切。商法、契约法、信托法、民事侵权法及部分家事法和继承法已成了衡平法的主体。^② 大部分涉及抵押、遗产处理、家庭财产的遗传和监护等方面的案件也都由衡平法院来处理。此外，平衡法还具有运用禁令（injunction）、特定履行令（specific performacne）等普通法不具备的法律救助手段来制裁那些通过不正当的手法谋取利益的行为，故对规范和保护英国当时的市场秩序起了重大作用。^③

英国市场法制的第三大来源是制定法。它来源于国王和议会。议会立法有几种。在宪章类的立法中有很多条款在保护私人财产所有权和人身自由和经济自由方面起过巨大作用，故也是市场法制所不可缺少的内容。大宪章就是个典型。如第 9、10、21、25、28、30—32、39、40、44、47 条限制了国王及其官员敲诈民众财产的行为，巩固了财产私有权。^④ 但是，制定法中的经济立法的数量是最多的，致使制定法的比重在市场立法的法律渊源中越来越大。概括起来，大致有促进土地市场发展的立法，如 1540 年颁布的《土地遗赠法规》^⑤；有保护消费者，规定货物如何制造、如何度量、如何定价、如何防止假货、如何买卖的商品检验制度的立法，如 1677 年的《反欺诈法》，1679 前后年通过的《人身保护法》；有保护财产权、契约和合同的立法，如《人身保护法》《期票法》《合伙契约法》《货物买卖法》等。^⑥ 有保护发明者和投资者的法令，如某项技术的垄断权被历代许多国王授予来英的外国技工^⑦；1624 年颁布的《垄断法》则被称为世界上"第一个包括各项要点的国家专利法"。该法准许发明者有一定年限的专利权，极大地促进了

①　参见 G. Spence, *The Equitable Jurisdiction of the Court of Chancery*, V. I, London, 1846, pp. 623–626；程汉大：《英国法制史》，第 187、194 页。

②　参见程汉大：《英国法制史》，第 185 页。

③　参见［英］戴维·M. 沃克：《牛津法律大辞典》，李双元译，法律出版社 2003 年版，第 1059 页；H. Potter, *An Introduction to the History of Equity and Its Courts*, London, 1931, p. 101；D. M. Kerly, *An Historical Sketch of the Equitable Jurisdiction of the Court of Chancery*, Cambridge, 1890, p. 149。

④　参见 F. Samson, ed., *Great Charter*, New York, 1978。

⑤　参见［法］泰格·利维：《法律与资本主义兴起》，第 202 页。

⑥　参见何勤华：《法律发达史》，第 262 页。

⑦　参见 J. Phillips, *Introduction to intellectual property law*, London, 2001, pp. 5–7。

英国的创新活动。1709 年颁布的《安娜法》则被认为世界上第一部成文版权法。① 有保护商业公司的公司法，如王室和议会授权建立东印度公司等特权公司的《公司特权法》，1524 年颁布的《破产法》等。② 有保护贸易的立法。1238 年通过的《商人法》为在英的外国商人提供了迅速解决争议的方案；1303 年和 1353 年，又先后通过了《贸易特许状》和《贸易中心法》。根据后一法律，英国创设了依据商人法审议商事案件的贸易中心法院。③ 1651 年颁布的《航海法》④，和 1601 年的《海上保险法》在推进英国的海外贸易中所起作用之巨大可谓是举世皆知。有保护市场秩序的立法。如 1720 年颁布的旨在防止证券交易欺诈的《泡沫法案》，1733 年通过的《禁止无耻买卖股票恶习条例》。⑤ 有劳动立法。1388 年国王颁布的限制最高工资的立法及几个臭名昭著的惩治浪人的血腥立法可谓是最早的劳动立法。从 15 世纪开始的劳动立法，虽然仍有强制性、惩罚性色彩的内容，但救济性、安置性的内容所占比重越来越大，特别是 1562 年的《工匠法》。它规定居无定所，没有职业或者学徒资格，也缺乏其他手段的生计的青少年，30 岁以下的必须拜师学艺或从事契约劳动；30 岁至 60 岁以下的则安排在农业领域从事契约工劳动。⑥ 英国社会转型时期的主要劳动制度由此建立起来。

制定法是全国最高立法机构议会的立法，故其法律效力能左右普通法的功能。大革命前后，普通法对圈地的态度之所以发生了 180 度大转弯，原因就是议会颁布的圈地法令前后相反。⑦ 因此，陆续颁布的制定法不断地充实、完善和左右普通法和衡平法；而普通法、衡平法不但能将其中的判例不断地补充和丰富制定法，它们在司法实践中遇到的新问题也会促生出新的制

① 参见何勤华：《法律发达史》，第 317 页。

② 参见 F. Pluk, *History of English Law before the Time of Edward I*, London, 1972, p. 153。

③ 参见何勤华、魏琼主编：《西方商法史》，北京大学出版社 2007 年版，第 363—364 页。

④ 参见何勤华：《法律发达史》，第 332、333 页。

⑤ 参见何勤华：《法律发达史》，第 283—285 页。

⑥ 参见 R J. Steinfeld, *The Invention of Free Labor: The Employment Relation in English and American Law and Culture, 1350-1870*, Chapel Hill, 1991. pp. 23,25。

⑦ 参见 J. Thirsk, *The Agrarian History of England and Wales*, V. 4, *1500-1640*, p. 214；M. E. Turner, *English Parliamentary Enclosure*, Dawson, Archon Books, 1980, p. 34。

定法。衡平法弥补了普通法因僵化、先天不足所导致的种种缺陷和空白；使市场法制更趋完善。普通法在它的挑战下也不断地改进和完善自己。如普通法本不保护没有书面文件的简易合同，在衡平法的刺激下，普通法庭也将"违约之诉"（Action of Assumpsit）用于简易合同纠纷案件。① 普通法的遵循先例的原则也反过来促使衡平法采用了这一原则。而英国的市场法制也就是在这两种法律的相互竞争和相互渗透中，及制定法的左右中不断地发展和完善的。这正如一位当代英国法学家所说："正因为有两套不同的法律，我们才可能通过掂量二者的优劣取得进步"②。三种法律相互支撑、相互补充，共同构成了一个覆盖面遍及全国，内容丰富，结构完整、体系庞大的市场法制体系。它们共同确立了所有权神圣、契约自由、人格平等的法律原则，缔造了以个人本位为中心的、自由放任的市场秩序；使英国的经济生活得以在它们所缔造的这个法律秩序中自由、协调地展开；使英国的私人财产所有权得以逐渐地普及，产权的有效性日益提高，市场贸易秩序的有序度越来越高，市场法制日益完善。

四、由弱到强的英国市场经济

随着市场经济的分娩和发展，标志着市场发展水平的绝大部分指数都逐渐地赶上了西欧大陆。到 17 世纪后期，英国的市场经济更是快马加鞭，把包括荷兰在内的所有西欧大陆各国远远地抛在后面，成为市场经济体制最完善、市场经济制度最发达的国家。

1. 赢得经济独立

进入近代之后的相当长的时间内，英国的许多经济要脉仍为外商所把持。1460 年前，"英国的财富几乎完全由原材料产品构成"③，由于落后，英

---

① 参见程汉大：《英国法制史》，第 194 页。

② 参见 T. E. Cerutton, ed., *Select Essays in Anglo-American Legal History*, V. I, Boston, 1907, p. 729。

③ W. Cunningham, *Alien Immigrants to England*, London, 1897, pp. 100, 101；吴于廑主编：《十五十六世纪东方西方历史初学集》，武汉大学出版社 2005 年版，第 202 页；蒋孟引主编：《英国史》，第 173 页；刘景华：《航海时代的西欧造船和航海术》，《长沙理工大学学报》2005 年第 4 期。

国人不得不"仰赖于意大利和汉萨的资本、德意志的采掘力量和佛兰德的羊毛购买者和加工者"①。为了吸引外国资本和技术，历代英国国王对外国的商人和技工是"恩宠备至，授予许多特权"②，外商和外资因此大规模地进入英国③，英国的工商业，甚至税收、铸币业等都被意大利、德国等国家的商人所控制。④ 1273 年，全英的"羊毛出口总数为 32743 包，其中由英国人经手的只占 35%，剩余的 65% 都由法国、布拉邦特人等外国人所掌控"⑤。1353 年，爱德华三世让"外国商人得到了出口羊毛的独占权，还允许到内地和当地居民一起进行采购"。其孙理查二世还允许意大利和加泰罗尼亚的商船直接运输羊毛，让他们的商人"可以自由地进行采购"⑥。

14 世纪中叶，英王开始限制羊毛出口，鼓励呢绒出口。但英国"内部市场太小，不足以支撑这一工业，因此，不得不寻找国外市场"⑦。而英商因资金短缺，运输能力很弱，又无自己的海外市场，故只能依靠外国商人，尤其是意大利商人。14 世纪 90 年代早期，仅意大利商人每年就从英国出口呢绒 9700 匹左右，约占这期间英国呢绒总出口量的 1/4⑧；"汉萨人和其它外国人，主要是意大利人，仍然控制了英国大约 40% 的海外贸易"⑨。即使到 16 世纪中叶，英国毛纺品的 42%、原皮的 54% 仍须靠外商出口。⑩ 而毛纺业所需要的材料，如靛蓝、明矾等，也都靠意大利商人从锡兰、北非、小亚细亚等地进口。⑪

---

① ［德］汉斯·豪斯赫尔：《近代经济史——从十四世纪末到十九世纪下半叶》，第 239—240 页。

② ［美］詹姆斯·W. 汤普逊：《中世纪晚期欧洲经济社会史》，第 569—570 页；另参见 M. M. Postan, E. E. Rich, E. Miller, ed., *The Cambridge Economic History of Europe*, V. 3, pp. 459,460。

③ 参见 W. Cunningham, *The Growth or English Industry and Commerce, During the Early and Middle Age*, Cambridge, 1915, V. 1, p. 292; E. Power, *The wool trade in English medieval history*, Oxford, 1941, p. 103。

④ 参见 C. Given-wilson, *Fourteenth century England*, V. 2, University of York, 2002, pp. 53-62。

⑤ ［美］詹姆斯·W. 汤普逊：《中世纪晚期欧洲经济社会史》，第 368 页。

⑥ M. M. Postan, E. E. Rich, E. Miller, ed., *The Cambridge Economic History of Europe*, V. 3, p. 336.

⑦ ［美］伊曼纽尔·沃勒斯坦：《现代世界体系》第 1 卷，第 229 页。

⑧ 参见 E. B. Fryde, *Studies in medieval trade and finance*, London, 1989, p. 347。

⑨ D. C. Coleman, *The Economy of England 1450 - 1750*, Oxford University, 1977, p. 49；另参见 A. J. Pollard, *Late Medieval England 1399-1509*, p. 180。

⑩ 参见 ［英］约瑟夫·库利舍尔：《欧洲近代经济史》，第 228 页；［英］M. M. 波斯坦、D. C. 科尔曼、P. M. 马赛厄斯主编：《剑桥欧洲经济史》第四卷，第 159 页。

⑪ 参见 E. B. Fryde, *Studies in medieval trade and finance*, p. 347。

外商自然会趁机争得不少的特权。从 1267 年起，德国商人就相继在伦敦及英国东部海岸边的许多城市如林恩、纽卡斯尔、波士顿等地建立了自己的商业桥头堡，作为向欧洲大陆输送英国羊毛的基地。汉萨同盟于 1282 年成立后，就享有英国商人所没有的许多特权。如 1267 年建于伦敦的"钢院商站"就享有英王赐给他们的司法豁免权。在那里，他们有自己的组织、自己的武装、自己的法庭、自己的法律，俨然是一个国中之国。钢院中最少集聚着 60 个德国城市的商业代理人，他们在不列颠岛的 45 个地方设有营业所，收购英国羊毛等产品，销往大陆。通过向爱德华三世提供大笔对法战争贷款，他们又获得了英王以前赋予商大利商人的种种利益，在一段时期内，他们还获得了英国一些城市的出口税的管理权，"有一家公司掌握价值连城的康沃尔锡矿达数年之久"[1]。

英商对此自然是极端地不满。他们组织起自己的出口商组织"羊毛商人协会"，和外商进行竞争，逐渐从汉萨和尼德兰商人手中夺回了羊毛出口权，掌握了英国对北欧的大部分羊毛的出口。[2] 在王室的支持下，英人大力发展毛纺业，到 15 世纪中叶，英国的主要输出品已从羊毛转为呢绒。[3] 随着英国毛纺工业的兴起，英国工商业日益壮大，进出口贸易能力不断增强。到爱德华四世时（1461—1483），英国商人已经控制了本国羊毛出口的88%，呢绒出口的 59%，和酒类进口的 75%。[4] 1552 年，英王又剥夺了汉萨商人在英国的特权，使英国的"冒险商人开拓公司"出口的呢绒量扶摇直上[5]，英商输出呢绒的份额更上升到 70%。[6] 外商把持英国经济命脉的时代终于一去不复返，此时，英国人才基本上摆脱了对外国的经济依附，夺回了国内市场，赢得了经济独立。

---

① 参见［美］詹姆斯·W. 汤普逊：《中世纪晚期欧洲经济社会史》，第 206、224—227 页。

② 参见 E. E. Power & M. M. Postan，*Studies in English Trade in the Fifteenth Century*，p. 60。

③ 参见 E. E. Power & M. M. Postan，*Studies in English Trade in the Fifteenth Century*，p. 13。

④ 参见 E. Lipson，*The Economic History of England*，V. 1，p. 569；A. J. Pollard，*Late Medieval England 1399–1509*，p. 180。

⑤ 参见 G. D. Ramsay，*The City of London：in International Politics at the Accession of Elizabeth Tudor*，Manchester University，1975，p. 114。

⑥ 参见 D. C. Coleman，*The Economy of England 1450–1750*，p. 54。

2. 殖民帝国和大西洋商业体系的建立

都铎王朝的建立，标志着英民族国家的形成和"英国海上、工业和商业强国的开始"①。国内市场向纵深扩展，国外市场不断扩大，殖民地不断增多，最终成了日不落帝国，使英国吸入的负熵流远超西欧各国。

但是，16世纪前半期，英国的主要产品呢绒的海外市场还主要限于北欧和东欧，依赖伦敦—安特卫普的航道。"商人冒险家公司"负责将英国生产的大多没有染色或没有完工的毛纺织品运到安特卫普，在那里完成最后几道工序后再销往北德的汉堡和波罗的海的港口，南德的纽伦堡、西里西亚、波兰、匈牙利和东欧等地。此外，英国南部和东部的布里斯托尔、赫尔等城市虽然也向伊比利亚半岛、法国等地进行贸易，但规模都不大。因此，16世纪50年代以前，英商在国际贸易中所占份额很小。但是，伦敦到安特卫普的贸易拉动了英国以毛纺织业为主的乡村手工业的发展，使伦敦—安特卫普的贸易模式难以满足其呢绒出口的需要，16世纪50年代，安特卫普因尼德兰革命陷入动乱后，英国呢绒出口量急速下降。② 这就逼迫英国政府和商人去寻找新的贸易路线，此时，西班牙和葡萄牙在美洲和东方获得了大量财富极大地刺激了英国的商人、冒险家们向海外的扩张。在伊丽莎白政府的支持下，他们进行了一系列的海外探险和扩张，跨出了英国开辟世界市场的关键一步。在16世纪中期后的一个世纪，英国海外市场的开拓方向有两个，一是地中海地区和波罗的海地区；二是亚洲、非洲和美洲。

1573年，一艘英国船只将英国的新呢布运到达莱戈恩港，新呢布以其比旧呢布的更轻、更便宜也更薄，适于气候炎热地区的人们穿用的优势很快地占领了地中海地区；之后，英商继续东进。1578年，在土耳其获得了贸易优惠权；1581年成立的"利凡特公司"将大量的呢绒和锡运往君士坦丁堡③；17世纪时，英国的呢绒又相继打败了毛纺业很发达的意大利和法国很

---

① L. L. Price, *A Short History of English Commerce and Industry*, London, 1909, pp. 123,156.
② 参见韩久根：《十四至十六世纪的英国商业经济研究——转型时期的对外贸易》，北京大学1996年博士学位论文，第92页。
③ 参见 A. Wood, *A History of Levant Company*, Oxford, 1935, pp. 12-17,24。

多城市，地中海地区的很大一部分毛呢市场被英国商人抢到手中①；之后，利凡特公司又以土耳其为基地，极力开拓到远东的商路。②

　　1578 年成立的"东地公司"不仅夺回了过去为汉萨同盟垄断的波罗的海地区的贸易，还向东深入到整个奥得河流域及其附近地区，垄断了英国同波兰、丹麦、瑞典、立窝尼亚、波美拉尼亚、普鲁士等地区和国家的贸易。从 1565 年到 1580 年，向这一地区的出口量增加了 3 倍，进口量翻了 1 倍③；到 1597 年，在该地区销售的呢绒占英国呢绒出口总量的 11.3%，仅次于尼德兰和德国。④ 以这些地区为基地，英商又继续东进，获得了莫斯科的贸易优惠权和在俄国其他地方经商免税的权利；沿着伏尔加河南航，俄罗斯公司又从波斯国王那里获得贸易特许权。波罗的海地区和中东欧盛产粮食、经济作物和各种林矿产品，故英国从其进口了大量的亚麻、大麻、木材、铁和造船原料，为英国的造船等工业的发展提供了本国所稀缺的原材料。到 18 世纪，英国对这类物资的需求每年都在增加，它们大都来自这一地区，以致同这些地区的商业往来超过了同欧洲大陆工业化程度最高的西北角的联系。

　　在大西洋领域，英国人于 1588 年的海战中击败了西班牙，打通了通向印度的新航线和开辟美洲市场的商道。⑤ 1600—1617 年间，英国东印度公司组织了 13 次航行，运回了大量的棉织品和香料，除自用外，大都再出口到欧洲。⑥

　　在开拓海外市场时，英国也没有忘记身边的爱尔兰。1653 年，爱尔兰被正式并入英国，18 世纪初，两国间的贸易总额达到 70 万英镑；之后，又有很大增长。⑦

　　上述表明，16 世纪中期之前，英国的海外贸易主要是伦敦—安特卫普

---

　　① 参见［英］M. M. 波斯坦、D. C. 科尔曼、P. M. 马赛厄斯主编：《剑桥欧洲经济史》第五卷，第 242 页。

　　② 参见 A. Wood, *A History of Levant Company*, pp. 12-17,24。

　　③ 参见 H. Zins, *England and the Baltic: in the Elizabethan era*, Manchester, 1972, pp. 160,170,185, 248-253,287-295。

　　④ 参见赵秀荣：《1500—1700 年英国商业与商人研究》，社会科学文献出版社 2004 年版，第 100 页。

　　⑤ 参见 L. M. Cullen, *Anglo-Irish Trade 1660-1800*, Manchester, 1968, pp. 47,48。

　　⑥ 参见 R. Mukherjee, *The Rise and Fall of the East India Company*, New York, 1974, p. 56。

　　⑦ 参见 L. M. Cullen, *Anglo-Irish Trade 1660-1800*, pp. 47,48。

模式，之后，向东、向地中海方向拓展，在旧大陆建立起了一个地域辽阔的海外市场和原料基地，极大地促进了英国市场经济的发展。其中受益最多的是英国的航海业。1560 年到 1689 年期间，英国人口增加不过 2 倍，但船舶总吨位却增加了近 7 倍。① 毛纺工业也受益匪浅。15 世纪中期到 16 世纪中期，英国的毛纺织品的出口量增加了近 3 倍；1554 年达到了 16 万匹，到 17 世纪前半期，年均出口呢绒已增加到 25 万匹。"全欧洲因穿英国的呢服而几乎成为英国的仆人。"② 据统计，1600 年全国财富为 1700 万镑，1630 年为 2800 万镑，到 1660 年又翻了一番，为 5600 万镑。③

但英国人并未就此止步，在取得了大西洋的主导地位后，在 17 世纪后期就把注意力集中到新大陆。以 1585 年在美洲建立的第一块殖民地弗吉尼亚为基地，1660 年后，英国已在美洲建立了 6 个殖民地。这不仅使英国在北美的殖民地体系初具规模，也为英国摆脱昔日狭小、单一的贸易模式，建立起庞大的殖民地体系和大西洋商业模式铺垫了道路。这个体系和模式对英国市场经济的由弱到强起了其他海外市场所起不到的作用。

首先受益的是海运业。1629 年英国的海运总吨位是 11.5 万吨，到 1686 年增加到 32.3 万吨。到 18 世纪，在英国港口进行运输作业的船只中有 4/5 以上是英国人的。④ 奇波拉说，这时欧洲的商业中心已不再是荷兰，而已转移到英吉利海峡的对岸去了。⑤ 其次是纺织业。16 世纪 60、70 年代，其年均出口值是 60 万镑；1699 年至 1701 年间上升到 300 万镑。⑥ 英国的进出口总量因此有了飞跃。1660—1760 年间，英国的出口贸易额翻了 3—4 倍。⑦ 16 世纪中叶，英国的出口总额不足 100 万英镑⑧；1660 年达 410 万镑，1760

① 参见 R. Davis, *The Rise of the English Shipping Industry in the Seventeenth and Eigteenth Centuries*, London, 1962, pp. 15,16,33,388–389。

② E. Lipson, *The economic history of England*, V. 2, pp. 187–188.

③ 参见 E. Lipson, *The Economic History of England*, V. 2, p. 209。

④ 参见 P. Mathias, *The First Industial Nation: an Economic History of Britain 1700–1914*, p. 86。

⑤ 参见［意］卡洛·M. 奇波拉:《欧洲经济史》第 3 卷，第 369 页。

⑥ 参见 D. C. Coleman, *Industry in Tudor and Stuart England*, pp. 25,26。

⑦ 参见［英］M. M. 波斯坦、H. J. 哈巴库克主编:《剑桥欧洲经济史》第六卷；H. J. 哈巴库克、M. M. 波斯坦主编:《工业革命及其以后的经济发展：收入、人口及技术变迁》，第 270 页。

⑧ 参见［英］约瑟夫·库利舍尔:《欧洲近代经济史》，第 228 页。

年增至 640 万镑。①

在开发新大陆的同时，英国又在一系列的战争中打败了西班牙、法国、奥地利和荷兰等许多国家，完全控制了印度；使北美几乎完全变成了它的殖民地；澳洲也属于它，结果，"世界上大部分最好的殖民地都被英国占有"②，它成了世界上唯一的号称"日不落"的殖民大帝国，建立起了庞大的大西洋商业体系。

殖民帝国和大西洋商业体系的建立，标志着沃勒斯坦所说的"现代世界体系"的最终形成，也标志着英国成为这个体系的中心区；也恰如他所说，英国能成为现代社会的滥觞之地，是与这个体系的三个部分各自承担不同的劳动分工分不开的。③ 因为它使英国获得了足以使其社会结构远离平衡态所需要的负熵流。固然，半边缘区也使英国获得了负熵流，但这远远不够；它输入的负熵流能不断地增强，社会结构的分化与整合能继续进行，大西洋商业体系功不可没。1700—1780 年间，由于欧洲各国贸易壁垒的增加，"欧洲大陆的生产者吃掉了欧洲本身需求增长的大部分"，英国工业品在这段时期内出口到欧洲大陆的仅增加 1/8，可这一时期英国工业品的出口总值却增长了一倍多。④ 其原因就在于英国在这一时期已拥有了这个商业体系。据统计，在 18 世纪的 100 年时间内，其向北美和西印度的出口就增加了2300%，⑤ 对非洲和亚洲的出口也增长了 6 倍。⑥ 更关键的是，这些新市场对英国的进出口贸易的潜力要远大于欧洲，因为使英国产品在欧洲市场销路停滞不前的原因在美洲是不存在的。一是美洲人口的增长远快于欧洲大陆。1700 年，英国在美洲的殖民地的人口是 1650 年的 4 倍，"到 18 世纪 80 年代，这个数字又翻了 10 倍"⑦；到 1800 年，北美殖民地人口已达到 530 万

---

① 参见 Ralph Davis， "English foreign trade 1660-1700"，*Economic History Review*，1954（7），pp. 156-166；[英] 约瑟夫·库利舍尔：《欧洲近代经济史》，第 220 页。

② [意] 卡洛·M. 奇波拉：《欧洲经济史》第 3 卷，第 178 页。

③ 参见 [美] 沃勒斯坦：《现代世界体系》第一卷，边码第 87 页；边码第 162 页。

④ 参见 R. Floud and D. Mccloskey，eds.，*The Economic History of Britain since 1700*，V. 1，Cambridge University，1981，p. 88。

⑤ 参见 [美] 乔万尼·阿瑞吉、贝弗里·J. 西尔弗：《现代世界体系的混沌与治理》，王宇洁译，生活·读书·新知三联书店 2003 年版，第 170 页。

⑥ 参见 R. Floud and D. Mccloskey，eds.，*The Economic History of Britain since 1700*，V. 1，p. 88。

⑦ [英] 罗伯特·杜普莱西斯：《早期欧洲现代资本主义的形成过程》，第 314 页。

人。其人均年收入以每年 0.3%—0.6% 的速度增长。[1] 同 1700 年相比，1776 年殖民地的海外购买力增加了 5 倍。[2] 二是在美洲不可能出现像欧洲那样对英国商品排挤的情况。英国"重商主义关税，补贴，垄断和海军支持的禁运"，使殖民地居民"只能消费英国产品"；1663 年颁布的《大宗商品法》又将许多外国产品排挤出市场；[3] 再加上移民们也早已习惯于对母国制成品的依赖，使美洲殖民地几乎没有自己的工业，形成了巨大的消费市场，从而改变了英国出口贸易的重心。17 世纪末，英国出口商品中的 90% 输往欧陆；到工业革命前夕则降至 49.2%[4]；1741—1745 年，英国向美洲市场的出口和再出口的年均值为 149 万英镑，1766—1770 年时就已升到 300 万英镑。[5] 英国的进口贸易的构成因此得到改变。17 世纪时，英国进口商品的 66.3% 来自欧洲市场；34.6% 来自美洲和世界其他地区；到 1770 年，这两个数据分别变为 45.1% 和 54.9%。[6] 可见，到 18 世纪时，殖民地贸易已成了英国海外贸易的主力。致使当时的西欧，没有哪个国家能像英国那样"从十七世纪末期起"，出口就"一直稳定上升，到十八世纪中期更加突飞猛进"[7]。此外，它还改变了英国的贸易结构和生产结构。因为各殖民地因自然条件的不同走上了单一经济的发展道路。南方殖民地以及西印度发展了单一的种植园经济，北方殖民地则发展了渔业、造船业和运输业。这就从根本上改变了英国海外贸易中出口的产品一直是纺织品，而进口的产品的 90% 以上均来自欧洲大陆的传统局面。为了从英国换回各种制成品，殖民地大力种植欧洲需要的大宗作物，如烟草、蔗糖、皮毛等，使其进出口贸易突飞猛进，它们的各种进出口商品加入了英国海外贸易的商品行列中，就从根本上改变了英国海外贸易的传统局面，一个崭新的贸易商品结构诞生了，它对英国的市场经

---

① 参见 M. Peter and A. J. David, *Intemational Trade and British Economic Growth from the 18th to the Present Day*, Oford, 1996, p.24。

② 参见 R. Davis, *A commercial revolution：English overseas trade in the Seventeenth and Eighteenth centuries*, London, 1967, pp.18,19。

③ 参见［英］罗伯特·杜普莱西斯：《早期欧洲现代资本主义的形成过程》，第 314 页。

④ 参见 B. L. Solow, eds., *Slavery and the Rise of the Atlantic System*, Cambridge, 1991, p.186。

⑤ 参见 M. Peter and A. J. David, *Intemational Trade and British Economic Growth from the 18th to the Present Day*, p.23。

⑥ 参见 M. Berg, *The Age of Manufactures, 1700-1820*, London, 1994, p.121。

⑦ ［意］卡洛·M. 奇波拉：《欧洲经济史》第 3 卷，第 178 页。

济的促进可是多方面的。

首先，它缓解了对外贸易因毛织品在欧洲市场滞销所出现的困局，获得了海外贸易的新动力。因为它向欧洲的出口产品不再只是羊毛织品了。从殖民地进口的烟草和甘蔗等产品被大量地转销欧洲。1771—1775 年，销往英国的切萨皮克烟草达到 1 亿磅，有 85%用于再出口。[①] 1686 年大约有 1/3 的糖和 2/3 的烟草从伦敦再出口到欧洲，使英国的出口贸易结构出现了质的变化。再出口商品从 1600 年的近乎零增加到 1700—1701 年的 213.6 万镑，1797—1798 年的 1180.2 万镑。[②] 17 世纪初，再出口贸易额仅占英国贸易总额的 5%—6%[③]，到 17 世纪末则占到整个出口的 50%。[④] 再出口贸易成了英国海外贸易发展的新动力。1700—1800 年间，英国进口增长 523%，出口增长 568%，而再出口却增长 906%。[⑤]

其次是它改变了英国出口商品单一化，即只能出口呢绒的局面。被西欧各国的重商主义拒之门外的各种制成品，如金属制品、亚麻等在殖民地找到了销路。17 世纪后半期，除毛呢之外，英国输往欧洲的其他工业品出口增长了 18%，而输往殖民地的却增长了 200%[⑥]，后来，其出口量甚至可以和羊毛工业的全部出口相匹敌。[⑦] 从而为国内各种工业的大发展奠定了坚实的基础。

其三，殖民地贸易因此成了英国海外贸易得以持续发展的主要动力和克服生态瓶颈的利器。在 17 世纪中期后的一个世纪里，英国同殖民地的贸易量增长了 5 倍，欧洲在英国贸易中的地位则逐步下降。18 世纪初，英国的进口贸易有 53%来自欧洲，15 年后下降到 44%，到 1800 年仅为 31%。从欧

---

① 参见 S. M. Socolow, ed., *The Atlantic Staple Trade*, V. 2, Broodfield, 1966, p. 435。

② 参见 K. Morgan, *Slavery, Alantic Trade and the British Economy 1660-1800*, Cambridge University, 2000, p. 18。

③ 参见钱乘旦、许洁明：《英国通史》上海社会科学院出版社 2002 年版，第 188—189 页。

④ 参见 Ravis, Ralph, "English Foreign Trade, 1700-1774", *The Economic History Review*, Dec., 1962, V. 15, pp. 21-24。

⑤ 参见 F. Roderick, ed., *The Ecomomic History of Britain since 1700*, V. 1, Cambridge University, 1981, p. 88。

⑥ 参见［美］沃勒斯坦：《现代世界体系》第 2 卷，第 343 页。

⑦ 参见 T. S. Ashton, *An Economic history of England: the 18th century*, London, 1955, p. 154。

洲的进口比例也下降了，相应是 78%、63% 和 45%。① 但无论是从殖民地进口原料，还是再出口其产品到欧洲，以换回工业原料，都有助于英国消除其他国家在工业化过程中遇到的"生态瓶颈"。因为英国可耕地总数只有 1700 万英亩，而英国在 1800 年前后从殖民地进口的棉花、糖和木材三项如果在本国种植生产则需要耕地 3000 万英亩。因此，获得北美这样一个广阔的廉价原料供应地对英国来说是一个奇迹。"如果没有这一奇迹"，"所有对'欧洲奇迹'重要的东西——都是不可能的"②。

贸易结构的改变和贸易量的持续增长，对英国的"工业化提供了主要刺激"，"十八世纪不列颠工业的出口生产增长了将近 450%（以 1700 年为 100，1800 年则为 544），而供国内消费的产品生产仅增长 52%（1700 年为 100，1800 年为 152）"③。这使那时的欧洲，没有任何"像英国那样城市人口达到了 30%"④，对外贸易对英国工业发展的刺激之大，由此可见一斑。因此，殖民帝国和大西洋贸易体系的建立是英国市场经济由弱到强的主要动力，也是它的主要标志。

3. 金融市场的独立和壮大

同商业一样，英国的金融业曾长期被外商所掌握。爱德华一世、二世、三世，乃至四世，都是依赖外商的贷款来维持其统治的。⑤ 致使汉萨同盟等外国大商家实际上处于对王室的支配地位。⑥ 直到 16 世纪中叶，"英国的国债都在安特卫普募集，这是因为英国国内还过于贫穷，难于向政府提供必要的贷款"⑦。到 16 世纪下半叶，情况才有了改变。14 世纪，在英国只能举出 169 名富裕商人，但到了 1601 年，单是从事对荷兰贸易的商人就可以举出

---

① 参见 T. S. Ashton, *An Economy history of England：the 18th century*, p. 154。

② ［美］彭慕兰：《大分流：中国、欧洲与现代世界经济的形成》，第 277 页。

③ ［法］费尔南·布罗代尔：《15 至 18 世纪的物质文明、经济和资本主义》第 3 卷，第 673 页。

④ ［英］肯尼斯·O. 摩根：《牛津英国通史》，第 445 页。

⑤ 参见 M. M. Postan, E. E. Rich, E. Miller, ed., *The Cambridge Economic History of Europe*, V. 3, pp. 456-459；［美］詹姆斯·W. 汤普逊：《中世纪晚期欧洲经济社会史》，第 568 页；T. H. Lloyd, *Alien Merchants in England in High Middle ages*, 1982, pp. 175,177；［法］费尔南·布罗代尔：《15 至 18 世纪的物质文明、经济和资本主义》第 2 卷，第 421 页。

⑥ 参见［美］詹姆斯·W. 汤普逊：《中世纪晚期欧洲经济社会史》，第 227、229 页。

⑦ ［英］约瑟夫·库利舍尔：《欧洲近代经济史》，第 228 页。

3500 人。① 15 世纪时，对全体伦敦商人来说，他们死时的动产若在 300 镑左右即为中等富裕水平②；到 16 世纪下半叶，伦敦商人所拥有的动产的平均数已达到 7780 镑。③ 与 15 世纪时的伦敦商人相比，增加了 20 多倍。于是，英王不再向外国商人借债了，而是向英国的"羊毛商人协会""商人探险家公司"等借款了④；1643 年，市场经济的发展使英国政府得以开设两个新税种土地税和消费税；1688 年以后，又在原有的关税的基础上，对工业制品、原材料和食品增加了附加税，并不时地提高税率⑤；并让商人成为税收代理人，而政府则通过对税收的预收来筹款。⑥ 但是，无论是增税，还是借贷，都不能解决因战争、天灾等原因引起的不时之需。因为"这个王国内货币奇缺"，17 世纪 20 年代，一位企业家抱怨道："（硬币的）短缺是如此地严重，以至于一个人要想将一块 20 先令的金币兑换成银币，他就得在伦敦跑许多家大商店才行。"⑦ 这显然是市场经济的发展使贵金属再也难以独立履行流通手段的功能了。只有建立起富有弹性的货币供应和便利的信贷，才能满足市场对货币的不断增长的需求。但是，如果政府的信用得不到民众的认可，这样的金融机构就建立不起来。

　　1688 年的"光荣革命"建立了一个立宪政府，它的商业信用属于议会而不是属于国王。有议会为债务担保，人们就坚信借债给政府"决不会遭受损失"，英国政府的信用急剧增长。政府借债所付利率从威廉三世时的

　　① 参见［英］约瑟夫·库利舍尔：《欧洲近代经济史》，第 228 页；克拉潘：《简明不列颠经济史》，第 266 页。

　　② 参见 S. L. Thrupp, *The merchant class of Medieval London*, 1300 - 1500, London, 1962, pp. 103, 104, 109。

　　③ 参见 D. M. Pailiser, *The Age of Elizabeth*：England under the later Tudors, 1547 - 1603, London, 1938, p. 123。

　　④ 参见 W. G. Hoskins, *The age of plunder*：king Henry's England 1500 - 1547, Longman, 1991, p. 178。

　　⑤ 参见 C. Hill, *Reformation to Industrial Revolution*：A Social and Economic History of Britain, 1530-1780, pp. 180; J. Brewer, *The Sinews of the Power*：War, Money, and the English State, 1688-1783, New York, 1989, p. 211; R. Davis, "The rise of protection in England, 1689-1786", *Economic History Review*, 19 (1966), pp. 308-313。

　　⑥ 参见 J. T. Ward and R. G. Wilson, eds., *Land and Industry*, the Landed Estate and the Industrial Revolution, New York, 1971, p. 150。

　　⑦ ［意］卡洛·M. 奇波拉：《欧洲经济史》第 1 卷，第 453 页。

10%下降到沃波尔和佩勒姆时的3%。^① 这促进了英格兰银行在1694年的成立，及其后银行在全国各地迅速地普及。英格兰银行成立之初，目的只是向政府贷款，但也发行银行券。银行券可谓是纸币的前身，因此，它的发行极大地缓解了贵金属货币的短缺。而英格兰银行也接受存款，进行金银贸易，为政府处理税收，像接受存款一样接受政府债券或者为政府债券兑现等等。^② 这对解决政府的不时之需起到了关键作用，政府因此能在国内发行公债券，向一般商人和市民们出售^③；政府筹款不再面向商人，而是更多地依靠银行。这自然会推动英国金融体系的发展、金融制度的进步和币值的稳定。布罗代尔说："英镑的稳定是英国强盛的一个关键因素。没有稳定的价值尺度，便不容易得到信贷。借钱给君主的人就没有安全感，也就没有人们可以寄予依赖的契约。而没有信贷，就谈不到国家的强盛和金融优势。"而"英镑自从在1560至1561年间由伊丽莎白女王稳定了以后，其币值直到1920年，乃至1930年始终不变。一英镑相当于四盎司黄金或半马克白银，欧洲货币价值表上英镑令人惊讶地划出一条长达三百多年的直线"。政府的筹款能力因此得到持续的、大幅度的提升。伊萨克·品托在1711年写道："公债的利息准时偿付，不容违约，债款由议会保证还本，这一切确立了英国的信誉，因而借到的款项之大令欧洲惊诧不已。""1782年4月，法国及其盟国以及其他欧洲人认为英国处境困难，简直没有出路时，英国却发行300万英镑公债，认购数竟达500万，只要向伦敦四五家大公司打个招呼，钱就来了。"^④

　　钱之所以呼之即来，无非是银行可以发行银行券。1698年，英格兰银行仅成立4年，就已经发行了134万可随时竞换的银行券；其他银行也发行了自己的银行券。"据估计，在十八世纪初期，英国流通的各种信用券估计

---

　　① 参见［英］马歇尔：《货币、信用与商业》，叶元龙、郭家麟译，商务印书馆1986年版，注释2。

　　② 参见［意］卡洛·M.奇波拉：《欧洲经济史》第3卷，第474页。

　　③ 参见［英］查尔斯·达维南特：《论英国的公共收入与贸易》，朱泱、胡企林译，商务印书馆1995年版，第213页；［英］大卫·休谟《休谟经济论文选》，陈玮译，商务印书馆1997年版，第81页。

　　④ ［法］费尔南·布罗代尔：《15至18世纪的物质文明、经济和资本主义》第3卷，第433、434页。

价值为 1500 万英镑左右，而其硬币和与金银的总存量为 1200 万英镑。十七世纪后期的金融变革使英国的总货币存量增加了 25%，而实际的通货量并没有相应增加。"奇波拉评价说："这项成就是显著的，也是独一无二的。欧洲再找不出第二个采用这种方法创造货币的国家。"即使是以银行业发达而著称的荷兰也不例外。① 直到 18 世纪，曾是欧洲商业中心的阿姆斯特丹的银行仍然不能正常地开展贴现业务②；法国更不用提了，"直到 1840 年时，银行业务和贴现活动主要是为巴黎的商业界以及国外大宗贸易服务"。以致"在外省从事国内贸易的商埠以及乡镇中心，资金供应十分短缺"。"工业发展全靠自谋资金，工业企业及其客户以赊欠或短期拆借资金等手段互相帮助"③。两相比较，足见当时英国金融业已发展到西欧大陆无人能及的地步。

一个国王长期向外商乞讨金钱的国家发展出一个支配欧洲的金融业，这无疑是英国市场经济成熟的产物也是它的标志。这正如英国首相皮特在他 1774 年时的札记中叹道："英国自身弱小若无商业、工业及其仅存在账面上的信贷，决不可能对整个欧洲发号施令。"④ 而一个发达的金融体制，无疑为英国市场经济的发展增添了一个强大的动力。因为它丰富了人们从事贸易的方式和手段，解决了长期困扰市场经济发展的流通手段不足的问题；使人们筹集资本的方式多样化；为资本的集聚和集中提供了有效途径，有力地促进了外资的流入。致使当时国际最大的"金窟"荷兰的商人们也都为英国"慷慨解囊，他们大量购买公债"，使他们的"剩余资金纷纷流往英国"。其数量之多，致使人们觉得"英国已被荷兰人所侵占"⑤。这对英国政府提供的帮助是前所未有的。英国在七年战争（1176—1763 年）中的胜利便是公债政策的结果，而法国的羸弱就在于它的信贷组织不善。托马斯·莫蒂默在 1769 年也说："英国的公共信贷是英国政治的奇迹，使欧洲各国既惊讶又畏惧。早在这三十年前，乔治·贝克莱曾推崇这一政策是英国对法国的主要优

---

① 参见［意］卡洛·M.奇波拉：《欧洲经济史》第 3 卷，第 474 页。
② 参见［法］雷吉娜·佩尔努：《法国资产阶级史·近代》，第 181 页。
③ ［法］费尔南·布罗代尔：《法兰西的特性——人与物（下）》下册，第 395、396 页。
④ ［法］费尔南·布罗代尔：《15 至 18 世纪的物质文明、经济和资本主义》第 3 卷，第 434 页。
⑤ ［法］费尔南·布罗代尔：《15 至 18 世纪的物质文明、经济和资本主义》第 3 卷，第 291 页。

势"。"它有效地动员了英国的有生力量，提供了可怕的作战武器。"① 不争的是，没有这一时期英国对外竞争的胜利，就没有殖民帝国和大西洋商业体系的建立。

① ［法］费尔南·布罗代尔：《15 至 18 世纪的物质文明、经济和资本主义》第 3 卷，第 433 页。

第 十 八 章

英国市场经济率先成熟的原因

为什么英国市场经济能率先分娩成熟？依据前述的理由，一是它率先建立了民族国家；二是它实现了王在法下，维持了制度变迁的诱致性质。在国家权力和新贵族的推进下，其市场经济才能顺利分娩和加速发展。

一、率先建立了民族国家

前面讲过：民族国家具有朝代国家所没有的三大要件：国家主权、民族意识和健全的法制。所以，虽然"英格兰成为一个真正统一的国家比任何欧洲大陆王国要早得多"[1]，但成为民族国家却是后来的事情。鉴于苏格兰正式并入英格兰是在英国已成为民族国家的 1707 年[2]，故我们讲的英国成为民族国家主要是指英格兰和威尔士。而不是大不列颠及北爱尔兰联合王国。

以上述民族国家三大特征来衡量，学者们普遍认为，英国是在都铎王朝时期才成为民族国家的。

首先，英法百年战争以英国最终失败而告终，英国丢失了它在西欧大陆的领土，英国国王的权威全部收缩到不列颠岛内，使英国第一次有了明确的

---

①　M. Bloch, *Feudal Society*, London, 1962., p. 430.

②　参见 A. Grant, K. J. Stringer, *Uniting the Kingdom? the Making of British History*, London & New York, 1995, p. 31。

边界。亨利八世时，威尔士公国又正式并入英格兰王国，至此，英国已经奠定了作为一个民族国家所必需的疆域。①

在这个疆域内，有一个能对全域实施有效统治的权力中心，即都铎王室。其开国之君亨利七世下令解散所有贵族的私人武装和城堡，并设立有权使用酷刑的星室法庭，严惩叛乱的贵族，铲除对其王位的一切潜在威胁。他加强管理，整饬关税，使领地收入、封建收入、关税收入都大幅度地提升。他起用中产阶级，将谘询会及继之的枢密院和星室法庭都置于自己的控制下。他设置了治安法官并用他们取代了昔日的郡守，赋予了他们主政地方的广泛权力：使他们被人称为"都铎王朝的杂役女佣"②。为了防止"女佣"们滥权，他的儿子亨利八世设置了有权监督他们并主持地方军务的郡尉和郡督，实现了地方权力的相互制衡，从而对英国全境实现了有效统治。③

经都铎诸王的系列改革，昔日长期维持君臣联系的私法关系已转居次要地位，而原居于附属地位的公法关系已转居主导地位。许多现代形式的独立性政府职能的国家机构，如财政署、议会等行政机构的独立性越来越强，作用越来越大。财政署产生，标志着王库与国库的分离，财政署成为独立性的国家机构；而国王也不再干涉其政府职能。议会虽然于13世纪中叶就具雏形，但它从国王的私人谘询机构成为社会代表也经历了很长的过程。④ 到14世纪终结时，议会已分为上院和下院，除拥有批准动产税的权力外，还拥有批准国王征收"教区税""人头税"和"补助金"的权力；同时，原先"经上、下两院批准"的程序也已变成了"征得上院同意后，下院批准"的规则。⑤ 国王所需要的赋税来自国民，而下院则承担了批准国王赋税的职责，故下院已成为社会的代表，而不再是国王私人的谘询机构。⑥ 但是，直到都铎王朝建立时，国家主权仍未确立，因为教会仍然是英国的国中之国，所有的英国人除遵守国家的法律外，还要遵守教会的法律，接受教会法庭的

---

① 参见［英］埃里克·霍布斯鲍姆：《民族与民族主义》，李金梅译，上海人民出版社2000年版，第374页。

② 参见 G. B. Adams, *Constituational History of England*, Oxford, 1926, p. 261。

③ 参见程汉大：《英国政治制度史》，中国社会科学出版社1995年版，第150页。

④ 参见［美］哈罗德·J. 伯尔曼：《法律与革命——西方法律传统的形成》，第534、538—551页。

⑤ 参见［美］哈罗德·J. 伯尔曼：《法律与革命——西方法律传统的形成》，第36页。

⑥ 参见 G. B. Adams, *The Constitutional History of English*：*its Origin & Development*, pp. 415—421。

审判，还可上诉到罗马教廷。经济上，教会和修道院占有的土地达英国全部耕地的 1/3，年收入为同期英国国王年收入的 3 倍。[1] 每年，通过征收什一税等税收，罗马教廷从英国攫取了大量的财富。1349—1378 年间，仅收取岁贡一项就为英王岁入的 5 倍。[2] 凭借这些，并通过占据着政府要职的大量教士，通过对英国大主教、主教和大修道院院长的任命权，教廷插手英国的内部事务，分割了英国的国家主权。致使都铎王朝之前的英国，虽已有议会等独立性的国家机构，但国家主权还是残缺不全。是亨利八世发起的宗教改革才解决教会这个国中之国。改革没收了教会和修道院的土地和财产，上诉权转到国王的手中，只有国王才有任命法官等司法权力，教会干涉英国内政的一切渠道被截断；通过《至尊法案》，英王替代教皇成了英国教会的最高首脑[3]，教会转化为英王的统治工具，英国才获得了完整的国家主权。

英国王权与罗马教权的决裂，意味着先前只知有教、不知有国的混沌局面被彻底打破，英国的宗教事务及宗教思想已独立于罗马教会[4]；而"王权的至高性既给予王室宣扬爱国主义的机会，同时又为它配备了宣传的政治工具（传教士）和领域内的道德调节机构（教会法庭）"[5]，致使英国人的民族认同感越来越强。1509 年，伦敦主教约翰·艾尔默在其著作中宣扬："上帝是英国人"[6]。54 年后，《英烈传》的作者约翰·福克斯也提出英格兰是上帝选定的民族，它高于大陆上遭到奴役的教皇主义者，除了国王的权威外它已完全独立。[7] 反对外商在英的特权的斗争，同其他民族的经济竞争和暴力对抗在都铎时期也达到了高潮，并都成了"促进民族性和英国性的自我

① 参见 A. G. R. Smith，*the Emergence of a Nation State*，p. 13。

② 参见 M. Mckisack，*Oxford history of England*，V. 5，*the Fourteenth century 1307 - 1399*，Oxford，1985，pp. 284-286。

③ 参见 G. R. Elton，*The Tudor Constitution：Documents and Commentary*，*1514-1523*，Cambridge University，1982，pp. 364,365。

④ 参见 B. Bradshaw，J. Morrill，*The British Problem（1534-1707）：State Formation in the Atlantic Archipelago*，London，1996，Preface。

⑤ P. S. D. Corrigan，*The Great Arch：English State Formation as Culture Revolution*，New York，1985，p. 46.

⑥ 参见 P. Collinson，*The Birthpangs of Protestant England：Religious and Cultural Change in the sixteenth and seventeenth Centuries*，Macmillan and Co. Ltd.，1988，p. 21。

⑦ 参见 A. G. R. Smith，*The Emergence of a Nation State*，Longman，1984，pp. 88-89。

意识的温床"。它们"使英格兰人意识到他们的特性、统一性和共同的传统和历史","英格兰应当是英格兰人的"之类爱国性的口号在英格兰空前地流行。① 一直被用做上层阶级语言的法语被认为是"敌人的语言"也成了英国民众的共识②；英格兰东中部的方言逐渐变为英民族的标准语，语音、句法、拼写等实现了统一，英格兰民族语言最终形成。作为记账货币的英镑，也于 1560 年至 1561 年间被伊丽莎白女王稳定后，直到 19 世纪 30 年代都无变化。③ 英王室在 1197 年就颁布了第一部度量衡的统一法律《度衡法令》④，《自由大宪章》和历届政府都不同程度地加大了统一度量衡的力度⑤，监管范围日益扩展，处罚力度也不断地增强；但为此颁布的敕令和立法最多的则是都铎王朝，经其努力，终于实现了"全王国之内只有一种度量衡"的目标。⑥

　　上述说明，虽然英国王权一直比较强大，民族国家的许多要件，如法律的统一等在都铎王朝建立之前就已具备，但民族国家的三大核心和灵魂是在都铎时期才得以齐备。如法制建设，直到伊丽莎白一世时，国王的权威因公簿持有农得到了王室法庭的充分的法律保护才得以遍及全国。⑦

　　按一些学者的说法，英民族国家建成的时间同法国不差上下，但从严格的意义上讲，法国成为一个真正的民族国家比英国迟得多。其原因前面已述，虽然百年战争使法国的民族意识突起，但法律的统一、关税的废除、货币和度量衡的统一，到英国工业革命爆发时尚没实现。法国如此，西欧大陆的其他国家就更不用说了。据此，在欧洲，英国最先建成了完整意义上的民族国家是不容置疑的。

---

①　C. E. Petit-Dutaillis, *The Feudal Monarchy in France & England from Tenth Century to Thirteenth Century*, London, 1936, p. 357.

②　参见 H. Seton-Watson, *Nations & States: an Enquiry into the Origins of Nations & Politics of Nationalism*, London, 1977, p. 25；[法] 费尔南德·莫塞：《英语简史》，水天同等译，外语教学与研究出版社1990 年版，第 51 页；R. C. W. Mccrum, R. McNeil, *The Story of English*, New, York, 1986, p. 77；[英] 肯尼斯·O. 摩根：《牛津英国通史》，第 236 页。

③　参见 [法] 费尔南·布罗代尔：《15 至 18 世纪的物质文明、经济和资本主义》第 3 卷，第406 页。

④　参见 H. E. S. Fisher & A. R. J. Jurica, *Documents in English Economic History: England from 1000 to 1760*, London, 1977, p. 467。

⑤　参见郭守田：《世界通史资料选辑（中古部分）》，第 183 页。

⑥　参见 P. L. Hughes, J. F. Ed. Larkin, *Tudor Royal Proclamations*. V. III, Yale, 1964, p. 241。

⑦　参见 C. M. Gray, *Copyhold, Equity, and the Commom Law*, pp. 54-146。

二、国家权力的推进

英国不仅率先建立了民族国家，还实现了王在法下，致使市场经济正反馈机制由外置转为内生，使市场经济同其正反馈机制之间相互作用的形式从反应循环升级到催化循环；进而产生出越来越多的正反馈机制，使市场经济同它们间的相互作用从催化循环上升到超循环，直至多元复合超循环，致使市场经济的正反馈机制从线性发展到非线性，市场经济也因此从慢弛豫变量发展成包含着未来社会结构萌芽的序参量。在此过程中，市场经济同民族国家间相互推进，使后者从民众认可的君主专制发展到宪政国家，使英国市场经济不仅获得了英国王权的强力推进，还得到了英国议会的大力推动。

1. 市场经济正反馈机制由外置转为内生

市场经济的正反馈机制从外置转为内生的前提自然是王权对市场经济的政策没有质变。这在王权如日中天的 16、17 世纪是个难题。史实表明，当时的英国王权也极力想走法国王权所走的道路，千方百计地扩大其对经济的控制权，但是，英国的第三等级和新贵族可不同于他们法国的同侪，他们的抵制和反抗使国王的行动收效不大；即使有点成效，也都有限，且好景不长，致使官工官商之类的有助于市场经济正反馈机制质变的东西萌而不生，生而不长。例如，英国历代国王虽然很少有建立皇家制造业的努力，但是，王室对民间工商业的管理却相当具体。1552 年颁布的《布品法规》，对 22 种毛织品的质量作了详细的规定。1563 年的《工匠法令》公布了学徒章程，规定了最高工资额[1]；伊丽莎白等国王还出售过硝石、火药、食盐、纸、扑克牌等物品生产的特许权以求对经济进行控制，但是，由于第三等级和民众的普遍抵制，这些法规并没有得到严格执行，使王权对市场的控制名存实亡。到 17 世纪中叶后，英国政府干脆取消了对家庭工业的许多限制

---

① 参见 G. Britain, *Statutes of the Realm*, V. Ⅳ: 1547-1624, New York, 1993, pp. 414-422。

性规定。①

在第三等级的强有力的抵抗下，官工官商在英国是渺无踪影。亨利八世虽然仍"从王室的矿井中收税并继续派官员看管与保护王室的采矿权"，但除了继续持有王室的股份外，并"未做任何努力去控制从王室获得开采权的私人公司的开采活动"。除继续"保留了王室家族对德文郡和康沃尔郡锡矿区的控制权，但在其他地方基础金属矿井和矿物却由私人地主处理"②，贵族和平民们都可私自开采。即使是大煤矿，"财产关系也都很简单，就是地方自己所有"。对军队必备的武器、军需品也是由私人企业提供。"从 16 世纪晚期到 17 世纪初期这一段时间，艾维里恩（Evelyn）家族与政府签约，为政府生产武器"，因而极大地"刺激了萨里（Surrey）的大规模企业的增长"③。故此，赫克舍说："在英国不仅没有任何与法兰西国家一手操办的奢侈工业相似的工业，而且——更为重要的是——在英国也没有大量的和广泛利用任何可能特权的皇家私人制造业。"④

虽然，国王和皇亲国戚也入股过许多大型商贸企业⑤，但他们只是获得收入，从来没有控制过它们⑥；"大部分公司是私人所有的"⑦。当然，这些公司也或多或少地享有王室授予的商业贸易垄断权，但在没有特许权的大多数公司和下院的强烈要求和反对下，从詹姆士一世时起，王室再也难以设立新的特许公司；而商人们通过走私等方法与特许公司所进行的激烈竞争，也使后者所享有的垄断地位难以为继，垄断权逐

---

①　参见 C. D. Ramsay，"The Report of the Royal Commission on the Clothing Industry，1640"，*English Historical Review*，V. 57，1942，pp. 482−483。

②　参见 M. M. Postan，E. E. Rich，E. Miller，ed.，*The Cambridge Economic History of Europe*，V. 3，pp. 752，753。

③　［英］M. M. 波斯坦、D. C. 科尔曼、P. M. 马赛厄斯主编：《剑桥欧洲经济史》第五卷，第 391、393 页。

④　［法］费尔南·布罗代尔：《15 至 18 世纪的物质文明、经济和资本主义》第 2 卷，第 111 页。

⑤　参见 C. Wilson，*England's Apprenticeship 1603−1763*，p. 173；K. G. Davis，*The Royal African Company*，London，1957，pp. 63−65。

⑥　参见 R. B. J. Ekelund，and R. D. Tollison，*Politicired economies：Monarchy，Monopoly，and Mercantilism*，USA：Texas A. &M University，1977，p. 156。

⑦　参见［英］M. M. 波斯坦、D. C. 科尔曼、P. M. 马赛厄斯主编：《剑桥欧洲经济史》第四卷，第 212 页；第五卷，第 400 页。

渐被剥夺。[①] 17世纪末颁布的几个法案，剥夺了东印度公司之外的所有特许公司的贸易垄断权，商人们成立法人企业也不再需要获得特许状了。[②] 股份公司取代了各种特许公司的地位而日益成为英国的主要的企业制度。如果说，特许公司标志着官工官商萌生的话，那么，它们的短命也同样标志着官工官商的萌而不生，生而不长。

依据前述的道理，没有发达的官工官商，英王也就失去了推行的抑商政策的必要性和基础，因而也就不会给英国带来官工官商及其保护神抑商政策所带来的一系列弊病。不可能形成暴力潜能的黑洞，王权不能成为制度变迁的主体，也就不会使制度变迁转为供给主导型，使产权残缺、低效，人身自由缺失。可见，英国市场经济的正反馈机制能从外置转为内生，以致国家权力对市场经济的推进作用越来越大，王权受到有效制约，迫使它无法改变市场经济的政策，从而使它对市场经济的依赖越陷越深，致使其同市场经济更加生死相依，荣辱与共，无法解脱，使市场经济的这个主要的正反馈机制由外置于市场经济转为市场经济的内生变量。17世纪40年代的大革命的胜利宣告了这一转化的最终完成。

2. 王权实施的重商主义和宗教改革

前面讲过，重商主义与抑商政策相反，主张通过国家干预来发展工商业，虽然这同市场经济所要求的自由放任相悖，但对于尚处于幼年时期的市场经济来讲，则是雪中送炭。但是，这种帮助的方式是多种多样的，故重商主义有早期和晚期之分外，还有法式和英式之分。两种重商主义虽然都主张国家干预经济，大力发展对外贸易，但主张干预的途径和效果却大不相同。不同于同期法国，英国王权很少直接参与到国家经济生活中去，主要是作为立法者和协调者，通过出台各种举措为民间工商业的发展创造外部条件。虽然这些举措很多是在议会的逼迫下推出来的，但不争的是，英国国家政权的

① 参见 J. O. Appleby, *Economic Thought and Ideology in Seventeenth-Century England*, Princeton Uniersity, 1980, p. 102。

② 参见 W. G. Hoskins, *Industry Trade and People in Exeter*, *1688 – 1800*, Manchester, 1935, p. 15; W. E. Minchinton, ed., *The Growth of English Overseas Trade in the Seventeenth and Eighteenth Centuries*, London, 1969, p. 13。

这只"看得见"的手和英国市场这只"看不见的手"在大多数情况下是并行不悖的，它们对英国市场经济的发展所起的推动作用是巨大的，也是多方面的。

第一，推行关税保护政策，保护本国工商业的发展。

对外国人征收特别关税始于爱德华三世。1336 年，他下令对羊毛出口征收高关税，自此之后，英国毛呢工业持续发展。[①] 而关税保护政策也被英王室当作保护本国工商业的武器。1488 年，威尼斯对运送白葡萄酒到该地的外国商船提高关税，亨利七世则随之限制每年出口到威尼斯的羊毛不得超过 600 袋，且必须由英国船只运送。威尼斯则以禁止英国船只运酒到比萨作为报复；亨利七世随即给每桶白葡萄酒增加关税 18 先令，并硬性规定每桶酒重量为 126 加仑。[②] 1559—1561 年，都铎政府编制了一个一览表，将进口商品都登记在目，并将其分为必需品和奢侈品两大类。明令限制部分奢侈品的进口，提高纺织、造船、酿酒等工业所需要的进口原料，如菘蓝、亚麻、蛇麻草等的进口税率，以鼓励国内此类原料的生产[③]。1562 年，又颁令禁用海外工匠所造的几种商品。[④] 1635 年，开始对进口后转出口的货物实行退税制度，使英国转口贸易迅猛发展。

在关税保护等政策的作用下，威尼斯商人于 1532 年被完全地排挤出了英国，汉萨同盟商人在英国的特权也于 1597 年被彻底取消。英国工商业的国内市场得到保护，工商业从中获益匪浅。

第二，废除行会法规，为工商业发展松绑。

1536 年，英国议会颁令禁止行会以征收高额钱款方式阻止帮工独立开业，违者罚款 40 镑。[⑤] 伊丽莎白一世，尤其是詹姆士一世，以合适的价格向规模较小的手工业出售公司执照来削弱行会的权力。[⑥]"斯图亚特王朝的枢密院还支持手工业者们竭力保持独立自主，避免陷入对资本家以及他们的

---

① 参见 S. Reynolds, *An Introduction to the History of English Medieval Towns*, p. 147。

② 参见蒋孟引主编：《英国史》，第 248、249 页。

③ 参见 L. Stone, "Elizabethan Oversea Trade", in *Economic History Review*, 1949, V. 2, pp. 43-44。

④ 参见 J. A. Wheeler, *Treatise of Commerce*, New York, 1931, p. 39。

⑤ 参见 A. E. Bland, P. A. Brown and R. H. Tawney eds., *English Economic History*, *Select Documents*, London, 1914, p. 286。

⑥ 参见 D. C. Coleman, *Industry in Tudor and Stuart England*, Macmillan and Co. Ltd., 1975, p. 22。

那些已发财致富的伙伴们的依附之中。"在判决案件时，法院"往往谴责各同业行会把进行生产加工的单独权力滥用为限制英国人身自由的垄断权，只有当行会的存在年限或特许权证明行会确实享有特权时，法庭才愿意予以承认。这样的裁决使得行会解体的普遍理由变得更强有力，从而导致英国的行会比在其他地方瓦解得更早"①。

第三，向商人借贷，促进了商人向贵族的渗透。

碍于议会的规定，王室征得的税收常无法满足其开支，国王就只得向商人借贷。1604 到 1605 年借到了 111891 英镑；1617 年又强行借款近 10 万英镑。② 再就是大卖官职，大赐爵位。詹姆士一世即位 4 个月，就分封了 906 名骑士，并大肆出售准男爵等爵位。到 1628 年新议会开会时，上院世俗贵族达到 128 名，是斯图亚特王朝初期时的 2 倍多。许多工商业者借此晋身为官吏，参与地方政治，甚至国家管理。③

第四，出售垄断权和"特许权状"。

都铎和斯图亚特王朝都大行此道，在玻璃制造、制盐、肥皂制造等行业中广泛推行许可证准入制度。这种制度虽违背市场原则，但是，在工业尚不发达的时代，也有激励工业的作用。它刺激人们去探查新矿山，增加了全国的矿物和金属产量。鉴于英国人不会制硝，伊丽莎白女王就授予一些荷兰人制硝的专利特许状，并付给其中一个荷兰人 500 英镑，让他教会两个英国人制硝的技术。④

第五，颁布《谷物法》，实行粮食出口许可证制度，保证了英国国内粮食市场的稳定。

受英国重商主义者的影响，都铎王朝和斯图亚特王朝很重视农业生产⑤，所推行的粮食许可证制度具有鲜明的重商主义特征。⑥ 它在保持本国粮食稳

① ［德］汉斯·豪斯赫尔：《近代经济史——从十四世纪末到十九世纪下半叶》，第 154 页。
② 参见 ［美］道格拉斯·诺斯、巴里·温加斯特：《宪政和承诺：17 世纪英国公共选择治理制度的变迁》，载《比较》第六辑，中信出版社 2003 年版，第 58、59 页。
③ 参见李新宽：《英国重商主义经济体制研究》，东北师范大学 2005 年博士学位论文。
④ 参见李新宽：《英国重商主义经济体制研究》，第 39 页。
⑤ 参见 ［意］卡洛·M. 奇波拉：《欧洲经济史》第 2 卷，第 278 页。
⑥ 参见 N. S. B. Gras, *The Evolution of the English corn market: from the twelfth to the eighteenth century*, Cambridge, 1926, pp. 226-234。

定供给的前提下，设置一个最低粮价标准，当粮价低于该标准时，准予出口；否则，禁止出口。①

第六，力主对外开放，积极引进资本和技术人才。

威廉入侵后，大陆的商人和货币就如潮水般地涌进英国，很多地方，法商人数甚至超过了英商。② 1271 年亨利三世又颁布吸引大陆毛纺业工匠来英居住的优惠政策，其后，历代国王不仅继承了这一国策，还鼓励外国人把新发明从大陆带到英国的政策也推广到其他领域，如采矿、金属加工、丝织业和武器制造等部门。赋予移民们以各种特权：自由定居，自由从业，不受各地行会的管束，不向行会缴纳税金，享有免税权，等等③；都铎王朝诸王，特别是伊丽莎白一世，对此更是不遗余力。为了吸引和留住大陆各国因逃避宗教迫害而来到英国的新教徒，她进一步地提高了对移民工匠和商人的优惠条件：取消加入英国国籍的一切限制，允许他们信仰自由，给予津贴，等等；同时，又规定移民必须将技术教给英国工人，接纳和培养英国学徒。这些政策不仅极大地提高了英国呢绒工业的技术水平，促进了英国铜矿的开采、冶炼和制盐业；使玻璃制造、造纸、印刷、铸币、明矾等新兴工业兴起；还促进了英国的政治进步，如发起光荣革命的大商人就是法兰德斯移民商人的后代。④

第七，实行货币改革，促进了金融市场的发展。

随着市场经济发展的增速，货币短缺加剧，对硬币的需求量达到了空前的程度，到处充满了"硬币短缺"和"货币匮乏"的抱怨。⑤ 伊丽莎白政府

---

① 参见 N. S. B. Gras, *The Evolution of the English corn market：from the twelfth to the eighteenth century*, p. 231。

② 参见 B. Grolding, *Conquest and Colonization：The Normans in Britain 1066 - 1100*, London, 2001, pp. 77, 78, 111。

③ 参见 M. M. Postan, D. C. Coleman, P. Mathias, ed., *The Cambridge Economic History of Europe*, V. 2, pp. 676, 677；E. Lipson, *The economic history of England*, V. 1, p. 461；［法］费尔南·布罗代尔：《15 至 18 世纪的物质文明、经济和资本主义》第 3 卷，第 639 页；［美］里亚·格林菲尔德：《资本主义精神——民族主义与经济增长》，第 162 页；戴维·S. 兰德斯：《国富国穷》，第 309 页。

④ 参见 J. E. T. Rogers, *The Industrial and Commercial History of England*, Bristol, 2001, pp. 302-307；吴于廑主编：《十五十六世纪东西方历史初学集》，第 21 页。

⑤ 参见［意］卡洛·奇波拉：《欧洲经济史》，第 453 页。

为了挽回其父为弥补财政亏空，减少货币成色所造成的货币市场的混乱[1]，恢复了货币的成色，使每 12 盎司仍含 11.1 盎司白银，成功稳定了币值，创造了三百多年币值未变的奇迹。稳定了英国的金融市场，也为英国政府和金融业赢得了很好的声誉，为英国银行业的发展奠定了坚实的基础。

第八，推行以"济贫法"为核心的劳动法规，保证了劳动力市场的正常发展。

都铎时期，流浪者因圈地运动加剧而增多，从 1495 年到 1628 年，政府共颁布相关法令 53 个，以加强对流民的管理。[2] 前期的法令虽然比较血腥，但后期法令中的救济性、安置性的内容越来越多；伊丽莎白的《济贫法》将救济的责任由教会转为国家，并正式规定按居民财产比例开征济贫税。1575—1576 年的法令还要求各市镇的治安法官应准备棉、麻等生产资料，并令各郡都要建立感化院、济贫所，以安排流民就业。1562 年的《工匠法》则将学徒和契约工的概念交换使用，并将这两者和工匠同等对待。而契约工即是农民工，法令规定对他们要进行强制性的学徒训练，而当时的很多绅士、乡绅和商人也都将其儿子送去当学徒[3]，这表明该法令实质上是要把这个原仅限于培训熟练职业的制度扩大到所有的行业，把原本的"精英教育"转化为全民教育。因此，这些法规不仅维护了社会稳定，对规范劳动力市场也起了重大作用。

第九，加强经济立法，推进市场法制建设。

都铎时期经济立法多达 250 项左右。[4] 覆盖农工商各个领域，其中对英国市场经济发展影响最大的当推《航海法》《垄断法》和数量巨大的圈地法案，尤其是《垄断法》。

最早的航海法案是理查二世于 1381 年颁布的。[5] "都铎王朝的君主们"

① 参见 P. S. Crowson, *Tudor Foreign Policy*, New York, 1973, pp. 262-263。

② 参见陈曦文、王乃耀主编：《英国社会转型时期经济发展研究》，首都师范大学出版社 2002 年版，第 194 页。

③ 参见 R J. Steinfeld, *The Invention of Free Labor*: *The Employment Relation in English and American Law and Culture*, *1350-1870*, The University of North Carolina, 1991, pp. 20-25; R. A. Bray, *Boy Labour and Apprenticeship*, *the Governance of Late Medieval England 1272-1461*, New York, London 1980, pp. 1,2,14,15。

④ 参见陈曦文：《英国 16 世纪经济变革与政策研究》，首都师范大学出版社 1995 年版，第 3 页。

⑤ 参见 E. F. Heckscher, *Mercantilism*, V. Ⅱ, New York, 1983, p. 36。

"尤其注重推动本国的航运及造船技术的发展"①。在 1485 到 1563 年间，几次颁布法案，禁止雇用外国船只运输英国的货物，规定进口货物必须用英国水手驾驶的英国船只；各个殖民地则必须按英国的需求来组织生产②；斯图亚特王朝和长期议会延续了这些法案。③ 法案对英国殖民帝国和大西洋商业体系的形成所起作用之巨大是不言而喻的。

《垄断法》是 1624 年通过的，它规定除火药、明矾、玻璃制造 3 个行业之外，禁止国王为了获得收入授予任何行业的垄断权；但新的工业方法的发明者对其发明则享有 14 年的专利保护权。因此，这一法案的意义是双重的。它剥夺了国王给予企业以垄断地位的特许权。这种权利虽然对开辟市场、组建公司、引进外资等起过一定的积极作用，但随着市场经济的发展，其负面作用是越来越大。另一方面，它是人类社会保护知识产权的法令的开山之作，奠定了近代专利制度的基础。其意义正如诺斯等人所言："不仅使王室特权失去了法律的保护，而且以法律形式存在的专利制度对任何一种真正的创新都是一个鼓励。"④

第十，实行特许贸易制度，大力发展海外贸易。

特许制度虽然与市场经济制度相忤，但在自身航海能力、贸易能力十分弱小，面临国外强大竞争对手的情况下，英王室采用这种制度还是有其合理性的。一是有国家作保障，商人就能将民间弱小而又分散的财力集中起来，形成巨额资本和国外强大的财团竞争；二是拥有军队、司法等准国家权力；使公司有力量维持内部秩序，又使它具有对抗外人，建立殖民地的有效手段。因此，完全可以说，没有国王实行的特许贸易制度，就没有东印度公司等数十家专营某一个国家、某一个地区的商业垄断公司；离开这些公司，英国的殖民地帝国和大西洋商业体系的建立就是不可想象的，特许制度作用之大可见一斑。

据统计，在 1553 至 1680 年间，政府授权成立的商业垄断公司达 49 个。

---

① K. Powll, and C. Cook, *English Historical Facts，1485–1603*, London, 1977, p. 187.

② 参见 K. Powll, and C. Cook, *English Historical Facts，1485–1603*, p. 187。

③ 参见 J. Thirsk, and J. P. Cooper, eds., *Seventeenth-century economic documents*, pp. 502–505。

④ ［美］道格拉斯·诺斯、罗伯特·保尔·托马斯：《西方世界的兴起》，第 203 页。

特许制度允许它们有自己的武装和法律。[①] 在它们的努力下，英国向东北方向开拓了北海和波罗的海贸易路线，向东南方向开辟了地中海地区和远东地区的贸易路线，并不断延伸，打开了葡萄牙、荷兰等国垄断亚洲贸易的缺口。17 世纪初，英国就在北美建立了弗吉尼亚等殖民地，其后，与殖民地的贸易也随之繁荣起来，并在英国、北美、西印度群岛、非洲等地之间，以商品和奴隶为纽带，逐步形成了前述的大西洋三角贸易体系。

第十一，竭力争夺海上霸权，做英国商人海外探险和商业扩张的强大后盾。

伊丽莎白女王纵容、支持，甚至投资霍金斯、德雷克的海盗活动；袭击西班牙的远洋船队，抢夺他们的财物，力图从这些先行的殖民者手中抢走海上霸权。1580 年 9 月，伊丽莎白亲自登上从美洲西海岸抢回了大量金银的德雷克的海盗船，为之举行隆重的授职仪式，并分享了全部 60 万镑赃物中的 26379 万镑。[②] 都铎诸王还"以国家的名义与各国政府签订一系列商业条约，保障英国商人在欧洲大陆从事贸易的相应权利，同时利用与不同国家的条约削弱和打击主要的商业对手"[③]。亨利七世在世时就与丹麦、佛罗伦萨、法国、西班牙、尼德兰等签订了商业条约。据统计，都铎时期，英国与其他国家共签订了 92 项双边条约或多边条约，其中很大一部分是商业条约。[④]为了达到自己的商业目的，英政府甚至不惜诉诸武力。亨利八世组建了皇家海军并不断地扩军；伊丽莎白凭借它于 1588 年打败了西班牙的"无敌舰队"，西班牙的商业霸权由此逐渐地被英国的海洋霸权所取代。

同上述诸多重商举措一样，宗教改革的作用不仅是完成了民族国家的建构，更新了民族文化，也促进了市场经济的发展。英王对教会和修道院土地的剥夺和拍卖，摧毁了封建领主土地所有制的这个最后堡垒，"使相当数量的地产落入农业资本家手中，使他们对这些土地可以按照获取最大利润的原则进行开发"[⑤]。

---

① 参见钱乘旦、许洁明：《英国通史》，第 188—189 页。
② 参见［英］施脱克马尔：《十六世纪英国简史》，第 111—117 页。
③ 吴于廑主编：《十五十六世纪东西方历史初学集》，第 21 页。
④ K. Powll and C. Cook, *English historical Facts, 1485-1603*, pp. 168-171.
⑤ R. J. Holton, *The Transition From Feudalism to Capitalism*, p. 178.

3. 革命政府和宪制政府的大力推动

1640 年的大革命推翻了王权，1688 年的光荣革命使国家权力转移到英国议会手中。这标志着英国的国家权力同市场经济间的关系不仅彻底地完成了从外置到内生的转化，还表明国家权力同市场经济之间的相互作用的形式已进入从催化循环到多元复合超循环的快车道。资产阶级不仅因此能推翻昔日王权颁布的一些不利于市场经济发展的立法，如反圈地法，还使他们利用手中的权力制定更多有利于市场经济发展的法令，使国家权力对市场经济发展的推动的力度空前。

一、扫荡封建制度，为市场经济的发展扫清了主要障碍。

大革命时期议会通过了废除了封建领地制、监护法庭、国王的所有封建特权，免除了土地所有者对国王承担的封建义务等一系列法令。[①] 昔日阻碍市场经济发展的主要障碍就此消除，土地私有权得到最终确立，土地市场日益扩大、日益兴旺。

二、变圈地非法为合法，极大地促进了农业资本主义发展。

都铎时期，反对圈地的法令层出不穷。亨利七世时就立法禁止圈地，1488 年又颁布了《防止破坏村庄法》，1515、1516、1533、1535、1552 年出台的一系列法令，为圈地设置了更多更复杂的障碍[②]，1517 年时还设立了圈地调查委员会，圈地步伐因这些法令而甚为缓慢。

"光荣革命"后，圈地得到了议会的强力支持。18 世纪后，更进入所谓的"议会圈地"时期，1760—1844 年间，议会颁布的圈地法案多达 3800 多个，圈占土地 700 多万英亩。其程序是由大地主先向议会提出请愿书，只要他们申请圈占的土地占所在土地的 4/5，议会一般不经过调查就草拟并通过圈地法案。圈地运动将分散的小农份地和敞田制改为资本主义式的大农场，不仅将传统农业改造为现代大农业，也增加了雇佣劳动力的供给，因此，圈地运动作为资本原始积累的手段之一，是"为资本主义生产方式奠立基础

---

① 参见 G. Stephenson, F. G. Marcham, *Sources of English constitutional history*, New York, 1937, p. 536。

② 参见 ［法］保尔·芒图：《十八世纪产业革命》，第 121 页。

的变革的序幕"①。

三、以保护制造业为核心的关税保护政策，有力地促进了英国工商业的发展。

光荣革命后，英政府改奉晚期重商主义的主张和政策。认为多出口，少进口，才是国家的致富之道，故大力发展国内制造业，从 1690 年起就不断提高进口制成品的关税。1690 至 1693 年间进口附加税的税率为 5%—10%；之后，税率不断增高，少数进口商品增加到 15%，多数进口商品增加到 20%—25%，甚至更多。② 对本国一切制成品的出口和原材料的进口则减免关税，并且对出口商品给予出口补贴，以保护本国制造业的市场，使其获得廉价的原材料。③ 这样的关税制度增加了对外国制成品设置的障碍，也加强了对国内产品市场的保护，促进了国内工业的发展。④ 18 世纪初，英国在对印花布征收高额货物税的同时，又对方格和条纹图案的外国亚麻布开征 15%的进口税，极大地促进了兰开夏正在发展的制造业。⑤ 1722 年对丝绸、1732 年对帆布、1742 年对亚麻布等商品实行出口补贴制度，都培育和壮大了英国的这些行业。⑥ 英国人之所以最终解决了用棉线作经线的问题，从而用机器同印度人的灵巧的双手展开了竞争，并最终胜出，就得力于 1700 年和 1720 年对印度棉布征收高额关税的立法。

1635 年建立的转口退税制度更令英国的转口贸易的发展势头迅猛。1699—1701 年间，每年从伦敦转口的印度棉布的价值就多达 32.6 万镑，丝绸价值达 13.8 万镑，胡椒 9.3 万镑，染料 7.9 万镑，生丝 5.6 万镑。⑦

四、取消王权时代制定的诸多妨碍工业自由发展的法规，推进经济

---

① ［法］G. 勒纳尔、G. 乌勒西：《近代欧洲的生活与劳作（从 15—18 世纪）》，杨军译，上海三联出版社 2008 年版，第 95 页。

② 参见 R. Davis, "The Rise of Protection in England, 1689-1786", *Economic History Review*, V. 19, 1966, pp. 306-317。

③ 参见［英］罗伯特·杜普莱西斯：《早期欧洲现代资本主义的形成过程》，第 168 页。

④ 参见［英］罗伯特·杜普莱西斯：《早期欧洲现代资本主义的形成过程》，第 168 页。

⑤ 参见 A. P. Wadsworth and Mann, *The Cotton Trade and Industrial Lancashire 1600-1780*, p. 127。

⑥ 参见 R. Davis, "The rise of protection in England, 1689-1786", *Economic History Review*, V. 19 (1966), pp. 306-317。

⑦ 参见 R. Davis, "English Foreign Trade, 1660-1700", *Economic History Review* 2nd series, V. 7, No. 2, 1954, p. 165。

自由。

　　这类法规为数不少，范围很广，对经济发展的束缚很大。1552 年颁布的《布品法规》，详细规定了 22 种毛织品的标准；1563 年制定的《学徒条例》，规定了最高工资额，重述了中世纪的学徒章程。它们完全沿袭了中世纪的管理制度①，故都在大革命的打击下被废止。而"当议会终于在 19 世纪取消这些法令的时候，无非是把既成事实备案注册而已"②。

　　五、改进《谷物法》，有效地推进了英国农业生产的发展。

　　大革命后，英国政府改奉晚期重商主义的代表托马斯·孟的学说。③ 故其颁布的《谷物法》的目的不再是稳定国内的粮食市场，而是大力鼓励粮食出口。它规定粮食进口关税随国内粮价上升而下调，以利粮食进口，满足国内市场的需求。从 1673 年起，政府还不时地实行粮食出口奖励金制度。规定国内粮价低于某一水平时，每出口一夸特粮食则给一定数额的金钱奖励。政府为此付出了大量的财力。18 世纪初期，政府补贴一度占到出口谷物实际价值的 16.5%。④ 这些政策，有力地推动了英国农业的发展。据格里高利·金估计，英国 1688 年国民产值 4300 万英镑，其中农业即占 2000 多万镑。⑤

　　六、改用谈判协调各国的关系，继续大力推进对外贸易。

　　16 世纪之后，英政府极力追求贸易顺差。故不再一味诉诸武力，而主要通过谈判来协调同大多数国家的关系，与各国签订了一系列有大量贸易条款的条约，以保证签约双方对各自优势产品贸易的垄断权。1703 年，英国同葡萄牙签订了"梅休因"商约，规定葡萄牙必须长期地进口英国呢绒；英国则允诺对葡萄牙进口英国的酒征收低关税，税率只有法国进口酒的 2/3。此约签订后，英国出口葡萄牙的酒的数量大增，英国从中获取了大量

---

　　①　参见［法］保尔·芒图：《十八世纪产业革命》，第 298 页。
　　②　［英］埃里克·罗尔：《经济思想史》，陆元诚译，商务印书馆 1981 年版，第 92 页；克拉潘：《简明不列颠经济史》第 405 页。
　　③　参见［英］托马斯·孟：《英国得自对外贸易的财富》，第 6—10 页。
　　④　参见［英］克拉潘：《简明不列颠经济史》，第 393 页。
　　⑤　参见［法］费尔南·布罗代尔：《15 至 18 世纪的物质文明、经济和资本主义》第 3 卷，第 346 页。

的利益。[①] 据查尔斯·达维南特估算，英国的资本因对外贸易和国内制造业的发展而获得的年增量至少是 200 万镑，其中，向殖民地出口制造品和农产品得 90 万镑，东印度贸易的净利润为 60 万镑，向欧洲出口呢绒、铅、锡、皮革等产品赚得 50 万镑。[②]

七、颁布《航海条例》，继续大力推行争夺海上霸权，广辟殖民地的海洋政策。

1651 年，克伦威尔颁布了比《航海法》更为强硬的《航海条例》，1660年出台了一个最详细、最关键的《鼓励海运和航海的法案》[③]，其后，议会又分别于 1662 年、1669 年、1673 年和 1696 年颁布了一系列法案，对《航海条例》进行补充。条例严禁外国船只装运外国货进入英国，禁止外商运输英国的货物，插手英国与其殖民地之间的贸易，只允许英商用英国或殖民地的船只从事英殖民地的贸易活动。[④] 法案的最初目的是为了把波罗的海的航运业从荷兰手中夺过来[⑤]，这导致了同荷兰 1652—1674 年间的三次商业战争。[⑥] 战争使英国取代荷兰成了世界的贸易中心和仓库，获得了波罗的海的海上霸权，英在波罗的海上的贸易量在 1622 年到 1669 年间增加了 3 倍。[⑦]1629 年，英国的海运总吨位仅有 11.5 万吨；1686 年已增至 34 万吨。[⑧] 英国的海外贸易、造船业和航运业因此得到了极大的发展。从 18 世纪起，英国又在西班牙的王位继承战争、奥地利王位继承战争和七年战争中取得胜利，英国不仅获得了海洋霸权，为本国商人打开了通向世界各地的航道；也从荷兰、法国、西班牙手中夺得大量的殖民地，建立起日不落帝国和大西洋商业体系。它们的建立，其意义则如前述，对英国的"工业化提供了主要

① 参见 P. Mathias, *The First Industial Nation: an Economic History of Britain 1700-1914*, pp. 90-91。

② 参见 [英] 查尔斯·达维南特：《论英国的公共收入与贸易》，朱泱、胡企林译，商务印书馆1995 年版，第 238—239 页。

③ 参见 J. Thirsk and J. P. Cooper, eds., *Seventeenth-century economic documents*, pp. 520-524。

④ 参见 J. Thirsk and J. P. Cooper, eds., *Seventeenth-century economic documents*, pp. 502-505。

⑤ 参见 R. Davis, *The Rise of the English Shipping Industry in the Seventeenth and Eigteenth Centuries*, p. 391。

⑥ 参见 [美] 乔万尼·阿瑞吉、贝弗里·J. 西尔费：《现代世界体系的混沌与治理》，第 43 页。

⑦ 参见 R. Davis, *English Overseas Trade 1500-1700*, London, 1973, p. 29。

⑧ 参见 R. Davis, *The Rise of the English Shipping Industry in the Seventeenth and Eigteenth Centuries*, pp. 15,16,33,388,389。

刺激"，以致斯密说，"在英国各种通商条例中，航海法也许是最明智的一种"①。

综上所述，民族国家形成后，英国又实现了王在法下，革命政府和宪制政府都利用手中的国家权力来大力推进市场经济的发展。从内政到外交，从法律到行政，从农业到工商业，都为市场经济创造出了市场经济本身无法造就的环境，极大地加快了英国市场经济发展的速度。因此，是英国国家当局所颁布的一系列法令、制定的制度、进行的一系列的对外博弈和发动的一连串的对外战争，才"助长了英国商业的自发进步并为商业在今后开辟着一条广泛的出路"②。英国才能从一个经济上落后的国家变成一个海上的霸主，成功地创造出一个世界市场。可见，英国国家权力在市场经济由弱到强的过程中的作用，正如彭慕兰所说："大于企业家的才干"，也"大于对异国商品好奇的本身"③。

三、新贵族对市场经济的贡献

要回答这个问题，首先要弄清何谓贵族？因为英国贵族不仅有世俗贵族和教会贵族之分，且贵族的内涵和外延在各个历史时期都有较大的变化。由于英国教会贵族人数较少，故这里所讲的贵族主要是指世俗贵族。所谓的新贵族，也主要是由其中的封建贵族转化而成的。其阶级属性已不是封建地主阶级，而是资产阶级的土地贵族。

转化在都铎时代之前已显端倪；都铎时代已近完成；17 世纪时的经济变化和政治动荡使演变加速；到工业革命爆发时，英国世俗贵族的资产阶级属性即已十分明显。他们中的大多数人不仅积极地投资矿冶业、运输业、金融业，也在农业中普遍地采用资本主义经营方式。原有的封建属性已转换成资本主义属性。而人们之所以仍称其为贵族，关键就在于他们占有大量的土地。依此来定义贵族，列入贵族之列的不仅指有权出席御前会议和上院的拥有公侯伯子男等封号的大贵族，也包括从男爵（Baronet）和骑士（Knight）、

① ［英］亚当·斯密：《国民财富的性质和原因的研究》下册，第 36 页。
② 参见 ［法］保尔·芒图：《十八世纪产业革命》，第 121 页。
③ 参见 ［美］彭慕兰：《大分流：中国、欧洲与现代世界经济的形成》，第 180、182 页。

从骑士（Esquire）和绅士（Gentleman）。这即谓广义的贵族（aristocracy）。

同法国不同，英国的立法从来没有限制贵族经营工商业，社会观念也不歧视经工营商的贵族，因此，英国贵族经工营商十分普遍且由来已久。[①] 再者，英国贵族虽然享有某些政治特权，但所享受的经济特权要比法国贵族少得多，他们必须照章纳税。[②] 为了筹款，王室往往将爵位标价出售。[③] 威廉一世时的法律就规定：一个商人若凭个人财力3次渡海经商即有资格跻身贵族；一个自由民若有5海德土地或相当价值的其他财物，也可位列贵族。[④] 这样的贵族当然不同旧贵族，其利益所在是发展市场经济，故谓新贵族。因此，新贵族阶级所产生的经济效应、政治效应和司法效应可谓是英国市场经济正反馈机制得以从线性发展到非线性的重大缘由之一。

贵族占有大量的土地，他们投资时自然会充分利用这一优势。而在其占有的土地的下面不乏各种矿藏，英王室不仅没有垄断矿产的开采，还颁布法令，承认地主对其地产上金银以外的所有矿产的开采权。[⑤] 因此，早在16世纪下半叶，"贵族与上等乡绅都积极地在自己的地产上发展起了采矿业与冶金业，为挖掘煤矿、修建竖井、安置熔炉，他们投入了大笔资金"[⑥]。近代早期社会上所用的煤因而大多来自贵族的地产。[⑦] 很多著名的煤矿主就是贵族；有的贵族则把煤矿出租承包给他人。[⑧] 18世纪初，里士满家族从煤炭贸易中获得的年收入仅有1500镑，到90年代，上升到2万多镑，里士满公爵因此而拥有了巨额的财富。[⑨] 由于占有国家大部分土地的贵族的参与，英国很快地就成了第一大产煤国。16世纪中叶，英国煤的产量就达到20万

---

① 参见 E. J. Eric, *the Forging of the Modern Nation：Early Industrial Britain 1783–1870*, p. 107。

② 参见 A. Goodwin, ed., *The European Nobility in the Eighteenth Century：Studies of the Nobilitys of the Major Eurpean State in the Pre-reform Ara*, London, 1953, pp. 1–2。

③ 参见阎照祥：《英国贵族阶级属性和等级制的演变》，《史学月刊》2000年第5期。

④ 参见 D. C. Douglas, ed., *English Historical Documents*, V. 2, pp. 432,174。

⑤ 参见 Chalklin & J. R. Wordie, *Town and Countryside：the English landowner in the National conomy, 1660–1860*, Boston, 1989, p. 2。

⑥ ［意］卡洛·M. 奇波拉：《欧洲经济史》第2卷，第353页。

⑦ 参见 J. V. Beckett, *The Aristocracy in England 1660–1914*, Oxford, 1986, p. 211。

⑧ 参见［意］卡洛·M. 奇波拉：《欧洲经济史》第2卷，第341页。

⑨ 参见 K. Kirkpatrick, *Aristocrats：Caroline, Emily, Louisa, and Sarah Lennox 1740–1832*, London, 1994, p. 8。

吨，到 17 世纪 90 年代，更上升至 300 万吨，煤逐渐取代了木柴与木炭，成为主要的家用与工业用燃料。①

铁矿是继煤矿后第二大矿藏，其中超过半数的铁矿的开采被上层乡绅所掌握；而技术先进和最大的铁矿的矿主则往往是大贵族。② 阿什伯纳姆勋爵的祖先，二三百年前就在领地上建有矿山和炼铁厂，和一个为皇家军队制造大炮的企业。③ 据劳伦斯·斯通统计，伊丽莎白时期，约有 22% 的贵族家庭拥有铁矿。这还不包括乡绅之类的小贵族。有资料表明，约克郡的煤矿和铁矿的开采业都被牢牢地掌握在贵族和上层乡绅手中。④ 为大小贵族所掌握的煤矿和铁矿的比例之大可见一斑。

煤和铁对于工业发展的重要性是不说自明的，由此可见贵族在英国工业化中的关键地位和深远影响。⑤

贵族当然也会投资铅矿等其他矿藏的开采和冶炼⑥；即使自己不开采，也会把矿山租给工业家，自己坐享租金⑦，以获得越来越丰厚的利润。⑧

贵族也热衷于投资交通运输业。其首选是疏浚航道，开挖运河，因为河流四通八达，是运输煤铁的主要通道。1758 年到 1801 年间通过的 165 个运河法中，至少有 90 个与运煤有关。⑨ 早期的运河，如沃尔斯利运河、特伦特运河、墨西运河大都靠贵族的投资才得以完工；运河股份公司于 1758 年至 1801 年间发行的 1300 万英镑的股票中，多数买主是贵族。⑩ 1719 年至 1727 年间，贵族投资拓深了道格拉斯河；布里奇沃特公爵为开凿沃尔斯利运河，几乎投入了自己的全部家产，被人称为开凿运河的伟大"投资者"

① 参见［意］卡洛·M. 奇波拉：《欧洲经济史》第 2 卷，第 341 页。

② 参见 L. Stone，*The Crisis of the Aristocracy 1558-1640*，Oxford，1967，p. 167。

③ 参见［法］保尔·芒图：《十八世纪产业革命》，第 221 页。

④ 参见 J. V. Beckett，*The Aristocracy in England 1660-1914*，p. 208。

⑤ 参见 J. V. Beckett，*The Aristocracy in England 1660-1914*，p. 208。

⑥ 参见 Jeremy Black，*Historical atlas of Britain：The End of the Middle Ages to the Geougian era*，Sutton Publishing Ltd，2000，p. 49。

⑦ 参见 A. Goodwin，ed.，*The European Nobility in the Eighteenth Century*，*Studies of the Nobilitys of the Major Eurpean State in the Pre-reform Ara*，pp. 5-6。

⑧ 参见 L. Stone，*The Crisis of the Aristocracy 1558-1640*，p. 169。

⑨ 参见 J. D. Chambers，and G. E. Mingay，*The Agricultural Revolution*，*1750-1800*，London，1966，pp. 4,5。

⑩ 参见 J. D. Chambers，and G. E. Mingay，*The Agricultural Revolution*，*1750-1800*，p. 203。

和"倡导者"。其工程之艰巨，设计之奇妙，致使被人誉为"世界第八奇观"①。贵族们纷纷仿效他，结果"在几乎不到三十年的时间内，整个大不列颠的地面上都开通出了四通八达的航路"②。

对道路的维修和修筑，贵族也出力甚多。17世纪后半期，他们踊跃出资修建关税公路；18世纪初，又筹集资本，修建了米德兰等地区到伦敦的关税公路。1780年，斯鲁斯伯瑞伯爵和巴哥特爵士在他们的地产附近建了一条公路。通过该路，就可以把石灰源源不断地运给佃户；"没有这条路，在冰冷的乡村土地上根本不能收割庄稼"③。

投资矿冶、交通之外，他们也投资毛纺业等工业和商业，甚至海外贸易。16世纪时，当时英国最著名的工业家是施鲁斯伯里伯爵六世。"从伊丽莎白时代起，最乐于投资远洋贸易的正是上层贵族"④。

部分贵族还积极参加农业经营并颇有建树。他们创办大农场，改进生产技术和管理方式。1694年，约翰·劳瑟爵士在其西坎伯兰的地产上首先办起了家内农场。一些贵族乡绅陆续效法。1730年，唐森以他在荷兰的见闻，参照布拉德利教授提出的"四圃轮作法"，在诺福克郡的两个示范农场里试行轮播制。每年栽种不同的作物，四年一个轮回，不仅充分地利用了地力，增加了收成，还使种植业与畜牧业结合起来，创立了后来被广泛推广的"诺福克耕作法"。在贵族们的努力下，很多农业新品种如玉米、马铃薯、苜蓿、荞麦等也被引进英国。⑤

更多的贵族不限于一业，只要有利可图，他们都要插手其间，投资各种产业。⑥伊丽莎白时代英国最大的农场主是施鲁斯伯里伯爵，他拥有巨大的羊群，控制着3座铁矿；并参与了铅矿、煤矿的开采和玻璃的制造，涉足于贸易投机，还拥有一艘叫作"巴克·塔尔伯特"的船舶。1766年，第二代弗利勋爵去世，除留下了年产值达211万镑的不动产外，还留下了年产值

①　参见［法］保尔·芒图：《十八世纪产业革命》，第95—99页。
②　［法］保尔·芒图：《十八世纪产业革命》，第95—99页。
③　参见 G. E. Mingay, *English landed Society in the Eighteenth Century*, London, 1963, p. 201。
④　参见［法］布罗代尔：《15至18世纪的物质文明、经济和资本主义》第2卷，第541页。
⑤　参见 G. E. Mingay, *English landed Society in the Eighteenth Century*, p. 164。
⑥　参见 L. Stone, *The Crisis of the Aristocracy 1558-1640*, pp. 170-171；C. Wilson, *England's Apprenticeship 1603-1763*, London, 1979, pp. 48；阎照祥：《英国贵族史》，第248页。

7000 镑的矿山和 50 万镑的基金投资。[1] 1656 年出生的阿什伯汉勋爵，亲自管理他的苏塞克斯的地产及其之上的森林、石矿、铁矿和熔炉，还从事抵押贷款。[2]

贵族们的工商业收入在其收入中的分量因此越来越大，成了他们的主要收入。1732 年，贝德福公爵的地产收入为 3700 英镑，到 1771 年升至 8000 英镑；但这只占到其总收入的 1/4 到 1/3。其它贵族，如波特兰公爵、特罗夫纳、普拉特、康普顿家族，其主要收入也是来源于他们在伦敦和其他城市中的产业。[3] 这就决定了，"贵族本身在很大程度上已经资产阶级化了。他们抛弃了信义、爱情和信仰，大都开始贩卖甜菜、烧酒和羊毛，羊毛市场成为他们的主要竞争场所"[4]。于是，英国市场经济的正反馈机制的载体中不仅有国家权力，社会势力最强大的贵族阶级也是其中的一员。

贵族们成了英国工商业中的生力军也就从各个方面促进了英国市场经济的成长，他们利用其优越的社会地位和手中掌握的政治权力为市场经济的发展创造有利的条件。

在工业资产阶级尚未登上政治舞台之前，大贵族们不仅垄断了上院，中央政府的要职也几乎全被他们所揽括。[5] 同时，贵族们还通过各种途径控制和影响下院议员的选举。[6] 伊丽莎白时期，下议院共有议员 2603 人。其中，家庭出身贵族的占 6%；出身骑士、缙绅或乡绅的占 57%。就个人身份而言，45% 为乡绅；6% 是在位的显贵；8% 是政府官员。[7] 可见，下院实际上也处于贵族的控制中。

进入议会的大小贵族中，新贵族是主体，尤其是下院，早就被新贵族和市民所把持。他们同议会中的市民商人一样，极力利用手中的权力为自己的

① 参见 A. Goodwin, ed., *The European Nobility in the Eighteenth Century: Studies of the Nobilitys of the Major Eurpean State in the Pre-reform Ara*, p. 7。

② 参见 G. E. Mingay, *English landed Society in the Eighteenth Century*, pp. 61–66。

③ 参见 A. ed. Goodwin, *The European Nobility in the Eighteenth Century: Studies of the Nobilitys of the Major Eurpean State in the Pre-reform Ara*, pp. 5–6。

④ 《马克思恩格斯全集》第 6 卷，第 121 页。

⑤ 参见 J. V. Beckett, *The Aristocracy in England 1660–1914*, pp. 406–408。

⑥ 参见 G. E. Mingay, *English landed Society in the Eighteenth Century*, pp. 111, 112。

⑦ 参见 P. W. Hasler, ed., *The House of Commons, 1558–1603*, V. I. London, 1981, pp. 20; G. E. Mingay, *English landed Society in the Eighteenth Century*, pp. 111–115。

利益服务。一方面极力阻止国王的各项征税法令的通过，另一方面则千方百计地制定和推动有利于市场经济发展的各项立法。不争的是，没有议会对市场经济的保护和推动，英国市场经济绝不可能取得如此快速的发展；但是，如果议会中的大小贵族没有资产阶级化，议会也不可能成为英国市场经济的正反馈机制中的主要载体之一。

大小贵族不仅掌握了议会，还把握了各级地方政权。而这首先是因为英国素有"地方自治之家"的传统。虽然国王很早就在各地任命了郡守等地方官吏①，但绝大多数是不拿任何薪水的义务性的"不给职"，担任郡守的人因而绝大多数是当地的骑士及缙绅；他们拥有无所不包的行政权力、司法权力和经济权力。② 其权力之广泛，致使有人认为，"在伊丽莎白时代，绝大多数人由地方官员管理，特别是治安法官们决定其命运"③。然而，治安法官除了在季法庭开庭期间每天领取 4 先令的津贴外，没有任何官方报酬。故只有年收入达到 20 英镑的土地所有者才有任职资格。也正因如此，同由民众选举产生的其他地方官一样，他们在地方政府的运作中，考虑更多的是本人和本地区的利益和地方上的习俗，为本地区的民众尤其是富裕的乡绅阶层服务。

乡绅当然也有地产，但它"事实上已不是封建性的财产，而是资产阶级性质的财产"④。因此，他们为市场经济服务，维护的是资产阶级的利益，故对于王室和议会下达的指令区别对待，不利于其利益的则阳奉阴违。大革命前，他们极力抵制王室多次下达的禁止圈地的法令，致使圈地现象在各地屡禁不止，对王室颁布的各种行会条例也不予置理。戴维·S.兰德斯写道，当商人们把纱线发包给农村工人去织布时，"就冒犯了当时最强大的既得利益集团之一，即市镇的纺织工行会。这一下子就闯大祸了"。在意大利、在低地国家，这种做法被自治城市遏制了几百年，唯一的例外是英格兰。"那里地方政治自治使得王国政府难以支持行会要求的垄断权，行会迅速沦为仪

① 参见 A. L. Brown, *The Governance of Late Medieval England 1272-1461*, Stanford University. 1989, p. 146。
② 参见 J. V. Beckett, *The Aristocracy in England 1660-1914*, pp. 375-380。
③ K. Powll and C. Cook, *English Historical Facts*, *1485-1603*, p. 50.
④ 《马克思恩格斯全集》第 7 卷，人民出版社 1959 年版，第 251 页。

礼性的联谊会。到 15 世纪时，全国一半以上的毛料是在农村纺织的。这样利用廉价劳动力的做法降低了成本，比国外竞争者占有优势，所以到 16 世纪时，这个原先基本上是出口包括原毛在内的初级产品的国家，已经在朝着欧洲头号制造业大国的方向迈进了"[①]。

可见，由于贵族的资产阶级化，不仅中央政府，英国的各个地方政府也都成了市场经济发展的推手和动力。不仅政治权力是如此，整个司法机构也因新贵族和市民、商人的子弟加入而具有同样的功能。他们的加入是市场法制在市场经济的推动下的必然，它所带来的司法的中央集权化，使不具备司法技能的行政官员和教士相继退出了法庭[②]，受过系统法律训练的法官和律师成了司法人员的主体。而有条件接受这样训练的只能是家庭富裕的新贵族、市民和商人的子女；而掌握司法权力所带来的利益对这些人也具有强烈的吸引力，以致中小贵族家庭的子弟对学习法律趋之若鹜，大量的贵族子弟由内殿学院、中殿学院、格雷学院、林肯学院等四大法律学院源源不断地输送到司法界[③]，整个英国司法界也就由此而被新贵族们所把持。于是，法院也就成了新贵族为市场经济的发展快马加鞭的皮鞭，致使英国市场经济的正反馈机制的队伍更加壮大，非线性越来越强。

概上所述，在英国市场经济正反馈机制延续和非线性化的过程中，贵族资产阶级化的作用是巨大的。没有资产阶级化新贵族的问世和参与，英国市场经济正反馈机制的非线性变得越来越强是难以想象的。

四、天赐良缘：大小适宜的岛国

英国能率先建立民族国家，形成统一的民族市场，与它的自然条件和地理环境是分不开的。这些条件曾被一些人视为英国成为现代化滥觞之地的主要原因。对此，我们一要承认英国民族国家和民族市场的形成与这些条件是密不可分的；二要指出，这些条件只有在英国成为现代社会滥觞之地的其他

---

① ［美］戴维·S. 兰德斯：《国富国穷》，第 55、56 页。
② 参见 T. F. T. Plucknett, *A Concise History of the Common Law*, London, 1940, p. 214; W. S. Holdsworth, *A History of English Law*, V. 1, p. 197.
③ 参见 J. H. Baker, *An Introduction to English Legal History*, London, 1979, pp. 137–138.

必要条件都具备的前提下才会有助于英国成为现代社会的滥觞之地。

　　布罗代尔曾把英法作了个比较。他说："法国历遭挫折的原因之一，是否它的疆土相对来说过大？十七世纪末，威廉·配第已观察到法国的国土等于荷兰的十三倍；英国的四倍；人口等于英国的四至五倍，荷兰的十倍。配第说，法国的良田等于荷兰的八十倍，而法国的财富却仅为联合省的三倍。"① 这是否意味着英国成为现代社会的滥觞之地，是因为它大小适宜，24 万余平方公里，不大不小。②

　　其言有理。布罗代尔认为："民族市场的崛起是对无所不在的惰性的反抗，这一运动终究会促进交换和联系的发展。但就法国而言，惰性的主要根源难道不正是幅员辽阔吗？"加里阿尼是那个时代头脑最清醒的人，他也认为，"我们的国家首先受它自身之累，它的厚度、体积和巨人症都对他不利"。幅员辽阔使"运输费昂贵"，各地的联系"变得不便，政府的命令，国内生活的运动和脉冲以及技术的进步难以传遍全国"。同时，"一个幅员辽阔的国家通常都要借助战争实现其政治统一，因而开支甚多，更加需要广辟税源"，而"在农村人口占90%的国家里，税收是否成功要看国家能否有效地向农民收税"，"而收税就需要设置管理机构，为维持管理机构又需要更多的钱和更多的税"③。为减少收税成本，就需要卖官鬻爵，实行包税，就会膨胀官僚机构，引发出无数的社会问题和政治问题。④

　　布氏等人认为法国市场经济的难产，与其身患巨人症相关确实在理。他说面积仅有法国的 1/4 的英国，"距离所起的不利作用不如法国那么大"⑤，实现国家统一的难度自然要远小于法国。但是，这也并非说国家越小就越容易实现统一，比英国小得多的荷兰却是统而不一。可见，仅有面积大小适宜还不行，民族市场的形成还需要其他方面的诸多因素。所以，我们强调英国大小适宜对其民族国家形成的积极作用，绝非视这些作用为充分条件，而只

---

　　① ［法］费尔南·布罗代尔：《15 至 18 世纪的物质文明、经济和资本主义》第 3 卷，第 368 页。
　　② 参见曾尊固：《英国农业地理》，商务印书馆 1990 年版，第 25 页。
　　③ ［法］费尔南·布罗代尔：《15 至 18 世纪的物质文明、经济和资本主义》第 3 卷，第 334、368—369 页；第 2 卷，第 119—120 页。
　　④ 参见［美］道格拉斯·诺斯：《西方世界的兴起》，第十章。
　　⑤ 参见［法］费尔南·布罗代尔：《15 至 18 世纪的物质文明、经济和资本主义》第 3 卷，第 368、357—358 页。

是说，"老天爷"青睐英国，在英国具备实现国家统一的其他条件的同时，又给它奉上了大小适宜，使其国家的统一顺风顺水。

事实上，国土大小不仅关系到国家统一的难易，也是系统结构能否远离平衡态的关键之一。

因为系统要想远离平衡态，就必须对外开放，从其环境中吸入负熵流；还要使吸入的负熵流达到一定的阈值并实现平权化。因此，所需要阈值的大小与国土面积和人口是成正比的。法国疆土过大，人口过多，其社会结构远离平衡态所需要的负熵流就过于巨大。在经济发展水平还很低的近代时期，面积有限和人口有限的地球无法提供这样的巨熵流。"加里阿尼教士说，1770 年的法国与柯尔贝尔和苏利时代的法国不复相似；他认为法国已达到扩张的极限；法国有 2000 万人口，如果继续发展手工工场，就势必超过世界经济强行规定的限度；同样，如果法国按照荷兰的比例拥有船队，荷兰的船队扩充三倍、十倍或十三倍后达到的规模将是世界经济不能接受的。"这也就是说，推动一个国土过于辽阔的社会结构到达远离平衡态所需要的负熵流的流量因为过于巨大而使当时的世界无法提供。这一是地球的面积有限，二是近代世界的经济发展水平很低。反之，当时的世界能为英国提供促其社会结构远离平衡态的负熵流量，因为他的国土面积远小于法国，人口远少于法国。这样负熵流量若转注入法国，就会马上被稀释掉而难以使其社会结构远离平衡态。这就如布罗代尔所说："相等的能量在较大的空间必然被稀释了。"①

不仅当时世界无法为法国提供能促其社会结构远离平衡态的负熵流，其国土辽阔和人口众多也会阻碍法国对负熵流的吸入。

前面讲过，同波罗的海地区的贸易在英对外贸易中占据要津，但它又被人认为"是英国经济地位中的一个严重缺陷"。因为英国需要为它支付大量的硬通货。即便如此，英国人仍要维护它。其原因，就在于英国从这一地区进口了它所稀缺的物资：铁、沥青、松脂、黄麻和绳索等海军补给品，以及木材。②且木材的进口量是与时俱增。特别是 1650 年后，除英造船业、建筑

① 参见［法］费尔南·布罗代尔：《15 至 18 世纪的物质文明、经济和资本主义》第 3 卷，第 334、368—369 页。

② 参见［英］O. R. 波特主编：《新编剑桥世界近代史》第七卷，《旧制度 1713—1763》，第 309 页。

业的需求外，主要是英国的森林储备已趋耗尽，英本土森林已被采伐一空，连爱尔兰也难逃此厄运，木材的短缺已"达到一种民族危机的地步"。由此也就展示出了"英国和法国之间的关键性差别：法国的版图大得多，它有相当多的木材供给，并且直到柯尔贝尔晚期，它们在这方面似乎仍安然地领先于英国"。除木材外，英国从波罗的海地区进口最多的另一种货物是铁。"17世纪初，英国从波罗的海进口的货物中，铁占2%，到17世纪末，上升到28%。"英国虽然不缺乏铁矿，但木材短缺；而"瑞典既有高质量的矿藏又有大量的木材"；所以，尽管法国和英国都有较大的冶炼规模，但缺乏木材的"英国为了本国的生产成了瑞典铁的大买主"。而地大物博、木材丰富的"法国则不进口也不出口这种金属。也就是说，法国能自给自足"①。

为解决因制造业的发展所导致的燃料用量的急遽增长和木材价格的猛增，迫使英国极力寻找替代木材的新能源，全力开发它的煤矿资源。1560年前后，全国年产煤35000吨，17世纪初就达到20万吨，到这个世纪末又增加了约60%。煤替代木材已广泛地用于英国人的生活和生产。到18世纪时，更成为"英国工业生产的灵魂"；而法国则由于地大物博，木材丰富，煤矿的开发比英国晚得多②。

地大物博带来的自给自足削弱了法国人向外拓展，进行远洋探险、海外殖民的意愿；反之，地狭物贫则极大地增强了英国人向外拓展的动力。两国的这一差异，在大西洋贸易中表现得最明显。"英国跨大西洋贸易的数量比法国大得多。"17世纪时，西欧各国"在西半球建立了28个新的、分散的殖民区"。其中，"荷兰3个，法国8个，英国17个"；到1700年时，英国的殖民地里有35万—40万个臣民，而法国仅有7万个臣民。在加勒比海殖民地，英国人的数量是法国的2倍。通过大西洋商业体系，英国向欧洲的再出口殖民地的贸易量不仅数量庞大，还彻底地改变了英国对外贸易的方向和结构。法国人虽然"也像英国人一样把烟叶和糖运过大西洋"，但"数量不及英国多"，再加上"法国国内市场吸收了大部分进口的产品，留给再出口"的也就不多了。沃勒斯坦认为，两国之所以有这些差别，归根到底还是"规模因素"。法国地大物博,能在国内推销其产品;地狭物贫的英国需要欧洲市场,也需要美洲市场,为此,"他们需要船只,进而需要海上补给品和用来购买海上补给品的产品,以及需要不断扩大的制造业产品的殖民地买主"。更多的船只引起对单程运输和船只使用不足的关注,对此,三角贸易成为一种解决方法;这促使英国人进一步地开拓殖民地。同时,"英国较大的大西洋贸易引起了较大的转口贸易,它在英国产生了一个较大的重商主义的压力集团"。没有压力集团促其发展对外贸易的法国自然也就没有这些需要,也无法发展起规模巨大的转口贸易,无法产生这方面的压力集团。这些,就是18世纪后英法两国社会"发展差异的原因"①。

"英国由于缺乏一个足够的国内市场而引起的困境反倒变为一种优势"②;法国的地大物博反而使它患上了"巨人症",这岂不是说幅员越小的国家就越容易成为现代化的母国? 答案是否定的。荷兰的面积为41526平方公里,可算是欧洲最小的国家之一③;意大利的城邦国家,也都是袖珍之国,却都未能成为现代化的发源地。其之科学依据,前述"一般规律"第八条已述:系统太小,要素间就不能实现长程关联,无法形成"长程有序性";不能提供"充分大的信息容量","决定于系统内在的动力学"的涨落就无法被放大。可见,小国寡民的荷兰,即使没有商人独大等缺陷,它也成不了第一个现代社会;至于幅员更小的意大利的城邦国家就更不用说了。

英国既没有患上法国的巨人症,也没患上荷兰的侏儒症,其国土面积是荷兰的四倍多,人口数量也为后者的两倍多。这种大小适宜的国家,使它在境内建立起要素间的长程关联,形成强大的协同动力机制;而当时的世界,也能为其提供促其社会结构远离平衡态所需要输入的负熵流量。这就是说,英国具备了前述"一般规律"第八款所规定的自组织生成和发展的必要条件之一:"形成大小适宜的系统"。因此,它能率先建立民族国家,形成统一的民族市场是自然规律的必然产物。

第二个天赐良缘是,它自然条件优越,气候温暖,土地肥沃,交通便利,矿藏丰富。

---

① 参见［美］伊曼纽尔·沃勒斯坦:《现代世界体系》第2卷,第118、119页。

② ［美］伊曼纽尔·沃勒斯坦:《现代世界体系》第2卷,第119—120页。

③ 参见张健雄编著:《荷兰》,社会科学文献出版社2003年版,第1页。

英格兰地处温带，受北大西洋暖流的影响，冬暖夏凉，有较长的生长期；全年温差只有 10 度左右，有利于秋播作物和牧草的生长；100 米以下的平原和低地占总面积的 47%，超过 500 米的高原和山地仅占 5%，其余均为丘陵和低地。^① 各地交流，无高山和沙漠的阻隔，幅员不大的国土上遍布的近百条河流又能假以舟楫。由于年均降雨量 1000 毫米，降雨又较平均，少有暴雨天气^②，致使河流流量充沛、"水流平静而均匀"，便于航行"易于利用"^③。各河之间相距不远，便于开挖运河，相互沟通，建成密集的水路交通网络。网络与众多的深入内陆很远的海湾和港湾相连^④，使过去和现在的英国"都没有一个离岸超过 75 英里的地方"。通过"有计划地改善内河航道，到 1690 年时，离可以通航到海的水域有 20 英里以上距离的地方甚少"^⑤。而英国沿海港口星罗棋布，有一个天然的沿海航运网^⑥；发达的沿海航运线和纵横交错的内陆水网，使英国的船舶既可纵横内陆，又能驰骋海洋。再加上河流海路，从不封冻，终年可以航行。这不仅使英国各地一年四季都能互相交流并直通海外，在"海路运输比陆路运输便宜得多"的年代^⑦，也极大地降低了运输成本，促进了各地的贸易往来，使工商业税收逐渐成为王室收入的重要来源甚至主要来源。交往便利也便于王室对各地的征服和控制，再加上国土小，英国的权力中心的产生也就比法国容易得多。对内有建立民族市场的天生的优越条件，对外又靠近欧洲的商业和金融信贷业中心安特卫普，直通波罗的海；面临大西洋，位在东西方新航线之侧，大西洋贸易的要冲之地，这使英国是左右逢源，便于它从欧洲大陆各国吸取负熵流；也便于利用逐渐形成的世界市场，尽享殖民地贸易和中转贸易的各种利益。

---

① 参见曾尊固：《英国农业地理》，第 25 页。
② 参见［苏］道布罗夫：《英国经济地理》，王正宪译，商务印书馆 1959 年版，第 24、26 页。
③ ［法］保尔·芒图：《十八世纪产业革命》，第 94 页。
④ 参见［苏］道布罗夫：《英国经济地理》，第 5 页。
⑤ ［英］肯尼斯·O.摩根：《牛津英国通史》，第 312 页。
⑥ 参见［英］肯尼斯·O.摩根：《牛津英国通史》，第 313 页；保尔·芒图：《十八世纪产业革命》，第 87、94 页。
⑦ 参见［法］费尔南·布罗代尔：《15 至 18 世纪的物质文明、经济和资本主义》第 2 卷，第 119—120、677 页。

在自然资源方面，英国也有优势：拥有煤、铁、铜、锡等宝贵的工业资源。[①] 在其国土中，几乎只有北苏格兰及东南英格兰未被海西煤带层所覆盖。且多为经济价值较高的硬煤；煤层离地面又较浅，易于在工程技术十分简陋的 17、18 世纪时期进行大面积的集中开采。"煤炭是 18 至 19 世纪工业革命的必要条件"[②]，如此丰富的煤矿资源无疑也有助于英国成为现代社会的滥觞之地。

第三，它孤悬海外，是个岛国，有天然国界线。

岛国使英国人有"天然"国界，它使岛民在心理上自成一体，自然而然地将他们和岛屿之外的其他地方的居民区别开来，有助于民族意识的形成。作为一种制度安排，民族国家需要明确的疆界，欧陆各国，直到 1718 年才在书面上第一次划定出国界。而英国自百年战争失败，退出了大陆的领土纷争之后，其国界就已清晰。

一个岛国，孤悬海外，这也促进了英吉利人民族意识的形成。因为它使英国的历史和文化受大陆的影响相对较少，在文化上能自成一格。对英国来说，罗马是外来的"入侵者"；英人也不是法兰克人的后裔，欧陆人心目中的"神圣罗马帝国"的梦想对英国人的影响很小。文化上的这种离群索居使英国文学在 1300 年前后就开始使用"英格兰民族"一词，1336 年，英国官方文书中也有了"英格兰民族"一词[③]；而同时代的大陆人却只自认是教皇或皇帝的臣民，而不去区别自己是哪个国家的人。

岛国的海岸就是国境，在海上交通运输工具十分落后的情况下，渡海作战十分困难，因此，英国没有必要豢养一支庞大的常备军。都铎时期，"没有警察，也没有常备军"。甚至连国王的卫队和仪仗队也是"在复辟时期才创建起来的。1603 至 1640 年国王在紧急状态下可以召唤的武装人员，为数只有几十人，而不是上千人"[④]。甚至当西班牙、法国和奥地利都"充满了

---

① 参见 [苏] 道布罗夫：《英国经济地理》，第 188 页。
② 参见 [意] 卡洛·M. 奇波拉：《欧洲经济史》第 1 卷，中译本序言。
③ 参见 G. P. Cuttino, *English Medieval Diplomacy*, London, 1985, p. 2.
④ [英] 肯尼斯·O. 摩根：《牛津英国通史》，第 250、321 页。

军人"的时候，英国却"除了伦敦塔的看守之外，没有中央军队"①。"直到詹姆士二世统治时才出现了军队"②。

自中世纪起，贵族"便承担了地方行政职能"③，致使英王室"拥有的官僚机构也很小。在17世纪30年代"，"统治着英国的领薪人员，还不到1000人"。17世纪的英国，"政府的事务是由议会决定和通过议会讨论的"，"它意味着，政府要由全国的不支薪的、自愿的官员来决定并通过他们进行统治。在17世纪初，郡政府掌握在近3000个杰出的士绅手中，而到17世纪后期，为5000人"。"在200个左右的自治城市中，权力掌握在12—100人的团体内"。郡以下的各地的地方政府也是"由不领薪金，超工作量""的治安法官担任的"④。

没有常备军，官僚队伍也很小，英国的税收也"一直不算太高。在17世纪初，也许只有法国税收的四分之一到三分之一。落在农民肩上的负担就更轻了"。贫民还"能领到由公共基金会发放的一小笔慈善基金"。故少有动乱，贵族们"无须担心起义，因此也没有必要拥护国家建立强大的中央强制机器"。同时，低税收也使王室"无须扩展财政体制，也就遏制了庞大的官僚阶层的出现"⑤。

上述表明，英国之所以成为现代化的滥觞之地，其生态结构上的上述特点功不可没。它们不仅使英国能较快地建立民族市场，也使它免患巨人症和侏儒症。注意到这一点，我们不仅能解答近代法国为什么是世界现代化进程中的失败者，也能解答世界上很多文明古国在近代的沉沦和落伍。

---

① ［英］温斯顿·丘吉尔：《英语国家史略》，薛力敏、林林译，新华出版社1928年版，上册，第483页。
② ［英］肯尼斯·O.摩根：《牛津英国通史》，第321页；O. R.波特主编：《新编剑桥世界近代史》第七卷，第73页。
③ 参见［英］佩里·安德森：《绝对主义国家的系谱》，第136—137页。
④ 参见［英］肯尼斯·O.摩根：《牛津英国通史》，第251、323页。
⑤ ［英］佩里·安德森：《绝对主义国家的系谱》，第136—137页。

第 十 九 章

正反馈机制从外置转为内生的
组织指令的来源

随着正反馈机制由外置转为内生，市场经济得到长足发展，从中获益、因而与市场经济结成共生关系的社会阶层是越来越多。新贵族、乡绅、约曼、商人、手工工场主、农场主、市民，甚至匠人、雇工都离不开市场，因而也都和市场结成了共生关系，并通过市场而彼此间也都结成了竞争又协同的关系，以致他们不仅与市场经济之间相互复制，相互促进；彼此之间也荣辱与共，相互催生，既竞争又协同。如此一来，不仅市场经济的正反馈机制的成员日益增多，队伍不断壮大，市场经济同其众多的正反馈机制之间的相互作用的形式也就不再只是催化循环，而是升级到超循环、复合超循环，甚至多元复合超循环。以致正反馈机制的非线性越来越强。在这个多元复合超循环网络里，受非线性动力推进的不仅有市场经济，政治制度、法律制度、社会制度也都在其推动下不断地向现代制度迈进。这也就是说，这个超循环网络中不再只包含着现代社会经济制度的胚胎，也有了现代社会各项制度的模板。因此，由市场经济所掀起的这个变量就不再只是慢弛豫变量了，而已成长为包含着未来社会结构的样板的序参量。现代社会就是通过涨落放大这个序参量后的产物。显然，从慢弛豫变量发展成序参量的关键一步就是正反馈机制由外置转为内生。这一步迈不出，其后的发展就免谈。因为国家权力毕竟是当时社会最强有力的势力，是决定制度变迁性质的关键。这正如诺斯所说，"没有国家办不成事"。只有使国家权力同市场经济共荣辱、同进退之后，市场经济才能将更多的社会势力卷进超循环圈中。那么，是哪些原因使英国市场经济满足了它的这一心愿？这是本章所要解决的问题。

一、王在法下的历史传统

所谓王在法下，即是法律至高无上，连国王都得服从。这与英国在相当长的时间内王权一直保持了对国内的有效控制是分不开的，因为这是法律和王在法下存在的前提，民族国家之所以能在英国率先问世，其王权一直比较强大功不可没。

追溯英国的统一，可溯至七国时代。那时的英国已趋统一。其原因有三：基督教的传播，七国相互争霸，联合抵抗丹麦人的入侵。[①] 如前所述，大小适宜和岛国也起了很大作用。故 1066 年入侵的威廉接受的不是一个四分五裂的英国，而是一个已经只有一个国王的英国。威廉凭借其军事胜利成了英王又为王权的强化输入了能量。他将其统治诺曼三十年的经验应用到英吉利；没收了反抗其入侵的英吉利贵族的土地，还令全体英人宣誓效忠于他，在英历史上第一次确立了国王为全国土地唯一所有人的观念。[②] 他将超过了 1/5 的土地留给了自己，将余下的土地分给 1400 个直属僧俗封臣，封臣们则按占地数量的多少提供不等的骑士义务，形成了金字塔形的封建等级制度。英王居金字塔之顶，占有全国耕地的 18%，远过所有的大贵族[③]，每年除 12600 英镑的地租收入外，还可向各级封建领主征收封建捐税，从各级法庭的司法收益中提成，向全国征收土地税、关税；垄断了货币的发行权甚至铸币权，并用严刑峻法来维持这一权利，以致其收入远过于所有的贵族。他的直接封臣，半数以上的年收入不足 100 镑，最大的贵族也只有 2500 镑，不足其土地年收入的 1/5。[④] 由于土地分封是随着征服的进展而分批进行的，

---

① 参见 R. Bartlett, *England under the Norman and Angevin kings, 1075 - 1225*, Oxford University, 2000, pp. 160-172,176,177,371,372；程汉大：《英国政治制度史》，第 9—11 页。

② 参见 K. E. Digby, *History of the Law of Real Property*, London, 1897, pp. 10-11。

③ 参见 R. Bartlett, *England under the Norman and Angevin kings, 1075-1225*, p. 60。

④ 英国史家依据当时的史料所作分析的结论是：当时全英土地收入约为 73000 英镑，其中王室约占 17%，12600 镑；僧侣贵族和僧侣团体约占 26%，世俗贵族约占 54%，盎格鲁-撒克逊旧贵族和自由农民约占 3%。参见 J. B. Bury, J. R. Tanner, etc. ed., *The Cambridge Medieval History*, V. 2, pp. 507-511；R. Lennard, *England of Agricultural Society*, Oxford, 1959, pp. 25-26。

故大贵族的土地都被分散在全国各地。如威廉的兄弟摩尔汀伯爵罗伯特的领地分散在 20 个郡，切斯特伯爵休的领地散布在 19 个郡，封地分散在 10 个郡的直属封臣有 20 个。于是，"英国没有一个诸侯能在一个地区集中很大的兵力"，"无论他一共拥有的土地如何广大"，都不能像大陆的贵族那样形成对抗王室的分裂势力。① 故此，史家们普遍认为："这种地产分散制度极大地促进了国家的统一，促进了王权的发展。"②

威廉及其两位后继者还"要求所有当权者'不管他们是谁的人'都要宣誓效忠"。从而将西欧大陆流行的"我的附庸的附庸不是我的附庸"变成了"我的附庸的附庸也是我的附庸"③，国王因此成了全英骑士的统帅，能召集他们和全国的民军为其效命；贵族无权召集民军，也无权修建私人城堡。而国王的城堡却星罗棋布，遍布全国。通过将城堡连成一体的四条纵横交错的大路④，威廉镇压了英吉利旧贵族和一些诺曼大贵族的叛乱，控制了世俗贵族，并使英国教会和教士拜倒在他的权杖之下。他将高级教职全部更换为诺曼人，牢牢地掌握着教职任命权；并宣布，未经国王同意，英国人不得承认任何教皇，不得接受教皇的使节、命令和信函。宣布宗教法庭与世俗法庭分离。后者不准审讯教士的案件，俗人不得参与前者的审判；前者在没有国王同意的情况下，不得审判国王的部下和封臣，更不得开除其教籍，对其施以酷刑。⑤

威廉还用直接封臣组成的御前会议取代了由社会贤达组成的贤人会议，并设置了在国王远行时代表国王统治的摄政一职。他保留了郡、百户区、村（镇）的行政区，但任命不能世袭的郡守取代了伯爵；让其全面主持郡务，成了"纯粹的王之官员"⑥。马克·布洛赫说，正是这一措施，才使英国"成为一个真正统一的国家，比欧洲大陆任何王国都早得多"⑦。威廉还规定

---

① 参见［英］阿·莱·莫尔顿：《人民的英国史》上册，第 76 页。
② R. Lennard, *England of Agricultural Society*, p. 34；F. Pollock, & F. W. Maitland, *The history of English law before the time Edward Ⅰ*, V. 1, p. 185；W. S. Holdsworth, *A History of English Law*, V. 1, p. 177.
③ F. W. Maitland, *The Constitutional History of England*, Cambridge University, 1926, p. 161.
④ 参见 H. R. Loyn, *The Governance of Anglo-Saxon England*, London, 1984, p. 184。
⑤ 参见 G. B. Adams, *Constituational History of England*, p. 60。
⑥ 参见 R. A. Brawn, *The Normans and Norman Conquest*, Suffork, 1985, p. 214。
⑦ ［法］马克·布洛赫：《封建社会》下卷，第 684 页。

一户犯法，九户连坐，将十户联保制推广到各地，建立起了一个遍及全国的、相当完备的行政管理体系，被人誉之为"英国工业化以前最重大的行政措施"。被人称为末日调查的"土地赋税调查"之所以做到"在整个英国内，并未漏掉一海德或一威格特土地，或一头牛或一头猪"，就得力于这个行政体系。莫尔顿惊叹道："这是举世无双的一件事。在撒克森的英国或封建的法国，这事都不可能。可是在当时的英国，却丝毫不见有效的抵抗，甚至最强大的诸侯对这事也未作任何有效的反抗。"[1] 这表明，威廉极大地强化了征服之前即已成形的集权君主制，建立起了当时西欧最强大的王权。

英国王权后来又为几个有为君主所强化，特别是亨利二世。他建立了巡回审判制、陪审制和司法令状制度，实现了司法的中央集权化，也促成了沿用至今的普通法系，统一了全国的法律。他实行盾牌税，用征得的盾牌钱招募了雇佣军[2]；并颁布了《武器装备法令》，规定所有的自由民均需自备一套与其经济地位相称的武器装备，以供从军之用[3]，组建起了英国独特的民军制度。这一系列的改革，使 12 世纪末的英国建立起较之当时的欧洲最为有效的君主制度。除出现过几次王位之争所引发的短期战乱外，英王室基本上保持了对全国的有效统治。应该说，这在近代之前的西欧是罕有的。

尽管英国王权一直相对强大，但国家并非是其私产，他和西欧其他国王一样，是依靠"他自己的收入来生活"的，它的政府也是私人政府，政府的花销由国王承担；而"其他封建主在各自领地上也享有与国王相似的权力"[4]。因此，在贵族的眼中，国王最多不过是贵族中的第一人，都和自己一样，是"王国的平等者"[5]；也都是上帝的儿女，故有圣父、圣母、教父的称号，却无君父的称号。这与"家国同构"下的中国封建社会的皇权全然不同。在"家国同构"下，国家是国王的"家天下"，财产和人民都"为

---

① ［英］阿·莱·莫尔顿：《人民的英国史》上册，第80页。

② 参见 F. W. Maitland, *The Constitutional History of England*, p. 13。

③ 参见 D. C. Douglas, ed., *English historical documents*, V. 2, p. 417。

④ C. Webber and A. B. Wildavsky, *A History of Taxation and Experditure in Western World*, New York, 1986, p. 148.

⑤ B. Lyon, *A Constitutional and Legal History of Medieval England*, New York, 1980, p. 502.

人君囊中之私物"[1]，故"生法者君也，守法者臣也"[2]，国王是法律之源[3]，王在法之上。[4] 在中世纪英国，却是法律"造就了国王"，故"国王必须服从法律"[5]，制定"法律须经与贵族们协商并征得他们同意"[6]。因此，是法律至上，而不是王权至上。其原因，首先就是封土制，再依次为：盎格鲁-撒克森时代的传统，普通法，地方自治，国王没有常备军。

封土制的实质和核心是国王和封臣之间"是一种契约关系"、私人关系[7]。W.厄尔曼等英国史家说，正是"封建契约"规定了两者"之间的义务永远是相互的"。如果国王不履行义务，滥用权力，对封臣的索取超过约定的限度，贵族则有权予以拒绝，甚至撤回对国王的忠诚。"撤回忠诚是从11世纪开始的西方封建关系的法律特性的一个关键"[8]，因此，是国王和封臣双方的权利和义务构成了王国法律的基础，使王在法下。13世纪中期的《刘易斯之歌》里讲，国王不履行义务，就将被看作是暴君和无能之君，就应当被废黜。[9] 威廉二世横征暴敛，滥用特权，结果被人暗杀。亨利一世即位后即颁布了《加冕章程》，承认在威廉二世时期，"王国受到非法苛捐杂税的压迫"，并许诺他将摒弃"所有使英国臣民受到非法压迫的罪恶习惯"[10]。可见，国王们也都懂得法律是至上的，超越它会给自己带来灾难。

威廉一世是以英王爱德华的合法继承者登上英国王位的，即位时即声称要遵守英吉利人的法律和习惯。登基后，他也确实遵守了诺言，其子孙也继承了他的这一承诺。盎格鲁-撒克逊时期的文化、法律和习俗仍在英国的诺曼贵族中流传，[11] 它们无不贯穿着古代日耳曼人的自由精神。例如，遍布全

---

① 黄宗羲：《明夷待访录·原臣》。

② 王符：《潜夫论·衰由》。

③ 参见《荀子·君道》。

④ 参见《管子·任法》。

⑤ C. Webber and A. B. Wildavsky, *A History of Taxation and Expenditure in Western world*, p. 175.

⑥ A. Harding, *A History of English Law*, V. 2, pp. 150-151.

⑦ 参见［英］阿·莱·莫尔顿：《人民的英国史》，第44页。

⑧ 参见 W. S. Holdsworth, *A History of English Law*, V. 2, Boston, 1975, pp. 374,375；［美］乔治·霍兰·萨拜因：《政治学说史》上册，盛葵阳、崔妙因译，商务印书馆1986年版，第126页。

⑨ 参见 T. Wright, ed. and trans., *The Political Songs of England*, *from the Reign of John to that of Edward II*, Cambridge, 1996, p. 98.

⑩ G. B. Adams, *Constituational History of England*, p. 81.

⑪ 参见［英］G. W. 屈维廉：《英国史》，钱端升译，商务印书馆1933年版，第163页。

英的地方法院就保有原始村民司法会议的自由民平等的遗风。尽管法庭的司法长官均由王室从当地乡绅中遴选任命的，但却无法发展出大陆那样的完整的大法官体系，贵族高级裁判权的全面发展也受到遏制。① 王权呢？自然也不例外，王在法下，在盎格鲁-撒克森社会就是如此。从 8 世纪时起，国王登基时，都要宣读加冕誓词，登基后要"发誓按照臣民的意愿办事"，"保证维护法律"②；若有违背，则是违法，必受惩罚。有几位国王，即因背信食言惹来了灾难。③ 登基时立誓要遵守英吉利人的法律和习惯的威廉一世及其子孙自然也不例外。登基时，他发誓"和他的人民一样服从于法律"④；承诺保证英国人民所享有的法律和自由的权利；维护公平与正义的司法和仁慈而客观的审判⑤，不以个人的名义废止以前的法律；不能超过应有的司法程序；"自理生计"，不得分外索求。⑥ 13 世纪时的英国著名法学家勃拉克顿说："王不在任何人之下，但在法律和上帝之下，法律造就了国王，故国王应遵守法律，没有法律治理的地方就没有国王。"⑦

　　安茹王朝时期形成的普通法，是由法官对各地的习惯法的判例进行整理、规范而形成的。国王无法影响判例的选择，更无法左右案件的审判，从而对王权形成了长期而有效的制约，此其一。其二，制约来自普通法中的自由精神。因为构成普通法的判例都来源于民间的习惯，它源于盎格鲁-撒克森时代，故充满了日耳曼人的原始民主精神。在欧洲大陆，随着王权的强化，各国统治者颁布的制定法逐渐在法律中居主导地位；唯有英国以习惯为"唯一有生命力的法律渊源，即使是君主们的立法，也只不过是对习惯法做出解释而已"⑧。因此，哈耶克说，英国是唯一的一个"将现代的法律下的

---

①　参见［英］佩里·安德森：《绝对主义国家的系谱》，第 115 页。

②　参见 B. Lyon, *A Constitutional and Legal History of Medieval England*, pp. 50, 40。

③　参见 H. R. Loyn, *The Governance of Anglo-Saxon England*, pp. 56-57。

④　参见 A. Sharp, ed., *Political Ideal of the English Civil War 1641-1690*, London, Longman, 1983, p. 134。

⑤　参见 C. H. Williams, ed., *English historical documents*, *1485-1558*, Cambridge University, 1967, pp. 466-467。

⑥　参见 J. Fotescue, *On the Laws & Governance of England*, Cambridge University, 1997, pp. 94-114。

⑦　H. R. Loyn, *The Governance of Anglo-Saxon England*, p. 84.

⑧　W. S. Holdsworth, *A History of English Law*, V. 2, p. 111.

自由观念建立在中世纪所获致的诸‘自由权项’（liberties）之上的国家"①。其三，制约也来自普通法的令状制度。该制度规定自由人若想将案件起诉到王室法院，必须先用钱取得相应的令状，再按令状上的程序进行诉讼。如果选择令状失误，他必然败诉。可见，在普通法那里，"程序先于权利"。尽管这种程序过于形式主义而不合逻辑，但在当时的情况下，却能有效地将法治规则转变为人们的法治行为规范。它在束缚了一般民众和贵族的同时，也同时将王室司法管辖权限制在特定的范围，把案件置于普通法的管辖下，因而也就限制了王权。按照令状制度的规则，没有令状，任何人都不得向民众征税，扣押民众的财产；没有令状，即使国王本人出面也难以干涉案件的处理②，大量此类事例致使梅特兰认为"令状的统治也就是法的统治"③，国王的行为也须合乎法律程序。同时，由于令状选择失当会导致败诉；令状又是用拉丁文书写的，法庭辩论用的又是法语，故只有经过专业训练的律师才能为诉讼当事人提供服务。为了维护其雇主的利益，他当然要抵制一切法外之物，因而是王权滥权的又一障碍。其四，制约还来于普通法的遵循先例的传统。它为法官的司法裁决提供了强有力的依据，是法官抗拒来自国王滥权的有力武器。

普通法和令状制度的推广使普通官员再难胜任审判业务，职业法官在13 世纪中叶后应运而生；到 13 世纪末，在普通法庭上已无行政官员的踪影。④ 法官的主要薪酬是案件当事人缴纳的诉讼费，故必须保证审判的公正性，以吸引来更多的案件，致使追求司法独立成为其本能。因为司法越独立，法律的权威越大，致使多数法官把依法独立行使司法审判权奉为自己的神圣职责，努力将包括国王在内的外界干涉和影响拒之门外。他们认为国王已经"把他的全部司法权转交给了各种法庭"⑤，因此，忠于法律，就是忠于国王。英国学者特纳在对 12 世纪后期之后的几十位著名法官的司法实践进行系统研究后说，"法官们正在形成一种应当不顾国王意愿对所有人公平

① ［英］F. A. 哈耶克：《法律、立法与自由》第 1 卷，第 131 页。
② 参见［美］罗斯科·庞德：《普通法的精神》，唐前宏等译，法律出版社 2001 年版，第 21 页。
③ ［美］哈罗德·J. 伯尔曼：《法律与革命——西方法律传统的形成》，第 554 页。
④ 参见程汉大：《12—13 世纪英国法律制度的革命性变化》，《世界历史》2000 年第 5 期。
⑤ 参见 J. H. Baker, *An Introduction to English Legal History*, p. 83.

执法的严肃的责任感"。并列举了许多法官自觉抵制国王政府干涉司法的事例。[①] 近代英国，类似的事例更是数不胜数。[②]

同上述制约比较起来，普通法中的陪审制度对王权的约束力更大。陪审制规定陪审团负责被控事实的调查和审定，决定被告有罪或无罪，而法官只有在陪审团判定被告有罪后才能给被告判刑。这就有效地防止了法官的独断专行，枉法裁判。而限制法官的权利也就是限制了国王的滥权，因为法官是代表国王执法的。陪审团由普通民众组成，他们自然会用这个机会来保护自己的人身安全和财产利益免受王室和大领主的侵夺。故此，英国人向来就把陪审团视为对抗专制制度的有力武器，将其视之为英国自由民主的基石。[③] 其极大地增强了民众的法制意识和政治参与意识，使贵族、乡绅，甚至普通民众都去积极地学习法律。15 世纪 60 年代，有个叫安尼斯·波斯坦的人劝告他的儿子，要好好地学习法律，只有这样，才能保护自己的权利免受他人的侵犯。[④] 民众有能力，又有机会在法庭上维护自己的利益免受王室、贵族的侵犯，这当然也会有力地限制王权的泛滥和侵蚀。

总之，普通法蕴藏的自由精神，强调程序、突出民众参与的特性，规范了权利主体的行为范式，界定了权力的行使范围，有效地制约了王室恣意干涉社会的正常生活。

除普通法外，地方自治制度也限制了王权。因为郡里除国王委派的郡守和治安法官外，还有个郡议会。它的前身是盎格鲁-撒克森时代的郡的民众大会，享有召开和主持郡法庭的权利。[⑤] 著名的宪政学家斯塔布斯说，在郡议会，郡长"必须与所有的贵族商议"，因此，他的行为"属于一种宪

---

① 参见 R. V. Turner, *The English Judiciary in the Age of Glanvill and Bracton*, Cambridge, 1979, pp. 227,276; F. Pollock & F. W. Maitland, *History of English law Before the Time of Edward Ⅰ*, V. Ⅱ, London, 1923, p. 587。

② 参见 R. V. Turner, *The English Judiciary in the Age of Glanvill and Bracton*, Cambridge, 1979, p. 276; F. Pollock & F. W. Maitland, *History of English law Before the Time of Edward Ⅰ*, V. Ⅱ, p. 587; J. H. Baker, *An Introduction to English Legal History*, pp. 44,114。

③ 参见 A. Harding, *History of English Law*, London, 1966, p. 35。

④ 参见 D. Loades, *Tudor Government: Structures of Authority in the Sixteenth Century*, Blackwell, 1997, p. 228。

⑤ 参见 L. Dale, *The Principles of English Constitutional History*, Longman, 1909, pp. 82-83,305。

政模式"①。从 13 世纪末开始，郡议会被以骑士、乡绅为代表的地方中小贵族所控制，并获得了广泛的行政权力：征税、维护治安、安排各种公共事务、选举出席议会的议员和本郡主要官员，有时还选举郡长。② 因此，"王国政府不能直接处置它，也无法使它在裁决诉讼之外再进行其他合作"③。这就迫使王权不得不尊重地方利益。他们对王权的这种制约又会从地方传递到中央。因为下院的代表大都来自地方，他们自然会把他们在郡议会的规范、习惯和诉求带进议会；把"绅士协理公务及地方官由民选之两大思想推行及于国会"④，从而使议会初始就具有宪政性质，给王权又套上了一个致命的枷锁。

没有常备军对英国王权也无疑是一种制约。岛国无疑是造成英国没有常备军的原因，但不要忘记，英国民众深知不建立常备军是制约王权的重要手段。内战前，国王也曾提出过"建立常备军并册封司法贵族的计划。如果这两个措施真正得以实施，将改变 16、17 世纪英国历史的进程"。但"国会对此两项措施均持否定态度"，因为"它意识到建立专一化军队和在贵族内部出现司法贵族阶层的逻辑结果必然会是在社会上为其许多成员造成不利"⑤。当然，内战"留下的主要遗物也是对常备军的持久厌恶和猜疑"⑥。因为在英国人的眼中，常备军就意味着专制制度。可见，王在法下是英国没有常备军的原因之一，但这反过来又加固了王在法下的传统。

上述原因决定了英国虽然很早就建立起一统的王国，但却始终无法摆脱盎格鲁-撒克逊人留给他们的遗产：王在法下。王不能超越法律的约束而为所欲为，他也就难以突破法律的限制为自己谋利，不仅使市场经济正反馈机制能维持其原有性质，也为英国的宪政建设奠定了基础。哈耶克说，"正是由于英国较多地保留了中世纪盛行的有关法律至上的理想"，它"才得以开

---

① 参见 W. Stubbs, *Selected Charters and other Illustrations of English Contitutional History*, Oxford, 1921, pp. 39, 43。

② 参见 L. Dale, *The Principles of English Constitutional History*, pp. 82–83, 305。

③ J. E. A. Jolliffe, *The Constitutional History of Medieval England*, p. 305.

④ 参见 W. Stubbs, *Selected Charters and other Illustrations of English Contitutional History*, pp. 39, 43。

⑤ ［英］佩里·安德森：《绝对主义国家的系谱》，第 142 页。

⑥ 乌尔里奇：《军队在英国革命中的作用》，王觉非：《英国政治经济和社会现代化》，南京大学出版社 1989 年版，第 135 页。

创自由的现代化发展进程"；而"这种理想在其他地方和国家则因君主专制制度的兴起而遭到了摧毁"①。

二、宪政建设源远流长

王在法下的传统虽然能遏制王室超越法律的冲动，但在政治领域，它是无能为力的。因为自古以来，人们普遍认为，"管理公共事务的责任仍然在于君王的执政官员"②，除他们外，"任何人不得捣乱神秘的国家和政府事务"③，议会也不例外。④ 因此，"所有的治理都只能是国王的治理，除此之外别无其他"。其之如此，是因为"国王政府和私权利间很难有清晰的划界，而且国王常以'国家理由'和'紧急情况'等作遁词，轻而易举地践踏此界线"⑤；甚至侵蚀到司法领域。⑥ 内战表明，随着国王行政权力的增强，通过司法独立、地方自治等王在法下的传统对国王进行制约难以持久。于是，这才会有议会和王室的接连不断冲突，才会有大革命及其后的王室复辟。光荣革命使议会成为财政与立法的终极权威，在王权身上加上了"一道现代政治控制"⑦，发展出一种新型的政治规范机制，即代议制宪政模式。这才最终结束了议会和王权的冲突。

所谓宪政，乃是一种以民主政治为核心，以法治为基石，以限制国家权力、保障公民权利为目的的政治形态或政治过程⑧，限制政府是它的本质。"一个国家的政府权力，如果没有受到有效的制约，就不是一个立宪主义国家。"⑨ 而要制约政府的权力，就要使国家的立法权、司法权和行政权分别

① ［英］弗里德里希·冯·哈耶克：《自由秩序原理》上册，生活·读书·新知三联书店1997年版，第204页。
② ［美］弗里德里希·沃特金斯：《西方政治传统——现代自由主义发展研究》，黄辉等译，吉林人民出版社2001年版，第50—51页。
③ ［美］C.H.麦基文：《宪政古今》，翟小波译，贵州人民出版社2004年版，第92页。
④ 参见［美］弗里德里希·沃特金斯：《西方政治传统——现代自由主义发展研究》，第50、51页。
⑤ ［美］C.H.麦基文：《宪政古今》，第64、95页。
⑥ 参见《马克思恩格斯全集》第3卷，第160—163页。
⑦ 参见［美］C.H.麦基文：《宪政古今》，第74页。
⑧ 参见殷啸虎、张海斌：《政治文明与宪政文明论纲》，《法律科学》2003年第2期。
⑨ 刘守刚：《西方立宪主义的历史基础》，山东人民出版社2005年版，第44页。

为不同的部门所掌握。使其相互监督、相互制约，以阻止权力的滥用，防止公民的权利受到国家权力的侵害。因此，宪法是国家的根本大法，它将国家的全部政治活动的原则、程序、方式、范围和限度进行规范，以形成规范化、程序化的政治秩序。

不同于大革命后的法国和后来的美国，英国没有一部系统成文的宪法法典，它的宪法也同其法律一样，寓于其惯例之中。光荣革命开启了英国议会的"至高无上"的时代①，资产阶级掌控了议会，颁布了"权利法案""王位继承法案""兵变法案"等一系列具有宪政意义的法律，从而将许多寓有宪法内涵的习惯法升格为成文法，还将国王变成虚君，使宪政成为事实。宪政的确立，使议会通过立法使与市场经济相悖的传统都一扫而光。最有可能成为市场经济发展的巨大障碍的国家权力现在同它结成了命运共同体，市场经济正反馈机制的非线性性质的不断增强也就是势所必然，英国的市场经济的发展和社会结构的分化整合也就会因此走上快车道。

如学者们所说，宪政的确立有多方面的原因。王在法下的传统及其诸多根源是基石；教权和王权的对立及城市自治制度是酵母；希腊时代的自然法理论、宪政理念和民主制度是思想渊源。但是，这些酵母和渊源也都见之于西欧大陆，可工业革命前，大陆却没有建成一个宪政国家。这说明，英国宪政成功的原因还不只这些，对英国宪政原则进行追本溯源，发现它是历经几个世纪演进的产物，其源头无疑是著名的《大宪章》。

产生于1215年的《大宪章》被誉之为"英国第一部成文法"，是"真正关系到英国自由的奠基石"，是"全部人类历史最重要的宪法文献"。英国法律史学家斯杰波斯甚至认为"英国全部的制宪历史都不过是对自由大宪章的注释而已"②。

《大宪章》是英国贵族为了保卫自己的私有财产不被国王索取，用武力强迫国王约翰签署的一份政治文献。是对几百年来国王与贵族之间的封建契约关系的全面的"追述"，它"陈述了旧法律，并未制定新法律"。而其"真正价值在于树立了一系列原则"，包括国王征税必须得到"全国人民的

① 参见［美］罗斯科·庞德：《普通法的精神》，第173页。
② ［苏］康·格·费多罗夫：《外国国家和法律制度史》，叶长良、曾宪义译，中国人民大学出版社1985年版，第104页。

一致同意"的原则；国王应受监督和国民有权合法反抗政府，直至武力反抗的原则①；国民享有人身自由原则；国王应受法律的约束的原则；国民享有"被协商权"的原则等。② 在英国历史上第一次用宪法的形式确立了私有产权与人身权利不受王权侵犯，并把对私有财产权和人身权利的保障同对封建王权的限制联系在一起。自此之后，它不仅一直是国王不得逾越的紧箍咒，也"为日后英国各阶层对抗王权，反对和抵制国王专制提供了一个重要的法律依据，为后来英国宪政体制的确立和运行奠定了基础"③。以致在其面世后的几百年的时间内被确认达到四十四次之多。④ 而大宪章也不负众望，在它的引导下，英国民众在对抗王权的斗争中取得了一个又一个胜利，成为推翻专制王权统治，建立立宪政体的有力武器。

《大宪章》是贵族们集体反抗的结果。为了把这个成果保留下来，为了实践《大宪章》规定的国民享有"被协商权"原则，就需要一个能对王权进行有效制约的政治组织来代替完全受制于国王的御前大会议。亨利三世时，贵族们利用国王需要征税，请贵族派代表前来参加御前大会议的机会，抱成一团和国王进行斗争，通过了明确地主及其继承人权利的"默顿条例"，迫使国王再次颁布"大宪章"、接受贵族代表参加御前大小会议，赋予他们以参政权；随着御前大会议越来越多地用来决定重大国事，人们也就越来越多地将其称之为议会。在西门领导的贵族暴乱时期召开的"西门议会"规定每郡派两名骑士、每个城镇派两个市民出席会议，首开平民代表进入议会的先河。继任的爱德华一世为了拓宽其统治基础，继承了"西门议会"的这一作法，于1295年召开了与会人数最多的"模范国会"；1325年后，"无平民代表即可召开议会的时代最终结束"，议会的召开已常态化，会议程序、代表的选拔也已程序化、法制化。⑤ 英国议会成了社会各阶层商讨国是的场所，贵族、骑士和市民从此也就有了一个和国王进行博弈的阵地。

---

① 参见 K. Drew, *Magna Carta*, London, 2004, p.138。
② 参见程汉大：《英国政治制度史》，第80—81页。
③ 何勤华主编：《外国法律史研究》，中国政法大学出版社2004年版，第21页。
④ 参见据柯克统计，大宪章有32个王室确认书。参见［美］爱德华·S.考文：《美国宪法的高级法背景》，强世功译，三联出版社1996年版，第28页。
⑤ 参见 M. Mckisack, *The Fourteenth Century 1307-1399*, p.182。

通过这个阵地，英国民众从国王手中夺回了众多权利，其中最重要的是规定了征税的原则，即只有事关国家安全和国家福利时才能征税，征得的税款只能用于征税事由，而不能挪作他用，掌握了征税的批准权。[1] 1297年，爱德华一世因擅自征税，补助金被议会拒绝。他被迫确认《大宪章》，并签署《无承诺不课税法》，承诺："未经大主教、主教、伯爵、男爵、骑士、市民以及王国内其他自由人之普遍同意，余或余在王国之继承人，均不得征取任何税收或补助金。"[2] 1340年，他又强调议会有决定"任何赋税"的权力。此后，议会的这一权力被多位国王反复确认和国会多次强调。[3] 1407年，亨利四世宣布："任何税收都由下院提出和批准，并由下院议长直接报告给国王。"[4] 今后"除非经上、下两院组成的议会的同意，国王不得征税"已是常态。[5] 而获得了征税权，也就把住了国王的命脉，就能够用钱从国王那里换来一系列的权利：对税款使用的监督权，税款使用范围的指定权，税款使用的监督权，和税款使用情况的审计权。这不仅打开了直接控制政府财政的大门，也在实行大臣责任制的道路上"迈出了异常重要的一步"[6]。

换来的第二大权利是重大国事协商权。当国王要求征收新税时，议会自然会要求他说明征税的理由，由于税款大都用于对外战争等种种国事之上，议会也就获得了同国王协商的权利。1337年，教皇派使者要求英王停止对法战争，爱德华三世说此事重大，要和议会商量后才能定夺，并声称"这已是英国的习惯"[7]。在兰开斯特和约克两大家族争夺王位期间，为

[1] 参见 C. J. Rogers, ed., *The wars of Edward Ⅲ: Sources and interpretations*, Rochester, NY: Boydell Press, 1999, pp. 322-329。

[2] G. B. Adams and H. M. Stephens, ed., *Select Documents of English Constitutional History*, New York, 1629, p. 88.

[3] 参见 G. B. Adams and H. M. Stephens, ed., *Select Documents of English Constitutional History*, p. 113; A. R. Myers, ed., *English Historical Documents*, V. 4, 1327-1485, London, 1969, pp. 444-445。

[4] J. A. R. Marriott, *English Political Institutions*, Oxford, 1925, p. 179.

[5] 参见 W. Stubbs, *The Constitutional History of English, it's Origin and Development*, V. 2, Oxford, 1986, pp. 402; G. B. Adams, *Constitutional History of England*, New York, 1867, p. 202。

[6] 参见 W. Stubbs, *The Constitutional History of English, it's Origin and Development*, V. 2, pp. 432, 554,594,595。

[7] 参见 E. B. Fryde and E. Miller, ed., *Historical Studies of the English Parliaments*, V. 1, pp. 245,246; W. Stubbs, *The Constitutional History of English, it's Origin and Development*, V. 2, p. 629。

了争取议会的支持，几乎所有的内政外交政策都交由议会讨论定夺。① 王室的内部事务②，甚至连王位的继承问题也都成了议会的议题。1460 年，议会坚决拒绝了国王要求约克大公为王位继承人的要求，坚持亨利六世才是合法的王位继承人。③

换来的第三个权利就是获得了逼迫国王纠错的权利。即一旦发现国王滥权，就拒绝批准赋税，以逼迫国王纠错，形成了"先纠错，后供给"的原则。并为其制定一个法律条款，逼迫国王在获得某项征税权之前必须满足议会提出的一些要求。如不得法外求财；王室购物时价格公道，现金采买，不得赊欠等。④

换来的第四个权利是立法参与权。爱德华二世前，所有的法规、法令都是出自国王。1309 年，下院第一次以请愿书的形式制定了一项法规。13 年后颁布的约克法规认可这一法规并被制定为规则："拟作法律规定的事项"，应得议会的同意，由国王"恩准和制定之"⑤，爱德华三世确认了这一规则。⑥ 之后，任何法规的制定都必须经议会同意成为常态。15 世纪的下半叶，王室法庭的法官也承认：两院通过，国王认可是唯一的立法形式。⑦ 亨利八世为了推进宗教改革，和议会结成了同盟，通过议会立法成了亨利八世推行宗教改革的主要手段。议会的立法权也就因此从世俗领域扩展到宗教领域，得到空前的扩大。两者的关系也就从过去的"议会和国王"变成了"国王在议会"，议会法获得了至高无上的地位。"未经国会批准君主不得发布新命令"已不可违背。伊丽莎白一世时的政治家托马斯·史密斯说："英国最高的和绝对的权力在于议会"，"议会废止旧法律，制定新法律"，"改变私人的权力和财产，承认私生子为合法嗣子，规定宗教仪式，变更度量衡制度，确定王位的继承，……。总而言之，昔日罗马人无论在'百人团民

---

① 参见 R. Butt, *A History of Parliament, the Middle Ages*, London, 1989, pp. 493,494。

② 参见 W. Stubbs, *The Constitutional History of English, it's Origin and Development*, V. 2, p. 44。

③ 参见 G. B. Adams, *Constitutional History of England*, p. 221。

④ 参见 G. B. Adams and H. M. Stephens, ed., *Select Documents of English Constitutional History*, pp. 113,128。

⑤ 参见 E. B. Fryde and E. Miller, ed., *Historical Studies of the English Parliaments*, V. 1, pp. 228-239。

⑥ 参见 J. C. Holt, ed., *Magna Carta and the Idea of Liberty*, Malabar, 1982, p. 18。

⑦ 参见 S. B. Chrimes, *English Constitutional Ideas in the Fifteenth Century*, New York, 1978, p. 195。

会'或'特里布斯民会'里可以做的事情，英国议会也可以做。议会代表并且握有全国中央和地方的权力"①。

同时，议会也取得对国王行政权的干预和监督。国家的内外政策，行政管理，经济事务，从社会治安，工资标准到铸币的质量都在议会的讨论的范围。② 对违背议会意志和有其他侵犯民众利益的王室重臣，议会有权要求他们到会接受质询，甚至对他们进行弹劾。很多国王的宠臣因遭到议会的弹劾而被罢官、处罚甚至处死。③ 甚至爱德华二世和理查德二世也被议会加以违背誓言等罪名而被赶下王位。④ 到 15 世纪时，议会还要求大臣的任命应通过议会，还要大臣们就职时按议会拟定的誓词宣誓，决定他们的年薪，对违背誓言的大臣，则予以弹劾，甚至剥夺他们的公权。⑤

赢得了越来越多的权利的同时，议会本身也在不断地壮大和发展。之中，市民代表进入议会是关键。这标志着王权和市民阶级的联盟从此有了组织保证；市民不再固执于城市自治，而将他们对其权力的诉求转投到民族国家身上，实现了城市和国家的结合，国家战胜了自治城市，民族国家胜出。议会的构成也发生质变，它已不再是贵族们的独家天下，而是全体国民的代表。故此，人们说，当"市镇代表开始正式被召唤去和领主、教士一起参加国王的大会议时，就可认为议会已形成了"⑥。同时，市民代表也将市民社会的多元权利主张、对公权力制约的理念和自治精神带进了议会，影响着议会的走向，为催生近代宪政增添了思想动力。

1343 年，随着下级教士退出议会，议会分为上院和下院。⑦ 根基于市场经济之上的骑士和市民阶级因此获得了一个结盟的阵地。黑死病、玫瑰战争

---

① 参见 G. B. Adams, *Constitutional History of England*, p. 263；［英］佩里·安德森:《绝对主义国家的系谱》，第 115 页。

② 参见 W. Stubbs, *The Constitutional History of English*, *it's Origin and Development*, V. 2, pp. 44,100, 101。

③ 参见 R. Butt, *A History of Parliament*, *the Middle Ages*, pp. 348,349,395-398。

④ 参见 W. Stubbs, *The Constitutional History of English*, *it's Origin and Development*, V. 2, pp. 528, 529。

⑤ 议会的前身是诺曼时代的封建（御前）大会议，是王室政府的中枢。直接听命于国王，具有谘议、决策、审判、行政管理等功能。

⑥ ［美］帕尔默·科尔顿:《近现代世界史》上册，第 40 页。

⑦ 参见 W. Stubbs, *The Constitutional History of English*, *it's Origin and Development*, V. 3, p. 445。

导致大批传统贵族死亡。玫瑰战争结束后，传统贵族只剩下 28 家；宗教改革后，上院的教会贵族仅余 28 人。虽然亨利七世和亨利八世陆续地增封了 40 多名上议员，但他们都是资产阶级新贵族，他们成了上院的主体。但因他们进入上院要依赖国王的提名，贵族的头衔也要国王颁赐，其立法功能大大下降。与 1601 年时议员人数已增至 462 名的下院相比，其地位明显地衰落；他们再也无力操纵下院议员的选举，百分之六七十的下院成员的产生都是独立的①，下院获得了更大的独立性。早在兰开斯特时期，几乎“所有的法案都是在下院的请愿书的基础上制定的”②。同市场经济联系最为紧密的下院成了英国议会的主体，成了大革命时期对抗国王的司令部，使宪政成为议会发展的必然结果。

大革命推翻了企图凌驾于法律之上的斯图亚特王朝，但却没有解决政体问题。护国主权力之大，与君主无异。③ 实际上是一个比英国先前的混合政体更专制的军事独裁政权，被人称之为“没有君主的君主制”。由于宪政建设没有大的进展，满足不了市场经济发展的需要，这才有了后面的斯图亚特王朝的复辟及继之的光荣革命。光荣革命让国王虚位，创建了宪政。但是，没有《大宪章》，也就没有国民享有“被协商权”的原则和《大宪章》的第 61 款④，因而也就没有议会，没有议会所主导的光荣革命。因此，从这个因果链条上讲，《大宪章》是光荣革命之源头，是它开启英国的宪政之旅。那么，为何只有英国产生了《大宪章》，而同样有法在王下之传统、同样有议会的西欧大陆各国却没有出现类似《大宪章》这样的法律文件？

秘密就在于它是英国贵族们集体反叛国王的成果。那贵族们为何要这样做，而不像西欧大陆的贵族那样单独发动叛乱？其底蕴就是威廉一世的土地分封是随着征服的进展而分批进行的，贵族们得到的土地都分散在全国各

---

① 参见 D. Loades, *Power in Tudor England*, Macmillan and Co. Ltd., 1997, pp. 84,85。

② E. F. Jacob, *The Fifteenth Century 1399-1485*, Oxford University, 1961, p. 409.

③ J. P. Kenyon, ed., *The Stuart Constitution: Documernts and Commentary*, Cambridge University, 1989, pp. 343-348.

④ 该条款规定成立一个由 25 名男爵组成的常设委员会监督国王和大臣的行为；1258 年的《牛津条例》也规定应该成立一个以大贵族为主体的 15 人委员会参与国事管理，国王必须依照委员会意见治理国家。

地；反之，大陆各国封臣的封地都集中在一起，贵族集合其力量没有距离的阻隔，能形成一个个能单独挑战王权的力量；更何况有些贵族的采邑还大于国王的领地，也就没有必要去寻求整个贵族阶级的联合。而英国封臣中最大的贵族也都没此能耐，主要是他们的封地都分散在全国各地，多者超过二十个郡，无法将分散于各地的力量集合起来和国王相对抗；更何况最大的贵族的土地的年收入也不及国王土地年收入的 1/5。在此情况下，大家团结起来，同国王相对抗也成了贵族们的共同偏好和唯一选择。再加上，国土小，贵族少，又实行长子继承制，有资格参与国事商讨的贵族不过 100 人。① 依据公共选择理论，小集团获得公共物品的协调成本和组织成本要比大集团低得多，成功的可能性要大得多。② 佩里·安德森说："最初的武力征服以及国家规模之小，决定了诺曼封建主义的早期行政化，并因之造就了这样一个贵族阶级，其人数非常之少，在地区内联合一体，与大陆上截然不同，从未出现半独立的地方贵族。"因为，"不论从数量上，还是从实力上，它们均未强大到足以向其从属地位挑战的程度。高级教士也从未占有过大片的统一的封建飞地。因此，英国中世纪君主政体从未面临过法国、意大利、德意志封建统治者均遇到过的对一元化政府的反抗。其结果是，在整个中世纪政体内，王权与贵族代表权的同时集中化。事实上，这两个进程相辅相成，而非相互对立"③。

总之，英国能率先建成宪政，得益于其源远流长的宪政建设，与其独特的历史和生态环境密不可分，但最直接的动力则是市场经济及与其一起成长的第三等级。当然，同英国的贵族也是分不开的。是英国贵族逼迫国王颁发了《大宪章》，又是贵族发动了光荣革命，他们为何要这么做，又为何有如此大的能量？这是解密英国市场经济正反馈机制为何能壮大和升级所必须回答的问题。

---

① 参见阎照祥：《英国贵族史》，第 26、27、85、86、89 页。
② 参见［美］曼瑟尔·奥尔森：《集体行动的逻辑》，陈郁译，上海人民出版社 1995 年版，第 28—30、37—40、65 页。
③ ［英］佩里·安德森：《绝对主义国家的系谱》，第 113—114 页。

三、王权神授和"贵族无种"

　　贵族在宪政建设中居功甚伟，但要彻底揭开宪政建设成功的底蕴，还要解决两个问题：一是贵族与国王的斗争为什么不像古代中国那样改朝换代，而只以双方签约来了结；二是英国的阶级关系为何变动不居。

　　第一个问题的根源在基督教。基督教文化二元分立，罗马教廷宣扬"双剑论"，主张"君权神授"。西罗马帝国崩溃后，天主教会为了获得军事保护，极力拉拢当时的军事强人法兰克人首领丕平。754 年初，两者正式结成同盟。之后，斯蒂芬二世在圣德尼斯修道院为丕平施涂油膏礼，授予他罗马贵族的称号，以表示丕平的王位是上帝授予他的。此后，"血缘王权"就被"神圣王权"所取代。

　　公元 800 年教皇莱奥三世为查理曼主持了加冕罗马帝国皇帝的仪式，并为其涂油。[1] 查理曼死后，帝国崩溃，王权屡弱，为了防止他人篡位，国王们格外重视加冕涂油；教廷也把加冕涂油变为君王即位独享的仪式。在德国，912 年即位的亨利一世因没举行加冕典礼，致被讥讽为"一把无柄之剑"；导致后来出现的王位传递规则中规定，只有举行过加冕涂油盛典的国王才能正式称为国王。教皇不仅有权为皇帝和国王涂油加冕，也有权废黜他们。可见，加冕涂油也给国王加上了各种义务。如果"他忽视或错误地履行这个义务，则把他废黜"[2]。甚至将他们开除出教籍，解除其臣民对他们的效忠。

　　同属天主教文化圈的英国不会例外。973 年，就有明文记载由约克大主教主持的威斯克斯国王埃德加的加冕典礼。[3] 之后，新王即位，必行此礼。所有重要的僧俗贵族、王侯和王宫侍从臣仆都必须参加，并要向新王欢呼和宣誓效忠。[4]

---

　　[1]　参见 [法] 艾因哈德：《查理大帝传》，戚国淦译，商务印书馆 1958 年版，第 30、59 页。

　　[2]　参见 [英] 詹姆斯·布赖斯：《神圣罗马帝国》，孙秉莹等译，商务印书馆 2000 年版，第 137 页。

　　[3]　参见 B. lyon, *A Constitutional and Legal History of Medieval England*, p. 40。

　　[4]　参见 J. D, C. Dickinson, *An Ecclesiastical History of England*, V. 2, London, 1979, p. 11。

加冕涂油虽然是形式，但被赋予神性的王权所统治的欧洲因此有着截然不同于中国的历史。在古代中国，人们普遍质疑王权，发出"王侯将相宁有种乎？"皇帝虽被称为天子，但任何人都可"取而代之"①。故中国历史上的一切叛乱或起义，不论是贵族官吏发动的，还是农民领头的，无不以改朝换代为其目的，从来没有一次是以双方妥协签订某种条约而终结。反之，中古和近代西欧历史上的一切叛乱或起义，只要叛乱的首领不是有继位资格的王室成员，则无不以叛乱者与国王签订某种条约或满足前者的某种要求而结束。

可见加冕虽为仪式，但它却向全社会昭示：被涂上圣油的人是代替上帝到人间来实施统治的"神命"的君王；服从他也就是服从上帝；反对他也就是反对上帝；而受命为帝王的人，首先要有帝王家的血统，故王位不是任何人都能染指的。因为"王位具有神性，它原在天国"，上帝将他赐给国王后，任何人都不能改变他，"甚至不能触及它"。国王一死，王位又会重归天国②，再由上帝赐给他委托为王的人。因此，血统世袭是王位继承制度的核心。史上那些继位的先王远亲，无不想方设法地进行弥补。或是娶先王的女儿为妻，如亨利七世；或是百般地强调他同先王之间的血缘关系，如威廉一世。反之，若某人有王室血缘，即使是你的敌人，在无可替代的情况下，仍然得请他登上王位。法王亨利四世本是胡格诺派的首领，当亨利三世被人刺杀后，他随即登基，而一直同他作战的天主教徒也不得不将他迎进巴黎。

有些情况下，仅有王族血缘还不行，因为有王室血缘的不止一个，这就要决定于先王的指定、或血缘的远近、贵族会议的选举等，而最关键的是，要得到教廷的认可，并通过加冕涂油的仪式。教会认为只有通过涂油加冕，王位才能从上帝那里传递给他，他的王位才能得到罗马教廷的承认，以获得当时最广泛的国际封建势力教会的支持，并经此而得到了所有基督徒们的认同。有了教皇教会的承认和支持，有了全民的认同，任何窥视这个王位的人都不得不考虑王权的神性，及其背后的这些承认、支持和共识。此时，即使你用武力打败了某个君王，甚至俘虏了他，你也难以将他赶下王位，更不敢

---

① 项羽路遇秦始皇出游时的盛大仪仗队，颇受震动，感叹曰："彼可取而代之也。"请参见《史记》卷七《项羽本纪》。

② 参见 J. B. Morrall, *Political Thought in Medieval times*, pp. 135,136。

加害于他。亨利一世死后，其女马蒂尔达和其表兄斯蒂芬为争夺英王位展开内战。斯蒂芬得到教会的帮助而抢先登基。他一度战败被俘，可马蒂尔达所领导的安茹派不敢加害于他，也不敢让马蒂尔达登基称王，而只是建议她以"英格兰和诺曼底的夫人"的名义来统治国家。其原因，就是斯蒂芬是举行过涂油加冕的国王。[①]

王权的神圣性及由此而形成的王位继承的血缘性和程序化，使贵族不可能像项羽那样产生"彼当取而代之"的念头。中世纪时，采邑面积远过于法王领地的法国贵族是不计其数，诺曼底、安茹、勃艮第等，可他们之中却没有出现一个安禄山、一个司马炎。法国国王不仅在强藩如林的威胁下生存了几百年，最终统一国土的还是他。仅此，就足见君权神授有多么大的威力。既然取帝王而代之的道路不通，那贵族们能想的、能做的就是尽力地限制国王的权力以保护自己的利益。如果单个贵族的力量太弱，那就是只能团结起来，同国王斗争，用条约、制度来约束他。神圣罗马帝国时代的德国贵族和英国贵族走的就是这条路，这才有了大宪章的问世和英国宪政的确立。贵族如此，一般的民众就更不会有"王侯将相宁有种乎"的想法。故此，中世纪后期和近代早期的西欧尽管也曾发生过不少的农民起义，但无一不是以减轻剥削、争取人权、改革制度为宗旨，没有那一次想取国王而代之；同叛乱的贵族一样，他们也是争利而不是争位。否则，那就必然是一场负和博弈。因为视王权为神授的贵族、教会和民众都不会接受一个没有王室血统的人来窃取神器，不仅没有人来附和他，追随他，他还会被人们视为异类、异教徒而被抛弃。所以，这一预期决定了一切"反叛活动的目的"就不可能是夺取王位，而只能是"控制国家"。它"迫使这些权力——即使在与王权相对立之时——只能在国家框架内行动"[②]。即使在大革命时期，这一预期对新教徒克伦威尔都是有效的，他绞死了查理一世，但他却不敢戴上王冠，而只自封"护国公"。天主教已被英人抛弃的时代尚且如此，那在天主教如日中天的时代，取国王而代之岂是人们能想、能干的事情。

然而，神化王权并不是西欧的专利，古代中国亦把皇帝称为天子，但

---

① 参见 H. A. Cronne, *The Reign of Stephen 1135–1154*, p. 15。

② ［法］马克·布洛赫：《封建社会》下卷，第 685、686 页。

是，西欧的那套源远流长、逻辑缜密的神权理论体系，及维护这个理论体系的庞大的、国际性的教会组织则是中国所没有的。追根溯源，则要溯及到《圣经·旧约》记载的耶和华神及其先知为犹太人选立国王的往事；《新约》将这一事实解释为"政府的权柄都是上帝所赐的"，他们"代表上帝秉公行义，警恶惩奸"①。之后，经历代教会神学家们的反复雕凿强化，王权神授理论越来越系统缜密，越来越深入人心，涂油加冕的典礼越来越隆重，越来越神秘。② 其能如此，与西欧有一个极力维护这个理论体系的国际性教会组织是分不开的。它所实行的神权统治和精神专制是无微不至，其神学体系系统细密，通过八圣礼等礼仪控制着人们从生到死的人生的各个阶段。在他的控制之下，整个西欧变成了一个"精神整体"③。王权神授理论即是这个精神整体中的最为关键的部分，受到它的精心呵护、大力推行，因而势必成为西欧的全民共识。在如此强大的教会组织所极力维护的全民共识面前，任何人都难以产生"王侯将相宁有种乎"的念头，更不用说产生"彼当取而代之"的意图了。

王权神授并非天主教世界独有，日本的神道也将人间的一切都看成是神的杰作。天照大神是众神之首，是他创造了日本列岛。他命令自己的孙子皇孙，即今日天皇的祖先降临尘世，统治日本，故天皇是下凡的"现人神"。神道的这一思想源远流长，早就成了日本民族的共识，致使从古到今，没有一个日本人敢有取天皇而代之的念头，即使军权在握、荡平了天下的将军，也只能挟天子以令诸侯，而不能有其他的奢望。

总之，天主教的王权神授学说是英国宪政建设的文化前提，缺此，争夺王权的斗争就会是一场零和博弈，贵族、民众甚至农奴都会去为争夺王位而战，而不会去逼迫国王签发《大宪章》《权利法案》，但是，仅有这个文化前提还不足以从《大宪章》中繁殖出《权利法案》。因为不断壮大的新贵族阶级是英国宪政告成的阶级基础，而传统封建贵族能转化为资产阶级新贵

---

① 参见 H. A. Cronne, *The Reign of Stephen 1135-1154*, p. 19; R. W. Carlyle & A. J. Carlyle, *A History of Medieval Political Theory in the West*, V. 1, London, 1903, pp. 149,150。

② 参见 R. W. Carlyle & A. J. Carlyle, *A History of Medieval Political Theory in the West*, V. 1, pp. 217, 218。

③ 参见 H. Brugmans, *Europe: Dream-Adventure-Reality*, p. 40。

族，则和阶级关系的变动不居是分不开的。那么，英国社会的阶级关系又为何变动不居？

这首先是英国的贵族广泛从事农业之外的各种产业，工矿业、商业、运输业等；再就是贵族之外的各个阶级，商人、市民、自由农、公簿持有农等都可以购买土地，成为地主，通过购买爵位成为贵族。这就是说，不论何种人等，"只要谁发财，谁的社会地位就能上升到最高层"①，于是，"英国的贵族不再是一个纯粹世袭的特权阶级"，从而形成一种独特的英国文化："君权神授，贵族无种"。导致很多英国人的阶级属性是模糊的、多重的。说他是贵族也行，说他是商人或手工场主也错不了；既是贵族，也同时是商人、手工场主、高利贷者。其阶级属性是变动不居的，今天是地主，明天就可能变成商人。显然，正是阶级属性和阶级关系的这种变动不居，才有可能导致英国传统贵族阶级的衰败和新贵族阶级的不断壮大。而这里之所以说可能而不是一定，是因为旧贵族变为新贵族需要以市场经济的持续发展为前提，否则，就会像17世纪后的佛罗伦萨的商人那样，将资本回归土地变成封建庄园。再说，贵族们之所以能广泛地投身工商业，市民商人之所以能购地，也都离不开市场经济和土地市场的发展。换言之，英国的阶级关系的变动不居的直接推手就是英国的市场经济。羊毛出口使英国的农村很早就卷入了市场，英国实现盾牌钱制度因而比西欧大陆要早得多，致使贵族与"军事职能相分离"的"过程比欧陆早得多"，"这又使贵族们转向商业活动的时代大大早于欧陆地主阶级"②。从12世纪后期起，很多土地就被市场引导用来牧羊；13世纪时，英国出口的羊毛中有1/3来自僧俗封建主③；乡村毛纺业的发展也使贵族们投资商业的步伐得到了"极大地加速"。一方面，"近在咫尺的乡间纺织业自然为乡绅提供了投资渠道"④，另一方面，对羊毛需求的增加导致英国掀起了一波接一波的圈地运动。传统贵族就是运动的发起人和主力，他们最先圈占公有地，继之又赶走公簿持有农，其目的无非就

---

① E. M. Bums and P. L. Ralph, *World Civilizations*: *their History and their Culture*, New York, 1974, p. 795.

② 参见［英］佩里·安德森：《绝对主义国家的系谱》，第124、126页。

③ 参见 J. L. Bolton, *The Medieval English Economy 1150-1500*, pp. 120, 121。

④ 参见［英］佩里·安德森：《绝对主义国家的系谱》，第124、126页。

是为了满足市场对羊毛、染料和粮食的需求。同理，没有市场经济的发展，市民和商人就难以致富；没有土地市场的发展，致富后的市民和商人也无法购地、买爵位成为贵族。因此，归根结底，英国贵族的资产阶级化和阶级关系的变动不居的根源是其市场经济的顺利分娩和率先成熟。

但是，同享有免税的法国贵族不同，英国贵族必须像自由民一样照章纳税，没有这一点，他们也难以资产阶级化。那么，他们为什么不能免税？这还是因为英国王权一直比较强大。这使"诺曼王朝诸王以及后来的安茹王朝诸王认为，这个国家的首要目标将为他们提供实现真正的帝国雄心的手段，所以他们将军事义务的范围扩展到极点。为达到这一目的"，他们"向所有自由人普遍征税"，"强迫他的臣民依所属社会等级配备武装"。法国的卡佩王朝也曾有过这样的制度，但后来废除了，再也没有恢复；致使传统骑士一直是法王的主要依靠；再加上收买、笼络领主是法王统一国家的重要手段，路易十四还为此建起了凡尔赛宫，致使法王不得不把免税等许多经济特权赋予给贵族。但这一制度在英国却很短暂。在英法百年战争中，民军的弓箭手和长矛兵一直是英王战胜法军的法宝；再加上"王室财政部门渴望从预期的违规行为中获取大笔罚金"，故规定"所有的一定数量自由土地的持有者都要取得正式骑士的称号"。而对其重要性随民军的作用的加大而下降的传统贵族，英王能给他们的，只能是"非常有限的"且"几乎全部是政治性和荣誉性的"特权；还只能"附着于职位采邑，所以只能传给长子"。这就必然导致"一般自由人在法律地位上很难与贵族区分开来"①。

上述表明，因文化和历史原因所造成的"贵族无种"和英国市场经济的发展是导致阶级关系变动不居的根源。至此，我们也就阐明了英国市场经济的正反馈机制从外置转为内生的组织指令的三大来源。

---

① ［法］马克·布洛赫：《封建社会》下卷，第541—544页。

第 二 十 章

正反馈机制转为内生的主要动力及其根源

"一般规律"第7、8条告知,自组织的生成和进化虽然要听命于组织的内部指令,但系统从环境中吸入充足的负熵流也是前提。英国市场经济的正反馈机制从外置转为内生,两者相互作用的形式的不断升级,固然是听命于系统内部的组织指令,但若没有英国的对外开放及其所引入的市场、原料、技术、思想等资源,那英国的市场经济就难以发展,上述那些组织指令的积极作用就只能是潜在的,而不是必然的。因为任何系统,只要不能从外吸入充足的负熵流,它就只能是向平衡态倒退,英国的历史就会是另外一副模样。所以,市场经济的正反馈机制能从外置转为内生,对外开放功不可没。对外开放,吸入了充足的负熵流才是英国市场经济的正反馈机制由外生变量转为内生变量,两者相互作用的形式从反应循环升级为多元复合超循环的主要动力。

一、对外开放是正反馈机制转为内生的主要动力

从13世纪起,英国在短短的几百年时间内,从原料出口发展到工业品出口,再到建立起世界上独一无二的殖民帝国和大西洋商业体系,其对外贸易发展之快、增长幅度之大,在当时的西欧都是独一无二的。

其之至此,首先要归功于西欧大陆毛纺业的发展及其产生的对羊毛的巨大需求。故此,欧美学者无不认为,英国牧羊业的发展是尼德兰、意大利毛

纺工业的发展，及其原料供应地由西班牙转至英国的结果。[①] 中世纪时，尼德兰和意大利毛纺工业之发达是举世皆知，但是，13 世纪之前，其羊毛的主要供应国并不是英国。法兰德斯所用的羊毛主要仰赖于勃艮第和西班牙；佛罗伦萨和北意大利诸城用于纺织的羊毛则主要来自北非和西班牙南部；驰名羊毛市场上的上乘货是产于北非大西洋沿岸的麦利诺羊毛，英国羊毛只是一个很次要的角色。[②]

那么，英国的羊毛是怎样代替北非的羊毛成为西欧大陆羊毛市场上的主角的？

这首先要归功于英国拥有适于牧羊的自然条件。依据自然条件和地理环境的不同，英国可分为西北部和东南部两大类型。西北部地区多山，降水量超过东部，是天然的牧区和林区。东南部多波状平原，土地肥沃，适于农作物生产，但也有大量的沼泽地、草地和休闲地，故也适于放牧，是农牧混合区，因此，整个英国都"适宜于放牧牲畜"[③]，且特别适于生长高质量的羊毛。它气候温和、终年湿润，"白垩质的底土层"和石灰石山岗上长满石南属植物，"再加之含盐的空气，是理想的草场经济所在，尤其对绵羊的放养很有利"，特别适于与非洲林赛公羊杂交后而成的良种绵羊的繁衍生息。[④] 在西欧内，这可是无与伦比的。

法德两国，缺少沼泽地和空闲地；草地很少；也缺乏落叶的树木及灌木丛，只能养活少量牲畜，能过冬的牲畜就更少了。除阿尔卑斯山外，意大利其他地区因气候原因，草地和饲料都显不足，"以致畜牧业与农耕在很大程度上是无关甚至是敌对的"。即使土地是以牧场为主，并以生产优质羊毛著称的西班牙也不如英国。它的美利奴羊不能在北方过冬，每年都要长途迁移到西南部的无霜山谷；冬天过后，又得转回来。[⑤]

---

① 参见 Edward Miller and John Hatcher, *Medieval England Rural Society and economic Change*, *1086-1348*, p. 226；J. L. Bolton, *The Medieval English Economy*, *1150-1500*, pp. 232；G. Duby, *Rural Economy and Country Life in the Medieval West*, p. 145。

② 参见 M. M. Postan, *Essay on Medieval Trade and Finance*, p. 343。

③ W. Harrison, *Elizabethan England*；*From a Description of England*, London, 1977, p. 128.

④ 参见 M. M. Postan, *Essay on Medieval Trade and Finance*, p. 346。

⑤ 参见 M. M. Postan, H. J. Habakkuk, ed., *The Cambridge Economic History of Europe*, V. 1, pp. 378-381。

牧场不多，利于优质羊放牧的地区就更少了，因为土质、牧草、气候条件的变化决定着羊毛质量的优劣。把羊群从英国的诺福克郡赶到约克郡，羊毛在几个月内就改变了它原有的特点。欧洲早期的毛呢生产中心低地国家和意大利都不适于优质绵羊的生长；佛兰德尔虽然多沼泽和草地，但其土地只宜于生产亚麻，养鹅和牛。"意大利的草原对纤弱的良种羊来说，常常是过于粗糙了"，故"大部分意大利羊是粗毛种"；"当卢多维克·斯费扎将种羊从朗格多克带到维格瓦诺，它们的毛就很快变粗了，因为不同的空气和草原所致"[1]。

两相比较，足见英国之所以能从外输入足量的负熵流，固然少不了负熵流的提供者西欧大陆，但关键还在于英国自身要具有足够的能力来履行这一使命。西欧有那么多的国家，为什么仅有英国能够充分利用西欧大陆所创立的羊毛市场和毛呢市场？这显然是英国有其独到之处，这个独到之处就是它的适于牧羊的地理环境和自然条件。因此，归根到底，英国能从外输入足够的负熵流，还得归因其自身，这个组织指令也是来于系统内部的。

其次，则要归功于法兰德斯和意大利的商人。是他们主动去敲开英国国门并为它开发出了牧羊的潜能。为了能就近获得羊毛的供应，早在 12 世纪初，低地地区的商人就深入英国收购羊毛[2]；12 世纪末，法兰德斯的毛呢已运销到地中海各地，而长途运输只有高档的呢绒才能承担昂贵的运费，但高档的呢绒必需高档的羊毛[3]，为此，他们想方设法地将北非的优良种羊林赛（Lindsey）公羊引进了英国，通过与英国绵羊的杂交，培育出了优质羊种。致使这一时期的英国，不仅文物中的羊皮纸数量猛增，质量也得到明显的改善。[4] 正是他们的努力，英国才能排挤北非等地的羊毛而成为"西欧最重要的也是唯一向佛兰德、荷兰、意大利出口高质量羊毛的国家"[5]。14 世纪时，

① M. M. Postan, D. C. Coleman, P. Mathias, ed., *The Cambridge Economic History of Europe*, V. 2, pp. 285,175, V. 1, p. 382.

② 参见 R. Bartlete, *England under the Norman and Angevin kings*, *1075-1225*, p. 368。

③ 参见 T. H. Llord, *The English Wool Trade in The Middle Ages*, V. 1, Cambridge University, 1977, pp. 4,5。

④ 参见 M. M. Postan, *Essay on Medieval Trade and Finance*, pp. 342-349。

⑤ M. M. Postan, D. C. Coleman, P. Mathias, ed., *The Cambridge Economic History of Europe*, V. 2, p. 248.

英国豢养的绵羊已多达 1500—1800 万只。[1] 牧羊业发展到如此大的规模，没
有大规模的投资是不可能的。因为羊是很娇贵的动物。要喂食豆类，要有保
暖的房子过冬，还有疥癣之类的许多常见疾病需要治疗[2]；"尤其是，羊对
气候很敏感，在拉姆齐修道院的湿地，每 10 只母羊只能产下 7 只羊羔，而
且死亡率达 25%，羊还会经常感染瘟疫"；"而更大的问题是冬天的饲料，
甚至夏天的饲料"[3]。但当时的英国，十分贫弱，故最初投资牧羊业的主要
是大陆商人。从 13 世纪时起，意大利等国的商人纷纷深入英国农村，和僧
俗贵族签订合同，提供货款，促其养羊，以保证货源。[4] 但是，牧羊业要想
扩展开来，就要有利可图。德文郡在 16 世纪时是英国著名的毛纺工业区之
一，但当地所产的羊毛质量不佳，售价低，牧羊业发展很慢，不得不从外郡
输入原料。[5] 然而，要有利可图，就要有市场，能为英国牧羊业带来广阔市
场的也是西欧大陆。其毛纺工业的需求使英国羊毛价格持续上升。1245—
1249 年间，一袋 364 磅重的羊毛的售价为 84 先令 4 便士，以此价格为 100，
1212 年时仅有 48.2，到 1321 年时，上升到 201.6。这意味着大陆为英国牧
羊业提供了丰厚的利润，英国人才因此纷纷养羊；生产出来的羊毛则几乎全
部售出。1208—1209 年，温彻斯特主教区的 32 个庄园所产的羊毛几乎全部
被卖掉[6]；13 世纪末，西米德兰地区的西多教派庄园的羊毛全部用于出口。[7]
13 世纪末至 14 世纪早期，英国全国平均每年出口羊毛 3 万—4.5 万袋[8]，
1306—1307 年间，达到 47574 袋。以每袋羊毛需要 240—260 头羊的羊毛计，
英国每年大约出口了 750 万头到 1170 万头羊的羊毛。[9] 当时，全英大约有

---

① 参见 J. Z. Titow，*English Rural Society 1200-1350*，p. 45。

② 参见 J. L. Bolton，*The Medieval English Economy*，*1150-1500*，p. 229；Mark Bailey，*A Marginal E-conomy? East Breckland in the Later Meddle Ages*，Cambridge University 1989，pp. 125-126。

③ M. M. Postan，H. J. Habakkuk，ed.，*The Cambridge Economic History of Europe*，V. 1，p. 719.

④ 参见 H. Miskimin，*The Economy of Early Renaissance Europe*，*1300-1460*，p. 121；J. L. Bolton，*The Medieval English Economy*，*1150-1500*，p. 232；G. Duby，*Rural Economy and Country Life in the Medieval West*，p. 145。

⑤ 参见 G. Duby，*Rural Economy and Country Life in the Medieval West*，p. 146。

⑥ 参见 E. Kosminsky，*Studies in the Agrarian History of England in the Thirteenth Century*，pp. 324,325。

⑦ 参见 R. H. Hilton，*A medieval society：the west midlands at the ead of Thirteenth century*，pp. 81,83。

⑧ 参见 N. Denholm-Young，*Selgmoria Administration in Medieval England*，London，1937，p. 53；M. M. Postan，D. C. Coleman，P. Mathias，ed.，*The Cambridge Economic History of Europe*，V. 2，p. 192。

⑨ 参见 J. Z. Titow，*English Rural Society 1200-1350*，pp. 193,96。

1500 万到 1800 万头羊，除去至少占羊群总数 20% 的羊羔及不产毛的羊[①]，则英国每年至少有 62%—80% 的羊毛被输往国外。1300 年，英国的出口总值达 30 万镑，其中羊毛出口值占 28 万镑，占出口总值的 93%。[②] 羊毛出口已成了英国向外开放的主要内容。

可见，是西欧大陆毛纺工业的发展导致了对英国羊毛的需求；也是大陆商人提供了技术和资金才促使了英国羊种的改善和牧羊业的发展；还是大陆商人提供的运输资金、工具和市场使英国的羊毛能运销西欧，以致很长一段时间内英国的商业和对外贸易被他们所控制；羊毛税收占了英国出口税的大半，可见，英国人是为了出口才牧羊的。

这些，都不争地说明，离开了大陆的市场、技术和资金，英国适于牧羊的先天优势就无法利用，因此，牧羊业并不是同英国与生俱有的。在大陆商人还未介入英国牧羊业的 13 世纪前，除东部地区外，羊在畜群中的地位并不突出。在 1086 年的土地赋税调查册中，猪是威尔德森林农庄中的主要牲畜，干猪肉是当地农民上交给领主的主要实物租。在德文郡和威尔特郡的调查表中，对牧猪人财产的调查是最大的项目。而伊利主教区的调查则以乳酪业为主，那里有 100 头奶牛和 24 头母马。[③] 全国只有萨福克、诺福克、埃塞克斯、剑桥、康韦尔、德文、萨默塞特、多塞特八个郡的调查表中有羊的数据，总计也只有 25 万头羊。[④] 即使在牧羊区，人们养羊也主要是为了获取羊奶，而不是羊毛。[⑤] 到 13 世纪时，在意大利等国商人的帮助下，羊毛才成了人们养羊的主要目的，英人才开始大量养羊。牧牛业因而被排挤出森林区，人们的乳酪和肉的种类也被变更，牧羊业在畜牧业中的地位迅速上升。在诺福克郡的福恩塞特庄园，"诺曼征服前那里只有一头羊，现在（1300 年）却有 80 头"[⑥]。13 世纪晚期到 14 世纪早期，尼德兰和意大利的毛纺工业达其顶点，英国的牧羊业也盛况空前。[⑦] 到了这个世纪末，全国的

---

① 参见 M. M. Postan, *Essays on Medieval Agriclure & General Problems of The Medieval Economy*，p. 248。

② 参见蒋孟引主编：《英国史》，第 167 页。

③ 参见 G. Duby, *Rural Economy and Country Life in the Medieval West*，pp. 141,142。

④ 参见 M. M. Postan, *Essay on Medieval Trade and Finance*，p. 344。

⑤ 参见陈曦文：《英国十六世纪经济变革与政策研究》，第 26 页。

⑥ 参见［英］约翰·克拉潘：《简明不列颠经济史》，第 148 页。

⑦ 参见 M. M. Postan, *Essay on Medieval Trade and Finance*，p. 343。

羊已达 1500 万—1800 万头[1]；而欧陆当时最大的羊毛输出国西班牙也只有 300 万头羊。[2] 这些史实，都充分地证实了学者们的结论：尽管英国有牧羊的得天独厚的自然条件，但若没有西欧大陆毛纺工业对英国羊毛的巨大需求，及由此而引发的大规模的商业投资和羊毛价格的持续上升，英国牧羊业的大规模发展是绝不可能的。[3] 因此，西欧大陆毛纺业的发展和英国适于牧羊的自然条件是英国市场经济发展的直接推手和先天优势，是前者使后者从潜在的优势转为现实的动力。

英国牧羊业的发展，满足了大陆毛纺业对优质羊毛的需求，推动了它的发展；这又反过来增加了对英国羊毛的需求，促进了英国的对外开放。两者之间因而相互推进，也就改变了英国农村的产业结构，使羊毛成了她的主要的和基本的农产品。[4]

起于 14 世纪中期的黑死病令人口锐减，使西欧大陆的毛纺业衰落。英王室乘虚而入，对羊毛出口施以高关税，对毛呢出口予以低税甚至免税，英国的毛纺工业因此能够利用大陆毛纺业衰落所腾出的市场得到发展。到 15 世纪中叶，英国年均呢绒出口量从黑死病前夕的 4422 匹上升到 54000 匹，所用羊毛达 12600—13000 袋；此时，羊毛年出口量已减到 6400—8000 袋，毛呢出口已超过羊毛出口[5]；之后，呢绒出口量逐年增加。[6] 到 16 世纪上半叶，毛呢出口量增加了 3 倍，1547—1553 年间，年均出口 13 万件，最多时达 16 万件；之外，还出口了 3000—4000 袋羊毛及各类毛织品，如袜子等。[7]

可见，同牧羊业一样，英国毛纺工业的兴起也离不开大陆；这不仅是因

---

①　参见 J. Z. Titow, *English Rural Society 1200-1350*, London, 1972, p. 45。

②　参见 [英] 杰弗里·巴勒克拉夫主编：《泰晤士世界历史地图集》，邓蜀生译，生活·读书·新知三联书店 1982 年版，第 178 页。

③　参见 M. M. Postan, *Essay on Medieval Trade and Finance*, pp. 205；E. Kosminsky, *Studies in the Agrarian History of England in the Thirteenth Century*, p. 144；[美] 道格拉斯·C. 诺斯、罗伯特·保尔·托马斯：《西方世界的兴起》，第 210 页。

④　参见 B. Coward, *The Stuart Age*, Longman 1980, p. 7。

⑤　参见 A. R. Bridbury, *Economic Growth*, *England in the Later Middle Ages*, London. 1975, p. 32；S. Inwood, *A History of London*, p. 100。

⑥　参见 R. Davis, *English Oversea Trade 1500-1700*, p. 52；E. E. Power, & M. M. Posten, *Studies in English Trade in the Fifteenth century*, London, 1953, p. 13。

⑦　参见 D. C. Coleman, *The Economic of England 1450-1750*, pp. 49,50；J. R. Lander, *Government and Community*, *England 1450-1509*, p. 25。

为它依赖大陆的毛呢市场，还因为它赖以打开大陆毛呢市场的关键技术、人才和染料等原料也是来自境外。[①] 在这之前，英国各地所纺织的毛呢十分粗糙，农民的产品只供农民自家使用，很少进入市场；城市纺织的呢绒大都只供应国内市场。13 世纪后期，由于人口日益增多，无地少地的农民越来越多，无法自己养羊纺织，只能从市场上购买，从而在英国国内创造出了一个粗毛呢织品市场，一般只有雇工、仆人和下层市民购买，国外市场很小。黑死病前夕，年均出口量仅有 4422 匹。[②]

　　局面的改变，一要归功于英王实行的羊毛出口的高关税和毛呢出口的补贴政策。二要归因于他采取各种优惠政策吸引西欧大陆各国的技术工匠和商人来英国投资和居住。早在 1271 年，亨利三世就规定："所有毛纺业工人，无论男女""都可以放心来到我们国家，在这里生产布"；并"提供他们 5 年免税的自由"[③]。其后的国王都继承和发展了他的这一政策，赋予移民各种特权：自由定居，自由从业，不受各地行会的管束，不向行会交纳税金，享有免税权等；同时，"鼓励外国人把新发明从大陆带到英国的政策也推广到其他领域，如采矿、金属加工、丝织业和武器制造等部门。[④] 在这些政策的感召下，国外成千上万的"富裕的手艺人——主要是织工，也有漂洗工和染色工"，带着他们的徒弟；"也有企业家如根特的市民约翰·布鲁因"，带着他们的随从和仆人来到英国定居。[⑤] 移民们为英国带来了先进的呢绒纺织、漂洗、染色和砑光的工艺，使英国的呢绒质量大有长进，呢绒出口量飙升，从原料出口国转变为工业品出口国。

　　牧羊业和毛纺业的发展，使英国的牧羊主、商人和毛纺业主首先受益。英国最富裕的商人阶层，最主要的商业组织，如主要由伦敦商人组成的

　　① 参见 R. Bartlett, *England under the Norman and Angevin kings*, *1075-1225*, p. 370。

　　② 参见 M. M. Postan, D. C. Coleman, P. Mathias, ed., *The Cambridge Economic History of Europe*, V. 2, p. 416。

　　③ M. M. Postan, D. C. Coleman, P. Mathias, ed., *The Cambridge Economic History of Europe*, V. 2, pp. 676, 677.

　　④ 参见［法］费尔南·布罗代尔：《15 至 18 世纪的物质文明、经济和资本主义》第 3 卷，第 639 页；［美］里亚·格林菲尔德：《资本主义精神——民族主义与经济增长》，第 162 页；［美］戴维·S. 兰德斯：《国富国穷》，第 309 页。

　　⑤ 参见 M. M. Postan, D. C. Coleman, P. Mathias, ed., *The Cambridge Economic History of Europe*, V. 2, pp. 676, 677。

"羊毛商人协会"、东地公司、"利凡特公司""商人冒险家公司"等都无不经营羊毛或毛呢。如"羊毛商人协会"在 15 世纪中叶就控制了英国 4/5 的羊毛出口贸易[①]；1600—1630 年期间，由王室特许成立的合股公司和组织有二十多个，投资入股共 6063 人，其中有 3963 个商人，占投资人的 65%，投资额占总投资额的 76.5%。[②] 通过对外贸易，商人们逐渐地富裕起来。1694—1714 年间，伦敦留下 1 万英镑以上遗产的 25 个家族中有 16 个是海外贸易商人[③]；根据格雷戈里·金的计算，海外商人的家庭年收入为 200—400英镑，远远高于国内商人。[④]

一个日益富裕的商人阶级使英国开拓国际市场的能力不断增强，英国的毛呢出口持续增加。15 世纪中叶，英国出口毛呢 54000 匹，仅及佛兰芒毛呢最高年产量的 1/3[⑤]；100 年后，达 13 万件，最多时达 16 万件。这就是说，已达到佛兰芒最高年份的呢绒产量，以致当时的"英国人自诩地说：至少有半个欧洲穿英国的呢布。"[⑥]

牧羊需要土地，故许多贵族也从牧羊和羊毛出口中获得了滚滚财富，他们的思想观念、阶级属性也因此发生了质变，从封建贵族转为资本主义的土地贵族。此外，毛纺业主、毛纺织工人、广大的市民、众多的乡绅和自由农也都直接地或间接地从羊毛和毛呢的生产和出口中受益，以至和对外贸易、市场经济结为命运共同体，成了热衷于对外开放，推动国际贸易的又一支生力军。

羊毛和毛呢的出口也使英国政府富了起来。13 世纪时，羊毛出口关税就已成了英国王室的主要收入来源；[⑦] 1610—1640 年英国的对外贸易额

① 参见 E. E. Power & M. M. Posten, *Studies in English Trade in the Fifteenth century*, p. 60。

② 参见 T. K. Rabb, *Enterprise and Empire：Merchant and Gentry Investment in the Expansion of England*, *1575-1630*, pp. 66,72-78。

③ 参见 P. Earle, *The making of the English Middle Class*, Berkeley and Los Angeles, 1989, p. 51。

④ 参见张卫良：《英国社会的商业化历史进程 1500—1750》，人民出版社 2004 年版，第 298 页。

⑤ 参见［意］卡洛·M. 奇波拉：《欧洲经济史》第 1 卷，第 249 页。

⑥ 参见高桥幸八朗：*A Contribution to the discussion*, *in the transition from feudalism to capitalism*, London, 1954, pp. 40,41。

⑦ 参见 M. Briggs and P. Jordan, *Economic History of England*, London 1964, p. 71；R. Bartlett, *England under the Norman and Angevin kings*, *1075-1225*, p. 168；T. H. Llord, *The English Wool Trade in The Middle Ages*, V. 1, p. 1；［苏］科斯敏思基、斯卡斯金主编：《中世纪史》第一卷，朱庆永译，生活·读书·新知三联书店 1957 年版，第 409 页。

增长 10 倍[①]；其中，出口的羊毛和羊毛制品占全部出口贸易的 3/4，有时超过了 9/10，以致出口贸易和羊毛成了同义语。[②] 随着对外贸易的发展，国家财富从 1600 年的 1700 万镑上升到 1630 年的 2800 万镑，到 1660 年又增加到 5600 万镑。[③] 亨利八世统治初年，英国的关税收入为 42643 镑，1562 年、1582 年、1590 年、1595 年，则分别升到 58813 镑、75313 镑、108158 镑和 120593 镑。[④] 因此，从 13 世纪时起，英政府与对外贸易就结下了姻缘，成了对外贸易发展的又一推力。

　　显然，自外国商人介入英国牧羊业后，英国市场经济的正反馈机制发生了变化。在这之前，国王、贵族是帮助市场经济发展的主体，他们兴建城市，赋予其自治权，免除关税，推动城市对外联系等。虽然他们也从市场经济发展中获益，但还不能与他们领地的收入相比。这就是说，他们虽然是市场经济正反馈机制的载体，但还是外在于市场经济，虽然与市场经济有利害关系，但还没结成共生关系。牧羊业发展起来后，他们从牧羊和羊毛出口中的利益在其总获利中所占比重是越来越大，他们与市场经济越来越命运相连，这就意味着正反馈机制已开始从市场经济的外生变量向内生变量转化。当毛纺业成英国的民族工业，英国商人取代外国商人成为牧羊业和毛纺业的主要经营者时，就完全可以说，正反馈机制在从外置向内生的转化过程中迈出了关键的一步。

　　商人、新贵族和政府等都成了市场经济的"催化剂"（正反馈机制），他们极力地推动对外贸易的发展，从中获得了巨大的利益；这又使他们以更大的热情、更大的财力去拓展对外贸易。对外贸易和市场经济的发展又使更多的社会阶层从中受益，于是，推进对外贸易和市场经济的不再只有商人、政府、企业主、新贵族，还有海盗、军人、殖民者、法官、行政人员等各个社会阶层。没有他们，英国也就不会出现那些具有准军事职能和准政府职能

---

　　① 参见［法］米歇尔-博德：《资本主义史 1500—1980》，第 21 页。

　　② 参见 P. J. Bowden, *The Wool trade in Tudor and Stuart England*, London, 1962, Preface; K. G. Ponting, *The Woollen industry of South-West England*, pp. 21; Ralph, Davis, "English foreign trade, 1700-1774", *Economic History Review*, V. 15（1962-1963），pp. 285-303。

　　③ 参见 E. Lipson, *The Economic History of England*, V. 3, p. 209。

　　④ 参见 F. C. Dietz, *The Exchequer in Elizabeth Reign*, *Smith College Studies in History*, Vol. 3, 1923, pp. 81-87。

的远航公司，也就没有殖民帝国和大西洋商业体系。如此众多的社会阶层都成了对外贸易、市场经济的"催化剂"，他们在各自同市场经济进行相互作用、相互促进的同时，彼此之间也会相互作用。如商人同手工工场主之间在经济上谁也离不开谁。它们种类众多，又都非独立、不等价、不对称，所产生的相互作用不是线性的而是非线性的。进行非线性作用的各方在各自和市场经济相互复制、相互催化的同时，彼此之间也是相互复制、相互推进，致使超循环圈不断地升级换代，非线性相互作用力越来越强，对外贸易、市场经济乃至相互作用的各方都从中获得了越来越强大的动力。

斯密动力当然也会越来越大，因为市场和分工会相互促进。地区分工和行业分工在分化整合传统社会结构的同时，也使产业结构不断升级换代和市场不断扩大；这些又会反过来推进市场经济的发展和对外开放的扩大。于是，利用移民们带来的"肥皂、抽水机、掘地机、烘炉和熔炉、油料和皮革、碾磨机、盐、玻璃、玻璃杯、水泵和书写纸"，以及"炼铁、碾谷、轧油"的技术，英国在毛纺业之外，又建立起来一系列崭新的工业：造纸和火药、镜子制造、玻璃器皿、火炮铸造、明矾和水合硫酸盐生产、炼糖、制硝等。① 英国也就因此从单一的毛纺工业发展成一个完整的工业体系，各种手工业遍布城乡各地，涌现出了大量的工业村镇；到16、17世纪时，英国已经成了欧洲前工业化浪潮的主要发源地，拥有当时规模最大、数量最多的工场手工业。英国的出口产品也就不再只有毛纺品，而是各种各样的工矿产品：玻璃制品、钉子、纽扣、铜和黄铜制品、带扣、钟、镜子、铰链、餐具、五金器具、火器、刀具、铅、煤等②，英国的进出口的产品结构因而实现了再一次的升级换代。这不仅使英国能打破西欧大陆的贸易壁垒，也满足了其美洲殖民地的需要，致使英国能从其殖民地输入更多的产品用于再出口，进一步地拓展了英国在欧洲大陆乃至在世界各地的市场，将英国推上了世界体系的中心地位。通过同印度棉布的激烈竞争，棉布又成了英国的主要

---

① 参见［法］费尔南·布罗代尔：《15至18世纪的物质文明、经济和资本主义》第3卷，第639页；［美］里亚·格林菲尔德：《资本主义精神——民族主义与经济增长》，第162页；［美］戴维·S.兰德斯：《国富国穷》，第309页。

② 参见 P. J. Bowden, *The Wool trade in Tudor and Stuart England*, preface；R. Bavis, "English foreign trade, 1700-1774", *Economic History Review*, 15 (1962), pp. 285-303。

出口商品。① 1741 年，英国出口的棉布为 2 万锂，到 1790 年，则猛增到 166 万锂。② 如众所知，正是为了满足世界市场对棉布日益增长的需求，才导致了英国的一系列技术发明的问世，引发了工业革命。

上述表明，英国的市场经济对传统社会结构的分化和整合强劲有力，使越来越多的社会阶层从市场经济中获益，成为市场经济的催化剂，从而进一步地加剧了它们之间的相互作用，加快了市场经济的发展，也加快了市场对传统社会结构的分化整合的速度，使英国的社会结构逐步地进化成类似于人体那样的多元复合超循环体。而这一切，都离不开对外开放，都是在不断扩大的对外开放的推动下实现的。这就表明，在将自身的社会结构改造成多元复合超循环体时，英国也一直在同环境进行相互作用、相互促进，也把环境编织进了它的多元复合超循环网络。环境为其市场经济的发展和社会各方面的进步提供了必不可少的市场、资金、技术、信息、新思想、新文化等各种资源，而从对外贸易和市场经济获益的诸多社会阶层则不断地去开拓海外市场，将其从西欧伸展到中东欧、新大陆乃至整个世界，从而将环境改造得越来越有利其发展。

在当时世界上，对外贸易对一个国家的分工、产业结构、税收和社会结构的影响如此巨大，是没有第二例的。在西欧大陆各国中，外贸规模最大、进出口量最大的当首推荷兰。其中，"波罗的海航运和贸易，特别是谷物贸易"，其"涨落起伏，决定着荷兰社会经济生活的节奏"，是它的生命线。③但是，这个贸易对荷兰的产业结构、地区分工并无影响；直到其经济在 17 世纪后大幅度衰退，其本国制品的出口量在其出口贸易总量中所占的比重也都不大。

荷兰之外，值得一提的只有法国。其出口产品中本国生产的主要是葡萄酒和奢侈品。但葡萄酒 90% 被自己消费掉了，用来出口的仅有 10%。④ 出口的奢侈品也不多，故其政府获得的进出口税收不仅远少于英国⑤；也远低于

①　参见 ［意］卡洛·M. 奇波拉：《欧洲经济史》，第 3、183 页。

②　参见 ［法］雷吉娜·佩尔努：《法国资产阶级史·近代》下册，第 206 页。

③　［英］M. M. 波斯坦、D. C. 科尔曼、P. M. 马赛厄斯主编：《剑桥欧洲经济史》第五卷，第 223 页。

④　参见 ［美］道格拉斯·C. 诺斯、罗伯特·保尔·托马斯：《西方世界的兴起》，第 169 页。

⑤　参见 ［美］W. W. 罗斯托：《这一切是怎样开始的——现代经济的起源》，第 76 页。

其国内税收。1523 年，从国内贸易征收的税收高达 100 万锂，而征收的出口税只有 15000 锂，其中还有不少是从国内征收来的。[1] 其人均进出口贸易额因而远低于英国。1720 年和 1750 年，它的年人均对外贸易量分别为 300 英镑和 500 英镑；而英国则分别为 1900 英镑和 2800 英镑。[2] 这表明，法国吸入的负熵流严重不足，无法让贵族和国王视对外贸易为致富之道，无法使他们和市场经济结成生死与共的关系；两者之间的相互作用还没有进入到催化循环阶段。

与西欧大陆各国比较的这一结果再次表明，对外开放是英国市场经济的正反馈机制由外置转为内生，两者相互作用的形式从催化循环，进而逐步升级，直至多元复合超循环，致使其社会结构越来越远离平衡态的主要动力是无可置疑的。

但是，与英国的国内贸易相比，英国的对外贸易规模、数量还居其后，于是，一些学者据此而对海外贸易在英国经济起飞中的关键作用提出了异议。[3]

这个异议显然偏离了前述历史比较研究的基本原则，因为同中求异时应遵循逻辑学上的差异法（察异法）。此法认为用来比较的双方的各方面的情况要尽可能相同，所得出来的差异才具有可靠性和科学性。[4] 而海外贸易和国内贸易的各个方面都大不一样。前者品种单一，用来交易的主要是羊毛和毛呢，涉及仅是富有者的部分奢侈需求；而后者用来交易的则是全体国民和政府的日常生活和生产的方方面面的生活用品、奢侈品和原材料等，各方面的情况如此天悬地隔的两者之间显然缺乏可比性，硬要比较，并以其数量的多少来评价其作用，那就抛弃了起码的逻辑规则。

重要的是，两种贸易之间本来就是你中有我，我中有你，密不可分。换

---

① 参见 M. M. Postan, E. E. Rich, E. Miller, ed., *The Cambridge Economic History of Europe*, V. 3, p. 319。

② 参见 ［美］W. W. 罗斯托：《这一切是怎样开始的——现代经济的起源》，第 104 页。

③ 参见 P. Deane & W. A. Cole, *British Economic Growth*, *1688 – 1959*, Cambridge, 1962; R. M. Hartwell, ed., *The Causes of the Industrial Revolution in England*, London, 1967; A. Thompson, *The Dynamics of the Industrial Revolution*, London, 1973。

④ 参见 ［法］埃米尔·涂尔干：《社会学方法的准则》，狄玉明译，商务印书馆 1995 年版，第 138 页。

言之，它们之间已经形成了相互推进、相互催化的超循环圈。呢绒出口前，必然要经历过无数次的国内交换；同样地，进口的商品也是经历过无数次的国内贸易才能到达消费者手中。再说，国内贸易也不是无源之水，它是建立在国内产业分工、地区分工之上的，而英国这些分工及基于其上的产业、企业，乃至城市也都离不开对外贸易。各种手工业、矿冶业的发展，诸多城市的兴起，如布里斯托尔、利物浦和格拉斯哥等西岸城市的"迅速扩张几乎完全是贸易的作用"①。大量经营羊毛和毛呢出口行业，或相关行业，如造船业、海运业、运输业、染料业、牧羊业等行业的英国人都从对外贸易中获得了大量财富，极大地增强了他们的购买力。这对增加英国国内贸易量和资金的积累起了巨大作用。艾里克·威廉斯说："到了1750年，几乎没有一个英国的贸易城镇或制造业城镇不以某种方式同三角贸易或直接殖民地贸易有关联。获得的利润提供了英国资本积累的主流，而这种资本积累为工业革命提供了资金。"② 这就说明，虽然国内贸易和国际贸易形成了相互作用的超循环圈，但是，对这个循环圈起推动作用的主要是国际贸易。依据前述"一般规律"，自组织生成和发展的组织指令虽然来自内部，但外来熵流的输入也是必要条件。同时，史实也无不表明，英国国内贸易的发展的主要源泉是它的对外贸易。查尔斯·达维南特说："我们国内贸易的很大部分依赖我们的对外贸易，一者减少，另一者也必然衰减。"③ 前面讲过，羊毛和毛呢的出口占英国出口商品总值的90%，当英国出口贸易因缺少它们而萎缩到仅有原有规模的十分之一时，英国国内贸易和经济之窘境，国家前景之惨淡，则必定如拉尔夫·戴维斯所言："如果殖民地的美洲失去了或萎缩了，如果它始终是荷兰的一个商业省份，那么英国通过殖民地贸易积累的商人财富、王国收入会在哪儿呢？英国工业一直追寻的大规模扩张的空间会在哪儿呢？在这个世纪中期一个更穷的、更少的工业的英国，会给进入工业革命起飞提供一个坚实的基础吗？"④ 更何况，国王的税收也会只有原来的1/10，此时，不要说建立殖民帝国和大西洋商业体系是天方夜谭，要想建立起民族

---

① 参见 E. E. Williams, *Capitalism and Slavery*, North Carolina University, 1944, p. 57。

② E. E. Williams, *Capitalism and Slavery*, pp. 48-49。

③ ［英］查尔斯·达维南特：《论英国的公共收入与贸易》，第168页。

④ R. Davis, *The Rise of the English Shipping Industry in the Seventeenth and Eigteenth Centuries*, p. 394.

国家，英王也得像法王那样，建立庞大的官僚机构，以便从分散的农户手中收取税收。如此一来，英国也就和法国一样，统而不一，难以形成真正的民族市场。没有民族市场，又怎么可能有国内贸易的长足发展？国内外贸易都不兴旺的英国，也就势必如彭慕兰所言，"会面临一种没有明显的内部解决方法的生态绝境"①。

再说，异议者也无法解释"对外贸易显然是遥遥领先的赛跑选手"的史实。1801年的《商业年鉴》中讲："十八世纪不列颠工业的出口生产增长了将近450%（以1700年为100，1800年则为544），而供国内消费的产品生产仅增长52%（以1700年为100，1800年为152）"②。这一史实有力地说明了国内贸易总量高于对外贸易量绝对否定不了对外贸易是英国市场经济的正反馈机制转为内生的主要动力。陶内说，"正是呢绒的出口这个'商业奇迹'，首先把英国卷入了世界贸易，并且是为发现新市场而进行的多次早期探险的动力。由此产生了移民、殖民地和帝国"③；布罗代尔说，"英国的棉纺繁荣之所以在很大范围内，在很长的时间内存在着，那是因为其发动机不断地被新开辟的市场启动着。这些新开辟的市场是：葡属美洲、西属美洲、土耳其帝国、印度……虽然并不情愿，然而全世界却充当了英国革命有效的帮凶"④。使它"成了世界唯一真正中心"，正是"全靠其世界中心的地位"，它"才完成了工业革命"⑤。其他欧美学者，如莫尔顿、菲利斯·迪恩、查尔斯·威尔逊、威特·鲍登、威廉·坎宁安、保尔·芒图、阿瑟·雷德福、奇波拉、哈顿·莱昂斯和萨切尔等也都异口同声地说：海外贸易在英国"经济扩张中心的地位是无可置疑"的⑥；而生产羊毛和织造呢料在英国经济生活中具有"决定性的特色，这个特色使英国经济问题迥异于多数其

---

① ［美］彭慕兰：《大分流：中国、欧洲与现代世界经济的形成》，第203、204页。
② ［法］费尔南·布罗代尔：《15至18世纪的物质文明、经济和资本主义》第3卷，第666—673页。
③ R. H. Tawney, *The Agrarian Problem in the Sixteenth Century*, London, 1912, p. 3.
④ ［法］费尔南·布罗代尔：《资本主义的动力》，杨起译，生活·读书·新知三联书店1997年版，第75页。
⑤ ［法］费尔南·布罗代尔：《15至18世纪的物质文明、经济和资本主义》第3卷，第627页。
⑥ P. Deane & W. A. Cole, *British Economic Growth*, 1688–1959, p. 83; W. Bowden, *Industrial Society in England Towards the end of the Eigteenth Century*, New York, 1925; pp. 65,68; S. M. Jack, *Trade and Industry in Tuder and Stuart England*, p. 610；［法］保尔·芒图：《十八世纪产业革命》，第79页。

他欧洲国家，并且决定了英国经济生活的方向和速度"①。

显然，对外开放之所以能成为英国市场经济的正反馈机制由外置转为内生，及两者间的相互作用圈不断升级的主要动力，离不开西欧大陆提供的负熵流。故英国现代化的成功不是英国一家单打独斗的成果，而是人类发挥其"类"的力量的典范。

二、负熵流的平权化机制

"一般规律"第 9 条告诉我们，系统要远离平衡态，不仅需要吸入足量的负熵流，还需要将负熵流平权化，否则，就不能将吸入的负熵流分流到系统的各个部分，而只能为系统的小部分所得。那不仅使系统结构难以分化整合，反而会使系统结构更趋向平衡态，西班牙就是例证。

在西欧大陆，西班牙是仅有的一个适于牧养优质绵羊的国家。其国土丛林密布、被高山分割，气候干旱，故"只能作为一个畜牧之地，而不利于稼穑"②，其 5000 万公顷土地宜于牧羊，故羊毛一直是"西班牙的主要出口商品"③。

但是，西班牙的大土地所有者是牧场主而非农场主。④ "占人口百分之二三的贵族控制了 97% 的土地，而且其中一半以上属于几家显贵。"⑤ 在 13 世纪时的厄斯特列马都拉，"每三个军界中的一人就被授予 30 万公顷的土地；在安达卢西亚，托收莱多的大主教在 13 世纪时得到 2000 平方公里的土地"⑥。因此，牧羊业的发展只能为贵族之家"的发达提供了财富基础"⑦，而不能使西班牙广大民众从中获益。为了保护自己的利益，贵族们在 1273

---

① ［意］卡洛·M.奇波拉：《欧洲经济史》第 3 卷，第 178 页；阿·莱·莫尔顿：《人民的英国史》，第 201 页。

② 参见［美］詹姆斯·W.汤普逊：《中世纪晚期欧洲经济社会史》，第 471 页；［法］让·德科拉：《西班牙史》，管震湖 译，商务印书馆 2003 年版，第 532 页。

③ M. M. Postan, H. J. Habakkuk, ed., *The Cambridge Economic History of Europe*, V. 1, pp. 438–439.

④ 参见［美］汤普逊：《中世纪经济社会史》下册，第 146、147、151 页。

⑤ ［英］佩里·安德森：《绝对主义国家的系谱》，第 56 页。

⑥ M. M. Postan, H. J. Habakkuk, ed., *The Cambridge Economic History of Europe*, V. 1, p. 434.

⑦ ［英］佩里·安德森：《绝对主义国家的系谱》，第 56 页。

年时就建立了牧羊主公会"麦斯达"。西班牙所有的"游牧羊的主人联合在强有力的同业公会内，小规模的牧场主也归属牧主公会管理"。在这个牧羊主公会中"最有影响的成员是军队和基督教机构"①，他们完全垄断了西班牙的牧羊业，羊毛出口的利益全为他们和国王所得，吸入的负熵流因而无法实现平权化。由此带来的危害是，不仅没有促进西班牙社会结构的分化和整合，反而使其结构更加硬化，更加趋近平衡态。这就说明，吸入一定阈量的负熵流固然是现代化发生的不可或缺的条件，但是，如果不具备平权化机制，吸入的熵流就会是"负的"，而不是"正的"。可见，英国之所以没有走上西班牙那样的道路，吸入的负熵流之所以能成为市场经济的正反馈机制，转为内生变量的主要动力，不仅在于它拥有适于牧羊的地理环境和自然条件，还因为它拥有负熵流的平权化机制。

在土地是主要财产的中世纪，平权化机制首先就要平土地之权。就此而论，英国同西班牙并无大异，土地所有权属于国王、占有权归贵族，② 差别就在于两国的产业结构的不同。西班牙以畜牧业为主，大部分人口是牧民；而英国则是农牧混合，大部分乡民以农业为生。畜牧业要求土地的集中，牧场是其主要组织形式：而农业则基于小农经济之上，故土地使用权是分散的。僧俗贵族们除了留下 28%—36% 的土地作为庄园的自营地外，其余的土地则都必须分给农民耕种，以维持劳动力的再生产。13 世纪时，英国主要农业区英格兰中部六郡和各类农民的份地在六郡的耕地总面积中所占的比重为 64%—72%③；西北高地因畜牧业居主导地位，贵族所占土地比重较大，但这里很少有劳役制庄园，农民都是以租佃的方式领有土地。再说，"只用作牧场而不耕种"的土地约占英国土地的 1/4④，农牧混合区占英国主体英格兰的大部分。⑤ 可见，英国的土地所有权和占有权虽归国王和贵族，但使用权却属于农民，特别是领主自营地在黑死病后被租赁出去之后，因此，一

---

① M. M. Postan, H. J. Habakkuk, ed., *The Cambridge Economic History of Europe*, V. 1, p. 439.

② 参见 J. B. Bury, J. R. Tanner, ed., *The Cambridge Medieval History*, V. 2, pp. 507 – 511; R. Lennard, *England of Agricultural Society*, pp. 25, 26。

③ 参见 E. Kosminsky, *Studies in the Agrarian History of England in the Thirteenth Century*, pp. 90, 91, 324, 325。

④ 参见 W. Harrison, *Elizabethan England: From a Description in Holinshed's Chronicles*, p. 128。

⑤ 参见 M. M. Postan, H. J. Habakkuk, ed., *The Cambridge Economic History of Europe*, V. 1, p. 553。

般农户都有土地牧养羊群。即使是那些没有土地或只有很少一点土地的茅屋农也是如此。其一是，英国庄园内还有很多公共草地、荒地、森林等，所有村民都有权在这些土地上放牧。二是，英国农村普遍实行敞田制，庄稼收割后，地界即行取消，所有的耕地都成了公共牧场。三是，直到近代，二圃制和三圃制仍在英国流行，每块耕地每二年或三年就要闲置一年，村民都可在这些休闲地上放牧；因此，牧养羊群是各庄园的普遍现象。在南威尔特郡三个修道院所属的地产中，有一半以上的佃户都拥有羊群，在一个大村庄中平均每个佃户约有 20 头羊。[①] 至于像南威尔特郡的丘陵地、萨福克西北部的荒地、东科茨尔德的高地这样的天然牧羊地区，不仅地主和富有的村民"放牧大量的羊群"，连一般的村民也都豢养着数量不等的羊和牛。即使在人地矛盾空前加剧的 13 世纪后期，在耕地十分紧张的农牧混合区，各类农民也都养有多少不等的绵羊。波斯坦说，尽管此时的农民"比英国历史上其他多数时期农民在相同地区所保持的面积少很多。但这些证据清晰且持续地表明，村民比他们的地主更容易处于牧场供应不足的状态。从我们拥有的法院档案中发现，几乎每个庄园，几乎在他生存的每一年，都有无数的由于牛和羊走失到地主的土地上而强加于村民的罚金。侵占私人的土地是这样地普遍，因此被处罚的村民非常之多"[②]。连那些份地很小甚至没有份地的茅屋农也都利用公地饲养了三五头，或七八头羊，并按商人规定的时间和价格出售羊毛，以弥补生计。[③] 因此，英国羊毛出口的利益不像西班牙那样仅为大小封建主独享，普通农民也能从中分得一杯羹。13 世纪末，英国年均出口羊毛 3 万—4.5 万袋。[④] 其中 1/3 来自于大领主，其余 2/3 则主要来自于中小贵族和富裕农民。[⑤] 虽然这一史料没有提及茅屋农，但贵族和富裕农民出口的羊毛中有很多是从他们那里收购来的，他们单个家庭因待售的羊毛太少，又缺少运输工具，故不得不卖给邻近的贵族和富裕农民。可见，由于土地使用权的分散等原因，英国通过出口羊毛所获得的利益为社会各阶层所分

---

① 参见［英］约翰·克拉潘：《简明不列颠经济史》，第 148—150 页。

② M. M. Postan, H. J. Habakkuk, ed., *The Cambridge Economic History of Europe*, V.1, pp.554,556.

③ 参见 G. Unvin, *Industrial Organization In the Sixteenth and Seventeenth Centuries*, pp.234,236。

④ 参见 J. Z. Titow, *English Rural Society 1200-1350*, pp.193,96。

⑤ 参见 J. L. Bolton, *The Medieval English Economy*, *1150-1500*, p.77。

享，系统吸入的负熵流实现了平权化。

随着英国毛纺工业的发展，能够从外贸中分得一杯羹的人就不再限于贵族、农民、经营羊毛运输和出口的商人了；市民、小商贩，无地或份地不够糊口的小农也都加入了进来。到 16 世纪时，有一半的英国人在从事毛纺织业。"据当时人叙述，那时的英国几乎每个农户家中都可以听到纺车和织梭的声音，全家都替包买商干活。"① 由于从纺织毛呢中获得了利益，无地或少地的穷困小农也就不再啼饥号寒了。"约克郡的老板兼工匠既是小工业家又是小土地所有者。事实上享受着一种比较幸福的生活。"他们是"一个家庭人口稍许多一点的织工，在市集的那天到哈利法克斯去以每头 8 镑或 10 镑的代价购买两三头大阉牛。他把它们牵回去宰杀当食品"。此外，"再加上他在自己小围地里所饲养的或在公用牧场上放牧的几头牲畜，这就足使他整个冬季不会缺肉类了。这是显著的宽裕征象，因为那时，'旧英格兰的烤羊肉'对于许多乡下居民来说还是一道奢侈的菜肴"②。

随着英国进出口商品结构因英国的工业体系的建立而进一步地升级换代，殖民帝国和大西洋商业体系的建立，直接地或间接地卷入对外贸易的英国人越来越多，这正如前述威廉斯所言："到了 1750 年，几乎没有一个英国的贸易城镇或制造业城镇不以某种方式同三角贸易或直接殖民地贸易有关联。"从对外贸易中获利的英国人越来越多，获得的利益越来越大，这也就表明，英国的负熵流的平权化机制越来越强大。

当然，英国各阶层因其占有的土地、资金及参与程度等情况的不同而不等，从对外开放中所获得的利益因而是不等的。这就是说，负熵流平权化了，但没有平均化。这不仅使那些获益较多的个人、阶层、地区成为"优势突变体"，也决定了人们对待对外开放和市场经济的态度，是支持，全力投入，还是消极应对甚至是反对。那些成"优势突变体"的人从对外贸易和市场经济中所获得的利益要多于其他人，这就必然导致土地和财富从后者那里流向他们，致使流出者和流入者都被分化整合，分别变成资本家和雇工。乡绅、约曼和农场主就是流入较多者中的一员。16 世纪时，他们占有

---

① ［苏］琼图洛夫：《外国经济史》，孟援译，上海人民出版社 1962 年版，第 222 页。
② ［法］保尔·芒图：《十八世纪产业革命》，第 48 页。

耕地已增至全国耕地的 60%左右①；1690 年时，达到 70%。② 他们依据市场的需求来安排土地的使用，随着国内外毛纺业对羊毛需求的增长，他们放牧的羊群也大幅度地增加，致使他们成了当时主要的牧羊主。1544—1545 年，东盎格利阿的农场主理查德·骚其韦尔出售羊毛的收入是 328 镑，1561—1562 年此项收入更增至 533 镑③；1671 年到 1672 年间，肯特郡的乡绅诺顿·拉奇布尔出售羊、羊毛和粮食的收入高达 1500 镑以上，它主要来自羊和羊毛的出售。④ 由于他们从对外贸易中获利甚巨，他们也就理所当然地成为英国对外开放和市场经济的坚定的支持者和热心的投入者。这表明，负熵流平权化机制能将负熵流配置到社会系统的更多层面，这不仅使越来越多的系统要素被它分化整合，使系统结构离平衡态越来越远，使系统的非线性动力越来越强，使对外贸易得到的推动力越来越大；也使越来越多的社会集团、个人依赖对外贸易和市场经济，以致与它们结成共生关系，成为对外贸易和市场经济的"催化剂"，致使以它们为中心的多元复合超循环的维数不断地提高。因此，同适于牧羊的地理环境和自然条件一样，负熵流的平权化机制也是英国市场经济的正反馈机制由外置转为内生，及两者形成的超循环圈不断升级换代的关键。因此，英国现代化之成功，它所拥有的平权化机制功不可没；而同样适于牧羊的西班牙现代化之失败，这一机制的缺位也是原因之一。

　　事实上，平权化在现代化中作用之重要，不仅体现在英国和西班牙在牧羊收入分配的差别上，在中世纪和近代以输出国而闻名的法兰德斯、荷兰、佛罗伦萨、威尼斯等国也都受挫于平权化机制的缺失。以进出口在其经济总量中所占比重讲，它们吸入的负熵流并不比英国低，但这些国家却没有发生英国那样的变化。其原因之一，就在于它们用来进出口的商品并不能像羊毛那样牵扯到国内的千家万户。换言之，它们不拥有将这些商品进行平权化的机制，因而也就无法将其社会结构推向远离平衡态。法兰德斯和佛罗伦萨的毛纺工业所用的羊毛全都来于进口。其他的国家则几乎都是转口贸易，对其

---

①　参见 R. H. Tawney，*The Agrarian Problem in the Sixteenth Century*，p. 259。

②　参见 B. Coward，*Social Change and Continuity in early Modern：England 1550-1750*，p. 43。

③　参见 G. E. Mingay，*The Gentry，Rise and Fall of a Ruling Class*，London，1976，p. 82。

④　参见 J. Thirsk，*The Agrarian History of England and Wales*，V. 4，*1500-1640*，pp. 676-679。

广大的农村经济产生不了大的影响。葡萄酒虽然是法国的主要出口商品，但它并不像羊毛那样，是人们的主要生活资料服装的主要原料；其产业链也没毛纺工业长，使用的设备、工具、辅助原料的种类远不如后者。因此，它不能像羊毛那样成为分化整合传统社会经济结构的利器。学者们普遍认为，毛纺工业"在英国经济生活上成为决定性的特色，这个特色使英国经济问题迥异于多数其他欧洲国家，并且决定了英国经济生活的方向和速度"[①]。这无疑是对的，但他们中却无人想到，若是没有负熵流的平权化机制，英国的毛纺业所引出的结局或许并不异于法兰德斯和佛罗伦萨。

---

① ［英］阿·莱·莫尔顿：《人民的英国史》，第 201 页。

第二十一章

市场经济对英国经济结构的分化整合

对外开放是市场经济的正反馈机制由外置转为内生、两者间的相互作用升至多元复合超循环的推手，因而是英国市场经济顺利分娩、由弱到强的主要动力。一浪高过一浪的负熵流，极大地加速了"物质成分的输入和输出"，有力地促进了传统社会结构组分的破裂，重组出需要长程关联才能生存的新组分，产生了新的社会结构，使市场经济的发展与社会经济结构走向远离平衡态齐头并进。

一、致使城乡经济结构高度有序

羊毛及其后的毛呢的出口，带来了羊毛价格的持续上涨，致使英国牧场的地价不断上升，使昔日不宜耕种但适于牧羊的沼泽、荒地、山谷等变得也有利用的价值了。不但有了地价，地价还会随着羊毛价格的上涨而上升，甚至超过耕地价格。波斯坦说：13 世纪初，牧地"出售的价格和要求的地租通常是最好耕地的许多倍。提出每英亩耕地每年的价格为 2—6 便士的庄园调查，通常把每英亩草场的价格定为 2 先令、3 先令或 4 先令。新近由荒地围起来的牧场几乎和好的草场一样值钱，而一些没有被围起来的牧场，有时所估计的价值比用于耕种的土地的价值高很多"。到 15 世纪时，这已成为普遍现象，一般来讲，牧场的价格是耕地的价格的 2 倍，草地的价格则是后者的 3 倍。①

　　土地用作牧场获利更多，这必然诱使人们改农田为牧场。1536—1548 年间，将耕地转为牧场是盛况空前，原因是人们从羊身上的获利比种粮越来越多。②"羊腿可以使沙土变成金"，致使人们打公地、敞地和农民份地的主意，导致了圈地运动。它起于 15 世纪末期，一直延续到 17 世纪末。对 1485—1517 年的 24 个郡的圈地情况的调查说明，在圈地最猛烈的中部各郡（占 24 郡地总面积的 75%），被用作牧场的土地占圈地总面积的比重在白金汉郡占 80.8%，在北安普郡占 84%，在牛津郡占 73.2%，在沃里克郡占 88.8%。③ 这些郡都是英国优质羊毛的产区。18 世纪中期，议会将圈地合法化，圈地再起。虽然这次圈地的数量最多，但占地 15 英亩和不足 15 英亩的小农在 16 世纪中期时已渐近消亡。他们已被占地 30—50 英亩的中等农户所替代，他们占有全国耕地的 60%。④ 被马克思视为封建制度最顽固的堡垒的小农经济，和马尔克公社残余的敞地制度被涌入的负熵流所分化，从它们的尸体中成长起来的已是雇工生产的大农场主和家庭农场主，传统的小农经济已被资本主义的大农经济所取代。英国农村的产业结构因此而被颠倒过来，由羊毛出口前的农业为主、畜牧业为辅，转为以牧业为主。⑤ 16 世纪上半叶，在农牧混合区的 41 处寺院的庄园中，牧场也占了庄园全部土地的 51.2%。⑥ "在不长一棵树但牧草茂盛的山丘上到处有白云般的羊群在游荡。"⑦

　　英国农村的商业化程度因此有了飞跃。因为同小农相比，牧民的生活自给能力要差得多，他赖以活命的粮食只能来于市场。同时，畜牧业会因英国各地气候和生态环境的巨大差异产生了不同的地区分工，形成了种类特点各

---

　①　参见 M. M. Postan, H. J. Habakkuk, ed., *The Cambridge Economic History of Europe*, V. 1, pp. 521, 554。

　②　参见 D. M. Pailiser, *The Age of Elizabeth*: *England under the later Tudors*, *1547-1603*, pp. 210-214。

　③　参见谢缅诺夫：《16 世纪英国的圈地运动和农民起义》，莫斯科 1949 年版，第 165、169、173、179 页，转引自戚国淦、陈曦文：《撷英集——英国都铎史研究》，第 5 页。

　④　参见 R. H. Tawney, *The Agrarian Problem in the Sixteenth Century*, pp. 37,64,65,121；C. Dyer, *Lord and peasants in a changing society*, *The estate of the Bishopric*, p. 300。

　⑤　参见马克思：《资本论》第 3 卷，第 105 页。

　⑥　参见［苏］琼图洛夫：《外国经济史》，第 137 页。

　⑦　B. Coward, *The Stuart Age*, p. 7。

异的牧业区。有的专门饲养供人们食用的各种牲畜，如肉牛、奶牛、猪等；有的则专门豢养绵羊，用于纺织。他们彼此之间为了满足各自的生活所需而必须相互贸易。

农村地租形态的更替也因此得到加速。一是牧羊所需要的劳动力远少于农场，牧羊所得又远过于农业，故转农为牧的领主都愿意对其属下的农奴的劳役进行折算。二是农奴也因牧羊而有钱，有能力以钱代役，13世纪时，货币地租已占英国地租总额的三分之二①；而法国直到大革命前夕，农奴制度还在各地残存着②，畜牧业未能出现英国这样的发展不能不说是原因之一。③

羊毛出口给国王带来了丰厚的税收，促使他采取一系列政策促进本国毛纺工业的发展，比起牧羊业来，毛呢工业的产品要复杂得多，产业链要长得多，涉及的产业种类要多得多，对英国经济结构的分化整合更为有力。

由于劳役折算后的农村能够提供城市所没有的经济自由、充足而又便宜的劳动力，又有现成的、广泛存在的农民家庭手工业，以至在15世纪时，早就开始了的英国城市工商业向农村的转移的涓涓细流变成了洪流，致使伦敦之外的英国城市"皆已衰微"。这不仅极大地改变了英国工业的地理布局，也亦如前述，导致了自治城市和行会制度的消亡，使传统的自治城市脱胎换骨，成长为工商业自由的近代城市。更重要的是，它导致了以"家内制"为主要组织形态的乡村工业在英国各地兴起。著名的西赖丁地区的毛呢工业就是建立在约克城的呢绒工业的衰落的基础之上的。④ 同时，集中的手工工场也不少见，无论是城市，还是乡村，资本主义工商业都已逐渐居主导地位。

以毛纺工业为主的乡村工业的普遍兴起使昔日穷困的村庄繁荣起来。因为毛纺业是一种典型的劳动密集型的手工业，它能给村民带来众多的就业机会。1580年时，在约克郡，工人纺织一匹宽幅呢绒，需花费15个工人一个

---

① 参见 E. Kosminsky, *Studies in the Agrarian History of England in the Thirteenth Century*, p. 191。

② 参见〔英〕威廉·多伊尔：《法国大革命的起源》，张弛译，上海人民出版社2009年版，第196—198页。

③ 参见高桥幸八郎：*A Contribution to the Discussion*, in the *Transition from Feudalism to Capitalism*, pp. 40, 41。

④ 参见 D. Maurice, *Studies in the Development of Capitalism*, New York, 1954, pp. 239, 240。

星期的劳动；质地较为复杂的呢绒，所需劳动还要多一些。从成本上计算，每匹呢绒的工资开支占其总成本的 55%—65%，而原料及其他支出只占 35%—45%，毛纺业的发展因而主要依赖于充足的廉价劳动力的供应，而不在于本地是否有充足的原料①，因此，乡村毛纺工业的发展吸收了大量的农民。17 世纪时，几乎所有的英国村庄都在制造呢布，在西南部诸郡，很多农家花在纺织上的时间远远地超过其务农的时间，他们的生计几乎全部依赖于纺织业。② 在格洛特郡，除了三个老城市外，工商业者等非农业人口已占总人口的 50.5%；兰开夏郡则成了以纺织业为主的郡。③ 17 世纪末，在莱斯特郡的威格林村，仅有 36% 的人务农。④ 据瑟斯克估计，那时的英国已有 1/2 的人口在专营或兼营工业。⑤ 从他们中产生了一个"以种地为副业，而以工业劳动为主业"的新的"小农阶级"⑥。

　　毛纺业包含着二十多道工序，生产过程比许多手工业复杂得多，产业链长得多。各个生产工序之间需要以商品形式来相互交换生产原料和半成品，极大地促进了地区性分工的发展。如威尔特郡西部发达的毛纺工业所需要的羊毛就来自于科兹沃德山区和索尔兹伯里平原；萨福克中部工商业所需要的羊毛则主要来自莱斯特郡、林肯郡、北安普敦郡和剑桥郡。⑦ 同时，毛呢在种类和质量上的差别也远过羊毛，出现了许多同麻、丝和棉混纺的新呢布，形成不同的地区性分工。如兰开夏郡的东部多毛纺织业，西部和南部的乡村则大部分从事麻纺织品生产。⑧ 萨默塞特郡、格洛斯特郡和威尔特郡出产薄呢绒和宽幅呢绒；德文郡和萨福克郡东部主要生产细软的绉纱、绒布、羽

---

① 参见 D. C. Coleman, *The Economy of England 1450-1750*, p. 78。

② 参见 B. Coward, *Social Change and Continuity in Early Modern: England, 1550-1750*, p. 57。

③ 参见 A. P. Wadsworth, *The Cotton Trade and Industrial Lancashire 1600-1780*, pp. 3-11。

④ 参见 H. Kamane, *European Society 1500-1700*, p. 151。

⑤ 参见 A. E. Musson, *The Growth of British industry*, p. 15; H. C. Daby, *A New Historical Geography England Before 1600*, Cambridge University, 1979, pp. 222-280。

⑥ 参见《马克思恩格斯全集》第 42 卷，人民出版社 2016 年版，第 766 页。

⑦ 参见 F. J. Fisher, *Essays in the Econmic and Social History of Tudor and Stuart England*, Cambridge, 1961, p. 74。

⑧ 参见 G. Timmins, *Made in Lancashire: A History of Regional Industrialisation*, Manchester, 1998, p. 68。

纱、粗绒布和长绒厚布；北部则生产粗呢。① 因此而衍生出来的产业链和附属产业数不胜数，导致了各种各样的手工业、矿业和其他产业的广泛兴起。从很早时候起，西米德兰地区就建立了几百个金属工厂，加工铁钉、钢丝，制造各种纺织机械和其他手工工具。② 于是，"地区也专业化了。每一地区都倾向于成为唯一工业的独有的中心"③。

工业的地区性分工，也使 16、17 世纪时的"英国农业具有五花八门性"④。因为毛纺业还需要各种染料，其中很大一部分需要国内栽种，致使很大一部分农田改种染料、亚麻等各种经济作物；被雇用的工人要吃粮食、肉食等各种食品，这些也必然催生出很多专门为工业区生产粮食、肉食和乳制品的农业区和畜牧区。萨福克郡高地专产芜菁黄油和奶酪，东诺福克出产芜菁牛肉，北部丘陵、奇尔特恩丘陵、科茨沃特和诺斯伍德乡村和诺福克的希思兰地方出产芜菁羊肉，米德兰平原和皮克灵河谷以饲养肉食牲畜和乳牛业而闻名遐迩。⑤

可见，以羊毛出口为先导的对外开放所引入的负熵流破裂了英国传统社会经济结构的各个层次的旧结构、旧元素、旧成分，并在此基础上整合出了很多新元素、新成分、新结构。这些新结构、新元素、新成分不再是旧结构、旧元素、旧成分那么单一。如分化后的小农被整合成了织工、纺工、农业雇工、仆人、约曼、小贩、浪人、冶铁工、呢绒商、律师、海员等。致使当时英国农村分工的发展程度之高，职业种类之多，令人惊讶。小农因此残存无几，且在消失之中。⑥ 1750 年时的土地税调查资料显示，小土地所有者只占当地乡村人口的 10% 左右⑦；1759—1760 年间英国社会各阶层及其收入

---

① 参见 R. H. Tawney, *Studies in Economic History: The Collected Papers of George Unwin*, p. 189。

② 参见 D. G. Hey, *The Rural Mentalworkers of the Sheffield Region*, Lanster, 1972, p. 21。

③ ［法］保尔·芒图：《十八世纪产业革命》，第 38 页。

④ J. Thirsk, *The Agrarian History of England and Wales*, V. 4, *1500 – 1640*, Cambridge, 1984, pp. 68–69。

⑤ 参见 E. Kerridge, *Trade and Banking in Early Modern England*, p. 19。

⑥ 参见 G. E. Mingay, *Enclosure and Small Farmer in the Age of the Industrial Revolution*, London, 1968, p. 26；［英］阿萨·勃里格斯：《英国社会史》，第 212—213 页；《马克思恩格斯全集》第 23 卷，第 791 页；其他许多学者持此看法，请参见［法］保尔·芒图：《十八世纪产业革命》，第 443 页注 63；苏联科学院主编：《世界通史》第 5 卷，1963 年中文版，第 650 页。

⑦ 参见 G. E. Mingay, *Enclosure and Small Farmer in the Age of the Industrial Revolution*, p. 26。

的全国性统计资料也表明，当时全国总户数是 1468570 户，其中，自由持有农 21 万户，其家庭年收入共分三档：100 镑、50 镑和 25 镑。其内，家庭年收入 25 镑的农户有 12 万户，占全国总户数的 12%；其中应有一半是小农；因为当时一般劳工的年收入只有 10 余镑。[①] 英国学者罗伯特·亚伦根对米德兰地区的地产档案的调查也佐证了这一结论：1800 年时，地产档案记录中的 472 户农户中，占地 30 英亩及其下的农户仅有 59 户，占 12.5%。[②] 即使是他们，在市场经济的冲击面前，也是半农半工。"丈夫下田，而妻子则纺织邻近城市商人交来的羊毛。在 1770 年，斯托克波特近郊的一个村庄里有五六十个佃农"，其中，"只有六七个人是从租地的产物中获得其全部收入的；所有其余的人都另外有工业劳动所提供的收入：他们纺织羊毛、棉花和亚麻。利兹附近没有一个佃农专靠种地谋生，所有的人都为城市呢绒商工作"[③]。即使是以农为业的丈夫，也并不再专司农业一职，而是多业并举。[④] 住在利兹、布雷福德、哈利法克斯四周的几千名小工场主同时有两种身份：从自主权上看是老板，从职业和生活方式上看是工人。人们记得他们也是地主和耕种者；他们属于农民阶级，正如城市中手工工场主属于商人阶级。所以，每当冬天"田间劳动暂停的时候，所有茅屋中的火炉旁都发出了孜孜不倦的纺车的嗡嗡声"[⑤]。另一方面，乡村人口主要从事的是非农业职业。工业革命前夕，尽管乡村居民仍占全国人口的 46%[⑥]，但他们中的很大一部分人，甚至大部分人都在从事农业之外的五花八门的工作。对 17 世纪 50 年代罗奇代尔、米德尔顿和拉德利夫等地男性乡民的职业统计情况表明，三地的务农人数只占当地男性居民人数的 47.3%[⑦]。1729 年到 1731 年间，在兰

---

①　参见 P. Mathias，*The Transformation of England*：*Essays in the Economic and Social History of England in the Eighteenth-century*，New York，1979，pp. 175-176。

②　参见 R. C. Allen，*Enclosure and the Yeoman*，Oxford，1962，p. 74。

③　[法] 保尔·芒图：《十八世纪产业革命》，第 43 页。

④　参见 P. Hudson，*Industrial Revolution*，London，1992，p. 112。

⑤　[法] 保尔·芒图：《十八世纪产业革命》，第 43、297—298 页。

⑥　参见 E. A. Wrigley，"Urban growth and agricultural change：England and the continent in the early modern period"，*Journal of Interdisciplinary History*，15（1985），pp. 386-728；E. A. Wrigley，*People*，*Cities and Wealth*：*the Transformation of Traditional Society*，Oxford，1987，pp. 170；另参见 P. Deane & W. A. Cole，*British Economic Growth*：*1688-1959*，Cambridge University，1969，p. 156。

⑦　参见 G. Timmins，*Made in Lancashire*：*A History of Regional Industrialization*，p. 69。

开夏郡的米德尔顿、博尔顿和布莱克本等教区，受雇于农业的男子的比例下降到1/5，从事制造业的男子增加到2/3。[①] 1750年的一项全国统计资料表明，乡村中从事非农业职业的人数同务农人数基本持平。[②] 据此计算，1750年时，英国务农的人数仅占全国人口的22%。即使是这些人，也大部分是租地农场主和他们的雇工，而非同时期法国那样的小农。可见，工业革命前夕的英国，"分散自给的农民经济，实际上已经消失，这意味着几乎所有经济生活全部通过市场"；人们因而从事着各种各样的非农职业。"相比之下，欧洲大陆的农民经济此时依旧普遍存在。"[③]

乡民如此，占英国人口50%多的市民就更不用说，其从事职业的种类之多还远过于西欧大陆。18世纪时到英国招募技术人员的代理人对此有极其深刻的认识。因为他在招募时碰到了英国工业给他提出的一个极大的难题：劳动分工。他所接触的任何一名英国工人都只知道自己所工作的那一小部分的生产工序，而对其他的工序则一无所知，更不用说他所在工厂的整体情况了。有一位名叫勒图克的法国代理人（在英国化名约翰逊）抱怨说：任何工人都不能向你说明操作的全部环节，因为他长期被固定在只是一个很小的部件上；听他介绍除此以外的事情，都会充满谬误。[④]

分工越发达，职业种类越多，就说明系统要素间的差异越大，系统结构离平衡态越远，系统要素的非独立性、非等价性和非对称性越强。这不仅决定了相互依赖、相互作用、相互交往成了他们的生命线，还决定了这种交往的距离不会是短的，而是长的。不要说商人企业主离不开海外市场，即使是小农家庭中的妇女和儿童，所纺织的毛呢、棉花和亚麻，也得要商人为他们提供生产工具、原料和产品销售市场，而这些原料和市场大都远在千里甚至万里的欧洲大陆或新大陆，一旦原料中断，市场丢失，他们的生产和生活就无以为继。可见，长程关联不仅使关联中的要素众多，还使这些要素间多的

---

① 参见 G. Timmins, *Made in Lancashire: A History of Regional Industrialization*, p. 71。

② 参见 E. A. Wrigley, "Urban growth and agricultural change: England and the continent in the early modern period", *Journal of Interdisciplinary History*, 15（1985）, pp. 683-728；E. A. Wrigley, *People, Cities and Wealth: the Transformation of Traditional Society*, p. 170。

③ 参见［意］卡洛·M.奇波拉：《欧洲经济史》第三卷，第177页；阿萨·勃里格斯：《英国社会史》，第211、213页。

④ ［美］戴维·S.兰德斯：《国富国穷》，第388、389页。

是协同，而不是摩擦；同时，还势必使相互间的关联突破地域、社会层次和国境的界限，并使因关联而形成的各个循环圈之间相互嵌套、交叉耦合，形成了一个相互缠绕一起、难解难分的复杂网络，从而在系统内外形成了物质、能量、信息的宏观流动与变换，工业革命前夕的英国的经济结构因而是高度有序。

导致英国经济结构高度有序的直接动力无疑是市场经济，因此，是英国市场经济的分娩和顺利成长才促使了英国经济结构的分化和整合，从而使英国经济结构从 11 世纪后的那种低度有序甚至无序的状态演变为高度有序。

二、促进了小农的消亡和大农的兴起

传统社会的主要要素是小农经济，现代社会的主要农业组织是资本主义农场，前者是如何转换为后者的？回答这个问题，是揭示英国现代化全过程所不可或缺的一环。

1. 市场经济大潮提出的机遇和挑战

为负熵流所加速的市场经济，一方面因市场法制的发展而使市场摩擦力大幅度下降，因国内外市场的扩大而使市场的吸引力、市场的激励力、市场的均衡力和市场的整合力空前强化，从而为市场主体提供了前所未有的机遇；但是，它又导致物价飞涨，资源紧张，竞争加剧，赋税上涨，给市场主体提出了严重的挑战。无法利用机遇，又无法有效应战的小农渐次衰落而最终走向消亡；而那些能充分利用机遇，又能有效地应对挑战的部分乡绅和约曼则越来越富裕。通过这种强有力和挑战和前所未有的机遇，市场经济对英国农村传统的经济结构和阶级结构进行了强有力的分化整合。

市场经济为英国农村各阶级提供的机遇是：农牧产品的需求量猛增，价格扶摇直上。1500 至 1640 年间，各类粮食的平均价格上升了 6 倍，羊毛价格上浮了 4.9 倍，各类牲畜产品的价格则为 1520 年的 4 倍以上。[①] 与此同时，劳动力的名义工资上升了，但工资的实际购买力却大幅度下降，劳动力

---

① 参见 D. C. Coleman，*The Economy of England 1450-1750*，pp. 30, 34, 35。

的价格日趋便宜。1510 至 1650 年间，商品的平均价格上升了 5.46 倍，而农业雇工的平均工资仅上升了 2.96 倍，工资的实际购买力下降了 45.8%。[1]

如第十七章中所述，16 世纪后，水陆运输业、邮政业有了长足而又持续的发展，运费大幅度下跌。1703 年，煤的运价只有 1650 年的 1/4；1715 年时，每个星期都有 900 辆以上的邮政马车从伦敦驶向各郡，商业信件和"登有大量的有关商务和劳务的广告"的报纸迅速传至各地，各地的市场动态不胫而走[2]；市镇、市集和市场大增；银行遍布各地，货币供应量猛增，公私贷款畅通无阻。[3] 1526 年后的 80 年时间里，银币的流通量增加了四倍半[4]，票据汇兑、信贷贸易空前兴盛。[5]

工商业的发展使铁犁普及，重量大为减轻；以往一队牲畜才能拉得动的拖犁现在只需要两匹牲畜；长柄镰刀等先进农具也陆续问世，鼓吹农业技术改良的农业书籍广泛流传[6]；农民在农业之外获得工作的机会大增。

上述种种，为农民发展其个人力量提供了前所未有的机遇。农牧产品选择的市场范围扩大，交易费用下降，利润上升，贷款更为容易，经济的发展有了更雄厚的物质基础和技术前提。

市场经济的发展引起了对钢铁、木材、铜等原材料及其制品的需求的猛增。1562—1635 年间，外界向西欧出口的钢铁增加了 9 倍。[7] 18 世纪初，进口的钢铁占到了英国全年所耗钢铁的 2/3。[8] 各种原材料和工业品的价格大幅度上扬。1450 到 1649 年，木材的价格上升了 395%。[9] 15 世纪时，每吨铁的价格是 2 镑 6 先令 8 便士；16 世纪末升至 10 镑左右；18 世纪初，更升至

①　参见［英］阿萨·勃里格斯：《英国社会史》，第 162 页。

②　参见 J. Chartres, *Agricultural Markets and Trade 1500-1700*, pp. 216,217；奇波拉：《欧洲经济史》第 2 卷，第 89、90 页。

③　参见 H. Kamen, *Europen Society 1500-1700*, pp. 70,71。

④　参见 D. M. Pailiser, *The Age of Elizabeth：England under the later Tudors*, *1547-1603*, New York, 1983, p. 157。

⑤　参见 J. Chartres, *Agricultural markets and trade 1500-1750*, p. 106。

⑥　参见［意］卡洛·M. 奇波拉：《欧洲经济史》第 2 卷，第 173、17 页。

⑦　参见 P. Kriedte, *Peasants*, *Landlords and Merchant Capitalists：Europe and the World Economy 1500-1800*, Cambridge University, p. 96。

⑧　参见 E. Lipson, *The economic history of England*, pp. 2,162。

⑨　参见 D. C. Coleman, *The Economy of England 1450-1750*, p. 86。

14 至 17 镑。① 16 世纪前期，工业品价格即翻了一倍。② 若以 1459 年英国的各类物价的指数为 100 的话，1640 年就已升至了 800③；1550 年至 1580 年的三十年时间内，农具的价格就翻了 3 倍。④

价格的上涨，工商业品的不断升级换代，使人们的消费水平不断提高。1600 至 1691 年间，购置生活品的开支在人们的总支出中所占的比重从 27% 上升到 48%，与 1450 年相比，1700 年时，英国南部的生活费用上升了 7 倍。贵族的生活费用上升得最快，所感受到的压力也最大。他们因此纷纷缩短土地租期，增加地租额。16 世纪上半期，短期租约盛行，17 世纪时，租期迅速缩短，地租额大幅度提高。⑤ 16 世纪中期以后的 100 年，全国的地租额平均上升了 4—5 倍，若以 1519 年的英国南部的地租额为 100 的话，1650 年，已升到 845。⑥ 伊丽莎白在位时，阿塞尔恩家的邦威克庄园的地租一年只有 16 镑 17 先令；到 1670 年时，升到了 160 镑。⑦

出于同样的原因，国家征收的赋税额不断增加，税种层出不穷。1683 年，开始在全国征收货物税，第二年又增加了炉灶税。1659 年，包括税收在内的全国收入为 1875 万英镑，而到 1689 年至 1702 年间，仅税收和预支税收一项即达 6300 万英镑。⑧

此外，负熵流的输入也极大地激励了人口的增长。一是美洲的耐旱高产的玉米土豆的广泛栽种使各国人口猛增⑨；二是乡村工业的发展为很多妇女孩子提供了就业机会，使早婚盛行起来，大幅度地提高了人口增长率⑩，使

---

① 参见 J. L. Bolton，*The Medieval England economy*，*1150-1500*，p. 279。

② 参见 H. Kamen，*Europen Society 1500-1700*，p. 57。

③ 参见 P. Kriedte，*Peasants*，*Landlords and Merchant Capitalists*：*Europe and the World Economy 1500-1800*，p. 50。

④ 参见 B. Coward，*Social Change and Continuity in early Modern*：*England 1550-1750*，p. 44。

⑤ 参见 H. Kamane，*European Society 1500-1700*，pp. 53，57，61。

⑥ 参见 P. Kriedte，*Peasants*，*Landlords and Merchant Capitalists*：*Europe and the World Economy 1500-1800*，p. 50。

⑦ 参见 C. G. A. Clay，*Economic expansion and social change*：*England 1500-1700*，Vol. 1，p. 89。

⑧ 参见［意］卡洛·M. 奇波拉：《欧洲经济史》第 2 卷，第 264、498—500 页；B. Coward，*Social Change and Continuity in early Modern*：*England 1550-1750*，pp. 46，47。

⑨ 参见赵文林等：《中国人口史》，第 391—394 页。

⑩ 参见 P. Kriedte，H. Medick，J. Schlumbohn，*Industrialization before industrialization*，*rural industry in the genesis of capitalism*，pp. 57，58，80-84。

英国人口的增幅远过于西欧大陆。1500 年，英国人口为 260 万，到 1850 年增至 1790 万，增幅为 688%；而同期法国的增幅仅为 218%，德国为 287%，意大利为 229%，尼德兰也仅有 316%。[①] 随着人口的激增，人均耕地、草地越来越少。而人们对土地的需求则因毛纺工业的发展对羊毛、染料、木材的需求量增加而日益迫切，土地的稀缺度越来越高，价格上涨，人们争夺土地的斗争因而加剧，土地交易越来越活跃。

上述一切，都给小农的再生产提出了严重挑战，造成了致命的威胁。

2. 挣扎在市场大潮中的小农

机遇和挑战并存，谁能利用机遇，应对挑战，谁就能在未来的社会中占有一席之地；否则，就会苟延残喘直至灭亡。在这历史的路口，农民中的各个阶层由于其自身的经济实力、生产方式的差异做出了不同的反应，导致了不同的命运。传统小农，即占地较少的、被中世纪史学家称之为农夫、茅屋农、劳动者的那部分农民由于无法利用机遇，应对挑战而陷入困境，以至贫穷破产而逐渐灭亡。

（1）生产规模小，产出少，即使是丰年，自家食用的粮食也高达其农田产出的 80%—90%[②]，因而无法利用农牧产品价格上涨的机会来增加财富。据瑟里斯克等人计算，1650 年前，一个有地 30 英亩的农夫年产出总值是 42.5 镑，除掉消耗在种子、饲料、租税、肥料、家畜上的费用，只剩下 14.47 镑；而维持一个六口之家的生活则需 11.25 镑，劳累终年，只有 3.22 镑的剩余。[③] 平年的情况如此，若遇歉收，这点剩余就会荡然无存。一个份地的农民只能为市场生产很少一点粮食[④]，就更不用说占地比他们更少的农民。而这样的农民是农民中的主体。据陶内的抽样调查，16 世纪时，占地 20 英亩以上的自由农只占自由农总数的 17%；在公有簿持有农中，他们也只有 38%。因此，大多数农民与农牧产品市场的扩大、价格升高的机遇无

① 参见 J. Vries，*European Urbanization 1500-1800*，London，1984，pp. 36,37。

② 参见［意］卡洛·M. 奇波拉：《欧洲经济史》第 1 卷，第 91 页。

③ 参见 J. Thirsk，*The Rural Economy of England：Collected Essays*，p. 151；B. Coward，*Social Change and Continuity in early Modern：England 1550-1750*，p. 52。

④ 参见 D. M. Pailiser，*The Age of Elizabeth：England under the later Tudors*，*1547-1603*，pp. 203,217。

缘。他们即使有一点剩余粮食，也因缺乏运输工具和运费，难以运至售价高
的远方市场，而只能就近低价出售甚至卖给中间商。17 世纪晚期后，中间
商用信贷预购小农的农牧产品的情况日益盛行，不但价钱压得很低，而且常
是久拖不给。[①] 至于粮食无法自给的茅屋农的情况就更糟了。粮价上涨，他
们会因购买口粮而增加支出；粮价下跌，他们因为要支付租税，购买农具和
其它生产资料而必须出卖其农牧产品，以致蒙受重大损失。1582—1584 年、
1591—1592 年、1603—1604 年、1619—1620 年，由于先前储粮过多导致粮
价暴跌，每品脱粮食价格大约比前一年低 8—10 先令。大农有储蓄可渡难
关，而小农则只能售粮而苦不堪言。[②]

（2）耕地少，必须出卖劳动力以弥补土地收入的不足，工资实际购买
力下降却只能促其进一步地衰落。

（3）金融市场的发展对于小农来说，也不是福音。他们只能将其产品
赊卖给上门的代理商，以致常常受骗。贷款虽然容易，但是，生计艰难的小
农主要是为生活，而不是为生产贷款，以致他们在各地都是最大的借贷者。
而借贷需要用土地或其他财产作抵押，因此，放债在各地都是剥夺农民的土
地和财产，使小农毁灭的决定性步骤。[③]

（4）农具改良和农业技术的进步也难以为小农所用。改进后的农具的
价格更贵，他们买不起；故其所用的农具仍然是又少又坏，一遇歉收，他们
还得将其抵押，以便借钱度日。[④]

农业技术的进步对他们也毫无益处。因为他们都不识字，无法阅读农业
技术书籍；其狭小的生产方式又使其思想保守、偏执；而生活的"贫困和
连年灾害"更是夺走了"尝试改良土地的一切勇气"[⑤]；更何况，应用任何
新的农业技术都需要投资、承担风险，往往要冒耗尽储蓄、陷入债务、试验
失败，地主乘机加租等种种风险。1659 年，一个叫沃尔的人在其 4 英亩土

①　参见 J. Chartres, *Agricultural markets and trade 1500-1750*, pp. 51,222,223,231,237-239,241。

②　参见 M. Campbell, *The English yeoman under Elizabeth and the early Stuart*, p. 185。

③　参见 J. Chartres, *Agricultural markets and trade 1500 - 1750*, pp. 222, 231, 234, 238, 239, 241; M. Campbell, *The English yeoman under Elizabeth and the early Stuart*, p. 69; P. Kriedte, *Peasants, Landlords and Merchant Capitalists: Europe and the World Economy 1500-1800*, p. 97。

④　参见 J. Thirsk, *Agricultural Change: Policy and Practice*, pp. 17,283,285,317。

⑤　C. G. A. Clay, *Economic expansion and social change: England 1500-1700*, V. 1, p. 94.

地上试种了苜蓿，结果，二年内没有一点收成，还垫进了 20 镑。这一切，自然会吓退大多数农民。[①]

（5）农业之外的发财机遇也和小农无缘，他们只能抓住那些不需要垫付资本，或只需要垫付很少一点资本，以致回报率很低的机遇。例如，为市场生产蔬菜等，而这还要取决于市场的远近。[②]

小农无法抓住工业化带来的机遇，也穷于应付工业化提出的挑战。

首先，他们无法应对不断上涨的原材料价格、地租和赋税。因为这只有通过改进技术，扩大生产规模，发展分工，增加产出、降低单位生产成本，根据市场上需求的变化来安排作物的栽种才能解决。换言之，即只有建立高效率低成本的大农业才能应对这一挑战，而上述小农经济所固有的种种缺陷对此是无能为力的；相反，这些缺陷还会使他们的生产成本持续上升。

一是农民家庭盛行诸子析产制，份地因此越分越小、越分越散。一块份地在传了三代或四代之后，被分成 30 块、40 块或更多的份地是常见的事情。[③] 份地又小又散，耕作起来，往返奔波，大量时间被浪费，生产效率很低。[④]

二是小农的土地虽少，但耕作的各个程序必不可少，耕畜和各种农具必须齐备。但它们闲置的时间多，利用率低[⑤]，小农的产出的单位成本因而很高。18 世纪中期，小农每英亩用耕畜 3—3.5 头，甚至 6 头，远高于当时每英亩用畜 2 头的一般水平。[⑥]

这些，都使小农的生产成本远过于农场。米德兰地区 1770 年的统计资料表明，当地拥有 25 英亩耕地的农户的每亩耕地的总投入为 5.9 镑，而拥有 250 英亩耕地的大地产的每亩总投入只有 4.71 镑，前者每亩耕地的生产成本比后者要高出 25%。[⑦]

生产成本不降反升，生产工具生产技术的陈旧落后，使小农土地的亩产

① 参见［英］约瑟夫·库利舍尔：《欧洲近代经济史》，第 57 页；J. Thirsk, *Agricultural Change：Policy and Practice, 1500-1750*, Cambridge University, 1990, pp. 272,282,283,317。

② 参见 J. Thirsk, *Agricultural Change：Policy and Practice, 1500-1750*, pp. 52,238,308。

③ 参见 J. Thirsk, *The Rural Economy of England：Collected Essays*, pp. 44,45,46。

④ 参见 C. G. A. Clay, *Economic expansion and social change：England 1500-1700*, Vol.1, p. 70。

⑤ 参见 B. Coward, *Social Change and Continuity in Early Modern：England 1550-1750*, p. 10。

⑥ 参见［英］约瑟夫·库利舍尔：《欧洲近代经济史》，第 46 页。

⑦ 参见 B. M. S. Campbell and M. Overton, *Land labour and livestock：historical studies in European agricultural productivity*, p. 246。

量仍停留在中世纪的水平上。低的仅及大农亩产量的 40%，高的也不超过 66%。① 维持一个农家的生存所需要的最低限度的土地面积因而不断地增加。帕利泽说："中世纪的典型农家拥有的 15 到 20 英亩的份地，在物价上升的 16 世纪已不够维持一个农家的生存了。"到 17 世纪初，50 英亩耕地才是一个农户生存的安全线。结果，降到生存安全线以下的小农和下层约曼越来越多。他们丢失土地，沦为雇工也就势所难免。②

其次，产出少，储蓄就低，一遇天灾人祸，就只能出卖本已不多的牲畜农具，抵押土地、借钱度日。丰收了，粮价会下跌，小农没有储蓄缴纳租税，只能忍痛卖粮。所以，对于小农来说，无论收成好坏，都是灾难，特别是坏年成。而 16、17 世纪的坏年成又特别多。结果，一遇灾荒，不是因土地被抵押而破产，就是避债而逃亡。17 世纪期间，坎贝斯村的大半小农就这样消失了。③

其三，小农的份地大都是公簿地。虽然，其对土地的权利受习惯法的保护，但是，人们会对习惯法做出不同的解释，争执的双方只能诉至法庭。然而，上法庭的耗费十分惊人。1612 年，诺桑普顿郡的一个人将其案件诉至法庭，头一次就花费了 10 镑。据他估计，到结案时，最少要开支 100 马克。④ 如此耗费，小农如何承担得起？因此，他们无力抵抗贵族们因追求市场利益而掀起的圈地运动。

无法利用市场经济大潮提供的种种机遇，又无法应对它所提出的挑战，因此，英国小农的灭亡是不可避免的。到工业革命前夕，英国的小农已残存无几。

3. 被市场大潮推上浪尖的约曼

在市场经济大潮的面前，乡绅、约曼中的一些人则走上了与小农截然相反的道路。他们不仅没有被这个浪潮淹没，反而被它推上浪尖，积累起大量

---

① 参见 C. G. A. Clay, *Economic Expansion and Social Change：England 1500–1700*, p. 81。
② 参见 D. M. Pailiser, *The Age of Elizabeth：England under the Later Tudors, 1547–1603*, p. 217。
③ 参见 C. G. A. Clay, *Economic Expansion and Social Change：England 1500–1700*, pp. 92–95。
④ 参见 M. Campbell, *The English Yeoman under Elizabeth and the Early Stuart*, pp. 122–124,133,139,140,155。

的土地和财富，不是成批地将土地租出成为地主，就是租进大量土地雇工生产，成为农场主。其之成功，既有其自身的原因，即他们根基雄厚，本来就占有大量的土地和资金；但也离不开市场经济大潮为他们提供了前所未有的机遇。

第一，他们占有的土地多，产量多，余粮多，因而能够利用不断扩大的农牧产品市场和农牧产品的升值而大发其财。1612 年至 1618 年间，约曼洛德每年从其土地中获得的收入为 319 镑 9 又 1/4 便士至 453 镑 3 先令 1/2 便士，除去支付的工资、种子、什一税、国税、给穷人的施舍等开支，每年纯利润为 120 镑 14 先令 7 便士到 160 镑 2 先令 1/2 便士。[①] 所获得的利润为前述那个占地 30 英亩，一年只有 3.22 镑的剩余的农夫的 40 倍。但洛德的年收入只及肯特郡和伦敦近郊的约曼的年收入的平均水平，而那里年收入达千镑的约曼大有人在。[②]

乡绅、约曼资金雄厚，又拥有较多的马匹，较好的运输工具，这使他们能将小农所剩无几的粮食、羊毛收购后转卖，形成了一个庞大的批发商阶层，成了农牧产品价格上涨的主要受益者。[③] 不仅如此，他们还囤积居奇，欺行霸市，牟取暴利。在粮价上涨的灾年，别人都因粮食猛涨而受损，唯有乡绅和约曼从中受益。故此，在这样的年头里，他们特别活跃，为此，他们常常遭到道德家们的谴责和政府官员的处罚。其中的牧羊主，出售自己羊毛，也充当羊毛中间商，甚至经营毛纺业，从中获得丰厚的利润。西部和北部的很多乡绅因此而成为著名的工业家、商人乃至贵族。[④]

第二，金融市场的发展，使他们能凭借土地、产业和储蓄作保证，通过信用与他人进行贸易往来；也能在需要资金的时候以优惠的条件取得贷款[⑤]；还能大肆放债，成为仅次于商人的高利贷者。借贷须用土地作抵押，故放债不仅使他们获得大量的利息，也是他们廉价夺取小农土地的重要途

---

① 参见 M. Campbell, *The English Yeoman under Elizabeth and the Early Stuart*, pp. 216, 218。
② 参见 J. Thirsk, *The Rural Economy of England：Collected Essays*, p. 151。
③ 参见 J. Thirsk, *The Rural Economy of England：Collected Essays*, pp. 58, 69。
④ 参见 M. Campbell, *The English Yeoman under Elizabeth and the Early Stuart*, pp. 188, 190, 197; C. D. Ramsay, *The English Woolen Industy 1500-1750*, pp. 50, 52, 69。
⑤ 参见 M. Campbell, *The English Yeoman under Elizabeth and the Early Stuart*, p. 140。

径。[1] 大量无法应对市场经济大潮挑战的小农，则又为他们提供了丰富的廉价土地和劳动力的来源，使他们能够集中土地，扩大生产规模，成为农业资本主义生产方式的代表人物。

第三，市场经济大潮所提供的农业外的种种营生机会也为乡绅、约曼在农业外获得了大量的财富。坎贝尔说，约曼不是一个单纯的农夫，而是集多种身份为一体的人。贩运羊毛、毛呢，投资水车、酒店、商店、染房，做裁缝、面包师，采煤、开矿、炼铁、开毛织厂，制作陶器，当军需商等。[2] 17世纪时，柴郡的许多约曼在当地盐场中占有股份；1608 年，萨西克斯郡的一个约曼拥有一个远近闻名的玻璃作坊；萨默塞特郡的一个叫德里克的约曼是个商人，同时又拥有一个铅矿[3]；在萨西克斯郡的 25 个最富有的家庭中，就有 21 家既经工又营商。[4]

第四，农具的改良，技术的进步，也为乡绅、约曼所用，给他们带来了实惠。因为与市场的长期交往所培植出来的市场意识，开阔的眼界，使他们很少有小农的那种保守意识，故他们往往是新技术、新农具、新作物的热心推广者、农业改良者。德文郡和萨默塞特郡的很多约曼都是著名土地改良者。他们用草木灰、石灰泥等肥料来改良劣质耕地，用四圃制、五圃制代替传统的二圃制、三圃制[5]，使其农场的单位面积产量大幅度上升，一般情况下，都要比传统小农高出 50%—150%。[6]

第五，随市场经济大潮而来的土地市场的发展，则为一些乡绅、约曼集聚土地创造了大好的机遇。因为能够利用市场经济大潮所带来的种种机遇的他们能够因此而积聚起大量财富，从而能够大量购地、垦荒；在宗教改革时期和大革命时期拍卖教会、王室贵族的地产的几次卖地高潮中，乡绅、商人和手工作坊主都是主要买主。[7] 在历次的圈地运动和日常的土地交易中，除

---

① 参见 D. C. Coleman, *The Economy of England 1450-1750*, p. 46。

② 参见 M. Campbell, *The English Yeoman under Elizabeth and the Early Stuart*, pp. 156-166,207。

③ 参见 M. Campbell, *The English Yeoman under Elizabeth and the Early Stuart*, pp. 156-166,207。

④ 参见 H. Kamane, *European Society 1500-1700*, p. 134。

⑤ 参见 M. Campbell, *The English Yeoman under Elizabeth and the Early Stuart*, pp. 171,172,183。

⑥ 参见 C. G. A. Clay, *Economic expansion and social change：England 1500-1700*, Vol. 1, p. 81。

⑦ 参见［英］施脱克马尔：《十六世纪英国简史》，第 42、43 页。

了商人、手工场主和市民外，乡绅约曼也是主要的购买者。[①] 结果，乡绅成了英国最大的地主阶级。1640 年，王室土地占全国土地总面积从 1561 年的 9%下降到 2%；同期，贵族地产从 12.6%降至 6.7%；而乡绅的地产则从 67%升至 80%。[②]

能够充分利用市场经济大潮带来的机遇，就能够积累起财力，有效地应对市场经济大潮提出的挑战；同时，绅士和约曼还能够凭借生产规模的扩大和生产方式的改变来充分利用专业化、市场化所带来的优势，以有效的方式来应对这些挑战。

农牧产品市场的扩大、价格的上涨、工资的下降、分工的进步、市场网络的发展等，这些为市场经济大潮所带来的机遇和挑战都为农牧业的生产的商业化、专业化及其雇工生产创造了必要条件。乡绅和约曼因此能够集中土地，雇工经营，根据市场变化，实行专业化生产，有效地降低了生产成本，成功地回应了市场经济大潮所来的一系列挑战。

土地集中经营，在劳动时间上就是一个巨大的节省。它不需要劳动力和农具在土地之间频繁地转移，还能提高耕畜和农具的利用率，每套农具，每头耕畜的耕作面积为小农的几倍、十几倍；为了降低成本，约曼、乡绅还尽量少雇长工，多雇季节性的临时工和童工。由于能获得规模经济的效益，农牧业生产成本自然远低于小农。1770 年，米德兰地区占地 25 英亩的小农平均每亩耕地用工支出为 1.631 镑，每亩草地为 1.298 镑；而占地 250 英亩的大农却为 0.807 镑和 0.538 镑，只及小农的 49%和 41.45%；18 世纪中期，小农每亩用耕畜 3—3.5 头，而约曼则每亩仅用畜 2 头。[③]

土地集中经营，约曼、乡绅即可根据土质、地理位置、自然条件和市场需求的变化，因地制宜地安排适销对路的产品，农业的专业化因此而发展起来。[④] 这进一步降低了生产成本，也能充分利用产品价格上涨的机遇，增加其货币收入。16 世纪后期，栽种菘蓝和麻的收益为栽种谷物的 5—6 倍，一

① 参见 C. G. A. Clay, *Economic expansion and social change*: *England 1500-1700*, V. 1, pp. 153,154; J. E. Martin, *Feudalism to Capitalism*: *Peasant and landlord in English agrarian development*, p. 137。

② 参见 R. H. Tawney, J. M. Winter, *History and society*: *essays by R. H. Tawney*, p. 113。

③ 参见［英］约瑟夫·库利舍尔：《欧洲近代经济史》，第 46 页。

④ 参见 M. Campbell, *The English Yeoman under Elizabeth and the Early Stuart*, pp. 168-182。

亩蛇麻草价值 20 镑，一亩蕃红花可获纯利 20—30 镑，一亩三叶草为 10—12 镑，而一亩最值钱的小麦也仅值 5—6 镑。① 只能种麦以糊口的小农无利可图，乡绅、约曼栽种经济作物则可大获其利。

既能充分地利用市场经济大潮带来的发财机遇，又能有效地应对它带来的挑战，大农的兴起因而是不可阻挡的。由于他们基于雇佣劳动之上，又都为市场生产，故他们的兴起也就是资本主义大农业的产生。这一切的发生，除其先天优势外，全得力于市场经济的发展。因为约曼们要实现其产品的价值，就需要很大的市场来出售其产品；要雇工生产，就需要有大量的廉价的劳动力的供给，约曼的兴衰存亡因而完全依赖于市场的兴衰。也正因此，市场的贸易条件和物价是约曼们最关心和最费心的问题，也是其采用何种经营方式及其经营成败的关键。② 故此，英国各地乡绅和约曼兴起的快慢和富裕的程度就主要取决于当地的市场条件。市场条件越好，他们兴起就越快；反之，小农就会活得好一些，约曼和乡绅就会步履艰难。17 世纪末，传统农业区是乡绅、约曼横行的天下，而在一些畜牧区，特别是山区，财富的分配却仍然比较平均。克莱等人分析其缘由是，畜牧产品价格的波动没有粮食价格的波动那么剧烈，乡绅、约曼也就因此而失去了一个囤积居奇、买空卖空、牟取暴利的机会；同时，这里公共草地多，尚未被侵占殆尽，小农仍然可以放牧牲畜以维持生计，可以少受一些盘剥。③ 因此，纵览 15 世纪末以来的英国经济局势，即可发现，越是市场经济发达的农业地区，地租租期就越短，地租就越高，土地买卖就越兴隆，小农的生计就越是艰难，地主就越多越富。肯特的约曼富甲天下，因为他们靠近伦敦；康沃尔郡的约曼穷，因为他们地处西南边陲，约曼的富裕程度是随他们离市场的距离的加大而递减的。17 世纪初，伦敦附近的约曼的年收入是 200—500 镑，而德文郡的最多也不超过 100 镑。难怪坎贝尔在系统地研究了英国约曼的经济状况后写道："约曼的经济繁荣主要依赖于好的市场条件"④。

① 参见 J. Thirsk, *Agricultural Change: Policy and Practice*, pp. 28, 30, 168, 275。
② 参见 M. Campbell, *The English Yeoman under Elizabeth and the Early Stuart*, C. G. A. lay, *Economic expansion and social change: England 1500-1700*, pp. 58, 151。
③ 参见 C. G. A. Clay, *Economic Expansion and Social Change: England 1500-1700*, p. 99。
④ 参见 M. Campbell, *The English Yeoman under Elizabeth and the Early Stuart*, pp. 77, 218, 194。

市场经济大潮不仅催生了英国的资本主义地主阶级和租地农场主，还为这一过程提供了安全保证。因为蓬勃的劳动力市场吸收了农村中大量剩余劳动力，致使英国农业劳动力占劳动力总数的比例从 15 世纪末的 90% 下降到 1750 年的 45%。[1] 这就决定了尽管圈地运动夺走了大量农民的耕地，不少农民因生存条件恶化而丢掉了土地，但丧失了土地的农民又重新获得了谋生的途径，他们也就没有必要去铤而走险以掀起大规模的社会动乱。如果没有市场经济大潮这个安全阀，英国地主阶级即使诞生了也会夭折，小农经济就是衰亡了也会再生，中国历代封建王朝兴衰更替的历史就是明证。

综上所述，无论是小农经济的衰亡，还是资本主义大农经济的兴起，都是市场经济大潮的产物。其之如此，关键就在于市场经济使小农和大农以无钱和有钱之差别而分别走上了不同的道路。无钱的小农既无法利用市场经济提供的发财机遇，又无法有效地应对它提出的挑战，市场经济带给他们的只能是衰败灭亡；反之，大农则进入了以市场经济为核心的那个复合超循环。他们和市场经济相互复制、相互催化，故带给他们的只能是越来越富。当然，他们之中也有许多人并非总是能抓住市场经济带来的机遇以致衰败下来，正因如此，16 世纪以后英国市场经济大潮中被淘汰的不仅有小农，还有许多约曼、传统贵族甚至小乡绅。可见，英国小农经济被大农经济所取代的机制与著名的马太效应的机制是一致的。通过这一机制，市场经济分化了小农，将其整合成了大农经济。因此，无论是小农经济的衰亡消失，还是大农经济的兴起，都是"无情的市场力量的产物"[2]。

随着大农经济的兴起，昔日一统天下的小农经济已成为一种补充[3]，家庭农场和租地农场成了英国农村的主要农业经济组织。[4] 此外，乡民中还有不少的专职商人、独立工匠、运输业者、兼营工商业的农户等。至于下层阶级就更复杂了，除了典型的农业工人外，还有小商、小贩、临时性的雇工。其中最值得一提的是仆人，因为他们人数众多。人口统计资料表明，从 16

---

① 参见 S. M. Jack, *Trade and Industry in Tuder and Stuart England*, George, p. 27。

② 阿穆森：《近代早期英国经济和农业社会》，王觉非编：《英国政治经济和社会现代化》，第 216 页。

③ 参见 G. E. Mingay, *Enclosure and Small Farmer in the Age of the Industrial Revolution*, p. 30。

④ 参见 D. B. Grigg, *English Agriculture：a Historical Perspective*, Blackwell, 1989, pp. 112, 145。

世纪初到 19 世纪中期，近一半的农民家庭和约 1/4 的工匠、商人家里有家仆和学徒。[①] 且每个家庭所拥有的仆人还为数不少。"即使普通的中间阶层家庭也有四五个仆人，贵族家庭有 50 个仆人，有的甚至更多。"以致有人说"家庭服务雇用了最多的劳动力"[②]。这一切都意味着，随着地主—农场主—雇工的三层阶级结构取代传统农村的贵族—农奴的二层结构，英国农村的职业结构、阶级结构是越来越复杂，英国的经济结构已远离平衡态。

三、导致了农业革命

结构决定功能，随着英国农村经济结构逐渐远离平衡态，一系列技术革新随之而生：诺福克四茬轮作制的推广、牧业的改良、农业机械的应用、灌溉和排水系统的完善等，以及随之而来的农田单产量、粮食和畜牧产品总产量的迅猛增长，这即是人们通常所说的农业革命。[③]

1. 市场经济是农业革命之源

本来，自厄恩尔勋爵的《英国农业：过去与现在》于 1912 年出版后，人们就一直把农业革命等同于圈地运动和大农场的兴起，认定大农场的产出远高于敞田制度和小农经营。[④] 20 世纪中期以后，一些学者认为过去津津乐道的以"萝卜汤森"为代表的上层精英掀起了农业革新的传闻并非事实，农业革命应归功于依靠自家的劳动力来从事商品生产的家庭农场主[⑤]，而不是圈地运动和大农场；他们转而用农业技术的发展、单产的增加和劳动生产率的提高等来定义农业革命。认为农业革命至少有三个标准。一是实现了农业技术的多方面进步；二是农业产出的增长能应对人口的增长；三是

---

① 参见 L. Stone, *The Family*, *Sex and Marriage in England 1500-1800*, New York, 1985, pp. 28, 84。

② J. Carswell, *From Revolution to Revolution*: *England 1688-1776*, London, 1973, p. 18.

③ 参见 P. Deane & W. A. Cole, *British Economic Growth*: *1688 - 1959*, Cambridge University Prss, 1969, p. 2.

④ 参见 M. E. Turner, B. J. V. Beckett, *Farm Production in England*, *1700 - 1914*, Oxford, 2001, pp. 9-10.

⑤ 自耕农又谓家庭农场，是欧美史学界对近代英国农户的称谓。其前身主要是由农奴转化而来的公簿持有农和契约农。请参见杨杰：《英国农业革命和家庭农场的崛起》，《世界历史》1993 年第 5 期。

农业产出的增长源于单产量和个人劳动生产率的增长，而不是依赖于种植面积的扩大。[1] 显然，他们之所以断言家庭农场是农业革命的根源和动力，就是因为家庭农场符合这三个标准。

为此，他们主张研究农业革命时，应该由下向上看，而不应该由上往下。[2] 并为此将占地 100 英亩作为划分大农场和家庭农场的硬性指标，再以 17 世纪末之前，大农场所占面积仅有全国耕地总面积的 1/3 为由，反对将农业革命归功于圈地运动和大农场。而家庭农场之所谓为下，是因为他们是不雇工，仅靠自己家人劳作的自耕农。

事实上，这是对实际生活的无知和对英国历史的误解。无知是说，他们认定家庭农场主要靠自家的劳力，无须雇工，即使雇工，也是用家人互换来的"周期性仆从"，"与工资劳动力在性质上完全不同"，故仍力主将这类农场划为自耕农。[3] 这就表现出了论者对实际农作的无知。众所周知，100 英亩等于 600 市亩，这在以旱地为主的中国北方也得大量的雇工才能耕种。近代中国一个农家最多也只能耕种百亩旱地，而水田最多 40 市亩。[4] 因此，就留下个疑问，在现代农业机械远未问世的 16 到 18 世纪，英国农民的劳动能力真的能远超同期的中国农民？是其身高体大，还是其能力过人？显然，对此作肯定的回答是不足服人的。因此，同大农场一样，家庭农场也一定是雇佣农场，他们一定要雇工，否则，生产就无法进行。而史料也是如此记载的，中世纪西欧中等农户所耕种的份地一般为半个份地，即 15 英亩左右，过此就要雇工。近代以降，英国的农具有所改进，户均耕地有所增加，但对 16 世纪及其后一个农户仅靠自家劳动力能耕种的土地数量，大家的估算却不一致。有的认为最多 30 英亩[5]；有的则认为不超过 50 到 60 英亩；60 英亩至 100 英亩的农场则是使用家人和雇工各一半，可划归小农场之列。[6] 反

[1] 参见 M. Overton, *Agricultural revolution in England：The transformation of the agrarian economy*, *1500-1850*, p. 7。

[2] 请参见杨杰：《从下往上看——英国农业革命》，中国社会科学出版社 2009 年版。

[3] 参见 P. Laslett, *Family Life and Illicit Love in Earlier Generations*, Cambridge, 1978, p. 34。

[4] 参见郑霅：《吴郡志》卷十九；《古今考·续考》卷十八《附记班固计井田百亩岁出入》；薛季宣：《浪语集》卷二十《与宋守论屯田利害》。

[5] 参见 P. Bowden, "Agricultural Prices, Farm Profits, and Rents", in J. Thirsk, *The Agrarian History of England and Wales*, V.4, *1500-1640*, Cambridge, 1967, p. 652。

[6] 参见 R. C. Allen, *Enclosure and the Yeoman*, p. 57。

对者也承认这是事实，但辩驳说，他们所用的雇工是用家人互换来的"周期性仆从"，"与工资劳动力在性质上完全不同"，故仍力主将这类农场划为自耕农。^① 这在逻辑上是不通的，因为奴仆和家人的互换并不改变劳动力的数量，既然有多余家人来换奴仆，那也就意味着用其家人就足可耕种 100 英亩耕地，因此，他实际上仍是主张，当时的英国自耕农一家，仅靠自家的劳动力就可户耕 60 英亩到 100 英亩。这显然与实际情况是相悖的。据当时各地档案资料反映，16 世纪时的英国，户均人数为 4.75 人；基本上都是夫妻二人带两三个未成年的孩子，三代同堂的只占总户数的 6%，已成人的孩子都外出打工而不和父母同住了。因此，一个农户的劳动力就是"一对夫妻"，"不包括子女"^②，决不超过盛行大家庭的古代中国农户。中国农户户均耕地不过 17 英亩，英人却可户耕 100 英亩，没有阐明特殊原因，只能使人认为这是天方夜谭。

对英国历史的误解是说反对者并不了解黑死病过后英国农村的实际情况。与西欧大陆各国不同，此时的英国，已经确立了绝对所有权的观念。因此，家庭的土地并非属家庭全体成员所有，而为夫妻二人独享，其中，妻子占 1/3，其余归丈夫一个人所有。"儿子与父亲的持有地毫不相干"；长子长女亦如此，除非其父母"已经先期采取了限定继承这样的人为手段，正式指明他为遗产继承人"。所谓限定继承，即是说父亲仍有权以其不孝等为由剥夺他的继承权。所以，当时的英国农村，"子女一俟成为全劳力——女孩十至十四岁、男孩十五岁——便全部脱离家庭"^③，外出打工，而不是像中古典型的农户那样全家老小共同经营份地。故此，实际情况绝非如反对者所说，雇工是用家人换来的。再说，此时的英国连农奴的劳役都没有了，哪还有什么奴仆，他们都是雇工。因此，实际情况是，15 世纪后英国盛行的所谓家庭农场也都和大农场一样，绝大多数也是雇工经营的，即使雇的不是长年工，也是季节工，因而都是雇佣农场，而不是什么家庭农场。

可见，以 100 英亩为界来划分雇工不雇工，进而藉此来对农场作家庭农

---

① 参见 P. Laslett, *Family Illicit and Illicit Love in Earlier Generations*, Cambridge, 1978, p. 34。

② 参见 [英] 艾伦·麦克法兰：《英国个人主义的起源》，第 85、100、104、106-108、183、184、190 页。

③ 参见 [英] 艾伦·麦克法兰：《英国个人主义的起源》，第 83—85、103、111、112、114 页。

场和大农场之分是不符合实际的，是反对者为了证明己论而刻意而为的。而我们真正要弄清楚的问题是：农业革命因何而来？是来于占地较少的小农场，还是占地较多的大农场；是不是占地少于 100 英亩，劳动生产率越高；大于 100 英亩，劳动生产率就越低。

首先，反对者就遇到这样一个难题：如果 100 英亩以下的农场比 100 英亩以上的农场更有经济效率，因而是农业革命的主力军，那么，为何大量史实表明从 16 世纪之后，100 英亩以下的农场持续减少，而 100 英亩以上的农场却持续增加？[1] 托尼调查了 8 个郡中的 60 个农场，发现 100 英亩以下的小农场只有 13 个，其他的都是 100 英亩以上的农场，其中 300 英亩以上的大农场有 17 个。[2] 莫尔顿掌握的史料也表明全英 100 英亩以下的农场显著减少，300 英亩以上的大农场有明显的增加，农场数量因而大幅度减少。1740 年到 1788 年间，英国农场总数减少了 4 万个以上，平均每个教区减少 4—5 个。[3] 阿伦对 1790 年米德兰南部 690 个村庄所作的统计表明，100 英亩以上的大农场的数量虽然在该地区 10 英亩以上的农场总数中只占 60.3%，但是它却占有该地区农场土地总面积的 91.1%。[4]

至此，谁对谁错应该是不说自明的了，如果小农场比大农场更有效率，那为何它们同传统小农一样越来越少？而更令论者无法回答的是，伴随着英国大农场的越来越多，英国的农业劳动生产率是越来越高，而不是越来越低。各方面的史料表明，1612 年到 1800 年间，英国小麦的平均亩产量从 8 蒲式耳增加到 20 蒲式耳[5]；到 18 世纪，其谷物总产量增加了 40%。[6]

① 参见 A. H. Johnson, *The Disappearance of the Small Landowner*, Oxford, 1909, pp. 132, 133; J. Thirsk, *The Agrarian History of England and Wales*, V. 5, p. 547; G. E. Mingay, *Enclosure and Small Farmer in the Age of the Industrial Revolution*, p. 30; E. Davies, "The Small Landowner, 1780-1832, in the Light of Land, Tax Assessments", in *The Economic History Review*, V. 1, (1927-1928), pp. 98-100。

② 参见 R. H. Tawney, *The Agrarian Problem in the Sixteenth Century*, pp. 212, 259。

③ 参见［英］阿·莱·莫尔顿：《人民的英国史》，第 264—266 页；保尔·芒图：《十八世纪产业革命》，第 135 页。

④ 参见 C. A. Robert, *Enclosure and Yeoman: the Agricultureal Development of the South Midland, 1450-1850*, New York, 1922, pp. 89-95。

⑤ 参见 D. C. Douglas, *English Historical Documents*, V. 2, London, 1956, p. 218; M. Overton, "Estimating Crop Yields from Probate Inventries: An Example from East Anglia, 1585-1735", *Economic History Review*, 1979 (39), pp. 363-378。

⑥ 参见 E. Royle, *Modern Britain: a social history 1750-1985*, London, 1987, pp. 1-2。

1610—1860 年间，英国的农业劳动生产率以年均 1% 的速度增长。[1] 其中，"中部地区农民的生产力以每年 0.2%—0.3% 的稳定速度增长了 200 年"，1700 年到 1760 年间，英国人口仅增长 0.44%，人均占粮得以增长，1700 年后，英国就"成了粮食出口大国"[2]。到 1750 年 英国粮食出口数量达到了 20 万吨，占到全国粮食总产量的 20%，英国因而有了欧洲的粮仓之美誉。被欧洲旅行家称为"肥沃之地"，富饶之岛，[3] 而英国人也因此而永远摆脱了"马尔萨斯陷阱"。17 世纪前，英国平均每 100 年要遭受饥荒 12 次，17 世纪时发生了 4 次饥荒，18 世纪前 60 年，全英国再没有出现严重的粮食不足。[4]

在这两个世纪内，英国的马、牛，特别是羊的品种有了显著的改良。1700 年，牛、羊的屠体平均分别只有 370 磅、38 磅，到 1800 年时，已分别增加到 800 磅、80 磅，增加了一倍多。[5] 对此，圈地功不可没。蔓青、三叶草、驴喜豆和黑麦草等饲料作物随着被圈地的增加而广泛栽种，长期困扰畜牧业发展的冬饮料问题得到解决，牲畜存栏量迅速上升。在 571 个有统计资料的被围圈的教区中，牛的存栏量上升的有 354 个；在 721 个有统计资料的被围圈的教区中，羊的存栏量上升的有 407 个。[6] 从全国范围看，在此期间，羊的数量增加了 2 倍，牛的数量增加近一倍，英国被人们公认为是农牧业结合做得最好的国家。[7]

16 世纪时，英国同法国之间的差异并不明显，之后，距离是越来越大。[8] 1600—1800 年间，英国人均产量增长了 73%，而法国只增长了 17%。从 1650 年到工业革命，英国的人均产量比法国、爱尔兰、荷兰、德国、比

① 参见 P. Hudson, *Industrial Revolution*, p. 65。

② 参见 [英] 罗伯特·杜普莱西斯：《早期欧洲现代资本主义的形成过程》，第 232、233 页。

③ 参见 [法] P. 布瓦松纳：《中世纪欧洲生活和劳动》，第 240 页；D. C. Coleman, *The Economy of England 1450-1750*, p. 41。

④ 参见 C. Gipolla, *The Industrial Revolution 1700-1914*, London，1976, p. 484。

⑤ 参见 [法] 保尔·芒图：《十八世纪产业革命》，第 127 页；L. Ernle, *English Farming：Past and Present*, London：Longmans，Green Co.，Ltd，1927, p. 188。

⑥ 参见 A. Young, *General Report on Enclosure*, New York：Columbia University，1771, p. 42。

⑦ 参见 D. C. Douglas, *English Historical Documents*, V. 2, 1956, p. 218。

⑧ 参见 [法] 费尔南·布罗代尔：《15 至 18 世纪的物质文明、经济和资本主义》第 1 卷，第 140、141 页；P. Hudson, *Industrial Revolution*, p. 76。

利时高出 40—50%。[①] 1500—1549 年间，英国的小麦、裸麦和大麦的收获与种子之比为 7.4∶1，法国、西班牙和意大利为 6.7∶1；到 1750—1799 年，英国升至 10.1∶1，3 个国家却只有 7∶1。[②] "英国农业成为欧洲效率最高的农业"。其生产效率甚至超过了低地国家一流的省份。[③] 17 世纪末，英国一个人务农可养活 1.7 个人，到 1780 年，养活的非农业人口升到 2.5 个；而此时的法国，一个农民仅能养活 1.3 个人[④]，同百年前相差无几。其原因就是法国一直保留着传统的小生产方式。[⑤]

随着 100 英亩以下的小农场越来越少和 100 英亩以上的大农场越来越多，英国农牧业劳动生产率不是越来越低，而是越来越高；与大陆的差距不是越来越少，而是越来越大。这些无可置辩的史实难道还不足以说明英国农业革命的主力军到底是谁吗？但是，这并不是说小农场对农业革命没有贡献，而只是说，无论谁是农业革命的主力军，是小农场，还是大农场，都是市场经济发展的产物；也都比中世纪的那些中等农户的生产规模更大，更能适于为市场生产，更有力量开展农业技术革新，因而更有经济效率，更适于进行技术革新；更何况，农业革命中的许多成果也都是直接来自市场经济的。

首先，与中世纪的中等农户相比，大农场和小农场的生产成本低，能取得规模效益；而新农业器械和新的农牧品种的采用也都以一定的生产规模为前提，然而，如前所述，离开了市场经济对小农的分化瓦解，近代以来英国农业经营规模的扩大是绝不可能的事情。

其次，羊毛和毛呢的输出使羊群增加，家畜粪便也随之增多；农田施肥量上升。这就必然导致英国农田产量的大幅度上升。16 世纪时，草地面积

---

① 参见 P. Hudson, *Industrial Revolution*, p. 76。
② 参见［英］M. M. 波斯坦、D. C. 科尔曼、P. M. 马赛厄斯主编：《剑桥欧洲经济史》第五卷，p. 81；P. Kriedte, *Peasants, Landlords and Merchant Capitalists: Europe and the World economy 1500 - 1800*, p. 22。
③ 参见［英］罗伯特·杜普莱西斯：《早期欧洲现代资本主义的形成过程》，第 232、233 页。
④ 参见 R. Brenner, "The Agricultural Origins of the Capitalism in Europe", *Past and Present*, 1982 (70), p. 197。
⑤ 参见［法］马克·布洛赫：《法国农村史》，第 262—269 页。

已占到英国土地总面积的 45%[①]，而在法国，草地面积却一直只占其土地总面积的 14% 左右。[②] 草地少，牲畜就少，能提供的粪肥有限。由于缺乏肥料，法国的土地在耕种一两年后 就因过于贫瘠而只得休耕。其结果，直到 18 世纪，法国 2000 万公顷左右的耕地中，每年的休耕地还多达 700—800 万英亩，以致极大降低了法国的粮食的产量。而能大肆养羊的英国就不同了。科尔曼说，众多家畜的粪便肥了草地和耕地，牧场与耕地的交替利用实际上又等于土地的休耕和施肥，这样即便是没有法国农民的辛劳，英国农民也提高了其农田的产量。[③]

其三，牧场多使英国豢养的耕畜也远超法国。而耕畜的多少，关系到能否满足农业技术革新和农业经营规模扩大的需要。让·扎加研究了 17 世纪时巴黎附近的 60.7—91.05 公顷的大农场的情况，发现每个农场仅有 1—2 匹马或 2 头公牛、1 架犁、1 辆马车和别的一些小农具。他说，即使雇佣牲畜运输，这点畜力和农具也不足以耕种这么大面积的农场。200 年后，这种情况仍无改观。[④] 牧场缺乏不仅使法国马少，马的体质也很差。虽然王室建立了许多种马场，但改良后的好马也因受制于有限的牧场而难以在全国推广。因此，尽管到 18 世纪时，法国的租地农场主人数不过 3 万，他们中大多仍只有 1—2 匹马和 2—3 架犁[⑤]，而 18 世纪经改进的新式犁需要两匹马拉才能工作。一般小农则根本没有马，只能用吃得较少但力量不大的驴子来拖拉名叫"阿洛克斯"和"阿莱尔"的两种小型犁耕种。[⑥] 畜力不足，严重地限制了农户的经营规模。据魁奈计算，牛一天所耕之地只是马的 1/4。[⑦] 可见，英国一户自耕农能耕之地之所以能从中世纪一个小农户户均 30 英亩增加到 60 英亩，耕马和新农具的使用是功不可没的。那为什么耕马和新农具在法国如此缺乏，而在英国如此多？离开了英国市场经济的发展远过于法国，其他答案都是无法成立的。这说明，英国农民户均耕地能从中世纪占地 15 英亩

① 参见 R. H. Tawney, *The Agrarian Problem in the Sixteenth Century*, p. 226。
② 参见〔法〕魁奈:《魁奈经济著作选集》，吴斐丹、张草纫译，商务印书馆 1983 年版，第 6 页。
③ 参见 D. C. Coleman, *The Economic of England 1450-1750*, Oxford University, 1977, p. 41。
④ 参见 P. Earle, *Essays in European Economy History*, *1500-1800*, pp. 166,167。
⑤ 参见〔法〕魁奈:《魁奈经济著作选集》，第 27 页注①。
⑥ 参见〔法〕马克·布洛赫:《法国农村史》，第 40 页。
⑦ 参见〔法〕魁奈:《魁奈经济著作选集》，第 6 页。

上升到60英亩、100英亩，乃至100英亩以上，都是市场经济发展的结果。

可见，不论从哪个方面讲，市场经济都是农业革命之源，农业生产组织上的一切变革都是市场经济对传统小农经济分化整合后的成果。虽然，羊毛毛呢出口导致的牧羊业的发展给农业革命提供了很多物质上的支持，但更关键的是，它变革了农业的生产方式和生产组织，用雇佣制的农场替代了传统的小农，因此，市场经济是农业革命之源的结论是经得起推敲的。

2. 农业革命的影响

农业革命是工业革命发生的前提，这已是人们的共识，但却很少有人认识到，依据系统结构变革相关性原理，农业革命为工业革命提供条件，奠定基础是必然的。具体来讲，其影响主要有下述几点：

第一，满足了人口增长对农牧产品的日益增长的需求。如前所述，前工业化带来了英国人口的大幅度地增长，而英国的农业不仅能满足其不断增长的人口对粮食和畜牧产品的需求，还能根绝饥荒，使英国的人口平均死亡率不断下降。从18世纪初的35%—40%下降到1760—1780年间的30%；人口出生率不断攀升，从1630—1740年间的8%—10%增加到1740—1850年间的15%，致使英国在工业革命发生前夕成为欧洲人口增长最快的国家；并在17、18世纪时就拥有比"荷兰以外的欧洲大陆各国拥有更多的城市人口"。民众的生活水平也得到了普遍的提高。近代以来，整个欧洲都将白面包的消费视为生活舒适的最重要的标志之一，而英国在18世纪时就是以"白面包之国而闻名的"；"在佛兰芒人或者是法国人穿木底鞋时，英国人则要求穿皮鞋了"。他们的生活水平比欧陆人高得多，"工人的工资水平是法国工人两倍"，恩格尔系数则比西欧大陆低得多。[①]

第二，为工业革命提供了充足的劳动力。史料显示，1700年至1800年间，英格兰和威尔士的人口总量增加了81%，而农业人口只增长了8.5%；致使两地的农业人口在两地总人口中的比重从60%下降到36%。这表明有大量的农业人口从乡村进入城市，从农业进入工业。这种情况之所以发生，关

---

① 参见［英］M. M. 波斯坦、H. J. 哈巴库克主编：《剑桥欧洲经济史》第六卷；H. J. 哈巴库克、M. M. 波斯坦主编：《工业革命及其以后的经济发展：收入、人口及技术变迁》，第265—269页。

键是农业革命使英国的农业劳动生产率有了巨大的提高。如前所述，1700 年，一个农业劳动力只能养活 1.7 个，到 1800 年则能养活 2.5 人，增长了 47%。[1]

第三，扩大了国内市场。人口的增长，城市人口的增加，消费水平的提升都会扩大国内市场。大量农民转农为商、为工，进入城市，就不仅意味着他们从此要从市场上去购买各种生活资料，还大幅度地增加了对生产资料的需求。如英国对原棉的人均消耗量从 1689—1710 年的平均 90 克上升到 1750—1760 年间的平均 200 克；农具——马蹄铁、犁铧、长柄镰、打谷机、钉耙、铁耙、铁锄、铁碾、土块粉碎机的圆辊等铁制新农具的广泛应用使钢铁的需求量猛增，从 1700 年的 41060 吨增至 1760 年 63000 吨[2]；到铁路尚未问世的 1824 年，英国仅生铁的年产量就达 550000 吨，为 1720 年产量的 20 倍。[3]

第四，为工业革命积累了大量资金。例如，18 世纪初期，在每年农产品收获上市后几个月的时间里，乡村银行都要向英格兰东部和南部的农场主和地主招揽存款，然后再将收入的存款转交给伦敦的交换银行，由后者借贷给生产商。[4] 伯尔纳德在伯德福德的银行，就是用这个办法向兰开夏的棉纺织业和伯明翰的冶炼工业提供了大量资金。[5]

综上所述，近代以来英国农业所取得的进步远超西欧大陆各国，这是英国农村经济结构被市场经济彻底地分化整合，致使其结构的有序度大幅度提升，导致其系统功能远过于西欧大陆各国的结果。结构的变革具有相关性，而结构功能的提升又会反作用于结构，因此，农业革命的成果又必然会为英国下一个产业革命，即工业革命创造诸多条件。

---

① 参见 R. Floud and D. Mccloskey, eds., *The Economic History of Britain since 1700*, pp. 70,71。

② 参见杨沛霆：《科学技术发展史》（上），中国科学及技术政策研究会 1984 年版，第 113 页；[法] 费尔南·布罗代尔：《15 至 18 世纪的物质文明、经济和资本主义》，第 652、653 页。

③ 参见 C. Gipolla, *The Industrial Revolution 1700-1914*, p. 488。

④ 参见 F. Crouzet, ed., *Capital Formation in the Industrial Revolution*, Methuen & Co. Ltd., 1972, pp. 54,55。

⑤ 参见 E. L. Jones, *Agriculture and the Industrial Revolution*, Oxford：Basil Blackwell, 1974, p. 106。

第二十二章

市场经济对英国政治文化结构的分化与整合

近代英国政治结构和文化结构的变迁，固然要听命于其内部的组织指令，但直接动力还是为负熵流所加速的市场经济。

一、政治结构的分化整合

由于中世纪英国的政治权力最初都掌握在国王手上，英国政治现代化的过程因而有两项内容，一是政治权力由国王转移到第三等级和新生资产阶级手中；二是权力本身的分立和相互制衡机制的形成。

第一项内容是宪政建设所追求的目标。它体现为集中在国王手中的政治权力被逐渐地转移到议会特别是下院手中。都铎王朝开始后，下院地位和独立性得到了空前强化。下院提出的议案要得到上院同意才能开始审议的做法已经完全废除；终伊丽莎白一朝，上院的提案从占提案总数的 22.8% 下降到 18.3%，下院成了主要的立法者。[①] 1563 年，下院创议的提案只占该年提案总量的 37%，1584 年则为 65%；1589 年达到 80%；1601 年更高达 90%。[②]

---

① 参见 G. R. Eiton, *The Parliament of England 1559-1581*, Cambridge, 1986, p. 93; J. Loach, *Parliaments under the Tudors*, Oxford, 1991, p. 140。

② 参见 M. A. R. Graves, *The House of Lords in the Parliaments of Esward VI and Mary I*, Cambridge University, 1981, p. 8; M. A. R. Graves, *The Tudor Parliaments*, *Crown*, *Lords and Commons 1485 - 1603*, London, 1985, p. 156; M. A. R. Graves, *Elizabethan Parliaments 1559-1601*, London, 1987, p. 71。

同时，下院对上院议案的修改、否决的情况已习以为常；下院对国家事务的管理空前强化。①

下院代表主要来源于城市市民、乡村骑士和乡绅，如果说，议会的兴起表明政治权力从国王手上分散到大贵族手上的话，那么，下院权力的加强就意味着政治权力又从国王和大贵族手中分散到第三等级的手上。政治结构进一步地分化，权力关联的距离加长，从而为斯图亚特时期的议会与国王的决裂，1640 年的资产阶级革命的爆发种下了根源。

斯图亚特王朝的开国之君詹姆士一世的根深蒂固的"君权至上"的思想必然导致他及其继承人查理一世同议会之间的连绵不断的冲突，最终导致了王权的倾覆。继之的共和制的试验实际上变成了个人独裁。于是，国王和议会又同时登场，再次开始了双方的博弈。成长起来的议会再也不能容忍王权超越自己，于是就有了 1688 年的光荣革命。

光荣革命使议会取得了对王权的决定性的胜利。确立了议会为人民主权所在，议会监管下的政府、司法独立，国王从议会手中接受王冠，遵守议会的监督和制定的法律等政府的基本原则，从而标志着国家政治大权已转移到新兴资产阶级手上，标志着宪政的确立。但是，国王手上还保留了一部分权力，特别是行政权；更重要的是，权力的分立和权力的相互制衡的机制还没有建立起来。只有将国王变为虚君，建立起权力之间相互制衡的机制，英国政治结构才能说实现了现代化。

光荣革命后的英国政府，始终没有忘记国王手中残存的政治权力。光荣革命后第二年问世的《权利法案》重申了人们熟知的诸多"古老权利"，不仅把往日对国王的诸多权利的剥夺视为国家基本法写进该法案，还用"拒绝通过拨款"的办法胁迫国王放弃了立法否决权②，由议会决定常备军人数。③ 1689 年公布的《兵变法案》赋予议会维护军纪的权力，巩固了议会的军权。1694 年的《三年法案》规定每三年必须召开一次议会，每届议会的

---

① 参见 M. A. R. Graves, *Elizabethan Parliaments 1559—1601*, p. 70; H. Townshend, *Historical Collections: or, an exact Account of the Last four Parliaments of Queen Elizabeth of Famous Memory*, London, 1968, p. 99。

② 参见 J. Miller, *The Glorious Revolution*, Longman, 1983, p. 72；程汉大：《英国政治制度史》，第 207 页。

③ 参见 J. Miller, *The Glorious Revolution*, p. 76。

任期最长不超过三年，限制了国王解散议会的权利。17 世纪 90 年代，议会
又相继通过了《国王年金》等几个财政法案，把政府的岁入分为国王年金
和议会特别拨款两部分，并把年金的数量规定得远少于政府的实际需要①，
以迫使国王不得不常寻求议会特别拨款而对议会让步，使国王不得不按议会
的要求来行使尚保存在其手中的行政权、法律赦免权、外交决策权和大臣任
免权等；并最终迫使国王放弃了这些权利②，变成了一个地地道道的虚君。
1701 年颁布的《王位继承法案》甚至剥夺了国王的王位继承自主权和信仰
自由，并规定他不得擅自离开英伦三岛。③ 随着王权手中残余权力的剥夺，
过去依附于王权的内阁转而为议会所控制。到 18 世纪 80 年代，责任内阁制
已基本成形。④

与此同时，集中到下院手中的政治权力因各种原因而被分割开来，并逐
渐形成分立后的各个政治权力相互制约的机制，实现了政法分离、政教分
离等。

所谓政法分离，一是指立法权、司法权和行政权三者独立，互不相干；
司法机构独立，独立审判，法官的任免、薪金、升迁不受行政机构影响与制
约。在英国，政法分离走了两步。第一步是把立法权从国王及其谘询会和内
阁手中夺到下院手中。这始于《大宪章》的颁布，中经议会几百年的努力，
到光荣革命时，议会才成了唯一的拥有立法权的机构。第二步是把议会手中
掌握的部分司法权剥离出去。都铎王朝前，议会要负责审理对王室法庭的上
诉案，还要审理犯有叛国罪或其他重罪的贵族及对大臣的弹劾。为了镇压贵
族们的叛乱，亨利七世建立了星室法庭，从而把犯罪贵族审理权从议会夺了

① 参见［英］比几斯渴脱：《英国国会史》，［日］镰田节堂译、（清）翰墨林编译印书局编译，中国政法大学出版社 2003 年版，第 115—122 页。
② 参见 H. Horwitz, *Pariament, Policy and Politics in the Reign of William Ⅲ*, Manchester University, 1977, p. 314; D. Ogg, *England in the Reign of Charles II*, V. Ⅱ, Oxford University, 1984, p. 452; 哈里·逊金逊：《1688 年光荣革命的革命性问题》，《世界历史》1988 年第 6 期。
③ 参见［英］比几斯渴脱：《英国国会史》，第 118、119 页。
④ 参见 B. Kemp, *King and Commons, 1660-1832*, Macmillan, 1957, p. 131;［英］埃德蒙·柏克：《自由与传统》，蒋庆、王瑞昌译，商务印书馆 2001 年版，第 12、13 页；托马斯：《18 世纪的下院》，牛津 1971 年版，第 35 页；转引自沈汉、刘新成：《英国议会政治史》，南京大学出版社 1991 年版，第 252 页。

过来，使议会的司法权和司法职能消失殆尽①；立法权和司法权也就由此实现分立。

但是，资产阶级革命前，英国的司法职能极端分散，国王、议会和教会等都能受理案件；普通法庭外，还存在着教会法庭、王座法庭、星室法庭、衡平法庭（大法官法庭）、威尔士边区法庭、北方法庭等，国王则常常通过这些法庭来干预法官的独立审判，尤其是斯图亚特王朝诸君。他们或是颁发搁置令状，中止案件的审理，以保护被告；或是支持与其关系密切的大法官法庭的法官，加剧衡平法庭和普通法庭间的冲突；或是滥用赦免权，任命自己的亲信为法官。②

1610 年，普通法法官颁发了人身保护令状，使因通奸罪被高等委任法庭监禁的切西得以释放，亨利八世时确立的教会法从属于普通法的规定得到了加强。1620 年，议会成功地将亲王派的多位法官弹劾下台，斩断了国王干预司法的渠道。1641 年，议会通过决议，将星室法庭、威尔士边区法庭、北方法庭和教会的高等委任法庭统统废除。还明文规定："自此之后，不得再建立类似于星室法庭的任何特权法庭。""国王陛下和他的枢密院对民众涉及土地、财产等的案件没有也不应该有任何审判权。这些案件应当在正常法庭中遵照正当法律程序进行审判。违反这些规定者将会受到严惩。"③ 普通法和普通法庭因此而取得了至高无上的地位。1670 年，普通诉讼法庭的首席法官沃汉通过拒绝给陪审员巴舍尔发放人身保护令状以形成判例的办法，解除了陪审团长期受制于法官，不能独立裁判的问题，陪审团的独立裁判权由此得到了确切保障。1679 年通过的《人身保护法》规定除叛国罪或遇战争等紧急情况外，没有法庭签署的拘票，不得羁押任何人。被捕者在被捕后 20 天内必须交付法庭判明逮捕理由，若是理由不成立，则应立即释放被捕者。④ 光荣革命后的第二年，通过了《权利法案》，规定今后没有议会的同意，国王不得再使用法律赦免权。1701 年颁布的《王位继承法》中明

---

① 参见 M. A. R. Graves, *Elizabethan Parliaments 1559-1601*, p. 2。

② 参见 W. S. Holdsworth, *A History of English Law*, V. 5, London, 1945, p. 436。

③ W. S. Holdsworth, *A History of English Law*, V. 1, p. 516。

④ 参见 G. B. Adams and H. M. Stephens, ed., *Select Documents of English Constitutional History*, Macmillan and Co. Ltd., 1935, pp. 440-448。

确规定，除非因重大罪过而被议会两院做出罢免的决议，否则，国王不得剥夺法官的职务。任职期间，国王要确保法官的基本薪金。[①] 此后，英国"法官除了法律之外就无别的上司"了[②]，司法权实现了独立。

政教分离开始于亨利八世实施的宗教改革。这次改革彻底地排除了罗马教皇对英国国家事务的干扰，改革后的国教完全成了国王和英国议会手中的一个工具。

政军的分离一是源于系列限制国王军权的议会立法。如前述的《兵变法案》，1542 的颁布的《军备法》、1555 年和 1558 年颁布的《募兵法》，1563 年颁布的《海军法》等。但最主要的是议会对特别拨款的决定权。没有拨款，军队就无法行动。尤其是光荣革命后，政府的实际开支远远大于议会对政府的固定拨款，没有议会的拨款，军队是寸步难行。

政军、政经、政教、政法的分离，再加上地方自治的发展，中央与地方的政治权力都从国王和僧俗大贵族那里分散到乡绅地主和大商人手中，英国的政治结构也就从匀质的转为多元的，到工业革命前夕，整个英国的政治结构已经远离平衡态。

但是，直到光荣革命，英国有选举权的人数屈指可数，有被选举权的人数更少；普通民众享有选举权和被选举权是宪章运动之后很久的事情。但是，这并不等于说英国的政治结构因此而并未远离平衡态，因为那时英国的资产阶级和新贵族人数也不多，中产阶级队伍尚不壮大，所以，政治权力的享有权已普及到先进的社会势力手中。这正如《现代化本质》中所讲的：正是"国会相当于一个巨大的地主委员会"，"地方政府被牢牢地掌握在乡绅和有爵位的贵族手中"，这才有了圈地法令的颁布和实施，圈地才从非法转为合法；才能有力地保证了推进现代化的一系列措施的制定与推行。[③] 如果享有政治权力的范围继续扩大，使一些反现代化势力也执掌政治权力，英国的现代化前途则就很可能是另一番景象了。其之依据，一是超循环理论：凡是循环圈内的事物，都会相互催生，相互进化；不允许异物寄生其上，也

---

① 参见法学教材编辑部《外国法制史》编写组编：《外国法制史资料选编》上册，北京大学出版社 1984 年版，第 325 页。

② 《马克思恩格斯全集》第 1 卷，人民出版社 1956 年版，第 76 页。

③ 参见 ［美］巴林顿·摩尔：《民主和专制的社会起源》，第 15 页。

"不允许独立竞争者集结"；否则，就会改变循环圈内的遗传密码，中断圈内各方相互催化、相干生长的因果链条。① 二是公共选择理论：集团规模过大和成员偏好的不同会增加协调成本、组织成本，阻滞公共物品的优化甚至获得②；这表明，若让与市场经济无共生关系的势力参与选举，进入议会，就有可能打破市场经济同其正反馈机制之间的超循环圈。

二、驱使政治结构远离平衡态的动力源泉

前述议会和王室的权力互为盈虚的历史表明，推动英国政治结构远离平衡态的直接动力是议会。

议会中最初只有大贵族，故他们是最早驱动英国政治结构偏离平衡态的动力。当骑士、市民的代表进入议会后，这个动力就日益强大起来。骑士和市民之所以能进入议会，全在于他们的经济实力。1254 年 1 月，为了征收税款，以用于镇压贵族的叛乱，亨利三世在伦敦的两位摄政再次召开议会，与会的大贵族同意纳税，但声明这只能代表本人，不代表他人。③ 这是提醒摄政，你们还须征得其他阶层的同意。于是，国王不得不主动地邀请骑士和市民参加会议，因为他们的纳税能力早就使王室感到他们是一个"有影响的阶级"。1221—1257 年间，国王先后向贵族们 9 次征收免役税，总共只有 2.8 万镑；1225 年，王室政府向商人、市民和骑士征收的 1/15 的动产税多达 5.8 万镑。④ 一次缴纳的动产税竟为大贵族 9 次缴纳免役税的两倍多。

如此巨大的纳税能力恰是国王所需要的。自从诺曼征服以来，国王的财政收入分为经常性的和非常的。经常性收入有四种：一是租用王室领地居民缴纳的赋税收入；二是封建特权收入⑤；三是司法罚金；四是以关税为主的商税，包括羊毛出口税、对进口酒类征收的"桶税"（tunage）和对羊毛以

① 参见 [美] M. 艾根、P. 舒斯特尔：《超循环论》，第 139—141 页。

② 参见 [美] 曼瑟尔·奥尔森：《集体行动的逻辑》，第 3、19、20、28—30、37—40、65、67、72 页；[美] 缪勒：《公共选择》，张军译，生活·读书·新知三联书店 1993 年版，第 40、41、47、48 页。

③ 参见 J. E. Powell and K. Wallis, *The House of Lords in the Middle Ages*, London，1968，p. 132.

④ 参见 M. Powicke, *Thirteenth Century，1216-1307*, pp. 33-35.

⑤ 参见 [苏] 奥西诺夫斯基：《托马斯·莫尔》，杨家荣、李兴汉译，商务印书馆 1990 年版，第 8 页。

外之进出口商品所征的"磅税"（poundage）。商税被 1363 年的议会授予国
王终身享用，渐成王室的固定收入。[1]

　　都铎王朝之前，国王获得的非常收入有四种。一是捐纳。但需自愿，故
数量有限。[2] 二是各级教士上缴的补助金。但税额要由宗教会议决定，还要
经过议会批准。数额也有限。三是借贷。这是以国防为名，强迫有产者向政
府的贷款，不得人心，故国王一再承诺，除非万不得已，绝不会用此法筹
款。[3] 四是经议会批准征收的直接税。[4] 它始于 14 世纪初，乡民缴纳其地产
收入的 1/15，市民缴纳其收入的 1/10。都铎时期，一笔 1/15 和 1/10 税稳
定在 30000 英镑左右。[5] 从亨利七世时起，议会又批准增收一个新的动产税，
即议会补助金。此税为国王的非常收入，数额较大，1545 年征收的一笔议
会补助金约达 90000—100000 英镑，1547 年增至 120000 英镑[6]，为 1/15 和
1/10 税的三四倍。因此，在王室的非常收入中，议会税，即 1/15、1/10 税
和议会补助金是主体。

　　16 世纪初，领地收入大约占王室经常性收入的 40%[7]；到 16 世纪末，
由于王室不断出卖土地以应急和通货膨胀等原因，所占比例已下降到不足
1/3；17 世纪 30 年代，更下降到不足 14%。[8] 而关税收入在王室经常性收
入中的比重持续加大。1505 年，王室的关税收入约为 27000 镑，1540 年
升至约 40000 镑；1559 年增加到 83000 镑；1590 年更增至 100000 镑。到
17 世纪 30 年代，关税年收入高至 313000 镑；而此时全国财政总收入约为
618000 镑，关税收入占到总收入的一半以上。[9] 本来，议会曾经批准国王
们终身享有关税，而不必再请议会批准，但是，由于爱德华三世等国王以
战争需要为由擅自提高关税税率，导致议会不满，故从 1275 年到 1362 年

① 参见刘新成：《英国都铎王朝议会研究》，第 171 页。
② 参见 F. C. Dietz, *English Government Finance 1485–1558*, pp. 56,165–166。
③ 参见 M. A. R. Graves, *The House of Lords in the Parliaments of Edward Ⅵ and Mary Ⅰ*, pp. 175,178。
④ 参见 M. A. R. Graves, *The Tudor Parliaments, Crown, Lords and Commons, 1485–1603*, p. 90。
⑤ 参见 M. A. R. Graves, *Elizabethan Parliaments 1559–1601*, pp. 13,108。
⑥ 参见 G. R. Elton, *The Tudor Constitution: Documents and Commentary, 1514–1523*, p. 43。
⑦ 参见 B. P. Wolffe, *The Doyal Demesne in English History 1066–1509*, London, 1971, pp. 217–219。
⑧ 参见 G. E. Aylmer, *The King's Servants: the Civil Service of Charles 1625–1642*, London, 1974, p. 64。
⑨ 参见 F. C. Dietz, *English Government Finance 1485–1558*, New York, 1932, p. 208。

间，议会多次通过决议，规定征收间接税、羊毛出口税、桶税和磅税均要经议会同意。①

按惯例，经常性收入主要用于王室政府的日常开支，非常收入主要用于国防和战争，及其他的不常之需要。1517 年，因经常性收入不敷日常之需，王室财政署将非常收入中的一部分款项转为常用；1534 年的议会批准了国王将部分议会税挪做日常开支的要求②，此法遂成定规。1572 年末至 1573 年初的半年时间里，有 24.4% 的非常收入被挪作王室的日常开支。③ 越来越频繁的商业战争也使王室政府的军事开支飙升。16 世纪 40 年代在与法国和苏格兰战争中，王室花费了 140000 镑，而此时政府年支出经费的总额也只有 700000 英镑。④ 同时，能增加税种的进出口的新商品也日益增多，这些，都促使国王求助于议会的次数是越来越多。

征税是国王召开议会的目的，故英人说"税收是代议制之母"⑤。也正是各郡和各城市的纳税人的经济实力，才使下院成了议会的重心。进入下院的议员都是纳税人的代表。但纳税人当然不是那些免税线下的茅屋农；而是富人，或中间阶层。16 世纪 20 年代，考文垂的三位大商人的缴纳的税款就占该城总税额的 1/4；莱斯特城的两兄弟就缴纳了本城税款的 1/3，诺里季的一位商人所纳税款占本城税款的 1/14，埃克塞特的一个家族就交纳了本城 1/10 的税款。⑥ 这些富人不是自身通过各种办法进入议会，就是把他们中的佼佼者选为议员。1372 年的法律规定，各郡的议员应来自当地"较勇武的骑士或武士"；之后的法案重申："郡议员应是该郡的优秀骑士，或是该郡可以成为骑士的优秀乡绅，自耕农以下人等不能成为骑士，也不能当选为议员。"按 1278 年的法案中的规定，凡年收入在 20 英镑以上的地产所有

---

① 参见 W. Stubbs, *The Constitutional History of English*, V. 2, pp. 254-255; D. C. Postan, Coleman, P. Mathias, ed., *The Cambridge Economic History of Europe*, V. 2, p. 290。

② 参见 G. R. Elton, *Taxation For War and Peace in early Tudor England*, pp. 35, 36。

③ 参见 J. D. Alsop, "The Theory and Practice of Tudor Taxation", *English Historical Review*, 1982, V. 97, pp. 21-26。

④ 参见 E. Coke, *The Fourth Part of the Institutes of Laws of England*, London, 1964, p. 35。

⑤ 参见 A. F. Pollard, *The history of England*, *From the Accession of Edward VI to the Death of Elizabeth*, *1547-1603*, New York, 1912, p. 28。

⑥ 参见 W. G. Hoskins, "Provincial England", in *Social and Economic History*, pp. 73-74。

者均为骑士，这表明被选举人的财产资格被限定在 20 英镑以上。[①] 英国学者曾对伊丽莎白时期下院 2603 名议员的身份进行了分析。其中，45% 为乡绅；16% 为工商业者；17% 为律师，律师中有 47% 的人是乡绅出身，19% 是商人出身；6% 是显贵；8% 是政府官员。[②] 不仅规定了被选举人的财产资格，从 1429 年起，法律还规定了选举人的财产下限，只有年收入在 40 先令以上的自由地产持有者才具备选民资格。[③] 1436 年纳税人登记簿表明，当时全国农村居民中的选民仅在 10000 至 15000 人之间；15—16 世纪之交，农村居民有选举资格的人数也只有 30000 人左右。[④] 城市议员的选举方法则是五花八门。有的城市规定凡户主均有选举权，有的规定纳税人才有选举权，有的规定城市贵族才有资格参加选举。一般说来，较早获得选派议员的城市和大城市的选举方法较为民主，选民较多；较晚获得选举权的城市和中小城市则大都为各地的乡绅所控制，选民很少。之后，社会随着市场经济的发展而日渐富裕，而 1429 年法案中的选民资格的规定延续了四百年却未更变，致使具备选民资格的人越来越多；到 18 世纪，全国城乡选民已增加到 24.5 万人，而此时英国全国人口已达 725 万人，选民仅占全体人口的 3.3%。[⑤] 这表明，议会是富人的权力机构，议员是纳税的主力军，即贵族，和绅士、约曼、商人、手工场主、市民等所谓中等阶层的代表。

随着市场经济的发展，中等阶层的纳税能力日益提高，他们在议会的发言权也就越来越大，致使下院地位日升。14 世纪初的一份文献写道，骑士在批准和否决财政援助方面比英国最大的伯爵更有话语权。如果地方代表或下院议员不出席会议，议会也就不成其为议会了。[⑥] 到 16 世纪，下院更是替代上院主导了整个议会。都铎朝初建时，下院只有 296 个议员席位；到都

①　参见 A. L. Brown, *The Governance of Late Medieval England 1272-1461*, Stanford Umversity. 1989, p. 193;G. Stephenson, F. G. Marcham, *Sources of English Constitutional History*, New York, 1937, pp. 161, 277。

②　参见 P. W. Hasler, ed., *The House of Commons 1558-1603*, V. 1, p. 20。

③　参见 G. B. Adams and H. M. Stephens, ed., *Select Documents of English Constitutional History*, pp. 190-191。

④　参见 J. R. Lander, *Government and Community*, *England 1450-1509*, pp. 55-56。

⑤　参见程汉大:《英国政治制度史》，第 90、220 页。

⑥　参见 N. Pronay and J. Taylor, *Parliamentary Texts of the Later Middle Ages*, pp. 89,90。

铎晚期时，已增至 460 个，所代表的郡由 74 个增至 90 个，城镇由 222 个增加到 370 个。有人统计，1509 年至 1558 年之间的 16 届议会中，伦敦共派去议员 36 名。除一人身份不明，9 人为律师，其余的均为商人。他们由伦敦 12 个大的同业公会选出。诺里季城派出议员 19 名，其中 13 人为同业公会会长。[1] 其后，下院在经济立法，政治立法和法律审议中的话语权大大加强，成了同国王斗争的主要力量。[2]

在同国王的长期斗争中，议员们充分地利用了自己手中的钱袋，死死地捏住了国王的命脉，抓住国王要钱的机会，用钱换权。

1255 年，亨利三世因未遵守大宪章而招致民怨，当他要求拨款远征大陆时，遭到议会的拒绝，直到他再次颁布《大宪章》并许诺遵守《大宪章》，向议会详述了远征的内容后，议会才满足了他的要求。[3] 1340 年，国王要求征收两年的 1/9 税，议会则提出一个请愿书作为交换条件。国王被迫答应请愿书中的两个要求，颁布了两个法令。第二个法令规定，非经议会议员的普遍同意，"国王不得征收任何赋税"，进一步地明确和扩大了议会的征税批准权。[4] 百年战争期间，每当战端一开，政府每年的财政支出就高达 15.5 万英镑，而国王的年收入却只有 3 万英镑。[5] 1340 年，爱德华三世对法作战第一阶段结束时，政府债务高达 30 万英镑。[6] 国王在告贷无门的情况下只得求助于议会，议会则乘机以拒绝拨款来要挟国王，要求颁布法规明确承认议会有决定所有赋税的权利。第二年，议会又提出议会有权成立一个贵族委员会来审查王室政府的财政账目；成立一个特别委员会来监督国王的战争开支；并要求大臣应向议会述职，议会有权对失职的大臣进行审判的权利。出于无奈，国王同意了议会的这些要求，让议会获得了财政监督权，并签署了限制国王任免大臣的议会法规。[7]

类似这样的以钱换权的例证多到使人们见怪不见的地步。斯塔布斯说：

---

① 参见 S. T. Bindoff, *The House of Commons 1509-1558*, V. 1, pp. 140, 152。

② 参见刘新成：《英国都铎王朝议会研究》，第 239—243 页。

③ 参见 F. Samson, ed., *Great Charter*, p. 28。

④ 参见 G. B. Adams, *The Origin of English Constition*, p. 202。

⑤ 参见 M. Mckisack, *The Fourteenth Century 1307-1399*, p. 155。

⑥ 参见 W. Stubbs, *The Constitutional History of English: it's Origin and Development*, V. 2, p. 398。

⑦ 参见 R. Butt, *A History of Parliament: the Middle Ages*, p. 295。

对议会的立法权以及对政府弊政的质询权和对国家政策的指导权的承认，实际上都是通过给予爱德华一世和爱德华二世以拨款换来的。可以说，对王权的大多数成功的限制向来都是用金钱买来的。许多自由都是以纳税为条件的，出钱者和接受者都不以此为耻。[①] 据统计，从议会诞生到工业革命发生的几百年时间内，议会从国王手中先后夺得了征税权、财政监督权、审核权、最高立法权、司法权；任命最高执政和宫廷大臣的权力；弹劾大臣的权力；先纠错，后供给，以制约国王行为的权力；军队指挥权，对外宣战权和停战权[②]；决定王位继承人的权力；部分行政权等等。到工业革命前夕，国王所享有的权力几乎被剥夺殆尽，英国国王成了一个名副其实的虚君。与此同时，议会内部也不断地进行权力的分化，逐渐实现了政教分离、政法分离、军政分离。可见，英国的政治结构是在只占国民总数的 3.3% 左右的选举人选举出来的议会的直接推动下远离了平衡态。这些选举人中有大贵族，也有骑士、商人、约曼、市民和手工场主。那么，他们用来买权的金钱又主要源于何方？

首先看大贵族的经济来源。如前所述，英国的立法从来没有限制贵族经营工商业，故贵族为市场生产羊毛和农作物由来已久。诺曼征服后，贵族陆续地投身于矿冶业、运输业、商业、金融业、工业、海外殖民和远洋探险，甚至海上劫掠。那么，他们的收入有多大比例来自于国际市场？

前面讲过，13 世纪末英格兰绵羊存栏总数达到 1500 万—1800 万只，平均每年出口羊毛 3 万—4.5 万袋，其中有 1/3 来自于大领主。而这些数字仅是出口税册上留下来的官方资料；还有很多僧俗大贵族将"大批量的羊毛通过走私方式出口"[③]，而当时英国的僧俗大贵族不过二百人，[④] 平均每家大贵族出口的羊毛达 150 袋到 225 袋。那时，每袋羊毛在原产地的售价约为 2 英镑[⑤]，

① 参见 W. Stubbs，*The Constitutional History of English*：*In it's Origin and Development*，V. 2，p. 596。

② 参见程汉大：《英国政治制度史》，第 201—205 页。

③ 参见［美］詹姆斯·W. 汤普逊：《中世纪晚期欧洲经济社会史》，第 117 页。

④ 1283 年出席议会的世俗大贵族为 110 人，1295 年出席模范议会的教会贵族为 70 人，两者合计 180 人。请参见阎照祥：《英国贵族史》，第 85—87 页；M. Mckisack，*The Fourteenth Century 1307-1399*，pp. 182,185。

⑤ 参见 M. M. Postan，D. C. Coleman，P. Mathias，ed.，*The Cambridge Economic History of Europe*，V. 2，pp. 201,202,290,291。

据此计算，平均每家大贵族的出售羊毛的收入为 300 英镑到 450 英镑。而当时大贵族的收入，除极少数贵族年收入达千镑以上外，大多数大贵族土地的平均年收入不超过 768 英镑。[1] 可见，即使市场尚不发达的 13 世纪，大贵族的地产收入中至少有 2/5 是来自对外贸易。开征羊毛出口税后，大贵族的牧羊地随国内毛纺业的发展又有了很大的增加。16、17 世纪时，英国最大的牧羊主仍然是贵族。1571 年诺福克公爵托马斯·霍华德仅在东盎格利亚一个地方就有 16800 头以羊为主的牲畜；另一个靠牧羊业收益而晋升为贵族行列的奥尔塞普的斯藩塞家族除常年豢养 13200 头牲畜外，每年春季还要增添 4300—5000 只羊羔。[2] 这表明，大贵族一半的财富，甚至一半以上的财富还是来自海外。更何况，几乎所有的证据还都表明："在地主阶级当中，从事海上劫掠最积极的分子并不是人们通常所说的乡绅，而是贵族和宫廷的大臣。"不是来自"受排斥的集团"，而是来自"掌控了权力的集团"；第三代坎伯兰伯爵在 1586 到 1598 年间至少组织了 11 次这样的行动，并亲自参加了其中的 6 次。[3]

土地贵族如此，兼营工商业的贵族就更不用讲了。他们大多数人的富裕都离不开经商，其中有不少的人还是英国海外贸易、远洋探险、海上劫掠和殖民侵略的先锋或功臣。被伊丽莎白一世册封为贵族的德雷克和霍金斯，就是当时国际著名的海盗。[4] 乔治·卡弗特在任国务大臣期间，派遣温上尉于 1621 年前往北美洲的纽芬兰，创建了称之为费里兰的殖民地，1625 年他因此功被国王封为男爵；其子塞西留斯继承了他后来开拓出来的马里兰殖民地，获得了政府颁发的特许状和约 1000 万英亩土地的管辖权；他将这些土地分给亲朋好友建立起了 60 个大庄园；1661 年，其子查理又被册封为马里兰总督。[5] 诸如这样的册封数不胜数，致使英国各个殖民地的总督，要不原

① 参见 1436 年税收资料表明，位于顶层的 51 个男爵土地年收入为 768 英镑，其下的 183 个骑士年收入 208 镑；请见 E. F. Jacob, *The Fifteenth Century 1399-1485*, p. 334. 土地调查册时期的绝大多数总佃户（大贵族）地产年收入为 100—750 英镑，请见 E. Miller & J. Hatcher, *Medieval England rural society and economic change 1086-1348*, p. 16. 故 13 世纪大贵族地产年收入不会高于 768 英镑。

② 参见 L. Stone, *The Crisis of the Aristocracy 1558-1640*, p. 141。

③ 参见 L. Stone, *The Crisis of the Aristocracy 1558-1640*, p. 175。

④ 参见 J. S. Corbett, *Drake and the Tudor Navy; with a History of the Rise of England as a Maritime Power*, V. 1, Longman, 1898, p. 336。

⑤ 参见阎照祥：《英国近代贵族体制研究》，人民出版社 2006 年版，第 105 页。

本就是贵族，要不就是因开拓殖民地或管理殖民地有功而被封为贵族。①

还有很多贵族是远洋贸易和深海捕鱼的组织者。1574 年，施鲁斯伯里伯爵乔治用他的"巴克·塔尔伯特号船"进行了两次纽芬兰的商业航行。从 1581 年起，莱斯特伯爵罗伯特·达德伯爵就同一些商人从事北非贸易，之后又一起创立了著名的北非公司。② 1601 年，长年进行海上劫掠的坎特兰伯爵，以每年上缴 1000 镑税款的代价获得了十年内无限制地出口布匹的许可证；詹姆士一世时，邓巴伯爵获得了出口小麦和兵器的许可证，及进口洋苏木的垄断权；承包关税也成一些贵族的嗜好。③ 17 世纪末的温奇尔西伯爵不仅亲自参与利凡特公司的运作，自己还单独进行外贸。④ 对 1575—1603 年英国主要从事对外贸易的公司和组织的阶级构成的分析表明，除 18.5% 的成员身份不明，在身份明确的成员中有 179 名贵族，占身份明确的成员的 3.5%⑤，远高于贵族在全国人口中所占的比重。其他未列入分析的远洋公司的情况也大都如此，如 1667 年成立的非洲探险公司的董事会成员中有 3 名公爵、7 名勋爵和 27 名爵士。⑥

还有很多贵族自己不出面，而是从资金上、政治上给外贸公司、远征殖民和海盗活动以大力支持，自己则坐享其成。例如，德雷克的环球航行所用的大部分费用是由伊丽莎白女王、莱斯特伯爵和哈顿公爵提供的。1581 年，由芬顿率领的航行所需要的 10000 英镑的资金中的 70% 是由 5 个伯爵和 3 个男爵提供的；1584 年进行的第一次圭亚那之行，是由莱斯特伯爵的私生子和其假定的继承人罗伯特·达德利出资和领导的。1585 年雷利的远航则得到大贵族塞西尔家族在各方面的支持。⑦

总之，各方面的史实均说明，贵族虽然以土地为其根基，但他们的从业

---

① 参见阎照祥：《英国近代贵族体制研究》，第 105、106 页。

② 参见 B. English，*The Great Landowners of East Yorkshire 1530-1901*，New York，1990，p.110。

③ 参见 L. Stone，*The Crisis of the Aristocracy 1558-1640*，p.205。

④ 参见 B. English，*The Great Landowners of East Yorkshire 1530-1901*，p.110。

⑤ 参见拉布：《商业冒险与帝国》，第 27、66 页，转引自陈曦文：《英国十六世纪经济变革与政策研究》，第 231 页。

⑥ 参见［美］艾里克·威廉斯：《资本主义和奴隶制度》，陆志宝等译，北京师范大学出版社 1982 年版，第 45 页。

⑦ 参见 B. English，*The Great Landowners of East Yorkshire 1530-1901*，p.110。

范围却十分广泛。资料表明，伊丽莎白一世时代，最活跃的企业家是家世久远的大贵族。培根说，第九代施鲁斯伯里伯爵是当时最大的农场主，也是其所见到的涉足领域最多的人。他从事农业、林业，豢养了巨大的羊群，参与煤炭、铅矿的开采和冶铁业，涉足玻璃制造，还入股许多海外贸易公司；与其相媲美的贵族还有莱斯特伯爵罗伯特·达德利，沃里克伯爵和伯里伯爵。在其他时期，这样的贵族也不乏其人。贵族们的兴趣如此广泛，以致人们认为"在城市商人和乡绅当中还不可能"找到这样的人物。[1] 仅牧羊一项，就表明贵族的收入就有一半以上来自于海外，若再加上贵族们从进出口贸易，远洋探险、殖民开拓等途径获得的海外收入，他们从海外获得的财富在其财富总量中所占的比重显然超过了一半。其财富的另一半财富则也源于市场是不争的。因为贵族占地数量巨大，土地产品能用于贵族家庭自给的部分与送进市场的部分相比是微乎其微。

再看看乡绅和约曼的财富的来源。

乡绅一词，其外延甚广，主要包括骑士、从骑士（有的译为"缙绅"Esquires）、绅士（Gentlemen）、从男爵（Baronets）等。[2] 概言之，即无权进入上院的地主阶级。但他们的代表和市民的代表却是下院议员的主体，同贵族一样，他们也是地主阶级，且占地越来越多，17 世纪时，他们占有了全国一半左右的地产，成了占据土地最多的社会阶层[3]；同时，乡绅也是主要的圈地者。他们圈占土地的主要目的是扩大牧场。对 24 个郡圈地情况的调查表明，1485—1517 年间共圈地 101293 英亩。其中本来就是牧场而加以围圈的土地是 30987 英亩，圈地后转化为牧场的土地 56883 英亩，被圈地中用作牧场的比例高达 86.7%。[4] 其中原因，显然是这一时期羊毛价格因毛呢

---

① 参见 L. Stone，*The Crisis of the Aristocracy 1558–1640*，p. 179；J. A. Sharpe，*Early Modern England：a Social History 1550–1760*，London，1987，p. 156。

② 参见 R. H. Tawney，"The Rise of The Gentry 1558–1640"，*Economic History Review*，V. 11，1941，p. 4。

③ 参见 J. Scott，*The Upper Classes Property and Privilege in Britain*，p. 35；F. E. Thomson，*The Social Distribution of Landed Property in England since the Sixteenth Century*，pp. 510–514。

④ 参见盖伊：《1607 年英格兰中部地区的起义和人口减少的调查》，《英国皇家历史协会会刊》第 18 卷，1904 年，第 233 页。转引自陈曦文：《英国十六世纪经济变革与政策研究》，第 214、44 页。

出口量从 62583 匹上升到近 16 万匹而持续上涨。[①] 这表明，绅士们的财源起源有一半，甚至一半以上是来自于境外的。

剩下的一半土地虽然主要用来生产粮食等农作物，但是，占有全国最多土地的这个阶级必然和贵族们一样，其农产品中用于自给的部分所占比例极低，大部分甚至绝大部分产品还得送进市场，由此换来的金钱用来进行各种投资，故绅士们所从事的行业也是多种多样的，而这些行业无不面对市场。

约曼是介于乡绅和茅舍农、雇工之间的社会集团。之中有自耕农，也有公簿持有农和契约租地农，以及地方上的商人、酿酒师等杂色人等。[②] 他们之间贫富不等，其经济状况升降不定。格利哥里·金估计，1688 年，在 18 万户自由持有农中，有 4 万户是比较富有的，家庭年均收入为 84 镑。马西估计，到 1759—1760 年，家庭年均收入为 100 镑的富裕户有 3 万个[③]，他们是约曼的上层，一般都通过购买或租赁而拥有较多的土地，是家庭农场主或租地农场主。其土地的用途和经营方式也都同乡绅一样，要么牧羊，要么为市场生产农副产品，因此，其财源也同乡绅一样，一是海外，二是市场。

商人主要财富是动产，而英国商人的兴起与富裕，则如前述，与他们从外商手中夺回进出口贸易权是分不开的。他们的第一个出口商组织"羊毛商人协会"就是为了从外商手中夺回羊毛出口权而成立的；继之能以毛呢替代羊毛出口也同英国商人的努力分不开的。乡村毛呢业赖以兴起和发展的资金、原料、设备、技术和市场也都离不开商人。他们既是生产的组织者，又是产品的销售者，尤其是伦敦的出口商。是他们在海外为英国的呢绒开辟市场，并于 1407 年在伦敦成立了"冒险商人开拓公司"，逐渐垄断了英国毛呢的出口贸易。伦敦、约克、伊普斯威奇、诺里季、埃克塞特、纽卡斯尔、赫尔以及其他重要商业中心的半数以上的富商都加入了该公司。其中，伦敦商人居多数，1559 年，伦敦的 22 个富商中，就有 17 个是公司的成员；在理事会的 12 名理事中，就有 8 个是伦敦商人。在相当长的时间内，该公

---

① P. J. Bowden, ed., *Economic Change*：*Prices*，*Wages*，*Profits and Rents*，*1500–1750*，Cambridge，1990，p. 55，转引自陈曦文：《英国十六世纪经济变革与政策研究》，第 42 页。

② 参见 G. E. Mingay，*English landed Society in the Eighteenth Century*，p. 88。

③ 参见 P. Mathias，*The First Industial Nation*：*an Economic History of Britain 1700–1914*，p. 24，table，2. R；R. R. Porter，*English Society in the Eighteenth Century*，pp. 386–388，table，5. 6。

司不仅是当时英国规模最大、经济实力最为雄厚的公司，也是国家最大的税库和国王短期贷款的主要债主。①　继之相继成立的各种公司，如东地公司、利凡特公司、非洲公司、俄罗斯公司等都是以开拓英国的海外市场，推销英国的毛呢等产品为目的的。而城市商人，尤其是伦敦商人在这些公司中都占有压倒性的优势。②

不仅大商人的主要财源来于海外，众多中小商人也不例外。大量证据表明，为大多数海上劫掠活动出谋划策和提供资金的除了伦敦富商外，就主要是西部的一些小商人。③　再说，商人们生产和收购来的呢绒、羊皮、皮革等产品最终也都用于出口。17 世纪时，布里斯托尔"整个城市都迷上了外贸，连小商贩也毫不迟疑地把他们的劣质货发送到西印度群岛"。"利物浦在查理一世时代只是一片沼泽"，"一个世纪后，它就成了棉花和咖啡的大市场，由它们的商人们再发散到荷兰、德国和其他波罗的海国家。"④　至于一般的手工场主，离开了海外市场就根本无法生存。1551—1553 年，英国呢绒在安特卫普市场上的销量从 1550 年的 133000 匹下降到 1552 年的 85000 匹，关税收入因此锐减近 40%，国内毛纺行业的许多人也随之失业或破产。⑤

综上所述，纳税人的各个阶层，无论是贵族、商人，还是乡绅、上层约曼和手工作坊主，其主要财源都不外乎两个，一是海外市场，二是国内市场。依据所述，英国国内市场的发展是离不开海外的市场的，因此，英国纳税人之所以能以钱换权，把王室的各种权力一点一点地换到议会手上来，得力于英国的对外贸易。因此，驱使政治结构远离平衡态的动力源泉就是英国的对外开放及由此而吸入的巨量的负熵流。负熵流分化了传统的大小地主贵族阶级，将他们整合成同对外开放和市场经济命运相连的新贵族、乡绅；同

①　参见 R. Ehrenberg, *Capital and Finance in the Age of the Renaissance: a Study of the Fuggers and their Connections*, p. 253.

②　参见 T. S. Willan, *The Muscovy Merchants of 1555*, pp. 9, 10；戚国淦、陈曦文：《撷英集——英国都铎史研究》，第 111 页。

③　参见 L. Stone, *The Crisis of the Aristocracy 1558-1640*, Oxford, 1967, p. 175。

④　[法] G. 勒纳尔、G. 乌勒西：《近代欧洲的生活和劳作（十五到十八世纪）》，杨军译，上海三联书店 2008 年版，第 55、56 页。

⑤　参见 P. S. Crowson, *Tudor Foreign Policy*, p. 242。

时，也壮大了工商阶级，他们运用手中的财力，用钱买权，在推进市场经济的同时，也驱使英国政治结构远离平衡态。

三、市民社会的成熟

何谓成熟的市民社会？那即是前述的私人领域已摆脱公共领域的羁绊而得到充分发展的社会。随民族国家一起问世的市民社会要想摆脱这一羁绊，则需要民族国家的治理方式具两大特点，即宪政和法治。都铎王朝的建立标志着英人的民族国家的诞生，"一种以民族国家为界限并且对外由民族国家调节的市民社会"随之问世。① 光荣革命实现了议会主权和国家宪政，从而将国家的行为纳入了法制的轨道而得到规范；使司法独立，致使私人领域摆脱了公共领域的羁绊而使市民们能够充分地发展其"私人需要体系"，因此，光荣革命的成功意味着一个成熟的市民社会已经降临英国。

首先，宪政建设的成功就是市民社会成熟的体现。因为宪政的实现离不开公众舆论领域的发展。如前述哈贝马斯所说，与公共领域（民族国家）相对抗的公众舆论领域是由"公众对公共事务进行自由开放的讨论、论辩，形成舆论并进行理性批判"而形成的。而这个领域的典范和最高组织就是议会，尤其是下院。正是在议会的长期广泛而又持续不断地讨论中，"形成了据说从那时起决定了英国政治发展进程的各种政治思想"。它包括反对国王特权，维护权利和自由以及确立法治原则，并"逐渐形成了关于如何保卫这些基本原理的两个关键性概念：成文宪法和分权原则"。这些观点不仅对当时的英国，对其后五百年的世界也都"发生了决定性的影响"。② 人们深信，当议会获得国家主权后，"便可以为选民服务"，此时，它"不只是用批评态度来监督国家运行，而是启发、指导和控制它们"③。这就是说，议会主权是成熟市民社会才能有的成就；下院也是在这一理论的引导下，凭借公众所提供的财力，通过以钱换权的模式，实现了宪政。

---

① 参见［英］迈克尔·曼：《社会权力的来源》第 1 卷，刘北成、李少军译，上海人民出版社 2002 年版，第 696 页。

② ［英］F. A. 哈耶克：《自由宪章》，第 250—253 页。

③ ［美］贾恩弗兰科·波齐：《近代国家的发展》，第 85 页。

光荣革命后，下院不仅陆续地剥夺了国王剩余的各种权力，将其变为彻头彻尾的虚君；还对自身享有的各种权力进行了分立制衡，实现了司法独立，从而进一步地夯实了市民社会的基础。其中，最有意义的是使残存在国王手中的立法否决权徒有虚名①，从而扫除了议会立法的最后障碍，使议会能够更积极地响应市民社会的呼声，导致立法数量激增。从 1660 年到 1684 年的 24 年时间年均通过法案 22.2 个，上升至 1689 年到 1702 年的年均立法 62 件。议会立法的权威越来越高，议会议案所涉及的范围也越来越广。其中，大多数是应市民社会的要求而立法的。如民间申请海外贸易经营权空前增加，许多昔日已获得国王特许权的公司也纷纷要求议会再授予一次。② 因为他们深知，立法权是至高无上的，只要通过了作为全民意志的代表议会的认可授权，其私有产权和经营自由就能得到确凿的保障。故此，马克思说："真正的市民社会是立法权的市民社会。"③

司法独立的意义也不可小瞧，因为它使私人领域的社会活动和经济活动都实现了法治化管理。这不仅使民众的私人财产所有权得到保障，也使民众在社会生活和经济活动中享有充分的自由，因而能够全力地为发展自己的个人利益体系而充分地发挥自己的才智。

这些无不表明，私人领域已完全摆脱了公共领域的羁绊和压迫，得到了充分的发展。然而，这一切，都离不开议会的斗争。正是在议会和市民社会的这种相互推进和相形益彰的互动中，才使两者都得以强大起来。如果说，议会对市民社会成熟的推动就体现在其各种立法中，那么，市民社会对议会的支持，除了选举和出钱外，就是用公众舆论领域来支持它、影响它。故伴随着英国议会成长和市场经济发展的是英国民间舆论的日益高涨和民间社团的不断发展。

民间舆论的日益高涨首先体现为小册子在城乡的广泛流传。从 16 世纪 80 年代起，社会上就开始流传四开本形式的"小册子"，价格便宜，通俗易懂。其内容，初多是文学，后转向对宗教、政治、社会事务等各种问题的讨论。其影响日益扩大，受到广泛欢迎。人们各抒己见，相互讨论，甚至论

---

① 程汉大：《英国政治制度史》，第 207 页。
② H. Horwitz, *Parliament, Policy and Politics in the Reign of William Ⅲ*, p. 315.
③ 马克思：《黑格尔法哲学批判》，载《马克思恩格斯全集》第 1 卷，第 396 页。

战，成了公共事务的论坛。从 1636 年起，随着国内政治形势的日趋紧张，小册子和各种定期的、不定期的刊物更是满天飞。"无论哪个市镇都看到这种小册子，最僻远的乡村也有"。大革命开始后，小册子成为各个政治派别论战的阵地，酿成了遍及全国的"小册子大战"①，普通市民、商人、手工艺者、妇女，无论是富人还是穷人，也都卷入其中。他们在此间同陌生人进行思想的交流，发表"危险"的言论以诱发政府的回应。② 这不仅影响了当时的政治局势，也为 17 世纪以后的公共讨论开辟了新的空间，建立了出版业与公共舆论之间的紧密关联。光荣革命后，随着议会主权的确立，"公共舆论作为权力的基础，变得更加有效。要求对公共舆论做出更有效回应的呼声，贯穿了整个 18 世纪"③。

公众舆论的日益活跃是市民文化发展的产物，在它的背后，是自发活动的此起彼伏。各种思潮、各种文化如春笋般地泛滥，涌现出了遍及各个领域的形形色色的社团：俱乐部、救世军、撒马利坦会、独立共济会、工会、钓鱼协会、地理学会等。④ 到 18 世纪时，这些组织空前地活跃，著名的毛纺工业区约克郡的哈利法克斯教区在 17 世纪前后的变化就是这方面的显例。

该区位于奔宁山脉东侧，属典型的高地畜牧区，放牧加纺织是其传统。近代早期，纺织日益重要，形成了一个"由约曼农和呢绒工匠为主的中等阶层"。17 世纪晚期后的一个世纪，约克郡西区的毛纺织业迅速发展，在英国毛呢出口市场中的比例大幅度上升，从 18 世纪初的 20% 上升到 1770 年的 50%。作为西区纺织中心之一的哈利法克斯教区的毛纺业增长显著。居民从 1664 年的 3844 户增加到 1764 年的 8263 户。以往以独立工匠为主的毛纺业"越来越被商人—工场主或单纯的工场主所支配"。这些工场主的一些人的"经营规模是 1700 年的人难以想象的"，许多人年营业额达近万英镑甚至 3 万英镑。他们"既是工场主也是商人。除了向外发放原料进行产品加工外，他们也从市场上购进货品，或者用定单让小工场主加工，并且与伦敦和海外

---

① ［法］F. 基佐：《一六四零年英国革命史》，伍光健译，商务印书馆 2001 年版，第 73—74 页。

② N. H. Keeble, eds., *The Cambridge Companion to Writing of English Revolution*, Cambridge University Press, 2001, p. 64.

③ ［加］哈罗德·伊尼斯：《传播的偏向》，何道宽译，中国人民大学出版社 2009 年版，第 121 页。

④ 参见［英］艾伦·麦克法伦：《现代世界的诞生》，第 159—162 页。

客商保持着密切的联系"，向几个甚至几十个海外商人供应毛呢。18 世纪 40
年代，工场主"希尔向 30 到 40 名商人供应毛呢"。他们凭借国际信贷网络
将大部分呢绒出口到荷兰之外的欧洲其他地区，建立起了一个不同于先前的
工场主只依赖一个商人订单和现金交易的新的贸易模式和新的经济组织。18
世纪 30 年代以前在当地还很少见的合伙企业"越来越成为普遍的经济现
象"。随其成长的还有"纯粹商业性质的企业"，产生了一大批富裕商人。
其核心集团由"60 名或 70 名非常富裕的商人和工场主组成"；另一个集团
约有 50 到 150 人，其成员为中等规模商人和工场主，"他们在财富上与地方
乡绅相当，很可能超过那些冒牌绅士，而且比 17 世纪晚期这类大土地所有
者在社区的人数更多，影响更大"。①

　　以他们为核心的中产阶级的问世给该教区带来了新的市民文化。在人们
的思想上，尤其在中产阶级身上出现了很多的新的精神和观念，尤其是企业
家精神。这种精神在"他们的经营观念中体现得十分明显。他们认为，工
商业活动是一种投资，而这种投资应当产生利润"。为了实现这一目的，他
们积极地组建合伙公司，因为"合伙能够获得比单独行事更大的利润"；同
时，"越来越采用新的簿记方法来了解他们的货币运转状况"，因为"良好
的账目对于合伙企业确保长期信用尤其重要"。"随着工场主的利润观越来
越具有企业家色彩，他们也变得更具有竞争精神"。对企业内的工人"采取
更为父权制的态度。这种充满了企业家精神的新的文化是以往所没有的，它
表明该教区文化转型同其经济转型一样相当彻底"。②

　　经济和文化的转型表明该教区的市民社会已逐渐走向成熟。17 世纪时，
该教区就已存在一些自愿团体；特别是复辟时期，不从国教者小礼拜堂迅速
增多；到 18 世纪中期时，社团如雨后春笋，建立的实际数量惊人。这些社
团都是市民们为各自要实施的某个计划而成立的，如拟"改造一所济贫院，
开凿一条运河，或开办一所图书馆"。为了实现这些计划，他们"举行会
议，募集捐助"，相互争论，"任命委员会，一切说干就干"。与早期社团相
比，在组织、方法和目标上，"存在着显著的差异。早期社团的活动仅限于

---

　　① ［美］约翰·斯梅尔：《中产阶级文化的起源》，陈勇译，上海人民出版社 2006 年版，第 5、58、
63、64、70、71、80、83、98、99 页。

　　② ［美］约翰·斯梅尔：《中产阶级文化的起源》，第 80—93 页。

地方政府管理和维持教堂会众方面"，这与中世纪自治城市里的行会等社团组织没有根本性的差异；而"18世纪中叶组成的一系列社团则承担了从商业、宗教到娱乐等几乎所有社会生活领域的职能"，"并且更加明显地公众化"。① 显然，这样的社团与当代欧美市民社会中的社团已毫无二致，它标志着这个时期的哈利法克斯教区的市民社会已完全成熟。而这显然是当时整个英国社会的缩影。它表明，工业革命前夕的英国不仅建立起了成熟的市场经济和完善的宪政体制，其市民社会也日益成熟。

议会主权和司法独立使司法机关由私人属性的国王代表变为公共属性的民族代表；通过特权身份获取财富的传统体制被终结，经济生活实现了法治化。人人都能公平地参与市场的权利得到确保，交换正义、市场公正、诚实守信，遵循契约已成为市场通行的价值原则和规定理性，市场主体的行为有了明确的预期，市场竞争有了严格的制度保障，再也"没有因袭的社会风尚去阻挠拥有土地的士绅经营工业或做买卖；没有法律上的障碍会阻止一个工匠的社会地位上升"②。这不仅极大地掀起了英国民众的经济热情，也使民众由于解脱了一切羁绊而更易施展自己的才能和智慧，市场作为英国社会组织财富生产的主导制度因而也就成了英国人的不二选择。由此，商业精神弥漫整个英国，英国的历史进入了一个追求财富的躁动时代。18世纪初，评论家德福在游览大半个英国后，说英国人"对人的能力只有一种看法或一个标准——赚钱"。人生的大事就是"赚钱"③，"只要谁发财，谁的社会地位就能上升到最高层"④。这表明，利益导向行为已完全取代了价值导向行为，这显然是人们在追求利益时已解脱了一切外来的束缚和压迫的结果。而英人对财富的这种强烈愿望，犹如"被释放的普罗米修斯"一样，终于点燃了英国工业革命之火。

① ［美］约翰·斯梅尔：《中产阶级文化的起源》，第80—93页。
② E. M. Bums and P. L. Ralph, *World Civilizations: their History and their Culture*, New York, 1974, p.795.
③ ［美］克莱登·罗伯兹、大卫·罗伯兹：《英国史》，贾士蘅等译，台湾五南图书出版公司1986年版，第569页。
④ ［英］阿萨·勃里格斯：《英国社会史》，第208页；R. S. Fitton & A. P. Wadsworth, *The Strutts and the Arkwrights*, Manchester, 1958, pp.109,110。

四、文化更新和思想自由的萌生

市民社会的成熟表明英国社会要素摆脱了政治结构加给他们身上的一切羁绊和束缚，能够充分地发挥其主动性和能动性去追求自己的利益。但是，这绝不意味他们本身也同时具有进取性、创造性、学习性和适应性。因为市民社会的成熟并不表明套在他们思想上的牢笼也已被打破而享有思想自由。如果他们仍然奉行传统文化，其行为的目的和方式当然也就难以突破为传统文化所圈定的范围，以致无法使其行为具有进取性、学习性、创造性和适应性。只有通过文化更新，用新的宗教文化替代传统的天主教文化，才能使其获得这些特性。故此，密尔说，思想自由、个性独立"是个人福祉和社会进步的寄托所在"，"一个民族的活力就源于思想自由"①。

思想自由包括信教自由、信仰自由、言论自由、出版自由等。其中，信教自由是最基本的自由。有了它，才会有信仰自由、出版自由和言论自由。所谓信教自由，通常是指人们面对诸多宗教有自由选择权；所谓信仰自由，通常是指人们面对多种宗教、多种主义、学说时，有选择的自由。故信教自由并不等于信仰自由。因为信仰自由也包括不信仰任何宗教的自由。历史表明，一个社会对人们信仰什么宗教采取宽容态度，并不就意味着这个社会就容忍无神论。以力举宽容异教徒而著名的洛克曾说，"否认上帝存在的人，是根本谈不上被宽容的"②。这说明，英国人所面临的首要问题是信教自由。

信教自由以多种宗教的存在为前提，是宗教改革为其提供了这一前提。亨利八世发起的英国宗教改革不仅创立了英国国教，还使欧陆的各种新教传入了英国，致使原本保留了天主教义的国教也逐渐新教化，从而实现了英国文化的更新，并产生了更为激进的清教各个教派。国教和天主教、国教和清教、清教和天主教、清教内部各教派之间的长期而激烈的争斗，最终使它们都认识到，宗教宽容是各教派的唯一出路，致使英国人第一次有了选择信仰的自由，进而给英国人带来了思想自由。

---

① ［英］约翰·密尔：《论自由》，第19、39页。
② ［英］约翰·洛克：《论宗教宽容》，第41页。

众所周知，亨利八世表面上是为实现婚姻自主，实际上是为消灭教会这个国中之国而发起宗教改革的。故其独树一帜的安立甘教（Andican communion）在教义和教礼上很少变动，仍然保留了教阶制度。这自然引起了英国新教徒的不满，亨利八世死后，他们开始提出清除安立甘教中的天主教内容的要求，在安立甘教内部形成了主张改革和反对改革的对立，致使英国不仅教外有教，且教内有派，英国由此进入了一个教派纷争的时代。

亨利八世的儿子爱德华六世（1537—1553 年在位）是个虔诚的新教徒，而王室政府的权力又掌握在倾心于新教的诺森伯兰公爵赫特福德及克兰默等人手上。他们重用狂热的新教徒，不遗余力地推进宗教改革。先后通过了《爱德华六世第一祈祷书》《爱德华六世第二祈祷书》和《四十二条信纲》，对安立甘教的教义进行了重大改革。承认了路德的"因信称义"学说，认为人们只要虔诚地信仰上帝，就能够获得上帝的认可而得救，成为"义人"；也承认了加尔文的"预定论"和"择选说"，认为选民、弃民在上帝没有创世前就已选定，使基督教育和指导选民获得了永久的解脱。并通过了两个《划一法》和其他法令①，对原有的宗教礼仪也进行了重大改革。规定教士可以结婚，将各种宗教礼仪的用语从拉丁文改为英语，并使礼拜仪式简洁化、英语化和公众化。为了推进改革，政府大肆打压和迫害天主教徒；下令禁止出版除政府颁布的共同祈祷书以外的任何祈祷书。这一系列改革措施，使安立甘教在英国的国教地位得以巩固，自此之后，除爱尔兰人外，对天主教热心的英国人已为数不多。②

继之上台的女王玛丽废除了其弟和其父所颁布的一切宗教改革法令，除了被没收的教会土地无法归还外，一切都恢复到其父发动宗教改革前的状态。③ 她还恢复了以前的"异端法"，规定对反天主教者按古代的法令治罪。④

---

① 参见［英］约·欧·尼尔：《伊丽莎白女王》，刘泰星等译，四川人民出版社 1987 年版，第 64 页。
② 一位在玛丽宫廷中住了三年的威尼斯天主教徒认为，当时英国真正的天主教徒所剩无几，35 岁以下没有一个天主教徒。参见［英］约·欧·尼尔：《伊丽莎白女王》，第 32—33 页。
③ 参见 H. Gee and W. J. Hardy, *Documents Illustrative of English Church History*, Macmillan and Co. Ltd., 1914, pp. 384-415。
④ 参见 G. Britain, *Statutes of the Realm*, V. IV：1547-1624, part I, p. 244, 转引自蔡骐：《英国宗教改革研究》，湖南师范大学出版社 1997 年版，第 93 页。

疯狂地镇压新教徒，玛丽也因此而落得一个血腥之名，[①] 天主教和新教之间的仇恨也就因此而越结越深。

继位的伊丽莎白一世，心仪新教，但又十分明智。她看到宗教迫害政策引起的天怒人怨，感到要使王位巩固，国家安宁，对宗教问题就必须有"宽容"精神和"平衡"手腕。于是，她选择的是介入其父、其弟和其姐之间的、富于英国特色的安立甘教会。为此，她恢复并重新修订了其父颁布的《至尊法案》，颁发了《统一法令》，按照其弟于1552年颁布的第二版的《公祷书》来举行宗教仪式，来规范僧侣的制服、图像、祭器和教堂的音乐；但《公祷书》中强烈攻击教皇的词句则被删除，以不激怒天主教徒。又在其弟颁布的《四十二条信纲》的基础上，制定和颁布了《三十九条信纲》。该信纲继承了《四十二条信纲》的主要思想，保留了其中的新教教义，并兼容了新教各宗的思想，包括茨温利的学说。其教义比路德宗激进，比加尔文宗保守，并巧妙地避开了路德派和加尔文派争执的焦点圣餐仪式，规定用一种大家都能理解的方式来举行圣餐礼，以促成新教各派的联合；信纲保留了教阶制度，坚持天主教的一些传统礼仪，如规定礼仪中穿法衣等，以避免激怒天主教徒。她希望通过这些具有温和色彩的法令，把所有的基督徒都统一在英国教会之内。[②] 为此，女王对天主教徒和清教徒采取了不同程度的宽容政策，只要他们的活动不损害王权和国家的利益，就容忍他们。允许国外新教徒的信仰自由。[③] 对天主教会，只镇压一些头面人物。对激进的清教徒，伊丽莎白先是予以放任，以对付国际国内的天主教势力；在1588年击溃西班牙的无敌舰队，国际上的威胁基本解除后，她就开始对清教徒中最激进的长老派等派别实行高压政策。但是，没有人被处决；尤其是那些温和的清教徒，基本上没有遇到过什么麻烦。[④] 因此，终伊丽莎白一代，英国实施了一套行之有效的宗教宽容政策。这不仅使英国的安立甘教的国教地位得以巩固和传承，还促使新教在英格兰日益壮大。这使其同国教徒之间的裂

---

① 参见［英］阿萨·勃里格斯：《英国社会史》，第141页。
② 参见蔡骐：《英国宗教改革研究》，第121页。
③ 参见 P. M. Crew, *Calvinist Preaching and Iconoclasm in the Netherland*, Cambridge University, 1978, p. 96。
④ 参见柴惠庭：《英国清教》，第96页。

痕越来越深。继位的詹姆士一世动用火刑，迫害清教徒，使国教的地位得以
巩固。而其儿子查理一世走得更远，他纵容国教教会迫害清教徒，终于导致
了始于 1640 年的大革命。

　　大革命时期的长期议会，用《礼拜规定》代替《公祷书》，使清教礼仪
合法化；又通过了长老制，以其替代国教的主教制度。他们发起了一场反对
"可耻的和邪恶的牧师"的运动，残酷地屠杀和迫害安立甘教徒。但是，身
为独立派的革命军的领袖克伦威尔却是一个宗教宽容的倡导者。在他的努力
下，对天主教徒的迫害减轻了，其教徒殉难的人数在共和国时期有明显的下
降；犹太人返回英国也被政府默许。到克伦威尔去世时，犹太人在英国已经
拥有了自己的墓地和犹太教堂。[①] 但这一时期的宗教宽容则主要体现在对待
清教内部的各个派别上。当时，居主导地位的是独立派。该派倡导的公理制
理论主张各教会有完全的独立自主权，故实行宗教宽容是其必然。如当时主
政的裁定委员会的 38 名宗教界委员中即包含了三个派别，其中独立派 14
人，浸礼会 3 人，长老会 2 人。通过他们的审查而成为牧师的人也是来自各
个教派，独立派、长老派、浸礼会，甚至连主教派也有，条件是只要"他
们不使用公祷书"。在独立派的努力下，议会于 1654 年通过了撤销《宣誓
法》的决议，一大批以前被剥夺资格的神职人员被恢复了原来的职位。[②]

　　对那些威胁到政局稳定和护国政府权威的激进派别，如贵格会、第五王
国派等也被迫采取了高压政策。但总的来讲，他们在护国政府时期所得到的
境遇不仅好于以前，也远比后来的复辟时期强。贵格会的信徒在共和国期间
得到极大发展，到 1660 年时，已达 50000 名，已逼近英国天主教徒人数的
事实就是明证。

　　同以前各朝不同，护国政府时期并没有颁布一个统一信仰的法案，没有
明定哪个教派为英国国教。试图用这个办法来建立一个以长老派、独立派和
浸礼会为主体的、包容广泛的国家教会。这不仅为宗教宽容树立了一个典
范，也为日后的宗教宽容打下了基础。它使清教内的各个教派都得到了长足
发展，各教派平等、独立的地位得到了承认和尊重，各派始终处于自主独立

---

　　① 参见 J. Coffey, *Persecution and Toleration in Protestant England*, *1558 - 1689*, London, 2000, pp. 90, 156。

　　② 参见 J. Stoughton, *Ecclesiastical History of England 1640-1660*, London, 1867, V. 2, pp. 8, 87。

的状态之中①，从而为他们在以后历史中的存在打下了基础。复辟之后，即
使国教会极尽努力去打压它们，但并没有取得多大成效，致使英国宗教领域
过去长期被一教垄断的局面"被竞争所取代"②，宗教宽容已成为不可阻挡
之势。

　　对大革命前安立甘教给清教徒的迫害，护国政府自然给予了强有力的报
复。安立甘教的国教地位被剥夺了，他们在公开场合的祷告和其他仪式因被
禁止而被迫转移到私人的集会或家庭内，一些国教牧师被剥夺财产或被关进
监狱。但是，针对他们的这些政策执行得并不严格。例如，克伦威尔在其女
儿举行了婚礼后，又在私下"由主教指定的牧师根据公祷书规定的仪式"
再举行一次，而公祷书则因是国教会颁布的而被护国政府明令禁用。③

　　总之，总体而言，在克伦威尔统治时期，各个非清教教派的境遇比前后
时期都要好得多。天主教徒、国教徒们虽然受到压迫，但其受害的程度不仅
远低于西欧大陆，也低于他们在以前遭受到的迫害。致使这一时期的宗教矛
盾相对缓和下来，人们在宗教问题上保持一定的和平与安静的心态，享受到
了一定程度的信教自由。

　　复辟后的斯图亚特王朝，恢复了安立甘教的国教地位，大肆迫害清教
徒，但是，已经壮大起来的清教并不容易因此而被压服。他们继续战斗，发
誓要"看到新耶路撒冷打扮得像新娘一样从天而降"④。这样的结果让人们
对大迫害是否能让安立甘教一统天下深表怀疑，连查理二世也说，"12 年来
的痛苦经验表明，所有强制性的措施都收效甚微"⑤。这表明人们开始反思
宗教压制的作用，去考虑宗教宽容的可能。或因如此，培根对上帝的挑战不
仅没有遇到官方的迫害，反而获得了国会的广泛的承认。科学家们用牛顿的
思想为章程的"无形学会"还得到查理二世的大力支持。因此，光荣革命
后的第二年，国会就颁布了《宽容法》《权利法案》等保障人们的信仰自由
和公民权利的一系列法令也就不奇怪了。

---

① 参见柴惠庭：《英国清教》，第 149 页。
② 参见 J. Coffey, *Persecution and Toleration in Protestant England，1558-1689*，p. 160。
③ 参见 J. Coffey, *Persecution and Toleration in Protestant England，1558-1689*，p. 159。
④ S. R. Gardiner, ed., *Constitutional Documents of The Puritan Revolution 1625-1660*, p. 354.
⑤ C. Hill, *The World turn'd Upside Down*, Harmondsworth, 1973, p. 69.

《宽容法》允许清教徒保持自己的信仰，只限制清教徒出任公职，这种宽容不适用于天主教徒。但宗教宽容则因此作为一种法律原则被确立下来了，为下一个世纪实现真正的信教自由和思想自由奠定了基础。延续了几百年之争的天主教、国教和清教的争斗从此告一段落。于是，当西欧大陆许多国家还为信仰而斗得你死我活时，英国已戏剧性地实现了宗教宽容。宗教的热情衰退了，清教各派别已不再谋求取代安立甘教而成为国教，仅希望能彼此和平共处。他们虽然不能担任国家公职，但他们却可以把热情投入经济、文化等其他事业的发展上。而宽容一旦成了宗教徒们的基本理念，也就必然让他们带到文化和政治等其他领域。不仅观点各异的政治、文化和宗教团体如雨后春笋，反对政府的激进派，拥护政府的效忠派都能自行其是地开展活动。相互间的辩论也越来越普遍、越来越激烈。人们对此评述说，"舆论界的状况令人吃惊地动荡""混乱、不定、观点歧异"①。这就足以说明，此时的英国在文化上、思想上已不再是一元独尊的传统结构，而是远离平衡态的多元社会。

更关键的是，英国的主体文化在这场争取宗教宽容的斗争中实现了更新。因为作为国教的安立甘教的教义已新教化了，其教义已介于路德教和加尔文教之间。它采用了路德教的核心因信称义学说；虽然抗拒加尔文教的天命论，但接受了它的救赎说。在宗教礼仪上虽然有所不同，但也接受了不少新教的主张。

首先表现在遗嘱的内容上。1547 年约克郡中部、北部，及诺丁汉郡留下来的遗嘱表明，大约有 60% 的人还坚持传统观念，另外的人都采纳了新教徒做法；到了 1553 年，这个比例上升到 60%；到 1653 年，更上升到 90%。② 再如，教堂的内部装修越来越新教化。古老的壁画大多被粉刷所掩饰，一些宗教题材的肖像和绘画因为违背新教反对偶像崇拜的主张而被清除。教堂中的祭坛大都被改换为方便移动的祭台，主持礼拜的牧师穿着白色朴素的法衣，而不再穿华丽的祭袍；用英语而不是用拉丁语来布道。同时，

---

① 埃克哈特·赫尔穆特：《18 世纪后期英国政治文化转变面面观》，王觉非：《英国政治经济和文化现代化》；钱乘旦、陈晓律：《在传统和变革之间——英国文化模式溯源》，浙江人民出版社 1991 年版，第 332—334 页。

② 参见 A. G. R. Smith, *The Emergence of a Nation State*, p. 75。

人们都普遍信奉清教徒的婚姻观及其宗教礼仪。认为婚姻由上帝创立，家庭也为上帝所主张，因此，应该将家庭和宗教联系在一起，过一种理想的宗教家庭生活。人们除了去教堂做礼拜外，也应该在家中祈祷和阅读《圣经》。这一变革有力地促使了传统家庭向近代核心家庭转换。[①]

当然，在宗教组织和宗教礼仪上，国教和加尔文教之间还有很多差距，但这对于铸造信徒的人生观和世界观不起决定性的作用。而上述教义的新教化则使其孕育出来的"灵魂"已大不同于吮吸天主教"乳汁"而长大的"头脑"，因此，宗教改革将英国的文化来了个全面地更新，一个比路德教更加激进的安立甘教文化全面取代了统治了英国上千年的天主教文化。被这种文化所熏陶出来的人民，在相当大的程度上具有类似于前述加尔文教徒才具有的诸多品质、德行和积极的战斗的人生观，它必然又导致更为激进的个人主义的继之兴起。

随着国教统治地位的全面确立、英文版的《圣经》和《英烈传》的广泛流传，一种"被保守的作家们"视为"寡廉鲜耻的个人主义"在伊丽莎白统治后期被培植出来了。这是一种"以道德自主、享有权利、拥有财产的个人作为一切社会秩序观念的源泉"的观念。它"把个人当作自己主人的信条"，"根本没有义务为邻人的利益而推后自己的利益"。在其眼中，社会"是一个股份公司而不是一个有机组织，股东们的责任是完全有限的。他们加入它为的是保护永恒的自然法则已经授予他们的权利"。因此，"对这种个人主义来说，共同道德的观念和主教"及其教会纪律一样地令人们讨厌。因此，它"大力反对种种传统的限制，憎恨传道士和大众运动企图把慈善和问心无愧的教义运用于大规模的客观机制，并努力使公共政策更符合他们的经济实践"[②]。

实际上，无论是个人主义，还是为个人主义呐喊的各种舆论，都来源于加尔文宗。托尼说："加尔文主义从一开始就由两大要素组成。"一方面对商业企业的生活给予全面的认可；同时又用审判官般的约束对它加以限制。在日内瓦，"加尔文主义的第二个要素占据主导地位，但在更加多样化的英

---

① 参见 P. Crawford, *Women and Religion in England 1500-1720*, Routledge, 1993, p.40。

② ［英］R. H. 托尼：《宗教与资本主义的兴起》，第105—108、111、112页。

格兰"，"占据主导地位的是第一个要素"。"同商业世界气味相投的个人主义，成了进入英国的清教最鲜明的特征。当它变成一种政治力量后，清教就立刻发生世俗化，并且达成了妥协。它的信条不再是试图在人间建立一个基督的王国，而是一种个人特性和行为的理想，这种理想通过准时履行公共和私人职责得到实现。它的理论是纪律，它的实际结果则是自由。"① 可见，这种"从 1600 年到 1800 年的时期内逐渐发展起来，最后形成了 19 世纪古代自由主义的绝对放任主义信条"的个人主义之所以在英国泛滥②，与加尔文教对安立甘教进行渗透、改造是分不开的。

随着个人主义在英国的泛滥，人们认定教会根本没有资格和能力根据精神的准则来评判经济事务；也"完全否认他们有实施审判的权利"；强烈否认"宗教有权提出它自己特有的社会理论"，形成了一种"宗教冷淡主义"。而教会本身也"接受了流行的社会哲学并改写自己的教义去适应它。使得政治理论具有宗教特征的时代已经让位给另一个时代，现在宗教思想不再是一个傲慢的导师，而是一个恭顺的小学生"③。

无论是个人主义在英国的泛滥，还是教会离开道德的审判台，都离不开清教对安立甘教的渗透和改造，及由此而实现的民族文化的更新。托尼对此感叹道，"清教在政治事务方面取得了巨大的成就，但它在人的内心世界方面取得的成就更为重大"，"正是通过清教同旧秩序的斗争，才出现了真正现代意义的英格兰"④。

个人主义在英国的全面泛滥表明 17、18 世纪的英国人不仅有信教的自由，甚至可以不信奉任何宗教，享有思想自由；这表明当时的英国事实上已经实现了政教分离，已生活在一个同其前辈完全不同的文化环境中。他们已经解脱了教会加在其先辈身上的精神桎梏和道德枷锁，按其意愿地为自己谋利，按契约与他人合作，使社会要素更具有进取性、学习性、适应性和创造性，更何况，英国还有一大批激进的清教徒。

---

① ［英］R. H. 托尼：《宗教与资本主义的兴起》，第 140、141 页。
② P. S. Atiyah, *The Liberal Theory of Contract*, in His Essays on Contract, Oxford, 1981, p. 122；转引自［英］R. H. 托尼：《宗教与资本主义的兴起》，"学报版前言"，第 8 页。
③ ［英］R. H. 托尼：《宗教与资本主义的兴起》，第 108—113 页。
④ ［英］R. H. 托尼：《宗教与资本主义的兴起》，第 118 页。

　　他们是一批什么样的人呢？托尼回答说，"这是一群和荷兰的加尔文教徒一样的人，他们在经济上的成功同他们钢铁般的新教主义同样著名"。他们是"富有思想、严肃、颇具耐心的人，深信劳动和事业就是他们通往上帝之路的职责"①。因此，在英国，也同法国一样，"正是商人和中产阶级的人才是新教徒"，而作为经济中心的伦敦市民是他们的中坚。"一个充满敌意的评论家认为，清教的兴起是借助于伦敦（煽动性派别的窝巢和发源地）及其遍布王国的贸易，用它的商品把这种感染性的影响传播到各个城市和社团，从而毒害了全国。在兰开夏，各个从事纺织业的城镇"，"在约克郡，布拉德福德、利兹和哈利法克斯；在中部，伯明翰和莱斯特；在西部，格洛斯特、汤顿和埃克塞特、英格兰西部纺织业中心都市，这些地方都是清教的中心"。②他们中间，英杰辈出，不是英国工商界、金融界、政界、文化界和外交领域的头面人物，就是成绩斐然的英才。1661年伦敦当选议员的四个人中，两个是长老派的，另两个属独立派，他们还分别担任了东印度公司总督、黎凡特公司副总督和布业公司副总裁。为查理二世政府出谋划策的企业界领袖委员会中，佩兴斯·沃德爵士和迈克尔·戈弗雷是伦敦极端新教派的代表；其他一些人和两个霍伯隆家族的人都是在伦敦的胡格诺教会的成员。③乔治·唐宁爵士是乔治二世驻海牙的使节，"正是通过他的努力才使荷兰的银行在英格兰扎下了根"，而他"是在塞勒姆和哈佛清教徒的严酷环境中培养长大的"④。因此，近代英国史上，清教徒居功甚伟成了人人皆知的常识。约翰·罗素勋爵（1792—1878年）说："我知道那些非国教徒，他们推动了自由贸易，他们推动了奴隶制的废除，他们推动了教会税的废除。"⑤

　　他们还是充满了学习欲望和创造欲望的人，坚持用实验方法去勇于探索一切未知的领域。为此，他们创办了苏格兰大学、格雷山姆学院等一大批非国教派学院。不仅培养出了一大批科学人才，还对市民开展科学宣传，"成

---

① ［英］R.H.托尼：《宗教与资本主义的兴起》，第126页；配第：《政治算术》，陈冬野译，商务印书馆1978年版，第23页。
② ［英］R.H.托尼：《宗教与资本主义的兴起》，第11、122页。
③ 参见［英］R.H.托尼：《宗教与资本主义的兴起》，第152页。
④ 参见［英］R.H.托尼：《宗教与资本主义的兴起》，第152页。
⑤ 参见 Prest，J.M.，*Lord John Russell*，University of south carolins，1972，pp.11-13。

为英国活动的中心"和"科学母体"。"实验科学 17 世纪得到如此迅速的传播"，"至少部分是由于受到温和派清教徒的促进"[①]。

他们还认为英格兰是上帝特选民族，肩负着拯救基督教世界的使命，很多清教徒因此放弃故国优越的生活条件远涉重洋去开疆拓土，建设宗教理想中的"净土"。法国学者托克维尔在谈到北美新英格兰海岸落户的移民时写道，"他们之远渡重洋来到新大陆，决非为了改善境遇或发财"，而"是出于满足纯正的求知需要；他们甘愿尝尽流亡生活的种种苦难，去使一种理想获致胜利"[②]。正是由于他们的努力，英国才拥有了比其本土大几十倍的殖民地，成为日不落帝国。

诸此种种，不胜枚举，都说明了一大批激进清教徒的存在和民族文化的更新，使英国社会要素的活动的目的性发生了由彼岸向此岸的转化，其所拥有的学习性、创造性、进取性和适应性更加突出，英国因此拥有了无数为新社会的到来而勇于冲锋陷阵的斗士。而民族文化的更新实际上也是英国社会系统信息库的更新，从而使英国拥有当时世界上最发达的信息库。正是因为有了这样的信息库，英国才能在其后的时间内建立起当时世界上独一无二的宪政法治、市民社会；实施当时欧洲少有的信仰自由、思想自由，才能成为启蒙运动的发源地。

然而，一个人表达自己思想的渠道无非是言论、出版，因此，要真正地实现思想自由，是离不开言论自由、出版自由的。实现言论自由和出版自由是信仰自由、学术自由、经济自由和政治自由的核心指标。一个社会的言论自由和出版自由的实现程度如何，标志着这个社会的信仰自由、学术自由和政治自由所达到的水平。

同西欧大陆一样，印刷业的兴起，书籍、报刊、小册子的大量出版和发行，在极大地加速了经济信息的传播的同时，也传播政治信息、宗教思想和学术观点，成为思想启蒙和政治斗争的主要阵地。这引起各国统治者的不安，因而千方百计地想垄断它、控制它。英国王室也不例外，1518 年后，特许出版逐渐被推广到全国，1526 年，亨利八世又以维护国家安全为由颁

[①]　参见［美］R. K. 默顿：《十七世纪英国的科学、技术与社会》，范岱年等译，四川人民出版社1986 年版，第 136、132、171—207 页。

[②]　［法］托克维尔：《论美国的民主》上卷，第 36 页。

布了第一批禁书目录，三年后，又将目录中的禁书从 11 种增加到 85 种，其中主要是路德·茨温利等新教思想家的著作①。1543 年，国会发布"关于诽谤性图书的国王文告"，规定未经枢密院或国王指定的检察官的同意，任何人不得印刷任何英文图书。1557 年 5 月，成立于 1551 年的书商兄弟会受领了皇家特许状，改组为法人社团，并更名"书商公会"。特许状授予书商公会管理英国全国出版业的权力，英国政府则通过它实现对全国出版业的控制。② 其后诸王，虽然对这个制度有所增添，但总的框架和原则没有变动。即使在统治较为宽松的伊丽莎白时期，对出版管制的条款、数量、种类和管制力度等，都达到了空前高的水平。③

与出版管制相配套的还有言论控制。从 1542 年起，英国国会档案记录中就存有许多因发表了"煽动性言辞""不当语言"，或"不体面言辞"和"诽谤性主张"而遭到诉讼的案卷。根据法学家利维的研究，直到 1714 年止，在"国家安全"的名义下所制定的煽动诽谤罪一直是政府制裁媒体的有力工具。④

因此，英国人争取出版自由和言论自由的斗争是连在一起的。在向国王争取人身自由时，议会就把讨论自由同谒见君主的自由和免遭逮捕的人身自由一起，视为人身自由的三项核心权利。⑤ 作为发展最快的行业中的多数出版商首先无法容忍书商公会的垄断，他们要求出版自由的呼声越来越高，而清教对他们的影响更是增强了他们斗争的勇气和决心。他们虽然为此付出了沉重的代价，但也取得了不少的成就。即便是在星室法院严厉的出版审查的压制下，《论分立教会》等"非法"出版物仍不断出现，各种违规的小册子

---

① 参见 A. W. Reed, *The Regulation of the Book Trade*, *Transactions of the Biographical Society*, London, 1916, pp. 18–43; J. Feather, *Publishing, Piracy and Politics: an Historical Study of Copyright in Britain*, Mansell, 1994, p. 12。

② 参见 C. Blagden, *The Stationers' Company: History 1403–1959*, Harvard University Press, 1960, p. 72。

③ 参见 F. S. Siebert, *Freedom of the Press in England, 1476–1776: The Rise and Decline of Government Control*, Urbana: University of Illinois Press, 1965, p. 2。

④ 参见 Leonard W. Levy, *Emergence of a Free Press*, New York: Oxford University Press, 1985, pp. 8–9。

⑤ 参见 F. S. Siebert, *Freedom of the Press in England, 1476–1776: The Rise and Decline of Government Control*, pp. 89–93。

从 16 世纪 80 年代起开始满天飞，新闻信息为王室垄断的局面也慢慢地被打破。17 世纪时，反对出版垄断的斗争扩大到普通公民的范围。它与经济、社会变革的需求一起成为引发 17 世纪两次革命的重要原因。而两次革命的发生，又反过来促进了出版自由和言论自由的进步。大革命前，即便是在星室法院严厉的出版审查压制下，"新闻时事""新闻书""新闻周报""新闻汇编"等非法出版物不断涌现，小册子如井喷般地撒向社会。[①] 1641 年，负责出版管控的星室法院被废除，解除了重负的出版商如喷泉般地出版了大量的出版物，所讲的都是以前禁止的话题，这在某种程度上诱发了后来的大革命。复辟时期虽然恢复了出版审查制度，不仅难复旧貌，且同其王朝一样，十分短命。光荣革命后不久的 1692 年，出版审查官布朗特拒绝对《血腥巡回的历史》做出裁判，得到了包括印刷商和出版商在内的民众的支持，导致《许可证出版法案》于 1694 年被废除，议会拒绝延长"书商公会"的垄断特权，出版前审查从此改为出版后审查，这个延续了二百年之久的出版管控制度也就由此被画上了句号，迎来英国出版业的空前繁荣。[②] 余下的问题是如何对付议会拒绝将议员享有的言论自由授予普通民众，继续用煽动诽谤罪来钳制人民的言论自由和出版自由。经过民众的斗争，终于在 1792 年通过了《福克斯诽谤法案》，最终确立了诽谤案的审判原则。法案明确规定审理煽动诽谤罪时必须依据严格的法律条款和程序进行，不再像以往那样，仅凭国王及大臣们的好恶就可以判人有罪；认可了陪审团在此类案件中享有"总体判决权"，结束了过去判决此类案件由法官一人说了算的局面，形成了有利于民众言论自由的审理机制。

至此，英国人民争取表达自由的斗争取得了决定性的胜利。虽然他们当时所享有的信仰自由、出版自由、言论自由与今天欧美民族所享有的思想自由还有很大的差距，但是，它毕竟开启了思想自由的大门，遥遥领先于当时西欧大陆的大国。如法国大革命前夕，出版审查机构多达 121 个；各种禁令

---

① 参见 F. Dahl, *A Bibliography of English Corantos and Periodical Newsbooks 1620 - 1642*, London, 1952。

② 参见 Black Jeremy, "Newspaper and Politics in the 18th Century", *History Today*, V. 36, No. 10 (Oct, 1986), p. 36。

层出不穷，出版业生存十分艰难。① 两相比较，使伏尔泰感叹不已："我们在英国感到幸福，只是因为每个人都享有自由地说出心里话的权利。"②

　　文化的更新、思想自由的萌生和市民社会的成熟，从根本上改变了英国人民的精神面貌，所享有的个人自由达到了空前的程度。如前述哈耶克所言，个人自由同私有权是个体差异的基础。高度发达的个人自由不仅造就了巨大的个体差异，使系统组分更加复杂化，也使英国的社会要素所具有的目的性、主动性、能动性、进取性、学习性、创造性和适应性为法国、西班牙、德国等社会要素远所不及。这导致英国社会，不论是系统结构的复杂性，系统要素所具有的创造性，还是信息库的发达程度都是欧陆各国社会系统所不具有的，这无疑会促进英国社会动力系统从"合力动力"向"协同动力"的转换。

---

　　① 参见［法］诺埃尔·让纳内：《西方媒介史》，段慧敏译，广西师范大学出版社 2001 年版，第59 页。

　　② W. Lagueur and B. Rubin（eds.），*The Human Rights Reader*，NY：New American Library，1990，pp. 80–81.

第二十三章

社会动力的转型与工业革命的爆发

随着英国的经济结构、政治结构和文化结构不断地分化整合，系统要素间的关联越来越长，系统内外的物质、能量和信息的宏观流动和转换越来越大，速度越来越快，系统各部分各要素间的相互作用的形式也就不断地升级换代。从最初的催化循环发展到超循环，直至多元的复合超循环。通过循环圈间的相互嵌套、相互耦合，产生的协同效应空前地强大，系统动力机制因此由合力动力，经非线性动力升格为协同动力，到 18 世纪的最后一个 25 年，通过蒸汽机的改进和推广终于引发了工业革命，从而将整个社会推过耸立在资本主义社会和现代社会之间的"势垒"，使英国成为世界上第一个现代化国家，翻开了人类史上辉煌的一页。

一、合力动力转为协同动力

是工业革命使英国成了现代化的滥觞之地，但没有技术革新，也就没有工业革命；可是，历史又告诉人们，有了技术革新也不一定有工业革命[①]；同样，没有市场经济和工商业的发展，也就没有工业革命，但是，有了市场经济和工商业的发展，也未必有工业革命[②]；当然，没有生产方式的变革，

---

① 参见［法］费尔南·布罗代尔：《资本主义的动力》，第72、73页。
② 参见［美］W. W. 罗斯托：《这一切是怎样开始的——现代经济的起源》，第16页。

没有雇佣劳动的产生，也不会有工业革命；但是，有了生产方式变革，有了雇佣劳动制度的产生，就一定会有工业革命吗？历史同样回答：不。佛罗伦萨可以说是世界上第一个资产阶级城市共和国，14—16世纪时，它有着当时世界上最发达的手工工场，全城10万左右居民中，仅毛纺工人就有3万多，可佛罗伦萨发生了工业革命吗？较之佛罗伦萨，17、18世纪的荷兰是有过之无不及。可结果则如前述，不要说上述三项每一项都无法单独引发工业革命，即使三者相加，结果也不会例外。至于人们津津乐道的其他要素，如农业劳动生产率的发展，绝对私人财产权利体系的形成，煤矿的开发和煤的大规模使用，有效率的经济组织的产生，等等，都不可能单独引发工业革命。

为什么这些因素及这些因素的集合都不能引发工业革命？答案是，它们无法产生工业革命所产生的一系列成果。如一系列的、密集的、相互配套的技术创新、制度创新和文化创新；这些创新迅速地应用和推广；生产力加速度地发展；经济发展无一处咬刹，如天造地设一般；经济社会的持续进步；等等。而要产生这一系列的成果，没有社会发展动力的转换是决不可能的。因为传统社会的发展动力是恩格斯所讲的"合力动力"，这样的动力是决不可能产生这一系列成果的。仅据恩格斯所讲的合力动力的几个特征就可证实这一结论。

恩格斯说，推动传统社会发展的"合力动力"是"从许多单个的意志的相互冲突中产生出来的。而其中每一个意志，又是由于许多特殊的生活条件，才成为它所成为的那样"。在传统社会，由于社会结构处于平衡态或近平衡态，要素种类单一，要素的独立性、等价性和对称性强，"意志的载负者"中的80%甚至90%以上是小农。他们处于奴隶或农奴状态；财产私有权阙如或残缺，缺乏人身自由；又千人一面，独立性强，近乎自给自足，相互之间，宛如一袋马铃薯①，多利益上的对立而少有经济上的相互依赖，彼此间互动稀少，即使互动，也是关联程短，参与相互作用的要素数量少、种类单一，只能产生1+1=2的线性结果，既缺乏创新精神，也产生不了新奇。市民社会也尚未分娩，市民的活动还在政治、文化、社会等各种传统关系的

---

① 参见《马克思恩格斯选集》第1卷，第677页。

束缚之下，其创造力自然大打折扣。不讲东方传统社会，即使被人们认为是资本主义国家的荷兰，15世纪以来"它没有发明什么商业技术教给其它国家"①，而工业技术革新也停止了。② 在1817年至1830年间，海牙颁给荷兰人的专利证只有与其人口面积差不多的比利时人所得专利证数的38%。③ 资本主义社会都如此，遑论视创新为奇技淫巧的传统社会。

即使有创新，不仅应用慢，难以改进，也会行之不远，传播不开，产生了不大的效果，甚至消亡。因为为合力动力所支配的社会，其"最终的结果总是从许多单个的意志的相互冲突中产生出来的"，而其要素的独立性强，各有自己的特殊利益及由此而产生的特殊意志，由于这些意志相互冲突，形成了"无数个互相交错的力量，有无数个力的平行四边形"，它们会被"融合为一个总的平均数，一个总的合力"，由于"任何一个人的愿望都会受到另一个人的妨碍，而最后出现的结果就是谁都没有希望过的事物"。中国古代的那么多发明，不是传播不开，烟消云散，就是无法发挥出他的潜能，其原因不都是如此。大革命前夕的法国，尽管其市场经济有了很大的发展，也有一些发明，但都难以推广。这不仅是"生产过程不允许偏离常规一步，任何发明都会被对这种生产过程的无孔不入的管理所禁止或扼杀"；也因为"劳动的流动在各处都受到层层限制，动手兴办工业不说是不可能的，也是困难的"④。产生这样的结果，除了法国社会的几大子系统还没有耦合成多元复合超循环体外，也因为占法国人口大部分的农民中的绝大部分仍然经营着小块土地，小农经济仍居统治地位，社会要素间的关联因而仍然是短程的。即使没有制度的障碍，创新也传播得不远。如是，经济的发展也只能是"时断时续，在长达几个世纪的时间内，表现为一系列的飞跃和卡壳，甚至倒退"⑤，根本无法使社会展现出工业革命那样的宏伟画面："各个部门都顺应了产生突然大发展的需求"，所产生的"繁荣景象从18世纪末一直拓展到19世纪开外，形成了一种奇迹般的全国性增长，发动机无一处

① ［英］M. M. 波斯坦、D. C. 科尔曼、P. M. 马赛厄斯主编：《剑桥欧洲经济史》第五卷，第454页。

② 参见［英］罗伯特·杜普莱西斯：《早期欧洲现代资本主义的形成过程》，第302页。

③ 参见 J. Mokyr, *Industrialization in the Low Countries 1795–1850*, pp. 126–130。

④ ［美］道格拉斯·C. 诺斯、罗伯特·保尔·托马斯：《西方世界的兴起》，第174页。

⑤ ［法］费尔南·布罗代尔：《15至18世纪的物质文明、经济和资本主义》，第685页。

咬刹，阻滞发展的瓶颈现象无一处发生"，"一切都是自发进行的，宛如天造地设一般"①。

　　合力动力无法引发工业革命，那能胜任这一使命的就只能是性能与其完全相反的协同动力。协同动力是非线性动力的典型形态、成熟的形态。处于此形态的非线性动力的最大特征就是它能致其产物"按双曲线增长"②。其能如此，主要是其要素间的协同效率已发挥到它的最大值。而这又是因为系统的子系统之间、系统要素之间已经联结成了一个类似于人体那样的多元复合超循环体。在协同动力的产物中，自然包括了各种创新。因为能产生协同动力的社会，其社会要素具有极强的主动性、能动性、学习性和适应性，且解脱了一切政治上的束缚和文化上的精神负担，因而具有旺盛的创造力；同时，其要素的非独立、非等价、不对称等特性非常强，要素间的关联密切且程长，进入相互连接链条的要素因而量多种杂，故它们间相互作用的非线性特征强烈，整体大于部分之和的特点突出，使涌现频出，产生出工业革命所需要的一系列相互配套、相互促进的技术创新和制度创新。

　　协同动力使创新辈出，也有能力将发生于局部的创新迅速地放大到全国，因为其要素关联程长，每个要素与国内甚至国外的要素都有广泛的联系；再加上，要素的非独立、非等价、不对称性突出，故要素间、子系统间必须相互依赖，协同远大于相互竞争。竞争虽然激烈，但是，它已被法律和制度所规范，故竞争是有序的，故非但不会损害要素间的协同，还能激发创新；在法律和制度的规范下，不仅使竞争有序，各方相互作用的交易成本也被大大地降低，从而极大促进了各要素、各子系统之间的相互联系和相互作用，帮助它们实现了组织上的相互嵌套和功能上的耦合，使整个系统成为基于"密码载体"之上的多元复合超循环体，即一个类似于人体那样的社会结构。

　　一个健康的人体，要想发扬其改造环境的能力，就需要身体内各器官的协同行动；而要至此，体内的血气畅通无阻是根本。若是血管堵塞、神经中断，这个人就会瘫倒在床，甚至丧命，丧失掉改造环境的能力；这正如哈肯

　　①　[法]费尔南·布罗代尔：《资本主义的动力》，第73、74页。
　　②　[美]M.艾根、P.舒斯特尔：《超循环论》，第75、98、130页；苗东升编著：《系统科学原理》，第636—638页。

所说，"生物体的有序和特有功能""是靠通过系统的能量流和物质流来维持的"①；而血气要想畅通无阻，一要排除体内的异物，二要各器官在组织上的相互嵌套，及其所实现的功能耦合。

同样地，一个社会结构要想拥有协同动力，各子系统间、各要素间也必须实现相互嵌套、相互耦合、相互作用、相互协同，以实现物质、能量和信息的流动在其体内的畅通无阻。这正如复杂科学的先驱者 R. 阿什比所说，"资金通过银行在经济领域的循环跟血液通过肾脏在身体里的循环本质上是同样的过程。"② 当整个社会结构已成为多元复合超循环体时，它就能做到这一点。因为超循环组织要求"必须切断在那些自复制单元之间的竞争"，更"不允许独立竞争者集结"；只有"那些选择价值"与其"相匹配"的分支才能与其共存；同时，超循环体的"每一步反应都需要所有的成员协同行动"，"要求所有的伙伴都对每一组分的生成速率有所贡献"③。且多元复合超循环体又是建立在其体内各成分之间组织上的相互嵌套、功能上的相互耦合之上，这不仅为物质流、能量流和信息流在循环体内畅通无阻创造了良好的条件，还给予它以巨大的推力。各要素、各子系统协同动作，不仅使创新辈出，也能将创新迅速地推广到全国而不会出现瓶颈堵塞。正因如此，英国才能先后将毛纺工业、棉纺工业、采煤业等行业的一系列技术革新及大量的制度创新迅速地推广到全国，导致了工业革命。

有如此功能的协同动力的产生又需要哪些条件？从"一般规律"第 11 条悉知，系统结构远离平衡态的程度决定了系统的非线性特征的强弱，系统结构"越来越远离平衡态，体系的非线性特征"才会"越来越强"④，系统动力才能随之增大。只有在系统结构远离平衡态时，系统的非线性机制才能得到充分的解放，系统要素才会因其非独立、不等价、不对称等特性而彼此之间建立起长程关联，从而将大量的非独立、不等价、不对称的要素和子系统卷入相互作用的旋涡中，其强烈的非线性特点，不仅会涌现出无数的

---

① ［德］H. 哈肯：《协同学引论　物理学、化学和生物学中的非平衡相变》，第 5 页；［德］H. 哈肯：《协同学讲座》，第 3 页。

② ［意］拉兹洛：《进化——广义综合理论》，第 114 页。

③ 参见［美］M. 艾根、P. 舒斯特尔：《超循环论》，第 59、105、106、141、324、331、332 页。

④ 吴彤：《自组织方法论研究》，第 88、89 页。

"新奇"，且能将这些"新奇"从"微涨落"放大为"巨涨落"，从而展现出强大的动力功能。然而，系统离开平衡态的距离不仅是系统的复合超循环组织发展程度的函数，也要取决于系统输入负熵流的能力、环境提供负熵流的能力、系统规模的大小、负熵流能否实现平权化等许多因素。而决定这些因素的既有环境，也有系统内部的组织指令，而这个指令则又源于信息库及受其影响的密码载体。信息库则又是系统学习、适应环境过程中形成的。如宪政法治是英国人几百年的历史经验总结，而新教是西欧乃至整个欧洲文化历经上千年才有的结晶。因此，从合力动力向协同动力的转化绝非易事。它以系统结构远离平衡态、多元复合超循环体的形成和系统信息库的高度发展为前提。

对照协同动力产生的上述条件，工业革命前夕的英国，其社会动力已完成从合力动力向协同动力的进化是显而易见的。

首先，其社会结构离平衡态之远，当时的西欧是无人能及。它集中体现为英国人职业的极其多样化。如前所述，即使是农村，职业的多样化程度之高，也是令人惊讶的。1750 年时，英国乡村居民占全国人口的比例仅为46%。[1] 其中，有一半以上的乡民并不从事农业，而是从事商业、手工业、运输业，充任雇工，干着五花八门的职业[2]；因此，真正的小农残存无几，仅占全国人口的22%，且正在消失之中[3]，因为他们也是半农半工。"丈夫下田，而妻子则纺织邻近城市商人交来的羊毛"[4]；即使是丈夫，也并不再专司农业一职，而是多业并举。[5] 可见，当时的英国，"分散自给的农民经

---

[1]　参见 E. A. Wrigley，"Urban growth and agricultural change：England and the continent in the early modern period"，*Journal of Interdisciplinary History*，15（1985），pp. 386-728；E. A. Wrigley，*People，cities and Wealth：the Transformation of Traditional Society*，Oxford，1987，p. 170；另参见 P. Deane & W. A. Cole，*British Economic Growth*，1688-1959，p. 156。

[2]　参见 G. Timmins，*Made in Lancashire：a History of Regional Industrialisation*，p. 69；M. Zell，*Industry in the Countryside：Wealden Society in the Sixteenth Century*，pp. 110，116-121。

[3]　参见 G. E. Mingay，*Enclosure and Small Farmer in the Age of the Industrial Revolution*，p. 26；［英］阿萨·勃里格斯：《英国社会史》，第 212—213 页；《马克思恩格斯全集》第 23 卷，第 791 页；其他许多学者持此看法，请参见［法］保尔·芒图：《十八世纪产业革命》，第 443 页注 63；苏联科学院主编：《世界通史》第 5 卷，第 650 页。

[4]　参见［法］保尔·芒图：《十八世纪产业革命》，第 43 页。

[5]　参见 P. Hudson，*Industrial Revolution*，p. 112。

济，实际上已经消失"，乡民"几乎所有经济生活全部通过市场；而相比之下，欧洲大陆的农民经济此时依旧普遍存在"[①]。

乡民如此，占英国人口 50% 多的市民所从事职业的种类之多更令人惊讶。如前所述，18 世纪时到英国招募技术人员的代理人就碰到了英国工业给他提出的一个极大的难题：劳动分工。被其访问的任何工人都不能向你说明操作的全部环节，因为他长期被固定在只是一个很小的部件上。[②]

系统要素间差异越大，系统离平衡态就越远。工业革命前夕的英国，城乡居民从事的职业、工种的种类如此之多，以致全体居民都在"为市场而生产"，故那时的"英格兰是一个高度发达的、货币化的社会"[③]，显然，这是社会结构远离平衡态时才会有的现象。

其次是社会结构的四大子系统及各子系统内部，已实现了组织上的相互配套、功能上的相互耦合，建成了类似于人体那样的多元复合超循环体。即经济子系统的成熟的市场经济体制，政治子系统的宪政法治，思想文化子系统的言论信仰自由和新教文化，社会子系统的市民社会。这四个子系统之间相互支持、相互保障、互相配合。宪政法治限制了王权，剥夺了他的立法权、司法权，进而剥夺了他的行政权，甚至王位继承的决定权，将其变成了虚君，从而保障了政权平稳的世代交接，奠定了社会长治久安的政局，为市场经济、市民社会、思想自由提供了安全壁垒；议会颁布的"垄断法"等大量的制定法，不仅为市场经济提供了最低的交往成本、最可靠的预期和强有力激励；也为市民社会和思想自由提供了法律保障；思想自由和市民社会不仅为市场经济提供了像珍妮、瓦特那样的最有活力、创造力、学习力和适应力的劳动者和发明家，像约翰·罗克巴和马修·博尔顿那样的资本家和企业家，也为英国的政界、学界、工商界提供了无数的勇士、冒险家和航海家，大量的睿智的思想家和社会活动家，极大地丰富了英国的信息库；而市场经济则是其他子系统的永不衰竭的财源，为它们提供了越来越强大的经济支撑。

---

① ［意］卡洛·M. 奇波拉：《欧洲经济史》第三卷，第 177 页；［英］阿萨·勃里格斯：《英国社会史》，第 211、213 页。

② 参见［美］戴维·S. 兰德斯：《国富国穷》，第 388、389 页。

③ 参见［英］艾伦·麦克法兰：《英国个人主义的起源》，第 87、93 页。

　　这四大子系统的多元复合超循环体又是以其内部各个要素相互作用而形成的复合超循环圈之间的相互嵌套为基础的。例如，市场经济就是由无数个复杂超循环圈所形成的多元复杂超循环圈。如羊毛生产同毛纺工业间的相互嵌套、商品市场同金融市场的相互作用、分工与市场的相互促进等；在政治子系统中，议会与立法之间、与行政之间，政治与法律之间，立法和司法之间，等等，也都形成了相互支持、相互促进、相互嵌套和相互协同的网络。同时，不同子系统内的复合超循环又会彼此间进行组织上的嵌套和功能上的耦合，又产生了无数横向上的复杂超循环圈。于是，整个社会结构也就形成了错综复杂的多元复合超循环体。

　　商人、新贵族和政府等都成了市场经济的"催化剂"（正反馈机制），他们极力地推动市场经济和对外贸易的发展，从中获得了巨大的利益；这又使他们以更大的热情、更大的财力去发展市场经济，拓展对外贸易。对外贸易和市场经济的发展又使更多的社会阶层从中受益，于是，推进市场经济和对外贸易的不再只有商人、政府、企业主、新贵族，还有海盗、军人、殖民者、法官、行政人员等各个社会阶层。没有他们，英国也就不会出现那些具有准军事职能和准政府职能的远航公司，也就没有殖民帝国和大西洋商业体系。如此众多的社会阶层都成了市场经济、对外贸易的"催化剂"，他们在各自同市场经济、对外贸易进行相互作用、相互促进的同时，彼此之间也会相互作用。如商人同手工场主之间在经济上谁也离不开谁。它们种类众多，又都非独立、不等价、不对称，所产生的相互作用不是线性的而是非线性的。进行非线性作用的各方在各自和市场经济相互复制、相互催化的同时，彼此之间也是相互复制、相互推进，致使超循环圈不断地升级换代，非线性相互作用力越来越强，对外贸易、市场经济乃至相互作用的各方都从中获得了越来越强大的动力。

　　如前所述，在英国社会结构转换成多元复合超循环体的这个过程中，自始至终都离不开对外贸易的推动，以致这个过程又伴随着英国对外贸易网络的不断扩展，国内循环体因此和国外循环体相互交叉，形成了一个内外交叉、纵横交错的循环网络。这就极大地增长了网络内外的所有要素间相互关联的长度，增加了参与关联的要素的数量和种类，从而增强了相互作用的非线性性质，使非线性动力越来越强。

　　这个超循环体网络不是供给主导型的制度变迁的产物，而是需求主导型的制度变迁的结果。是英国的市场经济通过对英国的经济结构、政治结构、文化习俗，即整个社会结构，乃至环境进行分化整合的结果；是市民阶级、资产阶级和新贵族根据其经济发展的需要同国王、贵族等阶级进行博弈、按照自己经济发展的需要而对社会结构和环境进行解构和建构的产物。因此，这一产物也就自然地能确保其愿望的顺利实现。既能保证他们全身心地去追求私人利益，从而"使人们能自由发挥能力"，使其主动性、创造性、学习性和适应性得到充分的释放；也是在最大限度地保证他们利益的前提下进行各种制度安排，以保证物质流、能量流和信息流在社会系统内外流动的畅通无阻，使他们能够获取最大的利益。

　　上述说明，工业革命前夕英国的社会发展动力已不是普通非线性动力，更不是合力动力，而是非线性动力中最典型、最成熟的形态协同动力。正是在这种动力的推动下，英国成为当时最具创造力的国家；也正是这一动力所具有的强大功能，无数的创新才能被迅速地普及到全国。所以，英国能够率先爆发工业革命，将西欧大陆各国远远地抛在后面，社会结构远离平衡态及其产物协同动力是最直接的推手。很多学者意识到了这一点。波斯坦说，"实际上，有相当多的证据支持这样一个假设，即在英国，早在工业革命开始之前，经济发展进程就已经集聚了强大的动力。"[1] 罗斯托在全面比较分析了工业革命前夕英法两国的各项经济数据及科学发展水平后也写道："英国对法国的优势，主要表现在这种错综复杂的网络中，决不是体现在英国的科学优势上。"[2] 奇波拉说，不列颠"在几代人的时间里致力于建立一种使人行动能掀起工业革命的社会结构"，而"欧洲大陆国家就是因为缺少这种社会结构，即使有国家直接扶助，也难以实现工业化"[3]。布罗代尔在陈述了推进工业革命的"发动机无一处咬刹"之后，就自问道："难道不应该将此归功于整个国民经济吗？"[4] 接着，他又说，工业革命"过程归根到底表现为经济、社会、政治和文化从结构到体制的彻底改变"。"一个社会及一

---

① ［英］M. M. 波斯坦、H. J. 哈巴库克主编：《剑桥欧洲经济史》第六卷，第10—11页。
② ［美］W. W. 罗斯托：《这一切是怎样开始的——现代经济的起源》，第140—141页。
③ ［意］卡洛·M. 奇波拉：《欧洲经济史》，第255页。
④ ［法］费尔南·布罗代尔：《资本主义的动力》，第73、74页。

个经济的各个层次全部牵涉在内”。“只要在变革过程中出现一点故障，也就是我们今天所说的瓶颈堵塞，机器就会卡壳，运动就会停止，甚至可能发生倒退”①。显然，他们所说的“结构到体制的彻底改变”等，同马克思恩格斯所讲的英国发生了彻底的社会革命是同一件事，都指的是社会结构远离平衡态。

二、从棉织业的兴起到工业革命

社会动力机制的转型，使英国大约从 18 世纪初就成为当时“欧洲最具发明力的国家”②，“是所有基础性发明的摇篮”③，涌现出了“在其他任何地方都没有发现过的这样多的发明创造成果”④。“这些发明孕育了现代工业——纺织机器、飞梭、织布机、滚动印刷、焦炭冶炼炉、混拌技术，以及所有技术中最富有革命性的蒸汽发动机——并得以完善和应用于工业。”⑤其“丰富性和多样性几乎使我们难以一一详述，但是我们可以根据三个原则对它们进行归纳分类：第一就是以机器替代人的技能和努力；第二就是用没有生命的动力资源代替有生命的动力资源；第三就是用矿物资源替代了有机物资源。”波斯坦说，“这些发明就构成了工业革命，它们使人类的劳动生产率产生了前所未有的增长，而且凭借这种增长，使人均收入也有了大幅度增长。”⑥

大约从 17 世纪 90 年代起，创造发明在英格兰已“蓬勃开展”起来，“出现了第一批成果：纽科门的蒸汽机、达比的焦炼熔炉”；将生铁炼成熟铁的搅炼法；能代替旧式风箱的铸铁圆筒等。这些改进极大地增加了铸铁和熟铁的产量及其用途，并引发了其他行业的一系列的革新。在纺织行业，飞梭和轧辊，可谓是最早的，也是最重要的创新。飞梭用于棉纺业后，极大地提高了织布的效率，导致纺纱断档，促使了各种纺纱机械的发明。其中最重

① ［法］费尔南·布罗代尔：《15 至 18 世纪的物质文明、经济和资本主义》第 3 卷，第 625 页。
② ［美］戴维·S. 兰德斯：《国富国穷》，第 417 页。
③ ［美］里亚·格林菲尔德：《资本主义精神——民族主义与经济增长》，第 189 页。
④ ［英］M. M. 波斯坦、H. J. 哈巴库克主编：《剑桥欧洲经济史》第六卷，第 278 页。
⑤ ［美］里亚·格林菲尔德：《资本主义精神——民族主义与经济增长》，第 189 页。
⑥ ［英］M. M. 波斯坦、H. J. 哈巴库克主编：《剑桥欧洲经济史》第六卷，第 259、260 页。

要的是 18 世纪 70、80 年代相继发明的"珍妮纺纱机""翼锭纺纱机"和"走锭纺纱机"。这些发明使织布的效率相形见绌，使织布行业的创新又成当务之急。经过人们不断地改进，动力织布机终于代替了人工织布机，这才使纺织业成为真正的机器大工业。[①]

与上述两个行业密切相关的动力制造行业的创新则与煤矿业分不开。最初的蒸汽机是纽科门为了抽出煤矿中的地下水于 1712 年发明的。但是，它很难用于煤矿之外的地方。后来虽然经斯米顿的一系列改进，提高了马力，但仍然只能用于抽水，而不适合驱动机器。这才导致了詹姆斯·瓦特对蒸汽机的改进，终于在 1776 年造出了第一批高效率的、多用途的蒸汽机[②]，为工业革命提供了导火索。

大的发明之外，还有许多较小的发明，如用硫酸、氯等化学制剂对布匹进行漂白以代替日晒，用滚筒印花代替平板印花等，这些发明对纺织业的发展也是至关重要的。但是，不管这些发明如何重要，如果没有被社会广泛应用，那就绝不可能引发工业革命。事实上，不仅发明的应用离不开社会的需要，就是发明本身也不能没有社会的需求。因此，正如一些学者所说，"'技术与其说是决定经济的因素，不如说是被经济决定的因素。'技术革新总是听从市场的安排；必须在消费者的坚决要求下，技术革新才应运而生。"[③] 由此可知，这些创新之所以产生并被广泛应用，离不开采煤业、冶铁业，尤其是棉纺业的迅猛发展，是棉纺业的大发展才使英国"跨过了工业革命的门槛"，拉开了工业革命的序幕。[④]

较之质量和性质多变的羊毛，棉花的植物纤维比较结实且相对同质，在技术上"更适合采用机械化纺织作业"；再加上扩大棉花的种植面积比增加羊毛数量快得多，原料供应有更大的发展空间等原因，棉纺业比毛纺业更适合于机器的生产[⑤]，故其发展必然会带来现代工厂的问世。1771 年英国建立起了第一座工厂，到 1815 年，全国仅棉纺织厂就达 1262 家[⑥]；1785 年英国

① 参见［意］卡洛·M.奇波拉：《欧洲经济史》第 3 卷，第 155—158、60—164 页。
② 参见［意］卡洛·M.奇波拉：《欧洲经济史》第 3 卷，第 164—166 页。
③ ［法］费尔南·布罗代尔：《15 至 18 世纪的物质文明、经济和资本主义》第 3 卷，第 657 页。
④ 参见［英］M. M. 波斯坦、H. J. 哈巴库克主编：《剑桥欧洲经济史》第六卷，第 294 页。
⑤ 参见［英］M. M. 波斯坦、H. J. 哈巴库克主编：《剑桥欧洲经济史》第六卷，第 294、295、297 页。
⑥ 参见［德］［英］哈孟德夫妇：《近代工业的兴起》，韦国栋译，商务印书馆 1959 年版，第 30 页。

年产棉布4000万码，1850年增加到达202500万码。① 可见，"在英国工业化的最初阶段，没有别的工业的重要性堪与相比"②。其能如此，离不开蒸汽机的应用。蒸汽机不仅使棉布的产量猛增，使棉布的质量也大有改善，以致"在许多用途上取代了麻和丝的地位"③；生产成本也大幅度地降低了。若以1800年的棉布的价格指数为550的话，到1850年时降为100。④ 致使"英国棉织品有能力在每一个市场上把竞争对手赶跑，使成百倍增加的产量取得销路"⑤。然而，蒸汽机的发明和改进离不开采煤业的发展，正是煤矿坑越挖越深，才促使纽科门发明了蒸汽机，瓦特改进了蒸汽机。然而，无论是蒸汽机的制造，还是机器棉纺业的产生，都离不开钢铁质量的改善、品种和产量的增加。或因如此，一些欧美学者一再强调"现代资本主义的胜利是由煤和铁决定的"⑥。这就说明，纺织业之所以能拉开工业革命的序幕，离不开其他行业的协同，离不开这些行业的发展及导致其发展的技术发明。正因如此，以诺拉斯为代表的许多欧美学者认为，"所谓工业革命，其中包括六个相互关联的大变化和发展，即机器制造业的发展、铸铁业的革命、纺织机械的运用、化学工业的创造、煤炭工业的发达和交通手段的进步"⑦。

然而，这一切，离开了英国已经历经了几百年的对外开放，离开了英国市场经济的发展，离开了英国社会结构的变迁及其形成的协同动力机制，英国能有这六个相互关联的大变化和发展吗？

首先，棉纺机器的应用离不开几百年来英国毛纺工业发展为其打下的基础。这包括毛纺业为其打下的国内外市场，为其积累的巨量资本，为其建立的经济组织；也离不开凯伊发明的飞梭和刘易斯·保罗发明的轧辊，而当初他们发明这些东西的目的并不是棉纺业，而是毛纺业⑧；更离不开英国社会

---

① 参见［意］奇波拉：《欧洲经济史》第3卷，第148页。
② ［法］费尔南·布罗代尔：《15至18世纪的物质文明、经济和资本主义》第3卷，第663页。
③ ［意］卡洛·M.奇波拉：《欧洲经济史》第3卷，第148页。
④ 参见［法］费尔南·布罗代尔：《15至18世纪的物质文明、经济和资本主义》第3卷，第664页。
⑤ ［意］卡洛·M.奇波拉：《欧洲经济史》第3卷，第148页。
⑥ ［德］维贝尔：《世界经济通史》，第258—259页。
⑦ ［英］诺拉斯：《英国产业革命史论》，张格伟译，商务印书馆1936年版，第15页。
⑧ 参见［法］G.勒纳尔、G.乌勒西：《近代欧洲的生活与劳作（从15—18世纪）》，第72页。

的对外开放。因为"当时英国付诸应用的重大革新——我指的是高炉和各种深井的采矿设备：巷道、通风系统、抽水泵、提升设备都向外国借鉴，有关的新技术都由英国雇用的德国矿工所传授。须知正是德意志、尼德兰以及意大利（玻璃工业）和法国（毛织与丝织工业）等先进地区的工匠和工人带来了必要的技术和技巧，使英国得以建立一系列崭新的工业"[①]。

　　其次，离不开英国所建立的市场体系和殖民帝国，正是为了满足国内外市场对棉布的需求，才有了棉纺业的兴起。而国内市场的增长，少不了人口增长的贡献，在18世纪，英国人口从600万增加了900万左右。[②] 这种史无前例的人口增长则与以毛纺业为主体的英国工场手工业的发展是分不开的。因为它降低了人们就业的年龄，大幅度地降低了这一时期英国人结婚的年龄[③]；也同这一时期英国农业革命和经济发展所带来的生活的普遍改善是分不开的。凭借这，英国才避免了除荷兰之外的西欧大陆在17世纪所普遍遭受的饥荒。至于海外市场，贡献就更大了。因为当时的英国占有"世界上大部分最好的殖民地"和广阔的海外市场，它们的需求是18世纪以来英国经济发展的主要推动力。18世纪期间，英国的进口贸易增长了523%，出口贸易和转口贸易分别增长了568%和906%。对外贸易的增长速度从1750—1780年间的1.1%提高到1831—1861年间的4.5%。[④] 出口贸易的增速明显快于国民收入的增长。18世纪期间，英国的工业增长了3倍，国内消费增长了2倍，而出口却增长了4倍以上。[⑤] 外向型经济比内向型经济的增长速度要快得多。18世纪时，内向型工业的增长指数从100增长到152，而外向型工业指数则从100增长到544，外向型工业在英国工业中的比重高达

　　① ［法］费尔南·布罗代尔：《15至世纪18世纪的物质文明、经济和资本主义》第3卷，第639页。

　　② 此一时期英国人口增长，各家估计不一，这里采用中间数。请参见［法］安德列·比尔基埃等编：《家庭史》第2卷，袁树仁、姚静、肖桂译，生活·读书·新知三联书店1998年版，第22页；［英］安格斯·麦迪森：《世界经济千年史》，伍晓鹰、许宪春等译，北京大学出版社2003年版，第228页。

　　③ 参见王加丰、张卫良：《西欧原工业化的兴起》，第137、138、151、284页。

　　④ 参见 P. Deane & W. A. Cole, *British Economic Growth, 1688-1959*, pp. 46,29。

　　⑤ 参见 R. Floud and D. Mccloskey, eds., *The Economic History of Britain Since 1700*, V. 1, Cambridge 1981, p. 39。

60%多。①

可见，海外市场对工业革命之重要性远过于国内市场。无论是殖民地的面积，还是人口都是英国本土所望尘莫及的。它生产的棉布不仅要满足欧洲各国的要求，还要供应美洲殖民地、非洲、东亚、俄罗斯，甚至印度。如此辽阔土地上的人们使用英国的棉布，其供应量显然不止英国900万人所需要的数量；再说，英国国土固定不变，而英国的殖民地在不断扩展，国外棉布销量的增长自然要远过于国内。1800年棉织品占英国出口商品总值的1/4，1850年增加到一半。② 此外，海外市场对英国工业革命还有两个可谓事关命脉的问题。一是一系列的发明创新不能没有海外市场。奇波拉、波斯坦及许多学者都认为，"市场需求是十八世纪和十九世纪初期出现技术革新的主要原因"③，而"引进一项任何一个国家都无力满足供应的技术突破不仅需要一定规模的市场，而且只有一部分不断增长的世界需求才能提供这种必要的刺激"④。二是英国棉纺工业所需要的原料棉花全都来自海外：美洲殖民地、西印度群岛、巴西、印度、埃及、利凡特等。1770—1800年间，英国棉纺工业的棉花消费量就增加了12倍以上。⑤ 因此，没有海外市场，英国的棉纺工业就会因缺乏原料而根本发展不起来。

仅这两点，就足以说明，离开了对外开放，离开了市场经济的发展、社会结构的变迁及其形成的协同动力机制，就根本不会有英国的工业革命。所以，布罗代尔所言不虚："英国全靠其世界中心的地位，因为它是世界的唯一真正中心，才完成了工业革命。第三世界各国也都渴望实现工业革命，但它们位于边缘，于是一切对它们都不利。"⑥

作为工业革命导火索的蒸汽机的发明、改进和应用，也不是孤立的，它同样离不开英国社会的对外开放和市场经济，离不开英国社会结构的变迁及其形成的协同动力机制，同样是社会各个层次、各个部门相互协同的产物。

① 参见 P. Deane & W. A. Cole, *British Economic Growth*, *1688–1959*, p. 78。
② 参见［法］费尔南·布罗代尔：《15至18世纪的物质文明、经济和资本主义》第3卷，第663—664页。
③ ［意］卡洛·M.奇波拉：《欧洲经济史》第3卷，第177页。
④ ［美］M. M.波斯坦、H. J.哈巴库克主编：《剑桥欧洲经济史》第六卷，第272页。
⑤ 参见［美］M. M.波斯坦、H. J.哈巴库克主编：《剑桥欧洲经济史》第六卷，第313页。
⑥ ［法］费尔南·布罗代尔：《15至18世纪的物质文明、经济和资本主义》第3卷，第627页。

　　众所周知，蒸汽机是因应煤矿需要机器抽水而问世的。纽科门的蒸汽机初步解决了这个问题，这为瓦特改进蒸汽机提供了前提。因此，采煤业的发展是蒸汽机得以问世的前提。而采煤业的发展除了得力于英国有丰富煤炭资源外，就要归功于人口的增长和英国冶铁业的发展。[①] 由此带来的对燃料需求的增加几乎耗尽了英国的森林，从而导致了煤炭的大量开发。前面讲过，人口的增长与这一时期英国手工工场的发展和农业革命密不可分。而冶铁业的发展同样要归因于它们。它们都导致了对铁器需求的大量增加。据波斯坦估计，仅农村马掌的用铁量就达英国铁总消费量的15%；"不讲农民家用消费，单就农业上铁的需求估计为总需求量的30%到50%"[②]。显然，手工工场和农业革命都是英国市场经济发展和社会结构分化整合的产物，因此，无论是冶铁业，还是采煤业，它们的兴起都是英国市场经济发展的产物，都是各部门相互作用、相互协同的结果。而蒸汽机的发明和改进是因应采煤业的需要才得以发生。从这点上讲，蒸汽机显然也是市场经济发展和社会各部门相互协同的产物。

　　霍兰说："历史的回顾显示，技术创新似乎总是由于已知积木的特定组合而产生的。"[③] 由此可知，蒸汽机改进的成功，从横向上看是分工高度发展所导致的社会各方面高度协同的产物，从纵向上看，则离不开对西欧近千年"积木"的组合。很早开始，西欧已广泛地使用水车做动力机。其功率比畜力大得多，能够同时"转动着各种机器"[④]。随着曲柄、连杆凸轮等部件的发明和性能的不断改进，其用途越来越广，很多矿井都用它来进行排水。[⑤] 但是，由于需要用流水作动力，水车只能建在一些河流湍急、交通不便的山区或河谷地带。同时，动力传递损耗大，功率不能满足工矿业的需要。矿坑深一点，水就抽不上来，故很快地被纽科门发明的蒸汽机所取代。

<hr />

　　① 到17世纪后期和18世纪前期，按重要性来讲，当时的冶铁工业在英国各工业部门中已名列第二位，其年净产值仅低于毛纺业。请参见 J. U. Nef, *The Rise of the British Coal Industry*, London, 1932, p. 171；P. Deane & W. A. Cole, *British Economic Growth, 1688-1959*, Cambridge University, 1969, p. 223。

　　② ［意］卡洛·M. 奇波拉：《欧洲经济史》第3卷，第394页。

　　③ ［美］霍兰：《隐秩序——适应性造就复杂性》，第60—61页。

　　④ C. M. Cipolla, *Before the Industrial Revolution European Society and Economy 1000-1700*, p. 162.

　　⑤ 参见 ［意］卡洛·M. 奇波拉：《欧洲经济史》第1卷，第121页；第2卷，第177、178页；［法］保尔·芒图：《十八世纪产业革命》，第249页。

由于性能上超过了萨夫里的蒸汽机，纽科门的蒸汽机很快地在英国流行开来。但是，纽科门的蒸汽机能耗过大，使用起来不经济，因而还不能取代水车，只能做辅助动力。瓦特正是对纽科门的机器进行了重大改进，解决了它存在的能耗过大等一系列技术问题后，才使蒸汽机具有了真正的实用价值。可见，没有纽科门的蒸汽机，瓦特也就没有机器可供其改进了。没有中世纪以来对水力机的一系列改造，也就没有曲柄、连杆、凸轮等现成部件可用，蒸汽机虽然得到了改进也难以改造成旋转式的动力；没有随水车的广泛使用而发展起来的机械加工业，瓦特就无法加工出蒸汽机所需要的高精度的汽缸。然而，如前所说，没有市场经济的孕育及其长达几百年的胎动，没有自治城市及其基石私有财产权和人身自由，也就没有水车的广泛应用及其技术上的一系列改进。如此一来，蒸汽机的发明和改进也就无从谈起了。

同理，没有宗教改革，没有信教自由和思想自由，也就难有自然科学的兴起和发展。而瓦特之所以能对蒸汽机进行成功的改造，与此也是密不可分的。幼儿时期的瓦特就天天与其家中墙上挂着的牛顿和对数发明者内皮尔的画像为伴。这样的文化氛围使他从童年起就酷爱科学，醉心于学习。精通了三门语言，具有机械学、化学等学科的渊博学识；兼通法学、美术，对古代文物和音乐也很了解，从而成为他日后在格拉斯哥大学从事技术工作的基础。他从同事约瑟夫·布拉格那里学到各种学科的知识、正确的推理和实验的方法，以及解决冷凝器所需要的许多技术。故此，保尔·芒图说："他的理论天才是靠整个科学和当时的整个思想而得到滋养的。"正是具有了丰富的科学知识、熟练的劳动技能和适宜的文化环境，瓦特经过了13年的实验才完成了技术的改进和图纸的设计。[1]

要想完成蒸汽机的改进，瓦特还得有一定的财力支持；而瓦特不但没有财产，还债台高筑。为了谋生和养家糊口，他不得不去当测量员和工程师，以致几乎完全放弃了研究。而结果之所以完全不同，主要因为他是英国人，他相继得到了两个工业家在财力和精神上的大力支持。而在此时期的西欧大陆，一些"发明家就因为没有资金支持而失败"[2]。

---

① 参见［法］保尔·芒图：《十八世纪产业革命》，第253—256页；［美］W. W. 罗斯托：《这一切是怎样开始的——现代经济的起源》，第126、127页。

② 参见［意］卡洛·M. 奇波拉：《欧洲经济史》第3卷，第181页。

而这两个工业家之所以敢冒破产的风险支持瓦特的发明，除了他们的工厂需要更大的动力机外，与他们具有企业家的创新和冒险精神是分不开的。约翰·罗克巴为此破了产，马修·博尔顿则马上接手过来给瓦特以大力支持。博尔顿是当时英国工业中心伯明翰的最大工业家，他把当时英国一流的，拥有最好的技术工人和设备的工场交给了瓦特。因此，"瓦特支配的东西是大工业的资源以及几乎是大工业的权力"。瓦特改进蒸汽机要想取得成功，就必须要有这样的资源和条件，因为蒸汽机需要具有相当高的精度的汽缸、活塞，像钟表齿轮一样的精确的齿轮。和罗克巴合作时制成的蒸汽机之所以不能正常运行，很大程度上就是因为所用的零件精度不够、标准不符。可见，如果没有博尔顿将其所支配的当时最先进的机械加工业交给瓦特，历史就可能要改写。这说明瓦特的成功还归功于宗教改革所导致的英国的文化更新；而在此时期的西欧大陆，却普遍轻视商业界和工业界，"把工业看成是堕落，因而让第二等人才去干"[①]。

试制尚未成功，专利证又快到期，瓦特又花钱成功地向议会申请到了25 年的专利权，并运用法律武器击败了众多的仿制者和反对者，有效地制止了不正当的竞争，终于取得了成功。[②] 可见，瓦特的成功还得益于英国的"垄断法"能确保他的发明权。而"垄断法"之所以能出台并得到执行，那当然与此时的英国是个宪政法治的社会是分不开的。

蒸汽机被瓦特于 1776 年改进成功后，逐渐地取代了原先的水车和纽科门的蒸汽机，被用作矿井抽水机、鼓风机、滚轧机、汽锤、面粉磨、麦芽磨、燧石磨、甘蔗压碾等工作机的动力机；接着又被用于棉织业、毛纺业、制币业等几乎所有的工矿企业。总之，凡是有煤的地方，或煤能运到的地方，都可以安装蒸汽机。在英国，煤矿的开采和使用在 17、18 世纪时已是十分普遍。四通八达的航道可以将煤运到各处，于是，瓦特的蒸汽机在各处都取代了水车和纽科门的蒸汽机。

蒸汽机被及时地、广泛地应用于英国的工矿业生产中，自然要归功于英国各行各业，尤其是矿业、冶炼业、棉纺业对动力机的巨大需求。蒸汽机改

---

① ［意］卡洛·M. 奇波拉：《欧洲经济史》第 3 卷，第 181 页。
② 参见［法］保尔·芒图：《十八世纪产业革命》，第 257—263 页。

好之初，由于不能进行旋转运动，只能用于煤矿的抽水，无法满足其他行业对动力的广泛需求。在大家的极力劝说下，瓦特才研究成功驱动机器的旋转式的蒸汽机。[①] 需求如此广泛，这离开了高度发达的分工和极高的专业化水平显然是不可能的。"而如此高的专业化水平是足够高的交易效率所促成"，这又与英国的专利法是分不开的。杨小凯说："英国的专利法保证瓦特发明活动的成果有很高的交易效率。"[②] 其次就要归功于英国海内外市场和殖民地帝国对英国商品，尤其是对英国棉布需求的急剧增长。从 1760 年到 1785 年的短短的 25 年时间里，英国棉纺织业的产量增加了 10 倍，之后的 40 年，又增加了 10 倍多。[③] 没有这样的巨大需求，英国各行各业，尤其是采矿业、冶炼业和棉织业就不会发展到急需效率更大的动力机的生产规模和技术水平。其三，能产生如此巨大需求的海内外市场和殖民地帝国的产生绝非一日之功，而是英国人经历了几百年努力才获得的成果。但是，仅有英国人的努力还不够，没有西欧大陆为英国人提供的巨量的负熵流，没有前述的英国所独有的某些天赐良缘，英国人再努力也是枉然。

蒸汽机的发明和被广泛应用的上述史实说明，它的发明与应用之所以同这一时期英国其他的技术发明一样地畅通自如，关键是已经高度分化与整合的英国的政治、文化、经济等各个社会层次的各种要素之间相互关联、相互贯通，已融合成了一个多元复合超循环体；产生了一个强大的协同动力。没有这样一个动力，英国就不会成为当时"最具发明力的国家"，即使有了发明，也会被束之高阁。这正如波斯坦所说："煤炭和蒸汽本身并没有产生工业革命，而是它们的飞速发展与扩散产生工业革命。"[④]

蒸汽机的广泛应用，使现代工厂制度应运而生，使英国的生产力飙升、对此，人们解释不一，有的把它归功于蒸汽机的强大功率，有的则认为蒸汽机使人类在人力、自然力和畜力之外，又增添了机械力。这些不无道理，但最根本，还是蒸汽机的问世使人类依赖的能源从太阳能源扩大到了矿物能

---

① 参见［意］卡洛·M. 奇波拉：《欧洲经济史》第 3 卷，第 166 页。
② ［澳］杨小凯、黄有光：《专业化与经济组织——一种新兴古典微观经济学框架》，第 289 页。
③ 以棉纺业进口原棉消费量计算，请参见［意］卡洛·M. 奇波拉：《欧洲经济史》第 3 卷，第 155 页。
④ ［英］M. M. 波斯坦、H. J. 哈巴库克主编：《剑桥欧洲经济史》第六卷，第 311 页。

源，从有机物扩大到矿物，从而"为人类开辟了一个全新的并且几乎是无限的能源供应渠道"，使人类从自然界攫取能量的数量呈几何级数增加。而人类任何一种经济都只能在既有的能源框架中运行。工业革命前，人类只能通过动植物获得太阳能源，无论是粮食和饲料，还是燃料，抑或是水流，都离不开土地，而地球的土地是有限的，故人们通过土地获得的太阳能源也是极其有限的。从理论上讲，工业革命前，英国能从光合作用所获得的太阳能源大约相当于 4000 万吨煤所产生的能量，实际上这其中有很大一部分是人类得不到的。假若没有工业革命将矿物能源带给人类，人类的经济规模就要受到它能得到的太阳能源数量的限制，所能养活的人口就极其有限。随着人口的增长，劳动和资本的生产率都会下降，导致经济增长放缓甚至停滞，这即是李嘉图所说的报酬递减率；在经济停滞时，若是人口继续增加，就必然会引出瘟疫，如流行于 1348—1349 年的黑死病；或引出农民战争，来消灭过多的人口，因此，继报酬递减之后的是马尔萨斯陷阱。可见，是"自然规律限制了土地生产力"[1]，在人类没有开发出新的能源来源之前，人类社会的其他任何改变都无法突破自然力的这个限制。荷兰最早诞生了市场经济，实现了经济自由，建立了资本主义制度，但它却无法实现经济的持续发展，而它在 16、17 世纪之所以能欣欣向荣，很大程度上也是在这一时期开发利用了大量的泥炭。[2]

蒸汽机使人类能从矿物中攫取能源，也就把人类社会从所谓的有机物经济的束缚中解脱出来[3]，进入了一个发展前景极其广阔的矿物经济时代，从而使人们对自然界的控制力和利用力达到了一个前所未有的高度。而这正是许多学者视蒸汽机的问世为英国工业革命的标志，将工业革命视为"现代社会最大的断口"的根据所在。[4]

至此，蒸汽机为什么在埃及问世时没有引发工业革命而要等到上千年之后才在英国体现出它的价值的疑难应该有一个可信的答案了。俗语说，"橘

① 参见［英］M. M. 波斯坦、H. J. 哈巴库克主编：《剑桥欧洲经济史》第六卷，第 259—261 页。

② 参见 J. W. D. Zeeuw, *Peat and the Dutch Golden Age: The Historical Meaning of Energy Availability*, Bijdragen, 1978, pp. 3-31。

③ 参见 White, L. G. Plaskett, *Biomass as Fuel*, London, 1981, p. 212; D. Pimentel and C. W. Hall, eds., *Food and energy resources*, London, 1984, p. 2。

④ 参见［法］费尔南·布罗代尔：《资本主义的动力》，第 73 页。

生淮南则为橘，生于淮北则为枳"，真正使它体现其价值的不是它自身，而是彻底的社会革命所造就的那个英国的"社会结构"及其所产生的"强大的动力"。是它为蒸汽机大显身手提供了各种条件：方兴未艾的棉纺业和各种工业；旺盛的海内外市场需求；雄厚的资金积累；发达的金融信贷网络；完备的市场法制和健全的市场机制；规范的制度和高效率的经济组织；宪政国家和成熟的市民社会，自由的、充满创造力的人民；等等。这样的条件，可谓数不胜数，只要缺少其中一个，工业革命就会流产。罗伯特·B. 马克斯说："英国在新大陆的殖民地在边境之外为其提供了另外一些'神奇的土地'，使得工业化故事的第一篇章——绵纺织业——得以展开。为了满足纺织厂的需求，英国在 19 世纪初从新大陆——特别是它从前的殖民地即现在的美国，还有其加勒比属地进口了数十万磅的原棉。如果英国人被迫继续穿本国生产的毛、亚麻和大麻衣物，需要 2000 多万英亩的土地。与此类似，英国从殖民地进口的蔗糖为劳动大众提供了相当多的热量，而产生这些热量本来需要几百万英亩的土地。"因此，如果没有"殖民地，旧生产体制的局限会迫使不列颠人把越来越多的土地用于食物的生产，从而进一步减少工业生产的资源，使工业革命的任何希望破灭，就像 19 世纪中国的遭遇一样"[1]。总之，正是有了彻底的社会革命所造就的那个英国的"社会结构"及其所产生的"强大的动力"，英国才能成为当时"欧洲最具发明力的国家"，才能将一系列的创新迅速地放大到全国，从而成为当时世界上"唯一能够把棉纺织技术、采煤和炼铁技术、蒸汽机以及巨额的对外贸易结合在一起、使自己走上发动阶段的国家"[2]。

三、系统功能突飞猛进的英吉利民族

从 1775 年瓦特改进的蒸汽机首次用于伯明翰附近的一家煤矿开始，在之后的半个多世纪里，英国的经济增长达到前所未有的高度。1851 年，水晶宫博览会在伦敦开幕，这是英国作为世界工厂已达其顶峰时代的标志。此

---

① ［美］罗伯特·B. 马克斯：《现代世界的起源——全球的、生态的述说》，第 151、152 页。

② ［美］W. 罗斯托：《经济成长的阶段——非共产党宣言》，国际关系研究所编辑室译，商务印书馆 1962 年版，第 41—42 页。

时，它以不到法国一半的人口，"竟然生产出了世界 2/3 的煤炭、一半以上的铁和棉布。""它的商品在世界所有市场上都处于支配地位；它的制造商不担心任何竞争"。然而，这并非是工业革命最重要的成果，最大的意义是它开创了一个人类社会从来没有过的经济社会持续发展的新时代，这正如波斯坦所说："以前的转变总是以政治或者经济在一个新的均衡点上稳定下来而告终；这一次的变革却显然是持续不断的，而且有希望无限地继续下去。"①

最直观的效果是技术创新带来的。蒸汽机在棉纺业中推广后，动力纺机和动力织机数量猛增。自 1787 年第一台动力织机问世后，到 1813 年，就增至 2400 台；20 年后，竟然增加到 10 万台。棉花进口量因此递增。1760 年是 1250 万磅；到 19 世纪 40 年代，就增长到 3.66 亿磅。不到百年时间，增长了 29 倍。其生产率的增进，十分惊人。一台动力纺纱机相当于数百名手工纺纱工；一台动力织纱机能带动二三百个纱锭；到 1833 年时，一个年轻男子在一个 12 岁的小男孩的帮助下能够同时照管 4 台动力织布机，且每台织布机的产量可以达到一个手工织布工作产量的 20 倍。② 这就是说，一个半劳动力织布的生产率就相当于工业革命前 80 个劳动力的生产效率。

在各项发明中，蒸汽机无疑是关键。经瓦特改进后，一台蒸汽机平均为 25 匹马力，按 1 匹马力的功率等于 1.5 匹马所做的功率计算，一台蒸汽机可以顶替 37.5 匹马所产生的动力，或 250 个男人所能做的功。③ 如此大功率的动力，无论用于哪个行业，其生产率均会大幅度地提升。

一直为矿井中的抽水所烦恼的采煤业首先受益；继之又被冶铁业用来鼓风、碎石，极大地提高了炉温，大幅度地提高了产量，改进了质量。之后，又被广泛用于棉纺业、机器制造业等各个行业。使这些手工业变成机器大工业，其对各行业利益之大，从瓦特于 1781 年取得旋转式蒸汽机的专利后的"三十年中几乎所有工业全用上蒸汽机"的事实中就可得到确证。④ 1800 年

---

① ［英］M. M. 波斯坦、H. J. 哈巴库克主编：《剑桥欧洲经济史》第六卷，第 333 页。
② 参见 ［英］M. M. 波斯坦、H. J. 哈巴库克主编：《剑桥欧洲经济史》第六卷，第 260、297、298 页。
③ 参见 ［苏］列·阿·门德尔逊：《经济危机和周期的理论和历史》第二卷下册，吴纪先、郭吴新、赵德演译，商务印书馆 1977 年版，第 641 页；［英］M. M. 波斯坦、H. J. 哈巴库克主编：《剑桥欧洲经济史》第六卷，第 327 页。
④ 参见 ［法］保尔·芒图：《十八世纪产业革命》，第 266 页；［意］卡洛·M. 奇波拉：《欧洲经济史》第三卷，第 268、161、167 页。

时，英国全国拥有的蒸汽机为 321 台，以每台 16 马力计，全国蒸汽机的总马力为 5210 匹①；15 年以后，"仅在不列颠，这个总数就增加到 21 万匹马力；到 19 世纪中叶时，这个数字又增加了 6 倍以上"②。到 1860 年，全英国的蒸汽机已达 240 万匹马力，与 1800 年相比，增加了 460 倍。③"1802 年，斯维登斯彻纳在英国各工业区旅行，对几乎到处碰到蒸汽机而感到惊异"④。到 1870 年，英国蒸汽机的总马力已达到 400 万匹，"这等于 600 万匹马或者 4000 万男人所能够产生的动力"。按 18 世纪通行的食品消费模式，这些人每年大约要吃掉 3.2 亿蒲式耳的小麦，而这相当于 1867 年至 1871 年间整个英国小麦年产量的 3 倍多。⑤ 而一个能提供 4000 万男人的社会，其总人口起码是它的 4 倍，这也就意味着最少需要 12 年的英国小麦产量才能维持一个能提供 4000 万男人的社会。蒸汽机的应用给英国社会结构功能提升的幅度之大，可见一斑。

人们很早就已利用煤炭做燃料，但利用率一直很低；蒸汽机极大地提高了煤的利用效率，大幅度地提升了煤的用途、煤的用量和煤的价值，使煤炭成了工业的面包。1789 年，英国年产煤 1000 万吨；到 1830 年时，达 2200 万吨；15 年后又在此基础上翻了一番；到 1870 年时，英国每年的煤炭消费量超过了 1 亿吨。这一数字相当于 800 万亿卡路里的能量，足以供养 8.5 亿成年人一年的生活，而当时英国人口总数也不过 3100 万。⑥ 可见，是蒸汽机极大地提高了人类对煤的利用效率，人类才真正地进入了矿物能源时代。

保尔·芒图说："使用不同于人力或畜力的动力是近代大工业的主要特征之一。没有这种动力虽然能有机器，但机械化就不会存在，生产只能在比较狭窄的范围内发展；简而言之，手工工场制与工厂制度之间的距离就无法越过。"⑦ 蒸汽机的应用必然会带来机器大生产和工厂制度。因为蒸汽机的大功率需要固定资产的大投资和生产过程的大集中，以及劳动力的大集聚，

---

① 参见［苏］列·阿·门德尔逊：《经济危机和周期的理论和历史》第二卷，第 641 页。
② ［英］M. M. 波斯坦、H. J. 哈巴库克主编：《剑桥欧洲经济史》第六卷，第 315—316 页。
③ 参见［苏］列·阿·门德尔逊：《经济危机和周期的理论和历史》第二卷，第 684、685、641 页。
④ ［意］卡洛·M. 奇波拉：《欧洲经济史》第三卷，第 268 页。
⑤ 参见［英］M. M. 波斯坦、H. J. 哈巴库克主编：《剑桥欧洲经济史》第六卷，第 309 页。
⑥ 参见［英］M. M. 波斯坦、H. J. 哈巴库克主编：《剑桥欧洲经济史》第六卷，第 309 页。
⑦ ［法］保尔·芒图：《十八世纪产业革命》，第 248—249 页。

从而带来了生产规模的大扩展。所以，伴随着蒸汽机的推广就是工厂制度的普及。从 1771 年英国建立起第一座工厂起，到 1815 年，全国仅棉纺织厂就有 1262 家①；1834 年，增加到 220825 家，不到 15 年的时间，就增加了 174 倍。巨大的厂房因此而遍布英国各地，很多厂房被人称为怪物，高达六七层楼，窗户多达 460 多个。② 它们不仅吸收了大量的手工工匠，还从农村招募了许多"边农、半就业的家庭手工业者和贫民"③。依据两部门发展模型，把农村中这些潜在失业的劳动者转移到大工业中来，这本身就是英国社会生产力的一次大升级。

蒸汽机的应用，打破了各行业、各工序生产效率的平衡，为恢复这种平衡，人们又必须加倍地创新。这些创新又会引发相关行业的技术创新甚至技术革命，导致技术创新的群发效应，甚至产生崭新的部门。这主要是因为将蒸汽机应用到任何一个行业都导致了许多"往往不为人知的技术改良"，其中也会"有一些重大的技术进步，每一次进步都以大幅度扩大蒸汽的商业性应用范围的关键创新为标志"④。其中，最典型的莫过于蒸汽机在水陆运输业中的应用。木船装上蒸汽机就成了轮船，这是顺理成章的事情；铁路虽然之前没有，但为了方便运输，英国的矿山和冶铁厂早已普遍使用并排的两根铁轨来连接厂矿和港口，用来运输煤和其他物资。蒸汽机问世后，人们自然会想到用它来代替在两根铁轨上充当动力的马。1797 年，一个叫理查德·特里维西克的人开始动脑筋想这个问题，到 1805 年，一条由蒸汽机牵引的铁路就出现在萨里同伦敦郊外的旺兹沃斯之间；到 1850 年时，英国已建有铁路 6000 英里。⑤ 一个崭新产业因蒸汽机的应用而问世。这不仅使运输业突飞猛进，很多行业也从中受益不浅。如冶铁业。1806 年时，英国年产铁 258206 吨；到 1852 年，猛增到 2701000 吨，比铁路问世前几乎增加了 10 倍；"比世界其他地区铁产量的总和还要多"⑥。

① 参见［德］［英］哈孟德夫妇：《近代工业的兴起》，第 30 页。
② 参见［英］M. M. 波斯坦、H. J. 哈巴库克主编：《剑桥欧洲经济史》第六卷，第 293、330 页；［法］保尔·芒图：《十八世纪产业革命》，第 192、196 页。
③ T. S. Ashton, *An Economic History of England：the 18th century*，p.176.
④ ［英］M. M. 波斯坦、H. J. 哈巴库克主编：《剑桥欧洲经济史》第六卷，第 311 页。
⑤ 参见［意］卡洛·M. 奇波拉：《欧洲经济史》第 3 卷，第 167—169 页。
⑥ 参见［英］M. M. 波斯坦、H. J. 哈巴库克主编：《剑桥欧洲经济史》第六卷，第 307 页。

同将蒸汽机应用于棉纺业而导致了梳棉机、曲柄梳棉机、粗纺机和进料器等机器的发明一样[1]，蒸汽机在运输业的应用也导致了一系列的创新。"1880 年期间英国在土木工程和机械工程方面执世界之牛耳，主要依靠从铁路建设中积累的技术和建设铁路中形成的组织形式。"[2] 为了适应这些创新，与其相联的工序、工厂或部门又会引发新的技术创新；克莱门特的自动调节车床和双向驱动中心卡盘，内史密斯的自动螺母切割机和塑造机，就"好像是规划好的一连串改良"；因此，"技术的改良意味着一个工业部门中的机械概念和设计很快转变为另一个工业部门中的类似操作技术"，[3] 甚至引起社会其他领域的变化。例如，铁路发展就彻底地改变了英国民众的投资方向。1830 年前后，英国社会上的"资金大部分仍然投入土地、房屋、公共财产和农业。大约从 1835 年到 1870 年，投资率上升到现代工业国家特有的水平，其中铁路在投资中的份额比其他行业大得多，而铁路的供应者煤业和钢铁业的投资又占其余部分相当大的比重"[4]。可见，在系统的协同作用下，任何一个创新都会引出多米诺骨牌效应，社会的劳动生产率也就因此而不断地被推向前行。

以蒸汽机的普及为主轴的英国社会系统功能的这种突飞猛进，使 1785 年以后的英国，"无论是总产量，还是总人口，都以前所未有的速度在增长"。"在 18 世纪头 45 年，英国国民经济的年增长率不超过 0.3%，到 19 世纪头 40 年，年均增速达到 2.9%"。[5] 人均产量首次出现增长，其增速比 1700 年到 1785 年时段的"平均增速快三倍还多"。1801 年国民总收入 23200 万镑，1840 年增至 45230 万镑，其中制造业收入由 5430 万镑增加到 15550 万镑，在 1820 年代，工业收入第一次超过了农业收入。[6] 各项经济指标的升速远高于西欧大陆各国。1800—1830 年间，英国的人口只占欧洲总人口的 8%—10%，其生铁产量却从欧洲生铁总产量的 29% 上升到 45%；原棉消费量则从占欧洲原棉消费总量的 55%—60% 增加到 1830 年的 66%；全

① 参见 [法] 保尔·芒图：《十八世纪产业革命》，第 177 页。
② [意] 卡洛·M. 奇波拉：《欧洲经济史》第 3 卷，第 184 页。
③ 参见 [英] M. M. 波斯坦、H. J. 哈巴库克主编：《剑桥欧洲经济史》第六卷，第 317、330 页。
④ [意] 卡洛·M. 奇波拉：《欧洲经济史》第 3 卷，第 184 页。
⑤ P. Deane & W. A. Cole, *British Economic Growth, 1688–1959*, pp. 80, 170.
⑥ 参见 B. R. Mitchell & P. Deane, *Abstract of British Historical Statistics*, Oxford, 1962, pp. 392, 393.

部制造业占欧洲制造业的份额从 15% 上升到 28%；人均工业化水平则从超过欧洲其他国家的 110% 上升到的 250%。[①] 按人均计算，英国的产值是法国的 70 倍[②]；1820 年，法国、荷兰和英国的人均 GDP 分别为 1230、1820 和 1707 美元。到 1870 年，法、荷分别上升到 1876 美元和 2753 美元，英国则升至 3191 美元。法荷英的升幅分别为 51.8%、33.8% 和 86.9%。[③] 在 1851 年的博览会上，与会的观察家们一致认为，英国的经济是当时世界上最具生产能力的经济。它的 "一系列主要的经济部门的生产能力相当于世界上其他地区的总和"[④]；此时的英国，人口增长率高达 1.7%[⑤]，这在欧洲历史上是史无前例的。在如此高的人口增长率的情况下，取得了如此巨大的增长率，没有工业革命，这一切都不可想象。

随着自然生产力的几何级数的提升和随之而来的社会财富的涌流，不仅富人们更加富有，普通英国百姓拥有的财富和生活水平也得到普遍的提高。

大工业极大地降低日常用品的价格。19 世纪 30 年代棉纱价格仅及半个世纪前的棉纱价格的 1/20。[⑥] 过去只能为富人享受的棉布也成了普通百姓的日常所需。工人的实际工资也有了较大幅度的提高。以 1788—1792 年的实际工资指数为 100，1841—1850 年就已上升到 144。[⑦] 18 世纪末，农村雇工冬天的周工资 7—8 先令，夏天 8—10 先令；城市工人周工资 16 先令，伯明翰等城市冶金工人周工资更高达 20 先令。[⑧] 因此，英国的 "收入分配比欧洲大陆国家更为均衡"，"英国人的人均购买力和生活水平显著高于欧洲大陆国家"，"在那里，工人的工资是法国工人的两倍"。于是，过去为贵族才

① 参见 ［英］M. M. 波斯坦、D. C. 科尔曼主编：《剑桥欧洲经济史》第八卷，彼得·马赛厄斯、悉尼·波拉德主编：《工业经济：经济政策和社会政策的发展》，王宏伟、钟和等译，经济科学出版社 2004 年版，第 9、10 页。

② 参见 ［英］罗伯特·杜普莱西斯：《早期欧洲现代资本主义的形成过程》，第 312 页。

③ 参见 A. Maddison, *The World Economy: A Millennial Perspective*, OECD, 2001, table B-13, p. 247 & table B-21, p. 264；J. Vries, *European Urbanization 1500-1800*, pp. 270-271。

④ 参见 M. Teich, and R. Porter, *The Industrial Revolutionin National Context*, Oxford, 1996, p. 376。

⑤ 参见 E. A. Wrigley, R. S. Dadies, J. Oeppen and R. S. Schofield, *English Population History from Family Reconstitution 1580-1837*, Oxford, 1997, pp. 614,615, 表图 10. 4。

⑥ 参见 ［英］M. M. 波斯坦、H. J. 哈巴库克主编：《剑桥欧洲经济史》第六卷，第 260 页。

⑦ 参见 R. Floud and D. Mecloskey, *The Economic History of Britain since 1700-1860*, Cambridge, 1981, p. 159。

⑧ 参见 ［法］保尔·芒图：《十八世纪产业革命》，第 342—343 页。

能享有的奢侈品现在进入了寻常百姓家；过去只有宫廷才有的豪华家具现在也成了中等阶层家庭中的摆设。1851 年，一个法国人曾这样感叹道："像英国这样一个贵族国家却成功地为人民提供物品，而法国这样一个民主国家，却只会为贵族生产。"① 当时游历过英吉利海峡两岸的人有"英国财富分配更平等、工资水平更高，以及生活更为富裕等等，给人留下了深刻印象的记载。在那时，欧洲生活舒适的最重要的标志就是白面包的消费"，"在 18 世纪，英国就是以白面包之国而闻名的"。当欧洲大陆"严重依赖荞麦和燕麦等粗粮"时，肉食却成了英国的大众食品，"甚至在贫民习艺所的菜单上，也是每天供应肉食或者至少是每周吃数次肉"②。茶叶原本是富人才能享用的奢侈品，但工业革命时却成了大众杯中之物。致使英国进口的茶叶量从 1760 年的 500 万磅增加到 1800 年的 2000 万磅，"如果再加上走私的茶叶也许会两倍于此"③。吃穿比欧陆人强，恩格尔系数却远低于后者，这就意味着英国人有更多的钱用于吃之外的消费。因此，"在法国人穿木底鞋时，英国人已经穿长袜和皮鞋了"；"在英国人穿毛料服装的场合，法国小农或者德国小农往往缩在亚麻服装中打颤"。英国的"妇女们穿着印花棉布，戴着帽子"，女仆们也不例外，"酷似她们的女主人，以至外国来的造访者敲门后不知如何称呼前来开门的女仆"。其住房也令外国造访者惊讶不已："砖建的村舍，红瓦屋顶"，"设施齐全"，"甚至那些我们称之为穷人、熟练工人、一般工人或辛苦工作的人都能做到这一点。他们住得暖和，生活充裕，工作努力，不知道还需要些什么"。当然，造访者说他们在英国也"看到过乞丐，但没有一个乞丐没穿长衣和鞋袜"；也"看见过穷人，但没看到可怜的人"；没看到"饥寒交迫、面黄肌瘦的人"。反之，这一时期"欧洲大陆国家的收入与财富分配较之英国更加不均衡"，那是"一个被水平鸿沟分开了的社会"。"他们的穷人较之英国的穷人生活情况更糟糕"，他们"光着脚，在饭桌上没有肉，窗户上没有玻璃"；"所有的农村姑娘和妇女都没有穿鞋或者长袜；而且耕地的农夫在工作时既没有穿木鞋，脚上也没

---

① ［英］阿萨·勃里格斯：《英国社会史》，第 222—223 页。
② ［英］M. M. 波斯坦、H. J. 哈巴库克主编：《剑桥欧洲经济史》第六卷，第 265 页。
③ ［美］罗伯特·B. 马克斯：《现代世界的起源——全球的、生态的述说》，第 154 页。

有长裤"。①

　　两相比较，足见英国财富分配的较为平均和民众生活的相对富裕，这也许正是马克思认为这一时期的英国工人阶级已变成工人贵族的根据。但是，不管他们分享的财富来于何处，即使是剥削殖民地所得，也只会说明英国所具有的负熵流的平权化机制更为健全。

　　因工业革命而更加强大的系统功能也必然对社会结构起反作用。波斯坦说："工业化和城市化的整个趋势是使劳动更加专业化，并且打破家庭的许多功能性。一系列职业——烧烤、屠宰、制造诸如蜡烛、肥皂以及上光剂等物品，也相应地出现或者是扩大了。"② 由于各种工厂都"使用同一种动力"，这使它们具有统一的技术标准，同一的物资需求和制度需求，致使英国"一切工业的发展都要服从一般的法则"；它"使工业的相互依赖关系更加密切的同时又使工业的发展归于统一"，"而在那之前，各种工业的相互依赖关系比现在疏远得多。它们各自的技术只有很少的联系。它们的发展是单独地而且是通过完全特有的方法来形成的"。这就是说，工业革命进一步地提高了英国社会结构的宏观结构的有序程度，使英国社会的协同动力更为强大，经济社会的发展速度更快。以资本的积累率为例。工业革命前，英国的资本积累率年均不超过国民收入的3%，18世纪末上升到6%—7%，19世纪30年代，更增至10%。③

　　工业革命发生后的半个世纪，英国的生产力和人民的生活水平达到人类历史从未有过的高度，布罗代尔断言工业革命是"现代历史的最大断口"因而是可信的。

---

　　① ［英］M. M. 波斯坦、H. J. 哈巴库克主编：《剑桥欧洲经济史》第六卷，第265、266、336、337页；［美］戴维·S. 兰德斯：《国富国穷》，第305页。
　　② ［英］M. M. 波斯坦、H. J. 哈巴库克主编：《剑桥欧洲经济史》第六卷，第329、330页。
　　③ F. Crouzet, ed., *Capital Formation in the Industrial Revolution*, p. 23.

第二十四章

英国成为现代社会滥觞之地的原因

凭借工业革命给其带来的成就，盎格鲁－撒克森人终于使他们那个曾为诺曼人的战利品的国家成了日不落帝国，使英语成为事实上的世界语言，独领世界风骚数百年。

一个数百年前就沦为亡国奴的民族，不仅赢得了民族独立和国家的解放，还使其人民获得了人身的安全、人格的独立、思想的自由、生活的富裕和安宁，连被人称为被剥削的工人阶级也都成了所谓的工人贵族，享受着据说是英国人从海外剥削来的财富。无论这一说法是否正确，但它却确凿无疑地证实了一个事实：现代化使英吉利全民族受益匪浅。虽然，现代化打破了不少民族的"把酒东篱下，悠然见南山"的田园生活，但却也使越来越多的人享受着过去的贵族们都享受不到的快乐。更关键的是，它使人类摆脱了昔日与动物并无大异的生活方式和生命的追求，开始了履行人类最终使命的神圣旅程。

英国人何以做出其他西欧人做不出的这一贡献？

这是因为他们拥有西欧大陆各国所不具有的一组内因。正是这组内因所发出的组织指令使英国不仅率先建立了大小适应的民族国家，实现了王在法下，还使英国吸收负熵流的能力远超西欧大陆各国，拥有一个西班牙所没有的负熵流的平权化机制。英国也因此拥有了前述"一般规律"中所讲的自组织生成和进化到自组织顶端所需要的全部条件。

这些内因即是前述的：自然条件和地理环境适于牧羊；岛国；国土面积

大小适宜；农牧混合；在中世纪的大部分时期内，王权一直保持了对王国的有效统治；阶级关系的变动不居；法治传统根基深厚；贵族封地分散；宪政建设源远流长和王权神授理论等。

它们各有其能，相互协同，为市场经济创造了良好的环境和各种条件，使英国的市场经济得以顺利分娩、成长，以致将其社会结构推至远离平衡态，成为多元复合超循环体。

适于牧羊使英国具有吸入负熵流的强大能力，使英国能够充分地利用西欧大陆的市场、技术和资本。王权一直保持了对王国的有效统治，则有助于民族国家的形成和民族市场的产生。岛国和大小适宜则使其吸入的负熵量不至于被稀释而能达到一定的阈值，使英国拥有了自己的特色产业，使世界市场得以在英国集中。农牧混合使负熵流能够实现平权化，致使社会结构的各个部分、社会的各个阶层都受到负熵流的冲击而被分化整合。阶级关系的变动不居则促进了新贵族的成长和第三等级的壮大，不仅使参与市场、与市场互动的人越来越多，也令政治权力日益成为市场经济的"帮凶"。这些，既使国内市场日益扩展，专业化程度越来越高；也使越来越多的阶级同市场共命运，致使推动市场经济发展的社会势力越来越多，越来越强大，市场经济的正反馈机制的队伍不断地扩大，它们之间的相互作用所具有的非线性因而越来越强，产生的非线性动力越来越大，致使他们有足够的力量按照自己的利益需求来安排制度、改造王权和传统文化，对社会结构进行解构和建构。法治根基深厚、贵族封地分散，宪政建设源远流长、王权神授理论，则有助于现代社会的建构，催生了宪政法治和市民社会，使市场经济有了安宁的社会环境和充满了活力和创造力的市场主体。

可见，这些内因间的相互协同的最终效果都集中到为市场经济的发展和多元复合超循环体的形成创造良好的环境和条件。这既使市场经济及基于其上的现代社会的胚胎能够顺利地成长起来；也使市场经济同其各个"催化剂"之间相互作用的形式不断地升级换代，从反应循环上升到催化循环、超循环、复杂超循环，乃至多元复杂超循环。这在使吸入的负熵流越来越大，为市场经济的发展提供了充足的控制参量的同时，也使传统社会结构分化整合的速度随着相互作用形式的这一升级而不断地加快。随着社会结构越来越远离平衡态，系统的非线性机制得到了充分的释放，社会发展动力因此由非线性动力上升为协同动力，从而导致了工业革命，使资本主义社会被现代社会所取代。

在英国拥有的这组内因中，有些内因并非英国独有，如农牧混合是西班牙之外的西欧大陆各国的共性；西班牙的地理条件也很适于牧羊。这说明，仅拥有这组内因中的一两个，甚至几个都不足以引发工业革命，因为缺乏与这些条件相配套的其他内因。没有这些内因，就不足以让社会结构远离平衡态，使系统发展动力由合力动力发展成协同动力。这正如哈肯所说，只有把各种因素组合成一个具有把"能量从多个自由度集中到单个自由度"的功能的结构时[①]，才会导致涌现。而要组成这样的结构，那就需要"协调合作之学"。一个为了知道玩具汽车如何会跑的小孩，会将汽车拆开，其结果，却"往往看到他坐在一堆部件面前哭鼻子"，因为他"没法将这些零件重新拼成一个有点意义的整体。因此，他小小的年纪就体会到一个箴言的含义：整体大于部分之和"。哈肯总结说，"这意味着：即使发现了结构怎样组成，还要明白组件如何协作"[②]。因此，准确地讲，英国之所以能从西欧各国中脱颖而出，不仅是因为它拥有西欧大陆各国所残缺的一组内因，还因为它所拥有的这组内因能够形成一个促使社会结构远离平衡态，成为多元复杂超循环体的特殊结构。

但是，没有西欧社会这个大环境，英国的这组内因就起不到这样的作用，无法使英国社会实现现代化。其道理"一般规律"中已讲：自组织生成不但需要系统对外开放，还需要吸入的负熵流超过系统内的增熵并达到一定的阈值，一个能够为系统提供足够负熵量的环境因而是必不可少的。没有这样的环境，系统就无法吸入充足的负熵流。如是，系统不仅不会远离平衡态，还会因系统内部的增熵量超过吸入的负熵流而越来越无序。因此，英国之所以能成为第一个现代社会首先得归功于它位于西欧这样一个环境中，以致它从其存在之日起就不得不接受来自西欧大陆的各种影响。正是基督教从西欧大陆的传入和威廉一世的入侵等原因，才使英国具有了同西欧大陆相同的文化背景，才彻底地完成了奴隶制生产关系向封建制生产关系的转化，才

---

① 参见［德］H.哈肯：《协同学引论　物理学、化学和生物学中的非平衡相变》，第 5 页。
② ［德］H.哈肯：《协同学——大自然构成的奥秘》，第 5 页。

使英国同西欧大陆一样产生了市场经济的基因，开始了市场经济和市民社会的孕育。而其市场经济之所以能由弱到强，顺利分娩，也与西欧历经了数百年的社会结构的持续变迁是分不开的。正是这种变迁才使得它能够为英国提供足量的负熵流，并在英国大规模进行殖民地开拓之前就已经建立起一个初具轮廓的现代世界市场体系；正是凭借吸入的越来越大的负熵流，英国才能促使其社会结构逐渐地远离平衡态，形成协同动力，率先完成了向现代社会的转型。此其一。其二是西欧大陆的上千年文化资产的滋养，使英国社会系统拥有了当时世界上最发达的信息库。这个"信息库"不仅使英国实现了文化更新，使新教文化居统治地位，也为宪政法治、市民社会提供了先验模式、思想指导。没有这个高度发达的信息库，英国社会的社会结构是无法远离平衡态，跃居欧洲之首、世界之巅的。例如，被韦伯认为是现代社会制度基础的工具理性是由新教提供的，但是，这并非它独创，如前所述，《圣经》即已表明理性是基督教的底色；而保罗用希腊哲学对其进行的论证和充实，及 11 世纪中期由罗马教廷发起的法律革命，都进一步地增强了这个底色。再如，构成现代社会文化基础的个人主义及其所主张的个体权利也来源于新教。但新教也不是始作俑者，它既得益于基督教所说的上帝的自然法所规定的权利为每个人所享有和罗马法对私有权的保护，也能追溯到唯名论对个体才是真实的宣传。因此，英国现代化的率先成功的首要前提是它有一个适宜的外在环境。这个环境不仅为它提供了充足的负熵流，也是其信息库的渊源。其次才是它拥有一组能够发出将能量从多个自由度集中到一个自由度，因而能够形成大小适宜的民族国家、实现王在法下，使系统具有吸收负熵流的巨大能力并使负熵流平权化，从而为市场经济的发展创造了良好条件，使它有足够的力量将社会结构推至远离平衡态、形成多元复杂超循环体的组织指令的内因。

至此，我们也就完成了"方法论程序"所拟定的第一大课题和第二大课题，达到了本书所要达到的第一个目标，即不留史实空白，不留逻辑缺环地将第一个现代社会生成的全过程在精神上再现了出来。从而证实了现代社会的产生，同地球上生命的产生、人类的出现一样，都受制于同一规律，都是自组织生成和进化的产物，证明了自组织理论的普适性。自组织理论揭示的是自然法则，它支配着生命的产生和进化，同时也支配着人类社会的发展。现代化是自然法则的产物，是自然过程，是不容置疑的。因此，它不以人的好恶和思想的色彩为转移，绝不是人的意志可以改变、可以取消、可以超越的。

　　现代化规律的揭示，实现了普里高津、艾根、哈肯、贝塔兰菲和拉兹洛等人用自组织理论来揭示社会演进规律的夙愿；证实了拉兹洛的从物质世界和生物世界中揭示出来的"复杂性进化过程中的"秩序同样存在于人类世界的现代化进程中的预言。其真理性之确凿，不仅是因为它用最先进的思维方法为指导，以当今最前沿的自然科学原理为基础；还得到了两百年来世界现代化研究成果的验证。这些成果，就单个而言，犹如"瞎子摸象"，往往以点代面；集其大成，则与我们揭示出的现代社会的生成轨迹同出一辙。它们都是研究具体历史，从历史实际中概括出来的，同其比照，则无疑是让我们揭示出的规律又经历了一次实践的验证。在自然科学和复杂性哲学的现有水平上，虽然可以对结论中的许多问题进行深化，对许多过程和结构进行计算机模拟，但其基本内容是否定不了的。否认了它，实际上也就是否认了普里高津、哈肯和艾根等人对其科学成果具有普遍性的论断，否认了两百年来人类社会进行的现代化起源研究所取得的主要成果。所以，应该说，我们在应对人类智慧史上这个最激动人心的挑战中迈出了关键性的一步。[①]

　　迈出了这一步，人类对现代社会的社会结构的本质和形成的必经路径就有了清醒的认识：现代社会的社会结构同人体是一样的，它们都是遵循同一规律问世的。尽管今天地球上的生命种类不下数百万种，但都是基于生命"密码载体"之上的。"密码载体"是一切自组织的生命力的根本所在。一切生物之所以能够自我修复、自我繁殖、自我生长，全在于它拥有由核酸和蛋白质组合而成的"密码载体"。没有这个载体，它也就和无机物一样，没有自我复制、自我增长、自我进化的生命力了。同样地，西欧之所以能于近代率先崛起，也是因为它的商品经济有了自己的核酸和蛋白质：财产私有权和个人自由，这才有了西欧之外的古代社会乃至当代世界里实行非市场经济体制的国家中从未见过的经济奇迹。

　　"密码载体"使生物拥有了生命，但它的继续进化，则离不开正反馈机

---

① ［意］欧文·拉兹洛：《进化——广义综合理论》，第54、90、106页。

制的帮助。在这一机制的帮助下，"密码载体"才能实现汇聚，进而"连锁它们共同居留范围内的催化循环圈并共同会聚成更高层次的系统"，使生命"不断朝结构和功能的崭新的联合形式推进"，"朝使用环境中更多样性的自由能能源造成更大自由能密度的方向进化"，达到更高的复杂性，从而"使自己沉浸在更密的能量流通量当中"。① 而更密的能量流通量就会使生物体具有更大的功能，功能是能量的流通量的函数，两者成正比；并能满足"密码载体"的复制和超循环体自身的新陈代谢对能量流通量的越来越大的需求，循环圈之间的相互嵌套和功能耦合因而是生物进化的必然途径。通过这一途径，基于"密码载体"之上的催化循环圈就能升级为超循环，复合超循环，直至多元复合超循环体。致使任何生物都是一个维数不等的多元复合超循环体。维数越多，生物结构越复杂，其具有的功能就越强，系统也就越稳定，系统进化的潜力就越大。而这一切，都是前述超循环所具有的四大特征的必然结果。它们规定了从原生动物到后生动物，从传统社会到现代社会都是通过循环圈的升级而实现的。② 唯有如此，才能使物能信息流畅通无阻，结构发挥出强大的功能；才能使"密码载体"的复制和超循环体本身的新陈代谢获得源源不断的能量供应，从而"一旦建立便永存"；持续发展，不断地进化。这是自组织进化，也是现代社会产生的必由之路。历史表明，正是朝"形成更错综复杂的关系的方向发展，朝建立更大量和更灵活的相互作用模式的方向前进"，英国才具有"取得、贮存和使用更大数量、更高密度的自由能"的功能，③ 才爆发了工业革命，及后续的一连串的技术革命，才实现了社会的长治久安和经济社会的持续发展。而同期西欧大陆各国的落败，则就是因为其市场经济同其正反馈机制之间的相互作用的形式无法递进，市场经济失去动力和屏障，或动力不足、屏障不牢，以致社会结构分化整合乏力，社会要素和子系统仍保留着较强的独立性、等价性和对称性，致使物能信息流动不畅，导致社会系统功能低下甚至紊乱；无法满足市

---

① 参见［意］欧文·拉兹洛：《进化——广义综合理论》，第35、42、84、106页；拉兹洛：《自组织的宇宙观》，第51页。

② 参见［意］欧文·拉兹洛：《进化——广义综合理论》，第53、84、85页。

③ 参见［意］欧文·拉兹洛：《进化——广义综合理论》，第106页；［德］H.哈肯：《协同学讲座》，第106页。

场经济对市场、制度、资源等自由能量的需求；无法制止信息的流失、寄生分支的繁衍和内部的异化倾向，无法发展，还无法做到"一旦建立便永存"，以致衰败退化。

拥有一个高度发达的信息库，是英国成为第一个现代国家所必不可少的第三个条件。因为无论是构成市场经济基因的财产私有权和人身自由，还是宪政法治、文化更新、信仰自由等，都离不开一个高度发达的信息库。没有上帝面前人人平等的信念，就不会有蓄奴习俗的消亡，也就不会有市场基因和市场经济正反馈机制的问世；没有天主教的双剑论、罗马法、新教伦理，也就不会有政教分离、宪政法治；如此等等，不胜枚举。故此，英国成为一个多元复合超循环体之所以走在西欧大陆各国之前，与它的信息库比同期西欧大陆要发达得多、先进得多是分不开的。其新教文化，被法国、意大利等国拒之门外，其王在法下的理念，亦为大多数国家所缺失。至于其信息库发达之原因，虽然离不开西欧的文化根基基督教和希腊罗马文化，但很多却是其上下不断探索试错的独特成果。例如，它的国教就是相继全面推行新教、天主教失败后的产物；其政体也先后经历过议会政治、共和制等多种试验，最后才定格为君主立宪制，使其政治结构同其经济结构和社会结构实现了良好的耦合，建立起了一个前所未有的多元复合超循环体。因此，同"密码载体"和"多元复合超循环体"一样，高度发达的信息库也是英国成为第一个现代社会的三大关键之一。

因此，"密码载体"、多元复合超循环体和高度发达的信息库，这三者是现代社会的社会结构的三大构件。这三大构件，缺一不可。三者都缺，那就是近代西欧之外的世界其他社会，一些没有生命力的守恒系统；缺少后面两个，那就是工业革命前的西欧大陆各国和当今许多被称之为陷入中等收入陷阱的资本主义国家。即使是发达国家，若是损伤了其中一个，尤其是信息库，那不是使其社会基因变异，要素丧失活力；就是某些"脏器"病变，物质能量信息的流动遇到了阻梗。今日的西方世界，由于其信息库中缺少对现代化的科学认知，并不了解其所在社会的本质和规律，故此种事情多有发生。因此，无论是实现现代化，还是守成现代化，都离不开现代社会结构的这三大构件。

为什么这三者是现代社会的命脉所在？答案就是它们铸成了一个相互作

用的最佳机制。无论是"密码载体"，还是多元复合超循环体，都是相互作用的产物；尤其是多元复合超循环体，全是由无数个非线性异常强烈的要素的相互作用所构成的错综复杂的网络。黑格尔和恩格斯说，相互作用是事物发展的终极原因，复杂性哲学则进一步指出，非线性相互作用是系统演化的内在动力和终极原因，可见，密码载体和多元复合超循环体之所以具有如此强大的功能，全在于夺得了相互作用的桂冠。然而，要想至此，没有高度发达的信息库是做不到的。是它为社会制度和社会结构的变更提供了模式和经验。但是，如此断言，岂不是否定了经济是一切社会变化的终极原因，承认了思想是历史发展的终极动力？

　　事实上，这两者都违背了相互作用是事物发展的终极原因的科学原理。其间道理，马克思也已察觉："推动人去从事活动的一切，都要通过人的头脑。"而先辈们的传统则"像梦魇一样纠缠着活人的头脑"。这同自组织理论认为信息库为人们的决策提供了先验模式和思想指导并无二致。而一些人却要将它们区别开来，理由是，思想和文化后面的动因也是经济，因此，归根到底，经济是一切社会变化的终极原因。这和我们对西欧历史的上述剖析的结果显然不同。不讲别的，在西欧市场经济的"密码载体"的产生过程中，生产奴隶、蓄奴思想、蓄奴文化和习俗的消亡所起的作用是不可或缺的，起码是一个必要条件。这个条件无疑同基督教的历史是分不开的。铸就这个历史的固然少不了经济因素，但谁能说这里面没有浇灌进文化、思想、社会、民族和战争等其他方面的东西，谁又能准确地判别出这些因素和经济因素各占多大比重，以致能得出经济因素对基督教的教义起决定性的作用？即使得出了这一结论，那他又如何面对他自己承认的相互作用是事物发展的终极原因的哲学原理？两个在逻辑上能自洽吗？实际上，任何民族的信息库，都是在其适应环境的漫长历史过程中形成的。而环境之中，固然有经济因素，但又绝不止于此；其他民族及其信息库的影响就不可小觑；再说，任何民族的信息库都历经了几千年的修炼，这之中又有多少种类的要素的相互作用。所以，信息库虽然能修改"密码载体"，影响"多元复合超循环体"，但它本身也是包括受其影响和被其影响的各种因素的相互作用及历史因素和现实因素交互作用的产物。因此，它同这些因素之间的关系同鸡和蛋的关系一样，都通过相互作用形成了一个封闭的循环圈。对此，再去问是鸡生蛋，还是蛋生鸡，那已经毫无意义了。

　　不容否认，任何一个信息库都是数千年修炼的产物，能从中生产出现代社会三大构件的组织指令的信息库十分难得，芸芸众生中，仅有英国不缺少现代社会结构的这三大要件，这就足以说明，现代化同自组织一样，就整体而言，进化具有必然性；就个体国家而言，进化则具有极大的偶然性，是个概率性极低的事情。地球上那么多民族，唯有偏居西北角一隅的十几个国家启动了现代化进程，却又只有其中一个国家成功。这同生物的进化过程中，99％的物种消失了，余下的也仅有类人猿中的一支进化到生物的顶端并无不同。但是，如同马克思所说，人不同于动物，有理性和语言。通过交流和学习来改变其民族的信息库的本领远过于动物。修正和丰富了信息库，就能改进"密码载体"，以实现社会的进化；如是，这才有了工业革命后西欧大陆各国和美、日的跟进，才有了西方世界的率先兴起。

第 四 编

西方世界的兴起

第二十五章

工业革命后的英国改变了世界各国的环境

工业革命前的西欧大陆各国，由于前述的各种原因徘徊在现代社会门前。如果所在环境没有根本的变化，我们也就没有理由断言它们的命运就一定会异于中国。工业革命及随之而来的一个富强的英国，从根本上改变了它们所处的环境。因为，"对于欧洲大多数国家来说，英国的进步是一个直接的、无法回避的挑战"。"它们发现经济力量的平衡崩溃了"，所以，它们的"工业化从一开始就是一种政治需要"[①]。但是，工业革命也为它们提供了前所未有的机遇，使它们能获得空前宏大的负熵流。这些，都极大地冲击、丰富和更换了它们的信息库，致使其中的很多国家不得不用新的方式来适应这个被改变了的环境。

光荣革命使英国国泰民安，工业革命使其国富民强，一个强大无比的竞争对手耸立在西欧大陆各国面前。这在使它们感受到竞争更加凶险的同时，也使它们有了一个社会发展的坐标，使它们从过去的前途茫茫变为目标明确。因为英国为它们树立了一个发展的楷模，以致"所有的国家都来观察这个国家，访问这个国家并且努力学习这个国家"[②]。

首当其冲的就是作为各国信息库的思想界和文化界。光荣革命后，西欧

---

① ［英］M. M. 波斯坦、H. J. 哈巴库克主编：《剑桥欧洲经济史》第六卷，第 347、348 页。

② 参见［英］M. M. 波斯坦、H. J. 哈巴库克主编：《剑桥欧洲经济史》第六卷，第 333—335 页；［美］戴维·S. 兰德斯：《国富国穷》，第 328、385 页；［法］费尔南·布罗代尔：《法兰西的特性——人与物（下）》，第 270 页。

大陆各国人民就把英国"看作是自由的土地，把它的宪法视为典范"，是一个令人们赞美的国度。① 许多声誉卓著的学者都纷纷前往英国参观考察、著书立说，号召本国政府和民众向英国学习，号召民众推翻暴政，争取自由，建立民主宪政政府。对法国大革命起了理论准备和重大舆论作用的启蒙运动就是例证。被称为启蒙运动的领袖和导师的伏尔泰的一系列著作，不论是哲学和科学著作，还是戏剧、小说，都有着一个共同的主题，即阐述和宣传他于 1726 年到 1729 年间在英国流亡时所形成的哲学思想、政治主张和文化诉求。在享誉世界的《哲学通信》中，他全面地介绍了英国各方面的情况。由于终篇都离不开英国，故此书又被人称为《英国通信》。他在书中说"英国建立了一个举世唯一的政府"，"在今天的世界中可能是最完美的政府"。它既保证了社会的平等和自由，又避免了社会的混乱。其之奥秘，就是它建立了宪政，确定了法律高于一切和主权在民的原则。法律有力地保护了私有财产，保护了商业，使英国人享有各种自由，其中包括信仰的自由。致使每个英国人"都可以按照他自己喜欢的方式供奉上帝"，"他喜欢的道路进入天堂"。这些，就是英国之所以能国富民强、威震四海的原因；同时，也是缺乏法治和自由的法国之所以落后的根源。②

伏尔泰的著作在欧洲犹如春雷炸耳，很多著名学者随之跟进，前往英国。伏尔泰离开英国的那年，孟德斯鸠也接踵而至，在那里考察了两年。他对英国的君主立宪制度羡慕不已，并引申和发展了英国哲学家洛克提出的"行政权归君王，立法权归议会，司法权归法院"的主张，创立了著名的三权分立学说③，为法国大革命指明了努力方向。

在学者们的宣传和倡导下，以英为师，成了欧洲各国有识之士的共同信念；实现民族统一，建立法治社会，实现思想自由，成了他们誓言为之献身的共同理想。甚至七月王朝的国王路易·菲利浦也和其大臣"基佐一样，对英国的议会制度就极为赞赏，他心甘情愿地接受君主立宪制"；路易-波

---

① 参见［法］雷吉娜·佩尔努：《法国资产阶级史·近代》，第 254、255 页。
② 参见［法］伏尔泰：《哲学通信》，高达观译，上海人民出版社 2005 年版，第 194、187、29、32、192、18 页。
③ 参见陈文海：《法国史》，人民出版社 2004 年版，第 205—207 页。

拿巴·拿破仑说"世界上他最钦佩的国家是英国"[①]。18世纪以来，欧洲各地争取建立宪政政府的斗争是一浪高过一浪，不能不说这都是输入英国文化所产生的影响。

各方面的影响叠加在一起，对各国的震荡之大是可想而知的；它们引发了多米诺骨牌效应，被无限地放大。因为模仿英国而发生了改变的各国，又会将它们的影响传递给其他国家，致使各国不仅要受到英国的直接影响，还要受到英国的学生们的影响。其中典型，莫过于拿破仑。拿破仑掌权后所推行的政治、经济和文化上的许多重大举措，如《拿破仑法典》等，在本质上与英国的制度是同一的。他不仅在法国国内推行这些举措，还在其所征服的西欧各国的土地上大肆推广。因此，法国大革命对西欧大陆各国所产生的影响，根子还是在英国。其他国家，特别是那些较快实现了现代化的国家如比利时、瑞士等，在他们向后进的国家输出其产品、技术、资金时，所产生的影响，同当初英国同他们的贸易时所产生的影响是相同的。所以，各国从法国大革命中的受益、从新教诸国中的获利，追根溯源，都来之于英国。

在影响被无限地放大的同时，还会被不断地强化。这源于现代英国所具有的那种永不安定的社会特性和动力特征。因为对外开放已是其生存和发展的首要条件。它必须不断地扩大海外市场，拓展殖民地；迫使其他国家按照它提出的条件进行贸易和生产，将世界上越来越多的国家卷入由它所主导的现代世界市场体系。随着被卷入相互作用的要素越来越多，相互作用各方所具有非独立的相干性等特性就越多、越突出，产生的协同动力也就越大。以致不断地激发出"微涨落"，又将"微涨落"放大为"巨涨落"，导致社会永不停息地革新和变动，整个世界也就犹如安装上了一个永不停息的发展动力。在西欧大陆各国连第一次工业革命尚没有完成的情况下，英国接着又发生了第二次工业革命，蒸汽机之后又发明了内燃机、电动机等。这也就是说，来于英国的冲击波是一浪高过一浪；再加上美国等跟进得较快的国家的推波助澜，这种冲击力是越来越大。在这种情况下，不仅是西欧大陆各国的环境被彻底改变，整个世界的生存环境也都被改观。

经济界直接感受到来自英国商业的竞争，因此，他们对英国的学习也比

---

① 参见［法］皮埃尔·米盖尔：《法国史》，第343、379页。

较早。18 世纪中期，欧洲大陆国家的政府代表和私营商人就纷纷到英国进行考察旅行；到"18 世纪的第 3 个 25 年"，考察到达了高峰期。当时，"许多德国人以及法国人和比利时人涌入英国工厂内，并且将新的生产技术偷回母国"。甚至派遣工业间谍，组织走私、偷运、偷渡等各种非法活动也都成了各国模仿英国、赶超英国的主要方法。不仅自己涌进英国，还千方百计地把英国人请进来，"从 18 世纪下半叶起，一些英格兰或苏格兰企业家纷纷到法国定居"，"这些企业家在当地制造英国机械"。①

信息库的丰富和充实，使西欧的很多国家以英国为模板，着手改革其落后的"基因"，大力推进自己的现代化。而现代化了的英国不仅改变了他们的信息库，也为他们推进现代化提供了空前宏大的负熵流。因为它极大地丰富了世界的商品市场、技术市场、金融市场，使西欧大陆各国能够从中吸入足量的负熵流以对本国的传统社会结构进行分化与整合，以推进社会发展动力机制的转换，实现现代化。

这主要是英国除了向各国提供新制度、新思想和新文化外，还向他们输出了大量的新商品、新机器、资本、技术、人才。而各国在输入这些东西的同时，也必然要同时输入机器大工业和现代工厂制度，模仿与这些制度相配套的宪政和法治；以致从根本上瓦解和摧毁了他们的传统根基。

在英国众多的出口品中，最亮眼的是棉织品、蒸汽机及与蒸汽机相伴的各种产品，如蒸汽机车、铁轨、轮船等，以及制造这些产品的技术和技术人才。这些商品、技术出口到西欧各国和世界其他地区所产生的冲击是巨大的，影响是多重的且又是多方面的。

同中世纪欧洲人们的传统着装用料毛呢、麻布相比较，棉织品在各方面的优势都十分明显。它易于洗涤和缝补；较之于毛呢织品，它更适于亚热带和夏季炎热的温带，更适于机器大生产，原料更易获得，因而成本更低、售价更低廉。这些，都使得英国的机制棉布一问世，就轻而易举地打败了所有的对手，成了各国各阶层的主要服装用料。这自然会激起其他国家也纷纷地建立起自己的棉纺工业。到 19 世纪中期时，世界纺锭总数的 2/5 已不在英

---

① ［英］M. M. 波斯坦、H. J. 哈巴库克主编：《剑桥欧洲经济史》第六卷，第 15、16、333—335 页；［美］戴维·S. 兰德斯：《国富国穷》，第 328、385 页；［法］费尔南·布罗代尔：《法兰西的特性——人与物（下）》，第 270 页。

国疆域之内。① 然而，要引进英国的棉纺工业，也就意味着引进机器大工业，引进工厂制度，引进英国的技术人才。把这种工业和制度引进国内，也就为各国的手工纺织业和耕织结合的传统的小农经济引进了一个掘墓人。棉布以其低廉的价格、丰富多彩的品种和上乘的质量迫使手工纺织业产品退出市场，诱使小农放弃自己的家庭手工业，转而从市场上购买棉纺织品。19世纪30年代，一个叫斯文·埃里克逊的织布女工的儿子在瑞典的吕德博霍耳姆建立了一座织布厂，导致"国内各地竞相效法"，"乡村地区渐渐地出现了星罗棋布的工厂"，从而将瑞典的"旧的家庭纺织制度"送进了博物馆。②

同棉纺业一样，蒸汽机及以其为动力的产业，如采矿业、金属冶炼业，和机器制造业不仅都是机器大工业，还都必须以工厂制度为其存在的前提。因此，无论是进口英国生产的蒸汽机、铁路机车、轮船，自己制造蒸汽机，还是用自己制造的蒸汽机建自己的铁路，都必须同时建立与其相配套的现代企业制度，而这也必然给其国内的传统手工业及其制度带来一个致命的杀手。19世纪20年代时，现代化铁厂在瑞典"风行一时"，在这个过程中，"陈旧的农民矿工合作社就被规模更大、更现代化的组织形式所代替"③。

可见，同棉纺织品和纺织工厂一样，蒸汽机及以其为动力的各类产业设备，以及机器制造业都是一种对传统社会结构有着强烈的颠覆作用的负熵流，它有力地促进了传统社会结构的分化和整合。更关键的是，蒸汽机的发明和应用，把人类社会从所谓的有机物经济的束缚中解脱出来，进入了一个发展前景极其广阔的矿物经济时代，从而使人们对自然界的控制力和利用力达到了一个前所未有的高度。因此，西欧大陆和世界其他国家从英国输入蒸汽机及以其为动力的各类产业设备，也就是使自己从有机物经济时代升华为矿物经济时代，致使其自然生产力有了一个前所未有的飞跃。而这又必然会促进社会结构尤其是政治文化结构的分化和整合。因为，虽然归根到底是系统结构决定系统功能，但系统功能也会对社会结构产生反作用。

---

①　参见［英］M. M. 波斯坦、H. J. 哈巴库克主编：《剑桥欧洲经济史》第六卷，第295—297、419、420页。

②　参见［瑞］安德生：《瑞典史》上册，苏公隽译，商务印书馆1963年版，第515页。

③　参见［瑞］安德生：《瑞典史》上册，第516页。

　　技术人才和资本的输出也起了同样的作用。工业革命开始后，英国各类技术人才和管理人才成了西欧大陆各国和各个殖民地的抢手货。据统计，"单单在1822—1823年这两年到达法国的英国技工就已经有1600人之多"，"在加来附近的花边行业中有'无数的英国人'"；约翰·麦格雷戈说："在法国，我们发现卢昂厂和棉纺织厂的主要监工都是兰开郡人；在比利时、荷兰和列日附近也可看到同样的情形"，"一直远至维也纳，各棉纺厂中的管理人员和监工主要来自……格拉斯哥和曼彻斯特制造厂的英格兰人或苏格兰人"；"一些法国公司和比利时公司在资本、管理和设计方面都有一半是英国人。在巴黎—卢提的铁路上，有整个一半的工程是英国铁路工人进行的；而在法国已经学会不用做粗活的英国人就能自己兴工建造之后很久，还雇用一些英国铺轨工人和其他专家"。在1842年之后开建的第厄普线上，"比较艰难的工作仍然是英国人做的"，如"铺轨和装榫头"等。①

　　同技术人才和管理人才一起输出的当然还有英国的先进技术和先进的管理制度。它们同蒸汽机的输出一样，也使输入国家的工业技术和经济组织实现了升级换代。如比利时的工业先驱就是英国企业家和工程师科克里尔父子。从1802年起的近半个世纪里，父子俩先后为比利时建立了西欧大陆第一家纺织机械厂、现代冶炼厂和机车厂，提议并帮助比利时政府建立起了铁路网，从而为比利时近代工业的兴起奠定了基础。②

　　大量的资本也从英国"流入比利时、法国和德国"等许多国家；除公私贷款外，更多的则是个人和公司投资于外国公债、银行和各种股票；而移民也带走了不少的资金。加拿大的一项调查表明，仅仅1834年入境的120万英国移民就携有100万镑，平均每个英国移民带入的资金达七八十镑之多。以此为据，在这15年时间内，由英国移民输往各国的资金就有二三千万镑之巨。③

　　同输入蒸汽机一样，引进英国的技术人才和管理人才也使各国的技术、

---

　　①　参见［英］克拉潘：《现代英国经济史》上卷第二分册，姚曾廙译，商务印书馆2009年版，第664—667页。

　　②　参见［英］F. E. 哈格特：《现代比利时》，南京大学外文系翻译组译，江苏人民出版社1973年版，上册第24、42—44页。

　　③　参见［英］克拉潘：《现代英国经济史》上卷第二分册，第664—667页。

管理和制度实现了更新换代，导致生产力的飙升，有力地促进了输入国的传统社会结构的分化和整合。

继机器、商品、人才和资本之后，英国又接着为各国提供了巨大的出口市场。这主要是因为工业革命使英国的各类产品在国际市场上都处于压倒性的优势，使英国人对自己的产品有了自信心，不害怕其他国家商品的竞争，因而也像荷兰人一样，主张贸易自由。拿破仑战争后，英国降低了关税，废除了《谷物法》，放宽了《航海法》并最终取消了它；"几乎废除了所有商品进口数目较大的进口税"，以及"残留下来的公共规定各种商品制造和质量的条条框框"。1825 年和 1843 年，英国政府又相继废除了早已名存实亡的禁止熟练工匠外迁的立法和无证出口机器的立法①，极大地扩大了世界各国，尤其是西欧大陆各国的出口市场，为它们发展自己的特色产业，实现现代化提供了大好的机遇。

铁路的出现，轮船的问世，也缩短了人们之间的距离，减少了人们之间相互交往的时间，极大地密切了各地和各国之间的往来，使人们之间的联系越来越紧密，相互之间的影响越来越大。再加上英国以及紧跟其现代化步伐的美国对原料、市场的需求的增长，使得各国为争夺原料、市场和殖民地的竞争是越来越激烈，经济上的压力越来越大，改革的必要性、紧迫性也就越来越强。奇波拉因此感叹道："十九世纪早期真正推动西欧工业增长的是：英国不断提供的典型，经济上的压力和民族进取心三者的结合。"②

但是，如同前述遭受前工业化的冲击而对机遇和挑战做出了不同反应的英国农村各个阶层一样，由于先天条件的不同和信息库的不一样，西欧大陆各国对英国现代化所造成的冲击和带来的机遇也是反应不一的，所导致的结果也大相径庭。有的顺利地实现了现代化；有的现代化道路极其坎坷、血腥；有的现代化道路则是极其曲折漫长。

---

① 参见［意］卡洛·M. 奇波拉：《欧洲经济史》第 3 卷，第 259 页；［法］费尔南·布罗代尔：《法兰西的特性——人与物（下）》，第 270 页。

② ［意］卡洛·M. 奇波拉：《欧洲经济史》第 3 卷，第 258、259 页。

第二十六章

西欧诸国和日本的相继现代化

　　世界各国所处的社会环境因英国成为第一个现代社会而改变，但世界各国能否步英国的后尘则要取决于它在文化上和社会结构上同英国的相同度有多大。如《现代化本质》中所述，美国之所以能顺利地成为又一个现代社会，关键就是它是由英国移民建立的。这些移民将英国的经济制度、政治制度和新教文化都一股脑儿地搬到北美的土地上。同样地，加拿大、澳大利亚的现代化之所以顺风顺水也是这个原因。

　　在西欧大陆，现代化转型最为成功的是比利时，及新教诸小国；其次，则是法国、德国、意大利；最为曲折漫长的当推比利牛斯半岛上的西班牙和葡萄牙。但是，与西欧北美之外的世界各国相比，整体来看，西欧大陆向现代社会的转型是成功的，因此，这才有了西方世界兴起之说。而西欧大陆之所以能成功地实现现代化，与它们同英国有着相同的文化渊源和历史脉络，同样经历了数百年的市场经济的孕育和社会结构的变迁是分不开的。位于东方的日本，其现代化之成功，也与其社会结构和文化同中古西欧相似有关，以致被人称为东方的西方。

　　但是，西欧大陆诸国和日本的现代化转型也并非没有差别。从转型成本的大小和耗时长短的角度来评判，可分为三类。一是现代化转型比较顺利的比利时和新教诸小国；二是转型血腥、坎坷的法国、西班牙、意大利；三是现代化进程辉煌而又跌宕的德国、日本。

　　后起的现代化之所以有如此不同的类型，要归因于其现代化并不全是自组织过程，而具有他组织成分。它们推进其现代化进程的效果如何，首先要看它们在民族文化、社会结构同工业革命前夕的英国的差距有多大；差距的大小决定了它们调整信息库和推进社会结构的分化整合的难度的大小。差距较小的国家，其信息库的更新和"基因"调整的难度就要小得多，向现代社会的转型自然就要容易得多。差距的大小还决定了其国内的反现代化势力的强弱。因为宗教文化越传统的民族对现代化的抵触越大，反现代化势力就越大，推进现代化时所遇到的对抗、阻力自然要比差距小的国家多得多、强大得多；需要解决的问题既多且难，所遭受的挫折和遇到的反复也要多得多。

一个民族的文化宗教对待现代化的态度往往集中在其民族的精英阶层，特别是其中的当权者身上。因为这个阶层是其民族文化结晶中的典范，他们身上集中地体现了该民族的传统文化。而后发的现代化都不同程度地具有他组织成分，故多少都要实施一些合目的性控制的系统工程，这就是说，国家权力有目的、有计划地进行一些社会制度的设计和社会结构的改造是这类国家实现现代化所无法避免的任务。例如，铁路在英国全是私人营建的，政府完全没有介入，而"在新开始工业化国家的铁路发展中"，国家却担任了"重要角色"[①]；正因如此，在后起的现代化进程中，其精英阶层，特别是当权者对待现代化的态度是其民族的现代化成功与否的关键。政府介入的程度及其介入的方向和手段在多大程度上符合现代社会生成的规律在很大程度上决定了现代化的成功与否和现代化的进度。美国学者罗伯特·B.马克斯说："如果说英国的工业化是无人能够预言的多种力量结合的产物，那么，在它发生后，由于一些强大的政府为了与英国竞争采取了一系列措施，工业化在其他国家得到复制。"[②] 故此，很多学者认为，发展中国家的现代化的成败和快慢在很大程度上取决于其民族的精英人物。[③] 这些人物能左右其民族的现代化命运。

但是，任何民族精英都是其民族文化的产物，都是其国家文化孕育出来

---

①　参见［意］卡洛·M.奇波拉：《欧洲经济史》第三卷，第264页。

②　［美］罗伯特·B.马克斯：《现代世界的起源——全球的、生态的述说》，第177—178页。

③　参见［美］巴林顿·摩尔：《民主和专制的社会起源》，第339页；［美］西里尔·E.布莱克：《比较现代化》，"译者前言"，第17页；西里尔·E.布莱克：《现代化的动力——一个比较史的研究》，第77页。

的。一个民族、一个国家拥有什么样的民族精英，归根究底，都要取决于包括其民族文化在内的社会结构。因此，后发的现代化国家的社会结构距离平衡态的远近，亦即社会结构各个层次的分化整合的程度，才是决定其现代化命运的根源所在。故社会结构分化整合的程度越低的国家，社会结构分化整合的任务就越重、越艰难，反现代化势力也就越多、越强大，民族精英中的现代化精英的成分就越少、越弱，他们同反现代化精英的力量的对比就越居下风；因此，克服各种反现代化势力的对抗，将社会结构推进远离平衡态的任务就越艰巨、越困难，需要解决的问题就越多。

正是由于西欧大陆诸国和日本在这两个问题上有着诸多的不同，才导致了它们向现代社会转型的大相悬殊。

一、现代化道路顺畅的比利时和新教诸国

同西欧大陆其他国家相比较，比利时和西欧大陆信奉新教的几个小国的现代化可谓是顺风顺水。如斯堪的纳维亚的几个国家，虽然"是很晚才学习现代工业方式的，但是一经开始，就很快地把它们学到手"了。它们"立足于向更先进的工业国家出口自己的大宗商品"，然后，"立足于把这种收益向更加多样化的生产进行投资"，从而"顺利地实现了"向现代社会的转型。① 纵览其转型过程，概括其成功的原因，不外乎下述几点：

首先是得益于其先天的优势：他们的社会结构分化整合的程度与英国差之不远。思想文化、经济制度、政治制度同工业革命前夕的英国大同小异；市场经济已有一定程度的发展；也具有民族国家和宪政法治的雏形；文化上也都同英国一样，不是信奉新教文化，就是实行了信仰自由。

如比利时，有"古老的工业传统"；又拥有"重工业发展的两个决定性因素"煤和铁，很早就是欧洲重要的贸易国家。② 1794 年被拿破仑的军队占领后，"旧制度的所有渣滓一扫而光"。法国人给它带来的"一部统一的法典和一个把全国分成九个省的行政系统——这两项改革基本上一直保存到今

---

① 参见［美］戴维·S. 兰德斯：《国富国穷》，第 344、346 页；［英］M. M. 波斯坦、H. J. 哈巴库克主编：《剑桥欧洲经济史》第六卷，第 441 页。

② 参见 M. de. Adrien, *History of Belgium*, New York, 1962, pp. 303,335,291。

天"。1830 年独立后第二年颁布的宪法包罗了 19 世纪初叶流行的大部分自由主义原则。"它不仅对出版自由提供了宪法保障，而且对几乎所有古典的个人自由，包括结社自由、教育自由和信仰自由，也都提供了宪法保障。宪法还保障家庭和财产的不可侵犯，保障公民有请愿的权利以及在法律面前人人平等"。"国王除了宪法明文规定的权力之外没有其他任何权力"；法律必须由两院通过，"国王的否决权，像在英国一样，已经弃置不用了"。可见，"比利时国家的性质基本上是自由和民主的"。虽然天主教徒占比利时国民的大多数，但其宪法"保证人人都有信教自由"。可见，独立后的比利时，既有市场经济，又拥有堪与英国相媲美的宪政法治，这些，都为它"成为第二个工业化的国家"奠定了厚实的基础。①

由于土地贫瘠，瑞士经济从一开始就依赖于南北欧之间的过境贸易。故其市场经济的发展一直走在西欧的前列。工业革命前夕，英国棉业人口占世界棉业人口的 58%，而小小的瑞士却也占了 23%。在反对神圣罗马帝国对其城市自治权的侵犯中，他们通过相互结盟建立起了自己的国家，故"瑞士是最早'生来自由'的西方国家之一"②。自由帮助它变得"前所未有地富裕"，使它从法国意大利吸引来了大批受迫害的新教徒，以致囊括了世界 90% 的钟表的生产，并在工业革命后迅速地建立起机器棉纺业。③ "十分爱惜自由"不仅使瑞士人在 1848 年革命后，全面地恢复了拿破仑占领时期获得的所有的改革成果：什一税和封建地权的废除，一套现代观念和政治制度的确立等等。还建立了类似于美国的两院制，建立起了宪政和法治，统一了全国的货币和度量衡，完成了现代国家的建构。致使其很快就成了欧洲乃至世界上最富裕的国家之一。④ 其现代化道路通达、平稳，"没有引起任何大的社会问题或巨大变动"，也没有出现学者们所谴责的无产阶级化。⑤

---

①　参见 F. E. 哈格特：《现代比利时》上册，第 24、177—181、46、48、41 页。

②　参见［意］契波拉：《欧洲经济史：工业社会的兴起》第 2 册，张彬村、林丽华译，台湾远流出版事业股份有限公司 1989 年版，第 690、391、710 页。

③　参见让-弗朗索瓦·贝吉尔埃：《瑞士经济史》，洛桑，1984 年版，第 138、175 页，转引自端木美：《瑞士文化与现代化》，辽海出版社 1999 年版，第 62、98 页；方豪：《瑞士 荷兰 比利时》，王伯龄译，台湾地球出版社 1977 年版，第 71 页；［意］契波拉：《欧洲经济史：工业社会的兴起》第 2 册，第 694 页。

④　参见端木美：《瑞士文化与现代化》，第 60、61、106、132 页；［意］契波拉：《欧洲经济史：工业社会的兴起》第 2 册，第 699 页。

⑤　参见［意］契波拉：《欧洲经济史：工业社会的兴起》第 2 册，第 698、700 页。

同瑞士一样，位于欧洲的边缘的瑞典从来就不是封闭的。这与有海盗经历的"瑞典人早就是经验丰富的商人"是分不开的[①]，也得力于波罗的海早在16世纪就"已完全被纳入荷兰的交换网内"[②]；瑞典本就盛产"优质矿产和似乎取之不尽的森林资源"，于是，瑞典也就成了"欧洲铜和铁的最大供应国"[③]，并由此带动林业、矿业、枪炮制造业的迅猛发展。这诱使国王"一心一意地推行重商主义政策，发奋创立工业"，鼓励民间工商业的发展，还在农村掀起了瑞典式的圈地运动，使本来就是自由的瑞典农民更为独立，使中产阶级迅速地成长起来。[④] 因此，"瑞典人民在国民议会中的代表权比大多数欧洲国家都更为广泛和巩固"。致使瑞典议会在1809年就按照三权分立的原则制定了宪法。宪法规定"古代沿传下来的征税之权属于人民，由国内各等级在议会全体会议中行使之"；它保证了国民权利和公民自由，规定了出版自由，确立了宪政法治的框架。到19世纪50年代，随着中产阶级的壮大，议会已"取得了实际控制国家经费开支的权力"。它取消了对手工业和城乡贸易的一切限制并"根据人道主义进行了广泛的法律改革"，使宪政法治、思想自由在瑞典成为现实。[⑤]

挪威原与瑞典共一个国王。在瑞典的带动下，挪威于1814年也成了君主立宪的国家。国王由议会选举产生，议会享有立法权。瑞典人所享有的信仰自由、思想自由和贸易自由等也为挪威人所拥有，[⑥] 挪威人又充分地利用英国的市场和资金发展自己的经济，到二战前夕，挪威就已经成了一个工业发达的国家。

荷兰也是一个新教国家。法国的统治给荷兰带来了统一的、现代化的财政制度和一套统一的法典，其市场经济、经济自由和思想自由早就走在西欧大陆各国之前；又有印度尼西亚等大量的殖民地；因此，当它于19世纪30

---

① ［瑞］安德生：《瑞典史》上册，第27页。

② ［法］费尔南·布罗代尔：《15至18世纪的物质文明、经济和资本主义》第3卷，第279—280页。

③ ［英］罗伯特·杜普莱西斯：《早期欧洲现代资本主义的形成过程》，第160页。

④ 参见［法］费尔南·布罗代尔：《15至18世纪的物质文明、经济和资本主义》第3卷，第281、284页。

⑤ 参见［瑞］安德生：《瑞典史》上册，第454、455、473、474、481、487、520页。

⑥ 参见［苏］波赫莱勃金：《挪威》，胡金麟译，商务印书馆1959年版，第3、41页。

年代通过向欧洲转卖其殖民地的农产品渡过了经济危机后，就建立起利用进口原料的各种加工业、机械制造业和石油工业，复苏了造船业、海运业和金融业，进入 20 世纪时，荷兰又重新回到了欧美先进国家的行列之中，顺利地完成了向现代社会的转型。[①]

丹麦也信奉新教。[②]1849 年，在欧洲革命的影响下，经过一场不流血的革命，丹麦颁布了新宪法，确立了君主立宪制。宪法规定人民享有信仰自由、思想自由和普选权。[③]通过选举，以佃农、自耕农为主体的农民阶级在 1872 年取得下议院的多数席位。之后，经过修宪，他们将贵族逐出政治舞台，完全掌握了上下两院、国务院和国家的行政机构。通过借款给佃农从地主手中购地，使自耕农在全体农户的比重上升到89.9%；通过帮助农民建立各种经营生产、销售的 4000 个合作社，直接将农牧产品销往国外市场[④]，致使输入的负熵流实现了平权化，使小农经济变成了外向型的现代经济组织，以其独特的方式完成了向现代社会的转型。

有着共同的文化渊源，信息库大体一致，社会结构又趋近远离平衡态，这些，都使比利时和新教诸小国接受英国的社会制度几乎没有任何心理障碍；再加上它们又都是小国，缺乏大国常有的那种民族自大、文化自大的心理，甘心地向英国学习，因而积极地向外开放，充分地利用了英国提供的大量机遇：技术、人才、资本和市场等；更何况，它们的社会结构同英国的差距本来就不大，要克服的障碍和要解决的问题不多，故都能较快地跟随英国实现现代化。从它们这段历史中，也都能看到英国所产生的重大影响。

比利时，依靠从英国输入的技术、人才和资金，在不长的时间内就建立起了煤炭业、钢铁冶炼业和棉纺业，并建成了当时世界上"密度最大的铁路网"[⑤]，成了"欧洲大陆上最大的煤炭生产国"，在"炼铁和机器制造工业的效率方面"，也是"唯一一个能在一定程度上与英国展开竞争的欧洲大陆

① 参见［日］石坂昭雄：《小国家的命运》；方豪：《瑞士 荷兰 比利时》，王伯蛉译，（台湾）地球出版社 1977 年版，第 198 页；［意］契波拉：《欧洲经济史：工业社会的兴起》第 1 册，第 383—388 页。

② 参见［丹］腓特烈蒙：《丹麦的农业合作》，李明、张晓华译，世界书局 1930 年版，第 4 页。

③ 参见［丹］耶斯·施达普凯尔：《丹麦概况》，蔡明芳译，中国对外翻译公司 1988 年版，第 32 页。

④ 参见［丹］腓特烈蒙：《丹麦的农民合作》，第 19、24、25、27、107、109、114 页。

⑤ 参见［德］汉斯·豪斯赫尔：《近代经济史——从十四世纪末到十九世纪下半叶》，第 409 页。

国家"①。1835 年 5 月 5 日落成的布鲁塞尔和梅克林之间的铁路，开行了欧洲大陆上第一班定期客车。而"英国的技术和资金对这个铁路系统的完成起着决定作用"。所用的机车也是由英国的"斯蒂芬森工场制造的"；其他铁路所用的大部分资金也是"通过路特希分德财团的经理机构在伦敦金融市场筹集来的"②。不仅是铁路，其他部门亦如此。克拉潘说："英国的工程师领导着它所有的工厂，英国的专利权可供它立即采用，并且它的所有的工场中差不多都有英国的工匠。"③ 因此，人们普遍认为，"比利时独立后工业方面的突飞猛进，在很大程度上应归功于"其当权者的远见卓识和英国人的大力帮助。④

工业革命前，瑞士的纺织工业同英国并驾齐驱。1780 年后，瑞士却发现英国纺织品不仅在世界市场上打败了瑞士的棉织品，还入侵瑞士市场。明智的瑞士人忍痛割爱，放弃了本国的大部分的纺纱业转而从英国进口纱线，以发展并扩展在世界市场上占有优势的编织业，使瑞士的纺织业得以生存下来。同时，他们用走私的办法获得了英国的纺织机械，在 1801 年建立起第一家纺纱工厂。到拿破仑战争结束后，英国人却发现它的棉织品在欧洲乃至世界市场上都是"英国棉纺织工业的最大竞争者"。到 19 世纪中期，瑞士已成了"欧洲大陆上最为现代化的棉纺织业生产国之一"⑤。与此同时，它们还大肆地仿制英国的纺织机械，并"将机器输出到所有邻近的国家"，二十多年后，瑞士纺织业的"生产设备与技术与阿尔萨斯和比利时相当"⑥，从而为今日瑞士高度发达的机器制造业奠定了基础。

除长期受俄罗斯统治的芬兰外，斯堪的纳维亚各国的现代化虽然起步晚，但却相当平坦，这也得力于它们很好地利用了英国提供的机遇。其经济都是在 19 世纪 40 年代末 50 年代英国实行自由贸易后才取得大的发展的史

---

① ［英］M. M. 波斯坦、H. J. 哈巴库克主编：《剑桥欧洲经济史》第六卷，第 363、388 页。

② 参见［比］F. E. 哈格特：《现代比利时》上册，南京大学外文系翻译组译，江苏人民出版社 1973 年版，第 24、42—44 页。

③ ［英］J. H. 克拉潘：《1815—1914 年法国与德国的经济增长》，第 76 页。

④ 参见［英］F. E. 哈格特：《现代比利时》上册，第 24、42—44 页。

⑤ 参见［意］契波拉：《欧洲经济史：工业社会的兴起》第 2 册，第 694—696 页；［英］M. M. 波斯坦、H. J. 哈巴库克主编：《剑桥欧洲经济史》第六卷，第 374 页。

⑥ ［英］M. M. 波斯坦、H. J. 哈巴库克主编：《剑桥欧洲经济史》第六卷，第 374 页。

实就是明证。① 1870 年到 1910 年间，丹麦的国内总资本的规模增加了四倍，对外贸易也增加了四倍；瑞典和挪威的国内总资本的规模也分别增加了四倍，它们的对外贸易量也分别增加了三倍。② 总资本额同对外贸易额同步增长，而它们的主要外贸对象就是英国。

在北欧诸国中，丹麦资源最为贫乏，是个典型的农业国，它起初还与英国交恶，损失惨重，"只是在 19 世纪中期英国市场对丹麦的谷物、黄油和牲畜开放以后，丹麦经济扩张才得到强劲的恢复"③。但这也主要归功于它利用了它邻近英国的优势，将其生产的谷物、牛奶大量输往英国。1830—1875 年间，丹麦输往英国的粮食在其谷物出口总额中的比重从 30% 上升到 50%；余下的 50% 的出口谷物主要输往挪威—瑞典和德国，其中挪威—瑞典也因其经济主要依赖向英国的出口，粮食无法自给而不得不用同英国贸易所得的资金向丹麦购买粮食。因此，这部分粮食的输出实际上也离不开英国。之后，丹麦向英国的出口由以农产品为主转为以畜牧产品为主。农牧产品的出口为资助铁路建设、置办港口设施和奶牛业的机械化等提供了外汇，也使庄园对生铁铸造品、机器、砖瓦、化肥等工业品的需求增加，从而导致了丹麦工业的兴起和铁路的修建，并使农业逐渐工业化，丹麦的工业化和城市化由此起步并不断发展。④ 19 世纪结束时，它的国民已有 38% 居住在城镇里，而农业对国内产值的贡献不足 30%。⑤ 这一切，都离不开丹麦对英国农业的出口。奇波拉说："丹麦的工业化是来自它与英国的关系，英国是其农产品的最大出路。英国的市场决定丹麦农业的所得成长，而丹麦农业对于工业货品的需求决定了该国的工业结构。"⑥

从 19 世纪 20 年代起，瑞典的古老制铁工业所用的技术被从英国学来的兰卡斯特熔制法取而代之。⑦ 同时，其钢铁总产量的 "40% 至 50% 输往英

① 参见［英］M. M. 波斯坦、H. J. 哈巴库克主编：《剑桥欧洲经济史》第六卷，第 27 页。

② 参见［意］契波拉：《欧洲经济史：工业社会的兴起》第 2 册，第 499 页。

③ ［英］M. M. 波斯坦、H. J. 哈巴库克主编：《剑桥欧洲经济史》第六卷，第 27—28 页。

④ 参见［丹］克里斯滕森：《丹麦的农业现代化历程 1750—1980》，田晓文译，天津大学出版社 1992 年版，第 65、74、87、91 页；［意］契波拉：《欧洲经济史：工业社会的兴起》第 2 册，第 430 页。

⑤ 参见［英］M. M. 波斯坦、H. J. 哈巴库克主编：《剑桥欧洲经济史》第六卷，第 28、29 页。

⑥ ［意］契波拉：《欧洲经济史：工业社会的兴起》第 2 册，第 431 页。

⑦ 兰开斯特是英国西北部著名的工业区，参见［瑞］安德生：《瑞典史》上册，第 480、481 页。

国"。大量的资金由此回笼到国内，随之，英国的技术和资本也被输了进来，各种新兴工业如雨后春笋。"纸浆贸易代替了伐木工业"；"精炼钢和机械工业取代了老式的生铁贸易"；蒸汽机引进后，"沿波的尼亚湾的整个海岸线上都设立了现代化的锯木厂"。这不仅使瑞典的木材年均输出量从19世纪30年代的19万立方米上升到60年代的114万立方米，也使"南自耶夫累，北至律勒欧"的这些"昔日的不毛无人之地，变成了非常热闹"的城市。[①] 1830年到1860年间，棉花进口因为棉纺工业的发展增加了20倍；19世纪70年代，全国"出现了铁路繁荣"；20世纪初期，"瑞典的水电资源得到了系统开发。与此相应，农业人口在全部人口中所占比例也从1861年的75%下降到1891年的61%，1911年进一步降到48%"，"在1913年以前的半个世纪中，瑞典的人均年产值的年增长率看来比任何其他欧洲国家和北美国家都要快。而且，在第二次世界大战爆发以前，瑞典的人均实际产值水平与英国已经相差不远，而且显然高于德国或者法国的水平"[②]。

　　19世纪中期前，挪威以农业为主，其后的快速成长也主要是向英国出口鱼和木材。1840年到1861年间，木材出口增加了714 000立方米；商船也随之增加了1700艘；到1870年时，总载运量超过了100万吨；9年后，就达到了150万吨；挪威的商船队规模已位列世界第三。因此，木材及装运木材的货运的"利得是它的外汇的主要来源"。仅运输业就占所获外汇的40%。随着运输业的快速成长、回程货的增加，大量外汇、资本和技术的流入，瑞典的造船业有了很大的发展。70年代，造船厂就超过了200个。棉纺业、铁路、木材加工业，纸厂、纸浆厂，矿业、金属加工业和水力发电也随之兴起。第一次世界大战期间，挪威中立，挪威的工业随之发生重大变化，许多新兴工业，特别是电气、冶金和电化工业迅速兴起。[③]"至30年代中叶，工业已在挪威经济中占显著地位：它提供的产值占国民总收入的40%，供应76%的输出品；其许多制造品都具有向世界各国输出的价

　　① 参见［瑞］安德生：《瑞典史》上册，第440、513—515页。
　　② ［英］M. M.波斯坦、H. J.哈巴库克主编：《剑桥欧洲经济史》第六卷，第26、27页；［意］契波拉：《欧洲经济史：工业社会的兴起》第2册，第465、469页。
　　③ 参见［意］契波拉：《欧洲经济史：工业社会的兴起》第2册，第399、400、452、461、484页；［苏］波赫莱勃金：《挪威》，商务印书馆1959年版，第27、43页。

值，到第二次世界大战前夕，挪威已经是一个技术装备优良的工业发达的国家"①。

综上所述，比利时和各个新教小国之所以"轻而易举地实现工业革命"，还"是因为这些地方有许多与英格兰社会相同的社会和文化模式"，在社会结构的各个方面同工业革命前夕的英国的差距都不大，需要用来缩小差距的他组织手段因而不多，也不复杂，容易做到；差距不大，也使其传统势力较弱，反现代化势力不强，致使其民族精英接受英国的道路和拿破仑的改革成果的阻力很小②；再加上，他们毗邻英国，与其文化宗教、社会结构的差距不大，反现代化势力弱小又使他们对英国大都持友好态度，故能顺利地从英国输入大量的负熵流，这不仅进一步地增强了其国内的现代化势力，也使他们拥有了雄厚的实力来推进社会结构的分化与整合，因此，其现代化进程顺风顺水也就是很自然的事情。但是，其发展过程中包含着大量的他组织成分是显而易见的。这就是说，其现代化的成功也离不开其民族精英的远见卓识和主观努力，国家权力在他们的现代化进程中发挥了主导作用即是明证。正因如此，他们大都是在建立了宪政之后，才使其现代化建设得以顺利推进。之中，他们亦有不少的创新，其中，最突出的是丹麦。作为一个资源贫乏的农业国，它没有通过圈地的方式来消灭小农，而是通过平均地权，让小农组建农业合作社的方式实现了农业的现代化改造和整个国家的现代化。在世界现代化史上创造了一个独一无二的范例。那么，他们这样做，是否违背了自组织生成和进化的一般规律，是否不需要生命的"密码载体"就使经济获得了生命力？答案是否定的。因为其农业合作社是以股份制为基础的，它与工商业领域盛行的股份制责任公司一样，都是建立在财产私有制之上的；故基于其上的农业合作社同样有其"密码载体"，因而也有生命力。但是，它与后者和家族企业也有不同之处，其生产资料不属于企业外的股东和一个家族，而是属于企业的全体成员或大多数成员，哪怕这些成员仅是企业中的一个工人。因此，人们又将其性质称之为集体所有。如果一个国家的企业都是此类性质，那这个国家的所有制恐怕就要称之为社会所有制了。于

---

① ［苏］波赫莱勃金：《挪威》，第27页。
② 参见［意］卡洛·M.奇波拉：《欧洲经济史》第三卷，第10、11页。

是这个国家的经济不仅拥有生命的"密码载体"，在负熵流的平权化和均贫富的问题上还具有资本主义所有制所不具有的功能，因此，它不失为从资本主义社会过渡到现代社会的桥梁。正因如此，在普遍以工商立国的欧洲，一个自然资源十分贫瘠的农业国才会顺利地实现了现代化，并走在欧洲各国之前，成为幸福指数最高的国家之一。从这点上讲，丹麦可谓是通过"基因工程"而后来居上的范例，为今日发展中国家树立了一个他组织性质的现代化的绝佳典范。

二、现代化道路血腥坎坷的法国

大革命前的法国"在工业产量，对外和对内贸易量方面居世界领先地位"①。这似乎表明它们同英国的差距并不大。② 但是，它后来不仅被英国远远地甩在后面，在模仿英国现代化的过程中，也远没有比利时和新教诸小国那么顺利，其现代化道路不仅血腥，而且坎坷。

血腥是指其国内的新旧势力的斗争十分残酷，且引发了多次国内和国际间的战争，死人不少，血流成河。③ 坎坷是说法国的宪政建设反复折腾；经济发展缓慢，直到20世纪二三十年代时，"法国仍然是一个土地属于众多农民的国家"④，以致很多学者认为"法国从来没有经历过一场工业革命"，它向工业社会的转化是缓缓发生的，"在一个世纪中所完成的转变，在许多方面还不及德国在1871年后的四十年中所经历的转变那么彻底"⑤。

1. 血腥坎坷的根源

一度似乎曾与英国并驾齐驱的法国，为什么其现代化道路如此血腥

① ［英］M. M. 波斯坦、D. C. 科尔曼、P. M. 马赛厄斯主编：《剑桥欧洲经济史》第四卷，第481页；［美］沃勒斯坦：《现代世界体系》第2卷，第350页。
② ［法］雷吉娜·佩尔努：《法国资产阶级史·近代》下册，第265页。
③ ［法］费尔南·布罗代尔：《法兰西的特性——人与物（下）》，第202、203、391页。
④ ［法］布洛赫：《法国农村史》，第268页；［法］费尔南·布罗代尔：《法兰西的特性——人与物（下）》，第287页；［英］J. H. 克拉潘：《1815—1914年法国与德国的经济增长》，第273页。
⑤ ［英］M. M. 波斯坦、D. C. 科尔曼、P. M. 马赛厄斯主编：《剑桥欧洲经济史》第六卷，第440—441页。

坎坷？

答案前面已讲：现代化是社会结构的分化整合所带来的社会动力机制的转换，而不是几个工业指数的上升和 GDP 的增加。而大革命前法国似乎辉煌的经济业绩是靠其王权动用国家强力而获得的，虽然能得逞于一世；但都付出了损害产权制度、壮大了既得利益的特权阶层、固化了传统社会结构的沉重代价，并因此而形成了一条不同于英国道路的路径依赖，以致积重难返。从而决定了，为摆脱这种路径依赖，法国"不可能走英国 18、19 世纪所走过的和平变革的道路"，"而必须经历革命的战火，穿越充满暴力和激进运动的长廊"①，以致付出了巨大的代价，耗费了漫长的岁月，并留下了不少的后遗症。

导致这一切的根源，就是因为它在信息库和社会结构上的差距远大于比利时和新教诸国同工业革命前夕英国的距离。这之中，先天的因素固然要负首责，但大革命前几代的国王和权贵们的倒行逆施也是罪不可赦。它使"法国 1789 年以前的社会和政治制度主要结构的变化及其历史发展趋势，与英国从 16 世纪到 18 世纪的变化有明显的不同"。这种不同使"法国社会的基本结构与英国有着根本性的差异"②。

差距大，首先体现在信息库上。法国的天主教文化没有更新，信仰不能自由。被长期的、残酷的内战而催生出来的"南特敕令"虽然为法国的信仰自由留下了一点空间，但好景不长，路易十四上台后就不断地压缩新教徒活动的空间，迫害新教徒；并于 1685 年颁布了《枫丹白露敕令》，废除了当年亨利四世明言不可废除的"南特敕令"，宣布废除新教信仰，拆除新教徒用于礼拜和集会的所有设施。此令一出，多达 20—40 万的新教徒出逃，不仅"大批经商人才和资本流向国外"，还有很多身怀一技之长的技工、医生、律师等，因此"在工商界造成了大量人员空缺"，许多工厂因此而衰败。"色当的炼铁厂，奥弗涅和昂古穆瓦的造纸厂，都兰的皮革厂 等等"。"留下来的人则备受凌辱，他们的宗教生活变成了危机四伏的秘密活动"。整个国家又陷入了天主教独大、万马齐喑的局面。这不仅极大地损伤了法国

---

① ［美］巴林顿·摩尔：《民主和专制的社会起源》，第 82、83 页。
② ［美］巴林顿·摩尔：《民主和专制的社会起源》，第 30、82 页。

的市场经济，增强了反现代化势力，同时，也不见容于信奉新教的北方诸国，成了他们的敌人；以致为其现代化转型又增加了很多国际上的障碍。更重要的是，它最终奠定了天主教的国教和主流文化的地位，即使在 1787 年颁布了恢复新教徒的公民权和自由的法令后，也无法改变新教徒在法国人口中是极少数的局面①，留下了极其严重的文化后遗症。

在文化未能得到全面更新的情况下，启蒙运动尽管席卷了法国，但影响范围有限，主要限于部分知识界，而普通民众甚至力主现代化的民族精英也都普遍缺乏新教徒特有的那种冒险精神和创新精神，思想明显地趋于保守和陈旧。法国王室和贵族更是拒绝接受英国的宪政法治，极力地反对法国资产阶级一切革新的尝试，以致引发了一场极其暴烈的大革命，将全国甚至全欧洲引入了一场漫长而又残酷的战争中，使法国的现代化走了一条极其曲折、血腥的道路。

差距大也体现在它的民族市场尚未形成，社会结构离平衡态比新教小国要近得多。

一是大革命前夕，法国国内还是税卡林立；一个能对全国实施有效统治的中央政权尚未建立起来。即使是使王权登峰造极的路易十四，其权力也不可避免地要受阻于各种特权。② 它会在朗格多克那样的"等级会议省份"、仍享有自治权的外省城市、领主法庭和教会法庭面前止步。"国王在贝里收税，但在朗格多克却行不通"③；"度量衡单位千差万别"，行政组织"杂乱无章，司法、财政、军事、宗教各部门的区划相互重叠，各行其是，钩心斗角"④。

二是其经济结构要比比利时等国传统得多，离平衡态近得多。大革命前夕，绝大部分法国人还在田里工作。⑤ 农村人口仍占全国人口总数的 89%，

---

① 参见［法］雷吉娜·佩尔努：《法国资产阶级史·近代》下册，第 69、70、252 页。

② 米盖尔说："国王之所以不能成为名副其实的国王，是因为还存在着特权。"参见［法］皮埃尔·米盖尔：《法国史》，第 248、258、208、209 页；［法］雷吉娜·佩尔努：《法国资产阶级史·近代》下册，第 90、91 页。

③ ［法］皮埃尔·米盖尔：《法国史》，第 258、259 页。

④ ［法］阿尔贝·索布尔：《法国大革命史》，马胜利等译，中国社会科学出版社 1989 年版，第 4 页；［法］皮埃尔·米盖尔：《法国史》，第 258、259 页。

⑤ 参见［英］罗伯特·杜普莱西斯：《早期欧洲现代资本主义的形成过程》，第 312 页。

"地块零碎"，占地不足 5 英亩的农户高达农户总数的 58%，小农经济仍是农村经济的主力。[1] 很多农民还"被迫使用归领主所有的磨坊，面包烘炉，葡萄压榨器等"[2]。城市行会制度因国家的支持而强化，从城市伸展到广大农村，成了法国工商业的核心组织；官工官商垄断了国家的主要工商和对外贸易；各种专卖制度、包税制度使民间工商业所受到的束缚比中世纪还有过之。

三是享有各种经济特权和政治特权的特权集团无处不在，反现代化势力十分强大。

首先是其人数远多于英国大贵族的佩剑贵族。大约有 40 万，仅占全国人口总数的 2%，却拥有全国耕地的 25%。他们不同于英国的乡绅，仍袭用传统的租佃方式占有了社会的大量财富；并通过明确的法律规定拥有免交直接税等种种特权。其中的 4000 名上层贵族，还享受王室给予的年金、赏赐和补贴，把持了政界、军界的要职。人数达 10 万的教会贵族也享有各种特权。他们占有全国耕地的 10%，还向农民征收什一税，占有社会的大量财富。一个高级教士，年收入高达 10 万里弗以上；整个教士阶层只向国王缴纳一笔贡礼，而不纳国税。[3]

其次是资产阶级。他们不仅弱小，且大都封建贵族化。他们"依靠王权的恩惠，依附于王权的控制"，因而不仅"没有成为带领农村力量迈上工业资本主义道路的先锋"，反而因为使"资本主义渗透到旧统治制度中，致使其成为部分举足轻重的特权者以及农民的对立面"，以致"革命背后那种激进的冲击——它是由无套裤汉和农民发起的——明显具有强烈的反对资本主义倾向"[4]。通过卖官鬻爵、买地等途径，他们中很多人成了穿袍贵族。其人数之多、势力之大，竟然使这个国家"所有的重要机构都为长袍贵族

---

① 参见［法］雷吉娜·佩尔努：《法国资产阶级史·近代》上册，第 189 页；［法］魁奈：《租地农场主论》，载《魁奈经济著作选集》，第 15、16 页；［法］皮埃尔·米盖尔：《法国史》，第 242、253 页。

② 参见［英］约瑟夫·库利舍尔：《欧洲近代经济史》，第 73、74、79、81、82 页；［法］阿尔贝·索布尔：《法国大革命史》，第 31 页。

③ 参见［法］皮埃尔·米盖尔：《法国史》，第 256、257 页；［德］汉斯·豪斯赫尔：《近代经济史——从十四世纪末到十九世纪下半叶》，第 252 页；［法］雷吉娜·佩尔努：《法国资产阶级史·近代》下册，第 228 页；［美］巴林顿·摩尔：《民主和专制的社会起源》，第 51 页。

④ ［美］巴林顿·摩尔：《民主和专制的社会起源》，第 44、54 页。

所把持"。他们顽固地维护着现有制度，因为"拥有了贵族姓氏和爵位，便意味着可以免缴赋税"①。这就令"他们对其等级特权非常注重"。"疯狂地维护"它，一旦遭到侵犯，他们就会全力反击，即使这些侵犯来自国王，他们也毫不犹豫。② 著名的"投石党"之乱就是从高等法官造反开始的；反之，假若这些侵犯来自第三等级，"他们就大批地倒向可以保障这些特权的君主一边"，他们"敌视可能触及到它的任何改革"③。本应是推动市场经济发展和宪政建设的核心和领导的法国资产阶级因为成了穿袍贵族，以致成了传统社会制度的维护者。此外，还有享受各种市场垄断权、因而"有一种与贵族和牧师携手联袂的强烈倾向"的行会首领、商人和工厂主等。在受商业和近代影响最深的法国南部的大部分城市中，这种人特别多。以致大革命时期，南部的商业港口城市里昂、马赛、土伦和波尔多等城市成为著名的反革命中心，遭受过革命党人血腥的镇压。④ 加上也有反现代化一面的人数众多的小农阶级，法国的反现代化势力就显得格外地强大。

再说，法国的版图比英国大一倍有余，又不是岛国，既无环海之便，又无密如蛛网的内河；其内陆不仅远离海岸，且多崇山峻岭，道路崎岖，各地之间相互联系之困难远大于英伦岛国。不要说要统一如此大面积的国土，在其上建成一个市场体系，其难度要远大于英国；就是利用工业革命后英国提供的机遇也不如北欧诸国。因此，身患巨人症可谓是法国现代化道路上不同于比利时和新教诸小国的又一缘由。

总之，大革命前夕的法国同英国之间的差距遍及文化、经济、政治和地理环境等各个方面，远大于比利时和新教诸小国同英国之间的不同。这种不同意味着法国的现代化所面临的障碍巨大，所需要解决的问题不仅多，而且难度很大。它决定了，要想解决这些问题，仅仅像启蒙学者那样敢于向英国学习，找准了实现现代化的正确道路是远远不够的；还必须了解现代化的本质和规律，掌握法国的国情，在此基础上来科学地规划符合本国国情的现代

---

① ［法］雷吉娜·佩尔努：《法国资产阶级史·近代》（下册），第 77—79、81、82、88、100、112—114 页；［法］费尔南·布罗代尔：《法兰西的特性——空间和历史》，第 61 页。

② 参见［法］费尔南·布罗代尔：《法兰西的特性——空间和历史》，第 58 页。

③ 参见［法］雷吉娜·佩尔努：《法国资产阶级史·近代》下册，第 90、91 页；［法］阿尔贝·索布尔：《法国大革命史》，第 11 页；［法］皮埃尔·米盖尔：《法国史》，第 257 页。

④ 参见［美］巴林顿·摩尔：《民主和独裁的社会起源》，第 80、81 页。

化道路。显然，在当时的历史条件下，启蒙学者和推进现代化的民族精英们
都做不到，这就必然使法国的很多现代化举措失当；再加上，法国反现代化
势力众多，且十分强大。他们从不同的角度来反对现代化，从而决定了法国
既不可能像比利时和新教诸小国那样通过议会改革或不流血的革命就能建立
宪政法治，也会使大革命后的法国的现代化的道路血腥、坎坷，曲折漫长。

血腥、坎坷首先要归咎于以佩剑贵族为首的各种特权集团。他们为了保
护自己手中的特权，顽固地对抗一切革新。大革命兴起之初，在国王召集的
三级会议上，面对第三等级代表的巨大压力，僧俗贵族虽然愿意在赋税豁免
权上作些让步，但却坚决拒绝放弃其社会地位和政治特权；他们鼓动国王对
抗第三等级提出的各种要求，怂恿国王路易十六调动军队来控制局势的走
向，撤掉具有革新倾向的财政大臣内克的职务并将其驱逐出国，以致举国震
怒，致使三个等级在议会中的和平冲突转变为暴力革命。

大革命后法国现代化道路之血腥、艰难也源于以贵族为首的各种反现代
化势力的强大及其顽强的反抗。

大革命兴起后，贵族们又运用各种手段从各个方面对新政权进行反攻倒
算，破坏经济，进行反革命宣传，到处制造骚乱、暴动；很多贵族还逃亡国
外。在 1789 年秋季，王室政府就为外逃人员签发了 20 万本护照。他们在国
外广造舆论，争取欧洲各国封建君王武装干涉法国革命。在他们的努力下，
以奥地利为首的外国封建势力对法国进行了多次干涉和武装入侵。[1] 使内战
和屠杀连续不绝，导致了波旁王朝的复辟。复辟后，又是贵族们极力地怂恿
查理十世恢复天主教会和贵族的昔日特权，颁布了《亵渎圣物治罪法》和
《补偿逃亡贵族的十亿法郎的法令》。许多逃亡贵族获得补偿，"一个流亡者
可以得到相当于他在 1789 年前从自己财产上所得收入的二十倍"[2]。正是如
此疯狂地反攻倒算和倒行逆施，才导致流血的七月革命和再一次地改朝换
代。就是在七月王朝时期，这些贵族仍然日夜梦想复仇而到处兴风作浪。

穿袍贵族和那些同官工官商联袂，受惠于政府的各种垄断政策的商人、
市民，甚至工厂主也都为了保护自己所享有的特权而成了革命的反对者。据

---

① 参见［法］阿尔贝·索布尔：《法国大革命史》，第 156、157、229、230 页。
② ［法］皮埃尔·米盖尔：《法国史》，第 336 页。

美国史学家格里尔统计，在大恐怖时期巴黎被处死的 2639 人中，有 314 人是传统的佩剑贵族，176 人是穿袍贵族。[①] 大革命时期，反革命力量除了来自著名的封建势力中心旺代外；再就是来源于南方的商业城市里昂、马赛、土伦和波尔多等。那里发生了"非常剧烈的战斗。随后又成为恐怖时期发生大规模血腥镇压的地区之一"[②]。

各种反现代化势力的强大和猖獗，推进现代化的民族精英的弱小、分裂和思想自由的缺失等等，必然使法国的宪政建设一波三折，反复于君主立宪、民主共和与帝制之间，无法定位。

最大的麻烦、最大的障碍来自小农。虽然小农是社会财富的创造者，但小农经济又是传统社会结构的主要要素，是封建社会的堡垒。[③] 对小农经济进行分化整合，将小农变成雇工、资本家、商人、小贩等从事各种各样的职业的人，从而消灭小农经济，是社会结构远离平衡态，以实现向现代社会转型的主要内容。

但是，要分化整合小农经济就必须吸入足够的负熵流，当时的英国能够为丹麦提供这样的负熵流，却无法满足法国在这方面的要求，因为其小农人数不仅在大革命前夕仍是农民的主体，且因其是个大国，小农人数之多，欧洲无国能及。因此，如何解决小农经济问题对于法国来说确实是个天大的难题。这个问题不解决，不仅社会结构无法远离平衡态，还无法抑制熵的增加。因为一个庞大的小农经济的存在就会给法国的现代化增添很多麻烦。例如，其低下的、与中世纪无异的农业生产率使"法国几乎经常性地缺粮"，以致"在近代所有的历史时期里，法国经常求助于外国的粮食"[④]。它使农民入不敷出，不得不以工补农，致使传统的手工业有了极其顽强的生命力，使蒸汽机的制造和应用都遇到了拦路虎。它使"农民被固定在自己的小块土地上，只有在万不得已的情况下才流入城市而成为雇佣工人"，致使"法国工业未曾拥有像 18—19 世纪英国工业所拥有过的那样的雇佣劳

---

① 参见 ［法］雷吉娜·佩尔努：《法国资产阶级史·近代》下册，第 362 页。

② 参见 ［美］巴林顿·摩尔：《民主和独裁的社会起源》，第 80、81 页。

③ 参见马克思：《资本论》第 1 卷，第 544 页。

④ 参见 ［法］马克·布洛赫：《法国农村史》第 268 页；［英］J. H. 克拉潘：《1815—1914 年法国与德国的经济增长》，付梦弼译，商务印书馆 1965 年版，第 205 页；余开祥：《欧洲各国经济》，复旦大学出版社 1987 年版，第 54 页。

动后备军"①；即使外出打工，也是半工半农，使农民工成了工人的代名词，严重地影响了现代产业工人队伍的形成、工厂的管理和建设及劳动雇佣制度的发展。这一切又无不导致农民购买力的低下、国内市场的狭小；使法国工业因此而放慢发展的步伐，进而使法国对外贸易因缺少敲门砖而停滞不前；使金融资本在国内无用武之地而成为其他国家的资本储备。② 更要命的是，以其庞大的人口基数，小农在人口增长中总拔头筹。1850 年法国人口从 50 年前的 2690 万增加到 3650 万③；由于发展缓慢的工商业吸收的人口有限，增加的人口主要是小农。这不仅使人地矛盾日益激化，也使小农的选票分量更重。致使绝大多数为文盲的小农取得了决定法国领导人和政治体制的权利。与共和国毫无关联的波拿巴就是凭借农民对其叔父拿破仑的崇拜而顺利当选为共和国总统的。这导致第二共和国的倾覆和帝制的再一次复辟。在离大革命已近百年的时代，法国的政治体制又回到了君主专制的原点，传统政治体制固有的诸多顽症凭借一男子一票的全民民主而延续下来，于是，"在 19 世纪后半叶，法国大规模工业化的机会，为其一系列政治事件所限制"④。

　　但是，这并非说小农对现代化有害而无益，他们有两面性。作为被剥削者，他们仇视一切剥削者，不论他们是封建主、地主，还是商人、资本家。正因此故，他们在大革命中左右开弓，"许多贵族地主及其管家在农民的猎枪和砍刀下毙命"；同时，农民们"也袭击资产阶级在农村的房舍和地产"，反对资本主义改革，收回被瓜分的公有地，破坏圈地，恢复自由放牧的陈规陋习；甚至同教士、贵族们一起发动反革命暴乱；西部各省，特别是旺代、普瓦图等地于 1793 年发生的声势浩大、旷日持久的暴乱尤为典型。"农民暴动的'双刃'特征由此暴露无遗"，谁能够争取到他们，谁也就能够利用他们。尽管资产阶级中的绝大多数人认识到，给没有土地的农民分配土地，"将会造成一种真正的公害，工业发展的需要必将深受其害"⑤。但是，为了

　　① ［苏］波梁斯基：《外国经济史（资本主义时代）》，生活·读书·新知三联书店 1963 年版，第 312 页。

　　② 参见毕道村：《现代化本质——对中世纪以来人类社会变化的新认识》，第 246—253 页。

　　③ 参见［英］M. M. 波斯坦、D. C. 科尔曼、P. M. 马赛厄斯主编：《剑桥欧洲经济史》第六卷，第 56 页。

　　④ ［英］J. H. 克拉潘：《1815—1914 年法国与德国的经济增长》，第 266 页。

　　⑤ 参见［法］雷吉娜·佩尔努：《法国资产阶级史·近代》下册，第 286 页。

打倒强大的特权阶级，势力本就弱小且四分五裂，因而急需同盟军的革命派不得不于 1793 年 7 月通过法令满足了农民对土地的要求，将没收来的教会和王党的土地分成小块半卖半送给了农民。使数十万户无地少地农户获得了土地或增加了土地①；接着，又满足了他们保留公有地的愿望，使法国西部、南部和中部的大部分公有地都被保留了下来。② 以致革命后的法国，小农不仅没有减少，反而增加。农民拥有的土地占全国土地总面积的比例从 1789 年的 30%上升到 1802 年的 42%以上。③ 到大革命已经过去半个多世纪的七月王朝末期，农村人口仍高达法国总人口的 75%左右；在农村人口绝对数不断增长的情况下，法国农村的土地成了支离破碎的百衲衣。④ 直到 1908 年，全法国农户总数仍高达 5505000 户，其中，占地 25 英亩以上的只有 893000 户；仅占农户总数的 16.2%。而占地 25 英亩以下的农户多达 4582000 户，换言之，仍有高达 83.7%的农村家庭仍停滞留在传统的小农经济生产方式；在他们中间，尚有近一半的农家占地不足 2.5 英亩。而在占地 25 英亩以上的农户中，占地 100 英亩以上的只有 147000 户，仅占这类农户总数的 16.46%；之中，占地 250 英亩以上的所谓大地产只有 29000 户。⑤ 这表明，直到第一次世界大战前夕，法国农村资本主义还十分羸弱，农村人口仍是国民的大多数，小农仍是农村人口的主体，可见，直到 20 世纪初，法国的社会结构仍未远离平衡态，小农经济给现代化带来的上述负面影响仍未消除。

布罗代尔说，成功的工业革命是一个"全面的发展过程"，只要在这个"过程中出现一点故障，也就是我们今天所说的'瓶颈堵塞'，机器就会卡壳，运动就会停止，甚至可能发生倒退"。不言而喻，极其发达的小农经济就是法国现代化进程中一个瓶颈。不要说法国的现代化还有其他的瓶颈，仅此就足以让法国现代化的发动机咬刹，故布罗代尔说："最主要

---

① 参见 A. J. Youngson, ed., *Economic Development in the Long Run*, London, 1972, p. 114。

② 参见 ［英］J. H. 克拉潘：《1815—1914 年法国与德国的经济增长》，第 24、266、192 页。

③ 参见索布尔（Albert Soboul）：《1789—1818 年革命的农民问题》，巴黎 1976 年版，第 435 页，转引自王章辉、孙娴：《工业社会的勃兴》，人民出版社 1995 年版，第 59 页。

④ 参见 ［英］罗伯特·杜普莱西斯：《早期欧洲现代资本主义的形成过程》，第 221、222 页；［法］马克·布洛赫：《法国农村史》第 268 页；A. J. Youngson, ed., *Economic Development in the Long Run*, p. 114。

⑤ 参见 ［英］J. H. 克拉潘：《1815—1914 年法国与德国的经济增长》，第 192、193 页。

的障碍在农业。"①

　　与反现代化势力众多且强大相对应的则是法国现代化势力的弱小和分裂。这是其经济滞后，制度和文化原始，思想自由缺失的产物。概言之，同反现代化势力强大一样，是其社会结构偏离平衡态不远的必然结果。

　　市场经济难产，经济发展的滞后本来就使法国的第三等级先天不足，而他们中又有很多商人、工厂主和金融家通过买官购爵成为穿袍贵族。成了贵族后，他们就会背叛原来的阶级②，并千方百计地"防止发了横财的商人和市民挤进他们的行列"③，"明显地表现出要自成等级、与资产阶级其他阶层离析的倾向"。他们的儿女们也"决不会继承父业，而是入朝做官"④。穿袍贵族外，那些受惠于各种垄断政策的行会首领、商人、市民和工厂主也同样成了反现代化势力的同盟军，不然大革命时期不会有那么多的商业城市也成为反革命暴乱中心。本来就十分羸弱的现代化势力，又有这么多的人叛变出走，势力也就更加羸弱了。

　　如此羸弱的他们，其内部又是四分五裂。其之根源，还是法国文化不仅原始，且很不宽容，将异教徒置之于死地似乎早已是该国的传统。中世纪后期王国和教会对法国南部纯洁派（希腊文：catharos）教徒的屠杀之残忍是骇人听闻的。⑤ 自此之后，历代法国国王对待异教徒的"拳头毫不留情"。新教刚一兴起，他们就好几次让新教徒流血。⑥ 最终导致了长达36年的胡格诺战争；一次屠杀3000名胡格诺教徒的"圣巴托罗缪节之夜"之所以震惊欧洲，其血腥、残忍程度在基督教历史上是少有的。《南特敕令》虽然平息了战火，实现了两教暂时的和解，但其后仍是纷争不断，屠杀时有发生，最终导致了路易十四出台《枫丹白露敕令》，《南特敕令》被废，几十万胡格诺教徒出走。它表明文化专制在法国早就成了根深蒂固的文化传统。

　　文化专制播下的仇恨的种子必然会生根、发芽，引出复仇的怒火，启蒙

---

① ［法］费尔南·布罗代尔：《15至18世纪的物质文明、经济和资本主义》第3卷，第625—626页。

② 参见［法］雷吉娜·佩尔努：《法国资产阶级史·近代》（下册），第112页。

③ ［法］费尔南·布罗代尔：《法兰西的特性——空间和历史》，第61页。

④ ［法］雷吉娜·佩尔努：《法国资产阶级史·近代》（下册），第112—114、81页。

⑤ 参见［法］皮埃尔·米盖尔：《法国史》，第97—100页。

⑥ 参见陈文海：《法国史》，第160页。

运动就是对这种文化专制的一种反应。启蒙学者虽然是想建立一个公正、合理和人道的社会，但他们却都对他们的敌人痛恨入骨，誓言报复。梅叶发誓要"用神父的肠子做成绞索，把世上一切达官显贵统统吊死、绞死"；伏尔泰笔下的教皇、主教和神父统统都是"最下流的无赖"；他誓以"踩死这些败类"为终生奋斗目标；卢梭则公开地号召用暴力来推翻君主专制的暴力统治。这一方面会煽起民众对"败类"的刻骨仇恨，使他们誓死要踩死这些败类。大革命时期的革命斗士之所以那么不惧鲜血，视死如归，不能不说是受启蒙思想家们的影响所致。但是，正是这种对政治独裁和文化专制的极端的仇恨，使"仇恨"成了法国文化的一大特色，导致暴戾和血腥成为一种民俗，使不宽容成了人们对不同意见的习惯性的选择。法国民众因而普遍缺乏宽容精神、民主素养。懂得这一点，也就不难理解大革命及其后的近百年时间内，法国为什么会出现那么多血腥的杀戮和街垒战，为什么有那么多革命者将其昔日的战友送上断头台。据不完全统计，第一次恐怖高潮的约四个月时间内（1793年9月初至1794年初），有2万人被酷刑处死，其中僧俗贵族和穿袍贵族总共只占15%，余下的85%则都属于第三等级。① 而大革命时期的英国，清教内的各派别却相安无事，虽压迫国教徒和天主教徒，但压迫的程度却远低于欧陆。两国有着如此相反的历史，这说明是文化专制导致了法国革命者先后分裂为吉伦特派、沼泽派、山岳派等派别；也是山岳派内部又分成埃贝尔派、丹东派和罗伯斯庇尔派等派别的祸首。现代化势力本来就十分孱弱，又一再分裂，就更是弱不禁风了。

　　文化原始不仅使法国的新教徒稀少，也使为数不多的现代化推进者缺乏新教精神，致使"法国资本主义畏首畏尾"，"对资本主义模式似乎缺少必要的热情，对追逐利润似乎并不起劲"，"企业几乎没有冒险精神"，也"缺乏创业精神"，"工业竞争""受人咒骂"；"大多数工业家和农民一样，希望得到国家的保护"。他们无意国外市场的开拓，"只要在本国和殖民地出售产品便心满意足了"。直到七月王朝时期，法国仍然是"大资产者害怕亏本，小资产者惧怕竞争，而公众普遍认为，革新既无用又危险，还不到谈改革、谈发展的时候。甚至诗人们也写诗攻击火车头。法国抵制机器"。同

① 参见陈文海：《法国史》，第205—211、253页。

"不相信铁路"的拿破仑一样，"许多当权者对铁路也深表怀疑"，"梯也尔就公开反对铁路"。因此，"要使法国舆论接受工业革命，这不是简单的事情"。"在这种条件下，资本主义的发动机也就转不起来"，"因而在世界列强的相互竞争中，它没有充分发挥自己的作用"，"从而丧失了国外的巨大市场"和无数发展经济的良机。[①]

　　反现代化势力强大，革命势力屡弱、分裂，还缺乏进取心和创造性，身患巨人症而又面临着小农经济这个难题，这一切都必然使得法国的现代化道路血腥、坎坷、漫长。现代化势力和反现代化势力的相持不下，和现代化势力的四分五裂，使政局反复折腾。制度翻来覆去，君主立宪、帝制，共和国像走马灯一样转换，即使是共和国，也是长期找不到一个适合本国国情的政治体制，总理制、内阁制频繁交替出现，导致经济政策前后矛盾，缺乏连续性。贸易保护政策和自由贸易政策相互交替，导致经济发展一波三折，"工业发展很缓慢"，现代企业、现代雇佣制度的发展极其迟缓。1896年的全国的工业和职业调查表明，法国仍然"是一个手工业的家乡，是工场、小作坊的家乡"。在"全国五十七万五千家'工业企业户'中，平均每家所雇工人为五点五人。其中雇工在一千人或一千人以上的工业企业，仅有一百五十一家。四十万家以上，雇工仅一至二人，另有八万家，雇工仅三至四人。在这五十七万五千家中，雇工在十人以下的，共有五十三万四千五百家"。企业规模如此之小，和传统的手工作坊几无差别，以至于很多企业"根本不使用动力"，在拥有动力的四万七千七百家企业中，平均每家拥有的动力也仅有20.2马力。[②]其中最大的"工业公司也和银行一样，仍旧是家族的事业"，与现代公司相距甚远。也"没有真正的金融市场，他们的活动只限于旧式的交易，巴黎证券交易所安静得出奇"。以致人们说，在法国大革命已过去大半个多世纪后，"工业革命，蒸汽机和铁路的革命，必须等待再来一次改朝换代才能发生"[③]。

　　经济发展缓慢，就意味着市场经济对传统社会结构的分化整合乏力，致

---

①　参见［法］皮埃尔·米盖尔：《法国史》，第326、327、348—350、461页；［法］费尔南·布罗代尔：《法兰西的特性——人与物（下册）》第401页。

②　参见［英］J. H. 克拉潘：《1815—1914年法国与德国的经济增长》，第293、294页。

③　［法］皮埃尔·米盖尔：《法国史》，第326、327、349—350页。

使传统的社会阶层大量存在，他们都面临着被市场经济分化整合的命运。对于他们来讲，分化是一个痛苦的过程，因为他们要被剥夺掉生产资料，转换他们的生产环境和生活条件。因此，现代化不仅是个创新的过程，也是个破坏的过程，致使"人类付出混乱和痛苦的极大代价"①。这个过程拖得越长，人们付出的代价自然就越大、越多。广大民众因而经受着长期的煎熬。"极端的贫穷困苦逼得男人、妇女甚至儿童走投无路，只好冒着弹雨，撬起铺路石，进行街垒战，1789 年是这样"，1848 年、1870 年也是这样。② 在每次政权更替的武装起义中，城市工人都是主力，其斗争的矛头是当时当权的资产阶级中的不同阶层。正因如此，其斗争就不像同期的英国工人运动仅以普选权之类的具体诉求为目的，而往往是指向现代社会的基本制度。如此一来，在现代化努力中，本是资产阶级同盟军的无产阶级就变成了资产阶级的敌人，从而使后者的现代化努力遭到左右两个方面的夹击。这就必然使法国的现代化付出更大的代价。"1870 年的战争，尤其是 1871 年的巴黎骚动及继之而来的长时期举国沮丧和和失却自信，冷却了富有信心的热忱，而缺乏这种热忱，任何国家都不能从事大的建设，甚至连一个工厂都不能建成。在1870 年以后一个世代的大部分时间之内，法国在怀疑它自己的政府和共和制度的价值，在怀疑它自己的命运，这与 1860 年的英国，1875 年的德国及经常如此的美国那种充满自信的心理状态成对比"③。

上述表明，法国的现代化道路之所以血腥、坎坷，曲折而漫长，主要是因为大革命前法国的信息库和社会结构各个方面同工业革命前夕英国的差距远大于比利时和新教诸国同工业革命前夕英国之间的差距。差距大决定了反现代化势力的强大和现代化势力的孱弱、低质和分裂，也决定了两种势力的缠斗必然会异常地持久和残忍。差距大决定了摆在革命者面前的现代化难题不仅多，且难度很大，进而迫使他们为了解决这些难题而不择手段，被迫实行全民民主，从而将"太阿之剑，倒持于人"，致使市场经济为核心的超循环圈之外的诸多社会势力用这一武器来倒行逆施，对抗现代化，进一步地加剧了其现代化进程的艰难和血腥。而这一切，又会反作用于现代化势力，使

① ［美］西里尔·E.布莱克：《现代化的动力——一个比较史的研究》，第 24 页。
② 参见［法］皮埃尔·米盖尔：《法国史》，第 355 页。
③ ［英］J. H. 克拉潘：《1815—1914 年法国与德国的经济增长》，第 266 页。

其体力透支而未老先衰。波斯坦和科尔曼等人说，两种势力的长期冲突使法国"将两套制度、两种态度带进了 19 世纪和 20 世纪"，致使法国的内部生活一直紧张，这"阻碍了法国的经济发展并且延迟了法国的工业化，法国的社会由此败坏掉了"。由于"难以克服传统势力"，法国商业资产阶级对安全的心理"要求超过了对冒险的追求"，以致"对新鲜和未知的事物具有执着的厌恶感"，"总是对创新充满了敌意"。这种"心态导致的一个结果是，在社会生产活动中，小生意、小商业、小农村企业大量繁殖，它们全部组织在家庭的基础之上，并且不能很好地为适应经济发展需要而进行相应调整"。这就是说，"社会关系紧张扼杀了企业家精神"①。没有这样的精神，现代化的历程也就必然更加坎坷和漫长。

2. 终归成功的原因

法国现代化道路的血腥和坎坷，使法国人民为推进现代化付出了无数的生命，耗费了漫长的时间，严重地阻滞了法国的现代化进程，法国大革命已过去一百多年的第一次世界大战前夕的上述情况表明，虽然当时的法国已推翻了帝制，实现了共和，但其市场经济尚处于童年期，很大一部分人口还束缚于传统的小生产方式之中，社会结构离平衡态还不很远。1750 年时，英国的农村人口即已降至全体人口的 45%，而法国，直到 1931 年，农村人口才降至全国人口的 50% 以下。他们仍依然故我，过着"几乎完全自给自足"的生活，"市场交换的比重很小，而且多系以物易物，很少与外界进行贸易，这种供求平衡在 1950 年已被彻底打破"②。这说明，在大革命过去一百多年后，法国社会结构离平衡态的距离还小于工业革命前夕的英国。因此，不要说当时的社会结构远没有形成一个类似于英国那样的多元复合超循环体，即便是经济结构，也距之甚远，合力动力向协同动力的转化尚未完成。因此，当时的法国只能算作一个正处在向现代社会转化过程中的国家，换言之，一个发展中国家。其现代化进程不仅远远落后于美国、比利时和新教诸

---

① 参见［英］M. M. 波斯坦、D. C. 科尔曼、P. M. 马赛厄斯主编：《剑桥欧洲经济史》第七卷，《工业经济：资本、劳动力和企业》上册，彼得·马赛厄斯、M. M. 波斯坦主编：《英国、法国、德国和斯堪的纳维亚》，徐强、李军、马宏生译，经济科学出版社 2004 年版，第 434、435 页。

② ［法］费尔南·布罗代尔：《法兰西的特性——人与物（下）》，第 5、409 页。

小国，经济结构的分化整合甚至不如德国。① 第一次世界大战的胜利，使它摆脱了先前的晦气，恢复了自信，战前已有迹象显示起飞的经济因此得到了加速；但好景不长，20 世纪 30 年代的世界经济危机又几乎将其打回了原形；直到第二次世界大战胜利后，在欧美世界的经济发展的大好形势的影响下和美国的马歇尔计划的大力援助下，法国才终于完成对小农经济的改造②，社会结构才远离平衡态，合力动力才被协同动力所取代，至此，法国的现代化才可谓完成。

这首先要归功于英国工业革命及其导致的世界环境的一系列变迁，它使法国能从中吸入足量的负熵流以完成对本国传统社会结构的分化整合。汉斯·豪斯赫尔说，"法国的工业化仅仅是靠英国的机器、英国的技术人员和工作，部分地靠英国的资本实现的"③。这并非言过其实，直到 1913 年，法国纺织工业所使用的纺织机器仍有 4/5 来自大不列颠岛；当 19 世纪末世界各国普遍实行高额关税时，法国只得依赖实行贸易自由的英国，将其出口品中的 65%输往英国。④ 可见，没有工业革命及其带来的世界环境的改变，按法国社会发展已经形成的路径依赖是很难发展到现代社会的。

其次要归功于法国的启蒙学者。在《南特敕令》被废止，天主教独大，人们思想十分僵化的局面下，他们举起了思想解放的大旗，用釜底抽薪的办法摧毁了天主教的一言堂，把法国人的思想从愚昧的宗教统治中解放出来，为法国的大革命和法国的现代化作了思想上的启蒙、理论上的准备和舆论上的宣传；也是他们，为法国的现代化指明了方向，那就是全面地向英国学习：建立宪政，实行法治；主张经济自由，发展市场经济；保护思想自由，建设市民社会。也是在启蒙运动的引领下和大革命的推动下，法国实现了政教分离，每一个法国人也可以像英国人那样"沿着自己所喜欢的道

---

① 参见［英］J. H. 克拉潘：《1815—1914 年法国与德国的经济增长》，第 267、268、273、276、279、283、291 页。

② 参见［法］费尔南·布罗代尔：《法兰西的特性——人与物（下）》，第 409、5 页；多米尼克·勃尔恩：《1945 年以来的法国社会史》，第 6 页，转引自张丽、冯棠：《法国文化与现代化》，辽海出版社 1999 年版，第 227 页。

③ ［德］汉斯·豪斯赫尔：《近代经济史——从十四世纪末到十九世纪下半叶》，第 350 页。

④ 参见［英］J. H. 克拉潘：《1815—1914 年法国与德国的经济增长》，第 286、289 页。

路进入天堂"①。

其三是离不开大革命前它已经历经了几百年的社会结构的分化与整合。这使封土封臣制和农奴制度被废除，农民大部分获得了人身解放；国家实现了初步的统一，民族国家的框架已经竖立；市场体系已经孕育成形，它和市民社会都已进入临盆阶段。

大革命则是现代化成功的最直接的推手。尽管它一波三折，但毕竟建立起了一个能对全国实施有效统治的政府，废除了各地的关卡税卡，统一了度量衡，"摧毁了自治和地方主义，建立了统一国家的一整套机构"；并使民族意识在"反对贵族和欧洲联盟的革命斗争中逐渐形成"。法兰西第一次真正地实现了国家统一②，从而促进了民族市场的最终形成和市民社会的分娩，为法国现代化的成功创造了必不可少的前提。大革命颁布了著名的《人权与公民权宣言》，废除了土地贵族制、封建的等级制、行会制度，取消了什一税等各种封建捐税，扫荡了各种封建特权和残余的封建人身奴役制度，废止了卖官鬻爵，取缔了特权阶层，颁布了宪法，保护私有产权，规定了经济自由。③ 大革命所确立的宪政体制和其颁布的《民法典》，虽有波旁王朝的复辟和政治机构的多次变换，但都无法撼动。④ 经反复博弈，法国终于建立起当时世界上最民主的宪政体制，从而为"掀起后来的工业革命"奠定了基础。⑤

法国原本是西班牙及其美洲殖民地的主要工业品的主要供应国⑥，在大革命后历届政府的努力下，又侵占了更多的殖民地，成为仅次于英国的世界

① 参见［法］皮埃尔·米盖尔：《法国史》，第342、447页；［法］雷吉娜·佩尔努：《法国资产阶级史·近代》下册，第567页。

② 参见［法］雷吉娜·佩尔努：《法国资产阶级史·近代》下册，第357页；［法］皮埃尔·米盖尔：《法国史》，第417页；［意］卡洛·M.奇波拉：《欧洲经济史》第3卷，第256页；［法］阿尔贝·索布尔：《法国大革命史》，第476页。

③ 参见［意］卡洛·M.奇波拉：《欧洲经济史》第3卷，第256页；［法］雷吉娜·佩尔努：《法国资产阶级史·近代》下册，第279—281、311页；［德］汉斯·豪斯赫尔：《近代经济史——从十四世纪末到十九世纪下半叶》，第335、336页；［法］阿尔贝·索布尔：《法国大革命史》，第139页；洪波：《法国政治制度变迁——从大革命到第五共和国》，中国社会科学出版社1993年版，第54—96页。

④ 参见［法］雷吉娜·佩尔努：《法国资产阶级史·近代》下册，第282页。

⑤ 参见［意］卡洛·M.奇波拉：《欧洲经济史》第3卷，第258页。

⑥ 参见［德］汉斯·豪斯赫尔：《近代经济史——从十四世纪末到十九世纪下半叶》，第232、233页；［美］里亚·格林菲尔德：《资本主义精神——民族主义与经济增长》，第187页。

第二大殖民帝国，"拥有一千多万平方公里的土地和六千多万居民"，所拥有的殖民地的土地面积为本土的 20 倍，人口为本土的两倍。如此巨大的海外市场弥补了法国没有敲开欧美国家大门的利器的缺失，使它也能从海外吸入巨量负熵流。[①] 有力地促进了传统社会结构的分化与整合，瓦解了大部分小农经济，使社会结构逐渐地远离平衡态，完成了社会发展动力机制的转型。

为了追赶英国，实现现代化，法国人可谓是历经磨难，痴心不改，在历经了一百多年的血腥内难和强敌的多次入侵，付出了丧权辱国的沉痛代价之后，法国人终于实现了启蒙学者们的理想。在此过程中，启蒙学者功不可没，他们为法国的现代化确定了正确的目标，学习的榜样，但是，由于历史条件的限制，他们并没有揭示出现代化的本质和规律，更没有注意到法国的国情同英国之间的巨大差异及由此而导致的种种障碍和困难，没有为法国的现代化找到一条代价较小的道路。这也就是说，法国现代化是目标正确，但倚仗的全是石头，摸着石头过河，以致坎坷不平，代价甚大，从而给现代化后起的国家留下了沉痛的教训、宝贵的经验和心理准备。

三、现代化进程辉煌而又癫狂的德国

在西欧大陆各国中，德国的现代化进程是既辉煌又癫狂。辉煌是说它作为一个曾被排除出欧洲先进国家行列达数百年之久的民族却能后来居上；癫狂则是指它为了争夺生存空间，先后两次发动世界大战，最终被欧美其他国家强行改造，才完成向现代社会的转型。

18 世纪后期的德国和同期的英国的差距甚至远大于法国同英国之间的距离。他不仅连国家框架尚未形成，民族市场还没有产生，连个人自由都还未翻越城墙，东部很多农民还处于农奴境地。整个德国，与中世盛期相比，相去不远。

然而，就是这么一个落后的国家却在普鲁士的带领下，仅用几十年的时间就迅速崛起，还一跃成为欧洲的工业化强国、世界科学技术发展的排头兵

---

① 参见［法］皮埃尔·米盖尔：《法国史》，第 456 页。

和科技中心；不仅打败了现代化起步比它早得多的法国，还横扫了整个欧洲，在世界现代化史上演出了一场极其辉煌而又十分癫狂的一幕。那么，是什么原因导致了这样的一幕？

一些人认为，这首先要归功于拿破仑对法国的征服。他在 1807 年后占据了德意志西部和西南部的大部分国土。按照法国的模式对这些地区进行了一系列的改革。废除了农奴制度和各种封建特权；实行信仰自由和政教分离；取消了行会法规和国内关税，统一了货币和度量衡，实行经济自由；用民法典取代传统的典章制度，推行平等、自由的价值理念。[①] 尽管这些改革因拿破仑的战败而中止，但却使德国人普遍意识到旧世界"已不再适合我们"，"要想继续生存"，就必须"进行自我革新"[②]。致使几乎所有的邦国都进行改革。[③]

实际上，早在 17 世纪末期，普鲁士就开始了类似的改革。一些"庄园主已认识到，农业的集约化经营是不可能通过这种干得很坏的劳役实现的，而只有通过自由雇佣劳动才有可能，使用雇工才能办到。因此，到 1800 年时，就有一大批庄园主允许农民赎买劳役，用雇工来代替他们"[④]。国王更积极。1788 年，思想自由也被写进了法律；1799 年，占王国版图 1/2 的王室领地上的 50 万农奴已得到了解放。[⑤] 因此，拿破仑入侵前，普鲁士已有一大批庄园不再依赖劳役；可见，拿破仑的改革仅是推动了德国的改革，而不是德国改革得以成功的根本原因，因此，还需要从德国内部来寻找其现代化进程何以有其辉煌的一页的根由。

作为德国现代化领头羊的普鲁士的改革，主要发起人并不是资产阶级，而是国王和其官僚阶层。这比起由被统治阶级起来造反来改变社会制度的法

---

① 参见［美］科佩尔·S.平森：《德国近现代史：它的历史和文化》上册，范德一译，商务印书馆 1987 年版，第 52、53 页；［加］马丁·基钦：《剑桥插图德国史》，赵辉、徐芳译，世界知识出版社 2005 年版，第 145 页。

② 参见 Werner Weidenfeld, *Der deutsche Weg*, Berlin, 1990, p.25；转引自：吴友法、黄正柏：《德国资本主义发展史》，武汉大学出版社 2000 年版，第 61 页；《马克思恩格斯全集》第 2 卷，第 635 页。

③ 参见［德］汉斯·豪斯赫尔：《近代经济史——从十四世纪末到十九世纪下半叶》，第 364、365、369 页。

④ ［德］汉斯·豪斯赫尔：《近代经济史——从十四世纪末到十九世纪下半叶》，第 363 页。

⑤ 参见 H. Rosenberg, *Bureaucracy*, *Aristocracy and Autocracy*：*the Prussian Experience*, *1600-1815*, Cambridge, 1958, p.109；［加］马丁·基钦：《剑桥插图德国史》，第 146、147 页。

国，不仅付出的改革成本要低得多；取胜的可能性和所取得的成就也要大得多，因为它把一个本是改革的巨大障碍的封建国家机器变成了改革的动力。正因如此，德国的现代化道路才没有法国那么血腥，其工业化速度也比法国快得多。因此，贵族阶级的主动改革是德国现代化进程有其辉煌一幕的关键。

把握着国家权力的德国贵族为什么不怕损害自己的利益而要对自己当权的社会进行改革？这就得从德国的信息库的变化中去寻找根源。

变化源起于这些贵族是如何成为农奴主的，他们又是如何商业化的，以致改变了他们的思想，率先发起改变。为此，我们就不得不追溯西欧对他们的影响。15、16世纪时起，以西北隅为中心的地区的资本主义工商业迅猛兴起，需要大量农副产品来补充其需求的不足。东德的贵族们见到了这个发财的机会，就利用北德的"黄金海岸线"和日新月异的航海技术，向西欧大量输出粮食。为了满足其庄园对劳动力的需求，他们就利用其不断增长的财富来加大对周围农民的压迫和奴役，使越来越多的自由农成为农奴。维持对农奴的奴役，阻止"黄金海岸线"被瑞典等国家所中断，建立一个强大的国家也就成了容克们维护和扩大自己经济利益的前提，以致普鲁士国家崛起。在150年的时间内，普鲁士先后击败了瑞典、波兰等国，夺得大块土地，成为德意志境内最大最强的诸侯国。在这之中，容克们起了关键作用，他们的次子、三子等是军官和文官队伍的主要成员。正是依赖他们的支持，普鲁士才能取得这样的成就。

普鲁士政府的文职官员，包括那些容克的子弟都"通过严格的大学教育和修补文官训练"[1]，而当时的普鲁士大学和皇家学院深受英法文化的影响，弥漫着启蒙思想和人文精神。学校提倡理性、人性和世俗性，尊崇科学[2]。经过这种思想熏陶的他们自然也就有别于原始的容克贵族。连国王，如被人称为腓特烈大帝的弗里德里希二世对法国文化也景仰有加，他自称"国家第一公仆"，推行开明专制，主张理性主义统治，吸引来了普鲁士境外的不少启蒙学者。其中有后来被国王任命为首相的卡尔·冯·施泰因男爵

---

① Ralf Dahrendorf, *Gesellschaft und Demokratie in Deutschland*, München, 1968, p. 237.

② ［加］马丁·基钦：《剑桥插图德国史》，第120页。

（1757—1831 年），他不仅力主君主立宪，他和他的支持者还都是"亚当·斯密的德意志门徒"。在他们的心目中，理想的农民并不是法国的自由小农，而是"英国式的租地农场主"①。继其后任首相的卡尔·奥古斯特·冯·哈登堡（1750—1822 年）也是亚当·斯密的信徒，还是重农主义者。②他们都深知"当时历史环境除了提供走向资产阶级国家的出路之外，再没有达到民族复兴的别的出路"，因而强烈地向国王和社会呼吁："如果国家要想在迅速改变的世界中保存自己，就必须对封建秩序进行改革。"③ 否则，"国家都注定要屈服或灭亡"④。正是有如此清醒的头脑，普鲁士的民族精英才会主动地掀起了一系列的改革，创造性地将极其落后、传统的封建农业改造成现代大农业；并在人类历史上首提科教兴国，使德国的现代化进程出现了极其辉煌的一幕。

辉煌最先源于其宗教改革所带来的宗教宽容政策。它吸引了境外的大批新教徒，极大地促进了经济发展。

在路易十四撤销南特敕令的三个星期后，弗里德里希·威廉就颁布了"波茨坦敕令"，公布了安置迁入的外国新教徒的十四条原则，给他们以各种优惠条件，致使欧洲各地遭受迫害的新教徒源源不断地移往德国，特别是普鲁士。"根据保守的估计，1786 年普鲁士全国人口中，有 16% 到 20% 左右的是 1640 年后的移民或其后裔"。他们中很多人掌握着一些普鲁士还没有发展起来的工艺。因此，很多城市，如柏林、马格德堡，"接受胡格诺教徒就意味着一个新的发展阶段的开始"。移民们"通过他们的家族关系和信仰关系（与宫廷犹太人相似）使得好久以来的长途贸易和对外贸易复苏；他们促进了货币经济和批发商业（法兰克福），并通过创建时新商品和奢侈品工业和建立新的农业分支，改变了勃兰登堡—普鲁士到那时为止的完全的农业性质"。仅占法国移民人数 4% 的企业家和金融家不仅极大地促进了商业精神的传播，而且促使普鲁士走上了工业化道路。腓特烈末年，丝织品和棉织

① ［德］汉斯·豪斯赫尔：《近代经济史——从十四世纪末到十九世纪下半叶》，第 364、365、369 页。

② 参见［美］科佩尔·S. 平森：《德国近现代史：它的历史和文化》上册，范德一译，商务印书馆 1987 年版，第 60 页。

③ 孙炳辉、郑寅达编：《德国史纲》，华东师范大学出版社 1995 年版，第 40 页。

④ ［美］科佩尔·S. 平森：《德国近现代史：它的历史和文化》上册，第 54 页。

品已成为普鲁士最大的出口商品。普鲁士的工业总产值因此达到 3000 万塔勒尔，出口顺差达三四百万塔勒尔。①

其次就源于他们在处理农奴制度问题上十分理智。没有照搬法国大革命的经验将土地分给农民；而是以英为师，彻底地废除农奴制度；规定自 1810 年圣马丁节（11 月 11 日）起，不再允许存在庄园农民的隶属关系。继之"又规定农民在把世袭耕地变为自由地产时，必须向地主缴纳相当于常年地租 25 倍的赎金，或让出部分土地"。结果，普鲁士王国自此之后只有自由人；而容克则乘机从农民手中夺得了 400 余万摩尔根的土地（1 摩尔根土地约合 24—35 公亩），取得了 2.135 亿塔勒尔的赎金。通过购买交换，迅速地建立起了资本主义大农场和大量的农副产品加工业。到 19 世纪 40 年代，除西里西亚外，易北河以东的德国都成了资本主义农场的天下，一个农场的耕地一般都达 12000 市亩左右。这些农场积极采用先进的农业技术，在利用农业化学方面成了西欧大陆的先导。到 19 世纪后期，人们说在欧洲几乎再也找不到比德国容克更好的农场主，比德国东部庄园更好的农场了。在普鲁士的示范下，这样的大农场遍及了整个德国。到 19 世纪末 20 世纪初，他们已拥有德国农地耕地面积的 1/4 左右。此外，占地 50—250 英亩土地的所谓"大农民"，即中等农场主达 28 万户之多，他们所占有的土地占帝国农地面积的 1/3，故此，大农场和大农户所占耕地已达全国耕地的 7/12。在总数达 100 万户的所谓"中等农民"中，也有很多人占地达 50 英亩或更多，因而是小农场主或需要雇工的富农②，余下的小农就占地不多了。

如前所述，小农经济是传统社会结构的主要要素，对其分化整合是社会结构远离平衡态的主要任务。这个在英国历经了几百年才解决却一直困扰着法国的难题在德国却通过一纸诏令就轻易地化解了。它充分地体现了德国民族精英的高超的智慧和渊博的现代化学识。

第三就源于他们在世界上最先认识到"教育是摆脱穷困的最好手段"，在人类历史上第一个提出了"科教兴国"的战略方针。先是在普鲁士，继而在全德国境内建立起了公立学校和成人职业教育的网络，普通百姓用

① 参见［德］马克斯·布劳巴赫：《德意志史》，陆世澄、王昭仁译，商务印书馆 1998 年版，第二卷（从宗教改革至专制主义结束）上册，第 384、385、401、402、606、607 页。
② 参见［英］J. H. 克拉潘：《1815—1914 年法国与德国的经济增长》，第 229—231、236、248 页。

当时世界上最低的学费就能完成规定的学业。不仅使德国仅用半个世纪的时间就成为欧洲文盲率最低的国家①，还使农业科学知识传播到了偏僻乡村的农民手中②，致使德国人在读、写和计算能力，工人的工作技能、科学理论与生产实践的结合方面，都居欧洲之首。③ 同时，普鲁士政府不仅对科研毫不吝啬金钱，对科研人员和大学教师给予很高的荣誉、社会地位和优厚的待遇；还不干涉学者们的学术观点，创造了一个极其自由宽松的学术环境④，致使一个原本落后的德国在 19 世纪后期和 20 世纪前期成为世界科学技术发展的中心。⑤

　　第四源于他们对市场经济的作用和体制有极为深刻的认识，故能以英国市场经济为模板，通过《城市管理条例》《财政敕令》等对其城市规章和工商业制度进行了一系列的改革。规定城市自行决定税收、自行选举政府；国家只保留对城市的最高监督权、司法权和部分警察权，取消行会和一切限制工商业的各种特许权，实行从业自由、营业自由；取消一切商品进口的禁令，废除普鲁士境内所有的商业税卡，建立了统一的税制。不仅使普鲁士的民族市场和市场经济分娩，还使普鲁士相继同周围各邦签订了自由通商条约，为 1834 年诞生的全德关税同盟树立了一个模式。关税同盟刺激了 1850 年后德国工商业的强劲增长，也为德国的统一奠定了基础。⑥ 之后由俾斯麦领军的改革继承了先前改革的精神，巩固和扩大了改革的成果，在实现了对法战争的胜利、德意志国家的统一和民族市场的形成后，又建立起人类史上第一个社会保险制度。颁布了《疾病保险法》《意外事故保险法》《老年和残废保障法》《雇员保险法》《遗族保险法》等一系列的劳工保护立法，在将其列入帝国法典的同时，还设立了完备的社会保险管理和监督管理机构，使社会保险制度在德国全境得到全面的落实，从而极大地缓和了社会矛盾，

---

① 参见［英］M. M. 波斯坦、H. J. 哈巴库克主编：《剑桥欧洲经济史》第六卷，第 541、542 页；李工真：《德意志道路——现代化进程研究》，武汉大学出版社 1997 年版，第 53、54 页。
② 参见［英］J. H. 克拉潘：《1815—1914 年法国与德国的经济增长》，第 248 页。
③ 参见［英］M. M. 波斯坦、H. J. 哈巴库克主编：《剑桥欧洲经济史》第六卷，第 539 页。
④ 参见李工真：《德意志道路——现代化进程研究》，第 53、54 页。
⑤ 参见［德］康拉德：《近代科技史话》，吴衡康等译，科学普及出版社 1981 年版，第 93、230—237 页。
⑥ 参见［美］科佩尔·S. 平森：《德国近现代史》上册，第 113、114 页。

使德国在经济高速增长的同时，又成为社会安宁的典范。[①] 到第一次世界大战前夕，德国的工业超过了英国，成为仅次于美国的世界第二大工业强国；同时，它还是世界科学技术的中心和诺贝尔奖的主要得主，展现出了德国现代化道路极其辉煌灿烂的一面，充分地证明了精英们改革方法的正确和现代化学识的渊博。

正是由于拥有一批以国王为首的、具有强烈的现代化意识和渊博的现代化学识的民族精英，德国现代化进程才有其极其辉煌的一页。正是普鲁士的这些握有国家权力的精英们发起了改革，才最大限度地减少了改革的阻力，极大地减少了改革的各种成本；与法国相比较，这种由当权的阶级主动地进行现代化改革比资产阶级通过暴力革命来实现现代化所付出的代价要小得多，也要快得多。这些，都有力地证实了信息库的充实和更新在他组织类型的现代化进程中的关键作用。没有这一更新，德国也就会和西班牙的贵族一样，对其传统制度充满自信而拒绝一切改革。

为什么德国会产生这样的一批在别国罕见的民族精英？其中底蕴显然是德国现代化有如此辉煌一面的根本性原因，而这个底蕴却是德国人在为了适应不断变化的世界环境的过程中产生的。

商业化了的容克贵族是民族精英的主体，而他们的商业化当然要归功于他们对英、荷、法等国社会发展的适应。正是他们或他们的家人同英国等西欧国家的长期的贸易往来，才培养出了他们的商业意识；才使他们了解到这些国家的现代化进程和亚当·斯密的学说，意识到德国的落后和英国的先进，领悟到变革德国现实的必要。通过比较，也使他们对其阶级的腐朽和其统治的社会的种种弊病的了解自然要比这个阶级之外的人，包括德国资产阶级更深刻、更全面、更具体。故当其资产阶级在政治上还无法动手，无所作为时，他们就已经看出了问题的所在，并能运用亚当·斯密的学说和英国现代化的经验找到解决问题的突破口。可见，是英法等国为其培养出了这些民族精英；同时，英国、荷兰的粮食需求也为普鲁士提供了源源不断的负熵流。没有这样的负熵流，不仅普鲁士的容克贵族不能商业化，普鲁士的兴起

---

① 参见［意］卡洛·M.奇波拉：《欧洲经济史》第四卷上册，王铁山等译，商务印书馆1989年版，第129页；［美］科佩尔·S.平森：《德国近现代史》上册，第340页。

也是不可能的。再说，拿破仑对德国的占领和改造不仅为普鲁士播下了改革的种子，还为德国直接催生出重工业基地和自由主义中心莱茵兰，从而为普鲁士的改革和 1848 年的革命提供了中坚力量。①

除了信息库得以更新，使大批民族精英成了现代人外；历经了几百年的市场经济的孕育也功不可没。中世纪时，德国的矿业在欧洲是首屈一指的，矿业的发展推动了德国经济的所有部门：绒布、毛线、皮革加工、白铁、铁丝、造纸、新式武器，等等。"商业活动创造了规模可观的信贷网"；大公司等巨型国际商行得以组成，城市手工业繁荣发达。② 这一切都与历经数百年的西欧社会结构的变迁是密不可分的，是其一部分。这也就是说，德国的现代化之所以有如此辉煌的一页，也与其是西欧的一部分，先前已有几百年的社会结构的变迁的旅程是分不开的。

拥有这么一批民族精英的德国，为何它的现代化在辉煌之后又走上癫狂之路？这并非是其民族精英中无人知道宪政法治、思想自由、文化更新和市民社会是现代化成功的必由之路，问题是他们的这些主张难为整个容克阶层所接收。容克们能容忍精英们的经济改革，那是因为他们在与西欧的通商中商业化了，改革能扩大他们的利益，挽救其政权，但若在政治上、文化上也模仿英国，那就意味着将其手中的权力和自己的官爵奉送给他们瞧不起的资产阶级和普通民众。这不仅不能增进其利益，反而会损害他们的权势，废除其特权。故此，容克们阻拦、反对政治改革势所必然。但最根本的是，德国的政治结构和文化结构同工业前夕英国的差距远大于西欧其他各国。它决定了德国的文化现代化和政治现代化所需要解决的难题多，难度大；也决定了其反现代化势力的强大，使德国的现代化进程必然有其癫狂的一页。所以，虽然从 16 世纪一直到 1848 年革命，普鲁士政府在进行经济制度改革的同时，也进行了政治改革，甚至文化改革。政府推行了地方自治。省、县、区和城市都设置议会，议员由居民选举产生。这固然是不小的进步，但是，由于容克贵族的反对，施泰茵提出的各县自治、废除领主裁判权都未实现；国

① 参见丁建弘、李霞：《德国文化——普鲁士精神和文化》，上海社会科学出版社 2003 年版，第 237—240 页。
② ［法］费尔南·布罗代尔：《15 至 18 世纪的物质文明、经济和资本主义》第 3 卷，第 634—636 页。

王和高级贵族仍然把持着"省、市最高首领的任命权"。他和哈登贝格所努力追求的全国性议会也被1817年成立的"官员议会"所取代。虽然颁布了颇有美誉的《普鲁士国家公法》，宣布保护个人，反对压迫和不平等权利，但却规定"死刑必须由国王批准"，任何人都可以直接向国王申诉。结果，是"权大于法"，"普鲁士的司法仅仅是国王的傀儡"，以致"成为整个欧洲的笑柄"①。

1848年，德国也同欧洲许多国家一样掀起了风起云涌的革命运动。人们要求新闻自由，进行宪政改革，建立了全德国民议会，提出建立一个类似于美利坚合众国的德意志联邦国家。但是，他们的追求遭到各邦反宪政力量的坚决反对，他们纷纷组织起来，仅普鲁士就有50个类似于贵族的"容克议会"的保守团体；连法兰克福的工匠和手工业者也成立了反动的"工商业者全体大会"。他们用军队对各地革命群众进行了穷追猛打，不少人被审判和处决，110万德国人被迫移民国外，普鲁士国王也因此而获得了"炮弹亲王"的雅号②，民主派追求宪政的努力再一次因力量对比的悬殊而失败。

德国的统一是由俾斯麦通过对外战争来完成的。随之出台的德意志帝国宪法赋予皇帝的权力之大绝不亚于原来的国王。军政合一、政法合一的专制政权没有根本性的变化。统一后更上层楼的德国的经济和科学使掌握这一政权的德国容克贵族阶级更加自信。既坚信其政体优于英法的宪政，也坚信享有更大的生存空间是日耳曼民族的权力和未来希望的所在。正是在这种自信的驱使下，德皇威廉二世不再容忍在对外政策上玩弄平衡战略的俾斯麦，抛弃了他，开始实行他的"世界方针"。扩建海军，争夺殖民地，德国也就因此而成了第一次世界大战的罪魁祸首。但战败却给德国人奉送了一个他们本应十分珍惜的礼物魏玛共和国。可惜的是，这个共和国却只存在14年。它之所以如此短命，问题就出在德国与工业革命前夕的英国在传统文化和政治体制所存在的巨大差距。正是这一差距所产生的巨大反现代化势力使德国人的宪政梦很快流产。

① 参见丁建弘、李霞：《德国文化——普鲁士精神和文化》，上海社会科学出版社2003年版，第119、132、133页。
② 参见［加］马丁·基钦：《剑桥插图德国史》，第172—179页。

反现代化势力之强大首先反映在"君主政体主义者"、一战德军总参谋长兴登堡当选为总统。① 兴登堡战后著书指责共和主义者发动的"十一月革命"从背后捅了德国一刀，把魏玛共和国说成是德国战败的罪魁祸首。因此，他当选魏玛共和国的总统，就"是复活的军国主义的胜利"②。他的上台，全是反共和势力在选战中打败民主势力的结果。支持他的帝国联盟获得了48.3%的选票③，这足见德国的反共和势力之强大。而它们又从兴登堡的当选中得到了极大的刺激，进一步地膨胀；包括纳粹党、钢盔团在内的各种反对宪政、主张专制的右翼组织如雨后春笋；连德国资产阶级中的多数也"明显地向右转"④；而希特勒也是他任命为总理的。

如此大比例的国民投了兴登堡的票，这就足以说明反共和宪政的传统势力的社会基础是多么地广泛和深厚。但更关键的是，他们在共和国的各个要害部门和重要领域也都居统治地位。这主要是共和国全盘接受了帝国的政府机构和司法警察系统，原有人员几乎全部留用。他们中很多人留恋帝制，反感共和，纷纷运用手中的权力为反共和的势力张目。其中，司法机关尤为突出。他们"判处政治罪行的记载则是那段历史中最可耻的篇章"⑤。他们对右翼势力的暗杀与夺权的判决始终都表现得"出奇地宽容"。对发动啤酒馆叛乱的希特勒只判了5年徒刑，关了9个月就把他放了；其"作战部长"鲁登道夫则被判无罪释放。1920年发起卡普暴动的军官们不仅没有受到任何法律的惩处，很多军官还继续领取完整的军饷。对左翼所犯案件，法官们则都判得特别严厉。1919年到1933年间，攻击共和国和宣传种族主义的言论在国社党的报纸上成了家常便饭，但没有一家国社党报纸被控告；而被控的左派报纸则有十多家；法官们酷爱反共和人士和憎恨民主的感情表露无遗，

① 参见 Arthur Rosenberg, *Geschichte der Weimarer Republik*, *Europàische Verlagsanstalt*, Frankfurt am Main, 1977, p.184；转引自吴友法、黄正柏：《德国资本主义发展史》，第297页。

② 参见［瑞］埃里希·艾克：《魏玛共和国史》上卷，高年生、高荣生译，商务印书馆1994年版，第343页。

③ 参见［美］巴林顿·摩尔：《民主和独裁的社会起源》，第364页；许琳菲、丁建弛：《希特勒的上台与德国法西斯专政的实质》，《世界历史》1985年第6期。

④ 参见 Diether Raff, *Deutsche Geschichte*, *Vom alten Reich zur zweiten Republik*, Max Hueber Verlag, München, 1985, p.249；转引自吴友法、黄正柏：《德国资本主义发展史》，第297页。

⑤ 参见［美］科佩尔·S.平森：《德国近现代史：它的历史和文化》下册，第552页；［法］里昂耐尔·理查尔：《魏玛共和国时期的德国（1919—1933）》，第244页。

毫无掩饰。①

其次是军队。未能得到清理的旧势力将国防军变成了国中之国。1820年，5000名旧海军暴动，在占领柏林后就宣布废除政府和魏玛宪法无效；并组建了以旧将军为首脑的政府。这个政府得到柏林等地驻军和资产阶级的拥戴；连那些口头上拥护魏玛政府的军人对暴动也是视而不见。② 许多退役军人，则打着爱国的招牌组织了老兵协会，以其为骨干，招募各界青年，组织了射击俱乐部、狼人俱乐部和钢盔团等法西斯准军事组织，其成员多达百万。对内，他们灌输军国主义思想，进行军事训练；对外，进行各种反民主和民族沙文主义的宣传，组织游行，煽情破坏，到处暗杀民主分子，气焰十分嚣张。③

更可怕的是，在其他国家是时代先锋的知识界和学校，在魏玛时期的德国却大都成了反共和国的堡垒。当时著名的学者，如菲希特、黑格尔和尼采都在不遗余力地宣扬国家权力意志论和超人哲学，向人民灌输"崇拜权威"的观念④；《西方的没落》可谓是最早一本唱衰西方文明的书，尽管它晦涩难解，但一下子就卖出了10万本，而其作者施彭格勒就是一个君主制的拥护者；著名的法学家卡尔·施密特公开地号召"必须独裁"。在他们的引领下，一个贬低英法和魏玛共和国的民主制度，歌颂专制独裁的强大思潮在德国迅猛地传播开来。在其影响下，学校的教材仍沿用第二帝国的老版本，所有校长都是通过共和国的遴选制度"从保守教师中选出的，有的甚至明显就是个反动派"。这足见高校里右翼势力之强大，左派势力之弱小。由这样的校长掌权，招聘青年教师时"所提的条件便是他们对共和制度的敌对程度"。结果，在德国大学执掌教鞭的人士"大多数都是赞成民族主义和反对民主的知识分子"。于是，各个大学也就了君主制崇拜和"反共和体

① 参见［法］里昂耐尔·理查尔：《魏玛共和国时期的德国（1919—1933）》，李末译，山东画报出版社2005年版，第40—42、244—246页。

② 参见［美］科佩尔·S.平森：《德国近现代史：它的历史和文化》下册，第551、544—546页。

③ 参见［法］里昂耐尔·理查尔：《魏玛共和国时期的德国（1919—1933）》，第92、93页；中国科学院经济研究所世界经济室编：《主要资本主义国家经济统计集（1846—1960）》，世界知识出版社1962年版，第258页。

④ 参见亚历山大·阿布施：《民族的歧途》，柏林1951年版，第215页；转引自张继平、吴友法：《纳粹党的崛起与德国小资产阶级》，《历史研究》1985年第4期。

制的讲坛"①，成了"钢盔团发展团员和民族社会主义党培养干部及其领导人的卓有成效的大本营"②。卡普和鲁登道夫发动推翻共和国的时期，有 50 余万学生和大学人士被卷了进去。纳粹上台时，多数大学都能接受，"甚至希望如此"。为这样的反民主势力所掌控的公众舆论则更是嚣张，他们"把共和国各制度说成是腐败到了顶点"，号召人们"抛弃所有它认为是曾致力于毁坏帝国的东西"。在其引导下，人群中广泛流传"魏玛共和国不是德国的，而是外国的舶来品"③。

在其挤压下，本来势力就不大的德国民主势力就不断地走下坡路。他们本来就先天不足，现代化学识贫乏，无视本国存在强大的反现代化势力，把民主视为实现宪政的良方，强调自己行为合度，严格遵守民主规则，以致无法打开宣传局面。④ 与右派的出版物和宣传品动辄几十万、几百万份相比，左派刊物的出版量就小得多。事实上，他们又何止是在公众舆论领域不是反共和派的对手，几乎在所有的领域，他们都处于下风。⑤

德国的反民主、反宪政力量为什么会如此强大？如许多史家所说，首先是其经济落后，残留着大量的小生产者。这源于容克们为其粮食的自由出口而一直维持贸易自由政策，致使容纳劳动人口最多的德国轻工业因受英法等先进工业国的商品的冲击而一直无法得到改造，十分落后原始。1925 年时，没有雇工和雇用 5 人以下的小作坊高达全德企业总数的 87%。加上大量的小商人、小农等，小资产阶级人数高达 1200 万至 1500 万⑥；加上他们的家属，则几近全国人口一半。由于其经济地位的极不稳定，小资产阶级对市场经济具有天生的敌意。他们强烈地反对市场制度、市场竞争，及保护市场经济的宪政和民主；力图恢复行会制度和市民的特权，渴望能将他们从危机中挽救

① 参见 [法] 里昂耐尔·理查尔：《魏玛共和国时期的德国（1919—1933）》，第 42、136—143、193—198 页。

② [美] 科佩尔·S. 平森：《德国近现代史：它的历史和文化》下册，第 552 页。

③ [法] 里昂耐尔·理查尔：《魏玛共和国时期的德国（1919—1933）》，第 38、143 页。

④ 参见 [美] 科佩尔·S. 平森：《德国近现代史：它的历史和文化》下册，第 548、549、552、553 页。

⑤ 参见 [法] 里昂耐尔·理查尔：《魏玛共和国时期的德国（1919—1933）》，第 202、129 页。

⑥ 参见 [英] 恩斯特·亨利：《希特勒征服欧洲的计划》，孟用懵译，各大书局 1936 年版，第 33 页。

出来的"卡理斯玛型"的领袖。再加上魏玛时期前后长达十年之久的经济危机，以及德国垄断组织的超前发展，都加剧了民众的穷困和对救世主的企盼；使他们成为希特勒纳粹党成员的主要成员。1930 年 9 月大选前，城市独立经营者、小农、职员、官员和教员分别占全国总人口的 9%、10%、12%、5%，而他们在纳粹党的 39.8 万党员却分别占到 21%、14%、26%、8%。这些人总共占全国总人口的 36%，却在纳粹党员中占 69%。三年后，纳粹党膨胀到 390 万，他们仍然占纳粹党员总数的 62% 以上。为纳粹党冲锋陷阵的冲锋队则几乎全由小资产阶级分子组成。①

不仅小资产阶级成了纳粹的死忠，连本应是民主宪政的天然支持者的资本家也都成了纳粹党的主要资助人。② 正是由于胡根伯格这样的"商人与实业家"为右派提供了媒体和资金，致使魏玛共和国的公民每天都不得"不遭到民族主义主题和口号的轰炸"③。这就不能不令人想到德国的文化。这种发源于普鲁士的军国主义的文化确实是德国反民主、反宪政的势力深厚庞大和宪政难产的根本原因。

原本就是条顿骑士团的领地的普鲁士是以军立国的。纪律精神、强权思想和国家利益至上等因而成了容克们的灵魂。普鲁士以容克组成其军队，又以军队为其立国的基础。退职的军官和容克的子弟们充斥着各级政府机关、学校甚至学术界。作为其文化核心的军国主义、民族沙文主义也就变成了德意志民族的精神。再加上为德国人普遍信仰的路德教主张"人和宗教信仰都服从集体的经济和政治需要"；人"成为国家的、并只为国家效力的、尽职尽责的仆人"④，致使民族沙文主义因路德教在德国的传播而更加强烈。在纳粹党壮大之前，民族党是反共和主义的中坚力量，而"信奉新教"是该党党员的典型特征。⑤

① 参见黑尔加·格雷宾：《德意志特殊道路在欧洲，1806—1945》斯图加特 1986 年版，第 190 页；转引自李工真：《德意志中间等级与纳粹主义》，《世界历史》2000 年第 6 期；〔美〕巴林顿·摩尔：《民主和专制的社会起源》，第 364 页；布·布赫塔：《容克和魏玛共和国》，B. Buchta, *Die Junker und Die Weimarer Republik*，德国社会科学出版社 1959 年版，第 305 页，转引自许平：《法国农村社会转型研究》，北京大学出版社 2001 年版，第 246 页。

② 参见〔美〕科佩尔·S. 平森：《德国近现代史：它的历史和文化》下册，第 667 页。

③ 参见〔法〕里昂耐尔·理查尔：《魏玛共和国时期的德国（1919—1933）》，第 94、193—194 页。

④ 〔德〕埃里希·卡勒尔：《德意志人》，第 267 页。

⑤ 参见〔法〕里昂耐尔·理查尔：《魏玛共和国时期的德国（1919—1933）》，第 90、97 页。

一边是跪在独裁者脚下的嗷嗷待哺的小资产者，一边是极力为独裁者造势的根深蒂固的民族沙文主义者，两者结合在一起，就使那些本是为了挣得一口饭吃的小资产者成了为民族复兴而抗争的斗士。他们对其价值取向特别坚持、特别执着，以致"在德国，没有一个人愿意为民主而死。为理想而牺牲的愿望似乎全部集中在右派一边"①。其结果，必然是反宪政、反民主的反现代化思潮在德国是铺天盖地。面对这一局面，托马斯·曼叹道："这个国家像是一个特别容易接受非理性主义的土地，被浸没在非理性的行话之中"。"到处都被一种'在原始的生命权利中胜利重建黑暗势力和无底深渊'的意志统治着"②。在这种情况下，纳粹的上台及第二次世界大战的爆发也就成了历史发展的必然。而其战败及被战胜国瓜分的结局也有力地说明，尽管德国民族的信息库得到充实和调整，但因其传统文化的根深蒂固，它对"密码载体"的调整是有限的，尤其是其传统的政治结构，变化甚微；这不仅极大地削弱了对其经济结构的分化整合，还硬化了它的传统文化结构并使它随着经济的发展而膨胀。传统政治结构和文化结构的坚如磐石，不仅造就了反现代化的社会势力的强大，还必然令祸水外流，故靠德国人自己是无法完成对其传统的政治结构和文化结构的分化整合，而只能依赖二战后的欧美的军事占领和强制改造。从这点上讲，德国现代化和意大利现代化的最终完成，离不开欧美社会的帮助。因此，从德国范围来讲，德国的现代化有很大的他组织成分；但从西欧范围来看，它还是一个自组织。

德国的现代化进程给人们的启示和教训是多重的。其之辉煌业绩表明，民族精英的率先现代化对于现代化后起的国家来说是关键的关键。德国的经济结构的改造和工业化之所以能后来居上，远超法国、意大利、西班牙等西欧国家，关键就在于其掌权的民族精英所拥有的现代化意识和现代化学识为法国贵族们远所不及。其民族精英之所以能率先现代化，离不开他们同英国的交流和对世界的开放，也离不开思想自由和教育内容的革新。正是普鲁士贵族们的这些明智之举，才使德国能够利用其现代化的后发优势，充分利用

---

① ［美］科佩尔·S.平森：《德国近现代史：它的历史和文化》下册，第 652、653 页。
② ［法］里昂耐尔·理查尔：《魏玛共和国时期的德国（1919—1933）》，第 42、193—198 页。

先行的现代社会所创造出来的物质财富、技术手段、广阔的市场和组织试验的成果，"推行所谓大推进工业化"，从而为人类现代化史增添出如此辉煌的一页。[①] 这不仅为民族精英的现代化意识和现代化学识足以决定一个后进民族的命运的论断提供了充足的历史证据，也为发展中国家通过"基因工程"来赶超发达国家竖立了一个绝佳的样板。

遗憾的是，由于历史条件的限制，德国的绝大多数民族精英并不懂得现代化的本质和现代化生成和发展的规律，不懂得一个成功的现代化需要社会结构的全面转换，因而也就不懂得现代社会是一个基于市场经济体制之上的多元复合超循环体。正是这个超循环体的四大特性及其所造就的物能信息流在其体内的畅通无阻等成果，它才能实现经济社会的持续发展，拥有传统社会结构所没有的强大的系统功能和持久的生命力。而要形成这样的多元复合超循环体，各子系统内部及子系统之间就必须实现组织上的嵌套，功能上的耦合。若有某个子系统未能耦合进超循环体，"流"就会遭遇瓶颈堵塞。轻则使流动成本过高，社会结构无法施展其功能，难以进化；重则因该子系统的阻梗而导致整个社会结构的畸形、瘫痪甚至解体。[②] 一战前的德国，之所以走上了军国主义道路，以致在世界历史舞台上演出了极其癫狂的一幕，其缘由就是他们将现代化仅理解为工业化和 GDP 的增长，理解为市场经济，而对其传统的文化结构和政治结构不做根本性的改造，从而使被其利用的后发优势转换为后发劣势。

后发劣势的思想根源是将现代化等同为工业化和 GDP 的增长，而直接动力则来于后发优势所创造的工业化和增长的 GDP。因为由此带来的物质财富、技术手段和巨量信息会反过来强化传统的政治结构、文化结构和社会组织，致使这些结构和组织更加僵化、强大和自信，以致民族精英们无意去进行政治制度、文化体系和社会组织的改进和建设。社会结构因此而滞留在传统模式而无法进化成为一个超循环体，现代化进程也就因此而中断。在此状况下，物质能量信息的流动不仅因部分社会机体的尚未分化而无法遍及全

---

① 关于现代化的后发优势，杨小凯等已做过论述，参见［澳］杨小凯、黄有光：《专业化与经济组织——一种新兴古典微观经济学框架》，第260—262页。
② 参见［意］埃里克·詹奇：《进化——广义综合理论》，第77页；［美］M. 艾根、P. 舒斯特尔：《超循环论》，第423页。

身，还会因这些机体的阻碍、干涉而遭阻梗甚至中断。因为在这种境况下，资源错置和权力寻租无法避免，产权制度必会残缺，内部交易费用因此大增；不仅市场经济会被扭曲，负熵流也无法平权化，两极分化必然加剧，经济子系统无法进一步分化整合。二战前的德国之所以仍是一个小生产者如汪洋大海的世界，其原因也就在此。经济结构的解构和建构迟滞不前必然会导致各种经济问题丛生，进而衍生出各种社会问题和政治问题。硬化了的政治结构、文化结构和社会组织无法通过各种组织试验和思想的自由博弈使问题得到解决，而只会依照其传统模式和传统思维来进行应对，于是，走上军国主义道路也就势所必然。

在自组织的现代化过程中，整个社会结构都是依市场经济的担当者的意愿和利益进行解构和建构的，那里几乎不需要这些担当者有什么现代化意识和现代化学识，只需要他们按其利益和意愿行事就能将整个社会改造成一个超循环体；但在他组织现代化进程中，甚至在德国、日本、法国这样一些具备现代化的部分天然条件的现代化进程中，其现代化的成功就只能依赖于民族精英的现代化意识和现代化学识。上述德国现代化进程中辉煌的一页就根源于此，而其癫狂的一页，也离不开其民族精英的现代化学识的肤浅和缺失。其之失误，先是将现代化理解为工业化。一战后又是将现代化理解为民主化。不懂得小生产是现代社会的天然仇敌，其生产方式古老，其头脑中的传统文化又根深蒂固，他们是人口中的大多数，就必然使德国的反现代化势力占压倒性的优势。因此，他们所主张的主义和制度，无论是通过选举，还是通过暴力，都会取得胜利。其原因很简单，得民心者得天下，失民心者失天下。可见，民主并非实现现代化的灵丹妙药；相反，在反现代化势力强大的国家，威权比民主更必要。只有通过现代化势力的威权统治才能铲除产生反现代化势力的经济基础和文化根基；才能使社会进程为现代化势力所主导。二战后，德国正是因为有了同盟国对它的分割、管制和改造，它才成了一个现代国家。这一公认的史实正好为笔者的这一论断提供了确证。当然，区别还是有的，因为完成这一历史使命的威权统治是外来的，而不是德国人自己实施的，但这显然影响不了笔者的这一论断。

四、日本为何能脱颖而出

　　二战前，为什么东方唯有日本脱颖而出？答案很多，尽管没有定论，但有一点是无可置疑的，即开创日本现代化的明治维新之所以能成功，关键就是它同普鲁士所进行的一系列改革一样，是由掌握了国家政权的贵族阶级主动发起和掌控的，而不是由下层民众发动的。

　　那么，为什么手握国家权柄的日本贵族要进行改革？在这点上，他们同普鲁士的容克们有相同点，也有不同点。相同点是两国贵族都需要救亡图存，都要维护自己的利益；不同点是，容克们要改革的原因是其商业化了，而日本中下层武士之所以要改革，是因为他们太穷了。为何状况截然不同的两国贵族都要改革？要揭示其中底蕴，就需要剖析日本的社会结构，看它同西欧社会结构有何相同之处，与东方其他文明大国的社会结构有何不同。

　　日本自古以来被称为中国的学生，他借鉴了汉字创造了日文，输入了儒学和佛教；还按照唐朝的模式改造日本，于公元646年的大化革新中输入了官僚制度和均田制度。同中国的均田制一样，以均田制为样本的班田制在日本也行之不远；随之，中央集权制度也被幕府制度所替代。到明治维新前，幕府制度已历经三代，演变成了等级森严、政教分离的幕藩体制。天皇虽然仍是日本的象征，但只做学问不问政事；幕府将军虽是日本的最高统治者却不能将其权力一竿子到底；掌握地方实权的大名（藩国的领主）和幕府的将军都属于武士阶层。支撑武士阶层的则又是一个类似于印度种姓制的人身等级制度。它把日本国民分为四个等级：武士、农民、工匠和商人（町人）；商人之下是不可接触者，即贱民。农民和町人虽受控于领主，但不同领主单独交往，而是通过村庄和城市交粮纳税。① 可见，这种社会体制异于古代中国，同中世纪西欧颇为相似：都实行封君封臣制和庄园制；西欧有个身份世袭的骑士制度、骑士文化，日本则有个讲究血脉相传的武士制度和武士道。故不少的史家将日本称为东方的西方是不无道理的。较之大一统的中国，日本的这个幕藩体制则类似于西欧，因而更有利于市场经济的孕育和向

------

　　① 参见［日］安田元久：《日本庄园史概说》，第212—217页。

现代社会的转型。

同中古西欧一样,明治维新前的日本虽然都受制于德川幕府,"但实际上却是处于分裂状态",整个日本国土被划分为"250多个藩邦"。幕府虽为中央政府,但却只能通过服军役,参谨交代等制度来控制大名,而不能对大名的领地实行直接管控。大名自治,对其领地拥有全部政治和军事权力,有自己的武士和行政统治机构;幕府不干涉其内政,也不在大名与大名之间发生纠纷时充任法官,仅做调解人。① 在领地内,大名也不插手村庄的内政,农民个人只与村庄交往,而不与大名发生直接关系;村庄之间发生了纠纷,大名也只是调解,而不进行硬性裁决。② 同时,政教分离,天皇和幕府各有自己的一套从上到下的行政机构,即公家和武家。幕藩体制因而被人称为"多重国家体制"③,与政治上高度集权的清帝国相比较,日本不仅实现了政教分离,其政治结构也在一定程度上实现了权力的分化和相互制衡,其偏离平衡态的幅度远过于中国。

而这又会促使日本的经济结构偏离平衡态,因为各藩政治上的自治必然带来经济上的自立。各个藩领对其领地的经济都有自主权,独立地制定自己的经济政策和开展自己的经济活动。各村庄的农民也有经营自主权,能自由种植。日本又多山,适于经济作物的种植,各地的地理位置、自然条件,及其所推行的经济政策上的差别使各藩的经济更是很难整齐划一而各具特色。对马、萨摩、松前等藩位居东南,便于和外国交往,故都占有外国货物。"由一国垄断卖出,则其他诸侯无法类比","新官侯居纪伊之上乡,食三万石之禄,却占有熊野之山海物产卖出,富比十万石之诸侯"。其他各藩,无论大小,均有本藩土产,在藩国边境的隔离下,均可建立起自己的特色产业,形成自己相对独立的市场体系。④ 可见,幕藩体制极有利于日本地区性

---

① 参见〔日〕速水融、富本又郎编:《日本经济史》第1卷:《经济社会的成立:17、18世纪》,历以平、边湘译,生活·读书·新知三联书店1997年版,第234页;〔美〕戴维·S.兰德斯:《国富国穷》,第495、511页。

② 参见〔日〕安田元久:《日本庄园史概说》,第210—213页。

③ 参见〔日〕依田憙家:《日中两国现代化比较研究》,卞立强、严立贤等译,北京大学出版社1997年版,第23页;〔日〕速水融、富本又郎编:《日本经济史》第1卷;《经济社会的成立:17、18世纪》,第234页。

④ 参见〔日〕依田憙家:《日中两国现代化比较研究》,第262页;吴廷璆:《日本近代化研究》,商务印书馆1997年版,第86、87页。

分工的发展、专业化的进步，以致其地区性分工相当发达，17 世纪前期，古籍《毛吹草》中记载的"诸藩名产"就达 1807 种之多。①

同时，也有利于全国性统一市场的形成。因为各藩因生产规模和种类的有限，不能满足本藩的生活和生产的需要，尤其是领主们的需要；同时藩内总会有些多余的粮食和特产需要销往藩外。按照幕府的制度，藩内农村不能与藩外市场直接贸易，而必须由城下町的批发商到畿内市场完成贸易。畿内直属于幕府，它自古而来就是日本著名的手工业地带，有众多的著名的城市，如京都、大阪、界、大津等。它们不仅为各藩提供了丰富的手工业品和商品，也为各藩提供了贡租米的销售市场。畿内也就因此成了日本的市场中心。其中大阪又因濒临濑户内海而成了中心的中心。"大阪盛则天下盛，大阪衰而天下衰"，连江户也要仰给于大阪的大米和特产品。各藩国有互换的需要，而日本又四周环海、便于帆船航行②；日本特有的参谨交代制度使领主们必须在江户和其领地之间轮流居住，这极大地促进了道路的修建，使旅馆业发达。"主要交通干线纵横整个国家，按 19 世纪的标准，人员和货物的流动都是相当快的"③。致使江户时代的日本，事实上已经形成了以大阪和江户为中心的全国性的统一市场，"江户与远地之物价大抵均衡"的史实就是这样一个市场存在的明证。④

藩的边境将各个藩邦隔离开来，而全国性市场则把日本的 250 多个藩邦联结在一起，因此，藩邦林立的日本"实际上可以说是一个在经济上充满竞争的社会"。竞争会激励竞争者为了获得更多的金钱去拼命地扩大生产，改进技术，使日本的"许多统治者想钱想得要命"，"为了在实物薪俸之外有更多的收入，大名们着手采取了一系列发展措施"。修路、开河、垦荒、改善灌溉设施、改良作物品种、发展乡村工业、提高商品生产的专业化水平，使日本的经济在江户幕府时代有了很大的发展。从 1600 年到 1867 年

---

① 参见［日］速水融、富本又郎编：《日本经济史》第 1 卷；《经济社会的成立：17、18 世纪》，第 238、245—262 页。

② 参见严立贤：《日本资本主义形态研究》，中国社会科学出版社 1995 年版，第 56、57、64 页。

③ 参见［英］M. M. 波斯坦、D. C. 科尔曼、P. M. 马赛厄斯主编：《剑桥欧洲经济史》第七卷下册，第 126、127 页。

④ 参见［日］依田熹家：《日中两国现代化比较研究》，第 246、247 页；严立贤：《日本资本主义形态研究》，第 1、2 页。

间，日本的农业劳动生产率提高了 30%到 50%；耕地面积在 1600 年后的 30
年间翻了一番，谷物产量增长了 65%；城市有了很大发展，"随着城市化的
发展，各方面的消费需求也增加了。正像 16 世纪到 17 世纪之间英国伦敦周
围一样，日本城镇附近的农村都变成了它们的蔬菜花卉供应基地"①。可见，
尽管那时的日本的经济和社会发展水平尚不如英国和西欧大陆，但却"是
一个充满活力的、先进的和有效的传统社会"②。

　　由于藩国边境的隔离作用，日本的市场竞争具有国际竞争的特征，因而
更有利于负熵流在一些藩邦的聚集，使它们能脱颖而出，成为日本中的
"英国"，为后来的维新和工业化提供了必不可缺的基地。"例如萨摩的气候
使它在食糖生产方面得天独厚，使其他大多数藩邑无法与它竞争。"明治维
新前夕，该藩糖产量已达全国总产量的一半以上。享有类似这样的"领域
垄断"的藩邑，到明治维新前夕仍有 32 个之多。③

　　依人身等级制度的规定，武士只能作战习武，而不能务农做工经商；贱
民地位虽低，但他们却不能像中国的奴隶那样，按主人的需要去务工营商；
而只能做别人不愿做的各种"肮脏"工作，从而决定了他们并不能像生产
奴隶那样成为贵族等用来掌控工商业的工具，使土地权和货币权合二为一。
工匠和商人，其社会地位虽然低于农民，但和中世纪西欧城市的市民一样，
拥有私人财产所有权，并享有人身自由，从而使日本具备了孕育市场经济所
不可缺少的"密码载体"；同时，由于武士无权务工经商，日本的工商业也
就为町人及兼营商业的豪农所垄断，日本也就出现了一个西欧才有的经济特
征：土地权和货币权是分离的。其社会结构也同自治城市产生后的西欧一
样，既具备了孕育市场经济的主要条件，同时又拥有促进市场经济发展的正
反馈机制。

　　同西欧一样，两权的分离表明领主只能依靠其属下的町人的工商业来分
享利润而没有自己的手工业，也没有官办的均输平准、漕运和盐政；直到江
户时代中期之后，日本才零星出现官营产业；幕府末期，藩营企业才空前增

---

　　①　[美] 戴维·S. 兰德斯：《国富国穷》，第 511 页。
　　②　[英] M. M. 波斯坦、D. C. 科尔曼、P. M. 马赛厄斯主编：《剑桥欧洲经济史》第七卷下册，第
126 页。
　　③　参见 [美] 戴维·S. 兰德斯：《国富国穷》，第 512、517 页。

多。与中国相比，日本的官工官商不仅根基浅得多，规模和数量都极为有限。这与16世纪之前基本上没有官工官商，仅有法国、德国等少数国家在近代早期产生过官工官商，并且也很短命的西欧一样，在其市场经济孕育、诞生和成长的道路上少了两个天敌，即官工官商和封建贵族工商业，它的成长自然也就会比有这样两个天敌的中国工商业顺畅得多。

凭借町人所掌握的工商业，各藩都建立起了自己的经济体系，以及相对独立的市场体系。但藩内人们不能自行对外贸易，各村各地的市场，即"地方市""地方町"均由城下町大商行的派出商人所掌控。各藩不能自给的产品和富余的物资也都由城下町内经领主许可的批发商统一输入和输出，商人则向领主缴纳冥加金。通过这套市场制度，商人实际上控制了全藩的市场。① 因此，幕府时代的日本，政治上是武士统治，经济上实际上是商人统治。商人的社会地位虽然低下，但通过他们所享有的这些市场特权而获得了大部分利润，从而使町人，尤其是商人成为江户时代里最富有的阶级。

同政治结构、经济结构已经偏离平衡态一样，日本的文化结构也偏离了平衡态。换言之，一种文化独霸天下的局面很早就被打破，从而为其信息库的充实和更新创造了条件。其之缘由，一是落后，因为落后才不至于耻于向他人学习。二是政治权力的分散和经济的竞争也使信息库免受一个强大的功能组织的控制。而信息库的充实和更新对日本工业化的启动和政治革新至为关键。

由于社会发展的落后，日本成了中国的弟子，但它有自己的本土文化神道；后来才从中国引进文化。先是儒学，后是佛教。儒佛的传入，极大地提升了日本文化，日本人也因向外学习尝到甜头而养成了一种强烈的"什么都可以的倾向"。这使日本人不耻于向他人学习，以致他能够通过适应环境的变化来不断地更新自己的信息库。兰学兴起之前，一个人既信仰佛教，也皈依神道早就是日本的普遍现象。② 所以，日本从来就不是一教独尊的天下。与独尊儒学的中国相比，日本传统社会的文化是多元的，文化结构原就偏离了平衡态，从而为远离平衡态创造了条件。因为多元文化使日本人"并不因为向别人学习就觉得矮人一头"③，虚心向外学习已成其习惯，远没

---

① 参见〔日〕严立贤：《日本资本主义形态研究》，第55、56、58、59页。
② 参见〔日〕依田憙家：《日中两国现代化比较研究》，第183—185页。
③ 〔美〕戴维·S.兰德斯：《国富国穷》，第498页。

有中国人那么样的自信、自尊和排外。再加上，日本没有从中国引进科举制度，儒学也就从未成为日本人赖以改变其社会地位，晋身到统治阶级的阶梯和工具；无法将所有的民族精英都吸引到它的周围，埋头研读儒家的经典，练写八股文，以致将人们的思想紧紧地禁锢在儒教的狭隘的框框内，对其他学问不闻不问，不感兴趣；而儒学只能为统治阶级提供修身养性齐家治国平天下的权谋术数，却不能成为下层阶级谋生的工具，故对普通民众也无吸引力。而兰学则是用荷兰语研究西方的自然科学、医学、军事学、地理、历史以及其他各门学科的学问，它注重于实际科学知识的学习和实践，给人们带来的实际利益是儒学做不到的。这一切，都为日本人接纳欧美文化创造了有利的条件。因此，自 16 世纪中期葡萄牙人到来后，先是南蛮学，后是兰学在日本各地迅速地传播开来，各个阶级中都有大量的成员成了兰学家。锁国也未能阻止兰学的传播，1720 年，在第八代将军德川吉宗下令放宽文化封锁后，兰学在日本的传播更为迅速。大量的荷兰的著作被翻译成日文；很多地方办起了专门教授兰学的学校，并建立起了一个以江户为中心，辐射到各地、各阶层的兰学系统。仅据有案可查的各个兰学名簿的统计，塾生名额即近万人。到明治维新时止，译书达 700 余种。范围从医学天文等自然科学到社会科学各个领域，不仅将"西方近代科学的主要成就已大体移入日本"，还形成了一个以兰学为职业的庞大的社会集团，积累起了大量的科技人才和革新人士。① 开关后，又传入了洋学，复兴了国学，所以，明治维新前的日本，无论是上层社会，还是民间，都不是儒学独尊的天下，海纳外来文化早就成为日本民族的特点。同鸦片战争前后的中国文化相比较，日本的文化结构偏离平衡态要比中国远得多。

文化上的多元化带来的思想解放极大地促进了日本经济和军事的进步。火绳枪于 1543 年传入日本时，一支枪的售价高达 1000 两黄金。但是，过不了多久，日本全国各地匠人都在广泛地生产步枪。他们所制的撞针步枪不仅"在一切方面与欧洲最优良的步枪相比都毫不逊色"，"甚至在西方的设计之上作了改进"。到 17 世纪初，枪支的价格就降到 1.2 两黄金一支。日本人每次作战时所用枪支常达一万多支，而此时的欧洲人作战所用的枪支也不

---

① 参见吴廷璆：《日本近代化研究》，第 464、470—475、487、488 页。

过几百支而已。到 1600 年，日本拥有的枪支已达 10 万支，而此时的法国军队也只有 1 万支枪，日本的军火产量已超过所有的欧洲国家。1853 年，日本第一次看到来到日本的轮船，三年后日本人就造出了它的第一艘轮船。钟表传入日本后，与很少进行仿制的中国人不同，"他们大规模制造钟表，不仅供王公贵人使用，而且供给更多的顾客，同时使钟表外观带有鲜明的日本特色"；并"制造出了可以随身携带的表"，以致"在欧洲之外，也再没有任何一个别的国家曾做到过如此成功地将欧洲发明的这种东西加以本地化"①。

在此情况下，西南各藩纷纷将实践兰学作为强藩的手段。他们广设学堂，招聘兰学家讲授兰学、洋学，培养了大量的兰学、洋学人才。他们进行藩政改革，兴办一系列的机器工业。日本的第一艘蒸汽船是萨摩藩制出来的，接着又建起了综合性的近代工厂"集成馆"，和日本的第一个洋式纺织工厂鹿儿岛纺织所。1865 年，长州还制订了大规模发展产业的三十年计划，要求开发本藩资源，兴办各种工业，并规定了先藩办后民营的原则。即先由藩政府创办各种产业，然后再逐步地将其售与民间。可见，日后明治政府所推行的一系列新政并非偶然，它是兰学在日本百余年发展的必然结果，是日本人不仅善于学习也勇于总结和实践兰学和洋学的产物。② 同时，它也使日本"在明治维新以前，在没有西洋工业挑战的情况下，打开了走向工业现代化的局面"③，为日本的工业化奠定了技术基础和心理基础。

截然不同于中国的这些特征表明明治维新前夕的日本的社会结构不像同期中国的社会结构的极端无序，它早已偏离平衡态了。它的文化已经多元化，信息库中已有很多现代信息，民族市场已具雏形，市场经济孕育成形。这既有利于现代化的启动，也有助于现代化启动的成功。其中，文化的多元化及由此导致的思想解放对于拥有他组织性质的现代化来讲，尤其重要。因此，兰学在日本的传播意义重大。到开关时，兰学在日本已有了一百多年的

① 参见［美］托马斯·K.麦格劳：《现代资本主义——三次工业革命中的成功者》，赵文书、肖锁章译，江苏人民出版社 2000 年版，第 494 页；［美］戴维·S.兰德斯：《国富国穷》，第 504、505、519 页；吴廷璆：《日本近代化研究》，第 484 页；［日］依田憙家：《日中两国现代化比较研究》，第 181 页。
② 参见吴廷璆：《日本近代化研究》，第 484 页；丁建宏：《发达国家的现代化道路——一种社会历史学的研究》，北京大学出版社 1999 年版，第 688 页。
③ ［美］戴维·S.兰德斯：《国富国穷》，第 506 页。

历史。官方和民间都已积累起一定程度的西方科学知识，对西方社会制度已有了相当的了解。洋学的输入进一步地开拓了日本人的眼界，使他们能对各种文化进行比较和批判。荻生徂徕就认定儒学仅是"治国之道"，并不包含"事物当行之理""自然之道"，从而打破了儒学在人世所有方面都是指南的神话。儒学的作用既然有限，那要寻求政治之外的学问就应"博采众识"。这不仅为兰学、洋学的传播扫清了障碍，也为日本人的思想解放开了先河。继之的白石、佐藤一斋等人也把儒学的有效性限定在"形而上"的范围，指出了兰学、洋学精于"形而下"，是关于形与器的学问。据那波鲁堂的《学问源流》记载，当时访问日本的朝鲜学者会见了数百名日本文人，之中竟没有一个人谈及儒家的"穷理修身之事"[1]。亨保（1716—1732?）之后，儒学更是被人斥为"空论"，指责它所宣扬的"忠义"只不过是买卖契约，儒学家因而成了"道学先生"，成为町人的笑料。[2] 海保青陵更把保守的儒家们斥之为"天下之寄生虫""天下之邪教"徒，说他们"言天下国家之政，动辄引用孔孟，多方稽考古道"，不懂得"详究今日之事也是学问"[3]。由于缺乏实用性，许多儒学者在同兰学家的冲突中感到自惭形秽。"而'羞愧'在日本文化中是让人不可忍受的"[4]，儒学既然迂腐不堪，改革以儒学为思想基石的日本社会也就势所必然。从 18 世纪初起，各种新思潮在日本层出不穷。山片蟠桃的《梦之代》宣传唯物主义，运用西方的科学知识将神道和佛教的唯心主义世界观批得体无完肤[5]；司马江汉的《荷兰天说》则将矛头直指日本的封建人身等级制度，主张"上为天子、将军、下至士农工商、非人、乞丐，皆人也"[6]；本多利明则将批判的锋芒直指幕府的闭关锁国和抑商政策，宣传重商主义，主张"航海、运输、贸易本来就是国君

---

① 参见 [日] 依田熹家：《日中两国现代化比较研究》，第 215—221 页。

② 参见 [日] 井上清：《日本历史》，第 434—438、441、442 页。

③ 《稽古谈》，第 1 卷、第 2 卷，岩波书店编：《日本思想大系》第 44 卷，第 216、247 页；转引自郑彭年：《日本西方文化摄取史》，杭州大学出版社 1996 年版，第 177 页。

④ [美] 戴维·S.兰德斯：《国富国穷》，第 515 页。

⑤ 参见《梦之代》，载《日本思想大系》第 43 卷，第 271、272、341、342、497、507、560 页；转引自郑彭年：《日本西方文化摄取史》，第 186、187 页。

⑥ 《春波楼笔记》，载高桥真一：《日本洋学思想史论》第 95 页，转引自郑彭年：《日本西方文化摄取史》，第 188 页。

的天职"①。与此相应，涌现出了林子平、本田利明等一大批呼吁进行社会改革的思想家。② 可见，当日本面临欧美的洋枪大炮而儒学又无力为日本提供富国强兵之术时，以兰学、洋学为指导，以欧美制度为样板来改革日本社会绝非是偶然的。

文化多元促进了日本人的思想解放，政治权力分散则有助于革命势力的萌生和成长，为日本明治维新的成功奠定了经济和军事基础。

不同于中国的戊戌变法，它不是手无寸铁的儒生直接面对强大的中央政权，而是有自己经济基地和军事基地的西南大名率领倒幕势力对幕府进行围攻。其倒幕成功，得归功于明治维新前夕，以萨摩、长州为首的西南四大强藩的经济力量和军事实力已发展到幕府远所不及的地步。而这又得归功于日本各藩在政治上的相对独立和经济上的独立自主。它为各藩政府推行独立的经济政策和政治方针创造了条件，西南大名从中获益最多。因为它们位居日本西南边陲，在接受西方文化上具有独到的优势，故率先产生了一大批立志进行改革的志士；也享有其他大名所不具有的经济机会和交通条件，能率先利用西方的先进科技成果发展自己的市场经济，使它们兴办工业的起步比幕府早得多。随之兴起的新兴势力谋取政治权力的意愿又因藩国政治上的相对独立而容易实现，而这又会为藩国的更大的政治变革和经济变革奠定基础。19 世纪 40 年代初，幕府实行禁奢抑商的"幕政改革"；各藩紧跟其后，均因损害市场而失败。唯有西南的长州、萨摩、佐贺、肥前等藩促进市场经济的藩政改革取得了成功。使它们经济、军事力量进一步地超越幕府，也使藩内的改革派因改革成功而掌握了藩政。③ 掌权后，它们放弃了攘夷方针，向西方派遣留学生，大力地利用西方的先进科技成果发展自己的经济；引进西方的武器，建立起以军火造船等重工业为主的近代军事工业和机器工业。佐贺藩于 1850 年第一个创办藩营工业，铸造火炮。在它的带动下，各藩纷纷

① 《经世秘策》，载《日本思想大系》第 44 卷，第 32 页，转引自郑彭年：《日本西方文化摄取史》，第 175 页。

② 参见 [日] 井上清：《日本历史》，第 434—438、441、442 页。

③ 参见 [美] 约翰·惠特尼·霍尔：《日本——从史前到现代》，邓懿、周一良译，商务印书馆 1997 年版，第 181—184、199、200 页；万峰：《日本近代史》，中国社会科学出版社 1978 年版，第 12、13 页；万峰：《日本资本主义史研究》，湖南人民出版社 1984 年版，第 56—60、117 页。

设厂造炮造枪，兴办各种工业；并组织起以武士和富裕农民为主体的奇兵队，不断壮大自己的军事力量。幕府虽然紧跟快上，但怎么也无法与强藩竞争。由于制度落后，在很长的时期内，它所兴办的工商业只能生产一些小铜炮，所需要的铁制巨炮、舰载炮等完全仰仗佐贺、萨摩、水户等藩的军工企业。① 思想上的陈腐，制度上的滞后，经济上的落伍，军事力量上的掉队也就注定了它日后在倒幕战争中的必然失败。可见，明治维新之所以有同戊戌变法截然不同结局，关键之一是倒幕的志士们有一个经济实力和军事实力远超其敌人的强大后盾。这不仅使他们拥有克敌制胜的利器，也使他们"学会了在领导国家之前，先领导好自己的地区"，而不至于胜利后举止失措。② 然而，追根溯源，这一切，又得归因于明治维新前日本的文化结构、政治结构偏离平衡态要比中国远得多。

其中，日本的经济结构大异于中国是重中之重。因为两权分离使町人垄断了市场经济发展带来的绝大部分利益，使中下层武士在经济上依附于商人，使两者结盟，极大地增强了革新势力。

由于占有大部分市场利益，商人成了日本社会中最富有的阶级。亨保年间，日本就是一个"表面为武家所有，其实为商家所领有的"社会。③ 1868年，商人约占日本总人口的 9%，但却据说掌握了 15/16 的国家财富。④ 这或许有些夸张，但町人是最富有的阶级则是无疑的。以致武士阶级，甚至幕府和各藩政府都不得不在财政上有求于町人。他们在"商人不在场时骂娘，当着商人的面时却又笑脸相迎"⑤。太宰春台说："武士阶级内外之经营无不依赖商贾，故高位者于商贾亦深畏之。"⑥ 荻生徂徕的门生在《经济录》中写道："今世之诸侯，无论大小皆垂首以求町人之贷金，江户、京都之外，无不有赖于处处富商之借贷余财以度世。"财势日盛，商人的社会地位因之

① 参见万峰：《日本资本主义史研究》，第 56—60、117 页。
② 参见［美］约翰·惠特尼·霍尔：《日本——从史前到现代》，第 206 页。
③ 参见［日］山本七平：《日本资本主义精神》，莽景石译，生活·读书·新知三联书店 1995 年版，第 95 页。
④ 参见［英］乔恩·哈利：《日本资本主义政治史》，吴亿萱等译，商务印书馆 1980 年版，第 31 页。
⑤ ［美］戴维·S. 兰德斯：《国富国穷》，第 508—509 页。
⑥ ［日］山本七平：《日本资本主义精神》，第 164 页。

水涨船高。"武人治人，商人治于法，今则町人治人之世也"，"商人之势日盛"①。甚至"被准许佩剑"，享有"商业上的特权"②。为了捍卫其共同利益，"数百万商人形成一体"，其"势无以战胜"。江户中期之后，幕府历次以改革为名的抑商措施都无不以失败而告终。于是，只好坐视町人和豪商的经济力量日益壮大，社会影响不断扩大。③

伴随町人日益富裕的则是没有掌握货币权的武士阶级的日趋贫困。中下层武士靠禄米不足为生，只得向商人借债度日；1840 年时，大名的借贷，仅大阪一地，就欠商人 6000 万两黄金，利息一项就占全国正常税收的 1/4。然而商人的贷款则往往如泥牛入海，"赖账的诸侯"成了当时日本武士的诨名，以致武士们借贷无门而穷困潦倒。其中聪明者与商人联姻，或者收养商人为养子。④ 武士与商人的密切交往导致大批武士成了商人的代言人，从而为明治维新运动提供了一批具有军事政治能力的领导人。⑤ 这批领导人对于明治维新的成功是必不可少的。因为在人身等级观念根深蒂固的日本社会里，只有居社会最上层的武士阶级才具有对其他社会阶层的号召力。而町人提供的人力和资金对倒幕的成功和明治政府的巩固起了关键性的作用。倒幕的主力军长州、萨摩两藩的军队的骨干除了武士外，还有不少的富农和町人。下关的豪商白石正一郎不仅是长州藩尊攘派的"出资人"，倾七代积蓄组建了倒幕的"奇兵队"，还和其弟弟参加了这个队伍；被誉为"西南第一海商"的滨崎太平次不仅为萨摩藩的富国强兵贡献了巨额资金，还为倒藩购置了大量的新式枪炮和军舰；京都豪商福田理兵卫和山口熏二郎为倒幕倾家荡产后，还亲身投入到勤王倒幕的战争中；明治政府初建时期，是三井、鸿池、住友、小野、岛田、加岛等大商业资本的捐赠和贷款才使新政府摆脱了财政困难。⑥

---

① ［日］依田憙家：《日中两国现代化比较研究》，第 257 页。

② ［美］戴维·S. 兰德斯：《国富国穷》，第 509 页。

③ 参见 ［日］依田憙家：《日中两国现代化比较研究》，第 246、247 页。

④ 参见 ［美］约翰·惠特尼·霍尔：《日本——从史前到现代》，第 178、179 页；［日］山本七平：《日本资本主义精神》，第 164 页。

⑤ 参见 ［美］约翰·惠特尼·霍尔：《日本——从史前到现代》，第 205—207 页。

⑥ 参见 ［日］安冈昭男：《日本近代史》，林和生、李心纯译，中国社会科学出版社 1996 年版，第 59、176 页；获原裕雄：《日本豪商 100 话》，第 228、230、236—238、290、291 页；《京都的历史》第 7 卷，第 270—279 页；转引自刘金才：《町人伦理思想研究——日本近代化动因新论》，北京大学出版社 2001 年版，第 281—284 页。

　　明治维新后的经济的资本主义改造和快速发展也与日本的信息库的更新和两权分离密不可分。官工官商根基肤浅使日本社会还未形成以官工官商为核心的那种路径依赖①；而对儒学的背弃和对洋学的了解也使其民族精英对国有工商业的低效高耗有了清醒的认识；历史悠久的民间工商业在开关之后的迅猛发展则使幼嫩的官工官商面临着一个强大的竞争对手，这一切都决定了日本的官工官商必然是短命的。所以，尽管明治政府初期为了给民间工商业提供工业样板，没收了大量的幕营和藩营的工业，新建了很多国有工厂，并实行官督商办的原则，建立起了庞大的国营工业。但是，当国有工业刚一体现其劣质的本性而大幅亏损时，他们就毫不犹豫地将其半卖半送地转换成私有企业，以致除了军事工业和造币厂外，整个日本的工厂在很短的时间内都实现了私有化。1880 年 7 月，明治政府颁布了民营化条例，1884 年正式拍卖国有企业，90 年代中期就拍卖完毕，从而建立起了以民营经济为主体的工商业体系。这与至终都无视官营产业的低效无能，一直以各种理由坚守官营工商业的国家相比，无疑是独特而明智的。正如依田憙家等学者所述，明治政府的这一举措"对日本资本主义的发展和近代国家的确立具有划时代的意义"，中日经济发展之所以产生很大差距，就要归因于此。②"一般规律"第三条指出，一切自组织都必须有自己的生命"密码载体"，否则，它就没有自我增长、自我修复的生命力。可见，明治政府的这一举措的根本意义，就是为日本经济输入了生命之源。

　　总之，明治维新之所以能取得成功，关键就在于明治维新前的日本社会结构近似于近代早期的西欧，以致其信息库更新，市场经济孕育成形，町人富裕，武士分化，阶级力量的对比明显地向倒幕势力倾斜。维新之后的工业化之所以较为顺利，也是因其信息库的西化，致使其掌权的民族精英能够依据市场经济发展的规律，断然地出台了一系列推进市场经济的举措；坚决镇压了一切反现代势力的反扑，取得了西南战争等一系列平叛斗争的胜利。③

---

　　①　依田憙家说："日本的官营事业在幕末以前要比中国少得多，至幕末时期虽然出现了不少幕营、藩营企业，但与中国相比，其历史要短，其传统也弱得多"。参见〔日〕依田憙家：《日中两国现代化比较研究》，第 214、2 页。

　　②　〔日〕依田憙家：《近代日本与中国日本的近代化》，卞立强、陈生保、任清玉译，辽东出版社 2004 年版，第 2 页。

　　③　参见〔日〕安冈昭男：《日本近代史》，第 242—247 页。

明乎此，也就不难理解日本的明治维新为什么成功，而中国的戊戌变法为什么失败；日本的现代化为何突飞猛进，而中国的洋务运动为何事倍功半。而这些，又都和法、德等国的现代化历程一样，说明了民族精英阶层的现代化意识和现代化学识是决定拥有他组织成分和他组织类型的现代化的成败和成本大小的关键。懂得了这一点，也就不难理解明治维新后的日本为何要以德国为其现代化的样板，选择家国一体的政治体制，也走上了军国主义道路，以致最终只能通过被国际社会的强制改造才跻身于发达国家行列。可见，同德国的容克们一样，他们对现代化的本质和规律也是一知半解，故能用大推进方式进行工业化，却又无法避免后发优势转化为后发劣势，以致落得和德国一样的结果。但不同的是，因二战后东亚政治局势的剧变，占领国对其传统政治结构和文化结构的改造远不及德国，以致今天，由武士道而来的大和魂仍在日本游荡。

第二十七章

西方世界兴起的奥秘

广义上的西方世界，包括美国、加拿大、澳大利亚和新西兰；① 狭义的西方世界则仅指西欧各国。除前述的国家外，还有意大利、西班牙和葡萄牙。意大利的现代化旅程类同于德国；西班牙和葡萄牙也与德国大同小异。大同是说它们也曾实行过法西斯专政或军事独裁，小异是说它们最终实现现代化并不是欧美强制改造的结果，而是在欧美的影响和制约下，通过其上层人物的改革而实现的。因此，在历经一个多世纪，付出两次世界大战的血腥代价后，西欧大陆各国才尾随英国相继地实现了现代化。

欧美之外的世界，除日本和所谓的亚洲四小龙外，现代化仍然是它们穷追不舍的目标。工业革命已过去二百多年，西方世界在经济上、科学技术上领跑于世界的局面却一直没有改观。其能如此，归根到底，还是因为它们不是先天具备了、就是后来拥有了能够满足自组织生成和进化所必需的条件、规则和程序，从而能使其社会系统的要素、子系统从线性转为非线性，致使其社会发展动力由合力动力进化到协同动力。当然，追根溯源，其根本起因还是生产奴隶、蓄奴法律、蓄奴习俗和蓄奴文化于11世纪左右的消亡。这不仅使西欧拥有了市场经济的DNA：人身自由和财产私有权，致使西欧从11世纪后就开始了市场经济的孕育，使西欧社会有了生命力；也使土地权

---

① 这些国家都是英国的海外子孙，其能顺利地实现现代化，主要是英人将其母国的制度文化输入所致。《现代化本质》已对此做过专题论述，请参见该书第六章第五节。

和货币权分离，从而为市场经济提供了生存空间和"催化剂"；市场经济的孕育和萌生促进了西欧社会结构的分化和整合，使各国各地彼此提供了越来越多的市场、技术、资金、商品、新思想、新组织、新制度和新文化。这不仅为英国成为现代社会的滥觞之地提供了充足的负熵流，也为西欧大陆各国后来接受工业革命的各种成果，完成向现代社会的转型奠定了坚实的基础。

　　然而，源于生产奴隶消亡的市场经济之所以能使西方世界兴起，还与西欧拥有英国这样一个具备了现代社会生成所必备的各种内因的国家是分不开的。因为英国现代化的成功使人类社会摆脱了依赖有机能源对其发展的束缚，进入到发展空间无限的矿物经济时代；也使西欧大陆各国有了一个发展的样本；并有了一个能促其国际环境不断变化的发动机，因为它所具备的上述现代社会的五大特征必然要带来经济技术的持续进步、社会制度和社会组织的不断变革，从而极大地加剧了各国间的生存竞争，迫使它们无法按原样生活，而不得不以英国为榜样来改造自己的社会。罗伯特·B.马克斯说："我们有各种理由假设，如果没有这些（工业革命并使英国摆脱了旧生态体制的束缚），棉纺织业在旧生态体制下将会山穷水尽，最终结果不是工业革命而是一个经济的死胡同。""近距离看一下旧生产体制下最发达的经济地区所面临的问题，从中国然后走入英国。我们将会发现，所有旧体制下的经济都已触及生态的极限，而这些极限本应阻止所有这些地区进入工业革命。如果没有一些偶然事情的发生以及一次全球性的机遇，我们所有人也许至今还生活在旧生态体制下。"[①]

　　工业革命成果的输入，促进了西欧大陆各国信息库的更新和资产阶级势力的成长。这些势力以英国为榜样，迫切要求改变现有的制度，对传统社会进行改革。但改革的成效、难度和代价则与各国信息库中传统文化的积淀程度、社会结构的分化整合的程度密切相关。分化整合的程度越低，传统文化和传统势力就越大，反之则越小。传统文化和传统势力越大，现代化的阻力，克服这些阻力所花费的代价就越大。但是，不论阻力和代价有多大，西欧大陆各国仍相继建立起健全的市场经济，将社会结构改造成了多元复合超循环体，实现了现代化。这当然离不开10世纪以来西欧社会结构所历经的

---

　　① ［美］罗伯特·B.马克斯：《现代世界的起源——全球的、生态的述说》，第140页。

分化整合，这使它们具备了接受工业革命的成果，完成向现代社会转型的基础。经济上，它们已经历了几百年的市场经济的孕育，积累了大量的资本和技术，建立了市场经济法制的框架和相当规模的市场网络，拥有了相当大的海外市场；分工有了相当程度的发展，形成了一些与市场经济共命运的社会阶级和社会势力。政治上，它们大都有过不等的民主政治的经历；实行过一定程度的法治；进行过市民社会的建设；产生了一批新的社会势力和阶级。文化上，它们沐浴过市民文化，卷入过文艺复兴、宗教改革和启蒙运动，天主教的蒙昧主义、巫祝术数已不同程度地被抛弃；政教大都实现了分离；信仰自由和思想自由已深入人心。社会结构上，宗族的血缘关系已残存无几，遵循制度已渐成人们的习惯。所有这些，不仅有利于他们接受英国工业革命的各类成果，也为它们自身的变革奠定了各个方面的基础。正因如此，西欧大陆各国，无论是通过自身变革或革命，还是外来强制，都相继实现了现代化。

但是，11世纪以来西欧社会发生的变化都是在天主教这个文化背景下发生的。无此背景，就不会有这些变化。不仅祛魅化、理性化难以做到，生产奴隶、蓄奴制度、习俗和法律的消亡，以及宗族血缘关系的淡化也不会出现，它们在工业革命前的非基督教世界里广泛存在就是铁证。因此，我们所讲的西方世界兴起的奥秘，是在天主教这个大背景之下。超越了这个文化背景，就要考虑非天主教文化对现代化的阻碍作用。

在天主教的范围内，一些国家至今都未能实现现代化；相反，日本等一些非天主教文化的国家却实现了现代化，这说明，天主教文化不是实现现代化的必要条件，更不是充分条件。但是，最先实现现代化的国家，除日本一家之外，其文化根基都离不开天主教；即使今天，除四小龙和日本外，所有的现代国家，其文化根基也都是天主教。为何如此？韦伯曾经言及：天主教本就祛魅化了，清洗天主教中的巫祝成分也就比其他宗教要容易得多。因此，天主教并非是实现现代化的必要条件，民族文化能否祛魅化、理性化才是关键。文化更新和信仰自由的先后不一，为实现现代化付出的代价也就不等。比利时和新教诸小国，付出的代价很小，花的时间也不长，其民族文化同英国大同小异功不可没。法国、意大利、西班牙等国的现代化，一波三折，血腥漫长，其信息库的陈旧罪不可赦，尤其是西班牙。为何如此？主要是十六章中所述的一系列原因，它们的社会结构成为多元复杂超循环体无法循自然途径形成，而必须人工合成。换言之，健全市场经济并为其提供强大的非线性反馈机制，致使社会结构成为多元复合超循环体是自然完成的还是人工合成的，或曰，多元复合超循环体是他组织还是自组织是西欧大陆各国同英国现代化形成过程中的最大的差别。前者的现代化进程之所以落后于后者，就在于它们的多元复杂超循环体无法自然形成而必须人工合成。而它们之间的现代化道路的差异则源于各国进行人工合成的难度。固然，这种难度最终取决于各国社会结构离平衡态的远近，但最直接的因素是各国具有强烈的现代化意识和渊博的现代化学识的民族精英力量的大小，他们是否掌握国家权力，其现代化意识的程度和现代化学识的水平，以及他们对本国国情的了解和把握的程度。总的来讲，各国都不乏这样的民族精英，问题是，他们能否上升为国家的统治阶层。他们在比利时和新教诸小国成了统治阶级，故这些国家的多元复合超循环体的人工合成是轻而易举，他们在西班牙、葡萄牙等国成为统治阶层则迟至 20 世纪 70 年代，故两国的现代化最为滞后。法国、德国、意大利和日本的现代化民族精英则都曾居统治地位。正因如此，其市场经济才得以分娩并有不同程度的发展，国力也有很大的增强；但它们在多元复合超循环体的合成上不是走了弯路，就是借助外援才得以成功。法国的民族精英源于民间，只能通过血腥的革命夺取政权，为此，他们不得不以全民民主来争取广大农民的支持。不过，他们之中也有许多人并不懂得民主是把双刃剑，既可被人用来推进现代化，也可成为反现代化势力阻碍现代化进程的强大武器；若要它产生前一效果，享有民主权力的社会势力必须同市场经济结成共生关系，是超循环圈内的一员。现代化学识上的这一缺失，民主化冲击现代化始终是法国现代化进程中的一个症结，它给各类反现代化势力很多的反扑机会，使其现代化道路血腥漫长。德国、意大利和日本则是后一种情况。它们的现代化民族精英不是由于本身的力量太弱，以至被其国内的反现代化势力剥夺了权力；就是因为其现代化学识严重不足而走入歧途。因此，它们根本无法依靠自身和本国的力量建成多元复合超循环体，而只能在外来的现代社会势力的强制下走完这一步。这两种情况的产生，总的根源仍是其社会结构离平衡态不远，以至各种反现代势力强大，传统文化根深蒂固，思维水平还停留在"对现实的复杂性盲然不见的超级简单化"时代，以至整个民族仍然被传统政治势力所左右，它们用传统的方法来谋求经济的发展，不是在政体上反复摇摆，就是走上法西斯道路。然而，无论合成过程多么曲折，也无论合成是否依赖外力，都是人工合成，都少不了人的主动努力和斗争，少不了预先的计划，和有目的的行动。这就表明它们的现代化有别于英国的现代化，之中有不少的他组织成分。

英国的现代化可谓是典型的自组织，没有预先的计划和行动，一切成果都是其国人始料不及的；而西欧大陆各国的现代化却事先瞄准了复制英国这个目标，并为实现这个目标制订计划，付诸行动，这无疑是他组织行为。但是，他们先前几百年的社会结构的分化整合却不是有意而为，而是自发进行的，也是一种自组织行为。这就说明，就国家而论，西欧大陆各国的现代化中既有自组织成分，也有他组织成分。差别只不过是，比利时和新教诸小国的现代化中自组织成分比法国、德国、意大利和西班牙要多些而已。但是，不论多少，关键的是，他们的现代化中的他组织成分都来自于西方世界。其追求的目标是英国，输入的负熵流也主要来于英国；而对德国、意大利进行强制改造，以促成其现代化的外来势力也主要来于西方世界。这就是说，西欧大陆各国的现代化也同英国的现代化一样，都是西方世界内部发展的结果。因此，从整体上看，西方的现代社会是个自组织，西方世界的现代化是个自组织过程。

如同人体因为基因、出生前后的环境的不同而有许多个体性差异，以至体力、智力和健康程度各有不同那样，发达国家也因环境、文化、现代化历程、国土大小、人口多少、文化差异等许多原因而存在着极大的个体性差异。依据"一般规律"，他们之间发生兴衰更替是很自然的，美国超过英国，成为发达国家的领头羊也是这一规律的必然。无论是系统的规模，还是文化的多样性，其他发达国家无出其右。这虽然要归因于先天的差异，但各国后天的差别也脱不了干系。由于其现代化的自组织性质，它们为之付出的努力是有限的，以至直到今日，它们对其生活的社会从何而来，为何能富强，知之并不多，以至不断地自伤而不知晓。对照各国二战后的所为，那些损伤其"密码载体"和超循环体的国家，所受到的伤害最大。这说明，违背了"一般规律"，不仅无法进化成现代社会，即使是现代社会，也会退化到传统时代。

可见，"一般规律"不仅支配现代社会的孕育和生成，也支配着现代社会的存在和未来，而生命的产生、进化和存在也不能偏离"一般规律"，"一般规律"因而支配着所有类型的自组织的全过程。一切系统、组织，违之者，则无自我进化之力；即使是自组织，亦会异变衰亡。顺之者，则就具有自我孕育、自我产生、自我进化的自组织能力，整个组织就会身不由己地被一个强大的动力推向前进。这个动力就是非线性动力，"非线性动力是事物发展的内在动力和终极原因"。因此，尽管"一般规律"有十四项内容，每项内容涉及的问题都十分复杂，但归根到底却仅有一句话：非线性动力形成并进化到其典型形式协同动力的条件、规则和程序。因此，西方世界为何率先兴起，也可概括为一句话：是因为它率先实现了社会发展动力由合力动力向协同动力的转换。其能如此，是因为它通过分化整合的途径，将社会的各个要素和子系统的性质由线性变为了非线性，进而将整个社会结构改造成了如同人体那样的从最深层次的 DNA 到最高层次的思想和文化都是一个组织上内外相互嵌套、功能上相互耦合的多元复合超循环体。凭借这个超循环体，它就能获得源源不断的负熵流，并使物能信息流在体内畅通无阻，从而使社会结构不仅能充分地发挥出其功能，改造环境，进而凭借不断改进的环境而实现不断地进化。至此，我们也就从西方社会的 DNA，这个远比其细胞商品更深的层次出发，在追踪了它的整个社会结构而不仅仅是经济结构兴起过程的同时，也从横向上揭示了现代社会的整个运行过程，从而第一次完整地揭示出了西方世界兴起的奥秘、社会的构成及其命运的走向。

阐明了现代社会是社会要素的相互作用形式从线性发展到非线性的产物，是社会发展动力由合力动力进化到协同动力的成果，我们也就以当代最先进的自然科学原理为依据，揭示了西方世界崛起的自发性，证实了它是一个典型的自组织过程；从而也就阐明了它难以模仿、难以重复的特点。因为发展中国家无法具备"一般规律"所包含的诸多条件，因而也就难以依据这些条件构成其中的规则，走完其中必不可少的程序。但是，西方世界崛起所取得的物质文明，由此而形成的上述现代社会结构所具有的五大功能则应是人类社会的共同财富。因为它使整个人类从自然界中攫取财富的能力得到了极大的提升，从而使人类文明的发展向前跨进了关键性的一步，没有这一步，人类与禽兽仍会相距不远：竭尽全力仍难以维持温饱。

　　然而，能够跨出这一步，则要得益于我们这个星球上有一个不大不小的国家处于自组织赖以生成和进化的各种条件齐备的"金凤花区域"。现代宇宙学证明，生命之能产生，是因为地球是一个"金凤花区域"，而地球之能齐备生命得以产生和进化的各种条件和巧合，是因为"地球位于数不胜数的金凤花区域之内"[1]。同理，英国之所以能成为工业革命的发源地，前述的自组织生成和进化的十四个条件、规则和程序缺一不可。缺了其中一个，英国也就会连同整个人类一起滞留在传统社会里而只能静等自然灾变的毁灭。众所周知，文字的产生是普遍的，大多数民族都先后拥有了自己的文字，而现代化则只发生在具备自组织生成和进化的诸多条件都具备的西方世界，其所具有的稀缺性和偶然性在人类文明史上是独一无二的，其所取得的物质文明因而也是空前的。现代化之前的人类，"生命短促，近乎禽兽"[2]，是现代化才稍微拉开些人类与动物世界的距离，但是，尽管如此，人类文明的进步还仅仅是开始。直到 20 世纪末，"我们的父辈仍然享受不到"计算机、因特网等电子奇迹，迄今为止的人类世界却还处于 0 类星球文明发展阶段，还没有到达最低级的一类星球文明。因为人类尚不能完全利用到达我们这个星球上的全部太阳能；还不能控制天气，不能使飓风改道；还无法完全控制核能。只有做到了这些，我们的星球文明才能从 0 类上升到一类。唯有进化到一类星球文明，人类才有可能向二类星球文明进军。二类文明能掌握和输出一个恒星的全部能量，可以控制太阳的耀斑，点燃恒星。三类星球文明则能在本星系的广大范围内进行殖民，能够利用 100 亿颗恒星的能量。进而向四类甚至五类星球文明进化，从而真正地实现大自然的自我意识在人身上的实现，使人类成为无所不知、无所不能的"神"。可见，掌握能量的级别和数量是区别星球文明级别的主要判据，每级文明所掌握的能量是前一级文明的 100 亿倍，因为经济的规模与能源的消费正相关。现代化之所以是人类社会自有文字以来的最伟大的变革，关键之一就在于它使人类掌握的能源从有机能源扩展到矿物能源。但是，即使如此，人类目前"在能量生产方面仍然比一类文明小 1000 倍"，虽然今天互联网已很发达，人类文明也仅像

---

　　[1]　使智慧生命成为可能的狭窄参数频带谓"金凤花区域"，请参见：［美］加来道雄：《平行宇宙：穿越创世、高维空间和宇宙未来之旅》，伍义生、包新周译，重庆出版社 2008 年版，第 180—182 页。

　　[2]　［美］加来道雄：《平行宇宙：穿越创世、高维空间和宇宙未来之旅》，第 269 页。

一个0.7类星球文明，离一类星球文明还相距甚远。现代化及其所取得物质文明虽然为人类社会进化到一类文明打开了关键之门，但是，向一类文明的过渡却是"最艰险的。因为我们身上还带着从森林中崛起时就有的野性"。它使当今人类因文化、信仰和意识形态的不同而争斗不已，充满了分裂、偏见、屠杀和血腥。因此，与孩子最危险的时期是其生命的最初的几个月一样，人类文明最危险的时期也是现代化推进其全球化的几个世纪。"一旦建立起一个全球性的政治体系，那么最坏的时期就已经过去了"，因为实现了现代化的全球化，不仅各国的社会结构都会具备现代社会结构所拥有的五大功能，使"全球范围内的协作上升到显著的水平"①，使物质财富得到充分涌流，也会使世界告别"人类精神的史前期"，实现"认识的文明化"，使相互协同成为人类的共识。

显然，要实现现代化的全球化，就需要广大的发展中国家实现现代化。而要做到这一点，它们就先要明白自己落后的根源，而要至此，就要懂得西方世界为何能率先兴起。前面讲过，是什么原因导致西方兴起，又是什么缘故使现代化成为世界其他大多数地区可望而不可即的目标，这两个问题是把连环锁，只有打开锁住了西方世界兴起奥秘的这把锁，才能够为打开后一把锁提供钥匙。当我们揭示了英国成为现代社会滥觞之地的根由，阐明了西欧大陆各国及日本相继跟进、完成了向现代社会转型的国际背景和具体原因，将西方世界兴起的全过程在精神上再现出来后，西方世界为何能在近代率先兴起的奥秘也就大白于天下了。这不仅为发达国家摸脉辨邪、认识现在，预示未来提供了科学指南；也为打开连环锁的另一端：中国封建社会的长期延续和东方文明迟滞不前，准备好了钥匙。虽然，完全打开这把锁，需要对各国做具体分析，这不是本书的任务，但是，钥匙既已具备，不仅开锁是指日可待，一个不言而喻的结论也应该成为共识：发展中国家都不位于实现现代化的"金凤花区域"，不具备西方世界现代化进程中所具备的那些条件，所遇到的环境也不同于后者，因而不可能模仿西方世界，重走它们走过的道路来实现现代化。第二次世界大战后，尽管世界的经济发展速度和繁荣程度远

---

① 参见［美］加来道雄：《平行宇宙：穿越创世、高维空间和宇宙未来之旅》，第229—231、269页；［美］加来道雄：《超越时空：通过平行宇宙、时间卷曲和第十维度的科学之旅》，第316—322页。

过战前，独立国家也空前的多，但成为现代社会的国家和地区却远远少于战前的那次全球化，仅有所谓亚洲四小龙①被人们列入其中。其主要原因是类似于美、加、澳和新西兰那样的英移民国家在世界上已经荡然无存了，余下的发展中国家的现代化则全是彻头彻尾的他组织过程，其实现现代化难度之大实为空前。因此，发展中国家都必须正视自己并不位于实现现代化的"金凤花区域"的这一事实，审视当今世界大势，根据本国国情，运用复杂性科学的成果，批判性地吸收西方世界实现现代化的经验教训，创建出现代化的新模式，走出一条现代化的新道路。其之奥秘，就如通过基因工程，人们能够培育出性能相同于原有的品种的新品种，甚至能产生出质量远优于它的转基因物种，从而推进整个物种的进化。若能成功，则就是创造了人类智慧史上一个最伟大的成就，树立起了一个前所未有的智慧金字塔。因为这种成功是人为的，而不是西欧的那种自发的、天赐的现代化。正因如此，它是可以被复制的，被其他国家模仿的，从而建立起了一个通向现代化的新模式、新道路，开创出人类社会的一个新纪元。

开创出这个新纪元显然是发展中国家，尤其是其中的大国所肩负的拯救人类的重大使命。因为唯有它们才能将人们掌握的现代化规律付诸实践，并在实践中加深对规律的认识而推广到其他发展中国家，从而实现现代化的全球化。根据现代宇宙学的研究成果，能否开辟出这个新纪元，不仅事关发展中国家的命运，也命系全人类的未来。如果仍占世界人口的大半的发展中国家不能实现现代化，现代化也就不能全球化，无法创建出向一类星球文明过渡所"需要的一个由全行星人口组成的团结社会单位"②，人类社会就会处于一个不进则退的窘境。可见，这一关犹如人类进化史上的"龙门"，跳过"龙门"，人类就可以冲天而起，迎来无比灿烂的一级星球文明；跳不过"龙门"，人类就会掉进深渊，逃不掉核战争、温室效应、小行星撞击、超级火山爆发、磁极翻转等灾难，就会倒退回去，再与禽兽为伍，甚至彻底毁灭。因此，发展中国家能否实现现代化是现代化能否实现全球化乃至整个人

---

①　这些地区和国家之所以能实现现代化，也与其地小民寡而无法抵御发达国家的影响是分不开的。这种影响足以改变其各种势力的力量对比。

②　[美]加来道雄：《超越时空：通过平行宇宙、时间卷曲和第十维度的科学之旅》，第336、337页。

类能否实现持续进化的关口。这正如加来道雄等宇宙学家所说，"我们正处在人类历史中最激动人心的时代，处在有史以来一些宇宙发现和技术进步的巅峰"，"已从自然之舞的被动观察者过渡为自然之舞的指挥者"。然而，"令人敬畏的能力附带巨大的责任"，因此，"现在活着的这一代人也许是地球上生活过的人类当中最重要的一代"，因为他们肩负着"保障顺利地过渡到一类文明"的历史使命。① 显然，要实现这一点，就需要人们，特别是学者们和政治家们跳出其传统视野，用复杂性思维思考人类的过去、现在和未来，摒弃一切世俗的纷争，站在全球乃至全人类的高度去思考人类的过去，引领人类的未来。

---

① ［美］加来道雄：《平行宇宙：穿越创世、高维空间和宇宙未来之旅》，第 270 页。

主要参考文献

一、中 文 文 献

1. 马列经典著作

《马克思恩格斯全集》第 1 卷（1956 年）、第 2 卷（2005 年）、第 3 卷（1960 年）、第 4 卷（1958 年）、第 6 卷（1961）、第 7 卷（1959 年）、第 13 卷（2005 年）、第 20 卷（1973 年）、第 21 卷（1965 年）、第 23 卷（1972 年）、第 24 卷（1972 年）、第 25 卷（1974 年）、第 25 卷（1974 年）、第 26 卷 1—3 册（1972 年、1973 年、1974 年）、第 42 卷（1979 年）、第 46 卷（上册：1972 年，下册：1980 年）、第 47 卷（1958 年）、第 48 卷（1985 年）、第 49 卷（1982 年），人民出版社出版。

《马克思恩格斯选集》第 1—4 卷，人民出版社 1995 年版。

马克思：《资本论》第 1 卷，郭大力、王亚南译，人民出版社 1963 年版。

马克思：《资本论》第 3 卷，郭大力、王亚南译，人民出版社 1966 年版。

马克思：《1844 年经济学—哲学手稿》，刘丕坤译，人民出版社 1979 年版。

马克思：《政治经济学批判》，徐坚译，人民出版社 1955 年版。

马克思：《资本主义生产以前各形态》，日知译，人民出版社 1956 年版。

马克思、恩格斯：《费尔巴哈和德国古典哲学的终结》，中央编译局译，人民出版社 1988 年版。

马克思、恩格斯：《资本论书信集》，中央编译局译，人民出版社 1976

年版。

恩格斯：《反杜林论》，吴黎平译，人民出版社 1965 年版。

恩格斯：《自然辩证法》，中共中央马克思恩格斯列宁斯大林著作编译局译，人民出版社 1976 年版。

恩格斯：《德国古代的历史和语言》，刘潇然译，江苏人民出版社 1973年版。

《列宁全集》，第 1 卷、第 10 卷、第 15 卷、第 22 卷、第 38 卷，人民出版社 1972 年、1958 年、1986 年、1988 年版。

列宁：《唯物主义与经验批判主义》，曹葆华译，人民出版社 1960 年版。

列宁：《哲学笔记》，林利等校译，中共中央党校出版社 1990 年版。

毛泽东：《实践论》，人民出版社 1976 年版。

2. 中国古代文献（按时代排，同一时代按笔画数排）

（春秋）左丘明：《左传》，中华书局 2007 年版。

（春秋）左丘明：《国语》，中华书局 2002 年版。

（春秋）管仲：《管子》，中华书局 2004 年校注本。

（战国）吕不韦：《吕氏春秋》，中华书局 2007 年版。

（战国）孟轲：《孟子》，中华书局 2011 年版。

（战国）荀况：《荀子》，中华书局 1979 年校注本。

（汉）司马迁：《史记》，中华书局 1959 年版。

（汉）王符：《潜夫论》，上海古籍出版社 1978 年版。

（汉）杨雄撰，华学诚等编：《杨雄方言校释汇证》，中华书局 2006年版。

（汉）桓宽：《盐铁论》，上海人民出版社 1974 年版。

（晋）葛洪：《抱朴子外篇》，中华书局 2004 年校注本。

（南朝）范晔：《后汉书》，中华书局 2002 年版。

（南朝）梁萧：《昭明文选》，中华书局 1977 年版。

（南朝）魏收：《魏书》，中华书局 1997 年版。

（北魏）杨炫之：《洛阳伽蓝记校注》，范祥雍校注，中国古籍出版社 1978 年版。

（唐）《柳宗元集》，商务印书馆 2007 年版。

（唐）长孙无忌等编：《唐律疏议》，中华书局 1993 年版。

（唐）白居易等编：《唐宋白孔六贴》，吴兴、张芹伯校注，1933 年影印本。

（唐）李林甫等编：《唐六典》，中华书局 1992 年版。

（唐）吴兢：《贞观政要》，中华书局 2011 年版。

（唐）房玄龄等：《晋书》，中华书局 1996 年版。

（唐）赵璘：《因话录》，上海古籍出版社 1979 年版。

（唐）张鷟：《朝野佥载》，赵守俨校点，中华书局 1979 年版。

（唐）魏征等：《隋书》，《四库全书》本。

（唐）钱大群：《唐律疏议新注》，南京师范大学 2007 年版。

（后晋）刘昫等：《旧唐书》，中华书局 1975 年校注本。

（宋）《李觏集》，中华书局 1981 年版。

（宋）王钦若：《册府元龟》，凤凰出版社 2006 年版。

（宋）石介：《石徂徕集》，商务印书馆 1936 年版。

（宋）朱熹：《朱子文集大全类编》，齐鲁书社 1997 年影印本。

（宋）李心传：《建炎以来系年要录》，上海古籍出版社 1992 年影印本。

（宋）李昉等编著：《太平广记》，文友堂 1934 年影印本。

（宋）李焘：《续资治通鉴长编》，中华书局 1980 年版。

（宋）吴自牧：《梦粱录》，浙江人民出版社 1984 年版。

（宋）欧阳修等：《新唐书》，中华书局 1975 年校注本。

（宋）岳珂撰：《愧郯录》，明万历（1573—1620）版本。

（宋）周密：《癸辛杂识续集》，学识斋 1868 年刻本。

（宋）孟元老：《东京梦华录》，中州古籍出版社 2010 年版。

（宋）洪迈：《容斋随笔》，元成宗大德九年（1305 年）刻本。

（宋）徐天麟：《西汉会要》，上海古籍出版社 2006 年版。

（宋）徐铉：《稽神录》，民国早期涵芬楼藏版。

（宋）曾巩：《元丰类稿》，乾隆二十八年（1763）南丰查溪曾氏刻本。

（宋）濮侣庄辑：《濮川志略》，上海书店 1992 年影印本。

（南宋）王应麟：《玉海》，浙江书局清光绪九年（1883）重刊本。

（南宋）范成大撰：《吴郡志》，江苏古籍出版社 1999 年版。

（南宋）熊克：《中兴小记》，商务印书馆 1937 年影印本。

（元）马端临：《文献通考》，浙江古籍出版社 2007 年版。

（元）许有壬：《至正集》，清乾隆邹氏石印本。

（元）官修：《通制条格》，国立北平图书馆 1930 年影印本。

（元）脱脱等：《宋史》，中华书局 2013 年校注本。

（明）宋濂等：《元史》，中华书局 1976 年版。

（明）海瑞：《海瑞集》上下册，中华书局 1962 年版。

（明）王世贞：《弇州山人稿》，明万历五年（1577）世经堂刻本。

（明）包汝辑：《南中纪闻》，乾隆四十年（1775）砚云书屋刻本。

（明）刘辰：《国初事迹》，浙江范懋柱家天一阁藏本。

（明）李绍文：《云间杂识》，上海县修志局民国二十五年（1936）铅印本。

（明）杨慎：《全蜀艺文志》，嘉庆二年（1797）读月草堂刻本。

（明）连镶：《连抑武杂记》，齐鲁书社 1997 年影印本。

（明）吴宽：《匏翁家藏稿》，商务印书馆四部丛刊初编 1929 年影印本。

（明）何乔远：《闽书》，福建人民出版社 1994 年版。

（明）何良俊：《四友斋丛说》，中华书局 1959 年影印本。

（明）宋应星：《天工开物》，上海华通书局 1930 年版。

（明）张燮：《东西洋考》，商务印书馆 1937 年影印本。

（明）陈仁锡：《明文奇尝》，明天启三年（1623）刻本。

（明）周之夔：《弃草文集》，1868 年学识斋刻本。

（明）谢旻等主纂：《江西通志》。

（明）谢肇淛：《五杂俎》，如万历四十四年（1616）如韦馆刻本。

（清）顾炎武撰：《日知录》校注本，陈垣校注，安徽大学出版社 2007 年版。

（清）三泰等：《大清律例》，法律出版社 1999 年版。

（清）王树菜：《罗店镇志》，清光绪十五年（1889）刻本。

（清）王昶：《金石编萃》，1921 年扫叶山房刻本。

（清）王彬：《江山县志》，文溪书院清同治十二年（1873）版本。

（清）王晶、郑守昌等编：《新宁县志》，光绪十九年（1893）刻本。

（清）叶梦珠：《阅世编》，上海古籍出版社1981年版。

（清）伊桑阿、王熙任等主编：《大清会典》，中华书局1991年版。

（清）孙之騄：《二申野录》，同治年吟香馆精刻本。

（清）严可均辑：《全后汉文》，中华书局1958年影印本。

（清）严辰：《桐乡县志》，清光绪十三年（1887）苏州陶漱艺斋刻本。

（清）李馥荣辑：《艳濒囊》，清道光二十七年（1847）铁岭鸣谦退思轩刻本。

（清）余霖纂：《梅里志》，道光四年（1824）华乾重刊本。

（清）汪曰桢纂：《南浔镇志》，同治二年（1863）刊本。

（清）沈葵：《紫堤村志》，清咸丰六年（1856）刻本。

（清）张人镜：《月浦志》，清同治五年（1866）刻本。

（清）张廷玉等：《明史》，中华书局1974年版。

（清）张英：《恒产琐言》。

（清）张承先：《南翔镇志》上海古籍出版社2003年版。

（清）张葆连等：《新宁县志》，道光十五年（1893）刻本。

（清）张履祥：《杨园先生全集》，清同治十年（1871）江苏书局刻本。

（清）张履祥：《补农书》，光绪二十三年（1897）然藜阁刊本。

（清）陈子龙等编：《明经世文编》，中华书局1962年影印本。

（清）陈树德：《安亭志》，上海古籍出版社2003年版。

（清）陈梦雷纂：《古今图书集成》，中华书局1958年版。

（清）陈鹤：《明纪》，世界书局1924年影印本。

（清）昆冈等修：《大清会典》，中华书局1991年版。

（清）官修：《清实录》，中华书局2008年版。

（清）屈大均：《广东新语》，康熙三十九年（1700）木天阁刻本。

（清）赵吉士：《寄园寄所寄》，清康熙三十五年（1696）刻本。

（清）赵吉士撰：《徽州府志》，黄山书社2010年版。

（清）赵宏恩等主纂：《江南通志》，江苏广陵古籍刻印社1987年影印本。

（清）胡琢：《濮镇纪闻》，学识斋1868年复印本。

（清）姚雨芗等纂：《大清律例会通新纂》，文海出版社1987年版。

（清）徐珂编：《清稗类钞》，中华书局 1981 年版。

（清）顾沅：《乾坤正气集》，道光二十八年（1848）袁江节署刻本。

（清）钱泳：《履园丛话》，中华书局 1979 年版。

（清）钱鹤年：《汉阴厅志》，清嘉庆二十三年（1818）刻本。

（清）徐松：《宋会要辑稿》，中华书局 1957 年影印本。

（清）高崇基等修：《安福县志》，乾隆四十七年（1782）刻本。

（清）黄宗羲：《明夷待访录》，北京古籍出版社 1955 年铅印标点本。

（清）铙佺：《衡州府志》，清光绪元年（1875）三学公局藏版。

（清）程其珏：《嘉定县志》，清光绪七年（1881）刻本

（清）程国昶：《泾里志》，江苏古籍出版社 1992 年版。

（清）蓝浦：《景德镇陶录》，嘉庆二十年（1815）异经堂刻本。

（清）戴兆佳：《天台治略》，台湾成文出版社有限公司 1970 年版。

（民国）卢学溥：《乌青镇志》，民国二十五年（1936）刊蓝印本。

（民国）张宝鉴主纂：《江湾里志》，上海社会科学院出版社 2006 年版。

（民国）柯劭忞编撰：《新元史》，中国书店 1935 年版。

3. 外文著作中译本

［比］G.尼科里斯、I.普里高津：《探索复杂性》，罗久里、陈奎宁译，四川教育出版社 1986 年版。

［比］伊·普里戈金、［法］伊·斯唐热编：《从混沌到有序——人与自然的新对话》，曾庆宏、沈小峰译，上海译文出版社 1987 年版。

［比］让·东特：《比利时史》，南京大学外文系法文翻译组译，江苏人民出版社 1973 年版。

［比］伊·普里戈金：《从存在到演化——自然科学中的时间及复杂性》，曾庆宏、沈小峰译，上海科学技术出版社 1986 年版。

［比］亨利·皮雷纳：《中世纪欧洲经济社会史》，乐文译，上海人民出版社 1964 年版。

［比］亨利·皮雷纳：《中世纪的城市》，陈国樑译，商务印书馆 1985 年版。

［丹］腓特烈蒙：《丹麦的农业合作》，李明、张晓华译，世界书局 1930 年版。

〔丹〕耶斯·施达普凯尔：《丹麦概况》，蔡明芳译，中国对外翻译公司1988年版。

〔日〕山本七平：《日本资本主义精神》，莽景石译，生活·读书·新知三联书店1995年版。

〔日〕井上清：《日本历史》，天津市历史研究所译，天津出版社1975年版。

〔日〕中村哲：《近代东亚经济的发展和世界市场》，吕永和、陈成译，商务印书馆1994年版。

〔日〕内田繁雄：《日本社会经济史》，陈敦常译，商务印书馆1936年版。

〔日〕永井道雄：《非西方社会的现代化》，姜振寰，郑德刚译，哈尔滨工业大学出版社1989年版。

〔日〕冲浦和光：《"恶所"民俗志——日本社会的风俗演化》，张博译，上海三联书店2015年版。

〔日〕安冈昭男：《日本近代史》，林和生、李心纯译，中国社会科学出版社1996年版。

〔日〕安田元久：《日本庄园史概说》，童云杨译，武汉大学出版社1990年版。

〔日〕武田清子等：《比较现代化论》，王炜、诸葛尉、张丹译，吉林人民出版社1990年版。

〔日〕依田憙家：《日中两国现代化比较研究》，卞立强、严立贤等译，北京大学出版社1997年版。

〔日〕依田憙家：《近代日本与中国日本的近代化》，卞立强、陈生保、任清玉译，上海辽东出版社2004年版。

〔日〕速水融、富本又郎编：《日本经济史》第1卷：《经济社会的成立：17、18世纪》，厉以平、边湘译，生活·读书·新知三联书店1997年版。

〔日〕望月礼二郎：《英美法》，郭建、王仲涛译，商务印书馆2005年版。

〔丹〕克里斯滕森：《丹麦的农业现代化历程1750—1980》，田晓文译，天津大学1992年版。

〔以〕S. H. 艾森斯塔德：《现代化：抗拒与变迁》，张旅平、沈原、陈育因、迟刚毅译，中国人民大学出版社 1988 年版。

　　［加］马丁·基钦：《剑桥插图德国史》，赵辉、徐芳译，世界知识出版社 2005 年版。

　　［加］哈罗德·伊尼斯：《传播的偏向》，何道宽译，中国人民大学出版社 2009 年版。

　　［冰］思拉恩·埃格特森：《新制度经济学》，吴经邦等译，商务印书馆 1996 年版。

　　［苏］叶·阿·科思明斯基、雅·亚·列维茨基：《十七世纪英国资产阶级革命》上下卷，何清等译，商务印书 1990 年版。

　　［苏］亚·德·柳勃林斯卡娅、达·彼·普里茨克尔、马·尼·库兹明：《法国史纲——从远古到第一次世界大战结束》，北京编译社译，生活·读书·新知三联书店 1978 年版。

　　［苏］列夫臣柯：《拜占廷简史》，包溪译，生活·读书·新知三联书店 1959 年版。

　　［苏］苏联科学院主编：《世界通史》1—5 卷，北京编译社译，生活·读书·新知三联书店 1962 年版。

　　［苏］波梁斯基：《外国经济史（封建主义时代)》，北京大学经济史经济学说史教研室译，生活·读书·新知三联书店 1985 年版。

　　［苏］波赫莱勃金：《挪威》，胡金麟译，商务印书馆 1959 年版。

　　［苏］科斯敏思基、斯卡斯金主编：《中世纪史》第 1 卷，朱庆永译，生活·读书·新知三联书店 1957 年版。

　　［苏］康·格·费多罗夫：《外国国家和法律制度史》，叶长良、曾宪义译，中国人民大学出版社 1985 年版。

　　［苏］琼图洛夫：《外国经济史》，孟援译，上海人民出版社 1962 年版。

　　［苏］奥西诺夫斯基：《托马斯·莫尔》，杨家荣、李兴汉译，商务印书馆 1990 年版。

　　［苏］道布罗夫：《英国经济地理》，王正宪译，商务印书馆 1959 年版。

　　［苏］列·阿·门德尔逊：《经济危机和周期的理论和历史》，吴纪先、郭吴新、赵德演译，第二卷下册，商务印书馆 1977 年版。

　　［古希腊］亚里士多德：《形而上学》，吴寿彭译，商务印书馆 1959

年版。

[古希腊] 亚里士多德：《政治学》，吴寿彭译，商务印书馆1965年版。

[英] 戴维·米勒：《布莱克维尔政治学百科全书》，邓正来译，中国政法大学出版社1992年版。

[英] 大卫·休谟《休谟经济论文选》，陈玮译，商务印书馆1997年版。

[英] F. A. 哈耶克：《自由宪章》，杨玉生等译，中国社会科学出版社1999年版。

[英] F. A. 哈耶克：《致命的自负——社会主义的谬误》，冯克利等译，中国社会科学出版社2000年版。

[英] F. A. 哈耶克《法律、立法与自由》（第一卷），邓正来等译，中国大百科全书出版社2000年版。

[英] F. E. 哈格特：《现代比利时》上下册，南京大学外文系翻译组译，江苏人民出版社1973年版。

[英] G. W. 屈维廉：《英国史》，钱端升译，商务印书馆1933年版。

[英] H. 托尼：《宗教与资本主义的兴起》，赵月琴等译，上海译文出版社2006年版。

[英] J. H. 克拉潘：《1815—1914年法国与德国的经济增长》，付梦粥译，商务印书馆1965年版。

[英] J. M. 凯恩斯：《就业、利息和货币通论》，高鸿业译，商务印书馆1987年版。

[英] L. 罗宾斯：《过去和现在的政治经济学——对经济政策中主要理论的考察》，陈尚霖等译，商务印书馆1997年版。

[英] M. M. 波斯坦、D. C. 科尔曼、P. M. 马赛厄斯主编：《剑桥欧洲经济史》第5卷（E. E. 里奇、C. H. 威尔逊主编：《中世纪的经济组织和经济政策》），高德步、蔡挺、张林等译，经济科学出版社2002年版。

[英] M. M. 波斯坦、D. C. 科尔曼、P. M. 马赛厄斯主编：《剑桥欧洲经济史》第7卷［《工业经济：资本、劳动力和企业》上册（彼得·马赛厄斯、M. M. 波斯坦主编：《英国、法国、德国和斯堪的纳维亚》）］，徐强、李军、马宏生译，经济科学出版社2004年版。

〔英〕M. M. 波斯坦、D. C. 科尔曼、P. M. 赛厄斯主编：《剑桥欧洲经济史》第四卷（E. E. 里奇、C. H. 威尔逊主编：《16 世纪、17 世纪不断扩张的欧洲经济》），张锦冬、钟和、晏波译，经济科学出版社 2003 年版。

〔英〕M. M. 波斯坦、D. C. 科尔曼主编：《剑桥欧洲经济史》第 8 卷（彼得·马赛厄斯、悉尼·波拉德主编：《工业经济：经济政策和社会政策的发展》），王宏伟、钟和等译，经济科学出版社 2004 年版。

〔英〕M. M. 波斯坦、H. J. 哈巴库克主编：《剑桥欧洲经济史》第 6 卷（H. J. 哈巴库克、M. M. 波斯坦主编：《工业革命及其以后的经济发展：收入、人口及技术变迁》），王春法、张伟、赵海波译，经济科学出版社 2002 年版。

〔英〕O. R. 波特主编：《新编剑桥世界近代史》，中国社会科学院世界历史研究所组译，第 1 卷《文艺复兴》，中国社会科学出版社 1988 年版；第 3 卷，《反宗教改革运动和价格革命》，中国社会科学出版社 1988 年版；第 7 卷，《旧制度 1713—1763》，中国社会科学出版社 1999 年版。

〔英〕P. 切克兰德：《系统论的思想与实践》，左晓斯等译，华夏出版社 1990 年版。

〔英〕R. C. 范·卡内冈：《英国普通法的诞生》，李红海译，中国政法大学出版社 2003 年版。

〔英〕马歇尔：《货币、信用与商业》，叶元龙、郭家麟译，商务印书馆 1986 年版。

〔英〕比几斯渴脱：《英国国会史》，〔日〕镰田节堂译，（清）翰墨林编译印书局编译，中国政法大学出版社 2003 年版。

〔英〕丹尼斯·哈伊：《意大利文艺复兴的历史背景》，李班成译，生活·读书·新知三联书店 1988 年版。

〔英〕《自然辩证法研究通讯》编辑部编译：《控制论哲学问题译文集》，商务印书馆 1965 年版。

〔英〕艾伦·麦克法兰：《英国个人主义的起源》，管可铱译，商务印书馆 2008 年版。

〔英〕艾伦·麦克法伦：《现代世界的诞生》，管可秾译，上海人民出版社 2013 年版。

〔英〕艾伦·斯温杰伍德：《社会学思想简史》，陈玮译，社会科学文献出版社 1988 年版。

［英］卡尔·波兰尼：《大转型：我们时代的政治与经济起源》，冯钢、刘阳译，浙江人民出版社 2006 年版。

［英］卡尔·波普：《历史决定论的贫困》，杜汝楫、邱仁宗译，华夏出版社 1987 年版。

［英］卡尔·波普尔：《二十世纪的教训——卡尔·波普尔访谈演讲录》，王凌霄译，广西师范大学出版社 2004 年版。

［英］卡尔·波普尔：《开放社会及其敌人》，陆衡等译，第 1 卷、第 2 卷，中国社会科学出版社 1999 年版。

［英］史蒂芬·霍金：《时间简史：从大爆炸到黑洞》，许明贤、吴忠超译，湖南科学技术出版社 1996 年版。

［英］史蒂芬·霍金：《果壳中的宇宙》，吴忠超译，湖南科技教育出版社 2002 年版。

［英］弗里德里希·冯·哈耶克：《自由秩序原理》，生活·读书·新知三联书店 1997 年版。

［英］托马斯·孟：《英国得自对外贸易的财富》，袁南宇译，商务印书馆 1983 年版。

［英］亚当·斯密：《国民财富的性质和原因的研究》上册，郭大力、王亚南译，商务印书馆 1972 年版。

［英］迈克尔·佩罗曼：《资本主义的诞生——对古典政治经济学的一种诠译》，裴达鹰译，广西师范大学出版社 2001 年版。

［英］迈克尔·曼：《社会权力的来源》第 1 卷，刘北成、李少军译，上海人民出版社 2002 年版。

［英］乔恩·哈利：《日本资本主义政治史》，吴亿萱等译，商务印书馆 1980 年版。

［英］伊丽莎白·拉蒙德：《论英国本土的公共福利》，马清槐译，商务印书馆 1997 年版。

［英］安东尼·吉登斯：《民族国家与暴力》，胡宗泽等译，生活·读书·新知三联书店 1998 年版。

［英］安格斯·麦迪森：《世界经济千年史》，伍晓鹰、许宪春等译，北

京大学出版社 2003 年版。

　　［英］约·欧·尼尔：《伊丽莎白女王》，刘泰星等译，四川人民出版社 1987 年版。

　　［英］约瑟夫·库利舍尔：《欧洲近代经济史》，石军、周莲译，北京大学出版社 1990 年版。

　　［英］约翰·乔恩：《货币史——从公元 800 年起》，李广乾译，商务印书馆 2002 年版。

　　［英］约翰·克拉潘：《简明不列颠经济史（最早时期到一七五零年）》，范定九、王祖廉译，上海译文出版社 1980 年版。

　　［英］约翰·洛克：《论宗教宽容》，吴云贵译，商务印书馆 1982 年版。

　　［英］约翰·格里宾：《双螺旋探秘——量子物理学与生命》，方玉珍、朱进宁等译，上海科学技术出版社 2010 年版。

　　［英］约翰·格雷：《伪黎明——全球资本主义的幻象》，张敦明译，中国社会科学出版社 2002 年版。

　　［英］约翰·密尔：《论自由》，程崇华译，商务印书馆 1996 年版。

　　［英］克里斯托弗·道森：《宗教与西方文化的兴起》，长川某译，四川人民出版社 1989 年版。

　　［英］克拉潘：《现代英国经济史》，姚曾廙译，上卷中卷下卷，商务印书馆 1997 年版。

　　［英］伯里：《思想自由史》，宋桂煌译，吉林人民出版社 1999 年版。

　　［英］希克斯：《经济史理论》，厉以平译，商务印书馆 1987 年版。

　　［英］阿·莱·莫尔顿：《人民的英国史》，谢琏造等译，生活·读书·新知三联书店 1958 年版。

　　［英］阿尔弗雷德·马歇尔：《经济学原理》下卷，朱志泰、陈良璧译，人民日报出版社 2009 年版。

　　［英］约翰·阿克顿：《自由史论》，胡传胜、陈刚等译，译林出版社 2001 年版。

　　［英］阿萨·勃里格斯：《英国社会史》，陈叔平等译，中国人民大学出版社 1992 年版。

　　［英］杰弗里·巴勒克拉夫主编：《泰晤士世界历史地图集》，邓蜀生

译，生活·读书·新知三联书店 1982 年版。

　　［英］肯尼斯·O.摩根：《牛津英国通史》，王觉非等译，商务印书馆 1993 年版。

　　［英］罗伯特·杜普莱西斯：《早期欧洲现代资本主义的形成过程》，朱智强、龚晓华、张秀明译，辽宁教育出版社 2001 年版。

　　［英］佩里·安德森：《从古代到封建主义的过渡》，郭力、刘健译，商务印书馆 2001 年版。

　　［英］佩里·安德森：《绝对主义国家的系谱》，刘北成、龚晓庄译，上海人民出版社 2001 年版。

　　［英］查尔斯·达维南特：《论英国的公共收入与贸易》，朱泱、胡企林译，商务印书馆 1995 年版。

　　［英］威廉·多伊尔：《法国大革命的起源》，张弛译，上海人民出版社 2009 年版。

　　［英］施脱克马尔：《十六世纪英国简史》，上海外国语学院编译室译，上海人民出版社 1958 年版。

　　［英］埃里克·罗尔：《经济思想史》，陆元诚译，商务印书馆 1981 年版。

　　［英］埃里克·霍布斯鲍姆：《民族与民族主义》，李金梅译，上海人民出版社 2000 年版。

　　［英］埃德蒙·柏克：《自由与传统》，蒋庆、王瑞昌译，商务印书馆 2001 年版。

　　［英］配第：《政治算术》，陈冬野译，商务印书馆 1978 年版。

　　［英］恩斯特·亨利：《希特勒征服欧洲的计划》，孟用懵译，各大书局 1936 年版。

　　［英］爱德华·伯曼：《宗教裁判所——异端之锤》，何开松译，辽宁教育出版社 2001 年版。

　　［英］诺拉斯：《英国产业革命史论》，张格伟译，商务印书馆 1936 年版。

　　［英］理查德·道金斯：《自私的基因》，卢允中、张岱云译，吉林人民出版社 2010 年版。

　　［英］温斯顿·丘吉尔：《英语国家史略》上册，薛力敏、林林译，新华出版社 1985 年版。

〔英〕詹姆斯·布赖斯：《神圣罗马帝国》，孙秉莹等译，商务印书馆2000年版。

〔英〕霍布斯：《利维坦》，黎思复、黎廷弼译，商务印书馆1985年版。

〔英〕戴维·M.沃克：《牛津法律大辞典》，李双元译，法律出版社2003年版。

〔英〕戴维·皮克斯：《现代经济学辞典》，宋承先等译，上海译文出版社1988年版。

〔英〕戴维·赫尔德：《民主的模式》，燕继荣等译，中央编译出版社1998年版。

〔法〕《魁奈经济著作选集》，吴斐丹、张草纫译，商务印书馆1983年版。

〔法〕G.勒纳尔、G.乌勒西：《近代欧洲的生活和劳作：从15—18世纪》，杨军译，上海三联书店2008年版。

〔法〕P.布瓦松纳：《中世纪欧洲生活和劳动（五至十五世纪）》，潘源来译，商务印书馆1985年版。

〔法〕马克·布洛赫：《法国农村史》，余中先等译，商务印书馆1991年版。

〔法〕马克·布洛赫：《封建社会》上卷，张绪山译；下卷，李增洪等译，商务印书馆2005年版。

〔法〕艾因哈德：《查理大帝传》，戚国淦译，商务印书馆1958年版。

〔法〕卢梭：《社会契约论》，何兆武译，商务印书馆1994年版。

〔法〕让·德科拉：《西班牙史》，管震湖译，商务印书馆2003年版。

〔法〕弗朗索瓦·多斯：《碎片化的历史学——从"年鉴"杂志到"新史学"》，马胜利译，北京大学出版社2008年版。

〔法〕皮埃尔·米盖尔：《法国史》，蔡鸿滨等译，商务印书馆1985年版。

〔法〕托克维尔：《论美国的民主》上、下卷，黄果良译，商务印书馆1991年版。

〔法〕伏尔泰：《哲学通信》，高达观译，上海人民出版社2005年版。

〔比〕伊·普里戈金、〔法〕伊·斯唐热：《从混沌到有序——人与自然的新对话》，曾庆宏、沈小峰译，上海译文出版2005年版。

〔法〕伊波利特·泰纳：《现代法国的起源：旧制度》，黄艳红译，吉林出版集团有限责任公司 2014 年版。

　　［法］米歇尔·博德：《资本主义史 1500—1980》，吴艾美译，东方出版社 1986 年版。

　　［法］安德列·比尔基埃等主编：《家庭史》第 1 卷，袁树仁、姚静、肖桂译，生活·读书·新知三联书店 1998 年版。

　　［法］里昂耐尔·理查尔：《魏玛共和国时期的德国（1919—1933)》，李末译，山东画报出版社 2005 年版。

　　［法］阿尔贝·索布尔：《法国大革命史》，马胜利等译，中国社会科学出版社 1989 年版。

　　［法］昂利·彭加勒：《科学的价值》，李醒民译，光明日报出版社 1998 年版。

　　［法］保尔·芒图：《十八世纪产业革命》，杨人楩、陈希泰、吴绪译，商务印书馆 1983 年版。

　　［法］费尔南·布罗代尔：《15 至 18 世纪的物质文明、经济和资本主义》，生活·读书·新知三联书店（1—3 卷）：第 1 卷，顾良、施康强译，1992 年版；第 2 卷，顾良译，1993 年版；第 3 卷，施康强、顾良译，1993 年版。

　　［法］费尔南·布罗代尔：《法兰西的特性——人与物（下)》，顾良、张泽乾译，商务印书馆 1997 年版。

　　［法］费尔南·布罗代尔：《法兰西的特性——人与物（上)》，顾良、张泽乾译，商务印书馆 1995 年版。

　　［法］费尔南·布罗代尔：《法兰西的特性——空间和历史》，顾良、张泽乾译，商务印书馆 1994 年版。

　　［法］费尔南·布罗代尔：《资本主义论丛》，顾良、张惠君译，中央编译出版社 1997 年版。

　　［法］弗罗南·布罗代尔：《资本主义的动力》，杨起译，生活·读书·新知三联书店 1997 年版。

　　［法］弗罗南·布罗代尔：《菲力普二世时代的地中海和地中海世界》(1—2 卷)，唐家龙、曾增耿等译，商务印书馆 1996 年版。

　　［法］费尔南德·莫塞：《英语简史》，水天同等译，外语教学与研究出

版社 1990 年版。

〔法〕泰格·利维：《法律与资本主义的兴起》，纪琨译，学林出版社 1996 年版。

〔法〕埃米尔·涂尔干：《社会学方法的准则》，狄玉明译，商务印书馆 1995 年版。

〔法〕埃德加·莫兰：《复杂性思想导论》，陈一壮译，华东师范大学出版社 2008 年版。

〔法〕埃德加·莫兰：《复杂思想：自觉的科学》，陈一壮译，北京大学出版社 2001 年版。

〔法〕埃德蒙·波尼翁：《公元 1000 年的欧洲》，席继权译，山东画报出版社 2005 年版。

〔法〕诺埃尔·让纳内：《西方媒介史》，段慧敏译，广西师范大学出版社 2001 年版。

〔法〕基佐：《一六四零年英国革命史》，伍光健译，商务印书馆 2001 年版。

〔法〕F. 基佐：《欧洲文明史——自罗马帝国败落到法国革命》，程洪逵等译，商务印书馆 1998 年版。

〔法〕雅克·莫诺：《偶然性与必然性（略论现代生物学的自然哲学)》，上海外国自然科学哲学著作编译组译，上海人民出版社 1977 年版。

〔法〕雷吉娜·佩尔努：《法国资产阶级史·近代》，上下册，康新文等译，上海译文出版社 1991 年版。

〔法〕德尼兹·加亚尔、阿尔德伯特：《欧洲史》，蔡鸿滨、桂裕芳译，海南出版社 2005 年版。

〔南〕斯韦托扎尔、平乔维奇：《产权经济学》，蒋琳琦译，经济科学出版社 1999 年版。

〔美〕B. 格林《宇宙的琴弦》，李泳译，湖南科学技术出版社 2005 年版。

〔美〕C. E. 布莱克：《现代化的动力——一个比较史的研究》，景跃进、张静译，浙江人民出版社 1989 年版。

〔美〕C. E. 林德布鲁姆：《市场体制的秘密》，耿修林译，江苏人民出版社 2002 年版。

［美］C. H. 麦基文：《宪政古今》，翟小波译，贵州人民出版社 2004
年版。

［美］H. S. 塞耶编：《牛顿自然哲学著作选》，王福山等译，上海译文
出版社 2001 年版。

［美］J. 布里格斯、F. D. 皮特：《湍鉴》，刘华杰、潘涛译，商务印书馆
1998 年版。

［美］M. 艾根、P. 舒斯特尔：《超循环论》，曾国屏、沈小峰译，上海
译文出版社 1990 年版。

［美］M. 罗斯托夫采夫：《罗马帝国社会经济史》（上下册），马雍、厉
以宁译，商务印书馆 1985 年版。

［美］M. 盖尔曼著：《夸克与美洲豹——简单性和复杂性的奇遇》，杨
建邺等译，湖南科学技术出版社 1998 年版。

［美］P. R. 格雷戈里、R. C. 斯图尔特：《比较经济体制学》，林志军、
刘平等译，上海三联书店 1988 年版。

［美］R. K. 默顿：《十七世纪英国的科学、技术与社会》，范岱年等译，
四川人民出版社 1986 年版。

［美］罗伯特·R. 达尔：《多元主义民主的困境》，尤正名译，求实出
版社 1989 年版。

［美］T. 帕森斯：《现代社会的结构与过程》，梁向阳译，光明日报出版
社 1988 年版。

［美］W. W. 罗斯托：《这一切是怎样开始的——现代经济的起源》，黄
其祥译，商务印书馆 1997 年版。

［美］W. W. 罗斯托：《经济成长的阶段——非共产党宣言》，国际关系
研究所编辑室译，商务印书馆 1962 年版。

［美］马克·戴维森：《隐匿中的奇才——路德维希·冯·贝塔朗菲
传》，陈蓉霞译，东方出版中心 1999 年版。

［美］贝迪阿·纳恩·瓦尔马：《现代化问题探索》，周忠德、严炬新
译，知识出版社 1983 年版。

［美］巴林顿·摩尔：《民主和专制的社会起源》，拓夫等译，华夏出版

社 1987 年版。

［美］艾里克·威廉斯：《资本主义和奴隶制度》，陆志宝等译，北京师范大学出版社 1982 年版。

［美］艾恺：《世界范围内的反现代化浪潮——论文化守成主义》，贵州人民出版社 1991 年版。

［美］布鲁斯·罗森布鲁姆、弗里德·库特纳：《量子之谜——物理学遇到意识》，向真译，湖南科学技术出版社 2011 年版。

［美］布赖恩·格林：《宇宙的结构——空间、时间以及真实性的意义》，刘茗引译，湖南科学技术出版社 2015 年版。

［美］卡尔·A. 魏特夫：《东方专制主义——对于极权力量的比较研究》，拓夫、张东东、杨念群、刘鸿辉译，中国社会科学出版社 1989 年版。

［美］汉密尔顿等：《联邦党人文集》，程逢如等译，商务印书馆 1980 年版。

［美］尼尔·斯梅尔瑟：《经济社会学》，方明、折晓明译，华夏出版社 1989 年版。

［美］弗·卡普拉：《转折点：科学·社会·兴起中的新文化》，冯禹、向世陵等编译，中国人民大学出版社 1989 年版。

［美］弗兰西斯·福山：《历史的终结》，本书翻译组译，远方出版社 1998 年版。

［美］弗里德里希·沃特金斯：《西方政治传统——现代自由主义发展研究》，黄辉等译，吉林人民出版社 2001 年版。

［美］弗里德曼：《法律制度》，李琼英、林欣译，中国政法大学出版社 1994 年版。

［美］加布里埃尔·阿尔蒙德、小 G. 宾厄姆·鲍威尔：《比较政治学：体系过程和政策》，曹沛林等译，上海译文出版社 1987 年版。

［美］加来道雄：《平行宇宙：穿越创世、高维空间和宇宙未来之旅》，伍义生、包新周译，重庆出版社 2008 年版。

［美］加来道雄：《超越时空——通过平行宇宙、时间卷曲和第十维度的科学之旅》，刘尔玺、曹志良译，上海科技教育出版社 2009 年版。

［美］加勒特·汤姆森：《笛卡尔》，王军译，中华书局 2002 年版。

［美］托马斯·K.麦格劳：《现代资本主义——三次工业革命中的成功者》，赵文书、肖锁章译，江苏人民出版社 2000 年版。

［美］西里尔·E.布莱克：《比较现代化》，杨豫、陈祖洲译，上海译文出版社 1996 年版。

［美］乔万尼·阿瑞吉、贝弗里·J.西尔弗：《现代世界体系的混沌与治理》，王宇洁译，生活·读书·新知三联书店 2003 年版。

［美］乔治·霍兰·萨拜因：《政治学说史》上册，盛葵阳、崔妙因译，商务印书馆 1986 年版。

［美］格尔哈斯·E.伦斯基：《权力和特权社会分层的理论》，关信平译，浙江人民出版社 1988 年版。

［美］伊迪丝·汉密尔顿：《希腊方式——通向西方文明的源流》，徐齐平译，浙江人民出版社 1988 年版。

［美］伊曼纽尔·沃勒斯坦：《现代世界体系》（1—3 卷），尤来寅等译，第 1 卷，1998 年版；第 2 卷、第 3 卷，高等教育出版社 2000 年版。

［美］米尔顿·弗里德曼：《资本主义与自由》，张瑞玉译，商务印书馆 1986 年版。

［美］米歇尔·沃尔德罗普：《复杂——诞生于秩序与混沌边缘的科学》，陈玲译，生活·读书·新知三联书店 1997 年版。

［美］约翰·斯梅尔：《中产阶级文化的起源》，陈勇、冯克利译，上海人民出版社 2006 年版。

［美］约翰·惠特尼·霍尔：《日本——从史前到现代》，邓懿、周一良译，商务印书馆 1997 年版。

［美］约翰·霍兰：《涌现——从混沌到有序》，陈禹等译，上海科学技术出版社 2006 年版。

［美］麦尼尔：《竞逐富强——西方军事的现代化历程》，倪大昕、刘锋译，学林出版社 1996 年版。

［美］坚尼·布鲁克尔：《文艺复兴时期的佛罗伦萨》，朱龙华译，生活·读书·新知三联书店 1985 年版。

［美］里亚·格林菲尔德：《资本主义精神——民族主义与经济增长》，张京生、刘新义译，上海人民出版社 2004 年版。

　　［美］阿历克斯·英克尔斯：《人的现代化素质探索》，曹中德等译，天津社会科学出版社 1995 年版。

　　［美］阿列克斯·英克尔斯、戴维·史密斯：《从传统人到现代人——六个发展中国家的个人变化》，顾昕译，中国人民大学出版社 1992 年版。

　　［美］欧阳莹之：《复杂系统理论基础》，田宝国、周亚、樊英译，上海科技教育出版社 2002 年版。

　　［美］罗伯特·B. 马克斯：《现代世界的起源——全球的、生态的述说》，夏继果译，商务印书馆 2006 年版。

　　［美］罗伯特·J. 林格：《重建美国人的梦想》，章仁铨、林同奇译，上海译文出版社 1983 年版。

　　［美］罗伯特·K. G. 坦普尔：《中国发明和发现的国度——中国的 100 个世界第一》，陈养正、陈小慧等译，21 世纪出版社 1995 年版。

　　［美］罗伯特·达尔：《论民主》，李柏光译，商务印书馆 1999 年版。

　　［美］罗伯特·海尔布罗纳：《现代化理论研究》，俞新天等译，华夏出版社 1989 年版。

　　［美］罗·庞德：《通过法律的社会控制——法律的任务》，沈宗灵等译，商务印书馆 1984 年版。

　　［美］罗斯科·庞德：《普通法的精神》，唐前宏等译，法律出版社 2001 年版。

　　［美］帕尔默·科尔顿：《近现代世界史》上册，孙福生、陈敦全译，商务印书馆 1998 年版。

　　［美］帕深思、默顿等：《现代社会学结构功能论选读》，黄瑞祺编译，台湾巨流图书公司 1984 年版。

　　［美］彼得·圣吉：《第五项修炼》，张成林译，上海三联书店 1999 年版。

　　［美］威尔·杜兰：《世界文明史——信仰的时代》（上、中、下），幼狮文化公司译，东方出版社 1999 年版。

　　［美］威利斯顿·沃尔克：《基督教会史》，孙善玲、段琦、朱代强译，中国社会科学出版社 1991 年版。

　　［美］威廉·伯恩斯坦：《财富的诞生：现代世界繁荣的起源》，易晖等译，中国财经出版社 2007 年版。

［美］哈罗德·J. 伯尔曼：《法律与宗教》，梁治平译，生活·读书·新知三联书店 1991 年版。

［美］哈罗德·J. 伯尔曼：《法律与革命——西方法律传统的形成》，贺卫方等译，中国大百科全书出版社 1993 年版。

［美］科佩尔·S. 平森：《德国近现代史：它的历史和文化》上册、下册，范德一译，商务印书馆 1987 年版。

［美］科斯：《财产权利与制度变迁——产权学派与新制度学派译文集》，刘守英译，上海三联书店 1991 年版。

［美］L. 科塞：《社会冲突的功能》，孙立平等译，华夏出版社 1989 年版。

［美］保罗·A. 萨缪尔森等：《经济学》，高鸿业等译，中国发展出版社 1992 年版。

［美］保罗·肯尼迪：《大国的兴衰——1500—2000 年的经济变迁与军事冲突》，王保存等译，求实出版社 1988 年版。

［美］埃里克·詹奇：《自组织的宇宙观》，曾国屏等译，中国社会科学出版社 1992 年版。

［意］欧文·拉兹洛：《进化——广义综合理论》，闵家胤译，社会科学文献出版社 1988 年版。

［美］莫里斯·博恩斯坦主编：《比较经济体制》，王铁生译，中国财经出版社 1988 年版。

［美］贾恩弗兰科·波齐：《近代国家的发展》，沈汉译，商务印书馆 1997 年版。

［美］爱德华·S. 考文：《美国宪法的高级法背景》，强世功译，三联出版社 1996 年版。

［美］曼瑟尔·奥尔森：《集体行动的逻辑》，陈郁译，上海人民出版社 1995 年版。

［美］塔尔科特·帕森斯、尼尔·斯梅尔塞：《经济与社会》，刘进等译，华夏出版社 1989 年版。

［美］彭慕兰：《大分流：中国、欧洲与现代世界经济的形成》，史建云译，江苏人民出版社 2003 年版。

〔美〕斯塔夫里阿诺斯：《全球通史——1500 年以前的世界》，吴象婴译，上海社会科学出版社 1988 年版。

〔美〕奥格本：《社会变迁：关于文化的先天的本质》，王晓毅等译，浙江人民出版社 1989 年版。

〔美〕鲁姆斯·W. 汤普逊：《中世纪经济社会史》上下册，耿淡如译，商务印书馆 1984 年版。

〔美〕道格拉斯·C. 诺斯、罗伯特·保尔·托马斯：《西方世界的兴起》，张炳九译，学苑出版社 1988 年版。

〔美〕道格拉斯·C. 诺斯：《制度、制度变迁与经济绩效》，刘守英译，上海人民出版社 1994 年版。

〔美〕道格拉斯·C. 诺斯：《经济史上的结构和变革》，厉以平译，商务印书馆 1992 年版。

〔美〕詹姆斯·W. 汤普逊：《中世纪晚期欧洲经济社会史》，徐家玲等译，商务印书馆 1992 年版。

〔美〕塞缪尔·P. 亨廷顿：《变化社会中的政治秩序》，王冠华等译，生活·读书·新知三联书店 1989 年版。

〔美〕塞缪尔·亨廷顿等：《现代化理论与历史经验的再探讨》，罗荣渠等编译，上海译文出版社 1993 年版。

〔美〕熊彼特：《从马克思到凯恩斯十大经济学家》，宁嘉风译，商务印书馆 1965 年版。

〔美〕熊彼特：《资本主义、社会主义和民主主义》，绛枫译，商务印书馆 1979 年版。

〔美〕缪勒：《公共选择》，张军译，生活·读书·新知三联书店 1993 年版。

〔美〕德·希·珀金斯：《中国农业的发展（1368—1968 年)》，宋海天等译，上海译文出版社 1984 年版。

〔美〕德隆·阿西莫格鲁、詹姆斯·A. 罗宾逊：《国家为什么会失败——权力、富裕与贫困的根源》，李增刚译，湖南科学技术出版社 2015 年版。

〔美〕霍兰：《隐秩序——适应性造就复杂性》，周晓牧、韩晖译，上海科技教育出版社 2000 年版。

〔美〕戴维·S.兰德斯：《国富国穷》，门洪华、安增才等译，新华出版社 2001 年版。

〔美〕戴维·波普诺：《社会学》，刘云德等译，辽宁人民出版社 1988 年版。

〔埃〕萨米尔·阿明：《不平等的发展：论外围资本主义的社会形态》，高铬译，商务印书馆 2000 年版。

〔荷〕约翰·赫伊津哈：《十七世纪的荷兰文明》，何道宽译，花城出版社 2001 年版。

〔秘鲁〕赫尔南多·德·索托：《资本的秘密》，于海生译，华夏出版社 2007 年版。

〔奥地利〕L. 贝塔兰菲：《一般系统论》，秋同、袁嘉新译，社会科学文献出版社 1987 年版。

〔奥地利〕埃尔温·薛定谔：《生命是什么》，吉宗祥译，世界图书出版公司 2016 年版。

〔瑞士〕布克哈特：《意大利文艺复兴时期的文化》，何新译，商务印书馆 1976 年版。

〔瑞典〕安德生：《瑞典史》上下册，苏公隽译，商务印书馆 1963 年版。

〔瑞士〕埃里希·艾克：《魏玛共和国史》，高年生、高荣生译，商务印书馆 1994 年版。

〔意〕卡洛·M.奇波拉：《欧洲经济史》第 1 卷（中世纪时期），徐璇译，商务印书馆 1988 年版；第 2 卷（十六和十七世纪时期），贝昱、张菁译，商务印书馆 1988 年版；第 3 卷（工业革命），吴良健等译，商务印书馆 1989 年版。

〔意〕欧文·拉兹洛：《进化——广义综合理论》，闵家胤译，社会科学文献出版社 1988 年版。

〔意〕欧文·拉兹洛：《系统哲学引论》，钱兆华、熊继宁、金纬译，商务印书馆 1998 年版。

〔意〕契波拉：《欧洲经济史：工业社会的兴起》第 1 册、第 2 册，张彬村、林丽华译，远流出版事业股份有限公司 1989 年版。

〔意〕翁贝托·梅洛蒂：《马克思与第三世界》，高铬译，商务印书馆

1981 年版。

　　［意］萨尔沃·马斯泰罗内：《欧洲政治思想史》，黄华光译，社会科学文献出版社 2001 年版。

　　［德］［英］哈孟德夫妇：《近代工业的兴起》，韦国栋译，商务印书馆 1959 年版。

　　［德］《费希特著作选集》，梁志学译，第一卷，商务印书馆 1990 年版。

　　［德］《费尔巴哈哲学著作选集》下卷，荣震华、王太庆、陈小慧译，生活·读书·新知三联书店 1962 年版。

　　［德］H. 哈肯：《协同学引论　物理学、化学和生物学中的非平衡相变和自组织》，徐锡申等译，原子能出版社 1984 年版。

　　［德］H. 哈肯：《协同学讲座》，宁存政等译，陕西科学技术出版社 1987 年版。

　　［德］H. 哈肯：《信息与自组织——复杂系统的宏观方法》，郭治安等译，四川教育出版社 1988 年版。

　　［德］H. 哈肯：《高等协同学》，郭治安译，科学出版社 1989 年版。

　　［德］赫尔曼·哈肯：《协同学——大自然构成的奥秘》，凌复华译，上海译文出版社 2001 年版。

　　［德］W. 海森伯：《物理学和哲学》，范岱年译，商务印书馆 1984 年版。

　　［德］马克斯·韦伯：《文明的历史脚步——韦伯文集》，黄宪起、张晓琳译，上海三联书店 1988 年版。

　　［德］马克斯·维贝尔：《世界经济通史》，姚曾懋译，上海译文出版社 1981 年版。

　　［德］马克斯·韦伯：《经济与社会》（上下卷），林荣远译，商务印书馆 1997 年版。

　　［德］马克斯·韦伯：《新教伦理与资本主义精神》，于晓、陈维纲等译，生活·读书·新知三联书店 1987 年版。

　　［德］马克斯·韦伯：《儒教与道教》，洪天富译，江苏人民出版社 1993 年版。

　　［德］马克斯·布劳巴赫：《德意志史》第 2 卷（从宗教改革至专制主

义结束）上册，陆世澄、王昭仁译，商务印书馆 1998 年版。

　　〔德〕卡尔·艾利希、博恩等：《德意志史》第三卷，张载阳等译，商务印书馆 1991 年版。

　　〔德〕汉斯·豪斯赫尔：《近代经济史——从十四世纪末到十九世纪下半叶》，王庆余、吴衡康、五成稼译，商务印书馆 1987 年版。

　　〔德〕汉斯-维尔纳·格茨：《欧洲中世纪生活：7—13 世纪》，王亚平译，东方出版社 2002 年版。

　　〔德〕伟·桑巴特：《现代资本主义》，李季译，商务印书馆 1958 年版。

　　〔德〕贡德·弗兰克：《白银资本——重视经济全球化中的东方》，刘北成译，中央编译出版社 2001 年版。

　　〔德〕哈贝马斯：《公共领域的结构转型》，曹卫东译，学林出版社 1999 年版。

　　〔德〕埃里希·卡勒尔：《德意志人》，黄正柏、邢来顺、袁正清译，商务印书馆 1999 年版。

　　〔德〕诺贝特·埃利亚斯：《文明的进程》，第一卷，王佩莉译，生活·读书·新知三联书店 1998 年版；第二卷，袁志英译，生活·读书·新知三联书店 1999 年版。

　　〔德〕康拉德：《近代科技史话》，吴衡康等译，科学普及出版社 1981 年版。

　　〔德〕康德：《历史理性批判文集》，何兆武译，商务印书馆 1990 年版。

　　〔德〕康德：《宇宙发展史概论》，全增嘏译，上海人民出版社 1972 年版。

　　〔德〕维尔纳·桑巴特：《奢侈与资本主义》，王燕平、侯小河译，上海人民出版社 2000 年版。

　　〔德〕黑格尔：《小逻辑》，贺麟译，商务印书馆 1980 年版。

　　〔德〕黑格尔：《法哲学原理》，张企泰译，商务印书馆 1961 年版。

　　〔德〕奥特弗利德·赫费：《政治的正义性——法和国家的批判哲学之基础》，庞学铨等译，上海译文出版社 1998 年版。

　　〔澳〕杨小凯、黄有光：《专业化与经济组织——一种新兴古典微观经济学框架》，张玉纲译，经济科学出版社 1999 年版。

4. 中国现当代著作（按笔画数排）

丁建弘、李霞：《德国文化——普鲁士精神和文化》，上海社会科学出版社 2003 年版。

丁建宏：《发达国家的现代化道路——一种社会历史学的研究》，北京大学出版社 1999 年版。

万晓光：《发展经济学》，中国展望出版社 1987 年版。

万峰：《日本资本主义史研究》，湖南人民出版社 1984 年版。

马长山：《国家、市民社会与法治》，商务印书馆 2002 年版。

马克垚：《中西封建社会比较研究》，学林出版社 1997 年版。

马克垚：《西欧封建经济形态研究》，人民出版社 1985 年版。

马克垚：《英国封建社会研究》，北京大学出版社 2005 年版。

马克垚：《封建政治概论》，人民出版社 2010 年版。

丰子义：《现代化的理论基础》，北京大学出版社 1995 年版。

王正毅：《世界体系论与中国》，商务印书馆 2000 年版。

王加丰、张卫良：《西欧原工业化的兴起》，中国社会科学出版社 2004 年版。

王亚平：《权利之争》，东方出版社 1995 年版。

王亚平：《修道院的变迁》，东方出版社 1998 年版。

王治来：《中亚史纲》，湖南教育出版社 1986 年版。

王珏主编：《市场经济概论》，中共中央党校出版社 1994 年版。

王贵友：《混沌到有序——协同学简介》，湖北人民出版社 1987 年版。

王觉非：《英国政治经济和社会现代化》，南京大学出版社 1989 年版。

王章辉、孙娴：《工业社会的勃兴》，人民出版社 1995 年版。

王章辉、黄柯可主编：《欧美农村劳动力的转移与城市化》，社会科学文献出版社 1999 年版。

王渊明：《历史视野中的人口与现代化》，浙江人民出版社 1995 年版。

王曾瑜：《宋朝阶级结构》，河北教育出版社 1996 年版。

韦庆远、吴奇衍、鲁素：《清代奴婢制度》，中国人民大学出版社 1982 年版。

中国日本史研究会：《日本史论文集》，生活·读书·新知三联书店1982年版。

中国古都学会编：《中国古都研究》，浙江人民出版社1985年版。

中国史研究编辑部：《中国封建社会经济结构研究》，中国社会科学出版社1985年版。

中国生产力经济学研究会编：《生产力规律研究》，经济科学出版社1985年版。

中国社会科学院情报研究所编：《科学学译文集》，科学出版社1980年版。

中国科学院经济研究所世界经济室编：《主要资本主义国家经济统计集（1846—1960）》，世界知识出版社1962年版。

中美联合编审委员会：《简明不列颠百科全书》，中国大百科全书出版社1986年版。

乌杰：《系统辩证论》，北京大学出版社1993年版。

文物编辑委员会：《文物考古工作三十年》，文物出版社1980年版。

方豪：《瑞士荷兰比利时》，王伯蛉译，（台湾）地球出版社1977年版。

尹虹：《十六、十七世纪前期英国流民问题研究》，中国社会科学出版社2003年版。

尹保云：《什么是现代化——概念与范式的探讨》，人民出版社2001年版。

邓正来、J. C. 亚历山大编：《国家与市民社会——一种社会理论的研究路径》，中央编译出版社1999年版。

艾思奇：《辩证唯物主义与历史唯物主义》，人民出版社1978年版。

厉以宁：《资本主义的起源——比较经济史研究》，商务印书馆2003年版。

龙秀清：《西欧社会转型中的教廷财政》，济南出版社2001年版。

龙登高：《中国传统市场发展史》，清华大学出版社2003年版。

北京大学现代科学与哲学研究中心：《复杂性新探》，人民出版社2007年版。

卢现祥：《西方新制度经济学》，中国发展出版社1996年版。

卢嘉锡等：《院士思维》，安徽教育出版社1998年版。

田昌五、臧知非：《周秦社会结构研究》，河北大学出版社1996年版。

台湾"中央"研究院历史语言研究所：《明实录（附校勘记）》，中华书局 2016 年影印本。

毕道村：《现代化本质——对中世纪以来人类社会变化的新认识》，人民出版社 2005 年版。

朱孝远：《近代欧洲的兴起》，学林出版社 1997 年版。

朱孝远：《欧洲涅槃——过渡时期欧洲的发展概念》，学林出版社 2002 年版。

朱伯康、施正康：《中国经济通史》（上下册），中国社会科学出版社 1995 年版。

自然辩证法研究通讯编辑部编：《控制论哲学问题译文集》，商务印书馆 1965 年版。

刘小枫：《现代性社会理论绪论》，上海三联书店 1998 年版。

刘天纯：《日本现代化研究——日本现代化的奥秘何在》，东方出版社 1965 年版。

刘守刚：《西方立宪主义的历史基础》，山东人民出版社 2005 年版。

刘启戈、李雅书选译：《中世纪中期的西欧》，商务印书馆 1962 年版。

刘金才：《町人伦理思想研究——日本近代化动因新论》，北京大学出版社 2001 年版。

刘城：《英国中世纪教会研究》，首都师范大学出版社 1996 年版。

刘景华：《西欧中世纪城市新论》，湖南人民出版社 2000 年版。

刘景华：《城市的转型与英国的勃兴》，中国纺织出版社 1994 年版。

刘新成：《英国都铎王朝议会研究》，首都师范大学出版社 1995 年版。

许平：《法国农村社会转型研究》，北京大学出版社 2001 年版。

许良英、范岱年编译：《爱因斯坦文集》，商务印书馆 1976 年版。

许国志主编：《系统科学》，上海科技教育出版社 2000 年版。

许国志主编：《系统科学与工程研究》，上海科技教育出版社 2000 年版。

许洁明：《十七世纪的英国社会》，中国社会科学出版社 2004 年版。

许涤新、吴承明：《中国资本主义发展史》第 1 卷《中国资本主义萌芽》，人民出版社 1985 年版。

许涤新主编：《政治经济学辞典》，人民出版社 1980 年版。

孙小礼主编：《自然辩证法通论》，高等教育出版社 1993 年版。

孙炳辉、郑寅达编：《德国史纲》，华东师范大学出版社1995年版。

严立贤：《日本资本主义形态研究》，中国社会科学出版社1995年版。

李工真：《德意志道路——现代化进程研究》，武汉大学出版社1997年版。

李文治、魏金玉、经君健：《明清时代的农业资本主义萌芽问题》，中国社会科学出版社2007年版。

李秀林等主编：《辩证唯物主义和历史唯物主义》，中国人民大学出版社1982年版。

李季平：《唐代奴婢制度》，上海人民出版社1986年版。

李祖德、陈启德主编：《评魏特夫的"东方专制主义"》，中国社会科学出版社1997年版。

杨沛霆：《科学技术发展史》（上），中国科学及技术政策研究会1984年版。

杨杰：《从下往上看——英国农业革命》，中国社会科学出版社2009年版。

杨昌标：《基督教在中古欧洲的贡献》，社会科学文献出版社2000年版。

杨建雄主编：《分子生物学》，化学工业出版社2009年版。

吴于廑主编：《十五十六世纪东西方历史初学集》，武汉大学出版社1985年版。

吴友法、黄正柏：《德国资本主义发展史》，武汉大学出版社2000年版。

吴廷璆：《日本近代化研究》，商务印书馆1997年版。

吴彤：《生长的旋律——自组织演化的科学》，山东教育出版社1996年版。

吴彤：《自组织方法论研究》，清华大学出版社2001年版。

吴承明：《中国资本主义与国内市场》，中国社会科学出版社1985年版。

吴振坤主编：《市场经济学》，中共中央党校出版社1994年版。

吴曾祺编：《旧小说》，商务印书馆1914年版。

吴慧：《中国历代粮食亩产研究》，农业出版社1985年版。

何兆武、陈启能主编：《当代西方史学理论》，上海社会科学院出版社2003年版。

何宝玉：《英国信托法原理与判例》，法律出版社2001年版。

何勤华、魏琼主编：《西方商法史》，北京大学出版社2007年版。

何勤华：《英国法律发达史》，法律出版社 1999 年版。

何勤华主编：《外国法律史研究》，中国政法大学出版社 2004 年版。

何龄修：《封建贵族大地主的典型——孔府研究》，中国社会科学出版社 1981 年版。

余开祥：《欧洲各国经济》，复旦大学出版社 1987 年版。

余辉：《英国信托法：起源、发展及其影响》，清华大学出版社 2007 年版。

谷春德：《西方法律思想史》，中国人民大学出版社 2014 年版。

邹东涛、贾根良：《拉丁美洲市场经济体制》，兰州大学出版社 1994 年版。

邹珊刚等编著：《系统科学》，上海人民出版社 1987 年版。

闵家胤：《进化的多元论》，中国科学出版社 1999 年版。

沈小峰、吴彤、曾国屏：《自组织的哲学——一种新的自然观和科学观》，中共中央党校出版社 1993 年版。

沈小峰、胡岗、姜璐编：《耗散结构论》，上海人民出版社 1987 年版。

沈汉、王建娥：《欧洲从封建社会向资本主义社会过渡研究——形态学的考察》，南京大学出版社 1993 年版。

沈汉、刘新成：《英国议会政治史》，南京大学出版社 1991 年版。

沈汉：《英国土地制度史》，学林出版社 2005 年版。

沈坚：《近代法国工业化新论》，中国社会科学出版社 1999 年版。

沱江主编：《窥视宇宙万物的奥秘》，吉林科学技术出版社 2012 年版。

张卫良：《英国社会的商业化历史进程 1500—1750》，人民出版社 2004 年版。

张元济、何卓等：《夷坚志补》，上海涵芬楼 1927 年版。

张巨青等编著：《辩证逻辑》，吉林人民出版社 1981 年版。

张丽、冯棠：《法国文化与现代化》，辽海出版社 1999 年版。

张英杰：《现代生产力新论》，中共中央党校出版社 2003 年版。

张振龙：《中国军事经济史》，蓝天出版社 1990 年版。

张健雄编著：《荷兰》，社会科学文献出版社 2003 年版。

张鸿雁：《春秋战国城市经济发展史论》，辽宁大学出版社 1988 年版。

张维真：《现代思维方法的理论和实践》，天津人民出版社 2002 年版。

陆海泉等：《苏联兴亡史论》，人民出版社 2004 年版。

陆耀明：《基督教与西方市场经济的互动与互补》，复旦大学出版社2009年版。

陈文海：《法国史》，人民出版社2004年版。

陈尧：《新威权主义政权的民主转型》，上海人民出版社2006年版。

陈勇：《商品经济与荷兰近代化》，武汉大学出版社1990年版。

陈曦文、王乃耀主编：《英国社会转型时期经济发展研究》，首都师范大学出版社2002年版。

陈曦文：《英国十六世纪经济变革与政策研究》，首都师范大学出版社1995年版。

苗东升编著：《系统科学原理》，中国人民大学出版社1990年版。

苗东升：《系统科学精要》，中国人民大学出版社1998年版。

苗东升：《复杂性科学研究》，中国书籍出版社2014年版。

尚钺编：《封建社会历史译文集》，生活·读书·新知三联书店1955年版。

罗荣渠：《现代化新论》，北京大学出版社1993年版。

金观涛、王军衔：《悲壮的衰落》，四川人民出版社1986年版。

金观涛、刘青峰：《兴盛与危机——论中国封建社会的超稳定结构》，湖南人民出版社1984年版。

金观涛、唐若昕：《西方社会结构的演变》，四川人民出版社1985年版。

金观涛：《历史的巨镜》，法律出版社2015年版。

周穗民等：《现代化：历史、理论与反思》，中国广播电视出版社2002年版。

庞元正、李建华编：《系统论、控制论、信息论经典文献选编》，求实出版社1989年版。

庞元正：《决定论的历史命运——现代科学与辩证决定论的建构》，中共中央党校出版社1996年版。

庞卓恒：《人的发展与历史的发展》，吉林文史出版社1988年版。

郑彭年：《日本西方文化摄取史》，杭州大学出版社1996年版。

郑曦原编：《帝国的回忆：〈纽约时报〉晚清观察记》，生活·读书·新知三联书店2001年版。

单秀法、刘化绵：《现代科学思维引论》，湖北人民出版社 1987 年版。

法学教材编辑部《外国法制史》编写组编：《外国法制史资料选编》上册，北京大学出版社 1984 年版。

孟广林：《英国封建王权论稿——从诺曼征服到大宪章》，人民出版社 2002 年版。

赵冈：《中国城市发展史论集》，新星出版社 2006 年版。

赵文林等：《中国人口史》，人民出版社 1988 年版。

赵文洪：《私人财产权利体系的发展——西方市场经济和资本主义的起源问题研究》，中国社会科学出版社 1998 年卷。

赵秀荣：《1500—1700 年英国商业与商人研究》，社会科学文献出版社 2004 年版。

赵凯荣：《复杂性哲学》，中国社会科学出版社 2001 年版。

胡汝银：《低效率经济学——集权体制理论的重新思考》，上海三联书店、上海人民出版社 1995 年版。

胡如雷：《中国封建社会形态研究》，生活·读书·新知三联书店 1979 年版。

柳延延：《概率与决定论》，上海社会科学院出版社 1996 年版。

钟学富：《物理社会学》，中国社会科学出版社 2002 年版。

侯建新：《社会转型时期的西欧与中国》，济南出版社 2001 年版。

侯建新：《现代化第一基石——农民个人力量与中世纪晚期社会变迁》，天津社会科学出版社 1991 年版。

侯建新：《资本主义起源新论》，生活·读书·新知三联书店 2014 年版。

俞吾金、陈学明：《国外马克思主义哲学流派新编（西方马克思主义卷）》，复旦大学出版社 2002 年版。

施雪华：《政治现代化的比较研究》，武汉大学出版社 2006 年版。

姜德福：《社会变迁中的贵族》，商务印书馆 2004 年版。

姜璐等编著：《系统科学新论》，华夏出版社 1990 年版。

洪波：《法国政治制度变迁——从大革命到第五共和国》，中国社会科学出版社 1993 年版。

姚先国、罗卫东：《比较经济体制分析》，浙江大学出版社 1999 年版。

贾士衡：《英国史》，台湾五南图书出版公司 1986 年版。

柴惠庭：《英国清教》，上海社会科学院出版社 1994 年版。

钱学森等：《论系统工程》，湖南科技出版社 1982 年版。

钱乘旦、许洁明：《英国通史》，上海社会科学院出版社 2002 年版。

钱乘旦、陈晓律：《在传统和变革之间——英国文化模式溯源》，浙江人民出版社 1991 年版。

倪世光：《西欧中世纪骑士的生活》，河北大学出版社 2004 年版。

高富平、吴一鸣：《英美不动产法：兼与大陆法比较》，清华大学出版社 2007 年版。

郭守田：《世界通史资料选辑（中古部分）》，商务印书馆 1974 年版。

郭沫若：《奴隶制时代》，人民出版社 1973 年版。

郭治安、沈小峰：《协同论》，山西经济出版社 1985 年版。

唐长孺：《魏晋南北朝史论丛续编》，生活·读书·新知三联书店 1959 年版。

黄少安：《产权经济学导论》，山东人民出版社 1995 年版。

黄欣荣：《复杂性科学的方法论研究》，重庆大学出版社 2006 年版。

黄宗智：《中国农村的过密化与现代化：规范认识的危机及出路》，上海社会科学院出版社 1992 年版。

黄宗智：《长江三角洲小农家庭与乡村发展》，中华书局 2000 年版。

黄淑娉、龚佩华：《广东世仆制研究》，广东高等教育出版社 2001 年版。

曹焕旭：《中国古代的工匠》，商务印书馆国际有限公司 1996 年版。

戚国淦、陈曦文：《撷英集——英国都铎史研究》，首都师范大学出版社 1994 年版。

商荣盛主编：《江南社会经济研究：宋、元卷》，中国农业出版社 2003 年版。

阎照祥：《英国近代贵族体制研究》，人民出版社 2006 年版。

阎照祥：《英国贵族史》，人民出版社 2000 年版。

梁方仲：《中国历代户口、田地、田赋统计》，上海人民出版社 1985 年版。

彭新武：《复杂性思维与社会发展》，中国人民大学出版社 2003 年版。

蒋孟引主编：《英国史》，中国社会科学出版社 1988 年版。

韩毅：《历史的制度分析——西方制度经济史学的新进展》，辽宁大学出版社 2002 年版。

程汉大：《英国法制史》，齐鲁书社 2001 年版。

程汉大：《英国政治制度史》，中国社会科学出版社 1995 年版。

傅衣凌：《明清社会经济史论文集》，人民出版社 1982 年版。

舒小昀：《分化与整合：1688—1783 年英国社会结构分析》，南京大学出版社 2003 年版。

鲁迅校录：《唐宋传奇集》，齐鲁出版社 1997 年版。

曾国屏：《自组织的自然观》，北京大学出版社 1996 年版。

曾尊固：《英国农业地理》，商务印书馆 1990 年版。

湛垦华编：《普里高津与耗散结构理论》，陕西科学技术出版社 1982 年版。

谢立中、孙立平主编：《二十世纪西方现代化理论文选》，上海三联书店 2002 年版。

褚赣生：《奴婢史——中国奴婢问题的历史思考》，上海文艺出版社 1995 年版。

蔡骐：《英国宗教改革研究》，湖南师范大学出版社 1997 年版。

漆侠：《宋代经济史》上下册，上海人民出版社 1987 年版。

漆侠主编：《宋史研究论丛》第二辑，河北大学出版社 1993 年版。

谭崇台主编：《发展经济学的新发展》，武汉大学出版社 1999 年版。

颜泽贤：《复杂系统演化论》，人民出版社 1993 年版。

颜泽贤：《耗散结构与系统演化》，福建人民出版社 1987 年版。

魏宏森、宋永华等编著：《开创复杂性研究的新学科——系统科学纵览》，四川教育出版社 1991 年版。

魏宏森、曾国屏：《系统论——系统科学哲学》，清华大学出版社 1995 年版。

潘必才编著：《量子力学导论》，中国科学技术大学出版社 1995 年版。

二、英 文 文 献

Abrams, P. and Wrigleg, E. A., eds., *Towns in Societies：Essays in Economic History and Historical Sociology*, Cambridge University, 1978.

Adams, G.B.& Stephens, H.M.ed., *Select Documents of English Constitutional History*, Macmillan, 1901, Macmillan and Co.Ltd., 1935.

Adams, G.B., *Constitutional History of England*, London, 1935.

Adams, G.B., *The Origin of English Constitution*, Yale University, 1912.

Adrien, M.eds., *History of Belgium*, New York, 1962.

Alan, R.H.& Butlin, R.A.eds., *Studies of Field Systems in the British Isles*, Cambridge University Press, 1973.

Alan, R. H. Baker & Robin A. Butlin, eds., *Studies of Field Systems in the British Isles*, London, 1973.

Allen, R.C., *Enclosure and the Yeoman*, Oxford, 1992.

Anderson, P., *Passages from Antiquity to Feudalism*, London NLB, 1974.

Appleby, J.O., *Economic Thought and Ideology in Seventeenth Century England*, Princeton Uniersity, 1978.

Armitage, F., *The old Guilds of England*, London, 1918.

Armstrong, E., *The French Wars of Religion：Their Political Aspects*, New York, 1971.

Arthur, R., *The Economic History of England, 1760－1860*, Longman, 1960.

Ashley, W.J., "Economic Organization of England", in *Journal of Political Economy*, 01 March 1901.V.1.

Ashton, T.S., *An Economic History of England：the 18th century*, London, 1964.

Aston, T. H. ed., *Landlords Peasants and Politics in Medieval England*, Cambridge University, 1987.

Aughterson, K., *The English Renaissance：an Anthology of Sources and Documents*, New York, 2002.

Ayala, F.J., and Dobzhansky, T.eds., *Studies in the Philosophy of Biology：Re-*

duction and Related Problem, University of California, 1974.

Aylmer, G.E., *the King's Servants: the Civil Service of Charles 1625－1642*, London, 1974.

Bachrach, B.S., *Early Medieval Jewish Policy in Western Europe*, Minnesota University, 1977.

Bailey, M., *A Marginal Economy? East Breckland in the Later Middle Ages*, Cambridge University, 1989.

Baker, J.H., *An Introduction to English Legal History*, London, 1979.

Baker, P.V. and Langan, P.S., *Snell's Equitable*, Sweet & Maxwell LTD., 1982.

Baldwin, J.W., *The Medieval theories of the Just price*, Philadelphia, 1959.

Barbour, V., *Capitalism in Amsterdam in the Seventeenth Century*, Baltimore, 1950.

Bagwell, P. and Lyth, P., *Transport in Britain 1750－2000: From Canal Lock to Gridlock*, New York, 2002.

Barbour, W.T., "The History of Contract in Early English Equity", in *Oxford Studies in Social and Legal History*, V.IV, Oxford, 1914.

Bartlett, R., *England under the Norman and Angevin kings*, *1075－1225*, Oxford University, 2000.

Bean, J.M.W., *Decline of English Feudalism*, Manchester, 1968.

Beckett, J.V., *The Aristocracy in England 1660－1914*, Oxford, 1986.

Beik, W., *Louis XIV and Absolutism*, *A Brief Study with Documents*, Boston, 2000.

Bennett, H.S., *Life on the English Manor: a Study of Peasant Conditions 1150－1400*, Cambridge 1956, Cambridge University Press, 1989.

Berg, M., *The Age of Manufactures*, *1700－1820*, London, 1994.

Bindoff, S.T., *The House of Commons 1509－1558*, V.1, London, 1982.

Black, J.B., *The Reign of Elizabeth*, *1558－1603*, Oxford, 1959.

Blagden, C., *The Stationers' Company History*, *1403－1959*, Allen & Unwin, 1960.

Bland, A.E.Brown, P.A.and Tawney, R.H.eds., *English Economic History: Se-*

lect Documents, London, 1914.

Bloch, M., *Slavery and Serfdom in the Middle Age: selected essays*, London, 1975.

Bois, G., *The Transformation of the Year one Thousand: the Village of Lournand from Antiquity to Feudalism*, Manchester University, 1992.

Bolton, J.L., *The Medieval English Economy, 1150-1500*, London, 1980.

Bonnassie, P., *From Slavery to Feudalism in South-Western Europe, 1000-1700*, Cambridge University, 1991.

Bonney, M., *Lordship and the Urban Community: Durham and its Overlords, 1250-1540*, Cambridge University, 1990.

Bouchard, C. B., *Holy Entrepreneurs Cistercians, Knights and Economic Exchange in Twelfth-Century Burgundy*, Cornell university, 1991.

Bowden, P.J., *The Wool Trade in Tudor and Stuart England*, London, 1962.

Bowden, P. J. ed., *Economic Change: Prices Wages, Profits and Rents, 1500-1750*, Cambridge, 1990.

Bowden, W., *Industrial Society in England towards the End of the Eighteenth Century*, New York, 1925.

Brace, C.L., *Gesta Christi: or, a History of Humane Progress under Christianity*, London, 1882.

Brandon, P.& Short, B., *A Regional History of England: the South East from A.D.1000*, New York, 1990.

Braudel, F., *The Wheels of Commerce*, London, 1982.

Brawn, R.A., *The Normans and Norman Conquest*, Boydell Press, 1985.

Bray, R. A., *Boy Labor and Apprenticeship, the Governance of Late Medieval England, 1272-1461*, New York, London 1980.

Brewer, J., *The Sinews of the Power: War, Money, and the English State, 1688-1783*, New York, 1989.

Bridbury, A.R., *Economic Growth, England in the Later Middle Ages*, London, 1975.

Briggs, M. and Jordan. P., *Economic History of England*, London, 1964.

Britain, G., *Statutes of the Realm*, V. Ⅳ : 1547-1624, New York, 1993.

Brooke, C., *Europe in the Central Middle Ages*, 962-1154, Pearson Education Limited, 2000.

Brown, A.L., *The Governance of Late Medieval England 1272-1461*, Stanford University, 1989.

Bruce, M.S.B.C & Overton.M., *Land, Labour and Livestock*, Manchester, 1991.

Brugmans, H., *Europe : Dream Adventure Reality*, New York, 1987.

Buand, p., *Origins of the English Legal Profession*, Blackwell, 1992.

Bull, M., *France in the Central Middle Ages*, Oxford University, 2002.

Bums, E. M. and Ralph, P. L. ed, *World Civilizations : their History and Their Culture*, New York, 1986.

Burn, J.S., *The History of the French, Walloons, Dutch and other Foreign Protestant Refugees Settled in England*, London, 1846.

Burwash, H.D., *English Merchant Shipping, 1460-1540*, Toronto, 1947.

Bury, J.B., *The Cambridge Medieval History*, V.1-8, New York, Cambridge, 1961-1968.

Bush, M.L.ed., *Serfdom and Slavery*, Long Limited, 1996.

Butt, R., *A History of Parliament : the Middle Ages*, London, 1989.

Campbell, B.M.S.and Overton.M., *Land, Labour and Livestock : Historical Studies in European Agricultural Productivity*, New York, 1991.

Campbell, M., *The English Yeoman under Elizabeth and the Early Stuart*, London, 1967.

Christopher, D., *Making a Living in the Middle Ages : the People of Britain, 850-1520*, Yale university, 2002.

Carlyle, R.W., & Carlyle, A.J., A. *History of Medieval Political Theory in the West*, V.6, London1903.

Carswell, J., *From Revolution to Revolution : England, 1688-1776*, London, 1973.

Carus-Wilson, E.M.& Coleman, O., *England's Export Trade, 1275-1547*, Oxford, 1963.

Carter, A.T., *A History of English Legal Institution*, London, 2007.

Cave, R.C. and Coulson, H.H., *Source Book for Medieval Economic History*, New York, 1965.

Cerutton, T.E. ed., *Select Essays in Anglo-American Legal History*, V.1, Boston, 1907.

Chalklin, C.W.& Wordie, J.R., *Town and Countryside：the English Landowner in the National Economy 1660-1860*, Boston, 1989.

Chalklin, C.W., *The Rise of English town 1650-1850*, Cambridge, 2001.

Chambers, J.D. and Mingay, G.E., *The Agricultural Revolution, 1750-1800*, London, 1966.

CharLes, S., *History of Medieval Civilization and of Modern to the End of the Seventeenth Century*, London, 1908.

Chartres, J., *Agricultural Markets and Trade 1500-1700*, Cambridge University, 1990.

Chartres, J.A., *Internal Trade in England 1500-1700*, London, 1977.

Chodorow, S.Sortor, M., *The other Side of Western Civilization：Reading in Everyday Life*, V.1, *The Ancient World to The Reformation*, Harcourt Collage, 2000.

Chrimes, S. B., *English Constitutional Ideas in the Fifteenth Century*, New York, 1978.

Cipolla, C.M., *Before The Industrial Revolution European Society and Economy 1000-1700*, New York, 1976.

Clark, G.N., *Early Modern Europe from about 1450 to about 1720*, Oxford, University, 1957.

Clark, p., ed., *The Cambridge Urban History of Britain*, V.2, 1540-1840, Cambridge, 2000.

Clark, P.and Slack, P.ed., *Crisis and Order in English Town 1500-1700：Essays in Urban History*, London, 1972.

Clark, P.ed., *Country Towns in Pre-industrial England*, Leicester University 1981.

Clark, P.ed., *The Early Modern Town*, London, 1976.

Clarke, W.N., *An Outline of Christianity*, New York, 1926.

Clarkson, L. A., *The Pre-Industrial Economy in England 1500－1750*, New York, 1972.

Clay, C.G.A., *Economic Expansion and Social Change：England 1500－1700*, Vo1.1, Cambridge University, 1984.

Coffey, J., *Persecution and Toleration in Protestant England, 1558－1689*, London, 2000.

Coke, E., *The Fourth Part of the Institutes of Laws of England*, London, 1964.

Coleman, D.C., *Industry in Tudor and Stuart England*, Macmillan and Co. Ltd., 1975.

Coleman, D.C., *The Economic History of England 1450－1750*, Oxford University, 1977.

Collinson, P., *The Birthparents of Protestant England：Religious and Cultural change in The Sixteenth and Seventeenth Centuries*, Basingstoke：Macmillan, 1988.

Corbett, J.S., *Drake and the Tudor Navy：with a History of the Rise of England as a Maritime Power*, Elibron Classics, 2007.

Corrigan, P.S.D., *The Great Arch：English State Formation as Culture Revolution*, Oxford, 1985.

Court, W.H.B., *The Rise of the Midland Industries, 1600－1838*, Oxford, 1953.

Coward, B., *Social Change and Continuity in Early Modern：England 1550－1750*, Longman Group Limited, 1988.

Coward, B., *The Stuart Age*, Longman 1980.

Cox, O.C., *The Foundation of Capitalism*, New York, 1959.

Cranfield, G. A., *The Development of the Provincial Newspaper 1700－1760*, London, 1962.

Crawford, P., *Women and Religion in England 1500－1720*, Routledge, 1993.

Cray, C.M., *Copyhold, Equity and the Common Law*, Harvard U.P., 1963.

Crew, P.M., *Calvinist Preaching and Iconoclasm in the Netherland*, Cambridge University, 1978.

Cronne, H.A., *The Reign of Stephen 1135－1154*, London, 1970.

Crouzet, F., *Britain Ascendant : Comparative Studies in Franco-British Economic History*, Cambridge, 1985.

Crouzet, F., ed., *Capital Formation in the Industrial Revolution*, London, 1972.

Crowson, P.S., *Tudor Foreign Policy*, New York, 1973.

Cullen, L.M., *Anglo-Irish Trade 1660-1800*, Manchester, 1968.

Cunningham, W., *The Growth of English Industry and Commerce in Modern Times*, VoI.1-2, Cambridge, 1915.

Cunningham, W., *Alien Immigrants to England*, London, 1897.

Curzon, C.B., *ABC of Economics*, London, 1981.

Curzon, L.B., *English Legal History*, Macdonald & Evans, 1968.

Cuttino, G.P., *English Medieval Diplomacy*, Indiana University, 1985.

Daby, H.C., *A New Historical Geography England Before 1600*, Cambridge University, 1979.

Daileader, P., *True Citizens : Violence, Memory and Identity in the Medieval Community of Perpignan, 1162-1397*, Boston, 2000.

Dale, L., *The Principles of English Constitutional History*, Longman, 1909.

Darby, H.C., *A New Historical Geography of England before 1600*, Cambridge University, 1976.

Davenport, F.G., *The Economic Development of Norfolk Manor 1086-1865*, New York, 1967.

David, A.E.P., *Slavery in Early Medieval England : from Reign the Alfred Until the Twelfth Century*, Woodbridge : Boydell, 1995.

David.W.P., *Dictionary of Modern Economics*, London : Macmillan, 1983.

Davies, G., *The Early Stuarts, 1603-1660*, Oxford University, 1959.

Davis, K.G., *The Royal African Company*, London, 1957.

Davis, R., *A. Commercial Revolution : English Overseas Trade in the Seventeenth and Eighteenth Centuries*, London, 1967.

Davis, R., *English Overseas Trade 1500-1700*, London, 1973.

Davis, R., *The Rise of the English Shipping Industry in the Seventeenth and Eighteenth Centuries*, London, 1962.

Day, J., *The Medieval Market Economy*, New York, 1987.

Deane, P. & Cole, W.A., *British Economic Growth 1688-1959*, Cambridge University, 1969.

Deane, P., *The First Industrial Revolution*, Cambridge, 1979.

Defoe, D., *A Tour Through England and Wales*, London, 1959.

Denholm-Young, N., *The Country Gentry in the Fourteenth Century*, Oxford university, 1969.

Denholm-Young, N., *Seignoria Administration in England*, London, 1937.

Dickinson, J.D, C., *An Ecclesiastical History of England in the Middle Ages*, V.2, London, 1979.

Dietz, F.C., *English Government Finance 1485-1558*, New York, 1964.

Dietz, F.C., *English Public Finance, 1558-1641*, London, 1932.

Digby, K.E., *History of the Law of Real Property*, London, 1875.

Dockes, P., *Medieval Slavery and Liberation*, Methen & Co.Ltd., 1982.

Dobb, M., *Studies in the Development of Capitalism*, New York, 1954.

Dodgshon, R. A., *An Historical Geography of England and Wales*, London, 1978.

Doehaerd, R., *The Early Middle ages in the West: Economy and Society*, New York, 1978.

DoFoe, .D., *A Tour Through the Whole Island of Great Britain*, I, London, 1927.

Douglas, D.C., *English Historical Documents*, V.12, London, 1956-1981.

Drew, K.F., *Magna Carta*, London, 2004.

Duby, G., *Rural Economy and Country Life in the Medieval West*, London, 1968.

Duby, G., *The Early Growth of the European Economy*, Cornell, 1974.

Duckhan, B.R., *The Transport Revolution 1750-1830*, London, 1972.

Duffield, S.W., *Latin Hymn-Writers and their Hymns*, New York, 1889.

Dunford, M. and Perrons, D., *The Arena of Acapital*, London, 1983.

Duplessis, R.S., *Transitions to Capitalism in Early Modern Europe*, Cambridge,

1997.

Dyer, A., *Decline and Growth in English Towns, 1400-1640*, Cambridge University, 1995.

Dyer, C., *Lord and Peasants in a Changing Society, the Estate of the Bishopric of Worcester, 680-1540*, Cambridge University, 1980.

Earle, P., *Essays in European Economic History, 1500-1800*, Oxford, 1974.

Earle, P., *The Making of the English Middle Class*, Methuen and the University of California, 1989.

Edmundson, G., *History of Holland*, Cambridge, 1922.

Ehrenberg, R., *Capital and Finance in the Age of the Renaissance: a Study of the Juggers and their Connections*, New York, 1928.

Ekelund, R.B., ed., *Sacred Trust: the Medieval Church as an Economic Firm*, Oxford, 1996.

Ekelund, R.B.J. and Tollison, R.D., *Politicized Economies: Monarchy, Monopoly, and Mercantilism*, USA: Texas A.&M University, 1997.

Ecton, G.R., *The Parliament of England, 1559-1581*, Cambridge, 1986.

Elton, G.R., *England under the Tudors*, London & New York, 1974.

Elton, G.R., *Taxation For War and Peace in early Tudor England*, Cambridge University, 1975.

Elton, G.R., *The Tudor Constitution: Documents and Commentary, 1514-1523*, Cambridge University, 1982.

Eric, E.J., *The Forging of the Modern State: Early Industrial Britain 1783-1870*, London, 1983.

Feather, J., *Publishing, Piracy and Politics: a Historical Study of Copyright in Britain*, Mansell Publishing Ltd., 1994.

Fisher, F.J., *Essays in the Economic and Social History of Tudor and Stuart England*, Cambridge, 1961.

Fisher, H.E.S.& Jurica, A.R.J., *Documents in English Economic History: England from 1000 to 1760*, London, 1977.

Fitton, R.S.& Wadsworth, A.P., *The Strutts and the Arkwrights*, Manchester,

1958, Cambridge, 1961.

Fleckenstein, J., *Early Medieval Germany*, Oxford, 1978.

Floud. R. and Mccloskey, D., eds., *The Economic History of Britain since 1700*, V. 1, Cambridge, 1981.

Fortescue, J., *On the Laws & Governance of England*, Cambridge University, 1997.

Frazen, T., Monopoly, *Competition and the Law*, Harvester Wheatsheaf, 1992.

Fryde, E.B., *Studies in Medieval Trade and Fnance*, London, 1983.

Fryde, E.B. and Miller, E., eds., *Historical Studies of the English Parliaments*, V. 1. Cambridge University, 1970.

Gaimster, D., and Stamper, P., *The Age of Transition: the Archaeology of English Culture, 1400-1600*, Oxford University, 1997.

Games, A., *Migration and the Origins of the English Atlantic World*, Cambridge, 1999.

Gardiner, S. R., ed., *Constitutional Documents of the Puritan Revolution 1625-1660*, Oxford, 1906.

Gauci, P., *The Politics of Trade: the Overseas Merchant in State and Society, 1660-1720*, Oxford, 2001.

Gee, H., and Hardy, W.J., *Documents Illustrative of English Church History*, Macmillan and Co. Ltd., 1914.

Gies, F. and Joseph., *Life in a Medieval Castle*, New York, 1974.

Gilchrist. J. D., *The Church and Economic Activity in the Middle Ages*, New York, 1969.

Gillingham, J., ed., *Anglo-Norman Studies*, V. XXIII, Suffolk, 2001.

Gipolla, C., *The Industrial Revolution 1700-1914*, New York, 1976.

Given wilson C., *Fourteenth Century England*, V. 1-2, University of York, 2002.

Gonner, E.C.K., *Common Land and Enclosure*, London, Macmillan, 1912.

Goodwin, A. ed., *The European Nobility in the Eighteenth Century*, *Studies of the Nobility of the Major European State in the Pre-reform Age*, London, 1953.

Grant, A., Stringer, K.J., *Uniting the kingdom？ the Making of British History*, London & New York, 1995.

Gras, N.S.B., *The Evolution of the English Corn Market from the Twelfth to the Eighteenth century*, Cambridge：Harvard University, 1926.

Grassby, R., *The Business Community of Seventeenth Century England*, Cambridge, 1995.

Graves, M.A.R., *Elizabethan Parliaments 1559-1601*, Longman Inc., 1987.

Graves, M.A.R., *The House of Lords in the Parliaments of Edward VI and Mary I*, Cambridge, 1981.

Graves, M. A. R., *The Tudor Parliaments：Crown, Lords and Commons, 1485-1603*, Longman Inc., 1985.

Gray, C. M., *Copyhold, Equity, and the Common Law*, Harford University, 1963.

Green, A.S., *Town Life in the Fifteenth Century*, V.1, London, 1894.

Grigg, D.B., *English Agriculture：a Historical Perspective*, Cambridge 1989.

Grolding, B., *Conquest and Colonization：The Normans in Britain 1066-1100*, London, 2001.

Haken, H., *Information and Self-organization：a Macroscopic Approach to Complex Systems*, Berlin：Springer, 2000.

Hanbury, H.G.& Yardley, D.C.M., *English Court of Law*, Oxford, 1979.

Harding, A., *A Social, History of English Law*, London, 1966.

Harrison, J.F.C., *The Common People of Great Britain：a History from the Norman Conquest to the Present*, Bloomington：Indiana University, 1985.

Harrison, W., *Elizabethan England：from a Description of England*, London, 1977.

Hartwell, R.M.ed., *The Causes of the Industrial Revolution in England*, London, 1967.

Harvey, B., *The Twelfth and Thirteenth Centuries 1066-1280*, Oxford University, 2001.

Hasler, P.W., ed., *The House of Commons 1558-1603*, V.1, London, 1981.

Hatcher, J. and Bailey, M., eds., *Modeling the Middle ages: the History and Theory of England's Economic Developments*, Oxford University, 2001.

Heaton, H., *The Yorkshire Woolen and Worsted Industries*, Oxford, 1920.

Heckscher, E.F., *Mercantilism*, V.2, *Allen and Unwin*, *1935*, New York, 1983.

Heilbroner, R.L., *The Making of Economic Society*, New York, 1980.

Hey, D.G., *The Rural Metalworkers of the Sheffield Region*, Leicester, 1972

Hill, C., *Reformation to Industrial Revolution: a Social and Economic History of Britain*, *1530−1780*, London, 1967.

Hill, C., *The Pelican Economic History of Britain*, *V.2*, *1530−1780*, Penguin Books, 1969.

Hill, C., *The World Turn'd Upside Down*, Harmondsworth, 1973.

Hilton, R., *Class Conflict and the Crisis of Feudalism*, London, 1985.

Hilton, R.H., *Medieval Society: the West Midlands at the End of Thirteenth century*, Cambridge University, 1983.

Hilton, R.H., *Bond Men Made Free*, London, 1980.

Hilton, R.H., *English and French Towns in Feudal Society: a Comparative Study*, Cambridge University, 1992.

Hilton, R.H., *Peasants, Knights and Heretics in Medieval English Social History*, Cambridge, 1976.

Hilton, R.H., *The English Peasantry in the Later Medieval Ages*, Oxford, 1975.

Hodges, R., *Dark Age Economics: the Origins of Towns and Trade*, *A.D. 600−1000*, New York, 1982.

Hohenberg, P.M. and Less, L.H., *The Making of Urban Europe*, *1000−1500*, Harford University, 1985.

Holdsworth, W.S., *A History of English Law*, V.1−7, London, 1922−1957.

Holland, H., *A Treatise Against Witchcraft 1590*, New York, 1996.

Holt, J.C.ed., *Magna Carta and the Idea of Liberty*, Malabar, 1982.

Holton, R.J., *The Transition from Feudalism to Capitalism*, London, 1985.

Holmes, G., *The later Middle Ages 1272−1485*, Arrangement with Thomas Nelson and Sons Ltd., 1966.

Horwitz, H., *Parliament, Policy and Politics in the Reign of William Ⅲ*, Manchester University, 1977.

Hoskins, W.G., *Industry Trade and People in Exeter, 1688−1800*, Manchester, 1935.

Hoskins, W.G., *Provincial England: Essays in Social and Economic History*, London, 1963.

Hoskins, W.G., *The Age of Plunder: King Henry's England 1500−1547*, London, 1976, Longman, 1991.

Holand.J.H., *Emergence: from Chaos to Order*, Oxford, 1998.

Hudson, P., *Industrial Revolution*, London, 1992.

Hughes, P.L., Larkin, J.F.Ed., *Tudor Royal Proclamations*, V.3, Yale University, 1969.

Huizinga.J., *The Waning of the Middle Ages*, New York, 1954.

Iyon, B., *A. Constitutional and Legal History of Medieval England*, New York, 1980.

Inwood, S., *A History of London*, London, 2000.

Isreal.J.I., *The Dutch Republic and Hispanic World, 1606−1661*, Oxford University, 1982.

Jack, S.M., *Trade and Industry in Tudor and Stuart England*, London, 1977.

Jacob, E.F., *The Fifteenth Century 1399−1485*, Oxford University, 1961.

Jarrett, B., *Social Theories of the Middle Ages 1200−1500*, London, 1926.

Johnson, A.H., *The Disappearance of the Small Landowner*, Oxford, 1909.

Jolliffe, J.E.A., *The Constitutional History of Medieval England*, London, 1937.

Jones, E.L., *Agriculture and the Industrial Revolution*, Oxford, 1974.

Jordan, W., *Europe in the High Middle ages*, London, The Penguin Group, 2001.

Kamane, H., *European Society 1500−1700*, London, 1984.

Keeble, N.H., eds., *The Cambridge Companion to Writing of English Revolution*, Cambridge University Press, 2001.

Keen, M.H., *Chivalry*, Yale University, 1984.

Kemp, B. , *King and Commons*, *1660–1832*, Macmillan, 1957.

Kenyon, J.P.ed. , *The Stuart Constitution 1603–1688: Documents and Commentary*, Cambridge University, 1969.

Kerly, D.M. , *An Historical Sketch of the Equitable Jurisdiction of the Court of Chancery*, Cambridge, 1890.

Kerridge, E. , *Agrarian Problems in the Sixteenth Century and After*, London, 2006.

Kerridge, E. , *Trade and Banking in Early Modern England*, Manchester, 1988.

Kirkpatrick, K. , *Aristocrats: Caroline, Emily, Louisa, and Sarah Lennox 1740–1832*, Vintage, 1995.

King.E. , *England*, *1175–1425*, Routledge & Kegan, 1979.

Kosminskii, E.A. , *Studies in the Agrarian History of England in the Thirteenth century*, Oxford, 1956.

Kowaleski, M. , *Local Markets and Regional Trade in Medieval Exeter*, Cambridge, 1995.

Kramer, S. , *The English Craft Gilds: Studies in Their Progress and Decline*, Columbia University, 1927.

Kriedte, P. , Medick, H. , Schlumbohn, J. , *Industrialization before Industrialization: Rural Industry in the Genesis of Capitalism*, Cambridge University, 1981.

Kriedte, P. , *Peasants, Landlords and Merchant Capitalists: Europe and the World Economy 1500–1800*, Cambridge University, 1983.

Lachmann, R. , *From Manor to Market: Structural Change in England 1536–1640*, University of Wisconsin, 1987.

Ladurie, E.L.R. , *The French Peasantry 1450–1660*, Scolar, 1987.

Lambert, M.D. , *Medieval Heresy: Popular Movements from the Gregorian Reform to the Reformation*, Oxford University, 1992.

Lander, J.R. , *Government and Community*, *England 1450–1509*, London, 1983.

Laslett, P. , *Family Life and Illicit Love in Earlier Generations*, Cambridge, 1977.

Lennard, R., *England of Agricultural Society*, Oxford, 1959.

Levi, L., *History of British Commerce: and of the Economic Progress of the British Nation, 1763-1870*, London, 1872.

Levine, D., *At the Dawn of Modernity: Biology, Culture, and Material Life in Europe After The Year 1000*, London, University California, 2001.

Lilley, K.D., *Urban Life in the Middle Ages, 1000-1450*, New York, 2001.

Lioyd, T.H., *Alien Merchants in England in High Middle Ages*, The Harvester Press Limited, 1982.

Lipson, E., "The Middle Ages", in *The Economic History of England*, V.1-3, London, 1929-1956.

Lipson, E., *The History of the Woolen and Worsted Industries*, London, 1921.

Llord, T.H., *The English Wool Trade in The Middle Ages*, V.1, Cambridge University, 1977.

Loach, J., *Parliaments Under the Tudors*, Oxford, 1991.

Loades, D., *Power in Tudor England*, Macmillan, 1997.

Loades, D., *Tudor Government: Structures of Authority in the Sixteenth Century*, Blackwell, 1997.

Loyn, H.R., *The Governance of Anglo-Saxon England*, London, 1984.

Lunt, W.E., *Financial Relations of the Papacy with England*, V.1, 1327-1534, Cambridge, 1939.

Luzzatto, G., *An Economic History of Italy: from the Fall of the Roman Empire to the Beginning of the Sixteenth Century*, New York, 1961.

lyon, B.A., *Constitutional and Legal History of Medieval England*, New York and London, 1980.

Macnair, H.F., *Modern Chinese History: Selected Readings*, Shanghai: Commercial Press, 1933.

Maddison, A., *The World Economy: a Millennial Perspective*, OECD Publishing, 2001.

Magnusson, L., *Mercantilism*, V.1-4, London, 1995.

Maitland, F.W., *The Constitutional History of England*, V.2, Oxford, 1906,

Cambridge University, 1926.

　　Maland, D., *Europe in The Sixteenth Century*, London, 1982.

　　Marriott, J.A.R., *English Political Institutions*, Oxford, 1925.

　　Martin, J.E., *Feudalism to Capitalism: Peasant and Landlord in English Agrarian Development*, London, 1983.

　　Mathias, P., *The First Industrial Nation: an Economic History of Britain, 1700-1914*, London, 1983.

　　Mathias, P., *The Transformation of England: Essays in the Economic and Social History of England in the Eighteenth Century*, New York, 1979.

　　Mazzaoui, M. F., *The Italian Cotton Industry in the Later Middle ages, 1100-1600*, Cambridge University, 1981.

　　Mccord, N. and Thompson, R., *The Northern Counties to A.D.1000*, New York, Addison Wesley, Longman Limited, 1998.

　　McCray, W.P., *Glassmaking in Renaissance Venice*, Ashgate, 1999.

　　Mccrum, R.C.W.McNeil, R., *The Story of English*, London, 1986.

　　Mcfarlane, k. B., *The Nobility of Later Medieval England*, Oxford university, 1980.

　　Mckisack, M., *Oxford History of England, V. 5 the Fourteenth Century, 1307-1399*. Oxford, 1985.

　　Mckitterick. R. ed., *The Early Middle Ages: Europe 400-1000*, Oxford University, 2001.

　　Meagher, R.P. and Gummow, W.M.C., *Jacobs' Law of Trusts in Australia*, London, 1997.

　　Mckendrick, N., Brewer, J. and Phumb, J.H., *The Birth of a Consumer Society: the Commercialization of Eighteenth Century England*, London, 1982.

　　Miller, E. & Hatcher, J., *Medieval England Rural Society and Economic Change, 1086-1348*, London, 1980.

　　Miller, E., *Medieval England: Towns, Commerce and Crafts, 1086-1348*, Longman, 1995.

　　Miller, J., *The Glorious Revolution*, Longman, 1983.

Minchinton, W.E.ed., *The Growth of English Overseas Trade in the Seventeenth and Eighteenth Centuries*, London, 1969.

Mingay, G.E., *Enclosure and Small Farmer in the Age of the Industrial Revolution*, Macmillan, 1968.

Mingay, G. E., *English Landed Society in the Eighteenth Century*, London, 1963.

Mingay, G.E., *The Gentry: the Rise and Fall of Ruling Class*, Longman, 1976.

Miskimin, H., *The Economy of Early Renaissance Europe, 1300－1460*, Cambridge University, 1975.

Miskimin, H., *The Economy of Later Renaissance Europe, 1460－1600*, Cambridge University, 1977.

Mitchell, B.R.& Deane, P., *Abstract of British Historical Statistics*, Oxford, 1962.

Moffit, L.W., *England on the Eve of the Industrial Revolution*, New York, 1925.

Mokyr, J., *Industrialization in The Low Countries 1795－1850*, New Haven: Yale University, 1976.

Morgan, K., *Slavery, Atlantic Trade and the British Economy 1660－1800*, Cambridge University, 2000.

Morrall, J.B., *Political Thought in Medieval Times*, Toronto, 1987.

Morrill, J.S.Bradshaw, B., *The British Problem, 1534－1707: State Formation in the Atlantic Archipelago*, London, 1996.

Mukherjee, R., *The Rrise and Fall of the East India Company: a Sociological Appraisal*, New York, 1974.

Musson, A.E., *The Growth of British Industry*, New York, 1978.

Myers, A.R.ed., *English Historical Documents, V.4, 1327－1485*, London, 1969.

Nef, J.U., *The Rise of the British Coal Industry*, London, 1932.

Nicholas, D.M., *Town and Countryside: Social Economic and Political Tensions in Fourteenth Century*, Flanders, Bruges, 1971.

Norman, A.V.B., *The Medieval Soldier*, New York, 1971.

Ogg.D., *England in the Reign of Charles II, V. Ⅱ*, Oxford University, 1984.

Ollard.R, *The Great Landowners of East Yorkshire 1530-1910*, New York, 1990.

Ormrod, D., *The Rise of Commercial Empires: England and the Netherlands in the Age of Mercantilism, 1650-1770*, Cambridge, 2008.

Orwin, C.S., *The Open Fields*, Oxford, 1954.

Overton, M., *Agricultural Revolution in England: the Transformation of the Agrarian Economy 1500-1850*, Cambridge University, 1996.

Pailliser, D. M., *The Age of Elizabeth: England Under the Later Tudors, 1547-1603*, London, 1983.

Parsons, T., *The System of Modern Societies*, London, 1977.

Parsons, T. & Shils, E. etc., *Toward a General Theory of Action*, Cambridge, 1954.

Patten, J., *English Towns 1500-1700*, Folkestone: Dawson, 1978.

Patterson, O., *Slavery and Social Death: A Comparative Study*, Harvard University, 1982.

Peter. M. and David. A. J., *International Trade and British Economic Growth from the 18th to the Present Day*, Oxford, 1996.

Petit-Dutaillis, C.E., *The Feudal Monarchy in France & England from Tenth Century to Thirteenth Century*, London, 1936.

Petit-Dutaillis, C.E., *The French Commune in the Middle Ages*, Amsterdam, 1978.

Phillips, J., *Introduction to Intellectual Property Law*, London, 2001.

Phythian-Adams, C., *Desolation of a City: Coventry and the Urban Crisis of the Late Middle Ages*, Cambridge University, 1979.

Pimentel, D., and Hall, C. W. eds., *Food and Energy Resources*, Academic Press, 1984.

Plucknett, T.F.T., *A Concise History of the Common Law*, London, 1940.

Pluk, F., *History of English Law before the Time of Edward I*, London, 1972.

Pollard, A.F., *The History of England, from the Accession of Edward VI to the Death of Elizabeth, 1547-1603*, New York, 1912.

Pollard, A.J., *Late Medieval England 1399-1509*, London, 2000.

Pollock, F., & Maitland, F.W., *The History of English Law Before the Time of Edward I*, V.1, 2, London, 1898, 1921.

Ponting, K.G., *The Woolen Industry of South-West England*, New York, 1971.

Porter, R.R., *English Society in the Eighteenth Century*, Penguin Books, 1990.

Postan, M.M., *Essays on Medieval Trade and Finance*, Cambridge University, 1973.

Postan, M.M., *Essays on Medieval Agriculture & General Problems of The Medieval Economy*, Cambidge University, 1973.

Postan, M.M., *The Medieval Economy and Society: an Economic History of Britain in the Middle Ages*, London, 1981.

Postan, M. M., *The New Cambridge Modern History*, Cambridge University, 1971, V.4, 1998.

Postan, M.M. & Coleman, D.C. Mathias, P. ed., *The Cambridge Economic History of Europe*, V.2, Postan, M.M. Miller, E.A., *Trade and Industry in the Middle Ages*, Cambridge University, 1987.

Postan, M.M. & Habakkuk, H.J., ed., *The Cambridge Economic History of Europe*, V.1, Postan, M.M., *The Agrarian Life of The Middle Ages*, Cambridge University, 1966.

Postan, M.M. & Rich, E.E, Miller, E, ed., *The Cambridge Economic History of Europe*, V.3, Postan, M.M. Rich, E.E. & Miller, E., ed., *Economic Organization and Policies in Middle ages*, Cambridge University, 1963.

Postan, M.M. & Miller, E., *Trade and Industry in the Middle Ages*, Cambridge University, 1987.

Potter, H., *An Introduction to the History of Equity and its Courts*, London, 1931.

Pounds, N.J.G., *An Economic History of Medieval Europe*, London, 1974.

Powell, J.E. and Wallis, K., *The House of Lords in the Middle Ages*, London, 1968.

Power, E., *The Wool Trade in English Medieval History*, Oxford, 1941.

Power,E.E.& Postan,M.M.,*Studies in English Trade in the Fifteenth Century*,London,1933.

Powicke,M.,*Thirteenth Century,1216−1307*,Clarendon,1962.

Powll,K.and Cook,C.,*English Historical Facts,1485−1603*,London,1977.

Pressnell,L.S.,*Country Banking in the Industrial Revolution*, Oxford,1956.

Prest,J.M.,*Lord John Russell*,University of South Carolina,1972.

Price,L.L.,*A Short History of English Commerce and Industry*,London,1909.

Price,R.,*Modernization of Rural France:Communication Networks and Agriculture Market Structure in Nineteenth Century France*,London,1983.

Pronay,N.and Taylor,J.,*Parliamentary Texts of the Later Middle Ages*,Oxford,1980.

Raban,Sandra.,*England under Edward I and Edward II 1259−1327*,Blackwell,2000.

Rabb,T.K.,*Enterprise and Empire:Merchant and Gentry Investment in the Expansion of England,1575−1630,Cambridge*, Cambridge,1967.

Ramsay,G.D.,*The City of London in International Politics at the Accession of Elizabeth Tudor*,Manchester University,1975.

Ramsay,G.D.,*The Wiltshire Woolen Industry 1500−1750.*,Macmillan,1982.

Ramsay,G.D.,*Tudor Economic Problems*,London,1963.

Raz,J.,*The Authority of Law:Essays on Law and Morality*,Clarendon press,1979.

Reed,A.W.,*the Regulation of the Book Trade:Transactions of the Bibliographical Society*,London,1916.

Reyerson,K. and Drendel,J., *Urban and Rural Communities in Medieval France:Provence and Languedoc,1000−1500*,Leiden:Brill;Boston:Brill,1998.

Reynolds,S.,*An Introduction to the History of English Medieval Towns*,Oxford University,1977.

Robert,B.Ekelund,J.,eds.,*The Medieval Church as an Economic Firm*,Oxford,1996.

Robert.C.A.,*Enclosure and Yeoman:the Agricultural Development of the South*

Midland, *1450-1850*, Cambridge University, 1992.

Roberts.J., *Revolution and Improvement*, university of California, 1976.

Robinson, C.H., *Conversion of Europe*, London, 1917.

Robinson, D.M., *The Cistercian Abbeys of Britain*, London, 1998.

Roderick.F.ed., *The Economic History of Britain since 1700*, V.1, Cambridge University, 1981.

Rogers, C.J., ed., *The Wars of Edward Ⅲ*: *Sources and Interpretations*, Rochester, NY: Boydell Press, 1999.

Rogers, J.E.T., *The Industrial and Commercial History of England*, Bristol, 2001.

Roover, R., de., *Money*, *Banking and Credit in the Medieval Bruges*: *Italian Merchant Banker*, *Lombards and Money Changers*, Cambridge University, 1948.

Rosenberg, H., *Bureaucracy*, *Aristocracy and Autocracy*: *the Prussian Experience*, *1600-1815*, Cambridge, 1958.

Rosser, G., *Medieval Westminster*, *1200-1540*, Oxford University, 1989.

Rostow, W.W., *Rich Countries and Poor Countries*: *Reflections on the Past*, *Lessons for the Future Chinese*, New York, 1987.

Rowley, T., *The High Middle Ages*, *1200-1500*, London, 1986.

Royle, E., *Modern Britain*: *a Social History 1750-1985*, London, 1987.

Rudorff, R., *Knight and the Age of Chivalry*, New York, 1974.

Rusell, J.B., *A History of Medieval Christianity*: *Prophecy and Order*, Arlington Heights: AHM Publishing Corporation, 1968.

Samson, F., ed., *Great Charter*, New York, 1978.

Scammell, G. V., *The First Imperial Age*, *European Overseas Expansion*, *C1400-1715*, London, 1989.

Schieve, W.C. and Allen, P.M., ed., *Self-Organization and Dissipative Structures*: *Applications in the Physical and Social Sciences*, University of Texas Press, 1982.

Schmucki, B.and Lyth, P., *Transport in Britain 1750-2000*: *from Canal Lock to Gridlock*, New York, 2002.

Scott, J., *The Upper Classes Property and Privilege in Britain*, Macmillan, 1982.

Seton—Watson, H., *Nations & States: an Enquiry into the Origins of Nations & Politics of Nationalism*, London, 1977.

Sharp, A., ed., *Political Ideal of the English Civil War 1641–1690*, London, Longman, 1983.

Sharpe, J. A., *Early Modern England: a Social history, 1550–1760*, London, 1987.

Siebert, F.S., *Freedom of the Press in England, 1476–1776: the Rise and Decline of Government Control*, University of Illinois, 1965.

Slicher van Bath, B.H., *The Agrarian History of Western Europe, 500–1850*, London, 1963.

Smith, A.G.R., *The Emergence of a Nation State: the Common Wealth of England 1529–1660*, Longman, 1997.

Socolow, S.M., ed., *The Atlantic Staple Trade*, V.2, Broodfield: Variorum, 1996.

Solow, B.L., eds., *Slavery and the Rise of the Atlantic System*, Cambridge University, 1993.

Sombart, W., *The Quintessence of Capitalism*, New York, H.Fertig, 1967.

Spence, G., *The Equitable Jurisdiction of the Court of Chancery*, V.I, Lea and Blanchard, 1846.

Steinfeld, R.J., *The Invention of Free Labor: the Employment Relation in English and American Law and Culture, 1350–1870*, The University of North Carolina, 1991.

Stephenson, C. & Marcham, F.G., *Sources of English Constitutional History*, New York, 1937.

Stone, D., *The Polish-Lithuanian State 1386–1795*, London, 2001.

Stone, L., *Social Change and Revolution in England, 1540–1640*, London, 1965.

Stone, L., *The Crisis of the Aristocracy 1558–1640*, Oxford, 1967.

Stone, L., *The Family, Sex and Marriage in England 1500–1800*, London, 1977.

Stone, L. , *The Crisis of the Aristocracy , 1558－1640* , Oxford University , 1967.

Stoughton , J. , *Ecclesiastical History of England , 1640－1660* , London , 1867.

Stuart A.K. , *The Origins of Order : Self-organization and Selection in Evolution* , Oxford University , 1993.

Stubbs , W. , *Select Charters and other Illustrations of English Constitutional History* , Oxford , 1921.

Stubbs , W. , *The Constitutional History of English , its Origin and Development* , Oxford , 1926 , V.2 , Oxford , 1986.

Tawney , A.& R.Tawney. , "An Occupational Census of The Seventeenth Century" , in *The Economic History Review* , 1 October 1934 , V.5(1) .

Tawney , R.H. , *Studies in Economic History : the Collected Papers of George Unwin* , London , 1958.

Tawney , R.H. , *The Agrarian Problem in the Sixteenth Century* , London , 1912.

Tawney , R.H. , Winter , J.M. , *History and Society : Essays by R.H.Tawney* , London , 1978.

Teich , M. and Porter , R. , *The Industrial Revolution in National Context* , Oxford , 1996.

Thirsk , J. , *Agricultural Change : Policy and Practice , 1500－1750* , Cambridge University , 1990.

Thirsk , J. , *The Rural Economy of England : Collected Essays* , London , 1984.

Thirsk , J. and Cooper , J.P. , eds. , *Seventeenth-Century Economic Documents* , Oxford , 1972.

Thirsk.J. , *The Agrarian History of England and Wales* , V.2－5 , Cambridge University , 1967－1984.

Thompson , A. , *The Dynamics of the Industrial Revolution* , London , 1975.

Thompson , F.M.L. , "The Social Distribution of Landed Property in England since the Sixteenth Century" , in *The Economic History Review , 1 January , 1966 , V. 19(3)* .

Thornton , T. , *Social Attitudes and Political Structure in the Fifteenth Century* , Sutton publishing Limited , 2000.

Thrupp, S. L., *The Merchant Class of Medieval London, 1300－1500*, London, 1962.

Timmins, G., *Made in Lancashire: a History of Regional Industrialization*, Manchester, 1998.

Titow, J. Z., *English Rural Society 1200－1350*, London, 1972.

Townshend, H., *Historical Collections: or, an Exact Account of the Last four Parliaments of Queen Elizabeth of Famous Memory*, London, 1968.

Turner, M. E., *English Parliamentary Enclosure*, Dawson, Archon Books, 1980.

Turner, M. E. Beckett, B. J. V., *Farm Production in England, 1700－1914*, Oxford, 2001.

Turner, R. V., *The English Judiciary in the Age of Glanvill and Bracton*, Cambridge University, 2008.

Ullmann, W., *Principles of Government and Politics in the Middle Ages*, London, 1966.

Ullmann, W., *The Growth of Papal Government in the Middle Ages*, London 1970.

Unvin, G., *Industrial or Ganization in the Sixteenth and Seventeenth Centuries*, London, 1904.

Unwin, G., *The Gilds and Companies of London*, London, 1963.

Vives, J. V., *The Economic History of Spain*, V. XXⅢ, New York, 1969, Suffolk, 2000.

Vries, J., *European Urbanization 1500－1800*, London, 1984.

Vries, J. D and Woude, V. A., *The First Modern Economy: Success, Failure and Perseverance of the Dutch economy 1500－1815*, Cambridge university, 1997.

Wadsworth, A. P. and Mann, *The Cotton Trade and Industrial Lancashire 1600－1780*, Manchester, 1931.

Wallerstein, I. M., *The Present State of the Debate on World Inequality*, London, 1984.

Wallerstein, I. M., *The Capitalist World Economy*, Cambridge University, 1979.

Wallerstein, I. M., *The End of the World as We know it: Social Science for the*

21th *Century*, University of Minnesota Press, 1999.

Walvin, J., *Slavery and the Slave Trade*: *a Short illustrated History*, London, 1983.

Wandycz, P.S., *The Price of Freedom*: *a History of East Central Europe from the Middle Ages to the Present*, New York, 2001.

Ward, J.T., and Wilson, R.G., eds., *Land and Industry*, *the Landed Estate and the Industrial Revolution*, New York, 1971.

Webber, C. and Wildavsky, A.B., *A History of Taxation and Expenditure in Western World*, New Yord, 1986.

Westerfield, R.B., *Middlemen in English Business*: *Particularly Between 1660 and 1760*, New Haven, 1915.

Wheeler, J.A., *Treatise of Commerce*, New York, 1931.

White, A., *A History of Lancaster*, Edinburgh, 2001.

White, L.P.& Plaskett, L.G., *Biomass as Fuel*, London, 1981.

Whittle, J., *The Development of Agrarian Capitalism*: *Land and Labour*, *in Norfolk 1440-1580*, Oxford, 2000.

Willan, T.S., *An Eighteenth Century Shopkeeper*, Manchester, 1970.

Willan, T.S., *The Inland Trade Studies in English*: *Internal Trade in the Sixteenth and Seventeenth Centuries*, Manchester University, 1976.

Willan, T.S., *The Muscovy Merchants of 1555*, Manchester University, 1953.

Williams, C.H. ed., *English Historical Documents*, V. 1－5, 1603－1660, London, 1955－1967.

Williams, D.H., *The Cistercians in the Early Middle Ages*, Racewing, 1998.

Williams, E.E., *Capitalism and Slavery*, North Carolina University, 1944.

Williams, N., *Elizabeth*, *Queen of England*, London, 1967.

Williams, C.H., ed., *English Historical Documents*, *1485－1558*, Cambridge University, 1971.

Williamson, T., *The Origins of Hertfordshire*, Manchester University, 2002.

Wilson, C., *England's Apprenticeship 1603-1763*, Longmans, 1965.

Wilson, R. G., *Gentlemen Merchants*: *the Merchant Community in Leeds*

1700-1830,Manchester,1971.

Winner,T.G.,& Winner.I.,*The Peasant and the City in Eastern Europe：Interpenetrating Structures*,Cambridge,1984.

Wolffe,B.P.,*The Royal Demesne in English History 1066-1509*,London,1971.

Wood,A.,*A History of Levant Company*,Oxford,1935.

Wright,C.B.,*History of English Security Law*,London,1982.

Wright,T.ed.,and trans.,*The Political Songs of England：from the Reign of John to that of Edward II*,Cambridge,1996.

Wrigley,E.A.,*People,Cities and Wealth：the Transformation of Traditional Society*,oxford,1987.

Wrigley,E.A.,Dadies,R.S.,Oeppen,J.and Schofield,R.S.,*English Population History from Family Reconstitution,1580-1837*,Oxford,1997.

Wyatt,D.,*Slaves and Warriors in Medieval Britain and Ireland,800-1200*,Boston,2000.

Young,A.,*General Report on Enclosure*,New York：Columbia University,1971.

Youngson,A.J.,ed.,*Economic Development in the Long Run*,New York,1972.

Zeeuw,J.W.ed.,*Peat and the Dutch Golden Age：the Historical Meaning of Energy Availability*,A.A.G.,Bijdragen,1978.

Zell,M.,*Industry in the Countryside：Wealden Society in the Sixteenth Century*,Cambridge University,1994.

Zins,H.,*England and the Baltic in the Elizabethan era*,Manchester,1972.

后　记

　　1980年初，我平反出狱，拿起锉刀，重操旧业。但痴心不改，出狱后的第一件事就是找法院要回被没收的书籍、资料，花了近一年的时间，将我在狱中的构思撰成了30万字的书稿——《中国封建社会商品经济研究》，提出西欧之所以成为资本主义的故乡，是因为它从11世纪晚期起，就开始了市场经济的孕育；中国封建社会之所以长期延续，关键就是其商品经济一直是病态的。一个从未涉足学术界的无名小辈，若要出版这么一本书，几乎不可能，因为我否定了国内学术界很多权威人物的观点，况且那还是1981年，计划经济还神圣不可侵犯，如果将中国封建社会长期延续归咎于没有搞市场经济，那是大逆不道的。此稿的命运也就可想而知了。不过，我还是得到中国社会科学出版社徐振武老前辈的鼓励，他嘱咐我先写文章后出书。于是，从1984年起，我就陆续在国内刊物上发表了一些研究成果，走上了讲坛，把学术研究从业余变成了专业。

　　为什么对这个课题如此着迷？那还是时代使然。最早的我对《青春之歌》《红岩》是爱不释手，但这是一厢情愿，15岁不到的我就因家庭出身和思想"反动"被赶出了校门。可这浇灭不了我求知的欲望，在农场的6年，我不再看小说了，那和现实反差太大。我开始浏览马列经典著作，把《资本论》读了两遍，对相对剩余价值的产生颇有不解，对巴黎公社的印象很深。"文化大革命"时，既信奉无产阶级专政条件下的继续革命，也想像文艺复兴时期的巨人一样："用舌、笔或剑，投身于实际斗争中，以获得性格上的完整和坚强"。然而，事态的发展，使我越来越感到蹊跷和迷茫，而对中国历史颇感兴趣的我，总有"似曾相识燕归来"的感觉。对科技的兴趣，促使我订阅了一份《国外科技动态》，这个漏网之鱼，又给了我不少海外信息，惊讶之后，我感到，我们与人家的差距，已逾百年，长此以往，那又要演出多少幕《桃花扇》，吟出多少首《零丁洋》！

"已知诸相皆非相"，一切都似黄粱梦醒，它冲涤了我的价值理性，也断绝了我的经济人的愿望，今生唯一能做的，就是寻找对现实的一连串疑问的答案。人类到底应走向何处，今日的中国为何如此？是个人的失误，还是文化使然？总忘不了费尔巴哈的名言："人是环境的产物，特别是他成长时期的环境的产物。""穷山恶水出刁民"，古代阿拉伯诗歌中的英雄多是打家劫舍的强盗，都是自然条件过于恶劣的缘故。所有的人都是他所在的文化的结晶，任何人，包括那些被百姓奉为神的伟人，其秉性、学问、人格和偏好都有其深刻的文化根源，它决定了他们的价值取向、知识结构，也圈定了他们的思维定式，从而决定了他们的理论和实践，并借此来左右他们的民族。于是，我深深地感到中国所遭遇的一切，绝不只是个人的对错，它深藏于我们的历史和文化之中。尽管我们为民族的复兴付出了上亿人的生命，但我们并未挖出导致我们民族二千多年迟滞不前、走不出"历史周期律"的祸根。古往今来，我们沉醉于自己造就的文明，却无视了，这古老的文明，虽然造就了不少勇夺三军的虎将、运筹帷幄的巨人，如孙子、嬴政、诸葛亮、李世民……，却始终未能为中华民族迎来恢宏壮丽的现代文明。几千年来，我们醉心于安居乐业，贫富划一，天下太平。由此而形成的华夏中心论的自大观点和热衷于权谋术数的群体意识，造就了修身齐家治国平天下的娴熟技巧，但却拙于洞察文明的兴衰、文化的更新。发明创造，奇技淫巧；经商放贷，铜臭满身；四书五经，光耀千古；学术伦理，唯我独尊。直至近代中国被迫睁眼看世界的时候，我们还因为能以"中学为体，西学为用"来应对而沾沾自喜，对率先进入现代社会行列的民族的认识不是浅尝辄止，就是斥之为腐朽没落而不屑一顾。因此，近现代中国虽然也出了不少博学鸿儒、伟大领袖、盖世英雄，但不管其学问是如何渊博，事业是何等成功，事迹是多么令人感动，但其智慧却从未越出"修身齐家治国平天下"的范畴。一百多年来，人们忙于匡时济世，救亡图存，却很少有人去仰望星空，俯瞰尘世；几乎无人认识到，若不揭示出"现代化"这场人类社会自有文字以来最伟大变革的来龙去脉，依其规律去规划民族的未来，我们就永远无法走出丹柯身后的那个大树蔽天、黑暗如夜的"俄罗斯森林"。我很想找到那个能够带我们走出森林的丹柯，可翻遍了当时能找到的论著，所有的观点却怎么也经不起推敲，一个自不量力的想法也就油然而生。

这个被当时的人们视为胆大妄为的想法，对于一个已觉得生命无奈的人来说，无异是苦海中的灵光，使命感也由此而生。竟全然不顾那悬在头顶上的达摩克利斯剑，搜罗古籍，研读禁书，与一些担心中国命运的青年朋友们讨论许多学术问题和敏感话题；纵论历史，预测未来，智慧的火花在激烈的碰撞中产生，本书的基本观点也就于1970年时萌生。然而，当我兴趣正浓、废寝忘食之时，达摩克利斯剑从天而降，我与朋友们被加上了攻击"文化大革命"、借研究历史为名进行反党反社会主义的罪名投入了监狱。

九死一生的狱中生活，时常令我联想起唯物和唯心争论不休的问题和佛教的大千世界，浩瀚的星空和来世的召唤竟让我的精神起死回生。它不仅使我真切地有了一回"宗教是被压迫生灵的叹息，也是苦海中的灵光"的感受，也使我醒悟到人活在尘世的意义并不是在浩瀚宇宙中的这个星球上建立起人人幸福的大同世界。若如是，那人类的生存价值与蚂蚁王国、蜜蜂世界又有何本质之差别？在一些动物的王国里，不是早就消灭了同类相残的悲剧，实现了秩序、平等和幸福？所以，我深感此言颇有道理：人类的最终使命并非其他，而是使自然在人的身上实现自我意识，使人类升华为无所不知、无所不能的"神"。而要至此，穿越汹涌大洋的束缚只是第一步，走向浩瀚星空才算拉开了序幕。现代化令前者成了事实，使后者有了可能，除了它，人类再也没其他方法同动物彻底地区别开来，再也无法实现人类的最终使命。因此，揭示现代化的奥秘不再是功在民族，而是为人类去探求未来。其冲击之大，竟使我想起了《太阳城》的作者康帕内拉。于是，又在常人难耐的无聊和折磨中去驰骋我的遐思，构思了本书的前身《中国封建社会商品经济研究》。然而，时隔不久，我们原先预料的事情终于发生了，时代的沧桑又给了我生的希望。

后三十多年研究的物质条件和政治氛围与前十年有着天壤之别，但国内外蜂拥而至的理论和信息则令我应接不暇，使我深感自己当初的莽撞和浅薄，探讨中所遇到的种种难题更使我感到自己是自不量力。我如梦初醒：这是个跨时空的、跨学科的课题，研究者所需要的知识结构实在是我这个出身不好而求学无门的人难以具备的。至此，我才真正懂得为何有那么多学者将其称为社会科学界的"哥德巴赫猜想"。但是，悔也晚矣，箭已离弦，更何况，当初我就下定了决心要不计成败；而更令我不得释手的还是四十多年前的那个判断，"向何处去，路在哪方？"这是一切尚未实现现代化的民族都无法回避的问题。不能再重蹈"先信仰后理解"的覆辙了，还是要"先理解后信仰"，看清前面的路，再决定走哪条。偌大个民族若要不再被外人误导，就要有自己的思想武器，未来的道路需要科学的理论。虽然在这个武器的锻造中，我仅是个名不见经传的小卒，但能为其作个铺垫使我感到人生也有金色的岁月，不计前程朝前闯，不枉红尘走一遭。

2005 年，此书的先导《现代化本质——对中世纪以来人类社会变化的新认识》问世。虽然它遭到一些冷落，却也遇到不少的知音，并获得了吴玉章人文社会科学优秀奖。我深受鼓舞，挥笔再战。谁知，发妻患上绝症，之后五年，扶妻辗转南北各地，四处求医，既要照料，又要筹款，其之艰辛，刻骨铭心。然而，当时愚已年近古稀，时不待我，历经磨难，弃之则尽空，故稍有闲暇，就见缝插针，历经十余年，毕生的心血，终于连缀成篇，出版问世。

四十多年的岁月，给我帮助、需要感谢的人太多。首先要致谢人民出版社历史与文化编辑部杨美艳主任和人民出版社的领导。他们为繁荣学术，不拘一格，历经多年，不舍不弃，为拙著的出版殚精竭虑，终于争取到相关专家和机构的认同，获得了国家出版基金的资助。国家出版基金规划管理办公室自然也应予以衷心感谢，有了它的资助，本书得以顺利出版。继之，要感谢下述诸位：中国人民大学哲学系苗东升教授，他为复杂性科学的发展和在中国的传播费尽了毕生的精力，以其深厚的学术功底给我的治学和著述提供了很多帮助，阅读书稿，写推荐信，并两次为拙著撰序。华中师范大学历史系高明振教授，"文革"时，他不惧风险，给我的治学提供了精神鼓舞和物质资助，并因此而遭受牵连。中国社会科学出版社原总编室主任徐振武老前辈和张晓颐编辑，他们对拙著前身《中国封建社会商品经济研究》的充分肯定，进一步坚定了我将这个课题进行到底的决心。北京大学历史系马克垚教授，他是引导我走进西欧中世纪史学术殿堂的老师。武汉大学历史文化学院的李工真教授，对本课题的研究提供了不懈的支持和帮助，多次为拙著的出版撰写推荐信。湖北师范大学的刘国瑞副教授，是他的努力，才使我把学术研究从业余转为专业。广州商学院的郭娜董事长资助我著述，也正是她的理解和所提供的良好工作条件，才使我在其校工作期间，潜心研究，完成了拙著的初稿。暨南大学的李云飞教授，他在德国访问时，为我这个素昧平生的人电传来了七八本英文原著。还要感谢梁敢雄、覃建、谢金彪、鲁永、刘六一等众位难友，正是与这些当年血气方刚、忧国忧民的青年朋友的争论才激发了我研究这个课题的兴趣。我的发小和同学徐磊明先生，我的朋友李洪涛、贺炎喜，我的校友同事冯正好博士、张开言教授、刘莲弟博士、徐旭阳教授，肖翠松博士，南京大学的舒晓昀教授，他们都对拙著的写作给予了鼓励和各种各样的帮助，对"全书概要"等提出了许多宝贵意见，在此，向他们一一表示感谢。最后，还要感谢人民出版社为拙著的编辑、出版和发行出过力的诸位编辑、校对和其他工作人员。

也要感谢我的家人和两任妻子潘来贵和贾成玉，他们独自承受了生活的重担，让我有时间和精力去笔耕；特别是我那忠厚老实却坎坷一生的父亲毕晓华，在我将去服刑之际，用他那骨瘦如柴的身驱给我扛来了整整一箱马列著作，用他那红肿的双眼送我去远方！

书虽问世，其命运如何，不敢乐观。因今日赤县，流行的还是先赋取向，博识众论的杂家是寥若晨星，复杂性思维又是那样地惊世骇俗，拙著却又奉科学为唯一的准绳，致使其左右都难逢缘，但我坚信：岁月的风霜将洗净人的红颜，但人世的沧桑终会彰显出它的价值，人类社会终将走出"对现实的复杂性盲然不见的超级简单化"时代。

关注本课题并有意探讨者，可通过 bdc45@163.com 联系作者。